Lothar Bendel
Das große Lexikon der Kräuter, Gewürze, Früchte und Gemüse

Lothar Bendel

Das große Lexikon der Kräuter, Gewürze, Früchte und Gemüse

Herkunft, Inhaltsstoffe, Zubereitung, Wirkung

Anaconda

Die Deutsche Bibliothek verzeichnet diese Publikation in der Deutschen Nationalbibliografie; detaillierte bibliografische Daten sind im Internet unter http://dnb.ddb.de abrufbar.

Einbandgestaltung: Druckfrei. Dagmar Herrmann, Köln
Satz und Layout: paquémedia, Ebergötzen

Printed in Czech Republic 2010
ISBN 978-3-86647-511-3
www.anacondaverlag.de
info@anaconda-verlag.de

Inhalt

Verzeichnis der verwendeten Abkürzungen 6

Das große Lexikon der Kräuter und Gewürze 9

- Vorwort 11
- Lexikon A–Z 13
- Glossar 215
- Inhaltsstoffe 255
- Literaturverzeichnis 260

Das große Lexikon der Früchte und Gemüse 261

- Vorwort 263
- Lexikon A–Z 265
- Glossar 715
- Inhaltsstoffe 774
- Kalorientabelle 780
- Saison-Kalender 782
- Literaturverzeichnis 784

Verzeichnis der verwendeten Abkürzungen

Abk.	Abkürzung	EL	Esslöffel
afghan.	afghanisch	elsäss.	elsässisch
alemann.	alemannisch	engl.	englisch
alger.	algerisch	erfurt.	erfurterisch
allg.	allgemein	erzgeb.	erzgebirgisch
allgäu.	allgäuisch	ev.	evangelisch
althochdt.	althochdeutsch	fachspr.	fachsprachlich
altmärk.	altmärkisch	fälschl.	fälschlich
amerik.	amerikanisch	finn.	finnisch
angels.	angelsächsisch	fläm.	flämisch
arab.	arabisch	fränk.	fränkisch
äthiop.	äthiopisch	frankf.	frankfurterisch
aztek.	aztekisch	fries.	friesisch
bad.	badisch	früh.	früher
bad.-würt.	baden-württembergisch	frz.	französisch
		g	Gramm
bäuerl.	bäuerlich	gespr.	gesprochen
bayr.	bayrisch	ggf.	gegebenenfalls
berlin.	berlinerisch	griech.	griechisch
Bez.	Bezeichnung	hamburg.	hamburgerisch
bibl.	biblisch	hawaii.	hawaiianisch
böhm.	böhmisch	hebr.	hebräisch
bot.	botanisch	helgold.	helgoländisch
brandenb.	brandenburgisch	herleshsn.	herleshausenerisch
bras.	brasilianisch	hess.	hessisch
braunschw.	braunschweigerisch	hist.	historisch
brem.	bremerisch	hochdt.	hochdeutsch
bulg.	bulgarisch	holst.	holsteinisch
ca.	circa	hunsr.	hunsrückisch
chem.	chemisch	ind.	indisch
chin.	chinesisch	indian.	indianisch
dän.	dänisch	indon.	indonesisch
danzig.	danzigerisch	ir.	irisch
dresd.	dresdenerisch	iran.	iranisch
dt.	deutsch	irrtüml.	irrtümlich
ecuador.	ecuadorianisch	isl.	isländisch
egerld.	egerländisch	israel.	israelisch
eifelld.	eifelländisch	ital.	italienisch
eingedt.	eingedeutscht	jamaik.	jamaikanisch

jap.	japanisch
jav.	javanisch
Jh.	Jahrhundert
jüd.	jüdisch
jugendl.	jugendlich
kanad.	kanadisch
kanar.	kanarisch
karib.	karibisch
kärnt.	kärntenerisch
kcal	Kilokalorien
kelt.	keltisch
kenia.	kenianisch
kg	Kilogramm
kirn.	kirnerisch
km	Kilometer
koblenz.	koblenzerisch
köln.	kölnisch
kolumb.	kolumbianisch
korean.	koreanisch
kroat.	kroatisch
kuban.	kubanisch
küchenspr.	küchensprachlich
landsch.	landschaftlich
landw.	landwirtschaftlich
lat.	lateinisch
ligur.	ligurisch
ma.	mittelalterlich
madeg.	madegassisch
mähr.	mährisch
mainz.	mainzerisch
malays.	malaysisch
markttechn.	markttechnisch
marokk.	marokkanisch
max.	maximal
mazed.	mazedonisch
mecklenb.-vorpom.	mecklenburg-vorpommerisch
med.	medizinisch
mex.	mexikanisch
mg	Milligramm
mittelhochdt.	mittelhochdeutsch
molukk.	molukkisch
monschau.	monschauerisch
moselld.	moselländisch
mundartl.	mundartlich
münsterld.	münsterländisch
n. Chr.	nach Christus
neudt.	neudeutsch
neuseeld.	neuseeländisch
niederdt.	niederdeutsch
niederl.	niederländisch
niedersächs.	niedersächsisch
norddt.	norddeutsch
norw.	norwegisch
oberlausitz.	oberlausitzerisch
ostdt.	ostdeutsch
österr.	österreichisch
ostpreuß.	ostpreußisch
pers.	persisch
pfälz.	pfälzisch
pharm.	pharmazeutisch
philipp.	philippinisch
Pl.	Plural
poet.	poetisch
poln.	polnisch
polynes.	polynesisch
port.	portugiesisch
preuß.	preußisch
provenc.	provencalisch
region.	regional
rhein.	rheinisch
rheingau.	rheingauerisch
rheinhess.	rheinhessisch
röm.	römisch
roman.	romanisch
roxh.	roxheimerisch
rumän.	rumänisch
russ.	russisch
s. u.	siehe unten / unter
s.	siehe
saarld.	saarländisch
sächs.	sächsisch
sachsen-anhalt.	sachsen-anhaltisch
salzb.	salzburgerisch
sauerld.	sauerländisch

scherzh.	scherzhaft	tirol.	tirolisch
schl.-holst.	schleswig-holsteinisch	TL	Teelöffel
schles.	schlesisch	tschech.	tschechisch
schott.	schottisch	türk.	türkisch
schwäb.	schwäbisch	u. a.	unter anderem
schwed.	schwedisch	u. v. m.	und viele/s/m mehr
schweiz.	schweizerisch	uckerm.	uckermärkisch
senegal.	senegalesisch	ugs.	umgangssprachlich
serb.	serbisch	ung.	ungarisch
siebenb.	siebenbürgisch	ursprl.	ursprünglich
Sing.	Singular	v. Chr.	vor Christus
skand.	skandinavisch	var.	Varietät
slaw.	slawisch	venez.	venezianisch
slowak.	slowakisch	venezuel.	venezuelanisch
slowen.	slowenisch	veralt.	veraltet
span.	spanisch	vietn.	vietnamesisch
spessart.	spessartisch	vogelsb.	vogelsbergerisch
ssp.	Subspezies	vogtld.	vogtländisch
steierm.	steiermärkisch	volkst.	volkstümlich
südafrik.	südafrikanisch	walis.	walisisch
südamerik.	südamerikanisch	weidm.	weidmännisch
süddt.	süddeutsch	westdt.	westdeutsch
sudetendt.	sudetendeutsch	westerwd.	westerwäldisch
syr.	syrisch	westf.	westfälisch
t	Tonne	wiener.	wienerisch
tamil.	tamilisch	wissenschaftl.	wissenschaftlich
taunus.	taunuserisch	z. B.	zum Beispiel
thail.	thailändisch	zittau.	zittauerisch
thür.	thüringisch		

Das große Lexikon der Kräuter und Gewürze

Vorwort

Gewürze und Kräuter begleiten die Menschheit zwar schon seit Jahrtausenden, ein Großteil unserer Zeitgenossen fühlt sich aber auch heute noch überfordert, wenn es um die Kenntnis ihrer nahezu unüberschaubaren Vielfalt, ihrer unzähligen fremdländischen und regionalen Bezeichnungen, ihrer korrekten Verwendung, Lagerung und Zubereitung sowie ihres außergewöhnlichen Reichtums an gesundheitsfördernden Inhaltsstoffen geht. Diesem Umstand will mein Buch auf verständliche und übersichtliche Weise Abhilfe schaffen.

Da man viele der in diesem Lexikon beschriebenen Pflanzen im Garten, im Gewächshaus oder auf der Fensterbank auch selbst ziehen kann und darin ein besonderer Reiz im Umgang mit ihnen liegt, möchte ich vor allem eines vorausschicken: Die wesentlichen Voraussetzungen für den optimalen Wohlgeschmack von Gewürzen und Kräutern liegen nicht nur in ihrem makellosen Aussehen und ihrer exakten Dosierung, das Hauptaugenmerk sollte vielmehr bereits im Vorfeld auf den idealen Standort, den empfohlenen Erntezeitpunkt sowie die fachgerechte Zubereitung und Lagerung gerichtet werden.

Dazu sind einige Grundregeln zu beachten:
Die meisten Kräuter sollten vor ihrer Blüte und im jungen Stadium geerntet werden, weil sie danach bitter und/oder faserig schmecken, viele können jedoch auch später noch zu gehaltvollen und umweltfreundlichen Jauchen verarbeitet werden, die dann zur Kräftigung, Düngung oder natürlichen Abwehr von Schädlingen Nutzung finden.

Der beste Erntezeitpunkt der meisten Kräuter liegt zwar in der Mittagszeit, kräftig gießen sollte man sie hingegen erst in den Abendstunden, weil ihnen dann genügend Feuchtigkeit zur Regenerierung und Stärkung zur Verfügung steht.

Die empfohlene Bevorratungsdauer von Gewürzen und Kräutern sollte zwingend eingehalten werden, da sich ihre geschmacksgebenden etherischen Öle im Nu verflüchtigen.

Manche Kräuter und Gewürze sollten eine zeitlang mitgekocht werden, weil sich erst dann ihr Aroma entfalten kann – andere wiederum darf man erst kurz vor dem Servieren den Speisen hinzufügen, weil sie nicht hitzestabil sind und aufgrund dessen ihrer wertvollen Inhaltsstoffe beraubt würden.

Viele Kräuter und Gewürze bevorzugen sonnige Standorte, andere fühlen sich an einem schattigen Platz wohler. Hält man sich bei der Wahl des Pflanzortes an diese Tatsache, fällt die Ernte wesentlich ertragreicher aus.

Es gibt Kräuter und Gewürze, deren vermeintlich unbefriedigendes Aroma erst im Zusammenklang mit anderen zur Geltung gelangt.

Wildkräuter sollten vor dem Verzehr sorgsam auf Verunreinigungen geprüft und gründlich gewaschen werden, da sie nicht ganz ungefährliche Krankheiten übertragen können.

Die wichtigste Regel für den Umgang mit Kräutern und Gewürzen aber lautet: Nicht das Nacheifern einer wohlklingenden Rezeptur macht unser Essen wohlschmeckend, sondern der sorgsame und gefühlvolle Umgang mit den dafür benötigten Zutaten!

Lothar Bendel

A

Angostura

Cusparia febrifugia
Angostura (engl., frz., ital., span.), Cuspa, Cusparia (engl.)

Allgemeines, Herkunft, Geschichtliches

Angostura- oder Cuspa-Baum nennt sich ein relativ seltenes Rautengewächs (Rutaceae), das im nördlichen Südamerika beheimatet ist, mittlerweile jedoch auch auf den Karibischen Inseln (Westindischen Inseln) kultiviert wird.
Das Wort Angostura deutet auf die gleichlautende venezuelanische Hafenstadt hin, die noch bis zum Jahr 1866 Ciudad Bolivar hieß.

Geschmack

Intensiv bitter-aromatisch.

Hauptinhaltsstoffe

Alkaloide, Angosturin, Chinolin-Derivate, etherisches Öl.

Verwendung, Zubereitung

Die getrocknete Rinde des Angosturabaums dient überwiegend der Herstellung des **Angostura-Bitter**, eines 44%igen Bitterlikörs, der zusätzlich noch mit Chinarinde, Engelwurz, Enzian, Galgant, Gewürznelken, Ingwer, Kardamom, Kurkuma, Macis, Muskatnuss, Nelken, Pomeranzenschalen, Sandelholz und Zimt aufgewertet wird. Meist dient Angostura-Bitter der Abrundung von Cocktails, Mixgetränken, Obstsalaten, Süßspeisen und kalten oder warmen Saucen.
Pisco Sour nennt sich das peruanische Nationalgetränk. Es sollte wasserhellen Traubenschnaps, Eiweiß, zerstoßenes Eis, Limettensaft, Angostura-Bitter und Zimt beinhalten. Traditionsgemäß reicht man den Pisco Sour in Peru um Punkt 12 Uhr mittags!

Volksmedizinische Bedeutung

Die Rinde des Angosturabaums wird ebenso zur Herstellung von appetitanregenden und verdauungsfördernden Medikamenten verwendet.

Tipp

1824 stellte der in Angostura lebende deutsche Arzt Dr. Siegert erstmals aus der Zweigrinde des Cuspabaums einen Chinin-Ersatz her, der bis heute als äquivalentes Heilmittel bei Malaria (lebensgefährliche Infektionskrankheit) Anwendung findet.

Anis

Pimpinella anisum
Änes, Anais, Anason (türk.), Aneis, Anice (ital.), Anijs (niederl.), Anis (engl., frz., norw., russ., schwed., span.), Anise (engl.), Aniseed (engl.),

Aniss, Ànizs (ung.), Arnis, Brotsame(n), Eins, Ems, Enis, Erva doce (port.), Fruchtus Anisi vulgaris (Handelsbez.), Huei-Hsiang (chin.), Römischer Fenchel, Runder Fenchel, Süßer Fenchel, Süßer Kümmel, Sweet cumin (engl.), Taubenanis, Yanisum (arab.)

Allgemeines, Herkunft, Geschichtliches

Schon in der Antike wurde der in den östlichen Mittelmeerländern beheimatete Anis als Heil- und Gewürzpflanze geschätzt; davon zeugen Erwähnungen in ägyptischen Papyrusrollen um 1500 v. Chr. ebenso, wie Schriften griechischer und römischer Autoren, unter ihnen Dioskurides und Plinius der Ältere.
Mit den Benediktinermönchen Monte Cassinos (Italien) kam der Anis zur Zeit Karls des Großen schließlich auch über die Alpen nach Deutschland.
Heute wird dieses einjährige, Lehm- und Sandboden liebende Kraut in Deutschland, England, Frankreich, Indien, Italien, in Mittel- und Südamerika, in Nordafrika, Russland, Schottland und in der Türkei angebaut, die größten Anisplantagen der Welt befinden sich jedoch in Spanien; wild wachsend ist Anis kaum noch anzutreffen. Die Ernte findet zwischen Juli und September statt, vornehmlich bei trüber Witterung, damit die sogenannten Spaltfrüchte nicht vorzeitig ausfallen, außerdem mehren sich bei massiver Lichteinwirkung die im Anis schon von Natur aus existierenden Giftstoffe.
Die Anispflanze ist eine Bibernellensorte, die zur artenreichen Familie der Doldengewächse / Apiaceae (Umbelliferae) gezählt wird und aus botanischer Sicht mit Dill, Fenchel, Kümmel, Kreuzkümmel und Koriander verwandt ist.

Aussehen

Die überaus attraktiven, dunkelgrünen Anisblätter wachsen dreistufig an einem reich verzweigten, bis zu 60 cm hohen, leicht behaarten Stängel; die unteren Blätter sind rundlich und gestielt, die mittleren sind dreilappig und leicht eingekerbt und die oberen ganz schmal und tief eingeritzt; die Anisblüte ist weiß-gelb eingefärbt.
Die ovalrunden Anissamen sind normalerweise grau-grün und ca. 5 mm lang; schwarz-grüne kommen meist aus Russland. Aniswurzeln haben eine spindelartige Form.

Geschmack

Frisch gemahlener Anis besitzt einen eigentümlich süß-herben Geschmack, doch bereits nach relativ kurzer Zeit hat er einen Großteil seiner etherischen Öle verloren: Er wird dann quasi geschmacklos.

Arten, Sorten

Touraine-Anis nennt man eine auffällig süße Anisvariante aus Frankreich.

Hauptinhaltsstoffe

Anethol, Cholin, Eiweiß, Estragol, Giftstoffe, Glykoside, Zucker.

Verwendung, Zubereitung

Gemahlene Anissamen gelten nicht nur als gesunder Zucker- und Zimtersatz, sie dienen ebenso als würzende Zutat für Brot- und Backwaren, Konfitüren, Fruchtdesserts, Liköre, Branntweine (z. B. Anisette, Ouzo, Pernod, Pastis, Raki, Ricard),

Mundpflegemittel und Hustensaft.
Obstsuppen, Rote Bete, Rotkohl und Pflaumenmus erhalten durch die Zugabe gemahlener Anissamen eine besondere Note; kurz angeröstet oder frisch gemahlen besitzen sie sogar die zweifache Würzkraft. Sobald Anisbranntwein mit Wasser verdünnt wird, entsteht eine milchig trübe Flüssigkeit.
Mit Anisblättern lassen sich nicht nur Blatt- und Obstsalate aromatisieren, sie finden häufig auch als dekorative, essbare Garnitur Verwendung.
Kandierte Anisstängel werden von Konditoren bevorzugt zum Verzieren von Süßspeisen und Gebäck benutzt. Auch die Anisblüten eignen sich hervorragend zur Ausschmückung von Desserts und Salaten.
Sogar die Aniswurzeln lassen sich zu köstlichen Salaten verarbeiten, vorausgesetzt, sie wurden zuvor kurzzeitig in kochendem Wasser gegart.

Lagerung

Idealerweise bevorratet man Anissamen licht- und luftgeschützt. Da gemahlener Anissamen im Laufe der Zeit sein Aroma gänzlich verliert, sollte man ihn möglichst in mäßiger Dosierung und prinzipiell ungemahlen kaufen.

Volksmedizinische Bedeutung

Bei richtiger Anwendung weist Anis antiseptische, beruhigende, entspannende, krampflösende, verdauungsanregende, tröstende und stimulierende Eigenschaften auf. Sogar Erkältungskrankheiten können mit Anis bekämpft werden, da er schleimlösend und auswurffördernd wirkt. Des Weiteren ist Anis nützlich bei Blähungen, Mundgeruch, Koliken, Übelkeit und gilt als allgemein gesundheitsstärkend; frisch zerkaute Anissamen sollen sogar Leberzellen regenerieren.
Eine Kopfwäsche mit Anistee vertreibt Läuse.
Anisbonbons regen die Esslust von appetitlosen Kindern an.
Bei Katerstimmung sind zwei Tropfen Anisöl nützlich, die man am vorteilhaftesten mittels eines Zuckerwürfels zu sich nimmt.
Vorsicht: Hochdosiert wirkt Anis giftig! Es kann nach kurzer Erregung zu Muskellähmung, Bewusstlosigkeit und Allergien kommen. Kleinkindern sollte man aufgrund dessen frühestens ab dem 6. Lebensjahr Anis verabreichen, da die etherischen Öle auch bei ihnen zu Allergien führen können.

Tipp

Hunde- und Katzenbesitzer sollten bei der täglichen Fellpflege ein paar Tropfen Anisöl einbringen, da es Insekten (Läuse, Milben, Zecken) abtötet. Jäger locken Wildschweine am liebsten mit Anisöl! Taubenzüchter nutzen Anisöl, um ihre Tiere an einen neuen Schlag zu gewöhnen.

B

Bachbunge

Veronica beccabunga

Bachbohne, Bachblume, Bachbombe, Bachbommele, Bach(bungen)-Ehrenpreis, Bachkohl, Brooklime (engl.), Brunnenpol, Cresson de cheval (frz.), Glümeke, Herba Betonicae alba (pharm.), Herba Veronica (pharm.), Lemmilze, Liemkenkraut, Lömke, Lünich, Pfunde, Pfunge, Quell-Ehrenpreis, Wassersalat

Allgemeines, Herkunft, Geschichtliches

Die in Irland und Großbritannien beheimatete Bachbunge ist ein fast in Vergessenheit geratenes Wildkraut, dessen Haupterntezeit zwischen April und September liegt, aber auch im Winter geerntet werden kann.

Ihren Namen hat diese äußerst kälteresistente und zu den Braunwurzgewächsen (Scrophulariaceae) zählende Sumpfpflanze der Tatsache zu verdanken, dass sie sich sowohl an Bächen und Teichen als auch an Tümpeln am wohlsten fühlt.

Aussehen

Die fetten, hellgrünen, ovalrunden Blättchen der zum Teil niederliegenden, bis zu 60 cm hohen Bachbunge sind fast bis zur Spitze hin mit dem Stiel durchwachsen. Die bezaubernden, vierteiligen kleinen Blüten sind pastellblau.

Geschmack

Lediglich die jungen Triebe der Bachbunge besitzen ein leicht bitter-salziges, nussiges Aroma; die älteren hingegen sind ungenießbar.

Hauptinhaltsstoffe

Aucubin, etherisches Öl, Gerbstoff, Gerbsäure, Vitamin C.

Verwendung, Zubereitung

Die jungen, oberirdischen Pflanzenteile der Bachbunge lassen sich zu Bratlingen verarbeiten oder als Zutat in Gemüsegerichten verwenden.

Volksmedizinische Bedeutung

Innerlich angewandt, beugt die vitamin-C-reiche Bachbunge Skorbut vor. Ein Aufguss aus Bachbungenblättern reinigt das Blut, wirkt harn- und schweißtreibend und fördert das Einsetzen der Menstruation, doch *Vorsicht*: Während der Schwangerschaft ist von einer Anwendung dringend abzuraten (Gefahr einer Fehlgeburt)! Dank ihres Wirkstoffs Aucubin besitzt die Bachbunge verdauungsfördernde Eigenschaften. Eine Breipackung wirkt schmerzlindernd und heilungsfördernd bei leichten Verbrennungen und kleinen Wunden.

Tipp

Auf Bachbungenblättern können hin und wieder die Larven vom Großen Leberegel abgelegt sein, einem Parasiten, der auch Weidevieh angreift. Befallene Blätter sollte man vor der weiteren Verwendung unbedingt abkochen.

Bärenklau

Heracleum sphondylium

Baarenklau (norddt.), Bärenklauwe (altdt.), Bärentatze, Gemeiner Bärenklau, Herkuleskraut, Rossfenchel, Scharling, Wasserfenchel, Wiesenbärenklau, Wiesenrhabarber

Allgemeines, Herkunft, Geschichtliches

Den zu den Akanthusgewächsen (Acanthaceae) zählenden Bärenklau findet man hierzulande von März bis April vorwiegend wild wachsend auf Grasflächen und an Wegrändern; im Mittelmeerraum wird er sogar kultiviert.

Aussehen

Der Gemeine Bärenklau (er sollte nicht mit dem giftigen Riesenbärenklau verwechselt werden) ist eine bis zu 1,5 m hohe Staude mit rauhaarigen, tatzenähnlichen Blättern, weit ausladenden, pastellfarbenen bis rosa Blüten, purpurgrünen Früchten und kantigen, hohlen Stängeln.

Geschmack

Sowohl die Stängel als auch die Blätter des Bärenklaus schmecken möhrenartig.

Arten, Sorten

Großer Bärenklau / Heracleum mantegazzianum (lat.) / Herkulesstaude / Kaukasusbärenklau / Riesenbärenklau: Der Riesenbärenklau wurde vor etwa 100 Jahren als botanische Rarität aus seiner Heimat, dem Kaukasus, nach Europa eingeführt und breitete sich hier schnell auf Wiesen, an Waldrändern und Böschungen wie eine Epidemie aus. Da er währenddessen einheimische Pflanzenarten vom angestammten Wuchsort verdrängt und erstickt, wird der bis zu 3,5 m hohe Große Bärenklau mittlerweile vielerorts bekämpft oder sogar vernichtet, wobei die Pflanze (am besten vor der Blüte) mitsamt der Vegetationskugel aus der Erde gegraben und inklusive seiner äußerst widerstandsfähigen Samen (es können bis zu 20.000 Stück an einer Pflanze sein) verbrannt werden sollte.
Vorsicht: Bei Hautkontakt mit seinen Blättern und zeitgleicher Sonneneinwirkung können bei anfälligen Personen fototoxische Reaktionen (schmerzhafte Verätzungen, die später braune Flecken hinterlassen) auftreten, die 2–4 Tage anhalten und meist ärztlicher Behandlung bedürfen!

Hauptinhaltsstoffe

Hoher Mineralstoffgehalt, Psoralen, Vitamine.

Verwendung, Zubereitung

Die Stängel, Sprossen, Wurzeln und Blätter des Bärenklaus können (wie Bleichsellerie) zu Wildgemüse, Bratlingen oder Mischsalat verarbeitet werden.

Lagerung

Bärenklau sollte sofort nach der Ernte verarbeitet werden, da er leicht austrocknet und infolgedessen seine Inhaltsstoffe leiden.

Volksmedizinische Bedeutung

Bärenklautee wirkt verdauungsanregend, hilft bei starkem Sodbrennen und hat beruhigende Eigenschaften. Ein Breiumschlag aus gehackten Bärenklaublättern wurde einst als Mittel gegen Rheuma und bei Schwellungen, Blutergüssen und Furunkeln aufgetragen. Die Bärenklauwurzel enthält den Wirkstoff Psoralen, der zurzeit auf seine Wirksamkeit gegen Leukämie, Schuppenflechte und Aids getestet wird.

Tipp

Eingefleischte Vegetarier geraten zumeist in Entzücken, wenn man ihnen frische, zuerst in Bierteig getauchte und danach in heißem Fett ausgebackene junge Bärenklaublätter serviert.

Bärlauch

Allium ursinum

Ail de ours (frz.), Bärenlauch, Bear's garlic (engl.), Beerenknoblauch, Daslook (niederl.), Gorinsel, Hexenknofel (österr.), Hexenzwiebel, Latschenknofel, Medvehagyma (ung.), Rämschel (thür.), Ränsel, Rams(el), Ramser(en) (altdt.), Ramsons (engl.), Waldherre, Wald(t)knoblauch, Waldknofel, Wilder Knoblauch, Wilder Knofel, Wilder Lauch, Wild garlic (engl.), Wildknoblauch, Wurmlauch, Zigeunerkraut, Zigeunerlauch

Allgemeines, Herkunft, Geschichtliches

Die Ursprünge des Bärlauchs liegen zwischen Europa und Nordasien. Meist wächst dieser wilde Verwandte des Knoblauchs, den schon die Kelten und Germanen als heilkräftige Pflanze nutzten, in absonnigen oder feuchten Auwäldern, vorzugsweise unter Buchen. Da Keimergebnisse dieses humusbildenden Liliengewächses (Liliaceae) im privaten Kräutergarten meist unbefriedigende Ergebnisse erzielen, ist es ratsam, vorgezogenen Bärlauch zu pflanzen. Bärlauchblätter werden bis Ende April (am besten vor der Blüte), Bärlauchzwiebeln dagegen erst im Herbst geerntet.
Der Name Bärlauch geht auf eine Erzählung zurück, nach der Bären sich nach dem Winterschlaf im Frühjahr häufig und gern mit Bärlauch stärken und beleben.

Aussehen

Bärlauch ist eine langstielige Wildpflanze mit zwei bis zu 25 cm langen, zarten, sattgrünen und zungenförmigen Blättern, die seitlich herauswachsen und bei den Jungpflanzen transparent sind. Die glatten Bärlauchstängel tragen wunderschöne, löwenzahn- oder schnittlauchähnliche, jedoch schneeweiße, sternchenförmige Blütendolden.
Die bulböse Bärlauchwurzel zieht sich während des Winters völlig in den Boden zurück, um sich für das kommende Frühjahr zu stärken.
Vorsicht: Bärlauch kann vor der Blüte mit dem tödlich giftigen Maiglöckchen verwechselt werden, mit dem er nicht selten sogar nachbarschaftliche Beziehungen eingeht; der beim Zerreiben seiner Blätter aufkommende, starke, knoblauchartige Geruch ist jedoch ein eindeutiges Unterscheidungsmerkmal.

Außerdem wachsen die Blüten des geruchlosen und breitblättrigen Maiglöckchens in einer Reihe am Stängel entlang, beim Bärlauch hingegen sitzen sie doldenartig auf dem Stängel.

Geschmack

Der Geschmack des frischen Bärlauchs ist noch intensiver und würziger als der des Knoblauchs, beim Erhitzen lässt er jedoch stark nach.

Geruch

Obwohl Bärlauch sehr intensiv nach Knoblauch duftet (besonders im Sommer, wenn die Blätter schon etwas angewelkt sind), hinterlässt er im Gegensatz zum Knoblauch keinen unangenehmen Körpergeruch.

Hauptinhaltsstoffe

Allicin, Biokatalysatoren, Chlorophyll, Eisen, schwefelhaltige etherische Öle, Flavonoide, Fructosane, Magnesium, Mangan, Vitamin C.

Verwendung, Zubereitung

Frische, junge Bärlauchblätter müssen entstielt werden, da die Stiele faserig schmecken; dann können sie fein gehackt und zum Würzen von Suppen, Gemüse, Quark, Kräuterbutter, Salaten und Butterbroten verwendet werden. Als Wildgemüse lassen sich Bärlauchblätter ebenso zubereiten, dann jedoch bei nur geringer Hitze in wenig Butter gedünstet, weil sonst ihre zwar ausgesprochen wertvollen, aber sehr hitzesensiblen Inhaltsstoffe und ihr strahlendes Grün verloren gehen. Ein wohlschmeckendes, selbst gemachtes Pesto, das hervorragend zu Nudelgerichten passt, stellt man aus einem Mix aus fein gehacktem Bärlauch, zerkleinerten Mandeln, Reibkäse und Olivenöl her.

Lagerung

In Zeitungspapier eingewickelt, lässt sich frisch geernteter Bärlauch ca. 2–3 Tage im Kühlschrank aufbewahren. Bereits getrockneter Bärlauch gehört dagegen auf den Kompost, da er sein wertvolles Aroma weitestgehend eingebüßt hat.

Volksmedizinische Bedeutung

Bärlauch soll noch größere Heilkraft besitzen als Knoblauch, denn: Frische Bärlauchblätter bekämpfen nicht nur Appetitlosigkeit, aktivieren das Immunsystem, entlasten den Stoffwechsel, fördern die Gallensekretion, senken Bluthochdruck und kurbeln die Blutzirkulation und Blutbildung an, sondern sie haben auch eine normalisierende Wirkung auf Darmflora, Kreislauf und Cholesterinspiegel. Die Inhaltsstoffe des Bärlauchs sind auch imstande, Wurm- und Pilzkrankheiten zu bekämpfen, Grippe, Herzinfarkt, Arteriosklerose und Schlaganfall vorzubeugen, vor Deppresion und altersbedingter Vergesslichkeit zu schützen und den Darm, die Nieren, den Magen, die Leber und das Blut zu reinigen.

Im menschlichen Körper reduziert Bärlauch die Konzentration von Umweltgiften wie Blei und Quecksilber (die zu Schwindel, Kopfweh und Gelenkschmerzen führen), indem er die fettlöslichen Gifte bindet und diese in eine wasserlösliche Form umwandelt, sodass die Niere sie ausschwemmen kann.

Schlaflosigkeit bekämpft man erfolgreich mit einem selbst gemachten Bärlauchelixier, von dem man bei Bedarf 2 Wochen lang täglich ein kleines Glas am Abend zu sich nehmen sollte. Das Rezept dazu: Zwei Handvoll zerkleinerte Bärlauchblätter mit 1 Liter Korn übergießen, luftdicht verschließen und nach 2 Wochen durchseien.

Tipp

Bärlauch wird meist durch arbeitsame Ameisen verbreitet, die seine einladenden Samenanhängsel nichtsahnend mit in ihr Nest nehmen, wo sie dann im zeitigen Frühjahr auf natürliche Weise austreiben.

Bärwurz

Meum athamanticum

Bärendill, Bärfenchel, Bärkümmel, Baldmoney (engl.), Beerenwortel (niederl.), Beermutterwurtz, Fenouil des Alpes (frz.), Haussmarck (altdt.), Hertzwurtz, Kümmelnickel, Mutterwur(t)z, Wilder Dill

Allgemeines, Herkunft, Geschichtliches

Der Bärwurz ist ein Doldengewächs / Apiaceae (Umbelliferae), das überwiegend auf mittel- und süddeutschen Gebirgswiesen anzutreffen ist. Bärwurzblätter sollten während der Blütezeit (Juni–August) geerntet werden, Bärwurzsamen bringt man im August ein und Bärwurzwurzeln erst im Spätherbst.

Aussehen

Der Bärwurz hat eine spindelförmige, außen braune, innen wollweiße Wurzel, kahle, gefurchte, kantige, bis zu 50 cm lange aufrechte Stängel, schmale Blätter mit quirlig gebüschelten Läppchen, eine pastellfarbene Blütendolde und eiförmige bis langrunde, braune Samen.

Geschmack

Bärwurzblätter, -samen und die Wurzel besitzen ein herzhaft würziges Aroma.

Geruch

Wenn man frische Bärwurzblätter kräftig aneinanderreibt, verströmen sie einen angenehm balsamische Duft.

Hauptinhaltsstoffe

Etherisches Öl, Harz, Mineralstoffe, Stärke, Vitamine, Zucker.

Verwendung, Zubereitung

Bärwurzblätter können der Teeherstellung dienen, sind jedoch ebenso als Würzmittel für Salate, Saucen und Fleischgerichte geeignet. In Bayern, Thüringen, im Schwarzwald, im Erzgebirge und im Bayrischen Wald werden Bärwurzwurzeln in sogenannten Bärwurzereien entweder zur Herstellung eines gleichnamigen, 38–45%igen, magenstärkenden Branntweins in schlanken Steingutflaschen oder eines 30%igen Likörs genutzt, deren besondere Würze an Gehölz und Moos erinnert.

Lagerung

Bärwurzpflanzen sollten gleich nach der Ernte verarbeitet werden, da ihr wertvoller Vitamin- und Mineralstoffgehalt schon nach kurzer Zeit stark schwindet.

Volksmedizinische Bedeutung

Tee aus der Bärwurzwurzel wirkt appetitanregend, kräftigend, harntreibend und blähungshemmend. Bei Vergiftungserscheinungen ist eine Mischung aus frisch gehackten Bärwurz- und Bibernellenblättern im Verhältnis 1:1 hilfreich. Medizinisch wird der Bärwurz auch in der Frauenheilkunde eingesetzt, von einer Selbstbehandlung ist jedoch abzuraten.

Tipp

Aufgrund der Gefahr von Verwechslungen mit anderen, dem Bärwurz stark ähnelnden, aber giftigen Doldengewächsen sollten Unwissende von der Suche nach Bärwurz gänzlich absehen.

Baldrian (Großer)

Valeriana officinalis

Arzneibaldrian, Augenwurz(el), Balderbracken(wurzel), Balderjan, Bullergoos (schl.-holst.), Bullerian, Bullerjahn (norddt.), Dreifuß, Gartenseliung, Hexenkraut, Katzenbaldrian, Katzenkraut, Katzenwargel, Katzenwurzel, Maria-Magdalenenwurzel, Marienwurzel, Mondwurz(el), Ollerjan, St. Georgenkraut, Speerkraut, Spickwurz, Stinkbaldes, Teriniskraut, Theriakskraut, Tollerjan, Valerian (engl.), Valeriana (ital., span.), Valériane (frz.), Viehkraut, Waldspeik, Wandwurzel, Welscher Baldrian (Großer), Wilder Kalmus, Zahnkraut

Allgemeines, Herkunft, Geschichtliches

Den Baldrian finden wir zwar schon bei Hippokrates, dem Vater der Heilkunde, und Plinius, dem berühmtesten römischen Schriftsteller, als bekömmliches und vor dem Bösen schützendes Kraut; die Altvorderen behaupteten sogar: »Es ist der Geist des Waldes, der mit dem Baldrian in uns einzieht.« Die beruhigende und nervenstärkende Wirkung dieses mehrjährigen Baldriangewächses (Valerinaceae) erkannte jedoch Christoph Wilhelm Hufeland (1762–1836); nach dem Ersten Weltkrieg wurden Bombenneurosen vieler Exsoldaten daraufhin erfolgreich mit dem Extrakt von getrockneten Baldrianwurzeln behandelt.
Baldrian ist weltweit auf feuchtgrundigen, humosen Waldrändern und Wiesen anzutreffen. Die Wurzeln werden vorzugsweise erst nach der zweiten Blüte geerntet, getrocknet und weiterverarbeitet, weil sie erst dann zu einem akzeptablen Umfang herangewachsen sind.
Da der Geruch der Baldrianwurzel Katzen anlockt, die dann in rauschartige Zustände und sexuelle Verzückung geraten, trägt die Pflanze auch die Namen Katzenkraut und Katzenwargel. Wegen ihrer ungeheuren Anziehungskraft auf Ratten bringt man die Baldrianwurzel ebenso mit dem Rattenfänger von Hameln in Verbindung, der die neckischen Tierchen damit angelockt und anschließend in der Weser ertränkt haben soll.
Valeriana officinalis, der wissenschaftliche Name des Baldrians, wurde vom lateinischen »valere« für »gesund sein« oder »sich wohlfühlen« hergeleitet; »officinalis« weist dagegen auf die frühere Verwendung des Baldrians als Heilpflanze hin.

Aussehen

Baldrian ist eine bis zu 1 m hohe fiederblättrige Pflanze mit hohlen, kantigen Stängeln, schirmförmigen, weißen Blüten (Mai–September) und einem reich verzweigten, aber kompakten, braunhäutigen Wurzelstock.

Geschmack

Sowohl die Blätter, Stängel und Blüten als auch der Wurzelstock des Baldrians weisen einen sonderbar süßlichen Geschmack auf.

Geruch

Die Baldrianblüte riecht angenehm; die Wurzel verströmt hingegen leicht betäubende, kampferartige Ausdünstungen, besonders während des Trocknens.

Arten, Sorten

Kleiner Baldrian / Valeriana dioica (lat.) / Sumpfbaldrian kommt wild wachsend recht häufig vor, wirksame Bestandteile, so wie sie sein großer Verwandter enthält, besitzt er jedoch kaum.

Hauptinhaltsstoffe

Alkaloide, Ester, Isovaleriansäure, etherische Öle, Gerbstoffe, Harze, Schleimstoffe, Sedonium, Tannine, Valepotriate.

Verwendung, Zubereitung

Baldrianblüten eignen sich zur Herstellung eines biologisch-dynamischen Kompostpräparats; die Wurzeln dienen nicht selten als Erfolg versprechende Köder in Rattenfallen.

Baldrianöl wird zur Herstellung facettenreicher Duftstoff- und Parfümkreationen genutzt.

Volksmedizinische Bedeutung

Pharmakologisch können bei richtiger Verarbeitung alle Teile des Baldrians zur Herstellung beruhigender, angstlösender und ausgleichender Arzneien genutzt werden. Nebenwirkungen, wie Müdigkeit und Konzentrationsstörungen am Tag, wie man sie von chemischen Schlafmitteln kennt, treten währenddessen zwar nicht auf, bei Unterdosierung macht Baldrian jedoch munter. Ärztlicherseits werden Baldrianextrakte nicht nur bei Einschlafstörungen, Bauchkrämpfen, Epilepsie und zum psychischen Ausgleich verordnet, auch bei Stress, Gedankenflut, Muskelrheumatismus, Herzklopfen, Wechseljahrsbeschwerden und Erkrankungen der Schilddrüse kommen sie oft zur Anwendung.

Ein beruhigendes und entspannendes Bad bei Nervosität und Schlaflosigkeit kann man sich selbst herstellen, indem man frischen Presssaft aus Baldriankraut und -blüten mit 1 Liter kochendem Wasser übergießt, 10 Stunden ziehen lässt, abseiht und die entstandene Flüssigkeit dem Badewasser (max. 38° C) zusetzt; man sollte jedoch nicht länger als 15 Minuten darin verweilen, da die Gefahr des Einschlafens besteht. Bei Hautverletzungen, Schwangerschaft, während der Stillzeit, bei fieberigen Erkrankungen, Herzinsuffizienz oder Hypertonie ist von Baldrianbädern zwingend abzuraten.

Appetitzügelnden Baldriantee bereitet man aus 2 TL zerhackten Baldrianwurzeln, die man mit 1 Tasse kochendem Wasser übergießt und durchgesiebt nach 10 Minuten genießt.

Vor Anwendungen mit fremdländischem Baldrian (z. B. aus Indien oder

Mexiko) wird gewarnt, da er schwere Leberschäden verursachen kann.

Tipp

Baldrianpräparate dürfen nur kurzfristig in hoher Dosierung (ca. 400–900 mg/Tag) eingenommen werden, da es sonst zu Gewöhnung und damit zu Kopfschmerzen, Herzrasen, Muskelzucken, Übelkeit und Krämpfen kommen kann.

Basilikum

Ocimum basilicum

Albahaca (span.), Alfábega (span.), Basil (engl.), Basilgen (altdt.), Basilic (frz.), Basilico (ital.), Basilicon (griech.), Basilicum (niederl.), Basilien(kraut), Basilik (russ.), Basilikum (afghan., norw.), Basilkört (schwed.), Basilkraut, Bazsalikom (ung.), Bienenweide, Brasilienkraut, Braunsilge, Deutscher Pfeffer, Herrenkraut, Hirnkraut, Hirtenbasilie, Josefikräutl, Josefskräutlein, Königsbalsam, Königsbisam, Königskraut, Krampfkräutl, Liebeskraut, Lole (chin.), Manjericao (port.), Meboki (jap.), Nelkenbasilie, Nelkenkraut, Persisches Basilikum, Raihan (arab.), Suppenbasil, Venuspflanze

Allgemeines, Herkunft, Geschichtliches

Schon seit mehr als 4000 Jahren schätzt man weltweit den vermutlich in Afghanistan beheimateten Basilikum als hochwertiges Heil- und Würzkraut. Italienische Mönche brachten es im 12. Jh. erstmals über die Alpen, in Deutschland ist es jedoch erst seit dem 16. Jh. bekannt.

Größere Anbauflächen des zur Familie der Lippenblütler / Lamiaceae (Labiatae) zählenden Basilikums findet man heute in Deutschland, Frankreich, Griechenland, Italien, Marokko und Spanien.

Die besten Anbauergebnisse erzielt man, wenn man es in der Nachbarschaft von Tomaten kultiviert, doch auch eine windgeschützte, sonnige Fensterbank eignet sich dazu recht gut, wenn man das Pflänzchen in humose, feuchte Erde eingräbt, die hin und wieder mit Stickstoff und/oder Hornspänen angereichert wird. Der beste Erntezeitpunkt dieses mit der Minze verwandten Küchenkrauts liegt in den frühen Abendstunden, da sein Gehalt an etherischen Ölen dann am stärksten ausgeprägt ist. Vor und während der Blüte (Juni bis Anfang Oktober) ist die Würzkraft des Krauts jeweils am ergiebigsten, nach der Blüte hingegen hat es den größten Teil seines Aromas eingebüßt. Um anschließend das Wachstum der Pflanze optimal zu unterstützen, erntet man am besten stets nur komplette Triebe, also die Blattbüschel mitsamt ihrem Blütenansatz; entfernt man jedoch allzu viele ihrer Blätter, wird sie derart geschwächt, dass sie nicht mehr in der Lage ist, lebensfähige Nachtriebe zu produzieren.

In Deutschland ist das Basilikum lediglich als einjährige Pflanze bekannt, da es nur Temperaturen bis max. –10° standhält; in den Herkunftsländern gedeiht es hingegen über mehrere Jahre und bildet mit der Zeit sogar stabile, holzige Zweiglein.

Das Wort Basilikum entstammt dem Griechischen und bedeutet »königliches Kraut«, denn schon bei den Königen der Antike war das Basilikum ein Favorit unter den Gewürzen; das bezeugen geflochtene Kränze aus der Wilden Basilie, die jüngst bei Ausgrabungen in ägyptischen Pyramiden entdeckt wurden.

Aussehen

Je nach Sorte kann das Basilikum leicht oder grob gezackte, zartseidige, hell- bis dunkelgrüne oder sogar violette Blätter aufweisen. Seine weißen Blüten sind quirlförmig angeordnet und die vierkantigen, rötlich-grünen Stängel können bis zu 60 cm hoch werden.

Geschmack

Auch der Geschmack des Basilikums hängt von der Sorte ab: Die Aromapalette reicht von Zitronen- und Kampfer- über Nelken- und Pfeffer-, Anis- und Muskat- bis zu Zimt- und kühlendem Lakritzgeschmack. Ältere Basilikumblätter neigen zu einem störenden, da kratzigen Beigeschmack.

Geruch

Wenn man frisches Basilikum zwischen den Fingern zerreibt, entfaltet es zunächst ein leichtes Melissearoma, verströmt dann aber einen eher balsamischen, an Gewürznelken erinnernden Duft. Getrocknete Basilikumblätter riechen zwar etwas nach Minze und Curry, ihr wahres, würziges Aroma haben sie allerdings zum größten Teil verloren.

Arten, Sorten

Anisbasilikum schmeckt anisartig und hat purpurfarbene Blüten. Im Iran, in Thailand und in Vietnam wird es vorwiegend zum Würzen von Süßspeisen verwendet.

Bubikopf-Basilikum nennt man eine wuschelköpfige Kulturform des Buschbasilikums.

Buschbasilikum / Ocimum basilicum var. minimum (lat.) / Griechischer Basilikum / Zwergbasilikum: bis 40 cm hohe, kugelige, stark aromatische Basilikumsorte mit auffallend kleinen, roten oder grünen Blättchen. Die rotblättrige Sorte kommt meist aus den USA und England, die grünblättrige aus Spanien, der Türkei oder Griechenland, wo sie meist als wohlriechende Zierpflanze für Blumentöpfe und Balkonkästen zum Einsatz kommt. Im Mittelmeergebiet stellt man sich sogar Blumentöpfe mit Buschbasilikum an die Eingangstür, und bevor man sein Haus betritt, streicht man zart über die sensiblen Blätter, wodurch ein betörender und dazu noch völlig kostenfreier Duft in die Wohnung gelangt.

Fino verde / Kleinblättriges Basilikum: Basilikumsorte mit kleinen, glatten, dunkelgrünen Blättern, die in Süditalien meist zum Würzen des berühmten Pesto verwendet wird, da sie das beste Aroma aller Basilikumsorten besitzt.

Genueser Basilikum / Großblättriges Basilikum / Salatblättriges Basilikum: Die ertragreichste Basilikumsorte wird in Italien oft zur Verfeinerung von Tomatensaucen und -suppen und bei unterschiedlichen Mozzarella-Kompositionen bevorzugt.

Heiliges Basilikum / Ocimum sanctum (lat.) / Holy basil (engl.) / Indi-

sches Basilikum / Sacred basil (engl.) / Tulsi: sehr intensiv aromatische, rotblättrige Basilikumsorte, die vorzugsweise für die Zubereitung von vegetarischen Spezialitäten genutzt wird. In Indien wird sie als heilige Pflanze verehrt und in Thailand begegnet man ihr häufig in der Nähe von Buddha-Tempeln.
Kampferbasilikum / Camphor basil (engl.): Diese leicht verholzende Basilikumsorte wird in Afrika aufgrund ihres hohen Kampferanteils kommerziell genutzt; in hiesigen Breitengraden dient sie meist nur der Anreicherung von Kräutermischungen.
Mexikanisches Gewürzbasilikum / Zimtbasilikum heißt eine rot blühende und rotstängelige Basilikumsorte mit exotisch anmutendem Zimtaroma.
Neapolitanisches Basilikum besitzt handgroße Blätter und das süßeste Aroma aller Basilikumsorten.
Ostindisches Baumbasilikum / Fever plant (engl.) / Menthe garbonaise (frz.) / Tea bush (engl.): Diese wärmeliebende Pflanze mit gewaltigen, lindgrünen, haarigen Blättern und gelben Blüten stammt aus Ostindien. Ihr üppiges Aroma wird meist für die Teezubereitung genutzt.
Rotes Basilikum / Ocimum basilicum Dark Opal (lat.) / Dark Opal / Purple ruffles (engl.): dekorativ gekrauste Basilikumsorte mit weinroten Blättern und tiefrosa Blüten. Ihr süßliches Aroma weist einen gleichwohl an Nelken und Pfeffer erinnernden Beigeschmack auf.
Thaibasilikum / Horapa (thail.) ähnelt geschmacklich dem Anisbasilikum, seine Blüten sind jedoch rot. Meist wird Thaibasilikum unzerkleinert als Salatwürze verarbeitet.
Wildes Basilikum / Ocimum canum (lat.) ist die widerstandsfähigste Basilikumsorte. Sie hat leicht behaarte, nach Piment schmeckende Blätter, rosa Blüten und wird überwiegend zum Würzen warmer Gerichte verwendet.
Zitronenbasilikum / Ocimum americanum (lat.) / Amerikanisches Basilikum / Gewürzbasilikum / Haariges Basilikum / Hoary Basil (engl.): zierliche, frostempfindliche, wilde italienische Basilikumsorte mit weißen Blütchen, spitzen, haarigen Blättern und erfrischendem, zitronigem Duft und Geschmack, der an Bergamotte erinnert. Zitronenbasilikum eignet sich am besten zur Verfeinerung von Blatt- und Tomatensalaten.

Hauptinhaltsstoffe

Basilienkampfer, Calcium, Cineol, Eisen, Estragol, Eugenol, Flavonoide, Gerbstoffe, Glykoside, Kalium, Karotinoide, Linalool, Magnesium, Saponine, Tannine, Vitamine. Mit einem durchschnittlichen Eisengehalt von 7,3 mg/(100 ml) zählt Basilikum zu den größten Eisenlieferanten.

Verwendung, Zubereitung

Basilikum kann als Gewürz-, Heil- und Zierpflanze verwendet werden. Wohldosiert können frische Basilikumblätter, -blüten und -wurzeln der Verfeinerung von Saucen, Salaten, Suppen, Kräuterbutter, Fisch-, Fleisch-, Geflügel-, Hülsenfrucht-, Nudel- und Pilz-Gerichten dienen, jedoch sollten sie dabei nicht allzu starker Hitze ausgesetzt werden, da sich die hochwertigen etherischen

Öle dadurch verflüchtigen. Die sensiblen Basilikumblättchen dürfen zuvor nur kurz mit kaltem Wasser abgespült (nicht getränkt) werden, damit ihr wertvolles Aroma nicht verloren geht.

Kombinationen mit Bohnenkraut, Rosmarin und Knoblauch weisen nicht nur den Geschmack stärkende und abrundende Eigenschaften auf, sie gelten ebenso als äquivalenter Pfefferersatz.

Getrocknetes Basilikum wird vorwiegend zur Herstellung von Schnupftabak, Tee oder Niespulver verwendet.

Basilikum kann der Abwehr von Insekten in der Wohnung dienen, wenn man es am Küchenfenster platziert, ins Schlafzimmer sollte man das Kraut jedoch auf keinen Fall stellen, da es nachweislich die Nachtruhe beeinträchtigt.

Industriell wird aus Basilikum durch Destillation Öl gewonnen, das mehrheitlich in der Pharmazie, der Kosmetik- und Konserven- sowie der Essenzindustrie Verwendung findet.

Pesto nennt man eine original Genueser Spezialität, die aus zerkleinertem, frischem Basilikum, Pinienkernen, Knoblauch, Salz, Pfeffer, kalt gepresstem Olivenöl und Parmesankäse besteht und meist (nicht nur in Italien) zu Nudelgerichten gereicht wird.

Lagerung

Frisch gepflückte Basilikumblätter lassen sich im Kühlschrank nur kurzfristig bevorraten. Am besten konserviert man sie in Olivenöl, indem man sie lagenweise und jeweils mit wenig Salz bestreut in ein verschließbares Behältnis schichtet. Dabei dunkeln die Blätter zwar etwas nach, ihr brillantes Aroma bleibt jedoch größtenteils erhalten.

Basilikum eignet sich ebenso hervorragend zum Einfrieren.

Volksmedizinische Bedeutung

Basilikum wirkt beruhigend, schmerzlindernd, stark antibiotisch, anregend, antidepressiv, appetitanregend, entschleimend, harn- und schweißtreibend, allgemein stärkend, blutzuckersenkend und blutbildend. Des Weiteren vertreibt Basilikum Blähungen und entkrampft, nicht nur bei Menstuationsbeschwerden. Nach dem Verzehr von Speisen, die mit Basilikum gewürzt wurden, schwitzt man meist sehr stark. Auslöser hierfür sind die im Basilikum enthaltenen, hochgradig stoffwechselanregenden etherischen Öle. Diese vielfach gepriesenen etherischen Öle (Estragol und Eugenol) aktivieren zwar tatsächlich die Hirntätigkeit, regelmäßige Einnahme bzw. langfristige Überdosierungen sind jedoch krebserregend, so eine Langzeitstudie an Tieren.

Im Orient schützen sich Frauen vor ungewünschtem Kindersegen, indem sie mehrmals am Tag frische Basilikumblätter zerkauen!

In der Diätküche profitieren Gallen- und Leberkranke von den vielen, dem Wohlergehen und Genuss zuträglichen Eigenschaften des Basilikums, da er nicht nur imstande ist, Pfeffer und Paprika zu ersetzen, sondern auch salzarme Kost schmackhafter und fette Gerichte bekömmlicher macht.

Tee aus getrockneten Basilikumblättern wird bei Nieren- und Gallenkrankheiten, Schwindel, Harnbrennen, Akne, Insektenstichen, Magenbeschwerden, zum Gurgeln und als Wurmkur empfohlen; kalt getrunken wirkt er fiebersenkend. Die Heilwirkung des Basilikums wurde zwar vom Bundesgesundheitsamt bestätigt, doch *Vorsicht:* Er sollte nicht mit empfindlicher Haut in Berührung kommen, da dies zu allergischen Reaktionen führen kann; Schwangere sollten Basilikum angesichts seiner unerfreulichen Eigenschaften sogar gänzlich meiden!

Tipp

Basilikum sollte möglichst erst kurz vor dem Auftischen frisch gezupft oder zerdrückt (keinesfalls klein gehackt) den Speisen zugegeben werden, weil er sich sonst rasch unappetitlich verfärbt.

Beifuß

Artemisia vulgaris

Afrude (norddt.), Amarella (ital.), Anyafü (ung.), Armoise (frz.), Artemisa (span.), Artemisia (engl., ital.), Beinweichkraut, Beinwuchskraut, Beipes, Besenkraut, Beyfuß, Bibeskraut, Bibet, Biboz, Bibs, Bifoot (norddt.), Biwes, Buck(el), Buckraut, Fekete üröm (ung.), Fliegenkraut, Frauenkraut, Gänsekraut, Geißbart, Gemeiner Beifuß, Gewöhnlicher Beifuß, Graabo (schwed.), Himmelskehr(kraut), Himmelskuh, Himmelsuhr, Johannisgürtelkraut, Johanniskraut, Jungfernkraut, Männerkrieg, Magert, Mátrafü (ung.), Motherwort (engl.), Muggert, Mugwort (engl.), Mugwurz, Mutterkraut, Peipoz, Quing-haosu (asiat.), Römischer Wermut, Roter Bock, Sanct Johanns Gürtel, St. Johannskraut, Sintjansbrood (niederl.), Sonn(en)wendgürtel, Sonnwendkraut, Stabkraut, Stabwurzelkraut, Taplóüröm (ung.), Weiberkraut, Weißer Bock, Werzwisch, Wilder Wermut, Wisch

Allgemeines, Herkunft, Geschichtliches

Die Heimat des Beifußes, dem Ältesten aller Kräuter, liegt in den Steppen Russlands. Seit der Antike gilt Beifuß als bewährtes Frauenheilmittel und die alten Römer legten sich sogar vor langen Fußmärschen Beifußblätter in ihre Sandalen, um ihre Füße vor Übermüdung zu schützen. Aus dieser Zeit stammt auch der Spruch: »Der Wanderer nannte mich ›bei Fuß‹, weil ich ihn machte leichten Schuhs.«

Im Mittelalter vertrieb man mit Beifußblättern Teufel und Hexen und mit Beifußblüten würzte man fette Speisen, um Sie bekömmlicher zu machen. Bis zum Beginn des 8. Jh. galt Beifuß noch als dominantes Würz- und Konservierungsmittel bei der Bierherstellung; danach wurde er vom Hopfen abgelöst. Bedauerlicherweise ist der Beifuß in unseren Küchen in Vergessenheit geraten, obwohl kaum ein anderes Gewürz einen derart intensiven Wohlgeschmack entfaltet, und das selbst bei geringster Dosierung; im 18. Jh. war er hierzulande noch so stark verbreitet wie heute die Petersilie.

Nahezu weltweit wächst der Beifuß meist im feuchten Halbschatten auf Ödplätzen, Schutthalden und an Bach- und Flussufern. Er gehört zur Familie der Korbblütler / Asteraceae (Compositae) und ist mit Wermut und Eberraute verwandt, weist jedoch weniger Bitterstoffe auf. Von Juli bis August werden seine Zweigspitzen, die oberen Blätter und die Knospen, unmittelbar bevor sie sich öffnen, geerntet. Beifuß besitzt die Eigenschaft, sich gegen lästige Konkurrenten zu wehren: Pflanzen, die er nicht in seiner Nachbarschaft mag, vernichtet er kurzerhand mit seinen giftigen Terpenen (Bestandteile etherischer Öle).

Traditionell ist es seit vorchristlicher Zeit vielerorts Sitte, sich vor dem Sprung über das sogenannte Mittsommerfeuer (Ende August) mit Beifußbüscheln zu gürten, um sie hinterher in die lodernden Flammen zu werfen. Dadurch sollen die im Gürtel gebannten Krankheiten vertrieben werden.

In Süddeutschland ist es seit über 1000 Jahren an Christi Himmelfahrt Tradition, einen geweihten Strauß aus Beifuß, Arnika und Thymian in der Wohnung aufzuhängen, um Gefahr fernzuhalten. Nach diesem Festtag wird der Strauß, der auch Krautwisch / Neunerbuschens / Weihbuschens / Würzwisch genannt wird, auf dem Dachboden angebracht, um das Haus vor Unheil zu schützen.

Der lateinische Name Artemisia ist von der Göttin Artemis abgeleitet, die nicht nur als Beschützerin der wilden Tiere und der Gebärenden gilt, sondern auch für Heilung und Fruchtbarkeit zuständig ist. Die Bezeichnung Beifuß ist eine Abwandlung des mittelhochdt. »biboz« für »stoßen«, da man ihn vor dem Verzehr zerstoßen sollte. Den Namen Gänsekraut bekam der Beifuß, weil man gerne Gänsebraten damit füllt; schon ein alter Küchenspruch lautet: »Nimm Beifuß an den Gänsebraten, dann bist du immer gut beraten!«

Aussehen

Beifuß kann bis zu 1,5 m hoch werden. Die geschlitzten Blätter sind oberseits glatt und dunkelgrün, unterseits eher weißfilzig. Seine kantigen, rotbraunen Stängel verästeln sich nach oben hin, niederwärts verholzen sie. Die zahlreichen, kleinen, weiß-gelben Blütenkörbchen haben eine rispenförmige Anordnung.

Geschmack

Noch geschlossene Beifußblütenknospen und die jungen Blättchen schmecken sowohl im frischen als auch im getrockneten Zustand angenehm würzig, leicht bitter, wermut-wacholder-minzeähnlich; während und nach der Blüte haben sie hingegen einen stark bitteren Geschmack. Alte Beifußblätter sind ungenießbar.

Geruch

Beifuß riecht aromatisch zitronig.

Arten, Sorten

Ambrosia / Ambrosia artemisifolia (bot.) / Ambrosie / Asthmapflanze / Beifuß-Ambrosie / Beifußblättriges Traubenkraut nennt sich eine nach Europa eingeschleppte Beifußsorte aus Nordamerika, die deshalb so

gefürchtet ist und bekämpft wird, weil sie weltweit zu den stärksten Allergieauslösern zählt.
Jüdischer Beifuß / Artemisia judaiea (bot.) nennt sich eine neue, bis zu 50 cm hohe Beifußsorte aus Israel, deren graues, feingliedriges Laub intensiv nach Cola riecht.
Strandbeifuß / Artemisia maritima (bot.) / Meerwermut / Nobbekrut / Strandwermut: Lediglich an der Nordseeküste kann man den Strandbeifuß bewundern, wo er die Salzwiesen wie ein silberner Teppich überdeckt. Sein Aroma erinnert an eine Mixtur aus Curry, Kresse und Wermut.

Hauptinhaltsstoffe

Absinthin, Amyrin, Artemisin, Bitterstoffe, Cineol, etherisches Öl, Fernenol, Flavonoide, Fluor, Folsäure, Gerbstoffe, Glykoproteine (in den Blütenpollen), Inulin (in der Wurzel), Karotinoide, Santonin, Sesquiterpenlactone, Sesquiterpensäuren, Tannin, Terpene, Thujon, Vitamin C.

Verwendung, Zubereitung

Beifuß entfaltet sein ganzes Aroma erst beim Kochen oder Schmoren, wobei er sogar geschmacksverstärkende Eigenschaften mobilisiert. Am vorteilhaftesten wird der Beifuß klein gehackt zum Würzen von Gänse-, Enten- und Schweinebraten, Kalbshaxe, Aalgerichten, Eintöpfen, Eierspeisen, Gemüse oder Schmalz verwendet. Auch aus der Senf-, Essig-, Likör- und Branntweinherstellung ist Beifuß kaum wegzudenken. Eine traditionelle Besonderheit zur Weihnachtszeit ist hierzulande zwar ein knuspriger Gänsebraten – aber versuchen Sie doch einmal, die Gans zunächst in einem Fond aus Wasser, Salz, Pfeffer und Spickzwiebel zu kochen, dann zu entbeinen, in Portionsstücke zu zerteilen, diese mit Salz und Pfeffer zu würzen, dann in Mehl und geschlagenem Ei zu wenden, das mit reichlich feingehackten Beifußblüten vermengt wurde, und sie schließlich in dem Gänseschmalz heiß ausbraten, das sich zuvor während des Garens an der Oberfläche des Kochtopfs abgesondert hat. Dazu passt frischer Feldsalat und Stangenweißbrot.
Fleischsalat wird besonders würzig, wenn man ihn mit einem Sud aus Pfefferminze und Beifuß verbrämt.

Lagerung

Licht- und luftgeschützt kann getrockneter Beifuß jahrelang bevorratet werden, im Laufe der Zeit verflüchtigen sich jedoch seine Aromastoffe.

Volksmedizinische Bedeutung

Beifuß macht nicht nur fettes Essen leichter verdaulich, er bekämpft ebenso Bakterien, Würmer und Pilze im Magen-Darm-Trakt. Der Beifuß stärkt ebenso den Zahnschmelz und das Immunsystem, er besitzt antibiotische, appetitanregende, schweiß- und harntreibende Eigenschaften und bekämpft Kopfschmerzen ebenso wie Migräne, Epilepsie und Depressionen. Beifußtee kräftigt, belebt und begünstigt die Blutverteilung. Zwar hat sich Beifußtee auch bei Unterleibserkrankungen bewährt, während der Schwangerschaft aber sollte er gemieden werden.

Ein Beifußextrakt, der schwach dosiert dem Badewasser beigefügt wurde, verspricht Entspannung. Beifußallergiker sollten während der Beifußpollenzeit von dem Verzehr von Artischocken, Gurken, Kartoffeln, Melonen, Möhren, Paprika, Sellerie, Anis, Curry, Knoblauch, Muskat, Pfeffer und Zimt absehen, da eventuelle Wechselwirkungen zum Anschwellen des Rachenraums und zu Atemnot führen können.

Tipp

Mit getrocknetem Beifuß lassen sich Motten aus dem Kleiderschrank vertreiben!

Beinwell

Symphytum officinale

Beinbrechwurz(el), Beinheil, Beinwurz(el), Consolida (ital., röm.), Consuelda major (span.), Eselsohrwurz(el), Gemeiner Beinwell, Gemeine Wallwurz, Gewöhnlicher Beinwell, Glotwurzel, Große Wallwurz, Hälwurzel, Hasenlaub, Hasenbrot, Heilwurzel, Herbe de consoude (frz.), Honigblum(e), Hungerblume, Kuchenkraut, Lotwurz, Milchwurz(el), Schadheilwurzel, Scheuerwurz, Schmal(z)-wurz(el), Schmerzwurz, Schneewurzel, Schwarze Waldwürze, Schwarzwurz, Soldatenkraut, Soldatenwurzel, Speckwurz, Symphyein (griech.), Waldwurz, Wallwurz, Wilder Comfrey, Wottel, Wundallheil, Wundschad, Wundwurzel, Zottel, Zuckerhafer(l)

Allgemeines, Herkunft, Geschichtliches

Beinwell ist ein Rauhaargewächs (Boraginaceae), dessen Vorkommen sich auf Asien, Europa und Nordamerika beschränkt. Im Frühjahr wird dieses ausdauernde Wildkraut, das sich auf nassen Wiesen, an Bachufern und Waldrändern am wohlsten fühlt, möglichst noch vor der Blüte geerntet. Weidevieh meidet den Beinwell zwar peinlichst, auf Nektar sammelnde Insekten hat er hingegen eine magische Anziehungskraft.

Aus dem Umstand, dass die Blätter des Beinwells mit den Stängeln regelrecht verwachsen sind, schlossen unsere Altvorderen, die die Sprache der Natur stets zu deuten wussten, dass er wohl zusammenheilende Kräfte bei Wunden und Knochenverletzungen habe, weshalb man schon im Mittelalter Knochenbrüche vorzugsweise mit Beinwellwurzeln behandelte. Auch die Äbtissin Hildegard von Bingen und der berühmte Naturheilarzt Paracelsus nutzten diese Pflanze zur Heilung von Wunden und eiternden Geschwüren. Den Nachweis, dass der mit dem Borretsch verwandte Beinwell tatsächlich heilungsbeschleunigende Eigenschaften besitzt, erbrachten Wissenschaftler erst in der Neuzeit, als es ihnen gelang, den Wirkstoff Allantoin zu isolieren.

Der altrömische Name Consolida (lat. consolidare: befestigen, stärken) bezieht sich auf die wundheilenden Eigenschaften des Beinwells.

Zwar wird der Beinwell wegen seiner dunklen Wurzel auch Schwarzwurz genannt, hat mit der Schwarzwurzel allerdings nichts zu tun.

Der Name Wallwurz wurde dem griechischen »symphyein« für

»überwallen« (zuwachsen von Wunden) entlehnt.

Aussehen

Beinwell ist eine starkwüchsige, bis zu 1 m hohe Pflanze mit großen, rauhaarigen, spitz zulaufenden und hängenden Blättern, kantigen Stängeln und rot-violetten, glöckchenartigen Blüten.
Die doppeldaumendicken, schwarzbraunen, schmierigen Beinwellwurzeln können bis zu 30 cm lang werden.

Geschmack

Junge Beinwellblätter schmecken borretschähnlich und süßlich, alte werden zunehmend bitter. Beinwellwurzeln haben einen an Kampfer erinnernden Geschmack.

Geruch

Die gesamte Beinwellpflanze ist völlig geruchsneutral.

Arten, Sorten

Comfrey (engl.) / Comphrey / Komfrei heißt eine etwas größere und weniger behaarte Beinwellsorte aus Russland mit azurblauen Blüten, die aus einer Kreuzung des Gemeinen Beinwells mit dem Rauen Beinwell (Kaukasus-Comfrey / Symphytum asperum) hervorgegangen ist, der hierzulande lediglich als Zierpflanze Nutzung findet.

Hauptinhaltsstoffe

Im Kraut: Alkaloide, Allantoin, Cholin, etherisches Öl, Flavonoide, Gerbstoffe, Kalium, Protein, Stickstoff, Vitamin B 12, Zink, Zucker.
In der Wurzel: Allantoin, Asparagin, Gerbstoffe, Glykoside, Harz, Inulin, Kieselsäure, Schleimstoffe, Stärke.

Verwendung, Zubereitung

Frische Beinwellblätter können nicht nur der Komplettierung und Geschmacksabrundung von Salaten, Suppen und Gemüsen dienen, auch als eigenständiges Gemüse (am besten nur kurz in wenig Butter gedünstet) können sie hervorragend verarbeitet werden; in festen Pfannkuchenteig getaucht und anschließend nur wenige Sekunden in heißem Öl ausgebacken gelten junge Beinwellblätter bei Gourmets sogar als besondere Delikatesse.
Industriell werden Beinwellblüten und -blätter zur Herstellung von Färbemitteln und Tees genutzt.
Beinwelltriebe können wie Spargel zubereitet werden.
Das frische, sehr stickstoffhaltige Blattwerk des Beinwells wird von Pflanzenkennern bevorzugt als Mulchmaterial unter Tomatenanpflanzungen und als Grünfutter für Schweine, Kühe, Fohlen und Ziegen genutzt, als Jauche (im Verhältnis 1:10 mit Wasser verdünnen und ca. 1–2 Wochen ruhen lassen) kann es jedoch auch als kräftigender und wachstumsfördernder Dünger verwendet werden.
Getrocknete Beinwellwurzeln dienten einst dem Aromatisieren von Landwein, heute ist das jedoch nicht mehr zulässig.

Volksmedizinische Bedeutung

Umschläge mit frisch zerstoßenen Beinwellblättern oder -wurzeln (oder Beinwellpulver aus der Apotheke) beschleunigen aufgrund ihrer durchblutungsanregenden und zellregenerierenden Eigenschaften nachweislich nicht nur den Heilungsprozess bei Blutergüssen, Brüchen, Krampfadern, Muskelverhärtungen, Neurodermitis, Verbrennungen und Verstauchungen, sie können sogar Entzündungen hemmen und Schmerzen lindern. Zwingend zu berücksichtigen ist, dass der Beinwell wegen seiner toxischen Bestandteile (Pyrrolizidinalkaloide) keinesfalls mit offenen Wunden in Kontakt kommen und während der Schwangerschaft angewendet werden darf, da dies zu schweren gesundheitlichen Schäden führen kann. Nachweislich hat der Beinwell sogar stimulierende Eigenschaften auf die Sexualorgane.

Tipp

Ist bei der Beinwellanzucht viel Blattmasse gewünscht, sollten die Blüten des Öfteren zurückgeschnitten werden!

Bibernelle (Kleine)

Pimpinella saxifraga

Ahopukinjuuri (finn.), Almindelig pimpinelle (dän.), Backanis (schwed.), Bibernell(e), Bibinell, Biedrzeniec (poln.), Bimbernellche (pfälz.), Bockrot (schwed.), Bockskraut, Bockspeterlein, Bockspetersilie, Bock(s)-wurz(el), Boucage saxifrage (frz.), Bumbernell, Burnet saxifrage (engl.), Gjeldkarve (norw.), Kleine Bevernel (niederl.), Kleine Pimpernel (niederl.), Kleine Pimpinelle, Mauerpeterlein, Pfefferwurz(el), Pimpernel (engl.), Pimpernell(e), Pimpinela (span.), Pimpinella (ital.), Pimpinell(e) (dän., dt., norw., schwed.), Pimprenelle (frz.), Pinellkraut, Rossbibernelle, Salvastrella (span.), Stein(brech)bibernelle, Steinbrechwurz, Steinpeterlein, Stein(pilz)petersilie, Tragoselino comune (ital.), Weinpimpinell(wurzel), Weiße deutsche Theriakwurzel

Allgemeines, Herkunft, Geschichtliches

Die Heimat der zu den Doldengewächsen / Apiaceae (Umbelliferae) zählenden Kleinen Bibernelle liegt in Europa. Im 8. Jh. wurde sie erstmals erwähnt und seit bereits dem 16. Jh. wird sie arzneilich genutzt. Wild wachsend findet man die anspruchslose, mit Anis, Dill, Fenchel, Kümmel, Kreuzkümmel und Koriander verwandte Kleine Bibernelle meist auf kalkigen, trockenen Wiesen, an Wegrändern und in Wäldern. Ernten kann man diese von Juni bis Oktober blühende Pflanze, die zu den vitamin-C-reichsten Kräutern zählt, den ganzen Sommer über, am besten in den frühen Abendstunden, weil dann ihr Gehalt an etherischen Ölen am größten ist.
Die Bibernelle wird oft mit dem Kleinen Wiesenknopf verwechselt, der jedoch den Rosengewächsen zugeordnet wird und naturgemäß eirunde, grob gezackte, mattgrüne Blätter und Blütenköpfchen mit roten Einzelblütchen aufweist.
Die lateinische Bezeichnung Pimpinella wurde vermutlich vom mittelalterlichen Namen Dipinella abgeleitet, was »zweifederförmig« bedeutet und sich auf die gefiederte Blattform bezieht.

Aussehen

Die Kleine Bibernelle ist eine langstielige, röhrige, schwach verzweigte und bis zu 50 cm hohe Staude, mit einfach gefiederten, fein gezähnten, hellgrünen Blättern, bis zu 15-strahligen, weißen bis zartrosa Blüten und einer oftmals verzweigten Pfahlwurzel.

Geschmack

Bibernellenblätter schmecken leicht bitter-scharf, nussartig und zuweilen gurken- bis borretschähnlich. Die spindelförmigen Bibernellenwurzeln besitzen hingegen einen beißend scharfen Rettichgeschmack und -geruch.

Geruch

Bibernellen verbreiten einen Duft, den man als »streng medizinisch« oder »bockartig« bezeichnen könnte.

Arten, Sorten

Große Bibernelle / Pimpinella major (bot.) / Great burnet (engl.) / Große Pimpinelle / Grote Bevernel (niederl.) / Pfefferwurzel / Schwarze Bibernelle / (Schwarze) deutsche Theriakwurzel / Stierwurzel: Die relativ kahlwüchsige Große Bibernelle zeigt ihre vorwiegend weißen (manchmal auch zartrosa) Blüten von Mai bis September. Sie hat bis zu 100 cm hohe, kantige, tief gefurchte, hohle Stängel und dunkelgrün glänzende, einfach gefiederte Blätter. Am häufigsten trifft man die Große Bibernelle in Deutschland und Mitteleuropa an, meist auf feuchten Wiesen.

Hauptinhaltsstoffe

Antibiotische Stoffe (pharmakologisch anerkannt), Bitterstoffe, Cumarine, Flavone, Gerbstoff, Phenolesterepoxide, Pimpinellin, Polyacetylene, Saponine, Vitamin C.

Verwendung, Zubereitung

Bibernellenblätter werden in Salaten, Kräuterbutter, Saucen (z. B. der Frankfurter Grünen Soße), Eier- und Fischgerichten, Quarkspeisen und Suppen verarbeitet oder eigenständig als Salat oder Gemüse zubereitet.

Vor dem Zerkleinern der druckempfindlichen Bibernellenblätter sollte man sie mit ein paar Tropfen Zitronensaft oder Essig beträufeln, um sie vor Oxidation zu schützen. Den arteigenen Geschmack gehackter Bibernellenblättchen kann man intensivieren, indem man etwas Olivenöl beimengt.

Volksmedizinische Bedeutung

Die Bibernelle lindert nicht nur Heiserkeit, Kopfschmerzen und Wassersucht, sie wirkt auch auswurf-, verdauungs- und menstruationsfördernd. Eine Tasse Bibernellentee, morgens auf nüchternen Magen getrunken, schützt den ganzen Tag vor Ansteckung.

Als im Winter 1918 die Spanische Grippe regierte und viele dahinraffte, bewährte sich das fleißige Trinken von Bibernellentee, infolgedessen die meisten Patienten innerhalb von 8–10 Tagen wieder völlig gesundeten.

Tipp

Da mancherorts auch der Kleine Wiesenknopf als Bibernelle oder Pimpernelle bezeichnet wird, sind Verwechslungen der beiden Pflanzengruppen leicht möglich.

Bockshornklee

Trigonella foenum-graecum
Fenugreek (engl.), Griechisch(es) Heu, Heno griego (span.), Hirschwundenkraut, Hornklee, Hoornklaver (niederl.), Kuhhorn(klee), Methi (ind.), Rehkorn, Schöne Grete, Sénegré (frz.), Siebenzeiten, Stundenkraut, Ziegenhorn(klee)

Allgemeines, Herkunft, Geschichtliches

Der zu den Schmetterlingsblütlern (Fabaceae) und Hülsenfrüchten zählende Bockshornklee ist im mittelmeerischen und vorderasiatischen Raum weit verbreitet und zu Hause, wird jedoch ebenso in Mitteleuropa, z. B. in Frankreich, Italien und Griechenland, angebaut, wo er meist als Viehfutter Verwendung findet. Im alten China kamen Bockshornkleesamen als Heilmittel zum Einsatz und unter Kleopatra galten sie schon im alten Ägypten als hautstraffendes Kosmetikum. Im antiken Griechenland (800 v. Chr. bis 400 n. Chr.) schätzte man Bockshornkleesamen als Dopingmittel bei Wettkämpfen. Hildegard von Bingen verordnete den Bockshornklee einst bei Milzbeschwerden.
Der botanische Name des Bockshornklees deutet auf seine ehemalige Verwendung als Viehfutter in Griechenland hin: »foenum« für »Heu« und »graecum« für »griechisch«.

Aussehen

Bockshornklee ist eine einjährige, ca. 50 cm hohe, fast kahle, pfahlwurzlige Pflanze mit 3 fingerartig angeordneten, am Rand gekerbten, hellgrünen, krautigen Blättern, die sich zur Spitze hin verbreitern; das mittlere Blättchen ist jeweils gestielt. Die Frucht sitzt in einer zylindrischen, zuweilen auch hornförmigen, bis zu 10 cm langen und 1 cm breiten Hülse, die 5–20 kleine, ungleich gestaltete, flach-eiförmige bis würfelige, gelbrote Samen beinhaltet.

Geschmack

Bockshornkleesamen besitzen einen angenehm bitteren, an Curry erinnernden Geschmack. Bockshornkleeblätter sind nur im angewelkten Zustand genießbar.

Arten, Sorten

Bisamklee / Trigonella caerulea (lat.) / Blauer Steinklee / Brotklee (tirol.) / Käseklee / Schabzigerklee / Zigerklee wird überwiegend in den Alpen kultiviert. Sein schnellwüchsiges, an Liebstöckel erinnerndes Kraut wird in der Schweiz im vermahlenen Zustand als Würze bei der Herstellung des Schabziger / Glarner Kräuterkäse / Grünen Käse (Reibkäse aus Mager- und Buttermilch) und zum Würzen von Fladenbrot verwendet.

Hauptinhaltsstoffe

Alkaloide, Calcium, Cholin, Diosgenin, hochwertige Eiweiße, Flavonoide, Galaktomannan (30%), Kupfer, Nitrate, Saponin, Steroidsaponine, Trigonellin, Vitamine, Zink.

Verwendung, Zubereitung

Geröstete Bockshornkleesamen schmecken zwar etwas bitter, sind jedoch eine gesunde Beigabe zu Mischsalaten, Suppen, Eintöpfen und Linsengerichten. In Indien werden Bockshornkleesamen Cur-

rymischungen beigefügt. Bockshornklee dient nicht nur der Geschmacksoptimierung von Rinderfutter, er fördert zugleich das Wachstum und die Milchbildung dieser Tiere. Die Textilindustrie nutzt die Schleimstoffe des Bockshornkleesamens zur Steifung von Farbbrühen.
Keimlinge aus Bockshornkleesamen sind bereits nach 2 Tagen erntereif. Danach sollten sie unverzüglich verzehrt werden, weil sie sehr bitter werden.

Volksmedizinische Bedeutung

Bockshornkleesamen haben eine wärmende, cholesterinsenkende, verdauungsfördernde, immunsystemanregende, antriebsteigernde, magenstärkende und kräftigende Wirkung bei geistiger und körperlicher Erschöpfung, da sie imstande sind, den Sauerstoffgehalt im Blut und in den Körperzellen zu erhöhen; sie wirken sogar heilend bei entzündeten Rachenräumen und strapazierten Stimmbändern. Auch in heißen Breiumschlägen (100 g gemahlene Samen werden mit etwas Wasser verkocht), die der Behandlung von Nagelbettentzündungen, Mitessern, Hühneraugen, Schwielen, Furunkeln und Karbunkeln dienen, werden sie erfolgreich genutzt: Hautunreinheiten und entzündete Eiterherde werden damit förmlich aus der Haut gezogen.
In der Pharmaindustrie wird der im Bockshornklee enthaltene Wirkstoff Diosgenin sogar als Semen foenugraeci für Präparate zur Empfängnisverhütung eingesetzt.

Tipp

Bockshornkleeanpflanzungen reichern den Boden mit Stickstoff an.

Bohnenkraut

Satureja hortensis

Ajedra (span.), Bergminze, Boenneurt (dän.), Bonenkruid (niederl.), Bors(ika)fü (ung.), Chabyor (russ.), Csombord (ung.), Czaberek (poln.), Einfaches Bohnenkraut, Eisbet (siebenb.), Fleischkräutchen, Gartenkölle, Gartenquendel, Göckerleskrud, Hahnekreitche (hunsr.), Hahnenkraut, Hsiang-Po-Ho (chin.), Hühnerfülle, Josefle, Käsekraut, Kara kekik (türk.), Kölle, Kräutlein des Glücks, Kyndel (schwed.), Nadgh (arab.), Pfefferkraut, Sabroso (span.), Santoreggia (ital.), Sar (isl., norw.), Sariette annuelle (frz.), Saturei, Saturejka (tschech.), Savory (engl.), Savourée (frz.), Schmecket, Segurelha (port.), Sommerbohnenkraut, Sommersaturei, Summer savory (engl.), Suppenkräutchen, Würzkraut armer Leut', Wurstkraut

Allgemeines, Herkunft, Geschichtliches

Die Heimat des Bohnenkrauts liegt am Schwarzen Meer und im östlichen Mittelmeerraum. Im 9. Jh. brachten italienische Benediktinermönche das Bohnenkraut erstmals auch nach Mitteleuropa, und als Karl der Große 812 allen kaiserlichen Maierhöfen die Anzahl und Art der anzubauenden Küchenkräuter in seinem »Capitulare« vorschrieb, befand sich in dieser Aufstellung auch das Bohnenkraut.

Beim Bohnenkraut handelt es sich nicht etwa um das Kraut der Bohnen, sondern um die Blätter eines genügsamen, strauchartigen Gewächses, das mit der Minze verwandt ist. Großflächig angebaut wird das zu den Lippenblütlern / Lamiaceae (Labiatae) zählende einjährige Bohnenkraut in Deutschland, Frankreich, Indien, Nordamerika, Spanien und in Südafrika.
Gepflanzt wird Bohnenkraut vorzugsweise sonnenseitig und in der Nähe von Bohnen, weil es die gefräßige Schwarze Bohnenlaus fernhält; geerntet wird es am besten kurz vor oder während der Blüte, dann ist das Aroma am intensivten und nachhaltigsten.
Seinen Namen erhielt das Bohnenkraut nicht nur, weil es Bohnengerichte den letzten Pfiff verleiht, sondern auch weil es zweifelsfrei »bohnenhaft« schmeckt.
»Kräutlein des Glücks« wird das Bohnenkraut deshalb genannt, weil es erwiesenermaßen nach dem Verzehr aphrodisierende Wirkung hat.

Aussehen

Bohnenkraut ist eine buschige Gewürzpflanze mit runden, holzigen, bis zu 50 cm langen Stielen und winzigen, weißlich bis hellviolett gefärbten Blüten, die winzige Samen, sogenannte Nüsschen beherbergen. Die schmalen, lanzettförmigen, angenehm weichen, am Rand fein bewimperten Blätter, die sich paarig gegenüberstehen, sind bei gesunden Exemplaren oberseits dunkelgrün, unterseits silbrig-grau.

Geschmack

Sowohl das frische als auch das getrocknete Bohnenkraut besitzt dominanten und gewürzhaften Charakter.

Geruch

Wenn man Bohnenkraut zwischen den Fingern zerreibt, verströmt es sympathische, wärmende Düfte.

Arten, Sorten

Bergbohnenkraut / Ausdauerndes Bohnenkraut / Eselspfeffer / Kleiner Pfeffer / Satureja montana (lat.) / Sariette vivace (frz.) / Staudenbohnenkraut / Winterbergminze / Winterbohnenkraut / Winter savory (engl.) nennt sich ein frostbeständiger und robuster, bis zu 45 cm hoher, mehrjähriger Verwandter des Bohnenkrauts mit kräftigem Thymian-Pfeffer-Aroma, das zwar nicht so elegant ist wie das des einjährigen Bohnenkrauts, jedoch mit nahezu allen Gerichten harmoniert, bei denen man ansonsten Thymian verwenden würde. Die konsistenten, dunkelgrünen Blätter dieser winterharten Gewürzpflanze, die jeweils im September unscheinbare weiße Blütchen hervorbringt, die von Gartenbesitzern nicht selten als Lockmittel für Bienen genutzt werden, sollte man nach dem Auskochen entfernen.
Satureja douglasil heißt eine neu entwickelte, hängende Bohnenkrautsorte, die stark nach Kaugummi duftet.

Hauptinhaltsstoffe

Carvacrol, Cymol, Gerbstoffe, Harze, Phenole, Schleim, Tannine, Thymol, Vitamin C.

Verwendung, Zubereitung

Bohnenkraut ist sehr vielseitig und kann zum Würzen von Eintöpfen,

Gemüsen, Salaten, Suppen, Wurstgewürzmischungen und Kartoffelgerichten verwendet werden. Erbsensuppe erhält erst durch eine Prise Bohnenkraut den letzten Pfiff! Für die Zubereitung von Rohkost und Salaten ist frisches Bohnenkraut dem getrockneten vorzuziehen, da sich der pfeffrige Geschmack des getrockneten Krauts erfahrungsgemäß negativ auf das Aroma von frischer Ware auswirkt. Gemüsebeete schützt man auf umweltfreundliche Weise vor einer Schneckenplage, indem man sie mit Bohnenkraut umpflanzt.

Volksmedizinische Bedeutung

Bohnenkraut wirkt nicht nur appetitanregend, verdauungsfördernd und den Stuhlgang regelnd, es verhindert und beseitigt ebenso Blähungen und besitzt wärmende Eigenschaften. Mit frisch zerdrücktem Bohnenkraut wendet man sogar Entzündungen und Schwellungen der Haut ab, die durch Wespen- oder Bienenstiche hervorgerufen wurden. Schonköstler sollten mit Bohnenkraut statt mit Pfeffer würzen, weil es wesentlich bekömmlicher ist. Bohnenkrauttee ist nicht nur ein hervorragendes »Stopfmittel« bei Darmkatarrh, er besitzt ebenso nervenstärkende und hustenlösende Eigenschaften.

Tipp

Einen akzeptablen Bohnenkrautersatz erhält man durch eine Mischung von Majoran und Thymian im Verhältnis 1:1.

Borretsch

Borago officinalis

Aalkrud (norddt.), Abou rach (arab.), Augenzier, Beielichrut (bernerdt.), Blauhimmelstern, Borage (engl.), Borageen, Borágó (ung.), Bor(r)asch, Borax, Boretsch, Borgel, Borrach (kelt.), Borragine (ital.), Borraja (span.), Borrana (ital.), Borvirág (ung.), Bourrache (frz.), Buris, Burrasch (rheinhess.), Gegenfraß, Gurkenkönig, Gurkenkraut (schweiz.), Herzblümlein, Herzblüten, Herzensfreund, Herzfreude, Himmelsstern, Jumpferegsichtli (schweiz.), Liebäugl(ein), Porich, Reibeisen, Wohlgemutsblume, Wohlgemutskraut

Allgemeines, Herkunft, Geschichtliches

Die Heimat des Borretschs liegt in mediterranen Gebieten, wo er schon in der Antike dafür gerühmt wurde, melancholische Zustände abzuwenden. Im 15. Jh. gelangte der Borretsch über Frankreich auch nach Deutschland und im 17. Jh. bekräftigte der englische Chronist John Evelyn, dass Borretsch Hypochonder beleben und büffelnde Studenten aufheitern könne. Borretsch ist ein anspruchsloses, jedoch überaus wasserbedürftiges und kältesensibles Raublattgewächs (Boraginaceae), das in der Nachbarschaft von Tomaten, Rote Bete und Sellerie deren Wuchs begünstigt und Schnecken fernhält. Die Borretschpflanze eignet sich auch zur Gründüngung; seine weit verzweigten Wurzeln sorgen für einen kräftigen und feinkrümeligen Gartenboden.

In manchen Hausgärten kann man beobachten, dass sich der Borretsch, vermeintlich durch Samenflug, an völlig unterschiedlichen Standorten in Form von Neupflänzchen selbst aussät; in Wahrheit sind es die allseits umtriebigen Ameisen, zu deren Lieblingsbeschäftigung das Verschleppen (fachspr. Myrmechorie) und Vergraben von Borretschsamen zählt.

Der Name Borretsch soll sich vom keltischen »borrach« ableiten, das auf den frohen Mut nach dem Verzehr von Borretschblättern anspielt, es mehren sich jedoch ebenso Meinungen, dass Borretsch vom arabischen »abou rach« (»Vater des Schweißes«) hergeleitet worden sei, da seine Blüten einst zu schweiß- und harntreibenden Zwecken genutzt wurden.

Aussehen

Der bis zu 50 cm hohe Borretsch hat helle, brennnesselhafte Blättchen mit samtartiger Beborstung und nickende, fünfzählige, himmelblaue, sternförmige Blüten; alte Borretschblätter besitzen eine zähe, reibeisenartige Oberfläche.

Geschmack

Junge Borretschblätter schmecken kräftig nach Gurke mit leichtem Zwiebelanklang, ältere sind aufgrund ihrer Rauborstigkeit nicht zum Verzehr geeignet. Die dekorativen Borretschblüten (Mai–September) sind ohne Weiteres essbar, jedoch nicht ganz so aromatisch wie die Blätter.

Geruch

Die gesamte Borretschpflanze verströmt einen intensiven Gurkengeruch.

Arten, Sorten

Kleiner Borretsch / Borago laxiflora (lat.) heißt der zierliche Bruder des Borretsch. Er wird nur 30 cm hoch, geschmacklich steht er seinem Verwandten jedoch keineswegs nach. Im sonnigen Korsika und in Sardinien liegt die Heimat des Kleinen Borretschs, wo er überwiegend wild wachsend auf den sandigen Böden gedeiht.

Hauptinhaltsstoffe

Calcium, etherische Öle, Gamma-Linolsäure (bis zu 25 g/(100 ml) im Öl der Samen), Gerbstoff, hormonähnliche Substanzen, Kalium, Kieselsäure, Pyrrolizidinalkaloide, Saponine, Schleimstoffe, Tannin, Vitamin C.

Verwendung, Zubereitung

Borretsch sollte möglichst erst kurz vor dem Verzehr geerntet werden, da er rasch welkt. Mitsamt seinen Blüten kann er nicht nur zum Würzen von Kräutersaucen, Salaten (besonders Gurkensalat), Quarkspeisen, Joghurt, Suppen, Fleisch-, Kohl-, Pilz- und Aalgerichten, sondern auch als eigenständiges Gemüse genutzt werden. Spinat- und Mangold wird nicht nur delikater, wenn es mit fein gehackten, älteren Borretschblättern komplettiert wird, es bekommt sogar eine appetitlichere grüne Farbe. Borretschblüten eignen sich zum Färben von Essig (er wird blau), zum Garnieren von Erfrischungsgetränken, zum Kandieren, zum Ausbacken in Bierteig, als Verzierung von Brotwaren oder als essbare Dekoration auf kalten Platten und Salaten.

Lagerung

Borretsch sollte möglichst frisch verarbeitet werden. Er lässt sich hervorragend einfrieren, zum Konservieren ist er hingegen ungeeignet, weil er dadurch ein unappetitliches Aussehen annimmt. Getrocknete Borretschblätter haben ihren Geschmack und die damit verbundene Würzwirkung gänzlich verloren; sie gehören auf den Kompost.

Volksmedizinische Bedeutung

Borretschkraut ist nicht nur herz- und nervenstärkend, es regt ebenso die Ausschüttung des Glückshormons Adrenalin an, mildert Fieber, Reizhusten, Nierenentzündung, rheumatische Beschwerden und reinigt das Blut. Umschläge mit Borretschkraut lindern Schwellungen und heilen Neurodermitis.
Borretschsamen lindern Katerstimmung, Bluthochdruck, nervöse Darmbeschwerden, Brustschmerzen und Wassereinlagerungen während und vor der Menstruation.
Die sekundären Pflanzenstoffe der Borretschblüten (z. B. Flavone und Saponine) besitzen nicht nur stoffwechselbeschleunigende und harntreibende Eigenschaften, nachweislich fördern sie sogar die Konzentration.
Borretschtee und frischer -saft wirkt nicht nur blutreinigend, schleimlösend, herzstärkend, allgemein kräftigend und schweiß- und harntreibend, er bekämpft ebenso Hitzewallungen, Stress und depressive Stimmungen.
Bei häufigem und unmäßigem Verzehr kann der Borretsch die Leber schädigen und Krebskrankheiten hervorrufen; eine gelegentliche und nur schwach dosierte Verwendung als Gewürz oder Heilkraut ist jedoch völlig unproblematisch.

Tipp

Borretschgemüse regt die Sexualhormone an, indem es Eierstöcke und Hoden stimuliert. Ursache hierfür sind hormonähnliche Substanzen, wie inzwischen wissenschaftlich belegt werden konnte. Nonnen und Mönchen war deswegen im Mittelalter der Borretschanbau verboten!

C

Chili

Capsicum frutescens

Aji (jap.), Beißbeere (österr.), Celston büber (türk.), Chile (mex.), Chili(schote), Chilli (engl.), Cilli, Filfil ahmar (arab.), Guindilla (span.), Karya berbera (äthiop.), La-Chiao (chin.), Lal mirch (ind.), Lombok (indon.), Peperoncini (ital., schweiz.; Pl.),

Peperoncino (ital., schweiz.; Sing.), Peperoni (fälschl.), Pepper (engl.), Peruanischer Pfeffer, Pfefferone (österr.; Sing.), Pfefferoni (neudt., österr.; Pl.), Pfefferschote, Piment enragé (frz.), Pimentón (span.), Pimienta (fälschl.), Pimiento (span., südamerik.), Spaanse peper (niederl.), Spanischer Pfeffer, Spansk Peppar (schwed.)

Allgemeines, Herkunft, Geschichtliches

Christoph Kolumbus war es, der das Chili erstmals 1492 in Südamerika entdeckte. Da er seinerzeit in spanischen Diensten stand und der festen Überzeugung war, dass es sich bei seinem Fund um Pfeffer handelte, brachte er den Chili als Spanischen Pfeffer in seine europäische Heimat. Dieser kleine Irrtum sorgt bis heute für große Begriffsverwirrungen hinsichtlich der verschiedenen Paprika- und Pfefferprodukte. Der Chili ist kein Pfeffergewächs (Piperaceae), sondern eine echte Beerenfrucht und bedeutsames Mitglied der großen Paprikafamilie, die wie Tomate und Aubergine zu den Nachtschattengewächsen (Solanaceae) gehört. Chili wird größtenteils in frostfreien Zonen Afrikas, Asiens, Europas und Südamerikas angebaut.

Die stechende Schärfe oder »Hitze« von Chili wird von Züchtern und Handelsbetrieben entweder in Schärfegraden zwischen 0 und 10 angegeben oder in sogenannten Scoville gemessen, nach einer speziellen Skala von ursprünglich 0–500.000, die der amerikanische Pharmakologe Wilbur L. Scoville 1912 entwickelte. Das für die Schärfewahrnehmung verantwortliche Alkaloid Capsaicin hat in Reinform nach heutigen Messungen ca. 16.000.000 **Scoville**, eine Gemüsepaprika lediglich 0–100!

Der Name des Chilis leitet sich von seiner vermeintlichen Heimat Chile ab, tatsächlich jedoch stammt er aus der Gegend um Mexiko und Peru, wo er bereits vor 6000 Jahren als begehrtes Gewürz genutzt wurde; das belegen jüngste archäologische Funde.

Aussehen

Chili sieht aus wie Gemüsepaprika, er ist aber wesentlich schmaler und kleiner. Vom Gewürzpaprika, dessen Beerenfrüchte während des Wachstums nach unten zeigen, unterscheidet sich Chili durch seinen nach oben gerichteten Wuchs.

Exocarp nennt man in Fachkreisen die hauchdünne, äußere Haut aller Capsicum-Früchte.

Mesocarp heißt das darunterliegende Fruchtfleisch.

Endocarp bezeichnet die weißliche Innenwand aller Capsicum-Früchte.

Plazenta nennt man den Mittelpunkt des Hohlraums, an dem die Samen hängen.

Geschmack

Je nach Größe, Sorte und Reifegrad kann das Chilifruchtfleisch sowohl sehr mild als auch äußerst scharf schmecken, besonders im getrockneten Zustand. Chilisamen sind infolge ihres immensen Capsaicingehalts für Menschen und Säugetiere ungenießbar, Vögeln jedoch kann er nichts anhaben: Sie fressen die Schoten mitsamt den Kernen, scheiden diese dann unverdaut wieder aus und sichern so die Fortpflanzung des Chilis.

Arten, Sorten

Ancho nennt man Sorte Poblano im getrockneten Zustand. Während des Trocknens nimmt die vormals grünschwarze, längliche Frucht eine violette Färbung und eine flache, breite (span. ancho: breit) Form an.

Baumchili / De Arbol / Tree pepper (engl.) heißt eine länglich gebogene, dunkelrote Chilisorte aus Mexiko, die meist im getrockneten Zustand verarbeitet wird.

Bird-eye-Chili (engl.) / Vogelaugenchili / Vogel(augen)pfeffer nennt man eine in Afrika entwickelte Pili-Pili-Sorte.

Capsicum annuum nennt man Chilisorten, die jährlich (lat. annuum) einmal Früchte trägt.

Capsicum chinense (lat., frühere Bez.: Capsicum sinense) lautet der Oberbegriff einer besonders scharfen und sehr wohlschmeckenden Chilisorte, von der es zahreiche Varianten gibt (z. B. Habanero, Scotch Bonnet oder Rocotillo). Die Bezeichnung »chinense« (aus China) ist, wie auch die der meisten anderen Familienangehörigen, falsch und irreführend, da sie nicht etwa aus China, sondern aus Südamerika stammt.

Capsicum frutescens heißen die strauchförmigen Chilisorten.

Capsicum pubescens lautet die Bezeichnung für Chilisorten, die leichte Behaarungen aufweisen.

Cayennepfeffer / Cayennepeper (niederl.) / Cayennepepper (norw.) / Cayenne Pepper (engl.) / Chili pepper (engl.) / Chilipfeffer / Guineapfeffer / Kajennpeppar (schwed.) / Kajenski Pijerets (russ.) / Kolumbianischer Paprika / Kolumbianischer Pfeffer / Pepe di Caienna (ital.) / Piment de Cayenne (frz.) / Poivre de Cayenne (frz.) / Poivre rouge (frz.) / Red hot pepper (engl.) / Roter Pfeffer / Taschenpfeffer / Teufelspfeffer heißt ein Würzpulver mit ca. 30.000–50.000 Scoville, das ausschließlich aus getrocknetem und gemahlenem Cayenne, einer dünnfleischigen mexikanischen Chilisorte, hergestellt wird, die der Capsicum-annuum-Familie angehört. In Cayenne, der Hauptstadt von Französisch-Guayana, soll diese Chilisorte einst kultiviert worden sein, heute ist sie dort jedoch kaum noch zu finden. Während man frische Cayenneschoten sparsam dosiert mitkochen darf, sollte der Cayennepfeffer erst vor dem Servieren und nur in winzigen Mengen an das Gericht gegeben werden, da er sonst bitter wird. Mit Cayennepfeffer kann man sogar Hunde vertreiben, wenn man ihn dort verstreut, wo man diese Tiere nicht sehen möchte: sie schnüffeln einmal daran und kommen nie wieder zurück.

Chiltepin / Capsicum annuum var. avicu (lat.) / Tepin: leuchtend rote, extrem feurige, dünnschalige, nur 6–8 mm lange, wild wachsende Chilisorte, die meist getrocknet oder konserviert im Angebot ist. Die Tepin ist mit großer Wahrscheinlichkeit die Wildform aller scharfen und milden Exemplare der Capsicum-Familie.

Chipotle / Pochilli (aztek.) nennt sich eine Jalapeno, nachdem sie über Mesquiteholz (baum- oder strauchartiger Hülsenfrüchtler) geräuchert und getrocknet wurde; naturgemäß entwickelt sie währenddessen einen rauchigen Geschmack.
Dolmalik nennt man die Poblano, wenn sie aus der Türkei kommt.
Dutch Red heißt die meistverkaufte Chilisorte in deutschen Supermärkten. Vermutlich liegt die Heimat dieser mittelscharfen, roten Chili in Indonesien, von wo aus sie in niederländische Gewächshäuser gelangte.
Goldpepper nennt man Chili, wenn sein Reifegrad zwischen gelb und orangerot schwankt.
Guero heißt eine leicht gebogene, gelb-grüne und erstaunlich milde Chilisorte.
Habanero / Capsicum chinense Habanero / Gringo-Killer (südamerik.): harmlos anmutende, gelb- oder orangehäutige, dünnfleischige Chili aus Yucatán (Mexiko) mit nahezu 300.000 Scoville. »Habanero« bedeutet übersetzt zwar »aus Havanna«, in Kuba war sie jedoch bislang kaum oder nur selten anzutreffen.
Hejau: rothäutige, meist in Salz eingelegte Chilisorte.
Hontaka: Beißend scharfe, rote, dünnschalige, runzlige Chilisorte aus Japan, die vornehmlich nach Lateinamerika exportiert wird.
Jalapeno: 8 cm lange, stumpfspitzige, mittelscharfe Chilisorte mit drallem, klebrigem Fruchtfleisch. Ihren Namen hat die rothäutige Jalapeno ihrer mexikanischen Heimatstadt Jalapa in Vera Cruz zu verdanken. Grüne, also noch unreife Jalapenos werden seit ein paar Jahren vorwiegend zur Herstellung einer eher fruchtigen, grünen Tabascosauce verwendet, die nebenher den Eigengeschmack von Speisen hervorhebt! **»Popper«** nennt sich ein typisch mexikanisches Gericht, das entkernte, mit Käsemasse gefüllte, panierte und in heißem Fett ausgebackene Jalapenos beinhaltet.
Kirschpaprika / Cascabell (mex.) / Cherry heißt eine kirschenartige Zuchtform des Chili mit roter, gelber, brauner oder grüner Außenhaut, die vorwiegend in Ungarn und in Mexiko kultiviert wird.
Malagueta heißt eine brasilianische, mit der Tabasco identische Chilisorte, die sowohl frisch als auch getrocknet verarbeitet werden kann.
Mérah: grüne, meist in Salzlake eingelegte Chilisorte.
Mexikanischer Chili / Mulatti / Mulato: mittelscharfe mexikanische Chilisorte mit schokoladenbrauner Schale.
Nepalpfeffer nennt man Cayennepfeffer, der ausschließlich aus getrockneten, gelben Chilischoten hergestellt wurde und meist in der indischen Küche Anwendung findet.
Pasilla: getrocknete, dünne, mahagonifarbene, ca. 17 cm lange Chilisorte aus Zentralamerika, die etwas schärfer als die Poblano ist und in der lateinamerikanischen, vorwiegend in der mexikanischen Küche verwendet wird.
Pepperoni lautet die handelsübliche Bezeichnung für kleine, in Salzlake

eingelegte Chilis mit durchschnittlich 3–6 Schärfegraden, die zwar vorwiegend aus dem ehemaligen Jugoslawien importiert wird, ursprünglich jedoch in Italien beheimatet ist.
Pequin nennt sich die Kulturvariante der Chiltepin.
Peruanischer Paprika / Capsicum baccatum (lat.) nennt man eine buschige, beschränkt winterharte und ursprünglich beerenförmige (lat. baccatum: Beere) Chilisorte, von der es mittlerweile unzählige Abwandlungen gibt, die von teils stark abweichender Wuchsform sind (z. B. Aji Cristal, Lemon Drop).
Pili-Pili / Piri-Piri (port.): sehr scharfe, aufrecht wachsende Chilisorte, die überwiegend in Bahia (Brasilien) angebaut wird.
Piment d'Espelette nennt sich eine besonders delikate und teure Chilisorte (50 g kosten derzeit ca. 8 €) aus dem französischen Baskenland, wo sie vorzugsweise zum Aromatisieren von karamellisierten Haselnüssen genutzt wird.
Pimentón de la Vera heißt ein weltberühmtes Chilipulver aus der westspanischen Provinz Extremadura. Es zeichnet sich durch seinen hervorragenden Räuchergeschmack aus, der sich u. a. auch in der beliebten Chorizo (spanische Wurstsorte) wiederfindet.
Poblano: 10–15 cm lange, grünschwarze, mäßig scharfe Annuum-Sorte aus Mexiko, die dem Spitzpaprika nicht ganz unähnlich ist. Poblanos, sie gelten als die populärste Chilisorte, kommen meist getrocknet, geröstet, enthäutet und geräuchert auf den Markt. Charakteristisch ist ihr pflaumen- und tabakähnliches Aroma.
Red Savina: kalifornische Habanerozüchtung, die mit 577.000 Scoville eine der schärfsten Chilisorten der Welt ist.
Schottenmütze / Scotch Bonnet nennt sich eine breite und gefurchte jamaikanische Verwandte der Habanero mit orangeroter Außenhaut. Meist wird sie für die Zubereitung feuriger Gerichte der karibischen Küche verwendet.
Serrano: spitz zulaufende, glatte, schneidend scharfe Annuum-Chilisorte aus dem Hochland Mexikos.
Tabasco / Amazon: scharfeckig zulaufende, glatthäutige, ca. 4 cm lange, leuchtend orange-rote, feurig scharfe und saftreiche Chilisorte, die meist unzerkleinert in Gläsern konserviert wird. Auch die bekannte Tabascosauce wird aus dieser buschigen Chilisorte seit 1868 von dem Familienunternehmen McIlhenny in Louisiana (Avery Island) hergestellt und weltweit vertrieben.

Hauptinhaltsstoffe

Calcium, Capsaicin, Eisen, Flavonoide, Karotinoide, etherisches Öl, Provitamin A, Vitamin B1, B2, B3, C, E.
Der Capsaicingehalt von Chili ist durchschnittlich 20-mal stärker als der von Gemüsepaprika und etwa doppelt so hoch wie der von Gewürzpaprika.

Verwendung, Zubereitung

Chilis werden zuerst gewaschen, dann aufgeschlitzt und schließlich entkernt, wobei man zwingend Handschuhe tragen sollte, da der

schärfste aller Wirkstoffe, das Capsaicin, auf der Haut starkes Brennen verursachen kann.
Getrockneter Chili gewinnt seine ursprüngliche Schärfe wieder zurück, wenn man ihn etwa 10 Minuten in kaltem Wasser quellen lässt und danach kurz in leicht erhitztem Fett oder Öl anschwenkt. Auf Salz kann bei Chilizubereitungen fast gänzlich verzichtet werden, da diese Beerenfrüchte ausreichend Würze liefern.
Frisch, getrocknet oder in Ölivenöl mariniert sind Chilis in Fleischgerichten (z. B. Chili con Carne), Gulasch, Schmorfleisch, Fisch- und Muschelsuppen, als Salsa (feurige Sauce aus zerkleinerten Chilis und Tomaten) oder in Chilipasten, den sogenannten Sambals enthalten.
Die bekanntesten Sambals:
Ba(d)jak nennt man eine spezielle Paste aus gestoßenen Chilis, Kemerinüssen, Zwiebeln, Shrimpspaste, Kaffirlimettenblättern, Salz und Öl.
Brandal enthält Chili, Öl, Rohrzucker, Salz, Shrimpspaste und Tamarinde.
Djahé nennt man eine Sambalsorte, die zerstoßenen Chili und gemahlenen Ingwer beinhaltet.
Kacang ist ein sehr festes Sambal, denn außer Chili enthält es nur gemahlene Erdnüsse.
Manis nennt sich gesüßtes Ba(d)jak.
Nasi Goreng heißt eine bräunliche Sambalzubereitung, die Chili, Gewürze, Öl und Zwiebeln enthält und meist zu der gleichnamigen indonesischen Spezialität (gebratenem Reis und **Krupuk**, einem aufgeblähten Krabbenbrot) gereicht wird.
Oelek / Ulek besteht aus roten Chili und Salz.
Trasi nennt sich eine Sambalsorte, die Chili, Salz und Shrimpspaste enthält.

Lagerung

Auch im gekühlten Zustand sind Chilischoten nur begrenzt bevorratbar, da sie nach der Ernte ungebremst weiterreifen und sich ihr wertvolles Aroma dabei unaufhaltsam verflüchtigt.

Volksmedizinische Bedeutung

Chili regt nicht nur die Durchblutung und die Nieren-, Leber- und Drüsentätigkeit an, er aktiviert ebenso den Kreislauf, den Stoffwechsel sowie die Sexualorgane. Er verhindert und bekämpft sogar schlechte Laune, Kopfschmerzen, Migräne und vorzeitigen Gelenkverschleiß und regt den Speichelfluss an, was sowohl der Verdauung als auch der Fettverbrennung zugutekommt. Chili gilt ebenso als kräftigstes Herzstimulans mit der dauerhaftesten Wirkung. Doch *Vorsicht:* Die etherischen Öle des Chilis können bei Überdosierung Magenschleimhautentzündungen, Leber- und Nierenschäden, Hautjucken, Besenreiser (med. Couperose), so nennt man sichtbare, feine blaue Äderchen unter der Haut) und Augenbrennen verursachen.
Der Wirkstoff Capsaicin, der die Schärfe von Chili ausmacht und das Brennen im Mund verursacht, setzt sich mit seinen Rezeptoren direkt an den empfindlichen Nervenenden fest. Das heißt: Wir schmecken die Schärfe eigentlich nicht, sondern empfinden sie nur über einen Ner-

venimpuls im Gehirn. Deswegen nützen auch Wasser, Naturjoghurt, Bananen oder trockenes Brot nur wenig, um ein starkes Brennen beim Chiliverzehr zu bekämpfen, selbst wenn wir es uns einbilden. Die Schärfe schwindet erst, wenn sich Nerven und Gehirn beruhigt haben; das dauert grundsätzlich 2–3 Minuten.

Tipp

Die Japaner bevorzugen zur Anregung des Appetits eine Mischung aus getrockneten und fein gehackten Chilis mit zerkleinertem, getrocknetem Fisch, die mit brauner Sojasauce und frischem Limettensaft abgeschmeckt wird. Erstaunlicherweise wird bei dieser Zubereitung die extreme Schärfe des Chilis durch die Kombination mit der Säure der Limetten- und dem Salz der Sojasauce in ein volumiges, mildes Aroma verwandelt.

Curry

Cari (engl.), Caril (port.), Cary (tschech.), Curry-Powder (engl.), Erd (äthiop.), Indisches Gewürz, Kari (tamil.), Karri (norw., russ.), Karry (dän.), Kerrie (jav., niederl.), Löffelgewürz, Tamil

Allgemeines, Herkunft, Geschichtliches

Curry ist kein Gewürz, das man von Bäumen oder Büschen ernten kann, sondern die mittlerweile bekannteste Gewürzmischung der Welt. Curry enthält meist Bockshornkleesamen, Cayennepfeffer, Fenchel, Galgant, Gewürznelken, Ingwer, Kardamom, Koriander, Kreuzkümmel, Kurkuma, Macis, Muskatnuss, Paprika, Pfeffer, Piment, Salz, Senfkörner und Zimt.

Als die Engländer ihren Herrschaftsbereich im 18. Jh. auch auf Vorderindien ausdehnten, lernten die Kolonialbeamten und Soldaten die indische Küche kennen und schätzen. Sie freundeten sich schnell mit den Würzgewohnheiten der Bevölkerung an; insbesondere mit den unterschiedlichen Gewürzmischungen, die zum Würzen von Reis verwendet wurden. Sie übertrugen den tamilischen Namen Kari, mit dem dort mehrere Speisen bezeichnet werden, auf das Gewürz selbst und würzten später auch im englischen Mutterland indische Gerichte mit der nun als Curry-Powder bekannten Mischung.

In Indien gibt es sogar den Beruf der Currymischerin, die von Haus zu Haus geht, um meist betuchten Familien Currypulver mit dem gewünschten Geschmack zuzubereiten (z. B. speziell für Geflügel, Reis oder Gemüse).

Currypasten sind im asiatischen Raum so beliebt wie hierzulande Maggi oder Fondor; die thailändische Küche z. B. wäre kaum denkbar ohne diese Vielzahl von Mischungen, die meist getrockneten Chili, Schalotten, Ingwer, Knoblauch, Kaffirlimetten, Korianderwurzel und Zitronengras beinhalten.

Man nennt Curry auch Löffelgewürz, weil man es fast immer löffelweise an die Speisen gibt.

Aussehen

Curry kann gelbe, grüne und bräunliche Farbtöne aufweisen. Betont gelbes Pulver lässt auf hohe Kurkumaanteile schließen.

Geschmack

Je nach Zusammenstellung und Qualität der Zutaten kann Curry aufregend exotisch, eigenartig mild, brennend scharf oder langweilig mehlig und pulvrig schmecken. Currypulver, das in Europa hergestellt wurde, lässt sich kaum mit dem aus asiatischer Herstellung gleichsetzen.

Verwendung, Zubereitung

Curry sollte grundsätzlich mit angedünstet werden, nicht nur damit sich der manchmal sehr mehlige Beigeschmack verflüchtigt, sondern auch weil die Aromen erst dann richtig aktiviert werden. Allzu starke Hitze sollte dabei allerdings vermieden werden, da die begehrten, für das gute Aroma zuständigen etherischen Öle sonst in einen unangenehmen, durch Verbrennung hervorgerufenen Bittergeschmack produzieren.

In Südostasien werden zusätzlich zu Currygerichten auch die frisch geernteten, nur kurzzeitig bevorratbaren Curryblätter (s. *Curryblatt*) verwendet, die mitsamt dem Zweig mitgekocht werden können und so das unverwechselbare Aroma der asiatischen Küche hervorzaubern.

Lagerung

Angesichts seiner Vielzahl an flüchtigen Inhaltsstoffen sollte Curry nur in geringen Mengen bevorratet werden.

Volksmedizinische Bedeutung

Englische Forscher entdeckten, dass der menschliche Körper nach einem Essen, das mit Curry zubereitet wurde, aufgrund seines Reichtums an etherischen Ölen (vorrangig ist das Gingerol und Shogaol aus dem Ingwer dafür verantwortlich) weitaus mehr Kalorien verbrennt als nach »normal« gewürzten Gerichten. Die Folge: Man fängt an zu schwitzen! Curry soll sogar Entzündungsprozesse stoppen, die dem Krebs förderlich sind.

Tipp

Einer alten Weisheit zufolge soll man Kleinkindern häufiger Curry unters Essen mischen, dann werden sie im späteren Leben nicht zu mäkelig.

Curryblatt

Murraya koenigii

Chalcas, Curry leave (engl.), Curry levelek (ung.), Feuille de murraya (frz.), Fogli di Cari (ital.), Folhas de Caril (port.), Hojas de Curry (span.), Kampillay (malays.), Karapincha, Karerihu (jap.), Kariblatt, Kari listky (tschech.), Kariphulia (südind.), Karriblader (norw.), Karry blad (dän.), Kerriebladeren (niederl.), La ca ri (vietn.), Listya karri (russ.), Murraya (ind.), Neem-Leave (engl.), Nim

Allgemeines, Herkunft, Geschichtliches

Curryblatt nennt man das Grün des zu den Zitrusgewächsen (Rutaceae) zählenden Curry- oder Murrayabaums, der sich meist wild wachsend in Afrika und Asien (Burma, Indien, Malaysia, Sri Lanka) findet.

Aussehen

Das lorbeerblattähnliche Curryblatt ist oberseits heller als unterseits.

Geschmack

Frische Curryblätter schmecken unverwechselbar scharf-aromatisch (auch gefrostet), im getrockneten Zustand haben sie ihren signifikanten Geschmack hingegen fast vollständig verloren.

Geruch

Frische Curryblätter verströmen angenehme, mandarinenhafte Düfte.

Hauptinhaltsstoffe

Bisabolen, Cadinen, Caryophyllen, Elemen, Gurjunen, Limonen, Ocimen, Phellandren, Selinen, Thujen.

Verwendung, Zubereitung

Curryblätter finden meist in Chutneys oder als Fleischwürze in der asiatischen und vegetarischen Küche Verwendung. Sie sollten stets am Zweig mitgekocht und danach entfernt werden.

Lagerung

Für dauerhafte Lagerzeiten und zum Trocknen sind Curryblätter gänzlich ungeeignet, da ihr Aroma nach dem Abernten nur sehr kurzlebig ist.

Tipp

Aufgrund ihres starken Aromaverlusts sind frische Curryblätter auf europäischen Märkten kaum zu finden.

Currykraut

Helichrysum italicum

Currypflanze, Italienisches Sonnengold, Italienische Strohblume, Whiteleaf everlasting (engl.)

Allgemeines, Herkunft, Geschichtliches

Die Heimat des zu den Korbblütlern / Asteraceae (Compositae) zählenden Currykrauts liegt im Südwesten Europas, wo es bis heute kultiviert wird. Erwähnenswerte Anbaugebiete dieser robusten und Sonne liebenden, jedoch überaus frost- und nässestauempfindlichen Pflanze findet man lediglich noch im Nordwesten Afrikas.

Aussehen

Das bis zu 60 cm hohe, strauchartige Currykraut besitzt attraktive, silbrig-grau glänzende, nadelförmige Blätter, senfgelbe, strohblumenartige Blüten und wollweiße Stängel, die im zweiten Jahr verholzen.

Geschmack

Currykraut weist ein mild-süßliches, entfernt liebstöckelartiges Aroma auf, das tatsächlich an asiatische Currymischungen erinnert, besonders, wenn er nach einem kurzen Regenschauer geerntet wurde.

Arten, Sorten

Immortelle / Helichrysum angustifolium (bot.) / Gewöhnliches Sonnengold nennt sich eine wohlriechende und hübsche Currykrautsorte, deren Ursprünge in Afrika liegen. Für die Verarbeitung in der Küche ist die Immortelle ungeeignet.

Schneecurrykraut / Helichrysum italicum / Weißes Wunder ist eine fast weißblättrige Currykrautsorte mit goldgelben Blütchen.

Zwergcurrykraut / Helichrysum italicum ssp. Serotinum (bot.) ist eine kompakte Unterart des Currykrauts, die zumeist als gefällige Beeteinfassung genutzt wird.

Hauptinhaltsstoffe
Camphen, Geraniol, Limonen, Linalool, Mycren, Nerol, Pinen, Terpinen.

Verwendung, Zubereitung
Currykraut kann ganzjährig zum Würzen von Gemüse, Sauce, Suppe, Reis und Fleischgerichten dienen, indem man es mitsamt den Stängeln max. 2–3 Minuten gebündelt in den Fond oder in die Sauce hängt; vor dem Servieren sollte es jedoch aufgrund seiner faserigen Beschaffenheit und dem schnellen Anwachsen seiner Bitterstoffgehalte entfernt werden. Die stark duftenden Currykrautblüten lassen sich nicht nur als Raumlufterfrischer mit insektenabwehrenden Eigenschaften einsetzen, sie eignen sich ebenso als essbare Dekoration.

Volksmedizinische Bedeutung
Currykraut wirkt beruhigend, entzündungshemmend und schmerzlindernd.

Tipp
Narben und Falten sollten mit einer Mixtur aus Currykraut-, Mandarinen- und Zitronenöl behandelt werden.

D

Dill

Anethum graveolens
Aneth (frz.), Aneto (ital.), Anitos (griech.), Bastardfenchel, Däll, Dere otu (türk.), Dild (dän.), Dill (engl., isl., norw., schwed.), Dille (niederl., österr., schweiz., süddt.), Dillekrud (norddt.), Dillfenchel, Dilly (engl.), Dyll (altdt.), Endro (port.), Eneldo (span.), Fenouil bâtard (frz.), Garden Dill (engl.), Gartendill, Gemeiner Dill, Gorkatila, Gurkenkräutel, Gurkenkraut, Hochkraut, Ille, Indisches Küchenkraut, Inondo (jap.), Kapor (ung.), Kap(p)ernkraut, Koper (poln., slowen.), Kopr (slowak.), Kümmerlingskraut, Kukumerkraut, Liebeszauberkraut, Meeting seed (amerik.), Shibith (arab.), Shih-Lo (chin.), Stinkender Fenchel, Stinkende vinke (niederl.), Tiglschleim, Till (althochdt.), Tilli (finn.), Ukrop (russ.), Umorkenkraut

Allgemeines, Herkunft, Geschichtliches
Der Dill ist im Mittelmeerraum und in Westasien heimisch, kultiviert wird er jedoch mittlerweile weltweit. Früher sagte man diesem mit dem Anis und Kümmel verwandten Doldenblütler / Apiaceae (Umbelliferae) eine Wirksamkeit gegen Hexen und Dämonen nach; die Gladiatoren des alten Roms rieben sich

ihre Körper vor den Kämpfen mit Dillöl ein, da es als Glücksbringer galt, und die alten Germanen polierten sogar ihre Schwerter damit, um ihre Kampfkraft zu stärken.
Gepflanzt wird der sonnenhungrige und feuchtigkeitsliebende Dill am vorteilhaftesten zwischen oder in der Nähe von Blattsalaten, Tomaten, Roter Bete, Karotten, Kohl und/oder Gurken, weil er sie nicht nur kräftigt, was dem Wachstum zugutekommt, sondern auch Blattläuse und ähnliche Schädlinge von ihnen fernhält.
Zwingend vermeiden sollte man den Dillanbau in der Nähe von Basilikum und Gartenkresse, weil Dill diese Pflanzen stark schwächt.
Geerntet wird der frostempfindliche Dill am besten während seiner Blüte und jeweils in den frühen Abendstunden, weil die gesundheitsfördernden etherischen Öle dann am gehaltvollsten sind.
In den USA wird der Dill »Meeting seed« (»Versammlungssamen«) genannt, weil man während der amerikanischen Pionierzeit allzu lebhaften Kindern vor dem Gottesdienst mäßigende Dillfrüchte zum Kauen verabreichte.
Bei der botanischen Bezeichnung des Dills steht das lateinische »anethum« für »Anis«, mit dem er verwandt ist, »graveolens« bedeutet »stark riechend«.
Das Wort Dill wird aus dem altnorwegischen »dilla« für »beschwichtigen« abgeleitet, ein Hinweis auf seinen Ruf als alte Heilpflanze.

Aussehen

Der Dill hat feingliedrige, fadendünne Blättchen und eine bis zu 1 m hohe gelbe, kronenartige (petaloide) Blütendolde von bis zu 15 cm Durchmesser, die auf einem fein gerillten, bläulich bereiften, hohlen Stängel thront.
Die leicht spaltbaren, bis zu 5 mm langen und linsenförmigen Dillfrüchte sind erst reif, wenn sie sich braun färben.

Geschmack

Frischer Dill weist einen erfrischenden, intensiv würzigen, süß-herben, fenchelartigen Geschmack auf; in getrocknetem Zustand hat er diesen jedoch bereits weitgehend verloren.
Getrocknete Dillfrüchte (fälschlicherweise werden sie auch als Dillsamen bezeichnet) schmecken stark kümmelartig und relativ scharf.

Arten, Sorten

Ackerdill nennt man die häufig vorkommende, kleinwüchsige Wildform des Gartendills.
Gurkendill heißt eine sehr blattreiche Dillsorte.
Indischer Dill / Anethum ssp. Sowa / Sowa-Dill wird eine leicht bittere Dillsorte aus Indien genannt, bei der sich die Wissenschaftler noch nicht ganz einig sind, ob es sich hierbei um eine eigenständige Pflanzensorte oder eine Abwandlung des Gartendills handelt.
Krondill nennt man die krönende Dillblüte.
Tetra-Dill nennt sich eine überaus ertragreiche, niedrig wachsende Dillsorte.

Hauptinhaltsstoffe

Anethol, Apiol, Calcium, Carveol, Dihydrocarvon, Eisen, Gerbstoffe, Harz, Jod, Kalium, Karotinoide, Limonen, Magnesium, Myristicin, Natrium, Phellandren, Phosphor, Schleim, Schwefel, Terpinen, Vitamin C, Zink. Mit einem Mineralstoffgehalt von 7 mg/(100 ml) stellt Dill bei den Heilpflanzen den Weltrekord auf; auch sein Anteil an Karotinoiden wird von keiner anderen Pflanze übertroffen.

Verwendung, Zubereitung

Mit Dill würzt man Salate, Saucen, Fisch- und Kartoffelgerichte; sogar die zarten und aromatischen Dillstängel lassen sich verwenden, vorausgesetzt, sie sind nicht zu dick. Besonders nachhaltig entfaltet frischer Dill sein Aroma, wenn er mit Säure (Essig oder Zitronensaft) und etwas Zucker kombiniert wird; mitgekocht werden darf er nie, da sich sonst seine geschmackgebenden Inhaltsstoffe verflüchtigen. Empfehlenswerter ist es, das frisch zerkleinerte Kraut über das angerichtete Gericht zu streuen.

Trockendill sollte, wenn überhaupt, wesentlich höher dosiert verwendet werden als frischer, da sein Aroma deutlich schwächer ist.

Samendill verwendet man meist zum Würzen von Gurken, Kräuteressig, Lammbraten oder im Fischsud, er kann aber auch bedenkenlos als Kümmelersatz in Kohlgerichten mitgekocht werden, ohne an Aroma zu verlieren.

Da sogar die attraktiven Dillkronen ein vorzügliches Aroma besitzen, geben auch sie Salaten (im Ganzen oder zerkleinert) eine besondere Note.

Lagerung

Leicht angefeuchtet lässt sich frischer Dill im Kühlschrank problemlos für ein paar Tage aufbewahren, noch besser ist es allerdings, ihn so frisch wie möglich tiefzukühlen oder in Öl einzulegen, da er dann sein Aroma vollständig bewahrt.

Volksmedizinische Bedeutung

Ein Tee aus den Dillfrüchten hat nicht nur beruhigende, appetitanregende, blähungswidrige, magenstärkende, entkrampfende, entzündungshemmende, entwässernde, wärmende und verdauungsfördernde Eigenschaften, er sorgt auch für eine geschmeidige Haut, beseitigt Mundgeruch und regt den Milchfluss bei stillenden Müttern an.

Mit Honig gesüßter Dilltee gilt nicht nur als wirksames Schlafmittel, er bekämpft auch hartnäckigen Schnupfen. Ungesüßter Dilltee vertreibt Schluckauf und bekämpft als Sitzbad sogar Hämorrhoiden und Menstruationsbeschwerden.

Bei Geschwüren hilft eine warme Kompresse aus fein gehackten Dillblättchen, die man mit etwas Olivenöl vermischt hat.

Tipp

Nach altem Aberglauben legen sich Bräute Dillsträußchen in die Schuhe und auf dem Weg zum Altar murmeln sie dann leise vor sich hin: »Ich habe Dill – mein Mann muss tun, was ich will.«

Duftgeranie

Pelargonium odoratissimum

Brennende Liebe (tirol.), Duftblattgeranie, Duftblattpelargonie, Geranium (lat.), Pelargonie, Sardunya (türk.)

Allgemeines, Herkunft, Geschichtliches

Die Ursprünge der Duftgeranie liegen in Südafrika. 1690 gelangten die ersten Exemplare dieses rankenden Storchschnabelgewächses (Geraniaceae) nach Europa und seit 1847 werden sie auch in Frankreich kultiviert. Duftgeranien können problemlos bis zum Herbst im Garten oder in der Wohnung bleiben, im Winter gehören sie jedoch in einen frostfreien, fast dunklen Keller. Duftgeranien sind sind als sogenanntes Gutkraut (s. *Kräuter*) hervorragend zur Unterpflanzung von Gurken und Tomaten geeignet, da sie Schadinsekten und Ameisen vertreiben.

Geranie ist die gärtnerische Bezeichnung für Pelargonie.

Pelargonie wird vom griechischen »pélargos« für »Storch« abgeleitet, was auf ihre fünfzähligen (Storchen-) Schnabelfrüchte hindeutet. Das lateinische »odor« bedeutet »Duft«.

Aussehen

Die bis zu 40 cm hohe Duftgeranie hat samtige, dunkelgrüne Blättchen und zierliche, weiß- bis rosafarbige Blüten.

Geschmack

Duftgeranien schmecken köstlich aromatisch. Je nach Sorte besitzen sie ein apfel-, pfefferminz-, moschus-, rosen- oder zitronenartiges Aroma.

Geruch

Duftgeranien verströmen, besonders wenn man sie berührt oder reibt, betörende Düfte.

Arten, Sorten

Apfelduftpelargonie / Apfelpelargonie / Apple Pelargonie (engl.) ist weißblütig und verbreitet schon bei leisestem Wind betörende Apfeldüfte. Aus einer langweiligen Selleriesuppe wird ein lukullischer Höhepunkt, wenn sie vor dem Servieren mit fein zerteilten Apfelduftpelargonienblättern und Weißbrotwürfelchen bestreut wird, die kurz zuvor mit einem Hauch von zerstoßenem Knoblauch in wenig Butter geröstet wurden.

Pfefferminzgeranien / Pelargonium tomentosum (lat.) sind üppige Hängepflanzen mit großen, leuchtenden, samtig behaarten, herzförmigen Blättern und schleierkrautähnlichen Blütchen. Die Blätter duften intensiv nach Pfefferminze.

Rosengeranien / Pelargonium graveolens (lat.) / Heckenrosengeranien / Rosenpelargonien haben mit zartem Flaum behaftete Stängel, große, tief eingeschnittene Blätter, die nach alten Rosen duften, und blassrosa Blütchen. Die Rosengeranie ist die bedeutendeste Duftgeraniensorte.

Zitronengeranien besitzen raue, dreilappige, nach Zitronen duftende Blätter und recht unscheinbare, malvenfarbene Blütchen. Sie sind sehr wüchsig, bestens zur Kübelbepflanzung geeignet, stehen hervorragend in der Sonne und bewähren sich gleichfalls an leicht beschatteten Standorten.

Hauptinhaltsstoffe

Etherische Öle.

Verwendung, Zubereitung

Duftgeranienblätter kann man auch zu einem vortrefflichen Schnaps verarbeiten, indem man sie ca. 1 Woche lang in Korn einlegt, mindestens genauso gut sind sie jedoch auch für die Herstellung eines

Würzzuckers zum Aromatisieren von Getränken, Gebäck, Mischsalaten oder Süßspeisen geeignet. Einen solchen Würzzucker erhält man, indem man angeknickte Duftgeranienblätter schichtweise mit Haushaltszucker bestreut, in ein verschließbares Gefäß gibt und das Ganze ein paar Tage durchziehen lässt.

Geraniol nennt man das wohlriechende Öl der Geranie, das meist bei der Seifenherstellung genutzt wird. Gelegentlich dient es auch als kostengünstiger Rosennölersatz.

Wenn man Duftgeranien ans Fenster, auf den Balkon oder die Teerrasse stellt, vertreiben sie lästige Mücken; setzt man sie zwischen Kulturpflanzen (z. B. Rosen), schützen sie diese vor Ungeziefer.

Volksmedizinische Bedeutung

Duftgeranienblätter können Durchfall stoppen; ein Wurzelextrakt dieser Pflanze besitzt hingegen immunsystemstärkende Eigenschaften. Duftgeranienöl (in der Duftlampe, im Badewasser oder als Massageöl) hat nicht nur harmonisierende, besänftigende und spannungslösende Eigenschaften, es fördert ebenso die Komunikationsbereitschaft.

Zahnweh bekämpft man, indem man in das Ohr der angegriffenen Gesichtsseite ein zerknittertes Geranienblatt steckt.

Ein Aufguss aus zerdrückten Duftgeranienblättern wirkt desinfizierend.

Tipp

Duftgeranien werden noch hübscher und kräftiger, wenn sie hin und wieder mit Kaffeesatz gedüngt werden!

E

Eberraute

Artemisia abrotanum

Aaprotti (finn.), Abergans, Abrasica (slowen.), Ab(er)raute, Abrotano (ital., port., span.), Abrodd (norw., schwed.), Affrusch, Albraute, Ambra (dän.), Artemisia procera, Aurone (frz.), Averoon (niederl.), Brotan (tschech.), Bylica boze drzewko (poln.), (Coca-)Cola-Strauch, Eberreis, Eberries, Eberwurzel, Ebrich, Ebruta (ung.), Elfrad, Erba reale (ital.), Ganserkraut, Garderobe (frz.), Gartenhühnchen, Garthagel, Garthau, Gartheil, Gertel(kraut), Gertelwurz, Girtwurz, Herba abrotani (med.), Herrgottshölzl, Jungfernverderb, Karapelin otu (türk.), Kiss-me-quick-and-go (engl.), Kleiderwächter, Küttelkraut, Kustarnikovaya polyn (russ.), Lady's Love (engl.), Lemnul

Domnului (rumän.), Lemonikräutel, Maiden's ruin (engl.), Old man (engl.), Palina abrotská (slowak.), Riechblume, Rückelbusch, Rukelbloem (an der Nordsee), Schlosswurz, Schmecker (an der Ostsee), Southern Wood (engl.), Stabwurz(el), Stangenkraut, Stangenwurz, Zarter Beifuß, Zitronenkraut

Allgemeines, Herkunft, Geschichtliches

Die Eberraute ist in Vorderasien beheimatet, seit dem 9. Jh. hat sie sich jedoch ebenso in (Süd-)Europa und Nordamerika etabliert. Da sie der Familie der Korbblütler / Asteraceae (Compositae) angehört, zählen Beifuß, Estragon und Wermut zu ihren engsten Verwandten. Einst galt die immergrüne Eberraute als ausdauernde Lieblingspflanze in Kloster- und Bauerngärten, da sie den ganzen Sommer über geerntet werden konnte, heute ist sie als Küchenkraut kaum noch von Belang. Ihren Namen hat die Eberraute vermutlich dem griechischen »abrotos« für »unsterblich« zu verdanken, was auf ihre Langlebigkeit und immergrünen Blätter abzielen könnte.

Aussehen

Die Eberraute kann zu einem starkwüchsigen Strauch von 1,5 m Höhe heranwachsen, wenn sie an einem sonnigen Platz mit durchlässigem, trockenem Boden angepflanzt wird. Sie hat dekorative, kugelförmige, blassgelbe Blütchen, rispenartig verzweigte Stängel und filigranes, graugrünes Laub, das oberseits völlig kahl und unterseits rauhaarig ist.

Geschmack

Eberrautenblätter weisen in ihrer Gesamtheit ein fremdartiges, doch interessantes scharf-würziges, süßbitteres Aroma auf; man könnte es in etwa mit einer Zitronenmelisse vergleichen, die man verschwenderisch mit Beifuß vermischt hat. Da die Blattspitzen der jungen Eberraute colaähnlich schmecken und riechen, wird die Pflanze nicht selten auch als (Coca-)Cola-Strauch bezeichnet.

Geruch

Der gesamte Eberrautenstrauch verströmt einen aufdringlichen, zitronigen Duft.

Arten, Sorten

Kampfer(eber)raute nennt sich eine relativ junge, noch strenger riechende, größere und bitterere Kulturvariante der Eberraute.

Hauptinhaltsstoffe

Abrotanin, Bitterstoffe, Cineol, Chlorogensäure, Cumarinderivat, Flavone, Gerbstoffe, Isofraxidin, Rutin.

Verwendung, Zubereitung

Schwach dosiert können frische Eberrautentriebspitzen dem Würzen von Fisch, Wildgerichten, Quarkspeisen, Schweinebraten, Salaten, Saucen und Wurstwaren dienen. In getrocknetem Zustand lassen sich Eberrautenblätter nicht nur zu Aromaessig, Blütenwasser, Trockensträußen und Potpourris verarbeiten, pfiffige Hausfrauen nutzen sie ebenso als verlässlichen Mottenkugelersatz.

Volksmedizinische Bedeutung

Eberrautenblätter besitzen appetitanregende, fettabbauende, desinfi-

zierende, magenstärkende und aphrodisierende Eigenschaften; sie können eine unregelmäßige Periode regulieren helfen oder eine ausbleibende einleiten. Schwangere sollten auf den Verzehr der Eberraute aufgrund ihrer blutungsstärkenden Eigenschaften gänzlich verzichten.
Eberrautenblättertee bekämpft Husten, Verdauungsstörungen und Wurmbefall und hat harn- und schweißtreibende Eigenschaften.
Als Breiumschlag oder Badezusatz lindern Eberrautenblätter Hautprobleme.
Kopfweh und Migräne wirkt man mit einem klaren Schnaps entgegen, der tags zuvor mit einigen Eberrautenblättern versetzt wurde.

Tipp

Eberrautenblätter, -blüten und -zweige vertreiben nicht nur Schnecken, sondern auch Insekten, weshalb einige Vogelarten den Eberrautenstrauch zum Nestbau nutzen.

Engelwurz

Angelica archangelica

Angelica (engl.), Angélica (span.), Angelick (althochdt.), Angelico (ital.), Angelicus (lat.), Angelika(wurzel), Angeliken, A(rcha)ngélique vraie (frz.), Angolkenwurzel, Argelkleinwurz, Artelkleinwurzel, Beeriblasen, Blasröhre, Brustwurz(el), Buchalter, Büchel, Dreieinigkeitswurzel, Dudeln, Echte Engelwurz, Edle Angelika, Engelbrustwurz, Engelskraut, Engelspflanze, Engelpfurz, Engelwurtz (althochdt.), Erzengelwurz(el), Garden angelica (engl.), Gartenangelika, Geistwurzel, Giftwürze, Giftwurz, Glückenwurzel, Gölk, Grote Engelwortel (niederl.), Gugenkraut, Heiligenbitter, Heilig(en)-Geist-Wurz(el), Heiligenwurz(el), Läusekraut, Ledpfeifenkraut, Luftwurz(el), Schoter, Spickrohr, Spritze, Spritzgugen, Sprotze, Theriakwurz(el), Wurzel des Heiligen Geistes, Zahme Angelika, Zahnwurz(el)

Allgemeines, Herkunft, Geschichtliches

Die Heimat der Engelwurz liegt im Norden Europas, wo sie heute noch vielerorts wild wachsend anzutreffen ist.
Einer alten Erzählung zufolge soll der Erzengel Gabriel einst der Engelwurz seine sprichwörtliche Heilkraft verliehen haben. 1510, zur Zeit der großen Epidemien, galt die Engelwurz sogar als wirkungsvolles Mittel gegen die Pest. Seit dem 14. Jh. gedeiht dieses raschwüchsige, mit der Petersilie verwandte Doldengewächs / Apiaceae (Umbelliferae) auch in Deutschland, meist an Ufern und auf feuchten Wiesen, seltener in Gebirgsschluchten.
Als Brustwurzel wird die Engelwurz deshalb bezeichnet, weil er bei Verschleimung den Auswurf fördert.
Da sie mitunter Blähungen verursacht, wird die Engelwurz spöttisch auch Engelpfurz genannt.
Das lateinische »angelica« bedeutet in etwa »die Engelsgleiche«.

Aussehen

Die stattliche, bis zu 2 m hohe Engelwurzstaude besitzt einen daumendicken, hohlen, rötlichen Stängel, aus dem ein weiß-grüner Blü-

tenstand hervorgeht. Die langrunden, hellgrünen Blätter sind doppelt bis dreifach gefiedert und am Rand eingesägt. Die rübenartige, hellbraune Pfahlwurzel ist mit einer Vielzahl von Milchsaft führenden Adern durchzogen.
Während der Ernte in freier Natur sollte man besondere Vorsicht walten lassen, denn die Engelwurz kann leicht mit dem täuschend ähnlichen, jedoch für den Menschen ungenießbaren Rosskümmel oder sogar mit dem giftigen Schierling verwechselt werden.

Geschmack

Anfänglich schmecken junge Engelwurzblätter, -stängel und -wurzeln angenehm apfelähnlich und eigentümlich süß, später dann zunehmend scharf-würzig und bitter.

Geruch

Die Engelwurzblätter verströmen moschusartige, die Blüten honigähnliche, die Stängel apfelige und die Wurzel sogar streng gewürzhafte Düfte.

Arten, Sorten

Chinesische Engelwurz / Angelica polymorpha sinensis (lat.) nennt sich eine Engelwurzsorte aus China, wo sie vorwiegend medizinisch genutzt wird.
Sumpfengelwurz / Angelica palustris (lat.) heißt eine seltene Engelwurzsorte mit scharfkantigen, gefurchten Stängeln und herzförmigen Blättern, die vorwiegend in Osteuropa und Westsibirien anzutreffen ist.
Waldengelwurz / Angelica sylvestris (bot.) / Waldröhre / Waldwurzel / Wilder Engelwurz: wild wachsende, deutlich zierlichere Variante der Echten Engelwurz mit weißen oder rosafarbenen Blüten. Sie bevorzugt feuchte und schattige Plätze.

Hauptinhaltsstoffe

Angelikasäure, Baleriansäure, Bitterstoffe, Cumarin-Derivate, Gerbstoffe, Harz, etherische Öle, Pektin, Wachs, Zucker.

Verwendung, Zubereitung

Mit fein zerteilten Engelwurzblättern kann man Kräutermischungen, Salaten, Saucen, Suppen, Desserts oder Fischgerichten eine besondere Note verleihen.
Aus jungen Engelwurzstängeln und -blättern lässt sich ein nicht ganz alltägliches Gemüse zaubern. In Zucker kandiert, verwandelt sich ihr bitter-scharfer Geschmack sogar in ein erfrischendes, parfümartiges Aroma, sodass sie zu ansehnlichen und verzehrbaren Patisserie-Dekorationen verarbeitet werden können.
Engelwurzwurzeln und -samen werden meist industriell zur Herstellung von Magenbittern, Kräuterlikören und Stärkungsmitteln (z. B. Benediktiner, Boonekamp, Chartreuse, Doppel-Herz, Klosterfrau Melissengeist) und pharmakologisch als Magen- und Hautreizmittel verwendet, die dicklichen Wurzelanteile eignen sich jedoch auch für die Zubereitung von Gemüse.

Volksmedizinische Bedeutung

Engelwurz wirkt appetitanregend, entgiftend, nerven- und magenstärkend, entwässernd, schweißtreibend, verdauungsfördernd, blähungstreibend und entkrampfend, bei Magen- oder Darmgeschwüren

jedoch ist wegen ihrer die Säureproduktion anregenden Eigenschaften von einem Verzehr abzuraten. Bei Erschöpfung kann ein Engelwurzbad wahre Wunder wirken.
Ein Tee, der aus Engelwurzblättern hergestellt wird, ist hilfreich bei Verdauungsbeschwerden, bekämpft rheumatische Beschwerden und wirkt geistig stabilisierend; Tee, der aus seinen getrockneten Wurzeln bereitet wird, hat schleimlösende und auswurffördernde Effekte.
Während der Schwangerschaft sollte Engelwurz in jeglicher Form gemieden werden, da er abtreibende Eigenschaften aufweist.
Vorsicht: Da die im Engelwurz enthaltenen Furanocumarine verstärkte Lichtempfindlichkeit bewirken, kann es nach dem Engelwurzverzehr zu Hautentzündungen kommen.

Tipp

Engelwurzstängel, die man bei der Zubereitung von Rhabarberkompott mitkocht, mildern dessen Säure derart, dass eine Zugabe von Zucker nahezu unnötig wird.

Enzian (Gelber)

Gentiana lutea

(Berg)fieberwurzel, Bitterwurz, Branntweinwurz, Darmwurz, Enza, Gelbsuchtwurz, Genciana (span.), Gentian (engl.), Gentiane (frz.), Genziana (ital.), Gestrinswortel, Halunkenwurz, Hermer, Hochwurz, Kreuzwurz, Ritterwurz, Sperenstich (altdt.), St. Ladislaikraut, Weißenzen, Wissenzen, Zinsalwurz

Allgemeines, Herkunft, Geschichtliches

Der Gelbe Enzian gehört zu den unter Naturschutz stehenden Enziangewächsen / Gentianaceae, von denen es etwa 450 unterschiedliche Arten gibt. Gelber Enzian kommt weltweit wild wachsend in fast allen Gebirgen vor, in den Alpenregionen wird er heute jedoch auch kultiviert.
Da Gelber Enzian kann bis zu 60 Jahre alt werden und zählt damit zu den langlebigsten Pflanzen.
Seine lateinische Bezeichnung Gentiana hat der Enzian dem römischen Schriftsteller Plinius dem Älteren zu verdanken, der mit dieser Namensgebung den illyrischen König Gentius ehren wollte.

Aussehen

Der Gelbe Enzian ist ein bezauberndes Pflänzchen mit länglichen, adrigen Blättern und vielen, gelben Blütchen, die sich jedoch erst im 10. Lebensjahr zeigen. Die viel gerühmten Enzianwurzeln werden umso kräftiger, je höher er wächst, einen aufrecht wachsenden Stängel bildet er jedoch erst nach 7 Jahren.

Geschmack

Der Gelbe Enzian weist ein erdiges und stark bitteres Aroma auf.

Arten, Sorten

Chinesischer Herbstenzian / Gentiana sino-ornata (lat.): frostempfindliche, kultivierte Enziansorte mit sehr schönen, lilablauen Blüten, die sich auf saurem Boden am wohlsten fühlt. Englische Pflanzenliebhaber brachten sie im 19. Jh. aus China mit.
Frühlingsenzian / Gentiana verna (lat.) / Blitznagele / Brendelblume / Herrgottsliechtli / Himmelsbläuli / Himmelstengel / Schlachtarnägala

(allgäu.) / Schusternagel / Tintabluoma / Wetternagele kommt auf ungedüngten Wiesen und Almen vor, hat auffallend blaue Blüten und ist bedeutend zierlicher als Gelber Enzian.
Purpurenzian / Gentiana purpurea (lat.) / Rotenzen heißt eine purpurrot blühende Enziansorte, die im Vergleich zum Gelben Enzian das Fünffache an Bitterstoffen enthält.

Hauptinhaltsstoffe

Farbstoffe, Gentisin, Pektin, Vitamine.

Verwendung, Zubereitung

Die Wurzeln des Gelben Enzians werden meist industriell zur Herstellung von Magenbittern und 38%igem Enzianschnaps verwendet, auf den meisten Flaschen wird jedoch fälschlicherweise fast immer blau blühender Frühlingsenzian abgebildet.
Als es noch keine chemischen Färbemittel gab, wurde Gelber Enzian auch in der Textilverarbeitung genutzt.

Volksmedizinische Bedeutung

Enzianschnaps oder -extrakt weist nicht nur appetitanregende, beruhigende, verdauungsfördernde und den Stoffwechsel begünstigende Eigenschaften auf, auch Blutarmut, Nervenschwäche und Rheuma kann man damit bekämpfen. Bei Überdosierung kann es jedoch zu Übelkeit und Erbrechen kommen, bei Magen- und Darmgeschwüren ist ausnahmslos von Enzianzubereitungen abzuraten.

Tipp

Aperol nennt sich ein Magenbitter, der neben Gelbem Enzian auch Chinarinde, verschiedene Kräuter und Rhabarbersaft beinhaltet. Meist kommt er als Zutat in Longdrinks zum Einsatz.

Estragon

Artemisia dracunculus

Ai-Hao (chin.), Aristokrat unter den Kräutern, Bertram(kraut) (österr.), Der kleine Drache, Drachant(kraut), Drachenbeifuß, Drachenblut, Drachenkraut, Dragon (niederl., schwed.), Dragonbeifuß, Dragoncella (ital.), Dragoncillo (span.), Dragonella, Dragon(elli)kraut, Dragun(wermut), Drakebloed (niederl.), Drakos (griech.), Eierkraut, Esdragon (skand.), Estragao (port.), Estragon (bulg., frz., ital., kroat., norw., poln., rumän., russ., span., tschech.), Estragón (slowen., span.), Estragone (ital.), Fáfnisgras (isl.), Herbe dragonne (frz.), Kaiserkraut, Kaisersalat, Kleiner Drache, Königliches Würzkraut, Long hao (chin.), Rakuuna (finn.), Schlangenkraut, Slangekruid (niederl.), Taeragon (thail.), Taragon (jap., korean.), Tarhun (türk.), Tarkhun (arab.), Tárkony(üröm) (ung.), Tarragon (engl.), Tarragona (span.), Trabenkraut, Tragonia

Allgemeines, Herkunft, Geschichtliches

Seinen Ursprung hat der Estragon in den sibirischen und mongolischen Steppen Russlands. Im Mittelalter trugen abergläubische Personen sein Kraut nicht nur zum Schutz gegen Schlangen und Drachen, sondern auch gegen die gefürchtete Pest bei sich. Im 13. Jh.

gelangte dieser mehrjährige Korbblütler / Asteraceae (Compositae) durch Kreuzfahrer erstmals in mediterrane Länder und schließlich auch in andere europäische Gebiete. Die Kulturform des ehemals wild wachsenden (Russischen) Estragons, der Französische Estragon, wird heute in Deutschland, Frankreich (größter Anbau), Italien und in Nordamerika angebaut, wobei er nährstoffreichen, durchlässigen Boden und die Nachbarschaft von Liebstöckel bevorzugt. Geerntet wird der mit dem Wermut verwandte Estragon zu Beginn der Blüte, am besten abends, weil die Blätter dann den höchsten Gehalt an etherischen Ölen aufweisen.
Sein botanischer Beiname »dranunculus« ist vom lateinischen »draco« für »Drachen« oder »Schlange« abgeleitet, da man ihm einst die oben erwähnte abschreckende Wirkung auf Schlangen zuschrieb.

Aussehen

Estragon ist eine bis zu 1,5 m hohe Pflanze mit unscheinbaren gelbgrünen Blütchen und lanzettförmigen, hell- bis dunkelgrün glänzenden Blättern, die unterseits mit feinwüchsigen Öldrüsen behaftet sind. Die mehrfachen Wurzelausläufer des Estragons sind wirr miteinander verschlungen.

Geschmack

Die jungen Blätter des Französischen Estragons besitzen ein unvergleichlich dominantes, fenchel- und anisähnliches Aroma mit unterschwelliger Lakritznote. In Feinschmeckerkreisen wird dem Estragon sogar nachgesagt, eines der feinsten Küchenkräuter zu sein, doch *Vorsicht:* In hoher Dosierung können seine Blätter die Geschmacksnerven vorrübergehend betäuben.
Alte Estragonblätter schmecken unangenehm bitter.
Getrockneter Estragon hat seine Geschmacks- und Wirkstoffe weitestgehend eingebüßt.

Geruch

Den Estragonblättern entströmen bitter-süßliche Düfte.

Arten, Sorten

Französischer Estragon / Artemisia dranunculus var. sativa (lat.) / Deutscher Estragon / Echter Estragon / Ostpreußischer Estragon ist die Kulturform des Russischen Estragons. Französischer Estragon schmeckt zwar aromatischer und erfrischender als Russischer Estragon, ist jedoch nicht winterhart. Vermehrt wird diese Wärme und Sonne liebende Estragonsorte, die auch bei starker Sonneneinwirkung nicht bitter wird, durch Stecklinge oder Wurzelteilung; alle 4 Jahre sollte sie umgepflanzt werden, weil sie sonst mickert.
Russischer Estragon / Sibirischer Estragon heißt die kälteresistente Wildform des Estragons. Der schmal- und blassgrünblättrige Russische Estragon, der im Gegensatz zum Deutschen Estragon eine komplexe Samenfülle produziert und demzufolge auch ausgesät werden kann, schmeckt nur sehr schwach kerbelartig-bitter und ölig; er ist weniger aromatisch (weil er kein Estragol enthält), jedoch wesentlich robuster und großwüchsi-

ger, weshalb er in deutschen Gärtnereien bevorzugt gehandelt wird.
Winterestragon: s. *Gewürztagetes*

Hauptinhaltsstoffe

Bitterstoffe, Calcium, Cumarine, Eisen, Estragol, Fluor, Gerbstoffe, Harze, Jod, Kalium, Magnesium, Ocimen, Phellandren, Provitamin A, Vitamin B und C.

Verwendung, Zubereitung

Frische oder in Essig eingelegte Estragonblätter werden nicht nur zum Verfeinern von Buttermischungen, Saucen, Suppen, Salaten, Fleischzubereitungen oder zur Senfherstellung verwendet, sie sind auch Bestandteil der berühmten »Sauce béarnaise« und »Fines herbes«. Estragon sollte aufgrund seines dominanten Geschmacks sparsam dosiert werden, um den Eigengeschmack der Speisen nicht zu überlagern. Die Stängel sollten zuvor entfernt werden, da sie hart und holzig sind.

Lagerung

Da frischer Estragon bereits nach kurzer Bevorratung sehr hohe Aromaverluste erleidet, sollte man ihn gleich nach der Ernte in Essig oder Öl marinieren. Zum Trocknen ist er aus genanntem Grund nicht geeignet.

Volksmedizinische Bedeutung

Estragon besitzt verdauungsfördernde, appetitanregende, die Psyche und Widerstandskraft stärkende, krampflösende sowie harn- und wurmtreibende Eigenschaften. Grundsätzlich sollte er jedoch nur in kleinen Mengen verzehrt werden, da man dem Wirkstoff Eugenol bei hoher Dosierung krebserregende und erbgutschädigende Wirkungen nachgewiesen hat.
Mit Estragonwurzeln lassen sich Zahnschmerzen lindern.

Tipp

Sein volles Aroma entfaltet der Estragon erst, wenn er erhitzt wird!

G

Gänseblümchen

Bellis perennis

Angerbleamal (bayr.), Auge des Tages, Augenblümchen, Baldurs Auge, Baldurs Braue, Bellide (ital.), Blinkerbloom (schl.-holst.), Brineblaum (norddt.), Busserl, Cayir papatyasi (türk.), Daisy (engl.), Day's eye (engl.), Dickbloom (schl.-holst.), Dikroz (fries.), Dorotheenstöckel, Gänseblume, Gänseliese(l), Gänsenagerl, Gennssblum, Georgenblume, Grasbleamal (bayr.), Grasblume, Herz-

blümli, Himmelsblume, Katzenblume, Madeliefje (niederl.), Madliebe (altdt.), Mägdelieb, Märzblume, Maiblume, Mairöserl, Margaritenblume, Margaritli (schweiz.), Margheritina (ital.), Marienbloemken (niederl.), Marienblümchen, Marriblom (dän.), Maßblümlein, Maßkleebche (hunsr.), Maßleben, Maßlieb(ch)en, Maßlieblin, Maßüßelen, Matzliebche, Milchblümli, Möppelchen, Monatsblume, Monatsröserl, Mondscheinblume, Morgenblume, Muderkrud, Müllerblume, Mümmeli, Mutter(gottes)-blümchen, Mutterrockblume, Osterblume, Paquerette (frz.), Pratolina (ital.), Rainblume, Regenblume, Rupfblume, Seidenröserl, Sonnenblümchen, Sonnentürchen, Studentenresla, Winterblümli, Wundkraut, Zeitlosen(kraut)

Allgemeines, Herkunft, Geschichtliches

Das anspruchslose Gänseblümchen, es gehört zur Familie der Korbblütler (Compositae), wächst als bekannteste Pflanze Mitteleuropas meist auf Wiesen, in Weinbergen oder als lästiges »Unkraut« auf dem Rasen. Von Februar bis November kann das Gänseblümchen zwar geerntet werden, der beste Sammelzeitpunkt liegt jedoch im April und Mai, wegen der Schadstoffbelastung möglichst nicht an stark befahrenen Straßen.

»Day's eye« (»Auge des Tages«) wird das Gänseblümchen im englischen Sprachraum genannt, weil es nachts die Blütchen schließt und sie erst wieder öffnet, wenn es von einem Sonnenstrahl berührt wird.

Eine Legende besagt, dass das Gänseblümchen den Tränen der Mutter Maria auf der Flucht nach Ägypten entspross und die zarte Rottönung ihrer Zungenblüten durch einen Blutstropfen entstand, daher der Name Mutter(gottes)blümchen.

Die Bezeichnungen Maßliebchen und Gänseblümchen hängen eng mit dem einst bevorzugten Wuchsort der Pflanze zusammen: Das altkeltische »mas« bedeutet »Anger«, bezeichnet also einen Dorf- oder Marktplatz, auf dem einst eben Gänse umherliefen.

Osterblume wird das Gänseblümchen genannt, weil seine Heilkräfte während der Osterzeit am stärksten sein sollen.

Regenblume nennt man das Gänseblümchen, weil es die nützliche Eigenschaft besitzt, seine Blüte bei aufziehendem Regenwetter zu schließen und schützend dem Boden zuzuwenden.

Der botanische Name Bellis perennis bedeutet wörtlich übersetzt »ausdauernd schön«.

Aussehen

Die gebuchteten, feinen Blättchen des aufrecht wachsenden kleinen Blümchens stehen in einer sonnenblumigen Rosette. Der blattlose Stängel, der eine Wuchshöhe von 12 cm erreichen kann, trägt ein nur fingernagelgroßes, rosa-weiß überhauchtes, gelbes Blütenkörbchen, das viele Einzelblüten in sich birgt.

Geschmack

Anfangs schmeckt das Gänseblümchen süß-nussig, später kommt jedoch ein leicht bitterscharfer Nachgeschmack auf.

Geruch

Das Gänseblümchen riecht schwach süß-aromatisch.

Arten, Sorten

Tausendschön(chen) nennt man das Gänseblümchen, wenn es in Gartenerde gepflanzt wurde. Es bekommt dann zwar hübsche, große, rot gefüllte Blüten, die Ausstrahlung und Heilkraft des wild wachsenden Gänseblümchens fehlen ihm jedoch gänzlich.

Hauptinhaltsstoffe

Anthoxanthin, Bitterstoffe, Calcium, Essigsäure, etherisches Öl, Flavonoide, Saponine, Weinsäure, Vitamin C.

Verwendung, Zubereitung

Mit grob zerkleinerten Gänseblümchenblättern, -blüten, -trieben und -wurzeln lassen sich Salate, Suppen, Quarkspeisen und Butterbrote verfeinern. Einen wohlschmeckenden Kapernersatz erhält man, wenn man die Blütenknospen des Gänseblümchens in Weinessig und Salz einlegt.

Für eine **Gänseblümchensuppe** zwei Handvoll frisch geerntete Gänseblümchen gründlich waschen und grob hacken, gemeinsam mit einer fein gehackten Zwiebel in Sonnenblumen- oder Rapsöl anschwitzen, 30 g Mehl unterrühren, mit 1 Liter Hühnerbrühe ablöschen, mit dem Schneebesen glattrühren, aufkochen, mit Salz und frisch geriebener Muskatnuss würzen und mit 1/8 Liter Sahne verfeinern. Kurz vor dem Servieren mit 2 oder 3 Gänseblümchenblüten garnieren und mit gehackter Petersilie bestreuen.

Auf einer Kartoffelsuppe sind Gänseblümchenblüten zwar äußerst dekorativ und ein nicht alltäglicher Hingucker, man sollte sie jedoch, ihrer hitzeempfindlichen Geschmacksstoffe wegen, nicht mitkochen.

Lagerung

Da sich Gänseblümchen sogar gekühlt nur sehr kurzzeitig bevorraten lassen, sollten sie möglichst erst kurz vor dem Verzehr geerntet werden.

Volksmedizinische Bedeutung

Die Inhaltsstoffe des Gänseblümchens sind nicht nur der Stabilisierung der Knochen und des Immunsystems zuträglich, sie lindern ebenso Asthma, chronische Bronchitis, Schmerzen, Leberleiden und Regelschmerzen. Ein starker Tee aus zerkleinerten Gänseblümchen hat harntreibende, stoffwechselanregende, leicht abführende und sogar krampflösende Eigenschaften. Eine dreiwöchige Frühjahrskurkur, bei der man täglich einen Esslöffel klein gehackte Gänseblümchen isst, hat blutreinigende und allgemein stärkende Auswirkungen.

Pickel und Hautunreinheiten sollten mit dem Stängelsaft des Gänseblümchens betupft werden; ein Vollbad, das mit Gänseblümchenblüten versetzt wurde, lässt Ekzeme schwinden.

Nach dem Verzehr größerer Mengen von Gänseblümchen kann es zu Übelkeit, Durchfall und Erbrechen kommen.

Tipp

»Hab mich lieb!«, möchte man mit einem Gänseblümchenstrauß zum Ausdruck bringen, wenn man ihn einem nahestehenden Menschen überreicht!

Gänsefingerkraut

Potentilla anserina

Anserina (engl.), Anser(ine), Ansreine, Argentine (frz.), Becco di occa (ital.), Butterblume, Crampweed (engl.), Dreckkraut, Federweiß, Fingerkraut, Gänsegarbe, Gänsekraut, Gänseschwutz, Gänserich, Gänsewiss, Gänsflügel, Gänsgras, Gänswerich, Gansbratzen, Gans(kraut), Gansmennig, Genserich, Goose-grass (engl.), Goose-tansy (engl.), Grensel, Grenserich, Grensi(n)g, Grieskraut, Grünsing, Herba Anserinae (lat.), Kammkraut, Kaninchenkraut, Kränzchenkraut, Krammetkraut, Krampfkraut, Kreidel, Leiterlekrut, Mauchenkraut, Nachtnebelkraut, Protentilla, Rotlaufkraut, Säukraut, Sauwühlen, Silberblatt, Silberkraut, Silver-weed (engl.), Stierlichrut, Stoppers, Tönkraut, Zwangkraut

Allgemeines, Herkunft, Geschichtliches

Gänsefingerkraut nennt sich ein wild wachsendes Rosengewächs / Rosaceae, das überwiegend in Asien, Europa und Nordamerika, meist auf kalkreichen Böden, in Gehöften oder an Häusern anzutreffen ist.

Schon die Kelten schätzten den gekochten Wurzelstock des Gänsefingerkrauts, nicht nur als Leibspeise: Sie legten sich ebenso Pflanzenteile in ihre Gehwerkzeuge, um Geschwülste an Fußgelenken zu vermeiden und zu heilen.

Der namhafte Pfarrer Kneipp kurierte einst einen Wundstarrkrampfpatienten, der von den Ärzten schon längst aufgegeben war, mit Anserinentee.

Gänsefingerkraut wird den Kulturfolgern zugeordnet; so nennt man Pflanzen, die sich auf kultivierten, stickstoffreichen Böden am wohlsten fühlen.

Die botanische Bezeichnung des Gänsefingerkrauts setzt sich aus »potentilla« für »potent, mächtig« und »anserina« für »Gans« zusammen.

Der Name Gänsefingerkraut mag wohl darauf hinweisen, dass diese Pflanze meist dort zu finden ist, wo sich Gänse aufhalten, die sie fressen und die Samen mit dem Kot wieder unverdaut ausscheiden, wodurch sich das Gänsefingerkraut immer wieder ausbreiten und vermehren kann.

Aussehen

Gänsefingerkraut hat dunkelgrüne, bis zu 21-fach gefiederte, anfänglich beidseitig, später nur noch unterseits seidig-silbrige Blättchen, behaarte, ca. 15 cm hohe Stängel und (Mai–Juli) fünfzählige, gelbe oder weiße, hahnenfußähnliche Blüten.

Die zunächst stark gedrungene Wurzel setzt sich mit einer Vielzahl von langen, kriechenden Ausläufern fort.

Geschmack

Gänsefingerkraut schmeckt relativ erfrischend, jedoch ziemlich bitter.

Hauptinhaltsstoffe

Amine, Bitterstoffe, Cholin, Flavonoide, Gerbstoffe, Calcium, Schleimstoffe, Tannine, Tormentol.

Verwendung, Zubereitung

Schwach dosiert gibt man Gänsefingerkraut in Salate oder bereitet daraus ein ausgefallenes Wild- oder Mischgemüse.

Eine köstliche **Wildgemüsesauce** erhält man, indem man blanchierte Gänsefingerkrautblättchen in vegetarische Brühe gibt, die man mit einer hellen Einbrenne (Roux blanc) bindet und kurz vor dem Verzehr mit frisch geriebener Muskatnuss würzt.

Volksmedizinische Bedeutung

Umschläge mit einem Sud aus Gänsefingerkrautblättern haben heilende und entzündungshemmende Eigenschaften.

Ein starker Tee aus Gänsefingerkrautblüten wirkt nicht nur desinfizierend und heilend bei Erkältungskrankheiten, sondern auch blutstillend, schmerzlindernd und nervenstärkend. Durchfall und Muskelkrämpfe bekämpft man erfolgreich, indem man Milch mit Gänsefingerkraut aufkocht und diese Flüssigkeit durchgesiebt so heiß wie möglich trinkt.

Eine Waschung mit kaltem Gänsefingerkrauttee ist bei geröteter Haut, Schweißausbrüchen, Sommersprossen und Sonnenbrand nützlich.

Tipp

Weidende Wiederkäuer, die an quälenden Beschwerden innerhalb ihres Verdauungstrakts leiden, machen sich die krampflösenden und schmerzlindernden Eigenschaften des Gänsefingerkrauts instinktiv zunutze, indem sie versuchen, diese Pflanze ausfindig zu machen und zu fressen.

Gänsefuß (Weißer)

Chenopodium album

Bergspinat, Fünffingerkraut, Großer Gänsefuß, Herba Valentini, Hundsmelde, Kriechendes Fingerkraut, Lambsquarters (engl.), Ruhrkraut

Allgemeines, Herkunft, Geschichtliches

Die Ursprungsgebiete des Weißen Gänsefußes, der hierzulande meist an Wegesrändern und auf Schuttplätzen anzutreffen ist, liegen vermutlich im Himalaya-Gebiet, wo er bereits vor mehreren Tausend Jahren als wertvolles Gemüse geschätzt wurde. Er gehört zur Gattung Gänsefuß (Chenopodiaceae), die den Fuchsschwanzgewächsen (Amaranthaceae) zugeordnet wird. Im 19. Jh. wurde der Weiße Gänsefuß in Deutschland erstmals auch kultiviert, zwischenzeitlich ist er jedoch längst wieder von unseren Märkten verschwunden, da er vom ertragreicheren und wohlschmeckenderen Spinat verdrängt wurde.

Aussehen

Sowohl die spießförmigen Blätter des Weißen Gänsefußes als auch seine kantigen, bis zu 50 cm hohen Stängel sind mit mehlig-weißem Staub behaftet. Seine hellgrau-grünen Blütenknospen haben ein rundliches, zusammengeknäultes Aussehen.

Geschmack

Die Blätter des Weißen Gänsefußes schmecken relativ würzig, jedoch wesentlich milder als die des Spinats.

Arten, Sorten

Guter Heinrich / Chenopodium bonus henricus (lat.) / Bon Henri (frz.)

/ Dorffuß / Dorfgänsefuß / Epinard sauvage (frz.) / Good King Henry (engl.) / Stolzer Heinrich / Wilder (Mehl-)Spinat / Wild spinach (engl.) nennt sich ein Gänsefußgewächs, das früher in jedem Dorf wild wuchs. Der Gute Heinrich, der seinen Namen vermutlich den Heinrichen, den gutmütigen Naturgeistern zu verdanken hat, ist eine nährstoffliebende, winterharte und sehr ausdauernde Pflanze, die sich nur in der Nähe von Menschen oder Viehunterständen wohlfühlt. Wenn sie erst einmal Fuß gefasst hat, bilden sich große, bis 1 m hohe Stöcke, deren Blattwerk und Blütenstände ein kräftiges herbwürziges Aroma hergeben. Ab Februar kann der Gute Heinrich zu schmackhaftem Gemüse oder Salat verarbeitet werden.

Netherfiled Gold heißt eine neuartige Zuchtform des Gänsefußes mit gelbscheckigen Blättern.

Wohlriechender Gänsefuß / Chenopodium ambrosiodus (lat.) / Amerikaans wormzaad (niederl.) / Amerikanisches Wurmkraut / Bonbon pigweed (engl.) / Epazote (frz.) / Epazote yerba (span.) / Heckensenf / Jerusalempetersilie / Jesuitentee / Karthäusertee / Merlik (tschech.) / Mexikanischer Tee / Mexikanisches Teekraut / Mirhafü (ung.) / Paste / Pazote / Shunk weed (engl.) / Welriekende ganzenvoet (niederl.) / Westindian goosefoot (engl.) / Westindischer Gänsefuß / Wormkruid (niederl.) / Worm seed (engl.) / Wurmsamen / Wurmtreibender Gänsefuß ist in Mexiko zu Hause, wo er einst von den Indianern und Mayas als Heil- und Würzkraut genutzt wurde, wird aber mittlerweile auch in einigen europäischen Ländern kultiviert. Er hat sternförmige, gezackte Blätter und winzige Blütchen. In Mexiko dienen seine gleichermaßen nach Erdöl, Fensterkitt, Zitrusfrüchten und Minze schmeckenden Pflanzenteile sowohl dem Würzen von Fleisch und Bohnen als auch der Teebeimischung. Dank scines Wirkstoffs Ascaridiol hält Wohlriechender Gänsefuß den Darm von Parasiten und Würmern frei und wirkt verdauungsfördernd, doch *Vorsicht:* Vor Überdosierung und dem Verzehr während der Schwangerschaft wird wegen möglicher Vergiftungserscheinungen gewarnt!

Hauptinhaltsstoffe

Mineralstoffe und Vitamine.

Verwendung, Zubereitung

Die jungen Blätter des Weißen Gänsefußes können sowohl als Salat und Suppe wie auch als Gemüse zubereitet werden.

Frühen Spargel nennt man eine englische Leibspeise, die spargelähnlich zubereitete Sprossen des Weißen Gänsefußes beinhaltet.

Quesadillas nennt sich eine mexikanische Spezialität (mit Käse gefüllte Tortillas), von deren Zutatenliste Wohlriechender Gänsefuß nicht wegzudenken ist.

Lagerung

Weißer Gänsefuß ist nur kurzzeitig lagerbar.

Volksmedizinische Bedeutung

Der Weiße Gänsefuß hat blutreinigende, entzündungshemmende und abführende Eigenschaften, Personen mit Nierenleiden sollten ihn jedoch gänzlich meiden.

Tipp

Zu Unrecht ist der Weiße Gänsefuß heute eine allseits geächtete Wildpflanze, obwohl er wesentlich mehr gesunde Bestandteile enthält als manches Kulturgemüse.

Galgant (Kleiner)

Alpinia officinarum

Echter Galgant, Fieberwurzel, Galanga chino (span.), Galgant-Alpinie, Java-ginger (engl.), Kenchur (indon.), Kentjoer (niederl.), Languas officinarum (bot.), Laoswurzel, Maraba (russ.), Petit galganga (frz.), Racine de galanga (frz.), Raiz de galanga (span.), Wilder Ingwer

Allgemeines, Herkunft, Geschichtliches

Schon die alten Ägypter verwendeten den Galgant in ihren Küchen, heute wird die Galgantwurzel jedoch fast nur noch in der südostasiatischen Küche verarbeitet. Größere Anbaugebiete dieses bis zu 1 m hohen, schilfartigen Ingwergewächses (Zingiberaceae), dessen Wurzeln bereits nach 6 Monaten eingebracht werden können, findet man vorwiegend in Bali, Java, Indonesien und Malaysia; seine wahren Ursprünge aber liegen in Südindien und Südchina.

Aussehen

Der Echte Galgant besitzt einen zylindrischen, bis zu 20 cm langen und 3 cm breiten, pastellfarbenen Wurzelstock mit aprikosenfarbenen Seitentrieben und eine zauberhafte, lilienartige Blüte mit rotgestreiften, lilienweißen Blättchen.

Geschmack

Frische Galgantwurzeln schmecken brennend-scharf, erdig und hitzig; im gegarten Zustand sind sie angenehm bitter-würzig, kampferartig und erinnern ein wenig an Ingwer und Pfeffer.

Geruch: Der Galgant verströmt einen eukalyptusartigen Duft.

Arten, Sorten

Chinesischer Ingwer / Boesenbergia pandurata (lat.) / Chinese ginger (engl.) / Fingerroot (engl.) / Fingerwurz wird ein Verwandter des Galgant genannt, der fingerförmige Wurzelausläufer hat und häufig mit der Gewürzlilie verwechselt wird.

Großer Galgant / Alpinia galanga (lat.) / Galang (span.) / Galanga (dän., engl., frz., ital., poln., port., ung.) / Galangal (tschech.) / Galangarot (schwed.) / Galanga(wurzel) / Galanki (griech.) / Galgant (dt., niederl., russ.) / Garanga (jap.) / Greater galanga (engl.) / Khaa (thail.) / Languas galanga (bot.) / Laos (thail.) / Siam-Galgant / Siam-Ingwer / Siamwurzel / Thai-Ingwer hat zwar voluminösere und knolligere, jedoch bräunlichere und holzige Wurzelstöcke, die Ingwerrhizomen nicht ganz unähnlich sind. Vom Aroma her ist die größere Galgantvariante (bis 3 m hoch) der kleineren deutlich unterlegen. Die Ursprünge des Großen Galgant liegen in der südchinesischen Stadt Hainan.

Gewürzlilie / Kaempferia pandurata (lat.) heißt eine Galgantart, die fälschlicherweise gelegentlich auch als Kleiner Galgant bezeichnet wird.

Hauptinhaltsstoffe

Alpinol, Cineol, Eugenol, Flavon-Derivate, Galangol, Gerbstoffe, Harze, Kampfer, Linalool, Methylcinnamat, Sesqui-Terpene, Stärke, Zucker.

Verwendung, Zubereitung

Die gekochten Galgantwurzeln und -seitensprossen werden mehrheitlich als **Sandingwer** (pulvriger Pfefferersatz) vermarktet, der in der indonesischen Küche und zu Würzmischungen für Reisgerichte (z. B. bei Nasi Goreng) genutzt wird, zuweilen werden sie jedoch auch in Konditoreien oder bei der Essig- und Magenbitterproduktion eingesetzt.

Volksmedizinische Bedeutung

Der Galgant wirkt appetitanregend, entzündungshemmend, magen- und nervenstärkend, bekämpft Fieber, Husten und Schnupfen und kurbelt die Fettverbrennung an.

Tipp

Galgant lässt sich notfalls durch Ingwer ersetzen, der aber nicht ganz so würzig ist.

Gewürze

Aromas (span.), Aromaten, Aromates (frz.), Condimentos (ital., span.), Condiments (engl., frz.), Epices (frz.), Especias (span.), Füszer (ung.), Gwirz (bad.-württ.), Masalla (ind.), Pryprawy (poln.), Seasonings (engl.), Specerijen (niederl.), Spezereien, Spezie (ital.), Spices (engl.)

Allgemeines, Herkunft, Geschichtliches

Als Gewürze bezeichnet man Teile bestimmter Pflanzen, die, nicht mehr als technisch notwendig, bearbeitet werden und die aufgrund ihres Gehalts an Geschmacks- und Geruchsstoffen (Alkaloide und etherische Öle) als würzende oder geschmackgebende Zutat geeignet sind (z. B. Blätter, Blüten, Früchte, Rinden, Samen, Wurzeln, Zwiebeln); deshalb zählen Salz und Zucker nicht zu den Gewürzen.

Schon seit der Antike üben Gewürze auf geschmacksorientierte Menschen eine ganz besondere Faszination aus. So ließen sich bereits die alten Römer Pfeffer, Zimt, Ingwer und vieles andere mehr aus Indien herbeischaffen. Im Mittelalter und in der frühen Neuzeit galten Gewürze für viele sogar als unerschwinglich, da sie erst mühsam und zeitaufwendig von Arabern und Venetianern auf dem Landweg aus Indien und dem Orient nach Europa gebracht werden mussten. Diese Transporte waren überaus gefährlich; man konnte nie Garantie darauf geben, dass die Ladung auch tatsächlich den Bestimmungsort erreichte, denn Schiffe versanken im Sturm und Handelskarawanen wurden überfallen und ausgeraubt. Die einst wichtigsten Umschlagplätze für Gewürze lagen in Lissabon, Venedig und Genua, wo sich heute zwar noch der Reichtum der früheren Kaufleute an kunstvollen Bauwerken erkennen lässt, ein Großteil dieser Zeitzeugen befindet sich jedoch heute leider in einem mehr als desolaten Zustand (vornehmlich in Portugal). Die bedeutendsten Gewürzzentren der Neuzeit liegen folgerichtig in Singapur, New York, Rotterdam und Hamburg.

Der bekannteste deutsche Gewürzhandel wurde nach dem 15. Jh. in Augsburg von der Familie Fugger betrieben, die es sich sogar leisten konnten, eine eigene Kleinstadt in der Stadt, die sogenannte Fuggerstadt, zu errichten, die sich heute noch in einem eindrucksvollen Zustand befindet.

Aussehen

Von Gewürzen und Lebensmitteln mit unnatürlich schriller Farbgebung sollte man tunlichst die Finger lassen, da sie schon in den Herkunftsländern (z. B. in Indien, Osteuropa, Türkei), des attraktiveren Aussehens wegen, mit hierzulande unzulässigen, da krebserregenden Farbstoffen versehen werden (z. B. »Buttergelb« in Currypulver, »Sudanrot«, ein Schuhcremefärbemittel in Chiliprodukten, »Nitroanilin« in Paprikapulver). Künftig soll die Einfuhr solcher Produkte schärfer überwacht werden.

Arten, Sorten

Afral / Rizdor (frz.) / Spigol: kostengünstig färbende Würzmischung, die Kurkuma, Ringelblume und Safran (1%) beinhaltet.

Aromen / Essenzen sind hoch konzentrierte Würzmischungen (oft mit alkoholischen Zusätzen, z. B. Rum-Aroma), die zwar natürlich, jedoch nicht naturidentisch sind, damit ihr Geschmack auch bei hohen Temperaturen (z. B. beim Backen und Kochen) erhalten bleibt. Zum Nachwürzen sind Aromen aufgrund ihrer Geschmacksintensität ungeeignet.

Backgewürz: Gewürzmischung, die aus pulverisiertem Anis, Koriander, Muskat, Piment und anderen Gewürzen zusammengesetzt ist und meist dem Würzen von Backteigen dient.

Baharat nennt sich eine im arabischen Raum häufig verwendete Gewürzmischung, die meist aus Pfefferkörnern, Paprika, Koriander, Nelken, Kreuzkümmel, Kardamon, Muskatnuss und Zimt zusammengesetzt ist und sowohl dem Würzen von Fleisch- und Fischgerichten, als auch dem Verfeinern einer speziellen Mocca-Zubereitung dient.

Berbere / Berber / Berbere heißt eine orange-rote Gewürzmischung aus Ostafrika, die vorwiegend aus Kreuzkümmel, Nelken, Kardamon, Schwarzem Pfeffer, Piment, Bockshornklee, Koriander, getrockneten Chilischoten, Ingwerpulver, Kurkuma und Zimt zusammengesetzt ist. In Äthiopien werden die zuvor genannten Gewürze meist mehrmals mit Wein oder Met zu einer Paste verrührt und wieder getrocknet, bevor sie dem Vervollkommnen des Aromas verschiedener einheimischer Speisen dienen.

Blatt- und Krautgewürze nennt man nicht nur Gewürze mit hohem Blattvolumen (z. B. Lorbeer und Rosmarin), sondern auch Kräuter allgemein.

Blütengewürz: Geschmacksgeber, die aus Pflanzenblüten gewonnen werden (z. B. Kapern, Nelken und Safran).

Blutwurstgewürz: Gewürzmischung, die aus Majoran, Thymian, Schwarzem Pfeffer, Piment und Kardamom besteht.

Bouquet garni lautet nicht nur der französische Fachausdruck für ein

Gewürzsträußchen, das in der klassischen Küche aus Thymianzweigen, Petersilienstängeln und Lorbeerblättern besteht und zur Verfeinerung von Suppen und Fonds verwendet wird, man versteht darunter auch Suppengemüse (Karotten, Sellerie, Lauch und Petersilienwurzel), das zu einem Bündel verschnürt wurde und demselben Zweck dient. Ein französischer Koch hat das Bouquet garni vor mehr als 300 Jahren erfunden, um dem damals üblichen Überwürzen den Kampf anzusagen.

Chilipulver / Chilipowder (engl.) heißt eine Würzmischung, die sich aus Cayennepfeffer, Amerikanischem Oregano, Gewürznelken, Knoblauch, Majoran, Piment und Römischem Kümmel zusammensetzt.

Chimichurri heißt eine argentinische Trockengewürzmischung, die sich aus Zucker, Zwiebeln, Pfeffer, Paprika, Petersilie, Glutamat, Oregano, Knoblauch, Meerrettich, Öl, Tomaten und Essig zusammensetzt.

Chinawürze / Fünfgewürz / Ngung heung fun (chin.): asiatische Gewürzmischung in Pulverform, die aus Gewürzfenchel, Gewürznelken, Sternanis, Chinesischem Pfeffer und Kassie zusammengesetzt ist.

Dashi heißt eine japanische Würzmischung aus Kombu (Blasentang) und Thunfisch. Vom Geschmack und den Verwendungsmöglichkeiten her könnte man Dashi mit Maggi-Würfeln oder gekörnter Brühe vergleichen.

Einlegegewürz / Einmachgewürz nennt man Gewürze, die sich zum Einlegen / Einmachen / Marinieren eignen (z. B. Gewürznelken, Lorbeerblätter, Senfkörner, Wacholderbeeren).

Fruchtgewürz: Gewürze, die aus Früchten gewonnen werden (z. B. Chili, Tamarinde und Vanille).

Garam masa(l)la: nordindische Gewürzmischung, die sich zumeist aus vermahlenem Pfeffer, Kreuzkümmel, Koriander, Zimt, Muskatnuss und Gewürznelken zusammensetzt; aufgrund von unterschiedlichen Dosierungen kann es beim Geschmack jedoch zu erheblichen Unterschieden kommen. Garam masa(l)la bedeutet »wärmendes Gewürz«.

Gewürzmischungen bestehen ausschließlich aus Gewürzen!

Gewürzsäckchen: Leinentüchlein, das, mit verschiedenen Gewürzen (z. B. Pfefferkörnern, Nelken und Wacholderbeeren) gefüllt und dann sorgsam verschnürt, Gemüse- oder Fleischzubereitungen beigegeben und später wieder entfernt wird.

Gewürzsalze sind Mischungen aus mindestens 40% Kochsalz, mindestens 15% Gewürzen und/oder Gewürzzubereitungen und/oder aminosäurehaltigen Würzen.

Gewürzsträußchen / Gewürzbüscherl (österr.): Sträußchen aus unterschiedlichen Gewürzen (z. B. Bohnenkraut, Lorbeerblatt, Petersilienstängel, Majoran- und Thymianzweig), das zum Würzen von Suppen und Fonds verwendet wird.

Gewürzzubereitungen / -präparate nennt man Mischungen, die mindestens ein Gewürz plus geschmackgebende bzw. -beeinflus-

sende Zutaten und technologisch wirksame Stoffe beinhalten.
Glutamat / Mononatriumglutamat / Natriumglutamat nennt man einen Geschmacksverstärker ohne nennenswerten Eigengeschmack. Früher wurde Glutamat aus Seetang und Gluten, dem klebrigen Eiweiß des Weizens, hergestellt; heute wird er aus den Aminosäuren des Nahrungseiweißes (dem Natriumsalz der Glutaminsäure) gewonnen.
Gomasio nennt man eine japanische Gewürzmischung, die sich aus gemahlener Sesamsaat, Meersalz und Glutamat zusammensetzt.
Gulaschgewürz enthält feingehackten Majoran, Thymian, Knoblauch, Kümmel und Zitronengelb. Damit diese Gewürze beim Zerkleinern nicht vom Küchenbrett springen, vermengt man sie zuvor mit einem Klecks halbfester Butter.
Harissa: afrikanische Gewürzmischung, die sich aus gehackten Chilis, Knoblauch und Olivenöl zusammensetzt.
Padmini: indische Räucherstäbchen, die sowohl Kräuter, Gewürze und Früchte als auch Blumenessenzen oder -mischungen beinhalten können. Sie werden bei religiösen Ritualen, als aphrodisierende Beiwerke, zur Erfrischung oder zur Beruhigung und Entspannung eingesetzt.
Panch Phoron: bengalische Gewürzmischung, die aus Bockshornkleesamen, Braunsenf, getrocknetem Gewürzfenchel, Kreuzkümmel und Schwarzkümmel besteht.
Pastetengewürz: Würzmischung, die Basilikum, Cayennepfeffer, Gewürznelke, gemahlenen Ingwer, Koriander, Lorbeer, Piment, Pfeffer, Rosmarin, Thymian und Zimt beinhaltet.
Pfefferkuchengewürz (altdt.) / Lebkuchengewürz / Honigkuchengewürz enthält Anis, Nelken, Koriander, Kardamom, Zimt, Piment. Es wird zum Würzen von Gewürzkuchen (köln. Köstekooche / Pfefferkuchen / Lebkuchen / österr. Lebzeiten) verwendet.
Prisengewürze nennt man solche Gewürze, die aufgrund ihrer geschmacklichen Dominanz den Speisen nur in kleinen »Prisen« zugefügt werden dürfen (z. B. Gewürznelken).
Quatre Épice nennt sich eine französische Gewürzmischung, die aus grob vermahlenem Pfeffer (schwarz oder weiß), Piment, Muskat und Ingwer besteht.
Ras el Hanout heißt eine Gewürzmischung aus Nordafrika, die sich aus unzähligen Gewürzen zusammensetzt. Herausragende Geschmacksgeber sind Muskat, Rosen, Nelken, Lavendel, Piment, Kardamom und Zimt.
Rindengewürz: So nennt man nur den Zimt, das einzige Gewürz, das aus Pflanzenrinde gewonnen wird.
Samengewürze nennt man z. B. Anis, Kardamom, Koriander, Kreuzkümmel, Kümmel, Mohn, Muskatnuss und -blüte, Schwarzkümmel, Senfsaat und Sternanis.
Schildkrötengewürz: Würzmischung, die aus Basilikum, Bohnenkraut, Koriander, Lorbeer, Majoran, Pfeffer, Rosmarin, Salbei, Thymian und Zitronenschale besteht.
Shichimi Togarashi / Japanisches Siebengewürz nennt sich eine japa-

nische Gewürzmischung, die Szechuanpfeffer, Leinsamen, Mohn, roten Pfeffer, Sesam, Tangerineschalen und Seetang enthält.
Tandoori: indische Würzmischung, die aus Cayennepfeffer, Ingwer, Kardamom, Knoblauch, Korinder, Kreuzkümmel, Kurkuma, Paprikapulver und Tamarinde zusammengesetzt ist.
Tschubritza nennt sich eine bulgarische Würzmischung, die Basilikum, Bockshornklee, Knoblauch und Thymian beinhaltet.
Worcestersauce / Worcestershiresauce heißt eine weltbekannte süßsäuerliche Würzsauce. Ihre Entstehung und ihren Namen hat sie Lord Sandys, dem ehemaligen Gouverneur von Bengalen zu verdanken, der 1835 ein Saucenrezept aus Indien mit nach Worcester (England) brachte, wo es erstmals in einer Drogerie auch für Europäer hergestellt werden sollte; über zwanzig tropische Früchte und Gewürze, Essig, Soja, Melasse, Anchovis, rote Pfefferschoten, Ingwer, Schalotten und Knoblauch waren dazu erforderlich. Das erste Ergebnis war zwar sehr exotisch, doch im Geschmack wenig überzeugend. Nur einem Zufall ist es zu verdanken, dass einige Gallonen dieser Sauce in einem Keller gelagert wurden, wo sie monatelang reifen konnten, ohne dass sich jemand darum kümmerte; schließlich fand ein Bewohner des Hauses den Mut, sie aufs Neue zu probieren, und siehe da, sie war jetzt würzig, pikant und vortrefflich im Geschmack.
Wurzelstockgewürze nennt man Gewürze, die aus den Wurzelstöcken von Pflanzen hervorgehen (z. B. Ingwer, Kurkuma, Meerrettich).
Zwiebelgewürze nennt man alle würzenden Produkte, die aus der großen Allium-Familie hervorgehen (z. B. Knoblauch, Lauch, Schalotten, Zwiebeln).

Verwendung, Zubereitung

Gewürze sollten den Speisen über den gesamten Garzeitraum zugesetzt werden, damit sich ihre geschmackgebenden Inhaltsstoffe optimal entfalten können. Ausnahme: die Muskatnuss, da sie ihr Aroma nach und nach verliert.
Getrocknete Gewürze sollten grundsätzlich in Dosierungen angeschafft werden, die möglichst nur den zeitweiligen Bedarf decken, damit Aromaverluste gar nicht erst entstehen.
Yogi-Gewürz-Tee nennt sich eine scharf-würzige Teezubereitung mit körperwärmenden und kreislaufanregenden Eigenschaften, die zerstoßene Pfefferkörner, Zimtstangen und Gewürznelken beinhaltet.

Lagerung

Gewürze sollten kühl, dunkel und luftdicht gelagert werden.

Volksmedizinische Bedeutung

Gewürze sind nicht nur der Geschmacksverbesserung der Speisen dienlich, sie zählen auch zu den ältesten Naturheilmitteln. Da manche Gewürze die Schleimhäute besonders stark durchbluten, kann es während und nach dem Essen zu Niesen, Schnupfen oder »Naselaufen« kommen, was man als hyperreflektorische Rhinopatie bezeichnet. Übrigens: Sämtliche scharfen Gewürze, beispielsweise Chili,

Curry, Paprika und Pfeffer, verursachen im Gegensatz zu Salz keinen Durst.

Tipp

Der größte Gewürzmarkt der Welt, der Masallamarkt, befindet sich im indischen Kalkutta.

Gewürzfenchel

Foeniculum var. hortense
Bauchwehkraut, Bitterer Fenchel, Bitterfenchel, Britsamen, Brotanis, Brotwürz, Fehnkol, Fencheldill, Fenicht, Fenikel, Femis, Fennel (engl.), Fennisamen, Fenouil (frz.), Finchel, Finke(l), Finocchio (ital.), Hinojo (span.), Kinderfenkel, Langer Anis, Langer Kümmel, Vinke (niederl.)

Allgemeines, Herkunft, Geschichtliches

Hervorgegangen ist der zu den Doldenblütlern / Apiaceae (Umbelliferae) zählende Gewürzfenchel aus dem Wilden Fenchel, der im Mittelmeerraum beheimatet ist und dort heute noch vielerorts wuchert. Fernerhin wird der mit Anis, Dill und Kümmel verwandte Gewürzfenchel in Deutschland, Frankreich, Italien und Spanien sowie in Afrika und im Orient sowohl garten- als auch feldmäßig angebaut.

Aussehen

Gewürzfenchel hat gerippte, zwiebelartig verdickte Stängel mit gefiederten, dillähnlichen Blättchen und bis zu 2 m hohe schirmförmige Blütendolden.

Die kümmelähnlichen, 8 mm langen und ca. 4 mm breiten Samen sind gelbbraun bis grün.

Geschmack

Gewürzfenchelblättchen schmecken herzhaft und dill- oder anisähnlich, sind jedoch nicht ganz so süß. Weiche, unreife Fenchelsamen weisen ein süßes, lakritzartiges Aroma auf.

Geruch

Die komplette Gewürzfenchelpflanze verströmt einen intensiven Anisduft.

Arten, Sorten

Beißender Fenchel / Foeniculum var. piperitum (bot.) / Eselsfenchel / Pfefferfenchel: in Kreta und Tigris wild wachsender Gewürzfenchel mit strengwürzigen Samen.

Traumelfenchel: Gewürzfenchelsorte mit einem 4,5%igen Gehalt an heilkräftigen etherischen Ölen.

Strohfenchel: Gewürzfenchelsorte, die zwar nicht ganz so reich an etherischen Ölen ist (3,5%) wie der Kammfenchel, jedoch wesentlich besser mit anderen Gewürzen kombinierbar ist.

Hauptinhaltsstoffe

Anethol, Calcium, Chlorophyll, Eisen, Fenchon, Folsäure, Kalium, Menthol, Phosphor, Provitamin A, Vitamin B1, B2, B12, C, E.

Verwendung, Zubereitung

Frische oder getrocknete Gewürzfenchelblätter werden überwiegend in der italienischen und französischen Küche zum Würzen von Salat, Kräuterbutter, Wurst- oder Fischgerichten bevorzugt. Beim Grillen können sie sogar als Geschmacksverstärker dienen, wenn man sie auf die heiße Holzkohle legt.

Gewürzfenchel macht Kohlgerichte bekömmlicher und runzlige Kartoffeln gewinnen ihr frisches Ausse-

hen zurück, wenn man ein paar Gewürzfenchelblättchen mitkocht.
Gewürzfenchelsamen werden zur Curryherstellung oder zum Würzen von Fischsud, Suppen, Saucen, Marinaden, Spirituosen, Tee, Krustentieren und vielen Reis- und Kartoffelgerichten verwendet.

Volksmedizinische Bedeutung

Gewürzfenchel lindert nicht nur Gedächtnisschwäche und Nervosität, er gibt Menschen auch die Kraft, von zwanghaften Gedanken loszulassen oder Trauer zu bewältigen.
Gewürzfencheltee bekämpft nicht nur Mundgeruch, Husten und Sodbrennen, er besitzt auch krampfstillende, schleimlösende, harntreibende und blähungstreibende Eigenschaften. Aufgrund seiner entschlackenden Wirkung unterstützt er nebenher jede Schlankheitskur.
Gewürzfenchelsamen, die zusammen mit Gurkengemüse gekocht werden, haben den positiven Nebeneffekt, dass die Harnausscheidung mobilisiert wird und man somit vor Gicht und Nierensteinen geschützt ist.
Gewürzfenchelöl wird zur Massage bei Muskelverspannungen verwendet, Kleinkinder, Schwangere und Epileptiker sollten jedoch nicht damit behandelt werden.

Tipp

Anis und Gewürzfenchel ähneln sich deshalb in Duft und Geschmack, weil beide das etherische Öl Anethol enthalten.

Gewürznelke

Syzygium aromaticum

Caryophyllus aromaticus (lat.), Choji (jap.), Clavo (span.), Clou de Girofle (frz.), Clove (engl.), Cravo (port.), Garifallo (griech.), Garofano (ital.), Gewürznagel, Grozdika (russ.), Karanfil (türk.), Klincek (slowak.), Kreidenelke, Kretek (indon.), Kruidnagel (niederl.), Kryddnejlika (schwed.), Laung (ind.), Nägel(chen), Nägelein (mittelhochdt.), Nägeli (schweiz.), Nagel (niederl.), Nageljnove (slowen.), Nagerl (österr.), Nahlcher (hunsr.), Negelein, Negellin, Negull (isl.), Nelke, Nelkenkopf, Nellik (norw.), Nellike (dän.), Qaranful (arab.), Szegfüszeg (ung.), Ting-Hsiang (chin.)

Allgemeines, Herkunft, Geschichtliches

Gewürznelken nennt man die getrockneten Blütenknospen des immergrünen, bis zu 20 m hohen Gewürznelkenbaums, der auf den indonesischen Molukken (Gewürzinseln) zu Hause ist und bis zu 100 Jahre alt werden kann. Den Chinesen, die sich einstmals von der sogenannten Nelkeninsel Ternate beliefern ließen, ist dieses klimaabhängige Myrtengewächs (Myrtaceae) bereits seit 266 v. Chr. als Gewürz mit heilendem und desinfizierendem Charakter bekannt. Pest- und Cholerakranke wurden im Mittelalter von Ärzten behandelt, die sich mit Gewürznelken vorbeugend vor Ansteckung schützten; ägyptische Könige und hohe Beamte wurden sogar mit Nelkenöl einbalsamiert und Apicius erwähnte sie erstmals in seinem Kochbuch zum Verfeinern von Geflügelgerichten; vom alten Rom aus gelangten Gewürznelken schließlich ins gesamte Europa. Die größten Anbauflächen des Gewürznelkenbaums, dessen luftgetrocknete Blütenknospen zu den ältesten und meistgefragten Gewürzen zählen, liegen heute in Madagaskar, Malaysia, Pemba, Sansibar, Sri Lanka, Sumatra, im tropischen Amerika und in Indonesien. Die Indonesier verbrauchen zwar mehr als die Hälfte der Welternte an Gewürznelken, doch nicht etwa zum Würzen, sondern zum Rauchen. »Gudang Garam« heißt dort die namhafteste Zigarettensorte, die süßliche, räucherstäbchenartige Düfte verbreitet und im Verhältnis 1:2 aus Nelken und Tabak gemacht wird.

Der Name Nelke wird vom mittelhochdt. »Nägelein« abgeleitet, des nagelähnlichen Aussehens wegen.

Aussehen

Gewürznelken gehen aus den olivenartig, dunkelroten, fruchtartigen Umhüllungen der ungeöffneten Blütenknospen hervor. Sie besitzen hellbraune Köpfchen, die sich bei vortrefflicher Ware leicht eindrücken lassen. Spitzenqualität lässt sich ebenso durch einen Wassertest prüfen: Wenn die Gewürznelke sofort untergeht oder aufrecht in der kalten Flüssigkeit stehen bleibt, ist sie hochwertig, denn minderwertige Exemplare schwimmen grundsätzlich flach auf der Wasseroberfläche.

Geschmack

Gewürznelken besitzen ein wohlriechendes, jedoch sehr dominantes Aroma.

Geruch

Süßlich-blumige Düfte sollten den Gewürznelken entströmen, wenn man sie mit einem Messer anritzt.

Hauptinhaltsstoffe

Caryophyllin, Estern, Eugenol, Gerbstoffe, Schleim.

Verwendung, Zubereitung

Die zu den Prisengewürzen zählende Gewürznelke wird zum Verfeinern von Kürbis- und Birnenkompott, in gespickten Zwiebeln, Gebäck (z. B. Lebkuchen, Spekulatius), Gewürzbeuteln, Glühwein, Punsch, Saucen, Suppen, Wildgerichten, Rotkohl, Zahntinkturen, als Badezusatz, in Kräuterkissen, Parfüms, Likören usw. verwendet. Auch gilt sie als wichtiger Bestandteil der bekannten Worcestersauce.

Lagerung

Gewürznelken lagert man am besten in verschlossenen Dosen.

Volksmedizinische Bedeutung

Gewürznelken weisen appetitanregende, beruhigende, magenschonende, verdauungsfördernde und Reiseübelkeit bekämpfende Eigenschaften auf. Zahnschmerzen wendet man ab, indem man entweder gemächlich zwei bis drei Nelken zerkaut (schmeckt scheußlich!) oder den Blütenansatz der Gewürznelke entfernt und das verbliebene Stück auf oder in den schmerzenden Zahn steckt und daraufbeißt.

Tipp

Mücken vertreibt man aus Wohnräumen, indem man ein offenes Fläschchen mit duftendem Nelkenöl aufstellt. Wenn man Möbelfüsse oder Hausschuhe mit Nelkenöl abreibt, kauen Hunde nicht mehr daran.

Gewürztagetes

Tagetes
Gezeichnete Sam(me)tblume, Tagête (frz.), Tageti (ital.), Tangerine marigold (engl.)

Allgemeines, Herkunft, Geschichtliches
Die Gewürztagetes zählt zu einer in der Gegend von Mexiko bis Argentinien beheimateten Korbblütlerfamilie / Asteraceae (Compositae), von der es mindestens 35 verschiedene Sorten gibt.
Benannt wurde die Gewürztagetes nach dem etruskischen Gott Tages.

Aussehen
Die Gewürztagetes ist eine kleinwüchsige Pflanze mit leuchtend orangefarbenen oder bräunlichen Blüten und zart gefiederten Blättern.

Geschmack
Gewürztagetesblätter haben je nach Sorte ein blumiges oder fruchtiges Aroma, die Blüten dagegen schmecken nach nichts.

Arten, Sorten
Mexikanische Gewürztagetes / Tagetes lucida (lat.) / Huacatay (mex.) / Mexikanischer Estragon / Mexikanische Riesentagetes / Inkasamtblume / Mexican marigold mint (engl.) / Mexikan tarragon (engl.) / Mexikói tárkony (ung.) / Pericon (engl., span.) / Winterestragon / Winter tarragon (engl.) / Yerbanis Yauthly (aztek.): estragonartig schmeckende, bis zu 3 m hohe, mexikanische Gewürztagetessorte mit gelben, gefiederten Blütchen, die im Gegensatz zu den vielen anderen Sorten auch in tropischen Gebieten wächst.

Verwendung, Zubereitung
Gewürztagetesblätter lassen sich sowohl zur Verfeinerung und Abrundung von Salaten oder Süßspeisen als auch zum Würzen und Färben von Fruchtpunsch verwenden.

Tipp
Wenn man den Gemüsegarten mit Tagetespflänzchen umsäumt, hält das nicht nur gefräßige Schnecken fern, ihre Wurzeln vertreiben nebenbei sogar Ameisen und leidige Nematoden.

Giersch

Aegopodium podagraria
Ackerholder, Baumtropfen, Bodenholunder, Choleradistel, Dreiblatt, Dreifuß, Erdholler, Ferkenfüße, Franzosenkraut, Geeschke, Gerhardskraut, Ger(i)sch, Gerse(ln), Gese(l), Gerzel, (Gewöhnlicher) Geißfuß, Geßenkielm, Geyssfüssel, Gichtkraut, Gierisch, Giersch(ke), Giersi(n)g, Gierz, Gießeln, Goutweed (engl.), Ground Elder (engl.), Gurisch, Harsk, Hasenscharteln, Herbe-aux-goutteux (frz.), Herke, Hersch, Herske, Hinfuß, Hinlauff, Hirs, Hirschtritt, Jesche, Jessel, Kirskal (schwed.), Kleine wilde Engelwurz, Knopfkraut, Podagraire (frz.), Podagra(ms)kraut, Rutzitzke, Scharteln, Schneckenkraut, St. Gerhardskraut, Strenzel, Vuohenputki (finn.), Wasserkraut, Wilde Angelika, Witscherlenwetsch, Wuch(er)kraut, Zaungiersch, Zevenblad (niederl.), Ziegenkraut, Zipperle(ins)kraut

Allgemeines, Herkunft, Geschichtliches
Der Giersch ist ein aus Peru stammender Doldenblütler / Apiaceae

(Umbelliferae), der sich mittlerweile in fast allen Gärten Europas, Asiens und im Kaukasusgebiet wohlfühlt. Er wächst wild und äußerst hartnäckig an Hecken, Zäunen, auf absonnigen Wiesen und an Waldrändern. Er galt lange Zeit bei Gärtnern als unausrottbar, da jedes Wurzelstückchen, das nach der Ernte im Boden verbleibt, neue Sprossausläufer bildet und dabei gesunde Nachbarpflanzen verdrängt; heute gibt es jedoch spezielle Unkrautvernichter, die den vermeintlich unaufhaltsamen Wuchs stoppen. Umweltfreundlicher geht man vor, indem man entweder Kartoffeln oder Maiglöckchen anpflanzt oder Hühner einige Tage lang nach den feinen Wurzeln buddeln lässt.

Die botanische Bezeichnung Aegopodium podagraria wird vom griechischen »aigos« für »Ziege« und »podion« für »Füßchen« sowie »podagrius« von »podagra« abgeleitet, was für »Gicht« steht.

Gicht- und Zipperleinskraut wird der Giersch auch genannt, weil die Grünkraft seiner Blätter jahrhundertelang als wirksames Mittel im Kampf gegen Arthrose und Gicht in den Fußgelenken (Podagra) angewandt wurden.

Sein Zweitname Geißfuß leitet sich vom ziegenfußähnlichen Charakter seiner Blattstiele ab.

Aussehen

Der ausdauernde, bis zu 80 cm hohe Giersch besitzt ein lang gestieltes, dichtes Blätterkleid, schirmartig angeordnete Blütendolden (Mai–September) mit winzigen, wollweißen oder schwach rötlichen Blättchen und eine stark verzweigte Vielzahl von kleinen, flachwüchsigen Ausläufern, die kräftige Hauptwurzel ist jedoch pfahlförmig. Die charakteristischste Eigenschaft des Gierschs ist sein dreieckiger Stängelquerschnitt und sein petersilienartiger Geruch – die wichtigsten Unterscheidungsmerkmale zum giftigen und äußerlich ähnlichen Wasserschierling.

Geschmack

Junge Gierschblätter weisen ein angenehm mild-säuerliches Aroma auf; ältere Exemplare schmecken hingegen bitter.

Geruch

Der Giersch verströmt einen lieblichen Duft, der stark an Karotten und Petersilie erinnert.

Hauptinhaltsstoffe

Bor, Eiweiß, Eisen, Harz, Kalium, Kupfer, Mangan, Polyin, Provitamin A, Saponin, Titan, Vitamin B, C.

Verwendung, Zubereitung

Gierschblätter können von März bis Oktober zur Herstellung von Bratlingen, Gemüse, Kräuterbutter, Pfannkuchen, Suppen oder Teigtaschen verwendet werden, im Laufe des Spätsommers werden die Blätter jedoch zunehmend zäh und bitter.

Gierschkohl nennt man Gierschblätter, wenn sie mitsamt ihren rötlichen und überaus mineralstoffreichen Stielansätzen wie Wirsing zubereitet werden. In Bierteig gebackene Gierschblätter gelten bei Feinschmeckern als Hochgenuß.

Gierschlimonade macht man so: Ca. 20 Gierschblätter werden zusammen mit einer Gundermannzweig und einem Pfefferminzstängel zu einem Sträußchen zusammengebunden und dann für etwa 3 Stunden in 1 Liter Apfelsaft gehängt. Danach entfernt man die Kräuter und füllt mit 0,5 Liter gut gekühltem Mineralwasser auf!

Volksmedizinische Bedeutung

Gierschverzehr hat ausgleichende, entgiftende sowie harntreibende Wirkungen und kann Gicht auslösende Harnsäurekristalle ausschwemmen helfen. Umschläge mit zerkleinerten Gierschblättern wirken nicht nur schmerzlindernd und krampflösend bei rheumatischen Erkrankungen (besonders bei der Fußgicht / Podagra), nach Mückenstichen haben sie ebenfalls desinfizierende und kühlende Eigenschaften.

Tipp

In Frankreich gelten knusprige Bratkartoffeln, die vor dem Auftischen mit frischen Gierschblättern verfeinert wurden, als regionale Delikatesse.

Gundermann

Glechoma hederacea

Ale-hoof (engl.), Blauhuder, Bostkrud (norddt.), Buldermann, Donnerrebe, Efeu-Gundermann, Egelkraut, Erdefeu, Erdkränzel, Gewitterblume, Gill herb (engl.), Glechoma (griech.), Ground ivy (engl.), Grundrebli, Guck durch den Zaun, Gundelkraut, Gun(del)rebe, Gundelreif, Gundelrieme, Gunelreif, Gutermann, Heckenkieker, Heckenmädchen, Heilrauf, Heilreif, Hexenkraut, Huder(ich), Kiek dörn Tun, Kollermann, Lierre terrestre (frz.), Quendelrebe, Schelleblume, Soldatenpetersilie, Steinumwickler, Stinkender Absatz, Udrang, Wald-Uschla, Walpurgiskraut, Wildes Katzenkraut, Zaungucker, Zickelskräutlein

Allgemeines, Herkunft, Geschichtliches

Der Gundermann ist ein uraltes, europäisches Wildkraut, das gerne von Hummeln als Rastplatz angesteuert wird. Meist ist dieses bodendeckende Mitglied der Lippenblütlerfamilie / Lamiaceae (Labiatae) auf feuchten Wiesen, an schattigen Wegrändern oder unter Hecken und Gebüschen anzutreffen.

In Lettland kochte man einst Milchgefäße mit Gundermannkraut aus, weil dies vor dem Sauerwerden der Milch schützen sollte.

Die Namen Hexenkraut und Walpurgiskraut erhielt diese wuchernde Frühlingspflanze, weil nach einem alten Aberglauben derjenige, der in der Walpurgisnacht (die Nacht vor dem 1. Mai) einen geflochtenen Kranz aus den bis zu 1 m langen Gundermanntrieben auf dem Kopf trägt, Hexen erkennen kann.

Die botanische Bezeichnung Glechoma entstammt dem griechischen »glechon« für »minzartig«, »hederacea« bedeutet »efeuartig«.

Der Name Gundermann geht auf das gotische »gund« zurück, was »Eiter« oder »Geschwür« bedeutet; ein Hinweis auf seine einstige Verwendung in der Heilkunde.

Aussehen

Der unauffällige, bis zu 15 cm hohe Gundermann hat nierenförmige, dunkelgrüne, efeuähnliche Blätter und ab März bis Juni blassviolette Blütchen.

Geschmack

Junge Gundermanntriebe und -blüten besitzen einen scharf-würzigen, leicht bitter-herben Geschmack. Alte Gundermannblätter und -stiele schmecken extrem bitter.

Geruch

Die Gundelrebe riecht eigentümlich herb-aromatisch mit einer leichten Minznote.

Hauptinhaltsstoffe

Aminosäuren, Cholin, Flavonoide, Gerbstoffe, Glechomin, Harze, Mineralstoffe, Saponine, Rosmarinsäure, Sesquiterpene, Vitamin C, Wachse.

Verwendung, Zubereitung

Mit jungen Gundermanntrieben lassen sich nicht nur Gemüse-, Kräuterbutter-, Salat-, Saucen-, Suppen- und Quarkzubereitungen »toppen«, sie gelten ebenso als würdiger Pfeffer- und Spinatersatz. Die hübschen Gundermannblüten lassen sich als essbare Garnitur verwenden. Die Stiele sollte man, ihres Bittergeschmacks wegen, entfernen.

Volksmedizinische Bedeutung

Die Gundelrebe besitzt appetitfördernde, blutreinigende, harnsäure- und schleimlösende, stoffwechselanregende und allgemein stärkende Eigenschaften. Ein Tee aus den Gundelrebenblättern (er sollte nur schwach dosiert werden) lindert nicht nur Heuschnupfen, Husten, Ohrenschmerzen, Magen-, Darm- und Nierenstörungen, man kann sogar Hautentzündungen und Geschwüre damit bekämpfen, indem man die Problemstellen mehrmals damit abtupft und an der Luft abtrocknen lässt.

Tipp

Stalltieren, insbesondere Pferden, sollte man Gundermann, wenn überhaupt, nicht in großen Mengen verabreichen, da der Bitterstoff Glechomin bei Überdosierung zum Tod führen kann.

H

Hirtentäschel

Capsella bursa pastoris

Bauernschinken, Beuteldieb, Beutelschneiderkraut, Blutkraut, Bolsa de pastor (span.), Bourse de pasteur (frz.), Buernsemp (norddt.), Capsella bursa-pastoris (ital.), Echtes Hirtentäschelkraut, Flohseckel, Gänsekresse, Geldbeutel, Gemeines Hirtentäschelkraut, Gewöhnliches Hirtentäschelkraut, Hellerkraut, Herzel-

(kraut), Herzkreitche, Himmelmutterbrot, Hungergewächs, Hungerkraut, Kochlöffel, Löffeldieb, Mönch, Muttergottesbrot, Mutterherzen, Pinkelkraut, Säckelkraut, Schafschinken, Schelmseckel, Schinkenkraut, Schinkensteel, Schneiderbeutel, Schülersäckel, Shepherd's purse (engl.), Täsche(r)lkraut, Taschendieb, Taschenknieper

Allgemeines, Herkunft, Geschichtliches

Ursprünglich stammt das Hirtentäschel aus Europa, heute findet man diesen wild wachsenden Kreuzblütler / Brassicaceae (Cruciferae) jedoch weltweit, sowohl auf Kartoffel- und Krautäckern als auch an Wegrändern und auf Müllhalden. Im Frühjahr und Herbst sollte das sonnenhungrige und extrem kälteresistente Hirtentäschel geerntet werden, weil es dann am besten schmeckt.

Die blutstillenden Eigenschaften des Hirtentäschels wurden erstmals 1485 in dem Buch »Garten der Gesundheit« erwähnt; nach langer Zeit der Vergessenheit erlebte es dann in den Kriegsjahren ab 1939 eine Renaissance, als man versuchte, Kriegsverletzungen mit seinen blutgerinnungsfördernden Blättern zu behandeln.

Angesichts seines mageren Wuchses wird das Hirtentäschel auch als Hungergewächs bezeichnet.

Sowohl den botanischen als auch den deutschen Namen hat das Hirtentäschel seinen herzförmigen Täschchen (Schötchen) zu verdanken, die der ledernen Tasche früherer Hirten ähneln und in die der liebe Gott heilende Kräuter gelegt haben soll.

Aussehen

Das rundstängelige, bis zu 40 cm hohe Hirtentäschel besitzt eine spindelförmige Pfahlwurzel, kleine, schrotsägeförmige Blättchen und unauffällige, weiße oder rötliche, traubenförmige Blüten, die zu ährenförmig angeordneten Beutelchen heranreifen.

Geschmack

Das Hirtentäschel weist ein eigenwilliges Aroma auf.

Hauptinhaltsstoffe

Acetylcholin, Calcium, Cholin, Diosmin, Eisen, Flavonglykosid, Histamin, Kalium, Phenolsäure, Ruten, Saponine, Senföl, Thyramin, Vitamin A, B, C.

Verwendung, Zubereitung

Mit jungen Hirtentäschelblättchen lassen sich nicht nur leckere Salate zubereiten, auch Saucen, Suppen, Eintöpfe und Ragouts kann man damit verfeinern.

Volksmedizinische Bedeutung

Hirtentäschelkraut besitzt nicht nur die wundersame Eigenschaft, den Stoffwechsel zu fördern, sondern auch Unregelmäßigkeiten des Blutdrucks regulieren zu können: Zu hoher Blutdruck wird gesenkt, niedriger erhöht. Auch bei Blutungen hat es doppelte Wirkungen, die sich scheinbar widersprechen: Auf übermäßige Blutungen hat es stillende und gefäßverengende Wirkungen (z. B. bei Hämorrhoiden, Krampfadern, Nasen-, Gebärmutter-, Menstruations- und Zahnfleischblutungen), es kann jedoch ebenso eine ausbleibende

Menstruation fördern und auslösen. Bei Galle- und Nierenerkrankungen ist ein Tee aus dem Hirtentäschelkraut hilfreich. Es wird sogar behauptet, dass Hirtentäschel übermäßigen Geschlechtstrieb unterdrücke.
Bei Erschlaffung der Darmperestaltik und nach Missbrauch von Abführmitteln hilft ungesüßter, in kleinen Schlucken getrunkener Hirtentäscheltee.
Die Chinesen nutzen die Samen des Hirtentäschels, um ihre Sehkraft zu stärken und um schlechte Laune zu vertreiben.

Tipp

Hirtentäscheltee sollte weder regelmäßig noch hochdosiert getrunken werden, weil er, aufgrund der speziellen Zusammensetzung seiner Inhaltsstoffe, die Gehirnfunktion beeinträchtigen kann. Eine äußere Anwendung mit Hirtentäschelessenz ist demzufolge ratsamer.

Huflattich

Tussilago farfara

Ackerlatsche, Ackerlattich, Bachblümlein, Bauchblüten, Berglatschen, Blaeder (norddt.), Brandblätter, Brandlattich, Brandletschenkraut, Brustlattich, Chappeler, Coltsfoot (engl.), Doktorblume, Eschhuflattich, Eselsfuß, Eselshuf, Farfara (ital.), Feld(huf)lattich, Fohlenfuß, Gemeiner Huflattich, Heilblatt, Hitzeblatt, Hofblätter, Hufblatt, Hustenkraut, Labassen, Ladderblätter, Lehmblätter, Lehmblümlein, Lette, Loamblea-mal (bayr.), Lungenkraut, Männerblume, Mariaschupf, Mehlblätter, Neunkraftbleda, Ohmblätter, Papenmütz, Pfannenkraut, Pferdehuf, Pferdefuß, Plotschen, Quirinskraut, Rossblätter, Rosshuf, Rosslattich, Sandblume, Schwindsuchtblume, Sohn vor dem Vater, Sonnentürle, Tabakkraut, Teeblume, Tusilago (span.), Tussilage (frz.), Wollblume, Zytröseli (schweiz.)

Allgemeines, Herkunft, Geschichtliches

Der in Europa Nordamerika beheimatete Huflattich zählt zur Familie der Korbblütler / Asteraceae (Compositae), ist mit dem Lattich jedoch nicht verwandt.
Da schon die Ärzte der Antike seine Heilkraft bei Husten und Erkrankungen der Lunge erkannten, gilt der Huflattich als ältestes Hustenmittel der Welt; die alten Griechen inhalierten sogar den Rauch angezündeter Huflattichblätter bei Asthma und aus den Wurzeln stellten sie Hustenbonbons her.
»Des Wanderers Klopapier« nennen Naturfreunde die Blätter des Huflattichs, weil sie groß, fest und unterseits weich behaart sind.
In Amerika, Asien und Europa findet man den anspruchslosen Huflattich meist auf Schutthalden oder Äckern und der berühmte Autor Gerhard Madaus behauptete in seinem Heilpflanzenbuch von 1938 sogar, dass der Huflattich die einzige Pflanze wäre, die selbst auf Braunkohle gedeihen kann. Die beste Erntezeit dieses tiefwurzligen, winterharten Wildkrauts ist von Mai bis Juli.

Der botanische Name des Huflattichs leitet sich vom lateinischen »tussis« für »Husten« ab, »agere« heißt »vertreiben«.
Seinen deutschen Namen hat der Huflattich den gewaltigen, pferdehufähnlichen Blättern zu verdanken.

Aussehen

Der Huflattich hat buschig wachsende, rundlich-herzförmige, handtellergroße, am Rand gezahnte, auf der negativen Seite weißfilzige Blätter, die erst nach der Blüte erscheinen. Sein 10–30 cm langer Blütenstängel ist mit unauffälligen, spinnwebartig behaarten Blattschuppen behaftet.
Die gelben Blütenkörbchen des Huflattichs öffnen sich bei Sonneneinwirkung und schließen sich bei Bewölkung.

Geschmack

Junge Huflattichblätter schmecken bitter und schleimig; die Blüten haben ein leicht süßliches Aroma.

Geruch

Huflattichblüten verströmen einen honigartigen Duft.

Hauptinhaltsstoffe

Bitterstoffe, Calcium, Eisen, etherisches Öl, Frucht-, Gallus- und Kieselsäure, Gerbstoffe, Glycoside, Inulin, Kalium, Magnesium, Natrium, Phosphor, Pyrollizitinalkaloide, Quercetin, Salpeter, Saponine, Schwefel, Sterole, Tannin, Violaxanthin, Vitamin C, Zink.

Verwendung, Zubereitung

Junge Huflattichblätter können zu Gemüse, Salat, Sauce und Suppe verarbeitet werden. Als wahrhafte Delikatesse gelten Huflattichblätter, wenn man sie wie Rouladen wickelt und dann (nur ganz leicht gesalzen) kurzzeitig in wenig Butter dünstet.
Fettiges Haar lässt sich mit einem Sud aus getrocknetem Huflattichkraut bekämpfen: Erst nach der Haarwäsche sollte der Sud kalt einmassiert und vorläufig nicht ausgespült werden.

Volksmedizinische Bedeutung

Aufgrund seiner Anteile an Pyrrolizidinalkaloiden, die vom Bundesgesundheitsamt als risikobehaftet, da krebserregend und leberschädigend eingestuft werden, war der wild wachsende Huflattich 1994 in die Kritik geraten. Heute steht Huflattichsaft zwar dank spezieller Züchtungen wieder im Reformhausregal (und zwar ohne PA), ein Anwendungszeitraum mit Huflattich sollte jedoch dessen ungeachtet nicht länger als 6 Wochen andauern.
Umschläge mit starkem Tee, der aus den getrockneten Blättern und Wurzeln des Gemeinen Huflattichs hergestellt wurden, heilen Geschwüre, Hautentzündungen und Brandwunden. Dieser Tee nützt auch bei Reizhusten, Bronchitis, Gelenkrheumatismus, Schleimhautentzündungen und zur Vorbeugung gegen Erkältungen.
Wundgelaufene Füße kann man mit frischen Huflattichblättern heilen, indem man sie mit der filzigen Seite nach unten in die Strümpfe legt. Ein Tee aus den Blüten des Huflattichs lindert nicht nur Husten, Schnupfen und Entzündungen, er besitzt auch krampflösende, beruhigende und

das Immunsystem stärkende Eigenschaften. Huflattichblüten sind auch Bestandteil der bekannten Schweizer Hustenbonbons.

Tipp

In manchen Gegenden dient getrocknetes Huflattichkraut, das man zusätzlich noch mit Waldmeister oder Oregano vermischt, als gesunder Tabakersatz, da man ihn zur Kräftigung von Brust und Lungen, entweder in der Pfeife oder als »Asthma-Zigarette«, rauchen kann.

I

Ingwer

Zingiber officinale

Chiang (chin.), Djahé (niederl.), Dumbir (kroat., slowak., tschech.), Dzindzer (griech.), Engifer (isl.), Gember (niederl.), Gengibre (port.), Ghimbir (rumän.), Gingembre (frz.), Ginger (engl.), Gyömbér (ung.), Imber, Imbir (poln., russ.), Immerwurzel, Ingber, Ingefär (dän., norw.), Ingefära (schwed.), Inguber, Ingwerwurzel, Jengibre (span.), Schnapswurzel, Shoga (jap.), Srngavera (ind.), Ymper, Zanjabil (arab.), Zazvor (tschech.), Zencefil (türk.), Zenzero (ital.)

Allgemeines, Herkunft, Geschichtliches

Die Ursprünge des Ingwers liegen auf den Pazifischen Inseln. Da er in China und Indien schon seit über 3000 Jahren als Würz- und Heilpflanze bekannt ist, zählt er zu den ältesten Arzneimitteln und Geschmacksverbesserern. Der berühmte venezianische Weltenbummler Marco Polo (1254–1324) schwärmte als erster Europäer vom Ingwer, als er von seiner abenteuerlichen Chinareise zurückkehrte.

Im Grunde genommen handelt es sich beim Ingwer, dem einzigen Gewürz, das wie ein Apfel gegessen werden kann, um die verdickte Seitenwurzelknolle (fachspr: Rhizom) eines bis zu 1 m hohen, schilfartigen Liliengewächses (Liliaceae), das ausschließlich in tropischer Hitze und bei hoher Luftfeuchtigkeit überleben kann. In Afrika, Australien, Brasilien, China, Costa Rica, Indien (50% der Welternte), Indonesien, Jamaika, Japan und Malaysia wird der gelb-rot blühende Ingwer heute großflächig kultiviert; von Hand geerntet wird er erst dann, wenn seine schmalen Blätter zu welken beginnen.

Der Name Ingwer hat seinen Ursprung im Sanskrit und bedeutet so viel wie »hornförmig«.

Aussehen

Frischer Ingwer besitzt zarte, grüne Blättchen und holzfarbene Wurzelstöcke mit geweihartigem Aussehen. Sein weißes, leicht faseriges Fruchtfleisch sollte prall und saftig sein. Knorriger und vertrockneter Ingwer ist von mangelhafter Qualität.

Geschmack

Frischer Ingwer schmeckt durchweg fruchtig-rassig, leicht süßlich und sehr exotisch, es gibt jedoch herkunftsbezogene Ungleichheiten: Solcher aus China ist meist holzig und mild-scharf, australischer Ingwer hebt sich durch ein voluminöses Aroma hervor, indischer erinnert an Zitrone und ist sehr scharf, japanischer und westafrikanischer Ingwer ist erfahrungsgemäß sehr scharf-würzig; als wahre Delikatesse wird Ingwer aufgrund seines blumigen Aromas gehandelt, wenn er von den Fidschi-Inseln kommt.
Ingwerblättchen besitzen ein eher zurückhaltendes Aroma.
Getrockneter Ingwer schmeckt meist brennend-beißend und pfeffrig, ist jedoch relativ aromalos.

Geruch

Ingwer duftet leicht kampferartig.

Arten, Sorten

Awapuhi nennt sich eine auf den hawaiianischen Inseln beheimatete Ingwersorte.
Calicut / Malabar-Ingwer schmeckt sehr zitronig; er kommt aus Indien.
Caranga nennt sich eine wild wachsende, asiatische Ingwerart, die meist zur Herstellung von Currypasten dient.
Cargo-Ingwer nennt man schon etwas älteren, sehr faserigen Ingwer, der im getrockneten Zustand vornehmlich bei der Currypulverherstellung verwendet wird.
Grüner Ingwer nennt man die kleinen, noch sehr jung geernteten, grün-gelben Rhizome der Ingwerpflanze.
Jamaica-Ingwer ist wohl die aromatischste Ingwersorte. Sie dient größtenteils der Herstellung von Bitterlikören.
Ingwerpflaumen nennt man pflaumengroße, kandierte, gelegentlich auch mit Schokolade überzogene Sterningwerstücke.
Japan-Ingwer / Japanese ginger (engl.) / Mioga ginger (engl.) / Myoga (jap.) wird in Japan, Hawaii und China angebaut. Bei dieser Ingwersorte zählen die Blütenstände und Knospen zu den Leckerbissen, während die Wurzeln im Vergleich zum herkömmlichen Ingwer minderwertig sind.
Sterningwer / Star ginger (engl.) / Stemingwer nennt man ganz zarten, höchstens einjährigen Ingwer.
Weißen Ingwer nennt man Ingwer, wenn er nach dem Schälen mit Kalkpuder gebleicht wurde.

Hauptinhaltsstoffe

Aminosäure, Asparagin, Borneol, Bisabolene, Camphen, Chavigol, Cineole, Curcumen, Farnesen, Geraniol, Gingerol, Harze, Limonen, Linalool, Protease, Provitamin A, Sesquiphellandren, Shogaol, Stärke, Vitamin B, Zingibarin.

Verwendung, Zubereitung

Die Ingwerwurzel wird meist zum Würzen von Obstsalaten, Marmeladen (in Großbritannien sehr beliebt), Suppen, Saucen, Ragouts oder im berühmten Gingerale verarbeitet, dient jedoch ebenso als eine der wichtigsten Zutaten bei der Currypulverherstellung. Frischer Ingwer sollte erst kurz vor dem Verzehr (geschält und durch die Knoblauchpresse gedrückt) den Speisen zugefügt werden; das erspart zeitaufwendiges Hacken und außerdem bleiben so die wertvollen etherischen Öle, also der Geschmack, erhalten.

Lästigen Fischgeruch vermeidet man beim Kochen, indem man vor der Zubereitung ein Stückchen Ingwer hinzufügt; zähes Fleisch sollte man vor dem Garen mit frischen Ingwerscheibchen belegen, damit es zarter wird. Kartoffelkäfer kann man erfolgreich mit Ingweröl vertreiben.

Ingwersprossen eignen sich zwar auch zum Würzen von Kompott, Salaten, Saucen und Gemüse, in tropischen Ländern werden sie jedoch ebenso zu würzigem Gemüse verarbeitet.

Gingerale / Ingwerbier / Ingwerlimonade nennt man ein ingwerhaltiges Getränk, das Mitte des 20. Jh.s noch alkoholhaltig war, heute erhält man es jedoch nur noch als alkoholfreien Softdrink.

Ratzeputz heißt ein scharfer deutscher Ingwerlikör, der im niedersächsischen Celle produziert wird.

Shoga / Shogo nennen sich hauchdünne, in Essig und Sojasauce marinierte Ingwerscheibchen, die meist dem Füllen von asiatischen Fisch- und Fleischspeisen oder als obligatorische Sushibeilage dienen. Mit unseren heimischen Gewürzen verträgt sich Ingwer überhaupt nicht.

Neuesten Studien zufolge sollen sich die immensen gesundheitsfördernden Eigenschaften des Ingwers noch um ein Vielfaches verstärken, wenn man ihn gemeinsam mit frischem Knoblauch vereinnahmt!

Lagerung

Leicht gekühlt und in feuchte Tücher gewickelt, lässt sich frischer Ingwer bis zu 2 Wochen lang aufbewahren. Getrockneter und pulverisierter Ingwer sollte grundsätzlich nur in kleinen Mengen bevorratet werden, da sich sein Aroma rasch verflüchtigt, sogar in luftdicht abgeschlossenen Behältnissen.

Volksmedizinische Bedeutung

Ingwer besitzt nicht nur blähungs- und schweißtreibende, cholesterinsenkende, schleimlösende und sowohl appetit-, kreislauf- und speichelfluss- als auch stoffwechselbeschleunigende Eigenschaften, er wirkt ebenfalls blutreinigend, fiebersenkend, körperwärmend (z. B. innerlich bei kalten Füßen oder Händen) und wundheilend und beseitigt Mundgeruch, Sodbrennen und Verdauungsstörungen. Ingwer hilft auch, Kopf-, Magen- und Zahnschmerzen abzuwenden, und die Chinesen behaupten sogar, dass er aphrodisische und lebensverlängernde Inhaltsstoffe besitzt. Neuesten Studien zufolge wirkt der Ingwer sogar Arteriosklerose entgegen.

Wer an Reisekrankheit und damit verbundener Übelkeit, Erbrechen und Gleichgewichtsstörungen leidet, sollte vor dem Reiseantritt und dann alle 4 Stunden ungeschwefelte Ingwerwürfel, -schnitten oder -bonbons kauen oder Ingwertee trinken, da die im Ingwer enthaltenen Substanzen Gingerol und Shogaol solche Unpässlichkeiten unterdrücken können.
Das beste Anti-Grippe-Mittel ist eine möglichst heiße Hühnerbrühe, die zusätzlich noch mit Ingwerstückchen aufgewertet wurde. Wenige Tropfen Ingweröl in Massagecremes lindern Muskelverspannungen und sogar Hexenschuß.
Bevor man sich in die pralle Sonne legt, sollte man sich mit Ingweröl einreiben, da es laut neuesten wissenschaftlichen Erkenntnissen vor Hautkrebs schützt.

Tipp

Aus getrockneten Ingwerwurzeln lassen sich kinderleicht exotisch anmutende Zimmerpflanzen heranziehen, indem man ein verbliebenes Stück in ein Gefäß mit angefeuchteter Erde legt. Bereits nach kurzer Zeit schiebt sich bei gleichmäßiger Boden- und Luftfeuchte ein schmaler, grüner Trieb hervor, aus dem dann rasch schlanke, sich spreizende Auswüchse entstehen. Unterirdisch reift analog dazu eine neue Knolle heran, die sich problemlos in der Küche weiterverwenden lässt, jedoch nicht so geschmacksintensiv wird wie ein Exemplar aus tropischer Herkunft. Aus selbst gezogenen Ingwerpflanzen können sogar Blüten hervorgehen, wenn die Mutterwurzel in ihrer Heimat schon vor dem Trocknen Blüten angesetzt hatte.

Isländisches Moos

Cetraria islandica

Almgraupen, Berggraupen, Blätterflechte, Brockenmoos, Cyprian, Fieberflechte, Fiebermoos, Geißtrauben, Heideflechte, Hirschhornflechte, Iceland lichen (engl.), Iceland moss (engl.), Isländische Flechte, Isländisch Moos, Isländische Schuppenflechte, Kramperl(moos), Lappenflechte, Lichen d'islande (frz.), Liquen de Islandia (span.), Lungenflechte, Lungenmoos, Purgiermoos, Rentierflechte, Rispal, Tartschenflechte

Allgemeines, Herkunft, Geschichtliches

Die Heimat des Isländischen Mooses liegt in den Gebirgen Nord- und Mitteleuropas, wo es meist an morschen Baumstämmen, zwischen Heidekraut und in nebligen Nadelwäldern heranwächst.
Im 16. Jh. galt Isländisches Moos als bevorzugtes Hausmittel gegen Abmagerung, Durchfall, Entzündungen der Schleimhäute und diente auch als gesunde Naturalie für Mensch und Tier. In Notzeiten wurde Flechtenmehl beispielsweise dem Getreidemehl beigemengt und zu einem Brot verbacken, das zwar bitter, jedoch sehr nährstoffreich war.
Die größten Vorkommen dieser Schlüsselflechtenart (Parmeliaceae)

liegen in Island, Norwegen Schweden und in Deutschland (Harz, Schlesien, Thüringen).
Da die als Indikatorpflanze anerkannten Flechten auf Luftverschmutzung sehr empfindlich reagieren, deutet ihr Standort stets auf gute und gesunde Luft hin.
Der deutsche Name Isländisches Moos stammt noch aus jener Zeit, als man unter dem Begriff Moos alle blattähnlich ausgebildeten Sporenpflanzen zusammenfasste.

Aussehen

Das Isländische Moos ist eine blüten-, blatt- und wurzellose Pflanze. Ihr sparriger, geweihartiger Vegetationskörper (fachspr. Thalluslappen) ist beiderseits kahl und weist einen steifen, breit gefransten Rand auf, an dessen Endzipfel bräunliche Schuppen und kleine Warzen haften.
Bei Feuchtigkeit ist Isländisches Moos glitschig-elastisch; Trockenheit macht es spröde und zerbrechlich.

Geschmack

Isländisches Moos schmeckt bitter und tangartig.

Hauptinhaltsstoffe

Antibiotische Stoffe, Bitterstoffe, Cedrarsäure, Jod, reichlich Kohlenhydrate, Provitamin A, Schleime.

Verwendung, Zubereitung

Isländisches Moos ist komplett verwendbar. Es kann sowohl zur Herstellung von Bonbons, Sülze, Gelee, Grütze und Brot als auch für kosmetische Produkte verwendet werden; im Nahen Osten wird sogar Spiritus daraus gemacht. Die Isländer tunken Isländisches Moos vor dem Verzehr in kochende Milch, damit sich die unerwünschten Bitterstoffe verflüchtigen.

Volksmedizinische Bedeutung

Bei schwächlichen Kindern und zur Wiederherstellung und Kräftigung von körperlich ausgezehrten und abgemagerten Erwachsenen gibt es kein besseres Mittel als Isländisches Moos.
Ein Tee, der aus frischem, getrocknetem oder pulverisiertem Isländischem Moos hergestellt wurde, besitzt nicht nur reizlindernde Eigenschaften bei Entzündungen der Atemwege, er bekämpft auch Nieren- und Blasenerkrankungen; äußerlich angewendet fördert er die Gesundung von schlecht heilenden Wunden.

Tipp

Als Flechte bezeichnet man eine Lebensgemeinschaft (Symbiose) zwischen Algen und Fadenpilzen!

K

Kalmus

Acorus calamus
Ackermann(swurzel), Ackerwurz(el), Acore odorant (frz.), Bajonettstange, Calamo aromatico (ital., span.), Calamus (engl.), Ch'ang-Pu (chin.), Deutscher Ingwer, Deutscher Zitwer, Gewürzkalmus, Kalms, Kalmuswurzel, Kamsen, Kamswuttel, Karmes, Magenwurz(el), Myrtle Flag (engl.), Rhizome d'acore vrai (frz.), Schwert(hen)wurzel, Siggewurzel, Sweet flag (engl.), Sweet sedge (engl.), Teichlilie, Zehrwurz

Allgemeines, Herkunft, Geschichtliches

Der Kalmus ist ein in Ostasien heimisches Aronstabgewächs (Araceae), das sich an stillen Gewässern und in Sumpfgebieten am wohlsten fühlt, auch in Deutschland.
Den von Typhusepidemien bedrohten Tataren diente diese nicht völlig frostharte Röhrichtpflanze im 13. Jh. zur Sauberhaltung des Trinkwassers, da sie die bemerkenswerte Eigenschaft besitzt, Giftstoffe und Schmutz aus dem Wasser herauszufiltern. 1574 wurde der Kalmus erstmals von Konstantinopel (heute Istanbul) nach Wien verbracht, wo er seitdem als Heilpflanze angebaut wird; im weiteren Umland ist diese wüchsige Wasserpflanze jedoch aus der Kultur gebrochen und kommt jetzt nur noch verwildert vor.
Der Name Kalmus wird vom griechischen »kalmos« für »Schilf« oder »Rohr« abgeleitet.

Aussehen

Der bis zu 1,5 m hohe Kalmus hat schwertförmige und schilfartige Blätter und fingerlange, grün-gelbe Blütenkolben, die seitlich an einem dreikantigen Stängel ansetzen. Der daumenstarke Wurzelstock kann bis zu 1,20 m lang werden.

Geschmack

Die gesamte Kalmuspflanze schmeckt bitter.

Geruch

Kalmusblätter duften nach Mandarinen, sobald man sie zwischen den Fingern reibt; die Wurzel verströmt einen zimtigen Geruch.

Hauptinhaltsstoffe

Acorin, Akoretin, Asaron, Azulen, Cholin, Cineol, Dextrin, Dextrose, Eugenol, Gerbstoffe, Harz, Kampfer, Linalool, Methylamin, Pinen, Schleimstoffe, Stärke, Tannin, Vitamine.

Verwendung, Zubereitung

Die Kalmusblütenknospe und das Stängelmark eignen sich für die Zubereitung eines nicht alltäglichen Salates.
Kalmuswurzeln dienen meist der Herstellung von Kosmetikproduk-

ten und Spirituosen; kandiert werden sie jedoch auch als Ingwerersatz feilgeboten.

Volksmedizinische Bedeutung

Kalmusblätter und -wurzeln wirken fiebersenkend, wassertreibend, blutstillend, entzündungshemmend, lebensverlängernd, potenzerhaltend, appetit- und verdauungsanregend und stärken das Immunsystem.

Die Kalmuswurzel darf nur selten und möglichst schwach dosiert verzehrt werden, da es bei Nichtbeachtung nicht nur zu Durchfall und Halluzinationen kommen kann, sondern weil Kalmus dann sogar den Krebs begünstigt, besonders solcher aus Indien, weil er stark mit dem krebserregenden etherischen Öl Beta-Asaron verseucht ist; kanadischer Kalmus ist davon kaum betroffen. Sowohl Schwangere als auch Magen- und Darmkranke sollten den Kalmus gänzlich meiden! Während einer Nikotinentwöhnung sollten nebenher Kalmuswurzeln gekaut werden, da sie beruhigende und entzugsunterstützende Eigenschaften besitzen.

Tipp

Im Landschaftsbau wird Kalmus aufgrund seiner wasserreinigenden Eigenschaften gerne als Repositionspflanze, d. h. zur Rekultivierung und Renaturierung eingesetzt.

Kamille

Matricaria chamomilla

Aepfel-Chrut (schweiz.), Apfelblümchen, Apfelkraut, Blume des Sonnengotts, Camomile (engl.), Camomilla (ital.), Camomille (frz.), Carmelien, Chamille (althochdt.), Deutsche Kamille, Echte Kamille, Feldkamille, Gamille, Gramille (schweiz.), Haugenblum, Hermanek (tschech.), Hermannl, Hermel(in), Hermlein, Hermünzel, Johanniskraut, Kamelle, Kammerblum, Kindbettblume, Kraut der Mutter, Kummerblume, Laugenblume, Lungenblume, Mägdeblume, Manzanilla (span.), Maria-Magdalenakraut, Moderkrud, Muskatblume, Mutterkraut, Papatya (türk.), Romerei

Allgemeines, Herkunft, Geschichtliches

Die Heimat der Kamille liegt ursprünglich in Südosteuropa und Nordasien, heute gedeiht sie jedoch im gesamten asiatischen, europäischen und nordamerikanischen Raum. An sonnigen Ackerrändern und an Feldwegen, vorwiegend an Kartoffel-, Getreide- und Rübenäckern ist sie hierzulande am häufigsten anzutreffen. Professioneller, feldmäßiger deutscher Kamilleanbau wird seit geraumer Zeit in Thüringen betrieben.

Die zu den Korbblütlern / Asteraceae (Compositae) zählende Kamille gilt seit Urzeiten als eines der geachtetsten Volksheilmittel, da sie schon bei vielerlei Unpässlichkeiten hilfreich war. Geerntet werden sollte sie während der Blüte von Mai bis September, am besten während der Mittagssonne, weil dann ihr Gehalt an wertvollen etherischen Öls am stärksten ist.

Die Beinamen Apfelblümchen und Apfelkraut hat die Kamille der Tatsache zu verdanken, dass sie einen apfelähnlichen Duft verströmt.

Das lateinische »matricaria« kennzeichnet die Kamille als »Kraut der Mutter«, denn sie mildert Krämpfe und Schmerzen während der Menstruation und beseitigt manches Weh während der Schwangerschaft, bei der Geburt und im Wochenbett.

Aussehen

Die Kamille ist eine bis zu 50 cm hohe Pflanze mit schmalen, blassgrünen, gefiederten Blättchen und leuchtend gelben, gänseblümchenartigen Blütenköpfchen.

Geschmack

Die Kamille schmeckt sehr arteigen und etwas bitter.

Geruch

Die Kamillenblüte weist einen typischen Kamilleduft auf, erinnert jedoch auch an Äpfel.

Arten, Sorten

(Acker-)Hundskamille / Matricaria inodora (lat.) / Geruchlose Kamille / Kühdill / Kühmelle heißt eine zwar vom Aussehen her nahezu identische Kamillensorte, die jedoch völlig geruchlos ist und keinerlei Heilwirkung zeigt.

Gartenkamille nennt man die kultivierte Variante der Kamille.

Römische Kamille / Anthemis nobilis (lat.) / Camomille romaine (frz.) / Camomilla romana (ital.) / Chamaemelum nobile (bot.) / Dicke Gramille (schweiz.) / Falschi Gramille (schweiz.) / Härmelchen lauten die geläufigsten Bezeichnungen einer italienischen Kamillensorte. Sie hat flaumige Blättchen, gefüllte Blütenböden und sieht der echten Kamille zwar sehr ähnlich, ist jedoch nicht ganz so heilkräftig.

Hauptinhaltsstoffe

Azulen, Bisabolol, Chamazulen, Cholin, Cumarine, Flavonoide, Fructose, Glykoside, Schleimstoffe.

Verwendung, Zubereitung

Kamillenblütenköpfe werden meist getrocknet und dann zu Tee verarbeitet.

In schwacher Dosierung kann Kamilleöl dem Verfeinern von Salaten dienen.

Aufkommenden Fäulnisgeruch an rohem Fleisch wendet man erfolgreich ab (besonders in den heißen Sommermonaten), indem man es gründlich mit warmem Kamillentee abreibt.

Gemüsebeete hält man auf Dauer schneckenfrei, indem man sie mit Kamillepflänzchen umkränzt.

Nachlässig gepflegte Zimmerpflanzen kommen wieder in Schwung, wenn sie einmal wöchentlich mit schwachem Kamillentee getränkt werden.

Eine Spülung mit warmem Kamillentee nach der Haarwäsche hellt blonde Haare nicht nur auf, sie schafft auch seidigen Glanz.

Lagerung

Kamille sollte kühl und trocken, jedoch keinesfalls in Kunststoffbehältnissen aufbewahrt werden.

Volksmedizinische Bedeutung

Kamille zeigt erst nach der Erhitzung (z. B. in Wasser) heilkräftige Wirkungen, da das inaktive Pro-Azulen-C nur durch Erwärmen in das wirksame Azulen umgewandelt werden kann.

Mit Honig gesüßter Kamillentee verhilft nicht nur zu entspannendem Schlaf, er wirkt auch Schnupfen, Erkältung, Sodbrennen und Völlegefühl entgegen, hat magenberuhigende, antibakterielle, antiallergische, verdauungsfördernde, krampflösende sowie wundheilende und (dank Bisabolol) entzündungshemmende Eigenschaften; er vermag sogar seelische Verletzungen zu heilen.

Kalte Kamillekompressen lindern Sonnenbrand, lauwarm heilen sie Geschwüre, Hämorrhoiden und Entzündungen im Genitalbereich. Ein Kamillendampfbad, das mit etwas Salz vermischt wurde, ist bei Erkältungen und Verschleimungen im Rachenraum nützlich.

Waschungen mit Kamillentee lassen unangenehme Körpergerüche verschwinden, vorrausgesetzt, sie haben keine tiefergehenden organischen Ursachen.

Sogenannte Gerstenkörner am Auge sollten nicht mit Kamillekompressen behandelt werden, da dies zu gefährlichen Entzündungen führen kann.

Tipp

Vorsicht: Kamillentee sollte nicht über einen längeren Zeitraum getrunken werden, da die spezielle Zusammensetzung seiner Inhaltsstoffe zu Schwindel und Unruhe führen kann.

Kardamom

Elettaria cardamomum

Antimon, Cardamom (engl.), Cardamome (frz.), Cardamomo (ital., port., span.), Ela (ind.), Green cardamom (engl.), Grüner Kardamom, Hal (arab.), Illaichi (ind.), Kardamom (griech.), ung., Kardamomen, Kardamom (russ.), Kardemom (niederl.), Kardemomme (norw.), Kardemumma (schwed.), Karudamon (jap.), Pai-tou-k'ou (chin.)

Allgemeines, Herkunft, Geschichtliches

Die Heimat des Kardamoms liegt im südwestlichen Vorderindien (Himalaya), wo er schon seit Jahrtausenden als der Favorit unter den Gewürzen schlechthin gilt; auch in Schweden, wo ein Viertel der Weltproduktion verkonsumiert wird, wird der Kardamom sehr geschätzt. In Tansania, Thailand, Guatemala, wo sich das weltweit größte Kardamomanbaugebiet befindet, und in Honduras liegen die Hauptanbaugebiete dieses Ingwergewächses (Zingiberaceae), das mit dem Galgant und Kurkuma verwandt ist. Geerntet wird der Kardamom grundsätzlich im unreifen Zustand; danach wird er in der Sonne getrocknet.

Nachweislich würzten schon die alten Griechen und Römer, die sich durch ihre ausschweifenden Fressgelage hervortaten, ihre Speisen mit Kardamom, da sie von seinen verdauungsfördernden Eigenschaften wussten.

Nach dem Safran ist der Kardamom heute das zweitteuerste Gewürz der Welt.

Aussehen

Die schilfartige, dickwurzlige Kardamomstaude kann bis zu 3 m Höhe erreichen. Sie hat buschig-krautige, palmwedelartig angeordnete Blätter und pastellweiße, orchideenartige Blüten, die mit blauen Streifen und gelben Rändern versehen sind.

In den hagebuttengroßen, klebrigen, dreifächrigen Kardamomkapseln (blassgrün, falls im Ofen gedörrt; zartbeige, wenn gebleicht; gelbbraun, wenn sie in der Sonne getrocknet wurden) stecken ca. 15–20 kantige, schwarzbraune Samen, die die eigentliche Würzkraft besitzen.

»Kardamom mit der Schale gemahlen« steht auf der Verpackung, wenn die Kardamomsamen mitsamt den getrockneten Kapseln zu Pulver vermahlen wurden. Dieses Produkt ist heller als gemahlene Saat.

Geschmack

Frische Kardamomsamen besitzen durchweg ein charakteristisches, leicht bitteres bis blumig-süßliches, zuweilen auch würzig-feuriges Aroma, das an Eukalyptus, Ingwer und Zitrone erinnert. Das Aroma getrockneter Kardamomkapseln ist am ausgeprägtesten.

Junge Kardamomblätter schmecken süßlich, alte sind widerlich bitter.

Arten, Sorten

Brauner Kardamom / Amomum subulatum (lat.) / Black cardamom (engl.) / Brown cardamom (engl.) / Ceylon-Berg-Kardamom / Elettaria ensal (bot.) / Fekete kardamom (ung.) / Greater Indian cardamom (engl.) / Nepalkardamom / Schwarzer Kardamom hat dunkelbraune, fast schwarze Kapseln und ist sogar etwas größer als herkömmlicher, aufgrund seines rauchigen Geschmacks wird er jedoch seltener geordert. In Sri Lanka dient er dem Würzen von Back- oder Fleischwaren; zuweilen wird er jedoch auch der Likörproduktion zugeteilt.

Weißer Kardamom heißen die gebleichten, grünen, also noch unreifen Samen des Kardamoms.

Hauptinhaltsstoffe

Borneol, Cineol, Eiweiß, Farbstoff, Fett, Gummi, Stärke, Zucker.

Verwendung, Zubereitung

Kardamom wird als Gewürz in der asiatischen Küche, in Back- und Wurstwaren, Fleisch- und Fischgerichten, Glühwein, Likören, Pasteten oder als Currygewürzzutat verwendet.

In arabischen Ländern wird Kaffeepulver mit gemahlenem Kardamom gestreckt, um die belebenden Eigenschaften des Koffeins zu verdoppeln.

Die jungen, filigranen Kardamomtriebchen können wie Salatkräuter verarbeitet werden.

Kardamomöl, das vorwiegend aus den Samenschalen des Kardamoms gewonnen wird, findet meist in der Parfümindustrie Verwendung.

Lagerung

Kardamomsamen kann man in einem fest verschlossenen Gefäß etwa ein Jahr lang aufbewahren, Kardamompulver ist dagegen möglichst bald zu verbrauchen, da sich die Geschmacksstoffe im vermahlenen Zustand rasch verflüchtigen.

Volksmedizinische Bedeutung

Kardamomsamen besitzen stoffwechselbeschleunigende, herz- und magenstärkende, antiseptische, krampf-, schleim- und blähungslösende Eigenschaften; sogar in der ayurvedischen Heilkunst werden schon seit jeher die Samen des Kardamoms eingesetzt.

Tipp

Wenn man hin und wieder ein paar Kardamomsamen gemächlich zerkaut, erhält man nicht nur einen frischen Atem, sondern wirkt sogar Karies entgegen.

Kerbel

Anthriscus cerefolium

Anthriskos (griech.), Cerafolio (span.), Cerfeuil (frz.), Cerfoglio (ital.), Cerefolho (port.), Chabiru (jap.), Chervil (engl.), Eselskörbel, Eselspeterlein, Französische Petersilie, French parsley (engl.), Frenk maydanoz (türk.), Gartenkerbel, Gewürzkerbel, Hagekjörvel (norw.), Karweil (norddt.), Keferfil (österr.), Kerbelkraut, Kerfill (isl.), Kervel (niederl., russ.), Kirbele, Kirveli (finn.), Kjörvel (norw.), Körbelkraut, Körblikraut (schweiz.), Körfelkraut, Körvel (dän., schl.-holst., schwed.), Korbelkraut, Kräutl (bayr.), Kuchelkraut, Küchenkerbel, Küchenwürze, Kufelkraut, Maqdunis Afranji (arab.), Perifollo (span.), Petersilie des Feinschmeckers, San-lopo (chin.), Suppenkerbel, Trybula ogrodowa (poln.)

Allgemeines, Herkunft, Geschichtliches

Die Heimat des Kerbels liegt vermutlich in Südeuropa und im Kaukasusgebiet. Nach Mitteleuropa gelangte dieser frostbeständige Doldenblütler / Apiaceae (Umbelliferae) bereits durch die alten Römer, in Deutschland wird er jedoch erst seit etwa 400 Jahren gepflanzt. Die größten Anbauflächen des mit der Karotte und Petersilie verwandten Kerbels liegen heute in Europa, Amerika, im Orient und in Nordafrika.

Ein halbschattiges Plätzchen bekommt dem schwach zehrenden Kerbel am besten, da er hier ungestört sein volles Aroma aufbauen kann; an den Boden stellt er keine besonderen Ansprüche. Geerntet werden sollte der Kerbel grundsätzlich vor der Blüte und möglichst bei strahlendem Sonnenschein, weil er dann am gehaltvollsten ist.

Aussehen

Der bis zu 70 cm hohe Kerbel hat schwach gerillte Stängel, wollweiße, zweistrahlige Blüten und filigrane, hellgrüne, kleine, glatt- oder krausblättrige, petersilienähnliche, aber zartere Blättchen, die unterseits leichte Behaarungen aufweisen.

Geschmack

Vor der Blüte schmeckt Kerbel angenehm frisch und hocharomatisch, wie ein Mix aus Anis, Fenchel und Petersilie; nach der Blüte verliert der Kerbel nicht nur einen Großteil seines Geschmacks, er speichert dann auch mehr und mehr krebserregende Nitrate. Da alte und getrocknete Ware gar keine Würzkraft mehr besitzt, sollte man sie gar nicht erst auf die Einkaufsliste setzen.

Arten, Sorten

Süßdolde / Aniskerbel / Myrrhis odorata (lat.) / Cerfeuil musqué (frz.) / Garden myrrh (engl.) / Myrrhenkerbel / Spanischer Kerbel / Spanish chervil (engl.) / Spanyol turbolya (ung.) / Sweet cicely (engl.) / Sweet

scented myrrh (engl.) / Welscher Kerbel / Wilder Anis / Wohlriechende Myrrhe wird vorwiegend in Dänemark, Schottland und Nordamerika angebaut, ihre Heimat liegt jedoch im französischen Savoyen. Die Süßdolde besitzt bis zu 1 m hohe, gefurchte, hohle Stängel mit attraktiven weißen Blütendolden und riesige, farnartige, nach Lakritz duftende Blätter. Diese ungewöhnlich süßen, nach Anis schmeckenden Blätter und die unreifen Samen der Pflanze können im zerkleinerten Zustand sowohl zum Würzen von Süßspeisen, Suppen, Salaten und Fisch- oder Geflügelgerichten als auch zur Milderung herb-bitterer Geschmacksrichtungen von Früchten und Salaten verwendet werden. Die walzenförmigen Wurzeln der Süßdolde (die aphrodisierende Wirkung besitzen sollen) lassen sich wie Karotten (roh und gekocht) zu Salat oder Gemüse verarbeiten.
Wiesenkerbel / Anthriscus sylvestris (lat.) ist ebenso weiß blühend, wird 60–150 cm hoch und ist meist an Wegrändern und auf gut gedüngten Wiesen anzutreffen. In der Küche eignet er sich lediglich als würzende Zutat in Salaten, da er durch Erhitzung bitter wird!

Hauptinhaltsstoffe

Apiin, Bitterstoffe, Calcium, Cholin, Eisen, Estragol, Flavonoide, Fructose, Harze, Karotin, Magnesium, Nitrat, Salicylsäure, Schleimstoffe, Undecan, Vitamin C (80 mg / 100 g).

Verwendung, Zubereitung

Mit gezupften oder zerschnittenen Kerbelblättchen (nicht hacken!) lassen sich nicht nur Salate, Saucen, Suppen, Lamm- und Fischgerichte verfeinern, sondern auch Eier- und Quarkspeisen; die Kerbelstängel sollte man zuvor entfernen, da sie als Nitratspeicher gelten.
Kerbel sollte den Speisen erst zum Ende der Garzeit beigemengt werden, da er sonst seine wertvollen, jedoch sehr hitzeempfindlichen Inhaltsstoffe verliert; außerdem wird er beim Mitkochen mehr als unansehnlich.
Während der Zubereitung sollte man Kerbel nicht mit hervorstechenden Gewürzen oder Kräutern (z. B. Basilikum oder Thymian) in Verbindung bringen, da sein sanfter Geschmack nicht dagegen bestehen kann; schwach dosiert unterstreicht er jedoch das Aroma anderer Zutaten.

Lagerung

Sogar bei kühler Lagerung lässt sich frischer Kerbel nur kurzzeitig bevorraten; tiefgefrorener Kerbel verliert während des Auftauens seine Konsistenz.

Volksmedizinische Bedeutung

Kerbel entschlackt und entgiftet den Körper, regt den Stoffwechsel an, heilt chronische Hautausschläge und Gicht, verdünnt und reinigt das Blut, regt den Appetit an und soll stillenden Frauen sogar die Milch vermehren. Bei Entzündungen am Auge ist das Betupfen mit einem Sud aus Kerbelblättern nützlich.

Tipp

Glattblättriger Kerbel ist dem krausblättrigen vorzuziehen, da er wesentlich nitratärmer ist!

Knoblauch

Allium sativum
Aglio (ital.), Ail (frz.; Sing.), Ajo (span.), Alho (port.), Alterswurzel, Aulx (frz.; Pl.), Cesnek (tschech.), Chesnok (russ.), Chnoblauch (schweiz.), Chnöbli (schweiz.), Czosnek (poln.), Fokhagyma (ung.), Garlic (engl.), Gespaltene Zwiebel, Gnuwluch, Gruserich, Hvitlök (norw.), Knewelauch, Knobelouch (mittelhochdt.), Knobi, Knoblich, Knobloch, Knofel (österr.), Knofi (bayr.), Knoflak, Knoflook (niederl.), Knubl(ich), Knufflauw (westf.), Knuflauk, Knufloch, König der Gewürze, Lasoon (ind.), Look, Luk (kroat.), Neidstern, Ninniku (jap.), Orientalische Ananas, Russisches Penicillin, Sarimsak (türk.), Shum (hebr.), Silberwurz, Skorodon (griech.), Stinkende Rose, Stink(er)zwiebel, Suan (chin.), Theriak der armen Leute, Thum (arab.), Vanille (wiener.), Vitlök (schwed.), Wilde Rockenbolle, Windwurzel

Allgemeines, Herkunft, Geschichtliches

In den Steppengebieten des Irans und Afghanistans liegt die Heimat des wild wachsenden Ackerknoblauchs, aus dem alle Knoblauchvarietäten hervorgegangen sind. Da der Knoblauch bereits in sumerischen Aufzeichnungen (5000 v. Chr.) handschriftlich erwähnt wurde, zählt er zu den ältesten Naturheilmitteln und Kulturpflanzen der Welt. Die Erbauer der ägyptischen Pyramiden wußten bereits 2700 v. Chr. von den stärkenden Eigenschaften dieses Liliengewächses (Liliaceae) und in der Grabkammer des 1338 v. Chr. beigesetzten Pharaos Tutenchamun hat man sogar vertrocknete Überreste dieses Zwiebelverwandten entdeckt. Der griechische Arzt Hippokrates (460–370 v. Chr.) empfahl seinen Patienten den Knoblauch als Abführmittel und im Mittelalter verordnete ihn der berühmte Naturheilarzt Paracelsus seinen Patienten zur rascheren Genesung.
Großflächige Knoblauchanpflanzungen werden heute in Ägypten, Amerika, China, Deutschland, Frankreich, Italien, Mexiko, Spanien und Ungarn betrieben, die umfangreichsten Knoblauchanbaugebiete der Welt findet man jedoch nahe der kalifornischen Stadt Gilroy, der Welthauptstadt des Knoblauchs. Das französische Knoblauchmekka liegt in Uzès (Provence), wo sich der größte Knoblauchmarkt Frankreichs befindet.
»Russisches Penicillin« wird der Knoblauch seit den letzten beiden Weltkriegen genannt, als man seine antibiotische und heilungsfördernde Wirkung zur Behandlung verwundeter Soldaten nutzte.
Knoblauch leitet sich vom mittelhochdt. »knobelouch« ab, was »spalten« heißt, womit die in einzelne Teile gespaltene Bulbe gemeint ist.

Aussehen

Der ca. 70 cm hohe Knoblauch hat breite, bläulich-grüne Blätter und runde Stängel, die gezipfelte, rote Blüten tragen; die bulböse Hauptzwiebel erstarkt unter der Erdoberfläche. Sie setzt sich aus bis zu 15

Nebenzwiebelchen (engl. Cloves / span. Dientes / frz. Gousses / Klauen / niederl. Teentjes / Zehen / Zinken) zusammen, die so dicht aneinanderstehen, dass sie sich durch den Druck kantig formen. Sie sind mit einem zähen, silber-weißen Häutchen umschlossen. Knoblauch aus der Türkei ist meist nicht nur sehr voluminös und dickschalig; im zerstoßenen Zustand weist er sogar gelierende Eigenschaften auf. Im Herbst angepflanzter Knoblauch entwickelt naturgemäß größere Bulben als solcher, der im Frühling angebaut wird.

Geschmack

Der Geschmack des Knoblauchs ist von vielen Faktoren abhängig, z. B. vom Alter (je jünger, desto milder), vom Klima (je wärmer, desto aromatischer), von der Beschaffenheit des Bodens (je feinkörniger, desto zarter), von der Sorte (von mild bis scharf) und von saisonalen Einflüssen (Frühjahrs- und Sommerernten sind gehaltvoller als Winterware). Junge Knoblauchstängel und -blätter können mitverzehrt werden, alte sind jedoch zäh und holzig.

Geruch

Während des Kochens verliert Knoblauch seinen aufdringlichen Duft: Er wird mild-aromatisch und man heimst sich keine »Knobi-Fahne« mehr ein! Muffig riechender Knoblauch ist verdorben und sollte nicht mehr verwendet werden; er würde die Speise modrig schmecken lassen.

Arten, Sorten

Blanc du Tarn: perlweiße, zarte und erstaunlich milde Knoblauchsorte aus Frankreich mit hervorragenden Lagerungseigenschaften.

Elefantenknoblauch / Allium ampeloprasum (lat.) / Elefant garlic (engl.) / Riesenknoblauch / Wilder Sommerlauch wird bis zu 1 m hoch, treibt kräftige Blütenstände, riesige Knollen und schmeckt auffällig mildwürzig. Meist findet man ihn wild wachsend in oder an Weinbergen.

Geräucherter Knoblauch ist eine Besonderheit in Frankreich, wo er meist dem Würzen von Geräuchertem und Eintöpfen dient.

Head garlic nennt sich eine zierliche Knoblauchsorte aus Thailand, deren Zehen aus dem Blütenstängel hervorgehen.

Kapknoblauch / Tulbaghia violacea (lat.) / Kaplilie / Pink agapanthus (engl.) / Society garlic (engl.) / Südseeknoblauch / Tulbaghien-Lauch / Zimmerknobi / Zimmerknoblauch nennt sich ein bis zu 50 cm hohes Mitglied der Amaryllis- und nicht (wie vielfach vermutet) der Lauchgewächse mit zartlila, wunderkerzenartigen Blüten, die das ganze Jahr über nachgeschoben werden. Diese Blüten und die immergrünen, grasartigen Blätter schmecken wie ein Mix aus Knoblauch, Kresse und Shi-take-Pilzen, ohne einen unangenehmen Nachgeruch zu hinterlassen. Auf den steinigen Wiesen Südafrikas, wo er 1771 erstmals von dem schwedischen Nobelpreisträger Carl Linnaeus dokumentiert wurde, ist der ganzjährig beerntbare »Society garlic« zu Hause. Selbstgemachte Kräuterbutter schmeckt noch besser, wenn man sie mit den kleingehackten Blüten und Blättern

des Zimmerknoblauchs ergänzt! Im Hausgarten vertreiben seine Wurzeln Wühlmäuse und Maulwürfe.
Knoblauchgras / Knoblauchgrün / Knoblauchkraut nennt man das junge, mild-aromatische, schnittlauchartige Blattwerk des Knoblauchs.
Rockenbolle / Allium sativum var. ophioscorodon (lat.) / Feinschmeckerknoblauch / Rocambole (engl., frz.) / Schlangen(knob)lauch heißt eine in Italien beheimatete, bis zu 1 m hohe, milde, lauchähnliche Knoblauchart mit mild-aromatischen Brutzwiebelchen, die mitsamt ihren wohlschmeckenden Blüten verzehrt werden können.
Rose-rouge d'Albi: sehr milde, violett-rote Knoblauchsorte aus Frankreich.
Weinberg(s)lauch / Allium vineale (lat.) / Weingartenknoblauch heißt ein anspruchsloses, wild wachsendes, schnittlauchähnliches Würzkraut mit zwar leicht bitteren, jedoch recht wohlschmeckenden, mild-knoblauchigen, silbrigen Zwiebelchen und ungenießbaren, da überaus fädigen Blättchen. Wie der Name schon anklingen lässt, ist dieses Zwiebelgewächs überwiegend in mittel- und südeuropäischen Weinbergen anzutreffen.

Hauptinhaltsstoffe

Agglutinin, Ajoene, Allicin, Aminosäuren, Calcium, Eisen, Fette, Inulin, Jod, Kieselsäure, Magnesium, Phosphor, Provitamin A, Quercetin, Schwefel, Selen, Sulfate, Vitamin B 1, B 2, C.

Verwendung, Zubereitung

Knoblauch wird zum Kochen, Würzen und zur Produktion von Dragées, Pulver, Granulat oder Saft verwendet.
Aufgrund seiner hitzeempfindlichen etherischen Öle sollte Knoblauch nicht angeröstet, sondern nur goldbraun angeschwitzt oder gekocht werden, da er sonst bitter wird; entfernt man jedoch zuvor seinen grünlichen Kern, entfällt dieser Negativeffekt nahezu gänzlich.

Lagerung

Wenn Knoblauch dunkel, luftig, trocken, bei Zimmertemperatur und möglichst gemeinsam mit Zwiebeln gelagert wird, ist er mehrere Wochen bevorratbar. Im Kühlschrank verdirbt er nicht nur sehr zügig, durch Kälte büßt er außerdem sein wertvolles Aroma ein!

Volksmedizinische Bedeutung

Knoblauchverzehr bekämpft Schlaflosigkeit, Kreislaufstörungen, fördert die Eiweiß- und Fettverdauung, beugt Arterienverkalkung und Herzmuskelschwäche vor, senkt hohen Blutdruck und Cholesterinwerte, stärkt die Abwehrkräfte, indem er das Immunsystem anregt, Antikörper zu bilden, und erhält die gesunde Darmflora. Da ein nicht unerheblicher Teil des Knoblauchöls über die Lunge ausgeschieden wird, hat er bei Bronchialkatarrh und Tuberkolose eine beruhigende und heilende Wirkung. Knoblauch wirkt entgiftend, da er Schwermetalle über die Niere ausschwemmt, und er hat blutverdünnende und desinfizierende Eigenschaften. Eine Mandelentzündung lässt sich bekämpfen, indem man den ganzen Tag über Knoblauchzehen lutscht.

Chronisch entzündetes Zahnfleisch wird wieder fester und kräftiger, wenn man es mehrere Tage lang mit feingehacktem Knoblauch behandelt. Da der Knoblauch aufgrund seiner speziellen Substanzen, die den männlichen und weiblichen Sexualhormonen ähneln, auch sexuell stimuliert, mussten Mönche und Priester einst auf seinen Genuss gänzlich verzichten! Eine insektenabwehrende Wirkung wird dem Knoblauch bei Pferden nachgesagt, wenn man ihre Nahrung damit ergänzt, bei regelmäßigen und überdosierten Futterbeimengungen kann es jedoch zu Schädigungen der roten Blutkörperchen und schlimmstenfalls zu einer Anämie kommen.

Tipp

Mit einer Knoblauchjauche (500 g zerstoßene Knoblauchzehen in 10 Liter Wasser ca. 2 Wochen ziehen lassen und absieben) bekämpft man Schadinsekten und Pilzbefall an Zimmerpflanzen. Gemüsebeete (z. B. Erdbeeren, Gurken, Kartoffeln, Möhren, Rote Beete, Tomaten) bewahrt man vor Schädlingsbefall, indem man sie mit Knoblauch umpflanzt, unmittelbar neben Bohnen, Erbsen und Kohl mickert er jedoch zusehens.

Es wird zwar vielfach empfohlen, nach dem Knoblauchverzehr Petersilie, Koriander, Minze oder eine Kaffeebohne zu zerkauen, um den strengen Mundgeruch zu unterbinden, allerdings werden die etherischen Öle des Knoblauchs auch über die Hautporen des gesamten Körpers ausgeschieden.

Knoblauchgeruch an den Händen wird man los, indem man sie mit feuchtem Kaffeesatz oder Zitronensaft einreibt und danach mit warmem Wasser gründlich abspült.

Knoblauchsrauke

Alliaria petiolata

Aliara (span.), Allaria officinalis (bot.), Alliaire officinale (frz.), Alliaria commune (ital.), Aniskraut, Erysium allaria (bot.), Garlic mustard (engl.), Gemeine Knoblauchsrauke, Jack-by-the-hedge (engl.), Knoblauchshederich, Knoblauch(s)kraut, Lauchhederich, Lauchkraut, Sisymbrium allaria (bot.)

Allgemeines, Herkunft, Geschichtliches

Die Knoblauchsrauke ist ein schattenliebendes, in Europa meist auf Schutthalden und an Wegrändern anzutreffendes Wildkraut, das auch in Nordamerika, Nordafrika und in Westasien beheimatet ist. Die beste Erntezeit dieses unscheinbaren Kreuzblütlers (Brassicaceae), der eigentümlicherweise weder mit dem Knoblauch noch mit der Rauke verwandt ist, liegt zwischen Februar und April.

Die botanische Bezeichnung »allaria« wurde höchstwahrscheinlich von »allium« für »Knoblauch« abgeleitet.

Aussehen

Die Knoblauchsrauke hat einen aufrechten, pflaumig behaarten, kantigen Stängel, eiförmige, randseits eingekerbte Blätter und zierliche, weiße Blütchen, aus denen sich längliche Schötchen entwickeln.

Geschmack

Die zarten Knoblauchsraukenblätter weisen zwar ein gewisses Knoblaucharoma auf, schmecken jedoch wesentlich milder! Je nach Jahreszeit verwandelt sich das knoblauchige in ein pfeffriges Kressearoma.

Geruch

Beim Zerreiben entströmt den Blättern der Knoblauchsrauke ein mäßiger Knoblauchgeruch, der sich im Gegensatz zum Knoblauch aber kaum nachteilig auf Mund- und Körpergeruch des Verzehrers auswirkt.

Hauptinhaltsstoffe

Glucutropaeolin, Mineralstoffe, schwefelhaltige etherische Öle, Senfglykoside, Sinigrin, Vitamin A, C.

Verwendung, Zubereitung

Aus sorgfältig gereinigten Knoblauchsraukenblättern lässt sich ein wohlschmeckendes Wildgemüse zubereiten, sie können aber auch als würzende Zutat zu Lammgerichten, in Kräuterbutter, Quarkspeisen, Saucen, Salaten, Pesto oder auf dem Vesperbrot verwendet werden; die Stiele sollten zuvor entfernt werden, da sie eine faserige Konsistenz besitzen. In der Diätküche kann die Knoblauchsrauke Kochsalz ersetzen! Die Wurzeln der Knoblauchsrauke lassen sich ungeschält wie Meerrettich verarbeiten.

Die geschmacksintensiven Blüten der Knoblauchsrauke können zur Verzierung von Salaten und salzigen Sorbets verwendet werden.

Lagerung

Für längere Lagerung ist die Knoblauchsrauke aufgrund ihrer stark flüchtigen Inhaltsstoffe ungeeignet.

Volksmedizinische Bedeutung

Die Knoblauchsrauke hat entwässernde, husten- und schleimlösende, wurmtreibende sowie wundheilende Eigenschaften.

Tipp

In Alpenregionen ist es durchaus möglich, dass sich das Knoblaucharoma der Knoblauchsrauke auf die Milch weidender Kühe überträgt!

Koriander

Coriandrum sativum

Coriander (dän., engl.), Coriandolo (ital.), Coriandre (frz.), Coriandro (span.), Dhania (ind.), Hochzeitskügelchen, Hu-Sui (chin.), Kalanner, Kaliander, Ketoembar (niederl.), Kinai petrez-selyem (ung.), Klanner, Koendoro (jap.), Kolgras, Koliander, Korianda (jap.), Koriander (isl., niederl., norw., schwed., slowen., slowak., ung.), Koriandr (russ., tschech.), Koriannon (griech.), Krapfenkörner, Kuzbara (arab.) Schwindelkorn, Schwindelkraut, Stinkdill, Wandläusekraut, Wan(t)zendill, Wanzenkraut, Wanzenkümmel, Zergefü (ung.)

Allgemeines, Herkunft, Geschichtliches

Der Koriander stammt zwar aus dem mittleren Orient, seit dem Mittelalter ist er jedoch auch im Mittelmeerraum und in Kleinasien anzutreffen. Da er schon in uralten Sanskrit-Schriften sowie in Bibeltexten erwähnt und sogar bei Ausgrabungen neolithischer Kulturen aufgefunden wurde, zählt der Koriander zu den ältesten Gewürzen und Heilkräutern der Welt. Zur Verwandtschaft dieses sonnenhungrigen Doldenblütlers / Apiaceae (Umbelliferae) gehören Anis, Dill und Petersilie; die Nachbarschaft von Bohnenkraut, Borretsch, Kamille oder Kapuzinerkresse begünstigen sein Wachstum.

Als Schwindelkorn und Schwindelkraut wird der Koriander auch bezeichnet, weil es nach Überdosierungen zu rauschartigen Zuständen und Schwindelgefühlen kommen kann, was bereits im Mittelalter bekannt war.

Koriander wird vom griechischen »kor« für »Wanze« abgeleitet.

Aussehen

Der Koriander ist ein bis zu 70 cm hoher, stark verzweigter Strauch mit fiederschnittigen, gelappten, glatten Blättern, weißen bis rosafarbenen Blüten, die in schirmförmigen Dolden stehen, und kleinen, blassen, braun-gelben, pfefferkorngroßen, jedoch nur halbkugelförmigen Früchten.

Die Bezeichnung Koriandersamen ist eigentlich falsch, da grundsätzlich nur die Früchte des Strauchs verwendet werden.

Geschmack

Ausgereifte und getrocknete Korianderfrüchte schmecken aromatisch, warm, parfümiert und orangenschalig.

Geruch

Frische Korianderfrüchte geben unangenehme, wanzenartige Düfte ab; im getrockneten Zustand riechen sie dagegen angenehm würzig.

Arten, Sorten

Korianderblatt / Arabische Petersilie / Blattkoriander / Chinese parsley (engl.) / Chinesische Petersilie / Cilantrillo (karib.) / Cilantro (amerik.) / Cilentro (ital.) / Coentro (port.) / Daun ketoumbar (malays., indon.) / Hara dhania (ind.) / Indian parsley (engl.) / Indische Petersilie / Korianderblad (niederl.) / Persil arabe (frz.) / Zigeunerpetersilie. Mit der Bezeichnung Cilantro sind meist junge Korianderblättchen gemeint, die weltweit sogar als meistverwendetes Gewürz für Suppen und Eintöpfe gelten, in der Praxis werden als Cilantro jedoch meist die jungen Blätter des Langen Korianders verkauft, die richtigerweise jedoch als Culantro bezeichnet werden müssten. Korindergrün schmeckt ähnlich wie Krause Petersilie, jedoch kräftiger, erdiger, kümmeliger und pfeffriger. Grundsätzlich sollte es mit dem Messer oder mit der Schere zerteilt werden, weil es durch Hacken ein penetrantes Aroma entfaltet! Korianderblätter sind wichtiger Bestandteil des indischen Curry sowie der südamerikanischen und asiatischen Küche. Sie gelten als allgemein stärkend, schweiß- und harntreibend, sind hilfreich bei Magen- und Darmstörungen und vertreiben Flöhe und Läuse. Angeblich sollen Korianderblätter die berauschende Wirkung des Weins verstärken, wenn man sie nur wenige Minuten darin ziehen lässt!

Langer Koriander / Eryngium foetidum (lat.) / Ausländischer Koriander / Breiter Koriander / Coriandre mexicain (frz.) / Culantro (span.) / Fremder Koriander / Jawanischer Koriander / Mexikanischer Koriander / Puertoricanischer Koriander /

Racao (mittelamerik.) / Saw leaf herb (engl.) / Saw tooth coriander (engl.) / Stacheliger Koriander nennt sich ein südamerikanisches Mitglied der riesigen Doldenblütlerfamilie, das seinen Namen dem intensiven Koriandergeruch und -geschmack seinen gezähnten Blätter zu verdanken hat. Die frischen Blätter des Langen Korianders (geläufiger als *Culantro*) können wie die des gewöhnlichen Korianders sowohl zum Würzen als auch zu Heilzwecken genutzt werden (z. B. als schweiß- und harntreibendes Mittel).

Hauptinhaltsstoffe

Apfelsäure, Camphen, Coriandrol, Cumarine, Cymen, Eiweiß, Flavonoide, Geraniol, Gerbstoffe, Linalool, Myrcen, Phellandrene, Pinen, Tannin, Terpinen, Vitamin C.

Verwendung, Zubereitung

Gemahlene Korianderfrüchte sind nicht nur würzender Bestandteil bei der Herstellung von Frankfurter Würstchen, Backwaren, Butter, Gewürzmischungen (z. B. im Currypulver und in Garam masa(l)la), Käse, Spirituosen (z. B. Karmelitergeist) und Parfüm, sie machen zudem Kohlgerichte, Hülsenfrüchte und fettes Fleisch bekömmlicher. In der Thai-Küche werden auch die Korianderwurzeln (meist mit Knoblauch, Chilis und Korianderblättern kombiniert) in Currygerichten oder als Marinade verwendet.

Afelia nennt sich ein zypriotisches Landesgericht, das neben Schweinefilet, Zwiebeln und Rotwein auch Korianderfrüchte und -blätter enthält.

Koriandoli ist nicht etwa die italienische Bezeichnung für den Koriander, sondern der österreichische Name für Konfetti.

Lagerung

Getrocknete Korianderfrüchte können (sogar in hermetisch verriegelten Dosen) max. 12 Monate gelagert werden, da sich ihre Geschmacksstoffe danach verflüchtigen.

Volksmedizinische Bedeutung

Der Koriander gilt schon immer als natürliches Hausmittel bei Appetitlosigkeit, Erkältung, Krämpfen, Schwäche, sowie Magen- und Darmbeschwerden. Kopfschmerzen und Migräne vertreibt man, indem man nach jeder Mahlzeit zwei Tropfen Korianderöl mit Zucker einnimmt!

Einen erfolgversprechenden Liebestrank bereitet man aus 3 zerstoßenen Korianderfrüchten, die man mit 1 Liter Rotwein aufgießt und in einem geschlossenen Gefäß etwa 1 Woche im Kühlschrank ziehen lässt. Durchgesiebt kann man sich bei Bedarf bedienen.

Tipp

Vorsicht: Im Kräutergarten lockt Koriander auch unerwünschtes Getier an!

Kräuter

Therophyten

Blattgewürze, Erba (ital.), Herbes (frz.), Herbs (engl.), Hierbas (span.), Krauter (österr.), Krautgewürze, Kruiden (niederl.), Krut (mecklenb.), Krydret (dän.), Örtkryddor (schwed.), Ziola (poln.)

Allgemeines, Herkunft, Geschichtliches

Als Kräuter bezeichnet man laut einer europäischen Definition Pflanzen, deren Blätter, Blüten und Stiele als Nahrungsmittel oder Medizin genutzt werden können. In Südostasien bezeichnet man frisch verarbeitete Pflanzen als Kraut, im getrockneten Zustand als Gewürz.

657 befahl ein chinesischer Kaiser erstmals, das Wissen über die Aufzucht und Verwendung von 844 unterschiedlichen Heilkräutern schriftlich festzuhalten. Diese Aufzeichnungen wurden an alle Familien verteilt, mit der verpflichtenden Auflage, sie zu kultivieren. Im 9. Jh. ordnete Karl der Große in seinem »Capitulare« an, Kräutergärten im gesamten Römischen Reich anzulegen.

Kräuter, die an stark befahrenen Straßen wachsen, sollten vom Verzehr ausgeschlossen werden, da ihre positiven Eigenschaften meist durch krankheits- und krebserregende Schadstoffbelastungen (z. B. Hundekot oder Abgase) zunichtegemacht werden!

Geerntet werden sollten Kräuter grundsätzlich vor der Blüte, weil sich danach die Aromagehalte und Inhaltsstoffe negativ verändern!

Von preisgünstigen Kräutertöpfen aus manchen Supermärkten, die durch ihre Üppigkeit zum Kauf verlocken, sollte man die Finger lassen, da sie vor dem Verkauf zumeist mit kurzfristig wirkenden Wachstumshormonen angereichert wurden!

Die Duftentfaltung der Kräuter soll, so hat es Mutter Natur eingerichtet, nicht nur dem Anlocken von Insekten dienen, die sich dann an Blütenstaub und Samen gütlich tun können, nebenher dienen diese Tierchen auch der Weiterverbreitung der Pflanzen, indem sie unverdaute Samenkörner andernorts ausscheiden.

Kontaktdufter nennt man Pflanzen, deren Aromastoffe erst durch Berührung oder Zerreiben wahrnehmbar werden (z. B. Rosmarin und Lavendel).

Spontandufter sind Gewächse, deren Aroma sich erst während des Aufbrechens der Blütenknospen entfaltet (z. B. Rosen und Veilchen).

Arten, Sorten

Aalkräuter: Kräutermischung aus Basilikum, Bibernelle, Bohnenkraut, Dill, Estragon, Kerbel, Lorbeer, Majoran, Melisse, Salbei, Thymian und Tripmadam, die vorwiegend dem Würzen von Aalgerichten dient.

Färberkräuter: Kräuter, deren Blätter und Blüten meist dem Färben von Stoffen und Wolle dienen (z. B. Kornblume und Ringelblume).

Fines herbes: klassische Kräutermischung, die Basilikum, Bibernelle, Estragon, Kerbel, Petersilie, Schnittlauch und Thymian beinhaltet.

Gutkraut nennt man gärtnerisch solche Pflanzen, die sich in Gemeinschaft mit anderen Gewächsen gut vertragen, indem sie sich gegenseitig stärken und vor Feinden und Krankheiten schützen (z. B. vor Ameisen, Blattläusen, Schadinsekten, Schnecken, Schimmelpilzen usw.)

Herbarium (lat. herba: Kraut) nennt man eine Sammlung getrockneter Pflanzen bzw. Pflanzenteile. Einzelne Pflanzen bzw. Teile derselben sollten in Gleichform erkennbar sein und werden auf einem speziellen Herbariumsblatt zusammengefasst.

Kräuter der Provence / Herbes de Provence (frz.): Kräutermischung aus Frankreich, die Basilikum, Bohnenkraut, Fenchel, Lavendel, Oregano, Rosmarin, Salbei, Thymian und Ysop enthält.

Trockenkräuter sollten schonend im Backofen bei niederster Stufe oder an einem trockenen und hellen Ort, jedoch niemals in der prallen Sonne getrocknet werden, da sich sonst die wertvollen Aromaträger verflüchtigen.

Unkraut / Beikraut (landw.) lautet die nicht fest umrissene Bezeichnung für Pflanzen, die an Stellen wachsen, an denen sie für den Menschen unerwünscht sind. Sie können als begehrtes Wildkraut hohes Ansehen genießen, werden auf einem bewirtschafteten Acker aber als lästig empfunden und bekämpft.

Wildkräuter nennt man Pflanzen, die ungeregelt in freier Natur wachsen.

Hauptinhaltsstoffe

Bitterstoffe, Eiweiße, etherische Öle, Farbstoffe, Gerbstoffe, Harze, Mineralstoffe, Vitamine, Zucker.

Verwendung, Zubereitung

Einen wahren Powerdrink macht man aus gekühlter (Butter-)Milch mit frisch gehackten Kräutern (z. B. mit Dill, Kerbel, Minze, Petersilie oder Schnittlauch).

Wildkräuter sollten vor dem Verzehr gründlich gewaschen werden, da sie aufgrund von Tierausscheidungen verseucht sein können; der sogenannte Fuchsbandwurm z. B. kann schwere Leber- und Nierenschäden verursachen.

Wildkräuterfrikadellen sind ein wahrer Gaumenkitzel: Nachdem man die Wildkräuter (z. B. Bachbunge, Huflattich, Scharbockskraut) gründlich verlesen, entstielt und mit lauwarmem Wasser gewaschen hat, werden sie kleingehackt, mit zerdrückten Pellkartoffeln, wenigen Haferflocken und einem Vollei vermengt, mit Salz, Pfeffer und Muskat gewürzt und schließlich in Frikadellenform gebracht, bevor man sie gemächlich unter nicht allzu starker Hitzezufuhr vorzugsweise in Rapsöl oder Olivenöl brät.

Eine ebenso außergewöhnliche Gaumenfreude ist folgende Kräutermixtur in einem Dressing, das für nahezu alle Salatsorten verwendet werden kann: Zu gleichen Teilen zerkleinerte Tripmadam, Borretsch, Dill, Bibernelle und Ysop werden mit feinen Würfeln von roten Zwiebeln und einer halben zerstoßenen Knoblauchzehe in eine Schüssel gegeben, mit wenig Salz und Zucker, Pfeffer, Senf, Meerrettich, Weinessig und Rapsöl verfeinert und einem guten Schluck Milch ergänzt. Nachdem man die Salatsauce eine kurze Zeit lang hat ruhen lassen, kann sie entweder mit Salat vermischt oder über den Salat gegossen werden.

Kräuterstauden, die im Hausgarten Ausläufer bilden (z. B. Estragon oder Minze), sollten im Frühjahr vermehrt werden, da die Mutterpflanzen mit zunehmendem Alter ihr Aroma verlieren.

Plagende Insekten hält man sich beim Grillen vom Leib und vom Gargut, indem man frische oder getrocknete Kräutersträußchen am Rand der Feuerstelle vor sich hin schmauchen lässt!

Olitäten nennt man Naturheilmittel (z. B. Essenzen, Öle, Tinkturen, Balsame), die aus Wildkräutern, Heilpflanzen, Beeren, Wurzeln, Baumrinden, Tannenzapfen und/oder Fichtennadeln hergestellt werden. Das Wort Olitäten wird aus dem lateinischen »oleum« für »Öl« abgeleitet. **Olitätenland** oder **Thüringer Kräutergarten** nennt man ein bestimmtes Gebiet im Thürigner Wald, das über verschiedene Waldlehrpfade verfügt und als Deutschlands gesündeste Gegend gilt.

Tisane lautet fachlich und auf Französisch der Oberbegriff für Kräutertee (z. B. Augentrost, Brennnessel, Fenchel, Kamille, Lindenblüte, Pfefferminze, Zitronenverbene).

Lagerung

Angesichts ihres raschen Vitamin- und Mineralstoffverlusts sollten Kräuter möglichst nur kurzzeitig gelagert werden.

Volksmedizinische Bedeutung

In ihrer Gesamtheit besitzen Kräuter appetit- und verdauungsanregende sowie das Immunsystem stärkende Eigenschaften.

Wer regelmäßig rezeptfreie Kräutertinkturen zu sich nimmt, sollte dies vor einer Operation dem maßgeblichen Arzt mitteilen, da manche Kräuter die Wirkung einer Narkose und die Blutgerinnung hemmen können.

Kräutertees sollten zu Heilzwecken nicht länger als 3 Wochen angewendet werden, da der menschliche Organismus sich an ihre vorteilhaften und gesundheitsfördernden Inhaltsstoffe gewöhnt und sie wirkungslos werden lässt!

Caldarium nennt man einen mit Kräuterdämpfen auf 47° C erhitzten Raum, in dem man, meist mit entspannender Begleitmusik, die Atemwege verwöhnt.

Tipp

Vögel halten sich Bakterien offenbar mithilfe von frischen Kräutern vom Leib! Bei einer Untersuchung von Pflanzenmaterialien aus Vogelnestern stellten US-Forscher fest, dass sie überwiegend aus bakterienbekämpfenden Kräutern (z. B. aus Beifuß, Majoran, oder Schafgarbe) zusammengesetzt sind!

Kreuzkümmel

Cuminum cyminum

Anise faux (frz.), Arabischer Kümmel, Borsos (ung.), Chimion turcesc (rumän.), Cominho (port.), Comino (span.), Comino bianco (ital.), Comino blanco (span.), Cumin (engl., frz.), Cumin blanc (frz.), Cumin du Maroc (frz.), Cumino (ital.), Cumino romano (ital.), Cummin (engl.), Djinten (niederl.), Green cumin (engl.), Haberkümmel (altdt.), Haferkümmel, Hornkümmel, Jeera (ind.), Jinten (indon.), Kamoun (arab.), Kemnon (türk.), Kiem, Kimino (griech.), Kimyon (türk.), Kmin rzymski (poln.), Komijn (niederl.), Kramerkümmel, Krautkümmel, Kumin (jap., russ.), Kuming (chin.), Kuminmag (ung.), Kummin (isl.), Linsenkümmel, Mutterkümmel, Pfaffenkümmel, Pfefferkümmel, Rimsky kmin (tschech.), Römischer Kümmel, Római kömeny (ung.), Rooman kumina (finn.), Spidskommen (dän.), Spiskummin (schwed.), Spisskummen (norw.), Türkischer Kümmel, Venetischer Kümmel, Weißer Kreuzkümmel, Welscher Kümmel, White cumin (engl.)

Allgemeines, Herkunft, Geschichtliches

Die Ursprünge des Kreuzkümmels liegen in Westasien, wo er schon seit über 2000 Jahren kultiviert wird. In China, Indien, Indonesien, Iran, im südlichen Mittelmeerraum, in Nordafrika, Nordamerika und in Pakistan liegen die größten Anbauflächen dieses einjährigen Doldenblütlers / Apiaceae (Umbelliferae), der zwar nicht mit dem Kümmel, wohl aber mit der Petersilie verwandt ist.
Auch der unter »Arten, Sorten« beschriebene Schwarzkümmel wird nicht selten als Römischer Kümmel bezeichnet; bei Römischem Kümmel handelt es sich jedoch grundsätzlich um den Kreuzkümmel!
Den Namen hat der Kreuzkümmel seiner gekreuzten Blattstellung und den kümmelartigen Früchten zu verdanken.

Aussehen

Kreuzkümmel hat bis zu 50 cm hohe, fadenartig zerteilte Blätter und kleine weiße oder roséfarbene Blütchen. Seine gelblich-braunen, kümmelähnlichen Früchte, die fälschlicherweise oft als Kreuzkümmelsamen bezeichnet werden, sind mit winzigen Borsten behaftet.

Geschmack

Kreuzkümmel hat einen kümmelähnlichen, jedoch wesentlich schärferen, bitter-pfeffrigen, an Curry erinnernden Geschmack, der sich beim Kochen noch verstärkt.

Geruch

Kreuzkümmel riecht zwar stark aromatisch, allerdings nicht immer angenehm.

Arten, Sorten

Bergkümmel / Laserpitium siler (lat.) / Echter Bergkümmel / Laserpitium / Sermontain (frz.) / Ses mountain (engl.) nennt sich ein blattreiches, im Nahen Osten beheimatetes Doldengewächs mit eirunden Früchten, die seitlich mit leichten Einkerbungen versehen sind. Die größten Vorkommen dieser vorwiegend wild wachsenden Würzpflanze liegen heute in der Türkei, wo ihre Samen zum Verfeinern von Suppen, Eintöpfen und Gemüsegerichten oder als Pfefferersatz verwendet werden.
Schwarzer Kreuzkümmel / Bunium persicum (lat.) / Carum bulbocastanum (fälschl.) / Cuminum nigrum (fälschl.) / Kaiserlicher Kreuzkümmel / Kala Jeera (ind.) nennt sich ein arabischer Verwandter des Kreuzkümmels mit dunkelbraunen, etwa 3 mm langen Früchten, die in frischem Zustand zwar relativ unangenehm schmecken, beim Kochen jedoch ein nussiges Aroma entfalten.
Schwarzkümmel / Nigella damascena (bot.) / Nigella sativa (lat.) / Ägyptischer Kümmel / Black cumin (engl.) / Black onion seed / Braut im Haar / Brot- und Gemüsegewürz / Damascener Kümmel / Gretchen im

Busch / Jungfer im Grünen / Kala Jeera (engl., fälschl.) / Kalonji (poln.) / Kerti katicavirág (ung.) / Kredl in der Tanden / Nardenkraut / Nardensame / Narduszaad (niederl.) / Nigelle aromatique (frz.) / Römischer Koriander / St. Katharinenkraut / Schabab / Schwarzer Koriander / Schwarzer Kümich / Schwarzer Sesam / Vierer-Gewürz / Zwiebelsamen ist ein Hahnenfußgewächs (Ranunculaceae) mit himmelblauen Blüten und mohnähnlichen Kapseln, das heute überwiegend in Ägypten, Indien, Iran, Libanon, Nordafrika, in der Türkei und in Russland kultiviert wird. In Europa kennt man den nach Waldmeister duftenden Schwarzkümmel allenfalls als beschauliche Sommerblume. In seinen Anbauländern dient er sowohl dem Würzen von Fladenbrot und Süßwaren als auch der Heilölproduktion. Schwarzkümmelöl, auch als **Öl der Könige** bezeichnet, bringt aufgrund seines Reichtums an Linol- und Linolensäure nicht nur Störungen des Immunsystems, der Potenz und des Stoffwechsels wieder ins Lot, es unterstützt auch Entgiftungskuren und bekämpft aufgrund seines cortisonartigen Charakters sogar Allergien, Asthma und unlenksame Hautleiden.

Hauptinhaltsstoffe

Beta-Karotin, Biotin, Cumin, ungesättigte Fettsäuren, Pinene, Terpene.

Verwendung, Zubereitung

Kreuzkümmel dient dem Würzen von Fleisch, Gemüse, Salat, Saucen und Suppen. Intensivieren lässt sich sein Aroma, indem man die Samen vor dem Gebrauch in einer Pfanne anröstet und danach zerhackt.

Volksmedizinische Bedeutung

Mit Kreuzkümmel bekämpft man Blähungen, Verdauungsbeschwerden, überhöhten Blutzucker und Durchfall.

Tipp

Echter Kümmel wird nicht selten mit dem wesentlich günstigeren Kreuzkümmel verlängert und dann überteuert als Gemahlener Kümmel angepriesen!

Kümmel

Carum carvi

Alcaravea (span.), Alcaravia (port.), Allasch (österr.), Brotköm (norddt.), Brotkrümel, Caraway (engl.), Caro (ital.), Carven, Carvi (frz., ital., span.), Carvies (engl.), Chimen (rumän.), Chimion (rumän.), Chümi (schweiz.), Comino tedesco (ital.), Cumin des prés (frz.), Garbe, Gemeiner Kümmel, Hom pom (thail.), Käm(el) (plattdt.), Kämen, Karaman kimyonu (türk.), Karauya (arab.), Karbei, Karo (griech.), Karve (norw.), Karvi (griech.), Karwij (niederl.), Kemmich, Kimmich (hess.), Kimmig, Kmin (tschech.), Kminek (poln.), Köm(en) (norddt.), Kömeny(mag) (ung.), Kommen (dän.), Krämerkümmel, Kümmrich, Kumach, Kúmen (isl.), Kumil, Kumina (finn.), Kumir, Maikimmig, Mattenkümmel, Mattenkümmich (hess., schwäb.), Tmin (russ.), Wiesenkümmel, Wild cumin (engl.), Wilde komijn (niederl.), Yuan-Sui (chin.), Zahmer Kümmel

Allgemeines, Herkunft, Geschichtliches

Der Kümmel ist ein anspruchsloses, mitteleuropäisches Doldengewächs (Apiaceae; Umbelliferae), dessen bedeutendste Anbaugebiete heute in Ägypten, in den Niederlanden, Nordafrika, Norddeutschland und in Osteuropa liegen.

Da man in schweizerischen Pfahlbauten versteinerte Kümmelkörner entdeckte, die vermutlich noch aus der Jungsteinzeit (4000 v. Chr.) stammen, dürfte der Kümmel **das älteste europäische Gewürz** sein. Schon Karl der Große wusste von den blähungstreibenden Eigenschaften des Kümmels. Im Mittelalter trug man ein Kümmelsäckchen um den Hals, um böse Geister zu vertreiben.

Landwirte schätzen den Kümmel nicht nur als gehaltvolle Futterpflanze, da sie die Milchbildung der Kühe verstärkt, auf dem Kartoffelacker verhelfen ein paar Kümmelpflänzchen den Knollen sogar zu einem vorteilhafteren Aroma.

Kümmel wird vom griechischen »karon« abgeleitet, einer längst ausgestorbenen Pflanze, die im Wesentlichen jedoch die gleichen Eigenschaften wie Kümmel besessen haben soll.

Aussehen

Der bis zu 1 m hohe, rosa bis weiß blühende Kümmelstrauch hat zweigeteilte, sichelförmige, hell- oder dunkelbraune Früchte (nicht Samen!), ebenmäßig gefiederte Blätter und eine möhrenartige Wurzel.

Geschmack

Kümmel weist einen süßlich-anisartigen, jedoch beißend-herben Geschmack auf. Frisch gehackt ist sein Aroma am intensivsten!

Geruch

Die Kümmelpflanze verströmt einen gewürzhaften Duft.

Arten, Sorten

Ajowan (dt., engl., frz., ital., niederl., span.) / Carum copticumn (bot.) / Trachyspermum ammi (lat.) / Adiowan / Adjowan (ind.) / Ägyptischer Anis / African grains of Selim (engl.) / Ajova (russ.) / Ajovan (ung.) / Ajwain (engl.) / Ammey(kraut) / Ammis des Indiens (frz.) / Ammy / Bishop's weed (engl.) / Carom (poln.) / Emmus (türk.) / Herrenkümmel / Indischer Kümmel / Italienischer Ammey / Kanadischer Ammey / Kani pepper (engl.) / Königskümmel / Koptilainen (finn.) / Koptischer Kümmel / Kretischer Ammey / Misir anason (türk.) / Mohrenkümmel / Moor pepper (engl.) / Omu (kanad.) / Römischer Ammey / Senegal pepper (engl.) heißt ein in Indien beheimateter, mittlerweile auch in Afghanistan, Ägypten, Iran und Pakistan großflächig kultivierter Verwandter des Kümmels mit dunkelbraunen, selleriesaathaften Samen und einem Blattwerk, das der wild wachsenden Petersilie nicht ganz unähnlich ist. In der indischen Küche dient Ajowan vorwiegend der Ergänzung und Stärkung von Curry- und anderen Gewürzmischungen. Geschmacklich erinnert dieses hierzulande relativ hochpreisige, jedoch sehr genügsame thymol- und gerbstoffhaltige Gewürz an Thymian, von der Intensität her ist es ihm aber sogar noch überlegen, vorrausgesetzt, es wird kurz vor Gebrauch zerstoßen! Die antibiotischen Inhaltsstoffe des Ajowans begünstigen nicht nur die Verdauung, sie sorgen ebenso für Entspannung und Entkrampfung im Brust- und Magenbereich.

Hauptinhaltsstoffe

Carvon, Eiweiß, etherisches Öl, Farbstoff, Fettsäuren, Flavonoide, Gerbstoffe, Harze, Kaliumoxalat, Kieselsäure, Limonen, Monoterpene.

Verwendung, Zubereitung

Kümmel wird nicht nur zum Verfeinern von Fleisch-, Gebäck-, Käse-, Saucen-, Suppen- und Wurstzubereitungen verwendet, er dient ebenso der Herstellung von Gewürzmischungen, Pharmazeutika und Spirituosen. Aufgrund seiner blähungstreibenden Eigenschaft würzt man auch Kohlgerichte damit. Im Kochwasser von Pellkartoffeln erschließt Kümmel den Wohlgeschmack der Knollen, ohne durchzuschmecken. Fein zerteilter Kümmel macht fetten Enten- oder Gänsebraten bekömmlicher! Damit Kümmelsamen während des Hackens nicht vom Brett hüpfen, ist es vorteilhaft, wenn man sie zuvor mit halbfester Butter vermengt. Mit jungen Kümmelblättchen lassen sich Salate und Suppen verfeinern. Kümmelwurzeln können wie Karotten zubereitet werden.

Allasch nennt sich ein 40%iger Kümmellikör aus Lettland, wo er erstmals 1823 im gleichnamigen Gutshof produziert wurde.

Kümmelkohl nennt man nicht etwa mit Kümmel gewürzten Weißkohl, sondern die Sprossen des Kümmelstrauchs, nachdem sie gewaschen, zerkleinert, weichgekocht und dann in einer leichten, mit Salz, Zitronensaft und Muskat gewürzten Béchamelsauce geschwenkt wurden. Gemeinsam mit Bratkartoffeln ist Kümmelkohl eine hervorragende Beilage zu deftigen Fleischgerichten.

Lagerung

In fest verschlossenen Behältnissen lässt sich Kümmel langfristig bevorraten: Im Gegensatz zu anderen Gewürzen gewinnt Kümmel während der Lagerung sogar noch an Würzkraft!

Volksmedizinische Bedeutung

Kümmel besitzt appetitanregende, krampflösende, verdauungsfördernde und wassertreibende Eigenschaften und gilt als bestes pflanzliches Mittel bei Blähungen. Seine galletreibende Wirkung empfiehlt ihn bei Koliken und Magenkrämpfen.

Bei Katerbeschwerden ist es dem Wohlbefinden zwar zuträglich, Kümmel zu verzehren; ständiger und hochdosierter Kümmelgenuss soll jedoch zu Lustlosigkeit oder sogar Impotenz führen!

Nach einem üppigen Mahl ist Kümmelschnaps oder -likör der Verdauung zwar förderlich, bei Überdosierung kann es jedoch zu starkem Durchfall kommen.

Eine Mischung aus gehacktem Kümmel und Papayafruchtfleisch befreit nicht nur von Verstopfung und Völlegefühl, sie verhilft auch zum raschen Abspecken!

Tipp

Die geringschätzige Bezeichnung »Kümmeltürke« stammt aus der Gegend um Halle an der Saale, der sogenannten »Kümmeltürkei«, wo einst nicht nur großflächig Kümmelanbau betrieben wurde, sondern wo man zudem spaßeshalber Studenten als »Kümmeltürke« bezeichnete!

Kurkuma

Curcuma domestica

Acafrao da India (port.), Arabischer Safran, Arishina (kanad.), Azafrán arabe (span.), Chinesische Wurzel, Curcuma (engl., frz., ital., port., rumän., span.), Curcuma longa (lat.), Geelwortel (niederl.), Gelber Ingwer, Gelbwurz(el), Gilbwurz (altdt.), Gurkemeie (norw.), Gurkemeje (dän.), Gurkmeja (schwed.), Hint safram (türk.), Indian saffron (engl.), Indischer Safran, Jiang huang (chin.), Kelta juuri (finn.), Kha min (thail.), Koenir (niederl.), Koenjit (niederl.), Kourkoumas (griech.), Kunyit (indon.), Kurkum (arab.), Kurkuma (dt., finn., niederl., poln., russ., tschech., ung.), Kurkumen (Pl.), Saffron des Indes (frz.), Safranwurzel, Sárga gyömbérgyöker (ung.), Szolti Imbir (russ.), Tarmeriek (niederl.), Tumeric (ind.), Turmeric (engl.), Túrmerik (isl.), Ukon (jap.), Zerdali (türk.)

Allgemeines, Herkunft, Geschichtliches

Kurkuma ist ein vermutlich in Indien beheimatetes, gelb blühendes Ingwergewächs (Zingiberaceae), das einst von arabischen Gewürzhändlern nach Europa verbracht wurde. Großflächigen Kurkumenanbau findet man heute lediglich noch in Indien, wo nahezu 80% der gesamten Welternte verarbeitet wird.

Kurkuma bedeutet in vielen Sprachen Gelbwurzel, da sich das Wort auf den zwar gelb färbenden, jedoch nicht lichtechten Inhaltsstoff Curcumin bezieht; auf der Zutatenliste wird er als E 100 bezeichnet.

Aussehen

Die Wurzelstöcke (fachl. Rhizome) des Kurkumas haben ein ingwerartiges Aussehen. Sie kommen entweder getrocknet oder gemahlen in den Handel.

Kurkumablätter sind riesengroß, sie ähneln Bananenstauden.

Geschmack

Der Kurkumawurzelstock weist einen brennend-scharfen, eigentümlich erdig-würzigen, leicht bitteren und entfernt ingwerähnlichen Geschmack auf.

Geruch

Der Kurkumawurzelstock riecht kampferartig.

Arten, Sorten

Zitwer(wurzel) / Curcuma cedoaria (lat.) / Cedoaria (span.) / Cedvar (türk.) / Citvor (ung.) / Fehér kurkuma (ung.) / Maagwortel (niederl.) / Weißer Kurkuma / White turmeric (engl.) / Zadwaar (arab.) / Zédoaire (frz.) / Zedoar (tschech.) / Zedoaria (ital.) / Zedoária-gyökér (ung.) / Zedoarij (russ.) / Zedoarwortel (niederl.) / Zedoary (engl.) / Zittverrot (schwed.) heißt eine Kurkumasorte, die aufgrund ihres unangenehmen Geschmacks als Gewürz kaum von Bedeutung ist, wohl aber als medizinischer Zusatz Verwendung findet.

Hauptinhaltsstoffe

Bitterstoffe, Curcumin, Kalium, Protein, Stärke, Tumeron, Vitamin C, Zingiber.

Verwendung, Zubereitung

Kurkuma dient dem Würzen von Eier- und Fleischspeisen, Saucen sowie Salatdressings, aufgrund seiner Bitterstoffe sollte man ihn jedoch nur schwach dosieren! Erst beim Kochen wird der intensiv gelbe Farbstoff frei, der nicht nur Basis von Currymischungen ist, sondern auch bei der Herstellung von Butter, Senf, Stärke, Süßspeisen, Tinten und Worcestersaucen Verwendung findet; auch die Gewänder buddhistischer Mönche werden mit Kurkuma gefärbt.

Teigwaren erhalten bei der Zubereitung eine appetitliche Goldfärbung, wenn man das Kochwasser mit einer Prise Kurkuma vollendet!

In den Anbauländern dienen ebenfalls die jungen Kurkumablättchen dem Würzen einheimischer Gerichte.

Tikkannmehl / Tikor / Tikur nennt man Speisestärke, die aus den gedörrten Wurzelstöcken des Kurkumas gewonnen wird.

Lagerung

Da das Aroma des lichtempfindlichen Kurkumas sehr flüchtig ist, sollte man ihn stets nur in geringen Mengen anschaffen und ihn alsbald verbrauchen!

Volksmedizinische Bedeutung

Aufgrund seines hohen Anteils an Curcuminoiden, die aggressive Moleküle aus dem Gewebe herauslösen, bevor sie die Zellwände attackieren können, besitzt der Kurkuma nicht nur blähungstreibende, kreislaufstärkende und verdauungsfördernde, sondern auch entzündungshemmende und entgiftende Eigenschaften; in Thailand nutzt man ihn deshalb sogar nach giftigen Kobra-Bissen. Angeblich kann der natürliche Farbstoff Curcumin sogar der Alzheimerschen Krankheit vorbeugen, da er im Gehirn zur verstärkten Bildung jener Eiweiße führt, die die Nervenzellen vor Angriffen durch schädliche Stoffwechselprodukte schützen.

Tipp

Lästige Flecken und Gelbfärbungen auf Küchengeräten, die bei der Verwendung von Kurkuma entstanden sind, können mühelos beseitigt werden, indem man die entsprechenden Gegenstände eine Zeit lang dem Sonnenlicht aussetzt!

L

Lavendel

Lavandula officinalis

Alfazema (port.), Badeblüte, Balsam, Blafendel (fränk.), Blaues Wunder, Echter Lavendel, Echter Speik, Fanda, Kleiner Speik, Lafander, Lafengel, Lavanda (ital., russ., span.), Lavandel, Lavander (alemann.), Lavandula angustifolia (lat.), Lavandula vera, Lavânta cicegi (türk.), Lavende (frz.), Lavendel (dän., dt., niederl., norw., schwed.), Lavender (engl.), Lavengel, Lawand (rheinhess.), Lawenda waskolistna (poln.), Levandule (tschech.), Levanta (griech., ital.), Levendula (ung.), Lofnarblóm (isl.), Muttergotteskraut, Muttergottespflanze, Narde, Nervenkräutlein, Speich, Spieke, Spikanard, Spikatblüte, Spiker, Spiket, Spitznarde, Tupsupäälaventel (finn.), Zitterblümchen, Zöpfliblüte

Allgemeines, Herkunft, Geschichtliches

Der Lavendel ist im westlichen Mittelmeerraum zu Hause. Italienische Benediktinermönche brachten diesen immergrünen und winterharten Verwandten des Rosmarins erstmals zwar schon im 11. Jh. nach Mitteleuropa, die erstaunlichen Eigenschaften des »Blauen Wunders«, wie der Lavendel aufgrund seiner vielzähligen heilenden Inhaltsstoffe auch genannt wird, wurden jedoch erst im 20. Jh. von den französischen Medizinern René-Maurice Gattefossé (1881–1950) und Jean Valnet (1920–1995) entdeckt und eingehend gewürdigt.

Gattefossé erkannte als Erster die heilkräftigen und schmerzstillenden Eigenschaften des Lavendelöls: Als er sich bei einem Laborversuch seine Hand verbrannte, tauchte er sie in zufällig dastehendes Lavendelöl, um die Wunde abzukühlen. Schon kurz darauf verschwand der Schmerz und die Verletzung verheilte innerhalb kürzester Zeit und ohne Narbenbildung.

Valnet war Chirurg in der französischen Armee. Auf den Erkenntnissen Gattefossés aufbauend behandelte er im Zweiten Weltkrieg mit Lavendelöl erfolgreich unzählige Soldaten und Zivilisten mit schwersten Verbrennungen und anderen Verletzungen.

Wild wachsend findet man den zur Familie der Lippenblütler / Lamiaceae (Labiatae) zählenden Lavendel zwar auch hierzulande auf alpinen, steinigen oder heideähnlichen Böden, nicht selten wird er jedoch auch in Privatgärten herangezogen. Erwähnenswerte Lavendelkulturen findet man in Bulgarien und Ungarn, die größten Anbauflächen liegen jedoch in der Nähe des französischen

Städtchens Grasse (nördlich von Cannes), der Stadt der Düfte, wo die Blüten das Landschaftsbild zwischen Juli und August prägen. Danach wird diese Sonnen liebende Pflanze bis auf die Hälfte ihrer Größe beschnitten (allerdings nicht bis tief ins alte Holz, weil sie sonst nicht mehr austreibt), damit sie bis zum Winter genügend Zeit hat, kräftige Seitentriebe anzusetzen.

Das Überreichen eines Lavendelsträußchen bedeutet: »Ich erinnere mich liebend gerne an dich!«

Das Wort Lavendel wurde dem lateinischen »lavare« für »waschen« entlehnt, das Aufschluss über die reinigenden Eigenschaften dieser Pflanze gibt.

Aussehen

Wilder Lavendel wird etwa 20 cm hoch, hat breite, grüne Blätter und lediglich 5–7 ährenähnliche Blüten. Kultivierter Lavendel kann bis zu 60 cm Höhe erreichen, besitzt nadelähnliches Laub und zeigt bis zu 30 lilafarbene Blüten, die ihre attraktive Färbung, wie ihre wilde Variante, auch nach dem Trocknen bewahren.

Geschmack

Lavendelblüten weisen ein dominierendes, parfümhaftes Aroma auf; die Blätter schmecken bitter.

Geruch

Der Lavendel verströmt leicht betörende, blumig-krautige Düfte.

Arten, Sorten

Lavandin / Großer Lavendel / Großer Speik / Lavandula fragans heißt eine voluminöse, mit unzähligen, igelartigen Blütenrispen versehene Lavendelsorte, die aus dem Echten und dem Spanischen Lavendel hervorgegangenen ist.

Schopflavendel / Lavandula stoechas ssp. Pendiculata (lat.) findet man im Mittelmeerraum vielerorts wild wachsend. Seinen Namen verdankt der kältesensible Schopflavendel dem Umstand, dass er auf seiner bis zu 80 cm hohen, lila Blüte zusätzlich eine dekorative, bis zu 5 cm lange, schopfartige Scheinblüte mit filigranen, samtigen Blättchen trägt.

Spanischer Lavendel / Lavandula latifolia (lat.) / Breit(blättrig)er Lavendel / Lavandula spica / Speik / Speiklavendel / Speik-Lavendel / Spik-Lavendel nennt sich eine recht grobwüchsige und wärmeliebende Lavendelsorte aus Spanien, die aufgrund ihres Reichtums an etherischen Ölen meist medizinisch genutzt wird.

Hauptinhaltsstoffe

Cineol, Cumarin, Flavonoide, Gerbstoffe, Harze, Kampfer, Linalool, Saponine, Tannine, Umbelliferon.

Verwendung, Zubereitung

Sparsam dosiert würzt man (hauptsächlich in Frankreich) mit möglichst ungewaschenen und sich gerade erst öffnenden Lavendelblüten Käse, Salat, Fisch-, Geflügel- und Lammgerichte, Ratatouille (frz. Gemüsetopf), Speiseeis, Pudding und Konfitüre. Lavendel findet sich auch in Umschlägen, Badeschaum, Parfüms, Seifen und in schlaffördernden Duftkissen.

Rosen und Tomaten schützt der Lavendel vor Läusen, Kohl vor dem gefürchteten Kohlweißling, jedoch nur, wenn man die jeweiligen Beete damit konsequent umkränzt. Amei-

sen vertreibt man aus dem Haus, indem man die Ameisenstraße mit Lavendelöl beträufelt und den Nesteingang abdichtet. Langgestielte, zu Zöpfen geflochtene Lavendelblüten gelten als nützliche Mückenvertreiber auf Balkon und Terrasse, wenn man sie ganz in der Nähe (z. B. an Sträuchern, Bäumen oder an der Pergola) aufhängt.
Reines Lavendelöl ist kaum noch zu erstehen, weil es meist mit minderwertigem Zitronengrasöl gestreckt wird.

Volksmedizinische Bedeutung

Seine erstaunlichen und vielseitigen Heilkräfte hat der Lavendel der Gesamtheit seiner etherischen Öle mit über 160 (!) unterschiedlichen Inhaltsstoffen zu verdanken. Lavendel bekämpft nicht nur Heißhunger, Hypochondrie, (Kopf)-Schmerzen, Melancholie, Migräne, Unruhezustände, nervöse Schlaf- und Herzstörungen sowie hormonell bedingte Stimmungsschwankungen, er besitzt ebenso angstlösende, beruhigende, durchblutungsfördernde, krampflösende, stimulierende und wundheilende bzw. entzündungshemmende Eigenschaften (besonders bei kleinen Eiterpickeln).
Auf langen Reisen empfehlen sich wenige Tröpfchen Lavendelöl auf der bedeckten Kopfstütze: Man schlummert dann selig dahin.
Mundgeruch wendet man ab, indem man einen mit Lavendelöl getränkten Zuckerwürfel langsam auf der Zunge zergehen lässt.
Ähnlich dem Bergamottenöl, steigert Lavendelöl den Effekt beigemischter Öle (Synergieeffekt). So erleichtern z. B. ein paar Tropfen Lavendelöl als Massageölergänzung die Muskelentspannung und lindern neuralgische und rheumatische Schmerzen. Ausgleichende, harmonisierende und den Geist ordnende Einflüsse erzielt man, wenn man eine Mixtur aus 1 EL Mandel- und 2 Tropfen Lavendelöl gründlich auf Brust und Stirn verreibt. Bei Überdosierung kann Lavendelöl jedoch zu Bewusstseinsstörungen, Benommenheit und Darmreizungen führen!

Tipp

Lavendeleis macht man so:
Zutaten: 1 EL Lavendelblüten, 2 ½ EL Muskatellerwein, 250 g Mascarpone, 250 g Sauerrahm, 100 g Ahornsirup, 10 g Vanillin, 2 Eiweiß.
Zubereitung: Blüten 30 Minuten im Wein ziehen lassen. Mascarpone mit Sauerrahm glattrühren; Eiweiß steifschlagen. Wein abseihen, mit Vanillin und Mascarponecreme mischen, Ahornsirup und Eiweiß unterheben, einfrieren!

Liebstöckel

Levisticum officinalis
Allheilender, Badekraut, Bärmutter, Bladder seed (engl.), Céleri de perpétuel (frz.), Garden lovage (engl.), Gebärmutterwurzel, Gichtstock, Großer Eppich, Heiserrehrlich, Labstock(wurzel), Laubstecken, Laubstock(kraut), Lavas (niederl.), Leberstock, Lefestick, Leibstückle, Lestyán (ung.), Levistico (ital., port., span.), Levitiko (griech.), Lewerstock, Libecek (tschech.), Liberstockkraut, Lib-

sticka (schwed.), Libystikos (griech.), Lichtstöckel, Lieberöhre, Lieberstöckel, Liebesticke (mittelhochdt.), Liebrohr, Liebsteckelwurzel, Liebstengel, Liebstock, Liebstöckelkraut, Liestekraut, Ligurischer Eppich, Ligurisches Kraut, Ligústico (span.), Ligusticum apium (lat.), Lipstikka (finn.), Livèche (frz.), Lobstock, Lopstikke (norw.), Lovage (engl.), Love parsley (engl.), Lovstikke (dän.), Lubbestok (niederl.), Lubczyk ogrodowy (poln.), Lubesteckel, Lubistechal (althochdt.), Lübstock, Lüppsteckelwurzel, Lusch, Luststecken, Luststock, Lyubistok (russ.), Maggikraut (schweiz., ugs.), Maggiplant (niederl.), Maggiwurzel (volkst.), Mankracht (niederl.), Neunstockkraut, Neunstöckel, Panakes (ligur.), Panax (ligur.), Rübestöckel, Sau(erkraut)-Kraut, Sauerkrautwurz(el), Sauerstockkraut, Schluckwehrohr, Sedano di Monte (ital.), Selâm otu (türk.), Skessujuurt (isl.), Suppenlaub, Suppenlob, Wasserkräutel, Wurststock, Yaban kerevizi (türk.)

Allgemeines, Herkunft, Geschichtliches

Der oder das Liebstöckel ist in Südwestasien und Südeuropa zu Hause; im 8. Jh. gelangte dieses zur Familie der Doldenblütler / Apiaceae (Umbelliferae) zählende Gewächs dann erstmals durch die Römer auch in mitteleuropäische Gebiete. In Norditalien zählt Liebstöckel zu den beliebtesten Gewürzen; man würzt dort nicht nur Suppen und Saucen mit dem Kraut, auch Salate werden häufig damit verfeinert!

Obwohl dem Liebstöckel (Maggikraut) ein kräftiger maggiartiger Geruch anhaftet, soll die bekannte Maggi-Würze, die der Schweizer Julius Maggi 1886 entwickelt hat, angeblich kein Liebstöckel, wohl aber schonend aufgeschlossenes Maiseiweiß beinhalten, das mit Gemüse-, Kräuter-, Pilzauszügen, Salz und Glutaminsäure angereichert wurde.

Beim Liebstöckelanbau im eigenen Garten ist darauf zu achten, dass er spätestens nach 3 Jahren an einen neuen gemulchten, humushaltigen, feuchten und halbschattigen Standort gepflanzt werden möchte und keine Nachbarn in unmittelbarer Nähe duldet, deren Wachstum er hemmt oder die dort gar nicht erst gedeihen.

Mit über 60 Synonymen und fremdsprachigen Bezeichnungen steht der Liebstöckel hinsichtlich seiner hohen Rufnamenanzahl bei den Kräutern an erster Stelle!

Der Name Liebstöckel ist vermutlich durch mundartliche Abwandlungen der lateinischen Bezeichnung Ligusticum apium für »Ligurischer Sellerie« entstanden, da der geschmacklich an Sellerie erinnernde Liebstöckel einst vorwiegend im norditalienischen Ligurien angebaut wurde.

Aussehen

Liebstöckel ist eine bis zu 2 m hohe, sellerieartige Pflanze mit gefiederten, dunkelgrün glänzenden Blättern, geriffelten, hohlen Stängeln, gelb-weißen, in flachen Dolden wachsenden Blüten und einem mehrschwänzigen Wurzelstock, der zu einem Durchmesser von bis zu 50 cm erstarken kann.

Geschmack

Sowohl die Blätter, Blüten und Wurzeln der Liebstöckelpflanze schmecken aufdringlich nach Suppengrün, Maggi und Sellerie, sogar nach dem Kochen.

Geruch

Die gesamte Liebstöckelpflanze verbreitet einen intensiven Maggigeruch.

Arten, Sorten

Schottischer Meerliebstöckel gedeiht an den Küsten Schottlands. Er schmeckt sehr würzig, jedoch nicht so penetrant wie der zuvor beschriebene. Medizinisch wird er meist als harmloses Beruhigungsmittel (Sedativum) verordnet.

Hauptinhaltsstoffe

Apiol, Cavacrol, Cumarin, Eugenol, Fette, Gummi, Harze, Invertzucker, Kampfer, Ligustilid, Myristicin, Säuren, Schleime, Sedanolid, Terpineol, Umbelliferon, Vitamin C.

Verwendung, Zubereitung

Behutsam dosiert kann Liebstöckel nicht nur dem Würzen von Fleisch-, Gemüse-, Quark-, Salat-, Saucen- oder Suppenzubereitungen dienen, auch in Getreideküchlein, Füllmassen und in der Spirituosenindustrie wird er oft verarbeitet. In der Schweiz werden Liebstöckelblätter und -stängel zu geschmackvollem Gemüse bereitet, das zum Ende der Garzeit mit Majoran, Knoblauch und in wenig Butter gedünsteten Zwiebelwürfelchen verfeinert wird. Mit Liebstöckelsamen lassen sich nicht nur Reisgerichte aufwerten, kurz angeröstet schmecken sie ebenso auf dem Butterbrot und als Knabberei.

Liebstöckelsamen kommen nicht selten als vermeintliche »Lovage seed« in den Handel, in Wahrheit handelt es sich jedoch meist um fehlbeschriftete Samen des Ajowan (s. *Kümmel*).

Lagerung

Da Liebstöckel gerne von Ungeziefer befallen wird, sollte man ihn möglichst rasch verarbeiten!

Volksmedizinische Bedeutung

Liebstöckel hat aphrodisierende, stoffwechselanregende, blähungswidrige, fiebersenkende, harn- und schweißtreibende sowie menstruationsfördernde Eigenschaften.

Nach übermäßigem Alkoholgenuss sollte man Liebstöckeltee (aus den Blättern oder der Wurzel) trinken, da er entgiftende Wirkung besitzt.

Bei Halsschmerzen hilft heiße Kuhmilch, wenn man sie mit einem Liebstöckelstängel aufsaugt!

Tipp

Aufgrund seiner stark nierenreizenden Eigenschaften sollte Liebstöckel nicht bei Nierenproblemen und während der Schwangerschaft zu sich genommen werden.

Löffelkraut

Cochlearia officinalis

Bitteres Löffelkraut, Bitterkresse, Cochléaria (frz.), Coclearia (ital., span.), Echtes Löffelkraut, Froschlöffel, Herbe au scorbut (frz.), Kressekraut, Löffelblätter, Löffelkresse, Scurvy grass (engl.), Skörbjuggsört (schwed.), Skorbutkraut, Spoonwort (engl.), Zahnlöffel

Allgemeines, Herkunft, Geschichtliches

Die Heimat des wild wachsenden Löffelkrauts liegt in Nord- und Westeuropa, wo es ganzjährig sowohl an schlickigen Wattenmeerküsten und Halligen als auch an binnenländischen Salzquellen anzutreffen und erntbar ist; feldmäßiger Anbau des mit dem Meerrettich verwandten Löffelkrauts wird seit dem 17. Jh. nur noch in Schlesien betrieben.

Zum Schutz gegen Versalzung (durch Meerwasser) wirft das Löffelkraut nach der Blüte seine Blätter ab: Die Samen keimen dann weiter, die Pflanze stirbt jedoch ab. Im September reift aus der zurückgebliebenen Saat eine neue Löffelkrautgeneration.

Da dieser Kreuzblütler / Brassicaceae (Cruciferae) aufgrund seines hohen Vitamin-C-Gehalts schon von den Wikingern als antiskorbutisches Mittel genutzt wurde, erhielt er den Namen Skorbutkraut. Seine deutsche Bezeichnung verdankt das Löffelkraut den löffelförmigen Blättern, der lateinische Namensbestandteil »officinalis« lässt darauf schließen, dass die Pflanze einst zum Grundstock der Apotheker zählte.

Aussehen

Löffelkraut ist eine bis zu 30 cm hohe, kahle, langgestielte Pflanze mit dunkelgrünen, fleischigen, ohrartig gebogenen Blättchen, einer Vielzahl von kreuzweise angeordneten weißen Blütchen und einer spindelförmigen Wurzel.

Geschmack

Löffelkraut besitzt ein bitter-salziges, zuweilen auch herzhaft kressiges und/oder senfartiges Aroma.

Geruch

Löffelkraut riecht senfartig-scharf, die Blüten verströmen hingegen einen süßlichen Duft.

Arten, Sorten

Dänisches Löffelkraut / Cochlearia danica (bot.) / Cranson (frz.) / Danish scurvygrass (engl.) / Dansk-Skörbjuggsört (schwed.) / Deens lepelblad (niederl.) / Tanskankuirimo (finn.) heißt eine kleine, niederliegende Löffelkrautsorte, die sich auf den Höhenzonen dänischer Salzwiesen, auf Sandböden und zwischen Steinen und Mauerspalten am wohlsten fühlt.

Englisches Löffelkraut / Cochlearia anglica (bot.) / English scurvy grass (engl.) dominiert am Wattenmeer des Festlands.

Hauptinhaltsstoffe

Bitterstoffe, Cochlearin, Flavonoide, Gerbstoffe, Isothiocyanate, Mineralstoffe, Raphanol, Senfölglykosid, Vitamin C.

Verwendung, Zubereitung

Sparsam dosiert eignet sich frisches Löffelkraut mitsamt seinen Blüten zum Würzen von Saucen, Suppen, Rote-Rüben- und Karottensalat, als Brotbelag und zum Verfeinern von Quark- oder Kartoffelgerichten. Gekocht oder gedünstet gilt Löffelkraut in den Küstenregionen als klassische Beilage, hohe Vitaminverluste müssen bei solchen Zubereitungen jedoch grundsätzlich hingenommen werden.

In der Diätküche findet frisches Löffelkraut als wertentsprechender Salzersatz Verwendung.

Lagerung

Aufgrund seiner extrem leichten Verderblichkeit und des hohen

Qualitätsverlusts bei dauerhafter Bevorratung sollte Löffelkraut gleich nach der Ernte weiterverarbeitet werden. Zum Trocknen ist Löffelkraut gänzlich ungeeignet, da es seine Geschmacksstoffe dabei vollständig einbüßt.

Volksmedizinische Bedeutung

Löffelkraut besitzt blutreinigende, stoffwechselaktivierende, magenstärkende, krampflösende, harntreibende, entwässernde und verdauungsfördernde Eigenschaften.
Frisch gepresster Löffelkrautsaft bekämpft nicht nur schmerzhafte und blutende Entzündungen im Mund- und Rachenraum, er hilft ebenso bei Frühjahrsmüdigkeit und Erschöpfung nach schwerer körperlicher Arbeit. Mit frisch zerquetschten Löffelkrautblättern behandelt man erfolgreich Hautkrankheiten und zögerlich heilende Wunden.

Tipp

Das Löffelkraut liebt feuchten und salzigen Boden, bei mehr als 0,5% Salzgehalt stellt es sein Wachstum jedoch ein.

Lorbeer

Laurus nobilis

Albertlevél (ung.), Alloro (ital.), Babérlevél (ung.), Bay-leave (engl.), Bobkový list (tschech.), Bürbérfa (ung.), Dafin (rumän.), Dafni (griech.), Defne yapragi (türk.), Echter Lorbeer, Edler Lorbeer, Gekkeiju (jap.), Gewürzlorbeer, Ghar (arab.), Illatfa (ung.), Laakeripuu (finn.), Lagerbärsblad (schwed.), Laural (span.), Laurbärblad (norw.), Laurbar (dän.), Laurel (engl.), Laurier (frz., niederl.), Laurier noble (frz.), Lauro (ital.), Lavr (russ.), Lavrowy list (poln.), Lorbeerblatt, Louro (port.), Salam (ind.), Suppenblatt, Sweet bay (amerik.), Tej-pattar (ind.), Yueh kuei (chin.)

Allgemeines, Herkunft, Geschichtliches

Beheimatet ist der strauchartige Lorbeerbaum in Vorderasien, seine größten Anbaugebiete liegen heute jedoch in der Türkei, gefolgt von Griechenland, Madeira und den Kanarischen Inseln. Schon die alten Griechen und Römer nutzten die derben Blätter dieses immergrünen und bis zu 10 m hohen Lorbeer(en)gewächses (Lauraceae) als Würze und Medizin und auch Hildegard von Bingen empfahl Lorbeer bei allerlei körperlichen Gebrechen. Ein Lorbeerkranz galt früher als Ruhm- oder Siegessymbol, wie der Name Laurus nobilis, der »Edle«, belegt.
Leichte Minustemperaturen schaden zwar nicht dem Blattwerk des echten Lorbeerstrauchs, wohl aber seinen extrem frostempfindlichen Wurzeln. Nicht selten wird der empfindliche Lorbeerstrauch hierzulande von Blattläusen befallen und geht ein.

Aussehen

Der Lorbeerstrauch hat bis zu 10 cm lange, dunkelgrüne, ledrige, oberseits glänzende, unterseits matte Blätter und blau-schwarze, olivenartige Früchte. Geerntet werden sollten Lorbeerblätter grundsätzlich mitsamt den Zweigen, damit sich das Laub während des etwa zweiwöchigen Trockenvorgangs nicht einrollt.

Qualitativ hochwertige Lorbeerblätter sollten grün, trocken, stielfrei und unzerbrochen sein; gelb-braune und zerbrochene Exemplare sind meist überlagert und deshalb minderwertig.

Geschmack

Frisch geerntete Lorbeerblätter schmecken widerlich bitter; erst während des Trocknens verringert sich der Bitterstoffgehalt, sodass sich das geschmacksintensivierende, moschushafte Aroma entfalten kann. Vorraussetzung dafür ist jedoch, dass das Lorbeerblatt vor dem Gebrauch mehrmals bis zur Blattmitte hin eingerissen wurde!

Geruch

Wenn man ein getrocknetes Lorbeerblatt anreißt, sollte es würzigherbe, balsamische Düfte verströmen; nicht eingerissene, altgelagerte und/oder zerbröckelte Ware duftet nicht mehr.

Arten, Sorten

Indisches Lorbeerblatt / Cinnamomum tamala (lat.) / Cinnamomum tejpata / Malabathrum (röm.) nennt sich ein nordindisches Lorbeergewächs, dessen derbes, lorbeerartiges Laub meist als zimtartige Speisenwürze Verwendung findet. In den Anbauländern dient die Rinde dieser Pflanze als minderwertiger Zimtersatz.

Indonesisches Lorbeerblatt / Eugenia polyantha (lat.) / Salamblatt (fälschl.) / Syzygium polyanthum (bot.) nennt sich eine südostasiatische Kirschmyrtengattung mit lorbeerähnlichen Blättern, die sich beim Trocknen kaffeebraun verfärbt und erst bei Erhitzung ihr herb-säuerliches Aroma freisetzt.

Kanarischer Lorbeer / Laurus canariensis (bot.) stammt von den Kanarischen Inseln und Madeira, wo es riesige, waldartige Anbauflächen dieser essbaren Lorbeervariante gibt.

Kirschlorbeer / Prunus laurocerasus (lat.) / Laurocerasus officinalis (früh. bot. Bez.) / Babérmeggy (ung.) / Cherry laurel (engl.) / Englischer Lorbeer / English laurel (engl.) / Laurbärkirsebär (dän.) / Laurier-cerise (frz.) / Laurierkers (niederl.) / Lauroceraso (ital.) / Laurowisnia (poln.) / Lorbeerkirsche / Pontische Lorbeerkirsche heißt ein zum Verwildern (z. B. in England) neigendes bis zu 4 m hohes lorbeerartiges Rosengewächs mit giftigen, wechselständigen Blättern und weißen Blüten. Es hat rote, später blauschwarze kirschenähnliche Beeren und dunkelgrüne, ledrig-glänzende Blätter, die stark nach Bittermandelöl duften, sobald man sie zwischen den Fingern zerreibt. Besonders kräftig gedeiht der weißblütige Kirschlorbeer im eigenen Garten, wenn man ihn mit Fleißigen Lieschen umpflanzt.

Portugiesischer Kirschlorbeer / Portugiesische Lorbeerkirsche / Prunus lusitanica ssp. Azorica (lat.) / Ginja / Gingeira-Brava / Ginjei-ra-do-mato heißt ein bis 6 m hohes, vom Aussterben bedrohtes giftiges Rosengewächs.

Hauptinhaltsstoffe

Bitterstoffe, Cineol, Eugenol, Geraniol, Linalool, Phellandren, Pinen, Rutin, Terpineol.

Verwendung, Zubereitung

Lorbeerblätter können sowohl der Geschmacksintensivierung von

Fisch- und Fleischgerichten, Gemüsen, Suppen und Saucen als auch der Vermeidung von strengen Küchengerüchen (z. B. von Fisch oder Kohl) dienen. Da sie ihre Inhaltsstoffe nur sehr allmählich abtreten, ist anzuraten, sie (grundsätzlich eingerissen) lediglich Speisen zuzuführen, die einer längeren Garzeit bedürfen; nach der Zubereitung werden sie beseitigt. In südlichen Ländern werden Lorbeerblätter als Verpackungsmaterial (z. B. von Feigen, Lakritz, Süßholz oder Zitrusfrüchten) zum Schutz vor Schadinsekten genutzt; hierzulande gelten sie nicht selten als zuverlässiges Mottenmittel im Wäscheschrank. Öl, das aus den kugeligen Früchten des Lorbeerstrauchs gewonnen wird, nutzt man entweder zur Likörherstellung oder es wird zu entzündungshemmenden Salben verarbeitet.

Lagerung

Lorbeerblätter lagert man am besten in einem gut verschlossenen, lichtundurchlässigen Behältnis. Länger als ein Jahr sollte man sie aber nicht aufbewahren, weil sie dann zusehends ihre Würzkraft verlieren.

Volksmedizinische Bedeutung

Lorbeerblätter wirken nicht nur appetitanregend, sie machen das Essen auch bekömmlicher. Ein Aufguss aus Lorbeerblättern lindert Magen- und Nierenbeschwerden und wirkt verdauungs- und durchblutungsfördernd.

Lorbeeröl / Oleum lauri (med.) lindert nicht nur rheumatische Beschwerden und Zahnschmerzen, es wird auch bei Geschwüren und Hautausschlägen als erweichende Salbe, in der Tiermedizin sogar als Eutersalbe genutzt.

Tipp

Um Zigaretten- oder Zigarrenrauch aus der Wohnung zu vertreiben, lässt man ein Lorbeerblatt bei mittlerer Hitze auf der Herdplatte verglimmen!

M

Majoran

Origanum majorana

Almáraco (span.), Badkraut, Blutwürze, Bratenkraut, Grand origan (frz.), Kekik otu (türk.), Kostenkraut, Kranzkraut, Leberwurstkraut, Maggiorana (ital.), Magran, Maieron, Maigram(me) (dt.), Mairal, Mairam, Mairan(dost), Mairon, Mairum, Maiwürzkraut, Majeranek ogrodowy (poln.), Majoran (dt., russ., slowak.), Majoranka (tschech.), Majoránna (ung.), Manjerona (port.), Maraum,

Margrankraut, Mariankruid (niederl.), Marjamie (arab.), Marjolaine (frz.), Marjolein (niederl.), Marjoraan (niederl.), Marjoram (engl., isl.), Marum, Marzanjush (arab.), Matzourana (griech.), Mayorana (jap.), Mayueh lan hua (chin.), Meierankraut, Meigram, Meirami (finn.), Meiran (ostpreuß.), Mejorana (span.), Mejram (schwed.), Mercankösk (türk.), Merian (dän., norw.), Meron, Miran, Moseran, Sweet Majoram (engl.), Wurstkraut, Wurstkrud

Allgemeines, Herkunft, Geschichtliches

Die Heimat des Majorans liegt vermutlich in Indien. Arabische Gewürzhändler brachten ihn einst über Ägypten nach Tripolis, dem heutigen Libyen, wo er erstmals als Arznei und Küchenkraut Verwendung fand. Im alten Rom nutzte man frischen Majoran als Parfümersatz und der bekannte Feldherr Wallenstein soll einst seinen Schnupfen mit Majoran geheilt haben.

Da Majoran der großen Familie der Lippenblütler / Lamiaceae (Labiatae) angehört, zählen Minze, Oregano und Thymian zu seinen Verwandten. Seine größten Anbauflächen liegen in mediterranen sowie in mittel- und osteuropäischen Gebieten, in Gegenden, die regelmäßig von Kälte heimgesucht werden, wird der wärmeabhängige Majoran jedoch nur einjährig und enttäuschend aromaschwach.

Der beste deutsche Majoran kommt aus der Kleinstadt Aschersleben in Sachsen-Anhalt, wo er im größten zusammenhängenden Majorananbaugebiet Europas von Juni bis August mit speziellen Erntemaschinen der »Mawea« (Majoranwerk Aschersleben) eingebracht wird. Neuerdings wird dort sogar ein Majoranfestival veranstaltet, bei dem eine Majorankönigin gekürt wird. Die erste Majorankönigin Stefanie Lenze wurde 2004 gewählt.

Die optimale Erntezeit des Majorans, der über den höchsten Calciumgehalt aller Kräuter verfügt, ist vor der Blüte und zwar entweder am frühen Morgen oder am späten Nachmittag, weil er dann die meisten etherischen Öle enthält.

Der Name Majoran wird vom arabischen »marjamie« abgeleitet, was »der Unvergleichliche« bedeutet.

Aussehen

Majoran ist ein bis zu 50 cm hohes, buschiges Gewächs mit ovalen, graugrün behaarten Blättern, vierkantigen, rötlichen Stängeln und wollweißen bis malvenfarbenen Blütchen, die knotenförmige Samenstände aufweisen.

Geschmack

Getrockneter Majoran schmeckt würzig, schwach brennend, leicht bitter und ähnelt dem Thymian und dem Oregano, ist jedoch wesentlich lieblicher und angenehmer, weil ihm die charakteristischen Phenole fehlen. Frischer Majoran ist wesentlich aromatischer als getrockneter.

Arten, Sorten

Deutscher Majoran / Knospenmajoran / Sommermajoran nennt man überwiegend in Mittel- und Nordeuropa angebauten, einjährigen Majoran mit kurzen Stielen, der im Knospenstadium geerntet wird, weil die Witterungseinflüsse ihn weder zur Blüte noch zum Fruchtansatz kommen lassen.

Französischer (Stauden-)Majoran / Blattmajoran nennt man langstieligen, getrockneten Majoran, wenn er lediglich aus den Blättern besteht, die vor der Blüte geerntet wurden.

Gartenmajoran / Maiorana hortensis (lat.) nennt man kultivierten Majoran.

Hauptinhaltsstoffe

Borneol, Calcium, Carvacrol, Cineol, Kampfer, Linalool, Phytonhormone, Terpineol, Thymol, Vitamin C.

Verwendung, Zubereitung

Majoran wird meist zum Verfeinern und Würzen von Eintöpfen, Suppen, Knödelgerichten, Gänse-, Hack- und Schweinebraten oder Wurstwaren benutzt. Zu beachten ist dabei, dass frischer Majoran erst der fertigen Speise beigegeben werden sollte, während getrockneter mitgekocht werden darf, weil er seine Würzkraft nur sehr zögerlich verliert. In beiden Fällen sollte man die Blättchen vor dem Gebrauch zwischen den Fingern zerreiben, um ihnen die kostbarenAromastoffe zu entlocken.

Frischer Majoran schützt Fett vor dem Ranzigwerden (z. B. ausgelassenes Gänse- oder Schweineschmalz), getrockneter beschleunigt hingegen den Zersetzungsprozess!

Im Gemüsegarten schützen Majoranbeipflanzungen nicht nur vor Blattlausbefall, sie vertreiben sogar Ameisen.

Volksmedizinische Bedeutung

Majoran besitzt erotisierende, harntreibende, entzündungshemmende und verdauungsfördernde Eigenschaften.

Wenn man frisch geriebenen Majoran in die Nasenlöcher drückt, bewirkt das heftiges Nießen, das Schnupfen beseitigt und das Gehirn »reinigt«.

Aus Majoranblättern und -blüten wird industriell wohlriechendes Öl gewonnen, das nicht nur die Alterung der Haut hemmt, weshalb es kosmetisch genutzt wird, sondern auch zur Wundheilung, bei Gelenk- und Nervenschmerzen Verwendung findet.

Tipp

Gereb(b)elter Majoran sagt man zu manuell geerntetem und getrocknetem Majoran, der keinerlei Stängelanteile aufweisen darf.

Geschnittenen Majoran nennt man getrockneten Majoran mit mäßigen Stängelanteilen.

Mate

Ilex paraguariensis St. Hil

Caa, Conchongo, Congonha, Mate (engl., frz., ital., span.), Yerba, Yerva

Allgemeines, Herkunft, Geschichtliches

Mate ist die gängigste Bezeichnung des im südamerikanischen Paraguay beheimateten Yerba-Baums, einem immergrünen Stechpalmengewächs (Aquifoliaceae), dessen Blätter und Zweige schon seit Jahrtausenden von den einheimischen Guarani-Indianern zur Teebereitung genutzt werden. Erstmals kultiviert wurden die klimaabhängigen Matesträucher (hohe Luftfeuchtig-

keit und stetige Wärme) im 17. Jh. von den Jesuiten in Paraguay, Uruguay, Südbrasilien und im Nordosten Argentiniens. Matetee wirkt sich nicht nur auf die allgemeine Befindlichkeit positiv aus, er kann auch die Heilung von Krankheiten begünstigen.
Sowohl in Paraguay als auch in Südbrasilien und Nordargentinien wird Matetee als Nationalgetränk verehrt. Er wird traditionell in einer sogenannten **Cuia** (ausgehöhlter Flaschenkürbis / Kalebasse) und mit **Bombillas** (metallenen Siebrohren) serviert, damit man nicht versehentlich während des Trinkens Blatt- oder Zweigreste ansaugt.

Aussehen

Die ledrigen Mateblätter sind oberseits glänzend grün, unterseits mattgrün.

Geschmack

Matetee schmeckt rauchig und sogar etwas bitter, jedoch wesentlich milder als Kaffee.

Hauptinhaltsstoffe

Calcium, Coffein, Eisen, Kalium, Karotin, Magnesium, Matein, Provitamin A, Sodium, Vitamin B 1, B 2, B 3, B 5, C, E.

Verwendung, Zubereitung

Matetee (Brasil-Tee / Chimarao (bras.) / Fastentee / Missionstee / Paraguay-Tee) sollte grundsätzlich mit max. 70° C warmem Wasser aufgesetzt werden und nicht länger als 5 Minuten ziehen, weil sonst seine wertvollen Inhaltsstoffe Schaden nehmen; außerdem darf er nicht auf Vorrat zubereitet werden, weil er dann nicht nur stark nachdunkelt, sondern auch sehr bitter wird. Wer den charakteristischen Geschmack des Matetees nicht mag, kann ihn mit Süßkraut (so traditionell in Südamerika), Honig, Milch, Minzblättchen, Orangensaft, Zitronensaft und/oder braunem Zucker veredeln.

Lagerung

Mateblätter sollten dunkel und trocken aufbewahrt werden.

Volksmedizinische Bedeutung

Matetee fördert nicht nur die Konzentration und den Fettstoffwechsel, er besitzt ebenso anregende, appetitsteigernde, blutreinigende, nervenstärkende sowie stressmindernde Eigenschaften und löst Verstopfung auf sanfte Weise. Frischen Mateblättern wird eine stimulierende Wirkung nachgesagt, wenn sie kurz nach der Ernte gemächlich zerkaut werden.

Tipp

Aufgrund seiner appetitsteigernden Wirkung sind die häufig propagierten appetitzügelnden Eigenschaften mateextrakthaltiger Schlankheitsmittel mehr als zweifelhaft.

Meerrettich

Armoracia rusticana

Armoraccio (ital.), Armorakia (griech.), Barbaforte (ital.), Bauernkraut, Bauernsenf, Bayir turpu (türk.), Beißwurzel, Boereradijs (niederl.), Chreno (griech.), Chrzan pospolity (poln.), Cran (frz.), Cren (ital.), Deutsches Penicillin, Englische Wurzel, Grä(n), Greinwurzel, Grien, Horse-radish (engl.), Khren (russ.), Közönséges torma (ung.), Kren (österr., ostdt., slaw., süddt., tschech.), Mährrettich, Märek, Marak, Maressig, Marr-Reddig, Meerch (hess.), Meerrettig, Méré-dic (frz.), Meredik (niederl.), Merretsch (thür.), Mierik(swortel) (niederl.), Mirch(wurzel), Morretig, Peberrod (dän.), Pepparrot (schwed.), Pepperrot (norw.), Pfefferwurzel, Pferderadies, Pferdewurzel, Piparjuuri (finn.), Piparrót (isl.), Rabano (port.), Rabano picante (span.), Rabano rusticano (span.), Rachenputzer, Rafano (ital.), Raifort (frz.), Raiz-forte (port.), Scharfwurzel, Taramago (span.), Torma (ung.), Tränenwurzel, Waldrettich, Yaban turbu (türk.)

Allgemeines, Herkunft, Geschichtliches

Der Meerrettich ist eine anspruchslose Pflanze, die aus den Steppengebieten der Ukraine stammt, wo sie noch heute wild wachsend anzutreffen ist. Hierzulande ist dieser winterharte Kreuzblütler / Brassicaceae (Cruciferae) schon seit dem 12. Jh. als Heil-, Gemüse- und Gewürzpflanze bekannt, größere Verbreitung erlangte er jedoch erst durch den Markgrafen Ludwig Wilhelm von Baden (auch Türkenlouis genannt), der den Meerrettich von den Türkenkriegen mitbrachte und ab 1650 in den Hofgärten seiner Rastatter Residenz heranzog. Der deutsche Meerrettichbedarf wird größtenteils über die Anbaugebiete in Lübbenau (Spreewald), Forchheim (bei Nürnberg) und der Ortenau gedeckt; geringe Einfuhren kommen aus Asien, Belgien, den Niederlanden, Nordamerika, Österreich, Schweden und Ungarn. Erntezeit ist von Oktober bis April.

Das Wort Meerrettich stammt entweder aus dem althochdeutschen »mer ratik« für »größerer Rettich« oder von den Mähren, einem slawischen Volk, das diese scharfe Wurzel einst sehr schätzte.

Aussehen

Qualitativ hochwertiger Meerrettich besitzt eine glatte, pfahlartige, bis zu 60 cm lange und 6 cm dicke, braunhäutige Wurzel mit festem, weißem Fruchtfleisch. Meerrettich mit schrumpliger Schale ist meist verholzt und deshalb ungenießbar. Die länglichen, relativ großen Meerrettichblätter besitzen eine leicht angeraute Oberfläche und einen feinwelligen, eingekerbten Blattrand. *Fechser / Bizzi (fränk.) / Schwiegatze (brandenb.)* nennt man die schlanken, meist holzigen Seitenwurzeln des Meerrettichs, die nicht selten als Setzlinge bei der Anzucht von Neupflanzen dienen.

Geschmack

Sowohl die Meerrettichwurzeln als auch die Blätter weisen einen brennend-scharfen und tränenreizenden, jedoch vergänglichen Senfgeschmack und -geruch auf. Je länger die Wurzeln im Boden verbleiben, desto milder wird ihr Geschmack, da sie ihr scharfes, etherisches Senföl allmählich in sich verzehren! Bei der industriellen Konservierung bleibt die Schärfe der Wurzeln gänzlich erhalten, weil sie sofort nach der Ernte in einem Arbeitsgang maschinell geschält, gerieben und konserviert werden.

Arten, Sorten

Gemüsemeerrettich ist geriebener Meerrettich, der (mit Aroma- und

Konservierungsstoffen, Pflanzenöl, Säuerungsmitteln, Salz, Zitronensäure versetzt) meist in Gläsern gehandelt wird.

Meerrettichsenf: Scharfe Mischung aus geriebenem Meerrettich und Senf, die meist als Konserve erhältlich ist.

Tafelmeerrettich nennt sich geriebener Meerrettich, der versetzt mit Essig, Mayonnaise, Salz und Süßstoff vermarktet wird.

Wasabi / Eutrema wasabi (bot.) / Grüner Meerrettich / Japanese horseradish (engl.) / Japanischer Kren (österr.) / Japanischer Meerrettich ist mit dem Rettich verwandt. Auch der Wasabi stammt aus Japan wo er heute noch vielerorts wild wachsend anzutreffen ist. In Ostsibirien wird er schon seit über 1000 Jahren, meist an fließenden Gewässern und in kühlen Bergregionen, kultiviert. Runzlige, herzförmige, milde Blätter und lange, schmale, grüne, feurige Wurzeln kennzeichnen den Wasabi, dessen geriebener Wurzelstock meist traditionellen japanischen Gerichten (z. B. Sushi) begemischt wird und auch Bestandteil der Sojasauce ist. In Europa ist er nur pulverisiert oder als grüne Paste im Handel. In seiner Heimat wird der Wasabi sogar dazu eingesetzt, Fischbandwürmer und sonstige Darmparasiten abzutöten.

Hauptinhaltsstoffe

Allylsenföl (0,5%), Asparagin, Balaststoffe, Calcium, Eisen, Glykosinoate, Kalium, Magnesium, Natrium, Phosphor, Provitamin A, Sinigrin, Vitamin B 1, B 2, B 3, B 6. Der Vitamin-C-Gehalt des Meerrettichs ist doppelt so hoch wie der einer Zitrone.

Verwendung, Zubereitung

Frisch geraspelten Meerrettich sollte man sofort mit Zitronensaft mischen, da er sonst oxidiert! Danach sollte er rasch aufgebraucht werden, weil sein Aroma zunehmend verflacht. Augenreizungen, die beim Meerrettichreiben entstehen, lassen sich verhindern, indem man die (möglichst gefrorenen) Wurzeln an der frischen Luft raspelt. Meerrettich wird meist zum Würzen von Saucen, Sahnemeerrettich oder von Braten- und Suppenfleisch verwendet. Sahnemeerrettich kann zu einer ungeahnten Köstlichkeit werden, wenn man ihn mit Salz, Pfeffer, Orangensaft, Zitronensaft und Preiselbeerkompott abschmeckt (nicht nur würzt)!

Geriebener Meerrettich, der zum Würzen von heißer Meerrettichsauce vorgesehen ist, darf erst am Ende der Zubereitung in die Sauce gerührt werden, da er sonst seine Schärfe und Vitamine verliert und einen leichten Bittergeschmack annimmt. Unerwünschte Meerrettichschärfe lässt sich mit Sahne (norddt. Flott / küchenspr. Hüftengold / schweiz. Nidel / österr. Obers / süddt. Rahm / ostdt. Schmetten) oder Butter mildern.

Die Meerrettichwurzel kann auch als Gemüse zubereitet werden, büßt dabei ihre Schärfe jedoch gänzlich ein; sie entfaltet einen eher kohlrabihaften Geschmack.

Junge Meerrettichblättchen gelten als erfrischende Salatzutat, alte Blätter sind indes zäh und schmecken etwas streng.

Lagerung

In feuchten, kühlen Sand gehüllt (fachl. stratifiziert) hält sich Meerrettich mehrere Monate frisch. Luftdicht in Klarsichtfolie verpackt ist er auch im Kühlschrank geraume Zeit bevorratbar.

Volksmedizinische Bedeutung

Geriebener Meerrettich, vermischt mit Honig und Zucker, bekämpft Raucherhusten und Bronchitis. Da Umschläge mit geriebenem Meerrettich die Hautdurchblutung fördern, sind diese wirksam bei Gicht, Rheuma, Ischias und Neuralgien. Meerrettich soll, neuesten Erkenntnissen zufolge, sogar eine dem Penicillin ähnliche, antibiotische Wirkung besitzen. Bei chronischer Zahnfleischentzündung sollte man des Öfteren geriebenen Meerrettich auf die betroffenen Stellen streichen und kurze Zeit einwirken lassen. Schon nach wenigen Tagen wird das Zahnfleisch fester und kräftiger. *Vorsichtig:* Bei Schilddrüsenunterfunktion oder zeitgleicher Einnahme hormoneller Substanzen sollte man von Meerrettichverzehr absehen.

Tipp

Während der Meerrettichaufzucht erhöhen die in der Wurzel enthaltenen Substanzen die Abwehrkräfte benachbarter Kartoffelpflanzen!

Melisse

Melissa officinalis

Anyaméhfü (ung.), Balm (engl.), Balm gentle (engl.), Balm mint (engl.), Balsamita major (span.), Balsammelisse, Baume (frz.), Bienenblatt, Bienenfang, Billerkraut, Binsuga, Carmelite (engl.), Cedronella (ital.), Cidreira (port.), Citroenkruid (niederl.), Citroen melisse (niederl.), Citronmeliss (schwed.), Citronmelisse (dän.), Darmgichtkraut, Englische Brennnessel, Englische Melisse, Erba limona (ital.), Erva cidreira (port.), Frauenwohl, Gartenmelisse, Grasspiritus, Hasenohr, Herbe citron (frz.), Herbstkraut, Herzbrot, Herzkraut, Herztrost, Honigblatt, Honigkraut, Immechrut (schweiz.), Immenblatt, Immenkraut, Lemon balm (engl.), Limonikraut, Limonnik (russ.), Löwenkraut, Macskaméz (ung.), Medunka (tschech.), Melis (niederl.), Melisa (span.), Melisa lekarski (poln.), Melissa (engl., griech., ital.), Melissa limonnaya (russ.), Mélisse (frz.), Melissza (ung.), Mezfü (ung.), Migränekraut, Muttertee, Ogul otu (türk.), Orvosi citromfü (ung.), Pfaffenkraut, Riechnessel, Sitrónnmelissa (isl.), Sitronmelisse (norw.), Sitrunnamelissa (finn.), Spanischer Salbei, Sweet balm (engl.), Toronjil (span.), Toronjina (span.), Zahnwehkraut, Zitronenmelisse

Allgemeines, Herkunft, Geschichtliches

Die Melisse stammt aus dem Vorderen Orient, wo man sie heute noch vielerorts wild wachsend antrifft. Vor etwa 3500 Jahren gelangte sie durch arabische Händler erstmals nach Spanien, von wo aus Benediktinermönche sie auch in mitteleuropäische Klostergärten brachten. Der römische Schriftsteller Plinius empfahl Melisse bei Hypochondrie, Hysterie, Hundebissen und Insektenstichen; der berühmte Heilpraktiker Paracelsus und die Heilige

Hildegard von Bingen waren davon überzeugt, dass die vielseitige Melisse frohe Träume bringt, den Geist belebt und das Herz fröhlich macht. 1611 entdeckten Karmelitermönche den heilbringenden Karmelitergeist, der seither u. a. aus getrockneten Melisseblättchen, Gewürznelken, Koriander, Muskatnuss, Zimt und Zitronenschalen zusammengesetzt ist. Seine beständige Beliebtheit verdankt dieses alkoholhaltige Destillat seinen wohltuenden Eigenschaften bei mancherlei Beschwerden und Unpässlichkeiten des Alltags.

Größere Vorkommen der Melisse findet man heute in Amerika, Kleinasien, Nordafrika und in den Mittelmeerländern; in Italien wird sogar feldmäßiger Anbau betrieben. Geerntet wird dieser Lippenblütler / Lamiaceae (Labiatae) während seiner Blütezeit (Juni–September) und möglichst bei Trockenheit, nicht nur weil die Inhaltsstoffe in der gleißenden Sommerhitze am gehaltvollsten sind, sondern auch weil seine sensiblen Blättchen sonst sehr rasch verderben.

Alle 3 Jahre sollte die Melisse an einen anderen, möglichst humushaltigen und gemulchten Ort verpflanzt werden, damit sie sich für volumige Ernten stärken kann.

Das Wort Melisse wurde dem griechischen »melisso phyllon« entlehnt, was mit »Bienenblatt« zu übersetzen ist; aufgrund ihres Nektarreichtums wird die Pflanze besonders von Bienen angeflogen.

Aussehen

Die Melisse ist eine schnellwüchsige, bis zu 1 m hohe Staude mit leicht behaarten, brennnesselartigen, dunkelgrünen Blättern, gelbweißen Blüten und vierkantigen Stängeln.

Geschmack

Junge Melisseblättchen schmecken erfrischend süß-zitronig und leicht balsamisch, nach der Blüte werden sie jedoch zäh und bitter.

Geruch

Wenn man frische Melisseblättchen zwischen den Fingern zerreibt, entfaltet sich ein lieblicher Zitronen-(gras)duft!

Arten, Sorten

Bergamott-Monarde / Wilde Bergamotte / Wilde Monarde / Monarda fistulosa (bot.) nennt sich eine bis zu 80 cm hohe rosa blühende Variante der Indianernessel, die meist als Zierpflanze Nutzung findet.

Indianernessel / Monarda didyma (bot.) / Bee balm (engl.) / Bergamot (engl.) / Bergamota (span.) / Bergamote (frz.) / Bergamotte(plant) (niederl.) / Bergamotto (ital.) / Bienenbalsam / Blumenmelisse / Etagenblume / Etasjeblomst (norw.) / Goldmelisse / Hagehestemynte (norw.) / Indianerfeder / Monard (engl.) / Monarda (ital., niederl., port.) / Monarde(nkraut) / Oswego-Tee / Pferdemelisse / Rote Melisse / Rote Monarde / Scharfe Melisse / Scharlachmonarde / Temynta (schwed.) / Väriminttu (finn.): Zu ihrem Namen gelangte die Indianernessel durch den spanischen Botaniker Nicholas Monardus, der diesen bis zu 100 cm hohen Lippenblütler erstmals 1569 bei den nordamerikanischen Oswego-Indianern entdeckte, die Monardenblätter zu einem Tee verarbeiteten, der nicht nur entspannende, sondern auch heilbringende Eigenschaften hatte; seither spricht man weltweit bei Tee, der aus den Blättchen der Indianernessel hergestellt wurde, von Oswego-Tee! Die Indianernessel kann sowohl frisch als auch getrocknet und mitsamt roten Blüten verwendet werden; sie riecht und schmeckt wie eine Mischung aus Bergamotte und Zitrone. Ihre scharlachroten Blütenkränze färben Obstsalate und Reisgerichte zartrosa, die brennnesselartigen Blättchen dienen nicht nur der Ergänzung von Salaten, Gemüsen, eisgekühlten Getränken, Potpourris, Duftsäckchen, Aufgüssen und Herzstärkungsmitteln, sie werden auch zu stimmungsaufhellenden Tees verarbeitet, die sogar das allgemeine Wohlbefinden stärken können.

Earl Grey heißt eine bekannte Teesorte, die laut Rezeptur zwar Schwarzen Tee und Bergamottöl beinhaltet, mit Bergamotte ist in diesem Fall jedoch nicht die Indianernessel gemeint, die aufgrund ihres bergamottähnlichen Aromas auch als Bergamotte (plant) bezeichnet und nicht selten ebenfalls zur Herstellung dieses Tees verwendet wird; wichtigster Aromaträger ist richtigerweise die zu den Zitrusfrüchten zählende (aus einer Kreuzung von Limette und Pomeranze hervorgegangene) Bergamotte.

Vietnamesische Melisse / Elsholtzia ciliata (lat.) besitzt lavendelhafte Blüten, die sich hervorragend für die Zubereitung von Fischgerichten eignen.

Hauptinhaltsstoffe

Citral, Citronellal, Cumarin, Geraniol, Gerbstoffe, Harze, Flavonoide, Linalool, Nereal, Terpene, Vitamin C. Melisse ist die Pflanze mit dem höchsten Anteil an etherischen Ölen!

Verwendung, Zubereitung

In sparsamer Dosierung kann man mit Melisse Fischgerichte, Gemüse, Kaltschalen, Salate, Saucen und Quarkspeisen würzen; ebenso geeignet ist sie als verzehrbare Dekoration. Junge, in süßem Pfannkuchenteig ausgebackene Melisseblättchen sind eine wahre Delikatesse und eignen sich bestens als Amuse-Gueule! Zur Teebereitung wird meist getrocknete Melisse verwendet, ihr zitroniges Aroma entfaltet sie jedoch wesentlich besser mit frischen Blättern.

Lagerung

Da die Melisse leicht verderblich ist, sollte sie erst kurz vor der Nutzung geerntet werden. Getrocknete Melisse sollte kühl, lichtgeschützt und möglichst nicht in Metalldosen bevorratet werden, da sich die säurehaltigen Inhaltsstoffe der Melisseblättchen in krebserregende Substanzen verwandeln, sobald sie mit Metall in Kontakt kommen.

Volksmedizinische Bedeutung

Melissentee kann nicht nur Angstzustände, Befindlichkeitsstörungen, Migräne, Wetterfühligkeit und Schmerzen lindern, er hat auch schlaffördernde, verdauungsfördernde, schweißtreibende, cholesterinsenkende sowie herz- und kreislaufstärkende Eigenschaften; ein Vollbad mit Melisseextrakt wirkt entspannend.

Die unliebsame Lippenbläschenkrankheit (überwiegend durch die Viren von Herpes simplex ausgelöst) bekämpft man am wirkungsvollsten mit wässrigen Auszügen der Melisse. Melisse, die man zu gleichen Teilen mit Pfefferminze mischt und zu einem Tee bereitet, gilt als natürliche Hilfe bei Depressionen und nervösem Herzklopfen, da beide Kräuter positiv auf das zentrale Nervensystem einwirken.

Tipp

Der weitbekannte Melissengeist beinhaltet zwar auch geringe Melissenanteile, überwiegend wird bei der Herstellung jedoch das kostengünstigere Zitronengras verwendet!

Minze

s. Pfefferminze

Mohn

Papaver somniferum

Ababa (span.), Adormidera (span.), Afioni (griech.), Amapola (span.), Birkes (dän.), Birki (isl.), Blaumohn, Dormideira (port.), Eintagsblume, Garden poppy (engl.), Gartenmohn, Gelincik (türk.), Hashas tohumu (türk.), Lieblicher Kürbis, Maanzaad (niederl.), Mac de gradina (rumän.), Mägle, Mage (althochdt.), Magsamen, Mák (tschech., ung.), Mak lekarski (poln.), Mak snot-vornyj (russ.), Man, Manblaume, Mekon (griech.), Moh (schles.), Mohnsaat, Mohnsamen, Muyen, Ölmohn, Ölsamen, Opiummohn, Opium poppy (engl.), Paparouna (griech.), Papavero (ital.), Papoila (port.), Papoula (bras.), Pavot (frz.), Pflanze des Lebens, Poppy (engl.), Schlafmohn, Schließmohn, Schwarzer Magsamen, Slaappapaver (niederl.), Uniko (finn.), Vallmo (schwed.), Valmue (norw.), Ying su qiao (chin.)

Allgemeines, Herkunft, Geschichtliches

Die Heimat des Mohns liegt in Kleinasien, wo er schon seit dem Altertum feldmäßig angebaut wird. Seine größten Anbaugebiete liegen heute in Afghanistan (ca. 75% der Weltproduktion), China, Türkei und Indien. In Deutschland darf dieses bis zu 1,5 m hohe Mohngewächs (Papaveraceae) nur mit einer kostenpflichtigen Genehmigung der Bundesopiumstelle angebaut werden, da der Anbau unter das Betäubungsmittelgesetz fällt. Das heißt: Im Gegensatz zum allerorten gedeihenden Klatschmohn, trifft man den Schlafmohn in Mitteleuropa niemals wild wachsend an. Entgegen weitverbreiteter Meinung enthalten handelsübliche Mohnsamen keine giftigen Stoffe, die abhängig und dumm machen sollen, wohl aber die fleischigen Wände ihrer Kapseln, die jedoch schon in den Anbauländern entfernt werden; der Verzehr von Mohnkuchen oder -klößen ist also unbedenklich; dessen ungeachtet kann bei Übergenuss mohnhaltiger Speisen Morphin im Urin nachgewiesen werden. Der lateinische Beiname »somniferum« (»schlafbringend«) verweist auf die beruhigenden und schlaffördernden Eigenschaften des Mohns.

Das deutsche Wort Mohn stammt aus dem althochdeutschen »mage«, das ursprünglich vom griechischen »mekon« abgeleitet ist.

Aussehen

Schlafmohn hat seidenzarte, gelappte oder geteilte Blätter, lange, steifhaarige Stängel, große, zartrosa bis lila Blüten, die mittig dunkel gefleckt sind, und gekammerte Fruchtkapseln. Mohnsamen sind schwarz-blau und nierenförmig.

Geschmack

Frische Mohnsamen schmecken völlig neutral; erst im angerösteten Zustand erhalten sie ihr begehrtes nussiges Aroma.

Arten, Sorten

Blaumohn / Przemko (russ.) nennt sich eine in ganz Asien, Russland und Europa verbreitete Schlafmohnsorte, die auch in Deutschland angepflanzt werden darf, weil ihr Morphingehalt sehr gering ist.

Klatschmohn / Papaver rhoeas (lat.) / Ackerschnalle / Blatzblume / Bluesenblome (norddt.) / Blutblume / Boschtkraut / Feldmohn / Feldrose / Feuerblume / Feuermohn / Flattermohn / Grindmagen / Klappermohn / Klapp(er)rose / Klatschrose / Kornmohn / Kornrose / Kornschnalle / Paterblume / Rote Fahne des Sommers / Staudenmohn heißt eine hierzulande vielerorts wild wachsende, bis zu 60 cm hohe, zweijährige Mohnsorte mit großen, scharlachroten Blüten und langen, behaarten Stängeln mit weißem, alkaloidschwachen Milchsaft. Aus den Blüten des Klatschmohns stellte man früher rote Tinte her, aus den Blättern bereitete man Tee. Klatschmohn heißt diese als Ackerunkraut verschriene Pflanze, weil ihre Blüten im Wind zusammenklatschen.

Seidenmohn nennt sich eine knallrote bis pinkfarbene, aus dem Klatschmohn hervorgegangene, Mohnsorte mit auffällig zerknitterten, seidigen Blüten.

Türkischer Mohn / Papaver orientale (lat.) / Schmuckmohn / Türkenmohn nennt man eine riesige, facettenreich blühende, mehrjährige Mohnsorte aus Armenien, die meist der Zierde dient, nicht nur weil sie schön anzuschauen ist, sondern auch weil ihre Samen keinerlei Geschmacksstoffe aufweisen.

Hauptinhaltsstoffe

Alkaloide, Anthocyane, Fett, Linolsäure, Pektin, Säuren, Schle imstoffe.

Verwendung, Zubereitung

Das charakteristische, angenehm nussige Aroma der Schlafmohnsamen wird erst erreicht, nachdem man sie gebrüht oder in einer beschichteten Pfanne geröstet und danach gestossen oder gemahlen hat. Sie können dann beispielsweise zu Gebäck oder als Kuchenfüllung weiterverarbeitet werden.

Mohnpielen heißen süße Mohnklöße in Schlesien, wo sie traditionsgemäß an Heiligabend verzehrt werden.

Opium nennt man den eingetrockneten, sehr alkaloidhaltigen Milchsaft unreifer Schlafmohnsamenkapseln; er gilt als wichtigster Bestandteil bei der Herstellung von Heroin.

Lagerung

Da Mohnsamen schnell ranzig werden, sollte man sie erst kurz vor Bedarf erstehen.

Volksmedizinische Bedeutung

Schlafmohnsamen besitzen leicht beruhigende, schlaffördernde und allgemein stärkende Eigenschaften.

Tipp

Man sagt: Liebespaare können den Stärkegrad ihrer Zuneigung testen, indem der Mann einige Klatschmohnblüten in der hohlen Hand hält und die Frau mit der flachen Handfläche fest daraufschlägt. Je lauter der Knall ertönt, desto tiefer soll ihre Liebe sein!

Muskatnuss

Myristica fragrans

Bandanuss, Basbasa (arab.), Hindistan cevizi (türk.), Jaiphal (ind.), Jon-Tou-K'ou (jap.), Külük (türk.), Macisnuss, Moscada (span.), Moschokarido (griech.), Muscade (frz.), Múskat (isl.), Muskatnöd (dän.), Muskatnöt (norw.), Muskatnyjorekh (russ.), Muskátový orech (tschech.), Muskotnöt (schwed.), Muskottipähkin (finn.), Muszkat (poln.), Nhuc dau khau (vietn.), Nikuzuku (jap.), Noce moscata (ital.), Noix de muscade (frz.), Nootmuskaat (niederl.), Nozmoscada (port.), Nuez Moscada (span.), Nutmeg (engl.), Nux moschata (lat.), Orjek Muskatni (russ.), Pala (indon.), Sadhika (molukk.), Szerecsendió (ung.), Suppennuss, Tau kau (chin.)

Allgemeines, Herkunft, Geschichtliches

Auf den südostasiatischen Banda-Inseln liegen die Ursprünge des immergrünen, bis zu 20 m hohen Muskatbaums, aus dessen maiglöckchenhaften Blüten Steinfrüchte werden, die die begehrten Kerne bergen. Das heißt: Muskatnüsse sind in Wirklichkeit gar keine Nüsse, sondern die steinhart getrockneten Samen der Muskatpflanze (Myristicaceae). Vom 9. bis zum 60. Lebensjahr trägt der Muskatbaum zweimal jährlich pfirsichartige Früchte, die bei Reife aufplatzen, um die mit einem Samenmantel umschlossenen Kerne freizugeben. Schon im frühen Mittelalter wurde die Muskatnuss von den Arabern, Chinesen und Indern als Heilmittel, Droge und potenzförderndes Mittel gepriesen. Im 12. Jh. brachten Kreuzfahrer die Muskatnuss erstmals über Ägypten auch nach Europa.

Der Muskatbaum wird heute sowohl in Afrika, Brasilien, Indonesien, in der Karibik (40% der Weltente stammt aus Grenada) und auf den Molukken (Gewürzinseln) als auch in Westindien kultiviert.

Der Name Muskat leitet sich vom lateinischen »muscatus« ab, was so viel wie »nach Moschus duftende Nuss« bedeutet.

Aussehen

Die braun-graue, netzartig gerunzelte Muskatnuss ist ovalrund und etwa 1,5 cm dick. Früher wurden Muskatnüsse grundsätzlich gekalkt, nicht nur um vor Insektenfraß zu schützen, sondern auch um die Keimfähigkeit zu unterbinden und somit den Anbau von Muskatbäumen in anderen Ländern zu boykottieren. Heute wird das Kalken aus nostalgischen Gründen beibehalten; auf die Qualität der Nuss hat es jedoch keinen Einfluss mehr.

Geschmack

Die Muskatnuss besitzt ein eigentümlich dominantes, gewürzig-scharfes, weihrauchiges Aroma.

Arten, Sorten

Macis (dt., frz., port.) / Besbase (türk.) / Dau khau (vietn.) / Fleur de muscade (frz.) / Foelie (niederl.) / Fuljan (arab.) / Javatri (ind.) / Maciás (span.) / Mace (engl., ital.) / Masi (isl.) / Mazis / Mazisblüte (fälschl.) / Muskatblomma (schwed.) / Muskatblomme (dän., norw.) / Muskatblüte (fälschl. dt.) / Muskatnyj tsvet (russ.) / Muskátový kvet (tschech.) / Muskottikukka (finn.) / Szerecsendió virag (ung.) / Vornehmer Muskat nennt man den vielfach geschlitzten, dünnhäutigen, purpurroten Samenmantel (keine Blüte!) zwischen Muskatkern und -fruchtfleisch, der zwar auch muskatig schmeckt, aufgrund seines Reichtums an etherischen Ölen jedoch sein Aroma wesentlich eleganter und nachhaltiger entfaltet und die Speisen nicht färbt! Macis wird als hochpreisiges Trockengewürz gehandelt, das im Gegensatz zur Muskatnuss, die ihr Aroma während des Kochens nach und nach verliert, auch mitgekocht werden darf und sollte! Macis kommt im Ganzen und fein gemahlen auf den Markt und ist nach Safran und Kardamom das drittteuerste Gewürz der Welt. Die Bezeichnung Muskatblüte stammt noch aus dem Mittelalter, als man aufgrund der auffälligen Farbgebung der Meinung war, es handele sich um die Blüte des Muskatbaums.

Papua-Nuss / Myristica argentea (lat.) heißt eine streng aromatische neuguineanische Verwandte der Muskatnuss.

Hauptinhaltsstoffe

Eiweiß, Harze, Muskatöl (35 mg / 100 ml), Stärke.

Verwendung, Zubereitung

Die Muskatnuss dient vorwiegend dem Würzen und der Geschmacksabrundung von Gemüsen, Saucen, Suppen, Eier-, Hackfleisch-, Käse- und Nudelgerichten. Industriell wird sie nicht nur bei der Parfüm-, Seifen- und Likörherstellung genutzt, auch in der Coca-Cola-Produktion spielt die Muskatnuss eine wichtige Rolle. Aufgrund ihrer Hitzesensibilität sollte die Muskatnuss grundsätzlich frisch gerieben und erst zum Ende der Garzeit den Speisen zugefügt und dann nicht mehr mitgekocht werden, da ihre Geschmacksstoffe andernfalls an Wirkung verlieren.

Vom Kauf gemahlener Muskatnüsse ist grundsätzlich abzuraten, da nicht auszuschließen ist, sogenannte **BWP-Ware** (für »broken«, »wormy«, »punky« = faulig) zu erwerben, d. h. solche, die vor dem Vermahlen eventuell von Insekten und Schimmelpilzen befallen war und deshalb gesundheitsschädlich (krebserregend) sein könnte.

Aus der faserigen und holzigen Muskatfruchthülle wird in Indien Konfitüre und Eis gefertigt, was den Geschmack europäischer Gourmets jedoch selten trifft.

Lagerung

Trocken und in einem geschlossenen Gefäß lassen sich Muskatnüsse jahrelang, aber nicht unbegrenzt aufbewahren.

Volksmedizinische Bedeutung

Die Muskatnuss regt nicht nur den Appetit, Leber und Galle an, sie besitzt ebenso blähungslösende und kräftigende Eigenschaften. Aufgrund ihrer opiatähnlichen Inhaltsstoffe kann die Muskatnuss nicht nur allgemein anregend und stimmungsaufhellend wirken; sie ist sogar imstande, die rauscherzeugende und einschläfernde Wirkung des Alkohols zu verringern!

Vorsicht: Vor Überdosierung (mehr als einem halben Kern) wird gewarnt, da dies zu drogenartigen Nebenwirkungen (z. B. Doppeltsehen, Bewusstseinstrübung, Halluzinationen, Gleichgewichtsstörungen, Lachkrämpfen, Zuckungen) führen kann; drei Muskatnüsse können sogar zum Tod führen.

Tipp

Dem Milbenbefall im Mehlvorrat wirkt man auf umweltfreundliche Weise entgegen, indem man ein Paar Muskatnüsse untermengt!

Myrte

Myrtus communis

Arrayán (span.), Brautmyrte, Common Myrtle (engl.), Echte Myrte, Gemeine Myrte, Hadass (arab.), Mersin (türk.), Mirt(e) (niederl.), Mirto (bras., ital.), Mirtos (span.), Mirt pospolity (poln.), Mirtusz (ung.), Murt (türk.), Murta (port.), Mu yao (chin.), Myrt (russ.), Myrta (tschech.), Myrte (dän.), Myrte (commun) (frz.), Myrten (schwed.), Myrtia (griech.), Myrtle (engl.), Myrtti (finn.)

Allgemeines, Herkunft, Geschichtliches

Die Myrte ist eine im gesamten Mittelmeergebiet beheimatete Pflanze, die seit der Antike als Symbol der Liebe, Schönheit, Unschuld, Leidenschaft und des ewigen Lebens Anerkennung findet. Bis zu 4 m Höhe kann dieses frostempfindliche, immergrüne Myrtengewächs (Myrtaceae) erreichen, das heute vorwiegend in allen mittelmeerischen Ländern, im mittleren Osten und in Nordafrika wild wachsend anzutreffen ist, nicht selten sogar in großen Mengen, da es sich durch herabfallende Samen eigenständig vermehrt.

Das Wort Myrte wird sowohl auf das griechische »myron« für »Balsam« oder »wohlriechender Saft« als auch auf das altsemitische »murr« für »bitter« zurückgeführt.

Aussehen

Die Myrte hat beschauliche, eirunde, leicht glänzende, oberseits dunkel-, unterseits hellgrüne, ledrige Blätter und anfangs rötliche, später verholzende, braune Stiele. Aus den cremefarbenen, sternförmigen Blütchen gehen purpur-schwarze, langrunde, erbsenartige Früchtchen hervor.

Geschmack

Myrteblätter schmecken wie Wacholderbeeren, die man mit Lorbeer und Rosmarin vermischt hat. Da Myrtebeeren und -blätter auch pfefferartige Geschmäcker abgeben, können sie als Pfefferersatz verwendet werden.

Geruch

Der Myrtestrauch verströmt einen wohlriechenden, balsamischen

Duft, der zu gleichen Teilen an Eukalyptus und Weihrauch erinnert.

Arten, Sorten

Judenmyrte / Myrtus communis Romana (lat.) / Roman myrtle (engl.) nennt sich eine Ziermyrtensorte, deren Zweige häufig als Symbol des Friedens beim jüdischen Laubhüttenfest verwendet werden.

Zitronenmyrte / Citrom illatú mirtusz (ung.) / Lemon myrtle (engl.) / Sweet verbena (engl.) heißt eine Myrtensorte, die in den Regenwäldern der australischen Ostküste heimisch ist. Sobald man ihre Blätter zwischen den Fingern zerreibt, entströmt ein intensiv zitroniges Aroma.

Hauptinhaltsstoffe

Cineol, Eugenol, Flavonoide, Geraniol, Gerbstoffe, Limonen, Myrtenol, Myrtenylacetet, Myrtucommulon, Nerol, Phloroglucinderivate, Pinen.

Verwendung, Zubereitung

Aus Myrteblättern und -beeren wird zwar meist Tee bereitet, sie können jedoch ebenso zum Garnieren und wie Lorbeerblätter zum Würzen herzhafter Gerichte genutzt werden; auch zur Aromatisierung geistiger Getränke (z. B. Mirto-Likör) und zur Parfümproduktion (z. B. als sogenanntes Engelswasser) wird die Myrte verwendet. Im englischen Cornwall würzt man eine spezielle Fischfüllung mit einem Mix aus Myrte, Fenchel und Thymian. In mediterranen Gegenden nutzt man das Holz der Myrte für Intarsien und Drechselarbeiten sowie getrocknete Myrtenzweige zum Befeuern von Grillgeräten; die Speisen erhalten so einen angenehm-würzigen Geschmack.

Volksmedizinische Bedeutung

Myrtenblättertee besitzt anregende, kräftigende, entzündungshemmende, blähungs- und erkältungswidrige Eigenschaften, bei Überdosierung kann es jedoch zu Kopfschmerzen und Übelkeit kommen!

Da ein Extrakt aus der Myrtenwurzel die Spannkraft der Venen erhöht, hilft er bei Hämorrhoiden und Krampfadern.

Mit Myrtenöl (Myrtol) wird nicht nur Bronchitis, Nasen- und Stirnhöhlenentzündung bekämpft, neuerdings wird es sogar bei Schuppenflechte eingesetzt.

Tipp

Aus Myrtezweigen werden traditionell Brautkränze (deshalb Brautmyrte) gebunden, weil sie glückbringende Eigenschaften besitzen sollen. Nach der Hochzeit werden sie dann von den Jungvermählten in einen Blumentopf gepflanzt, auf dass die Ehe einen glücklichen Verlauf nehme.

N

Nelke

s. Gewürznelke

Nelkenwurz

Geum urbanum

Avens (engl.), Bajorünas (poln.), Benediktenkraut, Benediktenwurzel, Benediktskraut, Benoite (frz.), Buschnelkenwurz, Cariofillata (ital.), Echter Nelkenwurz, Fruchtklette, Gesegnetes Kraut, Grawilat (tschech.), Gyömbérgyökér (ung.), Herba benedikt, Kardobenedikte, Kuklik (russ.), Märzwurz(el), Mannskraft(wurzel), Mauernelkenwurz, Nagelkruid (niederl.), Nardenwurz(el), Nejlikrot (schwed.), Nellikerod (dän.), Wilder Sanikel, Wood avens (engl.)

Allgemeines, Herkunft, Geschichtliches

Der Nelkenwurz ist ein überwiegend wild wachsendes, winterhartes Rosengewächs (Rosaceae), das im gesamten Europa, meist in Feuchtgebieten unter Gestrüpp, in Laubwäldern, unter Hecken und an nährstoffreichen Schuttplätzen zu finden ist.

Hildegard von Bingen empfahl Nelkenwurztee (sie nannte das Kraut Herba benedikt) nicht nur zur Stärkung nach schwerer Krankheit, sondern auch Männern mit Potenzproblemen; der namhafte Kräuterpfarrer Künzle verordnete seinen Patienten Nelkenwurztee bei Schlaganfall oder Hirnhautentzündung.

Nelkenwurz heißt diese Pflanze ihrer gewürznelkig duftenden Wurzel wegen.

Aussehen

Der Nelkenwurz ist eine bis zu 130 cm hohe, ästige Staude mit dunkelgrünen, eichenblattähnlichen, flaumig behaarten Blättchen und fünfstrahligen, zartgelben, nickenden Blüten, aus denen winzige, klettenartige Früchtchen hervorgehen.

Geschmack

Der Nelkenwurz schmeckt zwar tatsächlich nach Gewürznelken, jedoch nicht ganz so intensiv und verführerisch.

Arten, Sorten

Bachnelke(nwurz) / Geum rivale (lat.) heißt eine meist in Auwäldern anzutreffende Nelkenwurzsorte mit braun-roten Blüten.

Bergnelke(nwurz) / Geum montanum (lat.) nennt sich eine alpenländische Nelkenwurzsorte.

Hauptinhaltsstoffe

Bitterstoffe, Eugenol, Gein, Gerbstoffe.

Verwendung, Zubereitung

Nelkenwurzblätter und -wurzeln lassen sich zu einem zwar nicht ganz alltäglichen, jedoch relativ schmackhaften und nahrhaften Wildgemüse oder -salat bereiten, wenn man es mit jungen Spitzwegerich- und Brennnesselblättchen kombiniert.

Volksmedizinische Bedeutung

Nelkenwurz besitzt nicht nur beruhigende und allgemein stärkende Eigenschaften, auch Durchfall, Erbrechen, Übelkeit, Mundgeruch, Zahnfleischentzündungen und Zahnschmerzen kann man damit bekämpfen.

Tipp

In der Küche kann der Nelkenwurz notfalls als ernstzunehmender Gewürznelkenersatz dienen!

O

Oregano

Origanum vulgare

Anrar (arab.), Ausdauernder Majoran, Badhopfenkraut, Berghopfen, Bergminte (isl.), Bergmynte (norw.), Bergzierde, Blauer Dunst, Bolar (allgäu.), Brauner Dost, Costenz, Dorant, Doste (frz.), Dost(en), Duist (niederl.), Dushitsa (russ.), Dziki majeranek (poln.), Echter Dost, Echter Oregano, Erba acciuga (ital.), Fekete gyopár (ung.), Frauendosten, Gemeiner Dost, Gemeiner Doten, Gemeiner Majoran, Gemude, Gewöhnlicher Dost, Güveyik (türk.), Herba origani (med.), Kaslók (ung.), Kostets, Kung (norw.), Kungsmynta (schwed.), Lepiodka pospolita (poln.), Mäkimeirami (finn.), Maran, Marazolette (frz.), Marjolaine bâtarde (frz.), Marjolaine sauvage (frz.), Müllerkraut, Ohrkraut, Orant, Oregan (engl.), Oregano (dän., engl., isl., poln., rumän., schwed., span., tschech., ung.), Orégao (port.), Origan (frz.), Origano (dt., ital., slowen.), Pelevoué (frz.), Pizzagewürz, Pot marjoram (engl.), Regamo (ital.), Reyhan, Schusterkraut, Staudenmajoran, Szurokfü (ung.), Thé rouge (frz.), Thym de berges (frz.), Vadmajoránna (ung.), Vild Mejram (schwed.), Wilde Marjolein (niederl.), Wilder Balsam, Wilder Dost, Wilder Majoran, Wild marjoram (engl.), Wintermajoran, Winter marjoram (engl.), Wohlgemut

Allgemeines, Herkunft, Geschichtliches

Oregano ist ein Heil- und Würzkraut, das in mediterranen Regionen beheimatet ist. In der Vergangenheit war dieser winterharte Lippenblütler / Lamiaceae (Labiatae) nicht nur für seine besonderen

Heilkräfte bekannt, er galt ebenso als adäquates Mittel, mit dem man Hexen und böse Geister vertreiben konnte.

Großflächige Anbaugebiete dieses Hungerkünstlers, Schmetterlingsmagneten und nahen Verwandten des Majorans liegen in Asien, Deutschland, in allen Mittelmeerländern, in Nordafrika, in den USA und vor allem in Italien, wo er als Nationalgewürz gilt. Wild wachsenden Oregano findet man vorwiegend an sonnigen, trockenen Standorten und in Wäldern mit durchlässigem Boden. Die beste Erntezeit des Oreganos ist während der Blütezeit von Juni bis September, weil er dann seine optimale Würzkraft entfaltet.

Als wahres Phänomen gilt unter Pflanzenliebhabern die spezielle Eigenart des Oreganos, zuweilen die Blütenfarbe zu wechseln, sobald seine Wurzeln geteilt und danach neu eingepflanzt werden; warum das so ist, konnte bislang nicht herausgefunden werden.

Die deutsche Bezeichnung Dost leitet sich vom mittelhochdt. »doste« für »Strauch« ab, »oregano« stammt aus dem Griechischen und bedeutet »Bergzierde«.

Aussehen

Oregano wird bis zu 50 cm hoch, hat eiförmige, jedoch spitz zulaufende, fein behaarte, grüne Blättchen, vierkantige, rotbraune Stängel und purpurrote Rispenblütchen.

Geschmack

Oregano schmeckt fein-bitter, würzig-brennend, thymian- und etwas majoranartig; je kühler und absonniger seine Umgebung während der Wachstumsphase, desto unbefriedigender, je milder und sonniger das Klima, desto volumiger fällt sein Aroma aus.

Geruch

Oregano verströmt einen würzigen, majoranartigen Duft.

Arten, Sorten

Goldoregano / Goldmajoran nennt sich eine sehr anschauliche, gelbblättrige, jedoch weniger schmackhafte Kulturvarietät des Echten Oreganos.

Griechischer Oregano / Origanum heracleoticum (lat.) / Rigani (griech.) ist eine bis zu 25 cm hohe, weißblütige Oreganosorte mit scharfem, thymianhaftem Charakter.

Italienischer Oregano / Origanum majoricum (bot.) nennt sich eine Kreuzung aus Oregano und Majoran; genauso schmeckt sie auch!

Kretischer Dost / Origanum onites (lat.) / Kretischer Oregano / Spanischer Hopfen ist zierlich, mild, erfrischend und kommt meist aus Kreta oder der Türkei. In den Mittelmeerländern bevorzugt man ihn als Anchovis- und Pizzagewürz, gleichwohl lässt er sich zum Verfeinern von Fleischfüllungen, Suppen oder Salaten verwenden.

Hauptinhaltsstoffe

Carvacrol, Gerbstoffe, Harze, Limonen, Ocimen, Phenole, Terpine, Thymol, Vitamin C.

Verwendung, Zubereitung

Oregano sollte nur in der Warmen Küche verwendet werden, weil er seine Aromastoffe erst beim Erhitzen freisetzt. Meist dient er dem

Würzen von Tomatensaucen und -suppen, Spaghetti- und Pizzazubereitungen, darf aber auch im berühmten »Osso bucco« (gebratene Kalbshaxenscheiben), an sonstiger Pasta, bei Ratatouille (frz. Gemüsemischung), Chili con carne und vielen anderen Fisch-, Fleisch- und Bratengerichten nicht fehlen. Zu beachten ist nicht nur, dass getrockneter Oregano wesentlich intensiver schmeckt als frischer, weshalb beim Würzen auf die richtige Dosierung zu achten ist, sondern auch, dass er sich zwar mit vielen anderen Gewürzen (z. B. mit Basilikum, Rosmarin, Thymian) sehr gut verträgt, nicht jedoch mit seinem engsten Verwandten, dem Majoran. Um den leichten Bittergeschmack des Oreganos abzuwenden, sollte man ihn vor der Zubereitung mit etwas Olivenöl vermengen.

Frische Oreganoblüten eignen sich zu Dekorationszwecken in der Kalten und Warmen Küche. Pulverisierter Oregano ist nicht selten Bestandteil von Schnupftabak!

Lagerung

Luftdicht, trocken und dunkel gelagert bewahrt getrockneter Oregano aus dem Gewürzregal des Supermarkts etwa ein Jahr lang sein Aroma; getrockneter Oregano aus dem eigenen Garten besitzt dagegen keine vergleichbaren Geschmackswerte, da ihm die nötigen klimatischen Bedingungen fehlten.

Volksmedizinische Bedeutung

Oregano hat nicht nur appetitanregende, entzündungshemmende, entwässernde, schleimlösende und verdauungsfördernde Eigenschaften, er gilt auch als bester Bakterienkiller.

Roter Tee nennt sich ein Tee aus getrockneten Oreganoblättern. Er lindert Atemwegserkrankungen, Durchfall, Harnwegsinfektionen, Muskelkrämpfe und Menstruationsbeschwerden, man sollte aber täglich höchstens 2 Tassen davon trinken, weil seine Wirkung sonst ins Gegenteil umschlägt.

Mit kalten Umschlägen aus Oreganotee behandelt man Hämorrhoiden, Schwellungen, Gelenkleiden und einen steifen Nacken.

Tipp

Um eine Erkältung auch ohne den Hausarzt möglichst rasch wieder loszuwerden, sollte man sich ein 15-minütiges, schweißtreibendes Oreganobad gönnen: Aus 100 g getrocknetem Oregano und 1 Liter kochendem Wasser brüht man einen Extrakt, der (abgesiebt) schon nach 10 Minuten dem Badewasser zugegeben werden kann.

P

Pandan

Pandanus amaryllifolius

Ban lan ye (chin.), Baquois (frz.), Dua thom (vietn.), Kaira (finn.), Pandan (niederl.), Pandano (ital., port., span.), Pandanus (engl., frz.), Pandanus odorus (bot.), Pandanus palm (engl.), Panpung viz (ung.), Schroefpalm (niederl.), Screw pine (engl.), Skruepalme (dän.), Skrupalme (norw.), Textile screw pine (engl.), Toey hom (thail.), Umbrella tree (engl.), Vaquois (frz.)

Allgemeines, Herkunft, Geschichtliches

Pandan heißen die Blätter eines vermutlich auf den Molukken beheimateten Schraubenpalmengewächses (Pandanaceae), das mittlerweile auch in Australien, Indien, Indonesien, Malaysia, Neuguinea, Sri Lanka und in Thailand kultiviert wird.

Aussehen

Pandanblätter sind vollgrün, relativ klein und schwertförmig.

Geschmack

Frische Pandanblätter sind völlig geschmack- und geruchlos, doch nach dem Anwelken weisen sie ein unvergleichliches süßlich-nussiges, heuartiges Aroma auf, das dem des thailändischen Jasminreis nicht unähnlich ist.

Hauptinhaltsstoffe

Acetyl, Ameisensäure, Furanon, Pandamarin, Pyrrolin.

Verwendung, Zubereitung

In den Anbaugebieten werden Pandanblätter als würzende Zutat von Currys, Reisgerichten oder Süßspeisen verwendet, außerdem dienen sie als Schutzhülle bei der Zubereitung landestypischer Gerichte.

Tipp

Kewra-Wasser nennt man im asiatischen Raum mit Pandanblüten aufgewertetes Wasser, mit dem meist rohe Fleischstücke aromatisiert werden.

Paprika

Capsicum annuum

Aci biber (türk.), Capsicum (norw.), Capsicum Pepper (engl.), Édes paprika (ung.), Füszerpaprika (ung.), Gewürzpaprika, Gewürzschote, Guineapfeffer, Hsiang-ya-li-Chiao (chin.), Indi(ani)scher Pfeffer, Kapsikum, Kirmizi biber (türk.), Paprica (ital.), Paprika (engl., finn., frz., niederl., schwed., span., tschech., ung.), Paprika d'Hongrie (frz.), Paprikuduft (isl.), Papryka roczna (poln.), Pepper (engl.), Perets krasnyj (russ.), Piment annuel (frz.), Pimentao doce (port.), Piment doux (frz.), Piment doux d'Espagne (frz.), Pimiento dulce (span.), Pimiento morron (span.), Piperia (griech.), Piros paprika (ung.), Pod pepper (engl.), Poivre de Guinée (frz.), Pul biber (türk.), Röd peber (dän.), Ruokapaprika (finn.), Struchkovy Pijerets (russ.), Süßer Pfeffer, Sweet pepper (engl.), Togarashi (jap.), Türkischer Pfeffer, Ungarischer Pfeffer

Allgemeines, Herkunft, Geschichtliches

1526 wurde der Gewürzpaprika, Nachfahre der feurigen Chili-Schote und Vorfahre des wesentlich fleischigeren und milderen Gemüsepaprikas, durch türkische Händler als Türkischer Pfeffer ins ungarische Kolacsa südlich von Budapest verbracht, wo er seither großflächig angebaut und von wo aus er weltweit exportiert wird. Heute wird dieses Nachtschattengewächs (Solanaceae) außerdem in Frankreich, Spanien, Südamerika, Italien, Kroatien, Marokko, in den Niederlanden und in weiten Teilen Asiens kultiviert.

Hierzulande werden Gewürzpaprikas zwar gelegentlich auch als Peperoni bezeichnet, in Italien ist mit Peperoni jedoch grundsätzlich die Gemüsepaprika gemeint; auch die Chili-Schote wird manchmal als Peperoni bezeichnet, was die Verwechslungsgefahr zusätzlich erhöht. Im Englischen lautet der Plural für Gewürzpaprikas zudem nicht etwa »paprikas«, sondern »peppers«.

Das lateinische »capsicum« leiten sich vom griechischen »kapsa« für »Kapsel« ab, was sich auf die kapselförmige Frucht bezieht; »annuum« steht veraltet für »jährlich«, »einjährig«, heute weiß man jedoch, dass man fast alle Capsicum-Arten unter bestimmten Voraussetzungen mehrjährig anbauen kann. Der deutsche Name Paprika wurde dem Ungarischen entlehnt.

Aussehen

Gewürzpaprikas sind rothäutig, von länglicher, spitz zulaufender Form und im Wuchs zierlicher als Gemüsepaprikas. In Inneren befinden sich weiß-gelbe Scheidewände und eine Vielzahl cremefarbener Kernchen.

Geschmack

Frische Gewürzpaprikas schmecken sehr fruchtig und scharf-aromatisch. Da ihre Kerne und Scheidewände jedoch überaus scharf sind sind, sollte man sie vor der Zubereitung entfernen.

Arten, Sorten

Delikatesspaprika ist leuchtend rot und schmeckt hocharomatisch, ist jedoch völlig ohne Schärfe, da bei der Herstellung lediglich das Fruchtfleisch und nicht die Kerne und Scheidewände verwendet werden.

Edelsüß-Paprika ist etwas dunkler, schmeckt fruchtig und nur leicht scharf, da er zwar keine Scheidewände, wohl aber Samen enthält, deren Capsaicin-Anteil jedoch größtenteils durch Wasser entzogen wurde.

Halbsüß-Paprika / Gulaschpaprika ist ein gelblich-rotes, würzig-scharfes Pulver, für dessen Herstellung die ganze Frucht samt Scheidewänden und Samen verwendet wird.

Hirtenpaprika nennt man mild marinierte, konservierte Gewürzpaprikas.
Peperoni-Mix nennt man verschiedenfarbig gemischte, frische Gewürzpaprikas.
Rosenpaprika ist kräftig rotbraun, sehr scharf-aromatisch und kommt meist aus Ungarn. Die ganze Frucht samt Scheidewänden und Kernen (jedoch ohne Stängel und Kelch) wird hierfür vermahlen.
Scharfpaprika / Merkantil-Paprika nennt sich ein bräunlich-rotes, manchmal gelblich-braunes, beißend-scharfes Paprikapulver, das qualitativ gegen die anderen Sorten stark abfällt, da hier meist minderwertige Ware verarbeitet wird. Das heißt, die getrockneten Gewürzpaprikas werden mitsamt den noch anhaftenden Stängeln und Kelchen vermahlen. In Deutschland ist diese Sorte nicht verfügbar.
Schotenpfeffer ist die obsolete Bezeichnung für Paprikapulver.

Hauptinhaltsstoffe

Anthocyan, Calcium, Capsaicin, Capsanthin (Farbstoff), Capsidiol, Eisen, Eiweiß, Flavonoide, Kalium, Phosphor, Provitamin A, Vitamin B 1, B 2, B 6, C, E, Zucker.

Verwendung, Zubereitung

Gewürzpaprikas werden meist zu Würzpulver vermahlen, gelegentlich aber auch wie Essiggurken mariniert und konserviert, um sie dann den unterschiedlichsten Gerichten der Kalten oder Warmen Küche zuzuordnen.
Auf manchen Hühnerfarmen wird bevorzugt Paprikapulver unters Futter gemischt, damit die Eidotter später die vom Verbraucher gewünschte und angeblich »gesunde« tiefgelbe Färbung erhalten; die Färbung des Eigelbs hat darauf jedoch nachweislich keinerlei Einfluss.
Paprikapulver sollte nur leicht in Öl oder Fett angeröstet werden, um den pulvrigen Geschmack zu mildern und die volle Farbausbeute zu erreichen; danach sollte man mit leicht säurehaltiger Flüssigkeit (Wein, Essig, Zitrone) ablöschen, um den Geschmack zu intensivieren. Bei zu starker Erhitzung karamelisieren die Zuckerstoffe des Pulvers zu rasch, verbrennen und nehmen einen dauerhaften Bittergeschmack an.
Paprikapulver wird in verschiedene Schärfegrade eingeteilt, die vom jeweiligen Capsaicin-Gehalt, Herstellungsverfahren und Reifegrad abhängig sind; der höchste Capsaicin-Gehalt liegt in den Scheidewänden und Kernen.

Lagerung

Frische Gewürzpaprikas kühl lagern, da sie bei milden Temperaturen weiterreifen! Da Paprikapulver durch Licht und Lufteinfluss rasch an Farbe und Qualität verliert, sollte es grundsätzlich lichtgeschützt und in gut verschlossenen Behältnissen bevorratet werden.

Volksmedizinische Bedeutung

Paprika besitzt herz- und kreislaufstabilisierende, magen-, nerven- und drüsenanregende, harntreibende, fettstoffwechselfördernde, blutdruckregulierende und allgemein stärkende Eigenschaften. Außerdem wirkt Paprikapulver desinfizierend auf die Schleimhäute und anregend auf die Funktion der Nebennierenrinde, was der Hormonausschüttung sehr zuträglich ist.

Tipp

Im ungarischen Kolacsa, der Hochburg des weltweiten Paprikaanbaus, findet alljährlich ein Paprikafestival statt, das von einem anspruchsvollen Kochwettbewerb begleitet wird. Die mittlerweise zur Touristenmetropole herangewachsene Stadt verfügt sogar über ein eigenes Paprikamuseum.

Petersilie

Petroselinum

Allerweltskraut, Apium petroselinum (bot.), Baqdunis (arab.), Bittersilch(e) (thür.), Federselli, Felseneppich, Fels(en)wurzel, Garteneppich, Gartenpetersilie, Heung choi (chin.), Königin aller Kräuter, Maintanos (griech.), Maydanoz (türk.), Päitala (fränk.), Parsley (engl.), Paseri (jap.), Peiterzilje, Perejil (span.), Persemolo (griech.), Persil (frz.), Persilja (finn., schwed.), Persille (dän., norw.), Peter, Peterchen, Peterle (süddt.), Peterlein, Peterli (schweiz.), Peterling, Peterselie (niederl.), Petersil (österr.), Petersiljen, Petersil(li)g, Petersöll, Petresilum, Petrezselyem (ung.), Petrosélinon (griech.), Petrzel (tschech.), Pétursselja (isl.), Petrushka (russ.), Pietruszka zwyczajna (poln.), Poiterlas (fränk.), Prezzemolo (ital.), Rau mui tay (vietn.), Salsa (port.), Seledri (indon.), Silk, Steinsilge

Allgemeines, Herkunft, Geschichtliches

Die Petersilie ist ein Doldenblütler / Apiaceae (Umbelliferae), der im westlichen Mittelmeerraum und auf den Kanaren beheimatet ist. Im Mittelalter war die Petersilie nicht nur als Heilkraut bei Harnwegsinfektionen und Universalwürzmittel bekannt, sondern galt auch als Symbol der Freude und Festlichkeit. Seit dem 16. Jh. ist sie in Europa das beliebteste und universellste Küchenkraut und wird als »Königin aller Kräuter« geachtet.

Die Petersilie ist als wild wachsende Pflanze zwar weltweit anzutreffen, wird jedoch vorwiegend kultiviert, sogar feldmäßig. Beim Petersilienanbau im eigenen Garten sind folgende sieben Regeln von Nutzen:

1. Der durchschnittlich dreiwöchige Keimvorgang von Petersiliensamen lässt sich beschleunigen, indem man sie über Nacht in warmem Wasser oder, noch vorteilhafter, in dünnem Kamillentee vorquellen lässt.
2. Grundsätzlich sollte Petersilie nicht an Plätzen gezogen werden, die zuvor mit Möhren, Pastinaken oder Sellerie bepflanzt waren; auch die Nachbarschaft zu Dill, Kerbel, Sellerie und Salaten ist zu meiden, da die Ausscheidungen der Petersilienwurzel andere Pflanzen welken lässt.
3. Eine Beipflanzung mit Schafgarbe wirkt sich positiv auf das spätere Aroma des Petersilienkrauts aus.
4. Nach dem Einpflanzen sollten Petersiliensamen regelmäßig gegossen und ggf. gedüngt werden; erst 1 Woche nach Düngung jedoch sollte man das Kraut wieder abernten.

5. Sobald Petersilie keine Erträge mehr bringt, sollte sie von ihrem alten Standort entfernt werden.
6. Petersilie kann man (mit Ausnahme des Herzstücks) bis zu viermal im Jahr abernten, mit der Zeit verliert sie jedoch an Aroma, besonders im zweiten Jahr, in dem sie zum Blühen und Fruchten neigt.
7. Vorjährige Petersilie sollte man zur Blüte kommen lassen, da sie viele Fluginsekten (z. B. Schwebfliegen) ihre Eier dort ablegen, aus denen später blattlausfressende Larven schlüpfen.

Petersilienhochzeit nennt man den Hochzeitstag nach 12 ½ Ehejahren. Traditionell gibt es für die Gratulanten eine Petersilientorte, die folgendermaßen zubereitet wird: Auf einen vorgebackenen, salzigen Mürbeteigboden wird lagenweise eine Mischung aus Frischkäse, Quark, Salz, Knoblauch, Zwiebel, Eigelb, Schnittlauch, Dill, Petersilie und Gelatine gegeben. Dazwischen streut man Schichten aus zerkrümeltem Schwarzbrot. Obenauf garniert man mit Salami, Oliven, Petersilie, Gurke, Tomate usw.

Die botanische Bezeichnung Petroselinum ist abgeleitet vom griechischen »petroselinon«, weil die wilde Petersilie, wie der verwandte Sellerie (griech. selinon) einst genannt wurde, am besten zwischen Steinen (griech. petro) gedeiht.

Aussehen

Die bis zu 60 cm hohe Petersilie hat dunkelgrüne Blättchen, grün-gelbe Blüten und kümmelartige Samen. Gelb-weiße Petersilienblättchen lassen auf Schädlingsbefall, Wassernot oder Wasserstau schließen.

Geschmack

Frisches Petersilienkraut hat einen charakteristischen, herzhaften Geschmack. Getrocknete Petersilie ist im Grunde wertlos, da sie ihre Geschmacksstoffe weitestgehend verloren hat.

Geruch

Petersilie verströmt würzige Düfte.

Arten, Sorten

Blattpetersilie / Petersiliengrün (österr.) nennt man das Blattwerk der Breitblättrigen und Krausen Petersilie.

Breitblättrige Petersilie / Petroselinum latifolium (lat.) / Flache Petersilie / Glattblättrige Petersilie / Glatte Petersilie / Italienische Petersilie / Schnittpetersilie nennt sich eine in Italien beheimatete Petersiliensorte. Da sie im Vergleich zur Krausen Petersilie wesentlich vollmundiger schmeckt, eignet sie sich zwar bestens zum Würzen, hat jedoch den Nachteil, dass sie nach der Ernte schneller welkt! Vorsicht: Breitblättrige Petersilie sollte nicht mit dem wilden Gartenschierling verwechselt werden, der ihr vom Aussehen her zwar fast vollkommen gleich, jedoch sehr unangenehm riecht.

Japanische Petersilie / Cryptotaenia japonica (lat.) / Dreiblätterkraut / Honewort (engl.) / Mitsuba (jap.) / Trefoil (frz.) nennt sich eine in Japan beheimatete, mehrjährige, petersilienartige Pflanze mit dreiteiligen Blättern, die wie eine Mischung aus Engelwurz und Sellerie schmecken. Ihre fleischigen, mehrzähligen Wurzelknollen können im ge-

garten Zustand in der vegetarischen Küche verarbeitet werden, bei Überdosierung oder Überlagerung kann es jedoch zu Magenproblemen kommen.
Krausblättrige Petersilie / Petroselinum crispum (lat.) / Curled parsley (engl.) / Französische Petersilie (österr.) / Gefüllter Peterlein / Krause Petersilie / Krauß Peterlein (altdt.) / Krulpeterselie (niederl.) / Krusselpetersilie heißt eine robuste Weiterzüchtung der Breitblättrigen Petersilie. Sie hat leicht bittere, jedoch sehr dekorative, fein gekräuselte Blättchen, die sich zum Garnieren eignen. Krause Petersilie enthält zwar erheblich mehr Myristicin als die breitblättrige Variante, allerdings liegt ihr Gesamtgehalt an etherischen Ölen mit 0,01% deutlich unter dem der Breitblättrigen (0,04%).
Wurzelpetersilie / Petroselinum tuberosum (lat.) / Hambourg parsley (engl.) / Parsley root (engl.) / Persil racine (frz.) / Peterwurz / Suppenwurzel ist eine Petersiliensorte mit fleischiger, gelb-weißer, rübenförmiger Wurzel, die meist als karottignussiges Suppengewürz oder als wohlschmeckendes Wintergemüse (in Saucen oder frittiert) verarbeitet wird. Die Blätter der Wurzelpetersilie können ganzjährig wie Blattpetersilie verwendet werden! Wurzelpetersilie wird nicht wie die Blattpetersilie im Frühjahr und August, sondern ausschließlich im Frühjahr gesät!

Hauptinhaltsstoffe

Apiin, Apiol, Calcium, Chlorophyll, Eisen, Eiweiß, Flavonoide, Folsäure, Kalium, Kampfer, Limonen, Magnesium, Mangan, Myristicin, Phosphor, Provitamin A, Vitamin B 1, B 2, C (166 mg / 100 g), E.
Der Vitamin-C-Reichtum der Petersilie wird (außer von der Paprikaschote) von keinem anderen Gemüse oder Würzkraut übertroffen; auch der Provitamin-A-Gehalt ist bei der Petersilie am höchsten.

Verwendung, Zubereitung

Petersilie dient dem Garnieren, Würzen und der Geschmacksbetonung kalter und heißer Speisen. Man sollte sie möglichst nicht mitkochen lassen, weil sie ihre Aromastoffe dabei verliert. Vor der Zubereitung sollte Petersilie kurz (sonst gehen Vitamine verloren) und mit lauwarmem Wasser gewaschen werden, das stärkt ihr Aroma. Die Stängel sollte man grundsätzlich entsorgen, da sie meist mit Nitraten verseucht sind.
Um sich das Zerkleinern der Petersilie zu erleichtern, kann man sie gewaschen und gezupft in einem Plastikbeutel einfrieren und im tiefgekühlten Zustand mit den Fingern zerdrücken; danach ist sie wie gewohnt für Suppen, Saucen, Hackfleisch usw. verwendbar; sie sollte jedoch nicht mehr aufgetaut werden, weil sie sonst nicht nur zusammenklebt, sondern auch sehr rasch verdirbt und unangenehm riecht.
Lästige Fettgerüche verhindert oder reduziert man (z. B. bei der Zubereitung von Reibekuchen oder Pommes Frites), indem man kurzzeitig einen Petersilienstängel in das erhitzte Fett oder Öl legt.
Frische Petersilie belebt den Geschmack von Trockenkräutern, wenn man sie zu gleichen Teilen in

ein verschraubbares Gefäß gibt und einige Stunden ziehen lässt!

Gremolata lautet der Name einer italienischen Würzmischung, die in der Regel über das klassische »Osso bucco« (Kalbshaxenscheiben in tomatierter Gemüsejus) gestreut wird. Sie enthält Knoblauch, reichlich gehackte Petersilie und geriebene Zitronenschale.

Persillade nennt man in Frankreich gekochtes, kaltes Rindfleisch, das zuerst mit Essig und Öl gewürzt und danach mit reichlich gehackter Petersilie bestreut wird.

Tabouleh nennt sich ein türkischer Salat, der vornehmlich aus Petersilie, Minze und Tomate besteht.

Lagerung

Petersilie lässt sich problemlos einige Tage bevorraten, wenn man sie entweder mit den Stängeln in kaltes Wasser stellt oder angefeuchtet und in Zeitungspapier gewickelt in das Gemüsefach des Kühlschranks legt.

Volksmedizinische Bedeutung

Frische Petersilie hat nicht nur appetit- und verdauungsanregende, blutreinigende, nerven- und immunsystemstärkende, potenzsteigernde, schleimlösende und harntreibende Eigenschaften, bei Insektenstichen, Ohren- und Zahnweh, Verletzungen, Quetschungen und Verstauchungen wirkt sie sogar schmerzstillend.

Mundgeruch (auch nach Alkohol- oder Knoblauchgenuss) vertreibt man durch das gemächliche Zerkauen einiger Petersilienblättchen.

Ein probater Fettkiller ist purer, frisch gepresster Petersiliensaft, wenn man ihn täglich, vermischt mit 200 ml Gemüsesaft, zu sich nimmt. Schon nach 1 Woche erhöht sich die Kalorienverbrennung um bis zu 30%.

Ein Tee aus Petersiliensamen gilt als heilsam bei Blasenschwäche, Bluthar, gestörtem Blutumlauf, Gicht, Harnsteinen, Harnverhalten und Wassersucht, doch *Vorsicht:* Während der Schwangerschaft, bei schweren Nieren- und Leberschäden und bei Herzrhythmusstörungen sollte er aufgrund seines Calciumoxalat-Reichtums (erhöhte Gefahr der Steinbildung) nicht getrunken werden.

Entgiftende Eigenschaften besitzt eine Teemischung, die zu jeweils einem Drittel aus zerkleinerter frischer Petersilie, Goldruten- und Zinnkrautblättern (aus der Apotheke) besteht und warm oder kalt möglichst mehrmals täglich und mindestens 14 Tage lang eingenommen werden sollte.

Tipp

Perejil nennt man nicht nur die Petersilie in Spanien, so heißt auch ein unbewohntes, felsiges Inselchen zwischen Spanien und Marokko, dessen exakte Nationalitätszugehörigkeit seit der Kolonialherrschaft umstritten ist.

Pfeffer

Piper

Biber (türk.), Bors (ung.), Filfil (arab.), Hu-Chiao (chin.), Koshou (jap.), Lentisco, Milagu (ind.), Peber (dän.), Pepe (ital.), Peper (niederl.), Peperi (griech.), Peppar (schwed.),

Pepper (engl., norw.), Pepr (tschech.), Perets (russ.), Pfeffar (althochdt.), Pfefferkorn, Pieprz (poln.), Pimenta (port.), Pimienta (span.), Pipar (finn., isl.), Piper (fries., rumän.), Piperi (griech.), Pippali (altind.), Pippuri (finn.), Poivre (frz.), Schwarzes Gold

Allgemeines, Herkunft, Geschichtliches

Als Pfeffer bezeichnet man die Früchte eines immmergrünen, bis zu 15 m langen, rankenden Pfeffergewächses (Piperaceae), das schon seit über 4000 Jahren an der indischen Malabarküste gedeiht. Über Ägypten gelangte das »Schwarze Gold« schließlich auch nach Venedig und Rom, wo es während der Belagerung (408 n. Chr.) als Zahlungsmittel benutzt wurde; die Redewendung »Die Preise sind gepfeffert!« stammt noch aus dieser Zeit.

Die größten Anbaugebiete des Pfeffers findet man heute in Borneo, Brasilien, Indien, Indonesien, Java, Kongo, Madagaskar, Malakka, Malaysia, Sumatra, auf den Sundainseln und in Thailand, wo er heute noch von Hand geerntet wird. 10% des weltweit verbrauchten Pfeffers wird in deutschen Kochtöpfen verwürzt! Als Pfefferküste bezeichnet man heute nicht nur die Malabarküste in Indien, sondern auch die Strandgebiete des westafrikanischen Staates Liberia.

Die alten Inder nannten den Pfeffer Pippali was mit »Beere« oder »Pfefferkorn« übersetzt wird. Aus »pippali«, dem griechischen »peperi« und dem lateinischen »piper« entwickelte sich »Pfeffer«.

Das englische »pepper« bezeichnet nicht nur den Pfeffer, sondern auch Chilis und Gewürzpaprika.

Aussehen

Grüner Pfeffer / Filfil akhdar (arab.) / Gränn pipar (isl.) / Green pepper (engl.) / Grönpeppar (schwed.) / Pepe verde (ital.) / Pimenta-verde (port.) / Poivre vert (frz.) / Viher pippuri (finn.) / Yesil biber (türk.) / Zelcný pepr (tschech.) / Zelyoyj perets (russ.) / Zöldbors (ung.) wird aus den unreifen, grünen, noch unverfestigten Beeren des Pfefferstrauchs gewonnen. Er schmeckt erstaunlich mild, nur dezent pfeffrig und ist seit den 70er Jahren des 20. Jh.s entweder in saurer Salzlake oder gefriergetrocknet auf dem Markt. Vor dem Würzen sollte Grüner Pfeffer leicht angedrückt werden!

Roter Pfeffer sagt man nicht nur zu Chili, sondern auch zu den vollreif geernteten, scharf-aromatischen, leuchtend roten Pfefferkörnern, wenn sie zuerst schonend getrocknet und dann in Salzlake oder Essig eingelegt in den Handel gelangen.

Schwarzer Pfeffer / Piper nigrum (lat.) / Black pepper (engl.) / Cerný pepr (tschech.) / Chiornyj perets (russ.) / Czarny pieprz (poln.) / Echter Pfeffer / Feketebors (ung.) / Filfil aswad (arab.) / Kara biber (türk.) / Musta pippuri (finn.) / Pepe negro (ital.) / Pimenta preta (port.) / Pimienta negra (span.) / Piperi mauro (griech.) / Piper negru (rumän.) / Poivre noir (frz.) / Sort peber (dän.) / Svart-peppar (schwed.) / Swartur pipar (isl.), Zwarte peper (niederl.) entsteht aus grünen Pfefferkörn-

chen, die sich durch Weiterreifung in fast schon orangefarbene Kügelchen verwandelt haben: Durch intensive Sonnentrocknung werden daraus feste, runzlige, braunschwarze, feurig-scharfe Körnchen. Im vermahlenen Zustand sollte hochwertiger Schwarzer Pfeffer nicht schwarz, sondern eher hellgrau aussehen.
Weißer Pfeffer / Bai hu jiao (chin.) / Belyj perets (russ.) / Beyaz biber (türk.) / Bialy pieprz (poln.) / Bílý pepr (tschech.) / Fehérbors (ung.) / Filfil abyad (arab.) / Hvid peber (dän.) / Hvitpepper (norw.) / Hvitur pipar (isl.) / Pepe bianco (ital.) / Pimenta bianca (port.) / Pimienta blanca (span.) / Piper alb (rumän.) / Piperi aspro (griech.) / Poivre blanc (frz.) / Valko pippuri (finn.) / Vitpeppar (schwed.) / White pepper (engl.) / Witte peper (niederl.) entsteht aus vollreif geerntetem, an Johannisbeeren erinnerndem Roten Pfeffer: Nachdem die roten Körnchen ca. 10 Tage in einer sogenannten Wasserröste gelegen haben, werden sie gehäutet und getrocknet und erlangen so ihre Hellhäutigkeit. Weißer Pfeffer ist aufgrund seines Schalenverlusts und dem damit verbundenen Piperin-Gewinn scharfwürziger als Schwarzer, jedoch wesentlich aromaschwächer.

Geschmack

Pfeffer schmeckt je nach Sorte und Herkunft von mild bis feurig-scharf.

Arten, Sorten

Aschantipfeffer / Piper guinenses (bot.) / Afrikanskyj perets (russ.) / Ashanti bors (ung.) / Ashanti pepper (engl.) / Falscher Kubebenpfeffer / False cubeb pepper (engl.) / Pieprz aschanti (poln.) / Pimenta-de-rabo (port.) / Poivre du Kissi (frz.) nennt sich ein kleinkörniges Mitglied der Pfefferfamilie, das in Afrika beheimatet ist.
Balinesischer Pfeffer / Piper retrofractum (bot.) / Balinese pepper (engl.) heißt ein mit der Pfefferpflanze verwandtes Gewächs, das lediglich in seinen Anbauländern als Würzmittel genutzt wird.
Betelpfeffer / Piper betle (bot.) nennt man ein indisches Pfeffergewächs, das in ganz Südasien angebaut wird. In Indien werden Betelpfefferblätter zusammen mit Zimt und gebranntem Kalk als euphorisierendes Rauschmittel verwendet, indem man sie um zerteilte Betelnüsse legt und dann langsam zerkaut, um sie später unter roter Speichelabsonderung wieder auszuspucken.
Chinesischer Pfeffer / Zanthoxylum piperitum (bot.) / Anise pepper (engl.) / Anispfeffer / Ánizsbors (ung.) / Blütenpfeffer / Chinapfeffer / Chinese pepper (engl.) / Fagara (chin.) / Indonesian lemon pepper (engl.) / Indonesischer Zitronenpfeffer / Japan bors (ung.) / Japanese pepper (engl.) / Japanese prickly ash (engl.) / Japanischer Bergpfeffer / Japan(ischer)pfeffer / Kinai bors (ung.) / Nepal(esischer)pfeffer / Pieprz zoltodrzew (poln.) / Poivre du Setchuan (frz.) / Sansho (jap.) / Sansho-Pfeffer / Sechuan Peber (dän.) / Sechuan peper (niederl.) / Setsuanin pippuri (finn.) / Sez-chuan-peppar (schwed.) / Sichuan pepper (engl.) / Sichuanpfeffer / Sichuanpiper (isl.) / Sprice pepper (engl.) /

Szechuan-Pfeffer / Szechwanpfeffer / Szecsuáni bors (ung.) / Szetchwanpepper (engl.) / Szetschuan-Pfeffer / Yaponskij perets (russ.) / Zitronenpfeffer nennt man die getrockneten, rotbraun gesprenkelten, pfefferartigen Beeren des überwiegend in der chinesischen Provinz Szechuan kultivierten Gelbholzbaumes, der, wie die Orangen und Zitronen, den Rautengewächsen (Rutaceae) zugeordnet wird. Chinesischer Pfeffer schmeckt leicht beißend und auch pfeffrig, besitzt nebenher aber noch ein angenehmes Zitronenaroma. Meist wird er in der orientalischen Küche oder zur Produktion der sogenannten Chinawürze (»Fünf-Gewürz«) verarbeitet. In fest verschlossenen Behältern lässt sich unzerkleinerter Chinapfeffer nahezu unbegrenzt aufbewahren.

Diätpfeffer nennen die Ordensschwestern der Fuldaer Abtei ein pfefferähnliches Mischgewürz, das sie aus selbst angebautem Basilikum, Rosmarin und Bohnenkraut herstellen.

Kubebenpfeffer / Piper cubeba (bot.) / Cubeba (port., span., tschech.) / Cubebe (niederl.) / Cubèbe (frz.) / Cubebi (ital.) / Cubeb pepper (engl.) / Java peppercorn (engl.) / Javanese pepper (engl.) / Jawanischer Pfeffer / Koubeba (griech.) / Kubeba (russ.) / Kubeba bors (ung.) / Kubebapeppar (schwed.) / Kübabe (türk.) / Pieprz kubeba (poln.) / Poivre de Java (frz.) / Poivre de queue (frz.) / Qubebenpfeffer / Schwanzpfeffer / Stielpfeffer / Tailed pepper (engl.) heißt eine grauschwarze, scharfe, großkörnige, jedoch meist hohle und deshalb minderwertige Pfeffersorte aus Indonesien oder Java. Gelegentlich wird Kubebenpfeffer auch heute noch als Ersatz für echten Pfeffer verwendet, meist dient er jedoch der Produktion von Heilöl, das nicht selten bei Harnwegsinfektionen und Bronchitis eingesetzt wird.

Langer Pfeffer / Piper longum (bot.) / Bengali bors (ung.) / Bengalischer Pfeffer / Bengal pepper (engl.) / Bi ba (chin.) / Cha-Plu (thail.) / Dlinnyj perets (russ.) / Indian long pepper (engl.) / Jaborandi pepper (engl.) / Jaborandipfeffer / Lang peppar (schwed.) / Langwerpige peper (niederl.) / Long pepper (engl.) / Makro piperi (griech.) / Pepr dlouhý (tschech.) / Pieprz dlugi (poln.) / Poivre long (frz.) / Stangenpfeffer / Uzun biber (türk.) wird in Indien kultiviert. Die länglichen, kümmelähnlichen Körner dieses Pfeffergewächses, die an einer Ähre zusammengewachsen sind, schmecken sehr mild, da ihnen Harze fehlen, die Blätter hingegen sind teuflisch scharf. In Thailand werden diese Blätter entweder in Suppen mitgekocht oder dienen der Umhüllung kleinere Mundbissen, die zuvor mit Erdnüssen, Shrimps oder Ingwerwürfeln gefüllt werden.

Malabar-Pfeffer ist keine spezielle Pfeffersorte, sondern bezeichnet lediglich die Herkunft.

Mignonnette nennt man eine Mischung verschiedenfarbiger, grob vermahlener Pfefferkörner.

Rosa Pfeffer / Schinus terebinthifolius (bot.) / Arveira (span.) / Baies roses (frz.) / Balsame delle Missioni (ital.) / Brasilianischer Pfeffer /

Owoce schimusowe (poln.) / Pembebiber (türk.) / Pepe rosa (ital.) / Perets rozovyj (russ.) / Pimenta-rosa (port.) / Pink pepper (engl.) / Piper brazilian (rumän.) / Pirul (span.) / Rosa Beeren / Rosalinie / Rosé peppar (schwed.) / Rosé Pfeffer / Rose pippuri (finn.) / Roze peper (niederl.) / Rózsazin bors (ung.) / Schino brasiliano (ital.) / Schinus-Pfeffer nennt man die pfefferähnlichen Früchte des aus Südamerika stammenden, strauchartigen Pfefferbaums mit farnartigen Blättern, der den Sumachgewächsen (Anacardiceae) zugeordnet wird. Da seine dekorativen, roséfarbenen Körnchen sehr lieblich, wacholdrig und sogar leicht zuckrig schmecken, werden sie meist unvermahlen verzehrt, vor hohen Dosierungen wird jedoch aufgrund ihrer Schleimhaut reizenden Eigenschaften gewarnt! Entdeckt wurde der Rosa Pfeffer zuerstvon dem französischen Gewürzhändler Bernard Broquère auf der Insel Réunion im Indischen Ozean.

Tasmanischer Pfeffer / Tasmannia lanceolota (bot.) / Australischer Pfeffer / Bergpfeffer / Hegyi bors (ung.) / Mountain pepper (engl.) / Native pepper (engl.) / Poivre indigène (frz.) / Tasman bors (ung.) / Tasmanian pepper (engl.) / Tasmanijskij perets (russ.) nennt man die Früchte eines rotstämmigen, australischen Gewürzstrauchs, der der seltenen südostasiatischen Winteraceae-Familie angehört. Der Geschmack seiner schwarzen, pfefferähnlichen Beeren ist anfangs süßlich, verwandelt sich dann rasch, doch nur für kurze Zeit in penetrante Schärfe, um schließlich in ein Gefühl absonderlicher Taubheit zu münden. In Australien dient Tasmanischer Pfeffer mitsamt seinen getrockneten und vermahlenen Blättern meist dem Würzen von Känguruh- und Straußenfleisch. In Tasmanien hat dieser Gewürzstrauch seine höchsten Vorkommen.

Hauptinhaltsstoffe

Aromastoffe, Harze, etherische Öle, Piperin.

Verwendung, Zubereitung

Da der Pfeffer sein Aroma nach dem Vermahlen schnell verliert, sollte er erst kurz vor Bedarf zerkleinert werden. Pfeffer sollte nicht zu hohen Temperaturen ausgesetzt werden, weil seine geschmacksgebenden, hitzeempfindlichen etherischen Öle sonst bitter werden und ihr Aroma einbüßen.

Perzowka heißt eine namhafte, mit schwarzem Pfeffer aromatisierte, russische Wodkasorte.

Lagerung

Gemahlener Pfeffer sollte in einem fest verschlossenen Gefäß aufbewahrt werden, da sich seine etherischen Öle sonst verflüchtigen.

Volksmedizinische Bedeutung

Pfeffer wirkt nicht nur appetit- und speichelflussanregend, antibakteriell, hautreizend, durchblutungs- und verdauungsfördernd (guter Fettverdauer), er besitzt auch magenstärkende und fiebersenkende Eigenschaften. Erkältungsbeschwerden bekämpft man, indem man alle 3–4 Stunden zwei bis drei grüne Pfefferkörner zerkaut. Schluckauf vertreibt man im Nu, indem man frisch gemahlenen Pfeffer durch die Nase einatmet.

Tipp

Ein paar unzerkleinerte Körner im Pfefferstreuer verhindern das Verstopfen der Streuöffnungen und steigern zugleich das Aroma des gemahlenen Pfeffers!

Pfefferminze

Mentha piperita

Aderminte, Aderminze, Balsam(kraut), Bors(os)menta (ung.), Braunheiligenkraut, Daun pudina (indon.), Echte Minze, Edelminze, Englische (Pfeffer-)Minze, Eqama (arab.), Gartenminze, Hausminze, Hierba buena (span.), Hirschminze, Hortela pimenta (port.), Krone der Aphrodite, Mänthenkraut, Maienminze, Mata (tschech.), Máta peprná (tschech.), Menta (ital., span., ung.), Menta pepe (ital.), Menta piperita (span.), Menthe (frz.), Menthe anglaise (frz.), Menthe poivrée (frz.), Mieta (poln.), Mieta pieprzowa (poln.), Mint (engl.), Minta (isl.), Minthe (griech.), Minttu (finn.), Minze, Minzkraut, Münz (altdt.), Munt (niederl.), Myata (russ.), Myata perechnaya (russ.), Mynta (schwed.), Mynte (dän., norw.), Oderminze, Peperminte, Pepermunt (niederl.), Pepparmynta (schwed.), Peppermint (engl.), Peppermynte (norw.), Piparminta (isl.), Pipparminttu (finn.), Prominenzblätter, Prominzen, Schmecker(ts), Sentebon (frz.), Teeminze, Xiang hua (chin.)

Allgemeines, Herkunft, Geschichtliches

Die Minze ist in mediterranen Gegenden zu Hause, wo sie schon zu biblischen Zeiten als Heil- und Kultpflanze Aufsehen erregte. Im 5. Jh. erreichte sie durch römische Händler auch mittel- und nordeuropäische Gefilde, als Pfefferminze gelangte sie jedoch erst im 18. Jh. nach Deutschland und zwar über England, wo sie schon 1696 von dem Biologen John Ray in der Nähe von Herfordshire als mutmaßlicher Bastard der Grünen und der Wasserminze entdeckt und feldmäßig kultiviert wurde. Seither ist grundsätzlich Pfefferminze gemeint, wenn landläufig nur von Minze die Rede ist.

Die großflächigsten Anbaugebiete der Minze, von der es heute infolge unzähliger Kreuzungen und Bastardisierungen eine labyrinthische Sortenvielfalt gibt, liegen in Afrika, Asien, Nordamerika und Osteuropa. Am wohlsten fühlt sich diese sonnenhungrige Lippenblütlerin / Lamiaceae (Labiatae), die aufgrund ihrer Vielseitigkeit 2004 zur Arzneipflanze des Jahres gekürt wurde, an feuchten Standorten; dort breitet sie sich aus, vermehren lässt sie sich jedoch lediglich durch Wurzelausläufe, da sie fast nie Samen ansetzt.

Die Pfefferminze kann zu Beginn der Blüte (Ende Juni), 4 Wochen später wieder und einige Wochen danach zum dritten Mal geerntet werden; ein radikaler Rückschnitt nach der ersten Ernte führt zu buschigerem Wuchs.

Das lateinische »mentha« ist vom griechischen »minthe« abgeleitet. Sie erinnert an eine Sage, in der die Geliebte des Gottes Hades, die Nymphe Minthe, dessen eifersüchtige Gattin umbrachte, die danach als duftendes Minzepflänzlein wieder auf der Welt erschienen sein soll. Die lateinische Zusatzbezeichnung »piperita« für »Pfeffer« deutet auf das pfefferscharfe Aroma der Pfefferminze hin.

Aussehen

Die Pfefferminze hat stark wuchernde, gerippte, meist behaarte, eiförmige Blätter, rötliche, bis zu 60 cm lange Stängel und weißliche oder rosa Blütchen.

Geschmack

Frische Pfefferminzblätter, besonders die vom siebten bis neunten Ansatz, besitzen einen charakteristischen Mentholgeschmack, der sich im getrockneten Zustand noch verstärkt.

Geruch

Minze verströmt angenehme, erfrischende Düfte.

Arten, Sorten

Ackerminze / Mentha arvensis (lat.) / Baume des champs (frz.) / Corn mint (engl.) / Feldminze / Field mint (engl.) / Kornminze besitzt leicht angesägte, dunkelrot überlaufene Blätter, die meist der Herstellung von sogenanntem Japanischen Heilpflanzenöl dienen. Von der Ackerminze stammen die meisten Kultivate ab, sowohl behaarte als auch unbehaarte; von der Geschmacksintensität und dem Wasserbedarf her sind jedoch alle nahezu gleich.

Ährenminze / Mentha spicata var. lanceolota (lat.) / Dyosmos (griech.) / Grüne Roßminze / Waldminze nennt sich ein wohlriechender, lila blühender Abkömmling der Ananas- und Roßminze, aus dem die meisten krausblättrigen Kultivate abstammen.

Ananasminze / Mentha suaveolens (lat.) heißt eine zierliche Weiterentwicklung der Grünen Minze mit leicht behaarten, weißscheckigen Blättern und schwach ananashaftem Aroma.

Apfelminze / Mentha rotundifolia (lat.) / Rundblättrige Minze nennt sich die Größte aller Minzen. Es handelt sich hierbei um eine englische Weiterzüchtung der Wilden Minze mit lavendelfarbenen Blütchen und runzligen, mentholhaltigen Blättchen, die apfelkuchenartige Düfte verströmen.

Eau-de-Cologne-Minze / Eau de cologne mint (engl.) / Kölnisch-Wasser-Minze: Diese großwüchsige Varietät der Orangenminze riecht nach Kölnisch Wasser, hat dunkelgrüne Blätter und rötliche Stängel. Kölnisch Wasser wurde 1714 in Köln, jedoch nicht von einem Deutschen, sondern von dem damals in Köln lebenden Italiener Giovanni Maria Farina kreiert. Mit seinem charakteristischen Odeur sollte es an einen italienischen, mit Orangenblütenduft erfüllten Frühlingsmorgen nach einem leichten Regenguss erinnern.

Echte Bergminze / Calamintha officinalis (lat.) / Calamintha sylvatica (bot.) / Bergmelisse / Bergthymian / Calamint (engl.) / Römische Minze / Waldquendel lautet der Oberbegriff eines Lippenblütlers, der zwar ebenfalls mentholhaltige Inhaltsstoffe besitzt, jedoch nicht zu den Minzen, sondern zu den Calaminten gehört. Die Heimat der Echten Bergminze liegt in Italien, wo sie meist dem Würzen landestypischer Gerichte dient.

Falsche Apfelminze nennt sich eine tiefblau blühende Kreuzung der Apfelminze mit der Roßminze.

Fruchtminze / Mentha piperita var. citrata (lat.) / Bergamottminze / Orangenminze / Zitronenminze ist eine rot-grüne, mentholfreie Varietät der Pfefferminze mit einem fruchtigen, an Bergamotte, Orangen und/oder Zitronen erinnernden Geschmack.

Grüne Minze / Mentha spicata (lat.) / Menthe verte (frz.) nennt sich ein artenreiches Mitglied der Minzefamilie mit gekräuselten, leuchtend grünen Blättern und rosa-violetten Blütchen. In England gilt die Grüne Minze als wichtigste Minzsorte überhaupt, da sie mehrheitlich für die Zubereitung der berühmten Mintsauce verwendet wird.

Katzenminze ist ein wichtiges Mitglied der Lippenblütlerfamilie, das aufgrund seiner Mentholhaltigkeit geschmacklich mit der Minze durchaus vergleichbar und konkurrenzfähig ist, botanisch jedoch nicht den Minzen, sondern den sogenannten Nepeten zugeordnet wird. Unterschiedliche Varietäten der Katzenminze sind unter Nepeta verzeichnet.

Krause Minze / Mentha spicata var. crispa (lat.) / Fodormenta (ung.) / Frauenminze / Krauß Münz (altdt.) nennt sich eine milde Weiterentwicklung der Grünen Minze mit auffällig gekrausten, dunkelgrünen Blättern.

Limonenminze: grün-rotblättrige Variante der Orangenminze, die nach Zitronenschalen duftet.

Mitcham nennt sich die bekannteste Pfefferminzsorte. Sie ist eine der ältesten Zuchtformen und stammt aus der Gegend um Mitcham, einer englischen Kleinstadt. Die Stängel und Blätter der Mitcham haben eine dezente, jedoch äußerst attraktive Rotfärbung.

Nana (marokk.) / Nane (türk.) / Naneminze / Marokkanische Minze / Türkische Minze ist eine anspruchslose, stark wuchernde Minzesorte, die in Marokko erstmals kultiviert wurde, wo sie heute noch vorwiegend der Teeherstellung dient. Sie hat runzlige Blätter, rosa Blüten und einen fruchtigen, kümmelartigen Geschmack. In manchen Ländern nennt man auch die gemeine Pfefferminze Nane oder Nana.

Nepeta cataria (lat.) / Catmint (engl.) / Echte Katzenminze / Gewöhnliche Katzenminze / Herbe aux chats (frz.) / Kattekruid (niederl.) / Steinmelisse hat weiße Blütchen, kriechende Stängel und aufrecht stehende, graue Blättchen. Ihre Triebspitzen dienen dem Würzen kalter Speisen oder der Herstellung gesundheitsfördernder Tees. Da dieser hübsche Lippenblütler Katzen magisch anzieht, sollte man sie mit einer Glocke aus Zaundraht schützen!

Nepeta cataria citriodora (lat.) / Weiße Melisse / Zitronen-Katzenminze nennt man eine heimische, wild wachsende und kälteresistente Katzenminzesorte, die aufgrund ihres zitronigen Odeurs häufig mit der Zitronenmelisse verwechselt wird, jedoch wesentlich aromatischer schmeckt!

Nepeta faasenij (lat.) / Nepeta mussini (fälschl.) / Blauminze ist eine grau-blaublättrige, bis 25 cm hohe Katzenminzesorte, die meist nur zur dekorativen, insektenanziehende Einfassung von Beeten genutzt wird. Sie ist aus einer Kreuzung der Nepeta nepetella mit der Nepeta racemosa hervorgegangen.

Nepeta grandiflora (bot.) / Großblütige Katzenminze heißt eine blassrot blühende, bis 60 cm hohe Katzenminzesorte, die aufgrund ihrer Größe und ihres schwachen Aromas meist nur als Zierpflanze Verwendung findet.

Nepeta nepetella (lat.) / Lanzettblättrige Katzenminze ist eine Katzenminzesorte mit charakteristischen, *lanzen*förmigen Blättchen.

Nepeta racemosa (lat.) ist eine blaublütige, sehr schmalblättrige, bis zu 25 cm hohe Katzenminzesorte, die sehr buschig werden kann und balsamische Düfte abgibt.

Polei-Minze / Mentha pulegium (lat.) / Menthe pouliot (frz.) / Pennyroyal (engl.) / Polei (niederl.) ist eine kriechende Minzesorte mit leuchtend grünen Blättern und purpurfarbenen Blüten. Da die Polei-Minze das giftige Pulegon enthält, das in hoher Dosierung gesundheitsschädigend ist, wird sie heute medizinisch nicht mehr genutzt, ist aber seit vielen Jahren ein wichtiger Bestandteil des englischen Duftrasens. Einst kam die Polei-Minze sowohl als Mittel gegen Katzenungeziefer als auch in der Schifffahrt zum Einsatz, um Trinkwasser frischzuhalten.

Rossminze / Mentha longifolia (lat.) / Hertsmunt (niederl.) / Horsemint (engl.) / Langblättrige Minze / Menthe chevaline (frz.) / Pferdeminze / Wilde Minze findet man in ganz Europa. Sie hat längliche, schmale, graue Blätter, die sich am besten zum Würzen von Currygerichten und Chutneys eignen. Rossminze besitzt die Eigenart, mit verwandten Arten Bastarde zu bilden, die sich später dann nur noch sehr schwer bestimmen lassen.

Speerminze / Kaugummiminze / Spitzminze / Spitzmünz (altdt.) / Spearmint. (engl.) nennt sich eine Weiterentwicklung der Grünen Minze mit speerförmigen Blättern, die aufgrund des dominanten Geschmacks und Dufts ihrer Blüten vorwiegend für die Herstellung von Zahnpasten, Deos und Kaugummi (z. B. Wrigley's Spearmint-Gum) verwendet wird.

Steinminze / Calamintha grandiflora (lat.) / Großblättriger Steinquendel ist ein hocharomatisches, sehr flach wachsendes Calaminten-Mitglied (s. u. Echte Bergminze) mit zartrosa Blüten und leicht behaarten, gezackten, abwärts gebogenen Blättern.

Wasserminze / Mentha aquatique (lat.) / Bachminze / Fischminze / Krötenkraut / Menthe aquatique (frz.) / Menthe rouge (frz.) / Wassermünz (altdt.) / Water mint (engl.) / Watermunt (niederl.) nennt man eine meist wild wachsende, 20–80 cm hohe Minzesorte mit grün-roten Blättern, die wegen ihres strengen Geschmacks nur selten in der Küche Nutzung findet, wegen ihres

hohen Gehalts an wertvollen etherischen Ölen wohl aber relativ häufig medizinisch verwendet wird.
Weiße Minze / Mentha x piperita var. officinalis (lat.) / Pfälzer Pfefferminz / Schweizer Minze / Weiße Englische Münze / Weiße Pfefferminze nennt sich eine anthocyanfreie (farbstofflose) und infolgedessen weißblättrige Minzesorte.

Hauptinhaltsstoffe

Betain, Cholin, Cineol, Eisen, Flavonoide, Karotinoide, Menthol, Pulegol, Tannin, Vitamin B 1, B 2, B 6, B 9, C, E, Zink.

Verwendung, Zubereitung

Minzeblättchen und -blüten dienen entweder der Dekoration, dem Würzen von kalten und warmen Speisen oder der Öl- und Teeherstellung; in der arabischen und islamischen Welt gilt Pfefferminztee sogar als Volksgetränk Nr. 1. Um die charakteristischen Aromastoffe der Minze während der Teezubereitung den Blättern möglichst vollständig zu entziehen, sollte man ihn nicht kochen, sondern nur mit heißem Wasser überbrühen und mit Zucker oder Honig süßen, weil das die Wirksamkeit der Inhaltsstoffe erhöht.
Das etherische Öl der Minze wird oft in Likören, Süßwaren und bei der Herstellung von Zahnpasten genutzt, man kann aber auch Ratten und Mäuse damit vertreiben, indem man von Zeit zu Zeit ein paar Tropfen davon in den Kellerräumen verteilt. Für Ameisen und Erdflöhe an Garten- und Zimmerpflanzen ist nichts unangenehmer als kalter Pfefferminztee!
Pfeffi nennt sich ein Berliner Likör mit Pfefferminzgeschmack.
Raita heißt ein nahrhaftes, indisches Erfrischungsgetränk, das aus Naturjoghurt, zerkleinerter Minze, zerstoßenen Eiswürfeln, geraspelter Salatgurke, Salz und Pfeffer besteht.

Lagerung

Nach der Ernte lassen sich frische Minzeblättchen nur noch wenige Stunden in einem Wasserglas aufbewahren.

Volksmedizinische Bedeutung

Die Minze hat nicht nur antibakterielle, wärmende, harntreibende, motivierende, lustbringende und erfrischende Eigenschaften, sie hilft auch bei Prellungen, Verkrampfungen, Übelkeit und Völlegefühl. Pfefferminztee ist hilfreich bei Blähungen, Durchfall und Verstopfung; sogar Spannungskopfschmerz, Migräne, Schlaflosigkeit, Nervosität und Zahnschmerzen lassen sich damit bekämpfen; man sollte ihn jedoch nicht täglich trinken, da seine Inhaltsstoffe den Schließmuskel des Magens öffnen, sodass Magensäure in die Speiseröhre gelangt, was wiederum zu starkem Sodbrennen und Schlaflosigkeit führen kann.
Bei Befindlichkeitsstörungen, Frühjahrsmüdigkeit und Wetterwechsel empfiehlt sich ein mit Honig gesüßter Mix aus lauwarmem Pfefferminztee und angewärmter Milch, der in kleinen Schlucken zu sich genommen werden sollte! Kreislaufschwäche bekämpft man mit Pfefferminztee, dem frisch gemahlener Pfeffer zugesetzt wurde. Fußschweiß arbeitet man nachhaltig

entgegen, indem man die Schuhe hin und wieder mit Minzeblättchen auslegt!

Tipp

Das beliebteste Katzenspielzeug ist eine Stoffmaus, wenn sie zuvor mit getrockneter Katzenminze und Baldrianwurzeln gefüllt wurde!

Piment

Pimenta dioica

Allehande (dän., norw.), Allerleigewürz, Allgewürz, Allrahanda (isl.), Allspice (engl.), Amomummag (ung.), Amonum, Aromapfeffer, Bahar halibu (arab.), Englischer Pfeffer, Englisches Gewürz, Englischgewürz, Enibahar (rumän.), Fructus pimentae (pharm.), Gewürzkörner, Gewürzmyrte, Gewürzpfeffer, Jamaica peper (niederl.), Jamaica pepper (engl.), Jamaika biber (türk.), Jamaikai szegfübors (ung.), Jamaikapfeffer, Kebab chene (ind.), Korzennik lekarski (poln.), Kryddpeppar (schwed.), Maustepippuri (finn.), Modegewürz, Myrtle pepper (engl.), Nelkenpfeffer, Neugewürz (böhm., österr.), Neuwürze, Newspice (engl.), Nové koreni (tschech.), Pepe di Giamaica (ital.), Piment (frz., niederl., slowen.), Pimenta (griech.), Pimenta-da-Jamaica (port.), Pimenta dvudomiya (russ.), Pimenta officinalis (bot.), Piment Jamaique (frz.), Pimento (engl., griech., ital., ung.), Pimienta de Jamaica (span.), Pimienta gorda (span.), Poivre aromatique (frz.), Poivre de la Jamaique (frz.), Szegfübors (ung.), Toute-épice (frz.), Viergewürz, Yamajskij perets (russ.), Yenibahar (türk.)

Allgemeines, Herkunft, Geschichtliches

Die Heimat des sehr schlankwüchsigen Nelkenpfefferbaums liegt zwar auf den Karibischen Inseln (Jamaika), plantagenmäßig wird dieses bis zu 100 Jahre alt werdende Myrtengewächs (Myrtaceae) jedoch auch in Mittelamerika kultiviert.

Während man von ostasiatischen Gewürzen im europäischen Raum schon lange vor unserer Zeitrechnung wusste, erfuhr man vom Piment erst 1493, als Christoph Kolumbus von seiner zweiten großen Seereise zurückkehrte, die ihn auf die Karibischen Inseln geführt hatte.

Erwähnenswerte Anbaugebiete des elfenbeinfarben blühenden und bis zu 15 m hohen Pimentbaums liegen heute in Barbados, Costa Rica, Guatemala, Haiti, Honduras, Indien, Jamaika, Kuba, Mexiko, Trinidad und Venezuela.

Die englische Bezeichnung »Allspice« verweist auf die vielfältigen Geschmacksrichtungen des Piments. Der Name Piment deutet auf spanischen Einfluss; Kolumbus verwechselte Piment mit dem Pfeffer (span. pimienta).

Aussehen

Der weißrindige Nelkenpfefferbaum hat dunkelgrüne, glänzende Blätter. Die zweisamigen (lat. dioica) Pimentkörnchen ähneln zwar den Pfefferkörnern, sie sind jedoch etwas größer und haben eine kurios verschrumpelte, rotbraune Oberfläche.

Geschmack

Im Pimentkorn vereinen sich Nelken-, Zimt-, Pfeffer-, Muskat- und

Mandelgeschmäcker; sein stärkstes Aroma liegt jedoch in der Schale.

Geruch

Piment besitzt ein unverwechselbares, nelkenhaftes Odeur.

Arten, Sorten

Baskischer Nelkenpfeffer nennt sich Piment aus Spanien.

Malaguetapfeffer / Aframomum melegueta (bot.) / Paradieskörner / Vogelpfeffer heißen die kleinen, scharfen, dunkelbraunen Beeren eines mit dem Pimentbaum verwandten, westafrikanischen Gewächses.

Pimenta racemosa heißt ein minderwertiger Verwandter des echten Piments mit wesentlich kleineren Beeren und lorbeerartigen Blättern, die entweder der Ölproduktion dienen, nicht selten aber auch als echte Lorbeerblätter verkauft werden.

Westindischen Lorbeer nennt man nicht nur die Blätter des Nelkenpfefferbaums, wenn sie wie Lorbeerblätter verwendet werden, auch die Blätter des Pimenta racemosa werden oft so bezeichnet.

Hauptinhaltsstoffe

Apfelsäure, Caryophyllen, Cineol, Eugenol, Gallussäure, Gerbstoffe, Harze, Phenole, Sesquiterpene.

Verwendung, Zubereitung

Piment kann nicht nur zum Würzen von Eintöpfen, Ochsenschwanzsuppe, Mock-turtle-Soup (falsche Schildkrötensuppe), Saucen, Gemüsen, Fleisch- und Wurstwaren, Gebäck, Heringsmarinaden, Mixed Pickles, Likören (z. B. »Echt Stonsdorfer«) und Glühwein benutzt werden, oft findet er auch bei der Curry- und Chilipulverherstellung sowie in Duftspendern und in Herrenparfüms Verwendung. In der Diätküche dient gemahlener Piment als Pfeffer- und Salzersatz; in England und Skandinavien ist er das meistverwendete Gewürz. Um Aromaverlust während der Zubereitung zu vermeiden, sollte man Piment grundsätzlich erst bei Bedarf zerkleinern, er gibt dann die zehnfache Würzkraft ab!

Lagerung

In einem fest verschlossenen Gefäß lässt sich Piment jahrelang bevorraten.

Volksmedizinische Bedeutung

Piment hat nicht nur appetitanregende, blähungstreibende, verdauungsfördernde Eigenschaften, er hilft auch bei Schüttelfrost und Rheumatismus.

Tipp

Schuppen wird man wieder los, indem man Babyshampoo mit reichlich frisch gemahlenem Piment mischt, die Haare damit gründlich einmassiert, das Ganze ca. 15 Minuten einwirken lässt und die Haare danach mit lauwarmem Wasser ausspült.

R

Ringelblume

Calendula officinalis
Calendola (ital.), Calendula (engl., span.), Common Marygold (engl.), Dotterblume, Fallblume, Ferminel, Gartenbutterblume, Gartenringelblume, Gemeine Ringelblume, Gilgenkraut, Goldblume, Goudsbloem (niederl.), Greenheart (engl.), Jesusblume, Johanniskraut, Oranges Stachelschwein, Regenblume, Rinderblume, Ring(el)nelke, Ringel(rose), Ringula, Safran für Arme, Sonnenbraut, Sonnenwend(e)(blume), Sorge (frz.), Souci officinale (frz.), Stinkblume, Studentenblume, Totenblume, Warzenblume, Weinblume, Wucherblume

Allgemeines, Herkunft, Geschichtliches

Die Ringelblume ist eine attraktive, anspruchslose Heil- und Zierpflanze, die zwischen Asien und Südeuropa beheimatet ist. Schon bei den alten Römern, Griechen, Arabern und Indern galt sie als bewährtes Heilkraut. Hildegard von Bingen empfahl Ringelblumen nicht nur zur Entgiftung innerer Organe, auch bei trockener Haut und offenen Wunden verordnete sie Kompressen mit frischen Ringelblumenblättern.

Vorwiegend wird dieser sich selbst vermehrende Korbblütler / Asteraceae (Compositae) heute in Hausgärten kultiviert, wild wachsend findet man ihn jedoch auch manchmal auf Schutthalden, in Weinbergen oder auf Ödland.

Die Ringelblume ist ein zuverlässiger Wetterprophet: Öffnen sich nach 7 Uhr morgens ihre Blütenköpfe nicht, ist mit Regen zu rechnen; haben sie sich vor 8 Uhr entfaltet, steht ein schöner Tag bevor. Das Überreichen eines Ringelblumensträußchen bedeutet: »Ich brauche dich!«

Oranges Stachelschwein wird die Ringelblume im Volksmund genannt, weil ihre orangefarbenen, stachligen Blütenköpfchen auf der Haut wie Nadelkissen stecche.

Den Namen Ringelblume hat diese blühwillige Pflanze ihren ringförmigen Samenständen zu verdanken.

Aussehen

Die Ringelblume hat hellgrüne, filzig behaarte, bis zu 60 cm lange, vielfach verzweigte Stängel, lanzenartige Blätter, etwa 5 cm große, strahlenförmig angeordnete, dottergelbe bis orangefarbene, mittig limonengrüne Blütenköpfe, einwärts gekrümmte Samen und eine spindelförmige, jedoch stark verzweigte, faserige Pfahlwurzel.

Geschmack

Die jungen Blätter, Blüten und Stängel der Ringelblume schmecken sehr sanft-aromatisch mit einem leicht pfeffrigen Beigeschmack; ältere Pflanzen sind meist bitter.

Geruch

Ringelblumenblätter und -stängel riechen unangenehm strengwürzig und eigenwillig harzig (besonders nach der Ernte), die Blüten sind hingegen fast geruchlos.

Hauptinhaltsstoffe

Apfelsäure, Bitterstoffe, Calenduloside, Carotinoide, Farbstoff, Fette, Flavonoide, Harze, Hormone, Lycopin, Provitamin A, Salicylsäure, Saponine, Schleimstoffe, Sterin, Tripenalkohole, Violaxanthin, Wachse.

Verwendung, Zubereitung

Frische, junge Ringelblumenblättchen lassen sich zum Abrunden und Würzen von Salaten, Suppen, Eintöpfen, Omeletten oder Käsegerichten verwenden; in Frankreich gelten in Eierkuchenteig gebackene Ringelblumenblätter als Spezialität. Mit den frischen oder getrockneten Blütenblättern der Ringelblume kann man nicht nur Eierspeisen, Reisgerichte, Saucen und Suppen gelb färben, früher dienten sie auch zum Färben von Butter, Essig oder Käse und wurden als kostengünstiger Safranersatz genutzt. Blütenextrakte der Ringelblume werden von Hühnerbesitzern gerne unters Futter gemischt, damit später die Eier eine appetitliche Dotterfärbung aufweisen!

Volksmedizinische Bedeutung

Umschläge mit kaltem Ringelblumenblütenaufguss (möglichst von tieforangen Blütenblättchen) desinfizieren und kühlen und sie bekämpfen Bindehautentzündungen, Blutergüsse, Sonnenbrand, leichte Verbrennungen, Quetschungen, Krampfadern, schlecht heilende Wunden und Frostbeulen. Ringelblumenblütentee wirkt Menstruationsschmerzen, Schuppenflechte, Hämorrhoiden, Magenschmerzen, Kopfweh, Schwindel und Nervosität entgegen und hilft bei alkoholbedingten Leberschäden. Mit dem klebrigen Stängelsaft der Ringelblume bekämpft man Hühneraugen, Warzen und Schwielen.
Bei Lebens- oder Arzneimittelvergiftungen lindert eine Abkochung aus Ringelblumenblüten, wenn man sie mit einem Handtuch so heiß wie möglich auf Magen oder Leber legt. *Vorsicht:* Korbblütlerallergiker sollten Ringelblumenprodukte nicht ohne Rücksprache anwenden, da es bei längerem Gebrauch zu Allergien und Kontaktekzemen kommen kann!

Tipp

Ringelblumen tragen zur Gesundung und Kräftigung des Gartenbodens bei, da sie unliebsame Bodenschädlinge vertreiben oder sogar abtöten!

Rosmarin

Rosmarinus officinalis

Alecrim (port.), Antonskraut, Balsamstrauch, Biberiye (türk.), Blume des Olymp, Brautkraut, Fürst der aromatischen Pflanzen, Hasalban (türk.), Hochzeitsblümchen, Hochzeitsmaie, Iklil al-Jabal (arab.), Kid, Kranz(en)kraut, Kusdili (türk.), Mannenro (jap.), Maria Reinigung, Marienkraut, Meermaid, Meernixe, Meer-

tau, Mi tieh hsiang (chin.), Porst, Ramerino (ital.), Riechkräutlein, Röslimarie (schweiz.), Romarin (frz.), Romero (span.), Rosamarin (österr.), Rosemarie, Rosemary (engl.), Rosmariini (finn.), Rosmarin (dän., frz., norw., schwed.), Rosmarini folium (lat.), Rosmarino (ital.), Rosmario (span.), Rozemarijn (niederl.), Rozmari (griech.), Rozmarin (rumän., russ.), Rozmaring (ung.), Rozmaryn (poln.), Rozmarýna (tschech.), Schoßkraut, Seetau, Weihrauchkraut, Weihrauchwurz

Allgemeines, Herkunft, Geschichtliches

Die Heimat des Rosmarins liegt im Libanon oder in mediterranen Gegenden, darüber ist man sich in Fachkreisen nicht einig. Die alten Griechen schmückten ihre Götterbilder einst mit duftenden Rosmarinzweigen; im Mittelalter bekränzten sich Studenten damit, um ihren Geist in Bewegung zu brine; in manchen bayerischen Regionen ist es heute noch ein alter Hochzeitsbrauch, anstelle des Myrtekränzchens ein Rosmarinstrauß ins Brauthaar zu stecken.

Im 16. Jh. bereitete man aus den Blättern und Blüten dieses immergrünen Lippenblütlers / Lamiaceae (Labiatae) sogenanntes Ungarisches Königswasser, das einst die ungarische Königin Isabella im Alter von 72 Jahren von der Gicht befreit haben soll. Laut einer Legende haben Rosmarinblüten ihre Farbe dem himmelblauen Mantel der Jungfrau Maria zu verdanken, den sie einst zum Trocknen auf einem Rosmarinstrauch ausgebreitet haben soll.

Großflächige Anbaugebiete dieses kälteempfindlichen, feuchtigkeitsabhängigen und mit dem Lavendel verwandten Würz- und Heilkrauts findet man heute in Deutschland, England, Mexiko, Tunesien, im Mittelmeerraum und in den USA. Geerntet wird Rosmarin grundsätzlich während oder nach der Blüte (Juni–Juli) und möglichst 3–4 Tage vor Vollmond; dann wird die Pflanze im Folgejahr stärker und nadelreicher.

Schoßkraut nennt man den Rosmarin nicht nur wegen seiner erotisierenden Eigenschaften, sondern auch, weil er einst Aphrodite, der Göttin der Liebe, geweiht war.

Rosmarin setzt sich aus dem lateinischen »ros« für »Tau« und »marinus« für »Wasser«, »Meer« oder »Marine« zusammen; daher auch die Synonyme Meertau und Seetau.

Aussehen

Rosmarin ist ein bis zu 2 m hoher, meist aufrecht wachsender, zuweilen auch kriechender Strauch mit auffallenden, hellblauen Blüten, spitz zulaufenden, silbrig-grünen, am Rand leicht eingerollten, nadelähnlichen Blättchen und verholzenden Trieben.

Geschmack

Rosmarin schmeckt eigenartig balsamisch-würzig, wie eine Mischung aus Eukalyptus, Kampfer und Weihrauch. Besonders auffällig und fast schon parfümig ist das Aroma bei wild wachsenden und getrockneten Pflanzen.

Geruch

Rosmarin verfügt nicht nur über den intensivsten Duft aller Kräuter.

Arten, Sorten

ARP / Salem nennt sich eine Rosmarinsorte mit einem erfrischenden Zitronen-Geschmack.

Gorizia nennt man eine harzig schmeckende Rosmarinsorte.

Miss Yessop's Upright schmeckt mild aromatisch.

Rex heißt eine Rosmarinsorte mit kampferartigem Aroma.

Hauptinhaltsstoffe

Alpha-Pinen, Antioxidantien, Bitterstoffe, Borneol, Cineol, Eucalyptol, Flavonoide, Gerbstoffe, Harze, Kampfer, Rosmarinsäure, Saponine.

Verwendung, Zubereitung

Rosmarin findet überwiegend in der mediterranen Küche Verwendung, wird zuweilen aber auch in Gewürz- und Teemischungen, Arzneimitteln, Essenzen, Likören, Antischuppenshampoos, Kosmetikas und Schlankheitsmitteln verarbeitet.

Keinesfalls sollte der aromareiche Rosmarin starker Hitze ausgesetzt werden, weil seine etherischen Öle sonst verbrennen und bitter werden; besser ist es, den Speisen beim Kochen oder Braten einen kleinen Rosmarinzweig beizugeben, der nach dem Garvorgang wieder entfernt wird. Man muss dann auch während des Verzehrs nicht auf den nadeligen Blättern herumbeißen; außerdem ist das Rosmarinaroma mit Zweiganteilen wesentlich ausgeprägter, als wenn man lediglich die einzelnen Blättchen verarbeitet.

Rosmarinblüten können nicht nur der Dekoration von Speisen dienen, sie sind eine schmackhafte Salatergänzung.

Unangenehme Wohnungsgerüche vertreibt man, indem man einen Rosmarinzweig langsam auf der Herdplatte erhitzt. Ein getrocknetes Rosmarinsträußlein im Kleiderschrank hält Motten fern.

Lagerung

Rosmarin eignet sich bestens zum Trocknen, außerdem lässt er sich einfrieren oder in Öl eingelegt bevorraten.

Volksmedizinische Bedeutung

Rosmarin unterstützt nicht nur die Fettverdauung, Blutzirkulation und Herztätigkeit, er hat auch sexuell anregende, belebende, gedächtnisfördernde, willensstärkende Eigenschaften.

Rosmarintee wirkt Erschöpfungszuständen, Atemwegserkrankungen, Krämpfen, Migräne und nervöser Unruhe sowie Hautallergien entgegen.

Der berühmte Naturheilkundler und Pfarrer Sebastian Kneipp aus Bad Wörrishofen nutzte schon im 19. Jh. die entzündungshemmenden, heilenden Eigenschaften des Rosmarins und kurierte Quetschungen, offene Wunden, Gelenkschmerzen und Verstauchungen erfolgreich mit Umschlägen von Rosmarintee.

Tipp

Vorsicht: Rosmarintee sollte nicht über einen längeren Zeitraum und nie in der Schwangerschaft vereinnahmt werden, da er die Durchblutung im Bereich des kleinen Beckens zu stark anregt und somit vorzeitige Wehen einleiten kann; in Amerika galt Rosmarintee einst sogar als anerkanntes empfängnisverhütendes Mittel.

S

Safran

Crocus sativus

Acaflor (port.), Acafrao (port.), Azafrán (span.), Fan-hung-hua (chin.), Füszersáfrány (ung.), Gelbe Würze, Kesar (ind.), Nghe (vietn.), Qui nghe (vietn.), Rotes Gold, Saffernblume, Saffraan (niederl.), Saffran (isl., schwed.), Saffron (engl.), Safram (türk.), Safran (dän., frz., norw., slowen., tschech., türk.), Safrani (griech.), Sáfrány (ung.), Safrat, Safrich, Safuran (jap.), Sahrami (finn.), Shafran (russ.), Sofran (rumän.), Suppengelb, Szafran (poln.), Ya faran (thail.), Za'faran (arab.), Zafferano (ital.), Zaffran, Zafora (griech.), Zagferan (türk.)

Allgemeines, Herkunft, Geschichtliches

Als Safran bezeichnet man die trichterförmigen, malvenfarbenen Blüten des bis zu 15 cm hohen Crocus sativus, einer kretischen Krokussorte, die den Schwertliliengewächsen (Iridiaceae) zugeordnet wird.

Im Mittelalter galt der Safran nicht nur als prestigeträchtiges Gewürz bei den Reichen, sondern auch als anregende, stimmungshebende Arznei. Nach dem Untergang des von Luxus und Verschwendungssucht geprägten Römischen Reiches geriet der kostbare Safran vorrübergehend in Vergessenheit. Nürnberg wurde später zur Hauptstadt des Safrans ernannt; bis 1444 wurde dort sogar noch geköpft, wer es wagte, Safran zu fälschen. Auch heute noch gilt er als kostspieligste, geschmacksgebende Blüte und teuerstes Gewürz der Welt!

Großflächig kultiviert wird der Safran heute in Südengland (Cornwall), Frankreich, Griechenland, Iran, Italien, Österreich, Ostasien, Schweiz, Russland, Spanien und Ungarn. Der beste europäische Safran kommt aus der La Mancha südlich von Madrid, wo durchschnittlich etwa 90% (ca. 35 t) des gesamten Weltbedarfs jährlich angebaut werden; die größten asiatischen Anbaugebiete liegen im Iran. Um 1 kg Safranfäden zu erhalten, müssen bis zu 150.000 (!) Blütennarben von Hand eingesammelt, von den Griffeln getrennt und getrocknet werden.

Das lateinische »crocus« bedeutet »Faden« und deutet auf die fadige Beschaffenheit seiner Blütennarben hin. Safran wird vom arabischen »za'faran« abgeleitet, was mit »gelb sein« übersetzt werden kann.

Aussehen

Gute Safranqualität besticht nicht nur durch kräftige Rotfärbung, die

Fäden sollten sich bei hochwertiger Ware auch leicht fettig anfühlen.

Coupé / Sargol / Crocus electus nennt man im Fachjargon stark färbende Safranfäden ohne Griffelanteile.

Mancha / Pooshali / Pushali / Crocus naturalis sagt man fachsprachlich zu Safranfäden, die mit gelb-weißen Griffelanteilen vermischt sind.

Geschmack

Safran schmeckt rauchig, erdig und sehr würzig.

Geruch

Safran besitzt ein leicht betäubendes, moschusartiges Odeur.

Arten, Sorten

Schweizer Gewürzkrokus nennt sich eine sehr hochwertige und teure Safransorte aus dem wallisischen Mund bei Brig, wo sie in 1200 m Höhe kultiviert wird; sie dient ausschließlich der inländischen Nutzung.

Hauptinhaltsstoffe

Bitterstoffe, Cineol, Crocin, Glykoside, Karotinoide, Lycopin, Pikrocrozin, Pinene, Safranal, Saponin, Vitamin B, Xanthophylle.

Verwendung, Zubereitung

Grundsätzlich sollte man Safran nur als »geschmacklichen Begleiter« und nicht überdosiert als hervorstechendes Gewürz einsetzen, da er dem Essen sonst einen störenden Bittergeschmack verleiht. Safran dient nicht nur dem Färben und Aromatisieren von Backwaren, Suppen, Saucen, Fisch-, Geflügel-, Kartoffel-, Nudel-, Reis- und Lammgerichten, er ist auch Bestandteil des berühmten Schwedenkräuter-Lebenselixiers. Safranfäden können vor dem Gebrauch in Flüssigkeit eingeweicht werden, nach kurzem Erhitzen lösen sie sich jedoch auch eigenständig auf. Die Fäden sollte man Pulvervarianten prinzipiell vorziehen, nicht nur, weil sie das Aroma länger bewahren, sondern auch, weil Safranpulver meist mit Kurkuma oder Ringelblumenblüten gestreckt wird.

Lagerung

Da Safran sehr licht- und feuchtigkeitsempfindlich ist, sollte man ihn möglichst dunkel und in speziell dafür vorgesehenen Aromaschutzbehältern aufbewahren.

Volksmedizinische Bedeutung

Safran wirkt beruhigend, fiebersenkend, energiespendend und lindert depressive Verstimmungen. *Vorsicht:* Überdosiert wird Safran giftig und kann sogar abtreibend wirken.

Tipp

Nach dem Verzehr von safrangewürzten Speisen, riecht der Urin sonderbar streng süßlich, was der Gesundheit jedoch nicht schadet und rasch wieder vorübergeht.

Salbei

Salvia officinalis

Adacayi (türk.), Alisfakia (griech.), Altweiberschmecken, Chá-da-Europa (port.), Ching chieh (chin.), Disotu (türk.), Echter Salbei, Edelsalbei, Faskomilo (griech.), Fischsalve, Franse thee (niederl.), Freund des Arztes, Freund des Küchenchefs, Gemeiner Salbei, Geschmackblatt, Gewürzsalbei, Königssalbei, Kreuzsalbei, Kryddsalvia (schwed.), Küchliblätter,

Labikraut, Maryamiya (arab.), Rauchsalbei, Sabikraut, Sage (engl., jap.), Salber, Salfat, Salfere, Salgere, Salie (niederl.), Salser, Salva-mansa (port.), Salvare (lat.), Salvej (tschech.), Salver (bayr.), Salvia (finn., isl., ital., schwed., slowak., span.), Salvie (dän., norw., rumän.), Salwie, Saphei, Sauge (frz.), Schmale Sophie, Schuwen, Selbinblätter, Selft (niederl.), Selve (niederl.), Shalfej (russ.), Sophie, Sparleiblätter, Szalwia lekarska (poln.), Tesalvie (norw.), Thé de la grèce (frz.), Tuinsalie (niederl.), Zaffee, Zafferblätter, Zahnblätter, Zsálya (ung.), Zupfblatteln

Allgemeines, Herkunft, Geschichtliches

Die Ursprünge des Salbeis liegen im sonnigen Dalmatien und in Herzegowina. Die alten Römer und Griechen waren davon überzeugt, dass Salbei bei häufigem Verzehr ein patriarchalisches Alter beschere und dass auch die eheliche Treue durch ein paar Salbeiblättchen bis in die Ewigkeit bewahrt werden könne.

Die größten Anbauflächen dieses Lippenblütlers / Lamiaceae (Labiaceae) liegen in Amerika, Russland und Westeuropa; er liebt durchlässigen Boden und ist ganzjährig aberntbar, schmeckt am besten jedoch im Mai, kurz vor seiner Blüte.

Die deutsche Bezeichnung Salbei ist abgeleitet vom lateinischen »salvere«, was »bewahren, heilen, retten« bedeutet und auf den medizinischen Wert dieser Heil- und Würzpflanze verweist.

Aussehen

Der Salbei ist ein bis zu 60 cm hoher, holziger Halbstrauch mit samtartig behaartem, silbrig-grünem, eiförmigem Blattwerk und temperamentvoll gefärbten, hellblauen bis violetten Blüten.

Geschmack

Vor der Blüte schmeckt Salbei angenehm bitter und leicht kampferartig; danach verliert er jedoch nach und nach an Würze. Getrockneter Salbei weist ein harziges, zusammenziehendes, an Medizin erinnerndes, für manche Feinschmecker eher unzumutbares Aroma auf.

Geruch

Frischer Salbei riecht stark aromatisch, balsamisch und angenehm süßlich.

Arten, Sorten

Ananassalbei / Salvia rutilans (bot.) / Pineapple Scarlet (engl.) kommt aus Mexiko. Er wird bis zu 130 cm hoch, hat überaus attraktive, kardinalrote Blüten und riecht ananasähnlich, ist geschmacklich jedoch weit von dieser Frucht entfernt.

Aztekensalbei / Salvia divinosum (lat.) / Blätter der Schäferin / Göttersalbei / Heiliger Salbei / Hojas de la Pastora (span.) / Mazatekensalbei / Wahrsagesalbei / Zaubersalbei nennt sich eine Salbeisorte mit halozinogenen Eigenschaften, die einst von Indianern im mexikanischen Mazatekengebiet für religiöse Rituale verwendet wurde.

Dalmatinischer Salbei / Salvia officinalis ssp. minor (lat.) hat große, rundliche, süßlich schmeckende Blätter und gilt als die beste Salbeisorte.

Fruchtsalbei / Salvia dorisiana (lat.) kommt aus Honduras. Seine süßlich-fruchtigen, guavig schmeckenden Triebspitzen und Blätter wer-

den meist zur Herstellung von Süßspeisen oder Tee verwendet.
Goldsalbei hat längliche, goldgrüne Blätter und lange, dünne Stiele.
Griechischer Salbei / Salvia triloba (lat.) hat graufilzige Blätter und tiefblaue Blüten. Er schmeckt zwar erfrischend, jedoch parfümig und völlig salbeiuntypisch. In Griechenland dient er meist als Ersatz für den Echten Salbei.
Klebriger Salbei / Salvia glutinosa (lat.) nennt sich eine mitteleuropäische Salbeisorte mit schwefelgelber Blüte, die man meist wild wachsend in Mischwäldern antrifft.
Muskatellersalbei / Salvia sclarea (lat.) / Gartenscharlach / Muskatellerkraut / Muskatenkraut / Römischer Salbei / Scharlachkraut / Scharleikraut / Stinkender Salbei / Wetterdamm ist eine bis zu 1,20 m hohe winterharte Salbeisorte, die im Mittelmeerraum heimisch, gelegentlich aber auch hierzulande wild wachsend anzutreffen ist. Muskatellersalbei hat dekorative, wollige Blätter mit muskatnußähnlichem Geschmack. Meist dient er der Herstellung von stimmungsaufhellenden und aphrodisierenden Tees, Süßspeisen und Herrenparfüms, nicht selten wird er jedoch auch als Hopfenersatz bei der Bierherstellung, als wohlriechendes Lesezeichen oder zur Aromatisierung von südländischen Wermut- und Muskatellerweinen genutzt.
Purpursalbei heißt eine auffallend kleinwüchsige Salbeisorte mit purpurfarbenen, intensiv würzigen Blättchen und leuchtend blauen Blüten.
Tricolor nennt sich eine attraktive, dreifarbige Salbeisorte, die sich nicht nur zum Würzen von Fleisch und Fisch, sondern auch bestens zu Dekorationszwecken eignet.
Wiesensalbei / Salvia pratensis (lat.) / Blaui Soldate (schweiz.) / Wilder Salbei wird bis zu 60 cm hoch, hat behaarte Stängel und blauviolette Blüten. Für die Küche ist der heimische Wiesensalbei kaum von Bedeutung, da er kaum etherische Öle enthält und deshalb nahezu geschmacksneutral ist, in Kombination mit anderen Wildkräutern wird er jedoch nicht selten bei der Herstellung von anregenden Badewasserzusätzen verwendet.
Zitronensalbei / Salvia taraxacifolia (lat.) nennt man eine extrem frostempfindliche Salbeisorte, die sich sowohl zum Würzen von Saucen, Suppen und Fleischgerichten als auch zur Teebereitung und Dekoration eignet.

Hauptinhaltsstoffe

Bitterstoffe, Borneol, Cineol, Flavonoide, Gerbstoffe, Glykoside, Harze, Kampfer, Nikotinsäureamid, Pinen, Salven, Saponine, Tannine, Thujon.

Verwendung, Zubereitung

Salbei dient meist dem Würzen von warmen Gerichten, da seine geschmacksgebenden Inhaltsstoffe erst durch Hitzeeinwirkung aktiviert werden. In Italien und der Schweiz werden sogenannte **Salbeimäuschen** als Appetitanreger gereicht, das sind in Bierteig gebackene Salbeiblätter, deren Stiele wie »Mäuseschwänzchen« aus dem Teig hervorragen.

Nutzgärten bleiben frei von Blattläusen und Schnecken, wenn sie mit Salbeipflänzchen umkränzt werden!

Lagerung

Wenn man frische Salbeiblätter längerfristig bevorraten möchte, sollte man sie zunächst großzügig mit Olivenöl bestreichen, danach auf Wachspapier legen und schließlich sorgfältig in Alufolie einwickeln; auf diese Weise bleiben die Blätter geschmeidig und können bei Bedarf mühelos einzeln entnommen werden.

Volksmedizinische Bedeutung

Echter Salbei (nur der besitzt die hochgeschätzten, heilkräftigen Eigenschaften) wirkt appetitanregend, belebend, blutreinigend, wundheilend, nervenstärkend, krampf- und schmerzstillend. Rückenschmerzen wird man wieder los, wenn man den Rücken so heiß wie möglich mit Salbeitee einreibt.

Griechischen Tee nennt man Salbeitee, wenn er aus frischen Blättern gebrüht wurde; er unterstützt die Regeneration einer alkoholgeschädigten Leber und bekämpft Achselschweiß, Nachtschweiß, feuchte Hände und Hitzewallungen; doch *Vorsicht:* Salbeitee sollte bei täglich höchstens 2 Tassen nicht länger als 2 Wochen vereinnahmt werden, weil der sehr hohe Thujon-Gehalt hochdosiert zu lebensbedrohenden Krebserkrankungen führen kann. Ein Salbeivollbad kann nicht nur Entzündungen der Haut, Unterleibserkrankungen und Nervosität lindern, auch Lungenkranke fühlen sich anschließend wohler, weil sich die speziellen Inhaltsstoffe des Salbeis entlastend auf die Atmungsorgane auswirken.

Tipp

Raucherzähne werden wieder strahlend weiß, wenn man sie erst mit frischen Salbeiblättern einmassiert und danach, wie gewohnt, mit Zahnpasta nachbürstet!

Salz

Salarius

Namak (ind.), Sal (span.), Sale (ital.), Salt (engl.), Schmutziggraues (althochdt.), Sel (frz.), Sols (österr.), Speise der Götter, Sul (tschech.), Tuz (türk.), Weißes Gold, Zout (niederl.)

Allgemeines, Herkunft, Geschichtliches

Salz wird generell zwar nicht den Gewürzen, sondern den lebenswichtigen Mineralien zugeordnet; da man das Salz jedoch überwiegend zur Optimierung des Geschmacks verwendet, wird es als Würze gehandelt. In vielen Sprachen gibt es deshalb für Salz und Würze nur eine Bezeichnung. Die Redewendung »gesalzene Preise« stammt noch aus der Römerzeit, als Salz noch knapp und sehr teuer war.

Das Wort Salz ist indogermanischen Ursprungs. Es wird vom lateinischen »salarium« abgeleitet, womit einst der Lohn (Salär, engl. salary) der römischen Legionäre gemeint war, den sie vorwiegend für den Salzeinkauf verwendeten.

Arten, Sorten

Ajinomoto nennt sich ein japanisches Würzsalz, das mit Cayennepfeffer vermischt ist.

Cerebossalz nennt man in England sehr fein gemahlenes Tafelsalz, das kaum Feuchtigkeit anzieht.
Diätsalz / Kochsalzersatz nennt man leicht bitteres Salz, bei dem die Natriumanteile größtenteils durch Calcium, Kalium und Magnesium ersetzt wurden.
Gewürzsalze nennt man Mischungen aus mindestens 40% Kochsalz und 15% Gewürzen.
Grobsalz / Brezensalz (bayr.) nennt man grobkörniges Steinsalz, das meist der Herstellung von Laugengebäck (z. B. Salzstangen und -brezeln) dient.
Herbamare heißt ein jodreiches Meersalz, das mit fein zerkleinerten Algen und mindestens 1/3 getrockneten Gemüsen und Kräutern angereichert wurde.
Himalaya-Salz / Kristallsalz aus dem Himalaya-Gebiet soll zwar schon über 250 Millionen Jahr alt und sehr gesund sein, wissenschaftliche Untersuchungen haben jedoch bewiesen, dass im Vergleich mit anderen Salzprodukten keine nennenswerten Vorzüge aufweist.
Hirschhornsalz heißt eine Ammonium-Verbindung, die, nachdem sie in lauwarmem Wasser aufgelöst wurde, als Backtrieb- und Lockerungsmittel bei der Teigherstellung zum Einsatz kommt (für 500 g Mehl benötigt man 10 g). Dem Hirschhornsalz wird nachgesagt, dass es eine sexuell stark anregende Wirkung besitzt. Seinen Namen hat dieses feinkörnige Salz der Tatsache zu verdanken, dass es früher nicht chemisch, sondern durch trockene Destillation aus Hirschhorn und -klauen gewonnen wurde.
Jodsalz nennt man mit 15 bis max. 25% Natrium- oder Kaliumjodat angereichertes (jodiertes) Speisesalz. Es soll den Jodbedarf des Körpers ausgleichen, um z. B. einem Kropf vorzubeugen, der meist durch Jodmangel entsteht.
Kochsalz / Natriumchlorid (chem. Formel NaCl) / Salz (ugs.) ist **kein naturbelassenes**, sondern ein durch chemische und physikalische Reinigungsverfahren auf die beiden Bestandteile Natrium und Chlor reduziertes Produkt. Für die Zubereitung von Speisen sollte man deshalb natürlichen Salzen (z. B. Meersalz und Steinsalz) den Vorrang geben. Kochsalz wird industriell u. a. zum Regenerieren von Trinkwasser, zum Reinigen oder zur Entkalkung verwendet.
Meersalz / Seesalz / Baysalz nennt man Salz, das durch Verdunstung von Meer- oder Salzseewasser entsteht. Im Vergleich zum Steinsalz beinhaltet Meersalz zwar wesentlich weniger Natriumchlorid und mehr Spurenelemente sowie Mineralstoffe, für die Bedarfsdeckung des Verbrauchers sind diese Gehalte jedoch völlig unwesentlich.
Nigari nennt sich ein asiatischer Meersalzextrakt.
Nitritpökelsalz / Pökelsalz nennt man ein Gemisch aus Kochsalz und salpetersaurem Natrium. Es dient nicht nur der Haltbarmachung von Fleisch- und Wurstwaren, es hat auch den Vorteil, die natürliche, rote Fleischfarbe dauerhaft aufrecht zu erhalten.

Salinensalz / Siedesalz / Solesalz / Sudsalz sagt man zu fein- oder grobkörnigem Salz, das durch Einkochung von Salzlösungen an Salinen entstanden ist.

Speisesalz / Tafelsalz ist nichts weiter als fein gemahlenes Kochsalz, das meist mit ungesunden Trennmitteln vermischt wird, damit es rieselfähig bleibt.

Steinsalz nennt man unterirdische Salzvorkommen, die sich bereits vor 250 Millionen Jahren bildeten, als das mitteleuropäische Meer allmählich trocken fiel. Nach dem bergmänischen Abbau muss das feinwürzige Steinsalz vermahlen, gesiebt und aufbereitet werden.

Topfasche / Pottasche (niederl.) nennt man das geruchlose, weiße, körnige Salz der Kohlensäure, das meist als Teiglockerungsmittel für die Weihnachtsbäckerei genutzt wird. Einst galten die verbrannten Rückstände von Sonnenblumenstängeln als wichtigste Bestandteile bei der Pottascheproduktion.

Verwendung, Zubereitung

In der Regel dient Salz der Geschmacksverbesserung, es wird jedoch auch für technische Zwecke und zum Konservieren verwendet, da es in konzentrierter Form Wasser binden und deshalb Mikroorganismen die Lebensgrundlage entzieht.

Verschmutzte Tee- oder Kaffeefilter sowie Eierflecken auf Silberlöffeln entfernt man mühelos, indem man sie mit feuchtem Salz abreibt. Messing strahlt wieder, wenn man es mit einem Gemisch aus Salz und Essig reinigt. Gelbe Zähne werden strahlend weiß, wenn man sie einmal wöchentlich mit feuchtem Salz bürstet. Lästiges Unkraut (z. B. in den Fugen von Waschbetonplatten) kann man längerfristig vernichten, indem man es mehrmals mit heißem Salzwasser übergießt!

Volksmedizinische Bedeutung

Der menschliche Körper braucht Salz als lebensnotwendigen Bestandteil der Flüssigkeiten und des Stoffwechsels, wer jedoch täglich zuviel Salz zu sich nimmt, schwemmt auf, da Salz die Fähigkeit besitzt, Wasser zu binden. Der tägliche Mindestbedarf eines Erwachsenen beträgt nur 1,2 g. Was über einen längeren Zeitraum darüber hinaus konsumiert wird, kann zu Bluthochdruck, Übergewicht und sogar Herzinfarkt führen.

Gegen Erkältung, Fieber und Husten hilft nicht nur ein 20-minütiges, max. 37° C warmes Wannenbad, das mit Meersalz angereichert wurde, auch das Inhalieren von möglichst heißem Meersalzwasserdampf ist nützlich.

Eine gewöhnliche Kochsalz-Lösung dient der Ambulanz nicht selten als vollwertiger Blutersatz, da sie den gleichen osmotischen Druck wie Blut aufweist.

Tipp

Einem alten Aberglauben zufolge steht demjenigen großes Unheil bevor, der ein Salzgefäß umgestoßen hat. Das Verhängnis ist jedoch abwendbar, wenn man gleich nach dem Unfall ein paar Körnchen Salz über die linke Schulter wirft, ohne sich dabei umzudrehen!

Schafgarbe

Achillea millefolium

Achilleios (griech.), Achillenkraut, Achilles, Allheilkraut, Balsamgarbe, Bauchwehkraut (österr.), Bertramsgarbe, Berufkraut, Bibhenderlkraut, Blutstillkraut, Duizendblad (niederl.), Fasankraut, Feld(schaf)garbe, Frauenkraut, Gachel, Gänsezungen, Garb(enkraut), Garbenwurz, Geel Garb, Gemeine Schafgarbe, Gerbel, Gerreworzel, Gerwel, Gewöhnliche Schafgarbe, Gotteshand, Gotteskraut, Grillenkraut(gras), Grützblume, Heil aller Schäden, Heil der Welt, Herbe à charpentier (frz.), Herbe de St. Joseph (frz.), Herrgottrückenkraut, Judenkraut, Jungfernaugenbrauen(kraut), Kachelkraut, Kalikraut, Katzen(schwanz)kraut, Kelke, Kelick, Kleines Gliedkraut, Klein Garb (altdt.), Kraut des heiligen Josef, Lämmerzunge, Leibfarbgarbe, Magretenkraut, Mausleiterl, Milenrama (span.), Milfoil (engl.), Millefeuille (frz.), Millefoglie (ital.), Raingarbe, Rippel, Rippenkraut, Röhlke, Sachsisch, St. Barbarakraut, St. Margaretenkraut, Saugkraut, Schafsbech, Schaf(s)ripp(e), Schafzunge, Sichelkraut, Soldatenkraut, Tausendblatt, Teekraut, Venusaugenbrauen, Wundkraut des Achill, Yarrow (engl.), Zimmermannskraut

Allgemeines, Herkunft, Geschichtliches

Die Schafgarbe ist ein äußerst genügsames und kälteresistentes Korbblütlergewächs / Asteraceae (Compositae), das zwischen Europa und Sibirien beheimatet ist. Nennenswerte Verbreitungsgebiete der wild wachsenden Schafgarbe, die vorwiegend an Wegrändern, auf Viehweiden, an sonnigen Berghängen und auf trockenen Wiesen anzutreffen ist, liegen heute außer in Europa auch in Australien, Nordamerika und Neuseeland; die beste Erntezeit ist von Juli bis August.

Die alten Germanen nutzten die Schafgarbe als Zauber- und Heilpflanze; keltische Druiden und die Weissager der chinesischen Kaiser sagten aus getrockneter Schafgarbe die Zukunft voraus.

Achillea, der lateinische Name der Schafgarbe, geht auf den griechischen Halbgott Achilles zurück, der mit der Schafgarbe Telephos, den König der Muser, heilte. Der botanische Zuname »millefolium« für »tausendblättrig« deutet auf die fein zerteilten Blätter der Schafgarbe hin. Bauchwehkraut wird die Schafgarbe aufgrund ihrer magenkrampflösenden Eigenschaften genannt. Der Name »Kraut des heiligen Josef« stammt aus biblischer Überlieferung: Als Jesus sich mit einem Beil verletzte, behandelte der heilige Josef seine Wunde mit Schafgarbe. Der römische Heerführer Dioskurides gab der Schafgarbe den Namen Soldatenkraut, weil sich viele seiner verletzten Krieger selbst mit der Schafgarbe verarzteten. Der deutsche Name Schafgarbe gibt an, dass Schafe diese Pflanze im Krankheitsfall fressen, um zu gesunden.

Mit nahezu 70 Synonymen und fremdländichen Bezeichnungen steht die Schafgarbe diesbezüglich unter den Wildkräutern an erster Stelle!

Aussehen

Die wilde Schafgarbe ist eine bis zu 60 cm hohe Pflanze mit rundlichem Wurzelstock. Sie hat filigrane, behaarte Blattrosetten und weiße bis blassrosa, schirmförmig in Rispen wachsende Blütenkörbchen.

Schafgarbenabarten mit gelben, roséfarbenen oder roten Blüten werden im Handel zwar auch als Schafgarbe bezeichnet, sind aber in Wahrheit kultivierte Hybriden, die der Fachhändler Goldgarben bzw. Edelgarben nennt.

Geschmack

Junge Schafgarbenblättchen haben ein vollmundiges, jedoch leicht herb-würziges Aroma; ältere Exemplare schmecken extrem bitter.

Geruch

Blühende Schafgarben verströmen balsamische Düfte.

Arten, Sorten

Ivakraut / Achillea moschata (lat.) / Moschusschafgarbe heißt eine niedrig wachsende, wilde Schafgarbensorte, deren Ursprünge in den nordamerikanischen Prärien liegen, die seit vielen Jahren jedoch auch in Mitteleuropa vertreten ist. Im schweizerischen Oberengadin wächst Ivakraut in 1500 m Höhe. Die Graubündner stellen daraus Ivawein und Ivabitter her, der bei Magenverstimmungen hilfreich ist. Chartreuse nennt sich ein französischer Kräuterlikör, der auf Ivakraut basiert.

Sumpfschafgarbe / Achillea ptarmica (lat.) dient zwar meist der Teeherstellung, schmeckt aber auch auf dem Butterbrot, da ihr die Bitterstoffe gänzlich fehlen.

Hauptinhaltsstoffe

Achillein, Asparagin, Betaine, Bitterstoffe, Borneol, Cham-Azulen, Chlorophyll, Cholin, Cineol, Eucalyptol, Flavonoide, Gerbstoffe, Glykoside, Harze, Inulin, Kalium, Kampfer, Kieselsäure, Pinen, Säuren, Tannin, Terpene, Thujon, Vitamine.

Verwendung, Zubereitung

Junge Schafgarbenblüten, -blätter und -wurzeln können (feingehackt oder ganz) auf dem Butterbrot verzehrt, für Rohkostsalaten oder Quarkspeisen verwendet werden.

Ältere Schafgarbenblätter lassen sich zu einem herzhaften Wildgemüse bereiten, da sie ihren strengen Bittergeschmack durch die Erhitzung verlieren.

Eine wohlschmeckende kalte Sauce erhält man, indem man Schafgarbenblüten und -knospen bei gelinder Hitze in Rapsöl dünstet, geraume Zeit ziehen lässt, dann durchsiebt und kalten werden lässt und schließlich zum Anrühren einer selbstgemachten Mayonnaise verwendet, die sich bestens zu Grillgerichten, kalten oder warmen Bratengerichten oder zu Fleischfondue eignet.

Gemeinsam mit Wein oder Kaffee sollte Schafgarbe nicht vereinnahmt werden, da dies zu Kopfschmerzen und Durchfall führen kann!

In keinem Hausgarten sollte die Gewöhnliche Schafgarbe fehlen, weil sie aufgrund der besonderen Zusammensetzung ihrer Inhaltsstoffe imstande ist, die Qualität des Bodens deutlich zu verbessern!

Volksmedizinische Bedeutung

Schafgarbenblütentee besitzt appetit- und kreislaufanregende, blutdrucksenkende, entgiftende, harntreibende sowie verdauungsfördernde und schleimlösende Eigenschaften. Da der gleiche Tee auch bei ausbleibender Menstruation empfohlen wird, bezeichnet man ihn auch als **Frauentee**, Schwangere sollten ihn jedoch aufgrund seines hohen Gerb- und Bitterstoffgehalts prinzipiell meiden.

Frische Schafgarbenblätter wirken blutungsstillend, entzündungshemmend und wundheilend (z. B. bei Hämorrhoiden), sobald man sie als Breiumschlag auf Verletzungen legt, Allergiker sollten den Kontakt mit Schafgarbe jedoch meiden, weil es sonst zu Hautkrankheiten und Hautreizungen kommen kann.

Tipp

Die Schafgarbe kann sogar schädigende Auswirkungen lindern und abwenden, die durch Röntgenstrahlen und Elektrosmog entstehen (z. B. bei ständig eingeschalteten Computern)!

Scharbockskraut

Ranunculus ficaria

Braunwurz, Feigwurz, Fiegwurz, Großes Feigwarzenkraut, Hahnenfuß, Lesser celandine (engl.), Pileworth (engl.), Scharbocksheil, Scorbute grass (engl.), Skorbutkraut, Sternblümle

Allgemeines, Herkunft, Geschichtliches

Scharbockskraut ist ein starkwüchsiges Wildkraut, das der Familie der Hahnenfußgewächse (Ranunculaceae) zugeordnet wird. Die beste Erntezeit des bodendeckenden Scharbockskrauts, das sich an absonnigen Plätzen, in feuchten, lehmigen Laubwäldern und in Wassergräben am wohlsten fühlt, ist während der Blüte von März bis Mai; dann ist sie jedoch auch ein begehrtes Anflugsziel für Bienen und Fliegen. Danach ziehen sich die oberirdischen Pflanzenteile allmählich in die unterirdische Knolle zurück, um Kraft für die anstehende Frühjahrsblüte aufzuspeichern.

Die lateinische Bezeichnung »ficaria« weist auf die feigwarzenartigen Wurzelknollen des Scharbockskrauts hin, die im Mittelalter von der Signaturenlehre als Mittel gegen Warzen eingesetzt wurden.

Scharbockskraut leitet sich von Skorbut (früher: Scharbock) ab, einer Vitamin-C-Mangelkrankheit, die man einst erfolgreich mit dem außergewöhnlich Vitamin-C-haltigen Scharbockskraut bekämpfte.

Aussehen

Scharbockskraut hat stark glänzende, nierenförmige Blätter an bis zu 15 cm langen niederliegend-aufsteigenden Stängeln, butter-gelbe, sternförmig angeordnete Blüten, die sich abends und bei schlechtem Wetter schließen, und einen fleischigen, bis zu 3 cm langen Wurzelstock.

Geschmack

Vor der Blüte schmeckt Scharbockskraut relativ saftig und leicht scharf, aber nicht ansprechend. Nach der Blüte wird es infolge seiner sich allmählich steigernden Giftstoffproduktion derart unangenehm, dass sogar Tiere es meiden!

Arten, Sorten

Albus nennt sich eine weiß blühende Scharbockskrautsorte, die sich verblüffend schnell vermehrt.

Aurantiaca heißt eine stark wuchernde Zuchtform des Scharbockskrauts mit volumigen, orangegelben Blüten, die eine tellerähnliche Form aufweisen.

Erdgerste / Himmelsbrot / Himmelsgerste / Himmliches Manna nennt man die stärkereichen, durch Regen bloßgelegten Brutknospen (fachl. Bulbillen) des Scharbockskrauts; nicht nur, weil sie wie Gerste aussehen, sondern weil man sie in Notzeiten zu Mehl verarbeitet hat, das zum Brotbacken benutzt wurde.

Flore plevo nennt sich eine kultivierte Scharbockskrautvarietät mit leuchtend gelben, knäuelförmigen Blüten.

Hauptinhaltsstoffe

Alkaloide, Anemonin, Bitterstoffe, Protanemonin, Saponine, Vitamin C.

Verwendung, Zubereitung

Bis zum Blütebeginn lassen sich die jungen Blätter des Scharbockskrauts zur Verfeinerung von Mischsalaten, zur Gemüsebereitung (Spinatersatz) oder kleingehackt im Kräuterquark verarbeiten, bei Überdosierung und nach der Blühperiode kann es jedoch nach dem Genuss zu empfindlichen Darm- und Magenreizungen kommen! Empfehlenswert ist deshalb vor dem Genuss eine Geschmacksprobe.

Volksmedizinische Bedeutung

In der Volksmedizin wird ausnahmslos getrocknetes Scharbockskraut verwendet, da Giftstoffe, die sich im frischen Kraut naturgemäß schon zum Beginn der Blüte ansammeln, während des Trockenvorgangs vollständig abgebaut werden. Scharbockskraut wird bei Vitamin-C-Mangel, zur Blutreinigung, bei Störungen im Pfortadergebiet, bei ekzemartigen Hautleiden und zur Anregung des Lymphgefäßsystems eingesetzt. Lästige Warzen bekämpft man mit dem ätzenden Saft der Scharbockskrautwurzel! Harmlose Vergiftungserscheinungen, die nach dem Genuss von frischem Scharbockskraut ab dem Blühbeginn auftreten können, sind Erbrechen, Durchfall und Schwindel; bei schwerwiegenderen Symptomen sollte umgehend ein Arzt konsultiert werden!

Tipp

Entzündete Hämorrhoiden kuriert man auf unkomplizierte und kostenlose Weise, indem man sie entweder wiederholt mit einer erkalteten Scharbockskrautabkochung betupft oder ein Sitzbad darin nimmt!

Schnittknoblauch

Allium tuberosum

Aglio da taglio (ital.), Ajo chino (span.), Ajo verde (span.), Chinalauch, Chinese bieslook (niederl.), Chinese chives (engl.), Chinese leeks (engl.), Chinesischer Lauch, Chinesischer Schnitt(knob)lauch, Ciboulette chinoise (frz.), Flowering chives (engl.), Garlic chives (engl.), Gow choi (chin.), Green garlic (engl.), Ki-

napurlög (dän.), Knobel, Knoblauch-Schnittlauch, Knolau(ch), Knolliger Lauch, Nira (jap.)

Allgemeines, Herkunft, Geschichtliches

Der Schnittknoblauch ist zwar schon vor mehreren Jh.en aus chinesischen und japanischen Kreuzungen des Schnittlauchs mit dem Knoblauch hervorgegangen, in Deutschland wurde dieses frostwidrige und nährstoffliebende Liliengewächs (Liliaceae) jedoch erst 1985 als Knolau vorgestellt. Die Asiaten zählen den nur sehr langsam heranwachsenden Schnittknoblauch zu ihren bevorzugten Lebensmitteln; nicht selten bleichen sie ihn, um einen noch milderen Geschmack zu erzielen.

Aussehen

Der bis zu 50 cm hohe Schnittknoblauch hat dunkelgrüne, grasähnliche Blätter, sternförmig angeordnete, schneeweiße Blüten und eine stark ausgeprägte, jedoch knollenlose Wurzel.

Geschmack

Schnittknoblauch schmeckt wie eine Mischung aus Schnittlauch und Knoblauch, hat, wenn er jung ist, jedoch ein eher süßliches Aroma. Die Blütenknospen tragen honigartigen Charakter.

Geruch

Schnittknoblauchblätter verströmen knoblauchähnliche Düfte; der Geruch seiner Blüten erinnert hingegen an Rosen.

Hauptinhaltsstoffe

Calcium, Eisen, etherische Öle, Fluor, Folsäure, Kalium, Magnesium, Natrium, Niacin, Pektin, Phosphor, Provitamin A, Senföl, Sulfate, Vitamin B 1, B 2, C, E.

Verwendung, Zubereitung

Schnittknoblauch dient meist dem Würzen und der Verfeinerung von Brotbelägen, Quarkspeisen, Saucen, Suppen, Gemüsezubereitungen und Frühlingsrollen.

Lagerung

Schnittknoblauch kann zwar längere Zeit auch im Tiefkühlschrank bevorratet werden, besser ist es jedoch, ihn möglichst frisch und rasch zu verwenden, da seine geschmacksgebenden etherischen Öle sich rasch verflüchtigen.

Volksmedizinische Bedeutung

Neben harntreibenden und kreislaufstärkenden Eigenschaften, wirkt der Schnittknoblauch auch Tumoren entgegen.

Tipp

Ein Fest für vegetarische Gourmets: erntefrischer Schnittknoblauch, der mitsamt seinen Stängeln und Blüten in Bierteig ausgebacken wurde!

Schnittlauch

Allium schoenoprasum

Aglio cipollino (ital.), Arpàgic (rumän.), Beeslok (norddt.), Beestlauch, Bieslook (niederl.), Biezelok (fries.), Binsenlauch, Cebolinha (port.), Cebollana (span.), Chive (engl.), Ciboulette (frz.), Civette (frz.), Erba cipollina (ital.), Gräslök (norw., schwed.), Graslauch, Graslaukur (isl.), Ha la (vietn.), Jakobszwiebel, Johannislauch, Kow choy (chin.), Luk skoroda (russ.), Metélöhagyma (ung.), Pankokenkraut (norddt.), Pazitka (tschech.), Pfannkuchenkraut, Praso (griech.), Purlög (dän.), Ruoholaukka (finn.), Schnittling, Schnittzwiebel, Schnitzling (allgäu.), Sirmik (türk.), Snidling (ung.), Snytlik (tschech.), Sogancik (türk.), Spaltlauch, Szczypiorek (poln.)

Allgemeines, Herkunft, Geschichtliches

Seit dem Mittelalter wird der Schnittlauch in Mitteleuropa kultiviert, seine Ursprünge liegen vermutlich jedoch in Zentralasien, wo er als Kulturvarietät des Lauchs gezüchtet wurde. Im Kreis seines riesigen Familienclans, den sogenannten Liliengewächsen (Liliaceae), zu der auch alle Knoblauch- und Zwiebelarten zählen, ist der Schnittlauch das kleinste Mitglied.

In Amerika, Asien und Europa liegen heute die größten feldmäßigen Anbaugebiete des Schnittlauchs, der zwischen Mai und Oktober bis zu dreimal beerntet werden kann; danach gibt es meist nur noch Treibhausware.

Der botanische Name Allium leitet sich vom keltischen »al« für »bissig« oder »scharf« ab.

Die zusätzliche Bezeichnung »schoenoprasum« kommt aus dem Griechischen: »schoinos« heißt »Binse«, »prason« steht für »Lauch«, folglich Binsenlauch.

Aussehen

Schnittlauch hat feinröhrige, dunkelgrüne Blätter und je nach der Beschaffenheit des Bodens violette bis rosarote Blüten.

Geschmack

Vor der Blüte schmeckt Schnittlauch erfrischend mild-zwieblig; da er sein Aroma während und nach der Blütezeit zunehmend aufgibt, sollte er möglichst vorher verarbeitet werden! Schnittlauch, der im Gewächshaus vorgetrieben wurde, schmeckt relativ fade; bei getrocknetem Schnittlauch ist das Aroma kaum noch wahrnehmbar.

Hauptinhaltsstoffe

Calcium, Eisen, Eiweiß, Fett, Folsäure, Kalium, Natrium, Niacin, Pektin, Phosphor, Provitamin A, schwefelhaltiges Lauch- und Senföl, Sulfate, Vitamin B 1, B 2, C.

Verwendung, Zubereitung

Schnittlauch verwendet man meist zum Würzen von Kräuterbutter, Suppen, Saucen, Salaten, Eier-, Fisch-, Gemüse-, Kartoffel- und Fleischgerichten, mitsamt seiner Blüte eignet er sich aber auch bestens zu Dekorationszwecken in der Kalten und Warmen Küche. Bei Zubereitungen mit diesem vielseitigen, jedoch sehr empfindlichen Küchenkraut ist grundsätzlich darauf zu achten, dass es keine starke Hitze verträgt (möglichst nicht kochen, braten oder backen!) und weder gehackt noch gemahlen, sondern mit einem scharfen Messer in feine Rädchen geschnitten werden soll; erst dann ist Schnittlauch in der Lage, sein volles Aroma optimal freizusetzen!

Schnittlauchblüten sind, obwohl aufgrund ihrer leichten Holzigkeit geschmacklich nicht ganz einwandfrei, ohne Weiteres genießbar und empfehlenswert, da sie wertvolle Inhaltsstoffe bergen: In einem Hauch von Butter gedünstet verfeinern sie Lammfleisch, grob zerkleinert verleihen sie Salaten, Folienkartoffeln und Gemüsen nicht nur optisch das gewisse Etwas!

Lagerung

Frisch geernteter und zerkleinerter Schnittlauch ist nur kurzzeitig bevorratbar, nicht nur, weil er wertvollen Inhaltsstoffe sogar im tiefgekühlten Zustand rasch verliert, sondern auch, weil er bereits nach kurzer Bevorratungsdauer beginnt, modrige und appetitabwendende Gerüche zu entwickeln.

Volksmedizinische Bedeutung

Schnittlauch besitzt nicht nur appetitanregende, blutbildende, blutdrucksenkende, belebende, harntreibende und magenstärkende Wirkung, auch bei krankhafter Bleichsucht hat sich sein Verzehr sich bewährt. Schnittlauchblüten regen die Verdauung an.

Tipp

Da Schnittlauch humosen, stickstoffhaltigen und mineralstoffreichen Boden benötigt, um gut zu wachsen, sollte man ihn hin und wieder düngen; um sich kostspielige Düngemitteln zu sparen, kann man ihn im Winter auch häufiger dünnflächig mit reiner Holzasche aus dem Kamin bestreuen.

Schöllkraut

Chelidonium majus

Af(e)lkraut, Aftkraut, Augenklar, Augenkraut, Celidonia (ital.), Celidonia major (span.), Chélidoine (frz.), Devil's Milk (engl.), Gelbes Millkraut, Gelbkraut, Gemeines Schöllkraut, Geschwulstkraut, Giftblume, Gilbkraut, Golderzweiglein, Goldkraut, Goldwurz, Gottesgabe, Great celandine (engl.), Grindwurz, Großes Schöllkraut, Herrgottsblatt, Herrgottsgabe, Hexenmilch, Himmelsgabe, Jölk, Jülk, Krätze(n)kraut, Milchkraut, Nagelkraut, Ogenklar, Rock Poppy (engl.), Rotlaufgras, Schäl(er)kraut, Schälfers, Schelkrut, Schellkraut, Schell(i)wur(t)z, Schillkraut, Schindkraut, Schindwurz, Schinnkraut, Schwalbenkraut, Schwalbenwurz, Tackenkraut, Tellerwort (engl.), Teufels(milch)kraut, Truden(milch)kraut, Warzenkraut, Wasserkraut, Wollowwort (engl.), Wulstkraut

Allgemeines, Herkunft, Geschichtliches

Schöllkraut nennt sich ein zwischen Europa und Asien heimisches Mohngewächs (Papaveraceae), das mit dem Schlafmohn verwandt ist. Als verlässlichen Stickstoffanzeiger findet man diese relativ unauffällige, kälteresistente Wild- und Ruderalpflanze meist in der Nähe von Siedlungen, auf kalkhaltigem Boden, an Mauern, unter Hecken, an Zäunen, Wegrändern, in lichten Wäldern und auf Schutthalden, wo sie von April bis September immer wieder neue Blüten treibt.

Den Namen Schwalbenkraut hat das Schöllkraut einer mehrere Jh.e alten Beobachtung zu verdanken, nach der es bei der Ankunft der Schwalben (lat. chelidonium für »Schwalbe«) zu blühen beginnt und erst wieder verblüht, wenn sie fortziehen. Außerdem sammeln Schwalben angeblich die Blätter des Schöllkrauts, um mit dem Saft die Augen ihrer noch blinden Brut zu bestreichen, damit sie rascher sehen.

Anderen Behauptungen zufolge leitet sich das lateinische »chelidonium« aus dem griechischen »kelido« für »bedecken« ab, weil sich der gelbe Saft des Schöllkrautstängels nach dem Aufbrechen zwar zunächst rötlich färbt, auf der Haut jedoch nachhaltige, braune Flecken, Rötungen und Blasen hinterlässt!
Die frühere Bezeichnung Celidonia wurde vom lateinischen »coeli donum« für »Himmelsgabe« ableitet.

Aussehen

Das stark verästelte Schöllkraut hat bis 70 cm hohe, milchsafthaltige Stängel, vierteilige, goldgelbe Blütchen und etwa 5 cm lange, schotenartige Kapselfrüchte, die eiförmige, schwarze Samen enthalten. Die buchtig gelappten, unterseits grauen Schöllkrautblätter sind eichenblattähnlich. Die Schöllkrautwurzel ist relativ kurz und dick, aber überaus fleischig.

Geschmack

Schöllkrautblätter schmecken aufgrund ihres Alkoloidreichtums bitter; Schöllkrautstängelsaft ist sogar giftig!

Geruch

Die gesamte Schöllkrautpflanze verströmt widerliche Gerüche.

Hauptinhaltsstoffe

Alkaloide, Berberin, Carotinoide, Chelerythrin, Chelidonin, Chelidonsäure, Coptisin, Enzyme, Fermente, Flavone, Histamin, Protopin, Säuren, Sanguinarin, Saponine.

Verwendung, Zubereitung

Frische Schöllkrautblätter, -blüten und -wurzeln können nur gekocht oder gebacken verzehrt werden, da die hautreizenden, ätzenden und giftigen Inhaltsstoffe durch Hitzeeinwirkung wirkungslos werden; auch beim Trocknen verflüchtigen sich die Giftstoffe weitestgehend.

Lagerung

Schöllkraut ist sehr leicht verderblich; sogar im getrockneten Zustand ist es höchstens 6 Monate bevorratbar.

Volksmedizinische Bedeutung

Schöllkraut kann Leberentzündungen (Albrecht Dürer behandelte eine schwere Leberentzündung einst erfolgreich mit Schöllkraut), Krämpfe, Bronchitis, Gallenleiden und Magenerkrankungen bekämpfen, doch *Vorsicht:* Aufgrund der zahlreichen möglichen Nebenwirkungen sollte man die exakte Dosierung jedoch grundsätzlich von einem Arzt festlegen lassen, ansonsten ist zwingend von einer Benutzung abzuraten!
In Mecklenburg buk man früher Schöllkrautblätter in Eierkuchenteig, um Gelbsüchtige zu heilen.

Tipp

Warzen können medizinisch zwar mit dem Stängelsaft des Schöllkrauts behandelt werden, bei falscher Dosierung (die Konzentration ist stark abhängig vom jeweiligen Standort, Erntezeitpunkt und Trocknungsverfahren) kann es jedoch zu bedrohlichen Verätzungen, Geschwüren und Vergiftungserscheinungen kommen!

Senf

Sinapis

Chieh (chin.), Gorchitsa (russ.), Gorczyca (poln.), Hardal (türk.),

Horcice (tschech.), Keck, Khardel (arab.), Kompott (köln.), Mostarda (port.), Mostaza (span.), Moster (fries.), Mosterd (niederl.), Mostert (westf.), Mostrich (berlin., ostdt., schles.), Moutarde (frz., isl.), Mustar (rumän.), Mustard (engl.), Mustarmag (ung.), Musztardy (poln.), Sempsat, Senap (schwed.), Senape (ital.), Senef, Senip, Sennep (dän., norw.), Sent, Shiro-Karashi (jap.), Sinapi (griech.), Sinappi (finn.)

Allgemeines, Herkunft, Geschichtliches

Die Heimat des Senfs reicht von Südosteuropa bis nach China. Da er zu den Kreuzblütlern / Brassicaceae (Cruciferae) zählt, ist er mit allen Kohlsorten verwandt. Schon die alten Ägypter, Griechen und Römer wussten von den konservierenden und sinneschärfenden Eigenschaften des Senfs. Der römische Historiker und Schriftsteller Plinius der Ältere behauptete, dass seine Blätter leidenschaftliche Gefühle erwecken, vorrausgesetzt, man hat sie mit der linken Hand gepflückt und in warmem Honigwasser getrunken. Im Mittelalter war es Brauch, seiner Geliebten Senfsamen so in ihrem Vorgarten zu pflanzen, dass nach 4–5 Tagen entweder ihr Name oder ein Herz herauswuchs!

Senfsaat wird ausnahmslos feldmäßig kultiviert; gartenmäßiger Anbau ist unrentabel. Die größten Anbaugebiete liegen in Argentinien, China, Indien und im Mittelmeerraum; die hochwertigsten Senfkörner kommen jedoch aus Kanada.

Deutscher Senf enthält keine Konservierungs- und Farbstoffe.

Das Wort Senf wurde dem lateinischen »sinapis« entlehnt. Das französische »moutarde« geht auf das lateinische »mustum ardeum« (»brennender Most«) zurück, denn die alten Römer, die das erste Senfrezept bereits im 1. Jh. n. Chr. kreierten, rührten den Senf mit unvergorenem Traubenmost (nicht mit Essig) an.

Aussehen

Die bis zu 1,20 m hohe Senfpflanze hat gefiederte Blätter und behaarte Stängel, die mit auffälligen, waagerecht abstehenden Schoten bestückt sind.

Geschmack

Die Scharfstoffe der Braunen Senfsaat werden erst aktiviert, wenn sie im gemörserten Zustand mit kaltem Wasser verrührt werden; bei gelber Senfsaat ist das nicht so.

Arten, Sorten

Ackersenf / Sinapis arvensis (bot.) / Ackerrettich / Gelbes Eisenkraut / Hederich / Wegsenf heißt ein wild wachsendes Ackerunkraut in Mitteleuropa, das heute für die Senfherstellung zwar kaum noch von Belang ist; seine kressigen Sproßspitzen lassen sich jedoch bestens zur Komplettierung von Mischsalaten verwenden.

Indischer Senf / Brassica integrifolia (lat.) / Chinasenf / Chinese mustard (engl.) / Indian mustard (engl.) / Moutarde de Chine (frz.) / Moutarde de l'Inde (frz.) / Orientalischer Senf nennt sich eine Senfsorte aus Indien und China, wo sie aus Kreuzungen des Schwarzen Senfs mit dem weltweit wild wachsenden Feldkohl hervorgegangen ist.

Sarepta-Senf / Brassica juncea (lat.) / Brauner Senf / Brunsenap (schwed.) / Moutarde brun (frz.) / Sarepska gorczyca (poln.) / Rumänischer Braunsenf / Russischer Senf / Rutenkohl / Rutensenf heißt ein rotblättriger Verwandter des Schwarzen Senfs. Seine Ursprünge liegen in Osteuropa, seit dem letzten Jh. wird er jedoch auch im russischen Donbecken angebaut. Da Sarepta-Senf mehr Allylsenföle als andere Senfsorten enthält, schmeckt er wesentlich schärfer.

Schwarzer Senf / Brassica nigra (lat.) / Barna mustarmag (ung.) / Black mustard (seed) (engl.) / Französischer Senf / Gorchitsa chernaya (russ.) / Grüner Senf / Hac gioi (vietn.) / Holländischer Senf / Kapusta czarna (poln.) / Kara Hardal (türk.) / Mostarda preta (port.) / Mostaza negra (span.) / Moutarde noire (frz.) / Mustar negro (rumän.) / Mustasinappi (finn.) / Roter Senf / Senape nera (ital.) / Sinapi mauro (griech.) / Svarte sennep (norw.) / Svartsenap (schwed.) / Swarte mosterd (niederl.) hat sehr scharfe, dunkelbraune bis schwarze, etwa 1,5 mm große Samen. Sowohl in seiner chinesischen Heimat, wo er zu den kostbarsten Gemüsen zählt, als auch in Afrika, Kanada, Ungarn, Italien, Rumänien, Indien und in den Niederlanden wird Schwarzer Senf als Gewürz-, Öl- und Gemüsepflanze angebaut. Seine jungen, angenehm nach Kresse und Senf schmeckenden Blätter können zu Salat, ältere Pflanzen zu Gemüse verarbeitet werden. Die Stängel und blühenden Triebe des Schwarzen Senfs können hervorragend konserviert werden, man sollte dazu jedoch möglichst wenig Salz und nur hochwertigen Essig verwenden.

Weißer Senf / Brassica alba (lat.) / Bach gioi tu (vietn.) / Beyaz hardal tohum (türk.) / Gelber Senf / Gorchitsa belaya (russ.) / Gorczyca jasna (poln.) / Horcice bila (tschech.) / Hvid Sennep (dän., norw.) / Keltasinappi (finn.) / Mostarda branca (port.) / Mostaza silvestre (span.) / Moutarde blanche (frz.) / Mustar alb (rumän.) / Senape biancha (ital.) / Sinapi agrio (griech.) / Sinapis alba (lat.) / Vitsenap (schwed.) / White mustard (engl.) / Witte mosterd (niederl.) / Zold mustarmag (ung.) hat ca. 2,5 mm große, ockergelbe Samen und schmeckt sehr mild. Angebaut wird er in den Mittelmeerländern, Ungarn und Deutschland. Weißer Senf dient überwiegend der Herstellung von Speisesenf, wird jedoch auch zur Produktion von Gewürzmischungen, Speise- und Brennöl und zur Gründüngung verarbeitet.

Bayerischer Senf / Süßer Senf / Weißwurstsenf wurde 1854 von Johann Conrad Develey im bayerischen Unterhaching als spezielle Weißwurstwürze erfunden. Sowohl die Zugabe von grob vermahlenen gelben und braunen Senfsaatschalen als auch von mehr oder weniger Zucker sowie das heiße Einmaischen machen ihn lieblich süß und verleihen ihm einen charakteristischen Karamellgeschmack.

Colman-Senf / Englisches Senfpulver / Senfmehl heißt ein sehr scharfes, grellgelbes englisches Senfpulver, das sich aus gelber und brauner

Senfsaat, Kurkuma und Weizenmehl besteht. Es kann sowohl mit Wasser oder Brühe als auch mit Sherry, Portwein oder Bier angerührt werden.

Dijon-Senf heißt eine bissig-scharfe Senfspezialität aus Frankreich, die nicht (wie alle anderen Senfsorten) mit Essig, sondern mit Most oder dem Saft unreifer Trauben angesetzt wird. Da er traditionsgemäß lediglich nach einer Rezeptur aus dem 13. Jh. hergestellt werden darf, gilt er als **älteste Senfsorte der Welt**.

Düsseldorfer Senf nennt sich eine extrem scharfe Senfspezialität, die nur von Herstellern aus Düsseldorf produziert werden darf und nach alter Rezeptur lediglich schalenlose Braunsenfsaat, Branntweinessig und Salz beinhalten sollte.

Feuersenf / Scharfer Senf wird ausschließlich aus schalenloser, brauner Senfsaat hergestellt.

Kremser Senf wird in Österreich aus den gepulverten Körnern verschiedener Senfsaaten unter Zugabe von süßem Wein oder Obstmost gefertigt.

Mostarda lautet nicht nur der portugiesische Name des Senfs, die Italiener nennen so auch in Senf, Essig, Zucker und Gewürze eingelegte Früchte, sogenannte Senffrüchte.

Speisesenf / Delikatesssenf / Tafelsenf wird aus dem Mehl unterschiedlicher Senfsaaten gefertigt, je nach Sorte (mittelscharf, scharf, extrascharf) aber meist noch mit würzenden Zutaten (z. B. Essig, Kurkuma, Meerrettich, Nelken, Pfeffer, Salz, Wein, Zimt und/oder Zucker) ergänzt. Die Farbe der variantenreichen Speisesenfsorten ist nicht nur abhängig von der jeweiligen Senfsaatmischung, sondern maßgeblich auch vom Kurkumagehalt; je höher die Kurkumaanteile, desto gelber ist das Endprodukt.

Hauptinhaltsstoffe

Allylsenföl, Eiweiß, Linolsäure, Mineralstoffe, Myrosinase, Sinalbin, Vitamine.

Verwendung, Zubereitung

Senf sollte nicht mitgekocht werden, weil sich sonst seine schärfegebenden Inhaltsstoffe verflüchtigen. Hat man eine kalt zubereitete Speise mit scharfem Senf überwürzt, kann man den bissigen Geschmack mit ein paar Spritzern Essig mildern, weil Säure den schärfenden Wirkstoff Sinalbin hemmt. Grillgut (z. B. Steaks, Bratwurst, Gepökeltes und Geräuchertes) sollte vor dem Verzehr in Senf getunkt werden, weil dieser die wertvolle Eigenschaft besitzt, krebserregende Substanzen, die beim Grillen entstehen können, unwirksam zu machen. Die vitaminreichen Blüten der Senfpflanze lassen sich als Saucenwürze oder essbare Dekoration bei Fleisch- oder Fischgerichten verwenden. Senfkeimlinge sollten aufgrund ihres scharfen Aromas nur behutsam eingesetzt werden.

Lagerung

Getrocknete Senfsaat besitzt zwar hervorragende Lagerungseigenschaften, Speisesenf verliert hingegen nach und nach seine Schärfe, weil die Wirksamkeit der Allylsenföle nachlässt.

Volksmedizinische Bedeutung

Senf besitzt nicht nur appetit-, kreislauf-, magensaft- und stoff-

wechselanregende Funktionen, er fördert auch die Durchblutung (nicht nur die des Gehirns) und heilt Entzündungen der Mundhöhle. Senf kann sogar einer Bronchitis und rheumatischen Erkrankungen entgegenwirken.
Je fetter ein Gericht, desto schärfer sollte die Senfsorte sein, denn aufgrund seiner speziellen Wirkstoffe werden die Speisen gründlicher verdaut und passieren den Magen rascher; unliebsames Völlegefühl kommt dann gar nicht erst auf.
Blutergüsse, Bronchitis, Durchblutungsstörungen und Hexenschuss bekämpft man mit einem großen Senfpflaster oder einer Senfwickel mit angefeuchtetem braunem Senfpulver.

Tipp

Darmbürste nennt man eine spezielle Kur, die nicht nur bei Verdauungsproblemen und Appetitlosigkeit angewendet wird, sondern auch der Entgiftung und Entschlackung des Körpers zuträglich ist: 2 EL weiße Senfkörner werden unzerkaut mit Wasser geschluckt; die Körner quellen im Darm auf, massieren aufgrund ihres hohen Senfölanteils die Schleimhäute und schleusen überflüssige Speisenreste konsequent aus dem Darmtrakt.

Spitzwegerich

Plantago lanceolata

Aderblatt, Aderkraut, Heilwegerich, Katzenschwanz, Katzenstühlchen, König am Wegrand, Lungenblatt(l), Plantain (frz.), Ribwort (engl.), Rippenblatt, Roßrippe, Sauohr, Schlangenzunge, Schmalblättriger Wegerich, Siebenrippe, Spießkraut, Spitzfederich, Spitzwegeblatt, Straßenbraut, Wegblatt, Wegbreit, Wegerich, Wegtritt, Wundwegerich

Allgemeines, Herkunft, Geschichtliches

Der Spitzwegerich ist eine mehrjährige europäische Wildpflanze, die der Familie der Wegerichgewächse (Plantaginaceae) zugeordnet wird. Dieses unauffällige Heilkraut mit größter arzneilicher Bedeutung ist von März bis September vielerorts anzutreffen; in Deutschland ist der Spitzwegerich die meistverbreitete Wildpflanze.
»Rich«, die indogermanische Endsilbe von Wegerich, bedeutet »König«; der lateinische Name »plantago« wird von »planta« für »Fußsohle« abgeleitet; er bezieht sich auf die fußsohlenartige Blattform.
»Lanceolota« ist die lateinische Bezeichnung für »Lanze«; sie bezieht sich auf die spitzen, lanzenförmigen Blätter.

Aussehen

Der bis zu 50 cm hohe Spitzwegerich hat 20–30 cm lange, rosettenförmig angeordnete, schmale, spitz zulaufende, ädrige Blätter, die mit kleinen Rinnen für den Wasserablauf versehen sind. Die feinwüchsigen, jedoch relativ unansehnlichen Ährenblüten sind mit braunen Samen bestückt.

Geschmack

Kurz nach dem Austrieb (im Frühling) schmeckt Spitzwegerich zart, saftig und angenehm pilzig; nach der Blüte ist er für den Verzehr ungeignet, da er dann immer bitterer und faseriger wird.

Arten, Sorten

Breitwegerich / Plantago major (lat.) / Ackerkraut / Breitblättriger Wegerich / Fußstapfen des weißen Mannes / Großer Wegerich hat breite, ovalrunde Blätter. »Fußstapfen des weißen Mannes« nannten einst die nordamerikanischen Indianer den Breitwegerich, weil er aufgrund seiner vielzähligen, klebrigen und deshalb an den Schuhen haftenden Samen von den Kolonisten in alle Welt verschleppt wurde; ohne Schaden zu nehmen, übersteht diese Wildpflanze Belastungen durch Fußtritte, Hufe und Wagenräder, die andere Pflanzen schon längst zerstört hätten. Im Rasen zeigt diese Zeigerpflanze präzise an, an welcher Stelle der Boden zu stark verdichtet ist. Medizinisch ist der Breitwegerich kaum von Belang.

Flohsamen / Plantago afra (lat.) / Plantago psyllium (bot.) / Flohkraut / Heufresser / Heusamen / Sandwegerich / Strauchwegerich nennt sich eine stark aufstängelnde, sehr ölhaltige Wegerichsorte aus Indien, die zwar stark blähungstreibende und abführende Eigenschaften aufweist, bei Darmverschluß und -entzündungen des Verdauungsapparates jedoch nicht vereinnahmt werden sollte!

Hirschhornwegerich / Plantago coronopus (lat.) / Hirschhornsalat / Minutina (ital.) heißt eine dekorative und mehrmals im Jahr aberntbare Gemüsespezialität aus der italienischen Toskana, deren leicht bittere, aber recht wohlschmeckende, geschlitzte Blätter zu sogenanntem Hirschhornsalat, zu Gemüse oder erkältungshemmendem Tee bereitet oder als Mischsalatzutat verwendet werden können.

Hauptinhaltsstoffe

Aucubin, Calcium, Eisen, Flavonoide, Gerbstoffe, Glykoside, Invertin, Kalium, Kieselsäure, Labenzyme, Natron, Provitamin A, Schleimstoffe, Schwefel, Vitamin C, K, Xanthophyll.

Verwendung, Zubereitung

Junge Spitzwegerichblätter können zu Quarkspeisen, Salat, Suppe, Gemüse, Saft, Sirup oder hustenlösenden Bonbons verarbeitet werden. Aus den ährenartigen Blütenständen lassen sich »Mixed Pickles« bereiten, indem man sie wie Saure Gurken einmacht. Eine durstlöschende, erfrischende und bekömmliche Spitzwegerichbowle erhält man, wenn man 1 Liter Apfelsaft mit ca. 100 g sorgsam verlesenen, jungen Spitzwegerichblättchen mischt und über Nacht durchziehen lässt. Möglichst gut gekühlt (eventuell mit Eiswürfeln, die vor dem Tiefkühlen mit dekorativen Borretschblütchen ergänzt wurden) servieren.

Lagerung

Frische Spitzwegerichblättchen lassen sich in einem Wasserglas max. 2 Tage bevorraten.

Volksmedizinische Bedeutung

Ein Tee aus den Blättern, Blütenteilen und Stängeln des Spitzwegerichs (er sollte prinzipiell mit kaltem Wasser angesetzt werden!) ist nicht nur nützlich bei fieberhaften Erkrankungen der Atmungsorgane,

er wirkt auch Kopfschmerzen, Migräne und Sodbrennen entgegen und besitzt blutreinigende, cholesterinsenkende, entgiftende, abführende und wassertreibende Eigenschaften. Spitzwegerich stimuliert die körpereigene Produktion von Interferon, das bei Infektionen der Haut und des Mund- und Rachenraums, bei Hämorrhoiden, Wespenstichen, Hunde- und Schlangenbissen wundheilend, blutstillend, entzündungshemmend und desinfizierend wirkt.
Pollenallergiker sollten Hautkontakt mit allen Wegerichgewächsen meiden, da sie zu stark juckenden und entzündlichen Schwellungen der Haut führen können!
Da Spitzwegerichtee starke Abneigung gegen Tabak erzeugt, sobald man ihn über einen längeren Zeitraum hin verköstigt, kann man sich mit seiner Hilfe (fast) mühelos das Rauchen abgewöhnen!
Fußbeschwerden beim Wandern bessern sich, wenn man die Schuhe mit pflückfrischen Breit- oder Spitzwegerichblättern auslegt.

Tipp

Überraschen Sie die Gäste mit einem Aperitif aus gekühltem Sekt, der mit 1 EL Spitzwegerichsirup getoppt wurde.

Sternanis

Anisum stellatum

Achteckiger Fenchel, Anason in forma de stea (rumän.), Anice stellato (ital.), Anis de la Chine (frz.), Anis estrelado (port., span.), Anis estrella (span.), Anis étoilé (frz.), Anyz gwiazd-kowaty (poln.), Badian (dt. veralt., poln., rumän.), Badián (span.), Badiana (span.), Badian Anis (engl.), Badiane (frz.), Badiyan (pers.), Badyan (russ., tschech.), Badyánik (tschech.), Ba jiao hui xiang (chin.), Chinaanis, Chinese Anis (engl.), Chinesischer (Stern-)Anis, Cin anasonu (türk.), Csillagánizs (ung.), Dagdful (ind.), Dogorful (ind.), Hoi sao (vietn.), Illicium verum (lat.), Indian Anis (engl.), Indischer Anis, Kinai ánizs (ung.), Poikak (thail.), Star Anis (engl.), Steranijs (niederl.), Stjärnanis (schwed.), Stjerneanis (dän., norw.), Stjörnuanis (isl.), Tähtianis (finn.), Yildiz anasonu (türk.), Zvezdchatyj anis (russ.)

Allgemeines, Herkunft, Geschichtliches

Sternanis nennt man die (Sammelbalg-)Früchte eines in Südchina und Vietnam beheimateten, immergrünen (Sternanis-)Gewächses (Illiciaceae), das mit der Magnolie verwandt ist. In seinen Ursprungsländern wird der Sternanis, der auch als schönste Frucht unter den Gewürzen Anerkennung findet, schon seit über 3000 Jahren als Gewürz und Heilmittel genutzt. Nach Europa gelangte der bis zu 10 m hohe Sternanisbaum erst im 16. Jh. durch englische Seefahrer, nachdem sie ihn auf den Philippinen entdeckt hatten. Mit dem echten Anis ist der Sternanis zwar nicht verwandt, seine Samen bergen jedoch das gleiche essentielle Öl. Bedeutende Anbaugebiete des Sternanis liegen in Haiti, Jamaika, in der Karibik, auf den Philippinen und in Westindien.

Die lateinische Bezeichnung »illicium« bedeutet »anlocken«, »verführen«, womit wohl sein mildsüßlicher, insektenanziehender Duft gemeint ist.

Aussehen

Der Sternanis sieht aus wie ein brauner, (meist) achtstrahliger Meerstern, dessen korkig-holzige Zacken jeweils einen etwa 2,5 cm langen, glänzenden, kahnartigen Samen bergen.

Geschmack

Getrockneter Sternanis weist ein warmes, kräftiges, an Lakritz und Fenchel erinnerndes Aroma auf.

Geruch

Sternanis riecht wesentlich intensiver als echter Anis.

Arten, Sorten

Japanischer Sternanis nennt sich eine zwar hübsche, jedoch giftige Pflanze aus Japan, die dem Sternanis zum Verwechseln ähnlich sieht.

Hauptinhaltsstoffe

Anethol, Cineol, Foeniculin, Gerbstoffe, Phellandren, Safrol, Terpineol.

Verwendung, Zubereitung

Sternanis kann wie Anis verarbeitet werden, hierzulande dient er jedoch vorwiegend der Herstellung von Glühweingewürz.

Lagerung

In einem luftdicht verschlossenen Behälter ist getrockneter Sternanis nahezu unbegrenzt haltbar.

Volksmedizinische Bedeutung

Sternanistee besitzt appetitanregende, blähungstreibende und schleimlösende Eigenschaften; während der Stillzeit und Schwangerschaft ist von seiner Vereinnahmung abzuraten.

Tipp

In buddhistischen Tempeln dient die Rinde des Sternanisbaums als äquivalenter Weihrauchersatz.

Sternmiere

Stellaria holostea

Adders meat (engl.), Alsine (span.), Arv(e) (norddt.), Centocchio comune (ital.), Chick-weed (engl.), Esparguta (port.), Fieberkraut, Fuglegräs (dän.), Gänsegras, Gwiazdnica pospolita (poln.), Haugarfi (isl.), Healesdärm (bayr.), Hühnerbiss, Hühnerdarm, Mausdarm, Mouron des oiseaux (frz.), Muur (niederl.), Pihatähtimo (finn.), Starkruid (niederl.), Starweed (engl.), Stellaire intermediaire (frz.), Sternenkraut, Vassarve (norw.), Vatarv (schwed.), Vögelichrut (schweiz.), Vogelkraut, Vogel(stern)miere

Allgemeines, Herkunft, Geschichtliches

Die Sternmiere ist eine uralte Wildpflanze, die in der Regel als überaus lästiges Unkraut verachtet wird, da sie jährlich unzählige, sich allseits verbreitende Samen (bis zu 15.000 Stück pro Auswuchs) hervorbringt. Vom zeitigen Frühjahr bis zum Spätherbst kann dieses den Halbschatten liebende Nelkengewächs (Caryophyllaceae) gesammelt werden. Als Vogelmiere wird die Sternmiere auch bezeichnet, weil ihre Blättchen vornehmlich von Hühnern, Wild- und Volierenvögeln verzehrt werden.

Aussehen

Die Sternmiere hat niederliegende, spinnwebdünne, behaarte Stängelchen, abgerundete, sich gegenüberstehende Blättchen, die sich in der Nacht um die Triebe schließen und weiße, sternförmige Blütchen.

Geschmack

Vor der Blüte schmecken Sternmierenblätter angenehm nussig und maiskolbenähnlich; danach werden sie bitter. Die Wurzeln der Sternmiere sind ungenießbar.

Hauptinhaltsstoffe

Calcium, Eisen, Kalium, Kieselsäure, Magnesium, Provitamin A, Saponine, Schleim, Vitamin A, B, C, Zink.

Verwendung, Zubereitung

Sternmierenstängel und -blätter sind zwar für die eigenständige Zubereitung von Gemüsen, Salaten, Suppen oder Quarkspeisen geeignet, vorteilhafter ist es jedoch, sie mit anderen Kräutern und/oder Gemüsen großzügig zu mischen, da sie aufgrund ihres Saponinreichtums in hoher Dosierung stark abführend wirken.

Volksmedizinische Bedeutung

Umschläge mit einem Brei aus frischen Sternmiereblättern fördern die Heilung bei rissigen Hautentzündungen, Hämorrhoiden, juckenden Ekzemen und Furunkeln. Ein Absud aus Sternmierenblättern und -stängeln ist nützlich bei Abgespanntheit, Blasenentzündung und Verstopfung. Sternmierentee besitzt nicht nur schleimlösende, herzstärkende und wassertreibende Eigenschaften, er bekämpft ebenso Bronchitis und rheumatische Erkrankungen.

Tipp

Sternmierensuppe macht man so: Kochende Gemüsebrühe mit Mehlschwitze leicht andicken, gehackte Sternmierenblätter und -blüten etwa 10 Minuten darin ziehen lassen, mit wenig Sahne abrunden und schließlich im Mixer pürieren. Vor dem Servieren mit warmen Knoblauchcroûtons bestreuen.

Süßkraut

Stevia rebaudiana

Candyleaf (engl.), Honigblatt, Honigkraut, Kaá Heé (südamerik.), Stevia, Süßblatt, Sugar-plant of South America (engl.), Sweet Herb (engl.), Sweet (Honey) Leaf (engl.), Zuckerpflanze

Allgemeines, Herkunft, Geschichtliches

Süßkraut nennt sich ein licht- und wärmeliebender Korbblütler / Asteraceae (Compositae), der im Gebiet der südamerikanischen Amambai-Bergkette zwischen Brasilien und Paraguay zu Hause ist, wo er schon seit Urzeiten von den Indios als Süßungsmittel genutzt wird. Erst 1887 wurde diese kältesensible Pflanze von dem paraguayanischen Naturwissenschaftler Moisés Bertoni offiziell entdeckt und der restlichen Welt zugänglich gemacht.

In Deutschland ist der Verkauf des Süßkrauts bislang nur im getrockneten Zustand (entweder als Tee oder Pulver) und lediglich in Apotheken gestattet, weil Extrakte des frischen Krauts einst den Indios zur Empfängnisverhütung gedient haben sollen. Nicht regelwidrig ist jedoch die Anzucht des Süßkrauts im Privatgarten. Zu beachten ist dabei, dass diese Pflanze nicht winterhart ist, viel Sonne und Licht benötigt (auch bei der Überwinterung im hellen Keller bei ca. 15° C) und hin und wieder gedüngt werden sollte. Seitdem die japanische Regierung 1969 im eigenen Land den Verkauf von synthetischen Süßungsmitteln untersagt hat, stieg der Süßstoffmarktanteil des Süßkrauts dort immerhin auf anerkennende 50%!

Aussehen

Süßkraut hat unscheinbare, mittelgroße, am Rand leicht eingekerbte, minzeähnliche Blätter und sternförmig angeordnete, pastellfarbene Blüten.

Geschmack

Die Süßkraft getrockneter Süßkrautblätter (besonders von älteren Pflanzen) ist bis zu **300-mal stärker** als bei herkömmlichem Haushaltszucker.

Hauptinhaltsstoffe

Diterpen- oder Steviol-Glykoside.

Verwendung, Zubereitung

Da sich das bis 200° C hitzebeständige Süßkraut in Flüssigkeit auflöst, kann es wie Haushaltszucker verarbeitet werden; während der Verwendung intensiviert es das Aroma der Speisen. In Paraguay dient Süßkraut seit jeher dem Süßen des berühmten Nationalgetränks Matetee, den man mitsamt den Süßkrautblättern max. 5 Minuten lang ziehen lassen sollte.

Volksmedizinische Bedeutung

Eine Vielzahl von wissenschaftlichen Untersuchungen haben vor einigen Jahren gezeigt, dass Süßkraut das natürlichste, intensivste und gesündeste Süßungsmittel der Welt ist. Auch bei Diabetikern und übergewichtigen Personen steht es mittlerweile hoch im Kurs, da es weder Kalorien noch Kohlenhydrate enthält. Frisch zerkautes Süßkraut wirkt sogar Karies, Zahnfleischbluten und Zahnbelag entgegen!

Tipp

Eine Gesichtsmaske aus breiig zermahlenen Süßkrautblättern bekämpft lästige Ekzeme und Hautunreinheiten, da sie bakterien- und pilzhemmende Eigenschaften besitzen!

T

Tagetes

s. Gewürztagetes

Taglilie

Hemerocallis

Blume des Vergessens, Daglelie (niederl.), Daylily (engl.), Denivka (tschech.), Emerocallis (ital.), Flor de un dia (span.), Hémérocalle (frz.), Hsuan Ts'ao (chin.), Hosta (engl.)

Allgemeines, Herkunft, Geschichtliches

Die Taglilie ist ein Liliengewächs (Liliaceae), das schon vor mehreren Tausend Jahren in seiner chinesischen Heimat kultiviert wurde. Im 16. Jh. gelangte die Taglilie durch Kaufleute erstmals nach Venedig und Lissabon, von wo aus sie in alle europäischen Länder verbreitet wurde. Die Taglilie zählt zu einem Typus von laubabwerfenden Beet- und Schnittstauden, der schattige bis halbschattige Standorte und durchlässigen, feuchten Boden bevorzugt, kurzzeitige Trockenperioden oder Minusgrade jedoch akzeptiert. Alle Tagliliensorten können sowohl neben anderen Stauden als auch für sich kultiviert werden. Während der Anzucht im eigenen Garten sollte darauf geachtet werden, dass man die Taglilie mindestens 5 Jahre lang ungestört wachsen lässt, damit sie sich kräftigen kann und widerstandsfähig wird; danach können ihre Knollen bedenkenlos geteilt werden. Der Name Taglilie verweist zwar auf die Blühdauer einer einzelnen Blüte, es kommen jedoch wochenlang täglich neue Blüten nach.

Aussehen

Die bis zu 1 m hohe Taglilie ist ein wahres Kunstwerk in Form und Farbe: Sie hat schmale, längliche, dunkelgrüne Blätter, auffallend stolze, trichterförmige bis kronenhafte (petaloide) Blüten, die sich von Mai bis September zeigen, und eine bulböse Wurzelknolle. Je nach Sorte können Taglilien cremefarbene, gelbe, orangerote, rosa, braune und auch mehrfarbige Kombinationen, jedoch kein reines Blau hervorbringen.

Geschmack

Taglilienblüten haben ein süßlich-herbes Aroma, das an Minze, Feige, Gurke und Zucchini erinnert; die Blätter sind ungenießbar.

Geruch

Taglilien verströmen betörende, maiglöckchenartige Düfte.

Verwendung, Zubereitung

Die Blüten der Taglilie können nicht nur als essbare Dekoration verwendet werden, mit Kräuterquark gefüllt und z. B. als Amuse-Gueule oder als Vorspeise serviert, sind sie auch für den anspruchsvollsten Feinschmecker ein Hochgenuss!

Die möglichst noch vollständig geschlossenen Blütenknospen der Taglilie geraten zu einem wahren Gaumenkitzel, wenn sie zunächst halbiert, dann mit etwas Salz und Pfeffer gewürzt, mit Schalottenwürfeln angeschwenkt und schließlich zugedeckt für wenige Minuten in einer Kasserolle gedünstet werden.

Lagerung

Aufgrund ihrer kurzen Blühzeit sind Taglilienblüten für die Bevorratung völlig ungeeignet.

Tipp

Das rasche sich Öffnen der Taglilienblüte lässt sich mittels eines einfachen Tricks auch künstlich hervorrufen: Legt man besonders pralle Taglilienknospen über Nacht in den Kühlschrank und stellt sie tags darauf in heißes Wasser, kann man förmlich zusehen, wie sich die Blüten öffnen.

Thymian

Thymus vulgaris

Balzsamfü (ung.), Beizkräutl (österr.), Chabrets (russ.), Cimbru de cultura (rumän.), Dag kekigi (türk.), Demut, Démutka (ung.), Echter Thymian, Férigoule (frz.), Garden thyme (engl.), Gartenthymian, Gemeiner Thymian, Hagetimian (norw.), Herz der raffinierten Küche, Jungferndemut, Kakukkfü (ung.), Karabas (türk.), Kekik (türk.), Keukentijm (niederl.), Küchenpolei, Küchenpolich, Kuttelkraut (süddt.), Materidouska (tschech.), Nema-mulotu (türk.), Römischer Quendel, Sa'tar (arab.), Sonnenanbeter, Thymari (griech.), Thym (ordinaire) (frz.), Thyme (engl.), Thymos (griech.), Tijm (niederl.), Timi (indon.), Timian (dän., norw., ung.), Timijehnges (hunsr.), Timjami (finn.), Timjan (isl., schwed.), Timo (ital.), Timyan (russ.), Tömjénfü (ung.), Tomilho (ordinário) (port.), Tomillo (span.), Tymián (tschech.), Tymianek pospolity (poln.), Welscher Quendel, Winterthymian, Wintertijm (niederl.), Zeeter (arab.), Zimis, Zimmeslein

Allgemeines, Herkunft, Geschichtliches

Die Heimat des Echten Thymians liegt im östlichen Mittelmeergebiet, wo man ihn schon lange vor unserer Zeitrechnung als Heil- und Gewürzpflanze verehrte. Die konservierenden Eigenschaften des Thymians nutzten bereits die alten Ägypter, indem sie ihre Toten mit Thymianöl einbalsamierten.
Im 11. Jh. gelangte der Thymian durch italienische Benediktinermönche erstmals auch in mitteleuropäische Klostergärten. Heute wird diese Pflanze mit dem höchsten Eisengehalt in Bulgarien, Frankreich, Italien, Kroatien, Nordamerika, Spanien und in Skandinavien feldmäßig angebaut. Geerntet werden sollte dieser mit dem Majoran und Oregano verwandte Lippenblütler (Lamiacea) möglichst vor oder während der Blüte (Juni–August) und zwar am vorteilhaftesten während der Mittagszeit, weil seine Inhaltsstoffe dann am ausgeprägtesten sind. Die vermeintliche Frostwidrigkeit des Thymians ist eher begrenzt; bei kaltem und feuchtem Winterwetter neigt er zur Fäulnisbildung. Da sich der genügsame Thymian an sonnigen Standorten am wohlsten fühlt, wird er auch als »Sonnenanbeter« bezeichnet.
Der Name Thymian leitet sich vom griechischen »thymos« ab, was »Mut« und »Lebenskraft« bedeutet und auf seine mutmachende und anregende Wirkung verweist.

Aussehen

Thymian ist ein bis zu 40 cm hoher Halbstrauch mit stark verästelnden und verholzenden Stängeln, zartlila Blütchen und schmalen, dunkelgrünen, weißfilzigen, randseits leicht eingerollten Blättern.

Geschmack

Frischer Thymian schmeckt sehr kräftig und gewürzhaft, jedoch arteigen rauchig, nelkig-pfeffrig und majoranig. Im getrockneten Zustand besitzt er die dreifache Würzkraft!

Geruch

Thymian verströmt warme, hocharomatische Düfte.

Arten, Sorten

Feldthymian / Thymus serpyllum (lat.) / Antibiotikum der armen Leute / Backtimjan (schwed.) / Betony / Cimbrisor de câmp (rumän.) / Cimbru salbatic (rumän.) / Continental wild thyme (engl.) / Creeping thyme (engl.) / Deutscher Quendel / Duftholz / Feldbulla / Feldkümmel / Geismajoran / Geschwulstkraut / Grundling / Heidekraut der Mittelmeerländer / Hollaien / Hühnerbolle / Hühnerklee / Hühnerkohl / Hühnerkraut / Hühnerkümmel / Hühnerpolei / Johanniskraut / Kandlkraut / Kangasajuruoho (finn.) / Karwendel / Keale / Kinderkraut / Kranzelkraut / Kruipende tijm (niederl.) / Kryptimian (norw.) / Kückenkümmel / Kümmlingskraut / Kundenkraut / Kunderle / Ku(n)dlkraut / Kunela / Kunerle / Kwendel (niederl.) / Liebfrauenbettstroh / Macierzanka piaskowa (poln.) / Marienbettstroh / Materidouska uzkolista (tschech.) / Mezei kakukkfu (ung.) / Mother of thyme (engl.) / Mutkraut / Quandl / Quendel / Quennel (pfälz.) / Quenula / Rainbartkraut / Rainkinderle / Rainkümmel / Rauschkraut / Römischer Thymian / Serpillo (ital.) / Serpolet (frz.) / Serpoleto (span.) / Violetter Bohler / Wiesenthymian / Wilde Meron / Wilder Rosmarin / Wilder Thymian / Wilder Zimt / Wilde tijm (niederl.) / Wild thym (engl.) / Wildthymian nennt sich ein wild wachsender, mitteleuropäischer Verwandter des Gemeinen Thymians mit vielfach verzweigten, kriechenden Stängeln, olivgrünen Blättchen und winzigen, rosaroten Blüten. Ursprünglich wuchs der Feldthymian nur in höherliegenden Gebirgsregionen, heute findet man ihn fast an jedem Wegesrand. Geschmacklich kann der Vitamin-C-haltige Feldthymian zwar mit dem Echten Thymian nicht mithalten, er eignet sich jedoch für die Herstellung von viren- und bakterienabtötendem Tee sowie zum Würzen von rustikalen Speisen. Kranken legte man früher geweihte Feldthymiankränze zur Genesung unter den Kopf und noch heute ist es mancherorts üblich, nach der Geburt und während der Stillzeit desinfizierenden und blutreinigenden Feldthymiantee zu trinken. Nach einem alten Brauch legt sich die Braut am Hochzeitstag Feldthymian in die Schuhe, damit ihr Geliebter später in der Ehe keinen fremden Frauen mehr nachschaut! Ameisen bauen ihre unterirdischen Behausungen vorzugsweise in der Nähe von bakterienabweisenden Feldthymianwurzeln, um mögliches Ungeziefer fernzuhalten.

Französischer Thymian / Thymus vulgaris France (lat.) / Sommerthymian hat einen niedrigen, buschigen Wuchs, silbrige Blätter und bringt reiche Ernten; da er nicht kälteresistent ist, stirbt er im Winter jedoch ab.

Jamaikathymian / Indian borage (engl.) / Indischer Borretsch / Soup mint (jamaik.) heißt eine in Afrika und Südamerika wild wachsende Thymiansorte mit bunten, handtellergroßen, geschmacklich an Oregano erinnernden Blättern.

Kümmelthymian / Thymus herbabarona (lat.) nennt man eine niedrig wachsende Thymiansorte aus Korsika und Sardinien, die nach Kümmel und Thymian schmeckt. In England dient der blühwillige Kümmelthymian meist dem Würzen von Rinderkeule.

Mastix-Thymian / Thymus mastichina (lat.) / Waldmajoran ist eine aromareiche Thymiansorte aus Spanien.

Orangenthymian / Thymus odoratissimus (lat.) / Wohlriechender Thymian ist eine nach Apfelsinenschalen duftende Thymiansorte.

Sandthymian / Thymus satureioides (lat.) / Feldpolei / Saturei-Thymian ist eine marokkanische Thymiansorte mit bohnenkrautartigem Charakter.

Zitronenthymian / Thymus citriodorus (lat.) / Lemon thyme (engl.) / Thym de citron (frz.) nennt man eine aufrecht wachsende, zitronig duftende, jedoch thymianhaft schmeckende Kreuzung aus dem Echten Thymian und Feldthymian.

Hauptinhaltsstoffe

Bitterstoffe, Borneol, Calcium, Carvacrol, Cymol, Eisen, Flavonoide, Gerbstoffe, Harze, Linalool, Lithium, Pinen, Saponine, Tannin, Thymol.

Verwendung, Zubereitung

Frisch oder getrocknet sollte Thymian lediglich dem Würzen solcher Speisen dienen, die einer längeren Garzeit bedürfen, weil er seine wertvollen Geschmacksstoffe erst nach längerer Erhitzungszeit freigibt (z. B. in Eintöpfen, Fisch- und Fleischgerichten, Füllungen, Gemüsen, Saucen, Suppen und Hülsenfrüchten). Ferner ist Thymian wichtiger Bestandteil von Gewürzmischungen (z. B. in den berühmten »Fines Herbes« und im Gulaschgewürz) sowie in Erzeugnissen der Pharmazie (z. B. in Hustensaft). Wohlschmeckenden Kräuteressig kann man selbst herstellen, indem man frische Estragon-, Thymian- und Zitronenmelissezweige mit Weinessig vermischt. Behagliche Düfte verbreitet man in der eigenen Wohnung, indem man einen Thymianzweig kurz auf der nicht allzu heißen Herdplatte anschmort.

Lagerung

In ein Glas Wasser gestellt oder in Zeitungspapier gewickelt und gekühlt lässt sich frischer Thymian etwa 3 Tage lang bevorraten.

Volksmedizinische Bedeutung

Dank seines Inhaltsstoffs Thymol, der nicht über die Nieren, sondern über die Lunge ausgeschieden wird, wirkt Thymian bakterientötend u. a. im Bereich der Atmungsorgane, weshalb er bereits in vielen Operationssälen als eines der ersten und anerkanntesten Desinfektionsmittel zum Einsatz kam. Rissige Hände, wie sie z. B. bei schwerer Gartenarbeit entstehen können, behandelt man am vorteilhaftesten, indem man sie in warmem Thymiantee badet. Ein heißes Thymianbad besitzt nicht nur fiebersenkende, geruchsabsorbierende und harntreibende Funktionen, es hat zugleich auch allgemein stärkende und belebende Eigenschaften (z. B. bei massiven Erschöpfungszuständen). Schwere Albträume bekämpfen die Schotten schon seit Jahrhunderten mit Thymiantee. Thymian lässt sogar Hautentzündungen (z. B. Abschürfungen, Fußpilz, Furunkel, Pickel, Verstauchungen, Quetschungen) rasch abklingen. Doch *Vorsicht:* Thymian darf nicht ständig und nicht in allzu hoher Konzentration angewendet oder vereinnahmt werden, da er die Schilddrüse schädigen kann; auch während der Schwangerschaft sollte er gemieden werden!

Tipp

Gegen Trunksucht soll ein starker Sud aus frischem, in Wasser gekochtem Thymian helfen. Abgesiebt und so heiß wie möglich sollte der Alkoholabhängige alle 15 Minuten so lange jeweils einen Esslöffel davon zu sich nehmen, bis diese Spezialkur Erfolg zeigt. Während dieser Zeitspanne wird der Patient zwar mit Übelkeit, Erbrechen, starkem Stuhlgang, ständigem Urinieren und Schweißausbrüchen gebeutelt, doch ist dies der schnellste Weg, die Giftstoffe aus dem Körper herauszuschwemmen.

Tripmadam

Sedum reflexum

Bjerg-Stenurt (dän.), Blautannen-Sedum, Borracina rupestre (ital.), Broddbergknapp (norw.), Crooked yellow stonecrop (engl.), Dachwurz, Dönnerluk (norddt.), Erba risetta (ital.), Fabacrasa reflejada (span.), Felsenfetthenne, Felsen(mauer)pfeffer, Fette Henne, Fetthenne, Fettkraut, Grüne Tripmadam, Jenny stonecrop (engl.), Kalliomak-saruoho (finn.), Orpin jaune (frz.), Orpin réfléchi (frz.), Reflexed stonecrop (engl.), Rozchodnik oscisty (poln.), Sankthansurt (dän.), Sedum rupestre (früh. bot. Bez.), Steinkraut, Stone crop (engl.), Stone orpin (engl.), Stor fetknopp (schwed.), Tripp Madame, Tripmadam (dän., niederl.), Trique madame (frz.), Zurückgekrümmte Fetthenne

Allgemeines, Herkunft, Geschichtliches

Tripmadam oder Fette Henne nennt sich eine beständige, sonnenhungrige Würzpflanze, die zwar in Mitteleuropa und in mediterranen Regionen zu Hause ist, in ihrer wilden Urform jedoch nur noch selten anzutreffen ist. Vereinzelt findet man dieses mehrjährige, wasserspeichernde (fachl. sukkulente) Gewächs, das vielen Insekten als wichtige Nektarquelle dient, in Weinbergen, Felsspalten und Steingärten. Die beste Erntezeit ist von April bis Juli, man sollte die Pflanze jedoch grundsätzlich vor der Blüte einbringen, weil sie danach zunehmend Bitterstoffe produziert und für den Verzehr nicht mehr geeignet ist.

Die Franzosen waren einst die Ersten, die sich dieses attraktive, bodendeckende Dickblattgewächs (Crassulaceae) als Beeteinfassung, zur Dachbegrünung oder als genügsame Steingartenpflanze in ihre

Gärten holten; bis heute gilt Tripmadam in der französischen Küche als das Würzkraut schlechthin. Tripmadam heißt übersetzt »dicke Dame«.
Fetthenne oder Fette Henne wird diese Pflanze wegen ihrer fleischigen Blätter genannt, in denen sie Wasser und Nährstoffe speichert.

Aussehen

Tripmadam ist eine bis zu 40 cm hohe, agavenartige Pflanze mit spitz zulaufenden, blau-grünen Blättern und leuchtend gelben, sternförmigen Blütchen, aus denen sogenannte Balgfrüchte hervorgehen, die sich bei Nässe öffnen, um ihre unzähligen Samen zu verteilen.

Geschmack

Frische Tripmadamblätter schmecken recht eigenwillig: frisch-säuerlich und kühlend, jedoch auch etwas bitter und schleimig.

Arten, Sorten

Große Fetthenne / Sedum telephium (lat.) / Grand orpin jaune (frz.) / Hemelsleutel (niederl.) / Herbst-Fetthenne / Himmelsschlüssel / Purpur-Fetthenne / Salat-Fetthenne: Die dickfleischigen, großen, eirunden Blätter und grün-gelben Doldenblüten dieser anspruchslosen, bis zu 30 cm hohen Tripmadamsorte eignen sich sowohl für die Gemüse- als auch für die Salatzubereitung.
Mauerpfeffer / Sedum acre (lat.) / Muurpeper (niederl.) / Scharfe Fetthenne / Scharfer Mauerpfeffer / Sopravivolo kann muri (ital.) / Taubenweizen nennt sich eine sehr genügsame, nur 10 cm hohe, mattenbildende Tripmadamsorte mit hellgrünen, scharf-säuerlichen Blättchen und pfefferkornähnlichen Samenmäntelchen.

Hauptinhaltsstoffe

Flavonglycoside, Gerbstoffe, Mineralsalze, Schleim, Sedamin, Vitamine, Zitronensäure.

Verwendung, Zubereitung

Mit frischen, jungen Tripmadamblättchen oder den Triebspitzen lassen sich nicht nur Kräuteressige, Quarkspeisen, Salate und Saucen, sondern auch Suppen-, Kartoffel- und Gemüsegerichte verfeinern. Zuvor sollten sie grob zerkleinert und mit dem Messerrücken leicht zerdrückt werden, weil sich der exklusive Eigengeschmack dadurch zusätzlich intensivieren lässt. Da sich das Aroma des Tripmadamgrüns sowohl bei hohen Temperaturen als auch bei Trockenheit verflüchtigt, sollte es möglichst nicht erhitzt oder gedörrt werden! Entsprechend ist getrocknetes Tripmadamkraut im Handel nicht erhältlich.

Lagerung

Tripmadam lässt sich nur im frischen oder tiefgefrorenen Zustand verarbeiten! Zum Trocknen ist diese Pflanze nicht nur wegen des Geschmacksverlusts ungeeignet, sie wird auch unansehnlich und unappetitlich.

Volksmedizinische Bedeutung

Neben abführenden, blutdrucksenkenden, harntreibenden, kühlenden und schmerzlindernden Eigenschaften schützt Tripmadam auch vor Arterienverkalkung. Hämorrhoiden und Hühneraugen bekämpft man erfolgreich, wenn man sie mit frisch zerquetschten Tripmadamblättchen betupft.

Tipp

Außergewöhnlich schmackhaft sind gekochte Pellkartoffeln, wenn sie kurzzeitig in etwas zerlassener Butter und feingehackten, möglichst gartenfrischen Tripmadamblättchen geschwenkt wurden! Dazu passt hervorragend Spitzwegerichbowle, die mit Eiswürfeln gekühlt werden sollte, welche vor dem Gefrieren mit Borretschblüten bestückt wurden!

V

Vanille

Vanilla planifolia

Banira (jap.), Baunilha (port.), Bourbon-Vanille, Echte Vanille, Fanille (fries.), Fanylje (fries.), Flachblättrige Vanille, Gewürz der Könige, Gewürz-Vanille, Hsiang-Ts'ao (chin.), Königin aller Gewürze, Königin der Aromen, Madagaskar-Vanille, Nahuatl tlilxochitl (südamerik.), Panili (indon.), Schwarze Blume, Vainilla (span.), Vaniglia (ital.), Vanil (jüd., russ.), Vanilia (ung.), Vanilie (rumän.), Vanilj (schwed.), Vanilja (finn.), Vanilje (dän., norw.), Vanilka (tschech.), Vanilla (engl., isl.), Vanilla fragans (bot.), Vanille (frz., niederl.), Vanilleschote (fälschl.), Vanillia (griech.), Vanilya (türk.), Wanila (arab., thail.), Wanilia plaskolistna (poln.)

Allgemeines, Herkunft, Geschichtliches

Als Vanilleschote bezeichnet man fälschlicherweise die fermentierten und getrockneten Fruchtkapseln einer südamerikanischen Rankpflanze, die schon von den Azteken kultiviert wurde, um sie als Heilmittel, Aphrodisiakum und Kakaowürze zu nutzen. Nach der Entdeckung durch spanische Seefahrer 1519 setzte man alles daran, dieses bis zu 10 m hohe Orchideengewächs (Orchidaceae) mit Hilfe von Stecklingen auch in Europa und anderen Erdteilen heranzuziehen, doch ohne erkennbare Erfolge, da die erforderlichen »Samenübermittler« (Kolibris sowie bestimmte Bienen und Schmetterlinge) aus dem Ursprungsland nicht existierten; 1836 gelang es dem deutschen Gärtner Neumann dann erstmals, im Botanischen Garten von Paris Orchideenkeimlinge zum Fruchten zu bringen, indem er sie von Hand bestäubte. Der französische Botaniker Perrotel nutzte dieses bemerkenswerte Verfahren daraufhin für sich und verlagerte die erste professionelle Vanilleaufzucht 1846 auf die östlich von Madagaskar gelegene Insel Bourbon, dem heutigen La Réunion, wo seither die hochwertigste und bekannteste Vanille der Welt angebaut wird. Mittlerweile gibt es umfangreiche Kulturflächen der Bourbon-Vanille auch in Java, auf den Komoren, in Madagaskar, Sri Lanka und auf den Seychellen. Vanille leitet sich von »vaina« ab, das mit »Schwert« oder »Scheide« zu übersetzen ist und auf die langgestreckte Form der Fruchtkapsel anspielt. Die lateinische Bezeichnung »planifolia« beschreibt das flachblättrige Vanillegrün (»plani« für »flach« und »folia« für »blättrig«).

Aussehen

Die schotenförmigen, glänzenden, dunkelbraunen Vanillestangen sind biegsam und können bis zu 30 cm Länge erreichen. Feine, dünne weißliche Nadeln auf ihrer schrumpfigkerbigen Außenhaut zeigen pures, rauhreifartiges (kristallines) Vanillin an, das sich während der Trocknung gebildet hat.

Geschmack

Nur fermentierte und getrocknete Vanillestangen weisen ein sinnlichwürziges und weiches Aroma auf; erntefrische Exemplare sind hingegen völlig geschmacksneutral.

Geruch

Vanillearoma strahlt Wärme und Vertrautheit aus.

Arten, Sorten

Antillen-Vanille / Vanilla pompona (lat.) / Guadaloupe-Vanille / Westindische Vanille nennt sich eine rundblättrige und weniger gehaltvolle Vanillesorte von den Antillen und aus Guadeloupe, die nicht selten zur Fälschung angeblich »vanillehaltiger« Produkte mißbraucht wird.

Tahiti-Vanille / Vanilla tahitensis (lat.) / Vanillons heißt eine für die Gewürzindustrie zwar minderwertige, für die Parfümproduktion jedoch aufgrund ihres blumigen Charakters überaus wertvolle Vanillesorte aus Tahiti, die aus den Sorten Vanilla planifolia und Vanilla pompona hervorgegangen ist.

Hauptinhaltsstoffe

Fette, Gerbstoffe, Mineralien, Schleimstoffe, Vanillin, Wasser.

Verwendung, Zubereitung

Mit Vanille kann man nicht nur Speiseeis, Schokolade, Süßspeisen und Backwerk würzen (vanillieren), nicht selten werden auch Parfüms, Körperlotionen und Duschgels damit veredelt. Um an das begehrte granulatartige Innere der Vanillestange zu gelangen, schlitzt man sie zunächst behutsam in Längsrichtung auf und schabt dann die Samenmasse mit der Messerspitze sorgfältig heraus. Bei der Herstellung von Vanilleeis, -pudding oder -sauce, also bei heißen Zubereitungen, kann man zur Intensivierung des Aromas die gesamte Vanillestange mitkochen, nach spätestens 2 Minuten sollte sie jedoch entfernt werden, weil sie dann keinen geschmacklichen Nutzen mehr bringt und dazu neigt, sich aufzulösen! Die appetitliche gelbbraune Färbung, die bei Zubereitungen mit Vanillefruchtkapseln entsteht, ergibt sich nicht etwa durch das Auskochen der Vanillestange, sondern durch die Zugabe eines Farbstoffs (vor der Trocknung), der aus Kürbisfruchtfleisch gewonnen wird.

Vanillezucker muß laut Gesetzgeber mindestens 5% zerkleinerte Vanillestange beinhalten!

Vanillin heißt der wichtigste natürliche Inhaltsstoff der Vanille, der heute vorwiegend synthetisch (sogar aus Holzresten) hergestellt wird. Wilhelm Haarmann aus Holzminden gelang diese zwar anerkennenswerte, jedoch vom Geschmack her nicht ganz an die natürliche Variante heranreichende Erfindung bereits im Jahre 1874.

Vanillinzucker braucht laut Lebensmittelverordnung nur 0,1% Naturvanille aufzuweisen.

Volksmedizinische Bedeutung

Neben anregenden, entspannenden, harmonisierenden und nervenstärkenden Inhaltsstoffen besitzt die Vanille auch solche, die den Heißhunger auf Süßes (z. B. Schokolade) bremsen.

Tipp

Manche Geldinstitute setzen in der Nähe ihrer Geldautomaten Vanilleduft ein, um bei den Kunden Agressionen und Unmut abzubauen sowie Geborgenheit und Ruhe zu suggerieren!

Veilchen (Wohlriechendes)

Viola odorata

Blaues Veilchen, Blaue Viole, Blauröschen, Blue Violet (engl.), Devon Violet (engl.), Duftveilchen, Fialki (russ.), Fiol (althochdt.), Frühlingsveilchen, Goetheveilchen, Guli Peigamber (arab.), Heckenveilchen, Maartsviooltje (niederl.), März(en)-veilchen, Märzviole, Märzwohlgeruchblume, Marienstängel, Mars-Veilchen, Menekse (türk.), Österchen, Osterchen, Osterveilchen, Schwalbenblume, Sigliah (israel.), Sittiges Blümchen, Sumire (jap.), Sweet Violet (engl.), Tyrsfolia (isl.), Vegeli, Veichala (allgäu.), Veieln, Veigerl, Viola (port.), Viola mammola (ital.), Viole(nkraut), Violet (engl.), Violeta (span.), Violetta (ital.), Violette (frz.), Viooltje (niederl.), Yalanda (griech.)

Allgemeines, Herkunft, Geschichtliches

Das Wohlriechende Veilchen ist in Mitteleuropa und in mediterranen Gefilden zu Hause. Es gehört zur großen Familie der Veilchengewächse (Violaceae), zu der auch das Stiefmütterchen zählt.

Der griechische Arzt Hippokrates (460–370 v. Chr.) und die Heilige Hildegard von Bingen nutzten einst die gesundheitsfördernden Eigenschaften des Wohlriechenden Veilchens zur Bekämpfung von Augenentzündungen und Kopfschmerzen. Kaiserin Sissi liebte nicht nur den erfrischenden und verführerischen Duft, sondern auch Veilcheneis über alles. Johann Wolfgang von Goethe vergrub auf seinen Spaziergängen rund um Weimar Veilchensamen, um überall dort seine Lieblingsblume blühen zu sehen.

Das Wohlriechende Veilchen trifft man heute in ganz Europa an, meist verwildert unter lichten Hecken, an Zäunen und sonnigen Waldrändern;

es gedeiht sogar unter Birken, wo andere Pflanzen nicht mehr überleben können.
Die französische Stadt Toulouse findet weltweit als Veilchenhauptstadt Anerkennung, weil dort die variantenreichsten Verwendungsmöglichkeiten dieses charmanten Pflänzchens feilgeboten werden.
Der lateinische Gattungsname »viola« bedeutet »violett«.

Aussehen

Das Wohlriechende Veilchen ist eine anspruchslose, immergrüne, bis 15 cm hohe Staude mit langgestielten, fünfzähligen (zwei oben, drei unten), blauvioletten, »veilchenblauen« Blüten, herzförmigen, randseits gezähnten Blättern und einem kurzen, fingerdicken, aus der Erde ragenden Wurzelstock, der mit einer Vielzahl von Zugwürzelchen behaftet ist.

Geschmack

Die Blüte des Wohlriechenden Veilchens schmeckt relativ mild und grasartig, die Wurzel hingegen sehr scharf-aromatisch.

Geruch

Während der Blüte von März bis Mai verströmt das Wohlriechende Veilchen betörende Düfte; getrocknete Veilchenblüten und Wurzeln sind hingegen völlig geruchlos.

Hauptinhaltsstoffe

Anthozyane, Cyamin, Flavonoide, Glycoside, Odoratin, Salycilsäuremethylesther, Saponin, Violoin, Vitamin C, Zucker.

Verwendung, Zubereitung

Junge Veilchenblätter lassen sich sowohl zu Gemüse als auch zur Ergänzung von Mischsalaten verarbeiten. Die Blüten und Wurzeln des Wohlriechenden Veilchens lassen sich zur Produktion von Aromastoffen, Hustensirup, Seife und Parfüm verwenden. Viele Gerichte der Kalten und Warmen Küche lassen sich damit ergänzen und dekorieren. Kandierte Veilchenblüten schmücken nicht selten hochwertige Produkte der Patisserie (z. B. »Petit fours« und Zuckerfiguren). Mit etwas Geschick kann man Veilchenblüten selbst kandieren, indem man die Blüten zunächst dünn mit geschlagenem Eiweiß einpinselt, dann behutsam mit feinem Kristallzucker bestreut und schließlich bei 50° C im Backofen trocknet.

Veilchenbowle: Den Saft von 2 Orangen zusammen mit 2 Tassen Veilchenblüten und 1 Liter Weißwein (oder Traubensaft) 2 Stunden lang ziehen lassen. Anschließend 1 Flasche Weißwein (oder Traubensaft) hinzugießen, mit 100 g Zucker anreichern und mit 1 Flasche Sekt (oder Mineralwasser) komplettieren.

Veilcheneis: 1 Tasse Veilchenblüten mit 50 g Zucker in ¼ Liter Milch aufkochen, ziehen lassen und danach durch ein feines Haarsieb passieren; mit wenig Likör oder Sekt verfeinern. In der Kühltruhe gut durchkühlen lassen. Mit Schlagsahne und kandierten Veilchen garnieren.

Veilchenparfüm: 1 Tasse Veilchenblüten mit 80 ml Alkohol übergießen und ca. 1 Woche ruhen lassen. Abfiltern und mit 100 ml destilliertem Wasser mischen.

Veilchenblüten dürfen auch in der traditionellen **Gründonnerstags-**

suppe nicht fehlen, die neben Brennnesseln, Gänseblümchen, Gundermann, Huflattich, Löwenzahn, Sauerampfer, Schafgarbe und Spitzwegerich auch ein schwimmendes Eigelb und goldgelb angeröstete Weißbrotwürfelchen (Croûtons) enthält.

Lagerung

Wohlriechende Veilchen sollten möglichst sofort nach der Ernte weiterverarbeitet werden, da sich ihr liebliches Aroma rasch verflüchtigt.

Volksmedizinische Bedeutung

Tee, der aus den frischen oder getrockneten Blüten des Wohlriechenden Veilchens gebrüht wurde, besitzt schleimlösende, entgiftende, fiebersenkende, harn- und schweißtreibende und kopfschmerzstillende Eigenschaften, heilt Hauterkrankungen, Hals- und Zahnfleischentzündungen, Reizzustände des Auges und bekämpft Schlaflosigkeit und Melancholie. Einem alten Volksglauben zufolge sollen Veilchenblüten bei Katerstimmung besonders hilfreich sein, wenn sie 30 Minuten lang auf die Stirn gelegt und mit einem feuchten Handtuch bedeckt werden. Ein Breiumschlag aus Veilchenblättern heilt wunde Brustwarzen. Veilchenwurzelextrakt wird arzneilich als Brech- und Abführmittel angewendet. Veilchensamen besitzen abführende Eigenschaften, wenn man sie mit Hühnerbrühe zu sich nimmt.

Tipp

Zwischen Löschpapier gepresste, getrocknete Veilchenblüten eignen sich bestens als liebevolles und originelles Geschenk (z. B. als Lesezeichen oder zum Schmuck von Briefpapier und Servietten).

W

Wacholderbeere

Juniperus communis

Ardic yemisi (türk.), Arkevthos (griech.), Bayas de enebro (span.), Beeren der Juno, Boróka(bogyó) (ung.), Cedro (span.), Coccola di ginepro (ital.), Einer (norw.), Eini(be)r (isl.), En(bär) (schwed.), Enebär (dän.), Enebro (span.), Ephel (türk.), Feuerbaumbeere, Genévrier (frz.), Genièvre (frz.), Ginepro (ital.), Granatbaumbeere, Granwirlbeere, Hageldorn, Heidewacholder, Ienupar (rumän.), Jachandel, Jachelbeere, Jagody jalowca (poln.), Jalovec (tschech.), Jalowiec pospolity (poln.), Jeneverbes (niederl.), Jochandel, Juni-

per (engl.), Junipero (dän., port., span.), Kaddig(beere), Kataja(nmarja) (finn.), Knirken, Kotikataja (finn.), Kram(m)et(sbeere) (hochdt.), Kranabit, Kranawitt, Kranebitt, Kranewitt(beere) (bayr., österr.), Kromvet, Kronabit, Kronawettbeere, Machandel(beere) (norddt., ostpreuß.), Macholder, Mozhzhevelnik (russ.), Nebrina (span.), Quackelbeere, Queckholder, Quickholder, Racholder, Räckeldorn, Räucherstrauch, Räucholder, Rankholder, Recholder, Reckholder (alemann.), Röklatar, Sabiner, Seven, Wachandel (volkst.), Wachelduren, Wacholter (althochdt.), Wachteldörner, Wechelder, Wechholderbeer, Weckhalder, Weckolder (allgäu.), Weihrauchbaumbeere, Zypresse des Nordens

Allgemeines, Herkunft, Geschichtliches

Die Heimat des strauchförmigen bis baumartigen Wacholders ist Nordeuropa; in Albanien, Asien, Deutschland, Italien, Serbien, Nordamerika, Österreich und in Spanien liegen derzeit jedoch die größten Vorkommen dieses immergrünen und extrem langsam wachsenden Zypressengewächses (Cupressaceae).
Die hochwertigsten Erträge der Scheinbeeren oder Zapfen, wie die Früchte des Wacholderstrauchs von Botanikern bezeichnet werden, kommen aus Italien, dicht gefolgt von Bayern und Norddeutschland.
Wacholderbeeren brauchen zwei Jahre, bis sie erntereif sind und ihren charakteristischen Farbton erhalten; zuvor sind sie grün.
Erntezeit ist von Oktober bis November. Wacholderbeeren sollten möglichst bei trockenem Wetter und entweder von den Zweigen abgeschüttelt oder abgeschlagen (nicht gezupft) werden; danach werden sie dünnschichtig im Schatten getrocknet. In Deutschland und Österreich steht der als weitverbreitetstes Nadelgehölz der Erde geltende Wacholderstrauch unter Naturschutz, seine Beeren dürfen jedoch jederzeit abgeerntet werden.
Schon früh wusste man von der Vielseitigkeit des Wacholderstrauchs: Die alten Ägypter nutzten seine Beeren zur Herstellung von Mundwasser; zu Pestzeiten wurden Räumlichkeiten zur Desinfektion mit Wacholderreisig ausgeräuchert; die alten Germanen verbrannten sogar ihre Toten mit Wacholderzweigen, um den Teufel fernzuhalten.
Von den etwa 50 Wacholdersorten, die heute in Gartenbaubetrieben angeboten werden, ist lediglich Juniperus communis als Gewürzpflanze verwendbar; andere Gattungen sind entweder ungenießbar, aromalos oder sogar giftig.
Krammetsbeeren werden Wacholderbeeren genannt, weil sie insbesondere von Krammetsvögeln (Wacholderdrosseln) gefressen werden, die dann über ihren Kot Wacholdersamen ausscheiden und so zur Verbreitung der Pflanze beitragen.
Der Wacholder ist nicht nur das einzige Gewürz in der Gruppe der Nadelgehölze, auch die hohe Anzahl von Synonymen und fremdländischen Bezeichnungen verleihen ihm im Vergleich zu den anderen Gewürzen eine Sonderstellung.

Die erste Wortsilbe des Wacholders erinnert daran, dass seine Zweige früher zum Korbflechten genutzt wurden, denn aus »wickeln« wurde im Laufe der Jahrhunderte »wach«; die zweite Silbe wurde den wacholderartigen Holunderbeeren entlehnt. Die Römer gaben dem Wacholder seinen lateinischen Namen Juniperus, was »Beeren der Juno« bedeutet. Das lateinische Zuwort »communis« bedeutet lediglich, dass man diese Pflanze häufig in der Natur vorfinden kann.

Aussehen

Der Wacholderstrauch hat nadelartige Blätter und unscheinbare Blütchen. Die dunkelvioletten Wacholderbeeren sind etwa erbsengroß und stumpfkantig.

Geschmack

Wacholderbeeren besitzen ein warmwürziges und leicht harziges Aroma.

Geruch

Wacholderbeeren und -sträucher verströmen balsamische Düfte.

Hauptinhaltsstoffe

Aminosäure, Borneol, Flavonglykoside, Fruchtzucker (30%), Gallotannine, Geraniol, Gerbstoffe, Gummi, Harze, Pinen, Vitamin C, Wachs.

Verwendung, Zubereitung

Wacholderbeeren werden nicht nur zum Würzen, sondern auch zum Marinieren schwer verdaulicher Speisen verwendet (z. B. für Sauerkraut, Kohl-, Rüben- und Wildgerichte).
Vorher sollte man sie zerquetschen oder kleinhacken, weil sie erst dann ihr intensives Aroma entfalten!
Auszüge aus vergorenen Wacholderbeeren dienen meist der industriellen Erzeugung von verdauungsanregenden, wasserhellen Bränden (z. B. Doornkat, Genever, Gineprino, Steinhäger).
Das Holz des Wacholderstrauchs wird häufig für Schnitzarbeiten verwendet. Wacholderzweige werden vorzugsweise zum Korbflechten oder zum Räuchern von Fisch-, Fleisch- oder Wurstwaren genutzt.
Lästige Insekten (Schmeißfliegen, Stechmücken) lassen sich vertreiben, indem man bis zur Mittelader eingerissene Wacholderblätter in Fenster- und Türrahmen steckt.
Nach dem Genuss von Wacholderbeeren verströmt der Urin vorübergehend veilchenartige Düfte.

Lagerung

In einem fest verschlossenen, lichtgeschützten Gefäß lassen sich Wacholderbeeren etwa 3 Jahre lang bevorraten.

Volksmedizinische Bedeutung

Wacholderbeeren besitzen aphrodisierende, appetit- und verdauungsanregende, entgiftende, harn- und schweißtreibende sowie magenstärkende und körperwärmende Eigenschaften und können das Gefäß- und Nervensystem günstig beeinflussen. Wacholdertee hilft bei ständigem Aufstoßen, Bauchwassersucht, Blähungen, Blasenleiden, Sodbrennen und rheumatischen Erkrankungen.
Vorsicht: Während der Schwangerschaft und bei Nierenerkrankungen sollten keine Wacholderbeeren verzehrt werden, da sie zu Überreizungen der Nieren führen können.
Um sich vor klimabedingten und jahreszeitabhängigen Ansteckungen

(z. B. Grippe, Erkältung) zu schützen, sollte man täglich eine Wacholderbeere zerkauen und herunterschlucken.
Wacholderessenz im Badewasser wirkt sehr entspannend und hat heilende Eigenschaften bei Entzündungen der Lunge, Haut und Nieren. Der berühmte Pfarrer Kneipp empfahl Frühjahrskuren mit Wacholderbeeren zur Entwässerung und Reinigung des Körpers, heute weiß man jedoch, dass solche Kuren unbedingt mit dem Hausarzt abgesprochen werden müssen, weil sie Nierenkranke und Schwangere schwer schädigen können. Ist die Kur genehmigt, sollte man am ersten Tag der Heilbehandlung dreimal je eine Wacholderbeere zerkauen und schlucken. An den darauf folgenden Tagen erhöht man die Dosis dann jeweils um eine Beere, bis man bei dreimal 20 Beeren am Tag angelangt ist. An den Folgetagen genehmigt man sich dann dreimal täglich jeweils eine Wacholderbeere weniger, bis man im letzten Abschnitt der Kur nur noch dreimal je eine Beere kaut. Anschließend sollte mindestens einen Monat lang auf Wacholderprodukte verzichtet werden!

Tipp

In Woppenroth im Hunsrück findet jeweils am 1. Samstag im September ein Wacholderheidenfest statt, in das die gesamte Soonwald-Nahe-Region eingebunden ist. Neben heimischem Wildschwein vom Grill gibt es Lammspieße, frisch gepresste Säfte von umliegenden Streuobstwiesen und eigens für dieses Fest gebrannten **Doppelwacholder**. Nebenher wird ein breitgefächertes Kulturprogramm geboten, bei dem Handwerker (z. B. Korbflechter, Wollverarbeiter und Imker) ihre traditionellen und künstlerischen Fertigkeiten zur Schau stellen.

Waldmeister

Galium odoratum

Asperula (ital., span.), Asperula odorata (früh. Bez.), Aspérule odorante (frz.), Belle Ètoile (frz.), Duftlabkraut, Glied(er)kraut, Glycérie (frz.), Halskräutlein, Kücük incicicegi (türk.), Leberkraut, Mäsch, Maiblume, Maichrut (schweiz.), Maikraut, Maitrankkräutlein, Masslenkraut, Master of the woods (engl.), Meeske, Meister, Meserich, Meusch, Mösch(en), Möseke, Möserich, Petit muguet (frz.), Reine des bois (frz.), Sternleberkraut, Tabakskraut, Waldhahnel, Waldkönigin, Waldleberkraut, Waldmännle, Waldmutterkraut, Wohlriechender Meier, Woodroff (engl.)

Allgemeines, Herkunft, Geschichtliches

Waldmeister nennt sich ein europäisches Rötegewächs (Rubiaceae), das früher lediglich dem Parfümieren von Wäsche diente, bis eifelländische Benediktinermönche daraus erstmals 854 n. Chr. eine süffige Maibowle herstellten, die sich bis heute großer Beliebtheit erfreut.
Von Mai bis Juli ist der teppichbildende und sich rasch vermehrende Waldmeister vorwiegend in schattigen Laubwäldern und auf humosen, feuchten Gartenböden anzutreffen,

geerntet werden sollte er jedoch grundsätzlich vor der Blüte, weil sein Cumarin-Gehalt danach außerordentlich hoch wird.
Botanisch wird der Waldmeister den Labkrautgewächsen (Labiaceae) zugeordnet, deren arteigene Pflanzensäfte die gleichen milchgerinnenden Eigenschaften besitzen wie die des Labmagens von Kälbern.

Aussehen

Der bis zu 30 cm hohe Waldmeister hat in Etagen angeordnete, lanzenförmige, randseits leicht behaarte Blättchen, relativ dünne, vierkantige Stängel, kleine, reinweiße, rispige Blüten und hakig-borstige Samen.

Geschmack

Frisches Waldmeisterkraut schmeckt relativ neutral; erst nach dem Abwelken beziehungsweise während des Trocknens entsteht das typische, bitter-würzige Aroma, das durch den Zerfall des Glykosids Cumarin hervorgerufen wird.

Geruch

Waldmeister verströmt angenehme, heublumenartige Düfte. Den sogenannten Wetterpflanzen wird der Waldmeister deshalb zugeordnet, weil man mit hoher Verlässlichkeit davon ausgehen kann, dass es Niederschlag gibt, sobald seine Blüten beginnen, ihr unvergleichliches Aroma zu verströmen.

Hauptinhaltsstoffe

Anthrachinone, Cumarin, Farbstoffe, Flavonoide, Gerbstoffe, Histamin, Iridoide, Säuren, Vitamin C.

Verwendung, Zubereitung

Frischer und getrockneter Waldmeister dient hauptsächlich dem Aromatisieren von Maibowle und der Ergänzung von Tabakwaren, industriell werden daraus aber auch Waldmeisteraromen produziert, die dann z. B. der Herstellung von Bonbons, Götterspeisen, Likören, Limonaden, Säften, Sirupen (zur Ergänzung der »Berliner Weiße«), Tütchenbrausen, Seifen und Speiseeis dienen.
Nachfolgend das Rezept für die berühmt-berüchtigte **Maibowle** (österr. Maitrank oder -wein), die nicht nur Erfrischung und Entspannung verspricht, sondern auch erotisierende Wirkung besitzen soll: Max. 3,5 g (!) frisches, jedoch über Nacht angewelktes Waldmeisterkraut (vor der Blüte) pro Liter Bowle mit 100 g Puderzucker bestreuen und mit 2 Flaschen Weißwein übergießen. Das gebündelte Kraut kopfüber höchstens 20 Minuten lang darin ziehen lassen (die Stiele sollten die Flüssigkeit nicht berühren), dann entfernen und mit 1 Flasche Sekt vervollkommnen.
Deutscher Kräutertee nennt sich eine belebende Teezubereitung, die aus 5 g Waldmeister-, 45 g Erdbeer-, und 50 g Himbeerblättern besteht.

Lagerung

Waldmeister eignet sich hervorragend zum Tiefkühlen, wenn man ihn lose (nicht gebündelt) in Plastiktüten einschweißt und vakuumiert.

Volksmedizinische Bedeutung

Waldmeistertee (Mäschtee, Maitee, Waldmanntee) besitzt nicht nur blutreinigende, kopfschmerz- und migränelindernde, nervenstärkende, schlafbringende, appetit- und stoffwechselanregende Eigenschaften, er sorgt auch für behagliche Träu-

me. Waldmeisterblätter wirken blutstillend.
Im getrockneten Zustand werden Waldmeisterblätter für die Befüllung von Potpourris genutzt und vertreiben Motten und Insekten im Kleiderschrank wirksamer als Lavendel!
Vorsicht: Bei Überdosierung beeinträchtigt das Cumarin im Waldmeister die Gesundheit; es kann zu Atembeschwerden, Brechreiz, Kopfschmerzen und Schwindel kommen. 1981 ergab sich aus Tierversuchen der Verdacht, dass Cumarin leberkrebserregende Eigenschaften besitzt; bis heute konnte das für den Menschen jedoch nicht nachgewiesen werden.

Tipp

Der sogenannte Brummschädel nach dem Genuss von Waldmeisterbowle ist auf das ungünstige Zusammenwirken der beiden Inhaltsstoffe Cumarin und Histamin zurückzuführen!

Weinraute

Ruta graveolens
Apiganos (neugriech.), Arruda (port.), Augenmispel, Augenraute, Baumwermut, Chow-cho (chin.), Common rue (engl.), Cronwermut, Edelraute, Eichenmispel, Fayjan (arab.), Garden rue (engl.), Gartenraute, Gauchwermut, Gemeine Raute, Gertrudenkraut, Gnadenkraut, Herba Rutae (pharm.), Herbe à la belle Fille (frz.), Herbe de grâce (frz.), Herb of grace (engl.), Hofraute, Kerti ruta (ung.), Krätzraute, Kreuzraute, Mauerraute, Péganium (frz.), Peganon (bibl.), Perlmuttkraut, Pfingstwurzel, Raute, Routa (tschech.), Ruda (span.), Rude (dän.), Rue (engl.), Rue fétide (frz.), Rue odorante (frz.), Rue officinale (frz.), Ruta (ital., ung.), Ruta de gradina (rumän.), Ruta dushistaya (russ.), Ruta hortensis, Ruta zwyczajna (poln.), Rúturunni (isl.), Ruuta (finn.), Sazab (türk.), Sedefche (bulg.), Sedef otu (türk.), Sezab (türk.), Silberraute, Totenkraut, Tuoksuruuta (finn.), Vinruta (schwed.), Vinrute (norw.), Virnant (rumän.), Weinkraut, Weißer Wermut, Wijnruit (niederl.)

Allgemeines, Herkunft, Geschichtliches

Die Weinraute ist im Mittelmeergebiet und in Westasien beheimatet, wo sie schon im Mittelalter als Gewürz- und Heilpflanze Verwendung fand. Leonardo da Vinci und Michelangelo behandelten ihre strapazierten Augen mit einem Aufguß aus Rautenblättern; Mönche tranken selbstgemachten Rautenwein, um lustvolle Gedanken zu vertreiben.
Heute findet man die sonnenhungrige Weinraute, deren Blattform auf der Spielkarte »Kreuz« zu erkennen ist, nur noch sehr selten in Hausgärten, Weinbergen oder an trockenen, steinigen Plätzen. Bei starkem Frost sterben ihre oberirdischen Zweige ab, treiben im Frühjahr jedoch wieder aus. Erwähnenswerte Vorkommen dieser im europäischen Raum bereits vom Aussterben bedrohten Pflanze liegen in Afrika und Amerika.
»Ruta« ist die lateinische Bezeichnung für »Raute«; mit »graveolens«

wird auf den etwas strengen Geruch dieser Pflanze hingewiesen. Weinraute heißt dieses mit Apfelsinen, Grapefruits und Zitronen verwandte Rautengewächs (Rutaceae) nicht nur, weil seine getrockneten Blätter weinähnlich schmecken, sondern auch, weil sie früher von Winzern zum Schönen junger Weine genutzt wurden, was heute nicht mehr zulässig ist.

Aussehen

Die Weinraute ist ein bis zu 80 cm hoher Halbstrauch mit gelb-grauen, gefiederten Blättern und fünfzähligen, kreuzförmig angeordneten, blassgelben Blüten.

Geschmack

Frische Weinrautenblätter schmecken sehr eigenwillig und bitter, vor der Blüte geerntet und im angetrockneten Zustand jedoch unbeschreiblich gewürzhaft, moschusartig und nur noch schwach herb, weil die Bittertöne durch das Trocknen stark geschwächt werden.

Geruch

Frische Weinrautenblätter riechen besonders an heißen Tagen sehr unangenehm. Erst im getrockneten Zustand verströmen sie weinartigen Duft.

Arten, Sorten

Diptam / Dictamnus albus (bot.) / Brennender Busch / Burning bush (engl.) / Dictamno / Dipdam / Diptamdost / Diptam-Oregano / Fraxinelle commune (frz.) / Kreta-Diptam / Kreta-Majoran / Vuurwerkplant (niederl.) / Weißer Diptam nennt sich ein bis zu 50 cm hoher, wärmeliebender Verwandter der Weinraute mit samtigen, silbrig-grünen, rauchig-zitronig schmeckenden Blättern und hängenden, zartrosa Blüten. Während die Blätter meist zu Tee verarbeitet werden, dienen die süßlichen, majoranig schmeckenden Blüten eher der Dekoration von Salaten oder Kalten Platten. Diptamblätter besitzen blutstillende Eigenschaften, was schon Hildegard von Bingen wußte, können hochdosiert jedoch zu Vergiftungserscheinungen führen. Die botanische Bezeichnung »dictamnus« hat diese Würzpflanze dem kretischen Berg Dicte, ihrem Ursprungsort, zu verdanken, auf dem sie bis heute häufig anzutreffen ist; »thamnos« bedeutet im Griechischen »Strauch«. Brennender Busch wird der unter Naturschutz stehende Diptam auch deshalb genannt, weil er an heißen Tagen und bei Windstille eine derartige Fülle von brennbaren etherischen Ölen verdunstet, dass man ihn sogar anzünden könnte, ohne ihn selbst dabei zu beschädigen.

Hauptinhaltsstoffe

Alkaloide, Bitterstoffe, Cineol, Eisen, Flavonglycoside, Furocumarine, Gerbstoffe, Limonen, Psoralen, Rautenketon, Rutin, Terpen.

Verwendung, Zubereitung

Vor der Blüte geerntete, leicht angetrocknete und fein zerkleinerte Weinrautenblätter lassen sich in mediterranen Gerichten, Salaten, Saucen, Suppen (z. B. in der legendären »Hamburger Aalsuppe«), in Fleischgerichten, Pastetenfüllungen und bei der Herstellung von Spirituosen (z. B.: Grappa) verarbeiten. Rautenöl findet nicht selten bei der Parfümerzeugung Verwendung.

Volksmedizinische Bedeutung

Schwach dosiert wirken Weinrautenblätter appetitanregend, beruhigend, blutdrucksenkend, harntreibend, krampflösend, magenstärkend und verdauungsfördernd, doch *Vorsicht:* In hoher Dosierung sind sie giftig! Sie können schwere Magen- und Darmstörungen hervorrufen, sogar abtreibend wirken und zu Atemnot führen.

Bei Krampfadern ist Weinrautentee nützlich, da er die Fließeigenschaften des Blutes optimiert; sogar Fieberschübe, Hitzewallungen und Depressionen können damit bekämpft werden.

Allergiker sollten sich von Weinrauten fernhalten, da es schon bei leichtester Berührung zu Blasen, Entzündungen oder gar Hautverbrennungen kommen kann, besonders bei gleißendem Sonnenlicht.

Tipp

Mit einer Weinraute im Vorgarten verscheucht man unerwünschtes Getier, z. B. Thripse, Marder, Ratten und Mäuse!

Wermut

Artemisia absinthium

Absenta, Absintalsem (niederl.), Absinth (engl.), Absinthe (frz.), Absinthium majus (bot.), Absinthium officinale (bot.), Absinthium vulgare (bot.), Absinthkraut, Aci pelin (türk.), Ajenjo (span.), Alsem, Aluine (frz.), Apsenti (griech.), Apsinthia (griech.), Armoise amère (frz.), Artenheil, Assenzio (ital.), Atsch, Bitterals, Bitterer Beifuß, Bylica piolun (poln.), Common wormwood (engl.), Ekte malurt (norw.), Elsenkraut, Elss, Eltz, Feher üröm (ung.), Feldwermut, Genépi (frz.), Gottvergiss, Grabkraut, Green ginger (engl.), Heilbitter, Hilligbitter, Kampferkraut, Kittelkraut, Koiruoho (finn.), Madderwort (engl.), Magenkraut, Malört (schwed.), Malurt (dän.), Mottenstock, Oelde, Old woman (engl.), Pelin (rumän.), Pelinotu (türk.), Pelynek (tschech.), Polyn goskaya (russ.), Wermet, Wermiete, Wermuota (althochdt.), Wermutkraut, Wiegenkraut, Wirmat, Wolfzausert, Wormkenkraut, Wormwood (engl.), Würmerkraut, Würmet, Wurmkraut, Wurmtod

Allgemeines, Herkunft, Geschichtliches

Der Wermut ist ein in Eurasien beheimatetes Mitglied der großen Korbblütlerfamilie (Asteraceae / Compositae). Vor mehr als 4000 Jahren wurde er auf ägyptischen Papyrusrollen erstmals als Heil- und Würzpflanze schriftlich erwähnt; die alten Römer schätzten ihn als rasch wirksames Wurmmittel und Weihrauchersatz.

Wild wachsend findet man den Wermut meist in Weinbergen und auf brachliegenden Ackerflächen. Bei der Kultivierung des als Einzelgänger bekannten Wermuts ist von einer direkten Nachbarschaft mit dem Knollenfenchel abzuraten, gut aufgehoben ist er jedoch neben Johannisbeersträuchern, weil er dort den Säulenrost (schadhafter Pilz) vertreibt oder ihn gar nicht erst aufkommen lässt! Geerntet werden sollte der Wermut grundsätzlich vor der Blüte (Mai–Juni), am vorteilhaf-

testen in den frühen Abendstunden, weil seine etherischen Öle dann am gehaltvollsten sind. Je beherzter er währenddessen zurückgeschnitten wird, umso stärker treibt er im Herbst nochmals aus.
Der botanische Name Artemisia leitet sich von der griechischen Göttin Artemis ab, die als Geburtshelferin gewirkt haben soll; der Zusatz »absinthium« bedeutet »ohne Süße«. Das deutsche Wort Wermut wird aufgrund der wärmenden Eigenschaften dieser Pflanze sowohl mit »warm«, als auch mit dem englischen »worm« für »Wurm« assoziiert, da das Wermutkraut einst erfolgreich gegen Würmer eingesetzt wurde.

Aussehen

Der Wermut ist eine bis zu 150 cm hohe, beifußähnliche Pflanze mit tieflappigen, fein behaarten, silbergrauen Blättern und kugeligen, gelb-weißen Blütenköpfchen.

Geschmack

Der Wermut zählt zu den bittersten Pflanzen!

Geruch

Wermut duftet unvergleichlich streng aromatisch.

Hauptinhaltsstoffe

Absinthin, Azulen, Gerbstoffe, Kieselsäure, Phellandren, Pinen, Provitamin A, Tannin, Thujon, Vitamin B 6, C.

Verwendung, Zubereitung

Manche Speisen (z. B. Tomatensuppe, Gänse-, Lamm- oder Wildschweinbraten) können gering dosiert mit zerkleinerten, jungen Wermutblättchen gewürzt oder ergänzt werden, aufgrund ihres enormen Bitterstoffreichtums ist jedoch eher davon abzuraten! Wermut findet deshalb vorwiegend als Heilpflanze, bei der Herstellung von bitter-süßem Wermutwein (engl., frz. Vermouth; span., türk. Vermut; z. B. »Cinzano« und »Martini«) oder der Ungezieferbekämpfung Verwendung.

Volksmedizinische Bedeutung

Da aufgebrühte Wermutblätter ungezuckert nicht nur das Immunsystem stärken, organische und psychische Beschwerden lindern, weiße und rote Blutkörperchen vermehren, Entzündungen und Fieber mildern, entgiften und den Stoffwechsel aktivieren können, gilt er zwar unumstritten als universalstes Heilmittel, doch *Vorsicht:* Während der Schwangerschaft ist zwingend von seinem Gebrauch abzuraten.
Die Nutzung des Wermuts bei Schwermut stammt noch aus einer Zeit, als man von der äußeren Erscheinung einer Pflanze auf ihre Heilwirkung schloss: Aufgrund seiner traurig herabhängenden Blütenköpfchen und dem silbergrauen Haarfilz seiner Blätter brachte man den Wermut mit depressiver Gemütsbeschaffenheit in Verbindung.
Bei Überdosierung, zu langer Anwendung und in Verbindung mit Alkohol kann Wermut zu Abhängigkeit, Elektrolytverschiebungen, Epilepsie und irreparablen Vergiftungen im Gehirn sowie zu Krämpfen, Schwindelanfällen, starkem Durchfall und Erbrechen führen.

Tipp

Vor etwa 200 Jahren wurde in der Nähe des Schweizer Städtchens Neuenburg / Neuchâtel ein alkoholhaltiges Getränk erfunden, das ne-

ben Wermutkraut auch Anis, Fenchel, Melisse und Ysop enthielt. 1910 wurde der sogenannte **Absinth** bzw. **Schweizer Tee** gesetzlich verboten, weil der entscheidende Inhaltsstoff Thujon, der an die gleichen rauscherzeugenden Rezeptoren im Gehirn andockt wie der Wirkstoff Cannabis im Schlafmohn, bei übermäßigem Genuss neurotoxische Persönlichkeitsveränderungen und sogar Blindheit hervorrufen kann. Seit 1981 darf Absinth in Deutschland unter der Vorraussetzung wieder produziert werden, dass bei einem Alkoholgehalt von 25% pro Liter nur noch 5 mg und bei einem Alkoholgehalt von über 25% pro Liter nur noch 10 mg Thujon enthalten sind.
Grüne Fee, Grüne Hölle oder französisch **La Fée Verte** heißt Absinth nicht nur aufgrund seines faszinierenden, smaragdgrünen Farbenspiels und seiner bewusstseinserweiternden Wirkung, sondern auch wegen seines sehr hohen Suchtpotenzials. Prominente Persönlichkeiten, die sich vom Absinth inspirieren ließen und deren Konsum exzessiv gewesen sein soll, waren Vincent van Gogh, Pablo Picasso, Ernest Hemingway und Toulouse-Lautrec, den seine Absinth-Abhängigkeit (med. Absinthismus) sogar erblinden ließ.

Wiesenknöterich

Polygonum bistorta
Adderwort (engl.), Adderwortel (niederl.), Almindelig slangeurt (dän.), Ancubar (türk.), Andrelles (frz.), Angubâr (arab.), Anârif (arab.), Bistort (engl., volkst.), Bistorta (ital.), Bistorta major (span.), Bistorta officinalis (lat.), Bistorte (frz.), Chölbli, Ciancik (türk.), Common bistort (engl.), Drachenwurz(el), Dragonwort (engl.), Feuillotte (frz.), Gänseampfer, Konnantatar (finn.), Krebswurz(el), Kurd pencesi (türk.), Natterknöterich, Natterkraut, Natternwurz(el), Nudla, Ormeslirekne (norw.), Otterwurz(el), Patience dock (engl.), Persicaria amoenum, Persicaria bistorta (lat.), Persicaria ellipticum, Poligono bistorta (ital.), Poligono ritorto (ital.), Polygonum bistortum, Polygonum lapidosum, Quan can (chin.), Quan liao (chin.), Rdest wesownik (poln.), Red legs (engl.), Renouée bistorte (frz.), Scharfe Zunge, Schlangenknöterich, Schlangenwurz(el), Serpentaire (rouge) (frz.), Serpentary (engl.), Slangeurt (dän.), Snake root (engl.), Snake weed (engl.), Stor ormrot (schwed.), Sumpfwurz(el), Sweet dock (engl.), Würstli, Zi can (chin.)

Allgemeines, Herkunft, Geschichtliches
Der Wiesenknöterich ist ein in Eurasien beheimatetes Knöterichgewächs (Polygonaceae), das vorwiegend auf feuchten Wiesen, in Auwäldern und an Flußufern anzutreffen ist. Die Blütezeit dieses geselligkeitsliebenden Nässeanzeigers, der sowohl bei Wildtieren als auch bei Insekten überaus begehrt ist, liegt in der Zeit von Mai bis August.
Seinen Beinamen Schlangenwurz hat der Wiesenknöterich jener Zeit zu verdanken, als er nicht nur zur Heilung von Ruhr und Pest einge-

setzt wurde, sondern häufig auch Bestandteil von Arzneien war, die bei Schlangenbissen Hilfe versprachen. Der botanische Zuname »bistorta«, der sich aus »bi« für »zwei« und »torta« für »gedreht« zusammensetzt, bezieht sich auf den zweifach gewundenen Wurzelstock des Wiesenknöterichs.

Aussehen

Der Wiesenknöterich hat herzförmige, etwa 20 cm lange, oberseits dunkelgrüne, unterseits graugrüne Blätter, einen unverzweigten, bis zu 80 cm hohen, kerzengeraden Stängel, der eine zylindrische Blütenähre mit zahlreichen rosafarbenen Einzelblüten trägt, und einen fingerdicken, schlangenartigen, außen schwarzen, innen rotbraunen Wurzelstock.

Geschmack

Die Blätter des Wiesenknöterichs besitzen ein leicht bitter-saures Aroma.

Arten, Sorten

Wasserpfeffer / Polygonum hydropiper (bot.) / Persicaria hydropiper (lat.) / Akantatar (finn.) / Froschpfeffer / Marshpepper (engl.) / Pepe d'acqua (ital.) / Pfefferknöterich / Pfefferkraut / Pimienta acuática (span.) / Poivre d'eau (frz.) / Rdesno peprnik (tschech.) / Scharfkraut / Smartweed (engl.) / Su biberi (türk.) / Sumpfpfeffer / Vizibors (ung.) / Wasserpfeffer-Knöterich / Waterpeper (niederl.) / Water pepper (engl.) nennt sich ein weltweit verbreitetes, feuchtigkeitsliebendes Knöterichgewächs mit pfeffrig-scharfen, jedoch aromalosen Blättern und Samen, die sowohl der Dekoration und dem Würzen von Speisen als auch medizinisch genutzt werden (z. B. bei Blutungen).

Wohlriechender Knöterich / Polygonum odoratum (lat.) / Fragrant knotweed (engl.) / Laksa plant (engl.) / Rau ram (vietn.) / Vietnamese mint (engl.) / Vietnamesische Minze / Vietnamesischer Koriander / Vietnámi menta (ung.) heißt ein Knöterichgewächs, das nach Korianderkraut duftet, pfeffrig und zitronig schmeckt und in Vietnam meist dem Würzen von Salaten oder Suppen dient.

Hauptinhaltsstoffe

Eiweiß, Katechin, Kieselsäure, Stärke.

Verwendung, Zubereitung

Wiesenknöterichblätter können Misch- und Wildsalaten ergänzen oder zu spinatartigem Gemüse verarbeitet werden; die stärkehaltigen Wurzelstöcke wurden früher als Mehlersatz genutzt, heute ist das jedoch kaum noch gebräuchlich. In England ist der Wiesenknöterich das bevorzugteste Wildgemüse; 1974 fand in Yorkshire sogar eine Wiesenknöterich-Puddingweltmeisterschaft statt.

Da der Wiesenknöterich mehltauanfällige Pflanzen vor Pilzbefall schützt, sollte man ihn entweder rings um Nutzgärten anbauen oder bereits infizierte Gewächse mit einem Absud aus Wiesenknöterichblättern (ca. 1 kg mit 1 Liter heißem Wasser übergießen, 1 Stunde ziehen lassen, durchsieben) besprühen.

Volksmedizinische Bedeutung

Ein Aufguss aus getrockneten Wiesenknöterichwurzeln bekämpft Durchfall, Blutungen, hämorrhoidale

Beschwerden und Schwellungen; als Gurgelmittel wirkt er Entzündungen im Mund- und Rachenraum entgegen. Dank seines Inhaltssstoffs Katechin ist der Wiesenknöterich sogar dazu imstande, herzinfarktauslösende Cholesterin-Ablagerungen zu unterbinden und Krebserkrankungen entgegenzuwirken.

Tipp

Sehr schmackhaft sind buttergedünstete Wiesenknöterichblätter, die zuvor sorgsam verlesen, blanchiert, grob zerhackt und mit reichlich Knoblauch, Salz und Pfeffer gewürzt wurden. Dazu reicht man knusprige Speckbratkartoffeln. Als Getränk passt eine gut gekühlte, alkoholfreie Schorle, die mit dem Saft der (möglichst frischen) Schwarzen Johannisbeere vervollkommnet wurde.

Wiesenknopf (Kleiner)

Sanguisorba minor

Becherblume, Blodstillende Bibernelle (dän.), Blodtopp (norw., schwed.), Blutskraut, Blutstillerin, Blutströpfli, Braunelle, Drachenblut, Falsche Bibernelle, Gartenbibernelle, Grummetkopf, Herrgottsworte, Hosenknopf, Kleines Blutkraut, Kölbelskraut, Kölble, Költeltskraut, Körbelskraut, Krwisciag mniejszy (poln.), Liden Kväsurt (dän.), Megenkraut, Nagelkraut, Pikkuluppio (finn.), Pimpernell, Poterium sanguisorba (bot.), Rote Bibernelle, Rotkopf, Salad burnet (engl.), Schlotfeger, Schneiderknopf, Small burnet (engl.), Sperbenkraut, Sperberkraut, Trommelschlegel, Wiesenbibernelle, Wurmkraut

Allgemeines, Herkunft, Geschichtliches

Die geographischen Wurzeln des Kleinen Wiesenknopfs liegen in Eurasien. Schon im Mittelalter war dieses mehrjährige Rosengewächs (Rosaceae) als wertvolles Heilkraut bekannt; die rötliche Blütenfarbe brachte man mit Blutungen in Verbindung.

Wild wachsend ist der Kleine Wiesenknopf meist auf kalkigen und trockenen Wiesen anzutreffen. Seine Blütezeit liegt zwischen Mai und Juni, geerntet werden sollte er wegen des zunehmenden Gehalts an Gerbstoffen und Saponinen zuvor und möglichst nach einem Regenschauer.

Sanguisorba, die botanische Bezeichnung des Kleinen Wiesenknopfs, bezieht sich auf die blutstillenden Eigenschaften seiner Blüten; »minor« bedeutet »klein«.

Den deutschen Namen hat der Kleine Wiesenknopf seinem häufigsten Standort und den winzigen, knopfartigen Blütenköpfchen zu verdanken.

Aussehen

Der langstielige, bis zu 50 cm hohe Kleine Wiesenknopf hat eiförmige, randseits grob gesägte, oberseits mattgrüne, unterseits blau-grüne Blättchen, feinwüchsige Blütenköpfe mit mehreren zartroten Einzelblüten und einen stark ausgeprägten Erdstock.

Geschmack

Die frischen, junge Blätter des Kleinen Wiesenknopfs schmecken pikant, eigenwillig, angenehm erfrischend, nussig und gelegentlich entfernt gurken-dillartig; alte Pflanzen sind gallebitter, zäh und deshalb ungenießbar. Zum Trocknen sind die Blätter des Kleinen Wiesenknopfs ungeeignet, weil seine wertvollen Inhaltsstoffe dabei verloren gehen.

Geruch

Die frischen Blätter des Kleinen Wiesenknopfs duften angenehm würzig, seine Wurzeln verströmen widerliche Gerüche.

Arten, Sorten

Großer Wiesenknopf / Sanguisorba officinalis (lat.) / Great(er) Burnet (engl.) / Herrgottsbart / Krwisciag lekarski (poln.) / Läge Kväsurt (dän.) / Pimprenelle officinale (frz.) / Poterium officinale (bot.) / Punaluppio (isl.) / Salvastrella maggiore (ital.) / Welsche Bibernelle: Diese Variante kann bis zu 2 m hoch werden, hat walzenförmige, tiefrote Blüten, gefurchte, kantige und sehr zähe Stängel, schwarz-braune Wurzeln und filigrane, sattgrüne Blätter, die geschmacklich denen des Kleinen Wiesenknopfs ähneln, vom Volumen her jedoch nicht an sie heranreichen. Die Sammelzeit dieser Staudenpflanze reicht von Juli bis August.

Höckerfrüchtiger Wiesenknopf / Sanguisorba muricata / Sanguisorba minor polygama (lat.) nennt sich eine in mittelmeerischen Regionen beheimatete Unterart des Kleinen Wiesenknopfs, die man hierzulande sehr gelegentlich in Rasenansaaten und an trockenen Straßenrändern antreffen kann. Die Früchte weisen markant geflügelte Kanten und höckerige Seitenflächen auf.

Hauptinhaltsstoffe

Bitterstoffe, etherische Öle, Flavonoide, Gerbstoffe, Sanguisorbin, Stärke, Tannin, Triterpensaponine, Vitamin C, Zucker.

Verwendung, Zubereitung

Die Blättchen des Kleinen Wiesenknopfs eignen sich lediglich zum Würzen und zur Abrundung von kalten Gerichten (Salatsauce, Quarkspeisen, Frankfurter Grüne Soße, Kräuterbutter), da sie beim Erhitzen nicht nur wertvolle Inhaltsstoffe verlieren, sondern auch unansehnlich werden. Am Besten kommt das würzige Aroma des Kleinen Wiesenknopfs in Verbindung mit Essig oder Zitronensaft zur Geltung.

Volksmedizinische Bedeutung

Den Inhaltsstoffen des Wiesenknopfs werden regenerationsfördernde und zellerneuernde Eigenschaften nachgesagt. Wiesenknopfblätter besitzen leicht blutstillende, harn- und windtreibende, herzstärkende, keimtötende sowie hustenlindernde Eigenschaften. Mit einem starken Tee aus den getrockneten Wurzeln kann man Durchfall und entzündetes Zahnfleisch bekämpfen.

Tipp

Da der Wiesenknopf oft auch als Bibernelle bezeichnet wird und ähnliche Synonyme und Wortzusätze besitzt, sind Verwechslungen geradezu vorprogrammiert!

Wiesenschaumkraut

Cardamine pratensis

Bettbrunzer, Cuckoo Flower (engl.), Fleischblume, Gauchblume, Harnsamen, Kuckucksblume, Kuckucksspeichel, Lady's Smock (engl.), Pink-

sterbloem (niederl.), Präriekraut, Schaumkraut, Storchenschnabel, Wiesenkresse, Wilde Kresse

Allgemeines, Herkunft, Geschichtliches

Wiesenschaumkraut nennt sich eine kälteresistente Wildpflanze aus Europa, die meist auf feuchten Wiesen, in Laubwäldern und an Flussniederungen anzutreffen ist, durch starke Düngungen und Entwässerungen der Böden jedoch mittlerweile stark gefährdet ist! Von März bis Juni bringt dieser als »Blume des Jahres 2006« gekürte Kreuzblütler / Brassicaceae (Cruciferae) eine Vielzahl von wohlriechenden Blüten hervor, die Schmetterlinge wie magisch anziehen.

Den Namen Schaumkraut trägt diese Pflanze, weil an ihren Stängeln oft die zuckerwatteartigen Larvenhüllen der Schaumzikade (Schaumzirpe), einem grillenartigen Insekt, haften, die den süßen Pflanzensaft zu einem Nest aufplustert, um sich vor Feinden zu schützen.

Kuckucksspeichel nennt man dieses eng mit der Brunnenkresse verwandte Gewächs, weil man einst mutmaßte, bei den schaumartigen Auswüchsen handele es sich um den Speichel eines Kuckucks.

Aussehen

Das bis zu 60 cm hohe Wiesenschaumkraut hat mehrfach gefiederte Blätter mit kreuzförmig angeordneten, dunkel geäderten, blasslila, gelegentlich auch wollweißen Blüten und einen runden, hohlen Stängel.

Geschmack

Die jungen Blätter des Wiesenschaumkrauts schmecken verhältnismäßig scharfwürzig und kressig; die Blüten sind wesentlich milder. Alte Exemplare sind meist zäh und bitter.

Geruch

Den Blüten des Wiesenschaumkrauts entströmen betörende Düfte.

Arten, Sorten

Behaartes Schaumkraut / Cardamine hirsuta (bot.) heißt eine Schaumkrautvarietät mit tellerartigen, behaarten Blättern und schneeweißen Blüten.

Bitteres Schaumkraut / Cardamine amara (bot.) nennt sich eine Schaumkrautvariante mit kriechenden Ausläufern.

Waldschaumkraut / Cardamine flexuosa (bot.) ist eine Schaumkrautsorte mit eiförmigen, gefiederten Blättchen und winzigen, kreidebleichen Blüten.

Hauptinhaltsstoffe

Bitterstoffe, Eisen, Glycoside, Kalium, Magnesium, schwefeliges Senföl, Vitamin C.

Verwendung, Zubereitung

Die jungen Blätter und Triebe des Wiesenschaumkrauts eignen sich bestens für die Zubereitung von Wildgemüse, Wildsalat, Wildsuppe oder zur Dekoration. Die pittoresk anmutenden Blüten lassen sich zur Ergänzung von Salaten oder als ausgefallene, wohlschmeckende Garnitur verwenden, nur sollte man vorher die bitteren Hüllblätter entfernen.

Volksmedizinische Bedeutung

Wiesenschaumkraut besitzt appetitanregende, harntreibende, krampflösende, durchblutungs- und verdauungsfördernde Eigenschaften. Mit zerquetschten Wiesenschaumkrautblättern lassen sich rheumatische Erkrankungen und chronische Hautausschläge lindern und bekämpfen, indem man sie in ein Leintuch gebunden auf die betreffende Stelle legt.

Tipp

Als kulinarische Besonderheit gelten frisch zubereitete **Schaumkrautklöße**, wenn sie als Beilage zu Wild-, Gulasch- oder Bratengerichten serviert werden. Hierzu vermengt man Kartoffelkloßmasse mit kleingehackten Wiesenschaumkrautblättern und -blüten, bringt sie in Kugelform und lässt sie anschließend 20 Minuten in siedendem Salzwasser ziehen.

Y

Ysop

Hyssopus officinalis

Bienenkraut, Chilchsuppe, Cördük otu (türk.), Duftisoppe, Eisenkraut, Eisewig, E(i)sop, Essigkraut, Gewürzysop, Heiliges Kraut, Heisop, Herbe sacrée (frz.), Hisopo (span.), Hizopf, Hysop (altdt.), Hysop(p)e (frz.), Hyssop (engl., niederl.), Hyssopium officinalis (med.), Hyzop leharski (poln.), Ibsche, Iisoppi (finn.), Ipse (niederl.), Isop (dän., norw., rumän.), Isopenkraut, Isopur (isl.), Ispen(kraut), Issopo (ital.), Issopos (griech.), Isump, Izsóp (ung.), Johanniskraut, Josefskraut, Joseph, J(o)sop, Kirchenhysop, Kirchenseppli, Kloster(h)ysop, Klosterkraut, Masskraut, Meßkräutel, Ossopo (ital.), Paddekruid (niederl.), Söpli (schweiz.), Weibische, Weinespe(nkraut), Zischbe

Allgemeines, Herkunft, Geschichtliches

Die Heimat des Ysops liegt in Südeuropa und weiten Teilen Asiens, wo man ihn heute vielerorts wild wachsend antrifft. Im 9. Jh. gelangte dieser Lippenblütler (Lamiaceae) durch Benediktinermönche auch in mitteleuropäische Klostergärten, von wo aus er sich durch Samenflug rasch verbreitete.

Ysopbüschel dienten einst nicht nur der rituellen Reinigung von Tempeln und als Sprengwedel für Weihwasser, man hängte sie auch an Klostertüren auf, um ansteckende Krankheiten (z. B. Lepra) fernzuhalten.

In Deutschland ist der mit Salbei, Thymian, Rosmarin und Lavendel verwandte Ysop mittlerweile fast ausgestorben, sehr gelegentlich findet man ihn jedoch noch als immergrünen und winterharten Zierstrauch in Hausgärten oder verwildert auf lehmigen und kalkhaltigen Böden. Der starkzehrende Ysop kann das ganze Jahr hindurch geerntet werden, kurz vor der Blüte (Juni–September) schmeckt er jedoch am besten, was auch Bienen, Hummeln und Schmetterlinge zu wissen scheinen. Kräuterkenner behaupten deshalb, dass der geschmackliche Höhepunkt des Ysop sogar mit dem bloßen Auge erkennbar ist: je mehr Bienen um ihn herumschwirren, desto reicher ist sein Gehalt an etherischen Ölen.

Neben dem Ysop tragen auch Beifuß, Kamille, Quendel und Ringelblumen den Beinamen Johanniskraut, weil sie aus Gründen der Tradition und wegen ihrer enormen Wertigkeit an Johanni (24. Juni) geerntet werden sollten! Der Name Ysop taucht bereits in der Bibel (Ps 51,7) auf: »Reinige mich mit Ysop und ich werde frei von Schuld sein!«

Hyssopus wird vom Hebräischen »ezop« für »heiliges Kraut« abgeleitet.

Aussehen

Der Ysop ist ein bis zu 60 cm hoher, kurztriebiger Halbstrauch mit vierkantigen, verholzenden, aufrecht wachsenden Stängeln, schmalen, mit unzähligen Öldrüsen behafteten, nach unten eingerollten Blättern und attraktiven, lebhaft blauen Blüten, die sich spiegelbildlich gegenüberstehen.

Geschmack

Kurz vor und während der Blüte schmeckt der Ysop erfrischend bitter-süßlich (wie eine Mischung aus Minze, Rosmarin, Thymian und Salbei), kurz danach und während des Trocknens verliert er jedoch sehr rasch seine Geschmacksstoffe.

Geruch

Frischer Ysop verströmt scharf-aromatische Düfte.

Arten, Sorten

Anisysop / Agastache rugosa (bot.) / Anis-Agastache / Anise hyssop (engl.) / Mexikanische Minze weist ein zuckerhaftes Lakritz-Anis-Aroma auf. Meist dienen die vollgrünen Blättchen dieser attraktiven lila oder weiß blühenden Pflanze der Zubereitung und dem Süßen von Desserts oder Tee.

Lemonysop / Giant mexican hyssop (engl.) wächst wild in Mexiko. Er hat große, rote Einzelblüten, die entweder wie Estragonblätter zum Verfeinern von Saucen verwendet oder zu Beruhigungstees verarbeitet werden können.

Hauptinhaltsstoffe

Alkaloide, Apfelsäure, Bitterstoffe, Boneol, Camphen, Cholin, Cineol, Cymol, Diasmin, Flavonoide, Geraniol, Gerbstoffe, Glycoside, Harz, Hesperidin, Hyssopin, Phenole, Pinen, Sitosterin, Tannin, Terpene, Thujon, Ursolsäure, Zucker.

Verwendung, Zubereitung

In sparsamer Dosierung lassen sich frische Ysopblätter, -blüten und -stängel zum Würzen von deftigen Eintöpfen, Salaten, Saucen, Suppen und Gemüsen verwenden. Bei Zubereitungen in der Warmen Küche sollte Ysop erst zum Ende der Garzeit zugefügt und nur flüchtig erhitzt werden, weil er seine Aromastoffe sonst verliert. Industriell dient Ysop der Herstellung von berühmten Kräuterlikören (z. B. »Bénédictine« und »Chartreuse«), Kräuteressig und -öl, Tee, Duftkissen, Parfüms sowie der Verfeinerung von wohlriechenden Essenzen und Waschmitteln.

Sa'atas nennt sich eine arabische Gewürzpaste, die auf marinierten Ysopblättern basiert.

Lagerung

Da frischer Ysop seine geschmacksgebenden Inhaltsstoffe rasch verliert, ist er für eine längerfristige Bevorratung im Kühlschrank ungeeignet, friert man ihn jedoch gleich nach der Ernte ein oder mariniert ihn in Öl, bewahrt er sein Aroma für einen längeren Zeitraum.

Volksmedizinische Bedeutung

Ysoptee ist nicht nur hilfreich bei krampfartigen Verspannungen, Problemen mit der Verdauung, Atmung und Psyche, er aktiviert ebenso den Stoffwechsel und trägt zur Besserung und Stärkung nach nervösen Erschöpfungszuständen bei.

Achtung: Bei Überdosierungen und dauerhafter Einnnahme können Krämpfe auftreten! Schwangere, Epileptiker und Hypertoniker sollten den Ysop gänzlich meiden.

Tipp

In Mischkulturen hält der Ysop Blattläuse, Wanzen und die Raupen des Kohlweißlings fern; in der Nähe von Weinreben gepflanzt, erhöht er sogar den Ertrag der Trauben!

Z

Zimt

Cinnamomum

Bokei (jap.), Cinnamon (engl.), Cynamono (poln.), Fahéj (ung.), Jou-kwei (chin.), Kayu manis (malays.), Koritsa (russ.), Qurfa (arab.), Skorice (tschech.), Tarcini (türk.), Zimm(e)t (altdt.)

Allgemeines, Herkunft, Geschichtliches

Da der bis zu 20 m hohe Zimtbaum schon 2700 v. Chr. in China kultiviert wurde, zählt Zimt nicht nur zu den ältesten Gewürzen der Menschheit, seit jeher ist der Zimt auch das einzige Gewürz, das aus Pflanzenrinde gewonnen wird (vorausgesetzt, man rechnet die Rinde des Angosturabaums nicht dazu, die lediglich medizinisch oder als Geschmacksgeber zur Herstellung des extrem bitteren »Angostura« genutzt wird, der nur tropfenweise in Mixgetränken Verwendung findet). Wichtig: Ausschließlich die von

Kork und Außenrinde befreite innere Rinde junger Zimtbaumzweige wird zu Zimtstangen verarbeitet. Arabische und phönizische Kaufleute brachten den Zimt zur Zeit der Pharaonen nach Ägypten, von wo aus er nach Europa gelangte. Der römische Kaiser Nero ging mit der wertvollen Rinde dieses großblättrigen Lorbeergewächses (Lauraceae) höchst verschwenderisch um, als er zu Ehren seiner verstorbenen Gemahlin Poppäa riesige Zimtfeuer entfachte.
Die lateinische Bezeichnung Cinnamomum wurde möglicherweise durch griechische Lautverschiebungen des malayischen »kayu manis« gebildet, was »süßes Holz« bedeutet.

Aussehen

Die Zimtrinde kann, je nach Sorte und Alter, von gelblich bis dunkelbraun gefärbt sein.

Geschmack

Zimt hat einen süßlich-herben, feurig-würzigen Geschmack; dünne Zimtstangen schmecken meist aromatischer als dicke.

Geruch

Zimt duftet blumig-warm.

Arten, Sorten

Ceylonesischer Zimt / Cinnamomum zeylanicum (lat.) / Canehl / Canela (port., span.) / Canella (ital.) / Cane (frz.) / Cannella (ital.) / Cannelle (frz.) / Ceylon cinnamon (engl.) / Ceyloni fahéj (ung.) / Ceylonzimt / Cynamono cejlonski (poln.) / Echter Zimt / Kaneel (niederl.) / Kanel (dän., norddt., norw., schwed.) / Kanela (griech.) / Kaneli (finn.) / Kanell (isl.) / Lavangapadda (kanad.) / Scortisoara (rumän.) / Seiron nikkei (jap.) / Seylan tarcini (türk.) / Sri Lanka cinnamon (engl.) / Sri Lanka Zimt / Stangencanehl / Stangenzimt / Weißer Zimt ist zweifellos die hochwertigste, da aromatischste Zimtsorte, doch leider nicht backstabil, d. h. bei hohen Temperaturen verliert er seine wertvolle Würzkraft. Ursprünglich stammt er aus Sri Lanka, dem früheren Ceylon. Die weißlich-gelbe bis hellbraune Innenrinde des Zimtbaums wird nach der Ernte übereinandergelegt und getrocknet und rollt sich dann automatisch beidseitig zusammen. In der Fachsprache nennt man diese ineinander geschobenen, etwa 10 cm langen Zimtröhrchen oder -stangen **Quills**.

Chinesischer Zimt / Cinnamomum aromaticum (bot.) / Cinnamomum cassia (lat.) / Bastardkaneel (niederl.) / Bastard cinnamon (engl.) / Bastardzimt / Canéfice (frz.) / Canela-da-china (port.) / Canela de la china (span.) / Canella della Cina (ital.) / Canelle de Chine (frz.) / Casia (span.) / Casse (frz.) / Cassia (engl., ital.) / Cássia-aromatica (port.) / Cassia-Zimt / Cassia lignea (bot.) / Chinazimt / Chinese cassia (engl.) / Chinese cinnamon (engl.) / Cintarcini (türk.) / Cynamono chinski (poln.) / Darseen (arab.) / Kashia keihi (jap.) / Kasia (griech.) / Kasja (poln.) / Kassia (finn., isl., niederl., norw., schwed.) / Kassie (dt., niederl.) / Kasszia (ung.) / Kinai fahéj (ung.) / Kinesisk Kanel (dän.) / Korichnoje derevo (russ.) / Skorice cinska (tschech.) / Talouskaneli (finn.) / Valse Kaneel (niederl.)

nennt sich ein dunkelbrauner, dickrindiger, zwar nicht ganz so aromatischer, jedoch wesentlich schärferer Verwandter des Ceylonesischen Zimts, der sich während des Trocknens nur einseitig aufrollt. In der orientalischen Küche findet Chinesischer Zimt (der auch in Sumatra, Indonesien, Java, Vietnam und Japan angebaut wird) zwar häufig Verwendung, hierzulande wird er jedoch meist nur in pulverisierter Form angeboten. Vorsicht: Chinesischer Zimt sollte möglichst nur ganz schwach dosiert werden, da er von allen Sorten den höchsten Gehalt an leberschädigendem Cumarin enthält.

Padang-Zimt / Cinnamomum burmannii (lat.) / Indonesischer Zimt / Cassia vera (bot.) / Burma-Zimt / Canelle de Padang (frz.) / Cynamonowiec burmanski (poln.) / Fagot cassia (engl.) / Fagot-Zimt / Falsa-canforeira (port.) / Indonesian cinnamon (engl.) / Indonesische Kanel (niederl.) / Indonesisk Kanel (dän.) / Indonéz fahéj (ung.) / Jaavan kaneli (finn.) / Java cassia (engl.) / Jávai kasszia (ung.) / Java-Zimt / Padang cinnamon (engl.) stammt aus Indonesien und wird vorwiegend in Sumatra angebaut. Sein Geschmack ist dem des Ceylonesischen Zimts nicht ganz unähnlich.

Vietnamesischer Zimt / Cinnamomum loureirii (lat.) / Canela-de-saigao (span.) / Canelle de Cochinchine (frz.) / Canelle de Saigon (frz.) / Cynamonowiec sajgonski (poln.) / Que qui (vietn.) / Saigon cinnamon (engl.) / Saigon fahéj (ung.) / Saigonkaneli (finn.) / Saigon-Zimt / Vietnamese cinnamon (engl.) / Vietnamesisk Kanel (dän.) / Vietnámi fahéj (ung.) ist geschmacklich dem derben Aroma des Chinesischen Zimts vergleichbar.

Hauptinhaltsstoffe

Calciumoxalat, Campher, Cumarin, Gummi, Harz, Linalool, Methylhydroxychalconpolymere, Safrol, Schleimstoffe, Stärke, Tannin, Zucker.

Verwendung, Zubereitung

Zimt wird überwiegend zur Herstellung von Gebäck, Glühwein, Kompott, Kuchen, Punsch, Saucen und asiatischen Gerichten verwendet. In den Anbauländern wird das wohlriechende Restholz, das während des Schälens der Zimtbaumrinde anfällt, an wohlhabende Leute veräußert, die es zum Anzünden ihres Kamins nutzen.

Chips werden in Sri Lanka schon seit Urzeiten die Anschnitte der Zimtrinde genannt.

Zimtpulver besteht meist aus einer Mischung des aufdringlich schmeckenden Chinesischen Zimts mit Teilen des eher süßlichen Ceylonesischen Zimts. Zusätze von Holzmehl, Kakaoschalen und Baumrinde können unter dem Mikroskop leicht nachgewiesen werden!

Lagerung

An einem dunklen Ort und in einem fest verschlossenen Behältnis kann Zimt mehrere Jahr lang bevorratet werden.

Volksmedizinische Bedeutung

Zimt besitzt zwar appetitanregende, beruhigende, blähungstreibende, blutstillende, blutzucker- und cholesterinsenkende, erwärmende, krampflösende, nervenstärkende, schmerzstillende, stimulierende sowie verdauungsfördernde Eigenschaften, durch übermäßigen Zimtgenuss können jedoch auch rauschartige Zustände hervorgerufen werden! Zahnweh vergeht, wenn man die Schmerzstelle mit Zimtöl betupft.

Tipp

In Sri Lanka und Südindien wird bis heute von wilden, sich selbst vermehrenden Zimtsträuchern mehr Rinde gewonnen als andernorts von kultivierten Varietäten!

Zitronengras

Andropogon citratum

Asiatisches Würzgras, Cana de Limón (span.), Cang-Mao (chin.), Capim-cidrao (port.), Capim-santo (port.), Cha Khrai (thail.), Ching tong (chin.), Cimbopogone (ital.), Citroengras (niederl.), Citromfü (ung.), Citrongräs (dän., schwed.), Citrónova tráva (tschech.), Cymbopogon citratus (lat.), Daoen Djeroek Poeroet (ind.), Erva principe (port.), Herba Andropogonis (pharm.), Heung mao tsu (chin.), Hierba de Limon (span.), Iarba de limon (rumän.), Indisches Zitronengras, Lemongras (dt.), Lemon grass (engl.), Lemonochorto (griech.), Limonnoe sorgo (russ.), Limon otu (türk.), Malabargras, Palczatka cytrynowa (poln.), Sa chanh (vietn.), Serai, Sereh (indon., niederl.), Sere(h)gras, Sitrónugras (isl.), Sitruunaruoho (finn.), Soet kroei (thail.), Takrai (thail.), Te de Limón (span.), Verveine des Indes (frz.), Westindian lemon grass (engl.), Westindisches Zitronengras, Xa (vietn.), Xiang-Mao-Cao (chin.), Zacate de Limón (span.), Zitronell(a)gras

Allgemeines, Herkunft, Geschichtliches

Zitronengras ist ein vermutlich aus Malaysia stammendes, strauchartiges Schilfgewächs, das nicht den Zitrusfrüchten, sondern den Süßgräsern (Poaceae) zugeordnet wird. In Australien, Brasilien, Ceylon, Guatemala, Indien, Java und Thailand liegen die größten Vorkommen des Zitronengrases, das jährlich bis zu viermal abgeerntet werden kann. Hierzulande ist das mimosenhafte Zitronengras lediglich als zwar dekorative, jedoch stets durstige und ziemlich anfällige Zimmerpflanze bekannt.

Zitronengras heißt dieses immergrüne Gewächs, weil es beim Zerreiben zwischen zwei Fingern zitronige Düfte verbreitet.

Aussehen

Die grasartigen, scharfkantigen Blätter des Zitronengrases können bis zu 1,80 m Länge erreichen; die Wurzel hat eine bulböse Form.

Geschmack

Junge Zitronengrasblätter weisen einen sehr vollmundigen, an Rosen erinnernden Zitronengeschmack auf, sind jedoch bei Weitem nicht so säurehaltig wie ältere Exemplare. Getrocknetes Zitronengras hat bereits einen Großteil seines wertvollen Aromas verloren.

Geruch

Frisches Zitonengras verströmt zitronige Düfte, sogar während des Kochens!

Arten, Sorten

Ostindisches Zitronengras / Cymbopogon flexuosus (lat.) / Palczatka pogieta (poln.) / Sa diu (vietn.) nennt sich eine südostasiatische Zitronengrassorte, die vorwiegend der Parfümproduktion dient, da ihre etherischen Öle, die als **Indisches Lemongrasöl** vermarktet werden, wesentlich dauerhafter sind als die des kulinarisch bedeutsameren gemeinen Zitronengrases.

Hauptinhaltsstoffe

Caryophyllen, Citral, Geranial, Limonen, Linalool, Nerol.

Verwendung, Zubereitung

Feinwürfelig oder musig zerstoßen (was das Aroma nochmals intensiviert) lassen sich frische Zitronengrasblätter (nur die letzten 15 cm bis zur Bulbe) zur Verfeinerung von ostasiatischen Gerichten (z. B. bei Wokzubereitungen oder zur Indonesischen Reistafel), Fischgerichten, Getränken, Salaten, Suppen, Tees oder Gemüsesuppen verwenden; man kann sie jedoch auch unzerteilt (wie Lorbeerblätter) mitkochen und danach entfernen. Am besten schmeckt Zitronengras im Zusammenspiel mit Chilis, Knoblauch, Koriander und/oder Zwiebeln!

Citronellöl wird mittels industrieller Destillation aus Zitronengrasblättern gewonnen; es dient meist der Herstellung von Parfüms und porenverengenden Kosmetikas.

Essigfondue oder vietnamesich **Bonhung dam** heißt ein bekanntes chinesisches Gericht aus dünnen Rindfleischscheiben, die zunächst in einer sauren, mit Zitronengras versetzten Brühe gegart, dann gemeinsam mit Gemüsen und Kräutern in Reispapier gewickelt und schließlich (in unterschiedliche, pikante Saucen gedippt) verzehrt werden.

Padmini nennt man in Sri Lanka Räucherwerk aus getrockneten Zitronengrasblättern, das meist religiösen oder rituellen Zwecken dient.

Lagerung

Wenn man frisches Zitronengras in kaltes Wasser stellt, lässt es sich mehrere Tage lang aufbewahren. Getrocknetes Zitronengras sollte vor der Zubereitung unbedingt in heißem Wasser eingeweicht werden.

Volksmedizinische Bedeutung

Laut einer Studie aus dem Jahr 1987 weiß man, dass wasserverdünntes Zitronengrasöl (Guatemala-Öl) Depressionen, nervöse Anspannungen und Stimmungsschwankungen schneller abwenden kann als pures.

Autofahreröl wird das Zitronengrasöl deshalb auch genannt, weil es das Konzentrationsvermögen erhält und aufkommende Müdigkeit verdrängt.

Tipp

Entgegen weitläufigen Vermutungen wird der berühmte Melissengeist (alkoholhaltiges Getränk mit schmerzlindernden Eigenschaften, das in der Volksmedizin schon seit mehreren Jahrzehnten bei Blähungen, Muskelverspannungen und Kopfweh angewandt wird) aus Kostengründen heute nur mit sehr geringen Melisseanteilen, dafür umso höheren Zitronengraszusätzen hergestellt.

Zitronenverbene

Aloysia triphylla

Al louiza (arab.), Aloysia citriodora (bot.), Cedron (span., ung.), Cidronela (span.), Citroenverbena (niederl.), Citrom verbena (ung.), Citronella (ital.), Citronelle (frz.), Echtes Eisenkraut, Herbe à tous les mots (frz.), Herbe aux sorcières (frz.), Herbe Louise (frz.), Hierba luisa (span.), Jernurt (dän.), Lemon (scented) verbena (engl.), Limonete (port.), Lippia (finn.), Lippia citriodora (früh. lat. Bez.), Lippia triphylla (bot.), Lippia trójlistna (poln.), Louiza (griech., hebr.), Luisenkraut, Sporys (tschech.), Springwurz, Südamerikanisches Eisenkraut, Verbena (griech., ital., span.), Verbena citriodora, Verbéna citrom (ung.), Verbena limonnaya (russ.), Verbena triphylla (bot.), Verbina (rumän.), Verveine à trois feuilles (frz.), Verveine (citronée) (frz.), Verveine citronelle (frz.), Verveine odorante (frz.), Zauberkraut, Zitronella, Zitronenblatt, Zitronenkraut, Zitronenstrauch(kraut)

Allgemeines, Herkunft, Geschichtliches

Das Ursprungsgebiet der Zitronenverbene liegt im sonnigen Chile und in Peru, von wo aus sie gegen Ende des 18. Jh.s durch spanische Seefahrer erstmals nach Europa gelangte. Heute wird dieses laubabwerfende und frostempfindliche Eisenkrautgewächs (Verbenaceae), das mehrfache Umbenennungen über sich ergehen lassen musste, überwiegend in Mittel- und Südamerika, neuerdings auch in Spanien und Frankreich angebaut. Aloysia, Hierba luisa und Luiza wird die Zitronenverbene zu Ehren von Maria Luisa Teresa, der Gemahlin des spanischen Königs Carlos IV. genannt.

Das Zuwort »triphylla« setzt sich aus »tri« für »drei« und »phylla« für »Blatt« zusammen, womit die Anordnung der dreiteilig heranwachsenden Blattsprosse gemeint ist. »Verbena« bedeutet »belaubter Zweig«.

Aussehen

Die bis zu 2 m hohe, buschartige Zitronenverbene hat etwa 10 cm lange, spitz zulaufende, blassgrüne Blätter und (im November) eine Vielzahl von wollweiß-violetten Blütchen.

Geschmack

Sowohl frische als auch getrocknete Zitronenverbenenblätter besitzen ein intensiv fruchtiges Zitronenaroma.

Geruch

Die Zitronenverbene verströmt einen außerordentlich reinen, herbsüßlichen Zitronenduft.

Arten, Sorten

Mexikanischer Oregano / Lippia graveolens (lat.) / Amerikanischer Oregano / Hierba dulce (span.) nennt sich die bedeutendste, da thymolhaltigste Verbenensorte, die aufgrund ihres intensiven, an Oregano erinnernden Geschmacks meist der Produktion von Gewürzmischungen (z. B. Chilipulver, Chili-con-carne-Gewürz, Pizzagewürz) dient oder zu Tee verarbeitet wird.

Verbenenkraut / Verbena officinalis (lat.) nennt sich eine heimische Verwandte der Zitronenverbene, die jedoch sehr bitter schmeckt und meistens als entwässernder Arzneitee verwendet wird.

Hauptinhaltsstoffe

Carvon, Citral, Dipenten, Geranial, Limonen, Linalool, Nerol, Verbenalin.

Verwendung, Zubereitung

Die unzerteilten oder gehackten Blätter der Zitronenverbene können zum Aromatisieren von Obstsalaten, Fleisch- und Fischgerichten, Süßspeisen und zur Herstellung von magenfreundlichem **Verbenentee** (frz. Verveine / port. Bella Luisa / frz. Thé arabe) verwendet werden, der wahlweise sowohl kalt als auch in heißem Zustand verkostet werden kann.

Zitronenverbenenöl findet man nicht selten in entspannenden Badezusätzen, Duftkissen und erfrischenden Kosmetikas.

Lagerung

Im Gemüsefach des Kühlschranks lassen sich frisch geerntete Zitronenverbenenblätter mindestens 2 Tage lang bevorraten.

Volksmedizinische Bedeutung

Verveinentee (nach dem Rotwein Frankreichs zweitbeliebtestes Getränk) hat nicht nur beruhigende und krampflindernde Eigenschaften, er wirkt auch appetit-, verdauungs- und stoffwechselanregend. Nach Erschöpfungszuständen empfiehlt sich besonders starker Verveinentee, weil er aufbauende Eigenschaften besitzt. Ein wohltuendes Vollbad mit Zitronenverbenenaufguß vertreibt nicht nur Wintermüdigkeit, es bekämpft sogar depressive Verstimmungen.

Tipp

Die wärmeliebende Zitronenverbene lässt sich problemlos auch als Zierpflanze im Garten heranziehen, bei Außentemperaturen unter 4° C sollte sie jedoch raschestmöglich in die nur mäßig beheizte Wohnung verbracht werden!

Glossar

A

Aalkrud	→	Borretsch
Aaprotti	→	Eberraute
Ababa	→	Mohn
Abergans	→	Eberaute
Abou rach	→	Borretsch
Abrasica	→	Eberraute
Ab(er)raute	→	Eberraute
Abrodd	→	Eberraute
Abrotano	→	Eberraute
Absenta	→	Wermut
Absintalsem	→	Wermut
Absinth	→	Wermut
Absinthe	→	Wermut
Absinthium majus	→	Wermut
Absinthium offic.	→	Wermut
Absinthium vulg.	→	Wermut
Absinthkraut	→	Wermut
Acaflor	→	Safran
Acafrao	→	Safran
Acafrao da India	→	Kurkuma
Achillea millef.	→	Schafgarbe
Achillea moschata	→	Schafgarbe
Achillea ptarmica	→	Schafgarbe
Achilleios	→	Schafgarbe
Achillenkraut	→	Schafgarbe
Achilles	→	Schafgarbe
Achteckig. Fenchel	→	Sternanis
Aci biber	→	Paprika
Aci pelin	→	Wermut
Ackerdill	→	Dill
Ackerholder	→	Giersch
Acker-Hundskam.	→	Kamille
Ackerkraut	→	Spitzwegerich
Ackerlatsche	→	Huflattich
Ackerlattich	→	Huflattich
Ackermannswurzel	→	Kalmus
Ackerminze	→	Pfefferminze
Ackerrettich	→	Senf
Ackerschnalle	→	Mohn
Ackersenf	→	Senf
Ackerwurzel	→	Kalmus
Acore odorant	→	Kalmus
Acorus calamus	→	Kalmus
Adders meat	→	Sternmiere
Adderwort	→	Wiesenknöterich
Adderwortel	→	Wiesenknöterich
Aderkraut	→	Spitzwegerich
Aderminte	→	Pfefferminze
Aderminze	→	Pfefferminze
Adiowan	→	Kümmel
Adjowan	→	Kümmel
Adormidera	→	Mohn
Aegopodium pod.	→	Giersch
Ägyptischer Anis	→	Kümmel
Ägypt. Kümmel	→	Kreuzkümmel

Ährenminze	→	Pfefferminze
Änes	→	Anis
Aepfel-Chrut	→	Kamille
Afelkraut	→	Schöllkraut
Affrusch	→	Eberraute
Afioni	→	Mohn
Afric. Grains of Sel.	→	Kümmel
Afral	→	Gewürze
Aframomum mele.	→	Piment
Afrikanskyj perets	→	Pfeffer
Afrude	→	Beifuß
Aftkraut	→	Schöllkraut
Agastache rugosa	→	Ysop
Aglio	→	Knoblauch
Aglio cipollino	→	Schnittlauch
Aglio da taglio	→	Schnittknoblauch
Ahopukinjuuri	→	Bibernelle (Kleine)
Ai-Hao	→	Estragon
Ail	→	Knoblauch
Ail de ours	→	Bärlauch
Ajedra	→	Bohnenkraut
Ajenjo	→	Alsem
Aji	→	Chili
Ajinomoto	→	Salz
Ajo	→	Knoblauch
Ajo chino	→	Schnittknoblauch
Ajova	→	Kümmel
Ajovan	→	Kümmel
Ajo verde	→	Schnittknoblauch
Ajowan	→	Kümmel
Ajwain	→	Kümmel
Akantatar	→	Wiesenknöterich
Albahaca	→	Basilikum
Albertlevél	→	Lorbeer
Albus	→	Scharbockskraut
Alcaravea	→	Kümmel
Alcaravia	→	Kümmel
Alecrim	→	Rosmarin
Ale-hoof	→	Gundermann
Alfábega	→	Basilikum
Alfazema	→	Lavendel
Alho	→	Knoblauch
Aliaria	→	Knoblauchsrauke
Alisfakia	→	Salbei
Allaria officinalis	→	Knoblauchsrauke
Allasch	→	Kümmel
Allehande	→	Piment
Allerleigewürz	→	Piment
Allerweltskraut	→	Petersilie
Allgewürz	→	Piment
Allheilender	→	Liebstöckel
Allheilkraut	→	Schafgarbe
Alliaire officinale	→	Knoblauchsrauke
Alliaria commune	→	Knoblauchsrauke
Alliaria petiolata	→	Knoblauchsrauke
Allium sativum	→	Knoblauch

Allium sat. v. oph.	→	Knoblauch
Allium schoenopr.	→	Schnittlauch
Allium tuberosum	→	Schnittknoblauch
Allium ursinum	→	Bärlauch
Allium vineale	→	Knoblauch
Alloro	→	Lorbeer
Al louiza	→	Zitronenverbene
Allrahanda	→	Piment
Allspice	→	Piment
Almáraco	→	Pfefferminze
Almgraupen	→	Isländ. Moos
Almindelig pimpi.	→	Bibernelle (Kleine)
Almindelig slange.	→	Wiesenknöterich
Aloysia citriodora	→	Zitronenverbene
Aloysia triphylla	→	Zitronenverbene
Alpinia officina.	→	Galgant
Alsem	→	Wermut
Alsine	→	Sternmiere
Alterswurzel	→	Knoblauch
Altweiberschmeck.	→	Salbei
Aluine	→	Wermut
Amapola	→	Mohn
Amarella	→	Beifuß
Amazon	→	Chili
Ambra	→	Eberraute
Ambrosia	→	Beifuß
Ambrosia artemisifolia	→	Beifuß
Ambrosie	→	Beifuß
Amerikaans worm.	→	Gänsefuß (Weißer)
Amerik. Basilikum	→	Basilikum
Amerik. Oregano	→	Zitronenverbene
Amerik. Wurmkr.	→	Gänsefuß (Weißer)
Ammeykraut	→	Kümmel
Ammy	→	Kümmel
Ammis des Indiens	→	Kümmel
Amomummag	→	Piment
Amomum subulat.	→	Kardamon
Amonum	→	Piment
Anais	→	Anis
Ananasminze	→	Pfefferminze
Ananassalbei	→	Salbei
Anârif	→	Wiesenknöterich
Anason	→	Anis
Ana. i. forma d. ste.	→	Sternanis
Ancho	→	Chili
Ancubar	→	Wiesenknöterich
Andrelles	→	Wiesenknöterich
Andropogon citrat.	→	Zitronengras
Aneis	→	Anis
Aneth	→	Dill
Anethum graveol.	→	Dill
Anethum ssp. Sowa	→	Dill
Aneto	→	Dill
Angelica	→	Engelwurz
Angelica archang.	→	Engelwurz
Angelica palustris	→	Engelwurz
Angelica polym. Sin.	→	Engelwurz
Angelica sylvestris	→	Engelwurz
Angelick	→	Engelwurz
Angelico	→	Engelwurz
Angelicus	→	Engelwurz
Angelika	→	Engelwurz
Angeliken	→	Engelwurz
Angélique	→	Engelwurz
Angerbleamal	→	Gänseblümchen
Angolkenwurzel	→	Engelwurz
Angubâr	→	Wiesenknöterich
Anice	→	Anis
Anice stellato	→	Sternanis
Anijs	→	Anis
Anis-Agastache	→	Ysop
Anisbasilikum	→	Basilikum
Anis de la Chine	→	Sternanis
Anise	→	Anis
Aniseed	→	Anis
Anise faux	→	Kreuzkümmel
Anise hyssop	→	Ysop
Anise pepper	→	Pfeffer
Anis estrelado	→	Sternanis
Anis estrella	→	Sternanis
Anis étoilé	→	Sternanis
Aniskerbel	→	Kerbel
Aniskraut	→	Knoblauchsrauke
Anispfeffer	→	Pfeffer
Aniss	→	Anis
Anisum stellatum	→	Sternanis
Anisysop	→	Ysop
Anitos	→	Ysop
Ànizs	→	Anis
Ànizsbors	→	Pfeffer
Anrar	→	Oregano
Anserina	→	Gänsefingerkraut
Anserine	→	Gänsefingerkraut
Ansreine	→	Gänsefingerkraut
Anthemis nobilis	→	Kamille
Anthriskos	→	Kerbel
Anthriscus cerefol.	→	Kerbel
Anthriscus sylvest.	→	Kerbel
Antibiot. d. arm. Leute	→	Veilchen
Antillen-Vanille	→	Vanille
Antimon	→	Kardamon
Antonskraut	→	Rosmarin
Anyafü	→	Beifuß
Anyaméhfü	→	Melisse
Anyz gwiazd-kow.	→	Sternanis
Apfelblümchen	→	Kamille
Apfelduftpelargonie	→	Duftgeranie
Apfelkraut	→	Kamille
Apfelminze	→	Pfefferminze
Apfel-Pelargonie	→	Duftgeranie
Apiganos	→	Weinraute
Apium petroselin.	→	Petersilie
Apple Pelargonie	→	Duftgeranie
Apsenti	→	Wermut
Apsinthia	→	Wermut
Arab. Petersilie	→	Koriander
Arab. Kümmel	→	Kreuzkümmel
Arabischer Safran	→	Kurkuma
Archangél. vraie	→	Engelwurz
Ardic yemisi	→	Wacholderbeere
Argelkleinwurz	→	Engelwurz
Argentine	→	Gänsefingerkraut
Arishina	→	Kurkuma
Aristo. u. d. Kräutern	→	Estragon

Arkevthos → Wacholderbeere
Armoise → Beifuß
Armoise amère → Wermut
Armoraccio → Meerrettich
Armoracia rustican. → Meerrettich
Armorakia → Meerrettich
Arnis → Anis
Aromapfeffer → Piment
Aromas → Gewürze
Aromaten → Gewürze
Aromates → Gewürze
ARP → Rosmarin
Arpagic → Schnittlauch
Arrayán → Myrte
Arruda → Weinraute
Artelkleinwurzel → Engelwurz
Artemisa → Beifuß
Artemisia → Beifuß
Artemisia abrotan. → Eberraute
Artemisia absinth. → Wermut
Artemisia dracunc. → Estragon
Artem. dran. v. sat. → Estragon
Artemisia judaiea → Beifuß
Artemisia maritima → Beifuß
Artemisia procera → Eberraute
Artemisia vulgaris → Beifuß
Artenheil → Wermut
Arve → Sternmiere
Arveira → Pfeffer
Arzneibaldrian → Baldrian (Großer)
Aschantipfeffer → Pfeffer
Ashanti bors → Pfeffer
Ashanti pepper → Pfeffer
Asiat. Würzgras → Zitronengras
Asperula → Waldmeister
Asperula odorata → Waldmeister
Aspérule odorante → Waldmeister
Assenzio → Wermut
Asthmapflanze → Beifuß
Atsch → Wermut
Auge des Tages → Gänseblümchen
Augenblümchen → Gänseblümchen
Augenklar → Schöllkraut
Augenkraut → Schöllkraut
Augenmispel → Weinraute
Augenraute → Weinraute
Augenwurz(el) → Baldrian
Augenzier → Borretsch
Aulx → Knoblauch
Aurantiaca → Scharbockskraut
Aurone → Eberraute
Ausdauernd. Majoran → Oregano
Ausdauernd. Bohnenkr. → Bohnenkraut
Ausländ. Koriander → Koriander
Austral. Pfeffer → Pfeffer
Avens → Nelkenwurz
Averoon → Eberraute
Awapuhi → Ingwer
Azafrán → Safran
Azafrán arabe → Kurkuma

B

Baarenklau → Bärenklau
Babérlevél → Lorbeer
Babérmeggy → Lorbeer
Bachbohne → Bachbunge
Bachblümlein → Huflattich
Bachblume → Bachbunge
Bachbombe → Bachbunge
Bachbommele → Bachbunge
Bachbungen-Ehren. → Bachbunge
Bach gioi tu → Senf
Bachkohl → Bachbunge
Bachminze → Pfefferminze
Bachnelkenwurz → Nelkenwurz
Backanis → Bibernelle (Kleine)
Backtimjan → Thymian
Badeblüte → Lavendel
Badekraut → Liebstöckel
Badhopfenkraut → Oregano
Badian → Sternanis
Badiana → Sternanis
Badian Anis → Sternanis
Badiyan → Sternanis
Ba(d)jak → Chili
Badyan → Sternanis
Badyánik → Sternanis
Badkraut → Majoran
Bärendill → Bärwurz
Bärenklauwe → Bärenklau
Bärenlauch → Bärlauch
Bärentatze → Bärenklau
Bärfenchel → Bärwurz
Bärkümmel → Bärwurz
Bärmutter → Liebstöckel
Baharat → Kräuter
Bahar halibu → Piment
Baies roses → Pfeffer
Bai hu jiao → Pfeffer
Ba jiao hui xiang → Sternanis
Bajonettstange → Kalmus
Bajorünas → Nelkenwurz
Balderbrackenwurz. → Baldrian
Balderjan → Baldrian (Großer)
Baldmoney → Bärwurz
Baldurs Auge → Gänseblümchen
Baldurs Braue → Gänseblümchen
Balinese pepper → Pfeffer
Balines. Pfeffer → Pfeffer
Balm → Melisse
Balm gentle → Melisse
Balm mint → Melisse
Balsam → Lavendel
Balsame delle Miss. → Pfeffer
Balsamgarbe → Schafgarbe
Balsamita major → Melisse
Balsam(kraut) → Pfefferminze
Balsammelisse → Melisse
Balsamstrauch → Rosmarin
Balzsamfü → Thymian
Bandanuss → Muskatnuss
Banira → Vanille
Ban lan ye → Pandan

Baqdunis → Petersilie
Baquois → Pandan
Barbaforte → Meerrettich
Barna mustarmag → Senf
Basbasa → Muskatnuss
Basil → Basilikum
Basilgen → Basilikum
Basilic → Basilikum
Basilico → Basilikum
Basilicon → Basilikum
Basilicum → Basilikum
Basilien(kraut) → Basilikum
Basilik → Basilikum
Basilkört → Basilikum
Basilkraut → Basilikum
Bask. Nelkenpfeffer → Piment
Bastard cinnamon → Zimt
Bastardfenchel → Dill
Bastardkaneel → Zimt
Bastardzimt → Zimt
Bauchblüten → Huflattich
Bauchwehkraut → Gewürzfenchel
Bauchwehkraut → Schafgarbe
Bauernkraut → Meerrettich
Bauernschinken → Hirtentäschel
Bauernsenf → Meerrettich
Baumchili → Chili
Baume → Melisse
Baume des champs → Pfefferminze
Baumtropfen → Giersch
Baumwermut → Weinraute
Baunilha → Vanille
Bayas de enebro → Wacholderbeere
Bayerischer Senf → Senf
Bayir turpu → Meerrettich
Bay-leave → Lorbeer
Baysalz → Salz
Bazsalikom → Basilikum
Bear's garlic → Bärlauch
Becherblume → Wiesenknopf (Kleiner)
Becco di occa → Gänsefingerkraut
Bee balm → Melisse
Beeren der Juno → Wacholderbeere
Beerenknoblauch → Bärlauch
Beerenwortel → Bärwurz
Beeriblasen → Engelwurz
Beermutterwurtz → Bärwurz
Beeslok → Schnittlauch
Beestlauch → Schnittlauch
Beielichrut → Borretsch
Beh. Schaumkraut → Wiesenschaumkraut
Beifuß-Ambrosie → Beifuß
Beifußbl. Traubenkr. → Beifuß
Beikraut → Kräuter
Beinbrechwurzel → Beinwell
Beinheil → Beinwell
Beinweichkraut → Beifuß
Beinwuchskraut → Beifuß
Beinwurzel → Beinwell
Beipes → Beifuß
Beißender Fenchel → Gewürzfenchel
Beißwurzel → Meerrettich
Beizkräutl → Thymian
Belle Ètoile → Waldmeister
Bellide → Gänseblümchen
Bellis perennis → Gänseblümchen
Belyj perets → Pfeffer
Benediktenkraut → Nelkenwurz
Benediktenwurzel → Nelkenwurz
Benediktskraut → Nelkenwurz
Bengali bors → Pfeffer
Bengalischer Pfeffer → Pfeffer
Bengal pepper → Pfeffer
Benoite → Nelkenwurz
Bergamot → Melisse
Bergamota → Melisse
Bergamote → Melisse
Bergamotte(plant): → Melisse
Bergamottminze → Pfefferminze
Bergamott-Monarde → Melisse
Bergamotto → Melisse
Bergbohnenkraut → Bohnenkraut
Bergfieberwurzel → Enzian (Gelber)
Berggraupen → Isländisches Moos
Berghopfen → Oregano
Bergkümmel → Kreuzkümmel
Berglatschen → Huflattich
Bergmelisse → Pfefferminze
Bergminte → Oregano
Bergminze → Bohnenkraut
Bergmynte → Oregano
Berg-Nelkenwurz → Nelkenwurz
Bergpfeffer → Pfeffer
Bergspinat → Gänsefuß (Weißer)
Bergthymian → Pfefferminze
Bergzierde → Oregano
Bertram(kraut) → Estragon
Bertramsgarbe → Schafgarbe
Berufkraut → Schafgarbe
Besbase → Muskatnuss
Besenkraut → Beifuß
Betelpfeffer → Pfeffer
Betony → Thymian
Bettbrunzer → Wiesenschaumkraut
Beuteldieb → Hirtentäschel
Beutelschneiderkr. → Hirtentäschel
Beyaz biber → Pfeffer
Beyaz hardal tohum → Senf
Beyfuß → Beifuß
Bialy pieprz → Pfeffer
Bi ba → Pfeffer
Biber → Pfeffer
Biberiye → Rosmarin
Bibernell → Bibernelle (Kleine)
Bibeskraut → Beifuß
Bibet → Beifuß
Bibhenderlkraut → Schafgarbe
Bibinell → Bibernelle (Kleine)
Biboz → Beifuß
Bibs → Beifuß
Biedrzeniec → Bibernelle (Kleine)
Bienenbalsam → Melisse
Bienenblatt → Melisse
Bienenfang → Melisse

Bienenkraut → Ysop
Bienenweide → Basilikum
Bieslook → Schnittlauch
Biezelok → Schnittlauch
Bifoot → Beifuß
Bijenkruid → Melisse
Billerkraut → Melisse
Bilý pepr → Pfeffer
Bimbernellche → Bibernelle (Kleine)
Binsenlauch → Schnittlauch
Binsuga → Melisse
Birdeye-Chili → Chili
Birkes → Mohn
Birki → Mohn
Bishop's weed → Kümmel
Bistort → Wiesenknöterich
Bistorta → Wiesenknöterich
Bistorta major → Wiesenknöterich
Bistorta officinalis → Wiesenknöterich
Bistorte → Wiesenknöterich
Bitterals → Wermut
Bitterer Beifuß → Wermut
Bitterer Fenchel → Gewürzfenchel
Bitteres Löffelkrautk. → Löffelkraut
Bitteres Schaumkr. → Wiesenschaumkraut
Bitterkresse → Löffelkraut
Bittersilche → Petersilie
Bitterwurz → Enzian (Gelber)
Biwes → Beifuß
Bjerg-Stenurt → Tripmadam
Black cardamom → Kardamon
Black cumin → Kreuzkümmel
Black mustard (seed) → Senf
Black pepper → Pfeffer
Bladder seed → Liebstöckel
Blaeder → Huflattich
Blätter der Schäferin → Salbei
Blätterflechte → Isländisches Moos
Blafendel → Lavendel
Blanc du Tarn → Knoblauch
Blasröhre → Engelwurz
Blattkoriander → Koriander
Blattmajoran → Majoran
Blattpetersilie → Petersilie
Blatzblume → Mohn
Blauer Dunst → Oregano
Blaues Veilchen → Veilchen
Blaues Wunder → Lavendel
Blaue Viole → Veilchen
Blauhimmelstern → Borretsch
Blauhuder → Gundermann
Blaui Soldate → Salbei
BlauPfefferminze → Pfefferminze
Blaumohn → Mohn
Blauröschen → Veilchen
Blautannen-Sedum → Tripmadam
Blinkerbloom → Gänseblümchen
Blitznagele → Enzian (Gelber)
Blodstillende Biber. → Wiesenknopf (Kleiner)
Blodtopp → Wiesenknopf (Kleiner)
Bluesenblome → Mohn
Blütenpfeffer → Pfeffer
Blue Violet → Veilchen
Blume des Olymp → Rosmarin
Blume d. Sonneng. → Kamille
Blume d. Vergessens → Taglilie
Blumenmelisse → Melisse
Blutblume → Mohn
Blutkraut → Hirtentäschel
Blutskraut → Wiesenknopf (Kleiner)
Blutstillerin → Wiesenknopf (Kleiner)
Blutstillkraut → Schafgarbe
Blutströpfli → Wiesenknopf (Kleiner)
Blutwürze → Majoran
Bobkový list → Lorbeer
Bockrot → Bibernelle (Kleine)
Bockskraut → Bibernelle (Kleine)
Bockspeterlein → Bibernelle (Kleine)
Bockspetersilie → Bibernelle (Kleine)
Bockswurz(el) → Bibernelle (Kleine)
Bodenholunder → Giersch
Boenneurt → Bohnenkraut
Boereradijs → Meerrettich
Bokei → Zimt
Bolar → Oregano
Bolsa de pastor → Hirtentäschel
Bonbon pigweed → Gänsefuß (Weißer)
Bonenkruid → Bohnenkraut
Bon Henri → Gänsefuß (Weißer)
Borage → Borretsch
Borageen → Borretsch
Borágó → Borretsch
Borago laxiflora → Borretsch
Borago officinalis → Borretsch
Bor(r)asch → Borretsch
Borax → Borretsch
Boretsch → Borretsch
Borgel → Borretsch
Boróka(bogyó) → Wacholderbeere
Borrach → Borretsch
Borracina rupestre → Tripmadam
Borragine → Borretsch
Borraja → Borretsch
Borrana → Borretsch
Bors → Pfeffer
Bors(ika)fü → Bohnenkraut
Bors(os)menta → Pfefferminze
Borsos → Kreuzkümmel
Borvirág → Borretsch
Boschtkraut → Mohn
Bostkrud → Gundermann
Boucage saxifrage → Bibernelle (Kleine)
Bourbon-Vanille → Vanille
Bourrache → Borretsch
Bourse de pasteur → Hirtentäschel
Brandal → Chili
Brandblätter → Huflattich
Brandlattich → Huflattich
Brandletschenkraut → Huflattich
Branntweinwurz → Enzian (Gelber)
Brasilian. Pfeffer → Pfeffer
Brasilienkraut → Basilikum
Brassica alba → Senf
Brassica integrifolia → Senf

Brassica juncea → Senf
Brassica nigra → Senf
Bratenkraut → Majoran
Braunelle → Wiesenknopf (Kleiner)
Brauner Cardamom → Kardamon
Brauner Dost → Oregano
Braun(er) Senf → Senf
Braunheiligenkraut → Pfefferminze
Braunsilge → Basilikum
Braunwurz → Scharbockskraut
Braut im Haar → Kreuzkümmel
Brautkraut → Rosmarin
Brautmyrte → Myrte
Breitblättr. Petersilie → Petersilie
Breitblättr. Lavendel → Lavendel
Breiter Koriander → Koriander
Breitwegerich → Spitzwegerich
Brendelblume → Enzian (Gelber)
Brennende Liebe → Duftgeranie
Brennender Busch → Weinraute
Brezensalz → Salz
Brineblaum → Gänseblümchen
Britsamen → Gewürzfenchel
Brockenmoos → Isländisches Moos
Broddbergknapp → Tripmadam
Brooklime → Bachbunge
Brotan → Eberraute
Brotanis → Gewürzfenchel
Brotköm → Kümmel
Brotkrümel → Kümmel
Brotsamen → Anis
Brot- u. Gemüsegew. → Kreuzkümmel
Brotwürz → Gewürzfenchel
Brown cardamom → Kardamon
Brunsenap → Senf
Brustlattich → Huflattich
Brustwurz(el) → Engelwurz
Brunnenpol → Bachbunge
Bubikopf-Basilikum → Basilikum
Buchalter → Engelwurz
Buck(el) → Beifuß
Buckkraut → Beifuß
Büchel → Engelwurz
Bürbérfa → Lorbeer
Buernsemp → Hirtentäschel
Buldermann → Gundermann
Bullerian → Baldrian
Bullergoos → Baldrian (Großer)
Bullerjahn → Baldrian (Großer)
Bumbernell → Bibernelle (Kleine)
Bunium persicum → Kreuzkümmel
Buris → Borretsch
Burma-Zimt → Zimt
Burnet saxifrage → Bibernelle (Kleine)
Burningbush → Weinraute
Burrasch → Borretsch
Buschbasilikum → Basilikum
Buschnelkenwurz → Nelkenwurz
Busserl → Gänseblümchen
Butterblume → Gänsefingerkraut
Bylica boze drzewko → Eberraute
Bylica piolun → Wermut

C

Caa → Mate
Calamint → Pfefferminze
Calamintha grandifl. → Pfefferminze
Calamintha offici. → Pfefferminze
Calamintha sylvatica → Pfefferminze
Calamo aromatico → Kalmus
Calamus → Kalmus
Calendola → Ringelblume
Calendula officinalis → Ringelblume
Calicut → Ingwer
Camomile → Kamille
Camomilla → Kamille
Camomille → Kamille
Camomille romaine → Kamille
Camomilla romana → Kamille
Camphor basil → Basilikum
Cana de Limón → Zitronengras
Candyleaf → Süßkraut
Cane → Zimt
Canéfice → Zimt
Canehl → Zimt
Canela → Zimt
Canela-da-china → Zimt
Canela de la china → Zimt
Canela-de-saigao → Zimt
Canella → Zimt
Canella della Cina → Zimt
Canelle de Chine → Zimt
Can. de Cochinchine → Zimt
Canelle de Padang → Zimt
Canelle de Saigon → Zimt
Cang-Mao → Zitronengras
Cannelle → Zimt
Capim-cidrao → Zitronengras
Capim-santo → Zitronengras
Capsella bursa-pasto. → Hirtentäschel
Capsicum → Paprika
Capsic. ann. v. annu. → Paprika
Capsic. ann. v. avicu → Chili
Capsicum baccatum → Chili
Capsicum chinense → Chili
Capsicum frutescens → Chili
Capsicum Pepper → Paprika
Capsicum pubescens → Chili
Capsicum sinense → Chili
Caranga → Ingwer
Caraway → Kümmel
Cardamine amara → Wiesenschaumkraut
Cardamine flexuosa → Wiesenschaumkraut
Cardamine hirsuta → Wiesenschaumkraut
Cardamine pratensis → Wiesenschaumkraut
Cardamom → Kardamon
Cardamome → Kardamon
Cardamomo → Kardamon
Cargo-Ingwer → Ingwer
Cari → Curry
Caril → Curry
Cariofillata → Nelkenwurz
Carmelien → Kamille
Carmelite → Melisse
Caro → Kümmel

Carom → Kümmel
Carum bulbocastan. → Kreuzkümmel
Carum carvi → Kümmel
Carum copticumn → Kümmel
Carven → Kümmel
Carvi → Kümmel
Carvies → Kümmel
Cary → Curry
Caryophyllus aromat. → Gewürznelke
Cascabell → Chili
Casia → Zimt
Casse → Zimt
Cassia → Zimt
Cássia-aromatica → Zimt
Cassia lignea → Zimt
Cassia vera → Zimt
Cassia-Zimt → Zimt
Catmint → Pfefferminze
Cayennepfeffer → Chili
Cayennepeper → Chili
Cayennepepper → Chili
Cayenne Pepper → Chili
Cayir papatyasi → Gänseblümchen
Cebolinha → Schnittlauch
Cebollana → Schnittlauch
Cedoaria → Kurkuma
Cedro → Wacholderbeere
Cedron → Zitronenverbene
Cedronella → Melisse
Cedvar → Kurkuma
Céleri de perpétuel → Liebstöckel
Celidonia → Schöllkraut
Celidonia major → Schöllkraut
Celston büber → Chili
Centocchio comune → Sternmiere
Cerafolio → Kerbel
Cerebossalz → Salz
Cerefolho → Kerbel
Cerfeuil → Kerbel
Cerfeuil musqué → Kerbel
Cerfoglio → Kerbel
Cerný pepr → Pfeffer
Cesnek → Knoblauch
Cetraria islandica → Isländisches Moos
Ceylon-Berg-Karda. → Kardamon
Ceylon cinnamon → Zimt
Ceylonesischer Zimt → Zimt
Ceyloni fahéj → Zimt
Ceylonzimt → Zimt
Chabiru → Kerbel
Chabyor → Bohnenkraut
Chabrets → Thymian
Chá-da-Europa → Salbei
Cha Khrai → Zitronengras
Chalcas → Curryblatt
Chamaemelum nobi. → Kamille
Chamille → Kamille
Ch'ang-Pu → Kalmus
Cha-Plu → Pfeffer
Chappeler → Huflattich
Chélidoine → Schöllkraut
Chelidonium majus → Schöllkraut
Chenopodium → Gänsefuß (Weißer)
Chenop. ambrosiod. → Gänsefuß (Weißer)
Chenop. bonus henr. → Gänsefuß (Weißer)
Cherry → Chili
Cherry laurel → Lorbeer
Chervil → Kerbel
Chesnok → Knoblauch
Chiang → Ingwer
Chickweed → Sternmiere
Chieh → Senf
Chilchsuppe → Ysop
Chile → Chili
Chili pepper → Chili
Chilipfeffer → Chili
Chilipowder → Gewürze
Chilipulver → Gewürze
Chili(schote) → Chili
Chilli → Chili
Chiltepin → Chili
Chimen → Kümmel
Chimichurri → Gewürze
Chimion → Kümmel
Chimion turcesc → Kreuzkümmel
Chinapfeffer → Pfeffer
Chinasenf → Senf
Chinazimt → Zimt
Chinese Anis → Sternanis
Chinese cassia → Zimt
Chinese cinnamon → Zimt
Chinese ginger → Galgant (Kleiner)
Chinese parsley → Koriander
Chinese pepper → Pfeffer
Chines. Petersilie → Koriander
Chines. Engelwurz → Engelwurz
Chin. Herbstenzian → Enzian (Gelber)
Chin. Ingwer → Galgant (Kleiner)
Chinesischer Pfeffer → Pfeffer
Chines. Stern-Anis → Sternanis
Chinesische Wurzel → Kurkuma
Ching chieh → Salbei
Chiornyj perets → Pfeffer
Chipotle → Chili
Chinalauch → Schnittknoblauch
Chinese bieslook → Schnittknoblauch
Chinese chives → Schnittknoblauch
Chinese leeks → Schnittknoblauch
Chinese mustard → Senf
Chinesischer Lauch → Schnittknoblauch
Chin. Schnitt(knob)l. → Schnittknoblauch
Chinesischer Zimt → Zimt
Ching tong → Zitronengras
Chive → Schnittlauch
Chnoblauch → Knoblauch
Chnöbli → Knoblauch
Chölbli → Wiesenknöterich
Choji → Gewürznelke
Choleradistel → Giersch
Chow-cho → Weinraute
Chreno → Meerrettich
Chrzan pospolity → Meerrettich
Chümi → Kümmel
Ciancik → Wiesenknöterich

Ciboulette → Schnittlauch
Ciboulette chinoise → Schnittknoblauch
Cidreira → Melisse
Cidronela → Zitronenverbene
Cilantrillo → Koriander
Cilantro → Koriander
Cilentro → Koriander
Cilli → Chili
Cimbopogone → Zitronengras
Cimbrisor de câmp → Thymian
Cimbru de cultura → Thymian
Cimbru salbatic → Thymian
Cin anasonu → Sternanis
Cinnamomum → Zimt
Cinnamomum aroma. → Zimt
Cinnamomum burm. → Zimt
Cinnamomum cassia → Zimt
Cinnamomum loure. → Zimt
Cinnamomum tamala → Lorbeer
Cinnamomum tejpat. → Lorbeer
Cinnamomum zeyl. → Zimt
Cinnamon → Zimt
Cintarcini → Zimt
Citroengras → Zitronengras
Citroenkruid → Melisse
Citroen melisse → Melisse
Citroenverbena → Zitronenverbene
Citromfü → Zitronengras
Citrom illatú mirtusz → Myrte
Citrom verbena → Zitronenverbene
Citronella → Zitronenverbene
Citronelle → Zitronenverbene
Citrongräs → Zitronengras
Citronmeliss → Melisse
Citronmelisse → Melisse
Citrónova tráva → Zitronengras
Citvor → Kurkuma
Civette → Schnittlauch
Clavo → Gewürznelke
Clou de Girofle → Gewürznelke
Clove → Gewürznelke
(Coca-)Cola-Strauch → Eberraute
Coccola di ginepro → Wacholderbeere
Cochléaria → Löffelkraut
Cochlearia anglica → Löffelkraut
Cochlearia danica → Löffelkraut
Cochlearia officinalis → Löffelkraut
Coclearia → Löffelkraut
Coentro → Koriander
Cördük otu → Ysop
Colman-Senf → Senf
Coltsfoot → Huflattich
Comfrey → Beinwell
Cominho → Kreuzkümmel
Comino → Kreuzkümmel
Comino bianco → Kreuzkümmel
Comino blanco → Kreuzkümmel
Comino tedesco → Kümmel
Common bistort → Wiesenknöterich
Common Marygold → Ringelblume
Common Myrtle → Myrte
Common rue → Weinraute
Common wormwood → Wermut
Comphrey → Beinwell
Conchongo → Mate
Condimentos → Gewürze
Condiments → Gewürze
Congonha → Mate
Consolida → Beinwell
Consuelda major → Beinwell
Continent. wd. Thyme → Thymian
Coriander → Koriander
Coriandolo → Koriander
Coriandre → Koriander
Coriandre mexicain → Koriander
Coriandro → Koriander
Coriandrum sativum → Koriander
Corn mint → Pfefferminze
Crampweed → Gänsefingerkraut
Costenz → Oregano
Coupé → Safran
Cran → Meerrettich
Cranson → Löffelkraut
Cravo → Gewürznelke
Creeping thyme → Thymian
Cren → Meerrettich
Cresson de cheval → Bachbunge
Crocus electus → Safran
Crocus naturalis → Safran
Crocus sativus → Safran
Cronwermut → Weinraute
Crooked yellow ston. → Tripmadam
Cryptotaenia japon. → Petersilie
Csillagánizs → Sternanis
Csombord → Bohnenkraut
Cubeba → Pfeffer
Cubebe → Pfeffer
Cubebi → Pfeffer
Cubeb pepper → Pfeffer
Cuckoo Flower → Wiesenschaumkraut
Culantro → Koriander
Cumin → Kreuzkümmel
Cumin blanc → Kreuzkümmel
Cumin des prés → Kümmel
Cumin du Maroc → Kreuzkümmel
Cumino → Kreuzkümmel
Cumino romano → Kreuzkümmel
Cuminum cyminum → Kreuzkümmel
Cuminum nigrum → Kreuzkümmel
Cummin → Kreuzkümmel
Curcuma → Kurkuma
Curcuma cedoaria → Kurkuma
Curcuma domestica → Kurkuma
Curcuma longa → Kurkuma
Curled parsley → Petersilie
Curry leave → Curryblatt
Curry levelek → Curryblatt
Currypflanze → Currykraut
Curry Plant → Currykraut
Curry-Powder → Curry
Cuspa → Angostura
Cusparia → Angostura
Cusparia febrifugia → Angostura
Cymbopogon citratus → Zitronengras

Cymbopogon flexuo. → Zitronengras
Cynamono → Zimt
Cynamono cejlonski → Zimt
Cynamono chinski → Zimt
Cynamonowiec bur. → Zimt
Cynamonowiec sajg. → Zimt
Cyprian → Isländisches Moos
Czaberek → Bohnenkraut
Czarny pieprz → Pfeffer
Czosnek → Knoblauch

D

Dachwurz → Tripmadam
Däll → Dill
Dän. Löffelkraut → Löffelkraut
Dafin → Lorbeer
Dafni → Lorbeer
Dagdful → Sternanis
Dag kekigi → Thymian
Daglelie → Taglilie
Daisy → Gänseblümchen
Dalmatin. Salbei → Salbei
Damascener Kümmel → Kreuzkümmel
Danish scurvygrass → Löffelkraut
Dansk-Skörbjuggsört → Löffelkraut
Daslook → Bärlauch
Daoen Djeroek Poer. → Zitronengras
Dark Opal → Basilikum
Darmgichtkraut → Melisse
Darmwurz → Enzian (Gelber)
Darseen → Zimt
Dashi → Gewürze
Dau khau → Muskatnuss
Daun ketoumbar → Koriander
Daun pudina → Pfefferminze
Daylily → Taglilie
Day's eye → Gänseblümchen
De Arbol → Chili
Deens lepelblad → Löffelkraut
Defne yapragi → Lorbeer
Delikatesspaprika → Paprika
Demut → Thymian
Démutka → Thymian
Denivka → Taglilie
Dere otu → Dill
Der kleine Drache → Estragon
Des Wand. Klopapier → Huflattich
Deutsche Kamille → Kamille
Deutscher Estragon → Estragon
Deutscher Ingwer → Kalmus
Deutscher Majoran → Majoran
Deutscher Pfeffer → Basilikum
Deutscher Quendel → Thymian
Deutscher Zitwer → Kalmus
Deutsches Penicillin → Melisse
Devil's Milk → Schöllkraut
Devon Violet → Veilchen
Dhania → Koriander
Diätpfeffer → Pfeffer
Diätsalz → Salz
Dictamno → Weinraute
Dictamnus albus → Weinraute
Dickbloom → Gänseblümchen
Dicke Gramille → Kamille
Dijon-Senf → Senf
Dikroz → Gänseblümchen
Dild → Dill
Dille(krud) → Dill
Dillfenchel → Dill
Dilly → Dill
Dipdam → Weinraute
Diptam → Weinraute
Diptamdost → Weinraute
Diptam-Oregano → Weinraute
Disotu → Salbei
Djahé → Chili
Djahé → Ingwer
Djinten → Kreuzkümmel
Dlinnyj perets → Pfeffer
Dönnerluk → Tripmadam
Dogorful → Sternanis
Doktorblume → Huflattich
Dolmalik → Chili
Donnerrebe → Gundermann
Dorant → Oregano
Dorffuß → Gänsefuß (Weißer)
Dorf-Gänsefuß → Gänsefuß (Weißer)
Dormideira → Mohn
Dorotheenstöckel → Gänseblümchen
Doste → Oregano
Dostebüschel → Oregano
Dost(en) → Oregano
Dotterblume → Ringelblume
Drachantkraut → Estragon
Drachen-Beifuß → Estragon
Drachenblut → Estragon
Drachenblut → Wiesenknopf (Kleiner)
Drachenkraut → Estragon
Drachenwurz(el) → Wiesenknöterich
Dragon → Estragon
Dragonbeifuß → Estragon
Dragoncella → Estragon
Dragoncillo → Estragon
Dragonella → Estragon
Dragon(elli)kraut → Estragon
Dragonwort → Wiesenknöterich
Dragun(wermut) → Estragon
Drakebloed → Estragon
Drakos → Estragon
Dreckkraut → Gänsefingerkraut
Dreiblätterkraut → Petersilie
Dreiblatt → Giersch
Dreieinigkeitswurzel → Engelwurz
Dreifuß → Baldrian (Großer)
Dua thom → Pandan
Dudeln → Engelwurz
Düsseldorfer Senf → Senf
Duftblattgeranie → Duftgeranie
Duftblattpelargonie → Duftgeranie
Duftholz → Thymian
Duftisoppe → Ysop
Duftlabkraut → Waldmeister
Duftveilchen → Veilchen
Duist → Oregano

Duizendblad → Schafgarbe
Dumbir → Ingwer
Dushitsa → Oregano
Dutch Red → Chili
Dyll → Dill
Dyosmos → Pfefferminze
Dziki majeranek → Oregano
Dzindzer → Ingwer

E

Eau-de-Cologne-Min. → Pfefferminze
Eau de cologne mint → Pfefferminze
Eberreis → Eberraute
Eberries → Eberraute
Eberwurzel → Eberraute
Ebrich → Eberraute
Ebruta → Eberraute
Echte Bergminze → Pfefferminze
Echte Engelwurz → Engelwurz
Echte Kamille → Kamille
Echte Katzenminze → Pfefferminze
Echte Minze → Pfefferminze
Echte Myrte → Myrte
Echter Bergkümmel → Kreuzkümmel
Echter Dost → Oregano
Echter Estragon → Estragon
Echter Galgant → Galgant
Echter Lorbeer → Lorbeer
Echter Nelkenwurz → Nelkenwurz
Echter Oregano → Oregano
Echter Pfeffer → Pfeffer
Echter Salbei → Salbei
Echter Speik → Lavendel
Echtes Eisenkraut → Zitronenverbene
Echtes Hirtentäschel → Hirtentäschel
Echtes Löffelkraut → Löffelkraut
Edelgarbe → Schafgarbe
Edelminze → Pfefferminze
Edelraute → Weinraute
Edelsalbei → Salbei
Edelsüß-Paprika → Paprika
Édes paprika → Paprika
Edle Angelika → Engelwurz
Edler Lorbeer → Lorbeer
Efeu-Gundermann → Gundermann
Egelkraut → Gundermann
Eichenmispel → Weinraute
Eierkraut → Estragon
Einer → Wacholderbeere
Eini(be)r → Wacholderbeere
Eins → Anis
Eintagsblume → Mohn
Eisbet → Bohnenkraut
Eisenkraut → Ysop
Eisewig → Ysop
E(i)sop → Ysop
Ekte malurt → Wermut
Ela → Kardamon
Elettaria cardamom. → Kardamon
Elettaria ensal → Kardamon
Elfrad → Eberraute
Elsenkraut → Wermut
Elsholtzia ciliata → Melisse
Elss → Wermut
Eltz → Wermut
Emerocallis → Taglilie
Emmus → Kümmel
Ems → Anis
En(bär) → Wacholderbeere
Endro → Dill
Enebär → Wacholderbeere
Enebro → Wacholderbeere
Eneldo → Dill
Engelbrustwurz → Engelwurz
Engelskraut → Engelwurz
Engelspflanze → Engelwurz
Engelspfurz → Engelwurz
Engelwurtz → Engelwurz
Engifer → Ingwer
Engl. Brennnessel → Melisse
Engl. Gewürz → Piment
Engl. Löffelkraut → Löffelkraut
Engl. Lorbeer → Lorbeer
Engl. Melisse → Melisse
Engl. Pfeffer → Piment
Engl. Pfefferminze → Pfefferminze
Engl. Senfpulver → Senf
Engl. Wurzel → Melisse
Englischgewürz → Piment
English laurel → Lorbeer
English scurvy grass → Löffelkraut
Enibahar → Piment
Enis → Anis
Enza → Enzian (Gelber)
Epazote → Gänsefuß (Weißer)
Epazote yerba → Gänsefuß (Weißer)
Ephel → Wacholderbeere
Epices → Gewürze
Epinard sauvage → Gänsefuß (Weißer)
Eqama → Pfefferminze
Erba → Kräuter
Erba acciuga → Oregano
Erba cipollina → Schnittlauch
Erba limona → Melisse
Erba reale → Eberraute
Erba risetta → Tripmadam
Erd → Curry
Erdefeu → Gundermann
Erdgerste → Scharbockskraut
Erdholler → Giersch
Erdkränzel → Gundermann
Erva cidreira → Melisse
Erva principe → Zitronengras
Erva doce → Anis
Eryngium foetidum → Koriander
Erysium allaria → Knoblauchsrauke
Erzengelwurz(el) → Engelwurz
Eschhuflattich → Huflattich
Esdragon → Estragon
Eselsfenchel → Gewürzfenchel
Eselsfuß → Huflattich
Eselshuf → Huflattich
Eselskörbel → Kerbel
Eselspeterlein → Kerbel

Eselspfeffer → Bohnenkraut
Eselsohrwurzel → Beinwell
Esparguta → Sternmiere
Especias → Gewürze
Essigkraut → Ysop
Estragao → Estragon
Estragone → Estragon
Etagenblume → Melisse
Etasjeblomst → Melisse
Eugenia acris → Piment
Eugenia polyantha → Lorbeer
Eutrema wasabi → Meerrettich

F

Fabacrasa ref. → Tripmadam
Fáfnisgras → Estragon
Fagara → Pfeffer
Fagot cassia → Zimt
Fagot-Zimt → Zimt
Fahéj → Zimt
Fallblume → Ringelblume
Falsa-canfor. → Zimt
Falsche Apfelminze → Pfefferminze
Falsche Bibernelle → Wiesenknopf (Kleiner)
Falscher Kubebenpf. → Pfeffer
Falschi Gramille → Kamille
False cubeb pepper → Pfeffer
Fanda → Lavendel
Fan-hung-hua → Safran
Fanille → Vanille
Fanylje → Vanille
Farfara → Huflattich
Fasankraut → Schafgarbe
Faskomilo → Salbei
Fayjan → Weinraute
Federselli → Petersilie
Federweiß → Gänsefingerkraut
Fehérbors → Pfeffer
Fehér kurkuma → Kurkuma
Feher üröm → Wermut
Fehnkol → Gewürzfenchel
Feigwurz → Scharbockskraut
Feinschmeck.-Knobl. → Knoblauch
Feketebors → Pfeffer
Fekete gyopár → Oregano
Fekete kardamom → Kardamon
Fekete üröm → Beifuß
Feldbulla → Thymian
Feldhuflattich → Huflattich
Feldkamille → Kamille
Feldkümmel → Thymian
Feldminze → Pfefferminze
Feldmohn → Mohn
Feldpolei → Thymian
Feldrose → Mohn
Feld(schaf)garbe → Schafgarbe
Feldthymian → Thymian
Feldwermut → Wermut
Felseneppich → Petersilie
Felsenfetthenne → Tripmadam
Felsen(mauer)pfeffer → Tripmadam
Fels(en)wurzel → Petersilie
Fenchel → Gewürzfenchel
Fencheldill → Gewürzfenchel
Fenicht → Gewürzfenchel
Fenikel → Gewürzfenchel
Fennel → Gewürzfenchel
Fennisamen → Gewürzfenchel
Fenouil → Gewürzfenchel
Fenouil bâtard → Dill
Fenouil des Alpes → Bärwurz
Férigoule → Thymian
Femis → Gewürzfenchel
Ferkenfüße → Giersch
Ferminel → Ringelblume
Fette Henne → Tripmadam
Fetthenne → Tripmadam
Fettkraut → Tripmadam
Feuerbaumbeere → Wacholderbeere
Feuerblume → Mohn
Feuermohn → Mohn
Feuersenf → Senf
Feuille de murraya → Curryblatt
Feuillotte → Wiesenknöterich
Fever plant → Basilikum
Fialki → Veilchen
Fieberflechte → Isländisches Moos
Fieberkraut → Sternmiere
Fiebermoos → Isländisches Moos
Fieberwurzel → Galgant
Fiegwurz → Scharbockskraut
Field mint → Pfefferminze
Filfil → Pfeffer
Filfil abyad → Pfeffer
Filfil ahmar → Chili
Filfil akhdar → Pfeffer
Filfil aswad → Pfeffer
Finchel → Gewürzfenchel
Fingerkraut → Gänsefingerkraut
Fingerroot → Galgant (Kleiner)
Fingerwurz → Galgant (Kleiner)
Finke(l) → Gewürzfenchel
Fino verde → Basilikum
Finocchio → Gewürzfenchel
Fiol → Veilchen
Fischminze → Pfefferminze
Fischsalve → Salbei
Flachblättr. Vanille → Vanille
Flache Petersilie → Petersilie
Flattermohn → Mohn
Fleischblume → Wiesenschaumkraut
Fleischkräutchen → Bohnenkraut
Fleur de muscade → Muskatnuss
Fliegenkraut → Beifuß
Flohkraut → Spitzwegerich
Flohsamen → Spitzwegerich
Flohseckel → Hirtentäschel
Flor de un dia → Taglilie
Flore plevo → Scharbockskraut
Flowering chives → Schnittknoblauch
Fodormenta → Pfefferminze
Foelie → Muskatnuss
Foenicu. v. hortense → Gewürzfenchel
Foenicu. v. piperitum → Gewürzfenchel

Fogli di Cari → Curryblatt
Fohlenfuß → Huflattich
Fokhagyma → Knoblauch
Folhas de Caril → Curryblatt
Fragrant knotweed → Wiesenknöterich
Franse thee → Salbei
Franz. Estragon → Estragon
Franz. Majoran → Majoran
Franz. Petersilie → Kerbel
Franz. Petersilie → Petersilie
Franz. Senf → Senf
Franz. Thymian → Thymian
Franzosenkraut → Giersch
Frauendosten → Oregano
Frauenkraut → Beifuß
Frauenkraut → Schafgarbe
Frauenminze → Pfefferminze
Frauenwohl → Melisse
Fraxinelle commune → Weinraute
Fremder Koriander → Koriander
French parsley → Kerbel
Frenk maydanoz → Kerbel
Freund des Arztes → Salbei
Freund d. Küchenchefs → Salbei
Froschlöffel → Löffelkraut
Froschpfeffer → Wiesenknöterich
Fruchtklette → Nelkenwurz
Fruchtsalbei → Salbei
Fruchtus Anisi vulga. → Anis
Fructus pimentae → Piment
Frühlingsenzian → Enzian (Gelber)
Frühlingsveilchen → Veilchen
Fünffingerkraut → Gänsefuß (Weißer)
Fünf-Gewürz-Pulver → Gewürze
Fürst d. arom. Pflanz. → Rosmarin
Füszer → Gewürze
Füszerpaprika → Paprika
Füszersáfrány → Safran
Fuglegräs → Sternmiere
Fuljan → Muskatnuss
Fußstap. d. w. Mann. → Spitzwegerich

G

Gachel → Schafgarbe
Gänseampfer → Wiesenknöterich
Gänseblume → Gänseblümchen
Gänsegarbe → Gänsefingerkraut
Gänsegras → Sternmiere
Gänsekraut → Beifuß
Gänsekraut → Gänsefingerkraut
Gänsekresse → Hirtentäschel
Gänseliese(l) → Gänseblümchen
Gänsenagerl → Gänseblümchen
Gänserich → Gänsefingerkraut
Gänseschwutz → Gänsefingerkraut
Gänsewiss → Gänsefingerkraut
Gänsezungen → Schafgarbe
Gänsflügel → Gänsefingerkraut
Gänsgras → Gänsefingerkraut
Gänswerich → Gänsefingerkraut
Galang → Galgant (Kleiner)
Galanga → Galgant (Kleiner)
Galanga chino → Galgant (Kleiner)
Galangal → Galgant (Kleiner)
Galangarot → Galgant (Kleiner)
Galanga(wurzel) → Galgant (Kleiner)
Galanki → Galgant (Kleiner)
Galgant-Alpinie → Galgant (Kleiner)
Galgantwurzel → Galgant (Kleiner)
Galium odoratum → Waldmeister
Gamille → Kamille
Gansbratzen → Gänsefingerkraut
Ganserkraut → Eberraute
Ganskraut → Gänsefingerkraut
Gansmennig → Gänsefingerkraut
Garam masa(l)la → Gewürze
Garanga → Galgant (Kleiner)
Garbe → Kümmel
Garb(enkraut) → Schafgarbe
Garbenwurz → Schafgarbe
Garden angelica → Engelwurz
Garden Dill → Dill
Garden lovage → Liebstöckel
Garden myrrh → Kerbel
Garden poppy → Mohn
Garden rue → Weinraute
Garden thyme → Thymian
Garderobe → Eberraute
Garifallo → Gewürznelke
Garlic → Knoblauch
Garlic chives → Schnittknoblauch
Garlic mustard → Knoblauchsrauke
Garofano → Gewürznelke
Gartenangelika → Engelwurz
Gartenbibernelle → Wiesenknopf (Kleiner)
Garten-Butterblume → Ringelblume
Gartendill → Dill
Garteneppich → Petersilie
Gartenhühnchen → Eberraute
Gartenkamille → Kamille
Gartenkerbel → Kerbel
Gartenkölle → Bohnenkraut
Gartenmelisse → Melisse
Gartenminze → Pfefferminze
Gartenmohn → Mohn
Gartenpetersilie → Petersilie
Gartenquendel → Bohnenkraut
Gartenraute → Weinraute
Garten-Ringelblume → Ringelblume
Gartenscharlach → Salbei
Gartenseliung → Baldrian (Großer)
Gartenthymian → Thymian
Garthagel → Eberraute
Garthau → Eberraute
Gartheil → Eberraute
Gauchblume → Wiesenschaumkraut
Gauchwermut → Weinraute
Gebärmutterwurzel → Liebstöckel
Geel Garb → Schafgarbe
Geelwortel → Kurkuma
Geeschke → Giersch
Gefüllter Peterlein → Petersilie
Gegenfraß → Borretsch
Geismajoran → Thymian

Geißbart → Beifuß
Geißfuß → Giersch
Geißtrauben → Isländisches Moos
Geistwurzel → Engelwurz
Gekkeiju → Lorbeer
Gelbe Würze → Safran
Gelber Ingwer → Kurkuma
Gelber Senf → Senf
Gelbes Eisenkraut → Senf
Gelbes Millkraut → Schöllkraut
Gelbkraut → Schöllkraut
Gelbsuchtwurz → Enzian (Gelber)
Gelbwurz(el) → Kurkuma
Geldbeutel → Hirtentäschel
Gelincik → Mohn
Gember → Ingwer
Gem. Bärenklau → Bärenklau
Gem. Beifuß → Beifuß
Gem. Beinwell → Beinwell
Gem. Dill → Dill
Gem. Dost → Oregano
Gem. Doten → Oregano
Gem. Hirtentäschelkr. → Hirtentäschel
Gem. Knoblauchsrauke → Knoblauchsrauke
Gem. Kümmel → Kümmel
Gem. Majoran → Oregano
Gem. Raute → Weinraute
Gem. Ringelblume → Ringelblume
Gem. Salbei → Salbei
Gem. Schafgarbe → Schafgarbe
Gem. Schöllkraut → Schöllkraut
Gem. Wallwurz → Beinwell
Gemude → Oregano
Genciana → Enzian (Gelber)
Genépi → Wermut
Genévrier → Wacholderbeere
Gengibre → Ingwer
Genièvre → Wacholderbeere
Gennssblum → Gänseblümchen
Genserich → Gänsefingerkraut
Gentian → Enzian (Gelber)
Gentiana lutea → Enzian (Gelber)
Gentiana purpurea → Enzian (Gelber)
Gentiana sino-ornata → Enzian (Gelber)
Gentiana verna → Enzian (Gelber)
Gentiane → Enzian (Gelber)
Genueser Basilikum → Basilikum
Genziana → Enzian (Gelber)
Georgenblume → Gänseblümchen
Geranium → Duftgeranie
Gerbel → Schafgarbe
Gerhardskraut → Giersch
Gerreworzel → Schafgarbe
Gersch → Giersch
Gerseln → Giersch
Gertel(kraut) → Eberraute
Gertelwurz → Eberraute
Gertrudenkraut → Weinraute
Geruchlose Kamille → Kamille
Gerwel → Schafgarbe
Geschmackblatt → Salbei
Geschwulstkraut → Thymian
Gesegnetes Kraut → Nelkenwurz
Geschwulstkraut → Schöllkraut
Gesel → Giersch
Gespaltene Zwiebel → Knoblauch
Gestrinswortel → Enzian (Gelber)
Geum montanum → Nelkenwurz
Geum rivale → Nelkenwurz
Geum urbanum → Nelkenwurz
Gewitterblume → Gundermann
Gewöhnl. Beifuß → Beifuß
Gewöhnl. Beinwell → Beinwell
Gewöhnl. Dost → Oregano
Gewöhnl. Geißfuß → Giersch
Gewöhnl. Hirtent. → Hirtentäschel
Gewöhnl. Katzenmin. → Pfefferminze
Gewöhnl. Schafgarbe → Schafgarbe
Gewöhnl. Sonnengold → Currykraut
Gewürzbasilikum → Basilikum
Gewürz der Könige → Vanille
Gewürzkalmus → Kalmus
Gewürzkerbel → Kerbel
Gewürzkörner → Piment
Gewürzlilie → Galgant (Kleiner)
Gewürzlorbeer → Lorbeer
Gewürzmyrte → Piment
Gewürznagel → Gewürznelke
Gewürzpaprika → Paprika
Gewürzpfeffer → Piment
Gewürzsalbei → Salbei
Gewürzsalze → Salz
Gewürzschote → Paprika
Gewürz-Vanille → Vanille
Gewürzysop → Ysop
Geyssfüssel → Giersch
Gezeichn. Sammetbl. → Gewürztagetes
Ghar → Lorbeer
Ghimbir → Ingwer
Giant mexican hyssop → Ysop
Gichtkraut → Giersch
Gichtstock → Liebstöckel
Giersing → Giersch
Gierz → Giersch
Gießeln → Giersch
Giftblume → Schöllkraut
Giftwürze → Engelwurz
Giftwurz → Engelwurz
Gilbkraut → Schöllkraut
Gilbwurz → Kurkuma
Gilgenkraut → Ringelblume
Gill herb → Gundermann
Ginepro → Wacholderbeere
Gingembre → Ingwer
Ginger → Ingwer
Ginja → Lorbeer
Gingeira-Brava → Lorbeer
Ginjei-ra-do-mato → Lorbeer
Girtwurz → Eberraute
Gjeldkarve → Bibernelle (Kleine)
Glattblättr. Petersilie → Petersilie
Glechoma → Gundermann
Glechoma hederacea → Gundermann
Glied(er)kraut → Waldmeister

Glotwurzel → Beinwell
Glückenwurzel → Engelwurz
Glümeke → Bachbunge
Glutamat → Gewürze
Glycérie → Waldmeister
Gnadenkraut → Weinraute
Göckerleskrud → Bohnenkraut
Gölk → Engelwurz
Goetheveilchen → Veilchen
Göttersalbei → Salbei
Goldblume → Ringelblume
Golderzweiglein → Schöllkraut
Goldgarbe → Schafgarbe
Goldkraut → Schöllkraut
Gold-Majoran → Oregano
Goldmelisse → Melisse
Gold-Oregano → Oregano
Goldpepper → Chili
Goldsalbei → Salbei
Goldwurz → Schöllkraut
Good King Henry → Gänsefuß (Weißer)
Goos-grass → Gänsefingerkraut
Goose-tansy → Gänsefingerkraut
Gorchitsa → Senf
Gorchitsa belaya → Senf
Gorchitsa chernaya → Senf
Gorczyca → Senf
Gorczyca jasna → Senf
Gorinsel → Bärlauch
Gorizia → Rosmarin
Gorkatila → Dill
Gottesgabe → Schöllkraut
Gotteshand → Schafgarbe
Gotteskraut → Schafgarbe
Gottvergiss → Wermut
Goudsbloem → Ringelblume
Gow choi → Schnittknoblauch
Graabo → Beifuß
Grabkraut → Wermut
Grä(n) → Meerrettich
Gränn pipar → Pfeffer
Gräslök → Schnittlauch
Gramille → Kamille
Granatbaumbeere → Wacholderbeere
Grand origan → Majoran
Grand orpin jaune → Tripmadam
Granwirlbeere → Wacholderbeere
Grasbleamal → Gänseblümchen
Grasblume → Gänseblümchen
Graslauch → Schnittlauch
Graslaukur → Schnittlauch
Grasspiritus → Melisse
Grawilat → Nelkenwurz
Great burnet → Bibernelle (Kleine)
Great celandine → Schöllkraut
Great(er) Burnet → Wiesenknopf (Kleiner)
Greater galanga → Galgant (Kleiner)
Greater Ind. Cardam. → Kardamon
Green cumin → Kreuzkümmel
Green garlic → Schnittknoblauch
Green ginger → Wermut
Greenheart → Ringelblume
Green cardamom → Kardamon
Green pepper → Pfeffer
Greinwurzel → Meerrettich
Grensel → Gänsefingerkraut
Grenserich → Gänsefingerkraut
Grensing → Gänsefingerkraut
Gretchen im Busch → Kreuzkümmel
Griech. Basilikum → Basilikum
Griech. Oregano → Oregano
Griech. Salbei → Salbei
Grien → Meerrettich
Grieskraut → Gänsefingerkraut
Grillenkraut(gras) → Schafgarbe
Grindmagen → Mohn
Grindwurz → Schöllkraut
Gringo-Killer → Chili
Grobsalz → Salz
Grönpeppar → Pfeffer
Großblättr. Steinque. → Pfefferminze
Großbl. Katzenminze → Pfefferminze
Große Bibernelle → Bibernelle (Kleine)
Große Fetthenne → Tripmadam
Große Pimpinelle → Bibernelle (Kleine)
Große Wallwurz → Beinwell
Großer Bärenklau → Bärenklau
Großer Eppich → Liebstöckel
Großer Gänsefuß → Gänsefuß (Weißer)
Großer Galgant → Galgant (Kleiner)
Großer Lavendel → Lavendel
Großer Speik → Lavendel
Großer Wiesenknopf → Wiesenknopf (Kleiner)
Großes Feigwarzenkr. → Scharbockskraut
Ground Elder → Giersch
Ground ivy → Gundermann
Grote Bevernel → Bibernelle (Kleine)
Grote Engelwortel → Engelwurz
Grozdika → Gewürznelke
Grundling → Thymian
Grüne Minze → Pfefferminze
Grüne Roßminze → Pfefferminze
Grüne Tripmadam → Tripmadam
Grüner Kardamon → Kardamon
Grüner Meerrettich → Meerrettich
Grüner Pfeffer → Pfeffer
Grüner Senf → Senf
Grünsing → Gänsefingerkraut
Grützblume → Schafgarbe
Grummetkopf → Wiesenknopf (Kleiner)
Grundrebli → Gundermann
Gruserich → Knoblauch
Gnuwluch → Knoblauch
Guadaloupe-Vanille → Vanille
Guck durch den Zaun → Gundermann
Guero → Chili
Güveyik → Oregano
Gugenkraut → Engelwurz
Guindilla → Chili
Guineapfeffer → Chili
Gulaschpaprika → Paprika
Guli Peigamber → Veilchen
Gundelkraut → Gundermann
Gun(del)rebe → Gundermann

Gundelreif → Gundermann
Gundelrieme → Gundermann
Gunelreif → Gundermann
Gurisch → Giersch
Gurkemeie → Kurkuma
Gurkemeje → Kurkuma
Gurkmeja → Kurkuma
Gurkendill → Dill
Gurkenkönig → Borretsch
Gurkenkraut → Borretsch
Gurkenkraut → Dill
Guter Heinrich → Gänsefuß (Weißer)
Gutermann → Gundermann
Gutkraut → Kräuter
Gwiazdnica pospolita → Sternmiere
Gwirz → Gewürze
Gyömbér → Ingwer
Gyömbérgyökér → Nelkenwurz

H

Haariger Basilikum → Basilikum
Habanero → Chili
Haberkümmel → Kreuzkümmel
Hac gioi → Senf
Hadass → Myrte
Hälwurzel → Beinwell
Härmelchen → Kamille
Haferkümmel → Kreuzkümmel
Hagehes-temynte → Melisse
Hagekjörvel → Kerbel
Hageldorn → Wacholderbeere
Hagetimian → Thymian
Hahnekreitche → Bohnenkraut
Hahnenfuß → Scharbockskraut
Hahnenkraut → Bohnenkraut
Hal → Kardamon
Ha la → Schnittlauch
Halbsüß-Paprika → Paprika
Halskräutlein → Waldmeister
Halunkenwurz → Enzian (Gelber)
Hambourg parsley → Petersilie
Hara dhania → Koriander
Hardal → Senf
Harissa → Gewürze
Harnsamen → Wiesenschaumkraut
Harsk → Giersch
Hasalban → Rosmarin
Hasenbrot → Beinwell
Hasenlaub → Beinwell
Hasenohr → Melisse
Hasenscharteln → Giersch
Hashas tohumu → Mohn
Haugarfi → Sternmiere
Haugenblum → Kamille
Hausminze → Pfefferminze
Haussmarck → Bärwurz
Head garlic → Knoblauch
Healesdärm → Sternmiere
Heckenmädchen → Gundermann
Heckenrosen-Geranie → Duftgeranie
Heckensenf → Gänsefuß (Weißer)
Heckenveilchen → Veilchen
Hederich → Senf
Hegyi bors → Pfeffer
Heideflechte → Isländisches Moos
Heidekraut d. Mittelm. → Thymian
Heidewacholder → Wacholderbeere
Heil aller Schäden → Schafgarbe
Heilbitter → Wermut
Heilblatt → Huflattich
Heil der Welt → Schafgarbe
Heiligenbitter → Engelwurz
Heiligen-Geist-Wurz → Engelwurz
Heiligenwurz(el) → Engelwurz
Heiliges Basilikum → Basilikum
Heiliges Kraut → Ysop
Heilrauf → Gundermann
Heilreif → Gundermann
Heilwegerich → Spitzwegerich
Heilwurzel → Beinwell
Heiserrehrlich → Liebstöckel
Heisop → Ysop
Hejau → Chili
Helichr. angustifolium → Currykraut
Helichrysum italicum → Currykraut
Helichr. italic. s. ser. → Currykraut
Helichr. italic. w. wd. → Currykraut
Hellerkraut → Hirtentäschel
Hemelsleutel → Tripmadam
Hémérocalle → Taglilie
Hemerocallis → Taglilie
Heracleum mantegaz. → Bärenklau
Heracleum sphondyl. → Bärenklau
Herba-abrotani → Eberraute
Herba Andropogonis → Zitronengras
Herba benedikt → Nelkenwurz
Herba Betonicae alba → Bachbunge
Herbamare → Salz
Herba origani → Oregano
Herba Rutae → Weinraute
Herba Valentini → Gänsefuß (Weißer)
Herba Veronica → Bachbunge
Herbe à charpentier → Schafgarbe
Herbe à la belle Fille → Weinraute
Herbe à tous les mots → Zitronenverbene
Herbe au scorbut → Löffelkraut
Herbe aux chats → Pfefferminze
Herbe-aux-goutteux → Giersch
Herbe aux sorcières → Zitronenverbene
Herbe citron → Melisse
Herbe de consoude → Beinwell
Herbe de grâce → Weinraute
Herbe de St. Joseph → Schafgarbe
Herbe dragonne → Estragon
Herbe Louise → Zitronenverbene
Herbes → Kräuter
Herbe sacrée → Ysop
Herb of grace → Weinraute
Herbs → Kräuter
Herbst-Fetthenne → Tripmadam
Herbstkraut → Melisse
Herke → Giersch
Herkuleskraut → Bärenklau
Herkulesstaude → Bärenklau

Hermanek → Kamille
Hermannl → Kamille
Hermel(in) → Kamille
Hermer → Enzian (Gelber)
Hermlein → Kamille
Hermünzel → Kamille
Herrenkraut → Basilikum
Herrenkümmel → Kümmel
Herrgottrückenkraut → Schafgarbe
Herrgottsbart → Wiesenknopf (Kleiner)
Herrgottsblatt → Schöllkraut
Herrgottsgabe → Schöllkraut
Herrgottshölzl → Eberraute
Herrgottsliechtli → Enzian (Gelber)
Herrgottsworte → Wiesenknopf (Kleiner)
Hersch → Giersch
Herske → Giersch
Hertsmunt → Pfefferminze
Hertzwurtz → Bärwurz
Herzblümlein → Borretsch
Herzblümli → Gänseblümchen
Herzblüten → Borretsch
Herzbrot → Melisse
Herz d. raffin. Küche → Thymian
Herzel(kraut) → Hirtentäschel
Herzensfreund → Borretsch
Herzfreude → Borretsch
Herzkraut → Melisse
Herzkreitche → Hirtentäschel
Herztrost → Melisse
Heufresser → Spitzwegerich
Heung choi → Petersilie
Heung mao tsu → Zitronengras
Heusamen → Spitzwegerich
Hexenknofel → Bärlauch
Hexenkraut → Baldrian (Großer)
Hexenkraut → Gundermann
Hexenmilch → Schöllkraut
Hexenzwiebel → Bärlauch
Hierba buena → Pfefferminze
Hierba de Limon → Zitronengras
Hierba dulce → Zitronenverbene
Hierba luisa → Zitronenverbene
Hierbas → Kräuter
Hilligbitter → Wermut
Himalaya-Salz → Salz
Himmelmutterbrot → Hirtentäschel
Himmelsbläuli → Enzian (Gelber)
Himmelsblume → Gänseblümchen
Himmelsgabe → Schöllkraut
Himmelsgerste → Scharbockskraut
Himmelskehr(kraut) → Beifuß
Himmelskuh → Beifuß
Himmelsschlüssel → Tripmadam
Himmelsstern → Borretsch
Himmelstengel → Enzian (Gelber)
Himmelsuhr → Beifuß
Himmliches Manna → Scharbockskraut
Hindistan cevizi → Muskatnuss
Hinfuß → Giersch
Hinlauff → Giersch
Hinojo → Gewürzfenchel
Hint safram → Kurkuma
Hirnkraut → Basilikum
Hirs → Giersch
Hirschhornflechte → Isländisches Moos
Hirschhornsalat → Spitzwegerich
Hirschhornsalz → Salz
Hirschhornwegerich → Spitzwegerich
Hirschminze → Pfefferminze
Hirschtritt → Giersch
Hirtenbasilie → Basilikum
Hirtenpaprika → Paprika
Hisopo → Ysop
Hitzeblatt → Huflattich
Hizopf → Ysop
Hoary Basil → Basilikum
Hochkraut → Dill
Hochwurz → Enzian (Gelber)
Hochzeitsblümchen → Rosmarin
Hochzeitskügelchen → Koriander
Hochzeitsmaie → Rosmarin
Höckerfr. Wiesenkn. → Wiesenknopf (Kleiner)
Hofblätter → Huflattich
Hofraute → Weinraute
Hoi sao → Sternanis
Hojas de Curry → Curryblatt
Hojas de la Pastora → Salbei
Holländischer Senf → Senf
Hollaien → Thymian
Holy basil → Basilikum
Hom pom → Kümmel
Honewort → Petersilie
Honigblatt → Melisse
Honigblatt → Süßkraut
Honigblume → Beinwell
Honigkraut → Melisse
Honigkraut → Süßkraut
Hontaka → Chili
Horapa → Basilikum
Horcice → Senf
Horcice bila → Senf
Hornkümmel → Kreuzkümmel
Horsemint → Pfefferminze
Horse-radish → Meerrettich
Hortela pimenta → Pfefferminze
Hosenknopf → Wiesenknopf (Kleiner)
Hosta → Taglilie
Hsiang-Po-Ho → Bohnenkraut
Hsiang-Ts'ao → Vanille
Hsiang-ya-li-Chiao → Paprika
Hsuan Ts'ao → Taglilie
Huacatay → Gewürztagetes
Hu-Chiao → Pfeffer
Huderich → Gundermann
Hühnerbiss → Sternmiere
Hühnerbolle → Thymian
Hühnerdarm → Sternmiere
Hühnerfülle → Bohnenkraut
Hühnerklee → Thymian
Hühnerkohl → Thymian
Hühnerkraut → Thymian
Hühnerkümmel → Thymian
Hühnerpolei → Thymian

Huei-Hsiang	→	Anis
Hundsmelde	→	Gänsefuß (Weißer)
Hungerblume	→	Beinwell
Hungergewächs	→	Hirtentäschel
Hungerkraut	→	Hirtentäschel
Hustenkraut	→	Huflattich
Hu-Sui	→	Koriander
Hvitlök	→	Knoblauch
Hvid peber	→	Pfeffer
Hvitpepper	→	Pfeffer
Hvid Sennep	→	Senf
Hvitur pipar	→	Pfeffer
Hysop	→	Ysop
Hysop(p)e	→	Ysop
Hyssop	→	Ysop
Hyssopium officinalis	→	Ysop
Hyssopus officinalis	→	Ysop
Hyzop leharski	→	Ysop

I

Iarba de limon	→	Zitronengras
Ibsche	→	Ysop
Iceland lichen	→	Isländisch. Moos
Iceland moss	→	Isländisch. Moos
Ienupar	→	Wacholderbeere
Iisoppi	→	Ysop
Iklil al-Jabal	→	Rosmarin
Ilex paraguari. St. Hil	→	Mate
Illaichi	→	Kardamon
Illatfa	→	Lorbeer
Ille	→	Dill
Illicium verum	→	Sternanis
Imber	→	Ingwer
Imbir	→	Ingwer
Immechrut	→	Melisse
Immenblatt	→	Melisse
Immenkraut	→	Melisse
Immerwurzel	→	Ingwer
Immortelle	→	Currykraut
Indian Anis	→	Sternanis
Indian borage	→	Thymian
Indianerfeder	→	Melisse
Indianernessel	→	Melisse
Indianischer Pfeffer	→	Paprika
Indian long pepper	→	Pfeffer
Indian mustard	→	Senf
Indian parsley	→	Koriander
Indian saffron	→	Kurkuma
Indische Petersilie	→	Koriander
Indischer Anis	→	Sternanis
Indischer Borretsch	→	Thymian
Indischer Dill	→	Dill
Indischer Kümmel	→	Kümmel
Indischer Pfeffer	→	Paprika
Indischer Safran	→	Kurkuma
Indischer Senf	→	Senf
Indisches Basilikum	→	Basilikum
Indisches Gewürz	→	Curry
Ind. Küchenkraut	→	Dill
Ind. Lorbeerblatt	→	Lorbeer
Ind. Zitronengras	→	Zitronengras
Indonesian cinnamon	→	Zimt
Indon. Lemon pepper	→	Pfeffer
Indonesische Kanel	→	Zimt
Indonesischer Zimt	→	Zimt
Ind. Zitronenpfeffer	→	Pfeffer
Indon. Lorbeerblatt	→	Lorbeer
Indonesisk Kanel	→	Zimt
Indonéz fahéj	→	Zimt
Ingber	→	Ingwer
Ingefär	→	Ingwer
Ingefära	→	Ingwer
Inguber	→	Ingwer
Ingwerpflaumen	→	Ingwer
Ingwerwurzel	→	Ingwer
Inka-Samtblume	→	Gewürztagetes
Inondo	→	Dill
Ipse	→	Ysop
Isl. Flechte	→	Isländisch. Moos
Isl. Moos	→	Isländisch. Moos
Isl. Schuppenflechte	→	Isländisch. Moos
Isop	→	Ysop
Isopenkraut	→	Ysop
Isopur	→	Ysop
Ispen(kraut)	→	Ysop
Issopo	→	Ysop
Issopos	→	Ysop
Isump	→	Ysop
Ital. Ammey	→	Kümmel
Ital. Oregano	→	Oregano
Ital. Petersilie	→	Petersilie
Ital. Sonnengold	→	Currykraut
Ital. Strohblume	→	Currykraut
Ivakraut	→	Schafgarbe
Izsóp	→	Ysop

J

Jaavan kaneli	→	Zimt
Jaborandi pepper	→	Pfeffer
Jaborandipfeffer	→	Pfeffer
Jachandel	→	Wacholderbeere
Jachelbeere	→	Wacholderbeere
Jack-by-the-hedge	→	Knoblauchsrauke
Jagody jalowca	→	Wacholderbeere
Jaiphal	→	Muskatnuss
Jakobszwiebel	→	Schnittlauch
Jalapeno	→	Chili
Jalovec	→	Wacholderbeere
Jalowiec pospolity	→	Wacholderbeere
Jamaica-Ingwer	→	Ingwer
Jamaica peper	→	Piment
Jamaica pepper	→	Piment
Jamaika biber	→	Piment
Jamaikai szegfübors	→	Piment
Jamaikapfeffer	→	Piment
Jamaikathymian	→	Thymian
Jap. Bergpfeffer	→	Pfeffer
Jap. Kren	→	Meerrettich
Jap. Meerrettich	→	Meerrettich
Jap. Petersilie	→	Petersilie
Jap. Siebengewürz	→	Gewürze
Japan bors	→	Pfeffer
Japanese ginger	→	Ingwer
Japanese horse-radish	→	Meerrettich

Japanese pepper	→ Pfeffer
Japanese prickly ash	→ Pfeffer
Japan-Ingwer	→ Ingwer
Japan(ischer)pfeffer	→ Pfeffer
Java cassia	→ Zimt
Jávai kasszia	→ Zimt
Javanese pepper	→ Pfeffer
Java peppercorn	→ Pfeffer
Javatri	→ Muskatnuss
Java-Zimt	→ Zimt
Jawanischer Koriander	→ Koriander
Jawanischer Pfeffer	→ Pfeffer
Jeera	→ Kreuzkümmel
Jeneverbes	→ Wacholderbeere
Jengibre	→ Ingwer
Jenny stonecrop	→ Tripmadam
Jernurt	→ Zitronenverbene
Jerusalempetersilie	→ Gänsefuß (Weißer)
Jesche	→ Giersch
Jessel	→ Giersch
Jesusblume	→ Ringelblume
Jiang huang	→ Kurkuma
Jinten	→ Kreuzkümmel
Jochandel	→ Wacholderbeere
Jölk	→ Schöllkraut
Johannisgürtel	→ Beifuß
Johanniskraut	→ Beifuß
Johanniskraut	→ Kamille
Johanniskraut	→ Ringelblume
Johanniskraut	→ Thymian
Johanniskraut	→ Ysop
Johannislauch	→ Schnittlauch
Jon-Tou-K'ou	→ Muskatnuss
Josefikräutl	→ Basilikum
Josefle	→ Bohnenkraut
Josefskräutlein	→ Basilikum
Josefskraut	→ Ysop
Joseph	→ Ysop
J(o)sop	→ Ysop
Jou-kwei	→ Zimt
Judenkraut	→ Schafgarbe
Judenmyrte	→ Myrte
Jüdischer Beifuß	→ Beifuß
Jülk	→ Schöllkraut
Jumpferegsichtli	→ Borretsch
Jungfer im Grünen	→ Kreuzkümmel
Jungfernaugenbrau.	→ Schafgarbe
Jungfern-Demut	→ Thymian
Jungfernkraut	→ Beifuß
Jungfernverderb	→ Eberraute
Juniper	→ Wacholderbeere
Junipero	→ Wacholderbeere
Juniperus communis	→ Wacholderbeere

K

Kaá Heé	→ Süßkraut
Kacang	→ Chili
Kachelkraut	→ Schafgarbe
Kaddig(beere)	→ Wacholderbeere
Käm(el)	→ Kümmel
Kämen	→ Kümmel
Kaempferia pandura.	→ Galgant (Kleiner)
Käsekraut	→ Bohnenkraut
Kaira	→ Pandan
Kaiserkraut	→ Estragon
Kaiserl. Kreuzküm.	→ Kreuzkümmel
Kaisersalat	→ Estragon
Kajennpeppar	→ Chili
Kajenski	→ Chili
Kakukkfü	→ Thymian
Kala Jeera	→ Kreuzkümmel
Kalanner	→ Koriander
Kaliander	→ Koriander
Kalikraut	→ Schafgarbe
Kalliomak-saruoho	→ Tripmadam
Kalms	→ Kalmus
Kalmuswurzel	→ Kalmus
Kalonji	→ Kreuzkümmel
Kamelle	→ Kamille
Kammerblum	→ Kamille
Kammkraut	→ Gänsefingerkraut
Kamoun	→ Kreuzkümmel
Kampferbasilikum	→ Basilikum
Kampfer(eber)raute	→ Eberraute
Kampferkraut	→ Wermut
Kampillay	→ Curryblatt
Kamsen	→ Kalmus
Kamswuttel	→ Kalmus
Kanadischer Ammey	→ Kümmel
Kanarischer Lorbeer	→ Lorbeer
Kandlkraut	→ Thymian
Kaneel	→ Zimt
Kanel	→ Zimt
Kanela	→ Zimt
Kaneli	→ Zimt
Kanell	→ Zimt
Kangas-ajuruoho	→ Thymian
Kaninchenkraut	→ Gänsefingerkraut
Kani pepper	→ Kümmel
Kapknoblauch	→ Knoblauch
Kaplilie	→ Knoblauch
Kapor	→ Dill
Kap(p)ernkraut	→ Dill
Kapsikum	→ Paprika
Kapusta czarna	→ Senf
Karabas	→ Thymian
Kara biber	→ Pfeffer
Kara Hardal	→ Senf
Kara kekik	→ Bohnenkraut
Karaman kimyonu	→ Kümmel
Karanfil	→ Gewürznelke
Karapelin otu	→ Eberraute
Karapincha	→ Curryblatt
Karashi	→ Senf
Karauya	→ Kümmel
Karbei	→ Kümmel
Kardamom	→ Kardamon
Kardamomen	→ Kardamon
Kardemomme	→ Kardamon
Kardemumma	→ Kardamon
Kardobenedikte	→ Nelkenwurz
Kare-rihu	→ Curryblatt
Kari	→ Curry
Kariblatt	→ Curryblatt

Kari listky → Curryblatt
Kariphulia → Curryblatt
Karmes → Kalmus
Karo → Kümmel
Karri → Curry
Karriblader → Curryblatt
Karry → Curry
Karry blad → Curryblatt
Karthäusertee → Gänsefuß (Weißer)
Karudamon → Kardamon
Karve → Kümmel
Karvi → Kümmel
Karweil → Kerbel
Karwendel → Thymian
Karwij → Kümmel
Karya berbera → Chili
Kashia keihi → Zimt
Kasia → Zimt
Kasja → Zimt
Kaslók → Oregano
Kassia → Zimt
Kassie → Zimt
Kasszia → Zimt
Kataja(nmarja) → Wacholderbeere
Kattekruid → Pfefferminze
Katzenbaldrian → Baldrian (Großer)
Katzenblume → Gänseblümchen
Katzenkraut → Baldrian (Großer)
Katzenminze → Pfefferminze
Katzenschwanz → Spitzwegerich
Katzenschwanzkraut → Schafgarbe
Katzenstühlchen → Spitzwegerich
Katzenwargel → Baldrian (Großer)
Katzenwurzel → Baldrian (Großer)
Kaugummi-Minze → Pfefferminze
Kaukasus-Bärenkl. → Bärenklau
Kaukasus-Comfrey → Beinwell
Kayu manis → Zimt
Keale → Thymian
Kebab chene → Piment
Keck → Senf
Keferfil → Kerbel
Kekik → Thymian
Kekik otu → Majoran
Kelick → Schafgarbe
Kelke → Schafgarbe
Kelta juuri → Kurkuma
Keltasinappi → Senf
Kemmich → Kümmel
Kemnon → Kreuzkümmel
Kenchur → Galgant (Kleiner)
Kentjoer → Galgant (Kleiner)
Kerbelkraut → Kerbel
Kerfill → Kerbel
Kerrie → Curry
Kerriebladeren → Curryblatt
Kerti katicavirág → Kreuzkümmel
Kerti ruta → Weinraute
Kervel → Kerbel
Kesar → Safran
Ketoembar → Koriander
Keukentijm → Thymian
Khaa → Galgant (Kleiner)
Kha min → Kurkuma
Khardel → Senf
Khren → Meerrettich
Kid → Rosmarin
Kiek dörn Tun → Gundermann
Kiem → Kreuzkümmel
Kimino → Kreuzkümmel
Kimmich → Kümmel
Kimmig → Kümmel
Kimyon → Kreuzkümmel
Kinai ánizs → Sternanis
Kinai bors → Pfeffer
Kinai fahéj → Zimt
Kinai petrezselyem → Koriander
Kinapurlög → Schnittknoblauch
Kindbettblume → Kamille
Kinderfenkel → Gewürzfenchel
Kinderkraut → Thymian
Kinesisk Kanel → Zimt
Kirbele → Kerbel
Kirchenhysop → Ysop
Kirchenseppli → Ysop
Kirmizi biber → Paprika
Kirschlorbeer → Lorbeer
Kirschpaprika → Chili
Kirskal → Giersch
Kirveli → Kerbel
Kiss-me-quick-and-go → Eberraute
Kittelkraut → Wermut
Kjörvel → Kerbel
Klanner → Koriander
Klappermohn → Mohn
Klapperrose → Mohn
Klatschmohn → Mohn
Klatschrose → Mohn
Klebriger Salbei → Salbei
Kleiderwächter → Eberraute
Kleine Bevernel → Bibernelle (irist)
Kleine Pimpernel → Bibernelle (irist)
Kleine Pimpinelle → Bibernelle (irist)
Kleiner Baldrian → Baldrian (Großer)
Kleiner Borretsch → Borretsch
Kleiner Drache → Estragon
Kleiner Pfeffer → Bohnenkraut
Kleiner Speik → Lavendel
Kleines Blutkraut → Wiesenknopf (Kleiner)
Kleines Gliedkraut → Schafgarbe
Kleine wilde Engelw. → Giersch
Klein Garb → Schafgarbe
Klincek → Gewürznelke
Kloster(h)ysop → Ysop
Klosterkraut → Ysop
Kmin → Kümmel
Kminek → Kümmel
Kmin rzymski → Kreuzkümmel
Knewelauch → Knoblauch
Knirken → Wacholderbeere
Knobel → Schnittknoblauch
Knobelouch → Knoblauch
Knobi → Knoblauch
Knoblauch-Schnittl. → Schnittknoblauch

Knoblauchshederich	→	Knoblauchsrauke
Knoblauchskraut	→	Knoblauchsrauke
Knoblich	→	Knoblauch
Knobloch	→	Knoblauch
Knofel	→	Knoblauch
Knofi	→	Knoblauch
Knoflak	→	Knoblauch
Knoflook	→	Knoblauch
Knolau(ch)	→	Schnittknoblauch
Knolliger Lauch	→	Schnittknoblauch
Knopfkraut	→	Giersch
Knospenmajoran	→	Majoran
Knubl(ich)	→	Knoblauch
Knufflauw	→	Knoblauch
Knuflauk	→	Knoblauch
Knufloch	→	Knoblauch
Kochlöffel	→	Hirtentäschel
Kochsalz	→	Salz
Kochsalz-Ersatz	→	Salz
Kölbelskraut	→	Wiesenknopf (Kleiner)
Kölble	→	Wiesenknopf (Kleiner)
Kölle	→	Bohnenkraut
Köln.-Wasser-Minze	→	Pfefferminze
Költeltskraut	→	Wiesenknopf (Kleiner)
Köm(en)	→	Kümmel
Kömeny	→	Kümmel
Koendoro	→	Koriander
König der Gewürze	→	Knoblauch
Königin all. Gewürze	→	Vanille
Königin aller Kräuter	→	Petersilie
Königin der Aromen	→	Vanille
Königl. Würzkraut	→	Estragon
Königsbalsam	→	Basilikum
Königsbisam	→	Basilikum
Königskraut	→	Basilikum
Königskümmel	→	Kümmel
Königssalbei	→	Salbei
Koenir	→	Kurkuma
Koenjit	→	Kurkuma
Körbelkraut	→	Kerbel
Körbelskraut	→	Wiesenknopf (Kleiner)
Körblikraut	→	Kerbel
Körfelkraut	→	Kerbel
Körvel	→	Kerbel
Közönséges torma	→	Meerrettich
Koiruoho	→	Wermut
Kolgras	→	Koriander
Koliander	→	Koriander
Kollermann	→	Gundermann
Kolumbian. Paprika	→	Chili
Kolumbian. Pfeffer	→	Chili
Komfrei	→	Beinwell
Komijn	→	Kreuzkümmel
Kommen	→	Kümmel
Kompott	→	Senf
Konnantatar	→	Wiesenknöterich
Koper	→	Dill
Kopr	→	Dill
Koptilainen	→	Kümmel
Koptischer Kümmel	→	Kümmel
Korbelkraut	→	Kerbel
Korianderblad	→	Koriander

Korianda	→	Koriander
Koriandr	→	Koriander
Koriannon	→	Koriander
Korichnoje derevo	→	Zimt
Koritsa	→	Zimt
Kornminze	→	Pfefferminze
Kornmohn	→	Mohn
Kornrose	→	Mohn
Kornschnalle	→	Mohn
Korzennik lekarski	→	Piment
Koshou	→	Pfeffer
Kostenkraut	→	Majoran
Kostets	→	Oregano
Kotikataja	→	Wacholderbeere
Koubeba	→	Pfeffer
Kourkoumas	→	Kurkuma
Kow choy	→	Schnittlauch
Krämerkümmel	→	Kümmel
Kränzchenkraut	→	Gänsefingerkraut
Krätze(n)kraut	→	Schöllkraut
Krätzraute	→	Weinraute
Kräutl	→	Kerbel
Kräutlein des Glücks	→	Bohnenkraut
Kramerkümmel	→	Kreuzkümmel
Krammetkraut	→	Gänsefingerkraut
Kram(m)et(sbeere)	→	Wacholderbeere
Kramperl(moos)	→	Isländisch Moos
Krampfkräutl	→	Basilikum
Krampfkraut	→	Gänsefingerkraut
Kranabit	→	Wacholderbeere
Kranawitt	→	Wacholderbeere
Kranebitt	→	Wacholderbeere
Kranewitt(beere)	→	Wacholderbeere
Kranzelkraut	→	Thymian
Kranz(en)kraut	→	Rosmarin
Kranzkraut	→	Majoran
Krapfenkörner	→	Koriander
Krausblättr. Petersilie	→	Petersilie
Krause Minze	→	Pfefferminze
Krause Petersilie	→	Petersilie
Krauß Münz	→	Pfefferminze
Krauß Peterlein	→	Petersilie
Kraut der Mutter	→	Kamille
Kraut des Hl. Josef	→	Schafgarbe
Krauter	→	Kräuter
Krautgewürze	→	Kräuter
Krautkümmel	→	Kreuzkümmel
Krebswurz(el)	→	Wiesenknöterich
Kredl in der Tanden	→	Kreuzkümmel
Kreidel	→	Gänsefingerkraut
Kreidenelke	→	Gewürznelke
Kremser Senf	→	Senf
Kren	→	Meerrettich
Kressekraut	→	Löffelkraut
Kreta-Diptam	→	Weinraute
Kreta-Majoran	→	Weinraute
Kretek	→	Gewürznelke
Kretischer Ammey	→	Kümmel
Kretischer Dost	→	Oregano
Kretischer Oregano	→	Oregano
Kreuzraute	→	Weinraute
Kreuzsalbei	→	Salbei

Kreuzwurz	→	Enzian (Gelber)
Kriech. Fingerkraut	→	Gänsefuß (Weißer)
Kristallsalz	→	Salz
Krötenkraut	→	Pfefferminze
Kromvet	→	Wacholderbeere
Kronabit	→	Wacholderbeere
Kronawettbeere	→	Wacholderbeere
Krondill	→	Dill
Krone der Aphrodite	→	Pfefferminze
Kruiden	→	Kräuter
Kruidnagel	→	Gewürznelke
Kruipende tijm	→	Thymian
Krulpeterselie	→	Petersilie
Krusselpetersilie	→	Petersilie
Krwisciag lekarski	→	Wiesenknopf (Kleiner)
Krwisciag mniejszy	→	Wiesenknopf (Kleiner)
Kryddnejlika	→	Gewürznelke
Kryddpeppar	→	Piment
Kryddsalvia	→	Salbei
Krydret	→	Kräuter
Kryptimian	→	Thymian
Kubeba	→	Pfeffer
Kubeba bors	→	Pfeffer
Kubebapeppar	→	Pfeffer
Kubebenpfeffer	→	Pfeffer
Kuchelkraut	→	Kerbel
Kuchenkraut	→	Beinwell
Kuckucksblume	→	Wiesenschaumk
Kuckucksspeichel	→	Wiesenschaumk
Kübabe	→	Pfeffer
Küchenkerbel	→	Kerbel
Küchenpolei	→	Thymian
Küchenpolich	→	Thymian
Küchenwürze	→	Kerbel
Küchliblätter	→	Salbei
Kückenkümmel	→	Thymian
Kücük incicicegi	→	Waldmeister
Kühdill	→	Kamille
Kühmelle	→	Kamille
Külük	→	Muskatnuss
Kümmelnickel	→	Bärwurz
Kümmelthymian	→	Thymian
Kümmerlingskraut	→	Dill
Kümmlingskraut	→	Thymian
Kümmrich	→	Kümmel
Küttelkraut	→	Eberraute
Kufelkraut	→	Kerbel
Kuklik	→	Nelkenwurz
Kukumerkraut	→	Dill
Kumach	→	Kümmel
Kúmen	→	Kümmel
Kumil	→	Kümmel
Kumin	→	Kreuzkümmel
Kumina	→	Kümmel
Kuming	→	Kreuzkümmel
Kuminmag	→	Kreuzkümmel
Kumir	→	Kümmel
Kummerblume	→	Kamille
Kummin	→	Kreuzkümmel
Kundenkraut	→	Thymian
Kunderle	→	Thymian
Kundlkraut	→	Thymian
Kunela	→	Thymian
Kunerle	→	Thymian
Kung	→	Oregano
Kungsmynta	→	Oregano
Kunyit	→	Kurkuma
Kurd pencesi	→	Wiesenknöterich
Kurkum	→	Kurkuma
Kusdili	→	Rosmarin
Kuttelkraut	→	Thymian
Kuzbara	→	Koriander
Kwendel	→	Thymian
Kyndel	→	Bohnenkraut

L

Laakeripuu	→	Lorbeer
Labassen	→	Huflattich
Labikraut	→	Salbei
Labstock(wurzel)	→	Liebstöckel
La ca ri	→	Curryblatt
La-Chiao	→	Chili
Ladderblätter	→	Huflattich
Lady's Love	→	Eberraute
Lady's Smock	→	Wiesenschaumk
Läge Kväsurt	→	Wiesenknopf (Kleiner)
Lämmerzunge	→	Schafgarbe
Läusekraut	→	Engelwurz
Lafander	→	Lavendel
Lafengel	→	Lavendel
Lagerbärsblad	→	Lorbeer
Laksa plant	→	Wiesenknöterich
Lal mirch	→	Chili
Lambsquarters	→	Gänsefuß (Weißer)
Langblättrige Minze	→	Pfefferminze
Langer Anis	→	Gewürzfenchel
Langer Koriander	→	Koriander
Langer Kümmel	→	Gewürzfenchel
Langer Pfeffer	→	Pfeffer
Lang peppar	→	Pfeffer
Languas galanga	→	Galgant (Kleiner)
Languas officinarum	→	Galgant (Kleiner)
Langwerpige peper	→	Pfeffer
Lanzett. Katzenminze	→	Pfefferminze
Laoswurzel	→	Galgant (Kleiner)
Lappenflechte	→	Isländisch. Moos
Laserpitium	→	Kreuzkümmel
Laserpitium siler	→	Kreuzkümmel
Lasoon	→	Knoblauch
Latschenknofel	→	Bärlauch
Laubstecken	→	Liebstöckel
Laubstock(kraut)	→	Liebstöckel
Lauchhederich	→	Knoblauchsrauk
Lauchkraut	→	Knoblauchsrauk
Laugenblume	→	Kamille
Laung	→	Gewürznelke
Laural	→	Lorbeer
Laurbärblad	→	Lorbeer
Laurbärkirsebär	→	Lorbeer
Laurbar	→	Lorbeer
Laurel	→	Lorbeer
Laurier-cerise	→	Lorbeer
Laurierkers	→	Lorbeer
Laurier (noble)	→	Lorbeer

Lauro	→	Lorbeer	Liberstockkraut	→	Liebstöckel
Lauroceraso	→	Lorbeer	Libsticka	→	Liebstöckel
Laurocerasus officinal	→	Lorbeer	Libystikos	→	Liebstöckel
Laurowisnia	→	Lorbeer	Lichen d'islande	→	Isländisch. Moos
Laurus canariensis	→	Lorbeer	Lichtstöckel	→	Liebstöckel
Laurus nobilis	→	Lorbeer	Liden Kväsurt	→	Wiesenknopf (Kleiner)
Lavanda	→	Lavendel	Liebäugl(ein)	→	Borretsch
Lavandel	→	Lavendel	Lieberöhre	→	Liebstöckel
Lavander	→	Lavendel	Lieberstöckel	→	Liebstöckel
Lavandin	→	Lavendel	Liebeskraut	→	Basilikum
Lavandula angustifol.	→	Lavendel	Liebesticke	→	Liebstöckel
Lavandula fragans	→	Lavendel	Liebeszauberkraut	→	Dill
Lavandula latifolia	→	Lavendel	Liebfrauenbettstroh	→	Thymian
Lavandula officinalis	→	Lavendel	Lieblicher Kürbis	→	Mohn
Lavandula spica	→	Lavendel	Liebrohr	→	Liebstöckel
Lav. stoechas s. pend.	→	Lavendel	Liebsteckelwurzel	→	Liebstöckel
Lavandula vera	→	Lavendel	Liebstengel	→	Liebstöckel
Lavangapadda	→	Zimt	Liebstock	→	Liebstöckel
Lavânta cicegi	→	Lavendel	Liebstöckelkraut	→	Liebstöckel
Lavas	→	Liebstöckel	Liemkenkraut	→	Bachbunge
Lavende	→	Lavendel	Lierre terrestre	→	Gundermann
Lavendel	→	Lavendel	Liestekraut	→	Liebstöckel
Lavender	→	Lavendel	Ligurischer Eppich	→	Liebstöckel
Lavengel	→	Lavendel	Ligurisches Kraut	→	Liebstöckel
Lavr	→	Lorbeer	Ligústico	→	Liebstöckel
Lavrowy list	→	Lorbeer	Ligusticum apium	→	Liebstöckel
Lawand	→	Lavendel	Limonenminze	→	Pfefferminze
Lawenda waskolistna	→	Lavendel	Limonete	→	Zitronenverbene
Leberkraut	→	Waldmeister	Limonikraut	→	Melisse
Leberstock	→	Liebstöckel	Limonnik	→	Melisse
Leberwurstkraut	→	Majoran	Limonnoe sorgo	→	Zitronengras
Ledpfeifenkraut	→	Engelwurz	Limon otu	→	Zitronengras
Lefestick	→	Liebstöckel	Linsenkümmel	→	Kreuzkümmel
Lehmblätter	→	Huflattich	Lippia	→	Zitronenverbene
Lehmblümlein	→	Huflattich	Lippia citriodora	→	Zitronenverbene
Leibfarbgarbe	→	Schafgarbe	Lippia graveolens	→	Zitronenverbene
Leibstückle	→	Liebstöckel	Lippia triphylla	→	Zitronenverbene
Leiterlekraut	→	Gänsefingerkraut	Lippia trójlistna	→	Zitronenverbene
Lemmilze	→	Bachbunge	Lipstikka	→	Liebstöckel
Lemnul Domnului	→	Eberraute	Liquen de Islandia	→	Isländisches Moos
Lemon balm	→	Melisse	Listya karri	→	Curryblatt
Lemongras	→	Zitronengras	Livèche	→	Liebstöckel
Lemon grass	→	Zitronengras	Loambleamal	→	Huflattich
Lemonikräutel	→	Eberraute	Lobstock	→	Liebstöckel
Lemon myrtle	→	Myrte	Löffelblätter	→	Löffelkraut
Lemonochorto	→	Zitronengras	Löffeldieb	→	Hirtentäschel
Lemon thyme	→	Thymian	Löffelgewürz	→	Curry
Lemon (scented) verb.	→	Zitronenverbene	Löffelkresse	→	Löffelkraut
Lemonysop	→	Ysop	Lömke	→	Bachbunge
Lentisco	→	Pfeffer	Löwenkraut	→	Melisse
Lepiodka pospolita	→	Oregano	Lofnarblóm	→	Lavendel
Lesser celandine	→	Scharbockskraut	Louiza	→	Zitronenverbene
Lestyán	→	Liebstöckel	Lole	→	Basilikum
Lette	→	Huflattich	Lombok	→	Chili
Levandule	→	Lavendel	Long hao	→	Estragon
Levanta	→	Lavendel	Long pepper	→	Pfeffer
Levendula	→	Lavendel	Look	→	Knoblauch
Levistico	→	Liebstöckel	Lopstikke	→	Liebstöckel
Levisticum officinalis	→	Liebstöckel	Lorbeerkirsche	→	Lorbeer
Levitiko	→	Liebstöckel	Lotwurz	→	Beinwell
Lewerstock	→	Liebstöckel	Louro	→	Lorbeer
Libecek	→	Liebstöckel	Lovage	→	Liebstöckel

Love parsley	→	Liebstöckel
Lovstikke	→	Liebstöckel
Lubbestok	→	Liebstöckel
Lubczyk ogrodowy	→	Liebstöckel
Lubesteckel	→	Liebstöckel
Lubistechal	→	Liebstöckel
Lübstock	→	Liebstöckel
Lünich	→	Bachbunge
Lüppsteckelwurzel	→	Liebstöckel
Luftwurz(el)	→	Engelwurz
Luisenkraut	→	Zitronenverbene
Luk	→	Knoblauch
Luk skoroda	→	Schnittlauch
Lungenblatt(l)	→	Spitzwegerich
Lungenblume	→	Kamille
Lungenflechte	→	Isländisch. Moos
Lungenkraut	→	Huflattich
Lungenmoos	→	Isländisch. Moos
Lusch	→	Liebstöckel
Luststecken	→	Liebstöckel
Luststock	→	Liebstöckel
Lyubistok	→	Liebstöckel

M

Maagwortel	→	Kurkuma
Maanzaad	→	Mohn
Maartsviooltje		Veilchen
Mac de gradina	→	Mohn
Mace	→	Muskatnuss
Machandel(beere)	→	Wacholderbeere
Macholder	→	Wacholderbeere
Maciás	→	Muskatnuss
Macierzanka piaskow	→	Thymian
Macis	→	Muskatnuss
Macisnuss	→	Muskatnuss
Macskaméz	→	Melisse
Madagaskar-Vanille	→	Vanille
Madderwort	→	Wermut
Madeliefje	→	Gänseblümchen
Madliebe	→	Gänseblümchen
Mägdeblume	→	Kamille
Mägdelieb	→	Gänseblümchen
Mägle	→	Mohn
Mährrettich	→	Meerrettich
Mäkimeirami	→	Oregano
Männerblume	→	Huflattich
Männerkrieg	→	Beifuß
Mänthenkraut	→	Pfefferminze
Märek	→	Meerrettich
Märzblume	→	Gänseblümchen
März(en)veilchen	→	Veilchen
Märzviole	→	Veilchen
Märzwohlgeruchbl.	→	Veilchen
Märzwurz(el)	→	Nelkenwurz
Mäsch	→	Waldmeister
Mage	→	Mohn
Magenkraut	→	Wermut
Magenwurz(el)	→	Kalmus
Magert	→	Beifuß
Maggikraut	→	Liebstöckel
Maggiorana	→	Majoran
Maggiplant	→	Liebstöckel
Maggiwurzel	→	Liebstöckel
Magran	→	Majoran
Magretenkraut	→	Schafgarbe
Magsamen	→	Mohn
Maiblume	→	Gänseblümchen
Maiblume	→	Waldmeister
Maiden's ruin	→	Eberraute
Maienminze	→	Pfefferminze
Maieron	→	Majoran
Maigram(me)	→	Majoran
Maikimmig	→	Kümmel
Maikraut	→	Waldmeister
Maintanos	→	Petersilie
Maiorana hortensis	→	Majoran
Mairal	→	Majoran
Mairam	→	Majoran
Mairan(dost)	→	Majoran
Mairöserl	→	Gänseblümchen
Mairon	→	Majoran
Mairum	→	Majoran
Maitrankkräutlein	→	Waldmeister
Maiwürzkraut	→	Majoran
Majeranek ogrodowy	→	Majoran
Majoranka	→	Majoran
Majoránna	→	Majoran
Mák	→	Mohn
Mak lekarski	→	Mohn
Makro piperi	→	Pfeffer
Mak snotvornyj	→	Mohn
Malabargras	→	Zitronengras
Malabar-Ingwer	→	Ingwer
Malabar-Pfeffer	→	Pfeffer
Malabathrum	→	Lorbeer
Malagueta	→	Chili
Malaguetapfeffer	→	Piment
Malört	→	Wermut
Malurt	→	Wermut
Man	→	Mohn
Manblaume	→	Mohn
Mancha	→	Safran
Manis	→	Chili
Manjericao	→	Basilikum
Manjerona	→	Majoran
Mankracht	→	Liebstöckel
Mannenro	→	Rosmarin
Mannskraft(wurzel)	→	Nelkenwurz
Manzanilla	→	Kamille
Maqdunis Afranji	→	Kerbel
Maraba	→	Galgant (Kleiner)
Marak	→	Meerrettich
Maran	→	Oregano
Maraum	→	Majoran
Marazolette	→	Oregano
Maressig	→	Meerrettich
Margaritenblume	→	Gänseblümchen
Margaritli	→	Gänseblümchen
Margheritina	→	Gänseblümchen
Margrankraut	→	Majoran
Maria-Magdalenakr.	→	Kamille
Maria-Magdalenenw.	→	Baldrian (Großer)
Mariankruid	→	Majoran
Maria Reinigung	→	Rosmarin

Mariaschupf → Huflattich
Marienbettstroh → Thymian
Marienbloemken → Gänseblümchen
Marienblümchen → Gänseblümchen
Marienkraut → Rosmarin
Marienstängel → Veilchen
Marienwurzel → Baldrian (Großer)
Marjamie → Majoran
Marjolaine → Majoran
Marjolaine bâtarde → Oregano
Marjolaine sauvage → Oregano
Marjolein → Majoran
Marjoraan → Majoran
Marjoram → Majoran
Marriblom → Gänseblümchen
Marr-Reddig → Meerrettich
Marshpepper → Wiesenknöterich
Mars-Veilchen → Veilchen
Marum → Majoran
Maryamiya → Salbei
Marzanjush → Majoran
Masalla → Gewürze
Masi → Muskatnuss
Massblümlein → Gänseblümchen
Maßkleebche → Gänseblümchen
Maßkraut → Ysop
Maßleben → Gänseblümchen
Maßlenkraut → Waldmeister
Maßlieb(ch)en → Gänseblümchen
Maßlieblin → Gänseblümchen
Maßüßelen → Gänseblümchen
Master of the woods → Waldmeister
Mastix-Thymian → Thymian
Mata → Pfefferminze
Máta peprná → Pfefferminze
Materidouska → Thymian
Materidouska uzkol. → Thymian
Mátrafü → Beifuß
Matricaria chamomil. → Kamille
Matricaria inodora → Kamille
Mattenkümmel → Kümmel
Mattenkümmich → Kümmel
Matzliebche → Gänseblümchen
Matzourana → Majoran
Mauchenkraut → Gänsefingerkraut
Mauernelkenwurz → Nelkenwurz
Mauerpeterlein → Bibernelle (Kleine)
Mauerpfeffer → Tripmadam
Mauerraute → Weinraute
Mausdarm → Sternmiere
Mausleiterl → Schafgarbe
Maustepippuri → Piment
Maydanoz → Petersilie
Mayorana → Majoran
Mayueh lan hua → Majoran
Mazatekensalbei → Salbei
Mazis → Muskatnuss
Mazisblüte → Muskatnuss
Meboki → Basilikum
Medunka → Melisse
Medvehagyma → Bärlauch
Meerch → Meerrettich
Meermaid → Rosmarin
Meernixe → Rosmarin
Meerrettig → Meerrettich
Meersalz → Salz
Meertau → Rosmarin
Meerwermut → Beifuß
Meeske → Waldmeister
Meeting seed → Dill
Megenkraut → Wiesenknopf (Kleiner)
Mehlblätter → Huflattich
Meierankraut → Majoran
Meigram → Majoran
Meirami → Majoran
Meiran → Majoran
Meister → Waldmeister
Mejorana → Majoran
Mejram: → Majoran
Mekon → Mohn
Melis → Melisse
Melisa → Melisse
Melisa lekarski → Melisse
Melissa → Melisse
Melissa limonnaya → Melisse
Melissa officinalis → Melisse
Mélisse → Melisse
Melissza → Melisse
Menekse → Veilchen
Menta → Pfefferminze
Menta pepe → Pfefferminze
Mentha → Pfefferminze
Mentha aquatique → Pfefferminze
Mentha arvensis → Pfefferminze
Mentha longifolia → Pfefferminze
Mentha piperita → Pfefferminze
Mentha piperita v. cit. → Pfefferminze
Mentha piperita v. of. → Pfefferminze
Mentha pulegium → Pfefferminze
Mentha rotundifolia → Pfefferminze
Mentha spicata → Pfefferminze
Mentha spicata v. cris. → Pfefferminze
Mentha spic. v. lance. → Pfefferminze
Mentha suaveolens → Pfefferminze
Mentha x rotundifolia → Pfefferminze
Menthe → Pfefferminze
Menthe anglaise → Pfefferminze
Menthe aquatique → Pfefferminze
Menthe chevaline → Pfefferminze
Menthe garbonaise → Basilikum
Menthe poivrée → Pfefferminze
Menthe pouliot → Pfefferminze
Menthe rouge → Pfefferminze
Menthe verte → Pfefferminze
Mérah → Chili
Mercankösk → Majoran
Mérédic → Meerrettich
Meredik → Meerrettich
Merian → Majoran
Merkantil-Paprika → Paprika
Merlik → Gänsefuß (Weißer)
Meron → Majoran
Merretsch → Meerrettich
Mersin → Myrte

Meserich	→	Waldmeister
Meßkräutel	→	Ysop
Metélöhagyma	→	Schnittlauch
Meum athamanticum	→	Bärwurz
Meusch	→	Waldmeister
Mexic. Marigold mint	→	Gewürztagetes
Mexican tarragon	→	Gewürztagetes
Mexik. Gewürztaget.	→	Gewürztagetes
Mexikanische Minze	→	Ysop
Mexikanischer Chili	→	Chili
Mexikan. Estragon	→	Gewürztagetes
Mexikan. Riesentaget.	→	Gewürztagetes
Mexikan. Oregano	→	Zitronenverbene
Mexikanischer Tee	→	Gänsefuß
Mex. Gewürzbasilik.	→	Basilikum
Mexikan. Koriander	→	Koriander
Mexikan. Teekraut	→	Gänsefuß
Mexikói tárkony	→	Gewürztagetes
Mezei kakukkfu	→	Thymian
Mézfü	→	Melisse
Mierik(swortel)	→	Meerrettich
Mieta	→	Pfefferminze
Mieta pieprzowa	→	Pfefferminze
Mignonnette-Pfeffer	→	Pfeffer
Migränekraut	→	Melisse
Milagu	→	Pfeffer
Milchblümli	→	Gänseblümchen
Milchkraut	→	Schöllkraut
Milchwurz(el)	→	Beinwell
Milenrama	→	Schafgarbe
Milfoil	→	Schafgarbe
Millefeuille	→	Schafgarbe
Millefoglie	→	Schafgarbe
Mint	→	Pfefferminze
Minta	→	Pfefferminze
Minthe	→	Pfefferminze
Minttu	→	Pfefferminze
Minutina	→	Spitzwegerich
Minze	→	Pfefferminze
Minzkraut	→	Pfefferminze
Mioga ginger	→	Ingwer
Miran	→	Majoran
Mirch(wurzel)	→	Meerrettich
Mirhafü	→	Gänsefuß
Mirtdie	→	Myrte
Mirto	→	Myrte
Mirtos	→	Myrte
Mirt pospolity	→	Myrte
Mirtusz	→	Myrte
Misir anason	→	Kümmel
Miss Yessop's Uprigh	→	Rosmarin
Mitcham	→	Pfefferminze
Mi tieh hsiang	→	Rosmarin
Mitsuba	→	Petersilie
Modegewürz	→	Piment
Moderkrud	→	Kamille
Mönch	→	Hirtentäschel
Möppelchen	→	Gänseblümchen
Mösch	→	Waldmeister
Möseke	→	Waldmeister
Möserich	→	Waldmeister
Moh	→	Mohn

Monard	→	Melisse
Monarda	→	Melisse
Monarda didyma	→	Melisse
Monarda fistulosa	→	Melisse
Monarde(nkraut)	→	Melisse
Monatsblume	→	Gänseblümchen
Monatsröserl	→	Gänseblümchen
Mondscheinblume	→	Gänseblümchen
Mondwurz(el)	→	Baldrian (Großer)
Mononatriumglutam.	→	Gewürze
Moor pepper	→	Kümmel
Morgenblume	→	Gänseblümchen
Morretig	→	Meerrettich
Moscada	→	Muskatnuss
Moschokarido	→	Muskatnuss
Moschusschafgarbe	→	Schafgarbe
Moseran	→	Majoran
Mostarda	→	Senf
Mostarda branca	→	Senf
Mostarda preta	→	Senf
Mostaza	→	Senf
Mostaza negra	→	Senf
Mostaza silvestre	→	Senf
Moster	→	Senf
Mosterd	→	Senf
Mostert	→	Senf
Mostrich	→	Senf
Mother of thym	→	Thymian
Motherwort	→	Beifuß
Mottenstock	→	Wermut
Mountain pepper	→	Pfeffer
Mouron des oiseaux	→	Sternmiere
Moutarde	→	Senf
Moutarde blanche	→	Senf
Moutarde brun	→	Senf
Moutarde de Chine	→	Senf
Moutarde de l'Inde	→	Senf
Moutarde noire	→	Senf
Mozhzhevelnik	→	Wacholderbeere
Muderkrud	→	Gänseblümchen
Müllerblume	→	Gänseblümchen
Müllerkraut	→	Oregano
Mümmeli	→	Gänseblümchen
Münz	→	Pfefferminze
Muggert	→	Beifuß
Mugwort	→	Beifuß
Mugwurz	→	Beifuß
Mulatti	→	Chili
Mulato	→	Chili
Munt	→	Pfefferminze
Murraya	→	Curryblatt
Murraya koenigii	→	Curryblatt
Murt	→	Myrte
Murta	→	Myrte
Muscade	→	Muskatnuss
Múskat	→	Muskatnuss
Muskatblomma	→	Muskatnuss
Muskatblomme	→	Muskatnuss
Muskatblüte	→	Muskatnuss
Muskatblume	→	Kamille
Muskatellerkraut	→	Salbei
Muskatellersalbei	→	Salbei

Muskatenkraut → Salbei
Muskatnöd → Muskatnuss
Muskatnöt → Muskatnuss
Muskatnyj orekh → Muskatnuss
Muskatnyj tsvet → Muskatnuss
Muskátový kvet → Muskatnuss
Muskátový orech → Muskatnuss
Muskotnöt → Muskatnuss
Muskottikukka → Muskatnuss
Muskottipähkin → Muskatnuss
Musta pippuri → Pfeffer
Mustar → Senf
Mustar alb → Senf
Mustard → Senf
Mustarmag → Senf
Mustar negro → Senf
Mustasinappi → Senf
Muszkat → Muskatnuss
Musztardy → Senf
Mutter(gottes)blüm. → Gänseblümchen
Muttergottesbrot → Hirtentäschel
Muttergotteskraut → Lavendel
Muttergottespflanze → Lavendel
Mutterherzen → Hirtentäschel
Mutterkraut → Beifuß
Mutterkraut → Kamille
Mutterkümmel → Kreuzkümmel
Mutterrockblume → Gänseblümchen
Muttertee → Melisse
Mutterwur(t)z → Bärwurz
Muur → Sternmiere
Muurpeper → Tripmadam
Mu yao → Myrte
Muyen → Mohn
Myata → Pfefferminze
Myata perechnaya → Pfefferminze
Mynta → Pfefferminze
Mynte → Minze
Myoga → Ingwer
Myristica argentea → Muskatnuss
Myristica fragrans → Muskatnuss
Myrrhenkerbel → Kerbel
Myrrhis odorata → Kerbel
Myrt → Myrte
Myrta → Myrte
Myrte (commun) → Myrte
Myrten → Myrte
Myrtia → Myrte
Myrtle → Myrte
Myrtle Flag → Kalmus
Myrtle pepper → Piment
Myrtti → Myrte
Myrtus communis → Myrte
Myrtus comm. roma. → Myrte

N

NaC → Salz
Nachtnebelkraut → Gänsefingerkraut
Nägel(chen → Gewürznelke
Nägelein → Gewürznelke
Nägeli → Gewürznelke
Nadgh → Bohnenkraut
Nagel → Gewürznelke
Nageljnove → Gewürznelke
Nagelkraut → Schöllkraut
Nagelkraut → Wiesenknopf (Kleiner)
Nagelkruid → Nelkenwurz
Nagerl → Gewürznelke
Nahlcher → Gewürznelke
Nahuatl tlilxochitl → Vanille
Namak → Salz
Nana → Pfefferminze
Nane(minze) → Pfefferminze
Narde → Lavendel
Nardenkraut → Kreuzkümmel
Nardensame → Kreuzkümmel
Nardenwurzel → Nelkenwurz
Narduszaad → Kreuzkümmel
Nasi goreng → Chili
Native pepper → Pfeffer
Natriumchlorid → Salz
Natriumglutamat → Gewürze
Natterknöterich → Wiesenknöterich
Natterkraut → Wiesenknöterich
Natternwurz (el) → Wiesenknöterich
Neapolit. Basilikum → Basilikum
Nebrina → Wacholderbeere
Neem-Leave → Curryblatt
Negelein → Gewürznelke
Negellin → Gewürznelke
Negull → Gewürznelke
Neidstern → Knoblauch
Nejlikrot → Nelkenwurz
Nelke → Gewürznelke
Nelkenbasilie → Basilikum
Nelkenkraut → Basilikum
Nelkenpfeffer → Piment
Nellik → Gewürznelke
Nellike → Gewürznelke
Nellikerod → Nelkenwurz
Nemamulotu → Thymian
Nepalesischer Pfeffer → Pfeffer
Nepalpfeffer → Chili
Nepeta cataria → Pfefferminze
Nepeta cataria citriod. → Pfefferminze
Nepeta faasenij → Pfefferminze
Nepeta grandiflora → Pfefferminze
Nepeta mussini → Pfefferminze
Nepeta nepetella → Pfefferminze
Nepeta racemosa → Pfefferminze
Nervenkräutlein → Lavendel
Netherfiled Gold → Gänsefuß
Neugewürz → Piment
Neunkraftbleda → Huflattich
Neunstockkraut → Liebstöckel
Neunstöckel → Liebstöckel
Neuwürze → Piment
New-spice → Piment
Nghe → Safran
Ngung heung fun → Gewürze
Nhuc dau khau → Muskatnuss
Nigari → Salz
Nigella damascena → Kreuzkümmel
Nigella sativa → Kreuzkümmel

Nigelle aromatique	→	Kreuzkümmel
Nikuzuku	→	Muskatnuss
Nim	→	Curryblatt
Ninniku	→	Knoblauch
Nira	→	Schnittknoblauch
Nitritpökelsalz	→	Salz
Nobbekrut	→	Beifuß
Noce moscata	→	Muskatnuss
Noix de muscade	→	Muskatnuss
Nootmuskaat	→	Muskatnuss
Nové koreni	→	Piment
Noz-moscada	→	Muskatnuss
Nudla	→	Wiesenknöterich
Nuez Moscada	→	Muskatnuss
Nutmeg	→	Muskatnuss
Nux moschata	→	Muskatnuss

O

Ocimum americanum	→	Basilikum
Ocimum basilicum	→	Basilikum
Ocim. bas. Dark Opal	→	Basilikum
Ocimum bas. v. Min.	→	Basilikum
Ocimum canum	→	Basilikum
Ocimum sanctum	→	Basilikum
Oderminze	→	Pfefferminze
Oelde	→	Wermut
Oelek	→	Chili
Ölmohn	→	Mohn
Ölsamen	→	Mohn
Örtkryddor	→	Kräuter
Österchen	→	Veilchen
Ogenklar	→	Schöllkraut
Ogul otu	→	Melisse
Ohmblätter	→	Huflattich
Ohrkraut	→	Oregano
Old man	→	Eberraute
Old woman	→	Wermut
Ollerjan	→	Baldrian (Großer)
Omu	→	Kümmel
Opiummohn	→	Mohn
Opium poppy	→	Mohn
Orangenminze	→	Pfefferminze
Orangen-Thymian	→	Thymian
Oranges Stachelschw.	→	Ringelblume
Orant	→	Oregano
Oregan	→	Oregano
Oregano	→	Oregano
Orégao	→	Oregano
Orientalische Ananas	→	Knoblauch
Orientalischer Senf	→	Senf
Origan	→	Oregano
Origano	→	Oregano
Origanum heracleotic.	→	Oregano
Origanum majorana	→	Majoran
Origanum majoricum	→	Oregano
Origanum onites	→	Oregano
Origanum vulgare	→	Oregano
Orjek Muskatni	→	Muskatnuss
Ormeslirekne	→	Wiesenknöterich
Orpin jaune	→	Tripmadam
Orpin réfléchi	→	Tripmadam
Orvosi citromfü	→	Melisse
Ossopo	→	Ysop
Osterblume	→	Gänseblümchen
Osterchen	→	Veilchen
Osterveilchen	→	Veilchen
Ostind. Baumbasilik.	→	Basilikum
Ostind. Zitronengras	→	Zitronengras
Ostpreuss. Estragon	→	Estragon
Oswego-Tee	→	Melisse
Otterwurz(el)	→	Wiesenknöterich
Owoce schimusowe	→	Pfeffer

P

Padang cinnamon	→	Zimt
Padang-Zimt	→	Zimt
Paddekruid	→	Ysop
Padmini	→	Gewürze
Päitala	→	Petersilie
Pai-tou-k'ou	→	Kardamon
Pala	→	Muskatnuss
Palczatka cytrynowa	→	Zitronengras
Palczatka pogieta	→	Zitronengras
Palina abrotskà	→	Eberraute
Panakes	→	Liebstöckel
Panax	→	Liebstöckel
Panch Phoron	→	Gewürze
Pandano	→	Pandan
Pandanus	→	Pandan
Pandanus amaryllifol.	→	Pandan
Pandanus odorus	→	Pandan
Pandanus palm	→	Pandan
Panili	→	Vanille
Pankokenkraut	→	Schnittlauch
Panpung viz	→	Pandan
Paparouna	→	Mohn
Papatya	→	Kamille
Papavero	→	Mohn
Papaver orientale	→	Mohn
Papaver rhoeas	→	Mohn
Papaver somniferum	→	Mohn
Papenmütz	→	Huflattich
Papoila	→	Mohn
Papoula	→	Mohn
Paprica	→	Paprika
Paprika d'Hongrie	→	Paprika
Paprikuduft	→	Paprika
Papryka roczna	→	Paprika
Papua-Nuss	→	Muskatnuss
Paquerette	→	Gänseblümchen
Paradieskörner	→	Piment
Parsley	→	Petersilie
Parsley root	→	Petersilie
Paseri	→	Petersilie
Pasilla	→	Chili
Paste	→	Gänsefuß
Paterblume	→	Mohn
Patience dock	→	Wiesenknöterich
Pavot	→	Mohn
Pazitka	→	Schnittlauch
Pazote	→	Gänsefuß
Peber	→	Pfeffer
Peberrod	→	Meerrettich
Péganium	→	Weinraute

Peganon	→	Weinraute
Peipoz	→	Beifuß
Peiterzilje	→	Petersilie
Pelargonie	→	Duftgeranie
Pelarg. graveolens	→	Duftgeranie
Pelarg. odoratis.	→	Duftgeranie
Pelarg. tomentosum	→	Duftgeranie
Pelevoué	→	Oregano
Pelin	→	Wermut
Pelinotu	→	Wermut
Pelynek	→	Wermut
Pembebiber	→	Pfeffer
Pennyroyal	→	Pfefferminze
Pepe	→	Pfeffer
Pepe bianco	→	Pfeffer
Pepe d'acqua	→	Wiesenknöterich
Pepe di Caienna	→	Chili
Pepe di Giamaica	→	Piment
Pepe negro	→	Pfeffer
Peper	→	Pfeffer
Peperi	→	Pfeffer
Peperminte	→	Pfefferminze
Pepermunt	→	Pfefferminze
Peperoncino	→	Chili
Peperoni	→	Chili
Peperoni-Mix	→	Paprika
Pepe rosa	→	Pfeffer
Pepe verde	→	Pfeffer
Peppar	→	Pfeffer
Pepparmynta	→	Pfefferminze
Pepparrot	→	Meerrettich
Pepper	→	Pfeffer
Pepper	→	Chili
Pepper	→	Paprika
Peppermint	→	Pfefferminze
Peppermynte	→	Pfefferminze
Pepperrot	→	Meerrettich
Pepr	→	Pfeffer
Pepr dlouhý	→	Pfeffer
Pequins	→	Chili
Perejil	→	Petersilie
Perets	→	Pfeffer
Perets krasnyj	→	Paprika
Perets rozovyj	→	Pfeffer
Pericon	→	Gewürztagetes
Perifollo	→	Kerbel
Perlmuttkraut	→	Weinraute
Persemolo	→	Petersilie
Persicaria amoenum	→	Wiesenknöterich
Persicaria bistorta	→	Wiesenknöterich
Persicaria ellipticum	→	Wiesenknöterich
Persicaria hydropiper	→	Wiesenknöterich
Persil	→	Petersilie
Persil arabe	→	Koriander
Persilja	→	Petersilie
Persille	→	Petersilie
Persil racine	→	Petersilie
Persisches Basilikum	→	Basilikum
Peruanischer Paprika	→	Chili
Peruanischer Pfeffer	→	Chili
Peter	→	Petersilie
Peterchen	→	Petersilie

Peterle	→	Petersilie
Peterlein	→	Petersilie
Peterli	→	Petersilie
Peterling	→	Petersilie
Peterselie	→	Petersilie
Petersil	→	Petersilie
Petersil. d. Feinschm.	→	Kerbel
Petersiljen	→	Petersilie
Petersil(li)g	→	Petersilie
Petersöll	→	Petersilie
Peterwurz	→	Petersilie
Petit galganga	→	Galgant (Kleiner)
Petit muguet	→	Waldmeister
Petresilum	→	Petersilie
Petrezselyem	→	Petersilie
Petrosélinon	→	Petersilie
Petroselinum	→	Petersilie
Petroselinum crispum	→	Petersilie
Petrosel. latifolium	→	Petersilie
Petrosel. tuberosum	→	Petersilie
Petrushka	→	Petersilie
Petrzel	→	Petersilie
Pétursselja	→	Petersilie
Pfälzer Pfefferminz	→	Pfefferminze
Pfaffenkraut	→	Melisse
Pfaffenkümmel	→	Kreuzkümmel
Pfannenkraut	→	Huflattich
Pfannkuchenkraut	→	Schnittlauch
Pfeffar	→	Pfeffer
Pfefferfenchel	→	Gewürzfenchel
Pfefferknöterich	→	Wiesenknöterich
Pfefferkorn	→	Pfeffer
Pfefferkraut	→	Bohnenkraut
Pfefferkraut	→	Wiesenknöterich
Pfefferkümmel	→	Kreuzkümmel
Pfefferminze	→	Pfefferminze
Pfefferminz-Geranie	→	Duftgeranie
Pfefferone	→	Chili
Pfefferoni	→	Chili
Pfefferschote	→	Chili
Pfefferwurz	→	Bibernelle (Kleiner)
Pfefferwurzel	→	Meerrettich
Pferdehuf	→	Huflattich
Pferdefuß	→	Huflattich
Pferdemelisse	→	Melisse
Pferdeminze	→	Pfefferminze
Pferderadies	→	Meerrettich
Pferdewurzel	→	Meerrettich
Pfingstwurzel	→	Weinraute
Pflanze des Lebens	→	Mohn
Pfunde	→	Bachbunge
Pfunge	→	Bachbunge
Pieprz	→	Pfeffer
Pieprz aschanti	→	Pfeffer
Pieprz dlugi	→	Pfeffer
Pieprz kubeba	→	Pfeffer
Pieprz zoltodrzew	→	Pfeffer
Pietruszka zwyczajna	→	Petersilie
Pihatähtimo	→	Sternmiere
Pijerets	→	Chili
Pikkuluppio	→	Wiesenknopf (Kleiner)
Pileworth	→	Scharbockskraut

Pili-Pili	→	Chili
Pimenta	→	Pfeffer
Pimenta	→	Piment
Pimenta bianca	→	Pfeffer
Pimenta-da-Jamaica	→	Piment
Pimenta-de-rabo	→	Pfeffer
Pimenta dioica	→	Piment
Pimenta dvudomiya	→	Piment
Piment annuel	→	Paprika
Pimenta officinalis	→	Piment
Pimenta-preta	→	Pfeffer
Pimentao doce	→	Paprika
Pimenta racemosa	→	Piment
Pimenta-rosa	→	Pfeffer
Piment de Cayenne	→	Chili
Piment d'Espelette	→	Chili
Piment doux	→	Paprika
Piment doux d'Espag.	→	Paprika
Piment Jamaique	→	Piment
Pimento	→	Piment
Pimentón	→	Chili
Pimentón de la Vera	→	Chili
Pimienta	→	Pfeffer
Pimienta acuática	→	Wiesenknöterich
Pimienta blanca	→	Pfeffer
Pimienta de Jamaica	→	Piment
Pimienta gorda	→	Piment
Pimienta negra	→	Pfeffer
Pimenta-verde	→	Pfeffer
Pimiento dulce	→	Paprika
Pimiento morron	→	Paprika
Pimpernel	→	Bibernelle (Kleine)
Pimpernelldie	→	Wiesenknopf (Kleiner)
Pimpernelle	→	Bibernelle (Kleine)
Pimpinel(l)a	→	Bibernelle (Kleine)
Pimpinella anisum	→	Anis
Pimpinella major	→	Bibernelle (Kleine)
Pimpinella saxifraga	→	Bibernelle (Kleine)
Pimpinelle	→	Bibernelle (Kleine)
Pimprenelle	→	Bibernelle (Kleine)
Pimprenelle officina	→	Wiesenknopf (Kleiner)
Pineapple Scarlet	→	Salbei
Pinellkraut	→	Bibernelle (Kleine)
Pink agapanthus	→	Knoblauch
Pinkelkraut	→	Hirtentäschel
Pink pepper	→	Pfeffer
Pinksterbloem	→	Wiesenschaumkraut
Pink Yarrow	→	Schafgarbe
Pipar	→	Pfeffer
Piparjuuri	→	Meerrettich
Piparminta	→	Pfefferminze
Piparrót	→	Meerrettich
Piper	→	Pfeffer
Piper alb	→	Pfeffer
Piper betle	→	Pfeffer
Piper brazilian	→	Pfeffer
Piper cubeba	→	Pfeffer
Piper guinenses	→	Pfeffer
Piperi	→	Pfeffer
Piperia	→	Paprika
Piperi aspro	→	Pfeffer
Piperi mauro	→	Pfeffer
Piper longum	→	Pfeffer
Piper negru	→	Pfeffer
Piper nigrum	→	Pfeffer
Piper retrofractum	→	Pfeffer
Pippali	→	Pfeffer
Pipparminttu	→	Pfefferminze
Pippuri	→	Pfeffer
Piri-Piri	→	Chili
Piros paprika	→	Paprika
Pirul	→	Pfeffer
Pizzagewürz	→	Oregano
Plantago afra	→	Spitzwegerich
Plantago coronopus	→	Spitzwegerich
Plantago lanceolata	→	Spitzwegerich
Plantago major	→	Spitzwegerich
Plantago psyllium	→	Spitzwegerich
Plantain	→	Spitzwegerich
Plotschen	→	Huflattich
Poblano	→	Chili
Podagraire	→	Giersch
Podagra(ms)kraut	→	Giersch
Pod pepper	→	Paprika
Pökelsalz	→	Salz
Poikak	→	Sternanis
Poiterlas	→	Petersilie
Poivre	→	Pfeffer
Poivre aromatique	→	Piment
Poivre blanc	→	Pfeffer
Poivre d'eau	→	Wiesenknöterich
Poivre de Cayenne	→	Chili
Poivre de Guinée	→	Paprika
Poivre de la Jamaique	→	Piment
Poivre de Java	→	Pfeffer
Poivre de queue	→	Pfeffer
Poivre du Kissi	→	Pfeffer
Poivre du Setchuan	→	Pfeffer
Poivre indigène	→	Pfeffer
Poivre long	→	Pfeffer
Poivre noir	→	Pfeffer
Poivre vert	→	Pfeffer
Poleiminze	→	Pfefferminze
Poligono bistorta	→	Wiesenknöterich
Poligono ritorto	→	Wiesenknöterich
Polygonum bistorta	→	Wiesenknöterich
Polygonum bistortum	→	Wiesenknöterich
Polygonum hydropiper	→	Wiesenknöterich
Polygonum lapidos.	→	Wiesenknöterich
Polygonum odoratum	→	Wiesenknöterich
Polyn goskaya	→	Wermut
Ponti. Lorbeerkirsche	→	Lorbeer
Pooshali	→	Safran
Poppy	→	Mohn
Porich	→	Borretsch
Porst	→	Rosmarin
Port. Kirschlorbeer	→	Lorbeer
Port. Lorbeerkirsch	→	Lorbeer
Potentilla anserina	→	Gänsefingerkraut
Poterium sanguisorba	→	Wiesenknopf (Kleiner)
Pot marjoram	→	Oregano
Pottasche	→	Salz
Präriekraut	→	Wiesenschaumk
Praso	→	Schnittlauch

Pratolina → Gänseblümchen
Prezzemolo → Petersilie
Prisengewürz → Gewürze
Prominenzblätter → Pfefferminze
Prominzen → Pfefferminze
Protentilla → Gänsefingerkraut
Prunus laurocerasus → Lorbeer
Prunus lusitani. s. az. → Lorbeer
Pryprawy → Gewürze
Przemko → Mohn
Puertorican. Koriander → Koriander
Pul biber → Paprika
Punaluppio → Wiesenknopf (Kleiner)
Purgiermoos → Isländisch. Moos
Purlög → Schnittlauch
Purple ruffles → Basilikum
Purpur-Enzian → Enzian (Gelber)
Purpur-Fetthenne → Tripmadam
Purpursalbei → Salbei
Pushali → Safran

Q

Qaranful → Gewürznelke
Quackelbeere → Wacholderbeere
Quan can → Wiesenknöterich
Quandel → Thymian
Quan liao → Wiesenknöterich
Quatre Épice → Gewürze
Qubebenpfeffer → Pfeffer
Queckholder → Wacholderbeere
Quell-Ehrenpreis → Bachbunge
Quendel → Thymian
Quendelrebe → Gundermann
Quennel → Thymian
Quenula → Thymian
Que qui → Zimt
Quickholder → Wacholderbeere
Quinghaosu → Beifuß
Qui nghe → Safran
Quirinskraut → Huflattich
Qurfa → Zimt

R

Rabano → Meerrettich
Rabano picante → Meerrettich
Rabano rusticano → Meerrettich
Racao → Koriander
Rachenputzer → Meerrettich
Racholder → Wacholderbeere
Racine de galanga → Galanga
Räckeldorn → Wacholderbeere
Rämschel → Bärlauch
Ränsel → Bärlauch
Räucherstrauch → Wacholderbeere
Räucholder → Wacholderbeere
Rafano → Meerrettich
Raifort → Meerrettich
Raihan → Basilikum
Rainbartkraut → Thymian
Rainblume → Gänseblümchen
Raingarbe → Schafgarbe
Rainkinderle → Thymian
Rainkümmel → Thymian
Raiz de galanga → Galanga
Raiz-forte → Meerrettich
Rakuuna → Estragon
Ramerino → Rosmarin
Rams(el) → Bärlauch
Ramser(en) → Bärlauch
Ramsons → Bärlauch
Rankholder → Wacholderbbeer
Ranunculus ficaria → Scharbockskraut
Ras el Hanout → Gewürze
Rauchsalbei → Salbei
Rauer Beinwell → Beinwell
Rau mui tay → Petersilie
Rau ram → Wiesenknöterich
Rauschkraut → Thymian
Raute → Weinraute
Rdesno peprnik → Wiesenknöterich
Rdest wesownik → Wiesenknöterich
Recholder → Wacholderbeere
Regenblume → Gänseblümchen
Regenblume → Ringelblume
Reibeisen → Borretsch
Reine des bois → Waldmeister
Renouée bistorte → Wiesenknöterich
Rentierflechte → Isländisch. Moos
Rex → Rosmarin
Reyhan → Oregano
Rhizome d'acore vrai → Kalmus
Ribwort → Spitzwegerich
Riechblume → Eberraute
Riechkräutlein → Rosmarin
Riechnessel → Melisse
Riesen-Bärenklau → Bärenklau
Rigani → Oregano
Rimsky kmin → Kreuzkümmel
Rinderblume → Ringelblume
Ring(el)nelke → Ringelblume
Ringel(rose) → Ringelblume
Ringula → Ringelblume
Rippel → Schafgarbe
Rippenblatt → Spitzwegerich
Rippenkraut → Schafgarbe
Rispal → Isländisch. Moos
Ritterwurz → Enzian (Gelber)
Rizdor → Gewürze
Rocambole → Knoblauch
Rockenbolle → Knoblauch
Rock Poppy → Schöllkraut
Röd peber → Paprika
Röhlke → Schafgarbe
Röklatar → Wacholderbeere
Roman Myrtle → Myrte
Röm. Ammey → Kümmel
Röm. Fenchel → Anis
Röm. Kamille → Kamille
Röm. Koriander → Kreuzkümmel
Röm. Kümmel → Kreuzkümmel
Röm. Minze → Pfefferminze
Röm. Quendel → Thymian
Röm. Salbei → Salbei
Röm. Thymian → Thymian

Röm. Wermut → Beifuß
Röslimarie → Rosmarin
Római kömeny → Kreuzkümmel
Romarin → Rosmarin
Romerei → Kamille
Romero → Rosmarin
Rooman kumina → Kreuzkümmel
Rosa Beeren → Pfeffer
Rosalindie → Pfeffer
Rosamarin → Rosmarin
Rosa Pfeffer → Pfeffer
Rosemarie → Rosmarin
Rosemary → Rosmarin
Rosengeranie → Duftgeranie
Rosenpaprika → Paprika
Rosé peppar → Pfeffer
Rosé Pfeffer → Pfeffer
Rose pippuri → Pfeffer
Rose-rouge d'Albi → Knoblauch
Rosenpelargonie → Duftgeranie
Rosmariini → Rosmarin
Rosmarini folium → Rosmarin
Rosmarino → Rosmarin
Rosmarinus officinal → Rosmarin
Rosmario → Rosmarin
Rossbibernelle → Bibernelle (Kleine)
Rossblätter → Huflattich
Rossfenchel → Bärenklau
Rosshuf → Huflattich
Rosslattich → Huflattich
Rossminze → Pfefferminze
Roßrippe → Spitzwegerich
Rote Bibernelle → Wiesenknopf (Kleiner)
Rote Fahne d. Somm. → Mohn
Rote Melisse → Melisse
Rote Monarde → Melisse
Rotenzen → Enzian (Gelber)
Roter Bock → Beifuß
Roter Pfeffer → Pfeffer
Roter Pfeffer → Pfeffer
Roter Senf → Senf
Rotes Basilikum → Basilikum
Rotes Gold → Safran
Rotkopf → Wiesenknopf (Kleiner)
Rotlaufgras → Schöllkraut
Rotlaufkraut → Gänsefingerkraut
Routa → Weinraute
Rozchodnik oscisty → Tripmadam
Rozemarijn → Rosmarin
Rozmari → Rosmarin
Rozmarin → Rosmarin
Rozmaring → Rosmarin
Rozmaryn → Rosmarin
Rozmarýna → Rosmarin
Roze peper → Pfeffer
Rózsazin bors → Pfeffer
Ruda → Weinraute
Rude → Weinraute
Rue → Weinraute
Rübestöckel → Liebstöckel
Rückelbusch → Weinraute
Rue fétide → Weinraute
Rue odorante → Weinraute
Rue officinale → Weinraute
Ruhrkraut → Gänsefuß
Rukelbloem → Eberraute
Rumän. Braunsenf → Senf
Rundblättrige Minze → Pfefferminze
Runder Fenchel → Anis
Ruoholaukka → Schnittlauch
Ruokapaprika → Paprika
Rupfblume → Gänseblümchen
Russ. Estragon → Estragon
Russ. Penicillin → Knoblauch
Russ. Senf → Senf
Ruta → Weinraute
Ruta de gradina → Weinraute
Ruta dushistaya → Weinraute
Ruta graveolens → Weinraute
Ruta hortensis → Weinraute
Ruta zwyczajna → Weinraute
Rutenkohl → Senf
Rutensenf → Senf
Rúturunni → Weinraute
Rutzitzke → Giersch
Ruuta → Weinraute

S

Sabikraut → Salbei
Sabiner → Wacholderbeere
Sabroso → Bohnenkraut
Sa chanh → Zitronengras
Sachsisch → Schafgarbe
Sacred basil → Basilikum
Sadhika → Muskatnuss
Sa diu → Zitronengras
Säckelkraut → Hirtentäschel
Säukraut → Gänsefingerkraut
Saffernblume → Safran
Saffraan → Safran
Saffran → Safran
Saffron → Safran
Saffron des Indes → Kurkuma
Safram → Safran
Safran für Arme → Ringelblume
Safrani → Safran
Safranwurzel → Kurkuma
Sáfrány → Safran
Safrat → Safran
Safrich → Safran
Safuran → Safran
Sage → Salbei
Sahrami → Safran
Saigon cinnamon → Zimt
Saigon fahéj → Zimt
Saigonkaneli → Zimt
Saigon-Zimt → Zimt
Sal → Salz
Salam → Lorbeer
Salamblatt → Lorbeer
Salarius → Salz
Salad burnet → Wiesenknopf (Kleiner)
Salat-Fetthenne → Tripmadam
Salber → Salbei

Sale → Salz
Salem → Rosmarin
Salfat → Salbei
Salfere → Salbei
Salgere → Salbei
Salie → Salbei
Salinensalz → Salz
Salsa → Petersilie
Salser → Salbei
Salt → Salz
Salva-mansa → Salbei
Salvare → Salbei
Salvastrella maggiore → Wiesenknopf (Kleiner)
Salvej → Salbei
Salver → Salbei
Salvia → Salbei
Salvia dorsiana → Salbei
Salvia glutinosa → Salbei
Salvia officinalis → Salbei
Salvia pratensis → Salbei
Salvia sclarea → Salbei
Salvia taraxacifolia → Salbei
Salvie → Salbei
Salwie → Salbei
Sanct Johanns Gürtel → Beifuß
Sandblume → Huflattich
Sandingwer → Galgant (Kleiner)
Sandthymian → Thymian
Sandwegerich → Spitzwegerich
Sanguisorba minor → Wiesenknopf (Kleiner)
Sanguisorba m. polyg. → Wiesenknopf (Kleiner)
Sanguisorba muricata → Wiesenknopf (Kleiner)
Sanguisorba officinal → Wiesenknopf (Kleiner)
St. Barbarakraut → Schafgarbe
St. Georgenkraut → Baldrian (Großer)
St. Georgskraut → Giersch
St. Johannskraut → Beifuß
St. Katharinenkraut → Kreuzkümmel
St. Ladislaikraut → Enzian (Gelber)
St. Margaretenkraut → Schafgarbe
Sankthansurt → Tripmadam
San-lopo → Kerbel
Sansho → Pfeffer
Sansho-Pfeffer → Pfeffer
Santoreggia → Bohnenkraut
Saphei → Salbei
Sar → Bohnenkraut
Sardunya → Duftgeranie
Sarepska gorczyca → Senf
Sareptasenf → Senf
Sárga gyömbérgyöker → Kurkuma
Sargol → Safran
Sariette annuelle → Bohnenkraut
Sariette vivace → Bohnenkraut
Sarimsak → Knoblauch
Sa'tar → Thymian
Saturei → Bohnenkraut
Saturei-Thymian → Thymian
Satureja douglasil → Bohnenkraut
Satureja hortensis → Bohnenkraut
Satureja montana → Bohnenkraut
Saturejka → Bohnenkraut
Sau(erkraut)kraut → Liebstöckel
Sauerkrautwurzel → Liebstöckel
Sauerstockkraut → Liebstöckel
Sauge → Salbei
Saugkraut → Schafgarbe
Sauohr → Spitzwegerich
Sauwühlen → Gänsefingerkraut
Savory → Bohnenkraut
Savourée → Bohnenkraut
Saw leaf herb → Koriander
Sawtooth coriander → Koriander
Sazab → Weinraute
Schabab → Kreuzkümmel
Schadheilwurzel → Beinwell
Schäl(er)kraut → Schöllkraut
Schälfers → Schöllkraut
Schafsbech → Schafgarbe
Schafschinken → Hirtentäschel
Schaf(s)rippdie → Schafgarbe
Schafzunge → Schafgarbe
Scharbocksheil → Scharbockskraut
Scharfe Fetthenne → Tripmadam
Scharfe Melisse → Melisse
Scharfer Mauerpfeffer → Tripmadam
Scharfe Zunge → Wiesenknöterich
Scharfkraut → Gänsefuß (Weißer)
Scharfpaprika → Paprika
Scharfwurzel → Meerrettich
Scharlachkraut → Salbei
Scharlachmonarde → Melisse
Scharleikraut → Salbei
Scharling → Bärenklau
Scha(e)rteln → Giersch
Schaumkraut → Wiesenschaumk
Schelkrut → Schöllkraut
Schelleblume → Gundermann
Schellkraut → Schöllkraut
Schell(i)wur(t)z → Schöllkraut
Schelmseckel → Hirtentäschel
Scheuerwurz → Beinwell
Schillkraut → Schöllkraut
Schindkraut → Schöllkraut
Schindwurz → Schöllkraut
Schinkenkraut → Hirtentäschel
Schinkensteel → Hirtentäschel
Schinnkraut → Schöllkraut
Schino brasiliano → Pfeffer
Schinus-Pfeffer → Pfeffer
Schinus terebinthifol. → Pfeffer
Schlachtarnägala → Enzian (Gelber)
Schlafmohn → Mohn
Schlangenknoblauch → Knoblauch
Schlangenknöterich → Wiesenknöterich
Schlangenkraut → Estragon
Schlangenwurz(el) → Wiesenknöterich
Schlangenzunge → Spitzwegerich
Schließmohn → Mohn
Schlosswurz → Eberraute
Schlotfeger → Wiesenknopf (Kleiner)
Schluckwehrohr → Liebstöckel
Schmalbl. Wegerich → Spitzwegerich
Schmale Sophie → Salbei

Schmal(z)wurz(el)	→	Beinwell
Schmecker	→	Eberraute
Schmecker(ts)	→	Pfefferminze
Schmecket	→	Bohnenkraut
Schmerzwurz	→	Beinwell
Schmuckmohn	→	Mohn
Schmutziggraues	→	Salz
Schnapswurzel	→	Ingwer
Schneckenkraut	→	Giersch
Schnee-Currykraut	→	Currykraut
Schneewurzel	→	Beinwell
Schneiderbeutel	→	Hirtentäschel
Schneiderknopf	→	Wiesenknopf (Kleiner)
Schnittling	→	Schnittlauch
Schnittpetersilie	→	Petersilie
Schnittzwiebel	→	Schnittlauch
Schnitzling	→	Schnittlauch
Schopflavendel	→	Lavendel
Schoßkraut	→	Rosmarin
Schotenpfeffer	→	Paprika
Schoter	→	Engelwurz
Schottenmütze	→	Chili
Schott. Meerliebstöck.	→	Liebstöckel
Schroefpalm	→	Pandan
Schülersäckel	→	Hirtentäschel
Schusterkraut	→	Oregano
Schusternagel	→	Enzian (Gelber)
Schuwen	→	Salbei
Schwalbenblume	→	Veilchen
Schwalbenkraut	→	Schöllkraut
Schwalbenwurz	→	Schöllkraut
Schwanzpfeffer	→	Pfeffer
Schwarze Bibernelle	→	Bibernelle (Kleine)
Schwarze Blume	→	Vanille
Schwarze dt. Theriak.	→	Bibernelle (Kleine)
Schwarzer Kardamon	→	Kardamon
Schwarzer Koriander	→	Kreuzkümmel
Schwarzer Kreuzküm.	→	Kreuzkümmel
Schwarzer Kümich	→	Kreuzkümmel
Schwarzer Magsamen	→	Mohn
Schwarzer Pfeffer	→	Pfeffer
Schwarzer Senf	→	Senf
Schwarzer Sesam	→	Kreuzkümmel
Schwarzes Gold	→	Pfeffer
Schwarze Waldwürze	→	Beinwell
Schwarzkümmel	→	Kreuzkümmel
Schwarzwurz	→	Beinwell
Schweiz. Gewürzkro.	→	Safran
Schweizer Minze	→	Pfefferminze
Schwert(hen)wurzel	→	Kalmus
Schwindelkorn	→	Koriander
Schwindelkraut	→	Koriander
Schwindsuchtblume	→	Huflattich
Scorbute grass	→	Mohn
Scortisoara	→	Zimt
Scotch Bonnet	→	Chili
Screw pine	→	Pandan
Scurvy grass	→	Löffelkraut
Seasonings	→	Gewürze
Sechuan Peber	→	Pfeffer
Sechuan peper	→	Pfeffer
Sedano di Monte	→	Liebstöckel
Sedefche	→	Weinraute
Sedef otu	→	Weinraute
Sedum acre	→	Tripmadam
Sedum reflexum	→	Tripmadam
Sedum rupestre	→	Tripmadam
Sedum telephium:	→	Tripmadam
Seesalz	→	Salz
Seetau	→	Rosmarin
Segurelha	→	Bohnenkraut
Seidenmohn	→	Mohn
Seidenröserl	→	Gänseblümchen
Seiron nikkei	→	Zimt
Sel	→	Salz
Selâm otu	→	Liebstöckel
Selbinblätter	→	Salbei
Seledri	→	Petersilie
Selft	→	Salbei
Selve	→	Salbei
Sempsat	→	Senf
Senap	→	Senf
Senape	→	Senf
Senape biancha	→	Senf
Senape nera	→	Senf
Senef	→	Senf
Senegal pepper	→	Kümmel
Senfmehl	→	Senf
Senip	→	Senf
Sennep	→	Senf
Sent	→	Senf
Sentebon	→	Pfefferminze
Serai	→	Zitronengras
Sereh	→	Zitronengras
Sere(h)gras	→	Zitronengras
Sermontain	→	Kreuzkümmel
Serpentaire (rouge)	→	Wiesenknöterich
Serpentary	→	Wiesenknöterich
Serpillo	→	Thymian
Serpolet	→	Thymian
Serpoleto	→	Thymian
Serrano	→	Chili
Ses mountain	→	Kreuzkümmel
Setsuanin pippuri	→	Pfeffer
Seven	→	Wacholderbeere
Seylan tarcini	→	Zimt
Sezab	→	Weinraute
Sezchuanpeppar	→	Pfeffer
Shafran	→	Safran
Shalfej	→	Salbei
Shepherd's purse	→	Hirtentäschel
Shibith	→	Dill
Shichimi Togarashi	→	Gewürze
Shih-Lo	→	Dill
Shiro- Sinapi	→	Senf
Shoga	→	Ingwer
Shum	→	Knoblauch
Shunk weed	→	Gänsefuß (Weißer)
Siam-Galgant	→	Galgant (Kleiner)
Siam-Ingwer	→	Galgant (Kleiner)
Siamwurzel	→	Galgant (Kleiner)
Sibirischer Estragon	→	Estragon
Sichelkraut	→	Schafgarbe
Sichuan pepper	→	Pfeffer

Sichuanpfeffer	→	Pfeffer
Sichuanpiper	→	Pfeffer
Siebenrippe	→	Spitzwegerich
Siedesalz	→	Salz
Siggewurzel	→	Kalmus
Sigliah	→	Veilchen
Silberblatt	→	Gänsefingerkraut
Silberkraut	→	Gänsefingerkraut
Silberraute	→	Weinraute
Silberwurz	→	Knoblauch
Silk	→	Petersilie
Silverweed	→	Gänsefingerkraut
Sinapi agrio	→	Senf
Sinapi mauro	→	Senf
Sinapis	→	Senf
Sinapis alba	→	Senf
Sinapis arvensis	→	Senf
Sinappi	→	Senf
Sintjansbrood	→	Beifuß
Sirmik	→	Schnittlauch
Sisymbrium allaria	→	Knoblauchsrauke
Sitronmelisse	→	Melisse
Sitrónugras	→	Zitronengras
Sitrunnamelissa	→	Melisse
Sitruunaruoho	→	Zitronengras
Sittiges Blümchen	→	Veilchen
Skessujuurt	→	Liebstöckel
Skörbjuggsört	→	Löffelkraut
Skorbutkraut	→	Löffelkraut
Skorbutkraut	→	Scharbockskraut
Skorice	→	Zimt
Skorice cinska	→	Zimt
Skorodon	→	Knoblauch
Skruepalme	→	Pandan
Skrupalme	→	Pandan
Slaappapaver	→	Mohn
Slangekruid	→	Estragon
Slangeurt	→	Wiesenknöterich
Small burnet	→	Wiesenknopf (Kleiner)
Smartweed	→	Wiesenknöterich
Snake root	→	Wiesenknöterich
Snake weed	→	Wiesenknöterich
Snidling	→	Schnittlauch
Snytlik	→	Schnittlauch
Society garlic	→	Knoblauch
Söpli	→	Ysop
Soet kroei	→	Zitronengras
Sofran	→	Safran
Sogancik	→	Schnittlauch
Sohn vor dem Vater	→	Huflattich
Soldatenkraut	→	Beinwell
Soldatenkraut	→	Schafgarbe
Soldatenpetersilie	→	Gundermann
Soldatenwurzel	→	Beinwell
Solesalz	→	Salz
Sols	→	Salz
Sommerbohnenkraut	→	Bohnenkraut
Sommermajoran	→	Majoran
Sommersaturei	→	Bohnenkraut
Sommerthymian	→	Thymian
Sonnenanbeter	→	Thymian
Sonnenblümchen	→	Gänseblümchen
Sonnentürchen	→	Gänseblümchen
Sonnenbraut	→	Ringelblume
Sonnentürle	→	Huflattich
Sonnenwendblume	→	Ringelblume
Sonn(en)wendgürtel	→	Beifuß
Sonnwendkraut	→	Beifuß
Sophie	→	Salbei
Sopravivolo die muri	→	Tripmadam
Sorge	→	Ringelblume
Sort peber	→	Pfeffer
Souci officinale	→	Ringelblume
Soup mint	→	Thymian
Southern Wood	→	Eberraute
Sowa-Dill	→	Dill
Spaanse peper	→	Chili
Spaltlauch	→	Schnittlauch
Span. Hopfen	→	Oregano
Span. Lavendel	→	Lavendel
Span. Pfeffer	→	Chili
Span. Salbei	→	Melisse
Spanish chervil	→	Kerbel
Spansk Peppar	→	Chili
Spanyol turbolya	→	Kerbel
Sparleiblätter	→	Salbei
Spearmint	→	Pfefferminze
Specerijen	→	Gewürze
Speckwurz	→	Beinwell
Speerkraut	→	Baldrian (Großer)
Speerminze	→	Pfefferminze
Speich	→	Lavendel
Speik	→	Lavendel
Speik-Lavendel	→	Lavendel
Speise der Götter	→	Salz
Speisesalz	→	Salz
Sperbenkraut	→	Wiesenknopf (Kleiner)
Sperberkraut	→	Wiesenknopf (Kleiner)
Sperenstich	→	Enzian (Gelber)
Spezereien	→	Gewürze
Spezie	→	Gewürze
Spices	→	Gewürze
Spickrohr	→	Engelwurz
Spickwurz	→	Baldrian (Großer)
Spieke	→	Lavendel
Spießkraut	→	Spitzwegerich
Spigol	→	Gewürze
Spidskommen	→	Kreuzkümmel
Spikanard	→	Lavendel
Spikatblüte	→	Lavendel
Spiker	→	Lavendel
Spiket	→	Lavendel
Spik-Lavendel	→	Lavendel
Spiskummin	→	Kreuzkümmel
Spisskummen	→	Kreuzkümmel
Spitzfederich	→	Spitzwegerich
Spitzminze	→	Pfefferminze
Spitzmünz	→	Pfefferminze
Spitznarde	→	Lavendel
Spitzwegeblatt	→	Spitzwegerich
Spoonwort	→	Löffelkraut
Sporys	→	Zitronenverbene
Sprice pepper	→	Pfeffer
Springwurz	→	Zitronenverbene

Spritze → Engelwurz
Spritzgugen → Engelwurz
Sprotze → Engelwurz
Sri Lanka cinnamon → Zimt
Sri Lanka Zimt → Zimt
Srngavera → Ingwer
Stabkraut → Beifuß
Stabwurz(el) → Eberraute
Stabwurzelkraut → Beifuß
Stacheliger Koriander → Koriander
Stangencanehl → Zimt
Stangenkraut → Eberraute
Stangenpfeffer → Pfeffer
Stangenwurz → Eberraute
Stangenzimt → Zimt
Star Anis → Sternanis
Star ginger → Ingwer
Starkruid → Sternmiere
Starweed → Sternmiere
Staudenbohnenkraut → Bohnenkraut
Staudenmajoran → Oregano
Staudenmohn → Mohn
Stein(brech)bibernell → Bibernelle (Kleine)
Steinbrechwurz → Bibernelle (Kleine)
Steinkraut → Tripmadam
Steinmelisse → Pfefferminze
Steinminze → Pfefferminze
Steinpeterlein → Bibernelle (Kleine)
Steinpilzpetersilie → Bibernelle (Kleine)
Steinsalz → Salz
Steinsilge → Petersilie
Steinumwickler → Gundermann
Stellaire intermediair → Sternmiere
Stellaria holostea → Sternmiere
Stemingwer → Ingwer
Steranijs → Sternanis
Sternanis → Sternanis
Sternblümle → Scharbockskraut
Sternenkraut → Stermiere
Sterningwer → Ingwer
Sternleberkraut → Waldmeister
Stevia → Süßkraut
Sterben rebaudianta → Süßkraut
Stielpfeffer → Pfeffer
Stierlichrut → Gänsefingerkraut
Stierwurz → Bibernelle (Kleine)
Stinkbaldes → Baldrian (Großer)
Stinkblume → Ringelblume
Stinkdill → Koriander
Stinkender Absatz → Gundermann
Stinkender Fenchel → Dill
Stinkende Rose → Knoblauch
Stinkender Salbei → Salbei
Stinkende vinke → Dill
Stink(er)zwiebel → Knoblauch
Stjärnanis → Sternanis
Stjerneanis → Sternanis
Stjörnuanis → Sternanis
Stolzer Heinrich → Gänsefuß (Weißer)
Stone crop → Tripmadam
Stone orpin → Tripmadam
Stoppers → Gänsefingerkraut
Storchenschnabel → Wiesenschaumk
Stor fetknopp → Tripmadam
Stor ormrot → Wiesenknöterich
Strandbeifuß → Beifuß
Strandwermut → Beifuß
Straßenbraut → Spitzwegerich
Strauchwegerich → Spitzwegerich
Strenzel → Giersch
Strohfenchel → Gewürzfenchel
Struchkovy Pijerets → Paprika
Studentenblume → Ringelblume
Studentenresla → Gänseblümchen
Suan → Knoblauch
Su biberi → Wiesenknöterich
Sudsalz → Salz
Südamerik. Eisenkr. → Zitronenverbene
Südsee-Knoblauch → Knoblauch
Süßblatt → Süßkraut
Süßdolde → Kerbel
Süßer Fenchel → Anis
Süßer Kümmel → Anis
Süßer Pfeffer → Paprika
Süßer Senf → Senf
Sugar-plant South A. → Süßkraut
Sul → Salz
Sumire → Veilchen
Summer savory → Bohnenkraut
Sumpfbaldrian → Baldrian (Großer)
Sumpf-Engelwurz → Engelwurz
Sumpfpfeffer → Wiesenknöterich
Sumpf-Schafgarbe → Schafgarbe
Sumpfwurz(el) → Wiesenknöterich
Suppenbasil → Basilikum
Suppenblatt → Lorbeer
Suppengelb → Safran
Suppenkerbel → Kerbel
Suppenkräutchen → Bohnenkraut
Suppenlaub → Liebstöckel
Suppenlob → Liebstöckel
Suppennuss → Muskatnuss
Suppenwurzel → Petersilie
Svarte sennep → Senf
Svartpeppar → Pfeffer
Svartsenap → Senf
Swarte mosterd → Senf
Swartur pipar → Pfeffer
Sweet balm → Melisse
Sweet bay → Lorbeer
Sweet cicely → Kerbel
Sweet cumin → Anis
Sweet dock → Wiesenknöterich
Sweet flag → Kalmus
Sweet Herb → Süßkraut
Sweet (Honey) Leaf → Süßkraut
Sweet Majoram → Majoran
Sweet pepper → Paprika
Sweet scented myrrh → Kerbel
Sweet sedge → Kalmus
Sweet verbena → Myrte
Sweet Violet → Veilchen
Symphyein → Beinwell
Symphytum asperum → Beinwell

Symphytum officinal	→	Beinwell
Syzygium aromatic	→	Gewürznelke
Syzygium polyanthu.	→	Lorbeer
Szafran	→	Safran
Szalwia lekarska	→	Salbei
Szczypiorek	→	Schnittlauch
Szechuan-Pfeffer	→	Pfeffer
Szechwanpfeffer	→	Pfeffer
Szecsuáni bors	→	Pfeffer
Szegfűszeg	→	Gewürznelke
Szerecsendió	→	Muskatnuss
Szerecsendió virag	→	Muskatnuss
Szetchwanpepper	→	Pfeffer
Szetschuan-Pfeffer	→	Pfeffer
Szurokfü	→	Oregano

T

Tabakkraut	→	Huflattich
Tabakskraut	→	Waldmeister
Tabasco	→	Chili
Tablóürom	→	Beifuß
Tackenkraut	→	Schöllkraut
Tähtianis	→	Sternanis
Taeragon	→	Estragon
Täscherlkraut	→	Hirtentäschel
Tafelsalz	→	Salz
Tagête	→	Gewürztagetes
Tagetes	→	Gewürztagetes
Tagetes lucida	→	Gewürztagetes
Tageti	→	Gewürztagetes
Tahiti-Vanille	→	Vanille
Tailed pepper	→	Pfeffer
Takrai	→	Zitronengras
Talouskaneli	→	Zimt
Tamil	→	Curry
Tandoori	→	Gewürze
Tangerine marigold	→	Gewürztagetes
Tanskankuirimo	→	Löffelkraut
Taplóüröm	→	Beistraße
Taragon	→	Estragon
Taramago	→	Meerrettich
Tarcini	→	Zimt
Tarhun	→	Estragon
Tarkhun	→	Estragon
Tárkony(üröm)	→	Estragon
Tarmeriek	→	Kurkuma
Tarragon	→	Estragon
Tartschenflechte	→	Isländisch. Moos
Taschendieb	→	Hirtentäschel
Taschenknieper	→	Hirtentäschel
Taschenpfeffer	→	Chili
Tasman bors	→	Pfeffer
Tasmanian pepper	→	Pfeffer
Tasmanijskij perets	→	Pfeffer
Tasmanischer Pfeffer	→	Pfeffer
Tasmannia lanceolota	→	Pfeffer
Taubenanis	→	Anis
Taubenweizen	→	Tripmadam
Tau kau	→	Muskatnuss
Tausendblatt	→	Schafgarbe
Tausendschön(chen)	→	Gänseblümchen
Tea bush	→	Basilikum
Te de Limón	→	Zitronengras
Teeblume	→	Huflattich
Teekraut	→	Schafgarbe
Teeminze	→	Pfefferminze
Teichlilie	→	Kalmus
Tejpattar	→	Lorbeer
Tellerwort	→	Schöllkraut
Temynta	→	Melisse
Tepin	→	Chili
Teriniskraut	→	Baldrian (Großer)
Tesalvie	→	Salbei
Tetra-Dill	→	Dill
Teufels(milch)kraut	→	Schöllkraut
Teufelspfeffer	→	Chili
Textile screw pine	→	Pandan
Thai-Basilikum	→	Basilikum
Thai-Ingwer	→	Galgant (Kleiner)
Thé de la grèce	→	Salbei
Theriak d. armen Leut	→	Knoblauch
Theriakskraut	→	Baldrian (Großer)
Theriakwurz(el)	→	Engelwurz
Therophyten	→	Kräuter
Thé rouge	→	Oregano
Thum	→	Knoblauch
Thymari	→	Thymian
Thym de berges	→	Oregano
Thym de citron	→	Thymian
Thyme	→	Thymian
Thym (ordinaire)	→	Thymian
Thymos	→	Thymian
Thymus citriodorus	→	Thymian
Thymus herba-barona	→	Thymian
Thymus mastichina	→	Thymian
Thymus odoratissim.	→	Thymian
Thymus satureioides	→	Thymian
Thymus serpyllum	→	Thymian
Thymus vulgaris	→	Thymian
Thymus vulg. france	→	Thymian
Tiglschleim	→	Dill
Tijm	→	Thymian
Till	→	Dill
Tilli	→	Dill
Timi	→	Thymian
Timian	→	Thymian
Timijehnges	→	Thymian
Timjami	→	Thymian
Timjan	→	Thymian
Timo	→	Thymian
Timyan	→	Thymian
Ting-Hsiang	→	Gewürznelke
Tintabluoma	→	Enzian (Gelber)
Tisane	→	Kräuter
Tmin	→	Kümmel
Tömjénfü	→	Thymian
Tönkraut	→	Gänsefingerkraut
Toey hom	→	Pandan
Togarashi	→	Paprika
Tollerjan	→	Baldrian (Großer)
Tomilho (ordinário)	→	Thymian
Tomillo	→	Thymian
Topfasche	→	Salz
Torma	→	Meerrettich

Toronjil → Melisse
Toronjina → Melisse
Totenblume → Ringelblume
Totenkraut → Weinraute
Touraine-Anis → Anis
Toute-épice → Piment
Trabenkraut → Estragon
Trachyspermum am. → Kümmel
Tränenwurzel → Meerrettich
Tragonia → Estragon
Tragoselino comune → Bibernelle (Kleine)
Trasi → Chili
Traumelfenchel → Gewürzfenchel
Tree pepper → Chili
Trefoil → Petersilie
Tricolor → Salbei
Tripp Madame → Tripmadam
Trique madame → Tripmadam
Trommelschlegel → Wiesenknopf (Kleiner)
Trudenkraut → Schöllkraut
Trudenmilch → Schöllkraut
True Myrtle → Myrte
Trybula ogrodowa → Kerbel
Tschubritza → Gewürze
Türkenmohn → Mohn
Türk. Knoblauch → Knoblauch
Türk. Kümmel → Kreuzkümmel
Türk. Minze → Pfefferminze
Türk. Mohn → Mohn
Türk. Pfeffer → Paprika
Tuinsalie → Salbei
Tulbaghia violacea → Knoblauch
Tulbaghien-Lauch → Knoblauch
Tulsi → Basilikum
Tumeric → Kurkuma
Tuoksuruuta → Weinraute
Tupsupäälaventel → Lavendel
Turmeric → Kurkuma
Túrmerik → Kurkuma
Tusilago → Huflattich
Tussilage → Huflattich
Tussilago farfara → Huflattich
Tuz → Salz
Tymián → Thymian
Tymianek pospolity → Thymian
Tyrsfolia → Veilchen

U

Udrang → Gundermann
Ukon → Kurkuma
Ukrop → Dill
Ulek → Chili
Umbrella tree → Pandan
Umorkenkraut → Dill
Ungarischer Pfeffer → Paprika
Uniko → Mohn
Uzun biber → Pfeffer

V

Vadmajoránna → Oregano
Väriminttu → Melisse
Vainilla → Vanille
Valerian → Baldrian (Großer)
Valeriana → Baldrian (Großer)
Valeriana dioica → Baldrian (Großer)
Valeriana officinalis → Baldrian (Großer)
Valériane → Baldrian (Großer)
Valko pippuri → Pfeffer
Vallmo → Mohn
Valmue → Mohn
Valse Kaneel → Zimt
Vaniglia → Vanille
Vanil → Vanille
Vanilia → Vanille
Vanilie → Vanille
Vanilj → Vanille
Vanilja → Vanille
Vanilje → Vanille
Vanilka → Vanille
Vanilla → Vanille
Vanilla fragans → Vanille
Vanilla planifolia → Vanille
Vanilla pompona → Vanille
Vanilla tahitensis → Vanille
Vanille → Knoblauch
Vanilleschote → Vanille
Vanillia → Vanille
Vanillons → Vanille
Vanilya → Vanille
Vaquois → Pandan
Vassarve → Sternmiere
Vatarv → Sternmiere
Vegeli → Veilchen
Veichala → Veilchen
Veieln → Veilchen
Veigerl → Veilchen
Venetischer Kümmel → Kreuzkümmel
Venusaugenbrauen → Schafgarbe
Venuspflanze → Basilikum
Verbena → Zitronenverbene
Verbena citriodora → Zitronenverbene
Verbena citrom → Zitronenverbene
Verbena limonnaya → Zitronenverbene
Verbena officinalis → Zitronenverbene
Verbena triphylla → Zitronenverbene
Verbenenkraut → Zitronenverbene
Verbina → Zitronenverbene
Veronica beccabunga → Bachbunge
Verv. à trois feuilles → Zitronenverbene
Verveine (citronée) → Zitronenverbene
Verveine citronelle → Zitronenverbene
Verveine des Indes → Zitronengras
Verveine odorante → Zitronenverbene
Viehkraut → Baldrian (Großer)
Vierer-Gewürz → Kreuzkümmel
Viergewürz → Piment
Vietnamese cinnamon → Zimt
Vietnamese mint → Wiesenknöterich
Vietnam. Melisse → Melisse
Vietnam. Minze → Wiesenknöterich
Vietnam. Koriander → Wiesenknöterich
Vietnam. Zimt → Zimt
Vietnamesisk Kanel → Zimt
Vietnámi fahéj → Zimt

Vietnámi menta → Wiesenknöterich
Viher pippuri → Pfeffer
Vild Mejram → Oregano
Vinke → Gewürzfenchel
Vinruta → Weinraute
Vinrute → Weinraute
Viola → Veilchen
Viola mammola → Veilchen
Viola odorata → Veilchen
Viole(nkraut) → Veilchen
Violet → Veilchen
Violeta → Veilchen
Violetta → Veilchen
Violette → Veilchen
Violetter Bohler → Thymian
Viooltje → Veilchen
Virnant → Weinraute
Vitlök → Knoblauch
Vitpeppar → Pfeffer
Vitsenap → Senf
Vizibors → Wiesenknöterich
Vögelichrut → Sternmiere
Vogelaugenchili → Chili
Vogelkraut → Sternmiere
Vogelpfeffer → Piment
Vogel(stern)miere → Sternmiere
Vornehmer Muskat → Muskatnuss
Vuohenputki → Giersch
Vuurwerkplant → Weinraute

W

Wachandel → Wacholderbeere
Wachelduren → Wacholderbeere
Wacholter → Wacholderbeere
Wachteldörner → Wacholderbeere
Wahrsagesalbei → Salbei
Wald-Engelwurz → Engelwurz
Waldhahnel → Waldmeister
Waldherre → Bärlauch
Wald(t)knoblauch → Bärlauch
Waldknofel → Bärlauch
Waldkönigin → Waldmeister
Waldleberkraut → Waldmeister
Waldmännle → Waldmeister
Waldmajoran → Thymian
Waldminze → Pfefferminze
Waldmutterkraut → Waldmeister
Waldquendel → Pfefferminze
Waldrettich → Meerrettich
Waldröhre → Engelwurz
Waldschaumkraut → Wiesenschaumkraut
Waldspeik → Baldrian (Großer)
Wald-Uschla → Gundermann
Waldwurz → Beinwell
Waldwurzel → Engelwurz
Wallwurz → Beinwell
Walpurgiskraut → Gundermann
Wandläusekraut → Koriander
Wandwurzel → Baldrian (Großer)
Wanila → Vanille
Wanilia plaskolistna → Vanille
Wan(t)zendill → Koriander
Wanzenkraut → Koriander
Wanzenkümmel → Koriander
Warzenblume → Ringelblume
Wasabi → Meerrettich
Wasserkräutel → Liebstöckel
Warzenkraut → Schöllkraut
Wasserkraut → Schöllkraut
Wasserminze → Pfefferminze
Wassermünz → Pfefferminze
Wasserfenchel → Bärenklau
Wasserkraut → Giersch
Wasserpfeffer → Wiesenknöterich
Wasserpf.-Knöterich → Wiesenknöterich
Wassersalat → Bachbunge
Water mint → Pfefferminze
Watermunt → Pfefferminze
Waterpeper → Wiesenknöterich
Water pepper → Wiesenknöterich
Wechelder → Wacholderbeere
Wechholderbeer → Wacholderbeere
Weckhalder → Wacholderbeere
Weckolder → Wacholderbeere
Wegblatt → Spitzwegerich
Wegbreit → Spitzwegerich
Wegerich → Spitzwegerich
Wegsenf → Senf
Wegtritt → Spitzwegerich
Weiberkraut → Beifuß
Weibische → Ysop
Weihrauchbaumbeere → Wacholderbeere
Weihrauchkraut → Rosmarin
Weihrauchwurz → Rosmarin
Weinberglauch → Knoblauch
Weinblume → Ringelblume
Weinespe(nkraut) → Ysop
Weingartenknobl. → Knoblauch
Weinkraut → Weinraute
Weinpimpinellwurzel → Bibernelle (Kleine)
Weiße dt. Theriak. → Bibernelle (Kleine)
Weiße engl. Münze → Pfefferminze
Weiße Melisse → Pfefferminze
Weiße Minze → Pfefferminze
Weißenzen → Enzian (Gelber)
Weiße Pfefferminze → Pfefferminze
Weißer Bock → Beifuß
Weißer Diptam → Weinraute
Weißer Ingwer → Ingwer
Weißer Kreuzkümmel → Kreuzkümmel
Weißer Kurkuma → Kurkuma
Weißer Pfeffer → Pfeffer
Weißer Senf → Senf
Weißer Wermut → Weinraute
Weißer Zimt → Zimt
Weißes Gold → Salz
Weißwurstsenf → Senf
Welriek. Ganzenvoet → Gänsefuß (Weißer)
Welsche Bibernelle → Bibernelle (Kleine)
Welscher Baldrian → Baldrian (Großer)
Welscher Kerbel → Kerbel
Welscher Kümmel → Kreuzkümmel
Welscher Quendel → Thymian
Wermet → Wermut

Wermiete	→ Wermut
Wermuota	→ Wermut
Wermutkraut	→ Wermut
Werzwisch	→ Beifuß
Westafrik. Ingwer	→ Ingwer
Westindian goosefoot	→ Gänsefuß (Weißer)
Westind. Gänsefuß	→ Gänsefuß (Weißer)
Westind. Lemon grass	→ Zitronengras
Westind. Lorbeer	→ Piment
Westind. Vanille	→ Vanille
Westind. Zitronengr.	→ Zitronengras
Wetterdamm	→ Salbei
Wetternagele	→ Enzian (Gelber)
White cumin	→ Kreuzkümmel
White-leaf ever-last.	→ Currykraut
White mustard	→ Senf
White pepper	→ Pfeffer
White turmeric	→ Kurkuma
Wiegenkraut	→ Wermut
Wiesenbärenklau	→ Bärenklau
Wiesenbibernelle	→ Wiesenknopf (Kleiner)
Wiesenkerbel	→ Kerbel
Wiesenkresse	→ Wiesenschaumkraut
Wiesenkümmel	→ Kümmel
Wiesenrhabarber	→ Bärenklau
Wiesensalbei	→ Salbei
Wiesenthymian	→ Thymian
Wijn-ruit	→ Weinraute
Wild cumin	→ Kümmel
Wilde Angelika	→ Giersch
Wilde Bergamotte	→ Melisse
Wilde komijn	→ Kümmel
Wilde Kresse	→ Wiesenschaumkraut
Wilde Marjolein	→ Oregano
Wilde Meron	→ Thymian
Wilde Minze	→ Pfefferminze
Wilde Monarde	→ Melisse
Wilder Anis	→ Kerbel
Wilder Balsam	→ Oregano
Wilder Comfrey	→ Beinwell
Wilder Dill	→ Bärwurz
Wilder Dost	→ Oregano
Wilder Engelwurz	→ Engelwurz
Wilder Ingwer	→ Galgant (Kleiner)
Wilder Kalmus	→ Baldrian (Großer)
Wilder Knoblauch	→ Bärlauch
Wilder Knofel	→ Bärlauch
Wilder Lauch	→ Bärlauch
Wilder Majoran	→ Oregano
Wilder (Mehl-)Spinat	→ Gänsefuß (Weißer)
Wilde Rockenbolle	→ Knoblauch
Wilder Rosmarin	→ Thymian
Wilder Sanikel	→ Nelkenwurz
Wilder Thymian	→ Thymian
Wilder Wermut	→ Beifuß
Wilder Zimt	→ Thymian
Wildes Basilikum	→ Basilikum
Wildes Katzenkraut	→ Gundermann
Wilde tijm	→ Thymian
Wild garlic	→ Bärlauch
Wildknoblauch	→ Bärlauch
Wild marjoram	→ Oregano
Wild spinach	→ Gänsefuß (Weißer)
Wild thym	→ Thymian
Wildthymian	→ Thymian
Windwurzel	→ Knoblauch
Winterbergminze	→ Bohnenkraut
Winterblümli	→ Gänseblümchen
Winterbohnenkraut	→ Bohnenkraut
Winterestragon	→ Gewürztagetes
Wintermajoran	→ Oregano
Winter marjoram	→ Oregano
Winter savory	→ Bohnenkraut
Winter tarragon	→ Gewürztagetes
Winterthymian	→ Thymian
Wintertijm	→ Thymian
Wirmat	→ Wermut
Wisch	→ Beifuß
Wissenzen	→ Enzian (Gelber)
Witscherlenwetsch	→ Giersch
Witte mosterd	→ Senf
Witte peper	→ Pfeffer
Wohlgemut	→ Oregano
Wohlgemutsblume	→ Borretsch
Wohlgemutskraut	→ Borretsch
Wohlr. Myrrhe	→ Kerbel
Wohlr. Gänsefuß	→ Gänsefuß (Weißer)
Wohlr. Knöterich	→ Wiesenknöterich
Wohlr. Meier	→ Waldmeister
Wohlr. Thymian	→ Thymian
Wohlr. Veilchen	→ Veilchen
Wolfzausert	→ Wermut
Wollblume	→ Huflattich
Wollowwort	→ Schöllkraut
Wood avens	→ Nelkenwurz
Woodroff	→ Waldmeister
Wormkenkraut	→ Wermut
Wormkruid	→ Gänsefuß (Weißer)
Worm seed	→ Gänsefuß (Weißer)
Wormwood	→ Wermut
Wottel	→ Beinwell
Wucherblume	→ Ringelblume
Wuch(er)kraut	→ Giersch
Würmerkraut	→ Wermut
Würmet	→ Wermut
Würstli	→ Wiesenknöterich
Würzkr. armer Leut'	→ Bohnenkraut
Wulstkraut	→ Schöllkraut
Wundallheil	→ Beinwell
Wundkraut	→ Gänseblümchen
Wundkraut des Achill	→ Schafgarbe
Wundschad	→ Beinwell
Wundwegerich	→ Spitzwegerich
Wundwurzel	→ Beinwell
Wurmkraut	→ Wiesenknopf (Kleiner)
Wurmkraut	→ Wermut
Wurmlauch	→ Bärlauch
Wurmsamen	→ Gänsefuß (Weißer)
Wurmtod	→ Wermut
Wurmtreib. Gänsefuß	→ Gänsefuß (Weißer)
Wurstkraut	→ Bohnenkraut
Wurstkraut	→ Majoran
Wurstkrud	→ Majoran
Wurststock	→ Liebstöckel

Wurzel d. Hl. Geistes → Engelwurz
Wurzelpetersilie → Petersilie

X

Xa → Zitronengras
Xiang hua → Pfefferminze
Xiang-Mao-Cao → Zitronengras

Y

Yaban kerevizi → Liebstöckel
Yaban turbu → Meerrettich
Ya faran → Safran
Yalanda → Veilchen
Yamajskij perets → Piment
Yanisum → Anis
Yaponskij perets → Pfeffer
Yarrow → Schafgarbe
Yenibahar → Piment
Yerba → Mate
YerbanisYauthly → Gewürztagetes
Yerva → Mate
Yesil biber → Pfeffer
Yildiz anasonu → Sternanis
Ying su qiao → Mohn
Ymper → Ingwer
Yogi-Gewürz-Tee → Gewürze
Yuan-Sui → Kümmel
Yueh kuei → Lorbeer

Z

Zacate de Limón → Zitronengras
Zadwaar → Kurkuma
Za'faran → Safran
Zaffee → Salbei
Zafferano → Safran
Zafferblätter → Salbei
Zaffran → Safran
Zafora → Safran
Zagferan → Safran
Zahme Angelika → Engelwurz
Zahmer Kümmel → Kümmel
Zahnblätter → Salbei
Zahnkraut → Baldrian (Großer)
Zahnlöffel → Löffelkraut
Zahnwehkraut → Melisse
Zahnwurz(el) → Engelwurz
Zanjabil → Ingwer
Zanthoxylum piperit. → Pfeffer
Zarter Beifuß → Eberraute
Zauberkraut → Zitronenverbene
Zaubersalbei → Salbei
Zaungiersch → Giersch
Zaungucker → Gundermann
Zazvor → Ingwer
Zédoaire → Kurkuma
Zedoar → Kurkuma
Zedoaria → Kurkuma
Zedoária-gyökér → Kurkuma
Zedoarij → Kurkuma
Zedoarwortel → Kurkuma
Zedoary → Kurkuma
Zeeter → Thymian
Zehrwurz → Kalmus
Zeitlosen(kraut) → Gänseblümchen
Zelcný pepr → Pfeffer
Zelyoyj perets → Pfeffer
Zencefil → Ingwer
Zenzero → Ingwer
Zerdali → Kurkuma
Zergefü → Koriander
Zevenblad → Giersch
Zi can → Wiesenknöterich
Zickelskräutlein → Gundermann
Ziegenkraut → Giersch
Zigeunerkraut → Bärlauch
Zigeunerlauch → Bärlauch
Zigeunerpetersilie → Koriander
Zimis → Thymian
Zimmer-Knobi → Knoblauch
Zimmerknoblauch → Knoblauch
Zimmermannskraut → Schafgarbe
Zimmeslein → Thymian
Zimmet → Zimt
Zimtbasilikum → Basilikum
Zingiber officinale → Ingwer
Zinsalwurz → Enzian (Gelber)
Ziola → Kräuter
Zipperle(ins)kraut → Giersch
Zischbe → Ysop
Zitronella → Zitronenverbene
Zitronell(a)gras → Zitronengras
Zitronenbasilikum → Basilikum
Zitronenblatt → Zitronenverbene
Zitronengeranie → Duftgeranie
Zitronen-Katzenminz. → Pfefferminze
Zitronenkraut → Eberraute
Zitronenkraut → Zitronenverbene
Zitronenmelisse → Melisse
Zitronenminze → Pfefferminze
Zitronenmyrte → Myrte
Zitronenpfeffer → Pfeffer
Zitronensalbei → Salbei
Zitronenstrauchkraut → Zitronenverbene
Zitronenthymian → Thymian
Zitterblümchen → Lavendel
Zittverrot → Kurkuma
Zitwer(wurzel) → Kurkuma
Zöldbors → Pfeffer
Zöpfliblüte → Lavendel
Zold mustarmag → Senf
Zottel → Beinwell
Zout → Salz
Zsálya → Salbei
Zuckerhafer(l) → Beinwell
Zuckerpflanze → Süßkraut
Zupfblatteln → Salbei
Zurückg. Fetthenne → Tripmadam
Zvezdchatyj anis → Sternanis
Zwangkraut → Gänsefingerkraut
Zwarte peper → Pfeffer
Zwergbasilikum → Basilikum

Inhaltsstoffe

Aflatoxine: natürlich vorkommende Gifte, die sich durch Hitze und Feuchtigkeit bilden.
Ajoen: Substanz, die das Blut verdünnt und eine beginnende Verklumpung der Blutplättchen rückgängig machen kann. Außerdem spielt Ajoen eine wichtige Rolle bei der Zellteilung.
Alkaloide: Meist als Gruppe chemischer Substanzen in Pflanzen als stickstoff-, sauerstoff-, wasserstoff- und kohlenstoffhaltige Verbindungen zugegen. Alkaloide können abhängig machen, schmerzlindernd wirken (z. B. als Chinin oder Morphin), giftig sein (z. B. als Strychnin) und Halluzinationen erzeugen (z. B. als Opium).
Allantoin: Wirkstoff, der die Zellerneuerung und -vermehrung beschleunigt und außerdem desinfiziert.
Allicin: natürliche Substanz, die sich aus Alliin, einem geruchlosen Inhaltsstoff des Knoblauchöls, bildet. Zerkleinert wird aus Allicin Diallyldisulfid, das für die antibakterielle, gefäßschützende und durchblutungsfördernde Wirkung des Knoblauchs verantwortlich ist. Alliin regt auch das Immunsystem an, Antikörper zu bilden.
Allyl-Senföle: wirken verdauungsfördernd, cholesterinsenkend, krebsvorbeugend und regen den Kreislauf an.
Aminosäuren: Von den bis heute bekannten natürlichen Aminosäuren sind etwa 20 am Aufbau der Peptide und Proteine beteiligt. Nur Pflanzen und Mikroorganismen sind imstande, alle Aminosäuren aufzubauen; der tierische und menschliche Organismus kann dagegen lediglich 12 Aminosäuren synthetisieren, die übrigen Aminosäuren müssen mit der Nahrung zugeführt werden. Letztere nennt man unentbehrliche (fachl. essentielle) Aminosäuren.
Anthozyan: blauer, roter oder violetter, wasserlöslicher Pflanzenfarbstoff mit hohem Stickstoffgehalt. Anthozyan wird umso wirksamer, je mehr Vitamin C die jeweilige Pflanze enthält, ist tumorfeindlich, antibakteriell, blutverdünnend, cholesterinspiegelsenkend und schädigt sogar vorhandene Krebszellen. Anthozyane werden auch bei Nachtblindheit, erhöhter Blendempfindlichkeit und Überlastung der Augen (etwa Bildschirmtätigkeit) empfohlen.
Antioxidantien: verlangsamen die Zellalterung und schützen vor unerwünschter Oxidation. Sie können sogar die Entstehung von sog. Freien Radikalen verhindern, da ihnen eine vorbeugende Funktion hinsichtlich bestimmter Erkrankungen zugeschrieben wird.

Ascorbigen: die Vorstufe des Vitamin C.

Ballaststoffe: pflanzliche Rohfasern, die zwar nicht verdaut und verwertet werden, aber die Darmtätigkeit anregen und deshalb auch für die Entgiftung des Körpers zuständig sind. Wer täglich 36 Gramm Ballaststoffe aufnimmt, hat ein 40% geringeres Darmkrebsrisiko als derjenige, der nur 13 Gramm Ballast isst.
Benzoesäure: natürlicher Konservierungsstoff, der auch synthetisch hergestellt werden kann.
Betanin: festigt die Gefäßwände und die kleinsten Blutgefäße.
Bitterstoffe: wirken appetit- und darmanregend, entzündungshemmend und entspannend.

Calcium: gilt als wichtiger Baustein für Nerven, Knochen und Zähne. Calcium ist auch an zahlreichen biochemischen Reaktionen im Körper beteiligt: Es hilft bei der Blutgerinnung, baut Hautallergien ab, aktiviert Enzyme, lässt das Herz regelmäßig schlagen und steuert die Erregbarkeit von Nerven, Herz und Muskeln. Calcium verändert sogar messbar Gehirnwellen (EEG) und beeinflusst die Reaktionen der Gehirn- und Nervenzellen. Der tägliche Calcium-Bedarf eines Erwachsenen beträgt 1000 mg. Kinder, Jugendliche, Schwangere, Stillende und Senioren brauchen mehr. Calciummangel kann sich unterschiedlich bemerkbar machen: erhöhte Erregbarkeit der Nerven, niedriger Puls, Verkrampfungen der Muskulatur oder Kribbeln und Taubheitsgefühl. Überdosierung verursacht krankheitsauslösende Ablagerungen im Gewebe und in den Nieren. Um den eigenen Knochenaufbau zu stärken, sollte man am Abend calciumreiche Nahrung zu sich nehmen, da der Calciumstoffwechsel nachts besonders aktiv ist. Wird Calcium dagegen erst morgens oder mittags eingenommen, ist er am Abend wieder weitgehend aus dem Blut ausgeschieden.
Capsaicin: bewirkt die Schärfe in Paprika- und Chilischoten, verhindert die Bildung von Blutgerinnseln und kann deshalb vor Herzinfarkt, Schlaganfall und Lungenembolie schützen. In konzentrierter Form (als Salbe oder Pflaster) hilft Capsaicin bei Hexenschuss und Gliederschmerzen. Capsaicin stimuliert auch die Sekretion des körpereigenen Opiats Endorphin, das Hochgefühle auslösen und süchtig machen kann.
Capsanthin: Wirkstoff, der dem Paprikapulver die rote Farbe verleiht.

Carotinoide: natürliche. fettlösliche gelbe, orangefarbene oder rötliche Farbgeber in Lebensmitteln. Sie hemmen das Krebsrisiko, beugen Infektionen vor, stärken das Immunsystem und schützen vor Herzinfarkt.
Chlor: Bestandteil der Magensäure und Gehirnflüssigkeit. Zuständig ist es für die Aufrechterhaltung der Flüssigkeitsbalance in den Zellzwischenräumen. Bei Chlormangel kann es zu Stoffwechselstörungen, Magenkrämpfen, Kreislaufbeschwerden, Muskelschwäche, Übelkeit und Kopfschmerzen kommen; eine Überdosierung führt dagegen zu Bluthochdruck.
Chlorophyll: überwiegend in Pflanzenblättern enthalten. Es nimmt Kohlensäure auf und gibt Sauerstoff ins Blut ab. Eine Studie beweist, dass Chlorophyll Bakterien im Körper zwar nicht direkt abtötet, die Abwehrkraft der Zellen und Organe jedoch stärkt.
Cholesterin: eine organische Base, die nicht nur dafür sorgt, dass sich Fette im Organismus nicht an den Arterienwänden ablagern, sondern auch die Leberfunktion und den Vitaminstoffwechsel unterstützt.
Cholin: ein Wirkstoff, der als besonders konzentrations- und gedächtnisstärkend gilt.
Chrom: reguliert den Blutzucker, Kohlenhydratstoffwechsel und die Fettverwertung.
Cumarin: ein wasserlöslicher Geruchsstoff (z. B. in Waldmeister und Zimt), der bei Überdosierung Lichtempfindlichkeit, Leberschädigungen und Vergiftungserscheinungen verursachen kann, bei richtiger Anwendung aber auch entzündungshemmende und durchblutungsfördernde Eigenschaften besitzt.

Eisen: ein wichtiger Bestandteil des roten Blutfarbstoffs Hämoglobin und damit unentbehrlich für die Sauerstoffübertragung im Körper. Eisen ist somit Baustein für die roten Blutkörperchen. Eisen regt das Gehirn an, macht munter und besitzt eine positive Wirkung auf das Wachstum. Die gleichzeitige Anwesenheit von Vitamin C fördert die Aufnahme von Eisen im Körper um ein Vielfaches. Bei längerer Einnahme von Eisentabletten färbt sich der Stuhl schwarz, was völlig unbedenklich ist. Eisen zählt zu den kritischen Mineralstoffen, weil die Versorgung nicht immer gewährleistet ist. Blutarmut, Atembeschwerden, Veränderungen an Haut und Schleimhaut, Haarausfall, Müdigkeit, Muskelschwäche, Kopfschmerzen und Blässe sind typische Erscheinungen von Eisenmangel.
Eiweiß: gelten als wichtigste Grundbausteine der Zellen.
Enzyme: äußerst hitzeempfindliche, biologische Wirkstoffe, die die Abwehrbereitschaft des Körpers stärken, Entzündungsprozesse regulieren und die Wundheilung fördern. Sie unterstützen den Organismus bei der Bekämpfung entarteter Zellen ebenso wie bei der Bekämpfung von Viren, regulieren den Stoffwechsel und verbrennen Fett. Wer gesund und nachhaltig abnehmen möchte, sollte wissen, dass eine Diät ohne ausreichend Enzyme sinnlos ist. Von außen zugeführte Enzyme können die körpereigenen unterstützen, aber auch Allergien auslösen. Bekannt sind bislang etwa 3000, man vermutet jedoch über 20.000 natürlich vorkommende Enzyme.
Erepsin: Wirkstoff, der eine darmreinigende, abführende und entgiftende Wirkung hat.
Etherische Öle: setzen sich aus Alkohol und Kohlenwasserstoffen zusammen. Sie speichern Wasser in Pflanzen und bestimmen ihren jeweiligen Geschmack. Etherische Öle bekämpfen auch Infektionen und wirken antiseptisch.
Eugenol: Wirkstoff, der bei Überdosierung krebserregend wirkt.

Flavonoide: können das Herzinfarktrisiko um 50% verringern, beugen Gefäßverkalkungen vor, schützen vor Entzündungen und Infektionen, stimulieren das Immunsystem und verhindern das Verkleben von Blutplättchen, weshalb sie bei Venenerkrankungen, Durchblutungsstörungen und sogar bei Lebererkrankungen eingesetzt werden.
Fluor: ein wichtiger Bestandteil des Zahnschmelzes und der Knochen. Fluor wirkt sich positiv auf die Wundheilung aus und hemmt Zahnverfall. Bei Überdosierung kann es zu Fleckenbildung im Zahnschmelz, Zahn- und Knochenerweichung, Wachstumsstörungen oder Veränderung der Schilddrüse kommen; Karies deutet dagegen auf Fluormangel hin.
Folsäure: ist an der Zellteilung, Zellverjüngung und der Reifung von roten Blutkörperchen beteiligt. Folsäure schützt zwar vor Darmkrebs, verlangsamt den Alterungsprozess, baut Ängste ab, gibt Lebensfreude, schenkt tiefen Schlaf und dient der Hormonbildung, sie wirkt jedoch nur in Verbindung mit Vitamin B 12. Schwangere, Stillende, Senioren, Frauen, die mit der Pille verhüten, und Personen, die viele Medikamente einnehmen müssen, haben einen erhöhten Folsäurebedarf.

Gerbstoffe: besitzen entzündungshemmende, zusammenziehende, reizmildernde und keimhemmende Eigenschaften auf der Haut.
Glucose / Glukose: wichtiges Zwischenprodukt im Stoffwechsel, das in Pflanzen durch Photosynthese entsteht; liefert Energie für Muskeln und Nervenzellen.
Glucosinolate: machen den typischen Geruch, Geschmack und die Schärfe nicht nur bei Kräu-

tern aus. Glucosinolate wirken vorbeugend gegen Darmkrebs und dienen der Infektions- und Bakterienabwehr.
Glutathion: gilt als wirksamstes Antioxidans, da es die Zellalterung verzögert und Krebs verhindern kann.
Glykoside: Pflanzensubstanzen, die aus zweiteiligen Molekülen bestehen. Manche wirken herzstärkend, andere abführend.

Jod: zuständig für die Schilddrüsenfunktion, Zellerneuerung und Stoffwechselregulation (z. B. Fette). Jod ist zudem verantwortlich für gesunde Haare, Fingernägel, Haut und Zähne, verhilft zu geistiger Regsamkeit und schafft Energie. Bei Überdosierung kann es zu Hautentzündungen, hervortretenden Augen und leichtem Anschwellen der Schilddrüse kommen.

Kalium: wichtig für die Herztätigkeit, entwässernd, kräftigt die Nieren und sorgt für eine normale Erregbarkeit von Muskeln und Nerven. Außerdem wirkt es als Katalysator bei verschiedenen Reaktionen im Energiestoffwechsel und ist zudem für die Regulation eines normalen Blutdrucks zuständig. Wissenschaftler der Universität San Diego haben herausgefunden, dass mindestens 2,4 g Kalium pro Tag für die Schutzwirkung vor Herzinfarkt und Schlaganfall nötig sind. Schon ein halbes Gramm mehr pro Tag senkt das Sterberisiko sogar um 40%. Bei Kaliummangel erschlaffen die Muskeln, man wird nervös und müde, es kann sogar zu Herzrhythmusstörungen kommen.
Kupfer: dient der Blutbildung, dem Denkprozess, der Zellatmung, der Immunabwehr und der Aktivierung vieler Enzyme.

Linol- und Linolensäure: bewahren unsere Blutgefäße vor schädlichen Ablagerungen und senken den Cholesterinspiegel.
Lutein: ein sauerstoffhaltiger Pflanzenfarbstoff.

Magnesium: aktiviert etwa 300 verschiedene Enzyme, hilft beim Knochenaufbau, lindert Gereiztheit und Aggressivität, fördert die Blutgerinnung und unterstützt den Stoffwechsel. Außerdem ist Magnesium extrem wichtig für die Hörzellen des Ohres und schützt diese vor Schädigungen durch Lärm. Magnesium begünstigt zudem, dass fettverzehrende Nervenreizstoffe, sog. »Fatburner«, im Körper aktiviert werden. Mangelsymptome sind Herzrhythmusstörungen, Muskelzuckungen, Verstopfung, Wadenkrämpfe, Schwindel, Konzentrationsmangel, Antriebsschwäche, Atemnot, Asthma, Müdigkeit, Nervosität, Verspannungen, Lärmempfindlichkeit und chronische Lungenerkrankungen. Bei einem Test erhielten chronische Lungenkranke pro Tag 100 mg Magnesium zusätzlich, worauf sich ihre Lungenfunktionswerte deutlich verbesserten.
Mangan: entgiftet, regt die Schilddrüse und damit die Fettverbrennung an, ist knochenbildend und wirkt sich positiv bei Zellstoffwechselstörungen und Fermentschwäche aus. Mangan ist auch hilfreich bei der Funktion von Leber, Bauchspeicheldrüse und Nieren. Zusammen mit Vitamin C stärkt Mangan das Immunsystem und wirkt gezielt antiallergisch.
Methyl-Methioninsulfoniumbromid: schützt vor Geschwüren in Magen und Zwölffingerdarm und trägt dazu bei, dass sie rasch abheilen.
Methylsalicilsäure: kann Fieber senken und Rheumaschmerz lindern.

Natrium: ist zuständig für die Regulierung des Wasserhaushalts, die Straffung des Gewebes, die Reizweiterleitung in Nerven und Muskeln und die Aktivierung vieler Enzyme. Bei Überdosierung (z. B. zu viel Salz oder natriumhaltiges Mineralwasser) steigt der Blutdruck und es besteht Infarktgefahr! Mineralwasser sollte nicht mehr als 150 mg Natrium pro Liter enthalten. Gestörter Wasserhaushalt, Apathie, niedriger Blutdruck und Muskelkrämpfe deuten auf Natriummangel hin.
Nitrat: wird bereits im Speichel zu Nitrit umgewandelt, bevor es im Magen zu Stickoxid abgebaut wird. Das Stickoxid-Gas ist in Kombination mit der bakterienhemmenden Magensäure z. B. fähig, Salmonellenerreger abzutöten. Nitrit wirkt außerdem gefäßerweiternd und blutdrucksenkend. In höheren Dosierungen hemmt Nitrit allerdings den Sauerstofftransport im Blut: man kommt sich benebelt vor.
Nitrosamine: gehören zu den stark krebserregenden Substanzen! Sie entstehen aus Nitrit und Eiweißbestandteilen.

Oxalsäure: bindet im Körper Calcium, was die Bildung von Nierensteinen begünstigt, gleichzeitig kann es zu Calciummangel kommen. Oxalsäure greift auch den Zahnschmelz an. Darum sollte man oxalreiche Lebensmittel grundsätzlich mit calciumreichen Lebensmitteln (z. B. Rhabarberkompott mit Sahne, Pudding, Vanillesauce oder Milchreis) kombinieren, da die Oxalsäure dann neutralisiert.

Pektin: kann als natürlicher Quellstoff Wasser bis zum 100-fachen seines Eigengewichts binden. Es verdrängt Hunger, stoppt Durchfall, wirkt cholesterinspiegelsenkend, bindet giftige Zersetzungsprodukte im Körper (z. B. Blei, das aus der Luft und alten Wasserleitungen aufgenommen wird) und reinigt den Darm. Dies ist besonders wichtig,

um Schädigungen des Nervensystems, der Nieren und der Knochen zu meiden.
Phosphor: wichtig für die Stärkung der Hirntätigkeit und den Aufbau von Muskulatur und Knochen.
Phytohormone: sind imstande, das Risiko von Brust- und Prostatakrebs um 25% zu senken.
Provitamine: Vorstufen der Vitamine, da sie erst im Körper zu Vitaminen umgewandelt werden.
Quercitin: ein Pflanzenfarbstoff, der das Darmkrebsrisiko senkt, die Durchblutung fördert und Viren tötet.

Raphanol: schwefelhaltiges Öl, das verdauungsfördernd wirkt, indem es die Dünndarmmuskulatur zu stärkeren Bewegungen (Perestaltik) reizt. Synchron werden dabei die Gallengänge gereinigt und Wasseransammlungen rascher ausgeschieden.
Raphiden: nadelfeine, scharfe Kristalle aus Calciumoxalat, die die empfindlichen Häute von Mund und Zunge derart reizen können, dass sie Kratzen im Hals und sogar Verdauungsbeschwerden verursachen können.
Reservatol: Inhaltsstoff, der Cholesterin-Ablagerungen an den Gefäßwänden mindert und so vor Herzkrankheiten schützt.

Saponine / Seifenstoffe: besitzen krebsverhindernde, allgemein stärkende, zellerneuernde, schleimlösende, entwässernde, verdauungsfördernde und cholesterin- und blutzuckersenkende Eigenschaften, vor Überdosierung wird jedoch gewarnt, da toxische Werte aufkommen können.
Sekretin: reguliert die Funktion der Bauchspeicheldrüse, indem es die Bildung von Verdauungssaft fördert.
Selen: Spurenelement, das nicht nur für die Abwehr von Krankheiten und Entgiftung zuständig ist, sondern auch als wirkungsvoller Antikrebsstoff gilt. Stoffwechselstörungen sind meist Selen-Mangelsymptome; Haarausfall sowie Verlust von Finger- und Fußnägeln deuten dagegen auf Überdosierung hin.
Serotonin: körpereigenes Hormon, das umso ertragreicher vom Körper hergestellt wird, je kohlenhydrathaltiger sich die Ernährung gestaltet.
Solanin: toxisches Alkaloid (toxische Wirkung ab 25 mg, tödliche Dosis ab 400 mg), das Durchfall, Erbrechen, Magenkrämpfe, Nierenentzündung, Lähmung, Atemstillstand, Hautausschläge (besonders an den Beinen) und die Auflösung der roten Blutkörperchen hervorrufen kann.
Sulfide: pflanzliche Wirkstoffe, die die Krebsentstehung hemmen, die Verdauung fördern, vor Herzinfarkt schützen, den Cholesterinspiegel senken und das Immunsystem stimulieren.

Tannin: bitter-herber Gerbstoff, der nicht nur schwer entfernbare Flecken verursachen kann, sondern auch eine entzündungshemmende Wirkung aufweist.
Terpen: Inhaltsstoff mit cholesterinsenkenden, entgiftenden und antioxidativen Eigenschaften.
Tyrosin: wirkt stimmungsaufhellend.

Vitamine: lebenswichtige Ergänzungsstoffe, die täglich mit der Nahrung aufgenommen werden sollten, um Mangelerscheinungen entgegenzuwirken. Man unterscheidet zwischen wasserlöslichen Vitaminen (B-Gruppe, C) und fettlöslichen Vitaminen (A, D, E, K).
Vitamin A / Augenvitamin / Axerophthol / Retinol: ist ausschließlich in tierischen Nahrungsmitteln enthalten. In Pflanzen kommen dagegen Carotinoide / Beta-Carotin vor, die der Körper teilweise in Provitamin A umwandelt. Das fettlösliche Vitamin A ist zuständig für Haut, Haare, Stoffwechsel und Wachstum. Es stärkt das Immunsystem, wirkt blutreinigend, schützt die Zellen bei Nikotinmissbrauch und vor UV-Strahlung und erhöht die Anzahl der Spermien. Nachtblindheit, Lichtempfindlichkeit, Veränderungen der Schleimhäute, Störungen des Knochenwachstums und Kariesbildung deuten auf Vitamin-A-Mangel hin, bei Überdosierung kommt es zu Kopfschmerzen, Schwindelgefühl, Erbrechen; in den ersten Wochen der Schwangerschaft kann sogar der Embryo geschädigt werden.
Vitamin B 1 / Aneurin / Thiamin: ist dafür zuständig, Kohlenhydrate in Zucker umzuwandeln. Fehlt dieses Vitamin durch falscher Ernährung, bilden sich Fettdepots und der Blutzuckerspiegel fällt; die Folge ist Dauerhunger. Vitamin B 1 stärkt Herz, Muskulatur, Knochen und Schilddrüse, hebt die Stimmung, regt Verdauung und Stoffwechsel an und besitzt einen angstlösenden und beruhigenden Effekt. Mangelsymptome sind Beeinträchtigungen von neurologischen Funktionen (Angst), Appetitlosigkeit, Müdigkeit, Vergesslichkeit und Herzflimmern. Erhöhter Bedarf von Vitamin B 1 entsteht durch starke körperliche und seelische Belastung und übermäßigen Alkoholkonsum.
Vitamin B 2 / Lactoflavin / Riboflavin: dient der Begünstigung von Zellatmung, Stoffwechsel, Netzhautfunktion, hilft bei Migräne, pflegt Haut, Fingernägel und Haare und lässt Augen glänzen. Risse im Mundwinkel und eine rot-violette Zunge sind deutliche Anzeichen für einen Mangel von Vitamin B 2.
Vitamin B 3 / Niacin / Nicotinsäureamid: erhöht die Körperenergie; Müdigkeit, Appetitlosigkeit, Stress und Nervosität verschwinden und die Hormonproduktion wird angeregt. Ein Mangel von Vitamin B 3 kann sich in plötzlicher Erschöp-

fung, Entzündungen im Mund, Brennen an Händen und Füßen und Nervosität äußern. *Vorsicht:* Überdosierung kann zur Schädigung der Leber führen.

Vitamin B 5 / Pantothensäure: baut die Haut auf, aktiviert den Zellstoffwechsel, wirkt antidepressiv, schützt vor giftigen Umwelteinflüssen und regt die Produktion von Nebennierenhormonen an. Bei Mangel von Vitamin B5 steigen die Blutfettwerte an.

Vitamin B 6 / Adermin / Pyridoxin: Dieses Verdauungsvitamin ist nicht nur dem Eiweiß-, Fett- und Gehirnstoffwechsel zuträglich, es ist auch hilfreich beim Bau von Zellkernen und der Produktion von roten Blutkörperchen, wirkt sich positiv bei Frauen in und nach der Menopause aus und verhindert sogar Schwangerschaftserbrechen und Reisekrankheiten. Selbst Depressionen und gefühllose Hände bekommt man mit Vitamin B 6 wieder in den Griff. Frauen, die die Pille nehmen, sich in den Wechseljahren befinden, schwanger sind oder stillen, haben einen erhöhten Bedarf an Vitamin B 6, typische Mangelerscheinungen sind Entzündungen im Gesichtsbereich, Haarausfall, Muskelschwund, Reizbarkeit, Talgdrüsenüberproduktion und Nervenkrämpfe.

Vitamin B 12 / Cobalamin: wirkt nervenstärkend, stoffwechselanregend und ist hilfreich bei der Bildung von roten Blutkörperchen. Es schützt auch vor Arterienverkalkung, Schlaganfall, Herzinfarkt, Allergieauslösern, Umweltgiften und produziert Methionin, das für Glück, Freude und Wohlbefinden sorgt. Vitamin B 12 wird vornehmlich in der Darmflora erzeugt und ist mitverantwortlich für die Wirkung anderer Vitamine. Strenge Vegetarier, Schwangere, Stillende und Senioren besitzen einen erhöhten Bedarf an Vitamin B 12. Mangelsymptome können starkes Herzklopfen, Blutarmut, Atemlosigkeit, Herzschmerzen, Geräuschempfindlichkeit, Müdigkeit, Mundentzündungen, ständige Nervosität, Gedächtnisschwund und Lähmungen sein. Cobalamin nennt man das Vitamin B 12 auch, weil es stark cobalthaltig ist, ein Mangel von Vitamin B 12, der gelegentlich bei strengen Vegetariern auftritt, lässt sich durch Zugabe von Cobalt jedoch nicht beheben.

Vitamin B 15: trägt zur Stabilisierung des Blutdrucks bei; Kreislaufschwäche und erhöhter Blutdruck sind die typischsten Mangelsymptome.

Vitamin C: fördert die Eisenresorption, ist für die Produktion fettabbauender Hormone verantwortlich und stärkt den Immunschutz. Außerdem aktiviert es den Stoffwechsel, indem es den Fettabbau anregt und die Bildung krebserregender (fachl. karzinogene) Nitrosamine hemmt. Bekannt ist Vitamin C als Erkältungsvitamin, weil es die Infektionsabwehr des Körpers stärkt. Dieser Effekt ist aber nicht unbegrenzt zu steigern, da das Vitamin nicht im Körper gespeichert und bei Bedarf aktiviert werden kann; nicht benötigte Mengen scheidet der Körper deshalb wieder aus. Folglich ist es in der Regel unnütz, zur Vorbeugung von Erkältungskrankheiten Vitamin-C-Tabletten einzunehmen. *Tipp:* Vitamin-C-reiche Kost hilft, Samenfäden vor Giftstoffen aus der Umwelt zu schützen, und kann somit Erbgutschäden verhindern. Vor allem Rauchern das wichtige Vitamin C fast immer. Typische Mangelsymptome sind Kopfweh, Infektionsanfälligkeit, Müdigkeit, Sehschwäche, Zahnfleischerkrankungen, Glieder- und Knochenschmerzen.

Vitamin D / Calciferol: nennt sich ein lichtempfindliches Vitamin, das der Knochenbildung und Regulation des Calcium- und Phosphat-Stoffwechsels dient. Erhöhter Vitamin-D-Bedarf besteht bei schlecht heilenden Knochenbrüchen. Bei Überdosierung kann es zu Verkalkungen und Veränderungen des Blutbildes kommen; Störungen des Phosphat- und Kalkstoffwechsels sind dagegen typische Vitamin-D-Mangelerscheinungen.

Vitamin E / Tokopherol: wird dem Körper überwiegend mit den Nahrungsfetten zugeführt. Das zwar kochbeständige, jedoch sehr lichtempfindliche Vitamin E schützt vor Krebs, indem es die Funktion der Organe stärkt, und sorgt dafür, dass wir keine fettigen Haare und Schuppen bekommen. Erhöhter Vitamin-E-Bedarf entsteht bei Muskelkrankheiten, Arbeiten am Bildschirm, Herzschwäche, Abwehrschwäche, Stress und Beschwerden vor der Periode. Ein plötzlicher Rückgang der Hormonproduktion gilt als Vitamin-E-Mangelsymptom.

Vitamin H / Biotin: wird für verschiedene Stoffwechselvorgänge benötigt. Da Vitamin H die Nahrung in Energie umwandelt, fördert es auch das Wachstum von brüchigen Haaren und Nägeln. Bei Überdosierung (z. B. durch Übergenuss von rohem Eiklar) wird Biotin zu giftigem Avidin gebunden. Dadurch kann es zu Mangelerscheinungen wie Haarausfall, Schuppen oder rissiger Haut kommen. Durch Erhitzung (kochen, braten, backen) wird Avidin zerstört.

Zink: ist an vielen Stoffwechselreaktionen und der Enzymaktivierung beteiligt. Da Zink nicht speicherbar ist, sollte es dem Körper regelmäßig zugeführt werden. Es stärkt die Immunabwehr, verleiht den Augen Glanz, beschleunigt Wundheilung und beruhigt das zentrale Nervensystem. Typische Mangelsymptome sind Müdigkeit, Appetitlosigkeit, Stimmungsschwankungen, Schwermut, Geschmacksstörungen, Hautekzeme, Verhornung, Immunschwäche, Haarausfall und Mundgeruch.

Literaturverzeichnis

Auswertungs- und Informationsdienst für Ernährung: Kaffee, Tee, Kräutertees, Kölnische Verlags-Druckerei, Bonn 1996.

Auerswald, Bernhard: Unsere Heimats-Kräuter als Hausmittel, Dresdner Verlags-Buchhandlung, Dresden 1920.

Bernau, Lutz: Urgroßmutter's Naturapotheke, Mohndruck, Gütersloh 1990.

Bornträger und Schlemmer: Das Wichtigste über heimische Gewürze, Schlemmer, Offstein 1991.

Davidis, Henriette: Praktisches Kochbuch, Schreiterische Verlagsbuchhandlung, Berlin 1898.

Duch, Karl: Handlexikon der Kochkunst, Rudolf Trauner, Linz 1969.

Escoffier, Auguste: Kochkunstführer, Pfannenberg, Gießen 1968.

Forschungsstelle Gewürze: Kleine Gewürzkunde, Zielfleisch-Druckerei, Stuttgart 1993.

Fuchs-Gewürze: Die Route der Gewürze, Praxis, Neuwied 1995.

Hart, H. H.: Die große Kräuterfibel, Moewig, Rastatt 1996.

Klencz, Paul: Küchenkräuter und Gewürze, Nord-West-Druck, Hamburg 1967.

Koch, Burghart: Otzberger Kräuterbuch, Wernicke Offsetdruck, Frankfurt 1999.

Kreuter, Marie-Luise: Kräuter und Gewürze, BLV, München 1995.

Lingen, Helmut: Heilpflanzen und ihre Kräfte, Lingen, Köln 1978.

Podlech, Dieter: Heilpflanzen-Naturführer, Gräfe und Unzer, München 1987.

Poth, Susanne: Die Heilkraft der Pflanzen, Falken 1996.

Pütz, Jean u. Monika Kirschner: Lebenselixiere aus Deutschland: Wilde Pflanzen, vgs, Köln 2002.

Rausch, Andrea u. Brigitte Lotz: DuMonts kleines Kräuterlexikon, DuMont, Köln 2002.

Seitz, Paul: Kräutergarten, Franckh-Kosmos, Stuttgart 2000.

Sigrist, Alfred: Die Natur, deine Apotheke, Drei Eichen, München 1970.

Treben, Maria: Gesundheit aus der Apotheke Gottes, Ennsthaler 1993.

Wiberg-Inspiration [Kundenzeitschrift der Wiberg GmbH], Laber-Druck, Freilassing 2004.

Das große Lexikon der Früchte und Gemüse

Vorwort

Sie möchten wissen, ob Sie eine Apfelsine zur Zubereitung einer gefrorenen Süßspeise verwenden können, wie man den Reifegrad einer Ananas überprüft, wie hoch der Vitamin-C-Gehalt einer Kiwi im Vergleich zur Sauerkirsche ist und ob Spinat wirklich einen so immensen Eisengehalt besitzt, wie gelegentlich behauptet wird? Antworten auf diese und zahlreiche andere Fragen finden Sie in diesem Buch: Es gibt rasche und verlässliche Auskunft über alle Bereiche rund um das Thema Früchte und Gemüse – kompetent, kompakt und auf unterhaltsame Weise.

In alphabetischer Reihenfolge wird nicht nur auf die Herkunft und geschichtliche Bedeutung des jeweiligen Gemüses oder der Frucht eingegangen, behandelt werden ebenso Aussehen, Geschmack, Verwendung, Zubereitung, Lagerung, Inhaltsstoffe und volksmedizinische Bedeutung. Daneben listet dieses lexikalisch geführte Nachschlagewerk alle gängigen und auf den heimischen Märkten erhältlichen Sorten auf und gibt wertvolle Küchentipps.

Eine umfangreiche Kalorientabelle, eine interessante Aufstellung mit Erklärungen der wichtigsten Inhaltsstoffe und ein übersichtliches Glossar, das nahezu alle bekannten regionalen, dialektalen und fremdsprachlichen Synonyme beinhaltet, komplettieren den Band. Mit Hilfe dieses Verzeichnisses können sich Restaurantbesitzer, die z. B. eine englische, französische oder italienische Spezialitätenwoche veranstalten möchten, entsprechende Fachausdrücke heraussuchen und für eine Speisekarte verwenden.

Das Buch spricht alle Personen an, denen der sorgsame Umgang mit Lebensmitteln am Herzen liegt und die sich mit der Information, dass eine Orange ziemlich Vitamin-C-haltig sein soll und ganz gut schmeckt, nicht zufrieden geben wollen.

Alle Artikel wurden für die vorliegende Neuausgabe überarbeitet und aktuellen Studien angepasst.

Roxheim, im Mai 2008
Lothar Bendel

A

Acerola

Malpighia emarginata, Malpighia punicifolia (früh. Bez.)
Acerola (ital., norw., span.), Acerola cherry (engl.), Acerola-Kirsche, Acérole (frz.), Ahornkirsche, Antillenkirsche, Azerola, Barbados cherry (engl.), Barbados Kersen (niederl.), Barbadoskirsche, Cerise des Antilles (frz.), Ciliega del India occidentale (ital.), Jamaika-Kirsche, Kirsche der Antillen, Puerto Rican cherry (engl.), Puerto-Rico-Kirsche, Semeruco (span.), Westindian cherry (engl.), Westindische Kirsche

Allgemeines, Herkunft, Geschichtliches

Die zu den Malpighiengewächsen (Malpighiaceae) zählende Acerola wurde im Jahre 1946 von Conrado Assenjo im südamerikanischen Puerto Rico entdeckt. Ihre bedeutendsten Anbaugebiete liegen heute in Afrika, Guayana, Hawaii, Mexiko, Peru, Südtexas, Venezuela, Westindien und in der Karibik.

Mit unserer heimischen Kirsche ist die Acerola nicht verwandt.

Aussehen

Die Acerola gedeiht an einem immergrünen, rot blühenden, strauchartigen Baum. Sie hat kirschenähnliche, gelborangerote, 1–3 cm große, weiche Steinfrüchte mit einer dünnen, glänzenden Haut, die mit zarten Längsrillen versehen ist. Im Inneren befinden sich 3 Samen.

Geschmack

Acerolen besitzen zwar ein fruchtiges und sehr saftiges Aroma, da sie jedoch sehr sauer schmecken und spezifische Geschmacksstoffe gänzlich fehlen, sind sie zum Frischverzehr quasi ungeeignet.

Hauptinhaltsstoffe

Calcium, Eisen, Eiweiß, Niacin, Phosphor, Provitamin A, Vitamin B 1, B 3, B 6, B 12, Fluor. Mit einem Vitamin-C-Gehalt von 2 bis 3% verfügen Acerolen **über den höchsten Vitamin-C-Gehalt aller Früchte und Gemüse**. Zum Vergleich: Reife Acerolen besitzen den dreißigfachen Vitamin-C-Anteil von Zitronen und den hundertfachen von Apfelsinen, unreife Exemplare erreichen sogar doppelte Gehalte.

Verwendung, Zubereitung

Acerolen werden schon in den Anbauländern durch Sprühtrocknung zu Pulver, Saft oder Fruchtmark (fachspr. Pulpe) verarbeitet, das meist der Vitaminanreicherung von Getränken dient oder zur Eis- und Marmeladenherstellung verwendet wird.

Lagerung

Der dünnen Haut und ihres hohen Flüssigkeitsgehalts wegen ist die

Acerola leicht verderblich, weshalb sie hierzulande als Frischfrucht kaum erhältlich ist.

Volksmedizinische Bedeutung

Der immense Vitamin-C-Gehalt der Acerola fördert die Eisenresorption, ist für die Produktion fettabbauender Hormone verantwortlich und stärkt den Immunschutz. Außerdem aktiviert dieses Vitamin den Stoffwechsel und hemmt die Bildung krebserregender Nitrosamine.

Tipp

In Labortests wurde jüngst festgestellt, dass das hochgepriesene Vitamin C bei langzeitiger Überdosierung Genschäden verursachen kann.

Affenbrotfrucht

Adansonia digitata

Adansonie, Baobab (afrik.), Pain des singes (frz.)

Allgemeines, Herkunft, Geschichtliches

Der zur Familie der Bombaxgewächse (Bombacaceae) zählende Affenbrotbaum stammt aus Afrika und kann bis zu 1000 Jahre alt werden. Außer in Afrika wird dieser Baum auch in Madagaskar und in Nordaustralien angebaut.

Aussehen

Der bis zu 20 m hohe Affenbrotbaum weist einen charakteristischen, tonnenförmigen Stamm auf, der locker 10 m Umfang erreichen kann. Die an der dezenten Krone hängenden, kernreichen, gurkenförmigen Früchte des Affenbrotbaums können 50 cm Länge erreichen.

Geschmack

Affenbrotfrüchte haben ein süßsäuerliches, kürbishaftes Aroma.

Verwendung, Zubereitung

In den Anbauländern wird das pulvrige Mark der Affenbrotfrucht mitsamt den ölhaltigen Samen zu Brot, Fladen und zur Herstellung von Getränken verarbeitet; aus den jungen Blättern bereitet man Gemüse und aus dem extrem weichen und leichten Holz des Affenbrotbaums bauen die Eingeborenen Kanus. Aus den Kernen der Affenbrotfrüchte wird sogenanntes »Baobab-Öl« gewonnen, das meist als Backzutat genutzt wird; als Badezusatz besitzt es entspannungsfördernde Eigenschaften.

Tipp

In Madagaskar, wo es mehrere Baobabsorten gibt, kann man eine **weltweit einzigartige Baobab-Allee** bestaunen.

Aki

Blighia sapida

Ackee, Akee (engl.), Akee d'Afrique (frz.), Akinuss, Akipflaume, Frucht des Teufels, Merey del diablo (span.), Ris de veau végétale (frz.), Seso vegetal (span.)

Allgemeines, Herkunft, Geschichtliches

Das Ursprungsgebiet der zu den immergrünen Seifenbaumgewächsen (Sapindaceae) zählenden Aki liegt in Westafrika: zwischen Sierra Leone und Kamerun. Ende des 18. Jh.s gelangte sie durch Kapitän Blight von der Bounty per Sklavenschiff auch auf die Westindischen Inseln

(Karibische Inseln). Die bedeutsamsten Anbaugebiete dieser exotischen Frucht liegen heute außer in Westafrika auch in Brasilien, Südflorida, Jamaika und in der Karibik. »Frucht des Teufels« wird die Aki genannt, weil sie – unreif und überreif genossen – mitsamt der Schale giftig ist.

Vom Namen des zuvor erwähnten Kapitäns Blight leitet sich die botanische Bezeichnung »Blighia« ab.

Aussehen

Die paprikaschotenähnliche 4–8 cm lange und 2–4 cm breite Aki hat eine ledrige, glatte Schale, die sowohl gelb, orangerot und lachsfarben gefleckt oder rot sein kann.

Bei Reife springt die Frucht dreifächrig auf und enthüllt 3 ungenießbare, braune, beerenartige Samen, die an der Basis von einem kleinen, wollweißen, fleischigen Samenmantel (fachspr. Arillus) umhüllt ist: dem einzigen essbaren Teil der Frucht.

Geschmack

Die Aki hat einen cremig-zarten, avocadoartigen Geschmack.

Hauptinhaltsstoffe

Aminosäure, Calcium, Eisen, besonders hoher Eiweißgehalt, Ethylen, Glutathion, Hypoglycin A, Kalium, Magnesium, Mannoheptulose, Provitamin A, Vitamin B 1, B 2, B 6, C, D, E; Zucker. Die chemische Zusammensetzung der Aki ähnelt der der Avocado.

Verwendung, Zubereitung

Im unreifen oder überreifen Zustand sollte man Akis angesichts ihres giftigen Peptids Hypoglycin A nicht verzehren. Gekocht oder gebraten eignet sich die Aki als Gemüse zu vielerlei Fisch- und Fleischgerichten.

Lagerung

Bei ständiger Zimmertemperatur lässt sich die Aki bis zu 2 Wochen lang aufbewahren.

Volksmedizinische Bedeutung

Aufgrund ihres hohen Fettgehaltes zählt die Aki zu den kalorienreichen Früchten.

Tipp

Da Akis sehr fetthaltig sind, werden sie leicht ranzig und sind aufgrund dessen nur selten auf unseren Märkten anzutreffen.

Alge

Alga

Alga (engl., span.), Alghe (ital.), Algue marine (frz.), Benthos, Meergrün, Phylophyta (griech.), Plankton, Sea weed (engl.), Seetang, Tang (dän.)

Allgemeines, Herkunft, Geschichtliches

Algen gehören zu den ersten Organismen, die einst die Erde besiedelten. Sie vermehren sich sowohl geschlechtlich als auch ungeschlechtlich und bewohnen als »Benthos« entweder den Grund der Gewässer oder sie schweben als »Plankton« im Wasser. Schon seit Jahrtausenden dienen Algen Menschen und Tieren als wertvolle Nahrungsergänzung und 60% des gesamten Sauerstoffs auf der Welt wird von Algen produziert.

Das auf lateinischen Sprachwurzeln fußende Wörtchen »Alga« bedeutet »Seetang«.

Aussehen

Algen haben, je nach Sorte, bandförmige oder salatblattähnliche Vegetationskörper (fachspr. Thalluslappen)

Geschmack

Es gibt Algen mit fleischiger Konsistenz und solche, die staubtrocken schmecken. Manche sind extrem salzig, andere dagegen mild-würzig.

Arten, Sorten

Blasentang / Arame (jap.) / Fucus vesiculosus (lat.) / Höckertang / Meereseiche / Schweinetang / Seeeiche: pazifische Braunalge, die nur wenige Meter unter der Wasseroberfläche, vorzugsweise auf Felsen, gedeiht. In Japan verfeinert man mit dieser süßlichen Algensorte Suppen, Salate und Gemüse. »Meereseiche« nannte der römische Schriftsteller Plinius den Blasentang, aufgrund seiner Ähnlichkeit mit Eichenblättern.

Braunalge: Meeresalge mit bräunlichen Ausläufern.

Carrageenmoos / Ceylon-Tang / Irisches Moos / Irländisch(es) Moos: Rotalgensorte, die, getrocknet und fein zermahlen, meist als tierisch-eiweißfreier Gelatineersatz **Agar / Agar-Agar / Alginat / Carrageen / Gelose / Japanische Gelatine / Makkassargummi / Pflanzengelatine** bei der Andickung von Speiseeis, Cremespeisen, Fruchtgelees und Puddings Verwendung findet. Bei der Speiseeisherstellung wird Agar-Agar, **das älteste und ergiebigste Geliermittel pflanzlichen Ursprungs**, deshalb bevorzugt, weil es die Eismasse nicht nur gleichmäßig bindet, sondern weil es Eis ebenso geschmeidig macht und auf Dauer sogar die gewünschte Feinkörnung aufrecht hält.

In englischen Supermärkten können gesundheitsbewusste Kunden Brot-Rohlinge zum Selberbacken erstehen, die zu Brei gekochten Carageenmoos-Schrot enthalten, der mit Hafermehl angedickt wurde.

Chlorella vulgaris nennt sich eine proteinreiche Mikroalge, die meist gezüchtet wird. In Klötze (Sachsen-Anhalt) wird sie neuerdings erstmals in einem geschlossenen System herangezogen, das an einem über 500 km langen Röhrengewirr täglich bis zu 700 kg Algenpulver (mundartl. »Grünes Gold«) hervorbringt. Es dient meist der Ergänzung von Nahrungsmitteln und kosmetischen Produkten.

Dulse / Meeresspaghetti / Legume de la mér (frz.): Vitamin-B-, fluor- und eisenhaltige, auch roh verzehrbare Rotalge, die vorrangig an der französischen Bretagne-Küste »geerntet« wird, wo sie meist als »regionales Gemüse« in spinatähnlicher Zubereitung Verwendung findet.

Hijiki (jap.) / Hiziki: Japanische Braunalgensorte, **die zu den mineralstoffreichsten Pflanzen der Welt zählt** – sie enthält z. B. 14-mal soviel Calcium wie Kuhmilch. Da Hijiki-Algen einen sehr hohen gesundheitlichen Wert besitzen und zudem mild im Geschmack sind, werden sie in japanischen Kliniken bevorzugt zur Calcium- und Eisenanreicherung von Suppen, Salaten, Gemüsen und Eintöpfen genutzt.

Knotentang: Braunalgensorte, deren Vorkommen sich auf den Nordatlantik beschränkt. Texanische Forscher stellten jüngst fest, dass die Fleischqualität von Rindern wesentlich verbessert werden kann, wenn man geschroteten Knotentang unter ihr Futter mischt.

Kombu (jap.) / Konbu / Kunbú (chin.) / Kelp (schott.) / Oarweed (engl.) / Sea cabbage (engl.) / Sea tangle (engl.) / Tangle (engl.): Dunkle, bis zu 30 m lange Braunalge, die in Japan, meist im getrockneten Zustand, zu vielerlei Lebensmittelprodukten verarbeitet wird. Die Kombu ist in Japan nicht nur als **mineralstoff- und vitaminreichste Algensorte** bekannt, unverzichtbarer Bestandteil ist sie ebenso in der berühmten »Dashi«, einer nationalen japanischen Suppe. Sie wird auch zu Chips verarbeitet und gilt als wichtige Zutat für Mischwürzen.

Meeressalat / Meerlattich / Aosa (jap.) / Laitue de mèr (frz.) / Sea lettuce (engl.) / Ulva: Bis zu 60 cm lange Grünalge mit blattartigem Wuchs, mildem Geschmack und einem bemerkenswerten Eisengehalt, der den des Eigelbs und Spinats um das Zehnfache übersteigt. Im getrockneten Zustand erinnert diese Alge, was Geruch und Aussehen anbelangt, an Spinat; im frischen Status könnte man sie, wie ihr Name schon erahnen lässt, mit dem Kopfsalat verwechseln.

Nori / Laver (walis.) / Purple laver (engl.) / Purple seaweed (engl.) / Purpurtang / Red ware (engl.) / Rote Seealge / Sloke (irl.): Eiweißreiche Rotalge, die meist als **Sushi nori** (jap.) / **Seaweed sheets** (engl.) zum Einwickeln von Sushi-Beilagen verarbeitet wird. In England wird getrockneter Purpurtang als Suppen- und Salateinlage verwendet, nachdem man ihn zuvor mindestens eine Stunde eingeweicht hat.

Riesenalgen aus Kalifornien sind mit durchschnittlich 60 Metern Länge die größten Algen der Welt. Gasgefüllte Blasen an ihren vielfach verzweigten Stielen heben die gewichtigen Blätter an die Wasseroberfläche. Die Amerikaner verarbeiten Riesenalgen zu Dünger und Medizin.

Rotalgen: Meeresalgen mit rötlichen Ausläufern.

Wakame / Alaria: Calcium-, Vitamin-B-12- und eiweißreiche Braunalgensorte, die auf japanischen Märkten in frischer und getrockneter Form feilgeboten wird. Meist kommt die gekräuselte, leicht süßliche und kalorienarme Wakame zwar als Suppeneinlage oder Zwischengericht auf den Tisch, sie wird jedoch auch medizinisch zur Darmentgiftung und -reinigung genutzt.

Zuckerriementang: Rotalgensorte mit breiten, glänzenden, fast schwarzen Blättern, die nicht nur an der japanischen, koreanischen und sibirischen, sondern ebenso an der bretonischen Küste Frankreichs gedeiht. In Japan wird Zuckerriementang schon seit 300 Jahren kultiviert.

Hauptinhaltsstoffe

Alginat, Aminosäuren, Aosain, Calcium, Chlorophyll, Eisen, Eiweiß, Farbstoffe, Folsäure, Jod, Kalium, Magnesium, Omega-3-Fettsäuren, Provitamin A, Salze, Schleim, Vitamin B 1, B 2, B 12, C, K, Zink.

Verwendung, Zubereitung

Frisch oder getrocknet werden Algen zu Salaten, Nudeln, Brot, Suppen und Gemüse verarbeitet. Getrocknete und vermahlene Algen dienen im asiatischen Raum meist als Speisenwürzezusatz, Geliermittel und Tiernahrung. Getrocknete Algen quellen sehr stark auf.

Lagerung

Leicht gesalzen und gut gekühlt lassen sich Algen problemlos bis zu 6 Monate lang aufbewahren.

Volksmedizinische Bedeutung

Algen sind nicht nur vitaminhaltiger als Obst und Gemüse, vom Eiweißgehalt übertreffen sie den Spinat sogar um das Zehnfache.

Algen stärken, stabilisieren und entschlacken den Körper, beugen Darmkrebs vor, indem sie gesundheitswidrige Schwermetalle **(z. B. Quecksilber)** regelrecht aus dem Verdauungstrakt reißen, regen die Schilddrüse und den Stoffwechsel an (erhöhte Kalorien-Verbrennung), wirken entzündungshemmend und vertreiben sogar schmerzhafte Muskelverkrampfungen.

Meeresalgen lassen sogar Migräne schwinden, wenn man sie gemeinsam mit Wermut zu sich nimmt.

Tipp

Da Algen ein erhöhtes Speichervolumen und den Ballaststoff Alginat innehaben, werden sie medizinisch zur Entgiftung eingesetzt.

Amarant

Amaranthus dubius

Amarante (frz.), Amaranth (engl.), Amaranto (ital.), Amáranton (griech.), Fuchsschwanz, Gartenfuchsschwanz, Inkaweizen, Love-lies-bleeding (engl.), Ponnanganni, Quihuicha, Tampala

Allgemeines, Herkunft, Geschichtliches

Schon vor 3000 Jahren genoss der Amarant bei den Azteken- und Maya-Kulturen Südamerikas große Bedeutung in der Ernährung und in Asien und Afrika zählt er noch heute zu den beliebtesten Blattgemüsen. Nennenswerte Anbaugebiete dieser rasant wachsenden Pseudocerealie (kein Getreide), die zur Gruppe der Fuchsschwanzgewächse (Amaranthaceaeen) zählt, liegen in Argentinien, Asien, Bolivien, China, Indien, Java, Mexiko, Westafrika und in der Karibik. Der deutsche Amarantenbedarf wird seit einiger Zeit aus den Niederlanden gedeckt.

Aussehen

Der Amarant hat gefurchte, weißnervig gezeichnete, bis zu 1 m hohe Stängel mit dunkelgrünen, spinatartigen, nicht welkenden Hochblättern und unscheinbare rote Blütchen, aus denen sich später die begehrten, essbaren Samen herauskristallisieren.

Geschmack

Der Amarant besitzt ein markiges, leicht nussiges Aroma.

Arten, Sorten

Chinesischer Spinat / Chinese spinach (engl.) / Ganges-Amarant: Amarantensorte mit Blättern, die eine unverkennbare, dunkle Aderung aufweisen.

Karibischer Spinat / Pannagemüse / Sarantigemüse / Sindnargemüse nennt man junge Amarantenblätter, wenn sie wie Spinat zubereitet werden.

Hauptinhaltsstoffe

Calcium, Eisen, gliadinarmes Eiweiß (19 mg / %), Kalium, Lysin, Magnesium, Phosphor, Provitamin A, Vitamin C (120 mg / %).

Verwendung, Zubereitung

Amarantenkörner müssen nicht geschält werden und sollten aber erst nach dem Kochen gesalzen werden. Sie dienen entweder Müslianreicherungen oder der Mehlherstellung, aus dem dann Bratlinge, Fladenbrote, Breis und Suppen gefertigt werden. In Verbindung mit Brotgetreiden (z. B. Dinkel, Roggen oder Weizen) erhöht der Amarant sogar den Nährwert von Backwaren und verleiht ihnen obendrein ein nussiges Aroma.

Da getrocknete Amarantblüten langzeitig ihre Farbe bewahren, werden sie nicht selten zu Trockengestecken verarbeitet.

Lagerung

Amarantenblätter und -stängel sollten gleich nach der Ernte weiterverwendet werden, da sie rasch verderben.

Volksmedizinische Bedeutung

Der ernährungsphysiologisch äußerst wertvolle Amarant stärkt das Immunsystem, kurbelt den Stoffwechsel an, sorgt für stabile Knochen, verlangsamt den Alterungsprozess, erhöht die Gedächtnisleistung und soll sogar Magengeschwüre heilen. Da Amaranteneiweiß weitestgehend gliadinfrei ist, empfiehlt es sich ebenso für Personen, die an einer Getreideallergie leiden. Körneramaranten, die man in ein weiches Kissen gefüllt hat und auf ermüdete Augen drückt, entspannen und kühlen nach anstrengender Bildschirmarbeit, längeren Autofahrten und durchfeierten Nächten. Da die nährstoffhemmenden Substanzen und natürlichen Schadstoffe des Amaranten bei Babys zu Widrigkeiten mit der Verdauung führen können, sollte man ihn als Bestandteil in der Kleinkindernährung ausklammern. Erwachsene sind davon nicht betroffen.

Tipp

Popcorn-Ersatz aus Amarantenkörnchen erfreut zunehmend Groß und Klein.

Ananas

Ananas comosus

Ananas (frz., niederl., norw., türk.), Ananás (span.), Ananasso (ital.), Ananaz (hist.), Erdbeerdistel, Königin der Früchte, Königsapfel, Liebesfrucht, Nana meant (ind.), Pina americana (span.), Pina tropical (span.), Pineapple (engl.), Pinon

Allgemeines, Herkunft, Geschichtliches

Die Heimat der zur Familie der Bromeliengewächse (Bromeliaceae) zählenden Ananas liegt vermutlich in Paraguay. 1493 entdeckte Christoph Kolumbus als erster Europäer wild wachsende Ananaspflanzen in Guadeloupe (Karibische Inseln / Westindische Inseln), wo sie von den Eingeborenen »nana meant« (»köstliche Frucht«) genannt wurden. Kolumbus gab dieser Sammelfrucht, aufgrund ihrer Ähnlichkeit mit Pinienzapfen, den Namen »Pinon« – und wirklich: Bei der Ananas handelt es sich um den Fruchtzapfen einer 80–100 cm hohen Staude. Der spanische König Ferdinand bezeichnete die Ananas sogar als schmackhafteste Frucht der Welt, nachdem sie ihm stolz von Kolumbus überreicht wurde. Seit dem 17. Jh. wird die Ananas zwar in Afrika, Australien, Guinea, Indonesien, Paraguay, Taiwan und in Westindien erwerbsmäßig angebaut, nach Europa gelangte sie jedoch erst auf dem Schiffsweg im Jahre 1865. Im Jahre 1886 verbrachte der Engländer Kidwell 1000 Ananaspflanzen erstmals nach Hawaii, wo mittlerweile 80% der Weltproduktion kultiviert wird.

Zu ihrem heutigen Namen gelangte die Ananas im Jahr 1550, nachdem ein französischer Hugenotten-Pfarrer ihre ursprüngliche Bezeichnung (nana meant) zu »Ananaz« verballhornte.

Kindel nennt man Tochterpflanzen von Bromeliengewächsen (z. B. der Ananas), die sich an der Basis der Mutterpflanze abtrennen lassen, um sie für Neupflanzungen zu gewinnen.

Aussehen

Die Ananas besitzt, je nach Herkunft, eine gelbbraune, rotbraune oder grünliche, schuppige Schale und farbloses bis goldgelbes Fruchtfleisch, das ein leicht hölziges Mittelstück umschließt. Ananasfrüchte aus unseren Supermärkten unterscheiden sich von ihren Originalen in den Herkunftsländern nicht nur im Geschmack, der eigens für den europäischen Gaumen gezüchtet wurde, sondern auch durch das Fehlen der ursprünglich existenten Kerne.

Geschmack

Nur bei einer vollreifen Ananas entwickelt sich der sogenannte »Ananas-Ether«, der ihr das typische Aroma und den angenehm würzigen süßsauren Geruch verleiht. Unreif geerntete Exemplare schmecken strohig-sauer.

Arten, Sorten

Babyananas: Köstlich duftende Mini-Ananas, die meist aus Kenia importiert wird. Sie ist sehr aromatisch, hat eine goldgelbe Schale, rotgelbes Fruchtfleisch und ist eher eine Dekorationsfrucht, da sie kleinwüchsig und ihr Fruchtfleisch nur wenig ergiebig ist. Ihr Strunk kann bedenkenlos mitverzehrt werden, da er nicht holzig schmeckt.

Cayenne / Smooth Cayenne (engl.) / Cayenne lisse (frz.): Die **hierzulande beliebteste Ananassorte** – wohl ihres besonders schmackhaften, goldgelben Fruchtfleischs wegen. Auf den Azoren, in Guinea, in Südafrika und auf Hawaii liegen ihre Hauptanbaugebiete.

Chunks / Tibits werden gemeinhin nicht nur kleine Leckerbissen im englischsprachigen Raum benannt, sondern auch große oder kleine Ananasstücke bzw. -scheiben im eigenen Saft, sobald sie in Konserven gehandelt werden.

Fairy Queen / Ripley Queen: Gelbe Ananassorten, die in Malaysia und Brasilien verbreitet sind. Sie haben eine zylindrische Form und sind mit kleinen Stacheln bestückt.

Flaschenananas: Grünschalige Ananassorte (auch bei Vollreife), die den Namen ihrem, sich zur Blattkrone hin verjüngenden, flaschen-

förmigen Erscheinungsbild zu verdanken hat.
Mexikanische Ananas / Delicious monstera (engl.) / Fensterblatt / Monstera deliciosa (lat.) / Cérimon (frz.): Kolbenartige südamerikanische, zu den Aronstabgewächsen (Araceae) zählende Frucht mit hellgrüner Schale und cremigweißem Fruchtfleisch, das geschmacklich an Ananas mit Cherimoya erinnert.
Red skin: Malaysische Ananassorte mit braunroter Schale und ockergelbem Fruchtfleisch, das beim Anschnitt kaum Saft verliert.
Red Spanish: Rothäutige Ananassorte aus Kuba oder Puerto Rico.
Victoria: Gelbschalige, längliche Ananassorte, die den geschmacklichen Höhepunkt erst erreicht hat, wenn ihr Fruchtfleisch eine orangegelbe Färbung aufweist.

Hauptinhaltsstoffe

Amylase, Biostoffe, Bromelain, sehr calcium- und eisenreich, Chlorid, Fruchtsäuren, Invertase, Jod, Kalium, Kupfer, Magnesium, Mangan, Natrium, Perodixase, Provitamin A, Seratonin, Vitamin B 1, B 2, B 3, B 5, B 6, C (30 mg / %), Xanthophyll, Zink, Zucker.

Verwendung, Zubereitung

Ananasfrüchte sollten schon beim Kauf reif sein, da sie sich – einmal geerntet – nicht mehr weiterentwickeln. Signifikant für Vollreife ist nicht nur ihr Wohlgeruch (insbesondere am Stielansatz) und markante Schuppen auf der Außenhaut, die sich behäbig von einem zarten Grün im unteren Bereich auf ein appetitliches Orangegelb im oberen Teil wandeln und auf leichten Druck nachgeben sollten, auch das mühelose Herausziehen ihrer schwertförmigen Blätter lässt auf Hochgeschmack schließen. Ananasfrüchte werden zum Rohverzehr, als Konserve, zu Süßspeisen, Bowlen, in Cocktails, in Frucht-, Gemüse- und Fleischsalaten, zu Konfitüre und kandiert in Gebäck verarbeitet. Ausgehöhlt eignet sich die Ananas zum Füllen mit Obst- oder Meeresfrüchtesalat.
Eine frische Ananas kann zwar nicht für Speisenzubereitungen mit Gelatine (z. B. Obstkuchen) verwendet werden, da ihre »Bromelaine« ein Gelieren inaktiviert, mit dem pflanzlichen Gelierstoff »Agar-Agar« oder durch kurzzeitiges Erhitzen des Fruchtfleisches über +40° C kann man dem jedoch entgegenwirken. Die Eigenschaften des Bromelains können sogar bei der Fleischzubereitung nützlich sein; Fleisch wird beispielsweise zarter, wenn es entweder eine zeitlang mit einer frischen Ananasscheibe belegt oder mit Ananassaft beträufelt wurde.
Puddings oder Quarkspeisen, die man mit frischer Ananas vermischt hat, sollten in Bälde verzehrt werden, da sie aufgrund ihres Bromelain-Anteils bereits nach kurzer Zeit bitter schmecken.
Da Konserven bei der Herstellung stark erhitzt werden, enthält eine konservierte Ananas keine Enzyme mehr und zu allem Überfluss schrumpft ihr Vitamingehalt währenddessen noch um 60%.
Das holzige Mittelstück der Ananas sollte aus gesundheitlichen Gründen mitgegessen werden, da es nicht nur sehr ballaststoffhaltig,

sondern zudem reich an gesundheitsförderlichen, da fettkillenden Enzymen (Bromelainen) ist.
Aus dem Ananasblattschopf lässt sich mit etwas Geduld ein exotisches Bäumchen heranziehen, wenn man ihn gleich nach dem Schnitt in Anzuchterde pflanzt, die permanent feuchtgehalten werden sollte, und ihm einen Standort bietet, der licht, zugfrei und warm sein sollte.
Aus Ananasblattfasern werden in den Anbauländern feine Gewebe, Seile, Netze und Hängematten gefertigt.

Lagerung

Bei einer gleichbleibenden Lagertemperatur von +15° C (Keller) kann man reife Ananasfrüchte zwar einige Tage aufbewahren, jedoch nicht kälter, da sie sonst schwarze Flecken bekommen und kurz darauf verderben. Zu kühl gelagerte Exemplare trocknen zudem leicht aus, nehmen rasch das »Odeur« anderer dort bevorrateter Speisen (z. B. Fisch, Käse, Obst) an und das klassische Ananasaroma verflüchtigt sich. Überreife oder überlagerte Früchte und solche mit Druckstellen sind faserig und haben schon derart an Geschmack verloren, dass sie als minderwertig gelten.
Aus den Ananasschalen lässt sich erfrischender Tee zubereiten.

Volksmedizinische Bedeutung

Die kalorienarme und leicht verdauliche Ananas wirkt dank ihrer wertvollen Enzyme, die unmittelbar nach dem Verzehr unverändert ins Blut gelangen, entwässernd, verdauungsfördernd, fettabbauend, stoffwechselfördernd und die körpereigene Abwehr mobilisierend. Ihre Enzyme sind ebenso imstande, rheumatische Beschwerden abzuwenden, indem sie schädliche Stoffe aus dem Körper schleusen. Wer nach einem üppigen Menü ein lästiges Völlegefühl verspürt, dem können frische Ananasstückchen oft besser helfen als ein hochprozentiger Digestif, denn durch die eiweißspaltenden Bromelaine, die sogar fehlenden Magensaft ersetzen können, werden Verdauung und Flatulenzen auf natürliche Weise gefördert. Zahnfleischentzündungen kuriert man, indem man eine Woche lang täglich etwa 150 g Ananasfleisch gemächlich zerkaut.
Ananasverzehr kann bei anfälligen Personen zu allergischen Reaktionen führen.

Tipp

The Pineapple nennt sich eine architektonische Kapriole, die man im verschlafenen Airth (Schottland) bestaunen kann. Es handelt sich dabei um den außergewöhnlichen Turm eines Gewächshauses, der – gleichermaßen sinnfällig wie amüsant – einem Ananasschopf nachempfunden wurde.

Annone

Annona

Annanona, Annona (norw.), Anome, Anona (ital., span.), Anone (frz.), Jamaican apple (engl.), Jamaika-Apfel

Allgemeines, Herkunft, Geschichtliches

Das Ursprungsgebiet der Annone liegt in den Regenwäldern Perus und Ecuadors, wo die bislang ältesten Annonensamen gefunden werden konnten. In Indien, Israel, Kalifornien, Kenia, Kolumbien, Madeira, Spanien, Sri Lanka, Südamerika, Thailand, Vietnam und auf den Kanarischen Inseln liegen die nennenswertesten Anbaugebiete dieses immergrünen Rahmapfelgewächses (Annonaceae).

Aussehen

Annonen sind birnengroße, erdbeer- oder pinienzapfenförmige Früchte mit schuppenartigen Höckern, deren weiches, weißbläuliches Fruchtfleisch sich bei zunehmender Reife schwarz färbt. Es beinhaltet große, steinharte, braunschwarz glänzende, ungenießbare Kerne.

Geschmack

Annonengeschmack kann von sehr süß bis sauer und von fruchtig bis hocharomatisch variieren.

Arten, Sorten

Atemoya: Kreuzung aus Cherimoya und Stachelannone mit saftigem Fruchtfleisch und dem Aroma der Cherimoya.

Cherimoya / Annona cherimola (lat.) / Chérimole (frz.) / Chirimoya (ital., span.) / Cremefrucht: Graugrüne, ovalrunde Abart der Schuppenannone, die reif ist, sobald sich ihre Schale fast schwarz gefärbt hat und sie bei leichtem Druck nachgibt. Das körnige, pastellfarbene bis bläuliche Fruchtfleisch schmeckt mehr oder weniger süßlich, angenehm saftig und hat ein unverwechselbares Aroma, das an Ananas, Erdbeeren oder Himbeeren mit Zimt und Schlagsahne erinnert. Es enthält zahlreiche ungenießbare, ca. 1 cm lange, dunkelbraune, leicht zu lösende Kerne. Bei Feinschmeckern gilt die Cherimoya als **köstlichste Tropenfrucht**. Um ihr feines Aroma noch stärker hervorzuheben, träufelt man etwas Zitronensaft, Cognac oder Likör über ihr Fruchtfleisch.

Mammilate: Herzförmige Cherimoyensorte aus Madeira, die in England als Dessertfrucht einen hohen Beliebtheitsgrad erlangt hat. Sie wiegt durchschnittlich etwa 300 g, besitzt, wie die Cherimoya, eine schuppenartige, höckrige, blassgrüne Haut und bläuliches Fruchtfleisch, das zahlreiche dunkelbraune Kerne ummantelt.

Netzannone / Annona reticulata (lat.) / Anona colorada (span.) / Bullock's heart (engl.) / Cachiman (engl.) / Corazón (span.) / Corossol (frz.) / Cœur de bœuf (frz.) / Custard apple (engl.) / Eiercremeapfel / Ochsenherz / Rinderherz: Die Netzannone kommt meist aus Südamerika oder von den Antillen, ist rund bis herzförmig, hat eine braunviolette, glattgeschuppte Schale und wird bis zu 1 kg schwer. Das feste, gelblich bis weißgraue, extrem süße Fruchtfleisch, das überwiegend zur Saftherstellung genutzt wird, enthält zahlreiche Kerne.

Schuppenannone / Annona squamosa (lat.) / Annone écailleuse (frz.) / Anona blanca (span.) / Caneel-Apfel / Monkey head (engl.) / Pomme canelle (frz.) / Sugar apple (engl.) / Süßsack / Sweet sop (engl.) / Zimtapfel / Zuckerapfel: Ovale, orangengroße Annonensorte, die in den Tropen Indiens zu Hause ist. Sie hat eine blaugrüne, samtige, schuppige Haut und ein köstlich-mildes Aroma mit süßem Birnen-Zimtgeschmack. Ihr sahnigweißes, rasch verderbliches Fruchtmark dient meist als Geschmacksgeber in der Getränkeindustrie oder als Basis für diverse Nachspeisen.

Stachelannone / Annona muricata (lat.) / Corossol épineux (frz.) / Guanábana (span.) / Rahmapfel / Sauerbrei / Sauersack / Sour apple (engl.) / Sour sop (engl.): Fußballgroße, bis zu 3 kg schwere Annonensorte – **die Größte ihrer Gattung** –, ist einer sattgrünen Birne nicht unähnlich. Heimisch ist diese warzige und stachlige Annonensorte im tropischen Flachland Lateinamerikas. Das sahnigweiche, milchfarbene Fruchtfleisch umschließt eine Vielzahl dunkler, harter, ungenießbarer Kerne. Der süß-saure Saft wird mehrheitlich zur Fruchtsaft-, Konfitüre- und Eiscremeherstellung verarbeitet.

Hauptinhaltsstoffe

Calcium, Eisen, Kalium, Phosphor, Vitamin B, C. Der Traubenzuckergehalt der Annone liegt deutlich höher, als bei jeder anderen Obstsorte.

Verwendung, Zubereitung

Annonen sind sowohl zur Zubereitung von Cremes, Obstsalat, Marmelade, Kompott und Milchmixgetränken als auch für die Eis- und Sorbetherstellung verwendbar. Zum Frischverzehr halbiert man die zuvor gekühlte Frucht, entfernt ihre ungenießbaren Kerne, löffelt das Fruchtfleisch aus der Schale und streicht es durch ein Sieb.

Lagerung

An einem nicht zu kühlen Ort (z. B. im Vorratskeller bei optimalen +12°–18° C) lassen sich Annonen problemlos einige Tage aufbewahren. Unreife Exemplare kann man bei Zimmertemperatur nachreifen.

Volksmedizinische Bedeutung

Man schreibt der Annone leichte Verdaulichkeit zu. In Afrika dient Annonenfruchtfleisch und sogar ihr Blattwerk der Bekämpfung von Fieber und Durchfall.

Tipp

Zu einem wahrhaft himmlischen Dessert gelangt man, indem man die Annone mit Quarkspeise füllt.

Apfel

Malus domestica

Abbel (hess.), Äppler (schwed.), Appel (niederl., pfälz.), Apple (engl.), Elma (türk.), Eple (norw.), Jablko (tschech.), Jabolka (mazed.), König der Früchte, Manzana (span.), Mela (ital.), Paradiesfrucht, Pomme (frz.), Sev (ind.), Zahnbürste der Natur

Allgemeines, Herkunft, Geschichtliches

Die ersten Apfelbäume wuchsen bereits vor 5000 Jahren im Baltikum. In vorchristlicher Zeit gelangten sie dann mit den Goten ans Schwarze Meer, von dort aus zu den Römern und schließlich über die Alpen auch zu uns. In der griechischen und nordischen Mythologie spielte der Apfel als Symbol von Liebe und Fruchtbarkeit eine große Rolle und im Mittelalter (5.–15. Jh.) galt er sogar, aufgrund einer biblischen Erzählung, als Leitsymbol des Sinnenreizes und der Erbsünde. Die heutigen Kultursorten des zu

den Rosengewächsen (Rosaceaen) zählenden Apfels, **der beliebtesten Frucht der Deutschen**, entstanden im Laufe von Jahrtausenden aus Kreuzungen europäischer und asiatischer Wildformen. Heute ist der Apfelbaum weltweit **der meistverbreitetste Obstbaum:** europaweit gibt es ca. 1600, weltweit über 20 000 Apfelsorten.
Größere Apfelanbaugebiete findet man in Afrika, Deutschland, Italien (Südtirol) und Neuseeland. Importe, die uns nach langen Transportwegen erreichen, werden während ihres Wachstums immer wieder mit Pestiziden (Benomyl) in Berührung gebracht, die in der Bundesrepublik schon längst unzulässig sind, weshalb man solche Früchte vor dem Verzehr zwingendst gründlich waschen und schälen sollte, um den Schadstoffgehalt möglichst gering zu halten; nebenbei verlieren solche Äpfel während ihrer Reise auch noch **bis zu 60% ihrer Vitamine**. Die intelligentere, gesündere und umweltschonendere Alternative hierzu wären Äpfel z. B. vom Bodensee, aus der Pfalz oder aus Südtirol, die im Herbst geerntet und dann in speziellen Kühlhäusern bei +1°–2° C derart aufbewahrt werden, dass der Reifungsvorgang für die gewünschte Zeit unterbrochen wird. Solche Äpfel sind jederzeit entnehmbar und erleiden kaum Qualitätsverluste, allerdings sind nicht alle Sorten unter diesen Bedingungen bevorratbar.

Aussehen

S. u. Sorten.

Geschmack

Je nach Sorte und Reife können Äpfel von sehr sauer bis süßlich aromatisch schmecken. Von allen Äpfeln sind deutsche Äpfel der Handelsklasse A die Würzigsten und Haltbarsten.

Arten, Sorten

Alkmene: Rotbäckige Münchberger Züchtung, die im Jahre 1960 aus »Cox Orange« und »Geheimrat Oldenburg« hervorgegangen ist.

Augustapfel nennen sich frühe Apfelsorten (z. B. Gravensteiner / Klarapfel).

Babyapfel / Cherry apple (engl.) / Kirschapfel / Pomme cherry (frz.) / Zierapfel: Pflaumengroße Apfelsorte, die meist (mitsamt Haut und Stiel und in Zuckersirup eingelegt) konserviert in den Handel gelangt und vornehmlich als Garnitur Verwendung findet.

Bananenapfel / Mother (engl.) / Mutterapfel nennt sich eine uralte Apfelsorte.

Berlepsch: Köstliche, blassrote Apfelsorte, die Herr Dietrich Uhldorn aus Grevenbroich im Jahre 1880 aus Sämlingen der »Ananasrenette« und »Ripston Pepping« gezüchtet und nach Freiherr von Berlepsch, dem damaligen Bürgermeister Düsseldorfs, benannt hat.

Boskop: Herzhafte, rotgrün schattierte Apfelsorte, die nach ihrem Zuchtort in Südholland bezeichnet wird.

Braeburn: Gelbgrüne, saftige und zuckerreiche (20%) Apfelsorte, die im Jahr 1952 aus einer neuseeländischen Zufallskreuzung hervorgegangen ist. Die gesündeste Apfelsor-

te, da sie selbst nach 6 Monaten Lagerung noch echte Vitamin-C-Bomben sind.
Bratapfel / Puttapfel (mitteldt.): Vom schaligen Kerngehäuse (bayr. Butze) befreiter, meist rotbäckiger Apfel, der zunächst mit Mandeln, Marzipan, Honig, Zimt und Butter gefüllt und dann im Backofen gegart wird.
Dörräpfel (österr.) / Apfelringe / Dampfäpfel (schweiz.) / Ringäpfel / Schnitzel (hess.) / Trockenäpfel: Geschälte und getrocknete Apfelscheiben, die meist aus Italien, Niederlande, Türkei oder aus den USA zu uns gelangen. Zu früheren Zeiten dienten Trockenäpfel auf dem Lande als Wintervorrat, da andere Konservierungsmethoden noch unentdeckt waren. Mehr als 50 g Dörräpfel täglich sollte man nicht zu sich nehmen, da ihr hoher Fructose-Gehalt das Stützgewebe der Haut angreift.
Dunstapfel: Fachbegriff für in gezuckertem Weißwein gedünsteten Apfel.
Japanische Ebereschenäpfel sind nur heidelbeergroß und aufgrund dessen **die kleinsten Äpfel der Welt**.
Galläpfel / Gallen / Schlafäpfel / Zezidien: Bezeichnungen für etwa 2 cm große, haarige Wucherungen, die gelegentlich unter Eichen- oder Haselnussblättern heranwachsen. »Äpfel« nennt man sie, weil sie apfelrund sind. Gallapfelbildungen sind als Schutzmaßnahme der befallenen Pflanze gedacht, die damit Parasiten gegen das übrige Gewebe abgrenzen möchte. Verantwortlich dafür ist die weibliche Eichengallwespe, die ihre Eier ins Blattgewebe legt, das bald darauf zu wuchern beginnt. So entstehen kugelige Kinderstuben, in denen bis zu 5000 junge Wespen Schutz und Nahrung finden, bis sie im Winter als ausgewachsene Tiere die Gallen verlassen. Schwarzbraune Gallenflüssigkeit, die man einst mit getrockneten, zerriebenen Galläpfeln und Eisenspänen mischte, diente der Herstellung von schwarzer oder brauner Tinte. Zu ihrem Namen »Schlafäpfel« gelangten Galläpfel, weil man sie einst als schlafanstoßendes Mittel unters Kopfkissen legte.
Glockenapfel: Apfelsorte, deren Kerne zur Zeit der Reife klappern, sobald die Frucht geschüttelt wird.
Golden Delicious: Beliebte, knackige, leicht süßlich-wässrige Apfelsorte, die nach Herrn »Delicious«, einem amerikanischen Hobbyzüchter, benannt ist, der sie im Jahre 1890 aus einem Zufallssämling heranzog.
Holzapfel (volkst.) / Wildapfel: Gerbstoffreiche, nur kirschgroße, gelbe oder rote Frucht von wild wachsenden Apfelbäumen, die meist zu Gelee und Apfelwein verarbeitet wird.
Ingrid Marie: Rotschalige, festfleischige, nach einer dänischen Lehrerstochter benannte Apfelsorte, die vorwiegend zu Weihnachtsbäckereien verwendet wird.
James Grieve: Grün-gelb-rotgestreifte Apfelsorte, die nach ihrem schottischen Züchter benannt wurde.
Kienapfel / Krachelcher (pfälz.) lauten regionaltypische Bezeichnungen für Kiefern- und Tannenzapfen.
Klarapfel / Kornapfel: Gewürzhafte und knackige, gelb-grün-rotschalige Apfelsorte, deren Fruchtfleisch bei

Überreife eine mehlige Konsistenz annimmt.
Kuchenäpfel nennt man festfleischige Apfelsorten, die deshalb zur Herstellung von Kuchen und Strudel bevorteilt werden, weil sie während des Backens nicht so leicht zerfallen.
Manga: Mit einem Durchschnittsgewicht von mindestens 1,75 kg die **größte Apfelsorte der Welt**.
Mors de Cochon: Kuriose, rotschalige, birnenförmige Apfelsorte aus der französischen Schweiz, deren Stiel am Bauchende sitzt.
Pepping lautet der englische Begriff für kleinwüchsige Äpfel.
Winterzitrone: Schweizer Apfelsorte.

Hauptinhaltsstoffe

Amino-, Apfel-, Bernstein-, Milch- und Zitronensäure, Calcium, Eisen (bis 0,85 mg / %), Ethylengas, Flavonoide, Gerbstoffe, Jod, Kalium (bis 175 mg / %), Magnesium, Pektin, Phosphor, Quercetin, Rutin, Vitamin A, B 1, B 2, B 6, C, E, Wasser (85%), Zellulose, mehrere Zuckerarten.

Verwendung, Zubereitung

Äpfel können den verschiedenartigsten Zubereitungsarten zugeordnet werden. Z. B.: Kompott, Kuchen, Most, Saft, Strudel, Trockenobst:
Apfelgelee / Apfelsulz (österr.) wird aus frisch gepresstem Apfelsaft gemacht.
Apfelgemüse nennt man in Berlin eine traditionelle Beilage, die vorwiegend zum berühmten Schwärtelbraten (bad. Schäufele) gereicht wird. Apfelgemüse beinhaltet gedünstete Zwiebeln, Äpfel und Kirschen, die aufgekocht und leicht mit Mehl angedickt werden.
Apfelkompott / Appelmok (hess.)
Apfelkraut / Apfelhonig / Apfeldicksaft (hess.): Dick eingekochter, ungesüßter Saft von frischen ungeschälten Äpfeln, den man, durch ein Sieb gestrichen, als Brotbelag, Süßungsmittel oder zum Verfeinern von Rotkraut und dergleichen verwenden kann. Aus 7 kg Äpfeln erhält man ca. 1 l Apfelkraut!
Apfelküchle / Apfelkrapfen / Apfelchüechli (schweiz.) / Apfelkucherl (österr.) / Beignets (frz.)
Apfelmus / Äppelpappe (ostdt.) / Apfelbrei (süddt.) / Apfelkoch (österr.) / Apfelpüree / Matschäpfel (landsch.)
Apfelwalzer: Spritziger fränkischer Apfelsekt, dessen Herstellungsmethode der des Champagners gleicht.
Apfelwein / Äppelwoi (hess.) / Äppler (jugendl.) / Stöffche (frankf.) / Viez (moselld., hunsr., eifelld.)
Appelkrotze / Krotze sagt man in der Pfalz zu dem verbleibenden Rest eines Apfels (Kerngehäuse, Stiel und Blütenansatz), nachdem man ihn aus der Hand gegessen hat.
Cider: 15%-iger englischer Apfelwein.
Cidre: Ursprünglich nordfranzösischer, prickelnder Apfelwein (Apfel-Secco) mit 5%-igem Alkoholgehalt, der mittlerweile auch in einem Wachenheimer (Pfalz) Betrieb produziert wird.
Bei Apfelsaftkäufen sollte »naturtrüber« Saft bevorzugt werden, da er noch das wertvolle Pektin beinhaltet, das bei klarem Saft komplett herausgefiltert ist.

Geschälte Äpfel sollten sofort mit Zitronensaft beträufelt, in Essigwasser gelegt oder blanchiert werden, da sie sonst an der Luft verbräunen. Verantwortlich dafür sind sogenannte Polyphenoloxidasen, die durch die Zersetzung von Phenolverbindungen den braunen Farbstoff Melanin hervorrufen; die Berostung angeschnittener Äpfel ist demzufolge nicht, wie oft gemutmaßt wird, speziell auf den Eisengehalt des Apfels zurückzuführen. Appetitliches und wohlschmeckendes Apfelmus erhält man, wenn man die Äpfel nach dem Schälen und Entkernen in grobe Stücke zerteilt, danach mit einem Schluck Weißwein übergießt und schließlich mit wenig Zucker gründlich vermengt. Anschließend werden die Apfelstücke unter gelegentlichem Umrühren in einem geschlossenen Edelstahltopf gedünstet. Zum Schluss werden sie mit einer Prise Zimt und einem Spritzer Rum gewürzt und dann entweder durch ein Sieb gestrichen oder mit dem Mixer püriert, um noch lauwarm aufgetischt zu werden. Genaugenommen benötigt man also bei der Apfelmusherstellung gar keinen Wasserzusatz, da Äpfel bei zögerlichem Erhitzen reichlich Eigensaft abgeben; auch wird Apfelmus bei dieser Zubereitung nicht so suppig, wie man es vereinzelt im Handel bekommt.
Brot lässt sich wesentlich länger im Brotkasten aufbewahren, wenn man einen ungeschälten Apfel dazulegt.
Apfelstückchen auf der Erde von Zimmerpflanzen sorgen für Blütenreichtum und sparen teuren Dünger. Die Keimkraft alter Sämereien wird angeregt, wenn man sie über Nacht in den Saft abgängiger Äpfel legt.

Lagerung

Äpfel sollten kühl, nicht zu dicht gedrängt, nicht zu trocken und möglichst nie gemeinsam mit anderen Obst- oder Gemüsearten bevorratet werden, da entströmendes Ethylengas unweigerlich zu ihrem vorzeitigen Verderb führt.
Verlängern lässt sich die Lebensdauer von Äpfeln, indem man die Früchte nach der Ernte kiloweise in stabile Gefrierbeutel packt, die man zuvor mit dem Papierlocher behandelt hat. Der Gehalt an Kohlendioxid steigt daraufhin automatisch an; überschüssiges Kolendioxid kann problemlos entweichen.

Volksmedizinische Bedeutung

»Pektin« nennt sich der wichtigste Inhaltsstoff des Apfels, da er Giftstoffe im Darm bindet und für ihre rasche Ausscheidung sorgt (auch bei Verstopfung). Darüber hinaus bremst Pektin Heißhunger, senkt den Cholesterinspiegel, stärkt die Lungenfunktion und regt den Stoffwechsel an. Ein besonders hoher Gehalt an Pektin, Vitamin C und Flavonoiden befindet sich in der Apfelschale, weshalb man sie – vorausgesetzt, sie ist unbehandelt – stets mitverzehren sollte. Vorzeitig geerntete Äpfel enthalten kaum Vitamin C und auch Äpfel, die man erhitzt hat (z. B. als Bratäpfel), haben bereits 70% dieses Vitamins eingebüßt. Der Fruchtzuckergehalt des Apfels macht nicht etwa dick, er regelt vielmehr gesunkene Blutzuckerpegel: ideal bei Kreislaufbe-

schwerden, Kopfschmerz und Müdigkeit. Auch der wertvolle Pflanzenfarbstoff Quercetin befindet sich überwiegend in der Apfelschale, er wirkt durchblutungsfördernd, senkt das Darmkrebsrisiko und tötet Viren.
Vor dem Zubettgehen wirkt ein Apfel nicht nur beruhigend und entspannend, er reinigt auch die Zähne. Bei Durchfall sollte man frisch geriebene Äpfel essen; Nierenentzündung bekämpft man mit einer dreitägigen Apfelkur. Sodbrennen kuriert man, indem man 2 Äpfel isst, da sie die Säuren des Speichelflusses nachhaltig neutralisieren; geschwollenen Augenlidern wirkt man mit dem Auflegen von gekühlten Apfelspalten entgegen. Bei Erkältungskrankheiten, Fettleibigkeit oder Nervosität empfiehlt es sich, mehrmals täglich einen Tee aus frisch aufgebrühten Apfelschalen zu trinken.
Depressiven Verstimmungen wirkt man erfolgreich entgegen, indem man aus frischen oder getrockneten Apfelschalen einen Tee bereitet, der zwar mit reichlich Zitronenmelisse, jedoch nicht mit Zucker ergänzt werden sollte.
Vorsicht: Die Apfelsorten »Granny Smith« und »Golden Delicious« machen Allergikern zu schaffen; »Boskop« und »Jamba« sind dagegen gut verträglich.

Tipp

In Mainz findet jährlich im September ein stark frequentiertes, mit Auktionen, Schlemmereien, Platzkonzerten und Schaufenster-Wettbewerben bedachtes **Apfelfest** statt.

Apfelsine

Citrus sinsensis
Apelsin (norw.), Appelsina (altniederl.), Appelsiner (schwed.), Arancia (ital.), Chinaapfel, Chinesischer Apfel, Goldapfel, Naranja dulce (span.), Narancs (ungar.), Orange (engl., süddt., schweiz.), Pomeranc (tschech.), Pomerantsche (österr.), Pomme d'orange (frz.), Portakal (türk.), Sinaapfel, Sineser Apfel, Süßpomeranze, Sweet orange (engl.)

Allgemeines, Herkunft, Geschichtliches

Die Heimat der Apfelsine lässt sich zwar aus ihrem botanischen Namen »Citrus sinsensis« (»sinsensis« für »chinesisch«) erahnen, das exakte Ursprungsgebiet wird jedoch im Süden Chinas vermutet, weil sie dort schon vor 3000 Jahren kultiviert wurde. Im Jahre 1533 wurden auf Anweisung des Herzogs Antoine von Bourbon erstmals Apfelsinenbäume in Frankreich angepflanzt. 1792 erreichten die Apfelsinen dann Plantagen bei Valencia (Spanien), wo sie heute noch zur bedeutendsten Einnahmequelle zählen.
Noch heute werden Apfelsinen wie vor 100 Jahren per Hand geerntet. Die Pflücker tragen währenddessen weiche Baumwollhandschuhe, um die natürliche Verpackung (die Schale) nicht zu verletzen. Haupterzeuger dieses Rautengewächses (Rutaceaen) sind Algerien, Australien, Brasilien, Florida, Israel, Italien, Kalifornien, Marokko, Mexiko, Spanien, Südafrika, Südamerika und Westindien.
Ihre geläufigsten Namen verdankt diese mittlerweile wichtigste Zitrus-

frucht folgender Anekdote: Über Rotterdam wurden Norddeutschlands Märkte einstens mit Orangen aus China befriedigt und anfänglich als »**Sinaappel**« (niederl. für »Chinaapfel«) gehandelt, woraus sich im Laufe der Zeit das Wort »Apfelsine« entwickelte.

Über Italien wurde Süddeutschland von der südfranzösischen Obstmetropole **Orange** (der pulsierenden Stadt mit dem besterhaltensten Amphitheater der Römischen Welt) mit »Chinesischen Äpfeln« beliefert.

Aussehen

Der relativ kleinwüchsige Apfelsinenbaum ist mit immergrünen, glatten, glänzenden, ovalen Blättern bestückt.

Apfelsinen sind kugelige bis eiförmige Früchte mit hellorangefarbener, gelegentlich auch dunkelroter, glattporiger, ablösbarer Schale. Ihr gelbrotes Fruchtfleisch ist meist in 9 Segmente unterteilt.

Geschmack

Apfelsinen besitzen ein angenehmes, süß-säuerliches Aroma.

Arten, Sorten

Blondfrucht / Blondorange: Biologischer Name für Apfelsinen mit hellem Fruchtfleisch. Dazu zählen z. B. Navel-, Jaffa- und Valencia-Orangen.

Blutfrucht / Blutorange / Moro-Orange: Herbkräftige, rundliche, mit dem Farbstoff Anthozyan geimpfte Orangensorte, deren Anbau zwar bis in die 60er Jahre in ihrer sizilianischen Heimat intensiv betrieben wurde, seit italienische und spanische Emigranten diese rotfleischige Frucht mit zartem Himbeergeschmack jedoch im Jahre 1930 in das amerikanische Städtchen Moro (Kalifornien) verbrachten, hat sich dort der weltweit größte Blutorangenanbau manifestiert.

Doppelblut-Früchte kommen meist aus Sizilien. Sowohl die Schale als auch das Fruchtfleisch und der Saft sind tiefrot.

Halbblut-Früchte präsentieren eine orangefarbene, runzlige Schale und zartrot geädertes Fruchtfleisch mit wenigen Kernen. Meist kommen sie aus Algerien, Marokko, Tunesien oder Sizilien.

Navel: Dickschalige, saftige Orangensorte, die mindestens fünfmal mehr Zucker als Säure enthält. Navels unterscheiden sich äußerlich von anderen Orangensorten durch einen sogenannten »Nabel« (engl. navel) am ehemaligen Blütenansatz, der ursprünglich dazu dienen sollte, die Kerne aufzunehmen, damit die Hauptfrucht kernlos bleibt. Da sich züchtungsbedingt zwischen den einzelnen Segmenten im oberen Teil des Fruchtinneren eine verkümmerte, keimunfähige, pollen- und mittlerweile auch kernlose Tochterfrucht bildet, schließt dieser »Nabel« nicht ganz exakt. Die hocharomatischen Navels, die von November bis August meist aus Algerien, Griechenland, Marokko, Spanien und der Türkei zu uns gelangen, dienen in den Anbauländern zwar vorwiegend der Saftherstellung, hierzulande unterliegen sie jedoch mehrheitlich dem Frischverzehr.

Navelina(s) nennt man einen frühreifenden, dünnschaligen und kleinfrüchtigen Abkömmling der Navel-Orange.

Sevilla-Orange / Sevilla orange (engl.): Im südspanischen Sevilla kultivierte, sehr ertragreiche Orangensorte, der nicht nur nachgesagt wird, die weltbeste Orange zu sein, Sevilla selbst ist mit gegenwärtig 25 000 Orangenbäumen sogar die weltgrößte Orangenstadt.

Sommerorangen gibt es in der Zeit von Mai bis November. Meist werden sie zur Saftherstellung genutzt.

Süßapfelsine / Zuccherini: Widerlich süße Schwester der Apfelsine, die – selbst in Italien und im Orient – nur beschränkt kultiviert wird, da sie kaum Liebhaber findet.

Vollblut-Früchte haben eine rote, leicht raue Schale und besonders Vitamin-C-haltiges, blutrotes Fruchtfleisch.

Winterorangen kommen von November bis Juni meist aus Spanien, Israel oder Marokko auf die deutschen Märkte.

Hauptinhaltsstoffe

Antioxidantien, Apfel-, Wein- und Zitronensäure, 11 Aromastoffe, Bitter- und Gerbstoffe, Calcium, Eisen, etherisches Öl, Flavonoide, Folsäure, Fruchtzucker, Kalium, Limonin, Magnesium, Phosphor, Silizium, Sinensal, Wasser (87mg / %), Vitamin A, B, E, C.

Verwendung, Zubereitung

Apfelsinen werden zwar meist als Frischfrüchte verzehrt, oft dienen sie aber auch der Erzeugung von Saft, der dann der Herstellung von Likör, Limonade und kalten oder warmen Süßspeisen dient.

Getrocknete Apfelsinenschalen können nicht nur als kostenfreier Zündholzersatz dienen, nebenher und ganz gratis verströmen sie während der Erhitzung zusätzlich noch eine heimelige, weihnachtliche Atmosphäre in der Wohnstube mit einem gewissen Heizwert. Zum Verzehr sind Apfelsinenschalen durchweg ungeeignet, da sie meist nicht nur künstlich gewachst, sondern zudem mit giftigem Orthophenylphenol und Thiabendazol konserviert (gespritzt) wurden.

Orangeade ist Orangenlimonade.

Orangeat / Arancini (ital., österr.) nennt man kleingeschnittene, gewürfelte, kandierte Schalen von Bergamotten oder Pomeranzen, die meist in Schokolade oder gehackte Nüsse getaucht auf den Markt kommen.

Orgeade / Orgeat ist die Fachbezeichnung für Mandelmilch.

Orangerie nennt man ein feudales, beheizbares Gewächshaus (meist in einer schloßartigen Gartenanlage), das der Orangenzucht und der Überwinterung exotischer Pflanzen dient.

Lagerung

Kühl gelagert sind Apfelsinen zwar relativ lange bevorratbar, nach Möglichkeit sollten sie jedoch baldigst verzehrt werden, da ihr Vitamingehalt täglich abnimmt.

Im Gegensatz zu den meisten Früchten reifen geerntete Apfelsinen nicht mehr nach.

Volksmedizinische Bedeutung

Der hohe Vitamin-C-Gehalt der Orange stärkt das Bindegewebe der Haut, schützt vor Cellulite und Erkältung und begünstigt die Neubildung körpereigener Eiweiße. Um einem Aufstoßen beim Orangenverzehr entgegenzuwirken, kann man zwar die sogenannte »Albedo« (weiße Innenhaut unter der Schale und zwischen den einzelnen Orangenspalten) entfernen, der Gesundheit zuliebe ist es jedoch ratsamer, sie mitzuessen, weil sie Pflanzenstoffe enthält, die vor Krebs schützen und die Verdauung anregen. Eine Kompresse mit angewärmtem Orangenfruchtfleisch wirkt Geschwüren und Abszessen entgegen. Zahnfleischbluten wird durch Orangenverzehr abrupt gestoppt. Getrocknete, ungespritzte Orangenschalen wirken Flatulenzen und hartnäckiger Verstopfung entgegen, entwässern und stärken die Nerven, wer jedoch unter Migräne oder Arthritis leidet, sollte Orangen in jedweder Form meiden.

Orangensaft sollte nicht gemeinsam mit Kaffee getrunken werden (z. B. zum Frühstück), da die Gerbstoffe des Kaffees das gesundheitsfördernde Vitamin C blockieren und zudem Magen und Blut übersäuert werden. Empfehlenswerter wäre es, erst nach dem Frühstück eine Orange mitsamt der Albedo zu verzehren. Orangenblütenöl besitzt stark erotisierende Eigenschaften.

Tipp

Orangenbäumchen im Privathaushalt gedeihen besonders gut, wenn man sie stets gemäßigt »nur« mit kalkarmem Wasser gießt und bei 10–15° C an einem lichten Ort der Wohnung platziert – auch im Winter. Nässestaus lassen die Triebe verbraunen.

Aprikose

Prunus armeniaca

Abblegose (hunsr.), Ämrich (schweiz.), Abricot (frz.), Abrikoos (niederl.), Albaricoque (span.), Albicocca (ital.), Aprikos (norw.), Apricot (engl.), Armellino, Armenillo (ital.), Armenische Frucht, Armenische Pflaume, Armenischer Apfel, Barelle (schweiz.), Barille (ostschweiz.), Baringel (schweiz.), Elbarquq (arab.), Frühpfirsich, Kayisi (türk.), Malete (mainz.), Marille (böhm., österr.), Mischmisch, Praecox (lat.), St. Johannes Pfersing (altdt.)

Allgemeines, Herkunft, Geschichtliches

Alexander der Große brachte die aus China stammende Aprikose von einem seiner Beutezüge aus dem Kaukasus mit nach Europa und bis ins 17. Jh. zählte man dieses Rosengewächs (Rosaceae) noch zu den Pfirsichen; die Früchte nannte man damals »Frühpfirsich«, weil sie schon im Frühsommer geerntet werden konnten. In der Welt der gängigsten Frischfrüchte liefern Aprikosen die kleinsten Ernten. Erwähnenswerte Anbaugebiete liegen in Australien, Deutschland, Frankreich, Griechenland, Israel, Italien, Kroatien, Kalifornien, Spanien, Südafrika und Ungarn. Aprikosenbäume sind zwar durchweg robuster als Pfirsichbäume, ihre Blüten sind hingegen sehr frostempfindlich. Australische und südafrikanische Aprikosen kommen meist als Konserven auf den Markt, israelische werden meist zu Dörrobst verarbeitet und aus kroatischen wird überwiegend Fruchtmark (fachspr. Pulpe) gewonnen.

Ihren Namen verdankt die Aprikose den Arabern, die sie »Elbarquq« nannten; die Spanier führten dann die Bezeichnung »Albaricoque« ein, woraus im 17. Jh. schließlich »Aprikose« hervorging.

Aussehen

Aprikosen sind länglich-ovale, einseitig gefurchte Früchte mit straffer, feinwolliger Haut. Charakteristisch ist ihre orangegelbe – sonnenseits karminrote Schale – die umso mehr krebsverhütendes Carotin beinhaltet, je farbintensiver sie ist.

Geschmack

Nur völlig ausgereifte, weichfleischige Aprikosen weisen ein typisch fein süßsäuerliches und saftiges Aroma auf. Unreife Exemplare sind nicht nur enttäuschend trocken und herb im Geschmack, es ist auch nicht ganz einfach, ihre zähe Schale zu entfernen.

Als Konservenfrüchte haben Aprikosen schon einen Großteil ihres Aromas und ihrer Vitamine eingebüßt: Sie schmecken meist nur noch nach Zucker.

Arten, Sorten

Albergen: Kleine, sehr frühreifende Aprikosensorte.

Mandelaprikosen sind zwar weniger schmackhaft, ihre süßen Kerne können jedoch wie Mandeln verarbeitet werden.

Orejones / Oreillons (frz.): nennt man halbierte und entkernte Trockenaprikosen aus Spanien, wo sie abwechselnd in der Sonne und in Schwefelverbrennungsräumen gedörrt werden.

Umeboshi-Aprikosen: Unreif geerntete, in Salz eingelegte Aprikosen, die in Japan Bestandteil der täglichen, frühmorgendlichen Ernährung sind, um möglichenfalls Darmparasiten abzutöten und Giftstoffe aus dem Körper zu schleusen. Hierzulande kann man die intensiv herb-säuerlich-salzigen Umeboshis in gut sortierten Asien-, Super- oder Naturkostmärkten erstehen.

Hauptinhaltsstoffe

Apfel- und Zitronensäure, Calcium, Carotinoide, Eisen, Eiweiß, Folsäure, Kalium, Kobalt, Kupfer, Lactone, Lycopin, Niacin, Pangam, Pantothensäure, Phosphor, Provitamin A, Quercetin, Vitamin B 5, B 15 (im Kern), C. Der Provitamin-A-Gehalt von Trockenaprikosen liegt deutlich über dem anderer Früchte!

Verwendung, Zubereitung

Aprikosen sind als Tafelobst, Trockenobst, Konfitüre, Kompott, Mus, in Salaten, Kuchen, Saucen, Aufläufen, Cremes, Fruchtsuppen, Limonaden, Likören, Spirituosen und Konserven verwendbar. Erfrischend und stärkend wirkt ein Drink aus frisch püriertem Aprikosenfruchtfleisch, das man mit gekühltem Mineralwasser auffüllt.

Entbitterte Aprikosenkerne werden nicht selten zu marzipanähnlicher Paste (fachspr. Persipan), Likör oder »falschem« Bittermandelöl verarbeitet.

Aprikosenkernöl dient ebenso der Kosmetikindustrie als Basispräparat für hautglättende und zellerneuernde Lotionen.

Lagerung

Aprikosen sollten zwar kühl, jedoch nicht eiskalt aufbewahrt werden, da sie sonst ihr Aroma aufgeben.

Vollreife Aprikosen können nur kurzzeitig gelagert werden, da sie rasch verderben. Trockenaprikosen lassen sich etwa ein Jahr lang aufheben; bei einer ebenmäßigen Raumtemperatur von +8° C kann sich die Bevorratungsdauer sogar auf mehrere Jahre ausdehnen.

Volksmedizinische Bedeutung

Aprikosengenuss wirkt sich positiv auf das Wachstum der Haare und der Fingernägel aus, sorgt für reine Haut und rote Backen und gilt als Muntermacher vieler Organe. Neuesten Studien zufolge lindern Aprikosen dank ihres Inhaltsstoffs Pangam sogar Migräneanfälle und Kopfschmerzen.

Tipp

Im sonnigen US-Bundesstaat Kalifornien finden jährlich zur Erntezeit rauschende Aprikosenfeste statt.

Araukarie

Araucaria araucaria

Affen(schwanz)baum, Andentanne, Chilefichte, Chilenische Pinie, Chiletanne, Paraná-Pinie, Schlangenbaum, Schmucktanne, Schuppentanne

Allgemeines, Herkunft, Geschichtliches

Die Araukarie ist eine höchst auffällige, 15 verschiedene Arten umfassende Nadelbaumgattung, die in ihrer Heimat Chile und Patagonien eine Höhe von bis zu 45 m erreichen und mehr als 100 Jahre alt werden kann. Auch in Australien, auf den Pazifischen Inseln, in Italien und sogar in Südwestengland (an der »Englischen Riviera«) kann man dieses faszinierende Gewächs (Araucariaceae) bewundern, das sich mit etwas Geschick und Ausdauer per »Aussaat« oder »Risslinge« vermehren lässt. **Risslinge** nennt man die abgerissenen Triebe der Mutterpflanze, die dann als Stecklinge der Vermehrung dienen. Den einprägsamen Namen »Araukarie« hat diese exotische Pflanze ihrem Ursprungsgebiet, der chilenischen Provinz Arauco, zu verdanken.

Aussehen

Araukarien sind immergrüne Nadelgehölze mit etagenartig abstehenden Ästen und schuppenförmigen, wie Dachziegeln übereinander liegenden, spiralig angeordneten, dreieckigen »Blättchen«.

Geschmack

Wenn man die relativ großen weiblichen Samen der Araukarie in wenig Öl anröstet, erhalten sie einen angenehmen, nussigen Geschmack.

Verwendung, Zubereitung

Um ihr Einkommen anzureichern, veräußern die Einwohner Südamerikas getrocknete und geröstete Araukarienkerne, die dann – zu Mehl vermahlen – meist der Brotherstellung dienen.

Arracacha

Arracacia xanthorrhiza

Arracacia, Peruanische Möhre, Peruanische Pastinake, Peruvian carrot (engl.), Peruvian parsnip (engl.)

Allgemeines, Herkunft, Geschichtliches

»Arracacha« nennt sich eine zur Familie der Doldenblütler (Apiaceae) zählende Knollenpflanze, die in Kolumbien zu Hause ist. Aufgrund ihres wohlschmeckenden Erdstocks wurde die Arracacha schon von den Inkas kultiviert – auf europäischen Märkten konnte sie sich bislang noch nicht so richtig durchsetzen.

Aussehen

Die Arracachawurzel sieht nicht nur aus wie eine längliche Sellerieknolle, aus ihr gehen sogar sellerieartige Blätter hervor.

Hauptinhaltsstoffe

Hoher Stärkegehalt.

Verwendung, Zubereitung

Arracachawurzeln können wie Kartoffeln gebacken, gebraten, gekocht oder püriert verzehrt werden.

Lagerung

Leicht gekühlt sind Arracachaknollen bis zu 4 Wochen bevorratbar.

Volksmedizinische Bedeutung

Die Arracacha ist eine außerordentlich leicht verdauliche Frucht, weshalb Mehl, das aus ihren Wurzeln hergestellt wurde, meist der Produktion von Kranken- und Kinderkost (z. B. für Brot, Kuchen, Pfannkuchen) dient.

Tipp

Die Arracachawurzel weist in ihrem Inneren einen markanten lilafarbenen »Ring« auf, der sich vom Schopf bis zum Wurzelende zieht.

Artischocke

Cynara scolymus

Alcachofa (span.), Alcharsof, Anginara (griech.), Ardi schau (arab.), Artichaut (frz.), Artichoke (engl.), Artisjok (niederl.), Artycok (tschech.), Carciofo (ital.), Enginar (türk.), Erddorn, Essdistel, Globeartichoke (engl.), Speisedistel

Allgemeines, Herkunft, Geschichtliches

Die Artischocke war zwar schon um 500 v. Chr. im Alten Rom bekannt, ihre geografischen Ursprünge werden jedoch im Vorderen Orient vermutet. Als Arzneipflanze für vielerlei Wehwehchen wird dieses bis zu 2 m hohe, staudenartige Distelgewächs seit dem frühen Mittelalter (5. Jh.) geschätzt, im 13. Jh. gelangte das Mitglied der riesigen Korbblütlerfamilie (Asteraceae / Compositaea) schließlich auch nach Spanien, von wo aus es seinen Weg über Frankreich zu den deutschen Fürsten machte.

Artischocken werden händisch schon im Knospenstadium geerntet, da ihr begehrter »Boden« nach der Blüte bitter, holzig und schwer verdaulich wird. Diese zeit- und arbeitsaufwendige Einbringungsmethode rechtfertigt die relativ hohen Beschaffungskosten der Königin der Gemüse, deren tatsächlich essbarer Anteil lediglich 20% beträgt. Erwerbsmäßiger Feldanbau dieser zwar bezaubernd blühenden (von 6–12 Uhr), jedoch sehr klimaabhängigen und bezüglich des Bodens überaus anspruchsvollen Staude wird in Ägypten, Algerien, Frankreich, Griechenland, Iran, Israel, Italien, Marokko, Spanien, in der Türkei und in den USA betrieben.

Ihr arabischer Name »ardischau« für »Erddorn« weist auf die Verwandtschaft mit Disteln hin.

Aussehen

Die Artischocke sieht aus wie ein faustgroßer, gepanzerter, länglicher oder ovaler Kiefernzapfen mit übereinander liegenden grünen bis violetten Hüllblättern. Artischocken sollten harte, fest verschlossene Köpfe mit fest anliegenden Blättern besitzen; der Stängel darf nicht zu kurz abgeschnitten und nicht zu schmächtig sein, denn er versorgt die Blütenknospe mit lebenswichtiger Feuchte. Geöffnete Artischockenblätter mit vertrockneten Spitzen deuten auf Überreife und Ungenießbarkeit hin.

Geschmack

Artischocken schmecken mit ihrem leicht bitter-herben Haselnuss-Sellerie-Aroma für ein »Greenhorn« zwar recht sonderbar und gewöhnungsbedürftig, für »Alte Hasen« gelten sie jedoch als absoluter Gaumenkitzel!

Arten, Sorten

Babyartischocke / Miniartischocke / Powerade: Kleinwüchsige, violette Artischockensorte, die noch keinen Blütenansatz gebildet hat. Sie kann in Gänze – also praktisch ohne Abfall – sowohl roh oder gekocht als auch in Marinade eingelegt verzehrt werden. Angepriesen wird sie meist nur auf mittelmeerischen Gemüsemärkten – in Italien und Frankreich sogar schon fertig zubereitet.

Camus de Bretagne: Die bedeutendste französische Artischockensorte hat eine stumpfkugelige Form.

Catanese: Schmackhafte, italienische Artischockensorte mit grünvioletten Hüllblättern.

Königsartischocke: Großwüchsige Artischockensorte aus der italienischen Toscana, die als **reine Blattkultur** gezielt für medizinische Zwecke gezüchtet wird, da ihre fettaktiven und verdauungsfördernden Substanzen bei Gewichtsreduktionen sehr hilfreich sind.

Prince de Bretagne: Sie hat eine eher rundliche Prägung, eng anliegende oder ziegelartig übereinander liegende Blätter und kommt aus Frankreich.

Romanesco nennt man nicht nur die bekannteste italienische Exportartischocke, »Romanesco« heißt ebenso eine pittoresk anmutende Blumenkohlabart (s. u. Romanesco).

Spinoso sardo: Dornige Artischockensorte aus Sardinien.

Tudela: Grüne, längliche Artischockensorte aus Spanien.

Violette de Palermo: Längliche, italienische Artischockensorte mit spitzen, locker anliegenden, violetten Außen- und grünen Innenblättern.

Hauptinhaltsstoffe

Calcium, Cynarin, Eisen, Eiweiß, Inulin, Kalium, Kupfer, Magnesium, Mangan, Scolymosid, Phosphor, Provitamin A, Vitamin B 1, B 2, C, E. Mit einem Ballaststoffgehalt von 11% zählen Artischocken zu den ballaststoffreichsten Gemüsen.

Verwendung, Zubereitung

Da Artischocken bemerkenswerte Appetitanreger sind, werden sie bevorzugt zu Vorspeisen verarbeitet. Zuerst wird sie gründlich gesäubert; danach schneidet man die äußeren Blattspitzen ab. Der Anschnitt und das Endstück der Artischocke werden dann mit Zitronensaft beträufelt, damit sie sich nicht unansehnlich verfärben. Nun werden die Artischocken ca. 35 Minuten in Salzwasser gegart und zwar nicht im Aluminium-, sondern im Emailletopf, da sich Artischo-

cken durch Aluminiumkontakt grauschwarz färben. Gar sind Artischocken, wenn sich die inneren Hüllblätter leicht herausziehen lassen: Genießbar sind nur die unteren Hüllblätter und der Blütenboden (fachspr. Stuhl). Artischockenböden werden auch als Suppeneinlage oder in Salaten verwendet. Sogar die Artischockenstiele lassen sich als Suppeneinlage verwenden, sie schmecken allerdings ziemlich bitter und sollten vor dem Verzehr geschält werden.
Und so isst man gegarte Artischocken, wobei eine sogenannte »Fingerbowle« (Schale mit warmem Wasser und Zitronenscheibe, um sich während des Essens die Fingerspitzen zu reinigen) unerlässlich ist: Man zupft die Blätter einzeln ab, dippt sie in eine Sauce oder in zerlassene Butter und streift die fleischigen unteren Teile der Hüllblätter mit den Zähnen ab. Das ungenießbare, stachlige und faserige »Heu« auf dem Artischockenboden überständiger Exemplare, aus dem sich später die Blüte entwickelt, wird sorgsam (vorzugsweise mit einem Grapefruitlöffel) entfernt. Dieses Nachputzen des Blütenbodens nennt man fachsprachlich »tournieren«.
Grünes Fondue nennt man in Insider-Kreisen das relativ aufwendige Artischockenessen.
Ein Großteil der Artischockenernte dient als Grundlage für alkoholische Getränke (z. B. »Cynar«, 16 Vol.-%iger italienischer Apéritif).

Lagerung

Bis zu 4 Tage lassen sich frische Artischocken im Kühlschrank aufbewahren – vorausgesetzt, man hat sie vorher ungewaschen in ein klammes Tuch gewickelt. Gegarte Artischocken lassen sich höchstens 3 Tage aufbewahren, weil sie rasch Giftstoffe freisetzen.

Volksmedizinische Bedeutung

Artischocken haben eine entschlackende und entgiftende Wirkung auf Leber, Magen und Galle; außerdem sind sie kalorienarm, vitaminreich und appetitanregend. Sie kurbeln den Stoffwechsel an, wirken cholesterinspiegelsenkend, wenden Übelkeit und Erbrechen ab und werden sogar ärztlich bei erhöhtem Eiweißanteil im Urin eingesetzt. Auch erhöhte Harnsäurewerte, Rheuma, Gicht, Blutbildung, Arteriosklerose, Blasen- und Nierenschwäche werden durch die Wirkstoffe der Artischocke positiv beeinflusst. Artischocken sind ebenso hervorragend für Diabetiker geeignet, da ihr enormer Inulingehalt während des Kochens zu Fruchtzucker (als Zuckerersatz) umgewandelt wird.
Da Artischockengenuss allergische Reaktionen auslösen kann, sollten anfällige Personen auf ihren Verzehr gänzlich verzichten!

Tipp

Wahre Feinschmecker bevorzugen nur ganz leicht gesalzene und mit wenig Zitronensaft beträufelte Artischocken.

Aubergine

Solanum melongena

Albergine, Aubergine (dt., engl., frz., niederl.), Batemjan (pers.), Berenjena (span.), Beringène (frz.), Brinjal (ind.), Eggplant (engl.), Eierapfel, Eierfrucht (süddt.), Eierpflanze, Eierplant (niederl.), Madapple (engl.), Mayenne (frz.), Melanzana (ital.), Melanzane (österr.), Melanzanenapfel, Melidsana (griech.), Melongène (frz.), Negerbeudl (bayr.), Patlican (türk.), Petonciano (ital.), Schwarze Tomate (landsch.), Spanisches Ei

Allgemeines, Herkunft, Geschichtliches

Auberginen sind in Asien heimisch, wo sie schon im 5.–4. Jh. v. Chr. in den Sanskrit-Schriften als »Brinjal« erwähnt wurden. Da die Aubergine ursprünglich eine gelbe oder weiße Haut hatte und nur eigroß war, wurde und wird sie auch heute noch als »Eierfrucht« bezeichnet. Die Araber brachten die Aubergine zwar schon im 13. Jh. nach Europa, kultiviert wurde sie hier jedoch erst im Jahre 1550 von den Italienern. Heute findet man die nennenswertesten Anbaugebiete dieses frostempfindlichen Nachtschattengewächses (Solanaceae) in Ägypten, Afrika, Frankreich, Griechenland, Irak, Israel, Italien, Japan, Rumänien, Spanien, auf den Kanaren, in Mittelamerika und in den Niederlanden. Tomaten, Kartoffeln und Paprikaschoten zählen zur näheren Verwandtschaft dieses Fruchtgemüses.

Aussehen

Man unterscheidet walzenförmige, leicht gebogene, eiförmige, sowie rundliche Auberginen; letztere kommen meist aus Griechenland. Qualitativ hochwertige Auberginen besitzen eine gelackte, purpurviolette bis schwarze Schale, die auf leichten Daumendruck nachgeben sollte. Hat die Aubergine jedoch ihre typische Konsistenz und den Glanz verloren, ist sie nicht nur überreif – sie schmeckt dann auch nicht mehr. Das mehlige weißlich grüne Auberginenfruchtfleisch ist mit essbaren, weichen, weißgelben Kernchen durchwachsen. An der Oberseite der ca. 300 g schweren Aubergine befindet sich ein etwa 2 cm langer Stiel. Auberginenblüten sind meist violett, gelegentlich aber auch wollweiß und bezaubernd anzusehen.

Geschmack

Frische Auberginen schmecken nahezu neutral. Erst wenn sie gedünstet, gebraten oder gegrillt werden, entfalten sie den gewünschten leicht bitter-nussigen Wohlgeschmack.

Arten, Sorten

Äthiopische Eierfrucht / Solanum aethiopicum (lat.): 3–4 cm lange, rot gerippte Miniauberginensorte mit extrem bitteren Früchten, die erst genussfähig werden, wenn man sie zuvor in Scheiben schneidet, einige Minuten mit Salz mariniert, danach abwäscht und schließlich trockentupft. Ihre würzigen Blätter werden in den Anbauländern zu Gemüse oder Suppenkraut verarbeitet.

Antroewa: Eine ca. 8 cm lange, zwiebelförmige Wildaubergine aus Afrika, aus der vermutlich die heutige Aubergine hervorgegangen ist. Im reifen Zustand hat sie eine glänzend orangegelbe, teilweise braun pigmentierte Schale. Ihr Geschmack variiert von süß bis bitter. Die Antroewa kann zwar roh verzehrt werden, ihrer hitzeempfindlichen Bitterstoffe wegen ist sie im gebratenen oder gekochten Zustand jedoch schmackhafter. Mit den Blättern dieser Auberginensorte lassen sich nicht nur Suppen und Saucen verfeinern – auch zu ausgefallenen Gemüsezubereitungen sind sie hervorragend geeignet.

Erbsenaubergine / Solanum torvum (lat.) / Pea aubergine (engl.): Grüne, lediglich 5–15 mm große, erbsenförmige, relativ bittere Auberginensorte aus Thailand.

Konasu lautet der Name einer in Japan beheimateten, bis 10 cm langen, mild-süßlichen Auberginensorte.

Miniaubergine / Solanum melongena var. depressum (bot.) / Zwergaubergine: Niedliche Zieraubergine, die bei Hobbygärtnern und in »Balkonien« ein gewisses Ansehen erlangt hat; für den Kochtopf ist sie kaum geeignet.

Schlangenaubergine / Solanum melongena var. serpentinum (bot.): Schlangenförmige Aubergine aus Thailand mit schrundiger, lindgrüner Schale.

Slim Jim: Großfrüchtige, längliche Auberginensorte, die mit einer interessanten, weiß-lila marmorierten Schale umhüllt ist.

Hauptinhaltsstoffe

Calcium, Eisen, Flavonoide, Kalium, Nikotin, Phosphor, Provitamin A, Vitamin B 1, B 2, C. Der giftige Inhaltsstoff Solanin ist lediglich in unreifen Auberginen und in ihrem Stielansatz enthalten.

Verwendung, Zubereitung

Auberginen sind deshalb für den Rohverzehr ungeeignet, weil sie ungegart »pappig« und fade schmecken und obendrein störende Bitterstoffe aufweisen, die erst infolge von Erhitzung unwirksam werden. Auberginen lassen sich zwar auf vielfältige Weise zubereiten, meist werden sie jedoch zu **»Patlican dolmasi«** (türk.) (mit Reis, Lammhack und / oder Pinienkernen gefüllt und im Ofen gegart), **»Ratatouille«** (frz. Mischgemüse), **»Moussaka«** (griech. Auberginenauflauf) oder zu Salat verarbeitet. Lässt man Auberginenscheiben vor der Zubereitung – mit wenig Salz und Zitronensaft gewürzt – ca. eine Stunde ziehen, spült sie dann ab und tupft sie trocken, nimmt ihr Fruchtfleisch nicht soviel Fett auf, ihr Bittergeschmack wird gemildert und dem schwammigen Fruchtfleisch wird obendrein ein Großteil seiner Flüssigkeit entzogen. Auberginen von gängiger Größe müssen nicht geschält werden, da die dünne Schale wertvolle Aroma- und Mineralstoffe enthält: Zudem behalten die Scheiben mitsamt ihrer Schale bei weiteren Zubereitungen besser ihre Form. Bei übergroßen Exemplaren sollte die Schale entfernt werden (wie bei der Tomate), da sie zäh und bitter ist.

Auberginenkaviar nennt sich eine südfranzösische Spezialität, die zerdrücktes Auberginenfruchtfleisch beinhaltet, das mitsamt den Kernchen (»Kaviar«), Salz, Pfeffer, reichlich zerstoßenem Knoblauch und Olivenöl vermengt wird. Zuvor werden die Auberginen im Backofen bei 150° C so lange erhitzt, bis ihre Schale Blasen wirft (fachspr. souffliert).

Sultans Entzücken heißt eine namhafte Auberginenzubereitung, die einst Sultan Abdul Aziz seinem weiblichen Gast, Prinzessin Eugenie von Frankreich (Gattin Napoleons III.) auftischen ließ. Hier das Rezept: Geschälte Auberginenscheiben lässt man etwa 15 Minuten mit Salz und Zitrone ziehen, drückt sie aus, zerhackt sie ganz fein mit einem großen Messer (nicht mit dem Mixer, da sonst ein widerlicher Bittergeschmack aufkommt), gibt sie in eine heiße Mehlschwitze und lässt sie so lange schmurgeln, bis sich ein feines Püree entwickelt hat. Danach gibt man etwas Milch hinzu, schlägt das Ganze mit einem Schneebesen auf, rührt Reibkäse unter und schmeckt mit Salz und Pfeffer ab. In Feinschmeckerkreisen gilt Lammragôut mit Auberginenpüree als absolutes kulinarisches Highlight!

Lagerung

Die wasser- und druckempfindlichen Auberginen sollten bei gebrochenem Licht und kühl (allerdings nicht unter +5° C) gelagert werden, da sie andernfalls eine schwammige Haut bekommen. In Anwesenheit von Äpfeln, Avocados, Bananen, Tomaten und Zitrusfrüchten wird ihr Verderb beschleunigt; Kohl beeinträchtigt ihren Geschmack.

Volksmedizinische Bedeutung

Auberginengenuss fördert die Gallensekretion und senkt den Cholesterinspiegel. Auch bei Rheuma-, Stoffwechsel-, Ischias-, Leber- und Nierenleiden soll er der Heilung zuträglich sein. Warzen bekämpft man, indem man sie eine Woche lang mehrmals täglich (auch nächtens) mit frischen Auberginenscheiben belegt, die mit einem Pflaster oder Verband so fest wie möglich auf die Warzen gedrückt werden müssen.

Tipp

Auberginen sollten nicht gepflückt, sondern behutsam am Stielansatz gekappt werden – dann sind sogar Mehrfachernten möglich.

Avocado

Persea gratissima

Abacatebirne, Advokatenbirne, Aguacate (span.), Ahua Quatl (aztek.), Alligatorbirne, Alligator pear (engl.), Amerikan armuto (türk.), Avocado (engl., ital., norw.), Avocadobirne, Avocat (frz.), Avokado (niederl.), Aztekenbirne, Butterbirne, Butter des Waldes, Butterfrucht, Palta (südamerik.)

Allgemeines, Herkunft, Geschichtliches

Schon vor 8000 Jahren wurde die Avocado von den Ureinwohnern Guatemalas (Südamerika), den Azteken, angebaut, die sie aufgrund ihres hohen Gehaltes an hochwertigen pflanzlichen Fetten »Ahua Quatl«, zu Deutsch »Butter des Waldes«, nannten. Hierzulande ist die Avocado seit der Eroberung Mexikos durch den Spanier Cortes im 16. Jh. bekannt. Die bedeutendsten Anbaugebiete dieses immergrünen Lorbeergewächses (Lauraceae) liegen heute in Afrika, Australien, Florida, Israel, Kalifornien, Kenia, im Mittelmeerraum, in Mittel- und Südamerika und in Westindien. Landläufig wird die Avocado zwar den Gemüsen zugeordnet, botanisch gesehen ist sie jedoch zweifelsohne eine Frucht. Da Avocados weder gespritzt noch chemisch behandelt werden müssen, sind sie rein biologische Produkte.

Aussehen

Avocados sind durchschnittlich 10 cm lang, oval bis birnenförmig und mit einem wachteleigroßen, braunen, leicht lösbaren Kern bestückt; es gibt sogar apfel-, pflaumen- und gurkenförmige Avocados. Ihre lederartige Haut kann zwar, je nach Sorte und Reife, sattdunkelgrün, braun oder purpur sein; die unterschiedlichen Färbungen haben jedoch nichts mit der Intensität des Aromas zu tun. Verzehrreif sind die weißfleischigen Avocados, wenn ihre Schale auf Daumendruck nachgibt und wenn sich das Fruchtende mit einem Zahnstocher ohne Kraftanstrengung einstechen lässt. Von Avocados, die rascheln, wenn man sie schüttelt, sollte man die Finger lassen, da ihr Fruchtfleisch durch Überalterung vertrocknet, bitter und fade ist; grüne Avocados mit braunen Flecken sind überreif.

Geschmack

Alle Avocadosorten zeichnen sich durch einen sahnig-cremigen, haselnussartigen Geschmack aus.

Arten, Sorten

Cocktail-Avocado / Miniavocado: Diese nur pflaumengroße, gurkenförmige Avocadosorte aus Frankreich ist kernlos, da sie ohne Befruchtung heranwächst.

Ettinger: Birnenförmige, glattschalige, kräftiggrüne Avocadosorte aus Israel oder Kalifornien.

Fuerte: Avocadosorte mit rauer, mattgrüner Schale.

Hass: Sie ist gelbfleischig, hart, klein, runzlig, je nach Reife grün, braun oder schwarz und besitzt das beste Aroma aller Avocadosorten.

Nabal: Diese grüne, kugelrunde, völlig glattschalige Avocadosorte weist den geringsten Fettgehalt aller Avocados auf. Leider ist sie nur zwischen Januar und März auf den Märkten erhältlich.

Negra de la cruz: Tiefschwarze Avocadosorte, die ausschließlich in Chile erhältlich ist.

Safu (engl.) / Canarium sapho (lat.) / Safou (frz.): Wild wachsende afrikanische Frucht, deren Aroma und Konsistenz zwar an Avocados erinnert, die optisch jedoch eher einer länglichen, blau- bis lilahäutigen Kartoffel ähnelt.

Hauptinhaltsstoffe

Calcium, Eisen, Eiweiß, Fettsäuren, Ethylen, Folsäure, Glutathion, Kalium, Lezithin, Magnesium, Mannoheptulose, Pantothensäure, Provitamin A, Vitamin B 1, B 2, B 6, C, D, E, H, Zucker. Avocados weisen den höchsten natürlichen Fettgehalt und den wertigsten Eiweißgehalt aller Früchte auf.

Verwendung, Zubereitung

Zuerst halbiert man die Avocado und entfernt den ungenießbaren Kern, indem man die beiden Hälften sanft mit einer kleinen Drehbewegung voneinander trennt. Das Fruchtfleisch sollte anschließend mit Zitronen- oder Limettensaft beträufelt werden, damit es sich nicht unansehnlich braungrau färbt. Die Kernmulde kann mit Zucker oder Salz und Pfeffer gewürzt, oder mit Kräutermarinade, Krabben-, Matjes- sowie mit Fruchtsalat gefüllt werden. Man kann das

Fruchtfleisch jedoch auch mit einer Gabel zerdrücken und als Brotaufstrich verwenden.
Avocadofleisch sollte nie starker Hitze ausgesetzt, sondern lediglich in nicht zu heiße Sauce oder Suppe eingerührt werden, weil sich die hitzeempfindlichen Inhaltsstoffe sonst in ein bitteres Aroma verwandeln. Eine hochsommerliche Delikatesse ist **Gekühlte Avocadosuppe**: Püriertes Avocadofruchtfleisch wird mit Zitronensaft, Weißwein, saurer Sahne, kalter Hühnerbrühe und Schlagsahne verrührt und eiskalt serviert.
Guacamole nennt sich ein äußerst pikantes Avocadomus, das in Mexiko zu »Tacos« und »Tortillas« gereicht wird. Nachdem man die Avocado geschält hat, ist es erforderlich, das oxidationsgefährdete Fruchtfleisch sofort, zusammen mit dem Saft einer Limette, zu pürieren. Anschließend mischt man es mit entkernten und enthäuteten Tomatenwürfeln (fachspr. Concassé), würzt mit Salz und Pfeffer und »toppt« das Ganze mit feingehackter Chilischote.

Lagerung

Da Avocados meist unausgereift in den europäischen Handel gelangen, ist es oft unerlässlich, sie künstlich nachzureifen: Entweder legt man die Frucht dann für 12 Stunden in eine Schüssel mit Mehl oder lagert sie 2–3 Tage bei Zimmertemperatur und fest in Zeitungspapier gewickelt. Reife Avocados lassen sich im Kühlschrank problemlos noch etwa 8 Tage aufbewahren. Gemeinsam mit Äpfeln, Blumenkohl, Brokkoli und Zitrusfrüchten dürfen Avocados nicht bevorratet werden, da aufgrund deren Ethylenausscheidung ein frühzeitiger Verderb vorprogrammiert ist.

Volksmedizinische Bedeutung

In ihrer Zusammensetzung unterscheiden sich Avocados von anderen Früchten durch ihren 32%igen Fettgehalt. Es handelt sich dabei um wertvolles, leicht verdauliches Pflanzenfett mit einem hohen Anteil an mehrfach ungesättigten Fettsäuren, die den Cholesterinspiegel positiv beeinflussen (Gewichtsverlust). Avocados gelten auch als Balsam für Herz, Immunsystem und Gefäße, killen Stress, fördern die Hirn- und Hautdurchblutung, kurbeln die Produktion roter Blutkörperchen an, schützten vor Reiseübelkeit, neutralisieren überschüssige Magensäure und genießen – dank »Glutathion« – hohe Anerkennung als Krebskiller. Avocados stärken zudem die Muskeln, können qualvolle Krämpfe beim Leistungssport verhindern und gelten als Geheimtipp bei Muskelkater. Aufgrund ihres die Insulinproduktion hemmenden und den Blutzuckerspiegel senkenden Gehalts an »Mannoheptulose« ist die Avocado auch als Diätnahrungsmittel angesagt.
Avocados sind lediglich für die menschliche Ernährung zu empfehlen. Hunde können nach dem Genuss ihr Leben lassen, da die Frucht Gifte enthält, die tierische Organe schädigen.

Tipp

Aus dem Avocadokern lässt sich mühelos ein Bäumchen heranziehen, wenn man den geschälten Kern mit der Spitze nach oben in ein Blumenerde-Sand-Gemisch steckt, mit Regenwasser leicht angießt und durch Zuhilfenahme eines darübergestülpten Wasserglases für tropisches Klima sorgt.

B

Baelfrucht

Aegle marmelos
Bael fruit (engl.), Beli, Belifrucht, Bel indien (frz.), Bengalische Quitte, Bengal quince (engl.)

Allgemeines, Herkunft, Geschichtliches
In seinem Ursprungsland Indien gilt der Belibaum als heilig. Professioneller Anbau dieses Rautengewächses (Rutaceae), dessen Früchte sowohl bei Unreife als auch bei Überreife steinhart und grasgrün sind, wird lediglich in Südostasien betrieben, woselbst sie kaum Beachtung finden.

Aussehen
Das faserige Fruchtfleisch dieser 6–12 cm langen, tropfenförmigen Zitrusfrucht ist in mehrere Segmente unterteilt.

Geschmack
Das Fruchtfleisch der reifen Baelfrucht ist zwar sehr süß, unreife Exemplare sind jedoch angesichts ihrer unglaublich klebrigen, inneren Beschaffenheit ungenießbar.

Arten, Sorten
Holzapfel / Limonia acidissima (lat.) / Pomme de bois (frz.) / Pomme d'éléphant (frz.) / Wood apple (engl.): Hartschaliges, braun-gelb gesprenkeltes, apfelsinengroßes Rautengewächs, dessen Vorkommen sich auf Sri Lanka beschränkt. Im Gegensatz zur Baelfrucht lässt sich der exakte Erntezeitpunkt des Holzapfels durch kräftiges Schütteln ermitteln: Rascheln die Kerne derweil, ist er reif – ansonsten unreif. Das cremignussige, schokoladenbraune Fruchtfleisch des Holzapfels besitzt ein erfrischend säuerliches, marmeladiges Aroma, das erst durch Zuckerzusatz zur vollen Entfaltung kommt.

Hauptinhaltsstoffe
Provitamin A, Vitamin C.

Verwendung, Zubereitung
Die Baelfrucht wird sowohl frisch als auch als Saft, als Getränkezusatz, in Cremes, Puddings oder für Eiszubereitungen verwendet.

Lagerung
Da sich die Baelfrucht nur kurzzeitig bevorraten lässt, ist sie auf eu-

ropäischen Märkten kaum anzutreffen.

Volksmedizinische Bedeutung

Mit Baelfrüchten lassen sich sowohl Magen- und Darmerkrankungen als auch unliebsame Flatulenzen bekämpfen.

Balsampflaume

Spondias cytherea

Cytherea-Apfel, Pomme de cythère (frz.)

Allgemeines, Herkunft, Geschichtliches

»Balsampflaume« nennt sich die Frucht des in Tahiti beheimateten, mit wedelartigen Zweigen bestückten, bis zu 8 m hohen Balsambaums, der zur Familie der Sumachgewächse (Anacardiaceae) gezählt wird. In Polynesien, Südamerika, Indien und Samoa wird der mit der Kaschunuss, Mango und Pistazie verwandte Balsambaum als Früchte tragendes Ziergehölz kultiviert.

Aussehen

Die Balsampflaume besitzt eine dünne, essbare Schale, die einen länglichen, platten Kern beherbergt, der vielfach mit feinen, strahlig in das Fruchtfleisch ragenden Holzfasern ausstaffiert ist.

Geschmack

Da es von der Balsampflaume eine Vielzahl von Sorten gibt, die sich geschmacklich und optisch deutlich unterscheiden, ist es für den Leser ratsam, sich entsprechende Informationen unter dem Gliederungspunkt »Sorten« einzuholen.

Arten, Sorten

Gelbe Balsampflaume / Spondias mombin (lat.) / Gelbe Mombinpflaume / Gelbpflaume / Hog plum (engl.) / Mompe (engl.) / Mopé (frz.): Die Gelbe Balsampflaume wächst im tropischen Amerika, auf Java, auf den Philippinen und in Westafrika. Sie ist gelbschalig, pflaumengroß und hat einen herb-trockenen Geschmack.

Indische Mango(pflaume) / Spondias pinnata (lat.) / Imra / Tahitian quince (engl.) / Tahiti-Apfel / Tahiti-Pflaume: Die Indische Mangopflaume, die in Wuchs und Geschmack der Roten Balsampflaume ähnelt, wird überwiegend in Indien, Java oder Malakka angebaut. In Indien gilt sie als Nationalfrucht, der man geheimnisvolle Kräfte zuschreibt; die Hindus verehren sie sogar als »Frucht himmlischen Vergnügens«.

Rote Balsampflaume / Spondias purpurea (lat.) / Ciruela roja (span.) / Cirouelle (frz.) / Imbu / Jacote (span.) / Jamaica plum (engl.) / Jamaika-Pflaume / Mombin rouge (frz.) / Otaheite-Apfel / Otaheite apple (engl.) / Prune rouge (frz.) / Rote Mombinpflaume / Spanische Pflaume / Spanish plum (engl.) / Umbu: Die Rote Balsampflaume kommt meist aus Westindien oder Südamerika (Mexiko). Sie hat eine zähe, purpurfarbene Schale und schmeckt fast wie die Süße Balsampflaume.

Süße Balsampflaume / Spondias dulcis (lat.) / Ambarella / Apfelmango / Goldapfel / Golden apple (engl.) / Goldpflaume / Kasamango / Mombinpflaume / Pomerac / Prune d'Amerique (frz.) / Süße Mombin-

pflaume: Die apfelgroße, birnenförmige Ambarella kommt entweder aus Fidschi, Java, Madagaskar, Polynesien oder Samoa. Sie hat eine rostbraun gefleckte Schale und goldgelbweißes, saftig-süßes, faseriges Fruchtfleisch; gelegentlich weist sie sogar einen terpentinartigen Beigeschmack auf. In Java kocht man ihre Blätter gemeinsam mit Fleisch, damit es rascher mürbe wird.

Hauptinhaltsstoffe

Calcium, Eisen, etherisches Öl, Harze, Phenole, Phosphor, Provitamin A, Säuren, Vitamin C, Zucker.

Verwendung, Zubereitung

Die Balsampflaume wird als Frischfrucht, zu Kompott, Marmelade, Saft, Sorbets, Cremes und zu Konserven verarbeitet. Will man die Balsampflaume als Frischfrucht verzehren, sollte man zuvor ihre Schale mit einer speziellen, dreizinkigen Gabel, deren mittlerer Zinken länger als die der anderen ist, abziehen, um sich in einer Öffnung des Kerns Halt zu verschaffen. Unreife Balsampflaumen dienen meist der Chutneyherstellung.

Lagerung

Die Balsampflaume ist sehr selten auf unseren Märkten zu finden, da sie miserable Bevorratungs- und Transporteigenschaften besitzt.

Volksmedizinische Bedeutung

In den Anbauländern wird Balsampflaumensaft volksmedizinisch zur Bekämpfung von Fieber und Harnwegserkrankungen angewandt.

Bambussprossen

Bambusa vulgaris

Bamboestrips (niederl.), Bamboo shoots (amerik.), Bamboo sprouts (engl.), Bambusschösslinge, Bambusspitzen, Pousses de bambou (frz.), Takenoko (jap.), Tiras de bambú (span.)

Allgemeines, Herkunft, Geschichtliches

Der in den ostasiatischen Tropen beheimatete Bambus wird heute überwiegend in China, Indien, Japan und in Mittel- / Südamerika kultiviert. Er zählt zur Familie der verholzenden Riesengräser (Poaceae / Gramineae).

Aussehen

Die kegelförmigen, elfenbeinfarbenen, etwa 15 cm langen Bambussprossen verfügen über einen Durchmesser von 5–8 cm. Die Struktur ihres Fruchtfleisches ähnelt dem des Kohlrabis.

Geschmack

Junge Bambussprossen sind knackig-zart und erinnern – auch geschmacklich – an den Kohlrabi.

Arten, Sorten

Achia / Atchia: Scharfwürzige indische Essigkonserve, die Bambusschösslinge beinhaltet.

Karamelbeere / Leycesteria formosa (lat.): Bambusähnliche Zierpflanze mit essbaren, nach Karamell schmeckenden Beeren.

Hauptinhaltsstoffe

Blausäure, Kieselsäure. Von allen Pflanzen verfügen Bambussprossen über den **höchsten Kieselsäureanteil**.

Verwendung, Zubereitung

Bambussprossen gelten, nachdem sie 40 Minuten lang in Salzwasser gegart wurden, als bedeutendster Bestandteil der chinesischen Küche. Zum Rohverzehr sind die dekorativen Bambussprossen ungeeignet, da sie Blausäure enthalten, die erst durch Erhitzung unwirksam wird. Pürierte Bambussprossen bringen aufgrund ihres hohen Kieselsäureanteils tollen Glanz ins Haar, wenn man sie über Nacht im Kopfschmuck belässt und am nächsten Morgen gründlich ausspült.

Volksmedizinische Bedeutung

In China und Japan gelten Bambussprossen als wirksames Hausmittel bei Nervosität und Epilepsie.

Tipp

Mahlzeiten, die mit Bambussprossen angereichert sind und nicht unverzüglich weiterverarbeitet werden, kippen rasch um.

Banane

Musa mannii x paradisiaca

Adamsfeige, Banaan (niederl.), Banam, Banan (arab., norw., tschech.), Banana (engl., span., ital.), Banane (frz.), Dessertbanane, Kela (ind.), Muz (türk.), Obstbanane, Paradiesfeige

Allgemeines, Herkunft, Geschichtliches

Die Bananenstaude (nicht Bananenbaum) gilt als eine der ältesten Kulturpflanzen der Erde, da ihr Vorkommen schon zum Ende der Eiszeit festgestellt wurde. Im 6. Jh. v. Chr. wurden Bananengewächse (Musaceae) erstmals in indischen Aufzeichnungen erwähnt, 650 n. Chr. verbrachten sie arabische Händler nach Palästina und Ägypten; durch Seefahrer wurden sie später auch nach Afrika, zu den Kanarischen Inseln und nach Mittel- und Südamerika verschifft. Nach Europa gelangte die krumme Frucht erst im Jahre 1885; 1902 kam sie zwar dann auch nach Deutschland, den bis heute anhaltenden »Bananen-Boom« löste jedoch erst Bundeskanzler Konrad Adenauer aus, als er im Jahre 1957 bei der Gründung der Europäischen Wirtschaftsgemeinschaft Zollfreiheit für Bananen durchsetzte.

Inzwischen hat sich die Banane zu einer Weltrekordlerin entwickelt, denn sie besitzt nicht nur **die größten Blätter**, sie ist auch die Frucht, die die höchste Weltausfuhr, sprich: das größte Welthandelsvolumen aller Früchte erreicht hat.

Bananen gehen aus den zahlreichen, an Bananenstauden haftenden Blüten hervor, die von einem kraftstrotzenden, weißgelben, bis zu 50 cm langen Kolben umschlossen sind, der von einigen rotbraunen Schutzblättern umhüllt wird. Der Haupttrieb der Bananenstaude stirbt zwar jeweils nach der Ernte ab, zuvor bildet er jedoch genügend Ersatztriebe. Die zentnerschweren Bananenfruchtstände werden gemeinhin unreif geerntet, in »Hände« zerlegt und schließlich kartoniert. Bevor Bananen in den Handel gelangen, reifen sie in eigens dafür konzipierten, klimatisierten Kühlkammern nach und erhalten erst dort ihre gewünschte Goldgelbfärbung durch die Zufuhr einer Ethylen-Stickstoff-Mischung. Während dieses Vorgangs wird die Fruchtstär-

ke in Zucker umgewandelt und auch die Aromastoffe können sich von nun an entfalten. Die Nachreifung grüner Bananen kann auch eigenhändig beschleunigt werden, indem man sie entweder zu Überreifen legt, oder man wickelt sie zunächst in ein feuchtes Tuch und dann in eine Papiertüte.
Botanisch gesehen zählt die Banane zu den Beerenfrüchten und aufgrund ihrer voll kompostierbaren Schale ist sie die sauberste Frucht.
Bananen werden heute u. a. in Afrika, Costa Rica, Ecuador, Indien, auf den Kanarischen Inseln, in Malaysia, in Süd- und Mittelamerika und in Thailand angebaut.
Bananenrepubliken nennt man abwertend Länder, die von anderen abhängig sind.
Lediglich ein Fünftel der Weltproduktion sind Obst-, der Rest Gemüsebananen. Obwohl es bei den Obstbananen verschiedene Sorten gibt, werden sie meist unter Markenzeichen je nach Erzeugerland geführt, z. B.: Chiquita, Onkel Tuca, Tyffes u.s.w.
Der Name »Banane« leitet sich vom Arabischen »banan« für »Finger« ab, denn – wie schon angerissen – wachsen sie an jeweils 10- oder 20-fingerförmigen Fruchtständen heran.

Aussehen

Vollreife Bananen besitzen eine glatte, leuchtend gelbe Schale mit sommersprossigen Pigmentierungen.
Makellose, gelbe Bananen, die »wie gemalt« aussehen, beinhalten häufig Gifte und Schadstoffe, da sie x-mal mit Spritzmitteln behandelt wurden. Bananen mit schwarzen Flecken und Kratzern lassen auf unsachgemäßen Transport oder vorübergehende Unterkühlung schließen. Diese Bananen sind geschmacklich zwar noch einigermaßen erträglich, den größten Anteil ihrer Nährstoffe haben sie jedoch längst abgetreten.
»Warum ist die Banane krumm?«: Alle Früchte wachsen anfänglich nach unten, später dann – hormonbedingt – zuerst nach außen und dann nach oben: der Sonne entgegen, wobei es unweigerlich zu der bekannten Krümmung kommen muss.

Geschmack

Bananen mit bräunlichen Pigmentierungen schmecken am besten!
Bananen in unseren Supermärkten unterscheiden sich von ihren Originalen in den Anbauländern nicht nur im Geschmack, der speziell für den europäischen Gaumen gezüchtet wurde, sondern auch durch das Fehlen der ursprünglich präsenten Kerne.

Arten, Sorten

Apfelbananen / Feigenäpfel sind zierlich, weisen eine dünne, braun-gelbe Schale auf und schmecken köstlich fruchtig: absolut nach Äpfeln und Feigen. Kultiviert werden sie zwar auch in Südostasien, auf den Antillen und in Brasilien, ihre Hauptanbaugebiete liegen jedoch in Kenia.
Babybanane / Bananito / Fingerbanane / (Gelbe) Zuckerbanane / Gourmet-Banane / Ladyfinger-Banane / Zwergbanane: Kleinwüchsige, dünnhäutige Obstbananenzüchtung mit intensivem, süßem Bananengeschmack. Sie wird überwiegend in

Kolumbien, Thailand und Malaysia kultiviert.

Bocadillo-Bananen nennt man Babybananen in Konserven.

Cavendish-Bananen sind unter den Obstbananen deshalb von so hoher Bedeutung, weil sie robust, großfrüchtig und überaus wohlschmeckend sind. Ihren Namen haben sie dem Duke of Cavendish zu verdanken, einem berühmten Pflanzenliebhaber.

Faserbanane / Hanfbanane / Musa textilis (bot.): Zwar großblütige, jedoch sehr kleinfrüchtige Bananensorte, die schwerpunktmäßig auf den Philippinen kultiviert wird, wo ihre riesigen Blattwedel und faserigen Schalen der Garn-, Netz-, Papier-, Tau- und Textilfaserherstellung (Manilafaser) dienen.

Fehlbanane: Stärkereiche Gemüsebananensorte aus dem pazifischen Raum.

Feigenbanane: Hocharomatische, nur 6–7 cm lange Trockenbanane.

Gemüsebanane / Abessinbanane / Abessinische Banane / Kochbanane / Mehlbanane / Ndizi (kenia.) / Pferdebanane / Pisang (indon.) / Pisangfeige / Pisangfrucht / Plantain (engl., frz.) / Pla(n)tane / Plante / Plátano (span.): Die stärkehaltige, aus Mittelamerika stammende Gemüsebanane wird bis zu 50 cm lang und armdick. Ihre Schalenfarbe kann rot, violett, grün, aber ebenso gelb sein. Gemüsebananen, man kann sie in jedem Reifestadium ernten, verfügen über einen hohen Kalorien-, Vitamin- und Mineraliengehalt und sind von daher in ihren Anbauländern so wichtig wie bei uns die Kartoffel. In der karibischen oder afrikanischen Küche werden sie zwar ausschließlich gekocht, gebacken oder gebraten als Gemüse verwendet, da sie, ihres hohen Stärkegehalts wegen, **für den Frischverzehr ungeeignet** sind, sie dienen jedoch auch der Herstellung von Kindernahrung, Mehl, Bier und Essig. Gemüsebananen schält man, indem man zuerst die beiden Enden abschneidet, sie dann von vorne bis hinten bis auf das Fruchtfleisch einritzt und sie schließlich besser quer als längs abzieht; da sie kaum Eigenaroma besitzen, vertragen sie kräftiges Würzen.

Jamaika-Banane: Dickschalige, süßsaure, etwa 25 cm lange, jamaikanische Obstbanane.

Madeira-Banane: Gurkenförmige Obstbanane mit birnigem Geschmack.

Matok-Banane: Relativ kleine, grünschalige Gemüsebananensorte.

Rote Banane: Kleine rotbraune Obstbanane mit saftigem, ockerfarbenem Fruchtfleisch. Überwiegend wird sie in Brasilien, Indonesien, Kenia, Malaysia und Thailand angebaut.

Tigerbananen nennt man reife, braun gefleckte Bananen, die als die Gesündesten gelten, da sie **den höchsten Fruchtzucker- und Vitaminanteil** aller Obstbananen aufweisen.

Winterbanane: Wohlschmeckender Tafelapfel.

Zierbananen / Ensete ventricosum (lat.) bilden zwar nur kleine, ungenießbare, da ledrige Früchte; ihre imposanten Blätter sind jedoch eine

Attraktion in jedem Wintergarten. Im zeitigen Frühjahr neigt sie leider zur Berostung. Verhindern kann man dies, indem man sie entweder vorübergehend mit einem Tuch oder mit Papier abdeckt oder man dunkelt ihren Standort etwas ab.

Hauptinhaltsstoffe

Calcium, Eisen, geringer Fettgehalt, Fluor, Folsäure, Fruchtsäure, Fruchtzucker, Glucose, Jod, Kalium, Kohlenhydrate, Kupfer, Magnesium, Mangan, Niacin, Phosphat, Phosphor, Provitamin A, Seratonin, Traubenzucker, Tryptophan, Vitamin B 1, B 2, B 3, B 6, B 12, C, E, H, 70% Flüssigkeit. Bananen verfügen über den geringsten Kochsalzgehalt und den höchsten Kalium- und Kohlenhydratgehalt aller Früchte. Außerdem enthalten sie **als einzige Obstsorte alle Nervenvitamine des B-Komplexes** in reicher Form – das kommt sonst nur in Fleisch vor.

Verwendung, Zubereitung

Obstbananen dienen zwar meist dem Frischverzehr, nicht selten werden sie jedoch auch zu Fruchtsalat, warmen und kalten (gefrorenen) Süßspeisen oder zu Trockenobst verarbeitet. Da Bananenschalen häufig mit Pestizidrückständen belastet sind, sollte man sich nach dem Schälen gründlich die Hände reinigen.

Gemüsebananen werden zu Stärke, Chips und Fritten bereitet. In den Erzeugerländern werden sie zudem mitsamt ihrer Schale zu Branntwein, Bier, Likör und Wein verarbeitet.

Mongozo nennt man in Afrika ein aus Gemüsebananen gefertigtes Bier mit 5%igem Alkoholgehalt, das sich dort als Hochzeitskultgetränk großer Beliebtheit erfreut. Traditionsgemäß wird Mongozo aus einer »Kalebasse« (steinharte untere Hälfte des Flaschenkürbis) getrunken.

Bananenblätter können zu Garnituren und schmackhaftem, exotischem Gemüse verarbeitet werden. Sie werden in den Anbauländern zwar meist gegrillt oder gebraten, sie lassen sich jedoch auch wie Wirsing zubereiten.

Lagerung

Bananen sollten möglichst nur kurzzeitig und locker hängend, bei optimal +12° – 14° C aufbewahrt werden, da ihr allgemeines Wohlbefinden unterhalb der +10° C-Grenze leidet. Bananen sollten nicht in Gemeinschaft mit Birnen und / oder Äpfeln gelagert werden, da ihr Fruchtfleisch aufgrund deren Ethylenausscheidungen weiche Stellen bekommt; in der Nachbarschaft von Zitrusfrüchten fühlen sie sich dagegen sehr wohl.

Bananenkolben lassen sich im Kühlschrank bis zu 2 Wochen bevorraten.

Volksmedizinische Bedeutung

Bananen gelten als gesunde Krankenkost – nicht nur, weil sie sehr bekömmlich, kaliumreich, vitaminreich und nahrhaft sind, sie benötigen zudem nur eine kurze »Durchlaufzeit« (durch den Magen) und man kann sie sogar bei starken Magen- und Darmerkrankungen verzehren. Bananen gelten ebenso als rasche Energiespender (z. B. bei Schwächeanfällen), denn **keine andere Frucht gibt dem Körper so**

kurzfristig und lang anhaltend (ca. 45–60 Minuten) Energie.
Auch bei Denkblockaden, Stress und Stimmungsschwankungen sollte man Bananen essen, da sie sehr tryptophanhaltig sind. »Tryptophan« ist eine Aminosäure, aus der sich der Körper **glücksbringende Nervenbotenstoffe** (Salsolinol und Serotonin) bastelt. Der immense Kalium- und Magnesiumgehalt der Banane begünstigt nicht nur die Arbeit fettverzehrender Nervenreizstoffe, sogar Krämpfe (z. B. Wadenkrämpfe) können ruckzuck beseitigt werden und das Schlaganfall- und Hirninfarktrisiko wird minimiert. Überreife Bananen enthalten spezielle Stoffe (Ester), die – man staune – rauschähnliche Zustände erzeugen können. Grüne, also noch unreife Bananen enthalten 82% Stärke und liegen aufgrund dessen wie Blei im Magen.
Bananengenuss kann bei Latexallergikern zu derart lebensbedrohlichen Reaktionen führen, dass es zu akuter Atemnot und damit verbundener Todesangst kommen kann. Aus Latex werden z. B. Gummihandschuhe, Luftballons und Kondome hergestellt.
Schürfwunden sollte man mit der Innenseite einer Bananenschale einreiben – das kühlt angenehm, stillt die Blutung und fördert die Heilung.

Tipp

Mattes Lackleder bringt man wieder auf Hochglanz, indem man es mit der Innenseite einer Bananenschale abreibt und anschließend gründlich poliert.

Batate

Ipomoea batatas
Artichaut des Indes (frz.), Bataat (niederl.), Batata (indian., span.), Batate (frz.), Boniato, Camote (span.), Patata americana (ital.), Patata dolce (ital.), Patate douce (frz.), Spanish potato (engl.), Süßkartoffel, Sweet potato (amerik.), Zoete aardappel (niederl.)

Allgemeines, Herkunft, Geschichtliches

Ihren Ursprung hat die Batate möglicherweise im nördlichsten Teil Südamerikas, wo sie schon seit Jahrhunderten als wichtiges Grundnahrungsmittel gilt. Erstmals nach Europa gelangte dieses prächtige Knollenwindengewächs (Convolvulaceae) im Jahre 1519 – also noch vor der Kartoffel. Batateknollen gedeihen zwar, wie Kartoffeln, unter der Erde, weisen jedoch bis zu 3 m lange Ausläufer auf und fordern warme bis tropische Witterung. Obwohl die Erträge bei Bataten wesentlich geringer ausfallen als bei Kartoffeln, entspricht ihre gesamte Weltproduktion immerhin noch etwa einem Drittel der Kartoffelernte. Bedeutende Batatenanbaugebiete findet man zwar auch in Afrika, Brasilien, Indonesien, Indien, Israel, Italien, Japan, Nordamerika, Portugal, Spanien und Vietnam, weltgrößter Batatenproduzent ist allerdings China.
Die Batate darf nicht mit der Yam verwechselt werden, unter deren Name sie fälschlicherweise häufig auf unsere Märkte gelangt.

Aussehen

Die relativ glatte Schale der bis zu 2 kg schweren rettich- bis kartoffelartigen Batate weist einige Vertiefungen auf und ist, je nach Sorte und Herkunft, entweder hellbraun mit mehligem, weißlichem Fruchtfleisch oder purpurrot mit lachsrotem Fruchtfleisch behaftet. Grundsätzlich gilt die Regel: Je heller das Fruchtfleisch der Batate aussieht, desto trockener – je dunkler, desto weicher, süßer und saftiger ist es. Rotschalige Bataten gelten als hochwertigere Vitaminspender als Braunhäutige, da ihr Fruchtfleisch wesentlich karotinhaltiger ist.

Geschmack

Bataten besitzen ein süßlich-mehliges, bisweilen auch kastanien-kürbisartiges Aroma. Braunschalige Bataten schmecken nach dem Kochen etwas trockener und haben eine lockerere Konsistenz als rotschalige.

Arten, Sorten

Weiße Kartoffel: Hellbraune Batatensorte aus Italien mit weißem, mehligem Fruchtfleisch.

Hauptinhaltsstoffe

Eisen, Eiweiß, Kalium, Kohlenhydrate (27%), Pektine, Phosphor, Provitamin A, Stärke, Vitamin B, C, E, Zucker.

Verwendung, Zubereitung

Bataten werden küchentechnisch zwar meist wie Kartoffeln zubereitet, sie lassen sich jedoch auch zur Herstellung von Branntwein, Brot, Marmelade, Mehl, Sago, Spiritus, Stärke oder Zuckersirup verarbeiten. Besonders delikat mundet die Batate als Beilage zu Fisch, Wild oder Fleisch, wenn man sie zunächst einsticht, dann mit Öl bestreicht und sie, in Folie gewickelt, im Backofen, in heißer Asche oder auf dem Grill gart. Danach wird sie längs aufgeschnitten, die Pulpe aufgedrückt und schließlich, nachdem man sie gesalzen und mit Butter bedeckt hat, ausgelöffelt. In den Herkunftsländern werden Bataten meist püriert mit Sahne und Gewürzen verfeinert und dann in einer Auflaufform überbacken. Sogar junge Batatensprossen und die herzförmigen Batatenblätter verarbeitet man dort zu Gemüse.
In Amerika wird Batatenstärke zu Klebstoff verarbeitet, der meist der Versteifung von Papier und Textilien dient.

Lagerung

Bataten sollten dunkel, trocken und zwar kühl, jedoch nie unter +5° C aufbewahrt werden, denn aufgrund ihres hohen Wassergehalts sind sie wesentlich verderbsanfälliger als Kartoffeln.

Volksmedizinische Bedeutung

Da Batateknollen Wirkstoffe beinhalten, **die Hungergefühle für geraume Zeit ausschalten können**, gelten sie auch als »sanfte Appetitzügler«.

Tipp

Traditionsgemäß kommt an »Thanksgiving«, dem amerikanischen Erntedankfest, Batatenauflauf auf den Tisch.

Bataviasalat

Lactuca sativa var. capitata

Batavia sla (niederl.), Battavian lettuce (engl.), Crisphead lettuce (engl.), Laitue Batavia (frz.), Lattuga cappuccio a foglie lisce (ital.), Lechuga Batavia (span.)

Allgemeines, Herkunft, Geschichtliches

»Bataviasalat« nennt sich ein schossfester, französischer Pflück- und Schnittsalat, der erst im Jahre 1970 in Frankreich aus einer Kreuzung von rotem Kopfsalat und Eisbergsalat hervorgegangen ist. Nennenswerte Bataviasalatimporte gelangen zwar meist aus Frankreich, den Niederlanden, Italien und aus der Schweiz zu uns, mittlerweile wird er jedoch auch schon vereinzelt in Deutschland kultiviert.

Aussehen

Bataviasalat hat dickfleischige, gelbe bis rotgrüne Blätter, die – zum gekrausten Rand hin – rotbraun eingefärbt sind.

Geschmack

Bataviasalat schmeckt zwar herbfrisch und dem Kopfsalat nicht ganz unähnlich, jedoch wesentlich nussiger und würziger.

Arten, Sorten

Apache: Widerstandsfähige Bataviasorte mit glänzenden, lilafarbenen Blättern.

Hauptinhaltsstoffe

Calcium, Eisen, Eiweiß, Kalium, Phosphor, Provitamin A, Säuren, Spurenelemente, Vitamin B 1, B 2, B 3, B 6, C.

Verwendung, Zubereitung

Bataviasalat dient entweder der Dekoration oder er wird wie Kopfsalat verarbeitet.

Lagerung

Kühl und nicht zu trocken lässt sich Bataviasalat 4–5 Tage lang aufbewahren.

Volksmedizinische Bedeutung

Wie seine Verwandtschaft besitzt auch der Bataviasalat harntreibende und beruhigende Eigenschaften.

Baumtomate

Cyphomandra betacea

Boomtomaat (niederl.), Kaiapois (neuseeld.), Tamarillo (engl., frz., ital., niederl., norw., span.), Tomate d'Abre (frz.), Tomate de árbol (span.), Tomate de la paz (span.), Tree tomato (engl.)

Allgemeines, Herkunft, Geschichtliches

In ihrer kolumbianischen Heimat wird die an bis zu 6 m hohen Sträuchern heranwachsende Baumtomate schon seit Jahrhunderten kultiviert. Von Neuseeland aus, wo sie von den Ureinwohnern »Kaiapois« genannt wird, gelangte sie im Jahr 1967 erstmals auch nach Deutschland. Verwandt ist die zu den Nachtschattengewächsen (Solanaceae) zählende Baumtomate zwar mit Tomaten und Kartoffeln, sie wird allerdings nicht dem Gemüse, sondern den **Früchten** zugeordnet. Importiert werden Baumtomaten heutzutage aus Indien, Indonesien, Java, Kalifornien, von den Kanarischen Inseln, aus Kenia, Kolumbien, Madeira, Neuseeland und Portugal.

»Baumtomate« nennt man diese kältesensible Frucht deshalb, weil sie in Aussehen und Geschmack der Tomate stark ähnelt und an einem baumartigen Strauch wächst.

Aussehen

Die dünnschalige Baumtomate ist eine bis zu 5 cm lange, tomatenartige Frucht, die – je nach Sorte, Herkunft und Reifegrad – rot, orangerot, braunrot, gelbrot, gelb oder auch purpurfarben sein kann. Das feste, rötliche Fruchtfleisch, das mittig eine geleeartige Masse birgt, ist mit dunklen, essbaren Samenkernen durchzogen.

Geschmack

Das saftige Fruchtfleisch der Baumtomate besitzt ein angenehmes, herb-süßes, aprikosen-tomatiges Aroma – die Schale ist leicht bitter.

Arten, Sorten

Inca Gold: Kleine, gelbschalige, in Ecuador beheimatete Baumtomatensorte, die mittlerweile auch in Neuseeland angebaut wird. Sie schmeckt besonders süß und hat weichere Samenkerne als die herkömmliche Variante.

Hauptinhaltsstoffe

Calcium, Eisen, Folsäure, Kalium, Magnesium, Phosphor, hoher Provitamin-A-Gehalt, Vitamin B, C (25 mg / %), E.

Verwendung, Zubereitung

Reife Baumtomaten (reif sind Baumtomaten, wenn ihre Schale auf mäßigen Daumendruck nachgibt) werden in Obstsalat, Saucen oder als Beilage zu Käse, kaltem Braten oder – kurz angebraten – als Beilage zu exotischen Fleischgerichten verarbeitet. Baumtomaten eignen sich auch zur Speiseeis- und Marmeladenherstellung. Aufgrund ihres herb-bitteren Geschmacks sollte man die Baumtomatenschale entweder abschälen oder abziehen, nachdem man die eingeritzte Frucht zuvor in kochendem Wasser ca. 15 Sekunden lang überbrüht und danach kalt abgeschreckt hat; man kann die Baumtomate jedoch auch halbieren und dann – am besten leicht gezuckert mitsamt den Kernen – auslöffeln.

Lagerung

Im Gemüsefach des Kühlschranks lässt sich die Baumtomate problemlos ein paar Tage aufbewahren.

Volksmedizinische Bedeutung

Baumtomaten senken den Cholesterinspiegel.

Tipp

In Sherry und karamellisiertem Rohrzucker gedünstete Baumtomatenscheiben gelten bei Gourmets als das Nonplusultra.

Berberitze

Berberis vulgaris

Ägresch, Agendorn, Albessen, Bayselbeere, Beerdorn, Beiss(l)beere, Berbeissen, Berberisse, Berbesbeere, Berbis(beere), Bersisch, Berwitzen, Besenbeere, Bettlersalat, Bilsenbeere, Bitzelbeere, Boassel(i)beere, Bromamosch, Bromelbeere, Bubenbeere, Bubenblätter, Bubenkraut, Bubenlaub, Bubenschenkel, Dabernitzen, Dornholz, Dornstaude, Dornstrauch, Dreidorn, Dreifaltigkeitsdorn, Erbenseele, Erbisch, Erbischöflein, Erbselbeere (österr.), Erbseldorn, Erbsele, Erbshofen, Ersidl, Erzäfla, Essigbeer (allgäu.), Essigblätter, Essigdorn, Essigflaschl, Essigkrüglein, Essigkübelein, Essigpanzeler, Essigplützerl, Essigscharl, Essigträuble(in), Essigzapfen, Fässlistrauch, Farbholz, Ferresbeere, Gälhageldorn, Gälholz, Gälsuchtsdorn, Geißbeere, Geißblatt, Geißenlaub, Gelbere, Gelbholz, Gischgerlitzen, Golddorn, Guckgauch, Gürbseleholz, Guggerbrot, Guggerkraut, Guggerlaub, Hag(el)dorn(beere), Hagsauerampfer, Hagesurische, Hahnhödlein,

Hase(n)brot, Heiliger Dorn, Hennewickel, Herbstele, Hexennudel, Hirpsele, Hözöfa, Ibsele, Katzenohr, Kreutzdorn, Kreuzbeere, Kuckucksampfer, Kuckucksbeere, Kuckucksbrot, Masselbeere, Maulholz, Mottenblume, Mutterkraut, Nageldearnoch, Nageldorn, Örbsele, Örsiba, Passelbeere, Peisselbeere, Pergauggle, Prum(m)elbeere, Pumbeln, Pummeln, Reiselbeere, Reißbeere, Rhabarberbeere, Rif(spitz)beere, Rizala, Rote Tintenbeere, Salsendorn, Sandholz, Sauer(ach)dorn, Sauerbeere, Sauerblatt, Schlämpeschlägeli, Schwiderdorn, Schwiderholz, Schwider(malte), Schwinder(ne)beere, Siebbeere, Sperberbeere, Spießdorn, Spienwaimerle, Spitzbeere, Stauchelbaum, Steinfassbeere, Stüpfistaude, Suerdorn, Surich, Versich (altdt.), Versichdorn, Wehdorn, Weinbeerendorn, Weinbeerlein, Weinfersich, Weinlägel, Weinnägerlein, Weinnagerl, Weinscharl(ing) (österr.), Weinscheidling, Weinschierling, Wein(spitz)beere, Weinzäpfel, Wilde Weinraute, Wutzen(staude), Zahme Hülse, Zitterlbeere, Zitzerl, Zwackholz

Allgemeines, Herkunft, Geschichtliches

In Italien besagt eine Legende, dass die Dornenkrone Jesu aus Berberitzenzweigen geflochten worden sein soll, weshalb die Berberitze auch »Heiliger Dorn« genannt wird.

Da dieses gelb blühende Sauerdorngewächs vornehmlich durch Vögel verbreitet wird, findet man sie verwildert selbst an den entlegensten Orten. Als Wildobst wächst die Berberitze z. B. im Kaukasus, in Nordiran, in Nordamerika und von Skandinavien bis Südeuropa, meist an steinigen, sonnigen Hängen. Bei den kultivierten Sorten unterscheidet man essbare und ungenießbare, die als »lebende Zäune« und Ziersträucher gehandelt werden.

Da die Berberitze als Zwischenwirt des »Getreiderostes« (durch Parasiten hervorgerufene Pilzkrankheit) gilt, sollte sie **nicht in der Nähe von Getreidefeldern** angepflanzt werden.

Laut einem alten Volksglauben soll es einen langen Winter geben, wenn Berberitzen auffällig langbeerig werden.

Ihr Zweitname »Sauerdorn« deutet auf den stark sauren Geschmack ihrer Beeren und die »angriffslustigen«, da dornigen Äste hin.

Der Gattungsname »Berberis«, auf den der deutsche Name »Berberitze« zurückzuführen ist, stammt vermutlich aus dem Arabischen.

Aussehen

An dem bis zu 2 m hohen, feindornigen Berberitzenstrauch wachsen ovalrunde, scharlachrote Beeren.

Geschmack

Berberitzen sollten nach dem ersten Frost geerntet werden, weil Kälte ihren säuerlich-herben Geschmack mindert.

Hauptinhaltsstoffe

Berberin, Bitterstoffe, Fruchtsäuren, Gerbstoffe, Gummi, Harz, Fett, Stärke, Tannin, Vitamin C, Zucker.

Verwendung, Zubereitung

Berberitzenbeeren werden zu Saft, Konfitüre, Kompott, Likör und Geist verarbeitet. Für den Rohgenuss sind sie, ihrer herben Säure wegen, zwar ungeeignet – mit an-

deren Früchten gemischt entwickeln sie sich jedoch zu einer köstlichen Vitaminbombe.
Die Berberitzenrinde enthält einen gelben Farbstoff, der einst dem Färben von Leder und Wolle diente.

Lagerung

Aufgrund ihrer raschen Verderblichkeit und des erheblichen Vitaminverlusts bei langer Bevorratung sollten Berberitzenbeeren gleich nach der Ernte verzehrt werden.

Volksmedizinische Bedeutung

Frischer Berberitzensaft, der mit Zucker eingekocht und passiert wurde, bekämpft Leber-, Lungen- und Nierenleiden, Halsentzündungen und Magenbeschwerden. Er wirkt obendrein abführend, blutdrucksenkend, erfrischend und krampflösend. Ein altes **Hausmittel bei Fieber** ist ein Tee aus Berberitzenbeeren. Tee aus Berberitzenwurzeln soll indes den Harnfluss verstärken. Berberitzenblätter sind giftig!
Während der Schwangerschaft ist von Berberitzenverzehr abzuraten, da die Beeren den Uterus stimulieren. Auch vor Berberitzenüberdosierung wird gewarnt, da der Wirkstoff Berberin dann zu schwerwiegenden Unverträglichkeiten führt.

Tipp

Vor den Dornen der Berberitze sollte man sich in Acht nehmen, da sie bei geringster Berührung zu schmerzhaften Entzündungen führen können.

Bergamotte

Citrus aurantium ssp. Bergamia
Bergamot (niederl.), Bergamoto (span.), Bergamot orange (engl.), Bergamott (norw.), Bergamotte (frz.), Bergamotto (ital.)

Allgemeines, Herkunft, Geschichtliches

Christoph Kolumbus soll die Bergamotte einst von ihrer Heimat, den Kanarischen Inseln, in die spanische Stadt Berga verbracht haben, die infolgedessen zwar Namensgeber dieser Zitrusfrucht gewesen sein könnte, Besserwisser behaupten jedoch, dass der Name dieses Rautengewächses (Rutaceae) auf die türkische Stadt Bergamia (Pergamon) zurückzuführen sei; Fakt ist jedoch, dass die Bergamotte aus einer Kreuzung von Limette und Pomeranze hervorgegangen ist. Heutzutage wird die Bergamotte (außer in Spanien) auch auf den Kanaren, in der Türkei, in Brasilien, an der Elfenbeinküste, in Italien (Kalabrien, Sizilien) und in Westindien kultiviert. Als »Bergamotte« bezeichnet man ebenso jeweils eine Birnen-, Mandarinen-, Melisse- und Minzesorte.

Aussehen

Die Bergamotte ist glattschalig, blassgelb, orangenähnlich und gelegentlich mit einem kleinen Nabel verwachsen.

Geschmack

Roh ist die Bergamotte ungenießbar, gegart schmeckt sie angenehm sauer.

Arten, Sorten

Bittere Mandarine / Chinois / Citrus aurantium var. myrtifolia (lat.) / Chi-

notto (engl.) / Chinotte (frz.) / Hardas (israel.): Die in China beheimatete Bittere Mandarine ist vermutlich eine Zuchtform der Bergamotte, die vorwiegend in Algerien und Italien angebaut wird. Bittere Mandarinen haben eine unförmige, sehr großporige, rotgelbe Schale, gelbstichiges Fruchtfleisch und einen bitter-sauren Geschmack. Meist dienen sie der Herstellung von Likör, Erfrischungsgetränken, kandierten Früchten und als Maraschino-Zusatz (Likör).

Aus ihrer Schale wird das begehrte Chinotto-Öl (Chinaöl) gewonnen.

Hauptinhaltsstoffe

Bergamottöl (in der Schale)

Verwendung, Zubereitung

Reife Bergamotten sind lediglich für die Zubereitung von Orangenmarmelade (!), Orangeat und Likör geeignet.

Unreife Exemplare dienen der Herstellung von Cremes, Kölnisch Wasser, Haarwasser, zum Aromatisieren von Tabak und zum Parfümieren der (von Teekennern favorisierten) rauchigen Teesorte »Earl Grey«.

Volksmedizinische Bedeutung

Bergamottenöl, das aus der Frucht gewonnen wird, gilt als probates Abführmittel.

Bergamottenöl, das aus ihrer ledrigen Schale gepresst wird, besitzt krampflösende und nervenberuhigende Eigenschaften, sobald man es sachte auf der Haut verteilt. Personen mit sensibler Haut ist jedoch davon abzuraten, da es, besonders im unverdünnten Zustand, zu stark juckenden Hautreizungen kommen kann.

Tipp

Ähnlich dem Lavendelöl, steigert auch Bergamottenöl die Wirkung beigemengter Öle, was man als **»Synergie-Effekt«** bezeichnet.

Betelnuss

Areka catechu

Areca (engl.), Arekanuss, Betel nut (engl.), Noci betel (ital.), Noix d'arec (frz.), Nuece de areca (span.), Paan (ind.), Pinang

Allgemeines, Herkunft, Geschichtliches

Die Heimat der Betelnusspalme / Arecapalme liegt zwar auf den Sundainseln, kultiviert wird dieses erhabene und bis zu 15 m hohe Palmengewächs (Palmaceae) jedoch auch in Ostafrika und Südasien.

Aussehen

Die Betelnusspalme trägt dicke, eiergroße Früchte, deren faserige Fruchtwand rotbraune Samen, die Betelnüsse, umschließt.

Geschmack

Betelnüsse schmecken erfrischend-süß.

Hauptinhaltsstoffe

Alkaloide, Arecaidin, Arecolin, Cholin, Fette, Tannin, Zucker.

Volksmedizinische Bedeutung

In Indien und Ostasien kauen schätzungsweise 400 Millionen Menschen Betelnüsse, um **eine stimulierende und euphorisierende Wirkung** zu erzielen. Das giftige Arecolin der Betelnuss wird zuvor – mittels Zimtzusatz, gebranntem Kalk und den Blättern des Betelpfeffers – in ungiftiges Arecaidin umgewandelt.

Tipp

Beim Zerkauen von Betelnüssen färbt sich der Speichel rot – Zähne und Zunge werden schwarz.

Birne

Pyrus communis

Armut (türk.), Barrn (sachsen-anhalt.), Beere (hunsr.), Bern (hess.), Bire (schweiz., süddt.), Birre (eifelld.), Byrn (altdt.), Hruska (tschech.), Päron (schwed.), Pear (engl.), Peer (niederl.), Pera (span.), Pere (ital.), Poire (frz.)

Allgemeines, Herkunft, Geschichtliches

Die Birne ist ein Rosengewächs (Rosaceae), dessen Ursprünge in Anatolien (Kaukasus) liegen, wo es bereits 3000 v. Chr. als wild wachsende Frucht bekannt war. In Griechenland wurden dann die ersten Kulturbirnen – sie sollen aus Kreuzungen europäischer und asiatischer Wildformen hervorgegangen sein – angebaut, und zwar auf dem Peloponnes, der aufgrund dessen den griechischen Beinamen »Apia« für »Birnenland« erhielt. Mittlerweile werden Birnen weltweit kultiviert.

»Birne Helene«, ein berühmtes Dessert, das aus einer pochierten Birnenhälfte, Vanilleeis, heißer Schokoladensauce und Schlagsahne besteht, kreierte der namhafte Meisterkoch **Auguste Escoffier** aus Anlass zur Pariser Uraufführung der Operette »Die schöne Helene« von Jacques Offenbach.

Das Wort »Birne« ist römisch-lateinischen Ursprungs: Bis ins 17. Jh. wurde die Frucht in Deutschland »Bir« genannt, in dem sich das Lateinische »pyrus« entdecken lässt.

Aussehen

Birnen haben weißes Fruchtfleisch, das essbare Kerne in sich birgt. Wenn sich der Fruchtstiel von Birnen mittels einer sanften Drehung leicht vom Zweig lösen lässt, sind sie erntereif.

Geschmack

Reife Birnen sind zartfleischig, saftig, süß-aromatisch und verströmen einen angenehmen Duft. Obwohl der Fruchtsäuregehalt der Birne in Konkurrenz zum Apfel viel geringer ausfällt, schmeckt sie bei gleichem Zuckeranteil wesentlich süßer.

Arten, Sorten

Alexander Lucas nennt sich eine großfrüchtige Lagerbirne mit zimtartiger Berostung, die im Jahre 1793 als Zufallssämling im französischen Apremont entdeckt wurde.

Apfelbirnen / Päpplet (schwed.) sind 1961 im schwedischen Institut für Pflanzenforschung in Malmö durch eine Züchtung aus Apfel und Birne entstanden. Die schwedische Wendung »Päpplet« entstand aus der Vereinigung der Worte »Päron« für Birne und »Äpple« für Apfel.

Bergamottebirne / Herrenbirne: Rundliche italienische Birnensorte, deren Namensgebung von der sizilianischen Stadt »Bergamo« beeinflusst wurde.

Bürgermeisterbirne: Uralte, hocharomatische Birnensorte mit zartschmelzendem, saftig-süßem Fruchtfleisch und einer verführerischen, rotgoldenen Schale.

Dörrbirne (österr.) / Backbeer (norddt.) / Purzelbirne wird die Trockenbirne auch genannt.
Felsenbirne / Amelanchier ovalis (bot.): Bis zu 8 m hohes, nordamerikanisches Rosengewächs mit silbrig behaarten, olivgrünen Blättern und heidelbeerigen, violetten Früchten, die – aufgrund ihres herb-säuerlichen Geschmacks – meist der Herstellung von Desserts und Konfitüre dienen.
Grisbirne / Gute graue Birne: Außergewöhnlich saftige, altfranzösische Birnensorte, die im September geerntet werden kann.
Holzbirne / Pyrus pyraster (lat.) / Wildbirne: Fast ausgestorbene Wildform der Birne, die man schon im Altertum kannte. Sie wurde im Jahr 1998 von der »Schutzgemeinschaft Deutscher Wald« zum Baum des Jahres gekürt. An dornigen Ästen trägt dieser kleine Baum harte Früchte, die zwar nicht für den Frischverzehr, jedoch zur Fruchtweinherstellung bestens geeignet sind. Während der Blütezeit von April bis Mai ist der wilde Birnbaum Nahrungsspender für vielerlei Insekten- und Vogelarten.
Lagerbirnen nennt man Birnensorten, die **für eine längerfristige Bevorratungsdauer geeignet** sind (z. B. »Alexander Lucas« und »Gräfin von Paris«).
Küddel: Minibirne, die im Jahre 1992 laut EG-Norm für zu klein befunden wurde und **seither nicht mehr angebaut werden darf**. Die traditionsbewussten Münsterländer verwendeten diese besonders kleinfrüchtige Birnensorte einst als Zutat für ihre westfälische Spezialität »Boerenkool (Grünkohl) mit Küddeln«.
Moonglow nennt sich mit einem Mindestgewicht von 600 g die größte Birnensorte der Welt.
Petersbirne / Honigbirne: Gelbrote, relativ kleinwüchsige, sächsische Birnensorte aus dem Jahr 1750, mit süßlich-zimtigem Geschmack, die von Mitte Juni bis August ihren geschmacklichen Höhepunkt erreicht. Überreif geerntet, weist sie einen fast unzumutbaren, mehligen Geschmack auf.
Sommerzitrone ist der Name einer Südtiroler Birnensorte.
Speckbirne: Weichgedörrte Birne, die ungekocht wie eine Trockenbirne verzehrt werden kann.
Vereinsdechantsbirne: Großfrüchtige Tafelbirne mit zartschmelzendem, saftreichem Fruchtfleisch und berosteter, goldbrauner Schale.

Hauptinhaltsstoffe

Calcium, Eisen, Jod, Kalium, Kieselsäure, Kupfer, Magnesium, Mangan, Natrium, Phosphor, Selen, Vitamin A, B 2, C, Zink.

Verwendung, Zubereitung

Birnen werden als Tafel- oder Trockenobst, Kompott, Kuchenbelag, Konfitüre, Birnenbrot, für Garnituren, für die Saft- und Mostherstellung und als Likör oder für Destillate verwendet; sie eignen sich aber auch vorzüglich für die Konservierung.

Aus Birnenschalen kann durch alkoholische Extraktion Birnenaroma gewonnen werden.

Birnkraut / Bimbes (hess., pfälz.) / Beereschmeer (hunsr.) / Birnmus / Bunes (eifelld.) / Leck-

schmier (kirn.) / Kleder (sachsenanhalt.): Dick eingekochter, ungesüßter Saft von frischen, ungeschälten Birnen (früher ausschließlich aus den Früchten des heutzutage vom Aussterben bedrohten Graubirnenbaums), der meist als Brotbelag oder natürliches Süßungsmittel Verwendung findet. Birnkraut ist dem Zuckerrübensirup zwar nicht unähnlich, schmeckt jedoch nicht so sauer.

Hutzeln (hess.) / Kletzen (bayr., österr.) / Kloatze (tirol.) nennt man mitsamt der Schale getrocknete Birnen. Sie sind die Basis für ein Gebäck aus Schwarzbrotteig, das berühmte »Hutzelbrot«, das auch mit verschiedenen anderen Trockenfrüchten angereichert werden darf. Hutzelbrot wird nach alter Tradition vornehmlich in der Advents- und Weihnachtszeit verzehrt.

Das feine, graurosa Holz des Birnenbaums eignet sich, obwohl es sehr konsistent ist, hervorragend für Schnitzereien, Tischler- und Drechslerarbeiten.

Lagerung

Reife Birnen unterscheidet man in **pflückreife** Sorten, das sind solche, die man sofort verzehren kann und die auch durch Lagerung nicht mehr nachreifen (z. B. »Clapp's Liebling« oder »Gellert's Butterbirne«) – und **genussreife** Sorten, das sind Birnen, die zwar reif sind und auch ganz gut schmecken, deren Aroma sich jedoch im Laufe der Lagerzeit (bis zu 6 Wochen) noch erheblich verbessern kann (z. B. »Köstliche aus Cherneu« und »Vereinsdechantsbirne«).

Unreife Birnen werden binnen 24 Stunden reif und weich, wenn man sie gemeinsam mit einem reifen Apfel in Zeitungspapier oder in eine Plastiktüte wickelt.

Volksmedizinische Bedeutung

Birnen wirken entwässernd, entschlackend und blutreinigend. Da sie mehr unverdauliche Stoffe enthalten als z. B. Äpfel, stellt sich während ihrem Verzehr schnell ein Sättigungsgefühl ein. Dass die Birne auch Wirkstoffe beinhaltet, die Befindlichkeitsstörungen und vielerlei Beschwerden vorbeugen können, wissen nur ganz wenige.

Tipp

»Der hat was in der Birne«, sagt man im Volksmund zu klugen Leuten – und tatsächlich: Dank ihres hohen Gehaltes an Kupfer, Selen, Kiesel- und Phosphorsäure gelten Birnen als echte Gehirn- und Nervennahrung, weshalb sie auch Schulkindern mitgegeben werden sollten.

Bittergurke

Momordica charantia

Balsambirne, Balsamgurke, Balsam pear (engl.), Bitter cucumber (engl.), Bitter gourd (engl.), Bittermelone, Carella, Goya, Karela (engl.), Karella, Margose (frz.)

Allgemeines, Herkunft, Geschichtliches

Vermutlich stammt die wilde Bittergurke aus Indien. Die heutige kultivierte Art wird unter Zuhilfenahme von Gerüsten oder Stellagen überwiegend in Afrika, China, Indien, Indonesien, Karibik, Malaysia, Philippinen, Sri Lanka und in Taiwan herangezogen. Für deutsche Märkte wird dieses Kürbisgewächs (Cucurbitaceae) vornehmlich aus Thailand oder aus den Niederlanden importiert.

Aussehen

Unreife Bittergurken besitzen normalerweise eine dunkelgrüne, zwar salatgurkenhafte, jedoch warzige und stachlige Schale, es gibt jedoch auch solche mit lichtgrüner und glatter Außenhaut. Reife Bittergurken sind gelborangefarben; sie beihalten kernreiches Fruchtmark, das von einem watteartigen Samenmantel umhüllt wird.

Geschmack

Das Fruchtfleisch unreifer Bittergurken schmeckt mild. Solches reifer Exemplare ist zwar süß, ihr Samenmantel dagegen sehr bitter. Mittlerweile gibt es auch bitterstoffärmere Bittergurken aus Taiwan.

Hauptinhaltsstoffe

Bitterstoffe, hoher Eisen- und Vitamin-C-Gehalt.

Verwendung, Zubereitung

Bittergurken werden meist zu Gemüse bereitet, indem man zuerst die beiden Enden entfernt, dann die Frucht schält und anschließend blanchiert; der Fond wird weggegossen, da er gallebitter schmeckt. Die derart vorbehandelte Bittergurke wird nun längs halbiert und dann – je nach »Gusto« – gekocht oder gebraten. Zum Rohverzehr ist die Bittergurke aufgrund ihres extrem bitteren Aromas ungeeignet.
In den Anbauländern werden sogar die Blätter und Triebe der Bittergurke zu Gemüse verarbeitet.

Volksmedizinische Bedeutung

Die Inhaltsstoffe der Bittergurke wirken nicht nur positiv auf den Kohlenhydrat- und Zuckerstoffwechsel, sie erhöhen ebenso die Sekretion von Insulin in der Bauchspeicheldrüse und können Dickdarmentzündungen entgegenwirken.

Tipp

Plötzliche Müdigkeit, Muskelschwäche und Kopfschmerzen können Alarmsignale für akuten Eisen- und Sauerstoffmangel sein. Da Eisen ein unentbehrlicher Bestandteil des roten Blutfarbstoffs und Sauerstoffüberträgers Hämoglobin ist, wäre es infolgedessen vorteilhaft, z. B. eisenhaltige Bittergurken zu verzehren, zumal sich die Sauerstoffaufnahme aufgrund ihres enormen Vitamin-C-Gehalts nochmals um ein Vielfaches erhöht.

Blumenkohl

Brassica oleracea convar. Botrytis var. botrytis

Bloemkool (niederl.), Blomkal (schwed.), Blütenkohl, Cauliflower (engl.), Cavolfiore (ital.), Chou-fleur (frz.), Coliflor (span.), Fagiuolo (ital.), Gobi (ind.), Italienischer Kohl, Kaaskel (fränk.), Käsekohl, Karni bahar (türk.), Karfiol (österr., schles., süddt.), Karviol, Kvetak (tschech.), Traubenkohl

Allgemeines, Herkunft, Geschichtliches

Die Heimat des Blumenkohls liegt in Kleinasien. Er ist aus einer von vielen Kulturformen des wilden Meerkohls hervorgegangen. Grie-

chische Mönche sollen ihn im 16. Jh. italienischen Kreuzfahrern mitgegeben haben; jedenfalls gedieh der Blumenkohl vom 17. Jh. an in Italien, nachdem man Samen aus Zypern und Kreta bezogen hatte. 100 Jahre später gelangte der Blumenkohl auch in deutsche Lande; in Bamberg soll er zuerst angebaut worden sein. Die bedeutendsten europäischen Anbaugebiete dieses mit dem Brokkoli und Romanesco verwandten Kreuzblütlers / Brassicaceae (Cruciferae) liegen in Belgien, Deutschland, England, Frankreich, Italien und in den Niederlanden.
Der Name »Dubarry« auf Speisekarten steht **grundsätzlich mit Blumenkohl** in Zusammenhang (Crème »Dubarry« ist z. B. eine Blumenkohlsuppe). Zu verdanken hat dieser Name dem Umstand, dass die französische Feinschmeckerin Marie Jeanne Dubarry den Blumenkohl besonders begehrte.
Seinen Namen hat der Blumenkohl seinem fleischig verdickten, noch nicht voll entwickelten Blütenstand und den zahllosen Röschen, den »Blumen« (daher fachspr. »Infloreszenzkohl«), zu verdanken.
Der bayerisch-österreichische Begriff »Karfiol« leitet sich vom italienischen »Cavolfiore« ab.

Aussehen

Qualitativ hochwertiger Blumenkohl sollte wohlriechende, schneeweiße bis elfenbeinfarbene Köpfe und knackig grüne Blätter mit saftigen Strünken aufweisen; es handelt sich dann um die Klasse »Extra«, **die beste und beliebteste Blumenkohl-Güteklasse**. Um solche Prachtexemplare im eigenen Garten zu erhalten, müssen die Blumenkohlköpfe während des Anbaus rechtzeitig mit den eigenen Blättern abgedeckt und zusammengebunden werden, damit sie vor den Sonnenstrahlen, die die Verfärbung antreiben, geschützt sind. Buckliger und **grießiger Blumenkohl weist auf Überreife hin**; es handelt sich dann um mindere Qualität.

Geschmack

Blumenkohl hat einen wesentlich feineren Kohlgeschmack als seine Artverwandten, vorausgesetzt, er wurde noch bissfest und wasserarm zubereitetet – denn mit verkochtem Blumenkohl verdirbt man seinen Gästen die Lust auf Gemüse und aufs Essen.

Arten, Sorten

Alverda / Cymona: Hocharomatischer, grüner Blumenkohl aus Italien, der im Herbst und Sommer auf unsere Märkte gelangt. Schon geringster Lichteinfall färbt seine »Blume« während des Wachstums naturgemäß erst gelb, dann kräftig grün. Alverda ist besonders vitamin- und mineralstoffreich und sogar sein Nitratgehalt liegt deutlich unter dem des Weißen.
Babyblumenkohl / Miniblumenkohl: Weiße, grüne oder violette Blumenkohlköpfchen aus Frankreich, deren Durchmesser die 9-cm-Grenze nicht überschreiten darf.
Blumenwirsing / Caulicab (amerik.): Seit 1950 der Name einer amerikanischen Kreuzung aus Blumenkohl und Wirsing. Eine dünne Schicht glatter Blätter umschließt bei dieser spitzköpfigen Gemüsezüchtung ein Gebilde blumenkohlähnlicher, bern-

steinfarbener Knospen mit süßlichem Aroma. Blumenwirsing kann sowohl zu Gemüse als auch zu Salat bereitet werden.
Broccoli nennt man in Italien farbigen Blumenkohl.
Gelber Blumenkohl: Mit Karotin angereicherte, amerikanische Blumenkohlsorte.
Paludenkohl / Sumpfkohl: Italienischer Blumenkohl, der **auf ehemaligen Sumpfgebieten** angebaut wird und von daher nicht gedüngt werden braucht, weil das Erdreich hinreichend natürliche Nährstoffe aufweist. Paludenkohl ist größer, eindrucksvoller und teurer als Provinzkohl.
Provinzkohl: Italienischer Blumenkohl, der, im Gegensatz zum Paludenkohl, **auf sehr kargem Boden** angebaut wurde, weshalb es unerlässlich ist, ihm während des Wachstums reichlich Dünger zuzuführen.
Violetter Blumenkohl erhält mittels Anthozyanzusatz eine attraktive Lilafärbung. Sein Geschmack erinnert an Brokkoli. Beim Kochen in Salzwasser verliert er zwar seine ungewöhnliche Farbe – er wird graugrün – bei der Zubereitung in der Mikrowelle bewahrt er dagegen sein reizvolles Aussehen.

Hauptinhaltsstoffe

Calcium, Eisen, Folsäure, Glucosinolate, Kalium, Kupfer, Nikotin, Pantothensäure, Phosphor, Provitamin A, Schwefelverbindungen, Senföle, Vitamin B 1, B 2, B 3, B 6, C, E, K, Zellfasern, Zink.

Verwendung, Zubereitung

Blumenkohl eignet sich nicht nur zum Kochen, Dünsten, Backen oder als Einlage in Eintöpfen oder Suppen; auch zum Rohverzehr oder als Bestandteil der Mixed Pickles ist er geeignet. Vor dem Kochen sollte man Blumenkohl etwa eine halbe Stunde in Salzwasser legen, um eventuell versteckte Raupen aufzuspüren und »herauszutreiben«. Das Kochwasser ist mit Salz, einer Prise Zucker und Zitronensaft zu würzen, damit der Blumenkohl seine weiße Farbe behält. Um den manchmal allzu laschen Blumenkohlgeschmack zu »powern«, kann man dem Garfond ein paar frische Blumenkohlblätter beifügen – ein aufgerissenes Lorbeerblatt unterdrückt indes übersteigerten Blumenkohlgeruch. Blumenkohlfond, -sauce und -suppe, die nach der Zubereitung nicht sofort weiterverarbeitet werden, färben sich durch unterschiedliche Säureverbindungen unappetitlich. Dem kann man entgegenwirken, indem man den Blumenkohl grundsätzlich entweder in **Edelstahl- oder in Glastöpfen** gart.
Falsches Hirn nennt man mancherorts blanchierte Blumenkohlröschen, wenn sie zusammen mit in Butter gebratenen Zwiebel- und Tomatenwürfelchen geschmort und zum Ende der Garzeit dünn mit verquirltem Ei übergossen werden, bis die Eimasse gestockt ist.
Auch die frischen Blumenkohlblätter sollten zu wohlschmeckendem Gemüse oder zu Suppe bereitet werden, weil sie noch wesentlich vitamin- und mineralstoffhaltiger sind als Blumenkohlröschen.

Lagerung

Im Gemüsefach des Kühlschranks oder in einem lichtgeschützten, kühlen Kellerraum lässt sich Blumenkohl mehrere Tage bevorraten. Man sollte ihn allerdings nicht gemeinsam mit Ethylen ausscheidenden Obst- und Gemüsesorten (z. B. Äpfel, Avocados, Tomaten, Zitrusfrüchte) aufbewahren, da er sonst seine feste Form verliert, vergilbt und rasch verdirbt. Bei altgelagerten Exemplaren kann es vorkommen, dass der Strunk (österr. Kretzerl) einen widerwärtigen Fischgeruch verströmt, der auf den Zersetzungsprozess des Blumenkohleiweißes zurückzuführen ist.

Volksmedizinische Bedeutung

Blumenkohlverzehr wirkt sich positiv auf Herz, Kreislauf, Nerven, Magen und Darm aus. Bedingt durch seinen hohen Wassergehalt kann er sogar etwaige Feuchtigkeitsverluste des Körpers rasch ausgleichen. Seiner zarten Zellstruktur wegen gilt der Blumenkohl zwar als bekömmlichstes Gemüse, bedauerlicherweise ist er jedoch gerade deswegen in den Ruch der »Krankenhauskost« gelangt.

Tipp

35% (!) der Vitamine werden inaktiviert, wenn man Blumenkohl im Ganzen kocht; zerteilt man ihn jedoch in Röschen, gehen – sage und schreibe – 70% (!) dieser hochwertigen Inhaltsstoffe verloren.

Bohne

Phaseolus

Baune (westfäl.), Bean (engl.), Bönor (schwed.), Bone (niederl.), Bunne (kölsch), Fagiolino (ital.), Faseerlich (volkst.), Fasölchen (rhein.), Fasoli (griech.), Fasolka (poln.), Fasulija, Fasulye (türk.), Fazole (tschech.), Feijao, Frijole (span.), Haricot (frz.), Poun (ostösterr.)

Allgemeines, Herkunft, Geschichtliches

Nachweislich wurden Bohnen schon 9000 v. Chr. in Südostasien angebaut. Für die Alten Ägypter, Römer und Griechen (753 v. Chr.–476 n. Chr.) waren Bohnen (damals galten nur die Kerne der »Dicken Bohne« als Bohne) schwer zu »verdauen«, weshalb sie glaubten, dass Bohnen von den Seelen Verstorbener bewohnt seien und dadurch quälende Alpträume verursachen würden. Die grünen Verwandten der Dicken Bohne mit essbarer Schote brachten spanische Seefahrer erst im Jahr 1685 aus dem Land der Azteken nach Europa. Am spanischen Königshof galten sie als Delikatesse, die lediglich nach besonders erfolgreichen Feldzügen dargereicht werden durften.

Bohnen lieben beim Anbau (nicht vor dem 20. Mai!) zwar eine Bodentemperatur von 15° C, optimal sind jedoch 25° C. Einer alten Gärtnerregel zufolge sollten Bohnen stets ganz flach ausgesät werden, damit sie das »Glockengeläut« der Kirche wahrnehmen können.

Das Wort »Bohne« entstammt dem althochdeutschen »Bona«, was »Geschwollene« bedeutet.

Aussehen

Qualitativ hochwertige, behülste Bohnen sollten leicht brechende und hartfleischige Schoten aufweisen, die weder mit Berostungen, noch mit Fasern behaftet sein dürfen.

Geschmack

Bohnen können – sortenabhängig – von neutral über nussig bis hin zu vollwürzig schmecken. Früh am Morgen geerntete Bohnen gelten als die Besten, da solche ihr Aroma am längsten speichern können.

Arten, Sorten

Von keinem anderen Gemüse der Welt gibt es solch eine Fülle verschiedener Arten und Sorten und aufgrund dessen auch keine vergleichbare Anzahl an Synonymen wie bei den Bohnen.

Folgende Bohnensorten können mitsamt ihrer Hülse verzehrt werden:

Ackerbohne / Feldbohne / Ful Mudamma (ägypt.) / Futterbohne / Horse bean (engl.) / Pferdebohne / Rossbohne / Saubohne / Schweinebohne (rhein.) / Sumpfbohne / Viehbohne: Kleinsamige, erbsengroße Puffbohnensorte, die zu den **ältesten Kulturpflanzen** der Menschheit gehört und heute noch, meist feldmäßig, zu Futterzwecken oder zur Gründüngung angebaut wird. Ihre Heimat liegt zwar in Mittel- und Zentralasien, größere Anbaugebiete findet man jedoch ebenso in der Türkei, in Marokko, Italien, Spanien und Deutschland.

Ägyptische Bohne / Dolique d'Égypte (frz.) / Egyptian bean (engl.) / Faselbohne / Helmbohne / Helmboon (niederl.) / Hyazinth bean (engl.) / Hyazinthenbohne / Lablab (afrik) / Seimbohne: Bohnenähnliche Pflanze aus Afrika oder Indien, deren Samen mit einem helmartigen Ringwulst verwachsen ist. Sowohl ihre Hülsen, Triebe, Blätter und Wurzeln als auch die unterschiedlich gefärbten Samen sind essbar.

Blaue Bohne lautet nicht nur der Name einer hocharomatischen, braunsamigen und violetthülsigen Stangenbohnensorte, die sich während des Garens dunkelgrün färbt, als »Blauen Bohnen« bezeichnet man umgangssprachlich auch Gewehr- und Pistolenkugeln.

Bobbybohne: Zarte, samenreiche, sehr schlanke Bohnensorte mit rundlichem Querschnitt, die sowohl aus dem Inland als auch aus Afrika oder Ägypten kommen kann.

Brechbohne / Bräckbohne / Cut green bean (engl.) / Gebroken bone (niederl.) / Haricot vert coupé (frz.) / Judia troceada (span.): Busch- oder Stangenbohnen mit feinen Kernen und dickfleischigen, zarten, runden Hülsen, die sich vor dem Kochen glatt durchbrechen lassen sollten. Der zähe Faden wurde zwar mittlerweile weitestgehend weggezüchtet, gelegentlich muss er jedoch noch entfernt werden.

Buschbohne / Dwarf bean (engl.) / Fagiolo nano (ital.) / Fiwiesole (österr., böhm., roman.) / Haricot nain (frz.) / Judia enana (span.) / Kruppbohne / Stamboon (niederl.) / Strauchbohne: Sie ist aus buschigen, rankenden Kultursorten der Gartenbohne hervorgegangen. Dazu zählen die Brechbohne, Delikatessbohne, Prinzessbohne, Wachsbohne und Zuckerbohne. Buschbohnen werden maschinell geerntet und meist zu Konserven verarbeitet. Bei Kleingärtnern ist die Buschbohne, deren Standfestigkeit mittels Anhäufeln optimiert werden kann, beliebter als die Stangenbohne, da sie keine Rankhilfe benötigt und praktisch auf allen Böden, sogar im Halbschatten, gedeiht.

Coco-Bohne / Breite Bohne / Schwertbohne: Stangenbohnensorte mit großen, flachen Hülsen.

Delikatessbohne / Sperziebone (niederl.) lautet die fachliche Bezeichnung für junge, unfädige Buschbohnen mit kurzen, grünen Hülsen, die vor dem Kochen nur noch von ihren beiden Enden befreit werden möchten.

Einlochbohne / Soldatenbohne: Gelbhülsige, meist fädrige Buschbohnensorte, deren weißlicher Samen eine rotbraune, **menschenähnliche Zeichnung** aufweist. »Einlochbohne« wird sie deshalb genannt, weil ihr angesichts des buschigen Wuchses ein Samen pro Pflanzloch genügt.

Feuerbohne / Phaseolus coccineus (bot.) / Arabische Bohne / Blumenbohne / Fleischbohne / Habichuela (span.) / Haricot d'Espagne (frz.) / Kapuzinerbohne / Kernbohne / Mutterbohne / Prachtbohne / Prunkbohne / Runner bean (engl.) / Schminkbohne / Türkenbohne / Türkische Bohne / Wollbohne lauten die gängigsten Bezeichnungen für eine bis 35 cm lange, zwar fadige, jedoch sehr würzige, zarthülsige Stangenbohnensorte, die schon seit Jahrtausenden in ihrer Heimat, dem tropischen Südamerika, kultiviert wird. Sie ist weichkochend und eignet sich am besten zur Herstellung von Eintopfgerichten. Ihrer besonders eindrucksvollen, feurigroten Blüten wegen wird die kletterfreudige und gegen Bodenkrankheiten völlig immune Feuerbohne hierzulande gerne auch als Zierpflanze angebaut. Unreife und rohe Feuerbohnen (auch ihre Blätter) sind giftig! Schon nach 2–3 Stunden nach dem Verzehr kann es zu blutigem Erbrechen, Durchfall, Herzrasen und Krampfanfällen kommen.

Feinschmeckerbohne / Filetbohne / Caruso: Fadenlose, langhülsige (bis zu 18 cm), dunkelgrüne, sehr ertragreiche französische Buschbohnensorte.

Gartenbohne / Fagiolini (ital.) / French bean (engl.) / Green bean (engl.) / Grüne Bohne / Grüne Fisole (österr.) / Haricot vert (frz.) / Höckerli (schweiz.) / Strankerl (kärnt.) / Taze fasulye (türk.) nennt man die **bedeutendste und würzigste Bohnensorte**. Unter der Bezeichnung »Buschbohne« und »Stangenbohne« findet die in Ostindien beheimatete Gartenbohne meist als Frischgemüse oder Konserve Verwendung.

Goabohne / Flügelbohne / Flügelhülse / Four-angled bean (engl.) / Goa bean (engl.) / Haricot dragon (frz.) / Pois ailé (frz.) / Pois carré (frz.) / Vierwinklige Bohne / Winged bean (engl.): Goabohnen sind Stauden mit grünen, bis zu 40 cm langen, essbaren, bohnenähnlichen Schoten und braunen, schwarzen, gelben oder weißen Kernen. Angebaut werden sie in Asien, Afrika und in der Karibik. Selbst die Wurzeln, Hülsen, Triebe, Blätter, Blüten und Samen dieser eiweißreichen Pflanze sind essbar. In den Herkunftsländern dient ihr Anbau ausschließlich der Selbstversorgung. Den Namen »Flügelbohne« verdankt die Goabohne den entlang ihren Hülsen verlaufenden, gewellten, flügelähnlichen Ausbuchtungen.

Guarbohne / Cluster bean (engl.) / Cyamopsis tetragonoloba (lat.) / Guar (frz.) / Guarkern: Afrikanische Bohnensorte, **die vor dem Verzehr gekocht werden muss, damit ihr Giftstoff Phasin unwirksam wird**. Guarbohnen werden nicht nur zu Gemüse und Salat, sondern auch zur Herstellung von rasch quillenden Dickungsmitteln, Mehlbehandlungsmitteln (Guarkernmehl / E 412: EU-Codezahl), Füllstoff, Klebstoff und Kosmetika verarbeitet.

Hemdbohnen nennt man in Sachsen Bohnenbündel im Teigmantel.

Kenia-Bohne / Nadelbohne: Vorzügliche kleine, zarte, stricknadeldünne, faden- und samenlose Prinzessbohnensorte aus Afrika, Frankreich oder den Niederlanden, die hierzulande meist sehr hochpreisig vermarktet wird.

Kurze Strumpfbandbohne nennt man die jungen Hülsen der Augenbohne, die meist wie Brechbohnen zubereitet werden.

Köksje: Bezeichnung einer alten, fast schon ausgestorbenen, norddeutschen Bohnensorte.

Mattenbohne / Mat bean (engl.) / Moth bean (engl.) / Mottenbohne / Mückenbohne: Braunhülsige, indische Bohnensorte mit 4–9 Samen, die allenfalls 5 mm Länge und 2 mm Breite erreichen.

Monguete: Spanische Prinzessbohne.

Palbohne: Der frisch aus der Hülse gelöste Kern der Grünen Bohne.

Prinzessbohne / String bean (engl.): Zarte, kleine, frühreife Buschbohne, die – größenmäßig sortiert – in Güteklassen eingeteilt wird (z. B. Extra I., Extra II., fein, mittelfein, sehr fein).

Puffbohne / Vicia faba (lat.) / Bufbohne (erfurt.) / Dickbohne / Dicke Bohne / Bakla (türk.) / Bissarà (alger.) / Broad bean (engl.) / Fadabohne / Fave (ital.) / Fêve (frz.) / Fool (arab.) / Graute Baune (westfäl.) / Große Bohne / Grote Bohne (norddt.) / Haba (span.) / Jumbo-Bohne / Leddern Jungs (niedersächs.) / Lederne Jungs / Tuinbone (niederl.): Puffbohnen gehören nicht der Bohnen-, sondern einer aus Chile stammenden **Wickenfamilie** an, enthalten besonders leicht verdauliches Eiweiß, viele Kohlenhydrate und den seltenen Reservestoff Vicilin, weshalb sie zu den hochwertigsten Nahrungsmitteln gezählt werden. Grundsätzlich sollten die – im Gegensatz zu den Gartenbohnen – sehr früh reifenden Puffbohnen im gekochten Zustand verzehrt werden, da sie giftige Stoffe enthalten, die erst durch Erhitzung zerstört werden, ansonsten können sie ein als »Favismus« bezeichnetes, lebensbedrohliches Krankheitsbild verursachen. Puffbohnenhülsen, die bei der Ernte – des gesünderen Nachwuchses wegen – nicht blindlings abgerissen, sondern **sanft abgeknickt** werden sollten, beinhalten 3–6 Samenkörner, die bei der sogenannten »Milchreife« noch weißlichgrün sein sollten (im grünen Zustand nennt man den Kern »Fave«); danach verfärben sie sich bräunlichrot. Pro Person rechnet man etwa 500 g Puffbohnen mit Hülsen. Meist werden sie zu Suppen, Salaten oder Eintopfgerichten verwendet. Sogar die jungen Hülsen der Puffbohne können als Gemüse, in Suppen, Eintöpfen oder zu Salaten verarbeitet werden. Das wichtigste Puffbohnenanbauland ist **China**; besonders hervorzuhebende inländische Anpflanzungen werden im thüringischen Erfurt betrieben. **»Kastormehl«** nennt man Mehl, das aus getrockneten Puffbohnen besteht.

Punschbohnen nennt man mit Alkohol gefüllte Pralinen.

Reisbohne / Haricot riz (frz.) / Kletternde Bergbohne / Mambi / Orientbohne / Rice bean (engl.): Eine in Asien und Afrika überwiegend als Futterpflanze und Bodendecker angebaute Bohnensorte, die ebenso als Reisersatz und -zusatz verwendet werden kann. Reisbohnen besitzen feinwüchsige, längliche, gelbe, braunrote, schwarze oder gesprenkelte **reisähnliche Samen**, die auch einen **reisartigen Geschmack** aufweisen. Die Blätter und Hülsen der Reisbohne sind sogar roh essbar.

Schnittbohne / Brockelbohne / Fiezebohne / Gesneden sperziebone (niederl.) / Haricot vert émincé (frz.) / Judia verde rebanada (span.) / Romanabohne / Schneidebohne / Schnibbel(ches)bohne (hess., pfälz., westfäl.) / Sliced green bean (engl.) / Veitsbohne / Vietsbohne: Kräftige, dickkernige, hellgrüne, flachhülsige Stangen- oder Buschbohnen, die, mit einer speziellen »Schnibbelbohnen-Maschine« zerteilt werden und vornehmlich der Komplettierung von Eintopfgerichten oder als Beilage dienen. Schnittbohnen sollten noch unreif geerntet werden, da ihre Hülsen und Kerne im Reifestadium absterben und infolgedessen ungenießbar werden.

Spaghetti-Bohne: s. u. Spargelbohne.

Speckbohnen nennt man nicht nur in Speckscheiben eingerollte, blanchierte Prinzessbohnen, sondern auch die langen, festen, fleischigen Hülsen einer süßlichen Stangenbohnensorte.

Stännerbohne (hunsr.) / Brühbohne (rhein.): Schnittbohnen, die man zum Zwecke der besseren Haltbarkeit für längere Zeit in Salz einlegt hat.

Stangenbohne / Hochbohne / Kletterbohne: In Konkurrenz zu den Buschbohnen liefern Stangenbohnen zwar doppelte Erträge, Buschbohnen sind jedoch 2–4 Wochen früher erntereif. Stangenbohnen bedürfen, wie ihr Name schon verrät, eines kletterfreundlichen Stützgerüstes und dienen vornehmlich dem Frischmarkt. Das typische Bohnenaroma ist bei dieser sonnenhungrigen Bohnensorte besonders ausgeprägt. Während des Kletterns entwickeln Stangenbohnen einen ungewöhnlichen Linksdrall.

Türkische Erbse / Erbsbohne / Perlbohne / Türkenerbse nennt man eine spät reifende, alte, jüngst aus dem Tiefschlaf wiedererweckte Bohnensorte aus dem Mittelmeerraum, die Ende des 18. Jh.s bevorzugt in Norddeutschland angebaut wurde. Sie hat kreidefarbene, süßlich schmeckende, erbsige Kernchen, die sich im Gegensatz zu jüngeren Bohnensorten deutlich erkennbar wie eine Perlenkette unter der fadenlosen

Hülse abzeichnen. Zu ihrem irreführenden Namen gelangte die Türkische Erbse, weil für Nordeuropäer einst alles, was aus dem Süden kam, »türkisch« war. »Birnen, Bohnen und Speck« heißt eine norddeutsche Spezialität, die u. a. Türkische Erbsen und Bergamottebirnen im Verhältnis 2:1 beinhaltet. In Hamburg-Bardowick nennt man diesen regionalen Leckerbissen ganz unverfälscht »Türkische Erbsen«.

Wachsbohne (dt., schweiz.) / Boterbone (niederl.) / Butterbohne / Falscher Spargel / Gelbe Bohne / Gelbe Fisole (österr.) / Gemüsebohne / Haricot mange tout (frz.) / Spargelbohne (österr.) / Wax bean (engl.): Lange, rundovale Zuchtvarietät der Busch- oder Stangenbohne mit gelben bis wachsfarbenen Hülsen. Sie wird meist zu Sauerkonserven verarbeitet und eignet sich am besten für Salatzubereitungen.

Yamsbohne / Knollenbohne: Schlingpflanze mit steckrübenhafter, bis zu 10 kg schwerer, hellbrauner Wurzel. Mit der Yam ist die Yamsbohne zwar nicht verwandt, sie kann jedoch mitsamt ihren Blättern, Samen, Hülsen und Wurzeln ebenso zubereitet werden – allerdings nur im jungen Zustand, weil sie während des Reifens Giftstoffe produziert.

Zuckerbohne: Süßliche Bohnensorte, deren fleischige Hülse während der Reife stark verrunzelt.

Zuckerbrechbohne: Bohnensorte, die die Eigenschaften der Brech- und Zuckerbohne vereint.

Bei folgenden Bohnensorten sind lediglich die Kerne genießbar:

Adzukibohne / Vigna angularis (bot.) / Adzuki bean (engl.) / Asuki / Azuki / Rote Sojabohne: Bekömmliche, auffallend süße Bohnensorte mit 8 mm langen, weichschaligen, schlitzäugigen, dunkelroten Samen, die meist zu Beilagen oder Suppen Verwendung finden und in China und Japan sogar zur Konfektherstellung genutzt werden. In Asien gilt die Adzukibohne als **edelste Hülsenfrucht** und nach der Sojabohne sogar als wirtschaftlich zweitwichtigste Leguminose.

Anasazibohne: Weinrote Trockenbohnensorte aus Amerika mit kuhscheckiger Zeichnung.

Augenbohne / Vigna unguiculata ssp. Unguiculata (bot.) / Black-eyed pea (engl.) / Chinabohne / Chinesische Bohne / Cowpea (engl.) / Haricot dolique (frz.) / Kousenband (niederl.) / Kuhbohne / Kuherbse / Kundebohne / Lubiabohne / Pois de vache (frz.): Kleine, weiße, bohnenähnliche Pflanze aus Afrika und Asien, deren Kerne mit einem dunklen, augenähnlichen Ring um den Nabel bestückt sind. Augenbohnen nehmen Gewürze und Aromen beim Kochen gut auf. In Afrika werden sie zerstampft, dann zu Bällchen geformt und schließlich gekocht oder gebraten. In Amerika kombiniert man sie meist mit Pökelfleisch.

Auskernbohnen werden Bohnensorten genannt, bei denen lediglich die Kerne genießbar sind.

Birma-Bohne / Duffinbohne / Haricot de Lima (frz.) / Java-Bohne / Kapbohne / Kratokbohne / Lima bean (engl.) / Lima-Bohne / Madagaskar-Bohne / Mondbohne / Peru-Bohne /

Phaseolus lunatus (lat.) / Rangoon-Bohne / Siévabohne: Die bereits vor 6000 Jahren in Peru kultivierte Birma-Bohne, die heutzutage meist aus den Tropen Afrikas, Indiens, Madagaskars, Südamerikas und Floridas zu uns gelangt, hat kleine, weißlich beige Samen, die zwar mehlig schmecken, beim Kochen jedoch nicht zerfallen. Meist werden Birmabohnen zu Salat oder Gemüse verarbeitet. Da sie den Wirkstoff Phaseolunatin enthalten, der in wässriger Lösung Blausäure abspaltet, müssen sie vor dem Verzehr **im offenen Topf mindestens 1,5 Stunden gegart** werden. Zwingend erforderlich während dieser Maßnahme ist das mehrmalige Erneuern des Kochwassers.

Borlotti-Bohne / Borlotto / Saligia-Bohne: Mittelgroße, bräunliche, weichkochende, bittersüße Samen einer beliebten italienischen Stangenbohnensorte, die im Reifezustand zwar stark mit rot-weißen Flecken und Streifen markiert ist, sich während des Kochens jedoch in ein saftiges Dunkelgrün wandelt. Borlotti-Bohnen werden meist zu Salaten oder Suppe (z. B. »Minestrone«) verarbeitet.

Boston-Bohne: Bohnensorte mit dünnschaliger Hülse und runden, weißen, mehlig kochenden, relativ kleinen Samen, die sich deutlich an der Hülse abzeichnen. Boston-Bohnenkerne eignen sich zur Herstellung von Suppen und Eintöpfen. Nicht wegzudenken sind sie beim namhaften französischen **»Casoulet«** und den traditionellen amerikanischen **»Boston Baked Beans«**.

Canellino: Mittelgroße, mehlige, cremig-weiße Trockenbohne aus Italien.

Chilibohne nennt man in pikanter Chili-Sauce gegarte, meist konservierte Wachtelbohnen.

Flageolett / Phaseolus ssp. (lat.) / Flageoletta (ital.) / Flageolet-Bohne / Flageolet vert (frz.) / Französische Bohne / Green Kidneybean (engl.) / Grüne Nierenbohne / Grünkernbohne / Junge Saubohne / Samenbohne: Blassgrüne, flach-ovale Kerne, die im Vergleich zu anderen Bohnensorten weniger mehlanteilig sind und aufgrund dessen ein sahnigeres Aroma aufweisen. In Frankreich reicht man Flageoletts **traditionsgemäß zu geschmorter Lammkeule**.

Forellenbohne / Monstranzbohne: Weiß-rot gesprenkelte Trockenbohnensorte, deren perlenartige Kerne nicht selten zur **Rosenkranzherstellung** genutzt werden.

Ignatiusbohne / Fêves de St. Ignace (frz.) / Habas de San Ignatio (span.): Bohnenhafte Samen einer auf den Philippinen beheimateten, giftigen Kletterpflanze.

Kidneybohne / Indianerbohne / Maharagwe (kenia.) / Nierenbohne / Pinto bean (engl.) / Rote Bohne / Rote Flageolet: In Amerika und Afrika angebaute, rotbraune oder dunkelrosa Bohnensorte von mehlig-festkochender Konsistenz mit süßlichem, an Maronen erinnerndem Geschmack. Kidneybohnen – pro 100 g liefern sie 266 Kalorien (!) – werden zu Suppen, Eintöpfen und Salaten verwendet. Ihren englischen Namen verdankt die Kidneybohne ihrem nierenförmigen Aussehen (engl. kidney: Niere).

Lunjabohnen: Phantasiename für die Sprossen grüner Mungbohnen. Ein in Düsseldorf-Elle lebender, chinesischer Diätkoch namens Ning Tjiang taufte sie so im Jahre 1960.
Mung(o)bohne / Vigna radialis (bot.) / Green gram (engl.) / Golden gram (engl.) / Grüne Soja (fälschl.) / Jerusalem-Bohne / Haricot mung (frz.) / Haricot doré (frz.) / Katjang idjoe / Linsenbohne / Moong Dal (ind.) / Mung bean (engl.): Mungbohnen werden in Asien, Afrika und in den USA angebaut. Sie haben kleine gelbbraune (ungeschälte) oder olivgrüne (geschälte) Samen und kommen entweder halbiert oder im Ganzen (rundlich) auf den Markt. Spätreifende Mungbohnen besitzen grüne Samen, die sogar roh gegessen werden können. In ihrer Heimat Ostasien ist die zur Wickenfamilie zählende Mungbohne während der Fastenzeit, in der nur vegetarisch gegessen werden darf, ein geschätztes Gemüse, da es gut schmeckt und nicht, wie die »normale« Bohne, bläht. In den Anbauländern lässt man die bekömmlichen und **lezithinreichen, erbsig schmeckenden** Samen der ungeschälten Mungbohne als vermeintliche **»Sojasprossen«** keimen, um sie roh, gebraten oder gedünstet chinesischen Gerichten zuzuordnen (s. u. Sojabohne). Getrocknet und gemahlen dient die Mungbohne in Asien der **Glasnudel- / Fadennudelherstellung**. Die transparenten Glasnudeln sind zwar nahezu geschmacksneutral, sie eignen sich allerdings sehr leicht das Aroma anderer Zutaten an. In Asien werden sie entweder kurzzeitig in Wasser eingeweicht und dann kleingeschnitten oder man frittiert sie.
Rosados / Rosafarbene Bohnen: Ovale, rosafarbene, 1 cm lange Bohne.
Schwarzbohne / Schwarze Bohne / Schildkrötenbohne / Frijole negro (span.) / Black bean (engl.): Zarte, leicht verdauliche, angenehm würzig-süßliche, nur 1 cm große, schwarzhäutige, weiß gepunktete, hellfleischige Verwandte der Feuerbohne. Sie kommt meist aus Brasilien, wo sie das Hauptnahrungsmittel ist und meist – mit Reis kombiniert – zu original **»Chili con carne«** (mexikanisches Reisgericht), verwendet wird. Das Einweichwasser der Schwarzen Bohne kann beim Kochen mitverwendet werden. Als »Schwarzbohnen« werden auch reife Sojabohnen bezeichnet (s. u. Sojabohne).
Seebohne (s. u. Glasschmalz).
Tempobohnen (ostdt.) nannte man vor der Wende vorgegarte, weiße Trockenbohnen.
Tonkabohnen / Fagioli di Tonka (ital.) / Fêves de tonka (frz.) / Toncabohnen / Tonga / Tonka beans (engl.): Bohnenähnliche Samen des bis zu 20 m hohen Tonkabaums, der zwar im nördlichen Südamerika zu Hause ist, mittlerweile jedoch auch in der Karibik kultiviert wird. In Europa dienen Tonkabohnensamen häufig als Waldmeisterersatz zum Aromatisieren von Lebensmitteln, in den Anbauländern auch zum Parfümieren von Kau-, Schnupf- und Rauchtabak (laut Tabaksverordnung ist Letzterer in Deutschland unzulässig!). Ist die Tonkabohne 3–4 cm lang, 1–2 cm breit und 8–10 mm dick

und schwarz, dann handelt es sich wissenschaftlich um die *Dipterix odorata* – oder sie hat kleinere, braune Früchte, dann wird sie *Dipterix oppositfolia* genannt. Beide riechen, da sie den Wirkstoff Cumarin aufweisen, waldmeisterartig, schmecken bitter-würzig und enthalten bis zu 25% Fett.

Trockenbohnen / Phaseolus vulgaris var. nanus (bot.) / Dörrbohne (österr.) / Haricot sec (frz.) sind nichts anderes als getrocknete Auskernbohnen, die vor der Zubereitung – der kürzeren Garzeit wegen – über Nacht in Wasser eingeweicht werden sollten.

Urdbohne / Schwarze Mungobohne / Black gram (engl.) / Urd (engl.) / Urd Dal (ind.): Gelbliche Mungbohnensorte mit schwarzhäutigen Samen.

Wachtelbohne / Bunte Bohne / Käferbohne (österr.): Mittelgroße, längliche, rot-braun-beige gesprenkelte, zwar mehlige, jedoch festkochende Bohnensorte, die **Wachteleiern** gleicht und in Salaten und Eintöpfen eine überaus dekorative Wirkung erzielt. Wachtelbohnen können die zwar hochpreisigeren und selteneren, jedoch ähnlich aussehenden **Borlotti-Bohnen ersetzen**. Ihr Ursprung liegt zwar in Mexiko, die größten Anbaugebiete liegen jedoch in den USA.

Weiße Bohnen / Dürre Bohne (österr.) / Fagioli bianchi (ital.) / Fischlen (niederösterr). / Haricots blancs (frz.) / Kuru fasulye (türk.) / Navy beans (engl.) / Ochsenzähne (thür.) / Schmalzbohnen (volkst.) werden vorrangig zur Herstellung von schmackhaften Eintöpfen oder Salaten verwendet, nachdem sie über Nacht in Wasser eingeweicht wurden. Als »Schmalzbohnen« werden Weiße Bohnen im Volksmund deshalb bezeichnet, weil sie – obwohl sie kaum Fett enthalten – während des Kochens einen schmalzigcremigen Geschmack entfalten.

Hauptinhaltsstoffe

Ballaststoffe, Calcium, Eisen, Kalium, Kieselsäuren, Magnesium, Natrium, Phasin, Phosphor, Provitamin A, Purine, Saponine, Spurenelemente, Stärke, Vitamin B 1, B 2, B 3, B 6, C, E. Bohnen zählen zu den hochwertigsten Eiweißlieferanten.

Verwendung, Zubereitung

Bohnen sind sehr vielseitig zu verwenden. Man macht daraus Salat, Gemüse, Eintopfgerichte, Suppen usw. Grüne Bohnen schreckt man nach dem Kochen mit kaltem Wasser ab, damit sie ihre frische, grüne Farbe beibehalten; ansonsten würden sie sich unappetitlich grau verfärben. Sollten grüne Bohnen Welkeerscheinungen zeigen, legt man sie eine Viertelstunde in kaltes Wasser. Das Kochwasser von Grünen Bohnen kann zur Herstellung von Suppen, Eintöpfen oder Saucen verwendet werden.

Lagerung

Grüne Bohnen sollten gekühlt nicht länger als 2 Tage im Kühlschrank aufbewahrt werden, da sie danach ihre Inhaltsstoffe weitestgehend verlieren und zudem rasch verderben.

Volksmedizinische Bedeutung

In rohem Zustand dürfen Bohnen nicht gegessen werden, da ihre Hülsen und vor allem die Kerne den giftigen Eiweißstoff Phasin enthalten. Schon 5–6 rohe, grüne Bohnen können zu Vergiftung führen, da Phasin Darmentzündungen hervorruft und infolgedessen die roten Blutkörperchen verklumpen; durch dreiminütiges Kochen wird der Giftstoff jedoch zerstört. Bei erhöhter Körpertemperatur sollten Bohnen gemieden werden, da sie die Fieberkurve noch mehr ansteigen lassen; auch Nierenkranke müssen auf diese Hülsenfrucht aufgrund ihres hohen Puringehalts verzichten. Die Ballaststoffe der Bohne regulieren die Verdauung, **binden Giftstoffe und begünstigen Erneuerungsprozesse** im Körper.

Bohnenhülsentee beschleunigt das Abnehmen, da er den Fettstoffwechsel positiv beeinflusst.

Zerriebene Bohnenblätter bekämpfen Warzen und Hühneraugen, wenn man sie mehrmals täglich frisch aufträgt.

Tipp

Ungesalzenes Kochwasser von Weißen Bohnen eignet sich zum Entfernen hartnäckiger Rotwein- und Tintenflecke.

Boysenbeere

Rubus hybrid

Boysenberry (engl.)

Allgemeines, Herkunft, Geschichtliches

Die feuchtigkeitsliebende Boysenbeere ist ein frostempfindliches Rosengewächs (Rosaceae), das 1925 auf Initiative des Herrn Rudolph Boysen in Kalifornien durch Rückzüchtung der Loganbeere mit der Wildhimbeere und Brombeere zustande gekommen ist. 1937 feierte die Boysenbeere auch in Neuseeland Premiere, wo sie mittlerweile zur wichtigsten Beerenfrucht erstarkt ist.

Aussehen

Boysenbeeren sind ca. 3 cm groß, purpur-schwarz, stachellos und den Loganbeeren nicht ganz unähnlich.

Geschmack

Die Boysenbeere hat ein angenehmes, fein würziges, weinsäuerliches Aroma, das sich weder durch Tiefkühlen noch durch Einwecken beeinträchtigen lässt.

Arten, Sorten

Hildabeeren sind aus einer Kreuzung von Taybeere und Boysenbeere hervorgegangen. Die mittelgroßen, rötlich schwarzen Beeren, die jeweils im Spätsommer geerntet werden können, besitzen ein schmackhaftes Aroma.

Verwendung, Zubereitung

Boysenbeeren werden zwar selten als Frischfrucht, dafür aber in erheblichem Umfang in der Joghurt-, Konfitüre- und Speiseeisproduktion verarbeitet. Gelegentlich gelangen sie auch in Form von Saftkonzentrat oder als Tiefkühlware zu uns.

Lagerung

Da diese Beerenobstart leicht verderblich und sehr transportempfindlich ist, wird sie nur selten auf unseren Märkten angeboten.

Brennnessel

Urtica

Bannel (norddt.), Brännässla (schwed.), Brandnetel (niederl.),

Brenn-Nessel, Elektrisches Gras (volkst.), Eselkraut, Isirganotu (türk.), Haarnessel, Habernessel, Neddel, Nessel, Nettle (engl.), Ortiche (ital.), Ortie (frz.), Ortiga (span.), Pest der Gärten, Saunessel, Scharfnessel, Senznessel, Spinat der Armen, Stinging nettle (engl.), Tausendnessel, Tissel, Zingel

Allgemeines, Herkunft, Geschichtliches

Die Brennnessel ist schon seit Jahrtausenden als Kraut gegen »siebenundsiebzigerlei Fieber« bekannt. Bei den alten Griechen und Römern war das Auspeitschen mit Brennnesselbüscheln zur besseren Durchblutung der Haut und zur Bekämpfung rheumatischer Beschwerden üblich, was sich bis heute – mit Ausnahme bei Allergikern – bewahrt hat. Im Mittelalter und im 2. Weltkrieg wurde die Brennnessel noch als Faserpflanze zur Gewinnung von Nesseltüchern, Kleidung, Bettlaken, Segeltüchern und sogar von Schiffstauen angebaut. Brennnesseln sollten einst auch verhindern, dass die Milch oder das Bier bei Gewitter sauer wurde; noch bis in die Neuzeit pflegen Bierbrauer deshalb den Brauch, neben die Gärbottiche Brennnesseln zu legen.

Zu schätzen wissen diese Wildpflanze auch zahlreiche Insekten. Die beeindruckenden Falter »Kleiner Fuchs«, »Großer Fuchs«, »Admiral« und »Tagpfauenauge« könnten ohne die Brennnessel als Futterpflanze nicht überleben.

Legehühner füttert man mit leicht angetrockneten Brennnesseln, damit sie mehr Eier produzieren und der Eidotter eine kräftig gelbe Farbe bekommt. Rinder meiden Brennnesseln wie die Pest – Schweine lieben sie über alles.

Pferdebesitzer mischen das Futter ihrer Lieblinge mit Brennnesseln, nicht nur, weil es ihren Vierbeinern besonders gut schmeckt, sondern auch, damit das Fell seidenweich und glänzend wird.

Brennnesseln zählen zu den Ruderalgewächsen, das heißt: man findet sie flächendeckend – sogar weltweit auf Schuttplätzen, Ruinen oder an Waldrändern. Außerdem gelten Brennnesseln als verlässliche Stickstoff- und Nässeanzeiger (Indikatorpflanzen). Die Brennnessel verdankt ihren Namen der Tatsache, dass sich die Haut bei Berührung rötet und »brennt«, da sich die Brennhaare, die das Nesselgift ausscheiden, in der Haut festsetzen und sich infolgedessen unangenehme Quaddeln bilden.

Aussehen

Brennnesselblätter sind dunkelgrün und an den Rändern gezackt; sowohl die Blätter als auch die Stängel sind mit feinen Härchen behaftet, deren brennende Eigenschaften durch Welke inaktiviert wird. Die weiß-grünen, kätzchenartigen Brennnesselblüten sind recht unscheinbar.

Geschmack

Frische Brennnesselblätter, -stängel, -blüten und -wurzeln weisen zwar einen eigentümlich strengen und unangenehmen herb-bitteren Geschmack auf, gedünstet oder gekocht sind sie jedoch angenehm mild. Überständige Brennnessel-

blätter sind sehr gerbsäurehaltig und von daher für den Verzehr ungeeignet.
Brennnesselsamen schmecken walnussartig.

Arten, Sorten

Große Brennnessel / Urtica dioica (bot.) / Donnernessel / Grande ortie (frz.) / Große Neddel / Große Nessel / Hanfnessel / Sengnessel: Sie wird bis zu 150 cm hoch und kann als Gemüse, Suppe oder Salat verwendet werden. Da sich ihre weit verzweigte Wurzel nur schwerlich aus der Erde ziehen lässt, treiben sie immer wieder aus.

Kleine Brennnessel / Urtica urens (bot.) / Petite ortie (frz.): Sie wird zwar nur ca. 40 cm hoch und besitzt eine lange Pfahlwurzel, in ihrem Brennverhalten ist sie jedoch noch aggressiver als ihre große Schwester.

Hauptinhaltsstoffe

Acethylcholin, Ameisen-, Butter- und Kieselsäure, Bitter- und Gerbstoffe, Calcium, Chlorophyll, Eisen, Enzyme, Fermente, Histamin, Kalium, Mangan, Natrium, Nitrat, Pflanzenhormone mit östrogenähnlicher Wirkung, Provitamin A, Schwefel, Seratonin, Silicium, Stickstoff, Vitamin B 2, C, E. Brennnesseln enthalten im Vergleich zum Spinat **sechsmal soviel Vitamin C, das Doppelte an Eisen und den fünffachen Calciumgehalt**.

Verwendung, Zubereitung

Brennnesseltriebe und -blätter sollte man ernten, bevor sie Samen ansetzen, weil sie dann besser schmecken und noch nicht brennen.
Frische, junge Brennnesselblätter kann man zwar in Butter geschwenkt oder wie Spinat zubereitet zu Gemüse verarbeiten, feingehackt lassen sie sich jedoch auch in Salaten, Suppen, Quarkspeisen oder zur Teebereitung verwenden. Wenn man die frischen Blättchen roh verzehren möchte, sollte man sie zuvor mit dem Nudelholz überrollen, um eventuell vorhandene Brennhärchen unwirksam zu machen. Da Brennnesselgemüse noch nitrathaltiger als Spinat ist, sollte es lange gekocht und nicht aufgewärmt werden. Allzu strengen Geschmack von Brennnesselgemüse kann man lindern, indem man entweder etwas Sahne oder – falls zur Hand – einige Gierschblätter, die fast in jedem Garten zu unkalkulierbaren Verunkrautungen führen, unterrührt.
Als Delikatesse gilt schon seit altersher »Pürierte Brennnesselsuppe mit gerösteten Brotwürfeln und Eieinlauf«.
Mit nassen Brennnesseln lassen sich beschmutzte oder »blinde« Fenster schlierenfrei und umweltfreundlich reinigen. Hinterher braucht man nur noch mit zusammengeknülltem Zeitungspapier trockenwischen.

Lagerung

Brennnesseln lassen sich nur wenige Stunden bevorraten.

Volksmedizinische Bedeutung

Da Brennnesseln den »Grundumsatz« (die Fähigkeit des Organismus, Nährstoffe zu verbrennen) erhöhen können, nimmt man durch ihren Verzehr automatisch ab. Bei extremem Übergewicht ist eine 4-Wochen-Kur mit dem folgenden Cocktail ratsam, der dreimal täglich ver-

einnahmt werden sollte: Je 2 EL Brennnessel- und Artischockensaft mit einem Schuss Weißwein, einem TL Zitronensaft, 3 Eiswürfeln und Mineralwasser mischen, in ein großes Cocktailglas füllen und schluckweise trinken.
Die entzündungswidrigen Eigenschaften der Brennnessel sollten als begleitende Maßnahme ausgekostet werden, um chronische Hautausschläge und Ekzeme von innen abzuwenden. Bei Verbrennungen, Schnittwunden und Hämorrhoiden ist ein Breiumschlag aus frischen Brennnesselblättern hilfreich. Frische Brennnesselblätter sollte man, so qualvoll es auch ist, zur Heilung als Gegenreiz auf arthritische Gelenke legen. In jüngster Zeit gelang der Forschung der erste Beweis, dass Brennnesseln auch Gicht und Rheuma heilen, denn bestimmte Inhaltsstoffe blockieren Botenstoffe der Entzündung (sogenannte Zytokine) im Gelenk. Dadurch lindert die Brennnessel die Entzündung, nimmt den Schmerz und schützt den Knorpel. Um Rheuma wirkungsvoll zu bekämpfen, muss man allerdings nicht mehr mühsam die Pflanzen sammeln und zubereiten. Es gibt Produkte aus der Apotheke, die den speziellen Brennnesselblätterextrakt mit seinen hochdosierten, rein pflanzlichen Wirkstoffen enthalten. Viele Rheumapatienten können so mit Hilfe der Brennnessel ein schmerzfreies Leben führen.
Als Tee oder Saft wirkt die Brennnessel lungenreinigend, blutstillend, cholesterinsenkend, entwässernd, entschlackend, entgiftend, die Harnsäure regulierend und den Stoffwechsel fördernd.

Tipp

Eine Jauche aus Brennnesselblättern, bei der man ca. 1 kg zerkleinerte Brennnesselblätter mit 10 l abgestandenem Regenwasser etwa 2 Wochen lang in einem verschlossenen Gefäß ziehen lässt, dient der Stärkung und Düngung von Pflanzen, wenn man sie um das 20-fache mit Wasser verlängert; ein 24-stündiger Kaltwasserauszug aus Brennnesselblättern dient dagegen der direkten Abwehr von Blattläusen.

Brokkoli

Brassica oleraceae convar. Botrytis var. italica

Broccoli (engl., niederl.), Brocoli (frz., span.), Bröckelkohl, Brokkerln, Brokolice (tschech.), Burokoli (türk.), Calabrese (engl.), Cavolo Broccolo (ital.), Grüner Blumenkohl, Spargelkohl (österr.), Sprossenbrokkoli, Sprossenkohl, Sprouting broccoli (engl.), Wälscher Prokuli (urbayr.)

Allgemeines, Herkunft, Geschichtliches

Der Brokkoli ist das erste und edelste Züchtungsergebnis, das aus dem Blumenkohl hervorgegangen ist. Von den alten Griechen wurde er zwar schon kultiviert, seinen »Erfindern«, den Alten Römern (753 v. Chr.–476 n. Chr.), hat er jedoch seine botanische Bezeichnung zu verdanken.
Vor 200 Jahren wurde der Brokkoli, aus Verona (Italien) kommend, zwar erstmals auch bei uns kultiviert, kurz darauf geriet er jedoch wieder

in Vergessenheit. Angebaut wird der zur Familie der Kreuzblütler / Brassicaceae (Cruciferae) zählende Brokkoli inzwischen, außer in Deutschland und Italien, auf der Kanalinsel Jersey, in Südschweden, Spanien, Frankreich, Zypern, Kreta und in den Vereinigten Staaten.
Als sich der frühere Präsident der USA, George Bush sen., vor Jahren öffentlich negativ über den Geschmack des Brokkolis äußerte, brachte dies den Farmern prompt eine Umsatzeinbuße von 2 Milliarden Dollar im Folgejahr ein. Anschließende wissenschaftliche Untersuchungen konstatierten daraufhin, dass Brokkoli entgegen bisherigen Einschätzungen überaus gesund ist und sogar krebshemmende Stoffe enthält. Ein ungeahnter neuerlicher Aufschwung dieses Gemüses war die Folge, der sich ungebremst bis zur Gegenwart fortsetzt.
Der Name »Brokkoli« wurde im Laufe der Zeit aus dem Lateinischen »brachium« für Arm oder Zweig und dem Römischen »brocco« für »Sprössling« konstruiert.

Aussehen

Frischer, gesunder Brokkoli sieht aus wie kräftig grüner, locker verzweigter Blumenkohl mit fest geschlossenen Röschen. Gelber Brokkoli weist auf Überlagerung hin – er blüht schon!

Geschmack

Brokkoli schmeckt zwar blumenkohlähnlich, jedoch kräftiger, und das Aroma tendiert in Richtung Spargel, weshalb er ebenso als »Spargelkohl« bezeichnet wird. Gelber Brokkoli schmeckt muffig, holzig und bitter.

Arten, Sorten

Broccoletti: Etwa 10 cm lange, stetig nachwachsende Sprossen des im Frühjahr abgeernteten Brokkolis von unterschiedlicher Stärke, die bis zum Herbst »geplündert« werden können.
Chinesischer Brokkoli / Chinese broccoli (engl.) / Early kailaan (engl.) kommt aus China, Thailand, Indonesien oder Malaysia. Sowohl die Blütenknospen und Stängel als auch die jungen Blätter dieser bis zu 1 m hohen, brokkolihaften Pflanze sind essbar.
Roter Brokkoli / Violetter Brokkoli: In Italien hochgeschätzte, mit Anthozyan geimpfte Brokkolisorte, die auf den hiesigen Märkten kaum erhältlich ist.

Hauptinhaltsstoffe

Antioxidationsstoffe, Ballaststoffe, Bitterstoffe, Calcium, Carotinoide, Chlorophyll, Eisen (mehr als Spinat), Eiweiß, Flavonoide, reichlich Folsäure (35 mg / %), Glukosinolate, Glutathion, Indole (Antikrebswirkstoffe), Jod, Kalium, Kohlenhydrate, Lutein, Mangan, Niacin, Pantothensäure, Phosphor, Provitamin A, Quercitin, Selen, Sulphoraphan, Vitamin B 1, B 2, C (110 mg / %), K.
Brokkoli weist nicht nur den **höchsten Vitamingehalt aller Gemüsesorten** auf, im Gegensatz zum Blumenkohl besitzt er sogar das Fünffache an Calcium und das Vierzigfache (!) an Provitamin A.
Brokkolistängel sind bemerkenswert chlorophyll- und selenreich.

Verwendung, Zubereitung

Brokkoli findet nicht nur als Gemüse Verwendung, er kann ebenso roh oder gedünstet als Salat verzehrt werden. Zuerst sollte man Brokkoli etwa eine Viertelstunde in Salzwasser legen, damit sich eventuelles Kleingetier löst. In der Zwischenzeit kann man die dicken Stiele dünn schälen und kreuzweise einschneiden, damit sie später gleichzeitig mit den zarten Blütenständen gar sind. Danach sollte Brokkoli grundsätzlich nur knackig gedünstet und nicht gekocht werden, weil sich die wertvollen Inhaltsstoffe sonst auflösen; auch der hohe Vitamin-C-Anteil verringert sich bei starker Hitzezufuhr um mindestens 80%. In Amerika und Italien bereitet man sogar aus den stark karotinhaltigen Deckblättern des Brokkolis Gemüse und Salat.

Lagerung

Brokkoli kann zwar allenfalls 1–2 Tage im Kühlschrank aufbewahrt werden, angesichts des hohen Vitamin- und Mineralstoffverlusts und seines drastischen Nachreifevermögens während der Lagerung sollte man ihn jedoch möglichst sofort nach dem Einkauf zubereiten und verzehren. Brokkoli sollte nie gemeinsam mit Ethylen ausscheidenden Obst- und Gemüsesorten (z. B. Äpfel, Avocados, Tomaten, Zitrusfrüchte) aufbewahrt werden, da sonst sein Verderb unnötig beschleunigt wird.

Volksmedizinische Bedeutung

Der leicht bekömmliche Brokkoli fördert die Verdauung, entgiftet den Körper, wirkt blutdrucksenkend, schützt dank des sekundären Pflanzenstoffs Sulphoraphan und Selen nachweisbar vor Krebs, kurbelt die Zellerneuerung an und gilt als hochwirksamer Fett- und Stresskiller. Frauen, die schwanger sind oder mit der Pille verhüten sowie Personen, die regelmäßig Medikamente einnehmen müssen, sollten Brokkoli seines hohen Folsäureanteils wegen möglichst häufig mit in ihren Speiseplan einbeziehen.

Tipp

Schon 200 g Brokkoli decken den Vitamin-C-Tagesbedarf des Menschen.

Brombeere

Rubus fruticosus

Abfangbeere, Bachbeere, Blackberry (engl.), Blambeere, Bögürtlen (türk.), Braam (niederl.), Braber, Bräke(beere), Bramberi (althochdt.), Brämelbeere, Brambeere, Bramble (engl.), Brame (mundartl., niederl.), Brammerte, Brandbeere, Braunbeere, Bremen (altdt.), Bremere (hunsr.), Brenkeldorn, Brennbeere, Brenndorn, Brimbeere, Brimme, Brombaschine, Brombesinge, Brome (fränk.), Bromel(t)e, Bromerbeere, Brozelbeere, Brümeln, Brünsebücken, Bru(mmel)beere, Brumme(lke), Brummesken, Brumuster, Brumsterten, Brunkle, Brunnenbeere, Brusebeere, Dornbeere, Dornlaub, Dornmure, Drombel, Drumbeere, Eisenbeere, Farzknottel, Feldschwarzbeere, Fenneapfel, Fieberbeere, Flamere, Flemmbeere, Frambeere, Frommbeere, Gaulhäuflein, Gaulhimbeere, Gaulklöße, Gaulpollen, G(e)schwoderbeerlein, Glumbeere, Gram(belle), Grasbeere, Grembeere, Grufel, Grum-

metbeere, Gruosebeere, Haberbeere, Hakelbeere, Hangbeere, Heckenbeere, Heckenbettcher, Hennenbeere, Hexenschmer, Himbele, Himbremen, Himerte, Himmchen, Hirschbeere, Hirschbolle, Hopfenranke, Hummelbeere, Hundsbaschine, Hundsbeere, Jaggon, Kateraugen, Klöppelbeere, Knasper, Kragelbeere, Krampete, Kratzeln, Kratzrame, Kratzranke, Kro(a)tzbeere (schles.), Kro(m)beere, Madlennen, Malimbeere, Mohrenbeere, Mombeere, Mora (ital.), Mora de zarza (span.), Mora di rovo (ital.), Morbel, Moren, Mulinkes, Murbeere, Mure (tirol.), Mûre sauvage (frz.), Peitschenstrauchbeere, Pferdebeere, Pflugbeere, Pflumbeere, Pfrubeere, Räpeldorn, Ra(h)mbeere, Râmestaude, Rampfe(n), Randbeere, Rankenbeere, Rantzebeere, Rindsbeere, Rossbolle, Rotzbeere, Rüsch, Rumpelsbeere, Saubeere, Schmerbel, Schnitterbeere, Schnorrgäuer, Schossbeere, Schwapperte, Schwarze Haubeere, Snôrbeere, Snurrbeien, Solbär(bum), Staudenmure, Steigbesinge, Steinbeere, Stoppel(rüben)beere, Swartjebeere, Swertje, Tacken, Teerbeere, Titanenblut, Trambeere, Trumbolle, Zarzamora (span.), Zolkerbeere

Allgemeines, Herkunft, Geschichtliches

Der Ursprung der zu den Rosengewächsen (Rosaceae) zählenden Brombeere liegt in Eurasien und Nordamerika. Streng genommen wird sie nicht den Beeren, sondern den **»beerenartigen Sammel-Steinfrüchten«** zugeordnet, da sie sich aus einzelnen Steinfrüchtlein zusammensetzt. Brombeeren werden von August bis September geerntet. Am wohlsten fühlen sie sich in schattigen Wäldern und an sonnigen Hainen. In Asien, Belgien, Deutschland, Frankreich, Kroatien, den Niederlanden, Nord- und Südamerika, Polen, Rumänien und der Tschechischen Republik liegen die größten Anbaugebiete der Brombeere.

Als die Menschen noch das Pflanzenleben präzise beäugten, sahen sie eine geheimnisvolle Bedeutung darin, dass sich die Schösslinge des Brombeerstrauches dem Boden zuneigten, aufgrund dessen ihre Triebspitzen neue Wurzeln schlagen konnten. Durch diese Bogen schickte man Kinder, um sie von Hautkrankheiten und ähnlichen Wehwehchen zu heilen; die Rundung symbolisierte ebenso die obere Hälfte des Jahreskreises der Sonne und sollte deshalb für alle, die durchkrochen, die Wiedergeburt verdeutlichen. In den Blättern, die erst eine Drei-, dann eine Fünfteilung aufweisen, vermutete man mystische Kraft.

Die kultivierte Brombeere, an deren Entstehung wenigstens 16 verschiedene Rubusarten beteiligt waren, existiert erst seit Mitte des 19. Jh.s. Der deutsche Name »Brombeere« leitet sich vom althochdeutschen »Bramberi« ab, das im englischen »bramble« für »Dornenstrauch« versteckt ist.

Aussehen

Die großfrüchtige Gartenbrombeere wächst – ebenso wie die etwas kleinere wilde Waldbrombeere – an einem rosenartig blühenden Dornenstrauch heran. Sie hat zunächst rote, später glänzend schwarze, saftige

Früchte, deren Böden **erst bei Vollreife vom Stängel lösbar** sind. Brombeeren, die während der Reife zum Teil oder gesamthaft in ihrer Röte verharren, sind von Gallmilben befallen.

Geschmack

Im reifen Zustand, also wenn sich die Früchte salopp vom Fruchtboden lösen lassen und sie schon auf leichten Druck nachgeben, schmecken Brombeeren süß-herb-würzig, fruchtig und saftig, wobei anzumerken wäre, dass wilde Waldbrombeeren noch wesentlich aromatischer und farbstoffhaltiger sind als Gartenbrombeeren.

Arten, Sorten

Ackerbrombeere / Rubus caesius (lat.) / Ackerbrommer / Akerbeere / Bärendreck / Bläueli / Blaue Beere / Bramranke / Düwelsschmer / Flesenbeere / Frauenbeere / Fuchsbeere / Hühnerbeere / Katzenbeere / Krasselbeere / Kratzbeere / Kratzer / Krötenbeere / Kuchbeere / Nachtnebel / Nebelbeere / Otter / Rossbeere / Rossboppre / Schlangenbeere / Sittebeere / Sau(ben)beere / Taubenknopf / Taubenköpfle / Taubenspick / Teufelsbeere / Thurbeere / Traubenbeere / Weinbrombeere / Wildbrombeere: Die wild wachsende Ackerbrombeere hat stachlige niederliegende oder kletternde Triebe und weiße Blüten. Die glatten oder behaarten Früchte sind blau bereift, schwarzfleischig und schmecken zwar saftig-sauer, sind jedoch vergleichsweise aromaarm.

Bramble fruits ist der englische Ausdruck für alle Himbeer- und Brombeersorten.

Gebirgsbeere der Anden / Rubus bogotensis (lat.) / Andean mountainberry (engl.) / Mora de castilla (span.): Diese tiefrote, runde bis längliche Beerenart, die etwa doppelt so groß wie die Brombeere ist, wächst ausschließlich in den Höhenlagen Südamerikas. In Kolumbien wird sie meist in Form von Nektar oder Konfitüre veräußert. Ihr unverkennbares Brombeeraroma weist einen **medizinischen Beigeschmack** auf.

Mamurabeere / Nordische Himbeere: Hochwürzige Verwandte der Multbeere, die meist roh verzehrt wird.

Multbeere / Rubus chamaemorus (lat.) / Arktische Brombeere / Bay-Kapples (amerik.) / Berghimbeere / Cloudberry (engl.) / Krätzbeere / Lakka (finn.) / Lakkabeere / Molterbeere / Multer (norw.) / Mûre arctique (frz.) / Nordische Sumpfbrombeere / Norwegische Brombeere / Pautkenbeere / Schellbeere / Sumpfbrombeere / Sumpfhimbeere / Taubeere / Tetinbeere / Torfbeere / Wolkenbeere / Zwergbrombeere / Zwergmaulbeere: Die mit der Brombeere verwandte Multbeere – sie stammt aus den Sümpfen Nordamerikas und dem arktischen Europa – ist eine herbwürzige, im vollreifen Zustand orangegelbe Frucht, die an 20 cm hohen, wild wachsenden Sträuchern mit handförmigen Blättern wächst. Man isst sie entweder roh mit Zucker und Sahne oder verarbeitet sie zu Konfitüre.

Nessy / Loch Ness: Dornenlose Brombeersorte, die erst seit 1950 auf dem Markt ist und als wohlschmeckendste Brombeere gilt.

Prachtbrombeere / Rubus spectabilis (lat.): Wild wachsende amerikanische Brombeersorte mit großen, aromatischen, lachsroten Beeren.

Hybriden der Brombeere:
Heija (finn.) / Nektarhimbeere: Ist im Jahre 1975 in Finnland aus Himbeere und Brombeere hervorgegangen.
Himbo: Feurigrote, 3–5 cm lange, himbeerähnliche Kreuzung aus Himbeere und Brombeere.
Japanische Weinbeere / Rubus phoenicolasius (lat.) / Wine raspberry (engl.): In den Bergen Japans beheimatete Kreuzung aus Himbeere und Brombeere, die seit der zweiten Hälfte des letzten Jh.s auch hierzulande, meist an Spalieren, herangezogen wird. Sie hat leuchtend scharlachrote, bis zu 2 cm breite, leicht klebrige, himbeerige Früchte, die an attraktiven, bis zu 3 m hohen, stark wuchernden, karmesinroten Ruten wachsen. Japanische Weinbeeren werden zwar, in Gegenüberstellung mit den Himbeeren, von Fruchtmaden verschmäht, da sie jedoch sehr leicht verderblich sind, sollten sie gleich nach der Ernte entweder roh verzehrt oder zu Konfitüre und Obstwein verarbeitet werden.
Loganbeere / Rubus loganobaccus (lat.) / Loganberry (engl.): Dieser Hybrid, der aus einer Kreuzung von Brombeere und Himbeere hervorgegangen ist, wurde im Jahr 1881 von J. H. Logan in Santa Cruz / Kalifornien gezüchtet. An der amerikanischen Pazifikküste gilt die Loganbeere heute als gewinnträchtigste Beerensorte, die zudem sehr resistent gegen Trockenheit ist. Die Loganbeere wird meist an Spalieren gezogen, hat ca. 5 cm große, längliche, dunkelviolette, zart bestachelte Früchte und ähnelt übergroßen Himbeeren. Ihr Geschmack erinnert an Brombeeren und Himbeeren. Mittlerweile wird die Loganbeere ebenso in Dänemark, England, Neuseeland und in den Niederlanden angebaut. Da die Früchte einen tiefen Kelch besitzen, der Insekten anlockt, sollte man sie vor dem Verzehr genauestens auf Ungeziefer überprüfen. Hierzulande sind Loganbeeren meist »nur« als Konserve erhältlich. Nicht verwechseln sollte man Loganbeeren mit den »Longanen«.
Malling-Sonnenbeere / Sonnenbeere: Fast schwarze, kegelförmige Frucht aus England, die im Jahre 1981 aus der kalifornischen Brombeere und der europäischen Himbeere hervorgegangen ist. Die äußerst robuste Sonnenbeere ist von August bis September im Angebot und schmeckt köstlich süß-säuerlich.
Marionbeere: Kreuzung aus Brombeere und Olattiebeere.
Olattiebeere: Kreuzung aus Logan- und Youngbeere.
Veitchbeere / Veitchberry (engl.): Eine enge Verwandte der Loganbeere. Man kann sie pur essen, mit Sahne mischen oder zur Herstellung von Konfitüre und Speiseeis verwenden.
Youngbeere / Jungbeere / Youngberry (engl.): Wurde 1928 nach dem amerikanischen Züchter Young benannt, der sie durch Rückkreuzung der Loganbeere mit der Brombeere schuf. 1933 gelangte die weinrote, stachellose Youngbeere erstmals nach

Deutschland. Ihre größten Anbauflächen liegen heute nahe der südafrikanischen Stadt George.

Hauptinhaltsstoffe

Anthozyane, Apfel- und Isozitronensäure, Ballaststoffe, Calcium, Eisen, etherisches Öl, Flavonoide, Fruchtzucker, Gerbstoffe, Inosit, Magnesium, Mangan, Oxalsäure, Pektin, Provitamin A, Vitamin B, C. Brombeeren sind die stärksten Provitamin-A-Spender aller Früchte.

Verwendung, Zubereitung

Brombeeren werden als Frischobst, in Kompott, Joghurt, Quark / Bibeleskäs / Glumse (ostpreuß.) / Hotte / Käsmatte / Kässchmier / Klatschkäse / Kwirgel (sudetendt.) / Matte (hess.) / Matz / Quarg / Schichtkäse / Schotten (österr., süddt.) / Siebkäse / Topfen (österr.) / Weecher / Weeßer Kees / Weißer Käse / Weißkäse (berlin.) / Zieger (österr.), als Konfitüre, Konserve, Gelee, Eis, in kalten Süßspeisen, als Sauce, Sirup, Saft, im Rumtopf, als Süßmost, Likör, Brombeergeist oder als Kuchenbelag konsumiert. Auch die berühmte englische »Jam« (Konfitüre) wird maßgeblich aus Brombeeren zubereitet. Brombeerblätter werden für schwarzen Tee, Teemischungen und für Gesichtslotionen in der Kosmetikindustrie verwendet. Unzulänglich bekannt ist, dass Tee, der mit Brombeer- und Himbeerblättern aufgebrüht wird, geschmacklich nahezu **identisch ist mit Chinesischem Tee**.

Lagerung

Nach der Ernte sollten Brombeeren vor Sonnenbestrahlung geschützt, kühl und ausgebreitet aufbewahrt und so rasch als möglich aufgebraucht werden. Unreif geerntete Brombeeren entwickeln sich während der Lagerung nicht nach.

Volksmedizinische Bedeutung

Frischer, leicht erwärmter Brombeersaft wirkt zwar gegen Heiserkeit, Harnstau, Durchfall, ist blutreinigend, schweißtreibend und stärkt sogar die Verdauungsorgane, Personen, die mit Stoffwechselerkrankungen und Steinleiden zu tun haben, sollten Brombeeren jedoch aufgrund ihres relativ hohen Oxalsäuregehalts meiden. Sodbrennen vertreibt man, indem man getrocknete Brombeerblätter zerkaut. In Frankreich und in den Niederlanden werden Brombeeren als Heilpflanze anerkannt.

Tipp

Die Erdstöcke der sich selbstverbreitenden Brombeere sollten hin und wieder rigoros eingekürzt oder durch Teichfolien-Abdeckung im Zaum gehalten werden, da sie im Laufe der Zeit dazu neigen, ein undurchdringliches Dickicht zu bilden.

Brotfrucht

Artocarpus communis

Breadfruit (engl.), Brotbaumfrucht, Fruit d'arbre à pain (frz.), Fruta de pan (span.), Pan de pobre (span.)

Allgemeines, Herkunft, Geschichtliches

Die auf den Inseln des Pazifischen Ozeans heimischen Brotfruchtbäume zählen zu den Maulbeergewächsen (Moraceae) und sind mit den Jackfrüchten verwandt. Die bis zu 20 m hohen, breitkronigen Brotfruchtbäume werden in Afrika, Indien, in

der Karibik und in Polynesien angebaut. In Indien ist die Brotfrucht, die sowohl den Gemüsen als auch dem Obst zugeordnet wird, nach der Gemüsebanane das wichtigste Grundnahrungsmittel. Der berühmte Kapitän Blight von der ebenso bekannten »Bounty« sorgte im Jahre 1788 im Auftrag der englischen Regierung erstmals für die Verbreitung des Brotfruchtbaums, um die Ernährung afrikanischer Sklaven zu gewährleisten.
Ihren Namen hat die Brotfrucht der teigig-mehligen Beschaffenheit ihres Fruchtfleischs zu verdanken, das während des Backens einen süßlichen Brotgeschmack entfaltet.

Aussehen

Die Brotfrucht ist eine bis zu 1 kg schwere, runde oder längliche Frucht mit gelblicher oder grüner, runzliger Schale. Das cremefarbene, feinfaserige Fruchtfleisch besteht aus einer teigigen Masse, deren Konsistenz man **weitläufig mit körnigem Brot gleichsetzen** kann. Entweder enthält es 2, manchmal auch 3 braune, kastanienartige Samen, oder es ist samenlos.

Geschmack

Der penetrante Geruch der Brotfruchtschale ähnelt zwar der einer Durian, ihr stark sättigendes Fruchtfleisch ist jedoch überraschend saftig und schmeckt nach Kartoffeln.

Arten, Sorten

Artocarpus incisa (lat.): Ballförmige, polynesische Brotfruchtsorte.
Artocarpus integrifolia (lat.) / Cempedak (engl., frz.): In Ostindien und Malaysia kultivierte, nierenförmige Brotfruchtsorte, deren in Einzelfrüchte eingeteiltes Fruchtfleisch nach Nougatcreme und Karamellpudding schmeckt.
Artocarpus odoratissima (lat.) / Marang (engl., frz.): Philippinisches, der Brotfrucht nicht unähnliches Maulbeergewächs mit weißem, bananenhaftem Fruchtfleisch.

Hauptinhaltsstoffe

Eiweiß, Fett, Kalium, Stärke, Vitamine der B-Gruppe, Vitamin C, Wasser.

Verwendung, Zubereitung

Die Brotfrucht wird zwar meist gekocht, gebacken, geröstet oder gebraten, sie kann aber auch getrocknet und zu Mehl gemahlen sowie frisch zu Saft gepresst werden. Die Eingeborenen der Herkunftsländern graben Brotfrüchte in den Boden ein, um (nach der natürlichen Reife) einen vergorenen Käse zu erhalten. Das leicht zu verarbeitende Holz des Brotfruchtbaums wird in den Anbauländern beim Geräte-, Hütten- und Bootsbau verwendet.

Tipp

In einigen asiatischen Touristenzentren dient der beeindruckende Brotfruchtbaum der Zierde und begehrtes Photomotiv.

Bucheckern

Fagus silvatica

Beechnut (engl.), Buchele (pfälz.), Bucheln (österr.), Buchennüsse, Eckern, Fabuco (span.), Faggina (ital.), Faîne (frz.)

Allgemeines, Herkunft, Geschichtliches

»Bucheckern« nennt man die Samen der einheimischen, zu den Buchengewächsen (Fagaceae) zählenden und mit der Esskastanie verwandten Rotbuche. In der Kriegs- und Nachkriegszeit waren Bucheckern eine willkommene, wenn auch müsig erschlossene Mehl- und Speiseölquelle.

Aussehen

Bucheckern zeichnen sich durch dreikantige, kaffeebraune Früchte aus.

Geschmack

Bucheckern schmecken süßlich, nussig und leicht bitter.

Hauptinhaltsstoffe

Aleuron (Reserveeiweiß), Öl (50%), Oxalsäure, Stärke.

Verwendung, Zubereitung

Meist dienen Bucheckern zwar als Mandelersatz oder Öllieferant, bei fuchsigen Waldspaziergängern gelten sie jedoch auch als kostenfreie, schmackhafte und stärkende Knabberei.

Volksmedizinische Bedeutung

Bucheckern sollten nur in Maßen verzehrt werden, da sie hochdosiert Unverträglichkeiten mit sich bringen.

Tipp

Oxalsäure hat den Nachteil, Calcium im Körper zu binden, was die Bildung von Nierensteinen begünstigt. Um sie zu neutralisieren, sollte man oxalsäurehaltige Lebensmittel grundsätzlich **in Verbindung mit calciumreicher Nahrung**, sprich Milchprodukten, verzehren.

Buchweizen

Fagopyrum esculentum

Alforfón (span.), Blé noir (frz.), Bokwaiten (westfäl.), Bookweten (holst.), Buckerts (niederrhein.), Buckwheat (engl.), Grano saraceno (ital.), Hedelesch (eifelld.), Heidekorn, Heiden (österr.), Paterkorn, Sarasina (jap.), Sarazin (frz.), Schwarzplenten (tirol.), Sobak (chin.), Trigo sarraceno (span.)

Allgemeines, Herkunft, Geschichtliches

Die Heimat des Buchweizens liegt in den mongolischen Steppen. Nach Europa gelangte dieses Knöterichgewächs (Polygoaceae) im 14. Jh. durch Nomaden- und Eroberervölker, den sogenannten Sarazenen, auf deren Benennung die meisten fremdländischen Bezeichnungen fußen. Aus botanischer Sicht wird der Buchweizen nicht dem Getreide, sondern, wie der Sauerampfer und Rhabarber, dem **»Nichtbrotgetreide«** (fachspr. Pseudocerealie) zugeordnet. In Amerika, Deutschland, Frankreich, Österreich, Schweiz, Niederlande und in Russland wird er großflächig angebaut.

Da der Buchweizen eine besonders genügsame Pflanze ist, mit deren Hilfe der Mensch selbst öden Heideäckern relativ hohe Erträge abzuringen vermag, erhielt er den Zweitnamen »Heidekorn«.

Aussehen

Der mit weißen oder rötlichen Blütenkronen bestückte Buchweizen kann bis zu 90 cm Höhe erreichen. Er hat herzförmige Blätter und dreikantige, glänzend braune Früchte, die kleinen Bucheckern ähneln – daher auch sein bezeichnender Name.

Geschmack

Buchweizen schmeckt zwar mehlignussig; das Mehl, das aus seinen

Körnchen gemahlen wird – die Österreicher nennen es »Heide(n)mehl« – weist jedoch leichte Bittertöne auf.

Arten, Sorten

Tatarischer Buchweizen / Fagopyrum tataricum (bot.) / Tatarenkorn / Taterkorn: Anspruchslose, bis 1,20 m hohe Buchweizensorte, die ursprünglich aus Sibirien stammt; sie ist an den gezähnten Kanten der weichschaligen Samen und am kräftigen Wuchs erkennbar.

Hauptinhaltsstoffe

Calcium, Eisen, Eiweiß, Fagopyrin, Fluor, Kalium, Kieselsäure, Lezithin, Lysin, Phosphor, Rutin, Stärke, Tryptophan.

Verwendung, Zubereitung

Die enthülsten Samen des Buchweizens kann man zwar roh essen oder als Suppeneinlage, Rohkost, Grütze und zur Mehlherstellung verwenden, zuvor sollte man sie jedoch mit heißem Wasser abspülen, damit sich der rote Schleim, Hauptverursacher von Lichtsensibilität, in den Randschichten löst.

Da das bräunlich graue Buchweizenmehl bedingt durch das Fehlen des Klebereiweißes Gluten nicht backfähig ist, sollte man es zur Herstellung von **Eierpfannkuchen / Blinis / Blinsen / Bliny (russ.) / Fladen / Galettes (frz.) / Plinsen (norddt.) / Plinzen (ostdt.)** mit Weizenmehl im Verhältnis 2:1 mischen. Die leichten Bittertöne des Buchweizenmehls lassen sich mildern, indem man die **Teigmischung mit Malzkaffee** statt mit Milch anrührt.

Kascha nennt man enthülste und geröstete Buchweizenkörner.

Buchweizensprossen – sie haben ein leichtes Nussaroma – sollten während der maximal 3-tägigen Keimung nicht zu feucht stehen, weil sich die Samen sonst auflösen.

Volksmedizinische Bedeutung

Durch den Verzehr des leicht verdaulichen Buchweizens wird der Gehirnstoffwechsel aktiviert, die Nervenkraft gestärkt und die Lernfähigkeit erhöht. Da Tee, der mit Buchweizenkraut aufgebrüht wurde, aufgrund seines hohen Rutingehalts durchblutungsfördernde Eigenschaften besitzt, wird er vorrangig bei Arterien- und Venenschwäche, Hämorrhoiden, Krampfadern und Ödemen empfohlen – auch vorbeugend. Die nährstoffhemmenden Substanzen und natürlichen Schadstoffe des Buchweizens können **bei Babys zu schlimmen Verdauungsproblemen** führen, weshalb man Buchweizenzusätze bei der Kleinkindernährung meiden sollte!

Tipp

Heidensterz / Hoadensterz sagt man in der österreichischen Steiermark zu einem polentaähnlichen (Polenta = Maisgrieß) Brei aus grießartig zerkleinertem Buchweizen.

Tipp

Buchweizen hat die Eigenschaft, sich **durch Kunstdünger nicht zu höheren Erträgen steigern zu lassen** – im Gegenteil: Die Treibkraft des Düngers führt lediglich zur Entfaltung der Blätter – die Körner verkümmern indes.

C

Casimiroa

Casimiroa edulis
Cochil-Sapote, Metasano, Mexican apple (engl.), Mexiko-Apfel, Pomme mexicaine (frz.), Sapota bianco (ital.), Sapote blanche (frz.), Weiße Sapote, White sapote (engl.), Zapote blanco (span.)

Allgemeines, Herkunft, Geschichtliches
»Casimiroa« nennt sich die Frucht eines bis zu 15 m hohen Rautengewächses (Rutaceae), das ursprünglich zwar aus den Hochlagen Mexikos stammt, mittlerweile jedoch auch in Australien, Florida, Kalifornien und Neuseeland angebaut wird.

Erst seit 1967 werden Casimiroen auch nach Deutschland importiert.

Aussehen
Unter der dünnen und rauen Schale dieser gelbgrünen, quittenähnlichen Steinfrucht befindet sich cremigweißes, bei Reife schmelzend weiches Fruchtfleisch, in das bis zu 5 relativ große, gelbe, ungenießbare Samenkerne eingearbeitet sind.

Geschmack
Casimiroen schmecken zwar süß, sie weisen jedoch auch einen wunderlichen Beigeschmack auf, der in etwa an frisch karamellisierten Zucker erinnert.

Hauptinhaltsstoffe
Calcium, Kalium, Magnesium, Natron, Provitamin A, Vitamin B, C.

Verwendung, Zubereitung
Casimiroen werden meist frisch verzehrt. Da ihr Fruchtfleisch sehr süß schmeckt, sollte man es mit etwas Zitronensaft beträufeln.

Lagerung
Da Casimiroen rasch verderben, sind sie **auf unseren Märkten kaum anzutreffen**.

Volksmedizinische Bedeutung
Casimiroen-Verzehr wirkt sich positiv auf den Zellstoffwechsel aus, wirkt **schädlichen Umwelteinflüssen und depressiven Verstimmungen** entgegen und regt die Produktion der Nebennierenhormone an.

Tipp
Traumlose Nächte bekämpft man mit Casimiroaspalten, die zuvor in Limettensaft mariniert wurden.

Champignon

Agaricus
Äckerling, Ägertling, Angerling, Champignon (niederl.), Champignon de Paris (frz.), Champinone (span.), Edelpilz (veralt.), Egerling, Funghi coltivata (ital.), Gugemuke, Mantar (türk.), Mushroom (engl.), Pilzling (österr.), Tafelpilz, Zampion (tschech.)

Allgemeines, Herkunft, Geschichtliches

Die zu den Blätterpilzen zählenden Champignons werden in Deutschland ausnahmsweise den **Gemüsen** zugeordnet, da sie überwiegend wie solches verarbeitet werden.
Das Wort »Champignon« bedeutet im Französischen »Pilz«.

Aussehen

Frische Champignons zeichnen sich durch fest geschlossene, fleckenlose, trockene, weiße oder braune Köpfe mit praller Oberfläche und kernigem Fleisch aus. Solche mit feuchtem, abgängigem, braunfleckigem Rand sind schon etwas betagt, viel schwerer (erhöht den Preis), schmecken faserig und verfärben sich während der Zubereitung unappetitlich.

Geschmack

Champignons schmecken – je nach Sorte – anis-, mandel- oder nussartig.

Arten, Sorten

Anischampignon / Agaricus arvensis (lat.) / Aromachampignon / Schafchampignon / Schafegerling / Träuschling: Wohlschmeckende wilde Champignonsorte, die man beim Pilzesuchen / in die Pilze gehen (ostdt.) / pilzen (landsch.) von Mai bis Oktober auf Wiesen, in Parks, in Nadelwäldern und auf Äckern antrifft.

Brauner Champignon / Agaricus lanipes (lat.) / Brauner Egerling / Breitschuppiger Egerling / Cremechampignon / Kastanienchampignon / Kastanje-Champignon (niederl.) / Rosa Champignon / Steinchampignon / Steinpilzchampignon: Je nach Reife, hell- bis dunkelbraune oder sogar rosafarbene Varietät des Kulturchampignons mit borkigem Hut, die deutlich würziger und waldpilziger schmeckt als die kultivierte Variante.

Felsenchampignon: Graubraune französische Zuchtchampignonsorte.

Kulturchampignon / Agaricus bisporus (lat.) / Champignons de Paris (frz.) / Weißer Champignon / Zuchtchampignon: Erstmals kultiviert wurden Champignons auf Anordnung des Sonnenkönigs Ludwig XIV. Mitte des 17. Jh.s bei Paris – daher ihr französischer Name »Champignon de Paris«; die französische Küche verhalf ihnen dann in die Spitzenreiterposition unter den Speisepilzen. Kulturchampignons werden zwar schon seit geraumer Zeit auch in Deutschland ganzjährig in dunklen Gruben, Kellern oder Hallen, meist auf mit Pferdemist aufgearbeitetem Sägemehl angebaut, größtenteils werden sie jedoch aus den Niederlanden, Belgien oder Frankreich importiert. Es gibt 3 Größen: Die kleinsten werden unausgewachsen geerntet und weisen geschlossene Hüte auf, mittelgroße haben halbgeöffnete Hüte, Riesenchampignons zeichnen sich durch großzügige, offene Hüte aus, die sich bestens zum Füllen eignen.

Stadtchampignon / Agaricus bitorquis (lat.) / Scheidenegerling / Straßenchampignon: Wilde Champignonsorte, die von Mai bis Oktober zwar auf Gras- oder Sandböden und am Wegesrand, nicht jedoch in Waldgebieten anzutreffen ist.

Waldchampignon / Agaricus silvaticus (lat.) / Brauner Waldchampi-

gnon / Waldedelpilz (veralt.) / Waldegerling: Waldchampignons sind – je nach Alter – hell- bis dunkelbraun und fester und kleiner als Zuchtchampignons. Überdies weisen sie einen intensiveren und herzhafteren Geschmack als die Zuchtvariante auf. Waldchampignons sind zwar auch roh genießbar, unglücklicherweise jedoch höchst madenanfällig. Sie sind leicht verwechselbar mit den schwach giftigen Tintenchampignons und dem sehr giftigen Knollenblätterpilz, der allerdings wesentlich dunklere Lamellen aufweist.

Wiesenchampignon / Agaricus campestris (lat.) / Brachmännchen / Brachpilz / Feldchampignon / Feldedelpilz (veralt.) / Feldegerling / Feldling / Froschstuhl / Pferdechampignon / Wiedling: Da diese wilde Champignonsorte meist auf gedüngten Wiesen anzutreffen ist, sollte sie **nicht roh verzehrt werden**.

Hauptinhaltsstoffe

Biotin, Calcium, Eisen, Eiweiß, Kalium, Kupfer, Niacin, Phosphor, Selen, Vitamin B 2, B 3, C, E, K. Der **Vitamin-D-Gehalt** von Champignons liegt deutlich über dem Durchschnitt.

Verwendung, Zubereitung

Champignons werden gekocht, gedünstet, gebraten, gegrillt, frittiert oder roh zu Suppen, Saucen, Salaten, Fleisch- und Eierspeisen verarbeitet. Vor der Zubereitung dürfen Pilze allgemein nur kurzzeitig in kaltem Wasser gewaschen werden, weil sie sich sonst damit vollsaugen. Nach dem Waschen sollte man sie sofort mit wenig Zitronensaft beträufeln, um eine Oxidation zu verhindern. Danach werden sie – nur mit einem Stückchen Butter und einer Prise Pfeffer verfeinert – in einem zugedeckten Topf gemächlich zum Kochen gebracht, wobei sie soviel Eigensaft absorbieren, dass sich eine weitere Flüssigkeitszugabe erübrigt. Salzen sollte man Champignons erst nach dem Garen, damit sie saftig bleiben. Champignon-Fondreste kann man, im Eiswürfelbereiter portioniert und aufbewahrt, bei Bedarf zum Aufgießen oder Ablöschen von Suppen oder Saucen verwenden.

Lagerung

Etwa 3 Tage lassen sich frische Champignons im Kühlschrank bevorraten, wenn man sie zuvor mit einem trockenen Tuch umwickelt; vernünftiger ist es jedoch, sie sofort zu verarbeiten, damit sie während der Zubereitung ihre appetitliche Farbe bewahren. Champignons sollten möglichst nicht gemeinsam mit Zitronen gelagert werden, weil sie sonst schneller verderben.

Volksmedizinische Bedeutung

Champignons gelten nicht nur als Gehirn- und Nervennahrung, sie enthalten auch Stoffe, die Bakterien abtöten und Schleim lösen. Da Champignons außerdem sehr kalorienarm und leicht bekömmlich sind, eignen sie sich auch als Bestandteil von Reduktionsdiäten.

Die völlig verstaubte Behauptung, dass frisch zubereitete Pilze nicht mehr aufgewärmt werden dürfen, weil sie währenddessen gesundheitsbeeinträchtigende Giftstoffe freisetzen sollen, ist nur zum Teil richtig, denn: erhitzt man Pilze über +70° C, werden vermeintliche Gifte automatisch wirkungslos.

Tipp

Pilze werden deshalb **nicht den Pflanzen zugeordnet**, weil sie die Nährstoffe nicht mit Hilfe des Sonnenlichts (Fotosynthese) aufnehmen, sondern wie Tiere ausschließlich organische Substanzen vereinnahmen. Aufgrund dessen gedeihen Pilze häufiger auf Aas, unter Bäumen und auf Weiden.

Wenn von einem »Pilz« die Rede ist, sind damit streng genommen nur die oftmals mehrere 100 m Länge erreichenden unterirdischen Fortpflanzungsorgane (Pilzgeflechte / fachspr. Myzels) gemeint, die das Ökosystem insofern unterstützen, indem sie Pflanzenwurzeln mit Wasser und Nährstoffen versorgen.

Chayote

Sechium edule

Chayotl (südamerik.), Chayotte (frz.), Cho-cho, Choco, Choko, Chouchon, Choyote, Christofine, Christophene, Christophine, Chuchu, Mirliton, Sousou, Stachelgurke, Xuxu (bras.)

Allgemeines, Herkunft, Geschichtliches

Die Chayote ist ein raschwüchsiges Mitglied der Kürbisfamilie (Cucurbitaceae), das schon von den Azteken Südamerikas als »Chayotl« kultiviert wurde. Ihre größten Anbaugebiete liegen heute – außer in Südamerika, wo sie zu den begehrtesten Lebensmitteln zählt – auch in Westafrika und Westindien.

Aussehen

Die Chayote ist eine bis zu 1 kg schwere, runde oder birnenförmige Kürbisart mit glatter oder warziger, weißer, gelber oder grüner Schale und festem, elfenbeinfarbenem bis dunkelgrünem Fruchtfleisch, das klebrigen Saft absondert und einen großen Kern beinhaltet, der kurioserweise bereits in der Frucht keimt.

Geschmack

Das Aroma dieses Fruchtgemüses ist im reifen Zustand zwar birnenzucchiniähnlich, mit zunehmendem Alter wird es jedoch immer schwächer.

Hauptinhaltsstoffe

Stärke, Vitamine.

Verwendung, Zubereitung

Chayoten sollten aufgrund ihres klebrigen Fruchtfleischs unter fließendem Wasser geschält werden, bevor man sie zu Salat oder Gemüse bereitet. Aus Chayotenblättern lässt sich spinathaftes Gemüse herstellen; Chayotenwurzeln kann man wie Kartoffeln zubereiten.

Lagerung

Halbreif geerntete Chayoten lassen sich zwar gekühlt mehrere Wochen aufbewahren, die Nähe von Kohl kann jedoch ihren Geschmack schädigen.

Volksmedizinische Bedeutung

Chayoten besitzen blutdrucksenkende Eigenschaften.

Tipp

Junge Chayotensprossen können wie Spargel zubereitet werden.

Chicorée

Cichorium intybus var. foliosum
Belgische Endivie, Belgischer Chicorée, Bleichzichorie, Brüsseler Endivie (österr.), Brüsseler Salat, Brussels chicory (engl.), Brussels lof (niederl.), Chicorée de Bruxelles (belg.), Chicory (engl.), Chikoree, Cicoria belga (ital.), Endive (frz., schweiz.), French endive (engl.), Salatzichorie, Schikoree, Treibzichorie, Witlof (niederl.), Witloof (fläm.), Witloof chicory (engl.)

Allgemeines, Herkunft, Geschichtliches

Im Jahr 1845 entdeckte der Chefgärtner des Brüsseler Botanischen Gartens, Herr Brézier, durch Zufall, dass die Zichorienwurzeln in seinem dunklen Keller zu treiben begannen. Er verkostete die Schösslinge und da er sie als sehr wohlschmeckend befand, experimentierte er so lange damit, bis sich der heute allseits bekannte Chicorée hervortat. 1873 wurde die Neuentdeckung erstmals auf einer Messe vorgestellt und 1913 versteigerten Gemüsegärtner bereits die ersten Zichorienabkömmlinge, die dann allerdings erst ab 1930 größere Bedeutung erlangten.

Eine andere bislang noch nicht widerlegte Behauptung sagt aus, dass das Bleichen von Wurzelzichorien bereits im 16. Jh. in England und Frankreich erprobt wurde.

Die heutige Beliebtheit des Chicorées, der der Familie der Korbblütler / Asteraceae (Compositae) zugeordnet wird, kam erst nach dem Zweiten Weltkrieg. Mittlerweile wird Chicorée außer in Belgien auch in Deutschland, Frankreich, in den Niederlanden, in Nordafrika und im gesamten Orient angebaut und zwar folgendermaßen: Zunächst wird die Zichorie so lange im Freiland ausgesetzt, bis sie ausreichend Blatt- und Wurzelmasse gebildet hat. Nach einer rigorosen Blattkürzung werden die Erdstöcke gerodet und in heizbare, **gegen Lichteinfall geschützte** Räume verbracht, wo sie bereits nach 25 Tagen geerntet werden können.

Aussehen

Chicorée ist ein 10 bis 20 cm langer Kolben, der aus dicht gewickelten, weißen Blättern mit zartgelben bis hellgrünen, orgelpfeifenartigen Spitzen und einem festen Strunk (österr. Kretzerl) besteht.

Geschmack

Chicorée besitzt ein reizvolles, knackiges, leicht bitter-herbes Aroma. Je grüner seine Blätter werden, desto bitterer schmecken sie.

Arten, Sorten

Rubin / Rotblättriger Chicorée nennt sich eine **rubinrote** Weiterentwicklung.

Hauptinhaltsstoffe

Sehr calcium-, kalium-, und phosphorreich. Folsäure, Intybin (Bitterstoff), Inulin, Spurenelemente, Vitamin B 1, B 2, B 3, C. Unter den Wintergemüsen ist der Chicorée größter Vitamin-A-Träger.

Verwendung, Zubereitung

Chicorée kann zu Salat und Gemüse bereitet werden; leicht befleckte Blätter, die Blattspitzen und der Strunk werden zuvor entfernt, da sie extrem bitter schmecken. Sollte dennoch ein aufdringlicher Bittergeschmack vorherrschen, kann man ihn mindern, indem man den unzerteilten Kolben kurzzeitig in kalte Milch legt. Chicorée sollte grundsätzlich **zuerst gewaschen und erst dann zerkleinert werden**, da sonst die Gefahr besteht, die wertvollen Vitamine auszuschwemmen. Chicorée sollte nie in eisernen Töpfen oder Pfannen erhitzt werden, weil er sich infolgedessen unansehnlich verfärbt – besser ist Glas oder Edelstahl.

Lagerung

Im Kühlschrank ist frischer Chicorée zwar einige Tage haltbar, nach 4 Stunden Raumbeleuchtung färben sich seine Blätter allerdings grün und werden unaufhaltsam bitterer und somit ungenießbar. Da Chicorée sehr stoß- und druckempfindlich ist (er bekommt dann hässliche rotbraune Flecken) sollte man ihn äußerst behutsam behandeln.

Volksmedizinische Bedeutung

Die Bitterstoffe des Chicorées wirken sich positiv auf Appetit, Stimmung, Stoffwechsel, Leber, Galle, Blutgefäße, Kreislauf und auf die Verdauung aus. Aufgrund seines Inulingehalts ist Chicorée **hervorragend für Diabetiker geeignet** und Rheumatiker profitieren von seinen harntreibenden Eigenschaften.

Tipp

Infolge seines Basenüberschusses besitzt Chicorée stark säurebindende Eigenschaften, weshalb es vorteilhafter ist, nach einem deftigen Essen – **anstelle eines Magenbitters** – ein paar **Chicoréeblättchen** zu verzehren.

Chinakohl

Brassica pekinensis

Báicài (chin.), Blätterkohl, Cavolo Chinese (ital.), Chinese cabbage (engl.), Chinese kool (niederl.), Chinese leaf (engl.), Chinesischer Kohl, Chou de chine (frz.), Col de china de boja crespa (span.), Hakusai (jap.), Peking-Kohl, Pe-Tsai (engl., frz.), Schantung-Kohl, Selleriekohl, Shandong-Kohl

Allgemeines, Herkunft, Geschichtliches

Seit dem 5. Jh. wird Chinakohl in China angebaut. Hervorgegangen ist er dort vermutlich aus einer Kreuzung von **Paksoi** und **Speiserübe**. Nach Deutschland ist der zu den Kreuzblütlern / Brassicaceae (Cruciferae) zählende Chinakohl erst Anfang dieses Jh.s gelangt. Innerhalb Europas wird der zur riesigen Kohlfamilie zählende Chinakohl heute, außer in Deutschland, ebenso in Italien, Österreich, Spanien und in den Niederlanden angebaut.

Chinakohlsamen sollte man keinesfalls nach dem Kohl-, Rettich- oder Speiserübenanbau, sondern nach Kartoffeln oder Erbsen säen, weil sie sonst von der gefürchteten **»Kohlhernie«** vernichtet werden.

Aussehen

In ostasiatischen Ländern gibt es verschiedene Sorten des Chinakohls, die sich durch vielgestaltige Kopfformen (blockig, halblang, lang) unterscheiden. Hierzulande wird Chinakohl ca. 30–40 cm lang und weist eine ovale, fest geschlossene Form auf, die dem Romana ähnelt. Die appetitlichen, gewellten, weißlich gelben, gelegentlich auch grünen Blätter sollten bei gesundem Chinakohl mit breiten, knackigen Blattrippen ausgerüstet sein.

Geschmack

Chinakohl schmeckt mild-würzig und dezent kohlartig.

Arten, Sorten

Lung Nga Paak (chin.) / Zahn vom weißen Drachen: Staudensellerie ähnliche Chinakohlsorte, die sich in China großer Beliebtheit erfreut.
Orange Queen: Interessante Chinakohlneuzüchtung mit einem orangefarbenen Herz.

Hauptinhaltsstoffe

Calcium, Eisen, Folsäure, Kalium, Natrium, Phosphor, Provitamin A. Chinakohl ist obendrein sehr Vitamin-C- und -D-haltig und geradezu eine »Bombe« an **hochwertigen Aminosäuren und Senfölen**.

Verwendung, Zubereitung

Chinakohl lässt sich sowohl für die Zubereitung von Salat, Suppengemüse und Rouladen, als auch zu asiatischen Gerichten verarbeiten. Als Gemüse kann Chinakohl zwar kurzzeitig gesiedet oder gedünstet werden – für Gerichte mit längerer Garzeit (z. B. Eintopf, Sauerkraut) ist er dagegen ungeeignet.
Für die Koreaner ist Chinakohl das wohl originärste Gemüse, denn ohne ihn gäbe es auch kein »Kimchi« (mit Chili, Knoblauch, Pfeffer, Ingwer, Zwiebeln, Sesamsamen und -öl eingelegter roher Chinakohl). »Kimchi« soll angeblich die Sinne beleben, die Magensäfte ankurbeln und **für ein langes, gesundes Leben sorgen** – davon ist jeder Koreaner überzeugt.

Lagerung

Kühl und dunkel lässt sich Chinakohl ca. 10 Tage aufbewahren. Wie alle Kohlsorten sollte auch der Chinakohl nicht in Gemeinschaft mit Ethylen ausscheidenden Früchten gelagert werden, weil er sonst rasch verdirbt.

Volksmedizinische Bedeutung

Der leicht bekömmliche und **nicht blähende** Chinakohl besitzt verdauungsfördernde Eigenschaften.

Tipp

Schön knackig wird Chinakohlsalat, wenn man ihn eine halbe Stunde vor dem Verzehr kühl stellt.

Choisum

Brassica campestris var. parachinensis
Chinese flowering cabbage (engl.), Choi sum (chin.), Choy sum (engl.), Tsoi-sum

Allgemeines, Herkunft, Geschichtliches

Geografisch wird die Heimat des Choisums zwar dem Großraum Südostasien zugeordnet, mittlerweile wird er jedoch auch in Südamerika und Westafrika angebaut. Auf europäischen Märkten ist dieses exotische Blattkohlgemüse bislang nur sehr selten anzutreffen.

Aussehen

Choisum hat ovale, grüne Blätter, gelbe Blütchen und dünne Stiele.

Geschmack

Choisumblätter schmecken sehr mild und mäßig kohlig; **die Blütenknospen sind wesentlich würziger**.

Hauptinhaltsstoffe

Eisen, Vitamin B 1, C.

Verwendung, Zubereitung

Choisumblätter, -blütenknospen und -stängel werden, entweder in Gänze oder grob zerkleinert, zu Gemüse bereitet; die Stängel können ungeschält weiterverarbeitet werden.

Lagerung

Im Kühlschrank lässt sich der Choisum ca. 4 Tage lang aufbewahren.

Cranberry

Vaccinium macrocarpum

Amerikanische Moorbeere, Amerikanische Moosbeere, Amerikanische Preiselbeere, Arandano encarnado (span.), Crane berry (ursprl. Bez.), Große Moosbeere, Großfrüchtige Moosbeere, Ibimi (indian.), Kanadische Preiselbeere, Kranbeere, Kranichbeere, Sassamanesh (indian.)

Allgemeines, Herkunft, Geschichtliches

Der Ursprung der Cranberry liegt in Nordostamerika und Kanada, wo sie auch heute noch vielerorts großflächig kultiviert und überwiegend nass geerntet wird – d. h.: Die Felder werden geflutet, infolge dessen steigen die naturgemäß mit kleinen Luftpolstern ausgestatteten Früchte nach oben und können somit problemlos maschinell geerntet werden. Erste Anbauversuche dieser ertragreichen Beerensorte gibt es mittlerweile ebenso in Deutschland, Polen, Russland und in den Niederlanden. Der hohe gesundheitliche Wert der Cranberry, z. B. als probates Mittel gegen Skorbut, war bereits lange vor der Entdeckung der Ascorbinsäure bekannt, denn amerikanische Seeleute nahmen schon zu früheren Zeiten viele Fässer voller Cranberries mit auf ihre langen Reisen, ohne auch nur deren Vitaminreichtum zu erahnen; sogar ihre heilende Wirkung, speziell bei Harnwegsinfektionen, wurde schon vor der Erforschung von Antibiotika hochgeschätzt. Cranberrysträucher werden, wie alle anderen Heidekrautgewächse (Ericaceae), 100 Jahre und älter. Sie tragen jährlich Früchte und können von November bis April eingebracht werden.

Zu »Thanksgiving«, dem amerikanischen Erntedankfest, das am letzten Donnerstag im November gefeiert wird, sind Cranberries ein »Muss« und unerlässlich sind sie in Amerika auch an Weihnachten als traditionelle Beilage zu gefülltem Truthahn.

Der Name »Cranberry« bedeutet »Kranichbeere« (engl. crane: Kranich) – so benannt, weil die aus Plymouth (England) nach Amerika eingewanderten »Pilgrim Fathers« im Jahre 1620 das zusammenfassende Aussehen von Cranberryblütenkelch, -knospe und -stiel mit dem eines Kranichkopfs in Verbindung brachten.

Aussehen

Cranberries sehen zwar aus wie dicke, ovale Preiselbeeren, sie ähneln jedoch auch stark den Moosbeeren.

Geschmack

Cranberries besitzen zwar ein herbes, erfrischendes Aroma, so fruchtig wie das der Preiselbeere ist es aber nicht.

Arten, Sorten

Gartenpreiselbeere / Kultivierte Preiselbeere / Kulturpreiselbeere / Zucht-

preiselbeere wird die Cranberry zwar fälschlicherweise häufig auch genannt, die Preiselbeere ist jedoch ein eigenständiges Mitglied der »Vaccinium«-Familie.

Hauptinhaltsstoffe

Anthocyane, Benzoesäure, Calcium, Eisen, Flavonoide, Fruchtsäuren, Kalium, Magnesium, Phosphor, Tannin, Vitamin A, B 1, C (10 mg / %).

Verwendung, Zubereitung

Cranberries werden zu Nektar, Saft, Eis, Kompott, Konfitüre, Obstsalat oder als Obstkuchenbelag verarbeitet. In Konkurrenz zu den Preiselbeeren können Cranberries auch **roh verzehrt** werden.

Lagerung

In Frischhaltebeuteln sind Cranberries dank ihres hohen Gehalts an Benzoesäure bis zu 2 Wochen haltbar.

Volksmedizinische Bedeutung

Cranberrygenuss wirkt sich günstig auf die Darmflora und Blasentätigkeit aus.

Tipp

Cape Codder nennt sich ein amerikanischer Cocktail-Klassiker: Er beinhaltet Cranberrynektar, der mit Wodka und gestoßenen Eiswürfeln »getoppt« wird.

Cupuacu

Theobroma grandiflorum spreng

Großblütiger Kakao

Allgemeines, Herkunft, Geschichtliches

In den brasilianischen Regenwäldern, rund um die Stadt Manaos, liegen die Ursprünge der wilden Cupuacu. Bei Belem wird diese Verwandte des Kakaobaums mittlerweile sogar kultiviert.

Aussehen

Die Cupuacu ist eine kokosnussähnliche Frucht, die bis zu 5 kg Gewicht erreichen kann. Ihr beigefarbenes Fruchtfleisch birgt eine Vielzahl brauner, essbarer Kerne.

Geschmack

Die Cupuacu besitzt einen hocharomatischen und erfrischenden Geschmack.

Verwendung, Zubereitung

In den Herkunftsländern wird die Cupuacu zwar meist als Frischfrucht verzehrt, sie dient jedoch auch der Herstellung exotischer Getränke, Eiscremes und Liköre.

Curuba

Passiflora molissima

Banana Passionfruit (engl.), Bananen-Passionsfrucht, Curuba (ital., span.), Mollifruit (engl.), Tacso (frz.), Tumbo serrano (span.)

Allgemeines, Herkunft, Geschichtliches

Die Curuba ist eine Passionsfrucht (Passifloraceae), die in ihrer gebirgigen kolumbianischen Heimat, den Anden, als Nationalfrucht verehrt wird. Von April bis August findet man Curuben auf europäischen Märkten. Meist werden sie aus Kolumbien, Neuseeland, Peru oder Venezuela importiert.

Aussehen

Die Curuba ist eine 8–10 cm lange, gurkenförmige Frucht mit glatter, weicher Schale, die – je nach Reifegrad – grün-, gelb- oder rotschalig sein kann. Ihr gelbstichiges, gelegentlich auch orangefarbenes, mit Samen und deren Hülsen durchwachsenes Fruchtfleisch ist zwar geleeartig-weich, jedoch wesentlich fester als das anderer Passionsfrüchte.

Geschmack

Die wohlriechende Curuba schmeckt erfrischend, herb-süß, vollfruchtig und sogar entfernt apfelähnlich, jedoch unvergleichlich exotisch.

Hauptinhaltsstoffe

Calcium, Eisen, Phosphor, Provitamin A, Vitamin B 12, C.

Verwendung, Zubereitung

Curuben werden schwerpunktmäßig als Frischfrüchte genutzt, indem sie längs halbiert und danach mitsamt den Kernen ausgelöffelt werden. Auch in Obstsalat, als Saft, Sirup, Gelee, bei der Herstellung von Kaltschale, Sorbet, Eis und Pudding, in Mixgetränken, als Kuchen- und Tortenbelag oder gedünstet als Beilage zu Braten oder Steaks findet sie Verwendung.

Volksmedizinische Bedeutung

Curubasaft wirkt schlaffördernd und blutdrucksenkend.

Tipp

Entkerntes, gekühltes und püriertes Curubenfruchtfleisch ist ein vorzüglicher Geschmacksträger in Milchshakes.

D

Dattel

Phoenix dactylifera

Brot der Wüste, Daddel (norw.), Dadel (niederl.), Date (engl.), Dátil (span.), Datle (tschech.), Datte (frz.), Dattero (ital.), Hurma (türk.), Tammer (afrik.)

Allgemeines, Herkunft, Geschichtliches

Seit über 8000 Jahren werden die bis zu 30 m hohen und bis zu 100 Jahre alt werdenden Dattelpalmen in ihrer Heimat Indien und am Persischen Golf kultiviert, wo sie schon lange als wertvolle Früchteproduzenten und prächtige Alleebäume hohes Ansehen genießen. In Afrika und Asien gilt dieses sehr anschauliche Palmengewächs (Palmaceae) als bedeutendster Oasenbaum, da er mit seinen bis zu 6 m langen Wurzeln das Grundwasser erreichen kann und aufgrund dessen sogar in Wüstengebieten als urtümlichster Nahrungsmittellieferant und Schattenspender geachtet wird. Pro Palme werden im Jahr zwar 50–100 kg essbare Datteln geerntet, ihre volle Tragfähigkeit erlangt die Dattelpal-

me jedoch erst zwischen dem 30. und 100. Lebensjahr. Importierte Datteln sind durchweg tiefgekühlt – erst kurz vor dem Verkauf werden sie aufgetaut. Die bedeutendsten Importländer sind Ägypten, Afrika, Arabien, Australien, Indien, Irak, Iran, Israel, Griechenland, Kalifornien, die Kanarischen Inseln, Nordafrika, Sizilien, Spanien und die Türkei. Der europäische Hauptumschlagplatz für Datteln liegt im südfranzösischen Marseille.
»Dattel« wird vom Griechischen »dáktylos« abgeleitet, was zu Deutsch »Finger« bedeutet, da der Dattelpalmwedel ein fingeriges Aussehen aufweist.

Aussehen

Die länglichen, etwa daumendicken Datteln werden mit oder ohne den steinharten, ovalen, leicht lösbaren Kern gehandelt; eine dünne, gelbe bis rötlich braune, pralle und glänzende Außenhaut zeigt ihren jeweiligen Reifegrad an. Das grünlich weiße, außen feste, innen weiche Fruchtfleisch sollte saftig sein. Ein weißlicher Belag auf Trockendatteln resultiert zwar meist von auskristallisierendem Zucker – es kann jedoch ebenso auf Schimmel- oder Milbenbefall hindeuten.

Geschmack

Baumfrische Datteln schmecken zwar nicht so süß, jedoch wesentlich saftiger als getrocknete Exemplare.

Arten, Sorten

Alexandriner Datteln nennt man großfrüchtige Datteln aus Ägypten.
Barhi: Gewürzhafte Dattelsorte aus Israel, die meist mitsamt ihren Zweigen in den Handel gelangt.
Berberdatteln kommen aus Algerien oder Marokko.
Caryota nennt man in Zucker eingelegte Datteln.
Königsdatteln zählen qualitativ zu den hochwertigsten Datteln. Sie kommen aus Tunesien.
Persische Datteln gelten als die Schmackhaftesten.

Hauptinhaltsstoffe

Ballaststoffe (mehr als das faserreichste Vollkornbrot), Biotin, Dattelkernöl, Eisen, hoher Calcium-, Kalium- (doppelt soviel wie bei der Banane!), Magnesium- und Phosphorgehalt, Invertzucker, Kupfer, Natrium, Tryptophan, Vitamin A, B 1, B 2, B 6, B 12, D, K, Zink.

Verwendung, Zubereitung

Datteln werden frisch oder getrocknet zu Süßspeisen, Kompott, Obstsalat, Konfekt, Gebäck, Mark, Honig, Paste und als Snacks (mit Schokolade überzogen) verarbeitet. Frische Datteln verzehrt man wie Pflaumen, indem man sie vor dem Verzehr seitlich aufschneidet um sie zu kernen; ihre dünne Haut lässt sich mühelos abziehen. In den Anbauländern wird der beim Anzapfen der Dattelblütenstände austretende Saft zu Erfrischungsgetränken, Palmwein (»Toddy«) und Branntweinlikör verarbeitet. Dattelkerne dienen der Ölgewinnung.
Palmkohl nennt man Dattelblätter, die zu wirsingkohlartigem Gemüse oder Salat bereitet wurden. Dattelblätter werden in den Anbauländern häufig auch im religiösen Kult verwendet oder zu Gebrauchsgegenständen verarbeitet. Das Holz der Dattelpalme wird meist baulichen Zwecken zugeführt.

Lagerung

Kühl und nicht zu trocken können frische Datteln zwar etwa 3 Tage lang aufbewahrt werden, sie sollten jedoch **nicht direkt neben Mehl und Getreideerzeugnissen** stehen, da sonst **Wurmbefall** droht. Ebenso sollten Datteln nicht in der Nähe von Zwiebeln oder Lauch gelagert werden, da deren Gerüche auf sie übergreifen.

Volksmedizinische Bedeutung

Die leicht verdauliche Dattel gilt als rascher und lange anhaltender Energiespender. Sie sorgt ebenso für einen gesunden Blutzuckerspiegel und wirkt sowohl nervenstärkend als auch verdauungsfördernd; man sagt ihr sogar eine **»anregende« Wirkung** nach. Da frischer Dattelsaft die Hautdurchblutung fördert, verleiht er auf natürliche und kostengünstige Weise einen jugendlichen Teint. Püriertes Dattelfleisch, das man mit Joghurt vermischt hat, gilt als verlässliches und rasch wirksames Schlafmittel. Die Araber schreiben dem hohen Calcium-, Magnesium- und Phosphorgehalt der Dattel zu, dass Krebserkrankungen in ihrem weiteren Umfeld gar nicht erst zum Zuge konmmen. Kalifornische Wissenschaftler isolierten jüngst aus Dattelkernen ein Östrogen, das **mit dem tierischen Geschlechtshormon »Östron« identisch** ist.

Bei Heiserkeit ist es ratsam, Datteln zu lutschen, die zuvor mit heißem Wasser übergossen wurden.

Tipp

Figurorientierte Schleckermäuler könnten jede Menge Kalorien einsparen, wenn sie sich stets einen kleinen Vorrat an Datteln zulegen würden, da diese stark sättigenden Früchte kaum Fett enthalten, ihr hoher Ballaststoffanteil die Verdauung anregt, ihr überdurchschnittlicher Kaliumgehalt den Blutdruck senkt und überflüssiges Wasser ausschwemmt.

Dattelpflaume

Diospyros lotus

Date plum (engl.), Frutta di loti (ital.), Karshurma (jap.), Lotosfrucht, Lotospflaume, Schwarze Dattel

Allgemeines, Herkunft, Geschichtliches

Der Ursprung der Dattelpflaume liegt in Ostasien. Da der bis zu 12 m hohe, zu den Schmetterlingsblütlern (Fabacae) zählende Dattelpflaumenbaum der Diospyros-Gattung angehört, ist er mit den Kakis und Persimonen verwandt. Erwähnenswerte Anbaugebiete der Dattelpflaume findet man in Asien, China, Italien, Japan, Korea, am Mittelmeer und in Osteuropa.

Aussehen

Reife Dattelpflaumen ähneln kleinen, schwarzblau glänzenden Kirschen; unreif sind sie an einer gelben Schale erkennbar.

Geschmack

Dattelpflaumen schmecken sehr sauer.

Arten, Sorten

Schwarze Sapote / Diospyros digyna (lat.) / Black persimmon (engl.) / Black sapote (engl.) / Chocolate pudding fruit (engl.) / Mousse-au-choco-

lat-Sapote / Sapote negro (span.) / Sapote noir (frz.) nennt sich eine Dattelpflaumensorte, deren Hauptanbaugebiete sich auf die Karibik und Mexiko konzentrieren. Sie hat ein süß-säuerliches, kaki- bis »mousse-au-chocolat«-ähnliches Aroma und ist einer Kaki auch tatsächlich nicht unähnlich, besitzt im reifen Zustand jedoch eine grüne Schale und schokoladenbraunes Fruchtfleisch.

Hauptinhaltsstoffe

Tannin.

Verwendung, Zubereitung

Zum Frischverzehr ist die Dattelpflaume nur dann geeignet, wenn man sie zuvor kurzzeitig in heißes Wasser gelegt hat, denn Hitze reduziert den üblen Tanningeschmack ein wenig. Getrocknete Dattelpflaumen werden meist zu Wein oder Sirup verarbeitet.

Volksmedizinische Bedeutung

Der Verzehr von Dattelpflaumen senkt das Brustkrebsrisiko – dies legt eine Studie an chinesischen Frauen nahe, die nach Hongkong oder in die USA emigriert sind, wo sie deutlich weniger Dattelpflaumen aßen als in ihrer alten Heimat.

Lagerung

Da die Dattelpflaume miserable Lagerungseigenschaften besitzt, spielt sie auf unseren Märkten eine gänzlich untergeordnete Rolle.

Dinkel

Triticum spelta

Alemannisches Getreide, Fesen, Spelt, Spelzweizen, Veesen (oberschwäb.)

Allgemeines, Herkunft, Geschichtliches

Als Dinkel bezeichnet man das ausgereifte Korn einer Urweizenart, die aus einer Kreuzung des »Emmers«, einer alten Weizenart, mit dem Zwergweizen hervorgegangen ist. Bereits in der Steinzeit war der Dinkel wichtiger Bestandteil der menschlichen Ernährung. In der Antike (800 v. Chr.–400 n. Chr.) war er im ganzen Mittelmeerraum als »Brotgetreide« bekannt, später im alemannischen Siedlungsraum sogar die weitverbreiteste Getreideart. Auf die heilende und schmerzlindernde Wirkung des Dinkels hat erstmals Hildegard von Bingen (1098–1179) hingewiesen. Sie sagte dem Dinkel nach, dass er gesundes Fleisch und Blut schaffe und vergnügt stimme.

In Süddeutschland wurde Dinkel noch etwa bis ins Jahr 1930 als adäquates Nahrungsmittel und Grundlage für viele Mehlspeisen angebaut, während er anderswo schon längst von den Feldern verschwunden war. In Bayern liegt das größte deutsche Anbaugebiet dieses Spelzgetreides, das den heutigen Weizenzüchtungen vom Erntevolumen her völlig unterlegen ist. Wesentlich bedeutsamer als reifer Dinkel ist »Grünkern«, also unreifer Dinkel (s. u. Grünkern).

Aussehen

Hochwüchsigkeit und lockere, zweireihige, leicht gebogene Ähren stigmatisieren den Dinkel.

Geschmack

Dinkel schmeckt körnig-nussig.

Hauptinhaltsstoffe

Eisen, Magnesium, Phosphor, Vitamine der B-Gruppe. Der Vitamin-,

Eiweiß- und Fettgehalt des Dinkels liegt sogar etwas höher als der des hochgepriesenen Weizens.

Verwendung, Zubereitung

Da Dinkelmehl hervorragende Backeigenschaften besitzt, wird es vorzugsweise in der Vollkornbäckerei verarbeitet. Geschroteter Dinkel wird meist zu mineralstoffreichem Brei, vegetarischen Bratlingen oder in Aufläufen und in Eintöpfen verbraucht.

Dinkeldunst / (Schwäbisches) Spätzlesmehl eignet sich hervorragend – pur oder mit anderen Mehlsorten gemischt – zur Herstellung von Spätzle, Nudeln oder Strudelteig (»Dunst« s. u. Weizen).

Dinkelreis / Kernotto nennt sich schonend aufbereiteter Dinkel, der – wie Risotto zubereitet – schon nach 30 Minuten fertig ist.

Schwarzer Brei nennt sich ein Brei aus gekochtem Dinkeldunst, der von den Bauern der Schwäbischen Alb bereits zum Frühstück in Gottes freier Natur vereinnahmt wird.

Lagerung

Da Dinkel zu den Spelzgetreiden zählt, kann er, sobald das Korn entspelzt ist, aufgrund seines Fettreichtums nicht unbegrenzt aufbewahrt werden: Bei idealen Lagerungsbedingungen (dunkel, kühl und trocken) höchstens 7 Monate.

Volksmedizinische Bedeutung

Dinkelgenuss führt zur Anregung des Verdauungsapparates, wirkt Neurodermitis entgegen und stärkt die Abwehrkräfte. **Weizenallergiker schätzen Dinkel als schmackhafte und nahrhafte Alternative**. Dinkelspelz wird heute wieder vermehrt in Krankenhäusern (wie zu Zeiten der heiligen Hildegard) als Matratzen- oder Kissenfüllung bei Schmerzpatienten angewandt.

Tipp

Kissen oder Matratzen, die mit Dinkelspelz gefüllt sind, können auf +130° C erhitzt werden, währenddessen die allseits gefürchteten Milben, die man in jeder gebrauchten Bettwäsche auffinden kann, abgetötet werden.

Durian

Durio zibethinus

Baumkäse, Civet cat fruit (engl.), Doerian (niederl.), Dourian (frz.), Durian (engl., ital., norw., span.), Durio (ital.), Durion (span.), Fruto del duriano (span.), Hérisson d'arbre (frz.), Indische Zibetbaumfrucht, Königin unter den Südfrüchten, Königsfrucht, Stinkfrucht, Zibetkatzenbaumfrucht

Allgemeines, Herkunft, Geschichtliches

Als »Durian« bezeichnet man die in Borneo beheimatete Frucht des Durianbaums, der schon seit Jahrhunderten überwiegend in den Regenwäldern Südostasiens angebaut wird. Durianbäume zählen zu den Wollbaumgewächsen (Bombacaceae), die einer in Europa noch relativ unbekannten Fruchtfamilie, dem Ölobst, zugeordnet werden. Kultiviert wird dieser bis zu 40 m hohe Baum in Ceylon, China, Indonesien, Malaysia, auf den Philippinen, in Sri Lanka und in Thailand. »Zibetkatzenbaum« nennt sich der weit ausladende Durianbaum auch,

weil auf seinen Ästen gerne Zibetkatzen verweilen, die verdächtigt werden, **Auslöser für bislang noch unerforschte, todbringende Krankheiten** zu sein.
»Durian« wird vom Malaiischen »duri« für »Dorn« abgeleitet, eine Anspielung auf die schützenden, dornigen Ausstülpungen dieser riesigen Frucht, die ihr Mutter Natur als Stoßdämpfer angeboren hat, damit sie während des Niederfallens nicht zerbricht.

Aussehen

Durionen werden bis zu 30 cm lang, 15 cm breit und können bis zu 4 kg schwer werden. Sie sehen aus wie olivgrüne bis mattgelbe Igel mit pyramidenartigen, dornigen Höckern. Ihr essbares, pastellfarbenes Fruchtfleisch beinhaltet in 5 Kammern jeweils 2–4 kastanienähnliche Samen.

Geschmack

Für Europäer riecht die vollreife Durianschale eher abstoßend nach faulen Eiern, verdorbenem Fleisch oder nach Käse, der mit Terpentin übergossen wurde. Für Asiaten ist dieser Gestank ein Hochgenuss – in öffentlichen Verkehrsmitteln Indonesiens ist das Mitführen von Durionen jedoch gesetzlich verboten – auch viele Fluggesellschaften missbilligen den Transport dieser Früchte aufgrund ihres animalischen Odeurs. Durionensamen besitzen hingegen einen erstaunlich angenehmen Geschmack, der etwa mit Vanillepudding zu vergleichen ist, den man mit Mandeln, Karamell und Himbeersirup gewürzt und dann zusätzlich noch mit Sherry gepeppt hat. Ihres unikalen Geschmacks wegen wird die Durian auch als Königin unter den Südfrüchten bezeichnet.

Hauptinhaltsstoffe

Calcium, Eisen, Phosphor, Vitamin A, B, C, E.

Verwendung, Zubereitung

Duriansamen werden zwar meist gezuckert oder kleingehackt und dann mit Salz und Pfeffer gewürzt verzehrt, sie finden jedoch auch bei der Suppen-, Eis- und Konfitürenherstellung Verwendung. Zur Konservierung sind Durionen gänzlich ungeeignet, da sie rasch alkoholisieren und die Metalldosen infolge der kontinuierlich steigenden Gasentwicklung zerbersten. Duriansamen gelten als besondere Delikatesse, wenn man sie scheibenweise in Kokosfett frittiert zu Reisgerichten serviert oder wenn man sie leicht in Zucker anröstet und danach – noch warm – als Exotisches Konfekt auftischt.

Volksmedizinische Bedeutung

In Indien wird die Durian auch als Aphrodisiakum hoch geschätzt.

Tipp

Wenn man gegenwärtig eine Durian auf europäischen Märkten erwerben möchte, muss man mit einem Stückpreis von mindestens 15,00 € rechnen.

E

Eichblattsalat

Lactuca sativa var. crispa
Amerikanischer Pflücksalat, Eichenblattsalat, Eichenlaubsalat, Eikebladsla (niederl.), Lattuga cappuccio a foglie ricce (ital.), Lechuga crespa (span.), Oak leaved lettuce (engl.), Salade de feuilles de chène (frz.)

Allgemeines, Herkunft, Geschichtliches
In Deutschland wird diese beliebte Pflück- und Schnittsalatneuzüchtung zwar schon vereinzelt angebaut, zum größten Teil wird sie jedoch aus Belgien, Frankreich, Italien, Spanien oder aus den Niederlanden importiert.
Seinen Namen verdankt der mit dem Kopfsalat verwandte, mehltauresistente und welkefeste Eichblattsalat dem Aussehen seiner schnellwüchsigen Blätter, da sie denen **der Amerikanischen Eiche nicht ganz unähnlich** sind.

Aussehen
Eichblattsalat hat attraktive, lange, schmale, unregelmäßig gezackte, hell- bis dunkelgrüne, eichenlaubähnliche Blätter, die sich zum Blattrand hin braunrot färben.

Geschmack
Eichblattsalat weist einen unaufdringlichen Haselnussgeschmack auf.

Arten, Sorten
Krizet: Neu entwickelte Eichblattvariante, die zwar mit der Eichblattsorte »Raisa« nahezu identisch, jedoch grünblättrig ist.
Radichetta: Robuste eichblattsalatähnliche Salatzüchtung mit gezackten, zartgrünen Blättern.
Raisa: Dekorative, rotblättrige Weiterentwicklung des Eichblattsalats aus den 90er Jahren mit schmackhaften, zarten Blättern.
Red salad bowl: Eichblattsalatsorte mit kräftig gekraustem, rötlich- bis purpurglänzendem oder grünem, eichenblattähnlichem Laub.
Salad bowl nennt man eine Eichblattsalatsorte, die im Allgemeinen zwar dem herkömmlichen Eichblattsalat ähnelt, jedoch gelbgrüne Blätter aufweist.

Hauptinhaltsstoffe
Calcium, Carotinoide, Kalium, Milchsaft, Natrium, Phosphor, Provitamin A, Vitamin B 1, B 2, C, K.

Verwendung, Zubereitung
Eichblattsalat wird meist mit anderen Salaten vermischt oder er dient der Dekoration. Seine Blätter sollten niemals unter fließendem Wasser abgespült, sondern nur behutsam in kaltem Wasser geschwenkt werden; danach zerpflückt man sie grob und lässt sie gut abtropfen, damit sie sich an-

schließend besser mit der Salatsauce verbinden.

Lagerung

Da der Eichblattsalat einen äußerst sensiblen Blattaufbau aufweist, ist er nur kurzzeitig bevorratbar. Sollten seine Blätter durch Überlagerung schlaff geworden sein, kann man sie wieder aufpäppeln, indem man den Strunk (österr. Kretzerl) kreuzweise einschneidet und den Salatkopf bis zu den ersten Blättern ca. 10 Minuten in eiskaltes Wasser stellt.

Volksmedizinische Bedeutung

Eichblattsalat hat beruhigende und entschlackende Eigenschaften.

Tipp

Das relativ ermüdende Eichblattsalataroma kann mit etwas Knoblauch »gepeppt« werden.

Eisbergsalat

Lactuca sativa var. capitata

Boston-Salat, Eissalat, Iceberg lettuce (engl.), Iceberg salad (amerik.), Knacksalat, Krachsalat (schweiz.), Laitue Iceberg (frz.), Lattuga cappuccio a foglie ricce Iceberg (ital.), Lechuga glacial (span.), Lechuga Iceberg (span.), Pummerlsalat (österr.), Ijssla (niederl.)

Allgemeines, Herkunft, Geschichtliches

Der Eisbergsalat ist eine alte Salatvarietät, die ursprünglich zwar in der Gegend um Neapel (Italien) aus einer Zuchtform des Kopfsalats hervorgegangen ist, zu größerer Bedeutung und zu seinem Namen gelangte er jedoch im fernen Amerika, wo er mittlerweile mehr Abnehmer hat als der Kopfsalat, denn: Beim Bahntransport von Kalifornien zur Ostküste – es gab zu dieser Zeit noch keine gekühlten Transportmittel – häufte man große Eisbarren über die Ladung, um ihn vor dem Verderb zu schützen; unbeschadet und ohne Welkeerscheinungen erreichte er so das Ziel und die erstaunte Bevölkerung rief: »Die ›Eisberge‹ kommen!«

Deutschland, Israel, Italien, Niederlande, Spanien und Amerika nennen sich die bedeutendsten Anbauländer des zur Familie der Korbblütler (Asteraceae) zählenden, absolut schossfesten Eisbergsalats.

Aussehen

Eisbergsalat besitzt feste, rundliche, gelbweiße Köpfe mit einem Durchmesser von 15–20 cm und kohlartig übereinander liegende, stark gerippte, vollglänzende Blätter. Beim Kauf sollte der Strunk (österr. Kretzerl) ein unverfärbtes, frisches Aussehen zeigen.

Geschmack

Eisbergsalat ist wohlriechend und besitzt einen herzhaften, zartnussigen, »coolen« Geschmack, der seinen Namen vollends rechtfertigt.

Arten, Sorten

Crispsalat: Mittelgroße niederländische Wintervariante des Eisbergsalats mit gekräuselten, knackigen, dunkelgrünen Blättern und kugelförmigem Herz. Crispsalat wird meist unter Glas angebaut und mit einem Mindestgewicht von 300 g meist in Folienbeuteln verpackt auf unseren Märkten feilgeboten.

Eisfrisée / Frillice: Dekorative, schossfeste und widerstandsfähige

Kreuzung aus Krauser Endivie und Eisbergsalat mit saftigen, feinwelligen, schwachgrünen zart-bitteren Blättern.
Grüner Fettsalat / Minieisberg / Minilattich / Kleiner Juwel / Little Gem (engl.) / Navarra / Sucrine (frz.): Kompakte, mild-süßliche Salatsorte, die aus einer Kreuzung von **Eisberg-** und **Kopfsalat** hervorgegangen ist. Diese vornehmlich in Großbritannien favorisierte Salatsorte hat kleine, hohe, nur 70 bis 110 g schwere Köpfe. Von Mai bis Oktober kommt sie meist aus ihrer französischen Heimat; im Winter wird sie auch aus Israel und Spanien importiert.
Roter aus Grenoble / Roter Eissalat / Batavia rouge grenobloise (frz.): Kältetolerante, aus Grenoble (Frankreich) stammende, grün-rote Eisbergsalatsorte mit zartroten Umblättern.

Hauptinhaltsstoffe

Calcium, Eisen, Eiweiß, Fruchtsäuren, hoher Kaliumgehalt, Phosphor, Provitamin A, Spurenelemente, Vitamin B 1, B 2, B 3, B 6, C. Mit 96% Wasseranteil gilt der Eisbergsalat als **wasserreichste Salatsorte**.

Verwendung, Zubereitung

Eisbergsalat wird ausschließlich zur Salatbereitung verwendet, indem man ihn, nachdem man die äußeren Blätter entfernt hat, in grobe oder feine Stücke schneidet und dann mit einem herzhaften Dressing anrichtet; **waschen ist nicht erforderlich**.
Der Eisbergsalatstrunk lässt sich mühelos herausdrehen, wenn man den Salatkopf zuvor kräftig auf eine Tischkante schlägt.

Lagerung

Leicht gekühlt ist Eisbergsalat 1–2 Wochen bevorratbar – selbst dann, wenn er bereits angeschnitten wurde.

Volksmedizinische Bedeutung

Eisbergsalat ist **der kalorienärmste aller Salate.** Angesichts seines hohen Kaliumgehalts schwemmt er Wasser aus dem Körper und wirkt blutdrucksenkend.

Tipp

Eisbergsalat hat im Gegensatz zu Kopfsalat den Vorteil, dass er nicht so schnell in der Salatsauce zusammenfällt, weshalb er ideal für kalte Büffets ist – außerdem ist er um ein Vielfaches ergiebiger.

Eiskraut

Aizoaceae

Aizoon (griech.), Cordifole, Crystalline (engl.), Eisblume, Eisgewächs, Eispflanze, Eistropfensalat, Ficoide cristalline (frz.), Ficoide glaciale (frz.), Glaciersalat, Ice plant (engl.), Kristallkraut, Mesembryanthemum crystallinum (lat.), Mittagsblume

Allgemeines, Herkunft, Geschichtliches

Das in Südafrika beheimatete, vorherrschend wild wachsende Eiskraut hat seine stärksten Vorkommen in Wüstengebieten und an den Meeresküsten Australiens, Indiens, Kaliforniens, Portugals, der Kanarischen Inseln und am Mittelmeer. Neuerdings wird dieses stetig nachwachsende Nelkengewächs auch in französischen und in niederländischen Gewächshäusern angebaut.

Der botanische Name »Aizoaceae« wird aus dem Griechischen für »ewig leben« abgeleitet, da diese **äußerst witterungsbeständige und hitzeresistente Pflanze** selbst unter widrigsten Bedingungen gedeiht. Seinen deutschen Namen verdankt das Eiskraut der Tatsache, dass seine feuchtigkeitsspeichernden Blätter bei extremer Hitze mit durch Verdunstung hervorgerufenen, eisartigen Salzkristallen behaftet sind.

Aussehen

Das am Boden kriechende Eiskraut hat runde, fleischige Blätter, die mit morgentauähnlichen Tröpfchen bedeckt sind.

Geschmack

Eiskraut schmeckt würzig-bitter, spinatähnlich, salzig, erfrischend und leicht säuerlich.

Hauptinhaltsstoffe

Calcium, Jod, Kalium, Kupfer, Magnesium, Phosphor, Provitamin A, Vitamin B 1, B 2, C.

Verwendung, Zubereitung

Eiskraut kann man zwar zu Salat, Suppe oder Gemüse verarbeiten, es eignet sich jedoch auch **zur Dekoration** von Kalten Buffets.

Lagerung

Aufgrund seines gleich nach der Ernte unverschämt schrumpfenden Wassergehalts der frischen Blätter ist Eiskraut nur kurzzeitig lagerbar. Zum Trocknen ist Eiskraut zwar ungeeignet, hervorragende Eigenschaften hat es jedoch zum Einsalzen: als quasi kostenfreier Wintervorrat.

Volksmedizinische Bedeutung

Sodbrennen kann durch Eiskraut gelindert oder sogar beseitigt werden.

Tipp

Hierzulande kennt man Eiskraut meist nur als eindrucksvolle Steingartenpflanze.

Endivie

Cichorium endivia

Andievche (hunsr.), Andijvie (niederl.), Chicorée (frz.), Cicoria riccia (ital.), Endibia (span.), Endive (amerik.), Hindiba (türk.), Indivia (ital.), Schlobberkohl (hess.), Winterendivie

Allgemeines, Herkunft, Geschichtliches

Die Pharaonen des alten Ägyptens nutzten die Endivie zwar bereits als Gemüse, ihren Ursprung hat sie jedoch in Indien, wo sie heute noch wild wächst. Nach Nord- und Mitteleuropa gelangte die Endivie im 13. Jh., in Nordamerika wurde sie erstmals 1803 erwähnt.

Die Endivie ist eine Kulturvarietät der Wegwarte / Zichorie, die zur Familie der Korbblütler Asteraceae (Compositae) gezählt wird und folglich **mit Chicorée und Löwenzahn verwandt** ist. Für den deutschen Verbraucher wird zwar mittlerweile ganzjährig inländische Ware angeboten, Importe dieser Pflanze, die bis zu –5° C (!) Frost verträgt, kommen jedoch ebenso aus Frankreich, Italien, Spanien und aus den Niederlanden.

Aussehen

Die Endivie sollte dunkelgrüne Außenblätter und hellgelbe Herzblätter aufweisen, die bei einem qualitativ hochwertigen Exemplar mindestens ein Drittel der Pflanze ausmachen sollten. Damit diese Herzblätter besonders zart, hell und mild werden, bindet man sie wenige Wochen vor der Ernte durch Zuhilfenahme der Außenblätter zusammen, aufgrund dessen ein natürliches Bleichen erreicht wird. Braune Blattspitzen an den äußeren Blättern sind unbedeutend, da sie bei der Zubereitung ohnehin keine Verwendung finden. Herz- oder Kranzfäule beeinträchtigen die lohnende Weiterverarbeitung allerdings immens.

Geschmack

Endiviensalat besitzt einen herzhaft-würzigen, leicht bitteren Geschmack.

Arten, Sorten

Bubikopf / Wirrkopf: Milde, ganzblättrige Endiviensorte.

Glatte Endivie / Cichorium endivia var. latifolium (lat.) / Breitblättrige Endivie / Broad leaved endive (engl.) / Chicorée escariol (frz.) / Escariol / Escarola (span.) / Escarole (engl.) / Eskariol-Endivie (österr.) / Gartenscariol (altdt.) / Indivia scarola (ital.) / Scarole (frz.): Gegen Pilzkrankheiten resistente, relativ bittere Endiviensorte mit breiten, grünen, zerschlitzten Blättern und gelbweißem Herz.

Krause Endivie / Cichorium endivia var. crispum (lat.) / Bindenendivie / Chicorée frisée (frz.) / Curled endive (engl.) / Frisée / Krauser Salat / Krulandijvie (niederl.) / Lockenkopf / Schmale Endivie: Schwach gelbgrüne, würzig-bittere Salatsorte aus Frankreich mit mehr oder weniger gekräuselten, spitzenartigen Blättern, die aus der glattblättrigen Endivie hervorgegangen ist und in der Zeit von November bis April – meist aus dem Freilandanbau der französischen Provence – zu uns gelangt.

Lavata (ital. für »gewaschen«) nennt man in Italien sowohl Glatte, als auch Krause Endivie, die nach der Ernte in Wasser gelegt wurde, um den Bittergeschmack etwas zu mindern und um die harten Blattrippen aufzuweichen.

Schnittendivie / Cichorium endivia var. endivia (lat.): Endiviensorte mit lockerem, grünem Kopf, dessen Blätter einzeln und sogar mehrmals geerntet werden können.

Hauptinhaltsstoffe

Hoher Calcium-, Phosphor- und Eisengehalt, Intybin, Kalium, Kupfer, Lactucerol, Provitamin A, Vitamin B 1, B 2, B 6, C, Zink.

Verwendung, Zubereitung

Die Endivie wird zu Salat, Gemüse, Rouladen und, da sie als sehr appetitanregend gilt, auch für Vorspeisen verwendet. Die stark bitteren Außenblätter, die Blattspitzen und der Strunk (österr. Kretzerl) werden zuvor entfernt. Endiviensalat wird meistens in Streifenform geschnitten, wobei zu beachten ist, dass er zuvor – nicht danach (!) – unter fließendem Wasser beherzt abgespült werden muss, da sonst die hochwertigen Inhaltsstoffe und Vitamine im Waschwasser »baden gehen«. Streifig geschnittener Endiviensalat sollte alsbald verzehrt werden, **da die Schnittstellen rasch verbraunen**.

Lagerung

Im Kühlschrank lässt sich die Endivie einige Tage aufbewahren, vorausgesetzt, sie wurde zuvor in Zeitungspapier gewickelt.

Volksmedizinische Bedeutung

Aufgrund ihres Reichtums an wertvollen Inhaltsstoffen hat die Endivie appetitanregende, verdauungsfördernde, gallefreundliche und harntreibende Eigenschaften.

Tipp

Endivienköpfe mit stark gebleichtem Herzen sind deshalb so begehrt, weil sie besonders zart sind und so angenehm mild-würzig schmecken.

Erbse

Pisum sativum

Ähze (nordrhein-westfäl.), Ärter (dän.), Ätze (niederrhein.), Alverja (span.), Arfe (mecklenb.), Arfte (niedersächs.), Bezelje (türk.), Erbes (allgäu.), Erwese (hess., hunsr.), Erwt (niederl.), Gemüseerbse, Hrásek (tschech.), Mattar (ind.), Pea (engl.), Pisello (ital.), Pois (frz.), Prinzessin der Hülsenfrüchte, Schote (schles.)

Allgemeines, Herkunft, Geschichtliches

In der Nähe von Heilbronn haben Wissenschaftler unlängst zwar das Alter eines Trockenerbsenfunds auf das Jahr 9750 v. Chr. datiert, das wahre Ursprungsgebiet wird jedoch im Mittelmeerraum vermutet. Somit ist die Erbse die älteste Nutzpflanze unter den Leguminosen; zu größerer Verbreitung gelangte sie erst im 9. und 10. Jh. n. Chr. In England wurde der Genuss von Erbsen (durch Parlamentsbeschluss im Jahre 1433) jahrelang nur auf Adelige beschränkt, die mindestens den Rang eines Barons einnahmen; Ludwig XIV. ließ 1670 im Pariser Louvrepark mehrere Erbsenbeete anpflanzen, da Erbsen damals »in« waren. Die Erbse gehört zu den Schmetterlingsblütlern (Fabaceae) und wird in Amerika, Frankreich, Indien, Israel, Italien, Kenia,Deutschland, Spanien und Südafrika angebaut.
Karibische Insulaner bezeichnen sowohl Erbsen- als auch Bohnenkerne als »Pois« – zu Deutsch: »Erbse«!
Der Name »Erbse« wird von »erbeiz« abgeleitet; so nannte man sie im Mittelalter.

Aussehen

Erbsen gedeihen an sprossenartigen Stängeln, die durchschnittlich 15–20 Knoten (fachspr. Nodien) aufweisen, an denen ein- bis dreipaarig gefiederte Blätter sitzen. Die **Erbsenhülse**, die mit gleichmäßig grünen, zarten, saftigen Kernen – den eigentlichen Erbsen – prall gefüllt sein sollte, wird im Volksmund **fälschlicherweise auch als »Erbsenschote« bezeichnet**.

Geschmack

Frische Erbsen sollten fein süßlich schmecken und zwar knackig, jedoch nicht hart sein.

Arten, Sorten

Ackererbse / Pisum arvense (lat.) / Felderbse / Futtererbse / Peluschke / Sanderbse / Sandwicke / Schwarze Erbse: Rosa blühende, kleine, grauschwarz gepunktete, gegen den Erbsenwickler (Schadinsekt) resistente Erbsensorte, die zwar meist als Viehfutter angebaut wird, im getrockneten und vermahlenen Zustand jedoch auch als Brotteigbeimischung zum Einsatz kommt.
Backerbse (dt., österr.) / Mehlerbse (schweiz.) / Profiterole (frz.) nennt man erbsengroße Brandteigkügelchen, die, nachdem sie in der Fritteuse vorgebacken wurden, als Suppeneinlage Verwendung finden.

Blaue Erbsen / Blauwschokkers (niederl.) / Capucijners (niederl.) / Kapuzinererbsen: Eine fast schon in Vergessenheit geratene ostfriesische Erbsensorte mit anschaulichen, rosarotlila Blüten, violetter Schale und butterzarten Samen, die sowohl frisch, als auch getrocknet zubereitet werden können.

Buscherbsen nennt man eine Erbsensorte, die ganz ohne Gerüst auskommt, weil sie sehr niedrig wächst.

Dicke Erbsen lautet eine regionale Bezeichnung für Erbsbrei / Erbsmus (österr.) / Erbspüree.

Drescherbsen: Trockenerbsen, die zunächst mitsamt der Hülse getrocknet und danach gedroschen werden, damit Ihre Körner aus der Hülse fallen. **Drusch** nennt man in Fachkreisen den Dreschertrag.

Gelbe Erbsen: Überreif geerntete Pahlerbsen. Da sie mehlig-weich kochen, eignen sie sich besonders gut zum Sämigmachen von Suppen und Eintöpfen.

Knackerbse / Pois croquant (frz.) / Snap pea (amerik.): Eine erst seit 1979 auf dem Markt existierende Zuckererbsensorte mit zuckersüßen, vollrunden, fleischigen Hülsen.

Krack(er)erbse / Pois cassés (frz.) / Spalterbse / Splittererbse: Geschälte, geschliffene und polierte, halbe oder gespaltene Schälerbse, die sich zur Herstellung von Erbsbrei / Erbspüree und Erbsensuppe eignet. Krackererbsen besitzen den gleichen Nährwert wie unbeschadete Schälerbsen und sind zudem wesentlich kostengünstiger.

Kruperbse / Doperwte (niederl.) / Prinzesserbse / Zwergerbse: Junge, zarte, unfädige, leicht süßliche Gartenerbse, die mitsamt der Schote verspeist wird.

Löffelerbsen: Berliner Spezialität, deren Erfinder ein märkischer Zisterziensermönch im 14. Jh. war. Er präsentierte dieses Eintopfgericht, das aus getrockneten, ungeschälten, gelben Erbsen, gepökelten Schweinsohren, geräuchertem Speck, Gemüsen und Kartoffeln besteht, seinem Kaiser. Der ernannte daraufhin den erfinderischen Mönch – wohl nicht zuletzt dank seiner küchentechnischen Fähigkeiten – zum Erzbischof.

Markerbse / Pisum medullare (lat.) / Garden pea (engl.) / Gartenerbse / Guisante (span.) / Petit pois (frz.) / Pois ridé (frz.) / Runzelerbse / Tuin erwte (niederl.) / Wrinkled pea (engl.) / Zuckererbse (fälschl.): Die zwar meistangebauteste, jedoch kältesensibelste Erbsensorte hat runzlige, geteilte, kantige Samen. Da die Kohlenhydrate bei dieser zarten und süßlichen Erbsensorte in Form von Zuckerstoffen abgelagert werden, nennt man sie fälschlicherweise auch »Zuckererbse«. Markerbsen werden im Sommer – grundsätzlich noch grün – als Frischgemüse oder für die Tiefkühltruhe geerntet, da sie im vollreifen oder getrockneten Zustand verhärten und selbst durch langes Kochen nicht mehr weich werden.

Pahlerbse / Pisum sativum convar sativum (lat.) / Auskernerbse (schweiz.) / Boweli (schweiz.) / Brecherbse / Brockelerbse (süddt.) / Glatte Erbse / Grüne Erbse / Kneifelerbse / Körnererbse / Palerbse (schweiz.) / Pois rond (frz.) /

Roll(er)erbse / Round pea (engl.) / Saaterbse / Schalerbse: Die Pahlerbse hat große, runde, beigefarbene Samen und Schoten, die nach dem Puhlen zwar meist weggeworfen oder als Tierfutter verwendet werden, gelegentlich werden sie jedoch auch (nachdem sie innen enthäutet wurden) zur Herstellung von Erbsensuppe verwendet. Da in Pahlerbsen die Kohlenhydrate in Form von Stärke (45%) abgelagert sind, schmecken sie mehlig und nur mäßig süß.

Pflückerbsen nennt man unreif geerntete Erbsen, die vor der Zubereitung gepult werden müssen. Da der Zeitaufwand dafür sehr hoch ist, werden sie kaum geordert und sind von daher auch kaum im Sortiment.

Reisererbse: Bis zu 2 m hoch klimmende Erbsensorte, die während ihres Wachstums durch Reisige gestützt werden möchte.

Schälerbse: Geschälte Trockenerbse, die geschliffen und poliert wurde. Sie eignet sich zur Erbspüreeherstellung.

Schock(er)erbse: Kantige Trockenerbse.

Schotenerbse lautet der Name für die frühreife Gartenerbse.

Schwedische Erbsen / Pois à la suedoise (frz.): Junge Pahlerbsen, die mitsamt der Schote gegart, in ein Sieb geschüttet und dann auf Tellern serviert werden. Das Besondere bei ihrem Verzehr ist, dass man die Schoten, wie bei Stangenspargel, zwischen Daumen und Zeigefinger nimmt, um sie danach kurz in gesalzene, weiche Butter zu tunken und schließlich durch die Zähne zieht, wobei man – wie beim Spargel – faserige Teile zurücklässt.

Tempoerbsen nannte man vor der Wende in Ostdeutschland vorgegarte Trockenerbsen für die flinke Küche.

Trockenerbsen / Alte Weiber / Desirée (frz.) / Graue Erbsen / Grue Arfte (ostpreuß.) / Preußische Erbsen / Rosinenerbsen nennt man getrocknete Pahlerbsen. Sie werden zu Erbswurst, Eintopf, Suppe, Erbspüree und Mehl verarbeitet. Qualitativ sind alle Trockenerbsen gleich – vorausgesetzt, es finden sich weder Maden noch Bruch noch Fremdkörper dazwischen.

Türkische Erbsen: (s. u. Bohne)

Viktoria-Erbsen: Großkörnige, gelbe Trockenerbsen, die einen Mindestdurchmesser von 7,5 mm aufweisen sollten.

Zuckererbse / Pisum sativum var. saccharatum (lat.) / Erbsenschote / Kefe / Guisante envaina (span.) / Kaisererbse / Kaiserschote (österr.) / Kiefelerbse (schweiz.) / Königserbse / Pea pod (engl.) / Peultjes (niederl.) / Pois mange-tout (frz.) / Schneeerbse / Schotenerbse / Snow pea (engl.) / Süßschäfe / Sugar pea (engl.) / Sugar-snap pea (engl.) / Zuckerschäfe / Zuckerschote: Winzige, flache, grüne, fadenlose, unreif geerntete Erbsensorte, die höchstens 2 Tage bevorratbar ist, da ihre schnabelförmige, zuckersüße Schote, deren pergamentartige Schalenanteile weggezüchtet wurden, durch Nachreifung schlaff, mehlig und geschmacklos wird. Die gerüstabhängige und **zwar teuerste, jedoch wohlschmeckendste Erbsensorte** wird mitsamt den Hülsen nur kurz in etwas Butter und eventuell noch mit einem Schlückchen Weißwein behutsam gedünstet – **nicht gekocht**. Mit ein paar frischen, grob zerkleinerten Kerbel-, Minze- oder / sowie Kopfsalatblättchen und saurer Sahne zusätzlich versetzt man Feinschmeckergaumen in Entzücken.

Hauptinhaltsstoffe

Ballaststoffe, Calcium, Eisen, Eiweiß, Kalium, Lezithin, Lectine, Legumin, Magnesium, Mangan, Niacin, Nitrat, Phosphor, Pisatin, Provitamin A, Saponine, Stärke, Vicilin, Vitamin B 1, B 2, B 3, B 6, C, E, Zucker. Erbsen besitzen nicht nur den **höchsten Niacingehalt aller Gemüsesorten**, auch ihr Eiweißgehalt liegt weit über dem Durchschnitt.

Verwendung, Zubereitung

Erbsen sind meist als Konserve oder Tiefkühlware im Angebot, frische Erbsen kommen meist aus dem eigenen Garten oder vom Wochenmarkt. Vor dem Verzehr müssen sie zuerst gepult werden; d. h.: Man bricht die Hülse auf und entnimmt die Samen. Nachdem man sie ca. 2–3 Minuten blanchiert hat, werden sie mit eiskaltem Wasser abgeschreckt, damit sie ihre appetitliche grüne Farbe behalten. Um sich viel Zeit zu ersparen, kann man frische Erbsen auch mit der Schote kochen – beim Kochen lösen sich die Erbsen dann selbsttätig heraus und die Schoten schwimmen obenauf; außerdem werden sie dadurch noch geschmacksintensiver. Danach kann man sie z. B. als Gemüse verwenden, indem man sie entweder in zerlassener Butter schwenkt und dann mit einer Prise Zucker und etwas Salz würzt, oder man vermischt sie mit einer leichten Béchamelsauce. Auch für Salate, Reis- und Kartoffelgerichte oder Aufläufe eignen sich blanchierte Erbsen.

Trockenerbsen müssen vor dem Kochen mehrere Stunden (je nach Sorte und Alter 2–8 Std.) eingeweicht werden. Das Einweichwasser sollte zum Garen verwendet werden, weil sich darin wertvolle Mineralien angesammelt haben. Zwingend anzuraten ist, dass dieses Einweichwasser **ungesalzen** bleibt und erst zum Kochen gebracht werden muss, bevor die Erbsen hinzugefügt werden, weil das die Garzeit verkürzt; Salz kommt erst zum Schluss dazu. Damit Trockenerbsen auch nach dem Kochen eine appetitliche Farbe behalten, fügt man dem Kochwasser eine Prise Zucker zu – mit dem ersprießlichen Nebeneffekt, dass infolgedessen der Erbsengeschmack noch intensiviert wird. Im Mikrowellengerät sollten Erbsen nicht erhitzt werden, da sie bereits nach kurzer Zeit »explodieren«, was unnötige Verunreinigungen des Gerätes und vermeidbare Wertminderung des Gargutes zur Folge hat.

Die süßlichen **Erbsenkeimlinge** gehen nach 3–5 Tagen aus ungeschälten Erbsen hervor. Vor dem Verzehr müssen sie kurz blanchiert werden.

Erbsenkonserven müssen mit dem jeweiligen Korndurchmesser ihres Inhalts beschriftet werden:

Extra fein:	7,5 mm
Sehr fein:	7,5–8,2 mm
Fein:	8,2–9,3 mm
Mittelfein:	9,3–10,2 mm

Lagerung

Frisch geerntete Erbsen sollten kühl und luftig gelagert werden, da sie Eigenwärme produzieren, infolgedessen sie sich gelb färben und wertlos werden.

Volksmedizinische Bedeutung

Erbsen gelten als beruhigende, entgiftende, cholesterinsenkende, entwässernde, verdauungsfördernde, muskelaufbauende, konzentrations- und nervenstärkende Sattmacher. Es gibt asiatische Bergstämme, die durch geringe Fruchtbarkeit auffallen. Grund: Sie ernähren sich überwiegend von Erbsen, die einen Inhaltsstoff besitzen, dessen Wirkung mit dem der Anti-Baby-Pille gleichzusetzen ist. Allerdings müsste man ein riesiges Füllhorn von Erbsen täglich verzehren, wenn man auf diese Weise Familienplanung betreiben wollte: haushaltsübliche Mengen sind deshalb nach wie vor völlig unbedenklich.

Tipp

Erbswurst sagt man zu in Wurstform gepresster, kochfertiger Erbsensuppe aus Erbsmehl und anderen Zutaten, die zu den **ältesten industriell vorgefertigten Lebensmitteln** der Welt zählt.

Erdbeerbaumfrucht

Arbutus unedo

Aardelboom (niederl.), Arbouse (frz.), Arbute (engl.), Arbutusbeere, Chinesische Baumerdbeere, Chinesischer Arbutus, Corbezzolo (ital.), Fraise en arbre (frz.), Frukt ar jordbärtre (norw.), Hagapfel, Madronjo (span.), Meerkirsche, Strawberry tree fruit (engl.)

Allgemeines, Herkunft, Geschichtliches

Der Ursprung des strauchartigen, bis 1,5 m hohen, rotrindigen Erdbeerbaums (Gagelstrauch) liegt in Ostasien. Hauptanbaugebiete dieses immergrünen Heidekrautgewächses (Ericaceae) liegen außer in Asien auch in Irland, Italien, Korsika, Nordamerika, Schweiz, Spanien und in Südtirol.

Die botanische Artbezeichnung seiner Füchte »unedo«, zu Deutsch: »ich esse nur eine«, deutet auf ihre **Unbekömmlichkeit bei Übergenuss** hin.

Aussehen

Erdbeerbaumfrüchte ähneln zwar Erdbeeren, sie sind jedoch meist gelb bis scharlachrot. Ihre äußerst widerstandsfähige Schale ist mit dreispitzigen Warzen beschickt. Das Fruchtfleisch ist eigelbfarben, besitzt eine breiige Konsistenz und birgt zahlreiche essbare Kernchen.

Geschmack

Erdbeerbaumfrüchte schmecken zwar süß-sauer, jedoch mehlig und bestechen durch **völlige Aromalosigkeit**.

Verwendung, Zubereitung

Aufgrund ihres faden Geschmacks, werden Erdbeerbaumfrüchte nur sehr selten als Frischware konsumiert; sie dienen eher der Dekoration und zur Herstellung von Wein, Likör, Branntwein, Magenbitter oder Marmelade.

Lagerung

Da Erdbeerbaumfrüchte nur sehr kurzzeitig bevorratbar sind, sollten sie möglichst **sofort nach der Ernte zubereitet** werden.

Volksmedizinische Bedeutung

Erdbeerbaumfrüchte führen bei Überdosierung zu Kopfschmerzen und berauschenden Zuständen; schweißtreibende und fiebersenkende Eigenschaften besitzt dagegen Tee, der aus den krugförmigen Blüten des Erdbeerbaums gebrüht wird.

Erdbeere

Fragaria

Aardbei (niederl.), Ardbeere, Cilek (türk.), Erbele (saarld.), Ertberi (althochdt.), Fragola (ital.), Fraise (frz.), Fresa (span.), Ihrbeere, Jahody (tschech.), Jordbär (norw.), Königin des Beerenobstes, Strawberry (engl.)

Allgemeines, Herkunft, Geschichtliches

Wilde Walderdbeeren kannten schon die alten Germanen und Römer. Erstmals kultiviert wurden sie in Südfrankreich; anno 1751 gelangten die ersten Gartenerdbeerenstecklinge von England aus dann auch nach Deutschland, wo sie König Georg II. von Hannover in seinen Hofgärten aufziehen ließ. Erstes erwerbsmäßiges Anbauzentrum dieses Rosengewächses (Rosaceae) war um 1840 das kleine Murgtaldorf Staufenberg bei Baden-Baden im Schwarzwald, wo man südfranzösische Stecklinge verwendete. Erdbeeren zählen wahrheitsgemäß nicht zu den Beeren- sondern zu den **Schein- und Sammelfrüchten**, da ihr Fruchtfleisch nicht aus Fruchtblättern, sondern aus der Blütenachse gebildet wird. Frische Erdbeeren werden zwar ganzjährig als Treibhausware aus Spanien, Italien, Griechenland und den Vereinigten Staaten nach Deutschland importiert, diese sind jedoch aufgrund ihrer längeren Haltbarkeit und Schönheit meist derart mit aromavernichtenden und krebserregenden radioaktiven Bestrahlungen, Dünge-, Konservierungs- und Spritzmitteln vollgestopft, dass sie unsere Gesundheit angreifen. Von Juni bis Juli kommen Erdbeeren wesentlich wohlschmeckender und gesünder aus heimischer Erzeugung. Verbraucherschützer raten, Erdbeeren nur in der Sommersaison zu erwerben – vorzugsweise vom nächstgelegenen Bauern.

In Erbach im Rheingau wird alljährlich im Juli ein umtriebiges **Erdbeerfest** gefeiert. Außer Erdbeeren in den ausgefallensten Zubereitungen gibt es freilich auch **Erdbeerbowle und Erdbeersekt** zu trinken. Beim berühmtesten Tennisturnier der Welt im englischen Wimbledon dreht sich nicht etwa alles um den Sport, viel wichtiger ist mittlerweile der schon kultartige Brauch, sich zeitgleich auf dem nahegelegenen »Henman Hill« ein Körbchen mit exakt 7 Erdbeeren nebst Schlagsahne einzuverleiben. Dabei gilt die strenge Regel, dass die Erdbeeren nicht länger als 40 mm und nicht kürzer als 25 mm sein dürfen.

Zu ihrem Namen »Erdbeere« gelangte diese Scheinfrucht, weil sie dicht über der Erde wächst.

Aussehen

Beim Erdbeerkauf unterscheidet man 3 Güteklassen:

Extra: Die Früchte sind in Bezug auf Reifegrad, Färbung und Größe besonders regelmäßig.
Klasse I: Leichte Formfehler und kleine unreife Stellen werden hingenommen.
Klasse II: Früchte mit Form- und Entwicklungsfehlern sowie weißen Stellen, die bis zu einem Fünftel der Oberfläche einnehmen, entsprechen dieser Kategorie. Hier sind ebenso leichte Druckstellen und Spuren von Erde zulässig.
Frische, grüne Kelchblätter lassen darauf schließen, dass die Früchte erst kurz zuvor geerntet wurden.

Geschmack

Erdbeeren besitzen einen sensiblen, feinfruchtigen Geschmack; kleine Exemplare sind meist schmackhafter als große, weil die meist hohl sind und wässrig schmecken. Bei der Herstellung von Erdbeerkonfitüre entfalten Erdbeeren ein feines Aroma, das auch noch nach Jahren stabil bleibt; Erdbeeren, die der Eis-, Joghurt- und Quarkherstellung dienen, verlieren hingegen rasch ihren fruchtigen Geschmack.

Arten, Sorten

Alpenerdbeere / Felsenerdbeere: Stark duftende Wilderdbeere, die von Juni bis September in europäischen Gebirgen zu finden ist. Sie schmeckt viel würziger und feiner als die Gartenerdbeere und ist etwas kleiner.
Ananaserdbeere / Fragaria ananassa (lat.) / Ananas (bayr., österr.) / Bresling / Brestlinge (altdt.) / Großfrüchtige Gartenerdbeere / Prestling: Erdbeersorte, die erstmals Mitte des 18. Jh.s in den Niederlanden aus einer zufälligen Kreuzung zwischen der nordamerikanischen »Scharlach-Erdbeere« und der würzigen »Chile-Erdbeere« hervorgegangen ist. Sie verströmt einen ganz besonderen Duft und ist nur einmal im Jahr zu ernten.
Chile-Erdbeere / Fragaria chilensis (lat.): Diese großfrüchtige Erdbeersorte wurde erstmals 1721 von dem französischen Fregattenkapitän Fraisier von Südamerika aus nach Frankreich verbracht. Zu seinen Ehren wird die Erdbeere in der französischen Sprache als »Fraise« bezeichnet.
Hügelerdbeere / Knackelbeere / Knackerdbeere / Knickbeere / Fragaria viridis (lat.): Wild wachsende Erdbeersorte, die meist unter trockenen Büschen anzutreffen ist.
Indische Erdbeere / Duchesnea indica (lat.) / Trugerdbeere: Gelb blühender Bodendecker mit erdbeerähnlichen Blättern und geschmacksneutralen Früchten.
Monatserdbeeren / Fragaria vesca var. semperflorens (lat.) sind aus Bemühungen hervorgegangen, wild wachsende europäische mit sibirischen Walderdbeeren zu kultivieren. Monatserdbeeren blühen und fruchten mehrmals während einer Vegetationszeit und schmecken ähnlich wie die Walderdbeere. Neuerdings gibt es auch eine gelblich weiße Monatserdbeerenneuzüchtung, die sich hervorragend zur Bepflanzung von Balkonkästen und Hängeampeln eignet.
Scharlach-Erdbeere / Fragaria virginiana (lat.) / Virginische Erdbeere / Himbeererdbeere: Diese kleinfrüch-

tige Erdbeersorte wurde erstmals 1623 von Amerika aus an den französischen Hof nach Versailles verbracht.

Walderdbeere / Fragaria vesca (lat.) / Flohbeere / Fragola di bosco (ital.) / Fraise des bois (frz.) / Rotbeere (hochdt.) / Smultron (schwed.) / Wild strawberry (engl.): Hocharomatische, korinthengroße, scharlachrote, nur an sonnigen Standorten wild wachsende Erdbeersorte, die den ganzen Sommer über Früchte trägt. Nach der Ernte sollten Walderdbeeren wegen Parasitengefahr gründlich gewaschen werden. Im Gegensatz zu ihren Verwandten muss die Walderdbeere nicht entstielt werden. Abkömmlinge der Walderdbeere sind u. a.: »Senga-Sengana« (**die bekannteste Erdbeersorte**), »Hansa«, »Neride«, »Induka«, »Confitura«, »Karina«, »Tago« und »Mieze Schindler«. Ihren Namen hat die zuletzt genannte, zwar kleinfrüchtige und nicht gerade massentragende, jedoch unübertroffen aromareiche Erdbeersorte dem Namen ihres Züchters Professor Otto Schindler nebst seiner Gattin »Mieze« (Kosename) zu verdanken, der sie im Jahre 1925 als Direktor der in Dresden-Pillnitz ansässigen Lehranstalt für Pflanzenzüchtung aus einer Kreuzung von »Lucida perfekta« und »Johannes Müller« erschuf.

Weiße Erdbeere / Fragaria viridis (bot.): Weißhäutige und -fleischige Erdbeersorte mit erstaunlichem Fruchtaroma.

Zimterdbeere / Fragaria moschuta (lat.) / Moschuserdbeere / Muskatellererdbeere: Mediterrane, blassrote, großfrüchtige Erdbeersorte, die sich durch einen moschusartigen Duft und wilderdbeerähnlichen Geschmack hervortut.

Hauptinhaltsstoffe

Calcium, Eisen, Flavonoide, Fluor, Folsäure, Fragarianum, Kalium, Magnesium, Mangan, Methylsalicylsäure, Natrium, P-Cumarin, Pektin, Polyphenole, Phosphor, Provitamin A, Vitamin B 1, B 2, C (62 mg / %), E, Wasser (89,5%).

Nach der Schwarzen Johannisbeere besitzt die Erdbeere nicht nur den höchsten Vitamin-C-Gehalt unter den heimischen Früchten, sie gilt generell auch als stärkste Mangan-Lieferantin. Erdbeerblätter enthalten Gerbstoffe, Flavonoide und Säuren.

Verwendung, Zubereitung

Erdbeeren – **unter den Beerenfrüchten sind sie am vielseitigsten verwendbar** – werden frisch verzehrt oder zu Fruchtsuppen, Limonaden, Sauce, Saft, Bowle, Punsch, Mus, Kompott, Kuchenbelag, Süßspeisen, Mark, Rumtopf, Konfitüre oder Likör verarbeitet. Sowohl das Erdbeeraroma als auch ihr Aussehen leiden, wenn folgende Regeln keine Beachtung finden:

1. Erdbeeren sollten erst vor dem Verzehr nur kurz und sachte abgebraust werden, da bereits ein zu harter Wasserstrahl die hochempfindsamen Früchte derart verletzen kann, dass sich ihr Aroma postwendend verabschiedet.
2. Erdbeerstiele und -blätter werden erst nach dem Waschen abgezupft, da sich die Erdbeeren sonst mit Wasser vollsaugen.

3. Zuckern sollte man Erdbeeren erst kurz vor dem Verzehr, weil sie sonst schon nach kurzer Zeit in ihrem eigenen Saft schwimmen.
4. Wenn man Erdbeeren mit etwas Zitronensaft und einem Hauch Puderzucker in einer Schüssel schwenkt, intensiviert man ihr Aroma.
5. Gefrorene Erdbeeren sollten nicht in heißer Zuckerlösung aufgetaut werden, da sie sonst ihr Aroma einbüßen. Sinnvoller ist es, sie sachte im Mikrowellengerät oder bei Zimmertemperatur auftauen zu lassen.
6. Erdbeerkonfitüre behält ihre sattrote Farbe, wenn man bei der Zubereitung ein Stück Rhabarber mitkocht.

Mit Erdbeerblättern kann man nicht nur eine »Maibowle« verfeinern, sie gelten ebenfalls als schmackhafter Zusatz zu Wild- oder Mischsalaten, Kräuterbutter, Saucen und Marinaden.

Lagerung

Im Kühlschrank lassen sich Erdbeeren zwar noch etwa 2 Tage aufbewahren, man sollte jedoch nicht zu viele übereinander stapeln, da sie sonst Druckstellen bekommen, die den Verderb beschleunigen. Einmal geerntete Erdbeeren reifen während der Lagerung nicht mehr nach – auch nicht durch Sonneneinwirkung.

Volksmedizinische Bedeutung

Erdbeeren wirken stoffwechselanregend, entgiftend, sättigend (dank Pektin), fiebersenkend, nervenstärkend, harntreibend, blut- und hautreinigend, zahnfleischkräftigend, zahnsteinlösend und entschlackend. Die bekömmlichen und bemerkenswert Vitamin-C-haltigen Erdbeeren kräftigen zudem nicht nur unser Immunsystem und den Stoffwechsel, sie können sogar die Liebeslust steigern, die Erregbarkeit fördern und sogar Spermien vor Erbgutschäden schützen. Am gesündesten sind Erdbeeren **am Morgen**, denn pur und auf nüchternen Magen gegessen, **können sie ihre Wirkstoffe am besten entfalten**. Erdbeerkuren werden bei Gicht, Rheuma, Harngrieß, Harnsteinen, Nieren-, Leber-, Milz- und Blasenleiden, Darmschwäche, Hartleibigkeit, Übergewicht, Kreislaufstörungen und Zuckerkrankheit empfohlen: Pro Tag sollte – neben 1250 g Erdbeeren – (wenn überhaupt) lediglich etwas Gemüse oder Reis zu sich genommen werden.

Grillgerichte sind aufgrund ihrer speziellen Zubereitungsart meist mit krebserregenden Nitrosaminen behaftet. Da Erdbeeren solche Giftstoffe neutralisieren, ist es demzufolge ratsam, nach ihrem Verzehr ein paar Erdbeeren zu (ver)naschen.

Angesichts ihres immensen Anteils an Methylsalicylsäure weisen Erdbeeren sogar kopfschmerzlindernde Eigenschaften auf. Mindestens 500 g ungezuckerte Früchte sollte man im Ernstfall davon verzehren – möglichst mit etwas Naturjoghurt vermengt.

Aus den Erdbeerblättern und -wurzeln kann blutreinigender, harntreibender, beruhigender und erfrischender Tee hergestellt werden, der auch bei Hämorrhoiden, Erfrierungen,

Durchfall, Asthma, Steinleiden und Nachtschweiß Besserung verspricht. Erdbeeren werden nicht von allen Menschen vertragen, da manche nach dem Genuss von »Nesselsucht« (kribbelnde Lippen oder Hautausschläge) befallen werden, die in den meisten Fällen jedoch rasch wieder vorübergeht. Hervorgerufen wird sie durch den chininähnlichen Stoff Fragarianum, der eine Störung der Magennerven hervorrufen kann. Dieses Problem kann man mit Leichtigkeit umgehen, indem man die Erdbeeren entweder gemeinsam mit einer Calciumtablette zu einem Brei zerdrückt oder man ergänzt sie mit calciumhaltigen Lebensmitteln (z. B. Schlagsahne, Milch, Joghurt, Quark). Calcium verabreichen ebenso Ärzte (meist per Infusion), wenn Nesselfieberpatienten Hilfe suchen.

Tipp

Grauschimmelbelag im Erdbeerbeet kann man schon im Voraus und auf umweltfreundliche Weise verhindern, indem man ein paar Steckzwiebeln zwischen die Erdbeerpflänzchen setzt; Borretsch fördert hingegen die Blütenbildung von Erdbeeren, aufgrund dessen die Erträge auf natürliche Weise erhöht werden.

Erdbeerspinat

Blitum virgatum

Chenopodium foliosum (bot.), Echter Erdbeerspinat, Epinard-fraise (frz.), Rutenerdbeerspinat, Spinacio fragola (ital.), Strawberry spinach (engl.)

Allgemeines, Herkunft, Geschichtliches

»Erdbeerspinat« nennt sich ein mit unserem heimischen Gänsefuß verwandtes blattreiches Gemüse, das jahrhundertelang erfolgreich in europäischen Gärten kultiviert wurde – bis es durch den Spinat verdrängt wurde.

Aussehen

Die Erdbeerspinatpflanze trägt in den Blattwinkeln knäuelförmige, leuchtend rote, schwarz gepunktete, saftige Früchte, die Monatserdbeeren gleichen. Ihre Blätter haben ein spinatähnliches Aussehen.

Geschmack

Erdbeerspinat besitzt zwar ein entfernt erdbeerähnliches, jedoch eher langweiliges Aroma.

Arten, Sorten

Ähriger Erdbeerspinat / Blitum capitatum (lat.) / Blitum foliosum (lat.) / Chenopodium capitatum (bot.) / Kopfiger Erdbeerspinat nennt sich eine nur sehr zögerlich heranwachsende Erdbeerspinatsorte mit tiefroten, nackten Früchtchen, die eine Scheinähre bilden und nach Rote Bete schmecken.

Verwendung, Zubereitung

Junge Erdbeerspinatblätter können wie Spinat zu Gemüse oder Salat verarbeitet werden. Mit den dekorativen Früchten kann man kalte und warme Speisen ausschmücken.

Erdmandel

Cyperus esculenta

Amande de terre (frz.), Bulbuli trasi, Cha, Dulcinia, Earth almond (engl.),

Souchet comestible (frz.), Tigernuss, Tigernut (engl.), Zulunuss, Zypernmandel

Allgemeines, Herkunft, Geschichtliches

Die Erdmandel ist, obwohl sie den Nüssen zugeordnet wird, die Knollenfrucht des frostempfindlichen afrikanischen Zypernmandelgrases, das im 8. Jh. erstmals nach Spanien eingeführt wurde. In Afrika, Indien, Spanien, Madagaskar und Nord- und Südamerika liegen die größten Anbaugebiete.

Aussehen

Die unterirdischen Ausläufer dieser strauchig-grasigen Pflanze bilden eichelgroße Knöllchen (die eigentlichen Erdmandeln), die mit schuppenförmigen Blättchen behaftet sind. Erdmandeln besitzen weißlich gelbes Fruchtfleisch, das einen kastanienbraunen Kern mit runzliger, schwer löslicher Haut umhüllt.

Geschmack

Erdmandeln besitzen ein bitter-süßes Aroma, das an Mandeln und Nüsse erinnert.

Arten, Sorten

Chufanuss / Chufa (span.): Erdmandel aus dem Mittelmeergebiet. In Spanien stellt man daraus »Horchata«, ein erfrischendes, milchartiges Getränk her.

Erdkastanie / Bunium bulbocastanum (lat.): Höchst seltener, da schwer kultivierbarer, graziöser Doldenblütler mit nur einer (!) süßlich schmeckenden mandelgroßen Wurzelknolle, die sowohl gekocht als auch geröstet verzehrt werden kann.

Erdkastanie (südliche) / Oenanthe pimpinell-oides (lat.): 60 cm hohe Pflanze, die im Gegensatz zur zuvor genannten Namensverwandten mehrere (!) süßliche, mandelhafte Wurzelknollen bildet und sich rasch vermehrt.

Hauptinhaltsstoffe

Ballaststoffe, Eiweiß, Stärke, Öl, ungesättigte Fettsäuren, Vitamin H, Vitamin P, Kalium, Calcium, Magnesium.

Verwendung, Zubereitung

Frische Erdmandeln dienen zwar meist dem Frischverzehr oder der Speiseeisergänzung, sie werden aber auch gekocht oder geröstet zu Gemüse bereitet und zu Öl oder Mehl verarbeitet.

Volksmedizinische Bedeutung

Die gut verträgliche Erdmandel hat stark sättigende Eigenschaften und ist die ideale Lösung für Nussallergiker; begleitend mobilisiert sie sogar missliebige Darmträgheit.

Tipp

Da das Zypernmandelgras extrem wuchert, ist von seiner Anpflanzung im privaten Garten abzuraten.

Erdnuss

Arachis hypogaea

Aardnoot (niederl.), Achantinuss, Affennuss, Arachide (frz., ital.), Arachisnuss, Araschisnuss, Aschantinuss (österr.), Cacah(o)uète (frz.), Cacahuete (span.), Erbsennuss, Erckelnuss (altdt.), Erdbohne, Erdeichel, Erdmandel (altdt.), Erdpistazie, Erdtfeige, Erdtnuss, Groundnut (engl.), Himmlische Speise, Kameruner (mitteldt.), Kamerun-Nuss, Mandubi-Bohne, Mandubi-Nuss, Manies (span.), Mon-

key nut (engl.), Mumfuli (ind.), Nocciolina americana (ital.), Peanött (norw.), Peanut (engl.), Säuwbrodt, Spanisches Nüssli (schweiz.), Yerfistigi (türk.)

Allgemeines, Herkunft, Geschichtliches

In Bolivien wuchsen Erdnüsse bereits vor 3500 Jahren und weil sie so nahrhaft und vielseitig verwendbar waren, wurden sie von den Inkas als »Himmlische Speise« verehrt. Von Südamerika aus gelangten die Erdnüsse im 17. Jh. auch nach Afrika, Asien, Spanien, Portugal und Amerika, wo sie in sonnigen Staaten (z. B. in Alabama, Georgia, Florida und Texas), mittlerweile von mehr als 55 000 Farmern kommerziell angebaut werden. Die zur Familie der Schmetterlingsblütler (Fabaceae) zählende Erdnuss wird ebenso in China, Indien und Israel angebaut. Die USA sind zwar die größten Produzenten essbarer Erdnüsse, Inder und Chinesen produzieren Erdnüsse hingegen ausschließlich für die Verarbeitung von Erdnussöl, das in der Weltproduktion von Pflanzenölen – nach dem Sojaöl – immerhin **den zweiten Platz** einnimmt.
Erdnüsse (geröstet werden sie auch als »Affenfutter« und »Fernsehfutter« bezeichnet) sind im botanischen Sinn zwar keine Nüsse, sondern **Hülsenfrüchte**, im Handel werden sie allerdings meist dem Schalenobst zugeordnet.
Die Aufschrift »HPS« auf Erdnusstüten bedeutet »Hand Picked Selected«, zu Deutsch »Handauslese«.
Die botanische Verwandtschaft und die Ähnlichkeit des Erdnussstrauchs mit dem Erbsenstrauch kommt in der englischen Sprache mit dem Namen »peanut« für »Erbsennuss« zum Ausdruck.

Aussehen

Die bis zu 70 cm hohe Erdnusspflanze weist geteiltes, kleeblattartiges Laub auf und Blütenstiele, die sich nach der Blüte abwärts neigen und aufgrund dessen die an der Spitze sitzenden Schoten in die Erde dringen lassen können, wo sie dann in 5–8 cm Tiefe ausreifen; deshalb werden Erdnüsse grundsätzlich **gerodet** und nicht, wie die mit ihr verwandte Erbse, gepflückt. Die Farbe der Erdnussschale passt sich naturgemäß dem jeweiligen Erdreich an, in dem sie angebaut wurde. Hellschalige Exemplare wuchsen demnach auf sandigem Untergrund – humusreicher Boden lässt ihre Hülsen dunkeln. Unter der leicht zu knackenden Erdnussschale liegen 2, 3 oder 4 beigefarbene Kerne nebeneinander, die mit einem kaffeebraunen Häutchen ummantelt sind. Dieses Häutchen ist zwar nicht giftig und deshalb verzehrbar, aufgrund der am Gaumen klebenden und im Hals kratzenden Eigenschaften ist es jedoch ratsam, darauf zu verzichten.

Geschmack

Erdnüsse sollten unbeschadete Kerne mit festem Biss aufweisen. Frisch gepulte Erdnusskerne schmecken leicht bitter und sowohl mandel- als auch bohnenkernartig.

Arten, Sorten

Candy-Nüsse / Türkenbrot nennt man karamellisierte Erdnüsse.

Hauptinhaltsstoffe

Bor, Calcium, kein Cholesterin, Eisen, **Eiweiß** (30% – mehr als in Rindfleisch!), Fluor, Folsäure, Kalium (mehr als im Apfel), Kohlenhydrate, Kupfer, Linolsäure, Magnesium, Mangan, Niacin, Öle (40–50%, davon 37% ungesättigte Fettsäuren), Phosphor, Provitamin A, Reservatol, Selen, Vitamine B 1, B 2, B 3, B 6, C, D, E und K (eine Besonderheit gegenüber anderen Nussarten), Zink. Je weiter die Tropen vom jeweiligen Erdnussanbaugebiet entfernt sind, desto geringer ist ihr Ölgehalt.

Verwendung, Zubereitung

Geschälte Erdnüsse werden frisch, geröstet oder gesalzen verzehrt. Sie können der Abrundung von fernöstlichen und afrikanischen Gerichten dienen oder sie werden zu Brotaufstrichen, Mark, Mandelersatz und zur Speiseölherstellung verwendet. Durch Erhitzung (backen, rösten) schwindet ihr Bittergeschmack und ein intensives Nussaroma entfaltet sich. Da das **zwar geschmacksneutrale, jedoch geschmacksunterstützende Erdnussöl** sogar hohen Temperaturen standhält, eignet es sich bestens zum Frittieren.

Lagerung

Erdnüsse sollten dunkel und trocken aufbewahrt werden, da sie sonst unverzüglich ranzig werden und verschimmeln.

Volksmedizinische Bedeutung

Ernährungsforscher haben jüngst die ungesalzene Erdnuss zur gesündesten Nuss der Welt erklärt, weil schon 100 g davon mehr hochwertiges Eiweiß als ein Steak, mehr Vitamin B als Fleisch und mehr Vitamin E als die entsprechende Menge Pflanzenöl enthalten; deshalb sind Erdnüsse das optimale Nahrungsmittel für Vegetarier. Ungesalzene Erdnüsse wirken blutdrucksenkend, mobilisieren die Gehirnzellen und stärken sowohl die Augen und Nerven als auch das Immunsystem. Erdnüsse wirken sogar der Bluterkrankheit entgegen – das hat Dr. Brüster von der Kinderuniversitätsklinik in Düsseldorf herausgefunden; aus Erdnüssen entwickelte er einen Extrakt, der die Dauer der Blutgerinnung bei Bluterkranken um die Hälfte kürzt.

Tipp

Erdnüsse zählen leider zu den Spitzenreitern von Lebensmitteln, die bei Menschen am häufigsten Allergien auslösen. Laut einer englischen Studie kann eine Erdnussallergie bereits während der Schwangerschaft auf den Fötus übertragen werden, die dem Neugeborenen lebenslang anhaften wird.

F

Feige

Ficus carica
Adriatische Feige, Fico (ital.), Fig (engl.), Figue (frz.), Fike (norw.), Fiky (tschech.), Higo (span.), Incin (türk.), Vijg (niederl.)

Allgemeines, Herkunft, Geschichtliches

Der in der kleinasiatischen Landschaft Karien beheimatete Feigenbaum ist **eine der ältesten Nahrungs- und Nutzpflanzen der Menschheit**, denn seine Spuren reichen bis in die Kreidezeit. Seit dem 1. Jh. n. Chr. wird die Feige auch im westlichen Mittelmeerraum kultiviert; von dort aus drang sie im Laufe des 15. Jh.s als »Adriatische Feige« bis nach Mitteleuropa vor.

Die Feige ist ein kleinblütiges, mit drei- bis fünflappigen Blättern bestücktes Maulbeerbaumgewächs (Moraceae), das entweder an graustämmigen, nur 5 m hohen, breitkronigen Bäumen oder locker verzweigten Büschen heranwächst.

Erst nach 8 Jahren rentiert sich die erste Ernte; danach lassen sich etwa **40 Jahre lang** Früchte einbringen.

Kaprifikation (fachspr.) nennt man die künstliche Bestäubung von Feigenbäumen, bei der Blütenzweige von Wildformen in der Nähe von Kulturpflanzen aufgehängt werden.

Die bedeutendsten Anbaugebiete dieser »Scheinfrucht« liegen in Australien, Brasilien, Frankreich, Griechenland, Indien, Israel, Italien, Kalifornien, Nordafrika, Portugal, Spanien und in der Türkei: also **überall dort, wo auch Weinanbau betrieben wird**; folglich auch in Deutschland.

Der deutsche Name »Feige« wurde dem Römischen »ficus« entlehnt.

Aussehen

Reife Feigen zeigen dekorative, tropfen- oder birnenförmige Umrisse und weiches hellrosa Fruchtfleisch, das bei hellen Sorten weißlich rote, bei dunkelblauen Sorten dunkelrote essbare Samenkerne einschließt. Die dünne blassolivgrüne oder purpurfarbene Haut, die bei qualitativ hochwertigen Feigen nicht aufgeplatzt sein darf, lässt sich bei essreifen Früchten leicht abziehen. Schneidet man eine Feige mittig durch, stellt man fest, dass sie keinen Fruchtstand, sondern einen Blütenstand (fachspr. Rezeptakel) bildet.

Geschmack

Frische Feigen schmecken zwar oft relativ aromatisch, honigsüß und gallertartig, manchmal jedoch auch sehr fade.

Arten, Sorten

Der wild wachsende Feigenbaum bildet 3 Generationen pro Jahr:

Fichi wird im September reif und ist essbar.

Mamme wird zwar im April / Mai reif, ist allerdings ungenießbar.

Profichi wird im Juli reif und ist ebenfalls nicht genussfähig.

Kulturfeigen / Essfeigen bilden ebenfalls jährlich 3 Generationen:

Flori di fico wird von April bis Juni geerntet.

Pedagnuoli wird von Juni bis November geerntet.

Cimaruoli wird von September bis Januar eingebracht.

Baglamas / Protoben nennt man Trockenfeigen, die nicht zusammengepresst aufgereiht wurden, sondern mittels Aufdämpfen die ursprüngliche Birnenform wiedergewinnen.

Bari-Feige: Trockenfeige aus Apulien (Italien).

Bayernfeige / Pfälzer Fruchtfeige: Aus der Bergfeige hervorgegangene Feigensorte, die sich im mitteleuropäischen Raum als überaus ertragreich und frostbeständig (bis zu –20° C) erwiesen hat, vorausgesetzt, man pflanzt sie windgeschützt an einem sonnigen Plätzchen und sichert sie in den ersten Jahren während der kalten Jahreszeit durch Reisige oder Tannenzweige ab.

Bergfeige: In asiatischen Hochgebirgen wild wachsende Feigensorte, die – herkunftsbedingt – mit großer Frostresistenz brilliert.

Bocksfeige / Geißfeige / Holzfeige: Fruchtlose Feigensorte, da sie lediglich männliche Blüten produziert.

Garlandsfeige / Kranzfeige: Griechische oder türkische Trockenfeige, die grundsätzlich kranzförmig gepresst in den Handel gelangt.

Mehlfeigen nennt man Trockenfeigen, die aus Haltbarkeitsgründen mit Mehl bestäubt werden.

Missionsfeige: Schwarzhäutige, kalifornische Feigensorte mit herb-süßem, cremigem Aroma.

Naturalfeigen: Trockenfeigen, die nach dem Trocknen unbehandelt bleiben.

Smyrna-Feige / Sultanfeige: Die **beste Trockenfeigensorte der Welt** kommt aus der Türkei; sie wird grundsätzlich nach Größe (»Size-Nr.«) und Anzahl der Früchte pro kg sortiert.

Sykomore / Ficus sycomorus (lat.) / Eselsfeige / Maulbeerfeige: Bittere, maulbeerartige, äthiopische Feigensorte mit gelben, behaarten Fruchtständen. Aus dem **unverrottbaren Holz** dieser bis zu 16 m hohen Bäume, die in ihrer Heimat und im Nahen Osten auch als Schattenspender genutzt werden, stellte man einst die Sarkophage der alten Ägypter her.

Trockenfeigen kommen meist aus Griechenland, Kalifornien und der Türkei, sie gelangen als manipulierte (bearbeitete), etuvierte (gedämpfte) oder konfektionierte (fabrikmäßig hergestellte) Feigen in den Handel; zuvor werden sie begast, gewaschen und für 1–3 Minuten in leicht gesalzenem Wasser gekocht oder einer Dampfbehandlung unterzogen, bevor sie, aufgeweicht und abgesiebt, in die jeweils gewünschte Form gepresst und schließlich verpackt werden. Diese Früchte weisen später eine weißglänzende Haut auf, die durch auskristallisierenden Zucker hervorgerufen wird.

Hauptinhaltsstoffe

Aminosäure, Ballaststoffe, Biotin, Bor, Calcium, Eisen, Ficin (Biostoff), Invertzucker (50%), Kalium, Magnesium, Phosphor, Polyphenole, Proteine, Provitamin A, Vitamin B 1, B 2, C, K. Feigen zeichnen sich obendrein durch einen hohen Basenüberschuss aus.

Verwendung, Zubereitung

Feigen werden zu Kompott, Konfitüre, Vorspeisen (gekühlt, mit Sahne, Crème fraîche, Zitronensaft, Kirschwasser, Cognac und / oder mit Käse veredelt), zur Eis- und Quarkspeisenzubereitung und zur Herstellung von Alkohol, Kaffeeersatz (Surrogat), Wein oder Likör verwendet. Zum Frischverzehr wird die Feige entweder längs halbiert und dann ausgelöffelt oder man isst sie mitsamt der Schale; ihre Samenkernchen können währenddessen ein leichtes Knirschen verursachen. Getrocknete Feigen sollten nie in Gänze, sondern möglichst zuvor weit aufgeschnitten verarbeitet oder verzehrt werden, weil man erst dann feststellen kann (z. B. durch schwärzliche Verfärbung), ob sie von den gefürchteten Aflatoxinen befallen sind; das sind natürliche Giftstoffe, die sich durch Hitze und Feuchtigkeit bilden und sich rasch und folgenschwer vermehren können.

Aquardente de figo heißt ein portugiesischer Tresterbranntwein aus Feigen.

Boukha nennt sich ein bekannter tunesischer Feigenschnaps.

Lagerung

Geerntete Feigen reifen nicht mehr nach und sind nur für kurze Zeit – am besten im Kühlschrank – bevorratbar.

Getrocknete Feigen sollten trocken und kühl aufbewahrt werden. Mehlige Schalenbeläge und saure Gerüche lassen auf Überlagerung schließen.

Volksmedizinische Bedeutung

Feigen besitzen sättigende, stimmungsaufhellende, immunsystemstärkende, entgiftende, entsäuernde, »anregende«, die Darmperistaltik antreibende, vor Krebs schützende und die Leber entlastende Charaktere. In Milch eingeweichte Trockenfeigen bekämpfen Kehlkopf- und Rachenkatarrh; der Verzehr unreifer Feigen führt hingegen zu schmerzhaften Magenstörungen. Ein Absud aus der Feigenbaumrinde bekämpft nicht nur Zahnschmerzen; Umschläge, die damit getränkt wurden, heilen sogar rissige und entzündete Füße. Warme Auflagen mit Feigenblättern und -trieben verfügen über kurative Tugenden bei vielerlei Hautleiden.

Tipps

In Deidesheim an der »Deutschen Weinstraße« kann man eine großartige, ca. 150 m lange Feigenallee bewundern, die im Jahre 1907 durch Friedrich von Bassermann, den damaligen Bürgermeister der Stadt, angelegt wurde.

Feijoa

Acca sellowiana

Ananasguave, Brasilianische Guave, Feijoa (engl), frz.), Feijova (ital.), Goyave ananas (frz.), Guayaba del pail (span.), Pineapple guava (engl.)

Allgemeines, Herkunft, Geschichtliches

Die Feijoa ist ein sonnenhungriges südamerikanisches Myrtengewächs (Myrtaceae), das heutzutage auch in Afrika, Asien, Australien, Florida, Frankreich, Israel, Italien, Kalifornien, Neuseeland und in Spanien angebaut wird. In Neuseeland hat die **mit der Guave verwandte** Feijoa sogar mittlerweile einen höheren Beliebtheitsgrad errungen als die Kiwi.

Aussehen

Die Feijoa ist eine avocadoähnliche Frucht mit runzliger, ledriger und zwar dünnen, aber sehr festen grünen Schale, die mit einem weißlichen bis lachsfarbenen Wachsschleier bedeckt ist. Ihr geleeartiges, roséfarbenes Fruchtfleisch umschließt eine Vielzahl von gelben Kernchen.

Geschmack

Feijoen schmecken wie eine Mischung aus Ananas, Stachelbeere und Erdbeere. Ihr ungewöhnlicher exotischer Duft ist mit betörendem Parfüm gleichzusetzen.

Hauptinhaltsstoffe

Die Feijoa besitzt einen hohen Vitamin-C-Gehalt.

Verwendung, Zubereitung

Die Feijoa findet als Frischfrucht, Obstsalat, Kompott, Marmelade, Gelee, Dessert und bei der Speiseeisherstellung Verwendung. Als Frischfrucht wird sie entweder wie eine Kiwi halbiert und dann mitsamt den essbaren Kernen ausgelöffelt, oder man isst sie wie eine Melone, indem man sie zuvor in mundgerechte Spalten zerteilt. Angeschnittenes Fruchtfleisch sollte, falls es nicht gleich verzehrt wird, **eiligst mit Zitrone beträufelt** werden, da es sich sonst verfärbt.

Lagerung

Gut gekühlt lässt sich die Feijoa etwa eine Woche lang aufbewahren.

Volksmedizinische Bedeutung

Die Feijoa besitzt verdauungsfördernde und abführende Eigenschaften.

Tipp

Die Feijoa gilt nicht nur als starke Aromaträgerin von Früchten und Süßspeisen, obendrein besitzt sie eine **überdurchschnittliche Gelierkraft**.

Feldsalat

Valerianella locusta

Ackerlattich, Ackersalat, Boursette (frz.), Corn salad (engl.), Dolcetta (ital.), Doucette (frz.), Feldlattich, Gallinelle (ital.), Gartenrapunzel, Kleine Rapunzel, Kornsalat, Lämmerlattich, Lämmersalat, Lämmerweid, Lambs lettuce (engl.), Mâche (frz.), Mauseöhrchen (landsch.), Mausohr (eifelld.), Nieselkraut (altdt.), Niss(e)lsalat (bayr.), Nitzleinkraut, Nösselgenkraut, Nüsschensalat, Nüsser (schweiz.), Nüsslisalat (schweiz.), Rapünzchen (sächs.), Rapünzlein, Rapunsel, Rapunzelsalat, Rawinzeln (erzgeb.), Rebkresse, Rebtaressig, Ritscherl (bad.), Ruiponce (span.), Salat-Rapünzchen, Schafmäulchen, Schafmaulsalat, Schmalzkraut (hess.), Sonnenwirbel (allgäu.), Tarla marulu (türk.), Valerianella (ital., span.), Veldsla (niederl.), Villöpcher (hunsr.), Vogerlsalat (österr.), Wingertsalat

Allgemeines, Herkunft, Geschichtliches

Die Heimat des Feldsalats liegt in Eurasien. Früher kannte man ihn »nur« als wild wachsenden Salat, den man von Oktober bis April auf Feldern und Wiesen als »Geschenk von Mutter Natur« einsammeln konnte, um ihn als nahrhaften Wintersalat weiterzuverarbeiten. Erst im letzten Jahrhundert wurde der zu den Baldriangewächsen (Valerianaceae) zählende Feldsalat dann zur Kulturpflanze und zwar zunächst in Frankreich, später dann in der Schweiz und schließlich auch in Süddeutschland. Erwähnenswerte Anbaugebiete dieses relativ winterharten (bis zu –15° C), anspruchslosen Flachwurzlers findet man in England, Italien und in den Niederlanden, wo er sowohl in Gewächshäusern und in Plastiktunnels als auch im Freiland herangezogen wird. Aufgrund des hohen Ernteaufwands zählt der Feldsalat zwar zu den hochpreisigsten Salatsorten, allerdings benötigt ein 4-Personen-Haushalt höchstens 200 g. Seine Zweitnamen Ackersalat / Ackerlattich / Wingertsalat hat der Feldsalat seinen einstigen Wildwuchsbereichen zu verdanken. Aufgrund seines zartnussigen Aromas kam der Feldsalat zu seinem Zweitnamen Nüsslisalat. Rapunzelsalat / Gartenrapunzel / Kleine Rapunzel / Rapünzchen / Rapünzlein / Salat-Rapünzchen wird der Feldsalat zwar ebenfalls genannt, die »Rapunzel« ist jedoch eine eigenständige Pflanze (s. u. Rapunzel).

Aussehen

Die spatenförmigen Feldsalatblätter sollten beim Kauf dunkelgrün sein und eine knackige Konsistenz aufweisen, da gelbe Feldsalatblätter bereits einen Großteil an Qualität und Aroma eingebüßt haben. Freilandware schmeckt meist herb, ist nicht aufgeschossen und hat keine Wurzelansätze; Glas- und Tunnelware ist grundsätzlich zart, bereits gewaschen und komplett verwendbar.

Geschmack

Feldsalat vom Freiland schmeckt wesentlich kräftiger als solcher aus dem Unterglasanbau.

Arten, Sorten

Holländischer Breitblättriger: Großblättrige, niederländische Feldsalatsorte.

Rheinischer Feldsalat / Valerianella eriocarpa (lat.) / Wollfrucht-Rapunzel: Kulturvarietät des wilden Feldsalats aus dem Raum Köln / Leverkusen, die anfangs zwar nicht durch üppigen Wuchs auffällt, im Laufe der Zeit jedoch einigermaßen ansehnliche Blattrosetten bildet.

Stuttgarter: Kleinblättrige Feldsalatsorte, die schwerpunktmäßig in Süddeutschland angebaut wird.

Hauptinhaltsstoffe

Baldrianöl, Calcium, Eisen, Eiweiß, etherische Öle, Kalium, reichlich Magnesium, opiatähnliche Stoffe, Phosphor, Provitamin A, Vitamin B 1, B 2, B 6, C, E. Da der Feldsalat von allen Salaten den **höchsten Eisen-, Provitamin-A- und Vitamin-C-Gehalt** aufweist, gilt er als **gesündester Salat**.

Verwendung, Zubereitung

Feldsalat kann zwar auch zu Gemüse verarbeitet werden, infolge des hohen Vitaminverlusts durch Erhitzung eignet er sich allerdings eher zur Salatbereitung. Zuvor sollte er mehrmals gründlich in reichlich Wasser (nicht unter fließendem Wasser!) gebadet werden, da er anbaubedingt meist versandet ist. Angewelkter Feldsalat wird wieder schön knackig, wenn er kurzzeitig in eiskaltes Wasser getaucht wird. Besonders schmackhaft ist der Feldsalat, wenn er mit folgendem Dressing angemacht wird: Gehackte Zwiebel, Knoblauch, Schnittlauch, Pimpernelle, Ysop, Senf, Kräuteressig, Milch, Olivenöl, Salz, Pfeffer und Zucker in eine Schüssel geben, eine frisch gekochte und fein zerdrückte Kartoffel dazugeben und gründlich verrühren. Den Feldsalat sanft mit dem Dressing mischen, mit grob gehackten Walnusskernen, kross gebratenen, heißen Dörrfleisch- und rindenfreien Weißbrotwürfelchen bestreuen und sofort auftischen.

Lagerung

Gut gekühlt lässt sich Feldsalat zwar ein paar Tage aufbewahren, aufgrund des hohen Vitaminverlusts sollte er jedoch raschestmöglich verarbeitet werden.

Volksmedizinische Bedeutung

Feldsalat schützt vor Erkältungen, Infektionen und Blasenentzündungen, kann Krebs vorbeugen und aktiviert die Niere und Leber. Dessen ungeachtet besitzt der Feldsalat zwar ebenso nervenstärkende, entspannende, beruhigende und sogar stresskillende Eigenschaften, doch vorsichtig: Feldsalat enthält auch Baldrianöl, das **in hoher Dosierung Lustlosigkeit und Müdigkeit** hervorruft.

Tipp

Wird Feldsalat bei der Ernte kurz über der Wurzel gekürzt, wächst er zwei- bis dreimal nach.

Fenchel

Foeniculum vulgare

Abspeckgemüse, Fehnkol, Femis, Fenchelgemüse (österr.), Fenicht, Fenikel, Fennel (engl.), Fenouil (frz.), Finke(l), Finocchi (österr.), Finocchio dolce (ital.), Frauenfenchel, Gemüsefenchel, Hinojo de bulbo (span.), Kammfenchel, Knollenfenchel, Rezene (türk.), Runder Fenchel, Süß(er) Fenchel, Venkel (niederl.), Zwiebelfenchel

Allgemeines, Herkunft, Geschichtliches

Durch züchterische Veredelungen ist der bulböse Gemüsefenchel einst aus dem Gewürzfenchel hervorgegangen.

Die alten Griechen nannten ihn »Abspeckgemüse«, da sie glaubten, dass er schlank mache und schrieben ihm sogar aphrodisierende Kräfte zu. Der große griechiche Mediziner Hippokrates (ca. 460–377 v. Chr.) empfahl den Fenchel seiner Muttermilch bildenden Eigenschaften wegen, Plinius verwandte ihn gegen eine Vielzahl von Leiden; er behauptete sogar, dass sich Schlangen ihre alte Haut im Winter am Fenchel abstreifen würden. Hildegard von Bingen sagte dem Fenchel nach, dass er Menschen vergnügt mache, ihnen einen angenehmen Geruch und eine gute Verdauung gäbe. Karl der Große ließ den Fenchel in das Verzeichnis der bedeutendsten Kulturpflanzen aufnehmen. Da Fenchel zur Familie der Doldenblütler / Apiaceae (Umbelliferae) zählt, ist er mit Anis, Dill und Kümmel verwandt. In Afrika, Frankreich, Italien (Sizilien), im Orient und in Spanien wird Gemüsefenchel ganzjährig, meist auf sandigem Boden, kultiviert. Auf keinen Fall darf er in Nachbarschaft von Tomaten angepflanzt werden, da sie sich gegenseitig die Nahrung stehlen.

Aussehen

Marktfrischer Gemüsefenchel sollte feste, weiße bis grünliche und je nach Sorte kurze und breite oder schmale und längliche, bulbenartige Knollen mit eingekürztem, zartgrünem, gefiedertem Kraut aufweisen.

Geschmack

Gemüsefenchel besitzt ein dominierendes, dill-anisartiges Aroma. Gemüsefenchel mit holzigem Stielanschnitt und solcher mit braunen Druckstellen sollte gemieden werden, da er entweder schon zu alt ist oder fehlgelagert wurde und aufgrund dessen **trocken und strähnig** schmeckt.

Arten, Sorten

Florentiner Fenchel / Fenouil de florence (frz.) / Florence fennel (engl.): Zwar relativ kleinwüchsige, jedoch sehr zarte Gemüsefenchelsorte.
Herbstfenchel ist dem Sommerfenchel deshalb vorzuziehen, da er – jahreszeitbedingt – nicht in die Blüte schießt und nicht aus dem Treibhaus, sondern vom Feldanbau kommt: infolgedessen ist er deutlich schmackhafter.
Sizilianischer Fenchel besitzt meist zwar bildhübsche und voluminöse Bulben – nicht selten schmecken sie jedoch sehr holzig.

Hauptinhaltsstoffe

Anethol, Biotin, Calcium, Eisen, Folsäure, Kalium, Kamper, Magnesium, Phosphor, Provitamin A, Psoralen, Terpene, Vitamin B 1, B 2, B 12, C, E. Fenchel besitzt **mehr Vitamin E als alle anderen Gemüsesorten** und sein Vitamin-C-Gehalt ist sogar doppelt so hoch wie der einer Orange.

Verwendung, Zubereitung

Um unnötigen Vitaminverlust zu vermeiden, sollte Gemüsefenchel möglichst nur kurz gedünstet oder ganz frisch verzehrt werden. Zuvor sollte er sorgfältig gewaschen werden, da sich – aufgrund seiner sandhaltigen Anbaugebiete – zwischen den Blättern leicht feinbröckelige Ablagerungen bilden. Zum Garen schneidet man die Knolle längs in Faserrichtung, damit das anisartige Aroma während des Garprozesses optimal aufgeschlossen werden kann. In Italien ist es üblich, rohen Gemüsefenchel als Nachspeise zu verzehren, was gleichwohl der Zahnreinigung und der Sättigung zugute kommt sowie Mundgeruch entgegenwirkt. Da Fenchelblättchen noch vitamin- und chlorophyllreicher sind als die Knollen, ist es zwingend ratsam, sie bei Speisezubereitungen zu berücksichtigen.

Lagerung

Im Kühlschrank lässt sich die drucksensible Fenchelknolle ca. eine Woche bevorraten – vorausgesetzt, sie wird zuvor sorgfältig mit einem angefeuchteten Tuch umwickelt.

Volksmedizinische Bedeutung

Da die speziellen Ballaststoffe des leicht verdaulichen und kalorienarmen Fenchels Fettmoleküle bereits im Darm binden, gilt er als blähungshemmend, entschlackend, entgiftend, harntreibend und cholesterinsenkend. Die etherischen Öle des Fenchels bekämpfen nicht nur **Bronchitis, Magen- und Darmstörungen**, sie stärken zudem die Nerven, straffen die Haut und erleichtern das Abhusten.

Tipp

Fenchel und Anis ähneln sich deshalb in Duft und Geschmack, weil beide das etherische Öl Anethol beinhalten.

Fleischkraut

Cichorium intybus var.

Chicorée sauvage améliorée (frz.), Herbstchicorée, Herbstzichorie, Pain de sucre (frz.), Sugar loaf (engl.), Winterzichorie, Zuckerhut

Allgemeines, Herkunft, Geschichtliches

Das in Südeuropa heimische Fleischkraut wird hierzulande meist nur von Kleingärtnern angebaut. Fleischkraut gehört zur Familie der Korbblütler / Asteraceae (Compositae) und ist, da es **aus der wilden Zichorie hervorgegangen** ist, mit Chicorée und Radicchio verwandt. In Frankreich, Italien, Nordafrika, Österreich und in der Schweiz liegen die Hauptanbaugebiete dieser robusten und frostwidrigen Pflanze.

Aussehen

Fleischkraut weist einen fest geschlossenen, gelbgrün weißlichen, ca. 40 cm hohen, zuckerhutähnlichen Kopf auf, der optisch dem Chinakohl und Römischen Salat nicht unähnlich ist, jedoch nicht mit ihnen verwandt ist.

Geschmack

Frisches Fleischkraut hat einen würzigen, nussartigen und leicht bitteren Geschmack, der sich bei zunehmender Reife mindert.

Hauptinhaltsstoffe

Bitterstoffe, Folsäure, calcium-, kalium- und phosphorreich, Provitamin A, Spurenelemente, Vitamin B 1, B 2, C.

Verwendung, Zubereitung

Meist wird aus Fleischkraut Salat, seltener Gemüse hergestellt. Dem leichten Bittergeschmack des jungen Fleischkrauts kann man durch kurzes Wässern sowie durch **künstliche oder natürliche Frostzufuhr** entgegenwirken.

Lagerung

Gut gekühlt und dunkel gelagert lässt sich Fleischkraut mehrere Wochen lang aufbewahren.

Volksmedizinische Bedeutung

Fleischkraut besitzt verdauungsfördernde Eigenschaften.

Frucht

Frugt (dän.), Fruit (engl., frz.), Frukt (schwed.), Fruta (span.), Frutto (ital.), Fruugde (hunsr.), Meyve (türk.), Owoce (poln.), Vrucht (niederl.)

Allgemeines, Herkunft, Geschichtliches

Als Früchte bezeichnet man aus Blüten hervorgehende pflanzliche Organe, die Samen bis zur Reife bergen und dann der Samenverbreitung dienen.

Frucht nennt der Ackerbauer nicht nur Baumfrüchte, sondern auch seine Feldernte (z. B. das Getreide).

Saatel nennt der Landwirt einen Ackerstreifen, der lediglich so breit ist, wie er die Frucht mit der Hand auswerfen kann.

Hauptinhaltsstoffe

Der Vitamingehalt von Früchten wird durchweg bei Vollreife und im jeweiligen Erzeugerland gemessen. Folglich kann man davon ausgehen, dass solche Früchte, die unreif in ihrer Heimat geerntet wurden, lange Transportwege und eine aufwendige Lagerungszeit mit künstlicher Reife hinter sich haben, von den tatsächlichen Werten stark abweichen. Bei Mineralstoff- und Kalorienangaben verhält es sich ähnlich.

Arten, Sorten

Beerenfrüchte nennt man nicht nur Schließfrüchte mit fleischigen Fruchtwänden und vielgestaltig ins Fruchtfleisch eingebetteten Samen (z. B. Heidelbeeren, Holunderbeeren, Johannisbeeren, Stachelbeeren), sondern auch ähnlich aufgebaute Gemüse (z. B. Gurken, Kürbisse und Tomaten).

Belegfrüchte / Belegobst / Candied fruits (engl.) / Dickzuckerfrüchte / Fruits confits (frz.) / Frutta candita (ital.) / Kandierte Früchte / Kanditen (österr.) / Konfitfrüchte werden Zitrusfrüchte genannt, die in ein Salzbad getaucht werden, damit die Zellen später aufnahmefähiger für Zucker werden. Danach tränkt man sie in konzentrierter Zuckerlösung, lässt sie gut abtropfen und trocknet sie. Kandierte Früchte verwendet man zum Belegen und als Einlage von Torten, Gebäck, Desserts und Eiscremes.

Außer Zitronat und Orangeat dürfen alle kandierten Früchte gefärbt werden – sogar eine Behandlung mit Schwefeldioxid ist zulässig.

Biofrüchte (s. u. Gemüsesorten).

Buntfrüchte lautet die handelsübliche Bezeichnung für verschiedenartige Tiefkühlfrüchte.

Deckfrucht / Überfrucht lautet die landwirtschaftliche Bezeichnung für eine aufstängelnde Feldfrucht, die eine niedrig wachsende schützen soll (z. B. Raps in Klee).

Dessertfrüchte / Flambales (frz.): In Spirituosen eingelegte Früchte, die während der Zubereitung flambiert werden.

Dosenfrüchte / Konservenobst: Früchte, die ohne Konservierungszusätze in Dosen oder Gläsern eingeweckt / eingerext (österr.) / eingesiedet (süddt.) / konserviert wurden. Dosenfrüchte sind zwar häufig bis zu 80% preiswerter und manchmal sogar vitaminhaltiger als (abgestandene) sogenannte »frische Ware«, ihr Calcium- und Nitratgehalt wird durch das Konservieren jedoch stark gemindert: Ein Dosenpfirsich enthält beispielsweise – man staune – noch 50% (!) seiner Vitamine; das entspricht in etwa dem Gehalt eines frischen Pfirsichs, der bei Zimmertemperatur 2 Tage in der Obstschale gelegen hat. Wer die Konservendose erfand, darüber ist man sich bis heute nicht ganz schlüssig: Der französische Konditor Francois Appert experimentierte jahrelang mit

Dosen aus Keramik, Blech und Glas, bis er 1810 zu der Einsicht gelangte, dass Lebensmittel, die unter Luftabschluss erhitzt wurden, dauerhafter haltbar sind. Parallel zu dieser Erfindung des Franzosen wird ebenso der englische Kaufmann Peter Durand genannt, der zur gleichen Zeit dieselbe Entdeckung gemacht haben soll.

Dunstfrüchte / Dünstfrüchte / Dunstobst: Kompottfrüchte, die nur in Wasser (statt in einer Zuckerlösung) gedünstet / gestovt (altdt., niederl.) wurden.

Essigfrüchte: Früchte (meist Birnen oder Pflaumen), die gekocht und anschließend süßsauer (in Weinessig, Zucker, Nelken und Zimt) mariniert wurden.

Exotische Früchte / Fruits exotiques (frz.) / Tropical fruits (engl.) / Tropische Früchte lautet der Sammelbegriff für in den **Tropen** (Klimazone mit ständig hohen Temperaturen und vehementer Luftfeuchte) und **Subtropen** (Klimazone zwischen den Tropen und der gemäßigten Zone) wild wachsende und kultivierte Obst- und Gemüsearten, die in Europa bislang noch kaum bekannt sind. Exotische Früchte lösen bedauerlicherweise zunehmend Allergien aus und können zu einem Genuss voller Reue werden, da sie Nesselsucht, Asthma, Darmbeschwerden und merkwürdige Schwellungen (Ödeme) am Körper auslösen können. Auch unter ökologischen Gesichtspunkten sind Exotische Früchte kritisch zu bewerten, da über Sinn oder Unsinn des benötigten Energieaufwands für Anbau und Transport nachgedacht werden sollte.

Fruchtgelee / Glibber (ostdt.) / Götterspeise / Kristallpudding / Obstpektin / Wackelpeter / Wackelpudding nennt man mit Agar-Agar, Gelatine / Sulz (österr.) oder mit Johannisbrotkernmehl angedickter, schwabbeliger Fruchtsaft.

Geleefrüchte / Sulzfrüchte (österr.): Aromatisierte, gelierte Früchtenachbildungen.

Hackfrüchte: Kulturpflanzen, die während ihrer Wachstumsperiode zum Zwecke der Ertragssteigerung wiederholt **gehackt** werden sollten (z. B. Kartoffeln, Rüben, Topinambur).

Körnerfrüchte nennt man nicht nur die Früchte verschiedener Getreidearten aus der Familie der Gräser, z. B. Gerste, Mais, Reis, Roggen und Weizen, sondern auch Buchweizen, Hirse, Lein, Sojabohne und Wasserreis.

Kompottfrüchte / Kompottobst / Composta (ital.) / Compote (frz.) / Frutta cotta (span.) / Komposto (türk.) / Röster (österr.) / Stewed fruits (engl.): Zerkleinerte Früchte, die in Zuckerlösung (fachspr. Läuterzucker) gegart werden.

Mast ist das jägersprachliche Wort für Waldfrüchte (z. B. Eicheln und Kastanien), die dem Schalenwild zum Fraße dienen.

Nachfrucht: (s. u. Vorfrucht)

Rumfrüchte: In mindestens 40%-igen Rum eingelegte Saisonfrüchte.

Sammelfrüchte: Aus einzelnen Steinfrüchten entstehen verzahnte Fruchtstände (z. B. Himbeeren, Brombeeren, Erdbeeren).

Schalfrüchte: Grasfrüchte, deren Frucht- und Samenschale miteinander verwachsen sind (z. B. Gerste, Hafer, Mais).
Scheinfrucht: Fruchtstand, der zwar einer Einzelfrucht ähnelt, an dessen Bildung jedoch – außer den einzelnen Fruchtknoten – noch andere Blütenteile beteiligt sind (z. B. bei der Feige).
Schließfrucht: Aus einem einzelnen oder mehreren Fruchtblättern gebildete pflanzliche Einzelfrucht, deren Fruchtwand sich während der Reife bzw. Verbreitung nicht sofort öffnet, sondern erst nach ihrer Verrottung die Samen freigibt (z. B. Haselnuss und Stachelbeere).
Schotenfrüchte: Längliche Kapselfrüchte mit jeweils 2 miteinander verwachsenen Fruchtblättern und mehreren Samen an der Mittelwand. »Schote« ist dem Mittelhochdeutschen entlehnt und bedeutet »bedeckend«.
Schwedenfrüchte: In »Schwedenpunsch« marinierte Früchte, die meist mit geschlagener Sahne in hohen Glasbechern serviert werden.
Senffrüchte: Früchte, die in Senf, Essig, Zucker und Gewürzen mariniert sind.
Softfrüchte nennt man sonnengereifte und schonend getrocknete (nicht geschwefelte oder begaste!) Früchte aus kontrolliertem biologischen Anbau. Für manche Allergiker gelten Softfrüchte als saftige, mineralstoffreiche und vollwertige Süßigkeit.
Spaltfrüchte: In mehrere Samen zerfallende Früchte (z. B. Anis, Kümmel).
Steinfrüchte / Steinobst: Obst, dessen weiches, von einer dünnen Haut umgebenes Fruchtfleisch einen steinharten samenhaltigen Kern umschließt. Zum Steinobst zählen Aprikosen, Mirabellen, Pfirsiche, Pflaumen, Renekloden, Sauer- / Süßkirschen und Zwetschgen.
Studentenfutter: Energiespendende und konzentrationsfördernde Mischung aus Hasel- und Walnüssen, Rosinen sowie getrockneten Äpfeln und Aprikosen.
Südfrüchte / Bananasfeigen / Sicak ulkelerde yetisen meyveler (türk.) ist die Sammelbezeichnung für essbare Früchte, die nicht in nördlichen Klimazonen gedeihen, sondern aus südlichen, tropischen oder subtropischen Ländern importiert werden müssen; dazu zählen Zitrusfrüchte und Exotische Früchte.
Trockenfrüchte / Trockenobst: Früchte, die für längere Zeit in einer speziellen Trockenmaschine einer Temperatur von über 100° C ausgesetzt waren. Empfehlenswert sind Trockenfrüchte für den Verbraucher deshalb, weil sie während des Trockenvorgangs nicht nur schonend behandelt wurden, auch die Nährstoffdichte erhöht sich unterdessen. So vervierfacht sich z. B. der Eiweißgehalt bei Trockenpfirsichen, versechsfacht sich ihr Fettgehalt, die Kohlenhydrate versiebenfachen sich und der Kaloriengehalt ist um ein Fünffaches höher als bei frischen Früchten. Trockenfrüchte können leider auch Spannungskopfschmerzen verursachen, da sie häufig schwefelhaltige Substanzen enthalten, die eigentlich nur ihrem Aussehen zugute kommen sollten.

Vorfrucht (fachspr.) nennt der Landwirt Ackerfrüchte, die gezielt zu einer bestimmten Jahreszeit angebaut und geerntet werden, um den gleichen Boden derart für die nachfolgende Anpflanzung (fachspr. Nachfrucht) zu präparieren, damit segensreichere Erträge erzielt werden. Beispiel: Kartoffeln, Klee, Lupinen, Raps und Futterrüben sind bestens als Vorfrüchte für Wintergetreide geeignet, da sie naturgemäß den Boden mit Stickstoff anreichern.

Wildfrüchte nennt man die fleischigen, essbaren Früchte wild wachsender Bäume und Sträucher (z. B. Hagebutte, Sanddorn, Schlehe). Solche, die nicht zweifelsfrei zu bestimmen sind, sollte man den Vögeln und Wildtieren überlassen.

Wolffia globosa heißt **die kleinste Frucht der Erde**. Sie zählt zu den Entengrünpflanzen, ist einen Viertelmillimeter groß und wiegt nur 1 Millionstel Gramm.

Verwendung, Zubereitung

Früchte werden frisch verzehrt, zu Dessert-, Eis- oder Kuchenzubereitungen verwendet und als Gelee, Konfitüre oder Marmelade verarbeitet.

Eine alte Regel besagt, dass man sich beim Garnieren von Speisen grundsätzlich zu entscheiden hat, ob man mit Früchten **oder** mit Gemüsen (z. B.: Tomate, Gurke, Radieschen, Mixed Pickles usw.) dekorieren möchte, beides zusammen ist »verboten«!

Chutney: Scharfwürzige, marmeladenartige, indische Erfindung, die nicht nur unterschiedliche Früchte, sondern auch Gemüse (z. B. Aubergine, Mango, Papaya, Zucchini u. v. m.) und exotische Gewürze enthalten kann (z. B. Curry, Kaffir-Limettenblätter, Kardamon, Sternanis, Zitronengras). Chutney wird sowohl zum Würzen als auch zum Nappieren asiatischer Gerichte verwendet.

Gelee / Jelesi (türk.) nennt man nicht nur gallertartig erstarrten Fruchtsaft mit 50% Zuckeranteil, Gelee wird sogar mit der Hälfte Zucker fest, wenn man ihn erst nach dem Kochen unterrührt.

Konfitüre / Konfiture (frz.): Streichfähige Fruchtmasse mit mindestens 45% Fruchtanteil. Konfitüre wird entweder mit 50% Zucker, einem Geliermittel oder mit Fruchtsäurezusatz sterilisiert. Neuesten Erkenntnissen zufolge sollte man verschimmelte Konfitüre oder Marmelade nicht vernichten, da sich aufgrund des hohen Zuckergehalts keine giftigen Stoffe (Aflatoxine) bilden können – es genügt, wenn man Schimmel großzügig (etwa 2 cm dick) entfernt.

Marmelade / Gesäls (schwäb.) / Jam (engl.) / Obstkraut (ugs.) für süße Brombeermarmelade / Marmalade (engl.) für bittere Marmelade / Marmelada (span., frz.) / Marmellata (ital.) / Salse (österr.) lautet die Fachbezeichnung für gezuckerte, streichfähige Fruchtmasse aus Zitrusfrüchten. Man unterscheidet »Einfrucht-«, »Mehrfrucht-« und »Gemischte Marmelade« mit jeweils 45% Fruchtfleisch, 55% Zucker und pürierten Früchten (Fruchtmus), die durch das Pektin der Früchte oder mit Gelatine steif gemacht werden. Das Wort »Marmelade« entstand so:

Als die alten Griechen erstmals Quitten (griech. Melon) mit Honig (griech. Meli) einkochten, nannten sie den daraus hervorgegangenen, dicken Saft »Melimelon« – deutsch: »Quittenmus«. Über das portugiesische »Marmelo« für »Quitte« entkeimte auf diesem Wege das deutsche Wort »Marmelade«.

Relish (engl. für »Würze«) ist gegartes, in pikante Sauce eingelegtes, erkaltetes Gemüse, das meist als würzende Beilage zu Fleischgerichten serviert wird.

Lagerung

Früchte sollten nicht zu kühl bevorratet werden, da Kälte das wertvolle Aroma killt.

Volksmedizinische Bedeutung

Frauen, die das Brustkrebsrisiko senken möchten, sollten viermal täglich Obst oder Gemüse verzehren; wer jedoch Abscheu vor einzelnen Früchte- (z. B. Exoten) oder Gemüsesorten empfindet, sollte sich jedoch nicht dazu überwinden, diese zwanghaft zu verzehren, da der Körper durch Ekelgefühle darauf aufmerksam machen möchte, dass er die Inhaltsstoffe bestimmter Nahrungsmittel ablehnt.

Tipp

In Gegenüberstellung zu unseren heimischen Früchten, die vorrangig dem Wohle unserer Gesundheit und der Sättigung dienen, besitzen Exotische Früchte ebenso kühlende und erfrischende Eigenschaften. Das heißt: **Im Winter sollte man hierzulande besser auf den Genuss von Exoten (z. B. Ananas, Mango, Papaya usw.) verzichten**, da man sonst friert und sich aufgrund dessen unwohl fühlt.

G

Gemüse

Gemies (pfälz.), Gemois (hess.), Groente (niederl.), Hortalica (port.), Jemüse (berlin.), Legumbres (span.), Légumes (frz.), Legumes (port.), Legumi (ital.), Leschem (rheinhess.), Mboga (kenia.), Sayoor (ind.), Sebze (türk.), Vegetables (engl.), Verdura (ital.), Warzywa (poln.)

Allgemeines, Herkunft, Geschichtliches

»Gemüse« nennt man einjährige, pflanzliche Nahrungsmittel, die aus den Blättern, Knollen, Stielen oder Wurzeln einer Staude wachsen und roh, oder nach besonderer Zubereitung, der menschlichen Ernährung dienen. Davon ausgenommen sind das Obst und Grundnahrungsmittel wie Getreide und Kartoffeln. Auch unreife Erbsen und Bohnen sowie Pilze, Algen und Meertang zählen zu den Gemüsen, vorausgesetzt, sie werden wie Gemüse zubereitet.

Die Franzosen sind übrigens nicht nur völlig unabhängig von Früchte- und Gemüseimporten, da sie hinreichend Eigenanbau betreiben, sie lehnen Einfuhren sogar strikt ab.

Seit 1998 gibt es in Österreichs Hauptstadt Wien ein sogenanntes **»Gemüse-Orchester«**, bei dem schwarzgekleidete Interpreten mit entsprechend hergerichteten Gemüsen, z. B. einem »Gurkophone« oder einer »Lauchgeige«, für »gemüsliche« Unterhaltung sorgen. Nach der Aufführung verarbeitet ein Koch die zuvor verwendeten »Musikinstrumente« zu einem vegetarischen Gericht, das anschließend unentgeltlich vom Publikum verkostet werden darf.

Eine 61-jährige Britin konnte unlängst mittels Hypnose von ihrer **Gemüsephobie** geheilt werden, unter der sie schon seit ihrem 17. Lebensjahr litt. Ihre Abneigung gegen Grünzeug war so groß, dass sie schon beim bloßen Anblick von Gemüse in Panik geriet.

Das Wort »Gemüse« stammt vom althochdeutschen »gimuosi« ab, mit dem einst Breispeisen bezeichnet wurden.

Aussehen

Die unterschiedlichen Gemüsehandelsklassen sagen nichts über ihre Inhaltsstoffe und deren ernährungsphysiologische Werte aus – sie geben lediglich Aufschluss über ihren äußeren, den sichtbaren Zustand.

Arten, Sorten

Achard: Pikante, in Würzessig eingelegte Gemüse- und Früchtemischung aus Indien.

Balkangemüse: Gemüsemischung, die sich aus Erbsen, Mais und rotem Paprika zusammensetzt.

Biofrüchte / -gemüse nennt man Früchte und Gemüse vom »Biobauern«, der es sich zur lobenswerten Aufgabe gemacht hat, seinen Kunden ausschließlich Ware anzubieten, die während ihres Wachstums nicht mit chemischen, sondern mit natürlichen Schädlingsbekämpfungsmitteln behandelt wurden. Biogemüse hat qualitative Vorteile, die dem Durchschnittsverbraucher meist nicht bewusst sind: Es ist vitamin- und mineralstoffreicher, farbenfroher und infolgedessen gesünder, besitzt eine festere Blattstruktur, die sich auch positiv auf die Lagerungseigenschaften auswirkt und – das Wichtigste: es mundet eher als Ware aus dem Treibhaus (oder vom Freiland), die mit chemischen Keulen, manchmal sogar – des schöneren Aussehens und der längeren Haltbarkeit wegen – zusätzlich **mit radioaktiver Strahlung behandelt** wurde. Die höheren Beschaffungskosten für Biogemüse resultieren aus dem wesentlich höheren Arbeitsaufwand und der geringeren Erträge des auf die Gesundheit seiner Kunden bedachten Biobauern.

Blattgemüse: Gemüse, dessen Blätter verwendet werden (z. B. Brunnenkresse, Eissalat, Endiviensalat, Feldsalat, Kopfsalat, Mangold, Spinat).

Blütengemüse / Infloreszenzgemüse lautet der Sammelbegriff für Gemüse, das kurz vor der Blüte geerntet wird (z. B. Artischocken, Blumenkohl, Brokkoli).

Bouquet garni (frz., fachspr.) nennt man nicht nur zu einem Strauß (frz. Bouquet) gebundenes »Suppengemüse«, es ist ebenso die Bezeichnung für ein Gewürzbündelchen, das Lorbeerblatt, Petersilien- und Thymianzweig beinhalten sollte.

Callaloo-Gemüse: Junge Tannia- und Taroblätter, nachdem sie wie Wirsing oder Spinat zubereitet wurden.

Chinagemüse: Exotische Mischung aus Mungobohnen-Keimen, chinesischen Speisepilzen und roten Paprika-, Karotten-, Lauch- und Bambusstreifen.

Cordialgemüse: Bonbonbunte Gemüsemischung aus Karottenscheiben, Selleriestreifen, grünen Bohnen und Schwarzwurzeln.

Escorialgemüse: Mischung aus Romanesco-Röschen, Möhren, grünen Bohnen, Mais und Champignons.

Essiggemüse / Mixed pickles (engl.) / Pickles (frz.) / Sauergemüse / Sottaceti (ital.): In saure Marinade eingelegtes, konserviertes Minigemüse.

Friedhofsgemüse sagt man scherzhaft zu verwelkten Blumen.

Fruchtgemüse: nennt man essbare Pflanzen, die sowohl dem Gemüse als auch den Früchten zugeordnet werden. Fruchtgemüse sollten nicht gemeinsam mit Kohlsorten bevorratet werden, da sonst ihr Wohlgeschmack beeinträchtigt werden kann.

Fürstengemüse nennt man eine Gemüsevariation, die obligatorisch zu Kalbsmilch »Wiener Art« gereicht wird: Es besteht aus Spargel, Blumenkohl, Erbsen und Möhrchen, die einzeln zubereitet und dann nebeneinander auf einem Teller angerichtet werden. Üblicherweise gibt es noch herzförmige Croûtons und in heißer Butter geschwenkte Cocktailwürstchen dazu.

Gärgemüse: Gemüse, das durch Milchsäuregärung konserviert wird.

Gemüsesprossen / Spross(en)gemüse / Keimlinge / Kiemen (niederl.) waren den Chinesen schon vor 5000 Jahren als gesunde und wohlschmeckende Lebensmittel bekannt. Es handelt sich dabei um die Keimlinge eingelegter Samen (z. B. Alfalfa, Bambus, Bohnen, Erbsen, Getreide, Kresse, Linsen, Rettich u. v. m.). Diese Samen werden in speziellen belgischen, deutschen oder niederländischen Betrieben – meist unter Glas und ohne Pflanzenschutz- und Düngemittel – gezüchtet. Keimlinge von Samen, die während der Anzucht nicht aufgegangen sind, sollten nicht mitverzehrt werden. Bei der Anzucht von Keimlingen ist es vorteilhaft ein paar **Rettichsamen** beizumengen, da sie **Schimmelbildung unterdrücken**. Gemüsesprossen finden Verwendung in Salaten, Suppen, Eintöpfen, Reisgerichten, Quarkspeisen, Konserven, Rohkost oder (blanchiert und in Butter gedämpft) als warme Beilage.

Imperialgemüse: Farbenprächtige Gemüsemischung, die Artischockenböden, Champignons, bunte Paprikaschotenwürfel und Romanesco-Röschen beinhaltet.

Jahreszeitgemüse nennt man Gemüse oder Obst, das zur jeweiligen Jahreszeit angebaut und / oder geerntet werden kann (z. B. Frühjahrs-, Sommer-, Herbst- oder Winterspinat).

Kaisergemüse: Mischgemüse, das aus Brokkoli, Blumenkohl und Fingermöhrchen zusammengesetzt ist.

Knollengemüse: Pflanzen, deren Wurzelknollen verzehrt werden.

Kohlgemüse, z. B. Blumenkohl, Brokkoli, Chinakohl, Grünkohl, Kohlrabi, Rosenkohl, Rotkohl, Spitzkohl oder Weißkohl, besitzt die absonderliche Eigenschaft, die Geschmäcker in nächster Nähe gelagerter Früchte oder Gemüse negativ zu beeinflussen.

Leipziger Allerlei: Die Originalzubereitung enthält eine Mischung aus (jeweils für sich gegarten) Blumenkohlröschen, Möhrchen, Erbsen, Kohlrabi, Spargelspitzen und Morscheln, die mit einer kräftigen, mit Krebsbutter verfeinerten Béchamelsauce (österr. Bechamelle) gebunden wird. Garniert wird entweder mit Krebsschwänzen oder mit gefüllten Krebsnasen. Im Handel erhält man als »Leipziger Allerlei« meist einen Gemüsemix (konserviert oder TK-Ware), der lediglich Erbsen, Möhren und Brechspargel einschließt.

Macédoine (frz., fachspr.): Rohe oder gekochte, kalte oder heiße Gemüse- oder Früchtemischung.

Mischgemüse / Gemengtes Gemüse: Mischung aus mindestens 2 verschiedenen Gemüsen.

Ortaggi nennen die Italiener frisches Gartengemüse.

Präserven lautet die fachliche Bezeichnung für »Halbkonserven«: nicht vollständig keimfreie Konserven (z. B. in Gläsern eingemacht mit Schraubverschluss).

Primeurs (dt. Erstlinge) nennen Franzosen und Belgier das erste Gemüse und Obst des Jahres. Meist stammt es aus dem Gewächshaus.

Quellgemüse ist aufgeweichtes Trockengemüse.

Röstgemüse / Mire-poix (frz.): Grob zerteilte, angeröstete Karotten, Lauch, Sellerie und Zwiebeln (alle mitsamt der Schale), die als Geschmacksgeber an Braten- und Saucenfonds dienen.

Salatgemüse: Gemüse, das auch als Salat zubereitet werden kann.

Salzgemüse: Gemüse, das für einige Zeit in einer speziellen Salzkonzentration haltbar gemacht wird.

Samengemüse sollte gegart verzehrt werden, da es – mit Ausnahme von Zuckermais – im frischen Zustand nicht nur schwer verdaulich ist, sondern sogar giftig sein kann (z. B. Bohnen, Erbsen, Linsen, Mais, Sojabohnen).

Schotengemüse: Bezeichnung für frisches Gemüse mit der Hülse.

Senfgemüse / Senfpickles / Picalilly: In Gewürze und Senf eingelegtes Gemüse.

Sombrerogemüse: Gemüsemischung, die Brechbohnen, Karottenwürfel, Kidneybohnen, Maiskörner, Markerbsen, bunte Paprikastreifen und Selleriewürfel beinhaltet.

Sommergemüse: Gemüsemischung, die typische Sommergemüse enthält.

Stängelgemüse / Stielgemüse nennt man Gemüse, deren fleischige und geschmacklich besonders hervorzuhebenden Stängel / Stiele beim Verzehr bevorzugt werden (z. B. Bleichsellerie, Rhabarber, Spargel).

Sugo: Dickflüssiges Gemüsepüree, das mit Pilzen, Kräutern, Fleisch oder Fisch aufgewertet wird.

Suppengemüse / Bouquet garni (frz.) / Gewerzel (frankfurt.) / Grünzeug (österr.) / Mélange de légumes pour potage (frz.) / Mix para sopa de verduras (ital.) / Soepgroente (niederl.) / Soppgrönsaker (schwed.) / Soup vegetables (engl.) / Suppenbund (hamburg.) / Suppengrün (ostdt.) / Suppenkraut (brem.) / Suppenwurzeln (österr.) / Wurzelwerk (sächs., süddt.): Frische, getrocknete oder gefrorene Wurzelgemüse (z. B. Karotten, Lauch, Petersilienwurzeln, Sellerie), die der Geschmacksanreicherung von Suppen oder Fonds dienen.

Tiefkühlgemüse / TK-Gemüse kann aus medizinischer und ernährungswissenschaftlicher Sicht gesünder sein als frisches Gemüse, da sich die wertvollen Inhaltsstoffe durch langanhaltende Bevorratung verflüchtigen: Schon **48 Stunden nach der Ernte** hat Gemüse **ca. 80% seiner Vitamine verloren** – nach 2 weiteren Tagen im Kühlschrank oder Keller sind kaum noch Vitamine nachzuweisen. **Schockgefrostetes Tiefkühlgemüse** (–18° C) garantiert derweil ein **Optimum an Vitaminen und Mineralstoffen**, da der Tiefkühlprozess einige Nährstoffe derart aufschließt, dass sie vom Organismus noch besser genutzt werden; ein weiterer Vorteil des Tiefkühlgemüses ist der günstigere Preis (bis zu 60% günstiger als frisches Gemüse!), kein Abfall und auch das leidliche Reinigen entfällt. Tiefgefrorenem Gemüse gibt man seinen frischen Geschmack wieder zurück, indem man es kurzzeitig mit kochendem Wasser übergießt; währenddessen werden alle Gefrierwasserspuren weggespült.

Küchenfertig: Diese Aufschrift auf Tiefkühlgemüse-Verpackungen bedeutet, dass es fix und fertig geputzt, gewaschen, in facettenreiche Schnittformen (z. B. Scheiben, Würfel, Stifte) gebracht und blanchiert für weitere Zubereitungen vorbereitet wurde.

Garfertig auf TK-Ware bedeutet, dass das Gemüse koch-, brat-, back-, grill- oder mikrowellenfertig ist – also nur noch gegart werden muss.

Treibhausgemüse / Hothouse vegetables (engl.) / Légumes de serre (frz.) / Legumi di serra (ital.): Gemüse, das im Treibhaus angezogen wurde. Da Gemüse im Treibhaus rasch wachsen soll und naturgemäß anfällig für Schädlinge ist, muss es während des Wachstums mehrfach mit Dünger gestärkt werden, infolgedessen es unausweichlich **mit krebserregendem Nitrat angereichert** sein muss.

Tricolora: Mischgemüse, das zu gleichen Teilen aus Blumenkohl-, Brokkoli- und Romanesco-Röschen besteht.

Trockengemüse / Dörrgemüse (alte Bez.) / Legumes secs (frz.): Gemüse, das nach der Ernte getrocknet wird.

Twin-Gemüse nennt der Handel vacuumierte, transparente Verpackungen, die jeweils einen kleinen, geputzten Blumenkohl und Brokkoli beinhalten.

Wiesengemüse / Wissegemeus (hess.): Gemüse, das aus unterschiedlichen, auf Wiesen wild wachsenden Pflanzen zubereitet wird.
Wildgemüse ist die Sammelbezeichnung für essbare Wildpflanzen (z. B. Brennnesseln oder Sauerampfer), die Kulturpflanzen insofern überlegen sind, dass sie genetische Vorzüge besitzen. Wildgemüse sollten vor dem Verzehr **gründlichst gewaschen und mindestens 5 Min. über 70° C erhitzt** werden, da sie durch Bakterien, die durch Ausscheidungen des Fuchses oder anderer Wildtiere verursacht werden, verseucht sein können. Wer diese Regel nicht befolgt, kann vom sogenannten Fuchsbandwurm befallen werden, der dem Menschen schwere Leber- und Nierenschäden zufügen kann; jeder dritte Fuchs leidet an dieser Krankheit.
Wintergemüse wird eigentlich schon im Herbst geerntet. Zu seinem verqueren Namen gelangte das Wintergemüse, weil es nach dem Einbringen den ganzen Winter über gelagert werden kann.
Wurzelgemüse / Wurzelzeug nennt man Gemüse, bei dem vorrangig die Wurzel verzehrt wird (z. B. Karotte, Pastinake, Rettich). Auf tiefgründigen humosen Böden gedeihen Wurzelgemüse prächtig; auf schweren Böden neigen sie hingegen zu Vielbeinigkeit.
Zugemüse nennt man eine Gemüsebeilage.
Zwiebelgemüse ist der Sammelbegriff für Gemüse, das mit der Zwiebel verwandt ist (z. B. Lauch, Schalotte).

Verwendung, Zubereitung

Alle Gemüse, mit Ausnahme von Bohnen, Erbsen und Rucola, sollten in den frühen Abendstunden geerntet werden, weil sie dann die **höchsten Nährwerte** und das beste Aroma besitzen.
Die äußeren Gemüseblätter und die dicken Strünke sollten vor der Zubereitung entfernt werden, da sie meist durch Schwermetalle und Nitrate belastet sind. Bevor man Gemüse in Wasser gart (vorzugsweise ohne Deckel, weil es infolgedessen weniger von seiner appetitlichen Farbe verliert), sollte man den Fond salzen, **weil Salz die auslaugende Wirkung des Wassers einschränkt**; sogar Gemüse, das gedünstet wird, sollte zuvor schon mit Salz gewürzt werden, was nicht nur den Vorteil hat, dass ein Teil des Gemüsesafts früher austritt (aufgrund dessen das Gericht nicht so leicht anbrennt und man keine zusätzliche Flüssigkeit zum Ablöschen benötigt), Salz bewirkt zudem, dass sich die geschmacksgebenden Röststoffe besser entfalten. Gemüsefonds sollten für die Zubereitung von Gemüsesaucen oder -suppen verwendet werden, da sie hochwertige Inhalts- und Geschmacksstoffe enthalten.
Frisch gepressten Gemüsesaft sollte man gleich nach dem Pressen und zwar in kleinen Schlucken trinken, da sich seine Inhaltsstoffe bereits nach kurzer Zeit verabschieden. Gemüseeintopf wird schön sämig, wenn man einen Teil des gegarten Gemüses im Mixer püriert und dann unterrührt. Neuen Erkenntnissen zufolge sollte man Gemüse nicht

(wie lange Zeit behauptet) in Kupfertöpfen garen, **weil Kupfer die wertvollen Inhaltsstoffe und Vitamine zerstört**. Als vitaminschonend gelten Edelstahltöpfe.

Bâtonnet: Gemüse (z. B. Möhren, Knollensellerie), das in Pommes-Frites-große Stäbchen geschnitten wird.

Brunoise ist feinwürfelig geschnittenes Wurzelgemüse. Der Name »Brunoise« bezieht sich auf die französische Ortschaft Brunoy, in der reger Gemüseanbau betrieben wird.

Julienne: Feinstreifig geschnittenes Wurzelgemüse. Der Name »Julienne« wurde der Pariser Nahrungsmittelfabrik »Julien Feyeux« entlehnt.

Matignon steht für kleinwürfelig geschnittenes Gemüse (z. B. Champignonabschnitte, Karotten, Lauch, Petersilienwurzeln, Sellerie, Zwiebeln), das nach dem Garen entweder in Gänze oder mit dem Zauberstab püriert in der jeweiligen Sauce oder Suppe verbleibt.

Paysanne: Feinblättrig geschnittenes Gemüse.

Pinzimonio wird ein Dip in der italienischen Toskana genannt, der dort zu frischen oder blanchierten Gemüsen verzehrt wird.

Lagerung

Gemüse ist zwar je nach Sorte kürzer oder länger bevorratbar, doch sollte man wegen des Vitamin- und Mineralstoffverlusts von einer längeren Lagerung absehen. Einschätzungen der »Stiftung Warentest« zufolge verderben **35% der Lebensmittel im häuslichen Kühlschrank.**

Volksmedizinische Bedeutung

Die sekundären Pflanzenstoffe, die Bakterien abwehren, die Abwehrkräfte stärken und zu hohen Blutdruck und Blutfette senken, werden vom Gemüse erst freigesetzt, wenn man es zuvor zerkleinert. Aufgrund dessen sollte Gemüse gründlich zerkaut werden, weil nur dann unser Körper die »Naturapotheke« voll ausnutzen kann. Rohes Gemüse ist zwar schwer verdaulich, wird es jedoch **zu Saft gepresst** und sofort getrunken, kann es unser Organismus 100%ig resorbieren.

Tipp

Flotte Lotte heißt eine Passiermühle, mit der man manuell gegarte Gemüse breiartig durchsieben kann; Kerne und Schalen bleiben im Gerät.

Mandoline nennt sich ein Küchenhobel, dessen Messer sich derart unterschiedlich justieren lassen, dass z. B. Kartoffeln, Möhren usw. nach dem Hobeln scheibchen-, streifen- oder waffelförmig herauskommen.

Gerste

Hordeum vulgare

Arpa (türk.), Barley (engl.), Cebada (span.), Ga(r)ste (braunschw.), Gasten (niedersächs.), Geerscht (hunsr.), Gerstel (österr.), Gerstenkorn, Orge (frz.), Orzo (ital.)

Allgemeines, Herkunft, Geschichtliches

Da die zu den Süßgräsern (Poaceae) zählende Gerste bereits vor 6000 Jahren am Kaspischen Meer kultiviert wurde, zählt sie zu den frühen Kulturpflanzen. Bei Landwirten »mit spitzem Bleistift« gilt die Lehmboden liebende Gerste als **sehr wertvoll, da sie die kürzeste Vegetationszeit hat** – insbesonders die »Braugerste«.

Aussehen

Die Gerste ist eine etwa 1,20 m hohe Körnerfrucht mit besonders langen, strahligen Grannen und rundlich ovalen Körnern, die von einer strohigen Hülle umzingelt sind.

Geschmack

Gerste hat einen nussigen, körnigen und leicht süßlichen Geschmack.

Arten, Sorten

Braugerste / Große Gerste / Zweizeilige Gerste wird meist zum Bierbrauen und zur Herstellung von Malzkaffee oder Whisky verwendet.

Sommergerste bevorzugt lehmigen Boden und ist zwar **die meist angebaute Sorte**, doch ist sie nicht so ertragreich wie Wintergerste.

Wintergerste ist kurzhalmig und besitzt eine lang begrannte, ca. 15 cm lange Ähre. Da Wintergerste eine relativ lange Vegetationsperiode aufweist, liefert sie **höhere Erträge** als Sommergerste.

Hauptinhaltsstoffe

Folsäure, Fructose, Globulin, Glucose, Glutenin, Hordein, Kieselsäure, Magnesium, Maltrose, Mineralstoffe, Pantothensäure, Saccharose, Schleimstoffe, Stärke, Vitamin B 1, B 2, B 3, B 6, E. Mit einem Anteil von 72% ist die Gerste eines der **kohlenhydratreichsten Getreide**.

Verwendung, Zubereitung

Gerste wird meist zu Malz, Mehl, Graupen, Grütze, Bier, Kaffeeersatz und Schnaps verarbeitet; sogar der berühmte »Scotch Whisky« wird aus Gerste gemacht.

Gerstenmehl kann zwar zum Andicken von Saucen und Suppen verwendet werden, angesichts des süßlichen Geschmacks und seiner schleimigen Konsistenz sollte man es jedoch mit anderen Mehlsorten (z. B. Weizenmehl) mischen.

Gersotto nennt man ein risottoartiges Gericht auf Gerstenkörnerbasis: 100 g ganze Gerstenkörner werden zunächst 3 Stunden in 250 ml Wasser eingeweicht, um sie anschließend ca. 45 Minuten lang zugedeckt in köchelnder Bouillon unter gelegentlichem Umrühren zu garen.

Gerstengrütze / Stichgrütze: Enthülste, geschälte, geschrotete und gekochte Gerstenkörner.

Graupen / Babyzähne (sächs.) / Kälberzähne (pfälz.) / Perlgerste / Perlgraupen (österr.) / Rollgerste(l) (österr.) nennt man Gerstenkörner, deren Frucht- und Samenschale durch Schleifen und Polieren entfernt wurde. Meist dienen sie der Produktion von Grieß oder Grütze – in Österreich sogar zur Herstellung regionaler Suppen und Eintöpfe.

Malz (althochdt. für »Aufgeweichtes«) nennt man bei ca. +15° C zum Keimen gebrachte Braugerste (Grünmalz), aus der nach dem Trocknen sogenanntes »Darrmalz / Braunmalz« fabriziert wird, das zur Bier-, Branntwein- und Whiskyherstellung genutzt wird.

Ulmergerstl nennt man feine Graupen.

Volksmedizinische Bedeutung

Gerstengenuss kräftigt das Bindegewebe, den Stoffwechsel, die Lunge und das Nervensystem. Fieberhafte Atemwegsinfekte und innere Unruhe kann man mit Gerstentee (engl. Barleywater) lindern.

Tipp

Marmite / Mymate (engl.) / Schuhcreme (scherzh.) nennt man einen typisch englischen Brotaufstrich, der schwarzer Schuhcreme gleicht. Marmite wird überwiegend aus Brauereinebenprodukten (Braugersterückständen) hergestellt und beinhaltet außer Hefe, Gemüse- und Gewürzextrakt auch Folsäure, Salz, Vitamin B 1, B 2, B 3 und B 12. Da die Engländer von Kind auf mit der Marmite »aufwachsen«, sind sie von ihrem Geschmack fasziniert – in anderen Ländern erfährt sie meist Geringschätzung.

Getreide

Cereales (span.), Céréales (frz.), Cereali (ital.), Cerealien (fälschl.), Cereals (engl.), Grain (engl.), Grano (ital.), Granos (span.), Körndeln (österr.), Körnerfrüchte, Kohrefruugde (hunsr.), Tahil (türk.), Zerealien

Allgemeines, Herkunft, Geschichtliches

Als Getreide werden einjährige, aus dem Mittelmeerraum stammende Süßgräser (Poaceae) bezeichnet, die aufgrund ihrer essbaren Früchte angebaut werden. Die bedeutendsten europäischen Getreidesorten heißen Gerste, Hafer, Roggen und Weizen. Das Wort »Getreide« entstammt dem mittelhochdeutschen »Getregde« für »Bodenertrag«.

Arten, Sorten

Ährengetreide: fachsprachlich für Gerste, Roggen und Weizen.

Brotgetreide: Getreide, das der Ernährung des Menschen dient.

Futtergetreide: Getreide, das zu Tierfutter verarbeitet wird.

Nacktgetreide nennt man Getreide, dessen Körner nicht mit den Spelzen verwachsen sind (z. B. der Weizen).

Rispengetreide: Getreide, dessen Früchte in Rispen wachsen (z. B. Hirse, Hafer).

Pseudocerealien: Stärkehaltige Samen, die **nicht den Getreiden zugeordnet werden**, obwohl sie ähnlich zusammengesetzt sind.

Sommergetreide: kältesensibeles Getreide, das im Frühjahr gesät und im Sommer geerntet wird.

Wintergetreide: wintertaugliches Getreide, das im Herbst gesät und im darauf folgenden Sommer geerntet wird.

Hauptinhaltsstoffe

Alkaloide, Calcium, Eisen, Eiweiß, Kieselsäure, Lysin, Magnesium, Phytoöstrogene, Stärke, Vitamin B 1, B 2, B 6, E, H.

Verwendung, Zubereitung

Getreide wird meist zu Mehlprodukten wie Grieß, Grütze, Kleie, Schrot oder Stärke verarbeitet.

Getreidestärke wird aus dem Mehlkern von Mais, Reis oder Weichweizen gewonnen.

Grannen (fachspr.): Feine Borsten / Härchen an den Getreideähren.

Grieß / Semolina (engl.) / Semoule (frz.): Grob vermahlene, gewaschene Getreidekörner mit minimalem Schalenanteil.

Grütze: Enthülstes und geschrotetes Getreide, das mit Brühe, Milch oder Wasser zu Brei gekocht wird.

Kleie nennt man die äußeren Randschichten des Getreides, die während des Mahlens entstehen. Entweder wird Kleie bei der Brotherstellung verarbeitet oder an Tiere verfüttert.
Kwaß: Alkoholhaltiges, russisches Getränk, das meist aus verschiedenen Getreidesorten hergestellt wird.
Schrot: Grob gemahlene Getreidekörner, die der Brot- oder Tierfutterherstellung dienen.

Lagerung

Getreide sollte trocken und luftig gelagert werden.

Volksmedizinische Bedeutung

Aufgrund seines pflanzlichen Hormons »Phytoöstrogen« gilt Getreide als wertvolles Nahrungsmittel, da es Brust- und Prostatakrebs bekämpft.

Tipp

Bratling / Vegetarischer Bratklops (ostdt.) nennt man ein Hacksteak, das lediglich aus Getreide, Gemüse oder Hülsenfrüchten hergestellt wird.

Ginkgopflaume

Ginkgo biloba

Báiguo (chin.), Ginkgo (engl., ital., span.), Ginkgo bilobé (frz.), Ginko, Ginkonuss, Ginnan (jap.), Goldfrucht, Kinko (chin.), Pflaumennuss, Silberaprikosen, Weiße Nuss

Allgemeines, Herkunft, Geschichtliches

Die Ginkgopflaume ist die Frucht des anspruchslosen, seit über 300 Millionen Jahren existenten ostasiatischen Fächerblattbaums (Elefantenohrbaum, Entenfußbaum, Japanischer Tempelbaum, Mädchenhaarbaum, Tempelbaum, der eine Höhe von 30 m erreichen und bis zu 1000 Jahre alt werden kann. Schon im Jahr 1800 v. Chr. galten Ginkgoblätter laut historischen Aufzeichnungen als Heilpflanzen. In Asien gilt der Ginkgobaum nicht selten als pittoreskes Tempeldekor – in Europa wird er als exotisch anmutender Schattenspender in Parkanlagen genutzt.
Der ca. 260 Jahre alte und somit **betagteste Ginkgobaum Europas** steht in Frankfurt am Main, wo er schon den Dichterfürsten Johann Wolfgang von Goethe beim Schreiben inspiriert haben soll.
Den botanischen Namen verdankt dieses Ginkgogewächs (Ginkgoaceae) seinen großen, mit einem tiefen Einschnitt versehenen Blättern: »biloba« bedeutet nämlich »zweilappig«.

Aussehen

Unter der zähen Schale der pflaumenähnlichen Frucht befindet sich beigefarbenes Fruchtfleisch, das einen Kern umschließt.

Geschmack

Ginkgopflaumen schmecken pflaumig-süß.

Hauptinhaltsstoffe

Ginkgolide.

Verwendung, Zubereitung

In Japan dient die Ginkgopflaume zwar meist als Beilage zu gebratenem Fisch, sie wird jedoch auch zum Knabbern oder als Suppeneinlage verwendet; zuvor entfernt man ihre Schale und blanchiert sie.
Geröstete und gehackte Ginkgopflaumenkerne werden in der asiatischen Küche als Gewürz gehandelt.
In Deutschland sind Ginkgopflaumen lediglich in Konserven erhältlich.

Lagerung

In luftdicht verschlossenen Gefäßen lassen sich Ginkgopflaumen mehrere Wochen lang aufbewahren.

Volksmedizinische Bedeutung

Ginkgopflaumen fördern die Durchblutung, den Stoffwechsel und die Abfuhr von Schlackenstoffen; sie sollten jedoch nicht im Übermaß genossen werden, da sie zu **Vergiftungserscheinungen** führen können. Ginkgoblattextrakte dienen der Kosmetikindustrie zur Herstellung von Produkten, die Haut und Haare vitalisieren.

Tipp

Als **ältester und widerstandsfähigster Baum der Erde** trotzt der Ginkgobaum bis heute der radioaktiven Verstrahlung in Hiroshima, nachdem die Amerikaner dort im Jahre 1945 eine Atombombe abwarfen.

Glasschmalz

Salicornia europaea

Crabgrass (engl.), Criste-marine (frz.), Fat choy (chin.), Gemeiner Queller, Glaskraut, Glasswort (engl.), Haricot vert de mér (frz.), Krückfuß, Meeresbohne, Meersalzkraut, Passepierre (frz.), Pousse-pierre (frz.), Queller, Salicorna jodata (lat.), Salicorne (frz.), Salzkraut, Samphire (engl.), Sea asparagus (engl.), Sea bean (engl.), Sea pickle (engl.), Seebohne, Seekralle, Seespargel

Allgemeines, Herkunft, Geschichtliches

Die Heimat des zur Familie der Gänsefußgewächse (Chenopodiaceae) zählenden Glasschmalz liegt an der Nordseeküste. Da diese meist wild wachsende Pflanze während ihres Wachstums nebenbei das Erdreich entsalzt, gilt sie in den Niederlanden als **originärste Pionierpflanze** zur Landgewinnung. Von April bis Juli wird das den Gemüsen zuerkannte Glasschmalz weltweit an steinigen Küstengebieten gesammelt – daher auch seine französische Bezeichnung »passe-pierre«, was mit »durchwächst Steiniges« zu übersetzen ist.

Den deutschen Namen »Glasschmalz« erhielt diese Pflanze, weil sie bis ins Jahr 1850 als Asche (!) zur Verringerung des Schmelzpunktes bei der **Soda- und Glasherstellung** diente.

Aussehen

Glasschmalz ist eine sukkulente, bis 40 cm hohe, kaktusartige Pflanze mit 1 cm breiten, armleuchterartig verzweigten, fleischigen, grünroten Stängeln.

Geschmack

Glasschmalz weist ein sonderbar salzig-fischiges und säuerliches Aroma auf.

Arten, Sorten

Passe-neige: Kältetolerante Glasschmalzsorte, die sich sogar durch Schnee kämpft. (frz. neige: Schnee)

Passe-sable: Glasschmalzsorte, die sandigen Küstenboden bevorzugt (frz. sable: Sand).

Hauptinhaltsstoffe

Calcium, Jod, Magnesium, Phosphor, Silizium, Soda, Vitamin A, C, D, Zink.

Verwendung, Zubereitung

Nur junge Glasschmalzpflänzchen können roh zu Salat oder gekocht (wie Gartenbohnen) zu Gemüse

(z. B. als Beilage zu Fischgerichten) verarbeitet werden. Ihres salzig-säuerlichen Geschmacks wegen sollte **entweder gar kein oder kaum Salz** und (bei der Salatzubereitung) ein Minimum an Essig beigemengt werden, da es sonst zu Überwürzungen kommt.
Ältere Glasschmalzexemplare sollten nur noch der Dekoration dienen.

Volksmedizinische Bedeutung

Glasschmalz besitzt eine entwässernde und blutreinigende Wirkung und aufgrund des Jodreichtums wirkt es sogar Schilddrüsenerkrankungen entgegen.

Tipp

Glasschmalz wird zwar aufgrund seines Vorkommens in Meeresnähe fälschlicherweise auch als »Meeresalge« bezeichnet, es ist jedoch ausschließlich ein Meeresküstenbewohner, also eine Pflanze, die **am Meer** und nicht – wie die Alge – **im Meer** gedeiht.

Granatapfel

Malum granatum

Granaatappel (niederl.), Granada (span.), Granateple (norw.), Granatove jablko (tschech.), Grenade (frz.), Melagrana (ital.), Pomegranate (engl.), Punica granatum (bot.), Punischer Apfel

Allgemeines, Herkunft, Geschichtliches

Der Granatapfelbaum war zwar schon den alten Ägyptern, Griechen und Juden als Symbol für Liebe und Fruchtbarkeit bekannt, die wahrhafte Heimat dieses Granatapfelgewächses (Punicaceae) wird allerdings in Persien vermutet.
Granada, die namhafte südspanische Stadt, wurde nach dieser Beerenfrucht benannt und sogar das **spanische Staatswappen** trägt einen Granatapfel. Die größten Anbaugebiete liegen in Ägypten, Afghanistan, Brasilien, Iran, Israel, Kalifornien, auf den Kanarischen Inseln, Madeira, Marokko, Tunesien, Zypern und in den Mittelmeerländern.
Der botanische Name »Punica« deutet auf »Punien«, das heutige Tunesien, hin, denn nach altrömischer Einschätzung gediehen dort die besten Granatäpfel des »Imperium Romanum«; »granatum« steht für ihren Samenreichtum.

Aussehen

Der Granatapfel ist orangengroß, hat die Form eines Apfels und einen verhärteten sechszipfligen Kelchansatz. Je nach Reifegrad ist der Granatapfel von einer glatten, gelblichen oder rotbraunen, 5 mm dicken Lederhaut umhüllt, die bei vollreifen Exemplaren zwar leicht eingerissen wirkt, jedoch völlig luftdicht verschlossen ist. Das Fruchtfleisch des Granatapfels ist sülzartig und enthält eine Vielzahl von zartrosa bis dunkelroten, johannisbeerartigen Kernen, die durch weiße, ungenießbare Trennhäute in Kammern unterteilt werden – zur Schale hin wird es zunehmend holziger.
Baluster / Roter Balus nennt man den unreifen Granatapfel.

Geschmack

Das Fruchtfleisch frischer Granatäpfel kann mitsamt den wässrigen,

süßherben Samen und Trennhäuten verzehrt werden.
Alte Exemplare schmecken extrem bitter und sind von daher ungenießbar.

Hauptinhaltsstoffe

Calcium, Eisen, Invertzucker, Kalium, Phosphor, Polyphenole, Vitamin B 1, B 2, C, K, Zitronensäure.

Verwendung, Zubereitung

Granatäpfel werden zwar vorrangig frisch konsumiert, sie dienen jedoch ebenso der Herstellung oder Ergänzung von Eis, Salat, Sauce, Garnituren, Süßspeisen oder Quarkgerichten. Zum Frischverzehr wird der Granatapfel zunächst halbiert, dann die Kerne ausgeklopft (sie können zwar auch ausgekaut werden, dabei entsteht jedoch ein knackendes Geräusch) und schließlich wird das übrig gebliebene Fruchtfleisch ausgelöffelt; mit etwas Weinbrand, Rum, Eierlikör oder Zitronensaft kann es noch verfeinert werden. Um lediglich an den Saft des Granatapfels zu gelangen, knetet man die Frucht ein wenig, bohrt ein Loch in die Schale und steckt einen Trinkhalm hinein; oder man drückt die halbierte Frucht mit der Zitronenpresse gründlich aus und siebt die entstandene Flüssigkeit durch.
Aus Granatapfelkernen wird nicht nur der bekannte »Grenadine-Sirup« hergestellt, der orientalischen Küche dienen sie zudem dem Würzen von Eier-, Fisch- und Fleischgerichten sowie zur Dekoration von Kuchen, Nachspeisen und Salaten.
Die Granatapfelschale beinhaltet Säure, die derart **hartnäckige Flecken** auf Kleidung, Teppichböden und Tischwäsche verursachen kann, dass sie auch durch das beste Fleckenwasser nicht mehr auszumerzen sind.

Lagerung

Bei einer gleichbleibenden Temperatur von +5° C sind Granatäpfel bis zu 6 Monate lange haltbar. Überlagerte Exemplare sind nur noch zur Saftgewinnung zu gebrauchen.

Volksmedizinische Bedeutung

Granatäpfel wirken durstlöschend, anregend, herz-, kreislauf- und nervenstärkend. Bemerkenswert ist nicht nur, dass der Granatapfel über **das größte bekannte Vorkommen an natürlichen Östrogenen** verfügt, amerikanische Krebsforscher stellten zudem unlängst fest, dass die PSA-Werte (entscheidend für Lebenserwartung) bei Krebspatienten, die täglich ein Glas Granatapfelsaft zu sich nahmen, mehr als viermal langsamer stiegen als bei der parallelen Kontrollgruppe.

Tipp

Warrd nennt sich ein moussierendes, alkoholfreies Getränk in den Vereinigten Arabischen Emiraten (UAE), mit dem sich (statt wie bisher mit Champagner) neuerdings die Formel-1-Sieger auf der neuerbauten Rennstrecke bei Bahrain besprühen. Warrd beinhaltet Granatapfelsaft, Rosenwasser und Pomeranzensaft.

Grapefruit

Citrus paradisi

Grapefrucht, Grape fruit (ital.), Grapefruit (engl., frz., niederl.), Gra-

pefrukt (norw.), Gre(y)pfrut (türk.), Pomelo (angelsächs., roman.), Toronja (span.)

Allgemeines, Herkunft, Geschichtliches

Die Grapefruit ist ein **eigenständiges Rautengewächs** (Rutaceae), das zu Beginn des 18. Jh.s in Barbados aus einer Zufallskreuzung von Apfelsine und Pampelmuse hervorgegangen ist. Außer im amerikanischen Florida, Kalifornien und Texas, wo mittlerweile 90% der Welternte in Kultur stehen, gibt es große Grapefruitanbaugebiete auch in China, Indien, Israel, Jamaika, Japan, Malaysia, Marokko, Spanien, Südafrika und Südamerika.

Ihren Namen verdankt die Grapefruit der Tatsache, dass ihre Früchte traubenartig aus den Zweigen wachsen (engl. grape: Traube, engl. fruit: Frucht).

Aussehen

Die kugelförmigen Grapefruits sind **doppelt so groß wie Orangen und kleiner als die eher birnenartigen Pampelmusen**. Sie besitzen eine ledrig-glatte, zartgelbe bis orangefarbene (sortenbedingt auch leicht pigmentierte) Schale und graugrünes, rosa oder rotes Fruchtfleisch. Sobald sich die Grapefruitschale weich anfühlt und schon ein bisschen »schlapp« aussieht, hat sie ihren geschmacklichen Höhepunkt erreicht.

Geschmack

Grapefruits schmecken im Allgemeinen zwar bitter-süß-säuerlich, es gibt jedoch auch Sorten mit rosafarbenem und rötlichem Fruchtfleisch, die würziger und lieblicher schmecken.

Arten, Sorten

Florida: Pinkfarbene, weiß- oder rosafleischige Grapefruitsorte aus den USA, die von September bis Januar importiert wird.

Jaffa: Weißfleischige Grapefruitsorte aus Israel, die man von Dezember bis Mai auf unseren Märkten antreffen kann. Sie ist dünnschalig, kernlos und schmeckt säuerlich-bitter.

Kalifornien: Weiße bis rotfleischige Grapefruitsorte aus Amerika.

Outspan heißt eine sehr saftige weiß- oder rotfleischige Grapefruitsorte aus Südafrika.

Chironja / Chirounkha / Cironja: Zartgelbe, süße, puertoricanische Kreuzung aus Grapefruit und Orange. Sie ist grapefruitgroß, saftig, enthält nur wenige Kerne. Die Chironja lässt sich sehr leicht schälen und dient vornehmlich dem Frischverzehr.

Sweeties / Jaffa-Sweeties / Oroblancos (span.) / Pomelitas sind 1985 in Israel aus einer Kreuzung der **Pomelo** mit einer **hellschaligen Grapefruitsorte** hervorgegangen und seither auch auf dem deutschen Markt. Sweeties sind bis 1,5 kg schwere, pampelmuseähnliche Früchte mit dicker, feinporiger, leuchtend grünlich gelber Schale und festem, blassgelbem, kernlosem Fruchtfleisch, das auffallend süßaromatisch und sehr saftig schmeckt.

Hauptinhaltsstoffe

Beta-Carotin, Bio-Flavonoide, Calcium, Folsäure, Fruchtsäure, Kalium, Limonin, Lycopin (lediglich in rosa Grapefruits), Magnesium, Pektin, Phosphor, Spurenelemente, Terpene, Vitamin B, C, P-Faktor »Naringin«, Wasser (89%).

Verwendung, Zubereitung

Grapefruits werden entweder frisch verzehrt oder zu Cocktails, Säften, Süßspeisen und Vorspeisen verarbeitet. Als Frischfrucht wird die Grapefruit zuerst halbiert, danach lockert man die einzelnen Fruchtsegmente mit einem speziellen Grapefruitmesser, um sie schließlich (evtl. leicht gezuckert) auszulöffeln. Grapefruits lassen sich zwar auch zur Herstellung von Marmeladen oder filetiert und in Butter geschwenkt, als warme Beilage zu Fleischgerichten verwenden, während der **Erhitzung** erleiden sie jedoch einen schmerzlichen **Verlust (bis zu 90%) ihrer begehrten Inhaltsstoffe**.

Aus Grapefruitschalen wird Öl gewonnen, das meist in Getränken, Süßspeisen und Kosmetikprodukten wiederzufinden ist.

Lagerung

Leicht gekühlt sind reife Grapefruits nicht nur bis zu 2 Monate lagerbar, währenddessen werden sie sogar noch viel aromatischer und milder.

Da grüne Exemplare nicht mehr nachreifen, bewahren sie ihren extremen Bittergeschmack.

Volksmedizinische Bedeutung

Die Grapefruit besitzt reichlich Bio-Flavonoide, die **die Wirksamkeit des Vitamin C bis zum Zwanzigfachen erhöhen**, was sich positiv auf das gesamte Immunsystem und die Blutgefäße auswirkt. Der Gesundheit zuliebe sollte man grundsätzlich – wie bei der Apfelsine – sowohl die weiße Innenhaut als auch das Fruchtfleisch mitsamt den weißen Trennwänden mitessen, da sie Pflanzenstoffe enthalten, die nicht nur die Verdauung anregen und vor Krebs schützen, sondern auch einen zu hohen LDL-Cholesterinspiegel senken; ein geringer Kalorien- und Natriumgehalt macht Grapefruits besonders für die **Diätkost** interessant.

Grapefruitkernextrakt hilft Patienten mit Hefepilzbefall gleichermaßen wie Menschen mit Hautproblemen (Akne), Zahnfleischbluten, Entzündungen der Mundhöhle, Gastritis und sogar bei Magenkrebs. Empfehlenswert ist dieser Extrakt ebenso bei Schlafstörungen und zur Behandlung chronischer Müdigkeit. Grapefruitkernextrakt, den man mit Babyshampoo mehrmals wöchentlich in die Kopfhaut einmassiert, **beseitigt Schuppen und ständiges Jucken der Kopfhaut**. Ein amerikanischer Wissenschaftler fand jüngst heraus, dass wenn man eine halbe Stunde vor dem Essen eine halbe Grapefruit verzehrt, der Körper weniger Kalorien in Form von Zucker und Fett aufnimmt und beides sogar rasch wieder ausscheidet.

Frauen, die nach Grapefruit duften, werden von ihren männlichen Betrachtern durchweg für 6 Jahre jünger gehalten, als sie sind. Das fanden amerikanische Forscher kürzlich in Chicago heraus.

Grapefruitöl wirkt erfrischend, euphorisierend und regt die Kreativität an; bei depressiver Verstimmung, Niedergeschlagenheit und nervöser Erschöpfung vermittelt Grapefruitöl Freude und Gelassenheit. Aus 50 ml Sonnenblumen- und 12 Tropfen

Grapefruitöl lässt sich der Entspannung förderliches Massageöl herstellen.
Grapefruits und Grapefruitprodukte sollten **niemals gemeinsam mit Medikamenten** verzehrt werden, da sie der Verdauungsapparat in Zusammenwirkung weder aufspalten noch ausscheiden kann. Aufgrund dessen können sich Arzneimittel zu einer riskanten Dosis verdichten. Die Wirkung von Heilmitteln gegen **Herzerkrankungen** wird durch Grapefruits sogar derart **verstärkt**, dass der Blutdruck unerwünscht gesenkt wird und / oder das Herz schneller schlägt.

Tipp

Plötzlichen Heißhunger auf Süßes stillt man mit dem Genuss einer Grapefruit.

Grünkern

Triticum var.
Badischer Reis, Dinkelweizen, Épeautre (frz.), Griene Kerne (pfälz.), Grünkorn (österr.), Grundkorn, Kernen, Schwabenkorn

Allgemeines, Herkunft, Geschichtliches

Anfang des 19. Jh.s ließ ein regenreicher Sommer den Dinkel im Odenwald nicht reif werden, infolgedessen musste er noch grün geerntet werden, wollte man überhaupt noch einen Nutzen erreichen. Die grünen Körner »mussten« getrocknet und auf heißen Steinen gedörrt werden. Zerrieben ergab sich ein Mehl, welches zum Backen zwar ungeeignet war, da man damals aus Getreidekörnern jedoch ebenso Suppen und Breie (unsere heutigen Müslis) herstellte, kam der Grünkern auch hier zur Anwendung – zur großen Überraschung wurde parallel ein neuer, bemerkenswert feiner Getreidegeschmack entdeckt. Als »Grünkern« bezeichnet man das unreif geerntete, getrocknete, geröstete (fachspr. gedarrte), enthülste (fachspr. gegerbte), entspitzte und schließlich vermahlene Dinkelkorn.

Aussehen

Hoher Wuchs und lange, lockere zweireihige Ähren kennzeichnen den Grünkern.

Geschmack

Grünkern erhält nach dem Darren ein unverwechselbar würziges Aroma.

Hauptinhaltsstoffe

Dextrine, Eisen, Phosphor, Vitamine.

Verwendung, Zubereitung

Grünkern kommt entweder als Grieß, Mehl oder Schrot auf den Markt. Daraus lassen sich ausgezeichnete Suppen, **schwäbische Spätzle** und Aufläufe zubereiten.

Volksmedizinische Bedeutung

Grünkern ist sehr bekömmlich und besitzt verdauungs- und stoffwechselanregende Eigenschaften.

Grünkohl

Brassica oleracea convar. Acephala var. sabellica
Berza col (span.), Blätterkohl, Blattkohl, Boerenkool (rhein, niederl.), Borecole (engl.), Braunkohl (brem.), Cavolo a penna (ital.), Cavolo riccio (ital.), Chou vert (frz.), Col rizada (span.), Curly kale (engl.), Federkohl

(schweiz.), Gärtnerpalme, Green cabbage (engl.), Greunen Kohl (nordfries.), Grünkraut (österr.), Guck über den Zaun, Kail (schott.), Kiek över'n Tun (altmärk.), Köhl (kölsch), Krauskohl, Krauskopf, Kruuskohl, Moos (westfäl.), Oldenburger Palme (niedersächs.), Palme des Nordens, Palmkohl (ostfries.), Pflückkohl, Repollo verde (span.), Winterkohl, Winterwirsing, Yesil lahana (türk.)

Allgemeines, Herkunft, Geschichtliches

Der Grünkohl ist – wie alle anderen Kohlsorten – ein Abkömmling des im Mittelmeergebiet beheimateten Meerkohls. In den Jahren 1900 bis 1920 ist dieser Kreuzblütler / Brassicaceae (Cruciferae) durch Veredlung des bis zu 1 m hohen Braunkohls hervorgegangen. Braunkohl wurde ehemals zwar überwiegend zu Futterzwecken genutzt, aus seinen zarten Herzblättchen wusste man jedoch auch schon zu früheren Zeiten ein schmackhaftes und kostengünstiges Gemüse zu zaubern. Grünkohl – nebenher ist er **die winterhärteste Kohlart** – kommt zwischen Oktober und April meist aus Niedersachsen, Nordrhein-Westfalen und Schleswig-Holstein; importierte Ware stammt meist aus den Niederlanden oder Skandinavien.

Aussehen

Grünkohl weist sattgrüne, gekräuselte, offene Blattrosetten auf – also: keine Kopfbildung! Unter den einzelnen Kulturen gibt es auffällige Unterschiede in Strunkhöhe (niedrig, halbwüchsig und hochwachsend) sowie in Form, Farbe und Kräuselung der Blätter. Gelbe (absterbende) Grünkohlblätter können sowohl durch **Nässestau** und **Blattlausbefall** als auch durch **Magnesium- und Stickstoffmangel** hervorgerufen werden.

Geschmack

Grünkohl kommt erst durch Frosteinwirkung zu seinem angenehmen, herb-süßlichen Aroma, da sich seine bitter- und blähstoffhaltige Stärke erst mittels Frost in Zucker umwandeln kann; Grünkohl, der diesen Vorgang nicht durchläuft, schmeckt grießig.

Arten, Sorten

Abessinischer Kohl / Brassica carinata (lat.): Kohlgewächs aus Äthiopien, dessen robustes Blattwerk sich zum Dünsten eignet. Aus den kugelrunden Schoten und Samen wird meist Öl gewonnen.

Kohlkeimchen / Frühjahrsgrünkohl nennt man die im Frühjahr nachwachsenden Blättchen des im Vorjahr wurzelseits abgeernteten Grünkohls. In Norddeutschland, wo sie lediglich mit Zitronenmarinade angemacht und mit frischem Stangenweißbrot verzehrt werden, gelten die zarten Kohlkeimchen als **regionale Spezialität**.

Lerchenzungen / Hamburger Markt (norddt.): Halbhohe Grünkohlsorte mit schmalen, gekrausten, olivgrünen Blättern.

Schnittkohl / Brassica napus var. pabularia (bot.) / Bremer Scheerkohl / Cavolo da foglie (ital.) / Chou vert á faucher (frz.) / Leaf rape (engl.) / Repollo de corte (span.) / Russlandkohl / Scherkohl (österr.) / Snijmoes (niederl.) / Spring greens (engl.) nennt sich eine raschwüchsige und nicht kopfbildende, gelbe, grüne oder violette Grünkohlweiterzüchtung, die nicht gepflanzt, sondern gesät wird. Bei der Schnittkohlernte ist darauf zu achten, dass das Herz der langblättrigen Pflanze unverletzt bleibt, damit eine Zweiternte gewährleistet werden kann. Junge Schnittkohlblätter und -stiele werden zwar meist zu Mischsalaten oder wie Spinat und Wirsing zu Gemüse bereitet, sie lassen sich jedoch auch über einen längeren Zeitraum einsalzen. In Norddeutschland gilt Schnittkohl als bedeutsamer Bestandteil der regionalen Küche.

Schwarzkohl / Cavolo nero di Toscana (ital.) / Chou cavalie (frz.) / Toskanischer Palmkohl: Dekorative, herzhaft-würzige, italienische Grünkohlsorte mit vitaminreichen, ca. 70 cm langen, stahlblauen Blättern.

Weihnachtskohl nennt man den Grünkohl, wenn er an Weihnachten zubereitet wird.

Hauptinhaltsstoffe

Calcium, Carotinoide, Eisen, Folsäure, Glucosinolate, Kalium, Magnesium, Natrium, Niacin, Phosphor, Provitamin A, Vitamin B 1, B 2, B 3, B 6, C (75 mg / %) und E. Von allen Kohlsorten weist Grünkohl den **höchsten Gehalt an wertvollem Eiweiß, Kohlenhydraten, Vitamin B und C** auf. Nach den Möhren ist Grünkohl der zweitstärkste Lieferant des Provitamin A und nach Brokkoli, Paprikaschote und Rosenkohl sogar der viertstärkste Vitamin-C-Träger aller Gemüse.

Verwendung, Zubereitung

Grünkohlgemüse wird meist zusammen mit Kassler, »Pinkelwurst« (Wurst aus Grütze, Rinderflomen und Zwiebeln), Mettwurst und Pökelfleisch zubereitet. Zur Gemüsebereitung werden die Blätter zuerst vom Strunk (österr. Kretzerl) und den dicken Blattrippen befreit, da sie nicht nur einer sehr langen Garzeit bedürfen, sondern auch stark nitrathaltig sind. Danach werden sie gewaschen, blanchiert, grob zerhackt und schließlich in wenig Fond bissfest gedünstet. Gewürzt wird mit Zucker, Salz und Muskat. Eine Prise Zimt oder ein paar Sellerieblättchen nehmen Grünkohl den strengen Kohlgeschmack. Der hohe Vitamin-C-Gehalt des Grünkohls leidet nicht etwa beim Erhitzen – im Gegenteil – er wird infolgedessen sogar noch verstärkt.

Lagerung

Gut gekühlt lässt sich Grünkohl einige Tage aufbewahren. Wie alle Kohlsorten sollte auch der Grünkohl **nicht gemeinsam mit Obst** gelagert werden, da er sonst vorzeitiger reift, rascher verdirbt und die Blätter zusehends vergilben.

Volksmedizinische Bedeutung

Der eher schwer verdauliche Grünkohl wirkt blutbildend, wasserausschwemmend und beugt Arteriosklerose sowie Krebs vor.

Tipp

Im Oldenburger Land werden zur Zeit der Grünkohlernte große »Grünkohlgelage« veranstaltet. Zum Schluss wird der Gast zum Kohlkönig gewählt, der die größte Portion verzehrt hat.

Guave

Psidium guajava
Djamboe, Goayave (frz.), Goijaba (bras.), Guajava, Guajave (indian.), Guava (engl), ital., niederl.), Guayaba (span.), Guayabe, Guayava, Guayave, Gujava (norw.), Kujave, Quitte der Tropen

Allgemeines, Herkunft, Geschichtliches

Das Ursprungsgebiet der zu den Myrtengewächsen (Myrtaceae) zählenden Guave liegt zwar in Haiti, zu Beginn des 17. Jh.s wurde sie jedoch auch in nahezu allen tropischen und subtropischen Ländern verbreitet. Kultiviert wird der Guavenbaum heute in Afrika, Amerika, Asien, Europa und im Orient.

Aussehen

Der immergrüne, strauchartige, bis zu 6 m hohe Guavenbaum trägt apfel- oder birnenförmige Früchte mit ungenießbarer dünner, glatter, gelblich grüner Schale. Ihr schleimiges, lindgrünes oder zartrosa Fruchtfleisch beinhaltet eine Vielzahl von kantigen, relativ harten Kernchen, die zwar das Essvergnügen beeinträchtigen, jedoch verzehrbar sind.

Geschmack

Reife Guaven duften nicht nur herrlich moschusartig, sie sind ebenso sehr saftig und besitzen ein unikales, betont süßes Aroma, das an Birnen, Feigen, Erdbeeren, Quitten und Stachelbeeren erinnert. Überreife Guaven riechen sauer.

Arten, Sorten

Cas: Mandarinengroße Guavensorte aus Costa Rica und Guatemala, die frisch (wie Äpfel) verzehrt werden oder zu Eiscremes, Getränken, Marmeladen und Sorbets verarbeitet werden können. Ihr hoher Säuregehalt kann durch Übergenuss zwar Durchfall zur Folge haben, dennoch wird meist übergebührlich davon verzehrt, da der fantastische Geschmack dieser **köstlichsten aller Guavesorten** dazu beflügelt.

Coronilla / Erdbeerguave / Psidium littorale (bot.): Diese Guavensorte kommt zwar meist aus Brasilien, sie ist jedoch auch im fernen Osten weit verbreitet. Coronillen sind ca. 8 cm lang, haben einen Durchmesser von 6 cm und eine weinrote Schale. In ihrer Fruchtmitte befinden sich etliche Samenkörner; das Fruchtfleisch schmeckt köstlich-exotisch, erdbeerartig und sehr erfrischend – besser als das der Guave!

Stachelbeerguave / Brazilian guave (engl.) / Goyava du brésil (frz.): Wohlschmeckende Guavensorte, die nicht selten zu Fruchtsäften und Gelees verarbeitet wird.

Wildguaven sind in Südamerika zu Hause. Sie weisen eine pflaumenartige Form auf und besitzen weißgelbes Fruchtfleisch, das vorwiegend der Herstellung von Eis und Getränken dient, da es gnadenlos sauer schmeckt.

Hauptinhaltsstoffe

Calcium, Eisen, Ellagsäure, Folsäure, Kalium, Magnesium, Pektin, Phosphor. Guaven bergen obendrein **200–900 mg / % Vitamin C** und beeindrucken durch beachtenswerte Provitamin-A-, Vitamin-B- und -K-Gehalte.

Verwendung, Zubereitung

Guaven können zwar auch als Frischfrüchte verzehrt werden, sie dienen jedoch überwiegend der Herstellung von Kompott, Likör, Marmelade oder Saft, der dann meist als Aromaträger in Joghurt- und Quarkspeisen Verwendung findet. Am besten schmecken frische Guaven, wenn man sie leicht gekühlt, dünn geschält, geviertelt und schließlich, mit Zucker und Weinbrand (oder Rum) gewürzt, verspeist.

Lagerung

Kühl gelagert lassen sich unbeschadete Guaven bis zu 8 Tage lang bevorraten. Unreife, also noch grünschalige Exemplare, lässt man vorzugsweise an einem zwar kühlen, jedoch möglichst hellen Ort nachreifen.

Volksmedizinische Bedeutung

Guaven lindern Magen- und Darmbeschwerden, ihr hoher Kaliumgehalt fördert ebenso Schlackentransporte. Guavenblätter schwächen Zahnschmerzen, wenn man sie gemächlich zerkaut.

Tipp

Unter allen exotischen Früchten wird die Guave als **das Vitamin-Kraftpaket** schlechthin bezeichnet.

Gurke

Cucumis sativus

Agurets (russ.), Agurke (dän.), Augurke (niederl.), Cetriolo (ital.), Concombre (frz.), Cucumber (engl.), Gommer, Gorge (thür.), Guggumere (schweiz.), Gukummern, Gummer, Gurcke (altdt.), Jurke (berlin.), Komkommer (niederl.), Küm(m)erling, Kukum(b)ern, Kummere (hunsr.), Ogurets (russ.), Okurka (tschech.), Omorke, Pepino cohombro (span.), Umurke (österr.)

Allgemeines, Herkunft, Geschichtliches

Die Gurke wurde schon vor 4000 Jahren an den Südhängen des Himalajagebirges angebaut. Über Ägypten und Griechenland kam sie im Mittelalter (5.–15. Jh.) auch nach Rom, wo sie Kaiser Tiberius in seinen Hofgärten anbauen ließ. Kaiserin »Sissi« pflegte ihren zarten Teint täglich mit frischen Gurkenscheiben, da sie von deren hautregenerierenden Eigenschaften wusste.
Ein berühmtes tschechisches Gurkenanbaugebiet nennt sich »Znaim« – daher die berühmte Garnitur für Rostbraten oder **Rumpsteak »Znaimer Art«**, die prinzipiell mit warmen Gurkenstreifen bestreut werden.
In der Botanik wird die zur Großfamilie der Kürbisgewächse (Cucurbitaceae) zählende Gurke den **Beeren** zugeordnet, da ihre Samen weichschalig und in das Fruchtfleisch eingebettet sind.

Aussehen

Die meisten Gurken sind zwar grünschalig, es gibt jedoch ebenso gelbe und weiße. Qualitativ hochwertige Gurken sind unverletzt und sauber – sie sollten keine ausgeprägte Kernbildung aufweisen.

Geschmack

Gurken kennzeichnen sich durch einen erfrischenden und angenehm milden Geschmack.

Arten, Sorten

Apfelförmige Gurken: Saftig knackige Gurkensorte aus dem Freiland, die sich vornehmlich für Salatzubereitungen eignet.

Beta-Alpha-Gurken: 15 cm lange, bis zu 250 g schwere Gurkensorte, die einstens zwar aus Israel und der Türkei importiert wurde, mittlerweile jedoch auch schon in deutschen Treibhäusern herangezogen wird.

Cornichons / Cetriolini (ital.) / Gherkins (engl.) / Gurkerln (österr.) / Kornison (türk.) / Traubengurken: In Gewürzessig eingelegte zeitig gerntete Minigürkchen.

Dauergurken / Einlegegurken / Ridge cucumber (engl.): Mittelgroße, leicht gekrümmte, dunkelgrüne, meist süßsauer eingelegte Gurkensorte, die überwiegend im Freiland angebaut wird. Ihre konsistente Oberfläche ist mit zahlreichen stachligen Warzen bedeckt, die im Laufe der Reife verschwinden. Gelegentlicher Bittergeschmack bei den **wärmeabhängigen Freilandgurken** ist meist auf durch plötzliche Kälteschocks hervorgerufene Wachstumsstörungen zurückzuführen. Auch Gurken, die zeitweise durch extreme Sonneneinwirkung leiden mussten, reagieren mit **Bitterkeit**. Von Nachteil sind zwar auch extreme Temperaturgegensätze zwischen Tag und Nacht, man kann jedoch nicht ausschließen, dass bei der Bildung der Bitterstoffe ebenso widrige Lichtverhältnisse, züchtungsbedingte Empfindsamkeiten einzelner Sorten und sogar Überlagerung eine wichtige Rolle spielen.

Dauergurken sind rund um den Spreewald (südlich von Berlin, wo unlängst ein 250 km langer »Gurken-Radweg« als Attraktion eingeweiht wurde) eine beliebte Spezialität. Bereits um 1750 brachten es die Spreewälder zur Meisterschaft, so dass Friedrich der Große aus dem damals sächsischen Oberspreewald Gurkeneinleger nach Preußen abwerben wollte. Die einzigartige Qualität Spreewälder Gurken soll einem Lübbenauer Gurkenfabrikanten zu verdanken sein, der vor über 100 Jahren entdeckte, wie man den Gärungsprozess beschleunigen und somit ein Hohlwerden der Gurken verhindern kann: durch Behandlung mit feinen Nadelstichen.

Original **Spreewaldgurken**-Rezept: 3 kg gewaschene Einlegegurken in einem hohen Steintopf mit Salz bestreuen und über Nacht stehenlassen. Gurken entnehmen, trockentupfen, abwechselnd mit feingeschnittenen Dilldolden, getrocknetem Estragon, Perlzwiebeln, Meerrettichscheiben, Pfefferkörnern und Lorbeerblättern in den Steintopf schichten. 1 l Essig, ½ l Wasser und 2 EL Zucker aufkochen und die Gurken damit übergießen. Nach 10 Tagen den Sud abgießen, aufkochen, nochmals über die Gurken schütten und mit Cellophan luftdicht schließen. Nach 6 Wochen sind die Gurken verzehrfertig.

Delikatessgurken / Dillgurken / Essiggurken / Gewürzgurken / Knoblauchgurken / Pepinillo (span.) / Pfeffergurken / Salzgurken / Sauergurken / Saure Gurken (ostdt.) / Schmorgurken / Senfgurken / Teufelsgurken / Zuckergurken sind Dauergurken, die nach ihrer jeweiligen Zubereitung benannt werden.

Industriegurke / Polnische Gurke / Schlesische Gurke: In Scheiben-, Streifen- oder Würfel geschnittene Dauergurke.

Häkelgurke / Knudelgurke / Krüppelgurke nennt man eine durch Wachstumsstörungen hervorgerufene deformierte Gurke (s. u. »Dauergurke«).

Herrengurke / Gentleman's toes (engl.) / Tinda / Tindla / Tindli (ind.) nennt man eine winzige gurkige Gemüseart, die in Indien angebaut und verzehrt wird.

Japangurke / (K)urigurke: sieht zwar so ähnlich aus wie unsere Salatgurke, besitzt jedoch eine warzige Schale. Das Aroma dieser Gurkensorte, die in Japan meist in Reiswein eingelegt verzehrt wird, ist ungewöhnlich fischig.

Melonengurke: Orangengroße, ovale, gelbgrünschalige Gurke, deren Ursprung in Puglia (Italien) liegt, wo sie wie eine Melone verspeist wird.

Landgurke / Minigurke / Vespergurke: 150–200 g leichte Salatgurken-Neuzüchtung, die speziell Singles zum Kauf anregen soll.

Rote Schlangengurken wurden Ende der sechziger Jahre von dem holländischen Botaniker Merrle – sogar mit Gurken- oder Tomatengeschmack – gezüchtet, eine deutliche Marktposition konnten sie bislang nicht einnehmen.

Salatgurke / Salatalik (türk.) / Schälgurke / Schlangengurke / Walzengurke: Große, gerüstabhängige, warzenlose Gurkensorte, deren weltweit größte Anbauflächen zwar in China liegen, die meisten gelangen jedoch aus französischen, belgischen, italienischen und niederländischen Treibhäusern zu uns. Bei konsequent geschälten Salatgurken aus dem Glashaus kann man davon ausgehen, dass sie keine giftigen Stoffe mehr enthalten, denn die befinden sich nur in der Außenhaut. Solche aus dem Bioanbau können bedenkenlos mitsamt der Schale verzehrt werden.

Bittere Salatgurken sind laut EWG-Vorschrift grundsätzlich nicht mehr handelsfähig. Lediglich in den Klassen II und III dürfen maximal 2% (nach Anzahl der Gurken, und zwar nur an den Enden) einen bitteren Geschmack aufweisen.

Schälgurken nennt man Delikatessgurken vor dem Einlegen – nachdem sie ihrer Schale entledigt wurden.

Schlangenhaargurke / Trichosanthes cucumeriana (bot.) / Chichinda (ind.) / Club gourd (engl.) / Courge serpent (frz.) / Long tomato (engl.) / Schlangengurke / Schlangenkürbis / Serpent végétal (frz.) / Snake gourd (engl.) nennt sich ein vermutlich in Vorderindien oder Australien heimisches, mit der Gurke entfernt verwandtes, spiralig verdrehtes, grünweißes (selten gestreiftes) Gewächs, das in Afrika, Asien, Australien, in der Karibik und in Südamerika angebaut wird. Die kernreiche, nur 5–10 cm dicke Schlangenhaargurke kann **1,80 m Länge** erreichen; ihr rötlich grünes Fruchtfleisch dient meist der Gemüseherstellung.

Traubengurke / Vorgebirgstraube nennt sich eine alte deutsche Einlegegurkensorte.

Hauptinhaltsstoffe

Apfelsäure, Calcium, Eisen, Folsäure, Kalium, Kieselsäure, Magnesium,

Oxalsäure, Phenolsäure, Phosphor, Provitamin A, Vitamin B 1, C, Wasser (98%), Zitronensäure.

Verwendung, Zubereitung

Salatgurken werden zwar meist – wie der Name schon sagt – zu Salat bereitet, zunehmend dienen sie jedoch auch der Herstellung unterschiedlicher Gemüsegerichte. Unzulänglich zerkauter Gurkensalat kann bei Personen mit sensiblem Magen Unverträglichkeiten hervorrufen (z. B. Aufstoßen, Bauchweh, Durchfall). Dem kann man im Vorraus entgegenwirken, indem man entweder der Salatsauce Senf beimengt oder die schwer verdaulichen Kerne der längs geteilten Gurke mittels eines Kaffeelöffels entfernt.

Lagerung

Gut gekühlt sind Salatgurken zwar bis zu 3 Wochen lang haltbar, sie sollten jedoch nie zusammen mit Ethylen ausscheidenden Früchten oder Gemüsen (z. B. Äpfeln, Tomaten oder Paprikaschoten) aufbewahrt werden, da sie sonst rascher vergilben.

Volksmedizinische Bedeutung

Ernährungsphysiologisch ist die Gurke deshalb hoch einzustufen, weil sie **zu den basenreichsten Gemüsen zählt** und vor Darmkrebs schützt. Frischer Gurkensaft bekämpft Frostbeulen, Hautkrankheiten und Sonnenbrand. Gurkensaft, der mit Milch zu gleichen Teilen vermischt wurde, wirkt durststillend, beruhigend und sogar fiebersenkend. Mit Salatgurkenschalen kann man Kopfschmerzen bekämpfen, wenn man sie eine Weile mit der geschälten Seite auf die Stirn legt.

Saure Gurken lassen zwar nachweislich dem Körper Wärme zukommen und fördern auch die Verdauung, der Spruch »Sauer macht lustig« trifft bei sauren Gurken jedoch nicht zu, da sie den Magen eher miesepetrig machen und zudem den Nachdurst fördern.

Nach dem übermäßigen Genuss von fettreichen Speisen und / oder Alkohol hat ein Saft aus frischgepressten Gurken, die mitsamt der zuvor abgewaschenen Schale im Mixer zerkleinert wurden, **entgiftende, wohltuende und regenerierende Eigenschaften auf die Bauchspeicheldrüse**.

Tipp

Der zeitgenössische Stararchitekt **Norman Foster** schuf in London ein futuristisches Hochhaus, das einer Gurke nicht unähnlich ist, weshalb es die Einwohner der britischen Hauptstadt liebevoll als **»Gherkin«** (Gurke) bezeichnen.

H

Hafer

Avena sativa

Avoine (frz.), Biwen, Flöder, Gäbelshaber, Haber (schweiz.), süddt., Haver (hunsr.), Howern, Oat (engl.), Rispenhafer, Yulaf (türk.)

Allgemeines, Herkunft, Geschichtliches

Der Ursprung des zu den Süßgräsern zählenden Hafers liegt in Vorderasien. In Nord- und Mitteleuropa ist Haferanbau seit der Bronze- und Eisenzeit nachgewiesen, womit Hafer zu den jüngeren Kulturgetreiden gehört. Im Altertum galten Haferstrohbäder und -packungen als hilfreiche Mittel gegen Rheuma sowie Nieren- und Blasenleiden. Haferimporte (meist kommen sie aus Amerika, Kanada, Neuseeland und Australien zu uns) werden durchgängig zur Lebensmittelherstellung verwendet – aus deutschem Hafer wird meist »nur« Tierfutter produziert.

Aussehen

Hafer weist vielfach verzweigte, in anmutiger Weise angeordnete Rispen mit gleichseitig gewachsenen Ährchen und von Spelzen umgebene, hängende Körnerfrüchte auf. Die Höhe des Hafers variiert wie bei keinem anderen Getreide: von 60 bis 120 cm.

Geschmack

Hafer besitzt ein mild-nussiges Aroma.

Arten, Sorten

Flughafer / Windhafer / Avena fatua (bot.): In Asien, Amerika und Europa weitverbreiteter und schwer ausrottbarer Wildhafer, aus dem die Kulturformen entstanden sind.

Nackthafer / Avena chinensis (bot.): Alte Hafersorte, bei der sich das Korn leicht aus der Spelze löst.

Hauptinhaltsstoffe

Aminosäuren, Ballaststoffe, Calcium, Eisen, Eiweiß, Fett, Kieselsäure, Magnesium, Phosphor, Schleimstoffe, Vitamin B 1, B 2, E, Zink.

Verwendung, Zubereitung

Hafer wird zu **Haferflocken / Quaker oats (engl.)** (gequollene und gewalzte Haferkörner), Mehl oder Grütze verarbeitet, woraus dann Auflauf, Brei, Gebäck, Müsli oder Säuglingsnahrung hergestellt wird. In England und Schottland bereichern Haferflocken als **»Porridge«** (warmer Haferbrei / Musbrei / Schwarzer Brei) den Frühstückstisch. Geröstete Haferflocken können ebenfalls als kostengünstiger **Mandelersatz** dienen, zumal sie während der Erhitzung ein mandeliges Aroma entfalten.

Da Hafermehl sogenannte Antioxidantien enthält, die das Ranzigwerden fetthaltiger Nahrungsmittel boykottieren, wird es häufig als Bestandteil von Erdnussbutter, Margarine und Schokolade eingesetzt. Auch Papiertüten, die mit gesalzenen Nüssen, Kaffee und Kartoffelchips bestückt sind, werden zur besseren Haltbarmachung innen mit Hafermehl bestäubt. Bei der Eiscreme- und Molkereiproduktehestellung dient Hafermehl als Fettstabilisator.

Haferreis nennt man geschälte und geschliffene Haferkörner, die zwar im Großen und Ganzen wie gewöhnlicher Reis zubereitet werden können, jedoch ein Vielfaches mehr an Flüssigkeit und Garzeit benötigen.

Volksmedizinische Bedeutung

Hafer ist dank seines Reichtums an gesundheitszuträglichen Inhaltsstoffen imstande, Herz, Leber, Galle und Bauchspeicheldrüse zu entlasten, einen gestörten Eiweißstoffwechsel wieder ins Gleichgewicht zu bringen, vor Krebs zu schützen und die geistige und körperliche Leistungsfähigkeit zu steigern. Aufgrund dessen wird der Hafer auch als **Energiespender Nr. 1 unter den Getreidesorten** gehandelt, da er infolge seiner Ballast- und Schleimstoffvielfalt beruhigende, kreislaufstärkende, sättigende und die Darmperistaltik (Bewegungen) anregende Wirkungen erzielt.

Sommersprossen lassen sich bleichen, indem man 2 EL Haferflocken mit 4 EL Buttermilch zu einer Paste verrührt und diese alle 3 Tage für 20 Minuten ebenmäßig auf die Sommersprossen aufträgt – anschließend mit lauwarmem Wasser abspülen.

Raue Hände bekommt man wieder »in den Griff«, wenn man eine Handvoll Haferflocken mit heißem Wasser übergießt und nach dem Erkalten die Hände darin badet.

Hauterkrankungen behandelt man erfolgreich mit einem Sud aus Haferstroh, der dem Badewasser hinzugegeben wird.

Tipp

Eine Mischung aus Haferflocken und ein paar Apfelstückchen, die danach mit Magermilch übergossen wurde, gilt als unschlagbarer Muntermacher am frühen Morgen, weil sie in dieser Zusammensetzung eine Vielzahl an Powerstoffen beinhaltet.

Hagebutte

Rosa canina

Agavanzas (span.), Annekenbutte, Baderli, Barbuschke, Bauchstecherl, Beißerle, Biliger, Blühdorn, Botschüle, Bottelhecke, Bottelknopf, Bottelter, Botten, Broselbeere, Bruttel, Buckel, Büschelrose, Buggele, Bullendorn, Bullenpischer, Bullensack, Bullert, Bunzigel, Buschrose, Buttanischen, Buttelapfel, Butteldinger, Buttelhiefe, Buttenbeere, Buttenrose, Butterfässlein, Butzhagen, Buzigel, Christusdorn, Coccole della rosa canina (ital.), Dog rose (engl.), Donnerrose, Dorn(apfel), Dornbeere, Dornfiselchen, Dornhüttchen, Dornkuchel, Dornkühlein, Dornmännchen, Dornrose, Dornstaude, Dostrose, Dutteldorn, Duttelknopf, Duttelstrupp, Egeltiere, Églantier commun (frz.), Eklenter, Erlstaude, Escaramujos (span.), Eschkete, Eschrose, Essröschen, Fettochsen, Filzstrauch, Flatterrose, Flöckrose, Frauenrose, Fruit of

Hawthorn (engl.), Fruits d'églantier (frz.), Gaulknödel (süddt., österr.), Haarbutte, Ha(ber)butze, Habrodel, Hachelbutze, Häge, Haferbutze, Hagelbutte, Hage(l)butze, Hageldische, Hag(el)dorn, Hageldotsch, Hagenapfel, Hag(e)rose, Hagewüppkes, Hagipken, Hagspitzbuschen, Hahnbeere, Hahnbusch, Hahndorn, Hahnebutte, Hahnklößchen, Hahnklöten, Hahnpfautschen, Hahnpink, Hahnwiepen, Hainbutten, Haingitsche, Hainhiffe, Hainhoken, Hainrose, Hainrosenbeere, Haketiuken, Halfe, Halskitzele, Hammbutte, Han(e)butten, Hangelrose, Hanódl, Hapûtchen, Harwuzel, Hatscherrose, Hâweike, Hawohde, Hebetschen, Heckenapfel, Heckenbecken, Heckenbutze, Heckengatzerle, Heckenkirsche, Heckenpikker, Heckenröschen, Hefakölli, Hegen, Heiderose, Heimbutte, Heinzerlein, Helfen, Helfestude, Hennefetzel, Hennefüßlein, Hepelepepel, Herrenapfel, Herrenquaste, Hetschenbeere, Hetschepetsch(en) (österr.), Hetsche(rl)n (österr.), Heuetrösli, Hexendorn, Hicke, Hiefalter, Hiften (fränk.), Hinfen, Hirgenrose, Hissen, Hitschipitsch, Höfeskölli, Holzrose, Honiefte, Hornbutte, Hondsroos (niederl.), Hüffen, Huheichel, Huhicke, Hunäferle, Hundsdorn, Hundsklöße, Hundsrose, Hun(n)beere, Hussefackeli, Ibbesbiercher, Jepkes, Jobke, Juckapfel, Juckbeere, Juckbirnchen, Juckbohne, Juckkörner, Juckrose, Judasbeere, Judenbrot, Judenbutz(e), Judenheppe, Jungferntutten, Kakadér, Kapernass, Kaulbutsch, Kiepenkirsche, Kiepenstrauch, Kippendorn, Kippenrose, Kläggedorn, Klappohren, Klunzhenne, Knappbutte, K(o)rallen, Krällekes, Kranach, Kratzdorn, Kratzer, Krawuddele, Krimmelrose, Krögedorn, Krukbeere, Kusburnu (türk.), Lausbeere, Laus(busch), Lauspeke, Mäckeslüs, Magenputzerli, Mariabirnchen, Marterbeere, Martinsbeere, Mehlbeere, Mehlkirsche, Mehlklettchen, Mehlsack, Meischgl, Milchrose, Moosrose, Moschkulle, Müllerkes, Mufeln, Nagelrose, Naunetzen, Naunitzen, Nipenappe, Nipenbirne, Nipetäre, Öchslein, Ohr(en)bambelcher, Ohrklunker, Ohrringel(ein), Orangen des Nordens, Pargaukle, Patsche, Pferderose, Pfingstliese, Pfrosle(n), Picke, Pickrose, Piepekantjes, Pitschepatschen, Porzel, Pracherrose, Puck(el)rose, Püppchen, Quast, Rawodele, Reikemann, Repeldorn, Rose hip (engl.), Rosenbeere, Rosspüppke, Rote Dirndl, Rote Männlein, Rote Schlehe, Rotköpfchen, Rotpipke, Rührfass, Rüterdorn, Säule, Saurose, Schattenrose, Schipka, Schlackerrose, Schlagdorn, Schlingrose, Schmalzkübelein, Schnoterkliess, Schwarzkopf, Schweinchen, Scitzadorn, Scitzela, Scütz, Sipky (tschech.), Skützgoglen, Smulenträkers, Spackel(dor), Stachelhecke, Staudenröschen, Steinröschen, Stichel, Stinkrose, Storlbeere, Suckel(in), Wasserkübelein, Wegdorn, Weibel, Weibermegser, Weibermetzger, Weibrose, Wepdorn, Wepeln, Wetterrose, Wieke, Wiepe, Wiepke(s)dorn, Wieptiuken, Wilde Keppen, Windrose, Zaunrose, Zeilnägele, Ziegendorn, Zwicker

Allgemeines, Herkunft, Geschichtliches

Als »Hagebutten« bezeichnet man die Scheinfrüchte **der weitverbreitetsten Wildrose** Mitteleuropas. In

Eurasien und Osteuropa liegen die größten Anzuchtgebiete dieses oft bogig überhängigen und reichlich mit Stacheln versehenen, bis zu 3 m hohen Rosengewächses (Rosaceae) – in Deutschland gilt ihr Anbau als unwirtschaftlich. Die Hagebuttenfrüchte (fachspr. Nüsschen) sollten zwischen September und November, also noch vor den ersten Minusgraden geerntet werden, weil ihr enormer Vitamin-C-Gehalt durch Frosteinwirkung geschmälert wird. Überzählige Exemplare gelten bei Vögeln als begehrte, da wertvolle Winternahrung.

Mit 300 (!) Synonymen gilt die blass- bis hellrosa blühende Hagebutte, von der es in Deutschland weit über 30 verschiedene Sorten gibt, als **herausragende Siegerin dieser Kategorie**.

Zu ihrem Namen »Hundsrose« gelangte die Hagebutte im Mittelalter, als man noch dachte, sie nütze nach den Bissen eines tollwütigen Hundes.

»Orangen des Nordens« werden Hagebuttenfrüchte aufgrund ihres Vitamin-C-Reichtums genannt.

Das Wort »Hagebutte« stammt noch aus Zeiten, als der Hagebuttenstrauch der Einfriedung (althochdt. Hage: Zaun) und als Wetterschutz (althochdt. Butte: Korb / Hülle) von Bauernhöfen galt.

Aussehen

Die Färbung der eiförmigen bis kugeligen Hagebuttenfrüchte reicht von grün über gelb und orange bis hin zu lebhaftem Rot.

Die Blätter sind unpaarig gefiedert, einzeln eiförmig bis elliptisch geformt und doppelt gesägt.

Geschmack

Hagebutten schmecken aufgrund ihres Vitamin-C-Reichtums sehr sauer.

Arten, Sorten

Alpenrose / Rosa pendulina (lat.) / Vitaminrose: Kultivierte, flaschenförmige Hagebuttensorte, die meist aus Russland zu uns gelangt.

Kartoffelrose / Rosa rugosa (lat.): Kugelrunde Hagebuttensorte.

Rose / Rosa (bot.) / Gül (türk.) / Rose (engl., frz., ital.): Im Mittelalter galt Rosenhonig als Heilmittel bei Kopfschmerzen, Lungen- und Leberkrankheiten und das Lieblingsdessert Kaiser Neros war Rosenpudding. Ein Rosenorakel zeigte einst an, ob eine Hochzeit ins Haus stand: Abends warf man 2 Blütenblätter ins Wasser – schwammen sie über Nacht zusammen, war es bald soweit. Der Spruch »sich auf Rosen betten« stammt noch aus antiken Zeiten: Die Einwohner der einstmals griechischen Kolonie Sybarit in Süditalien betteten sich schon auf Matratzen, die mit duftenden Rosenblättern gefüllt waren. **Der größte Rosenstock der Welt** steht im amerikanischen Tombstone. Sein Stamm ist 4 m dick und seine Zweige bedecken eine Fläche von 742 qm. Rosen aus dem Blumenladen sind für den Verzehr zwar ungeeignet, da sie meist mit Düngemitteln verseucht sind, ungespritzte, leicht gewaschene Rosenblätter und -blüten können jedoch ausnahmslos zur Herstellung von Bowle, Eis, Marmelade, Müsli, Pudding, Saft und Salaten verarbeitet werden. **Rosenpudding** lässt sich ganz einfach zubereiten, indem man kalt anzurührendes Vanillepuddingpulver mit fein zerkleinerten Rosenblüten mischt. Rosigeren Zeiten könnte man nach dem Einatmen von Rosenduft entgegensehen, da er nicht nur beruhigt, entspannt und sowohl Kopfschmerzen als auch schlechte Laune vertreibt, sondern zudem zuversichtlich macht. Ein Aufguss aus Rosenblättern und Schwarzem Tee besitzt die gleichen »die Liebeslust anregenden« und aufmunternden Eigenschaften wie ein **Rosenessig**, der aus Rosenblütenblättern bereitet wird, die man 4 Wochen lang mit Rotweinessig vereint. Weitestgehend unbekannt ist heutzutage, dass einst Rosen, an der Stirnseite von Weinbergen gesetzt, als aufschlussreiche Indikatorpflanzen und nicht nur als beschauliche Zierpflänzchen galten. Das heißt, der Winzer konnte anhand der Anfälligkeit der Rose darauf schließen, ob der Feuchtigkeits- oder Stickstoffgehalt des Weinbergbodens in Ordnung ist, da die Rose in etwa **die gleichen Wachstumsbedingungen der Weinrebe** besitzt. Heutzutage trifft diese Regel nicht mehr ganz zu, da die meisten Rosensorten mittlerweile äußerst resistent sind.

Rosenäpfel nennt man Pflanzengallen an wilden Rosen (s. u. Apfel: »Sorten«).

Hauptinhaltsstoffe

Apfelsäure, etherisches Öl, Flavonoide, Gerbstoffe, Leucocyanidine, Lycopin, Mineralstoffe, Pektin, Provitamin A, Tocopherole, Vitamine B 1, B 2, C, D, E, K, P, Zitronensäure, Zucker. Hagebuttensaft beinhaltet den 15-fachen Vitamin-C-Gehalt von Orangensaft: 500–1700 mg / %. Hagebuttenkerne enthalten sogar Vanillinspuren.

Verwendung, Zubereitung

Hagebutten sind nur im gegarten Zustand verzehrbar. Aufgrund dessen werden sie meist entweder zu Saft gepresst, der z. B. der Likör-, Limonaden- sowie der Fruchtweinproduktion dient, oder zu **Hägenmark (schwäb.) / Hiffenmark (fränk.) / Buttenmost (schweiz.)** verkocht, das dann nicht nur bei der Saucen- oder Suppenherstellung hilfreich ist, sondern auch zu Hagebuttenmarmelade verwendet wird, die in der Rhön auch als »Wuhrhöpfemos« bezeichnet wird.

Hagebuttenkonfitüre-Rezept: Reife Hagebuttenfrüchte vom Kelch befreien, reinigen, zerkleinern, und 45 Minuten in wenig Wasser dämpfen, damit sich die Härchen an den Kernen derart verfilzen, dass sie beim Durchtreiben mitsamt den Kernen im Sieb verbleiben. Das erbrachte Mark sollte nun mit Zucker (auf 1 kg Mark 850 g Zucker) und etwas Zimt solange eingekocht werden, bis es die gewünschte Konsistenz erlangt hat.

Deutscher Tee / Kernles-Tee nennt man Tee, der aus getrockneten Hagebuttenkernen aufgebrüht wurde.

Im gerösteten Zustand dienten gedörrte Hagebuttenkerne zu Kriegszeiten der Herstellung von Kaffeeersatz.

Lagerung

Trocken und luftig lassen sich frisch geerntete Hagebutten etwa eine Woche aufbewahren.

Spätestens nach einem Jahr sollten Hagebuttenprodukte aufgebraucht sein, **weil das vergängliche Vitamin C dann seine Wirksamkeit einstellt**.

Volksmedizinische Bedeutung

Hagebuttengenuss dient der Infektabwehr, wirkt Krebs entgegen, schützt vor schädlichen UV-Strahlen, hilft Giftstoffe in Leber und Nieren abzubauen und wirkt obendrein abführend sowie harntreibend.

Hagebuttentee bekämpft Blasen-, Nieren- und sogar Augenentzündungen, wenn man die Augen vorsichtig mit einem in Hagebuttentee angefeuchteten Läppchen betupft.

Tipp

Vielerorts ist es am Neujahrsmorgen Brauch, dass das Familienoberhaupt Hagebuttenfrüchte aus der näheren Gemarkung erntet, da sie nach altem Volksglauben im Folgejahr Krankheiten von Haus und Hof fernhalten sollen.

Hanf

Cannabis sativa

Cânamo (span.), Canapa (engl.), Chanvre (frz.), Gewöhnlicher Hanf, Hannef (hunsr.), Hemp (engl.), Kenevir (türk.)

Allgemeines, Herkunft, Geschichtliches

Seit dem 3. Jh. v. Chr. ist der in Syrien beheimatete Hanf bekannt. Dieser **rasant wachsende** und vielseitig nutzbare Verwandte des Hopfens wird heute in Amerika, China, Italien, Russland, Serbien und in Ungarn kultiviert. Seit 1996 darf Hanf (Cannabaceae) zwar auch in Deutschland angebaut werden – jedoch nur – wenn seine Blätter einer »nützlichen Weiterverwertung« (z. B. zu hochwertigem Speiseöl) dienen. Etwa **34 kg Blätter** des Gewöhnlichen Hanfs müsste man rauchen, um »high« zu werden, da die rauscherzeugenden Inhaltsstoffe in diesem Hanfgewächs nur spärlich zugegen sind.

Aussehen

Der Hanf hat krautige Blätter mit fingerförmigen, gezähnten und gefiederten Bastfasern, die 5–55 mm lang und 15–28 mm breit werden können. Da seine hohlen, innen berindeten Stängel bis zu 5 m Höhe erreichen können, zählt der Hanf zu den Pflanzen mit den **längsten, nutzbaren Fasern**. Aus den zierlichen Hanfblüten entfalten sich mit der Zeit nussartige Früchtlein.

Geschmack

Junge Hanfblätter haben ein leicht bitter-herbes Aroma.

Hanfsamen schmecken mild-nussig.

Arten, Sorten

Fimmel / Fem(m)el (fachspr.): männlicher Hanf.

Indischer Hanf / Cannabis indica (lat.): Einjährige, bis zu 4 m hohe, überwiegend in Afghanistan, Indien und im Iran angebaute Hanfsorte, deren Blattspitzen aufgrund ihres hohen Delta-9-Tetrahydrocannabinol-Gehalts (THC) meist **zur Herstellung von Haschisch** genutzt wird.

Juso 31: Ölhaltige Hanfsorte, deren Früchte deshalb zur Speiseölherstellung zugelassen sind, da nicht nur ihr Anteil an rauscherzeugenden Substanzen weit unter dem maßgeblichen Schwellenwert von 0,3% liegt, sondern auch, weil es lebenswichtige Gamma-Linolensäure beinhaltet, zu deren eigenständiger Produktion unser Organismus nicht imstande ist.

Hauptinhaltsstoffe

Cellulose, Gamma-Linolensäure, THC: Tetrahydrocannabinol (illegale psychoaktive Substanz).

Verwendung, Zubereitung

Mit kleingehackten, jungen Hanfblättchen lassen sich aromaschwache Salate aufwerten.

Geschälte, leicht angeröstete Hanfsamen kann man (im Ganzen oder kleingehackt) zum Überstreuen von Aufläufen, Salaten, Suppen oder Desserts verwenden.

Aus Hanfsamen wurde bislang zwar lediglich Öl gepresst, das als Rohprodukt der industriellen Verarbeitung von Kosmetikprodukten, Schmierseife und Lacken diente, in Schleswig-Holstein ist man jedoch neuerdings dabei, kaltgepresstes Hanföl als **ernährungsphysiologisch äußerst hochwertiges Speiseöl** zu vermarkten. Getrocknete Hanfsamen dienen ebenso der Herstellung von Hanfmehl, das sich bestens zur Gebäckherstellung eignet. Es gibt sogar ein raffiniertes, altes **Hanfkuchenrezept**, das neben Hanfmehl auch Hanfsamen, Butter, Kristallzucker, Staubzucker, Vanillezucker, Salz, Eigelb, Eiweiß, Rum, Milch, Backpulver und Mehl beinhaltet.

Getrocknete Hanffasern werden nach dem Trocknen meist zur Herstellung von Waren verwendet, die einer hohen Festigkeit und Wasserbeständigkeit bedürfen (z. B. Kleidung, Möbel, Papier, Produkte für die Autoindustrie, Säcke, Segeltücher, Seile, Taue usw.).

Hanfsuppe gab es einstens in Oberschlesien zu Heiligabend: Die aschfahlen Hanfsamen wurde erst gründlich gewaschen, dann 2 Stunden lang gekocht, abgespült, zerstoßen und mindestens noch viermal jeweils mit frischem Wasser gekocht. Die jeweils anfallende Brühe wird mit kalt angerührtem Hirsemehl gebunden und schließlich mit Salz und Zucker abgeschmeckt.

Hanfen nennt man Produkte, die aus Hanf bestehen.

Lagerung

An einem kühlen Ort lassen sich frische Hanfblätter mühelos bis zu 2 Wochen lang bevorraten.

Volksmedizinische Bedeutung

Warme Umschläge mit Hanfblättern lindern Rheuma und Migräne.

Zahnschmerzen bekämpft man, indem man Hanfblättchen gemächlich zerkaut und sie danach noch möglichst lange mit der Zunge im Mund hin und her bewegt.

Tipp

Kaltgepresstes Hanföl eignet sich zwar bestens für die Kalte Küche – für heiße Zubereitungen ist es jedoch gänzlich ungeeignet, da sich die vielen ungesättigten Fettsäuren bei aufsteigenden Temperaturen in gesundheitsgefährdende, da krebserregende Stoffe umwandeln.

Haselnuss

Corylus avellana

Aveline (frz.), Avellana (span.), Findik (türk.), Fleisch der Vegetarier, Hasel, Hasselnött (norw.), Hazelnoot (niederl.), Hazelnut (engl.), Nocciola (ital.), Noisette (frz.), Welschhasel

Allgemeines, Herkunft, Geschichtliches

Die Heimat der ursprünglich wild wachsenden Haselnuss liegt in Südeuropa und Kleinasien, wo sie schon vor unserer Zeitrechnung der Ernährung diente. Heutzutage findet man die anspruchslosen und genügsamen, zur Familie der Birkengewächse (Betulaceae) und Schließfrüchte zählenden Haselnusssträucher **(keine Bäume)** meist als frostresistente Sichtschutzgehölze in Gärten oder Parks.

Ab Mitte August erreichen uns Haselnüsse **mit Schale** meist aus Frankreich, Griechenland, Italien, Russland, Spanien, USA und Zypern; die Türkei ist Hauptlieferant für **schalenlose** Haselnüsse.

Angesichts ihres hochwertigen Eiweiß- und Fettgehalts werden Haselnüsse auch als »Fleisch der Vegetarier« bezeichnet.

Aussehen

Haselnüsse weisen eine längsgestreifte, glänzende oder matte und – mehr oder weniger dicke – verholzte Schale auf. Der elfenbeinfarbene, hartfleischige und – je nach Sorte – kugel- oder ovalrunde Kern ist von einem hellbraunen Häutchen umgeben.

Geschmack

Die Haselnuss besitzt ein typisch haselnussiges Aroma, das durch »Filberton« (farbloses Öl) hervorgerufen wird.

Arten, Sorten

Barcelones-Nuss / Oregon-Haselnuss / Royals: Voluminöse, rundliche Haselnusssorte, aus der meist Pralinen und anderes Naschwerk gemacht wird.

Baumhasel / Corylus colurna (lat.) / Tombul / Türkische Dicknuss / Türkische Hasel: Wertvoller, bis zu 25 m hoher Straßen- und Parkbaum, der häufig in Kleinasien, Österreich und Ungarn wächst. Seine süßaromatischen Nüsse werden bevorzugt zur Herstellung von Backwaren verwendet. Die Baumhasel liefert regelmäßig – im Abstand von 10 Jahren – **Rekordernten**.

Bluthasel: Dünnschalige Haselnusssorte mit stattlichem, rundovalem Kern, der mit einem rötlichen Häutchen ummantelt ist.

Gewöhnliche Hasel / Waldhasel lauten die Zweitnamen der wilden Haselnuss.

Giovanni-Nuss / Neapolitaner Nuss: Dünnschalige, längliche Haselnusssorte aus dem italienischen Livorno.

Italienische Nuss / Römerkern / Römische Nuss: Hocharomatische, plattrunde Haselnusssorte aus Italien.

Lambertsnuss / Corylus maxima (lat.) / Filbert-Nuss / Lambertshasel: In der italienischen Lombardei kultivierte Varietät der Zellernuss. Sie hat robuste, walzenförmige Früchte, die in einer einseitig geschlitzten Fruchthülle sitzen. Geschmacklich ist die Lambertsnuss der Zellernuss völlig überlegen.

Levantiner Nuss: Eine zwar rundliche, jedoch nach oben hin zugespitzte, dünnschalige Haselnusssorte aus dem östlichen Mittelmeerraum.

Sansibarnüsse / Zanzibarnüsse nennt man geröstete, mit Zuckerglasur und Kakao bedeckte, dragéeartige Haselnüsse.

Zellernuss / Corylus avellana var. grandis (lat.) / Bamberger Nuss / Pontische Nuss: Große, rundliche, streifwandige, dünnschalige Haselnusssorte.

Hauptinhaltsstoffe

Ballast-, Bitter- und Gerbstoffe, Calcium, Eisen, Eiweiß, Fett (61%!), Filberton, Folsäure, Kalium, Kupfer, Magnesium, Paclitaxel, Phosphor, Schwefel, Vitamin B 1, E, C.

Verwendung, Zubereitung

Getrocknet, geröstet oder gemahlen dienen Haselnüsse der Herstellung von Brotaufstrichen, Eis, Likör, Nougat, Pralinen, Puddings, Schokolade, Speiseöl, Parfüm und Seife.

Die einfachste Art, Haselnüsse ihres Häutchens zu entledigen, ist, sie wenige Minuten im Backofen zu rösten, um die geplatzte Schale anschließend in einem Tuch abzureiben. Das hat zudem den positiven Nebeneffekt, dass sich das Nussaroma (durch die Hitze) noch verstärkt.

Getrocknete Haselnussblätter gelten bei passionierten Pfeifenrauchern als der Geheimtipp.

Die biegsamen, bis zu 7 m langen Haselnusszweige werden nicht nur von Korbmachern, Böttchern und Spazierstockherstellern hochgeschätzt; da sie nicht wurzeln, besitzen sie auch bei Kleingärtnern eine Favoritenrolle: als kostenfreie Stützen bei der Anzucht von Erbsen und Bohnen.

Haselnussersatz wird meist aus Sojabohnen hergestellt.

Kätzchen nennt man den Blütenstand von Haselnuss, Kastanie und Walnuss.

Lagerung

Bei unsachgemäßer Lagerung (zu warm oder zu feucht) werden geschälte Haselnüsse zwar aufgrund ihres hohen Fettgehalts in Bälde ranzig; leicht angeröstet sind sie jedoch, infolge des geringeren Wassergehalts, länger haltbar. Haselnüsse mit Schale sind – vorausgesetzt, sie werden trocken, kühl und dunkel gelagert – bis zu 2 Jahre bevorratbar.

Volksmedizinische Bedeutung

Haselnüsse besitzen »allgemein anregende« Tugenden. Wissenschaftler entdeckten jüngst sogar, dass Haselnüsse Spuren des Wirkstoffs Paclitaxel enthalten, der das **Krebszellenwachstum** (besonders in Brust und Lungen) hemmt. Umschläge mit Haselnussblättertee lindern und bekämpfen Entzündungen und Juckreiz im Gesäßbereich.

Tipp

Für Eichhörnchen sind Haselnüsse eine Delikatesse! Während der Beschaffung ihres Wintervorrats »säen« sie an Flussufern in Gärten und in Parks unbewusst Haselnusssträuchlein aus.

Heidelbeere

Vaccinium myrtillus

Äuglbeer, Aigelbeere, Airelle noire (frz.), Angelbeere, Arándano (span.), Aterbeere, Augenbeere, Bäseke, Bäuckbeere, Bagola (ital.), Baschine,

Bayas del arándano (span.), Bayas del mirtillo (span.), Bebern, Bebitte, Beckbeere, Beerschkerne, Beersökne, Beiberen, Beikbeere, Bergmyrte, Besinge (berlin.), Beukeren, Beuwern, Bibken, Bickbeere (norddt.), Biggebitten, Bilberry (amerik.), Bilebeer, Biwerken, Bixbeere, Blabär (norw.), Blaubeere (süddt., österr.), Blauwe Bosbes (niederl.), Blubberbeere, Blueberry (engl.), Bocksbeere, Boeweln, Bor(u)fken, Bosbesse (niederl.), Buderi, Bübberken, Büddels, Büwwecken, Bullgnagen, Bullgrafen, Buschbeere, Dickbeere, Dröppelkes, Druidenbeere, Drump(f)elbeere, Drunkele, Eigelbeere, Eiselbeere, Erbel, Erber, Feibeten, Feiwerte, Ga(n)delbeere, Gehagelsbeere, Gendelbeere, Glücksbeere, Glückser, Granten, Greiserbeere, Griffelbeere, Hackentepfel, Hällebeere, Häselbeere, Haffere, Haiberten, Hanaugen, Hanbir, Hartbeere, Hasenbeere, Hedelbesinge, Hedelbeere, Heibelte, Heiber, Heidebeere, Heidel, Heilebeere, Heiti (schweiz.), Helpern, Heselbeere, Heubeere (schweiz.), Heulwaken, Heuwern (bayr., österr.), Himerte, Hindel, Höpperle, Hüteni, Hundsbeere, Jackjebeere, Jägerbeere, Jaffi(a)m(a), Jagelbeere, Jakobsbeere, Joksbeere, Klunderbeere, Kohleke, Kra(c)kbeere, Krähenauge, Kron(s)beere, Kudbeere, Kuhteke, Kupschebeere, Mamber, Margaretenbeere, Mauebeere, Mirtillo (span.), Mirtillo nero (ital.), Mol(l)beere (rhein.), Mombeere, Moosbeere (tirol.), Morpel, Moschbeere, Mostbeere, Mützke, Myrtebeere, Myrtille (frz.), Ochsenzecke, Paudelbeere, Pickelbeere, Postelbeere, Preus(s)elbeere, Pritsele, Puckelbeere, Rif(f)elbeere, Rossbeere, Sauerländische Korinthe, Schnuderbeere, Schwarzäugelbeere, Schwarzbeere (böhm., österr., süddt., vogtld.), Schwarze Erdbeere, Schwarzel, Schwarze Preiselbeere, Sendbeere, Sepbeere, Setbeere, Sibbeere, Spreißbeere, Stäudlein, Strudelbeere, Stoanlbeere, Stopfbeere, Tackbeje, Tackenbeere, Tau(ben)beere, Vossebes (niederl.), Wähle, Wal(d)beere, Waldheidelbeere, Wall(e)beere, Walpern, Wele (hunsr.), Welpern, Whortleberry (engl.), Wolbeere, Wolber(ten), Wolwatten, Worbel, Yaban mersini (türk.), Zäpern, Zechbeere (österr.), Zeckenbeere, Zette(n), Zöchbeere

Allgemeines, Herkunft, Geschichtliches

Die geografischen Ursprünge der Heidelbeere liegen in Eurasien, wo sie schon Anfang des 11. Jh.s als wild wachsende Heilpflanze bekannt war. In Deutschland findet man diese Beerenfrucht von Juni bis September (meist auf trockenem Grund) auf Kiefernlichtungen, Heideboden und in Wäldern. Großflächige Anbaugebiete dieses weißblütigen Heidekrautgewächses (Ericaceae) gibt es in Asien, in den Balkanländern, in Frankreich und in Nordamerika.

»Heidelbeere« wird vom Althochdeutschen »Heitperi« abgeleitet, was auf ihr Vorkommen auf Heideboden hinweist. Der botanische Zweitname der Heidelbeere »myrtillus« weist auf ihre Ähnlichkeit mit der Myrthe hin.

Aussehen

Heidelbeeren gedeihen an etwa 50 cm hohen buschigen Sträuchern, die gemeinhin mit olivgrünem Blattwerk bestückt sind – gelbe Heidelbeerblätter lassen auf Eisenmangel schließen. Reife Heidelbeeren sind erbsengroß, blauschwarz und mit einem dauerhaften Tau bedeckt; rote Heidelbeeren sind noch unreif.

Geschmack

Kultivierte Heidelbeeren schmecken zwar süß-sauer und sind relativ aromatisch, wild wachsende sind jedoch noch um ein Vielfaches geschmacksintensiver und viel vitamin- und mineralstoffreicher. Leichter Bittergeschmack lässt auf Überlagerung schließen.

Arten, Sorten

Amerikanische Heidelbeere / Vaccinium corymbosum (lat.) / Amerikanische Blueberry / Gartenheidelbeere / Kulturheidelbeere / Nordamerikanische Heidelbeere: Die Amerikanische Heidelbeere ist anno 1906 in Nordamerika aus einer Kreuzung von Brombeere und Olattiebeere hervorgegangen: Sie ist deutlich größer und festfleischiger als die wild wachsende. Mittlerweile wird diese bis zu 2 m hohe Strauchfrucht in Amerika, den Niederlanden, Österreich und in der Lüneburger Heide feldmäßig angebaut. Frisch gepresster Fruchtsaft aus der Amerikanischen Heidelbeere ist zwar nahezu farblos, beim Kochen färbt er sich allerdings **dunkelrot bis tiefblau**.

Maibeere / Lonicera camptchatica (lat.) heißt eine Beerenneuzüchtung, die der Kulturheidelbeere zwar in Geschmack und Wuchsform nicht unähnlich, jedoch wesentlich größer ist. Sie wächst an bis zu 1,5 m hohen Sträuchern und kann im Mai geerntet werden.

Moorbeere / Vaccinium uliginosum (bot.) / Bergmännl / Blaue Granten / Blochine / Bluderbeere / Bluder(t)sch / Bogbilberry (engl.) / Budresche / Buhlblagen / Bullbeere / Doppelbeere / Duhnbere / Dummelsbeere / Fäiberte / Fagelbeere / Femmelten / Girigitz / Glogitzer / Grifle / Große Heidelbeere / Gugazerbeere / Guggen(beere) / Gugitzer / Judenböwern / Jugelbeere / Kos(t)bere / Krähenbeere / Kräuel / Krankeln / Moosfacken / Moosgucker / Moorheidelbeere / Nabelbeere / Ochsenklaiwern / Ochsentieke / Pfaffenbeerlein / Pfaffenbirl / Pferdeworbel / Purgnadel / Puttengnaden / Raumböwern / Rauschbeere / Rissbeere / Rossheidelbeere / Rote Heide / Rummelbeere / Runkelbeere / Schlogitzer / Schnotzbeere / Schwindel(beere) / Seehoibeere / Skuzelbeere / Spreckelbeere / Sturlbeere / Sumpfheidelbeere / Tollbeere / Topfbeere / Trinkelbeere / Trunkelbeere / Unsinnele / Wasserbeere / Wildheidel / Winnenbeere / Zoglbirl: Moorbeeren findet man meist zerstreut, zuweilen auch gesellig wachsend, sowohl in feuchten Wäldern und auf Torfböden Nordeuropas als auch in badischen und bayerischen **Mooren**. Sie ist eine etwas größere Abart der Heidelbeere und hat zwar bläulich schwarze, bereifte Früchte, **ihr Saft färbt jedoch nicht**. In größeren Mengen genossen, führt die Moorbeere, wie ihr Zweitname »Rauschbeere« schon andeutet, zu Ernährungsstörungen, rauschähnlichen Schwindelgefühlen und Lähmungserscheinungen, da sie möglicherweise schwach giftig ist. Der botanische Zweitname »ulginosum« bedeutet »sumpfliebend« und weist auf ihren bevorzugten Wuchsort hin.

Hauptinhaltsstoffe

Apfelsäure, Calcium, Eisen, Flavonoide, Gerbstoffe, Hydrochinon, vegetabiles Insulin, Invertzucker, Kalium, Magnesium, Mangan, Natrium, (anthozyanartiges) Oenin, Oxalsäure, Pektin, Phosphor, Provitamin A, Tannin, Vitamin B 1, B 2, B 6, C, E.

Verwendung, Zubereitung

Die kernarme Heidelbeere findet meist als Frischobst (meist mit Zucker und Sahne verzehrt) Verwendung, wobei sich das Mundinnere dunkelblau färbt. Auch dient diese Beerenfrucht zur Herstellung von diversen Süßspeisen, Torten, Müslis, Konfitüre, Mus, Saft, Pfannkuchenfüllung, Joghurt, Pudding, Fruchtwein und sogar Likör.

Lagerung

Im Kühlschrank lassen sich Heidelbeeren ca. 5–7 Tage aufbewahren. Der immense Vitamingehalt frisch eingebrachter Heidelbeeren bleibt angesichts ihrer völlig luftabsperrenden Außenhaut sogar bis zu 3 Tage nach der Ernte konstant erhalten.

Volksmedizinische Bedeutung

Dick eingekochter Heidelbeerextrakt hilft bei nässenden Flechten und stakem Juckreiz. **Beste Vorsorge gegen Harnblasenkrebs** leistet man, wenn man täglich Heidelbeersaft trinkt. Bei nervösem Reizmagen zerdrückt man ein Schälchen Heidelbeeren, übergießt sie mit lauwarmer Milch, kaut sie ganz gemächlich und schluckt sie erst runter, wenn sie gründlichst zerkleinert sind. Tee aus getrockneten Heidelbeeren besitzt nicht nur stark harntreibende Eigenschaften, wenn man ihn eine zeitlang im Mund hin und her bewegt, bekämpft er zudem Entzündungen des Zahnfleischs. Heidelbeerblätter können bei Überdosierung zu Vergiftungserscheinungen führen.

Tipp

Nachweislich helfen Heidelbeeren Autofahrern, die an unzulänglichem Sehvermögen in der Nacht und erhöhter Blendempfindlichkeit leiden.

Himbeere

Rubus idaeus

Ahududu (türk.), Ambeer, Ambus, Bäumchenbeere, Beere der Hirschkuh, Bringebär (norw.), Einbeere (hunsr.), Embeere, Entenbeere, Finebeere, Framboise (frz.), Framboos (niederl.), Frambose, Frambuesa (span.), Frecken, Gimbern, Gînebeere, Haarbeere, Hängebitten, Hängele, Hafelesbeere, Heidelene, Hember, Henkbeere, Hexenschmierbeere, Hifbeere, Himbesing, Himkes, Himmere, Himpelbeere, Hindbeere, Hinkbeere, Hinkele, Hintbeere, Hinte, Hintperi (althochdt.), Hinzelbeere, Hochbeere, Hohlbeere, Hombeere, Honigbeere, Horbeere, Hünke, Hüntebeere, Huiba(beere), Huimaken, Hulbeere, Humbeere, Hummele, Humpele, Imaken, Kindelbeere, Kornbeer, Krakelbeere, Krankebeere, Lampone (ital.), Lunzelé(n)beere, Madenbeere, Malaun, Maline(beere), Maliny (tschech.), Moleitken, Mulwer, Mutterbeerchen, Nidelbeere, Ombeere,

Plompebeere, Raspberry (engl.), Renkbeere, Rimbeere, Ring(els)beere, Rombeere, Rote Breme, Runzerebeere, Samtbeere, Schnitterbeere, Seidenbeere, Sidebeer, Stemmbeere, Stengelbeere, Umberbeere, Ummel, Unzelebeere, Wimele, Woll(en)beere

Allgemeines, Herkunft, Geschichtliches

Das exakte Alter der Himbeere ist zwar unbekannt, Himbeersamenfunde, die noch aus vorgeschichtlicher Zeit stammen, sind jedoch belegbar. Die alten Römer, die Himbeeren erstmals um 350 n. Chr. kultivierten, nutzten diese Früchte sogar zur Heilung von Schlangen- und Skorpionbissen; 1570 gelang es schließlich Mönchen, Himbeeren auch nördlich der Alpen anzubauen. Himbeeren sind streng genommen keine Beeren, sondern **»beerenartige Sammelsteinfrüchte«**, da sie sich aus einzelnen Steinfrüchtlein zusammensetzen. Erntezeit dieses Rosengewächses (Rosaceae) ist von Mitte Juli bis Mitte August. Wild wachsende und kultivierte Himbeeren findet man weltweit; sie bevorzugen feuchten Boden und gebrochenes Licht. Bei den Kultursorten unterscheidet man zwischen »einmal tragenden« (für den Erwerbsanbau von Bedeutung) und »zweimal tragenden« Sorten (für den Hobbygärtner): die »zweimal tragenden« fruchten an ihren Jungruten im Herbst des ersten Entwicklungsjahres und ein zweites Mal im Sommer des Folgejahres. Bedeutende Himbeeranbaugebiete findet man in Belgien, Deutschland, England, Frankreich, Italien, Niederlande, Nordamerika, Schottland, Ungarn und in Polen, das als **größtes Himbeerbecken der Welt** bekannt ist. Da Himbeeren zu den Waldpflanzen zählen, sollte ihr Pflanzort mit reichlich Mulch abgedeckt werden, das steigert die Erträge.
Der Artname »Rubus idaeus« leitet sich von dem griechischen Berg Ida ab, auf dem Himbeersträucher bereits im Mittelalter in großer Anzahl wuchsen. Die alten Germanen nannten die Himbeere »Hintperi«, also »Beere der Hirschkuh«, weil sie Himbeeren über alles liebt.

Aussehen

Der bis zu 2 m hohe, flachwurzelnde Himbeerstrauch ist mit einer Vielzahl von kleinen, schwachen Stacheln an Ruten und Blättern übersät. Die unscheinbaren wollweißen Blütchen sitzen auf einem grünen Kelch. Himbeeren sind meist rund-oval, in der Überzahl rot und lösen sich gut vom Fruchtboden – auch im unreifen Zustand. Solche aus zweiter Ernte sind zwar etwas kleiner, jedoch weitaus würziger als Erstlinge. Mit hellem Flaum überzogene Himbeeren und Ruten mit kleinen schwarzen Flecken sind deutliche Merkmale für den Befall von Grauschimmel. Gegen diese Pilzkrankheit hilft luftige Kultur, ausgewogene Düngung und sofortiger Rückschnitt der abgeernteten Ruten. Es gibt ebenso rosafarbene, goldgelbe, schwarze und weiße Himbeersorten, die jedoch meist »nur« passionierten Gartenfreunden vorbehalten sind.

Geschmack

Reife Himbeeren besitzen einen unvergleichlich markanten Wohlgeschmack und so zartkörniges Fruchtfleisch, dass man sie berechtigterweise zur **aromatischsten heimischen Obstart** auserkoren hat.

In den frühen Morgenstunden abgeerntete Himbeeren schmecken besonders gut und halten sich sogar noch länger frisch als andere – vorausgesetzt, man hat sie am Abend zuvor beherzt gegossen.

Arten, Sorten

Amerikanische Himbeere / Rubus occidentalis (bot.) / Schwarze Himbeere nennt sich eine sehr ertragreiche und widerstandsfähige Himbeersorte aus Nordamerika. Sie trägt zwar zweimal im Jahr recht großvolumige, schwarze Früchte, ihr Aroma reicht jedoch nicht an das europäischer Himbeeren heran.

Autumn Bliss wird die berühmteste Herbsthimbeere genannt.

Dorman Red heißt eine überaus robuste Himbeerneuzüchtung, deren Aroma an Maulbeeren erinnert.

Herbsthimbeeren erzielen besonders hohe Preise, da sie zwar meist sehr feinwüchsig, dafür aber überaus wohlschmeckend sind. Sie können von August bis November auf den Märkten erworben werden.

Phenomenal Berry (engl.) gleicht der Loganbeere und kommt auch aus der gleichen Familie; man kann sie roh essen oder zu Konfitüre verarbeiten.

Schönemann nennt sich die älteste und im Erwerbsanbau weitverbreitetste Sommerhimbeere.

Sommerhimbeeren sind großfrüchtig und sehr ertragreich.

Tangelbeere / Tangleberry (engl.) lautet der Name einer überwiegend in Amerika wild wachsenden Himbeersorte, deren süß-aromatische Früchte meist zu Nachspeisen Verwendung findet.

Taybeere / Tayberry (engl.): 1962 ist die brombeerähnliche, etwa 5 cm lange Taybeere im »Scottish-Research-Institute« in Dundee (Schottland) an der **»Tay«** aus einer Kreuzung von Himbeere und Brombeere hervorgegangen. Angesichts ihres hohen Säureanteils sind Taybeeren **für den Frischverzehr ungeeignet**, weshalb sie im vollreifen, weinroten Zustand (erst dann haben sie ihr begehrtes Aroma erlangt!) meist zu Konfitüre, Gelee, als Kuchenbelag oder zu Fruchtsauce verarbeitet werden.

Waldhimbeere / Gebirgsbeere / Imbeere / Imbr (bayr.) / Immele / Immerte / Insbeere: Wild wachsende, sehr würzige Himbeere, die meist gewerblich eingebracht wird.

Hauptinhaltsstoffe

Anthozyane, Apfelsäure, Calcium, sehr eisenhaltig, Flavonoide, etherisches Öl, Fruchtzucker, Kalium, Magnesium, Niacin, Oxalsäure, Pektin, Phosphor, Provitamin A, Vitamin B 1, B 2, B 6, C, E, Zitronensäure.

Verwendung, Zubereitung

Himbeeren werden frisch verzehrt, zur Herstellung von Süßspeisen verarbeitet oder sie dienen der Essig-, Likör-, Schnaps- und Rumtopfherstellung.

Himbeeressigrezept: 1/3 Himbeeren mit 2/3 Rotweinessig mischen.

Himbeerlikörrezept: 500 g Himbeeren mit 100 g Kandiszucker und einer längs aufgeschnittenen Vanilleschote sorgfältig mischen, in eine bauchige Flasche schütten, mit Wodka auffüllen, gut verschlossen 4 Wochen an einem hellen Standort aufbewahren, durchsieben – fertig.

Lagerung

Da Himbeeren sehr druckempfindlich und leicht verderblich sind, sollten sie entweder rasch aufgebraucht oder tiefgekühlt werden.

Volksmedizinische Bedeutung

Himbeeren besitzen dank ihres starken Vitamin-C-Gehalts, **der nebenher die Wirkung ihres Farbstoffs um das Zwanzigfache erhöht**, eine blutbildende, den Fettstoffwechsel anregende, entgiftende sowie die Abwehr und den Kreislauf stärkende Wirkung. Aus den Vitamin-C-haltigen Himbeerblättern kann man gewürzhaften Tee zubereiten, der nicht nur das Wohlbefinden steigert, sondern auch eine stopfende, fiebersenkende und blutreinigende Wirkung aufweist.

Tipp

Mit einer **Goldenen Himbeere** (in Wirklichkeit ist es eine mit goldener Farbe bestrichene Plastikhimbeere im Wert von 4,97 Dollar) werden in Amerika als Pendant zur Oscar-Verleihung einmal im Jahr die schlechtesten Schauspieler gekürt.

Hirse

Panicum miliaceum

Arzan (pers.), Brein (österr.), Fennich, Hirtze, Kosmetikum unter den Getreiden, Miglio (ital.), Mijo (span.), Millet (engl., frz.), Rispenhirse, Schönheitsgetreide, Weizen des Sandes

Allgemeines, Herkunft, Geschichtliches

Die aus Ostasien und Afrika stammende Hirse ist die widerstandsfähigste und älteste von Menschenhand kultivierte Getreideart, da sie nachweislich schon von den alten Chinesen, Griechen und den Indern der Urzeit verzehrt wurde. Neben der Gerste galt die Hirse **bis zum 19. Jh. sogar als bedeutendste Körnerfrucht Europas**. Nennenswerte Anbaugebiete dieses Spelzgetreides findet man heute in Afrika, Asien, in den Donauländern und in Indien, wo sie noch heute als Nahrungsgrundlage für ca. 300 Millionen Menschen gilt. Die Hirse ist ein Rispengewächs, das aus Ermangelung des Klebereiweißes Gluten den »Nichtbrotgetreiden« (fachspr. Pseudocerealien) zugeordnet wird; infolgedessen lässt sich Hirsemehl bei der Brotherstellung nur dann verarbeiten, wenn es **mit glutenhaltigem Mehl (z. B. Weizenmehl) gemischt** wird.

Das Wort »Hirse« wird vom althochdeutschen »Hirsi« abgeleitet, was »Ernährendes« bedeutet.

Aussehen

Die Hirse ist eine 50–60 cm hohe Pflanze mit bis zu 20 cm langen Rispen, die mattgelbe, meist rundliche, von Spelzen ummantelte Körnchen schultern.

Geschmack

Hirse schmeckt mild-nussig.

Arten, Sorten

Aleppo-Hirse / Sorghum halepense: Mehrjährige Verwandte der Mohrenhirse, die in Asien zwar als Futtergras eine gewisse Bedeutung erlangt hat – in mediterranen Regio-

nen wird sie jedoch oftmals als »lästiges Unkraut« verschrien.
Asiatische Hirse / Kaoliang / Kaulian(g) gilt zwar als **bedeutendstes Nahrungsmittel Nordostchinas**, sie wird jedoch ebenso großflächig in Nordamerika angebaut.
Dekangras / Suhwahirse: Hirsesorte, die vorwiegend in Japan und Indien kultiviert wird.
Goldhirse ist die Handelsbezeichnung für geschälte Hirse.
Kolbenhirse / Borstenhirse / Vogelhirse: Hirsesorte mit kleinkörnigem, zusammengeballtem Samenbestand, die meist als Vogelfutter Verwendung findet.
Milocorn: Amerikanische Hirsesorte, die vornehmlich zu Stärke verarbeitet wird.
Mohrenhirse / Besenkorn / Dari / Durragras / Durr(h)a / Kaffernkorn / Moorhirse / Negerhirse / Reisbesen / Sorghum bicolor / Sorg(h)umhirse: Dürreresistente, großkörnige, bis zu 7 m hohe Hirsesorte, die in Afrika, Indien und Nordamerika kultiviert wird und meist der Mehl-, Grieß- (»Couscous«), Bier- und Grützeherstellung oder als Futterpflanze dient. Die Zweitnamen »Besenkorn« und »Reisbesen« hat die Mohrenhirse ihren biegsamen Halmen zu verdanken, die in den Anbauländern zur Herstellung von Reiserbesen genutzt werden.
Perlhirse lautet die Bezeichnung der **größten Hirsesorte**. In Asien, Afrika und Indien wird sie als Nahrungs- und Futtermittel angebaut.
Zuckerhirse: Abart der Mohrenhirse. Da ihr Stiel süßen Saft beinhaltet, der bis zu 15% Glucose und Saccharose enthält, wird sie vorwiegend zur Sirupherstellung angebaut.
Zwerghirse / Tef(f) / Eragrostis tef (bot.): Kleinsamige, zarthalmige, bis 80 cm hohe äthiopische Hirsesorte, die zwar problemlos auch in Europa gedeiht, hier jedoch keine wirtschaftlichen Erträge liefert. In Afrika wird aus ihren Körnern Mehl gemahlen, aus dem das bekannte **Enjera** (Fladenbrot) hergestellt wird.

Hauptinhaltsstoffe

Calcium, Eisen (9 mg / 100 g), Fluor, Folsäure, Kalium, Kieselsäure, Kupfer, Lezithin, Lysin, Magnesium, Phosphor, Zink.

Verwendung, Zubereitung

Geschälte Hirse wird zu Suppe, Brei, Grütze, Pudding und – da ihr das schleimige Klebereiweiß Gluten fehlt – in Diätnahrung verwendet.
Da Hirsespreu ähnliche Eigenschaften besitzt wie die des Dinkels, lässt sie sich ebenso zur Befüllung von Gegenständen (z. B. Babykissen, Nackenrollen usw.) nutzen.
Hirsesprossen sollten während ihrer 3–4-tägigen Keimzeit nicht zu feucht gehalten werden; dann wird die Ernte ergiebiger.
Bosa heißt ein afrikanischer Hirsebranntwein.
Hirsotto nennt sich ein Schweizer Nationalgericht, das wie Risotto im Verhältnis 1:3 (1 Tasse Hirsekörner auf 3 Tassen Brühe) zubereitet wird. Zuvor sollten die Körner heiß abgewaschen werden, um anhaftende, bittere Fettsäurerückstände zu entfernen.
Marissa / Panibe / Pombe / Utshuala heißen in Afrika sogenannte »Kaffern-Biere«, die aus vergorener

Hirse (meist Durrha) hergestellt werden. Sie sind überwiegend milchig-trüb und überraschend vitaminreich.

Too / Ugali (kenia.) lauten die afrikanischen Namen eines meist völlig geschmacklosen Hirsebreis, der in der Sahel-Zone sogar zweimal täglich verkostet wird.

Lagerung

Licht- und nässegeschützt ist Hirse mehrere Monate bevorratbar.

Volksmedizinische Bedeutung

Hirse ist eine den Organismus erwärmende **Körnerfrucht, die sogar Gluten-Allergikern bekömmlich ist**. Sie besitzt entzündungshemmende, wasserentziehende und heilende Eigenschaften bei Arteriosklerose, Rheuma, Darm-, Blasen- und Nierenbeschwerden, trägt zur Gesunderhaltung der Zähne bei und ist hilfreich bei brüchigen Fingernägeln und Haarausfall. Eine Hirsediät begünstigt nicht nur die **Sehkraft**; sie hat sich sogar bei Hauterkrankungen und zur Krebsbekämpfung bewährt.

Hirse kann leider auch zu schweren allergischen Schocks führen. Stark gefährdet sind nicht nur Personen, die bereits über die Atemwege durch hirsehaltiges Wellensittichfutter sensibilisiert wurden, die nährstoffhemmenden Substanzen und natürlichen Schadstoffe der Hirse können ebenso bei Babys zu Verdauungsproblemen führen, weshalb Hirse bei der Kleinkinderernährung grundsätzlich gemieden werden sollte.

Tipp

Nicht nur Hirse besitzt körpererwärmende Charaktere. Wenn man sich eine Zeit lang mit leicht geöffnetem, Zähne zeigendem Mund und geschlossenen Augen der prallen Sonne aussetzt, erfüllt dies den gleichen Zweck, da unsere Zähne mit Brillanten vergleichbare Reflektoren aufweisen, die imstande sind, Sonnenwärme unumwunden an den Körper weiterzuleiten.

Holunder

Sambucus nigra

Äplern, Alhern, Alhorn (norddt.), Allerte, Altholler, Bachholder, Backholer, Bätschke, Ballerbüchsenflieder, Best, Betschele, Bocksholler, Büchsenholz, Buffenholz, Deutscher Flieder, Dolder, Echter Elderbaum, Elderberry (engl.), Eller, Ellhorn, Erterlenk, Faulbaum, Fleeder, Fleiren, Fliederbeere (norddt.), Gramille, Halern, Halollern, Hauler(t), Haulunder, Hausholder, Helder, Heps, Hillerten, Hitschel(n), Hölder(tött), Höllerte(n), Hokler, Holder(beere), Holderknopf, Holhölter, Holler (bayr., österr., westerwd.), Hollerbeere, Hollrunken, Holuntar (althochdt.), Hontert, Hüllern, Hülster, Hünnel, Hulander, Hulanner, Hulertrauben, Hundel, Hundsflieder, Hurelbus, Husholder, Johannisflieder, Judastrauben, Käseholz, Kaigelken, Kaitzken, Kakollerke, Katelbeere, Katzenflieder, Keisken, Kel(e)ken, Klapp(büssen)holt, Kochholder, Kodelbeere, Köleken, Krankenflieder, Küchleinholder, Latwergenschwärzer, Lausholler, Marter(blume), Massholder, Maulstengel, Mosch, Muckelholz, Musflieder, Pfeifenstöcke, Pfropf(piepen)holz, Platzkesstöckle, Pluffen-

holz, Püsseke, Quackeln, Quäckenbömenholt, Quärden, Quebbecken, Quebbeten, Quêftchen, Quewete, Quitsch(e), Rechholder, Reckholder, Sambuco (ital.), Saúco (span.), Schafholder, Schesen, Schetschken, Schibiken, Schipken, Schlehenbüchsenholz, Schosiken, Schüppchen, Schwarze Holunderbeere, Schwarzer Flieder, Schwarzer Holunder, Schwarze Vogelbeere, Schwarzholder, Siekbeere, Silberplatte, Splenterholz, Stinkflieder, Stinkhölerte, Stinkholder, Stinkholler, Sükbeere, Sureau (frz.), Svarthyll (norw.), Teeblume, Teeflieder, Teeholunder, Tintenbeere, Tutenholz, Vlêder, Vlierbes (niederl.), Vogelflieder, Wakeln, Witschel, Zahmer Flieder, Zetschken, Zibken, Zickeln, Ziweken, Zwäbesken, Zwebchen, Zwerken, Zwilsken, Zwiweken

Allgemeines, Herkunft, Geschichtliches

Schon seit der Antike gelten die Beeren, Blüten, Rinden und Wurzeln des Holunders als Nahrungs- und Heilmittel. Die Heimat des zur Familie der Geißblattgewächse (Caprifoliaceae) zählenden Holunders liegt in Europa, wo er vielerorts, meist wild wachsend, anzutreffen ist – in Dänemark und Österreich wird er sogar kultiviert. Seine beste Erntezeit liegt in der Zeit von September bis Oktober – die seiner Blüten von Juni bis Juli. Holunder wird zwar auch als »Fliederbeere« bezeichnet, mit Zierflieder hat er jedoch nichts gemein.

Holunderblüten, die am Johannistag (24. Juni) gepflückt werden, gelten als außerordentlich heilkräftig und vor Krankheiten schützend, wenn man sie sofort nach der Ernte in Pfannkuchenteig bäckt und verzehrt.

Das althochdeutsche Wort »Holuntar« wird mit »Baum der Holla« (Frau Holle schüttelt die Betten aus, worauf es schneit!) in Verbindung gebracht.

Aussehen

Die großfrüchtigen Beeren des baumähnlichen, bis zu 10 m hohen Holunderbuschs sind glänzend und beinahe schwarz. Die vielzähligen, doldenartig zusammenstehenden Holunderblütchen sind schneeweiß. Holunderblätter haben eine gezähnte, leicht gefiederte Form.

Geschmack

Holunderbeeren dürfen, da sie roh giftig sind, nur im gegarten Zustand verzehrt werden – dann sind sie bekömmlich und ein Genuss.

Arten, Sorten

Attich / Sambucus ebulus (lat.) / Ackerholder / Adach / Arch / Feldholder / Giftholunder / Natterbeer / Niederholder / Zwerg(blatt)holunder: Diese Holundersorte hat rosa Blüten und zwar giftige, schwarze Beeren, Tee aus seinen Blättern und Wurzeln wird jedoch für homöopathische Zwecke genutzt.

Haschberg: Holundersorte mit großdoldigen, schwarz-blauen Beeren, die von den Vögeln nicht so rasch geplündert werden wie solche anderer Sorten.

Bergholunder / Sambucus racemosa (bot.) / Roter Traubenholunder / Feldflieder / Hirschholunder / Roter Holunder wächst im Gebirge. Man erkennt ihn an den gelbgrünen Blüten und an den korallenroten Beeren, die angesichts ihres hohen

Sambunigrin-Gehalts nicht nur ekelerregend schmecken, sondern aufgrund dessen auch starke **Magenkrämpfe und Vergiftungserscheinungen** hervorrufen können.

Hauptinhaltsstoffe

Alkaloide, Bitterstoffe, Calcium, Cholin, Eisen, Eiweiß, etherisches Öl, Farbstoffe, Flavonoide, Fruchtsäuren, Gerbstoffe, Glykoside, Harze, Kalium, Magnesium, Natrium, Niacin, Phosphor, Provitamin A, Quercetin, Rutin, Sambunigrin, Schleim, Vitamin B 1, B 2, B 6, C, P, Zucker.

Verwendung, Zubereitung

Bevor Holunderbeeren zubereitet werden, sollte man sie mit einer Gabel von den Rispen streifen. Gegarte Holunderbeeren werden zu Likör, Wein, Suppe, Saft, Mus, Gelee, Marmelade und Kompott verarbeitet. Früher mischten Winzer dem Rotwein Holundersaft bei, damit er farbintensiver wurde – **heute ist das allerdings unzulässig**! Leicht angetrocknete Holunderblüten werden zu Tee und »Hollerküchle« (schwäb. Spezialität) verarbeitet. Aus der Rinde, den Blättern und den Erdstöcken des Holunders werden harntreibende, schmerzlindernde und entzündungshemmende Arzneimittel hergestellt.

Holunderlimonade aus Holunderblüten wird folgendermaßen gemacht: Ca. 30 g eben erst aufgeblühte Holunderblüten kurz waschen, in einen Topf geben, mit 3 l Wasser, 3 Pfund Zucker und 50 g Zitronensaft oder Obstessig auffüllen, umrühren, mit 2 geschälten und in Scheiben geschnittenen Zitronen ergänzen, mit Deckel verschließen und maximal 3 Tage an einem kühlen Ort ruhen lassen. Dann wird die entstandene Flüssigkeit mittels eines Kaffeefilters durchgesiebt und in saubere verschließbare Flaschen geschüttet. Bei Bedarf kann dieser Sirup dann im Verhältnis 1:5 mit Mineralwasser aufgegossen und mit Eiswürfeln gekühlt serviert werden.

Volksmedizinische Bedeutung

Rohe Holunderbeeren beinhalten den giftigen Inhaltsstoff Sambunigrin, der durch Erhitzen zerfällt und aufgrund dessen gänzlich unschädlich wird. Gegarte Holunderbeeren besitzen nieren-, blut- und magenreinigende Eigenschaften. Holunderblütentee, sogenannter **Fliedertee / Schwitztee**, wirkt abführend, auswurffördernd, belebend sowie harn- und schweißtreibend.

Personen, die zu Fettleibigkeit neigen und überwiegend Tätigkeiten in sitzender Position verrichten, sollten Speisen und Getränke bevorzugen, die mit Holundermus oder -saft angereichert wurden. Mit Holunderbeersaft lässt sich ein grippaler Infekt um 2 Tage verkürzen.

Tipp

Ein paar geschälte Holundertriebe im Mehlvorrat verhindern Milbenbefall. Wühlmäuse vertreibt man, indem man eine Jauche aus Holunderblättern in die Gänge gießt.

Hopfen

Humulus lupulus

Grünes Gold, Hop (engl., pfälz.), Hopf, Hop(pen), Houblon (frz.), Hupf(en), Luppolo (ital.), Lupulo (span.)

Allgemeines, Herkunft, Geschichtliches

In Vorderasien soll das Ursprungsgebiet des Hopfens liegen, dessen schlaffördernde und beruhigende Wirkung von den ersten Bierbrauern der Welt, den alten Sumerern festgestellt wurde. Die alten Römer lernten den Hopfen erstmals auch als hocharomatisches Edelgemüse kennen.

Seit 768 n. Chr. wird Hopfen in der Hallertau / Hollerdau, **dem größten zusammenhängenden Hopfenanbaugebiet der Welt** kultiviert. An bis zu 6 m hohen Stangengerüsten wachsend, dient diese mit Kletterhaken ausgerüstete, robuste Rankpflanze Bierbrauereien als Würz- und Konservierungsmittel. Zum Winter hin sterben die oberirdischen Hopfentriebe und Blätter jeweils ab, im Frühjahr treiben die Sprossen aus dem Wurzelstock neu aus und im September können die begehrten Hopfenzapfen geerntet werden. Nennenswerte Anbaugebiete dieses rasch wüchsigen und sonneliebenden Hanfgewächses (Cannabaceae) liegen auch in Belgien, England, Frankreich und in der Tschechischen Republik.

Relativ unbekannt ist die sogenannte **»Hopfenpflückerkrankheit«**, bei der die Erntenden von Schläfrigkeit übermannt werden.

Den lateinischen Namen »Lupulus«, zu Deutsch »Weidenwolf«, hat der Hopfen dem römischen Schriftsteller Plinius zu verdanken, der feststellte, dass wild wachsender Hopfen häufig um Weiden rankt.

Aussehen

Die oberirdischen Hopfenzapfen sind mattgrün und besitzen eine spundartige Wuchsform.

Die unterirdischen Hopfensprossen sind weiß-gelblich und ähneln jungem Spargel.

Geschmack

Junge Hopfentriebe schmecken herb-würzig, dem Chicorée und Lauch nicht ganz unähnlich.

Arten, Sorten

Aromahopfen dient dem Frischverzehr und der Erzeugung feinhopfiger Biere.

Bitterhopfen wird meist zur Bockbiererzeugung genutzt.

Hauptinhaltsstoffe

Asparagin, etherische Öle, Flavonoide, Gerbstoffe, Humulon, Lupolon (nur im weiblichen Hopfen), östrogene Substanzen, Rutin, Tannin.

Verwendung, Zubereitung

Hopfensprossen / Hopfenspargel / Brotos de lululo (span.) / Hopscheuten (niederl.) / Jets de houblon (frz.) nennen sich die unterirdischen Triebe des Hopfenstocks. Nachdem man sie freigeschaufelt hat, kann man sie frisch zu Salat oder blanchiert, gedünstet oder geschwenkt für die Zubereitung von Suppe oder spargelähnlichem Gemüse verarbeiten.

Ein beliebtes »Karfreitag-Abendessen« im »Saazer Ländchen« sind Hopfensprossen, die zunächst 5–10 Minuten in Salzwasser gegart, dann mit Essig, Öl, Salz, Zucker und Pfeffer abgeschmeckt und schließlich mit gekochtem Ei garniert werden.

Hopfenblüten / Hopfenzapfen / Trollen (volkst.) sind aus der Sicht eines Botanikers sogenannte »Scheinähren« oder »Trugdolden«. Sie dienen der Herstellung von schlaffördernden Tees mit sedativem

Effekt oder als Kissenfüllung mit der gleichen Wirkung und – nachdem sie getrocknet und zu **Hopfenmehl / Lupulin (fachspr.)** vermahlen wurden – der Bierherstellung.
Für 100 Liter Bier werden lediglich 150 g Lupulin benötigt.

Volksmedizinische Bedeutung

Hopfen hemmt Infektionen des oberen Verdauungstrakts, die gemeinhin als Auslöser für Magen oder Zwölffingerdarmgeschwüre gelten.
Mit einer Mixtur aus zerriebenen Baldrianwurzeln und Hopfenzapfen im Verhältnis 4:1 kann man Angstzustände, Befindlichkeitsstörungen, psychische Verspannungen, innere Unruhe, Herzklopfen und Schlaflosigkeit abwenden; sogar auf Dauer.
Hopfenzapfentee heilt offene Wunden und Geschwüre.

Tipp

Im August wird in der Hallertau der Hopfen geerntet / gezupft (fachspr.). Das berühmteste Hopfenzupferfest findet auf dem Grünberger Hof bei Fürholzen (Landkreis Pfaffenhofen) statt, wo ca. 6000 Besucher jährlich das »Grüne Gold« selbst zupfen dürfen. Den obligatorischen Höhepunkt und Abschluss dieser hochkarätigen Veranstaltung bildet das »Hopfenmahl«.

Hülsenfrüchte

Leguminosae

Baklagiller (türk.), Dal (ind.), Fabales, Legumineuses (frz.), Leguminosas secas (span.), Leguminose (ital.), Leguminosen (eingedt.), Pulses (engl.), Schotenfrüchte, Schotengemüse

Allgemeines, Herkunft, Geschichtliches

Hülsenfrüchtler sind nach den Gräsern die **wirtschaftlich wichtigste Pflanzenfamilie**. Mit Ausnahme von Erdnüssen zählen sie eher zu den fettarmen Nahrungsmitteln.

Hauptinhaltsstoffe

Calcium, Eisen, Eiweiße, Kupfer, Lecitine, Magnesium, Nukleinsäure, Proteaseinhibitoren, Saponine, Stärke, Vitamin B, Zink.

Verwendung, Zubereitung

Ungeschälte Hülsenfrüchte sollten vor dem Kochen einige Stunden in Wasser eingeweicht werden: gute Ware versinkt darin, minderwertige schwimmt obenauf. Mit Ausnahme von Trockenerbsen sollte man Hülsenfrüchte grundsätzlich kalt aufsetzen, da sie sonst einer längeren Kochzeit bedürfen. Überdies sollten Hülsenfrüchte grundsätzlich erst **nach dem Garen gesalzen** werden, denn Salz und säurehaltige Zutaten wie Essig, Wein und Tomaten bremsen den Garprozess.
Hülsenfruchtsprossen sollten vor dem Verzehr blanchiert werden, da sie so besser verdaulich werden.

Volksmedizinische Bedeutung

Von allen pflanzlichen Nahrungsmitteln weisen Hülsenfrüchte zwar **den höchsten Eiweißgehalt** auf, dieses Eiweiß ist jedoch aufgrund des Fehlens wichtiger Aminosäuren deshalb nicht als vollwertig anzusehen, weil es in festen Zellwänden eingeschlossen ist und dadurch vom Körper schlechter ausgenutzt werden kann als Fleischeiweiß. Der hohe Saponin-Gehalt macht Hülsenfrüchte jedoch zu wertvollen Lebensmitteln, da Saponine nachweislich die Anzahl von

Antikörpern im Blut erhöhen. Von Bedeutung ist ebenso die Anwesenheit eines fettähnlichen, phosphorhaltigen Stoffes, der nervenstärkend und stresskillend wirkt. Auch der Sättigungswert von Hülsenfrüchten ist hervorstechend, denn durch ihren Zellstoffgehalt regen sie die Darmtätigkeit an und – sehr bedeutsam (nicht nur!) für Vegetarier: In Verbindung mit Vitamin C erstarken die vorhandenen Eiweiß- und Mineralstoffe der Hülsenfrüchte zu bedeutsamen Eisenlieferanten.

Tipp

Wenn man das erste Kochwasser von Hülsenfrüchten, sobald es zu sieden beginnt, abgießt und die Früchte danach nochmals mit frischem, heißem Wasser aufsetzt, verlieren sie ihre blähenden Eigenschaften.

I

Ikakopflaume

Chrysobalanus icaco

Coco plum (engl.), Cocoa plum (engl.), Hicaco (span.), Icaque (frz.), Jicacillo (span.), Jicaco, Prune coton (frz.)

Allgemeines, Herkunft, Geschichtliches

Die Ikakopflaume ist eine zu den Rosengewächsen (Rosaceae) zählende exotische Frucht, die meist aus ihrer Heimat, dem tropischen Afrika oder Amerika, zu uns gelangt.

Aussehen

Ikakopflaumensträucher besitzen ledrige Blätter sowie – alters-, herkunfts- und / oder sortenbedingt – blaue, gelbe, rote oder rotbraune, pflaumenähnliche Früchte mit weißem Fruchtfleisch und essbaren Kernen.

Geschmack

Im Rohzustand weist die Ikakopflaume einen penetranten, bitterherben und trockenen Geschmack auf – erst mit etwas Zucker angereichert und dann gegart, entwickelt sich ein akzeptables Aroma.

Hauptinhaltsstoffe

Calcium, Phosphor.

Verwendung, Zubereitung

Ikakopflaumen werden überwiegend zu Konserven, Konfitüre und Kompott verarbeitet, da sie für den Frischverzehr ungeeignet sind.

J

Jaboticaba

Myrciaria cauliflora
Baumstammkirsche, Giaboticaba (ital.), Jaboticaba (engl., frz., niederl., norw., span.), Jabuticaba

Allgemeines, Herkunft, Geschichtliches
Die Heimat der Jaboticaba liegt rund um die südamerikanische Touristenstadt Rio de Janeiro, wo sie den Indianern einst maßgeblich der Weinherstellung diente. Heutzutage wird dieses bis 12 m hohe Myrtengewächs (Myrtaceae), dessen Früchte auf recht spektakuläre Weise aus dem Stamm herauswachsen, in Argentinien, Australien, Florida und in Südamerika angebaut.

Aussehen
Die Jaboticaba ist rundoval, nur kirschgroß und besitzt eine konsistente, ungenießbare braungrün glänzende Schale. Das blasse, gallertartige Fruchtfleisch enthält bis zu 4 rosafarbene, essbare Kernchen.

Geschmack
Die Jaboticaba hat einen erfrischenden, süß-säuerlichen Geschmack, der in etwa mit einer Mischung aus Kirsche und Johannisbeere gleichzusetzen ist.

Verwendung, Zubereitung
Meist findet die Jaboticaba als Frischfrucht und zur Konfitüren-, Getränke- und Eisherstellung Verwendung.

Lagerung
Angesichts ihrer raschen Verderblichkeit ist die Jaboticaba auf deutschen Märkten ein sehr seltenes Produkt: Sie ist **allenfalls 2 Tage bevorratbar**.

Tipp
Die Früchte dieses Myrtengewächses können mehrmals im Jahr geerntet werden.

Jackfrucht

Artocarpus heterophyllus
Brot des kleinen Mannes, Chakka (malays.), Frucht des Brotfruchtbaums, Fruit de Jacques (frz.), Fruta del pobre (span.), Frutto Jack (ital.), Indische Brotfrucht, Jáca (port., span.), Jacca, Jackbaumfrucht, Jakfruit (engl.), Jaka (ind.), Jakktfrukt (niederl.), Jaqueira (span.), Jaquier (frz.), Nangka, Pane d'Albero (ital.), Yaca

Allgemeines, Herkunft, Geschichtliches
Die Ursprünge der Jackfrucht liegen in Vorderindien und auf den Sunda-Inseln, wo sie noch heute, angesichts ihres Stärkereichtums, wichtiger Bestandteil der Ernährung ist. Durch portugiesische Seefahrer

wurde dieses Maulbeergewächs (Moraceae) als »Jáca« nicht nur im gesamten südostasiatischen Raum, sondern auch in Afrika und Südamerika verbreitet. Jackfrüchte gelten neben den Kürbissen als **die zweitgrößten essbaren Früchte der Welt**, werden aufgrund ihres widrigen Geruchs nur selten exportiert.
Der Name »Jackfrucht« wird vom malaiischen »Chakka« abgeleitet, was soviel wie »Frucht des Brotfruchtbaums« bedeutet.

Aussehen

Jackfrüchte wachsen entweder direkt am Stamm oder an den Hauptästen des bis zu 15 m hohen Jackbrotfruchtbaums und sind riesige, sackähnliche bis zu 40 kg schwere, 1 m lange Scheinfrüchte mit einer grünen, knotigen und ekelhaft riechenden Schale. Ihr zwar weiches, jedoch überaus faseriges, gelbes Fruchtfleisch ist in zahlreiche Segmente unterteilt, die man einzeln entnehmen kann; jedes enthält einen etwa 5 cm langen, weißen, essbaren Kern.

Geschmack

Der exotische Geschmack der Jackfrucht erinnert an Birnen mit Feigen und Honig, entfernt auch an frisch gebackenes Brot. Geröstete Jackfruchtkerne weisen ein Aroma auf, das den Kastanien nicht unähnlich ist.

Hauptinhaltsstoffe

Calcium, Eiweiß, Kalium, Phosphor, Stärke, Vitamin C, Zucker.

Verwendung, Zubereitung

Nachdem man die Schale entfernt hat, werden die einzelnen Segmente von ihrer faserigen Umhüllung befreit, um an das begehrte glatte, gelbe Fruchtfleisch und den Kern zu gelangen, die in ihrer Gesamtheit **nur noch ein Drittel** des vorherigen Gewichts ausmachen. Jackfrüchte werden zu Gelee, Obstsalat, Eis oder Gemüse verarbeitet. Die Kerne werden entweder in Suppen oder Eintopfgerichten mitgekocht oder im gerösteten Zustand in der Pâtisserie verarbeitet. Die jungen Blätter des Jackfruchtbaums werden in den Anbauländern zu Gemüse bereitet; das Holz dient dem Möbel-, Hütten- und Bootsbau.

Volksmedizinische Bedeutung

Jackfrüchte besitzen verdauungsfördernde Eigenschaften.

Tipp

Jackfrüchte werden gleichermaßen dem Obst und Gemüse zugeordnet.

Jambolan

Syzygium cumini

Duhat (philipp.), Eugenia, Eugenie, Jambo amarillo (span.), Jambolanpflaume, Jamboo, Jambopflaume, Jambos, Jambul, Jambuse, Java-Apfel, Java apple (engl.), Java-Pflaume, Jumbul, Malaienapfel, Pomarosa (span.), Pomme rose (frz.), Rose apple (engl.), Rosenapfel, Wasserapfel, Wax jambu (engl.)

Allgemeines, Herkunft, Geschichtliches

Die zu den Myrtengewächsen (Myrtaceae) zählende Jambolan ist eine Beerenfrucht, die zwar in Sri Lanka zu Hause ist, jedoch auch auf den Antillen, in Australien, China, Indien, Java, Kalifornien, Malaysia, Südafrika und in Thailand kultiviert wird. Im tropischen Amerika kommt diese nahe **Verwandte des Gewürznelkenbaums** nur in verwilderter Form vor.

Aussehen

Jambolanen besitzen eine schrumplige, kastanienbraune bis purpurrote Haut. Ihr trocken-schwammiges Fruchtfleisch ist entweder weiß, gelb oder rosa und schließt meist nur einen (ungenießbaren) Samen ein. Am Ende der bis zu 4 cm langen Frucht sitzen kronenförmig verdickte Kelchblätter.

Geschmack

Die Jambolan hat ein säuerlich-herbes Rosenaroma.

Arten, Sorten

Apfel-Jambusen nennt man apfelförmige Jambolanen mit rosenartigem Aroma.

Aprikosen-Jambusen nennen sich birnenförmige, nach Aprikosen schmeckende Jambolane.

Hauptinhaltsstoffe

Gerbstoffe, Harze, Öle, Vitamin C.

Verwendung, Zubereitung

Die Jambolan wird meist frisch verzehrt. Gekocht oder zu Saft gepresst dient sie meist der Zubereitung von Konfitüre, Essig und Kompott oder als Zusatz von Erfrischungsgetränken.

Volksmedizinische Bedeutung

Jambolane besitzen stopfende Eigenschaften bei Durchfall.

Tipp

Jambolanblüten lassen sich zu ausgefallenen Garnituren in der Kalten Küche oder zur Herstellung exotischer Pralinen verarbeiten.

Japanische Mispel

Erioborya japonica

Bibace (frz.), Brasilianische Aprikose, Japanese medlar (engl.), Japanse mispel (niederl.), Japansk mispel (norw.), Loquat (engl.), Nèfle du Japon (frz.), Nespola di Giappone (ital.), Nispero del Japón (span.), Nispola del Japon (span.), Wollmispel

Allgemeines, Herkunft, Geschichtliches

Anfang des 8. Jh.s gelangte die Japanische Mispel erstmals aus ihrer Heimat in den Mittelmeerraum, wo sie bis heute großflächig kultiviert wird. Weitere Anbaugebiete dieser Scheinfrucht, die den immergrünen Rosengewächsen (Rosaceae) zugeordnet wird, liegen in Algerien, China, Florida, Frankreich, Indien, Israel, Kalifornien, Libanon, Mittel- und Südamerika, Taiwan, Thailand und in der Türkei. Die Namen ihrer nächsten Verwandten lauten: Apfel, Birne, Mispel und Quitte.

Aussehen

Die pflaumengroßen und – je nach Sorte – rundlichen oder ovalen Japanischen Mispeln sind mit einer fleckig-narbigen, apricotfarbenen, dünnen, zähen und leicht behaarten, ungenießbaren Haut überzogen, an deren Ende sich ein kleiner Blütenkelch befindet. Ihr gelbes, konsistentes und saftiges Fruchtfleisch beinhaltet 3–6 braune, glänzende, bohnenartige Kerne.

Geschmack

Nur vollreife Japanische Mispeln duften nach Äpfeln und besitzen ein pfirsichähnliches Aroma, das mit erfrischender Säure hervorsticht; unreif sind sie ungenießbar. Die Kerne schmecken mandelähnlich.

Hauptinhaltsstoffe

Beta-Carotin, Calcium, Kalium, Kupfer, Phosphor, Vitamin C.

Verwendung, Zubereitung

Geschält und entkernt dienen reife Japanische Mispeln meist dem Frischverzehr oder der Komplettierung von Fruchtsalaten; sie werden aber auch zu Kompott, Saft und Gelee verarbeitet. Die Kerne lassen sich wie süße Mandeln verwenden. Öl, das aus den Blüten der Japanischen Mispel gewonnen wird, dient meist kosmetischen Zwecken. Auf Insekten wirkt es abweisend!

Lagerung

Japanische Mispeln gelten als leicht verderblich.

Volksmedizinische Bedeutung

Japanische Mispeln wirken cholesterinsenkend, darmregulierend und herzstärkend.

Tipp

Feinschmecker geraten völlig außer sich, wenn sie Japanische Mispeln aufgetischt bekommen, die zuvor 15 Minuten bei 180° C im Ofen gebacken, dann mit frisch gerösteten Mandeln bestreut und schließlich mit geschlagener Zimt-Sahne garniert wurden.

Johannisbeere

Ribes

Bessen (niederl.), Brusinkj (tschech.), Currant (engl.), Frenküzümü (türk.), Groseille (frz.), Grosella (span.), Hanstraube (pfälz.), Ribe (ital.), Ribiseln (österr.), Sankt Johannträublein (schwäb.), Santhansträublein, Santihansbeere (bayr.), Trüberli (schweiz.), Zeit(e)beere

Allgemeines, Herkunft, Geschichtliches

Im Jahr 1450 wurde die Rote Johannisbeere erstmals urkundlich erwähnt; in Nordosteuropa soll sie beheimatet sein. Die aus Asien stammende Schwarze Johannisbeere kennt man erst seit 1550.

In Belgien, Deutschland, England, Frankreich, in den Mittelmeerländern, den Niederlanden und in Polen werden sie überwiegend kultiviert.

Geerntet werden kann dieses zu den Beerenfrüchten zählende Steinbrechgewächs (Saxifragaceae), das feuchten und schattigen Untergrund liebt, von Ende Juni bis Anfang August.

Ihren Namen hat die Johannisbeere der Tatsache zu verdanken, dass sie traditionsgemäß erst **ab dem Johannistag (24. Juni)** geerntet wird.

Aussehen

Die verschiedenfarbigen, traubenartigen Johannisbeersorten wachsen an unbestachelten Sträuchern.

Geschmack

Rote Johannisbeeren sind zwar aromatisch, jedoch relativ sauer.

Schwarze Johannisbeeren weisen einen bitter-herb-süßlichen Geschmack auf.

Weißgelbe Johannisbeeren schmecken köstlich süß.

Arten, Sorten

Alpenbeere / Alpen-Johannisbeere / Ribes alpinum (lat.) / Felsen-Johannisbeere: Wild wachsende, geschmacksneutrale Rote Johannisbeersorte die in den Gebirgswäldern Europas und Sibiriens anzutreffen ist.

Korrianen (fachspr.): Gedörrte Schwarze Johannisbeeren.
Rosetta nennt sich eine aromareiche Johannisbeerenneuzüchtung mit bezaubernden rosafarbenen Rispen.
Rote Johannisbeere / Ribes rubrum (lat.) / Bortscheschke / Eisperbeere / Ellbeere / Fleischbeere / Frauenbeere / Frönwunder / Fürwurzel / Groseille rouge (frz.) / Grosella roja (span.) / Günnefürzli / Handrunke / Hansmardane / Harillekes / Jannsbeere / Jannsdruwe / Jibern / Johannisgrischel / Johannisknürschel / Kalberze / Kardaunegrischeln / Kasperte / Kirschjohannisbeere / Kleine Grischel / Klingelcher / Klüngelchesgroscheln / Korällekes / Krälescher / Labbelsbeere / Meerträublein / Meertrübeli (schweiz.) / Mimel / Moruseln / Pogitschken / Rängbeere / Red Currant (engl.) / Ribes rosso (ital.) / Riebelesbeer (bayr.) / Rotbezinge / RoteDruschel / Sauerbeere / Schliehbeere / Schweinbeere / Stengelbeere / Strangelbeere / Straußbeere / Strängchensbeere / Strip / Strullbeere / Strutzenbeere / Sulferte / Träubli / Trösschensbeere / Weinapfel / Weinkrieschel / Weinträubel / Wieggi / Wildrosine / Wildweinbeere / Wimelte / Zankerle / Zaufen.
Schwarze Johannisbeere / Ribes nigrum (lat.) / Aalbeere / Adebarskaspern / Äggebeere / Ahlbeere / Albesing / Black currant (engl.) / Bocksbeere / Brotbüwwecken / Buckelbeere / Casis (span.) / Cassis (frz.) / Gichtbeere / Gichtkirsche / Gichttraube / Grosella negra (span.) / Henderschkens / Hundwimelte / Judenbeere / Kakelbeere / Kassis / Katzenbeere / Katzendreckeler / Lawerte / Oltbeere / Päperbeere / Pfaffenbeere / Pfefferbeere / Ribes nero (ital.) / Rosstraube / Schnaps-Johannistraube / Schusterbeere / Schwarze Gehandsrauwe / Schwarze Johannistraube / Schwarze Kasse / Schwarze Mehrtrübli / Schwarze Ribiseln (österr.) / Schwarze Rosine / Schwarze Träuble / Schwarze Weinbeere / Schwerzeitbeere / Stichbeere / Stinkbeere / Stinkstruk / Swarte Allbeer / Teufelsjohannistraube / Totenbeere / Wäntele / Wanzenbeere / Wanzenträublein / Wasserbeere / Wendelbeere: Ihren Beinamen »Gichtbeere« hat die Schwarze Johannisbeere der Tatsache zu verdanken, dass sie einst zur Heilung rheumatischer Erkrankungen eingesetzt wurde. Da die Schwarze Johannisbeere überdurchschnittlich hohe medizinische Werte besitzt, blieb sie in vergangenen Kriegszeiten ausschließlich als Süßmost für Kranke, Kleinkinder und Alte vorbehalten.
Titania: Schwarze Johannisbeerenneuzüchtung mit festen, aromatischen, markstückgroßen Früchten, die sich relativ lange am Strauch halten.
Weißgelbe Johannisbeere / Ribes album (lat.) / Champagner-Johannisbeere: Zuckersüße, gelbliche, leicht verderbliche holländische Spielart der Roten Johannisbeere mit champagnerartigem Aroma, deren Saft sich durch Erhitzung (z. B. während der Konfitürenzubereitung) rot färbt.

Hauptinhaltsstoffe

Anthozyane, Ballaststoffe, Biotin, Bor, Calcium, Eisen, Flavonoide, Fruchtsäure, Kalium, Magnesium, Pektin, Phosphor, Provitamin A, Vitamin B 1, C, P. Johannisbeeren besitzen gemeinhin den **höchsten Pektin- und**

Eisengehalt aller Beerenfrüchte. Die Schwarze Johannisbeere weist mit 177 mg / % Vitamin C sogar den **höchsten Gehalt aller einheimischen Obstsorten auf**.

Verwendung, Zubereitung

Während Weißgelbe und Rote Johannisbeeren meist für den Frischmarkt und zur Herstellung von Süßspeisen, Gelee, Rumtopf, Konfitüre, Joghurt und Eis bestimmt sind, werden die Schwarzen zu Säften, Nektars, Geist und Likör (Crème de Cassis) verarbeitet. Zuvor werden die Beeren (am simpelsten mit einer Gabel), von den Rispen gestreift. Rispen von Roten Johannisbeeren wirken besonders dekorativ und schmecken dazu noch vorzüglich, wenn man sie zuerst in angeschlagenes Eiweiß taucht und dann mit Puderzucker bestäubt. Widerliche Säure der Beeren kann man mindern, indem man sie entweder kurze Zeit mit Puderzucker bestäubt ziehen lässt – oder man mischt sie mit anderen Früchten.

Smarodinowka nennt sich eine russische Wodkasorte, die mit den Blättern der Schwarzen Johannisbeere aromatisiert wird.

Lagerung

Frisch geerntete Johannisbeeren lassen sich gut gekühlt zwar etwa 3 Tage bevorraten; sie eignen sich jedoch auch bestens zum Tiefkühlen.

Volksmedizinische Bedeutung

Vom gesundheitlichen Standpunkt aus ist die **Schwarze Johannisbeere die hochwertigste Beerenobstart**. Der hohe gesundheitliche Wert der bärenstarken Schwarzen beruht auf dem Gesamtheitseffekt all ihrer wertvollen Inhaltsstoffe auf den menschlichen Organismus. Zum Beispiel wirkt sich der Gehalt an P-Faktoren in Schwarzen Johannisbeeren positiv auf die Durchlässigkeit der kapillaren Blutgefäße aus. Schwarzer Johannisbeersaft wirkt blutdrucksenkend, steigert die Abwehrbereitschaft und ist ein bewährtes Mittel gegen Gicht, Durchfall, Stoffwechselkrankheiten und Wassersucht. Brandwunden sollte man sofort mit (möglichst) frisch gepresstem Schwarzem Johannisbeersaft betupfen, da er nicht nur **entzündungshemmende und kühlende**, sondern auch **schmerzlindernde Eigenschaften** besitzt.

Tipp

Bürgermeister Kanonikus **Kir** aus der französischen Stadt Dijon war der Erfinder des weitbekannten alkoholischen Mischgetränks »Kir«: Weil der Wein in seiner Stammkneipe zu sauer war, mischte er ihn mit auf dem Nebentisch stehenden Cassislikör (Likör aus der Schwarzen Johannisbeere). Der mundete ihm derart, dass er bei seinen Folgebesuchen jeweils »Kir« beim Wirt orderte. Pfiffige Gastronomen kreierten daraufhin noch einen »Kir Royal« (Sekt vermischt mit Cassislikör) und »Kir Imperial« (Champagner vermischt mit Cassislikör).

Johannisbrot

Ceratonia siliqua

Algarroba (span.), Bockshörner, Carob (engl.), Caroube (frz.), Carruba (ital.), Charrûb (arab.), Karobbe, Karobe, Karube, Keciboynuzu (türk.), Robinie, St. Jansbrood (niederl.)

Allgemeines, Herkunft, Geschichtliches

Der Johannisbrotbaum hat seinen Ursprung in den östlichen Mittelmeerregionen und im Orient. Er wird etwa 10 m hoch, hat derart tiefe und starke Wurzeln, dass sie sogar Felsen sprengen könnten, und zählt weltweit zu den ältesten Kulturpflanzen. Nach Europa gelangte dieser walnussbaumartige Schmetterlingsblütler (Fabaceae) erst während des 14. Jh.s im Zuge von Pilgerreisen. Heute ist der Johannisbrotbaum nicht nur in allen mediterranen Ländern – von Portugal bis in die Türkei – anzutreffen, auch in Arabien und Kalifornien wird er angebaut.

Seinen deutschen Namen hat der Johannisbrotbaum einer Legende zu verdanken, in der seine Früchte Johannes dem Täufer als lebensrettende Nahrung gedient haben sollen; auch der britische Feldherr Wellington und seine Reitersoldaten überlebten einen Feldzug in Spanien nur, weil sie sich an Johannisbrot laben konnten.

Vermutlich stammt vom lateinischen Namen des Johannisbrotbaums »Ceratonia« die Gewichtsbezeichnung »Karat« ab, da seine Samen einst Apothekern und Juwelieren als Gewichte dienten: **sie wiegen äußerst zuverlässig 0,18 g**! Nach den heutigen Regeln hat 1 Karat 0,2 g Gewicht.

Aussehen

Johannisbrot hat überwiegend aufrecht wachsende, braun glänzende, ledrige, 12–25 cm lange und 3 cm breite, rotfleischige Schoten, die büschelweise an den Ästen hängen und brünette, bohnenartige Kerne einschließen.

Geschmack

Johannisbrotfruchtfleisch schmeckt anfänglich zwar relativ sauer, nach längerem Kauen entfaltet es jedoch ein unverwechselbar honigartiges Aroma.

Hauptinhaltsstoffe

Calcium, Eiweiße, Fett, Fruchtzucker, Gerbstoffe, Iso-Buttersäure, Kalium, Pektine, Pflanzengummi, Phosphor, Schleimstoffe, Vitamine.

Verwendung, Zubereitung

Getrocknete und geröstete Johannisbrotschoten dienen meist der Herstellung von Kaffee- oder Kakaoersatz, Branntwein, Rum, Sirup, Farbstoff oder Bouillon-Würfeln.

Um in den Genuss ihres süßen Fruchtmarks zu kommen, muss man die Schoten mitessen, da ihre Schale nicht entfernt werden kann.

Aus getrockneten Johannisbrotsamen wird in den Anbauländern Johannisbrotkernmehl, ein 100% glutenfreies und geschmacksneutrales Diabetikermehl (z. B. »Carubin«, »Tartex« oder »Wakal«) hergestellt, das als bestes Gelier-, Binde- und Stabilisierungsmittel bei der Saucen- und Eisherstellung gilt, da es noch wesentlich wirksamer als Stärke ist. Johannisbrotkernmehl bindet zwar sowohl kalte Speisen als auch warme Gerichte, bei letzterer Zubereitungsart sollte man das Mehl jedoch bereits im kalten Zustand einrühren und das jeweilige Gericht erst dann erhitzen.

Volksmedizinische Bedeutung

Getrocknetes Johannisbrotfruchtfleisch wird nicht nur zu Hustenmitteln und Brusttees verarbeitet, auch bei Magenentzündungen und

Durchfall wird es erfolgversprechend eingesetzt; frisches Johannisbrot besitzt dagegen eine stark abführende Wirkung.

Tipp

Palo nennt sich ein bekannter spanischer Likör, der aus Johannisbrot hergestellt wird.

Jostabeere

Ribes var.

Allgemeines, Herkunft, Geschichtliches

Die Jostabeere ist nach vierzigjähriger Züchtungsarbeit im Jahr 1975 im Max-Planck-Institut durch Kreuzung der Schwarzen Johannisbeere mit der Stachelbeere hervorgegangen. Geerntet wird die äußerst widerstandsfähige und stachellose Jostabeere, die an bis zu 1,40 m langen, aalglatten Ruten gedeiht, im Hochsommer.

Aussehen

Jostabeeren sind oval, härchenfrei und kräftiger und größer als alle Stachelbeer- und Johannisbeersorten. Reife Jostabeeren sind nahezu schwarz, glatt und dünnhäutig und ohne Öldrüsen bestückt, die den Schwarzen Johannisbeeren ihren charakteristischen Geruch verleihen.

Geschmack

Die Jostabeere hat ein köstliches, leicht säuerliches Aroma, das – unverkennbar – an ihre »Vorfahren« erinnert.

Arten, Sorten

Jochelbeere: Resistente Kreuzung aus der Schwarzen Johannisbeere und der Stachelbeere, die im Jahre 1983 in Dresden entstanden ist. Der Geschmack der Stachelbeere herrscht bei ihr vor. Die schwarzen Jochelbeeren sind glatthäutig und etwas größer als Johannisbeeren.

Jonova nennt sich eine sehr Vitamin-C-haltige Neuzüchtung, die aus einer Kreuzung der Schwarzen Johannisbeere mit der Stachelbeere hervorgegangen ist. Die Jonova weist herbsüße, weinrote Beeren auf, die sich bestens zu Saft, Gelee oder Marmelade weiterverarbeiten lassen.

Jostine: Mehltau- und gallmilbenresistente Neuzüchtung, die aus der Stachelbeere und Schwarzen Johannisbeere hervorgegangen ist. Die vitaminreiche Jostine, die bei Vollreife lilafarbene Beeren trägt, besitzt gegenüber der Jostabeere **50% größere Früchte** und liefert aufgrund dessen auch höhere Erträge.

Hauptinhaltsstoffe

Mit einem Gehalt von 90–100 mg / % zählt die Jostabeere zu den Vitamin-C-reichsten Obstsorten.

Verwendung, Zubereitung

Frischfrucht, Konfitüre, Saft. Zur Herstellung von Konserven sind Jostabeeren deshalb ungeeignet, weil ihre dünne Schale bei Erhitzung platzt und sie infolgedessen ein unappetitliches Aussehen bekommen.

Lagerung

Die Jostabeere weist beste Tiefkühl-Eigenschaften auf.

Tipp

Steigern lässt sich der Ernteertrag von Jostabeeren, indem man sie mit anderen Jostabeerensorten anbaut.

Jujube

Ziziphus jujuba
Azufaifa (span.), Ber, Bor, Brustbeere, Brystbär (norw.), Chinese fig (engl.), Dornjujube, Ginga (span.), Giuggiola (ital.), Judasdorn, Judendorn, Jujube (engl., frz.), Jujubes (niederl.), Rote Dattel, Tintendattel, Welsche Hagebutte, Yujaba (span.)

Allgemeines, Herkunft, Geschichtliches

In den Halbwüstengebieten Chinas wird die Jujube zwar schon seit Jahrtausenden kultiviert und zählt auch heute dort noch zu den bedeutendsten Obstarten, ihre wahren geografischen Ursprünge werden allerdings in Syrien vermutet.
Die Jujube ist eine **Steinfrucht** (keine Beere!), die der Familie der Kreuzdorngewächse (Rhamnaceae) angehört. Von August bis Oktober wird sie, überwiegend aus Afrika, Australien, China, Frankreich, Indien, Italien, den Niederlanden und Japan kommend, auf unseren Märkten offeriert.

Aussehen

Die Jujube ist ein sommergrüner, dorniger, bis 12 m hoher Strauch mit ledrigen Blättern. Die glänzenden, zwetschgenförmigen Früchte haben eine grüne bis rotbraune Schale. Das gelblich weiße, schleimige Fruchtfleisch beinhaltet einen ungenießbaren, zylindrischen Kern. Jujuben aus Frankreich und Italien sind nur olivengroß.

Geschmack

Jujubengeschmack ist vergleichbar mit Datteln und Birnen.
Vollreif schmecken Jujuben am besten.

Arten, Sorten

Chinesische Datteln / Chinese dates (engl.) nennt man getrocknete Jujuben. Sie schmecken würziger als frische und finden meist in der chinesischen und indischen Küche Verwendung.
Chinesische Jujuben / Ziziphus lotus (lat.) / Filzblättrige Jujuben werden zwar etwas größer als »normale«, sind geschmacklich jedoch uninteressant.
Indische Jujuben / Ziziphus mauritiana (lat.) schmecken sehr sauer.

Hauptinhaltsstoffe

Calcium, Eisen, Gesamtzucker (25%), Kali, Phosphor, Vitamin B, C (70 mg / %).

Verwendung, Zubereitung

Die Jujube dient zwar meist zur Ergänzung von Salaten; sie wird jedoch auch getrocknet und kandiert, sowie zu Konfitüre, Obstwein und Weinbrand verarbeitet.

Lagerung

Kühl und nicht zu trocken können frische Jujuben etwa 3 Tage aufbewahrt werden.

Volksmedizinische Bedeutung

Jujuben gelten nicht nur als Nahrungsmittel, sondern werden ebenso zur **Krebstherapie** und als **Herztonikum** eingesetzt. Jujubesamen werden bei Angstzuständen, Schlaflosigkeit, Schwindel und Nachtschweiß empfohlen.

Tipp

Aus getrockneten Jujuben kann Heiltee bereitet werden, der Schleimhautentzündungen bekämpft.

K

Kaffir-Limette

Citrus hystrix

Combavas (frz.), Kaffernlimette, Kaffir lime (engl.), Kaffir-Limone, Kaffir-Zitrone, Makrut lime (engl.)

Allgemeines, Herkunft, Geschichtliches

Die Kaffir-Limette ist ein südostasiatisches Rautengewächs (Rutaceae), das nur in Indonesien und Thailand professionell angebaut wird.

Aussehen

Kaffir-Limetten sind dunkelgrüne, kernreiche Zitrusfrüchte, die an schlankästigen Bäumchen heranwachsen. Die dickschaligen, runzligen, zitronenartigen Früchte zeigen gelblich weißes, saftarmes Fruchtfleisch. Die olivgrünen, glänzenden Kaffir-Limettenblätter sehen aus, als wären jeweils 2 Stück aufeinander folgend zusammengewachsen.

Geschmack

Kaffir-Limetten und ihre Blätter schmecken nicht nur zitronenähnlich, beide verströmen sogar einen erfrischenden Zitrusduft.

Verwendung, Zubereitung

Kaffir-Limettensaft wird zum Würzen von Saucen, Suppen, Salaten u. v. m. verwendet. Ihre Blätter (ohne die dicken, zähen Blattrippen) und Schalen finden nicht nur – frisch oder getrocknet, im Ganzen oder zerkleinert – meist in asiatischen Currygerichten Verwendung, sie werden auch als **»Zitronenblätter«** gehandelt.

Lagerung

Leicht gekühlt lassen sich Kaffir-Limetten 2–3 Wochen aufbewahren.

Volksmedizinische Bedeutung

Kaffir-Limettensaft bekämpft Erkältungskrankheiten und Vitamin-C-Mangel.

Tipp

Sehr dekorativ und erquicklich wirken spiralenförmig zugeschnittene Kaffir-Limettenschalen in Longdrinks.

Kaki

Diospyros kaki

Apricot du Japon (frz.), Cacchi (ital.), Caqui (frz., span.), Chinese persimmon (engl.), Chinesische Dattelfeige, Chinesische Dattelpflaume, Chinesische Persimmon, Chinesische Quitte, Coing de Chine (frz.), Dattelfeige, Diospiro (ital.), Frutti di loti (ital.), Götterpflaume, Göttliche Frucht, Hindi (engl.), Japanese persimmon (engl.), Japanische Aprikose, Japanische Dattel, Japanische Dattelfeige, Japanische Dattelpflaume, Japanische Kaki, Japanische Persimmon, Kaki (asiat., engl., frz., ital., niederl., norw., span.), Kakiapfel, Kakidattel, Kakipflaume, Khaki (pers.), Orientalische Persimmon, Palo santo (span.), Raquemine

Allgemeines, Herkunft, Geschichtliches

Die vom botanischen Standpunkt aus **zu den Beeren zählende** Kaki kommt ursprünglich aus China und Japan. Heutzutage wird dieses sonnenhungrige, strauchartige und bis zu 8 m hohe Ebenholzgewächs (Ebenaceae) auch in Australien, Brasilien, Chile, Dalmatien, Florida, Israel, Italien, Kalifornien, Spanien und in Südfrankreich kultiviert. Unter den verschiedenen Diospyros-Gattungen gilt die Kaki als **stärkste Vertreterin**.

»Diospyros« kommt aus dem Griechischen und bedeutet »Göttliches Feuer«. »Kaki« ist die asiatische Übersetzung für »Frucht«.

Aussehen

Kakis sind gelborangerot glänzende, tomatenähnliche Früchte mit 4 Blütenblättern am ausgeprägten Stängelansatz, im vollreifen Zustand, also wenn orangerotes, glasiges Fruchtfleisch durch die dünne, glatte Haut schimmert und sich die Frucht weich anfühlt, sind Kakis am saftigsten: Ihr Fruchtfleisch »zerfließt« dann förmlich in der Hand; es kann 2–8 Kerne beherbergen.

Geschmack

Kakis schmecken zwar nach Aprikose, Birne und sogar etwas nach Tomate, weisen jedoch einen leicht bitteren Nachgeschmack auf.

Die Kakischale, -kerne und unreife Exemplare schmecken angesichts ihres hohen Tanningehalts herb und sehr pelzig.

Arten, Sorten

Indianerfeigen / Kakifeigen sind sonnengetrocknete Kakis, die sich, wie gedörrte Feigen, mit auskristallisierendem Zucker bedecken.

Mabolo (engl., frz.) / Diospyros blancoi (lat.) / Bispul / Butter fruit (engl.) / Samtapfel / Velvet apple (engl.): In Malaysia, auf den Philippinen und in Taiwan beheimatete, samtige, rotbraune, pfirsichähnliche Frucht. Ihr mehlig-weiches Fruchtfleisch schmeckt nach Banane, Butter und Pfirsich; die Schale ist ungenießbar.

Persimone / Diospyros virginiana (bot.) / Persimmon (engl.) / Persimonia (span.) / Persimonn / Persimonne / Persimonpflaume / Virginia-Dattelpflaume: Ursprünglich kommt die Persimone zwar aus China, **die größte (325 000 qm) und berühmteste Persimonenplantage der Welt** befindet sich jedoch seit 1870 in Kalifornien. Persimonen sind kakiähnlich, pflaumengroß, blassorange mit roter Backe, besitzen konsistentes, dunkles, herbes Fruchtfleisch und beinhalten wenigstens 4 Kerne. Häufig werden sie zwar zur Branntweinherstellung verarbeitet, man kann (muss nicht) sie jedoch auch frisch verzehren. Persimonenbäume werden nur 4 m hoch. Es gibt auch kernlose, jungfernfrüchtige Persimonen mit gelbem Fruchtfleisch und hohem Gerbstoffgehalt, der sich bei Vollreife (sie werden künstlich nachgereift) verwirkt.

Sharon / Saronfrucht / Scharonfrucht: Die Sharon ist eine israelische Weiterentwicklung der Kaki. In der mit üppiger Vegetation bestückten **Sharon-Küstenebene** zwischen dem Carmel-Gebirge und Tel Aviv liegt ihre Geburtsstätte. Die, mit einem minimalen Vanille-Touch behaftete und **von Bitterstoffen befreite** Sharon sieht zwar aus wie eine Kaki, ist jedoch größer, quadratischer, kernlos und weist eine essbare, dünne, knackige Schale auf.

Hauptinhaltsstoffe

Calcium, Eisen, Gerbsäure (Tannin), Glucose, Kalium, Mangan, Phosphor, Provitamin A, Vitamin B, C (85 mg / %), K, Zucker (13–15%). Kakis sind wahre Vitaminbomben! Ihr Provitamin-A-Gehalt übertrifft sogar den aller anderen Früchte.

Verwendung, Zubereitung

Die Kaki wird zwar meist frisch verzehrt (vorzugsweise gekühlt, halbiert und dann ausgelöffelt), sie kann jedoch auch zu Vorspeisen, Marmelade, Quarkspeisen, Saft, Saucen, Salaten, Sorbets oder Süßspeisen verarbeitet werden.

Lagerung

Leicht gekühlt lässt sich eine reife Kaki noch etwa 4 Tage bevorraten. Unentwickelte reifen bei Zimmertemperatur im Beisein eines Apfels nach.

Volksmedizinische Bedeutung

Die überaus bekömmliche Kaki gilt als rascher Energiespender, behütet vor Grippe und bekämpft nachweislich Schilddrüsenerkrankungen. Frischer Kakisaft macht die Haut zarter, da er Poren verengende Eigenschaften besitzt.

Tipp

In Japan gelten Kakis als verlässliche »Katerkiller«.

Kaktusfeige

Opuntia ficus-indica

Barbareifeige, Brot der trockenen Gegenden, Cactusfijg (niederl.), Distelfeige, Feigendistel, Feigenkaktus, Feigen-Opuntie, Figue de Barbarie (frz.), Fikenkaktus (norw.), Higo chumbos (span.), Kaktusbirne, Kaktusfrucht, Misir inciri (türk.), Nopal (frz., span.), Opuntie, Prickly pear (engl.), Stachelbirne, Stachelfeige, Tsabar (israel.), Tuna (span.)

Allgemeines, Herkunft, Geschichtliches

Bei der Kaktusfeige handelt es sich um die Frucht des Opuntienkaktus, dessen Heimat in den mexikanischen Wüstengebieten liegt, weshalb sie auch als »Brot der trockenen Gegenden« bezeichnet wird. Spanische Seefahrer brachten die Kaktusfeige im 16. Jh. erstmals mit nach Europa. In Ägypten, Algerien, Amerika, Australien, Brasilien, Israel, Peru, Sizilien, Spanien, Südafrika und Tunesien wächst der Opuntienkaktus überwiegend wild. In Australien überwucherte dieses robuste Kakteengewächs (Cactaceae) sogar einst 24 Millionen Hektar und musste infolgedessen dort unerbittlich ausgerottet werden. Dass Kakteen mit »Stacheln« behaftet sein sollen, ist eine irrige Einschätzung – richtiger ist der Ausdruck »Dornen«, denn **Dornen** wachsen grundsätzlich aus dem Inneren heraus – **Stacheln** sitzen dagegen außen auf. Beide dienen dem Schutz vor Tierfraß.

Aussehen

Die etwa gänseeigroße, feigenförmige Kaktusfeige hat eine lachsfarbene, ledrige Haut, die warzenartige, bedornte Erhebungen aufweist. Das zarte, orangegelbe Fruchtfleisch birgt eine Vielzahl kleiner, flacher, essbarer Kerne.

Geschmack

Reife Kaktusfeigen haben einen herbsüßen Birnen-Melonen-Geschmack, der zuweilen zwar etwas fade sein kann, jedoch sehr saftig und erfrischend ist. **Unreife Kaktusfeigen sind ungenießbar.**

Arten, Sorten

Indische Feige / Fico d'India (ital.) / Figue d'Inde (frz.) / Indian fig (engl.) nennt man getrocknete Kaktusfeigen.

Hauptinhaltsstoffe

Calcium (12 mg / %), Eiweiß, Fruchtzucker, Kalium, Oxalate, Magnesium, Vitamin B, C (20 mg / %).

Verwendung, Zubereitung

Die Kaktusfeige wird entweder frisch, zu kalten Vorspeisen, Süßspeisen, Konfitüre, Mixgetränken, Obstsalat und Saft verarbeitet oder sie wird gedörrt und dient dann der Schnapsverarbeitung oder wird als Trockenfrucht vermarktet. Kaktusfeigenfruchtfleisch (es sollte stets leicht gekühlt sein) kann mit Cognac, Eierlikör, Grand Marnier, whiskeygewürzter Orangenmarmelade, Zitronensaft, Zucker oder mit heißer Schokoladensauce beträufelt »gepowert« werden. Vorher wird die Schale entweder wie bei einer Banane abgezogen, oder man halbiert die Frucht und löffelt sie dann aus. Kaktusfeigen, die noch mit ihren Dornen bestückt sind, sollten nicht mit der ungeschützten Hand berührt werden, da dies unweigerlich zu starkem Juckreiz und Entzündungen führt. Um diese Dornen zu entfernen, legt man die Frucht kurz in kaltes Wasser – danach lassen sie sich ganz leicht lösen.
Aus den jungen, fleischigen Blättern der Kaktusfeige bereitet man in Südamerika Gemüse und Salat.
Die Samen der Kaktusfeige schmecken sowohl pur als auch mit Pfeffer bestreut oder mit Mayonnaise und Zitronensaft abgeschmeckt; auch als dekorative Krönung von Desserts, im Obstsalat oder zur Ergänzung von Cremes können sie vorteilhaft sein. Der Opuntienkaktuskörper wird in den Anbauländern meist zu Viehfutter verwertet.
Nopalitos nennt man eine mexikanische Spezialität, die in ganz Südamerika an jedweder Straßenecke feilgeboten wird: Es sind in Scheiben geschnittene Kaktusfeigenblätter, die entweder in feurig-scharfe Sauce oder in Salzwasser eingelegt wurden.

Lagerung

Kaktusfeigen lassen sich im Kühlschrank etwa eine Woche lagern.

Volksmedizinische Bedeutung

Kaktusfeigen besitzen abführende, entschlackende, durstlöschende und cholesterinsenkende Eigenschaften. Nach dem Kaktusfeigengenuss kann es aufgrund ihres Oxalatkristallgehalts zu einem leichten Brennen auf der Zunge und den Mundschleimhäuten kommen; auch kann sich der Urin rötlich färben. Dies ist jedoch völlig unbedenklich und vergeht in Bälde.

Tipp

Eine israelische Studie belegt, dass sich der Zustand bei 80% der Patienten, die an Blasenschwäche und Prostataleiden erkrankt waren, deutlich besserte, nachdem sie 6 Wochen lang mit einem Extrakt aus den Blüten und Früchten der Kaktusfeige behandelt wurden.

Kapern

Capparis spinosa
Alcaparras (port., span.), Capere (rumän.), Capers (engl.), Cappero (ital.), Câpres (frz.), Fabagelle (frz.), Gebre (türk.), Kabar (arab.), Kapara (tschech.), Kapari (türk.), Kapary (poln.), Kapernäpfel, Kapers (dän., isl., norw.), Kapersy (russ.), Kaporna (ung.), Kapparis (griech.), Kappern, Kappertjes (niederl.), Kapris (finn., schwed.), Keipa (jap.), Tapana (frz.)

Allgemeines, Herkunft, Geschichtliches

Der Kapernstrauch ist eine geheimnisumwitterte Wildpflanze aus dem Mittelmeerraum, die schon seit über 10 000 Jahren den Menschen beschäftigt, weil sie sogar dort noch gedeiht, wo andere Gewächse schon längst eingegangen wären. **Bis zu 40 m tief** können sich die fingerdicken Erdstöcke des wildrosenähnlichen, dornigen, bis zu 1 m hohen und bis 2 m breiten Kapernstrauchs ins – wenn es sein muss, völlig ausgedörrte – Erdreich krallen, bis zum schier unergründlichsten Wasserreservoir. 4 Jahre braucht diese sonnenhungrige Pflanze, bis sie dieses Werk der Überlebenskunst vollbracht hat – aber dann bringt sie faszinierende Knospen mit orchideenartigen Blüten hervor. Geerntet werden sie schon um 4 Uhr am frühen Morgen und innerhalb von 2 Stunden nach der Ernte müssen sie bereits gewässert und konserviert (in Essigessenz eingelegt oder eingesalzen) worden sein, da sie sonst ihr eigenständiges Aroma entbehren.

In den 70er Jahren gelang es dem Spanier Juan Martinez erstmals, Kapern zu kultivieren; 1979 gründete er dann in Aguilas (Südspanien) **die erste Kapernfarm der Welt**. Mittlerweile werden die laubabwerfenden Kaperngewächse (Capparidaceae) im gesamten Mittelmeergebiet kultiviert; besonders hervorzuheben sind Pantellaria und Salina, die zweitgrößte Liparische Insel in der Nähe Siziliens.

Streng genommen zählen Kapern weder zu den Früchten noch zu den Gemüsen, sie gelten eher als »würzige Aromaträger«.

Das deutsche Wort »Kapern« wurde durch Wortverschiebungen vom arabischen »Kabar« und vom griechischen »Kapparis« abgeleitet.

Aussehen

Kapern sind grünlich braune, rundliche bis herzförmige Knospen. Die bis zu 8 cm großen, weißen oder rosafarbenen Kapernblüten sind nur einen Tag lang wunderschön anzusehen, da ihnen purpurfarbene Staubfäden entsprießen, aus denen rasch die sogenannten »Kapernäpfel« entstehen.

Geschmack

Frisch geerntete Kapern schmecken bitter. Erst eingesalzen entwickeln sie ihr typisch scharf-saures, herbwürziges Aroma.

Arten, Sorten

Alcaparrone / Falsche Kapern / Kapernersatz nennt man die noch geschlossenen, in Essig und Salz marinierten Blütenknospen von Besenginster, Dotterblume, Kapuzinerkresse, Gänseblümchen, Portulak, Zichorie und Löwenzahn.

Hauptinhaltsstoffe

Glucocapparin, Senföl-Glykoside.

Verwendung, Zubereitung

Nach vorgegebenen Größen sortiert, landen Kapern als Konserve mit nachstehenden Zusatzbezeichnungen auf dem Warentisch:

Nonpareilles	(7,0 mm)
Surfines	(8,0 mm)
Capucines	(8,5 mm)
Capotes	(10,0 mm)
Fines	(12,0 mm)
Gruesas	(14,0 mm)
Communes / Hors calibres	(15,0 mm)

Kapern werden meist in Kapernsauce, Remouladensauce oder als Garnitur verwendet.

Je feiner sie gehackt werden, desto intensiver wird zwar ihr Geschmack, sollten sie jedoch mitgekocht werden, wandelt sich ihr Aroma ins Verkehrte.

Caponata nennt sich eine kalte / warme sizilianische Spezialität, die Kapern, Auberginen, Zucchini, Peperoni, Staudensellerie und Knoblauch beinhaltet.

Alcaparrón (port., span.) / Kapernäpfel / Kapernbeeren / Kapernfrüchte / Kaperngurken / Cornichons de câpre (frz.) nennt man die aus den Kapernblüten hervorgehenden, sehr samenhaltigen Früchte des Kapernstrauchs. In Spanien werden sie wie Oliven mariniert und sofort – meist nur an Einheimische – vermarktet, die sie dann zur Anreicherung von Apéritifs oder Salaten verwenden. Auch Kapernäpfel werden in verschiedene Grössen eingeteilt:

Finos	(< 13 mm)
Medianos extra	(13–17 mm)
Medianos	(17–20 mm)
Gruesos	(> 20 mm)

Es gilt: Je kleiner, desto feiner!

Lagerung

Man sollte darauf achten, dass geöffnete Kapernbehältnisse stets mit ihrer ursprünglichen Flüssigkeit bedeckt sind, da ein Nachfüllen mit jedweder Feuchte ihr Aroma niederschlägt.

Volksmedizinische Bedeutung

Kapern regen die Nierentätigkeit an und gelten als unterstützendes Heilmittel bei Milzerkrankungen.

Tipp

Jüngst wurde in Italien (Livorno, San Gimignano) herausgefunden, dass die Säure der Kapernwurzel den Kalksandstein mittelalterlicher Bauten zersetzt und es infolgedessen sogar zum Einsturz historischer Gebäude kommt.

Kapuzinerkresse

Tropaeolum majus

Blume der Liebe, Blumenkresse, Blutrote Blume aus Peru, Capucine (frz.), Common nasturtium (engl.), Cresson du Pérou (frz.), Fremde Kapuzinerblume, Gelbes Vögerl, (Groß-)indische Kresse, Indian cress (engl.), Indianerkresse, Kanarienvögelchen,

Kapernblume, Kapuzinerchen, Kletterkraut, Nasturtium (engl.), Nasturz, Salatblume

Allgemeines, Herkunft, Geschichtliches

In ihrer Heimat Peru wurde die Kapuzinerkresse schon vor 4000 Jahren kultiviert; nach Europa wurde sie erst im 17. Jh. von einem Holländer namens Bewerning verbracht.

Kapuzinerkresse zählt nicht, wie z. B. die Garten- und Brunnenkresse, zu den Kreuzblütlern, sondern zur Familie der **Kapuzinerkressegewächse** (Tropaeolaceae) und auch beim Anbau unterscheidet sie sich von anderen Kressesorten: Sie wird zwar **nirgendwo professionell kultiviert**, dient jedoch vielerorts als charmante, nützliche und sogar essbare Zierpflanze im Vorgarten.

Ihren Namen hat die Kapuzinerkresse der ursprünglich kapuzinerbraunen Blütenfarbe und ihrer Blütenform zu verdanken, die den **Kapuzen** der Kapuzinermönche nicht unähnlich ist; synchron weist ihre botanische Bezeichnung »Tropaeolum« auf die schildstieligen Blätter und helmartigen Blüten hin.

Die Bezeichnung »Kresse« verdankt die Kapuzinerkresse der Tatsache, das gleiche etherische Öl (Glucosinolat) zu beinhalten wie ihre Namensverwandten.

Aussehen

Kapuzinerkresse besitzt zauberhafte, finger- bis nierenförmige Blätter und pittoreske, rote Blüten, die sich an rankenden, rundlichen, leicht zerbrechlichen Stängeln entlangwinden.

Geschmack

Junge Kapuzinerkresseblättchen, -blüten, -früchte und -knospen weisen ein angenehmes, senfartiges, kaprig-kressiges Aroma auf.

Große und alte Blätter sind meist ledrig und beißend scharf.

Arten, Sorten

Anu / Tropaeolum tuberosum (lat.) / Knollige Kapuzinerkresse: Kletternde Kapuzinerkressesorte mit giftigen, unterirdischen Knollen, die zwar sehr stärke- und Vitamin-C-haltig sind, **jedoch erst nach dem Abkochen verzehrbar** werden. Ihr abstoßender Geruch und der bissige Geschmack verschwinden, wenn man sie nach dem Kochen eine Zeit lang eingefriert.

Tropaeolum nanum (lat.): Gelbblütige, nicht rankende Kapuzinerkressesorte, die in runden Büschen wächst.

Tropaeolum speciosum (lat.): Kapuzinerkressesorte mit Aufsehen erregenden, vielförmigen, feurig roten Blüten und frisch grünem Blattwerk.

Tropaeolum tricolor (lat.): Auffallende Kapuzinerkressesorte mit keck dreinschauenden, dreifarbigen Zipfelmützenblüten.

Hauptinhaltsstoffe

Glucotropaeolin (schwefelhaltiges etherisches Senföl), Jod, Vitamin C.

Verwendung, Zubereitung

Aus jungen Kapuzinerkresseblättern und -blüten kann man entweder Salat, Gemüse oder Tee bereiten, feingehackt lassen sie sich auch zum Belegen von Butterbroten oder als gesunde Kräuterquarkwürze verwenden. Die Vitamin-C-reichen Kapuzinerkresseblüten laden zwar zu floris-

tischen Impressionen auf Salaten und Kalten Buffets ein, man sollte jedoch behutsam damit umgehen, da sie »messerscharf« schmecken.
Falsche Kapern / Kapernersatz kann man sich aus den braunen, noch geschlossenen Blütenknospen der Kapuzinerkresse selbst herstellen, indem man sie in Essig und Salz einlegt.
Unter rankender Kapuzinerkresse machen sich **nie mehr Verunkrautungen** breit und sogar mit dem bereits vorhandenen Wuchs unerwünschter Wildpflanzen wird die Kletterkünstlerin ganz locker fertig.

Lagerung

Einmal geerntet, lässt sich Kapuzinerkresse zwar nur kurze Zeit aufbewahren, da sie rasch zu welken beginnt – in einer Schüssel mit kaltem Wasser fühlen sie sich jedoch ein paar Stunden ganz wohl.

Volksmedizinische Bedeutung

Kapuzinerkresse wirkt nicht nur abführend, antibiotisch, aphrodisierend, blutreinigend und immunsystemstärkend, auch bei Harnwegsinfektionen, Skorbut und Bronchitis hat sich ihr Verzehr schon oft bewährt. Bei Überdosierungen können jedoch starke Magenreizungen auftreten.
Kapuzinerkresse besitzt im frischen Zustand nur dann **antibiotische Eigenschaften** bei einer Vielzahl von Krankheitserregern, wenn sie ganz **ohne Öl** verzehrt wird und wenn unmittelbar nach ihrem Verzehr **kein Alkohol** getrunken wird.

Tipp

Pflanzt man um den Stamm von Obstbäumen nicht rankende Kapuzinerkresse, boykottiert man **Blut- und Blattlausbefall**, da aufgrund dessen Schwebfliegen angelockt werden, die diese Schädlinge vertilgen; auch Ameisen, Raupen und Schnecken nehmen vor der Kapuzinerkresse Reißaus.

Karambole

Averrhoa carambola
Apfel von Goa, Baumstachelbeere, Carambola (engl., ital., niederl., norw., span.), Carambole (frz.), Karambola (port., tschech.), Pomme de Goa (frz.), Starfruit (engl.), Sternfrucht, Tamarindo chino (span.)

Allgemeines, Herkunft, Geschichtliches

Die Heimat der Karambole liegt in Indonesien. Sie gehört zu den Sauerkleegewächsen (Oxalidaceae) und gedeiht (ganz ohne Pflanzenschutzmittel) an buschartigen Bäumen. Ganzjährig wird diese tropische Beerenfrucht aus Afrika, Brasilien, China, Florida, Indien, Indonesien, Israel, Kolumbien, Malaysia, Südamerika, Thailand oder aus der Karibik zu uns importiert.
Der Name »Karambola« entstammt dem Portugiesischen und bedeutet »Sternfrucht«: Wenn man die Frucht quer in Scheiben schneidet, erhält man »Sterne«.

Aussehen

Die Karambole ist eine eigentümliche, etwa fingerlange Frucht, die mit 5–6 braunkantigen Längsrippen beschickt ist. Ihre grüngelbe, dünne, wachsartige Schale ist essbar und umschließt transparentes, saftiges bernsteinfarbenes Fruchtfleisch, das, mit bräunlichen, weichen, verzehrbaren Kernen durchwachsen ist.

Geschmack

Reife Karambolen riechen jasminähnlich und besitzen ein erfrischendes, süß-saures, fruchtiges Aroma, das an Quitten und Stachelbeeren erinnert. Unreife Exemplare schmecken extrem sauer.

Arten, Sorten

Bilimbi (frz.) / Averrhoa bilimbi (bot.) / Blimbing (engl.) / Cucumber tree fruit (engl.) / Pepino culi (span.) / Vinagrillo (span.): Diese flachgerippte, gurkenförmige, kleinwüchsige Karambolenverwandte kommt aus Malaysia, wo sie aufgrund ihrer auffälligen Säure meist gesalzen und an der Sonne getrocknet oder süß-sauer eingelegt in Konserven gehandelt wird.

Hauptinhaltsstoffe

Calcium (4 mg / %), Eisen, Eiweiß, Fett, Kalium, Magnesium, hoher Oxalsäuregehalt (mehr sogar als unser heimischer Rhabarber), Phosphor, **Provitamin A** (85 mg / %), reich an Vitamin B1, B 2, B 3, C.

Verwendung, Zubereitung

Die Karambole ist sehr vielseitig verwendbar: Sie kann zwar frisch verzehrt werden, zu Gelee, Konserven, Kompott, Marmelade (mit Stachelbeeren vermengt) und gedünstet oder kurz in heißer Butter geschwenkt als exotische Beilage zu Fleisch- oder Fischgerichten verarbeitet werden, hierzulande gilt sie jedoch als **ausgesprochene Dekorationsfrucht**. Durchgängig wird die Karambole zwar ungeschält verzehrt; ältere Exemplare sollten allerdings – zumindest an den braunen, bitteren Kanten der Längsrippen – dünn abgezogen werden. Karambolescheiben eignen sich auch hervorragend zum Reinigen von Messing- und Metallgegenständen.

Lagerung

Bei einer Lagertemperatur von 10° C lassen sich Karambolen bis zu 5 Wochen (!) aufbewahren. Unreife Karambolen reifen problemlos bei Zimmertemperatur nach.

Volksmedizinische Bedeutung

Karambolen besitzen zwar durststillende Eigenschaften, da ihr **extrem hoher Oxalsäuregehalt** jedoch den Zahnschmelz angreift und zudem Calcium im Körper bindet, ist es ratsam, während oder nach ihrem Genuss calciumreiche Produkte wie Milch, Quark, Schlagsahne usw. zu verzehren.

Akne kann man mit dem wiederholten Auflegen von Karambolestückchen entgegenwirken.

Tipp

Karambolescheiben, die man in einem Glas mit Sekt begießt, beginnen sich munter – wie von Geisterhand – zu wiegen. Verursacher ist die aufsteigende Kohlensäure.

Kardone

Cynara cardunculus

Carde, Cardi, Cardo (ital.) Cardos (span.), Cardon (frz.), Cardoon (engl.), Cardy, Distelkohl, Gemüseartischocke, Karde (österr.), Kardendistel, Kardi, Kardoen (niederl.), Kardonen-Artischocke, Kardy, Prickly artichoke (engl.), Spanische Artischocke, Spanische Distel

Allgemeines, Herkunft, Geschichtliches

Die Kardone ist ein in den Mittelmeerländern und Nordafrika heimisches Distelgewächs, das schon im 4. Jh. v. Chr. als wohlschmeckendes Gemüse bekannt war. Man vermutet, dass die Kardone die Stammform der Artischocke ist – zumindest ist sie mit ihr verwandt.

Um 1650 wurde die Kardone erstmals in England und Frankreich angepflanzt, und noch im 19. Jh. war sie auch in Deutschland ein beliebtes Nahrungsmittel, das in vielen Rezepten bedacht wurde. Heute gilt die sonnenhungrige Kardone hierzulande zwar als Exotin, in der Schweiz (in der Peripherie rund um Genf) gelten Kardonen jedoch als Delikatesse. Die Kardone wird in Afrika, Belgien, Frankreich, Italien, Spanien, Südamerika, USA und Westasien kultiviert. Wenn sie voll ausgewachsen ist, wird sie (wie Bleichsellerie) zusammengebunden und mit Erde angehäuft oder in schwarze Plastikfolie gewickelt, damit sie nach dem »Bleichen« schön hell, mild und zart ist.

Aussehen

Die Kardone ist eine mächtige, bis 1,5 m hohe, distelartige Pflanze mit violetten Blüten, die zwar einer zierlichen Artischocke ähnelt, deren riesige dickfleischige Blattstiele jedoch eher an übergroßen Staudensellerie erinnern.

Geschmack

Die Kardone besitzt einen bitternussigen, jedoch sehr strengen Artischocken- / Spargelgeschmack.

Hauptinhaltsstoffe

Cynarin, Inulin, Vitamin C.

Verwendung, Zubereitung

Lediglich die vorgegarten Blattstiele und Rippen der Kardone können zu Gemüse oder Salat bereitet werden. Zuvor sollten sie gründlich gereinigt, in 8 cm lange Stücke geschnitten, dann in Mehlwasser mit etwas Zitronensaft ca. 40 Minuten gekocht und schließlich abgezogen werden. Die Blütenköpfe der Kardone sind, im Gegensatz zur Artischocke, nicht verzehrbar. Kardonen werden industriell auch zur Herstellung von Bitterlikören verarbeitet.

Lagerung

Kühl, dunkel und ohne Zugluft lässt sich die Kardone höchstens eine Woche bevorraten, danach trocknet sie aus und ihr Fruchtfleisch wird unappetitlich fleckig.

Volksmedizinische Bedeutung

Die bitteren Inhaltsstoffe der Kardone regen Galle, Leber, Stoffwechsel und Verdauung an.

Tipp

Dank des Kohlenhydrats Inulin, das von der Bauchspeicheldrüse bestens verarbeitet werden kann, ist die Kardone sehr wohl **auch für Diabetiker verträglich**.

Karotte

Daucus carota ssp. Sativus

Bestenaw, Carota (ital.), Carote (altdt.), Carotte (frz.), Carrot (engl.), Feldrübli (schweiz.), Gaajar (ind.), Garodde (pfälz.), Gartenmöhre, Geel Möhre, Geel Pastenach, Gelbe Rübe (österr.) Gelbrübe (süddt.), Gelleriewe (saarld.), Goldrübe (österr.), Havuc (türk.), Karote (niederl.), Karoton (griech.), Mehra (österr.), Möhre, Möhrlein (österr.), Mohrrettich, Mohrrüben (ostdt.), Morde (hunsr.), Morötter (schwed.), Motte (hess.), Mrkev (tschech.), Muhre (westerwd.), Peen (niederl.), Pastenach, Pasteney, Riewe (hunsr.), Rote Pasteney, Rote Rübe, Rote Wurzel, Rübe, Rüebli (schweiz.), Rübli (süddt.), Schattbutbengel, Speisemöhre, Woddel (norddt.), Wortel (niederl.), Würzelchen (landsch.), Wurzel (süddt.), Zanahorias (span.)

Allgemeines, Herkunft, Geschichtliches

In Asien liegen die geografischen Wurzeln der Wilden Möhre, die schon vor über 4000 Jahren ein bevorzugtes Nahrungsmittel war; erstmals nach Mitteleuropa gelangte sie erst im 11. Jh.. Die pfiffigen Holländer fanden schon nach relativ kurzer Zeit heraus, dass die Wildform der Möhre ihre unzuträglichen Eigenschaften durch Anpflanzung in bearbeitetem Ackerland verliert. Mittlerweile werden diese weiß blühenden Doldengewächse / Apiaceae (Umbelliferae) ganzjährig in Algerien, Belgien, Dänemark, Deutschland, Frankreich, Israel, Italien, den Niederlanden und in Ungarn großflächig kultiviert. Laut einem agrarwissenschaftlichen Forschungsergebnis gedeihen Karotten vortrefflichst, wenn sie **kurz vor Vollmond** ausgesät wurden. Wurmbefall an Karottenaussaat kann man auf umweltfreundliche Weise schon im Vorfeld entgegensteuern, indem man die Samen dünn mit gehacktem Knoblauch bestreut – **eine Beipflanzung mit Schafgarbe** wirkt sich zusätzlich positiv auf ihr späteres Aroma aus.

Botanisch und pflanzenbaulich sind »Karotten« und »Möhren« zwar identisch; nicht aber markttechnisch, da der Unterschied reine »Formsache« ist:

Karotten nennt man frühe, kleine Rübchen, die kurzwurzlig, kugelig und stumpf sind.

Möhren sind dagegen groß, walzenförmig und schmal.

Ihren Namen verdankt die Karotte den Römern, die sie »Carota«, zu Deutsch »Gebrannte«, nannten, was auf ihr ursprünglich feuriges, purpurrotes Äußeres hindeutet. »Möhre« stammt dagegen aus dem Althochdeutschen; es wird von »Mohrrettich« und »Mohrrübe« abgeleitet.

Aussehen

Die Farbe der Karotte, **unserer ergiebigsten einheimischen Karotinquelle**, variiert von weiß oder gelb über gelborange – bis hin zu tiefem Rot; die zuletzt Genannte ist karotinhaltiger als helle Varianten. Tiefe Furchen auf der Schale deuten auf zu geringe Bodenfeuchte während des Wachstums hin.

Geschmack

Karotten besitzen ein angenehm süßliches Aroma.

Arten, Sorten

Bundkarotten / Bundmöhren sind Treibhaus- oder Frühmöhren, die nur im Frühjahr und Sommer auf den Märkten erhältlich sind. Sie sollten über frisches, gesundes Kraut und zarte und gewaschene Wurzeln verfügen.

Fingermöhren / Babymöhren / Baby carrots (engl.) / Fina morötter (schwed.) / Jeunes carottes (frz.) / Möhrchen / Polizeifinger (mundartl.) / Waspeen (niederl.) / Zanahorias baby (span.) / Zuckermöhren: Klitzekleine, nur fingerlange, zuckersüße Möhrensorte, die meist zu Tiefkühl- und Konservenware verarbeitet wird.

Futtermöhren / Pferdemöhren / Pferderüben / Riesenmöhren sind faserig, holzig, weiß- bis gelbfleischig und dienen vorwiegend Futterzwecken. Mancherorts stellt man aus Futtermöhren wohlschmeckendes Mus oder Sirup her. Geröstet und gepulvert werden Futtermöhren ebenso **zu koffeinfreiem Kaffeeersatz verarbeitet**.

Herbstkarotten / Winterkarotten besitzen eine feste, grobe Struktur, ein ausgeprägtes Aroma und sind relativ lange lagerbar.

Karottini nennt der Handel geschälte, ungegarte, gekühlte Fingermöhrchen.

Pariser Karotten / Carottes parisiennes (frz.) / Kaiserkarotten / Parijse wortelen (niederl.) / Parisienne carrots (engl.) / Zanahorias parisinas (span.): Kleine, kugelrunde, süßliche Karottensorte, die zwar schon nach ca. 75 Tagen geerntet werden kann, meist jedoch der Konservierung dient.

Sandmöhren nennt man ungewaschene, von grobem Schmutz befreite Möhren. Der Name »Sandmöhre« stammt noch aus früheren Zeiten, als man sie in **Sand** einschlug (fachspr. stratifizierte), um sie vor Witterungseinflüssen zu schützen.

Vichy-Karotten nennt man eine spezielle Zubereitungsart von Karottengemüse, bei der kleine, geschälte und in feine Scheibchen geschnittene Karotten zuerst mit Zwiebelwürfelchen in Butter angeschwitzt, dann mit wenig Zucker karamellisiert und schließlich mit **Vichy-Wasser** angegossen werden, um sie zugedeckt bei gelinder Hitze zu garen. Vichy heißt eine französische Ortschaft, die sich nicht nur durch ihre weichwässrige Quelle, sondern auch durch ihren **großflächigen Karottenanbau** hervortut.

Waschmöhren nennt man Möhren, die vor der Auslieferung durch eine Art »Waschstraße« gefahren werden, damit sich die gröbsten, noch anhaftenden Verunreinigungen lösen.

Wilde Möhre / Eselsmöhre / Wilde Pasteney / Wildmöhre / Wildrüblein / Vogelsnest: Die purpurfarbene, noch heute allerorten wild wachsende, Urmöhre weist eine zähe, spindelförmige, erdig-süßliche Pfahlwurzel auf, die noch heute zu Kaffeeersatz, Likör, Parfüm, Sirup, Farbstoff und Arznei verarbeitet wird. Wilde Möhren werden bis heute erfolgreich bei der Bekämpfung von Blasen- und Prostatainfektionen, Gicht und erhöhter Harnsäure eingesetzt. Die Samen der Wilden Möhre gelten als **Geheimtipp bei Katerstimmung**, wenn man sie »am Morgen danach« gemächlich zerkaut und dann, vorzugsweise mit Wasser (!), runterschluckt.

Hauptinhaltsstoffe

Anthozyane, Biotin, Calcium, Carotinowie, Eisen, Eiweiß, etherisches Öl, Folsäure, Fruchtsäure, Glutamin, Kalium, Lezithin, Magnesium, Natrium, Pektin, Phytoöstrogene, Provitamin A, Vitamine B 1, B 2, B 3, B 6, C, E, Zucker.

Verwendung, Zubereitung

Karotten werden meist zur Herstellung von Gemüse, Rohkost, Saft, Salat, Suppe oder Säuglingsnahrung verarbeitet. Junge Karotten müssen nicht geschält werden, da ihre Schale noch hauchdünn und infolgedessen leicht verdaulich ist. Da die frischen Blättchen der Karotte ungewöhnlich **vitamin- und chlorophyllreich** sind, sollte man sie keinesfalls vernachlässigen, sondern wie hochkarätige Kräuter nutzen.

Lagerung

Kühl, bei 10° C und hoher Luftfeuchte, lassen sich Karotten 4–5 Tage aufbewahren. Das heißt: Eisige Lagerungsbedingungen und / oder Einwirkung von Ethylengasen (z. B. wenn man sie zusammen mit Äpfeln, Tomaten oder Paprikaschoten lagert) können bei Karotten einen seifigen, bitteren und chininartigen Geschmack hervorrufen. Karotten sollten nicht über längere Zeit mitsamt ihrem Kraut aufbewahrt werden, da sie sonst ihrer Feuchtigkeit beraubt werden und infolgedessen rascher welken.

Volksmedizinische Bedeutung

Karottenverzehr wirkt harntreibend, verdauungsfördernd, blutreinigend und die Sehkraft und das Immunsystem stärkend; **bei Diabetes fördert regelmäßiger Karottengenuss sogar die Zuckerausscheidung**. Rohes Karottenmus wirkt nicht nur schmerzlindernd bei Verbrennungen, es gilt auch als **tumorfeindlich**, da er krebserregende Substanzen im Darm bindet und rasch ausscheidet. Schmackhaften und kostengünstigen Hustensaft kann man selbst produzieren, indem man frischen Karottensaft und Zucker zu gleichen Teilen mischt.

Tipp

Da Carotinoide, die harten Zellwände roher Karotten, nur zu 4% (!) vom Körper aufgespalten werden können, ist es ratsam, die Wurzeln grundsätzlich in Gemeinsamkeit mit **fetthaltigen Stoffen** (z. B. Butter, Margarine, Milch, Sahne, Speiseöl) zu garen; mindestens 20% (!) der Carotinoide werden infolgedessen für die Verdauungssäfte »griffig« gemacht.

Kartoffel

Solanum tuberosum

Aardappel (erzgeb., niederl.), Abern (zittau.), Äber, Abunn, Ädäppel (kölsch), Älü (ind.), Äper, Andenfrucht, Apana (sudetendt.), Aper (oberlausitz.), Artoffel, Batatas (span.), Bodebiera (allgäu.), Bodenapfel (berlin.), Bodenbirne, Brambory (tschech.), Bramburie (österr.), Bramburk (böhm., mähr., rumän.), Bumser, Bünnerpel, Burgonya (ungar.), Deutsche Trüffel, Duffel (nordrhein-westfäl.), Ebbirne (bad.), Erbels (sauerld., westerwd.), Erdapfel (erzgeb., österr., vogtld.), Erdbirne (österr.), Erdbohne, Erdbrot, Erdling (salzb.), Erdmorschel, Erdpumser, Erdteufel, Erdtoffel (ostdt.), Erdtuffel, Erfel (sachsen-anhalt.), Gold der Inkas, Griebel, Grübling (poet.), Grumbe (hess.), Grumbel (elsäss.), Grumbiere (koblenz., fränk.), Grumbileri, Grundbeere,

Grundbirne, Gummeli (schweiz.), Härdöpfel (schweiz.), Hollandsche, Indianerwurzel, Inkatrüffel, Jacobsapfel, Jacobsbirne, Jobsbirne, Jrumpere (eifelld.), Kantüffel (holst.), Kartoffli (schles.), Kartofler (dän.), Kartüffel (schleswig-holst.), Kartuffel (norddt.), Karunkel, Katoffel, Kaulen, Ketüffel, Knolle (brandenb.), Knulle, Krombirn (spessart., taunus.), Krummbeere (hunsr.), Krumpan (saarld.), Krumpli (ung.), Kurtuffel, Mäusle, Nudl (brandenb., uckerm.), Papo patata (span.), Pappas (ehem. bot. Bez., kanar.), Patäte, Patake, Patata (ital., port.), Patater, Patetes (türk.), Patüffel, Pomdedeer (rhein.), Pomme de terre (frz.), Pontotter, Potake (westfränk.), Potate, Potato (engl.), Potetes (norw.), Ptätcher, Pudel (niedersächs.), Pumser (niederbayr.), Schocke (norddt.), Schrompera (eifelld.), Schucke (danzig.), Seltsame Trüffel, Tartoffel, Tartuffel, Tartuffoli (ital.), Tartufo bianco (altital.), Teufelsfrucht, Teufelswurzel, Töffel(ch)en (mecklenb.-vorpom.), Tüffel, Tüffken, Tüfteln (mecklenb.-vorpom.), Tuffel, Zemiaky (poln.)

Allgemeines, Herkunft, Geschichtliches

In den Hochländern Südamerikas (zwischen Bolivien und Peru) liegt die Heimat der Kartoffel, wo sie schon vor 4000 Jahren von den Inkas angebaut wurde. Der spanische Eroberer Pizarro soll die Kartoffel um 1526 erstmals als Kuriosität nach Europa verbracht haben. Der Botaniker Carolus Clusius war es, der Kartoffelpflänzchen im Jahre 1588 erstmals auch in Deutschland als Ziergewächs im Botanischen Garten in Frankfurt am Main aussetzte: aufgrund der pittoresken Blüte und des üppigen Laubes; die Saatknollen hierfür konnte er sich von einem päpstlichen Legaten aus Italien verschaffen. **Feldmäßiger Kartoffelanbau gelang erstmals im Jahre 1680** – zuerst in Österreich, 1682 dann auch in der Gegend um Nürnberg. Um die Kartoffelverbreitung in Deutschland hat sich auch Friedrich Wilhelm I. (1688–1740), der Vater des »Alten Fritz«, verdient gemacht, der Kartoffelanbau per Gesetz befahl, weil sich die Bauern – ihrer gesunden Skepsis wegen – weigerten, Kartoffeln anzubauen: Sie glaubten, dass sie giftig seien und dumm machen. Schließlich ließ man sich zu Aussaat und Ernte herab, da er damit drohte, bei Nichtbefolgung Nase und Ohren kappen zu lassen. Erst ab 1770 erkannte man den wahren Wert dieses Nachtschattengewächses (Solanaceae), denn in der Hungersnot nach dem Siebenjährigen Krieg wurde die Kartoffel zum bedeutendsten Nahrungsmittel für die notleidende Bevölkerung.

Da Kartoffeln ausnahmslos unter der Erde wachsen, werden sie genaugenommen zwar weder den Früchten, noch den Gemüsen, sondern den »Landwirtschaftlichen Kulturen« zugeordnet; angesichts ihrer umfassenden Bedeutung und speziellen Verwendung werden sie jedoch als Gemüse behandelt.

Im Odenwald gehört es schon seit vielen Jahren zur Tradition, nach der Kartoffelernte ein **Kartoffelfest** zu feiern, bei dem ausgewählteste

Kartoffelgerichte präsentiert werden und zum Abschluss sogar eine Kartoffelkönigin gekrönt wird.
In dem dänischen Städtchen Otterup gibt es sogar ein Kartoffelmuseum »Pa Hofmansgave«, in dem sich alles um die Geschichte der großen Knolle im kleinen Königreich dreht.
Da Kartoffeln lange Zeit in Frankreich für Trüffel (frz. **Cartoufle**) gehalten wurden, resultierte daraus in der zweiten Hälfte des 18. Jh.s ihr deutscher Name.

Aussehen

Kartoffeln sind knollige, stark entwickelte unterirdische Sprossverdickungen, die sich fest anfühlen und keine grünen Stellen aufweisen sollten.
Kartoffelqualität prüft man so: Wenn man 2 Hälften aneinanderreibt, sollten sie zusammenkleben – am Rand sollte sich etwas Schaum bilden; beim Zusammendrücken einer Hälfte sollte kein Wasser austreten.
Deutsche Speisekartoffeln sind meist unter »Ackergold« im Handel. Diese Marke trägt, je nach Kocheigenschaft, eine grüne, rote oder blaue Banderole:
Blau: mehlig kochend
Grün: fest kochend
Rot: vorwiegend fest kochend

Geschmack

Kartoffeln schmecken hierzulande relativ neutral. Der hocharomatische Geschmack derer in den Ursprungsländern ist den hiesigen jedoch hochgradig überlegen.

Arten, Sorten

Etwa 5000 (!) Kartoffelsorten gibt es gegenwärtig weltweit. Davon sind »nur« 180 in Deutschland zum Anbau zugelassen.
Sehr frühe Sorten, wie z. B. Atica, Berber, Carola, Christa, Gloria, Hela, Saskia und Ukama sind »vorwiegend fest kochend«. Sie eignen sich für Salz-, Pell-, Brat- und Grillkartoffeln. **Frühe Sorten**, wie z. B. Berolina, Cilena, Cinja, Diamant, Ilona und Sieglinde sind »fest kochend« und nur für eine Kurzzeitlagerung geeignet. Sie sind ideal für die Zubereitung von Kartoffelsalat, Gratins, Bratkartoffeln, Puffern und Rösti. **Mittelfrühe Sorten** heißen beispielsweise Agria, Bintje, Clivia, Culpa, Désirée, Gesa, Grandifolia, Granola, Grata, Hansa, Irmgard, Jetta, Juliver, Linda, Nicola, Quarta, Roxy, Selma und Ulla. Sie sind »vorwiegend fest kochend« und für die Einkellerung geeignet. **Mittelspäte** und **sehr späte Sorten** heißen Aula, Datura, Idaho (USA), Isola, Monza, Saturna und sind »mehlig kochend«. Sie werden meist für Eintöpfe, Klöße, Suppen oder Püree verarbeitet.
Bamberger Hörnchen: Über 130 Jahre alte, spät reifende, feste Kartoffelsorte, die ihren Namen dem Umstand zu verdanken hat, dass ihr krummes Aussehen der Form eines vom Bäcker nachempfundenen »Bamberger Hörnchens« (fränk. Gebäck) ähnelt. Meist wird diese kleine, feinwürzige, festkochende Kartoffelsorte mitsamt ihrer subtilen, gelbrosa Schale verzehrt.
Basellkartoffel / Anredera cordifolia (lat.): Prächtige, weißblütige Kletterpflanze, deren fleischige Blätter sowohl für Salate als auch zur Gemüsebereitung geeignet sind. Ihre un-

terirdischen, **kartoffelartigen Knollen** sind im gekochten Zustand zwar verzehrbar, sie weisen jedoch einen gewöhnungsbedürftigen Beigeschmack auf.

Blaue Kartoffel / Färberkartoffel: Uralte, hocharomatische, blaufleischige Kartoffelsorte, die einst auch dem Tücherfärben diente.

Bonnotte nennt sich **die teuerste Kartoffelsorte der Welt**. Sie kommt nur aus Noirmoutier (kleine Insel vor der französischen Atlantikküste), schmeckt leicht süßlich und zergeht fast auf der Zunge, obwohl sie sehr festfleischig ist. Gedüngt wird sie auf natürliche Weise entweder von der rüberschwappenden Atlantikgischt oder mit getrocknetem Algengranulat.

Chugauas: Kleine, rote, überaus schmackhafte Kartoffelsorte aus Südamerika, die man mitsamt der Schale essen kann.

Drillinge nennt man kleinwüchsige Kartoffeln.

Feuer(brat)kartoffeln nannte man früher Kartoffeln, die nach der Ernte mitsamt ihrer Schale in der Glut (nicht im offenen Feuer!) des zuvor verbrannten Kartoffellaubs gegart wurden, um anschließend mit einer mitgebrachten Zwiebelschmandsauce am wohlriechenden Kartoffelfeuer / Ädäppelfür (monschau.) / Jrumpere-Feuerche (eifelld.) bei Dämmerung verzehrt zu werden. Kartoffellaub wird meist verbrannt, weil es nur sehr zögerlich verrottet.

Kartoffeläpfel / Sonnenbraten (volkst.) / Stipflinge (fachspr.) nennt man gelbgrüne oder rote Ackerkartoffeln, die – angesichts vorangegangener, heftiger Niederschläge – vorwitzig aus der Erde luken. Sie nutzen lediglich noch der Saatgutgewinnung und Züchtungsversuchen, da sie aufgrund ihres außergewöhnlichen Solanin-Reichtums nicht nur ungenießbar, sondern sogar giftig sind.

Klickercheskrummbeere nennt man Kartoffelwinzlinge, die aufgrund ihrer kleinen Größe bei der Ernte meist auf dem Acker liegenbleiben oder bei der Nachernte händisch eingesammelt werden.

La ratte: Dünnhäutige, kleine, aromareiche, südfranzösische Kartoffelsorte, die »Neuen Kartoffeln« ähnelt.

Neue Kartoffeln / Frühkartoffeln / Heurige (österr.) / Junge Kartoffeln sind zwar generell stärke- und kalorienärmer, jedoch nicht selten nitrathaltiger als »Alte«. Uneingeschränkt empfehlenswert sind dessen ungeachtet »Nicola« und »Sieglinde« aus Ägypten, Italien, Marokko oder Zypern; auch die »Secura« aus Spanien kann gut mithalten. Finger weg jedoch von den »Neapler Runden«, einer wilden Mischung verschiedener Sorten, bei der die Nitrat-Belastung extrem hoch ist. Auch bei den holländischen Fantasiesorten »Diamant«, »Spunta« und »Jaerla« handelt es sich um chemisch unterstützte und **meist radioaktiv bestrahlte Schnellzüchtungen**, die zudem nicht sortenrein auf den Markt gelangen und gänzlich aromalos sind. Kartoffelkenner bevorzugen Neue Kartoffeln mitsamt der Pelle und nur mit Kümmel bestreut; zur Herstellung von Klö-

ßen sind sie ihres kläglichen Stärkegehalts wegen völlig ungeeignet.
Petersilienkartoffel nennt sich nicht etwa eine Kartoffelsorte, sondern eine spezielle Zubereitungsart, bei der gegarte Salzkartoffeln sofort nach dem Abgießen (also noch dampfend) zunächst in reichlich fein gehackter Petersilie und erst danach in halbflüssiger Butter geschwenkt werden, damit das Kraut an der Erdknolle (und nicht am Topfboden) haften bleibt.
Salatkartoffeln / Kipfler (österr.) lautet der Oberbegriff für festkochende Kartoffelsorten.
Schrumpelkartoffeln / Papas arrugadas (span.) nennt sich eine Spezialität auf den Kanarischen Inseln, die aus Pellkartoffeln besteht, welche mit reichlich Meersalz 20 Minuten lang gekocht, dann ca 1 ½ Stunden lang im gleichen Topf abgekühlt werden, währenddessen sie schrumpfen und dann geschält und in Scheiben geschnitten werden, bevor sie in **»Mojo rosso«** (relativ dickflüssige kalte Sauce aus Olivenöl, Semmelbrösel, Balsamico, Knoblauch, getrockneten Chillis, Paprikapulver, gemahlenem Kümmel und pürierter Roter Paprikaschote) oder **»Mojo verde«** (milde kalte Sauce mit pürierten grünen Paprikaschoten und Koriandergrün) getunkt und verzehrt werden.
Türkische Kartoffeln nennt man in Öl gebratene rohe Kartoffelscheiben, die traditionsgemäß mit Pilawreis (s. u. Reissorten) und Currysauce gereicht werden.
Vitelotte / Chinesische Trüffel / Trüffelkartoffel / Truffes de Chine (frz.): Urförmige, peruanische Kartoffelsorte mit bitterer, lila Schale. Sie besitzt, violettes, da **anthozyanhaltiges Fruchtfleisch** mit leicht süßlich-erdigem, nussartigem Aroma. Vereinzelt wird die Vitelotte auch schon in Deutschland und Frankreich kultiviert. In Frankreich servieren Feinschmecker diese festkochende Kartoffelsorte als Chips oder Pellkartoffeln kalt zu Vinaigrette-Sauce.

Hauptinhaltsstoffe

Aluminium, Atropin, Ballaststoffe, Calcium, Chrom, Cotinin, Eisen, Eiweiß, Folsäure, Gerbstoff, Glucose, Jod, Kalium, Karotin, Kobalt, Kupfer, Magnesium, Mangan, Niacin, Nickel, Pantothensäure, Phosphor, Schleim, Selen, Stärke (bis 30%), Vitamin B 1, B 2, B 6, C (17 mg / %), E, K, Zink.
Der Eiweißgehalt der Kartoffel liegt zwar »nur« bei 2%, seine biologische Wertigkeit befindet sich in der Rangfolge aller pflanzlichen Produkte nach dem Soja-Eiweiß jedoch an der anerkennenswerten zweiten Stelle.
Der Vitamin-C-Gehalt der rohen Kartoffel übersteigt den des Apfels zwar um das Dreifache, durch Erhitzung (Backen, Frittieren, Kochen) werden davon jedoch etwa 40% zerstört.

Verwendung, Zubereitung

Kartoffeln werden gekocht, gebacken, gebraten, frittiert, zur Herstellung von Suppen, Eintöpfen, Sago und mehr verwendet:
Bratkartoffeln / Bleinfeesches (westfäl.) / Brägili (bad.-würt.) / Brätscher (hunsr.) / Brutabern (sächs.) / Bratnudl (brandenb.) /

Eigeschnietene (sächs., vogtld.) / Gebredelte (pfälz.) / Kerschdscher (saarld.) / Röster (ostdt.) / Röstkartoffeln (österr.)
Dampfkartoffeln / Puffkartöffelchen (westfäl.)
Kartoffelbrei / Abernmauke (oberlausitz.) / Kartoffelmus / Kartoffelpelz / Kartoffelpüree / Dinne Krummbeere (pfälz.) / Erdäpfelpüree (österr.) / Lohme (westerwd.) / Mauke (dresd., lausitz.) / Patetes püre (türk.) / Rührkartoffeln (sächs.) / Stampes (süddt.) / Stock(i) (schweiz.)
Kartoffelchips / Saratoga-Chips / Saratogakartoffeln kreierte 1853 erstmals der indianische Koch George Crum in Saratoga / USA für den milliardenschweren Eisenbahn-Magnaten Cornelius Vanderbildt. Der fand nämlich die Bratkartoffeln auf seinem Teller viel zu dick. Aus Rache schnitt der Küchenprofi die zweite Portion papierdünn und würzte sie knallscharf – Vanderbildt war entzückt!
Kartoffelmehl / Fecola di patate (ital.) / Fécule (frz.) / Kartoffelstärke / Kraftmehl / Nisasta (türk.) / Potato starch (engl.)
Kartoffelstampf (thüring.) / Quetschkartoffeln (saarld.) / Stampfkartoffeln (berlin.) sollten keinesfalls mit Kartoffelpüree verwechselt werden, da Quetschkartoffeln grundsätzlich mit warmer Buttermilch (nicht mit Milch) verrührt werden und kurz vor dem Auftischen noch mit kross gebratenen Speckwürfelchen bestreut werden.
Klöße / Halbseidene (fränk.) / Keilchen (ostpreuß.) / Klees (pfälz.) / Kließ (westerwd.) / Klüten (hamburg.) / Klump (norddt.) / Knedeln (eifelld.) / Knedliky (tschech.) / Knepp (pfälz.) / Kliessla / Klößel (schles.) / Klopse (ostdt.) / Knepp (hunsr.) / Knödel (bayr.) / Knöderln (österr.) / Pielen (schles.) / Schdragge (saarld.)
Pellkartoffeln / Erdäpfel in der Montur (egerld.) / Gedämpfte (hunsr.) / Gschwellti (schweiz.) / Jacket potatoes (engl.) / Kartoffeln in der Schale (österr.) / Pellemännesjer (saarld.) / Pellmänner (ugs.) / Pellnudl (brandenb.) / Pomme de terre en robe des champs (frz.) / Quellesjer (saarld.) / Quellkrummbeere (pfälz.) / Quellmänner (rhein.) / Schälererdäpfel (vogtld.) / Schälergadoffel (sächs.) / Schalenkartoffeln (süddt.)
Pommes frites (frz.) / Batatas fritas (span.) / Chips (brit.-engl.) / French fries (amerik.) / Fritky (dän.) / Hranolky (tschech.) / Kartoffelstäbchen (dt.) / Patatas fritas (port.) / Patatine frite (ital.) / Potatoe chips (engl.) wurden im 18. Jh. von belgischen Anglern kreiert. Laut einer Chronik frittierten sie ihren Fischfang gleich zu Hause in heißem Fett. Im Winter, wenn die Flüsse zugefroren waren, mussten sie auf diese Leckerbissen verzichten. Deshalb kamen sie auf die Idee, anstelle des Fischs Kartoffelfische zu schneiden und auszubacken: Die »Pommes frites« waren geboren! In die USA gelangte die neue Essidee vermutlich durch Thomas Jefferson, der sie im 18. Jh. in Frankreich kennengelernt hatte und seinen Gästen in Monticello (Virginia) servierte. Deshalb werden

Pommes frites in Amerika als »French fries« bezeichnet. Die Briten ließen sich jedoch von dieser Wortschöpfung nicht beeindrucken: Sie entschieden sich für das Wort: »Potatoe chips«, was mit Kartoffelsplitter übersetzt werden könnte.
Reibekuchen / Backers (fränk.) / Bambes (sächs.) / Boxty pancakes (engl.) / Buffpardell (schwäb.) / Dätscher (hess.) / Erdäpfelblattl (tirol.) / Frätzle / Gebackne Kläß / Graschels (ostpreuß.) / Grumbeerkischelcher (saarld.) / Hatscheln / Kartoffelküchle / Kartoffelküchlein (schweiz.) / Kartoffelpfannkuchen / Kartoffelpuffer (berlin.) / Krebbelcher (koblenz.) / Krummbeerpannekuche (hunsrück.) / Lappenpickert (westfäl.) / Latke (jüd.) / Latschen (sächs.) / Nudelburger (prenzlau.) / Nudelkuchen (brandenb.) / Oweplätz (hess.) / Pannkoke (eifelld., rhein.) / Plinz (uckerm.) / Rärakor (schwed.) / Reiberdatschi (österr.) / Rievekoche (kölsch) / Riewkooke (westf.) / Tätscher (thüring.)
Rösti / Röschti (schweiz.) / Schnibbelskuche (rhein.).
Beim Kartoffelschälen sollte man vorhandene Keime und alle grünen Stellen entfernen, da sie den Giftstoff Solanin enthalten. Geschälte Kartoffeln sollte man nicht zu lange im Wasser stehen lassen, da schon nach einem Tag 50% der Vitamine und Mineralstoffe verloren gehen. Solche die mehrere Tage in Wasser aufbewahrt wurden, gewinnen sogar den Giftstoff Solanin zum Teil zurück, aufgrunddessen mit einer unkalkulierbaren Ausdehnung der Garzeit gerechnet werden muss.
Salzkartoffeln / Salzwassergrumbeere (saarld.) werden schneller weich, wenn man dem Kochwasser etwas Butter, Fett oder Öl beifügt und den Deckel zusätzlich noch mit Gewichten (z. B. mit kleinen, wassergefüllten Töpfen) beschwert, damit im Kartoffeltopf ein gewisser Druck entsteht.
Kartoffelscheiben, die man frisch gekocht und noch warm für Kartoffelsalat vorgeschnitten hat, kleben nicht zusammen, wenn man sie mit etwas heißem Wasser übergießt.
Versalzene Suppen und Saucen lassen sich »retten«, indem man rohe Kartoffelscheiben darin ziehen lässt, die sich ungehindert mit dem Salz vollsaugen und danach beseitigt werden.
Das Kochwasser von Pellkartoffeln sollte zwar nicht zu weiteren Speisezubereitungen verwendet werden, da es stark solaninhaltig ist; es lässt sich jedoch bestens zur Reinigung von Aluminium, Cromargan, Emaille, Glas, Keramik, Porzellan, Silber, Linoleum, Leder und Holz verwenden oder kann ein verstopftes Waschbecken wieder zum Abfließen bringen. Mit der Schnittfläche einer rohen Kartoffel lässt sich »stumpf« gewordenes Edelstahl auf Hochglanz bringen.
Brot lässt sich viel länger im Brotkasten aufbewahren, wenn es gemeinsam mit einer geschälten Kartoffel gelagert wird.
Pellkartoffeln lassen sich zwar leichter schälen (pellen), wenn man sie gleich nach dem Garen mit kaltem Wasser abschreckt, wesentlich länger bevorratbar sind sie jedoch,

wenn man sie ungeschält in den Kühlschrank stellt.
Frische Fettflecken lassen sich mühelos entfernen, indem man sie unverzüglich mit Kartoffelmehl bestreut, einwirken lässt und danach abbürstet.
Kartoffelstärke hat zwar den Vorteil, dass sie relativ niederpreisig ist, keinen störenden Mehlgeschmack aufweist und man sie rasch klumpenfrei zum Andicken von Saucen oder Suppen verwenden kann, nach **wiederholtem Aufwärmen** von Saucen oder Suppen lässt ihre Stärke jedoch nach, sodass man unweigerlich nachdicken muss.
Kartoffeln, die beim Weichkochen innen hart bleiben, sind qualitativ minderwertig, nicht lange bevorratbar und sollten als Viehfutter enden.
An alle Grundstücksbesitzer: Nach der Ernte hinterlassen Kartoffeln nicht nur einen völlig unkrautfreien, sondern auch bestens gelockerten Untergrund.

Lagerung

Kartoffeln sollten trocken, sauber, unbeschädigt, frostfrei und gelüftet gelagert werden: vorzugsweise in einem kühlen, dunklen Keller. Zum Überwintern eignen sich jedoch lediglich »späte« Sorten. Sie dürfen nicht bei Minusgraden gelagert werden, da sich sonst ihre Stärke in Zucker umwandelt. Sie schmecken dann widerlich süß und sind infolgedessen ungenießbar. Kartoffeln sollten nicht in Kunststoff verpackt aufbewahrt werden, da sie darin »schwitzen« und im Nu verderben. Man sollte ebenfalls keine Ethylen ausscheidenden Äpfel, Tomaten oder Paprikaschoten neben Kartoffeln bevorraten, da ihre Keimung dadurch unnötig angeregt wird. Keimende Kartoffeln sollte man nur für den Tagesbedarf abkeimen. Um das Keimen gar nicht erst aufkommen zu lassen, sollte man Kartoffeln mit Branntkalk bestreuen (500 g auf 50 kg Kartoffeln), oder man stellt einen flachen Teller mit Kräuterölen (Basilikum, Knoblauch, Kümmel, Pfefferminze, Thymian) obenauf und lässt diese geringstenfalls 2 Wochen einwirken.

Volksmedizinische Bedeutung

Kartoffelverzehr wirkt sich positiv auf den Fettabbau, Stoffwechsel und die Tätigkeit der Nervenzellen aus. Rohe Kartoffelschalen besitzen eine schmerzlindernde und der Heilung förderliche Wirkung bei frischen Brandwunden. Bei stetem Aufstoßen, Blähbauch und Sodbrennen wirkt frisch gepresster Kartoffelsaft oder eine zerkaute, rohe Kartoffelscheibe Wunder, da beides die Magensäure bindet. Geschwollene Augenlider, Genick- und Gliederschmerzen bekämpft man mit einem Brei aus frisch geriebenen Kartoffeln, den man – in ein Tuch gewickelt – etwa 10 Minuten (gegebenenfalls mehrmals) auf die betroffene Stelle legt. Kartoffelmehl lässt sich als heilsames und kostengünstiges **Babypuder** (z. B. bei wundem Po) einsetzen.
Kartoffeln unseres heutigen Sortiments enthalten in ihrer Frischsubstanz meist weniger als 10 g / % des berüchtigten, giftigen Solanins, das zu Kopfweh, Durchfall, Erbrechen, Mattigkeit, Leibschmerzen, Kratzen

im Hals, trockener Haut und Entzündungen führen kann. Somit ist die Gefahr einer Vergiftung auszuschließen. Selbst wenn man mit dem Essen etwas Solanin aufnimmt, wird davon nur ein Bruchteil im Darm resorbiert; um eine lebensbedrohliche Dosis zu vereinnahmen, müsste man mindestens 800 g grüne, rohe Kartoffeln essen.

Tipp

Wodka ist nicht, wie vielfach behauptet wird, eine Erfindung der Russen; der erste Wodka (dt. Wässerchen) wurde erstmals Ende des 18. Jh.s im polnischen Krakau gebrannt und zwar **nicht aus Roggen, sondern aus Kartoffeln**.

Kaschunuss

Anarcadium occidentale

Abaschu, Acajou (frz.), Acajounuss, Akajou (norw.), Anacardio (ital.), Anacadiumnuss, Anacardius (bras.), Cachounuss, Cajou (frz.), Caju (span.), Cashewnuss, Cashew nut (engl.), Cashew-noot (niederl.), Elefantennuss, Kaju (indian.), Kernel, Maranone, Marknuss, Noci di acagiù (ital.), Noix de cajou (frz.), Tintennuss, Westindische Merknuss

Allgemeines, Herkunft, Geschichtliches

Die Heimat des zu den Sumachgewächsen (Anacardiceae) zählenden Acajoubaums / Kaschunussbaums, liegt im brasilianischen Amazonasgebiet und auf den Westindischen Inseln (Karibischen Inseln). Die **mit den Balsampflaumen, Mangonen und Pistazien verwandten** Kaschunüsse werden in Ägypten, Afrika, Brasilien und Indien angebaut.

Aussehen

Kaschunüsse sind etwa 2 cm lang, nierenförmig und gelangen meist geröstet und enthäutet, teilweise auch gesalzen in den Handel. Sie gehen aus dem unteren, kommaartigen Teil des birnenförmigen, gelben oder roten Acajouapfels / Kaschuapfels hervor, dessen giftige Schale schon in den Herkunftsländern entfernt wird, da ihr Anteil **mehr als 60%** beträgt.

Geschmack

Die zarten Kaschunüsse erhalten erst durch Röstung ihr edles, schwachsüßliches, mandeliges Aroma.

Hauptinhaltsstoffe

Calcium, Chrom, Eiweiß (21%), Fett, Fluor, Gerbstoff, Kalium, Magnesium, Phosphor, Provitamin A, Vitamin B 1, B 2, C, E. Von allen Nüssen verfügen Kaschunüsse über den niedrigsten Fettanteil (42%) und den höchsten Magnesiumgehalt (267 mg / %).

Verwendung, Zubereitung

Kaschunüsse werden meist zur Herstellung von Saucen, Müslis, Salaten, Desserts oder als Knabberei verarbeitet. In ihren Herkunftsländern dienen Kaschunüsse überwiegend der Essig-, Kompott-, Konfitüre-, Likör- und Weinherstellung.

Lagerung

Aufgrund ihres hohen Fettgehalts sind Kaschunüsse relativ leicht verderblich.

Volksmedizinische Bedeutung

Der Verzehr von Kaschunüssen wirkt sich vorteilhaft auf Augen, Haut, Knochen, Muskeln, Stoffwechsel und Zähne aus, was auf ihren hohen Magnesiumgehalt zurückzuführen ist; ihr Reichtum an mehrfach ungesättigten Fettsäuren wirkt **Herzinfarkt** entgegen.

Tipp

Für Nuss- und Mandelallergiker ist die Kaschunuss eine gleichzusetzende Alternative.

Kassie

Cassia fistula

Cana fistula (span.), Casse (frz.), Cassia (engl., ital.), Indischer Goldregen, Röhrenkassie

Allgemeines, Herkunft, Geschichtliches

»Kassien« nennt man die Hülsenfrüchte des in Südostasien heimischen, halbstrauchigen Puddingröhrenbaums, den man dort wild wachsend, meist in der Nähe von Trockengebieten, findet. In Afrika, Amerika, Australien, Indien, in den Mittelmeerländern und im Fernen Osten wird dieses mit dem Johannisbrotbaum verwandte Mimosengewächs (Mimosaceae) kultiviert.

Aussehen

Die Kassie besitzt charakteristische, 30–60 cm lange und 2–3 cm breite, platte, ungenießbare Schoten, die aussehen wie röhrenartige, schwarzbraune Stangen. Sie beherbergen in Etagen angeordnete Querscheidewände, die mit essbarem, schwarzbraunem Fruchtmark gefüllt sind.

Geschmack

Das klebrige Fruchtmark der Schoten schmeckt angenehm süßlich.

Arten, Sorten

Alexandrina-Senna / Cassia angustifolia (lat.) / Senna / Sennes / Tinnevelly-Senna: Kassiensorte, aus der die berühmten Sennes-Blätter (arab. Sanna) und Sennes-Schoten (seit dem 9. Jh. n. Chr.) geerntet werden, die meist der Herstellung von Tee **(Alexandriner-Tee)**, Kautabak und Abführmitteln dienen.

Hauptinhaltsstoffe

Anthrachinone, Bitterstoffe, Emodin, Flavonoide, Gerbstoffe, Harz, Schleim, Weinsteinsäure.

Verwendung, Zubereitung

In den Anbauländern gilt das süße Fruchtmark bei Kindern als begehrliches Naschwerk: Sie brechen die Hülse auf und lutschen sie aus. Schoten mit angetrocknetem Fruchtmark kann man wieder zu einer sirupartigen Flüssigkeit erstarken, indem man sie für kurze Zeit in ein angefeuchtetes Tuch wickelt.

Volksmedizinische Bedeutung

Die Kassie wird volksmedizinisch sowohl als blut- und zellreinigende Arznei als auch **zur Entgiftung des Körpers** genutzt. Abführmittel, die aus der »Alexandrina-Senna« hergestellt werden, dürfen nicht während der Schwangerschaft und Stillzeit vereinnahmt werden. Bei Dauergebrauch oder Übergenuss kann es auch zu Abhängigkeit, Herzbeschwerden, Darmträgheit und Darmveränderungen kommen und sogar Krebs verursachen.

Tipp

Röhrenmanna / Manna (engl.) / Manne (frz.) lautet nicht nur der anerkannte Handelsname für das Fruchtmark der Kassie, wenn es nach Europa importiertwird, als **»Manna«** bezeichnet man gemeinhin auch die **zuckerhaltigen Ausschwitzungen** anderer Pflanzen.

Kastanie

Castanea sativa
Brot der Armen, Brot des Waldes (veralt.), Castagna (ital.), Castanas (span.), Châtaigne (frz.), Cheschtene (schweiz.), Chestnut (engl.), Edelkastanie, Esskastanie, Gassdannsche (sächs.), Kachiguri (jap.), Käste (hess., bad.), Kästn (steierm.), Keschdanie (hunsr.), Keschen, Keschte (pfälz.), Kestane (türk.), Köste (tirol.), Marone, Marróne (span.), Maroni (ital., süddt.), Marron (frz.)

Allgemeines, Herkunft, Geschichtliches

Seit 3000 Jahren werden Kastanienbäume (Brotbäume) zwar rund ums Mittelmeer kultiviert, ihr Ursprungsgebiet soll sich jedoch zwischen Kleinasien und dem Schwarzen Meer befinden. Vor 2000 Jahren brachten die alten Römer Kastanien nach Germanien, wo sie Karl der Große erstmals anpflanzen ließ. Von der besonderen Heilkraft dieses Buchengewächses (Fagaceae), das mit der hierzulande heimischen ungenießbaren, da extrem bitteren und zu den Rosengewächsen (Rosaceae) zählenden »Rosskastanie« (lat. Aesculus hippo castanum) nicht verwandt ist, war schon Hildegard von Bingen (1098–1179) überzeugt: Sie empfahl ihren Genuss gegen jedwede Schwäche und zur Stärkung von Herz und Nerven.

Die bis zu 35 m hohen Kastanienbäume, von denen es mehrere, jeweils essbare und ungenießbare Sorten gibt, fruchten frühestens nach 20 Jahren und haben eine **Lebenserwartung von 1000 Jahren** – vorausgesetzt, sie werden zuvor nicht durch Krankheiten zu Fall gebracht. Größere Anbauflächen der Kastanie findet man in Afrika, China, Japan, Nordamerika und in Südeuropa. Dass die meisten Esskastanien aus Italien zu uns gelangen, obwohl sie auch hierzulande vielerorts wachsen, ist kein Zufall: Je südlicher dieses **»braune Obst«**, zu dem Botaniker die Esskastanie zählen, angebaut wird, desto größer und wohlschmeckender ist es.
Alljährlich im Herbst feiert man sowohl im südpfälzischen Trifelsland (rund um Annweiler und Hauenstein) als auch in dem kleinen norditalienischen Kurstädtchen Roncegno (Trentino) **Kastanienfeste**, bei dem die ansässigen Gastronomen neben Musik und Tanz auch eine Vielzahl opulenter Menüs darbieten, die – wie könnte es anders sein – Kastanien in jeglicher Form und Zubereitung beinhalten.
Ihre lateinische Bezeichnung »Castanea« hat die Kastanie einer Sage aus dem Altertum zu verdanken: als sich der potentielle Göttervater Jupiter an die Nymphe Nea heranmachen wollte, entzog sie sich ihm durch Selbstmord. Der von Schuldgefühlen geplagte Obergott verwandelte daraufhin ihre sterbliche Hülle in einen prächtigen Baum: die **Casta Nea** – vom lateinischen »casta« – keusch.

Aussehen

Die wild wachsende Kastanie (lat. Castanea vesca) ist eine ei- bis herzförmige, rötlich braune, dunkel gestreifte, konsistente Frucht, an deren mattglänzender Schale sich ein großes, dreieckiges »Auge« befindet. Wilde Kastanien lassen sich nur mit großer Mühe schälen, weil ihre unmittelbar auf dem weißen Fruchtfleisch haftende Haut das zerklüftete Fruchtfleisch durchzieht; der **Zerfall der Kastanien** während der Zubereitung ist aufgrund dessen vorprogrammiert.

Esskastanien sind dunkelbraun, generell rundlicher als wilde Kastanien und einseitig abgeflacht mit kleinem, hellem, ovalem »Auge«. Die Fruchthaut lässt sich bei der großfrüchtigeren Esskastanie leichter als die der Wilden abheben, weil ihr gelbstichiges Fruchtfleisch **eine unzerklüftetere Oberfläche** aufweist.

Geschmack

Rohe Kastanien sind geschmacksneutral; erst durch Erhitzung entfalten sie ihr charakteristisches schwach süß-sahniges Aroma. Alte Ware schmeckt mehlig und ist meist wurmig.

Arten, Sorten

Amerikanische Kastanie / Castanea dentata (lat.): Ostamerikanische Kastaniensorte, die mittlerweile durch die Einschleppung einer asiatischen Schimmelpilzkrankheit vom Aussterben bedroht ist.

Dauermaronen / Ricciaia (ital.): Werden ab Mitte November »gepflückt«, da sie nicht vom Baum abfallen. Dauermaronen gleichen zwar »normalen« Esskastanien, sie können jedoch (kühle und trockene Lagerung vorausgesetzt) monatelang aufbewahrt werden. Die meisten Dauermaronen werden zwar in Spanien angebaut, **Italien ist jedoch das führende Exportland**.

Engelsmaronen / Marron des Angles (frz.): Esskastaniensorte mit weißem, süßem Fruchtfleisch. Sie wächst nahe der französischen Stadt Tulle, die weltberühmt für ihren »Tüll« (Seide) ist.

Kronberger Taunusmaronen: Die beliebtesten und besten deutschen Esskastanien kommen aus dem nördlichsten zusammenhängenden Verbreitungsgebiet, **dem Taunus**, wo ihr Anbau vor über 120 Jahren durch »Kaiserin Friedrich« veranlasst wurde.

Longalmaronen schmecken süßlich und sind länglich geformt. Sie sind besonders lange haltbar und kommen aus dem Norden Portugals.

Hauptinhaltsstoffe

Calcium, Eisen, Eiweiß (3%), Fett, Gerbstoffe, Kalium, Magnesium, Phosphor, Stärke (24%), Vitamin A, B 1, B 2, B 6, C, E, Zink, Zucker (18%).

Verwendung, Zubereitung

Esskastanien werden als Beilage, zur Bierherstellung (in der frz. Ardèche), zu Füllungen, Süßspeisen (Vermicelles), Konserven, Likör, Püree und Mehl verarbeitet. Um sie schälen zu können, muss zuerst die harte Außenhaut an der gewölbten Seite eingeritzt oder rundherum aufgeschnitten werden. Danach ist entweder das Blanchieren in der heißen Fritteuse oder das kurzzeitige Erhitzen (ca. 10 Minuten auf einem angefeuchteten Backblech) im

heißen Ofen gebräuchlich. Um anschließend problemlos die »sehr anhängliche«, samtige Innenhaut vom Kern entfernen zu können, hat sich das fünfminütige Aufwallen in kochendem Wasser bewährt.
Die Garzeit und Flüssigkeitsmenge ist jeweils von Sorte und Alter abhängig: Frische Ware ist nach ca. 25 Minuten gar und nimmt währenddessen relativ wenig Flüssigkeit auf; getrocknete müssen vor dem Garen geringstenfalls 10 Stunden (!) eingeweicht werden. Kastanienmehl wird nicht nur **als eiweiß-, kohlenhydrat- und stärkereiche Zutat** in der vegetarischen Küche verarbeitet, auch zum Bleichen und Stärken von Wäsche wird es genutzt. Kastanienblüten (fachspr. Kätzchen) dienen nicht selten dem Parfümieren von Tabakwaren. Das von Natur aus **extrem wetterfeste**, da stark gerbstoffhaltige Kastanienbaumholz wird schon seit Urzeiten zur Gefäß- und Möbelproduktion genutzt (z. B. Fachwerk, Schiffsbau, Dachstühle, Lawinenverbauungen, Spielplatzgeräte u. v. m.).

Lagerung

Getrocknete Kastanien sind Monate lang bevorratbar – frische »nur« wenige Wochen.

Volksmedizinische Bedeutung

Kastanien weisen **höhere ernährungsphysiologische Werte** auf als alle Getreidesorten. Sie besitzen nicht nur einen stark sättigenden Effekt, sie fördern auch die Blutzirkulation, sind hilfreich beim Kampf gegen Krampfadern und Kreislaufschwäche und wirken ausgleichend auf das Nervenkostüm. Dampfbäder mit getrockneten oder frischen Kastanienblättern bekämpfen Reizhusten.

Tipp

Wenn man sich zum Kastaniensammeln verabredet, kann das – vor allem zwischen Nord- und Süddeutschen – leicht zu Missverständnissen führen. Grund: In Norddeutschland sind mit »Kastanien« die ungenießbaren, dornig ummantelten Früchte der Rosskastanie gemeint, während in Süddeutschland meist von den essbaren, mit stachligen, igelartigen Hüllen umgebenen Früchten der Edelkastanie die Rede ist.

Kermesbeere

Phytolacca americana

Amerikanische Kermesbeere, Kermes, Pokeweed (engl.), Raisin d'Amerique (frz.), Phytolacca decandra (fachspr.), Schminkbeere, Skoke (engl.), Zehnmännige Kermesbeere

Allgemeines, Herkunft, Geschichtliches

Die Kermesbeere ist die Frucht einer bis zu 2 m hohen, rosa blühenden, nordamerikanischen Wildstaude. Erst im 18. Jh. wurde dieses anspruchslose, nelkenartige Kermesbeerengewächs (Phytolaccaceae) nach Deutschland importiert, wo es vornehmlich dem Kolorieren von Rotwein diente – heutzutage ist das nicht mehr zulässig! Größere Anbaugebiete der kälteempfindlichen amerikanischen Kermesbeere findet man – außer in Amerika – nur noch in Indien und in Südeuropa, wo sie meist industriell genutzt wird.

Der lateinische Name der Kermesbeere »Phytolacca« lässt schon auf die schwarz glänzenden, lackartigen (griech. **lacca**) Früchte dieses Gewächses (griech. **Phyton**) schließen.

Aussehen

Die 10-rippigen Amerikanischen Kermesbeeren haben etwa 10 mm Durchmesser, sind zur Reife hin glänzend schwarz und den Brombeeren nicht unähnlich. Ihr Wurzelstock besitzt ein rübenförmiges Aussehen.

Geschmack

Amerikanische Kermesbeeren sind giftig – asiatische essbar.

Arten, Sorten

Asiatische Kermesbeere / Phytolacca acinosa (wissenschaftl.) / Phytolacca esculentus (lat.) / Achtmännige Kermesbeere / Essbare Kermesbeere nennt man eine frostwidrige, **essbare** (lat. esculentus) Kermesbeerensorte aus dem Gebiet zwischen dem Himalaja-Gebirge und Japan. Aus den Blättern (8 Stück) und den jungen Sprossspitzen lässt sich zwar Gemüse bereiten, zum Rohverzehr sind sie dagegen ungeeignet.

Verwendung, Zubereitung

Amerikanische Kermesbeeren werden in den Anbauländern zum Färben von Likör, Süßwaren und Wein verwendet.

Volksmedizinische Bedeutung

Da Kermesbeeren giftig sind, können sie nach dem Genuss zu lebensbedrohlichen Beschwerden führen. Medizinisch werden Kermesbeerenwurzeln als Brech- und Abführmittel und zur Bekämpfung von Rheuma und Arthritis eingesetzt.

Tipp

Die Verbreitung der Kermesbeere erfolgt durch Vögel, die naturgemäß gegen pflanzliche Giftstoffe völlig immun sind.

Kichererbse

Cicera arietinum

Ceci (ital.), Chana Dal (ind.), Chick pea (engl.), Fontanellerbse, Garbanzo (span.), Garbanzo-Bohne, Gram (engl.), Hommus (ägypt.), Hummus (arab.), Kaffeeerbse, Kikkererwt (niederl.), Kespari (ind.), Kicher, Kicherling, Kickerlinge, Lathyrus cicera (lat.), Nohut (türk.), Platterbse (österr.), Pois chiche (frz.), Saat-Platterbse, Spaanse erwt (niederl.), Zieser

Allgemeines, Herkunft, Geschichtliches

»Kichererbse« nennt sich der Samen einer wärmeliebenden, weiß oder violett blühenden, 60 cm hohen Hülsenfrucht (Leguminosae). Man mutmaßt, dass die Urform der Kichererbse, die wild wachsende »Cicer reticulatum Lad«, im Nordiran und dem südlichen Kaukasus schon vor 10 000 Jahren als Nahrungsmittel bekannt war. Auch Karl dem Großen und der heiligen Hildegard von Bingen war die Kichererbse schon als »angenehme Speise und Mittel gegen Fieber« geläufig, im Jahre **1929 wurde ihr Anbau in Deutschland jedoch aus Rentabilitätsgründen eingestellt**. Großflächigen Kichererbsenanbau findet man heute noch in China, Indien, Mexiko, in östlichen Mittelmeerländern, in Nordafrika und vor allem in

Spanien, wo sie zu den geachtetsten Volksnahrungsmitteln zählt.

Der deutsche Name »Kichererbse« ist erwartungsgemäß nicht etwa darauf zurückzuführen, dass ihr Genuss Frohsinn erweckt – er entstammt vielmehr einer lautlichen Nachahmung der lateinischen Bezeichnung »cicer« (»kiker« gesprochen), die später in »kicher« umformuliert und schließlich mit dem Anhängsel »erbse« ergänzt wurde, da die Samen Erbsen nicht unähnlich sind.

Als »Kichererbse« bezeichnet man umgangssprachlich auch ein albernes junges Mädchen, das jede Ernsthaftigkeit vermissen lässt.

Aussehen

Kichererbsen besitzen eine unregelmäßig kantige, zuckererbsengroße Form mit schnabeligem Vorsprung. Sie werden in Gänze oder halbiert vermarktet.

Goldgelbe Kichererbsen sind groß, rundlich, beige und stammen meist aus Südeuropa.

Rötliche Kichererbsen werden im Nahen Osten angebaut.

Schwarze Kichererbsen sind stark runzlig und kommen meist aus Indien.

Geschmack

Kichererbsen besitzen ein herb-bitteres, mehliges, kernig-nussiges Aroma.

Arten, Sorten

Album heißt **die beste Kichererbsensorte**. Sie hat leicht eingebeulte Samen.

Nokhodchi (pers.) nennt man eine voluminöse, iranische Kichererbsensorte.

Hauptinhaltsstoffe

Calcium, Eisen, Eiweiß, Fett, Folsäure, Kohlenhydrate.

Verwendung, Zubereitung

Junge, noch grüne Kichererbsen können roh verzehrt werden; sogar ihre Schötchen und Blättchen eignen sich zur Gemüse- oder Salatbereitung. Getrocknete Kichererbsen, die der Herstellung von Gemüse, Püree, Suppe oder Salat dienen sollen, werden zunächst 12 Stunden in Wasser eingeweicht, bevor sie (gut abgespült) nochmals weitere 2–3 Stunden vor sich hin köcheln müssen. Geröstete Kichererbsen dienen zwar oft der Produktion von Kaffeeersatz (Surrogat), sie lassen sich jedoch ebenso wie Nüsse knabbern.

Kichererbsenmehl (fachspr. Besan) wird in den Anbauländern zu Brei, Brot und Gebäck verarbeitet.

Volksmedizinische Bedeutung

Getrocknete Kichererbsen führen im gekochten Zustand zwar nicht – wie Bohnen, Erbsen oder Linsen – zu Blähungen, doch Vorsicht: Nach dem Verzehr größerer Mengen über einen längeren Zeitraum hin können **Vergiftungserscheinungen der Nerven** (Lathyrismus) auftreten.

Tipp

Panissa nennt man im Norden Italiens einen gekochten Brei aus Kichererbsengrieß, der sowohl kalt als auch warm verzehrt werden kann und bevorzugt mit Olivenöl beträufelt und dann mit Frühlingszwiebeln serviert wird.

Kirsche

Prunus cerasus

Alse, Cereza (span.), Cerise (frz.), Cherry (engl.), Chriesi (schweiz.), Ci-

liega (ital.), Elexe, Else, Holzbeere, Kehrche (hunsr.), Kerrsche (pfälz., saarld.), Kers (niederl.), Kiraz (türk.), Kirsebär (norw.), Kische (kölsch), Königin der einheimischen Früchte, Kriesbeer (bayr.), Tresne (tschech.)

Allgemeines, Herkunft, Geschichtliches

Erstmals schriftlich erwähnt wurden Kirschen um 300 v. Chr. von dem griechischen Philosophen Theophrast. Sie sollen aus **wild wachsenden Vogelkirschen** hervorgegangen sein, die schon den Steinzeitmenschen bekannt waren. Etwa 100 n. Chr. gelangten die ersten Süßkirschen nach Deutschland, später dann auch in die Schweiz, nach Österreich, Großbritannien und schließlich auch nach Nordeuropa.
Die bislang **ältesten Sauerkirschkerne** stammen aus der Römerzeit: Sie wurden in Pfahlbauten am Bodensee und in der Saalburg bei Homburg v. d. Höhe entdeckt.
Kirschen sind Rosengewächse (Rosaceae), die den »**Steinfrüchten**«, nicht dem »Kernobst« zugeordnet werden. Ihre unterschiedliche Reifezeit wird in sogenannte »Kirschenwochen« eingeteilt.
Kirschen werden gemeinhin auch mit »Verliebtsein« in Zusammenhang gebracht, was wohl, außer auf ihre Farbe und Süße, auch auf die Tatsache zurückzuführen ist, dass sie häufig als »Pärchen« auftreten.
Ihren Namen hat die Kirsche dem römischen Feldherrn und Feinschmecker Licinius Lucullus zu verdanken, der 74 v. Chr. den ersten Süßkirschenbaum von der türkischen Schwarzmeer-Küstenstadt Kerasos (dem heutigen Kerasonda) nach Rom verbrachte. Aus »Kerasos« wurde das lateinische »cerasus«, das französische »cerise« und durch Lautverschiebungen entpuppte sich schließlich »Kirsche«.

Aussehen

Die dickastigen, weißblütigen Süßkirschenbäume können eine Höhe von 20 m erreichen und besitzen grobgezähnte, ovale Blätter.
Sauerkirschbäume weisen einen gedrungenen Wuchs auf und präsentieren glänzend-glatte, aufrecht stehende Blätter und schlanke Zweige.
Sie gelten als **anspruchslosestes einheimisches Obstgehölz**, da sie selbst auf mageren Böden und sogar im Schatten beste Erträge liefern.

Geschmack

Kirschengeschmack kann von zuckersüß bis extrem sauer reichen.

Arten, Sorten

Amarena-Kirschen nennt man Herzkirschen, die in hocharomatischen, aus der italienischen Amarena-Traube gewonnenen Süßwein / Dessertwein eingelegt wurden.
Arbuto: Kleine, rote, getrocknete, kirschenähnliche, chinesische Frucht mit süßem, an Backpflaumen erinnerndem Geschmack. Arbuten müssen vor dem Gebrauch mit kochendem Wasser übergossen und danach ein bis 2 Stunden eingeweicht werden.
Bastardkirschen nennen sich Kreuzungen aus Süß- und Sauerkirschen. Meistens besitzen sie eine transparente Schale und glasiges Fruchtfleisch.
Brennkirsche: Selektierter Typ der Vogelkirsche, aus dessen vergorener

Maische vorwiegend Kirschgeist gewonnen wird.
Cocktail-Kirschen sind signalrot eingefärbte und in Alkohol marinierte Kaiserkirschen, die meist der Dekoration dienen.
Japanische Zierkirsche: Asiatisches Schmuckgehölz, dessen Früchte in hiesigen Breitengraden unreif abfallen und ungenießbar bleiben.
Kaiserkirschen: Festfleischige Süßkirschen, die – gefärbt und in Zuckerwasser eingelegt – meist als Konserve erhältlich sind.
Kirschrosinen nennt man getrocknete Sauerkirschen, die vorwiegend der Branntwein- und Likörherstellung dienen.
Königin Hortense ist geschmacklich zwar die **verlockendste**, von den Erträgen her jedoch eine **weniger lukrative Bastardkirsche**.
Kornelkirsche / Cornus mas (lat.) / Cornelkirsche / Derlitze / Dirlitze / Dirndl (österr.) / Dürlitze / Fluehwidli / Gelber Hartriegel / Härtel / Herlitze / Korlesbeere / Korneliuskirsche / Kornelle / Krakebeere / Tierlibaum / Turnetzlabomm: Die essbaren, schwer steinlöslichen länglichen Früchte des goldgelb blühenden, bis zu 6 m hohen, baumartigen Hornstrauchs, der vor allem in Südeuropa und im Orient anzutreffen ist. Die Vitamin-C-reichen, nach Gummibärchen schmeckenden Früchte dieses Hartriegelgewächses (Cornaceaen) mit hohem Zierwert werden meist – in Zucker und Essig eingelegt – als Kompott gereicht oder sie dienen der Saft- und / oder Likörherstellung. Kornelkirschen sind reif, wenn sie vollrot gefärbt sind und sich ihr Fruchtfleisch weich anfühlt. Angesichts ihres hohen Gerbstoffanteils lindern Kornelkirschen Darmverstimmungen.
Marasca-Kirschen / Maraschken: Pflaumenfarbene, kleine, dalmatinische Süßkirschensorte, aus der der berühmte Maraschino-Likör hergestellt wird.
Maraschino-Kirschen: In Maraschino eingelegte Marascakirschen.
Pfirsichkirsche: Alte, selbstständige, längliche, kirschengroße Frucht mit einem unikalen kirschig-pfirsichartigem Aroma.
Piemont-Kirschen, wie man sie aus der Pralinenwerbung kennt, gibt es wahrheitsgemäß **nicht als eigenständige Kirschensorte**. Der Begriff ist vielmehr ein geschütztes Warenzeichen, das sich auf die fruchtbare, nordwestitalienische Agrarregion Piemont / Piémont (frz.) / Piedmont (engl.) / Piemonte (ital.) bezieht, die in den letzten Jahren durch ihren beispielhaften Obstanbau an Bedeutung gewonnen hat.
Sauerkirschen / Prunus cerasus ssp. Acida (bot.) / Chlepfer (schweiz.) / Meggy (ungar.) / Marellen / Morellen / Sour cherry (engl.) / Weichseln (österr.) / Zure kersen (niederl.) werden unterteilt in:

Amarellen / Amarella (ital.) / Ammern / Amorellen / Baumweichseln (österr.) / Glaskirschen: Mäßig saure, festfleischige, leuchtend rote Kirschensorte, die vermutlich aus einer Kreuzung von Süß- und Sauerkirsche hervorgegangen ist.
Schattenmorellen / Strauchweichseln (österr.) sind kleine, herb-

saure, schwarzrote Sauerkirschen mit stark färbendem Saft, die meist zu Konserven verarbeitet werden.

Schwarzelse / Schwarzkirschen / Tintenbeeren: Weichfleischige, dunkelrote Sauerkirschensorte, aus der u. a. der bekannte »Cherry Brandy« hergestellt wird. **Cherry Brandy** ist Kirschlikör, der Kirschgeist, Kirschsirup und 25–30% Vol. Alkohol beinhaltet.

Süßkirschen / Prunus avium (bot.) / Cerisier des oiseaux (frz.) / Süßweichseln (österr.) / Wild cherries (engl.) / Zoete kersen (niederl.): Um im Vorfeld die gewünschte Befruchtung von Süßkirschenblüten im eigenen Garten zu gewährleisten, ist es schon beim Anbau unerlässlich, geeignete Kirschbaumpartner in der Nähe anzupflanzen (z. B. ist die Sorte »Hedelfinger« abhängig von Nachbarschaften mit »Büttners Knorpelkirsche«, »Dönissens Gelbe Knorpelkirsche« und / oder »Schneiders Knorpelkirsche«. Süßkirschen werden unterteilt in:

Herzkirschen / Prunus avium var. juliana (bot.) / Natten sind langstielig, groß, gelbrot bis schwarzrot, herzförmig, saftig und finden meist zur Kuchen- und Kompottherstellung sowie als Frischfrucht Verwendung.

Knorpelkirschen / Prunus avium var. duracina (bot.) / Knupper (altdt.) / Kracher / Krammelkirschen / Leberkirschen / Prinzesskirschen nennen sich buntscheckige (braun-rot-gelbe), großfrüchtige, bissfeste, saftige und sehr geschmackvolle Süßkirschen, die meist als Frischware verwendet werden.

Tejocote / Crataegus mexicana (lat.) / Texocotl (frz.) nennt sich eine kirschgroße, kumquatähnliche, mexikanische Frucht mit intensivem Apfelgeschmack, die in ihrer Heimat sowohl dem Frischverzehr als auch der Konfitürenherstellung dient.

Tollkirsche / Atropa belladonna (lat.) / Belladonna (ital.) / Diewelskersche (pfälz.) / Dollwurz / Irrbeere: Wild wachsende, giftige, da atropinhaltige, kirschenähnliche Frucht eines kalkliebenden Nachtschattengewächses, die vorrangig als Heilmittel und »Hexendroge« genutzt wird.

Vogelkirschen / Knebbercher (hunsr.) sind bittersüße, erbsengroße, schwarze Wildkirschen. Ihren Namen hat die Vogelkirsche der Tatsache zu verdanken, dass ihre Samen meist durch Vögel verbreitet werden.

Hauptinhaltsstoffe

Apfelsäure, Calcium, Eisen, Farbstoffe, Flavonoide, Folsäure, Gerbstoffe, Kalium, Kieselsäure, Magnesium, Methyl-Salicylsäure, Mineralsalze, Natrium, hoher Phosphor- und Eisengehalt, Provitamin A, Vitamin B 1, B 2, B 6, C, E, Zitronensäure, Zucker.

Süßkirschen sind durchweg kalorien- und vitaminhaltiger als Sauerkirschen.

Verwendung, Zubereitung

Kirschen werden frisch verzehrt oder zur Herstellung von Alkoholika, Eis, Kaltschale, Kompott, Konfitüre, Kuchen, Saft oder Süßspeisen verarbeitet.

Heiße Sauerkirschen (meist reicht man sie mit Vanilleeis und Sahne, kann man zu einem absoluten Gaumenkitzel »powern«, wenn man sie, bevor man den Saft mit Speisestärke andickt, mit Zucker, Zimt, Salz, Rum, Rotwein und Zitronensaft verfeinert. Nach dem Kirschengenuss sollte man kein Wasser trinken, da dies zu starken Bauchschmerzen führen kann.
Kirschblüten lassen sich zur Dekoration von Süßspeisen verwenden, wenn man sie zuvor kandiert.
Getrocknete Kirschbaumblätter können Pfeifenrauchern als Tabakersatz dienen.
Süßkirschbaumholz eignet sich ausgezeichnet für Drechselarbeiten und zur Herstellung von hochwertigen Möbeln und Musikinstrumenten.

Lagerung

Trocken und kühl lassen sich frisch geerntete Kirschen noch etwa 3–5 Tage bevorraten; bei krassen Temperaturschwankungen verderben sie jedoch in Kürze. In der Tiefkühltruhe lassen sich Kirschen bis zu 10 Monate aufbewahren.

Volksmedizinische Bedeutung

Der geniale Mix aus Vitaminen und Mineralstoffen macht Kirschen zu einer anerkannten Naturmedizin: Sie wirken entschlackend, regenerierend, stärken die Sehleistung und können die Zähne vor Karies und Parodontose schützen. Bei Magenübersäuerung sollte man süße Kirschen verzehren, Sauerkirschen unterstützen dagegen die Arbeit von Leber und Niere. Da Süßkirschen neben den Weintrauben den **meisten Traubenzucker** enthalten, sollten Diabetiker kleine Portionen zu jeweils höchstens **80 g** davon verkonsumieren; dann ist der Blutzuckeranstieg kaum stärker als bei mittleren Portionen anderer Obstsorten.
Aus Sauerkirschstielen lässt sich Tee aufbrühen, der blutstillende, entzündungshemmende, harntreibende und stopfende Eigenschaften (bei Durchfall) aufweist.
Kirschkerne besitzen eine blähungstreibende Wirkung, wenn man sie in ein Stoffsäckchen füllt (ca. 800 g), im Backofen auf 60–80° C erhitzt und dann etwa ½ Stunde auf den Bauch legt. Auch bei Verspannungen im Nacken und bei Rückenschmerzen sind angewärmte Kirschkernkissen (schweiz. Trockene Wärmflaschen) eine wirkungsvolle und umweltfreundliche Alternative zu hochpreisigen Arzneimitteln. Auch im gekühlten Zustand ist ein Kirschkernkissen nützlich: Bei Verstauchungen oder Sportverletzungen wirkt es entzündungshemmend und abschwellend.
Aufgrund ihres hohen Anteils an Methyl-Salicylsäure besitzen frische Kirschen sogar **schmerzlindernde Eigenschaften**. Mindestens 500 g sollte man im Ernstfall davon – selbstverständlich ungezuckert – verzehren.

Tipp

In vielen deutschen Kirschenanbaugebieten hat sich das Kirschkern-Weitspucken als neue Sportart eingebürgert. Der Weltrekord liegt derzeit bei kernigen 28,98 m.
Der **größte Sauerkirschenmarkt Europas** findet jährlich in Ingelheim / Rhein statt.

Die Gemeinde Sasbachwalden / Ortenaukreis veranstaltet jährlich im April sogenannte Kirschblütenwochen. Geboten wird ein attraktives Programm, das nicht nur geführte Wanderungen durch die blühenden Kirschbaumwiesen enthält, sondern auch das gemeinsame Herstellen einer original Schwarzwälder Kirschtorte, eine Brennerei-Besichtigung mit Verköstigung und einen zünftigen Hüttenabend einschließt.

Kiwano

Cucumis metuliferus

African horned cucumber (engl.), Afrikanische Stachelgurke, Afrikanische Horngurke, Citromelon (israel.), Concombre africaine (frz.), Concombre cornu (frz.), Geleemelone, Große Igelgurke, Höckermelone, Horned melon (engl.), Horngurke, Hornmelone, Jelly melon (engl.), Jelly-Melone, Kiwani (kenia.), Kiwano (frz., ital., niederl., span.), Kiwimelone, Lemonbana, Melano (israel.), Melon à comes (frz.), Melonengurke, Métulon (frz.), Mexican fruit, Swani melon (engl.), Swanimelone

Allgemeines, Herkunft, Geschichtliches

Die wild wachsende Kiwano war den Anwohnern der afrikanischen Kalahariwüste zwar schon vor 3000 Jahren bekannt, erstmals in fremdländische Gebiete gelangte sie jedoch erst im Jahre 1920: nach Neuseeland. Seit 1981 wird dieses wehrhafte Kürbisgewächs (Cucurbitaceae) dort von dem Ehepaar Morris auch gezüchtet und gehandelt. Unter dem Namen »Mexican Fruit« machten sie diese Frucht anfänglich marktfähig. Mittlerweile wird die als »**Zwitter**« (sie lässt sich weder dem Obst noch dem Gemüse eindeutig zuordnen) charakterisierte Kiwano auch in Equador, Israel, Italien, Japan und Kolumbien kultiviert.

Aussehen

Die bis zu 500 g schwere Kiwano sieht aus wie eine kurze, ovale Gurke mit dornigen Höckern. Reif ist sie, wenn sie eine orangegelbe Außenhaut und gallertartiges, intensiv grünes Fruchtfleisch aufweist, das zahlreiche essbare, gurkenkernähnliche Samen beinhaltet.

Geschmack

Die Kiwano schmeckt erfrischend süß-sauer mit einem leichten Bananen-Kiwi-Limetten-Touch.
Die Kiwanoschale ist ungenießbar.

Arten, Sorten

Gurke von den Antillen / Cucumis anguria (lat.) / Boto (engl., frz.): Eigroße Frucht aus Afrika oder Jamaika, deren Aroma an Gurke mit Tomate und Sahne erinnert. Das dunkelgrüne Fruchtgemüse beinhaltet einen großen Kern, der dem zwar faserigen, jedoch überaus weichen, grünen Fruchtfleisch nur wenige Millimeter Freiraum lässt.

Hauptinhaltsstoffe

Calcium, Kalium, Magnesium, Vitamin C.

Verwendung, Zubereitung

Die Kiwano wird meist als durstlöschende Frischfrucht verzehrt oder zu Cocktails, Salat, Sauce, Saft und zur Dekoration verarbeitet. Als Frischfrucht wird sie halbiert, gezuckert und dann mitsamt den essbaren Kernen ausgelöffelt. Italiener nutzen Kiwanos lediglich zur **Saftgewinnung**.

Lagerung

Bei Raumtemperatur (nicht im Kühlschrank) lässt sich die Kiwano zwar bis zu **4 Monate** (!) lang aufbewahren, die Nähe von Kohl sollte jedoch aufgrund von negativen geschmacklichen Veränderungen gemieden werden.

Volksmedizinische Bedeutung

Man sagt der Kiwano nach, sie könne Körper und Geist positiv beeinflussen.

Tipp

»Naschkätzchen« träumen ständig von gekühlten, halbierten Kiwanis, die mit Weinbrand, Zitronensaft und Schlagsahne veredelt wurden.

Kiwi

Actinidia chinensis

Affenpfirsich, Aktinidie, Chinese goose berry (engl.), Chinesische Stachelbeere, Groseille de Chine (frz.), Grüne Kiwi, Kivi (ital., türk.), Kiwi (frz., ital., niederl., span.), Kiwifruit (engl.), Kiwifrukt (norw.), Samtactinidie, Saris (frz.), Schafspfirsich, Yang Tao (chin.), Zespri (neuseeld.)

Allgemeines, Herkunft, Geschichtliches

Der Engländer Robert Fortune verbrachte die Kiwi erstmals Mitte des 19. Jh.s aus ihrer Heimat, dem chinesischen Jangtse-Tal, nach Neuseeland, wo sie seit 1905 kultiviert und nach Europa importiert wird. Bis 1959 wurde diese Beerenfrucht als hochpreisige »Chinesische Stachelbeere« gehandelt, bevor sie dann als »Kiwi« (in Deutschland erst seit 1975!) ihren bahnbrechenden Siegeszug durch die ganze Welt antrat. Kiwis sind die Früchte des Chinesischen Strahlengriffels (Actinidiaceae), einer strauchartigen Schlingpflanze mit auffällig behaarten, rötlichen Trieben. Mittlerweile werden Kiwis, außer in China und Neuseeland, auch ganzjährig in Australien, Chile, Frankreich, Großbritannien, Israel, Italien, Japan, Kalifornien, Korsika, in den Niederlanden, Spanien und in Südafrika angebaut. Hauptimporteur für Deutschland, wo **weltweit der größte Kiwiabsatz** stattfindet, ist Italien.

Namensgeber der Kiwi ist ein vergnügter, zwar schnell laufender, jedoch gänzlich flugunfähiger, da flügel- und schwanzloser Nachtvogel: der Kiwi-Kiwi / Schnepfenstrauß. Mit etwas Fantasie in Augenschein genommen, sieht der unter Naturschutz stehende, braune, rund-ovale und in Erdlöchern lebende Urwaldbewohner einer wandelnden Kiwi zum Verwechseln ähnlich.

Aussehen

Kiwis sind oval, etwa eigroß und besitzen eine braune, behaarte Schale, die bei reifen Früchten auf leichten Fingerdruck nachgeben sollte. Das Fruchtfleisch ist grün, mittig weiß und hat viele winzige, schwarze, essbare Kernchen. Kiwis mit »glasigem« Fruchtfleisch und feuchter Außenhaut sind überreif und völlig geschmacksleer.

Geschmack

Reife Kiwis schmecken wie eine Mischung aus Stachelbeere, Erdbeere und Melone. Harte Exemplare sind unreif, saftlos und ungeheuerlich sauer. Die Kiwischale ist ungenießbar.

Arten, Sorten

Hayward / Actinidia sinsensis (lat.) / Giant kiwi berry (engl.): mit rund 80% der Weltproduktion **die bedeutendste Kiwisorte** – obwohl sie geringere Ernten liefert als andere Gattungen.

Weiki-Kiwi (bayr.) / Actinidia arguta (lat.) / Japanische Stachelbeere / Bayern-Kiwi / Hardy kiwi (engl.) / Ki-Wai (thaild.) / Kiwai (frz., span.) / Kiwi grapes (engl.) / Kokuwa (chin.) / Sibirische Stachelbeere / Tara (engl.): Sehr kälteresistente (bis –30° C), pflaumengroße, honigartig schmeckende Kiwisorte, die sogar im getrockneten Zustand mitsamt ihrer glatten, rotgrünen Schale genossen und verbacken werden kann. Auch der bekannte »Tarawein« wird aus Weiki-Kiwis gemacht. Zur Befruchtung benötigen Weiki-Kiwis die Anwesenheit männlicher Pflanzen. »Weiki-Kiwis« oder »Bayern-Kiwis« heißen hierzulande so, weil sie mittlerweile sogar im bayerischen »Weihenstephan« erfolgreich kultiviert werden.

Zespri Gold / Goldene Kiwi: Neuseeländische Kiwizüchtung aus dem Jahre 1997, die einer gewöhnlichen Kiwi zwar ähnelt, jedoch am Blütenansatz spitz zuläuft und statt grünem goldgelbes Fruchtfleisch besitzt, das nach Honig, Mango und Pfirsich schmeckt. In Gegenüberstellung zur ungenießbaren, samtigen, dunkelbraunen Schale ihrer grünfleischigen Verwandten weist die »Zespri Gold« eine essbare, leicht schrundige Schale auf, die im unteren Abschnitt zwar auch bräunlich ist, sich zur Mitte hin jedoch dezent grün färbt, um sich dann im verjüngenden oberen Drittel in majestätisches Gold zu wandeln.

Hauptinhaltsstoffe

Actinidin, Calcium, hoher Eisengehalt, Folsäure, Fruchtsäure, Kalium (mehr als in Bananen), Lipasen, Magnesium, Phosphor, Proleolytsäure, Seratonin, Spurenelemente, Traubenzucker, Vitamine A, B, C, D, E.

Verwendung, Zubereitung

Die Kiwi ist eine Frisch- und Verarbeitungsfrucht, die zu Fruchtsalat, Getränken, Marmelade, Rumtopf, Saft, Sauce, Süßspeisen oder zu Garnituren verarbeitet werden kann.

Als Frischfrucht wird die Kiwi entweder halbiert und mitsamt den Kernchen ausgelöffelt oder man schält sie wie einen Apfel und isst sie erst dann.

Die Kiwi gilt auch als hervorragender **Geschmacksverstärker und Fleischweichmacher**, wenn man es vor dem Braten entweder mit einer halbierten Kiwi einreibt oder mit dünnen Kiwischeiben belegt und dann für 1–2 Stunden einwirken lässt.

Da das eiweißspaltende Enzym Actinidin, mit Milchprodukten kombiniert, Bitterstoffe entstehen lässt, sollte man frische Kiwis in milchhaltigen Nachspeisen (z. B. Joghurt, Milch, Müslis, Quark, Sahne) meiden. **Actinidin schwächt oder verunmöglicht** – ebenso wie die Bromelaine einer frischen Ananas – **das Steifwerden von Gelatine und**

Milchprodukten (z. B. bei Obstkuchen, Sahne, Pudding). Wenn man jedoch Kiwis vor der Verwendung mit über 80° C erhitztem Wasser übergießt und sie darin kurz ziehen lässt, verliert dieses hitzeempfindliche Enzym jegliche Wirkung; da man durch die hohe Erwärmung jedoch einen hohen Vitaminverlust hinnehmen muss, ist davon abzuraten.

Lagerung

Reife Kiwis sind im Kühlschrank ca. 6 Tage haltbar. Harte Kiwis reifen am schnellsten nach, wenn man sie zusammen mit einem Apfel etwa 24 Stunden in einer geschlossenen Tüte aufbewahrt; auch bei Zimmertemperatur reifen Kiwis allmählich nach.

Volksmedizinische Bedeutung

Die leicht verdauliche Kiwi wirkt appetitanregend, cholesterinsenkend, fettzersetzend, **immunsystemstärkend** und **den Stoffwechsel beschleunigend**, indem sie die Zahl der Abwehrzellen bis zum Zwölffachen erhöht. Sie ist ebenso in der Lage, die Gefäße und das Bindegewebe zu festigen und die Muskeltätigkeit zu stimulieren – speziell im Herzmuskel. Rheumatische Beschwerden wendet die verdauungsanregende Kiwi ab, indem sie auf ihrem Weg durch den Körper schädliche Stoffe einsammelt und unverzüglich ausschleust. Doch vorsichtig: Bei Latex-Allergikern können die ach-so-gesunden Inhaltsstoffe der Kiwi zu lebensbedrohlichen Reaktionen führen.
In China gelten Kiwis als bestes natürliches Antibiotikum.

Tipp

Als »Kiwi« bezeichnet man in Ostdeutschlands Kneipen auch einen likörartigen Kirschwhiskey.

Kiwicha

Amaranthus caudatus
Korn der Inkagötter

Allgemeines, Herkunft, Geschichtliches

Die Kiwicha ist ein Fuchsschwanzgewächs (Amaranthaceae), das bei den Ureinwohnern der peruanischen Anden, den Inkas, schon **lange vor dem Anbau der Kartoffel** als Körnerfrucht bekannt war. 1540 wurde ihre Anpflanzung zwar unter Todesstrafe verboten, da den Unterdrückten durch ihren Genuss eine außerordentliche Überlebenskraft nachgesagt wurde; heute befleißigt man sich in ihrem Ursprungsgebiet jedoch wieder eines effizienten Anbaus, um die hungerleidende Bevölkerung zu unterstützen.

Aussehen

Die mit tausenden von klitzekleinen, rötlichen Körnern ausgestattete Kiwicha sieht von Weitem aus wie zu groß geratene Hirse.

Geschmack

Frisch geröstete Kiwichakörner schmecken angenehm mild-nussig.

Arten, Sorten

Hahnenkamm / Célesie crê de coq (frz.) / Celosia argentea var. cristata (lat.) / Celosie / Cockcomp (engl.):
Bis 1,5 m hohes, rot- oder grünblättriges Fuchsschwanzgewächs aus Afrika, das auch in Amerika, Indonesien und Westindien kultiviert

wird. Die Blätter, Triebe und Blüten dieser amaranthenhaften Pflanze finden meist bei der Suppenherstellung Verwendung.

Hauptinhaltsstoffe

Calcium, Eisen, Lysin, Phosphor, Vitamin A und C. Die Kiwicha beinhaltet alle für den Menschen wichtigen Aminosäuren und sogar **mehr Proteine als der hochgezüchtete Weizen**.

Verwendung, Zubereitung

Kiwichakörner werden meist zu Mehl gemahlen, woraus man Cornflakes, winziges »Popcorn«, Suppe oder Babynahrung herstellen kann. Kiwichablätter lassen sich wie Spinat zubereiten.

Volksmedizinische Bedeutung

Die in der Kiwicha enthaltene Aminosäure Lysin versorgt das menschliche Gehirn mit **konzentrationsfördernder** Nahrung.

Tipp

In Form von Cornflakes ist die Kiwicha bei der NASA ein bedeutsamer Teil der Astronautennahrung.

Klette (Große)

Arctium lappa

Backkrut (norddt.), Bardana (span.), Bardane (frz.), Burdock (engl.), Dollenkraut, Essbare Klettenwurzel, Gobo (jap.), Grand bardane (frz.), Grindwurz, Great burdock (engl.), Grote Klis (niederl.), Haarballe, Haarwuchswurzel, Hopfenklette, Japanische Klettenwurzel, Kladde, Kleberwurzel, Klettendistel, Klettenwurz(el), Klissenwurzel, Klusen, Lappa (ital.), Speiseklette, Wolfskraut

Allgemeines, Herkunft, Geschichtliches

Vor etwa 1000 Jahren kam die Große Klette über China nach Japan; später hielt sie dann auch Einzug in Europa und Amerika. Wild wachsend findet man die zu den Korbblütlern (Asteraceae) zählende, meist als Unkraut verschriene Große Klette an Wegrändern, auf Ödland, an Flussufern oder auf Schutthalden in Amerika, Asien und Europa. Jeweils im Herbst und im Frühling kann diese winterharte Pflanze eingebracht werden.
Das Wort »Klette« wird vom lateinischen »Gluten« abgeleitet, was »klebrig« bedeutet und auf die schleimige Konsistenz der Wurzel hinweist.

Aussehen

Die Große Klette ist eine bis zu 1,50 m hohe, distelartige Pflanze mit rhabarberähnlichen, grau-filzigen Blättern. Die Hüllblätter ihrer kugeligen, purpurfarbenen Blütenköpfchen sind mit kleinen, gelbgrünen **Widerhaken** bestückt, die der **Fruchtverbreitung durch Tiere** dienen.
Die spindelförmige, bis zu 80 cm lange, essbare Pfahlwurzel dieser Wildpflanze ist Schwarzwurzeln nicht unähnlich.

Geschmack

Klettenwurzelgeschmack erinnert an Spargel und Schwarzwurzeln.

Arten, Sorten

Klauenklette / Proboscidea louisianica (lat.) / Einhornpflanze: Drüsige, behaarte, klettenartige Wildpflanze aus Amerika, deren Früchte wie Einlegegurken verarbeitet werden können.

Kleine Klette / Arctium minus (lat.): Kleinwüchsige Klettensorte, die gleichermaßen wie ihre große Schwester weiterverarbeitet werden kann.

Hauptinhaltsstoffe

Eiweiß, etherisches Öl, Fett, Gerbstoffe, Inulin, Schleimstoffe, Zucker.

Verwendung, Zubereitung

Die Wurzeln der Großen Klette werden entweder wie Schwarzwurzeln zu Gemüse verarbeitet, oder man fertigt – gemeinsam mit den jungen Trieben – einen wohlschmeckenden und nicht gerade alltäglichen Salat.

Volksmedizinische Bedeutung

Tee aus getrockneten Klettenwurzeln weist blutreinigende, abführende, ausschlag- und gichthemmende, schleimlösende sowie stark harn- und schweißtreibende Eigenschaften auf.

Tipp

Klettenwurzelöl kräftigt nicht nur das Haar; es gilt ebenso als durchgreifendes **Antischuppenmittel**.

Kohlrabi

Brassica oleracea convar. Acephala var. gongylodes

Caulorapa (röm.), Cavolo rapa (ital.), Chou rave (frz.), Colinabo (span.), Colrábano (span.), Colrave (frz.), Kalarábé (ungar.), Kalrabbi (schwed.), Kedlubna (tschech.), Kivircik lahana (türk.), Kohlrabe (hess., hunsr.), Kohlrabi (engl.), Kohlrübe (selten), Kolrowe (hess.), Koolrabi (niederl.), Oberkohlrabi, Oberrübe (schles.), Raapkool (niederl.), Rabi in die Erd', Rüb(en)kohl (schweiz.), Stängelrübe, Turnip cabbage (engl.)

Allgemeines, Herkunft, Geschichtliches

Der Kohlrabi gilt als relativ junger Abkömmling des Meerkohls: Erst vor etwa 400 Jahren wurde er von seiner Geburtsstätte Italien aus über ganz Europa verbreitet. Für den deutschen Bedarf wird dieser Kreuzblütler / Brassicaceae (Cruciferae) heute überwiegend in Italien und den Niederlanden angebaut, wo er **als Gemüse gänzlich verschmäht** wird.

Den Namen »Kohlrabi« verdankt diese Stammkohlart seiner Familienzugehörigkeit und Form: Aus den italienischen Bezeichnungen »cavolo« für »Kohl« und »rapa« für »Rübe« entwickelte sich im 17. Jh. der deutsche Name, der – laut Synonymregister – Eingang in mehrere europäische Sprachen gefunden hat.

Aussehen

Der Kohlrabi ist eine apfelgroße, rundliche Stängelknolle, die mit einem dünnen, abwischbaren Wachsüberzug ummantelt und lediglich mit dem Knollenende am Boden verwachsen ist. Unterschieden werden grünlich weiße und blauviolette Sorten, deren Haltbarkeit, Fleischfarbe und Geschmack zwar identisch sind, blaue Sorten wachsen jedoch langsamer als die weißen, die zudem länger zart bleiben. Kohlrabiknollen sollten nicht zu dick sein und keine Risse im Fruchtfleisch aufweisen, da dies auf Holzigkeit hindeutet. Kohlrabikraut sollte ein frisches Aussehen haben: Vergilbte Blätter lassen auf Überlagerung schließen.

Kohlräbchen lautet der liebevolle Ausdruck für kleine, zarte, junge Kohlrabiköpfchen.

Geschmack

Kohlrabi hat einen leicht süßlichen, nussigen und sehr dezenten Kohlgeschmack. »Holzig« und »pelzig« wird Kohlrabi im Geschmack, wenn er während des Wachstums entweder zu viel Kälte oder nicht hinreichend Feuchte abbekommt.

Arten, Sorten

Blauer Speck und *Wiener blaues Glas* heißen die beliebtesten Blausorten.
Freilandkohlrabi gibt es von Mitte Mai bis Ende Oktober und schmeckt naturgemäß kräftiger als Treibhausware.
Superschmelz nennt sich die **größte Kohlrabisorte**, die meist nur in Privatgärten (frz. Potager) angebaut wird. Bei früher Aussaat, ausreichender Flüssigkeitszufuhr und mehrfacher Düngung kann er so groß wie ein Weißkohlkopf werden. »Superschmelz« neigt nicht zur Holzigkeit und kann bis Oktober im Boden bleiben.
Treibhauskohlrabi gibt es von Anfang April bis Juni. Er ist zarter im Fleisch und entwickelt mehr Laub als Freilandkohlrabi.
Wiesmoor weißer Trieb nennt sich die gängigste weißgrüne Kohlrabisorte.

Hauptinhaltsstoffe

Calcium, Eisen, Glucosinolate, Kalium, Magnesium, Natrium, Phosphor, Provitamin A, Senföl, Vitamin B 1, B 2, B 6, C, Zink. Kohlrabiblätter gehören, im Gegensatz zur Knolle, zu **den stärksten Karotin-Trägern**; sogar Eiweißstoffe, Vitamine und Mineralien (Phosphor) sind überdurchschnittlich darin enthalten.

Verwendung, Zubereitung

Kohlrabi findet meist als Gemüse oder Salat Verwendung. Wird er im Ganzen gegart, danach erst geschält und schließlich gestiftelt, bleibt sein Aroma besser erhalten; außerdem sind so die holzigen Stellen, die sich meist am Wurzelhals befinden, deutlicher erkennbar. **Winterware schmeckt naturgemäß etwas strenger als Sommerware.** Dem kann man Abhilfe verschaffen, indem man das Kohlrabifleisch in einer Milch-Wasser-Mischung zu gleichen Teilen gart und nur mit etwas Salz und Zucker würzt. Junger Kohlrabi eignet sich bestens für Rohkostsalat: Er kann mitsamt seiner zarten Schale verzehrt werden.
Die zarten Herzblättchen des Kohlrabis sollten ihrer hohen Wertigkeit wegen entweder kleingehackt den bereits gegarten Knollen beigemengt werden, oder als vitaminreiche Salat- oder Suppenwürze dienen (erst kurz vor dem Servieren darüberstreuen).
In Südeuropa bereitet man aus Kohlrabiblättern spinatähnliches Gemüse und vegetarische Rouladen.

Lagerung

Kühl und feucht lässt sich frischer Kohlrabi höchstens 8 Tage im Kühlschrank bevorraten, danach wird er holzig. Wie alle Kohlsorten darf auch der Kohlrabi **nicht gemeinsam mit ethylenhaltigem Obst** aufbewahrt werden, da er sonst rasch verdirbt.

Volksmedizinische Bedeutung

Kohlrabi kräftigt nicht nur Knochen, Zähne und das Immunsystem, er besitzt auch blutdrucksenkende und entwässernde Eigenschaften. Angesichts seines immensen Vitaminreichtums trägt Kohlrabi auch zur Straffung der Haut bei und sorgt für Vitalität.

Tipp

Die Kohlrabiernte lässt sich problemlos verlängern, wenn man die Knollen bei der Ernte derart kürzt, dass an der Wurzel noch eine Scheibe mit 2–3 Blattwinkeln übrigbleibt; daraus entwickeln sich dann nach und nach 2–3 neue Kohlrabiknollen.

Kokosnuss

Cocos nucifera

Coco (span.), Coconut (engl.), Cocotier (frz.), Kokosnött (norw.), Kokosnoot (niederl.), Kókuszdió (ungar.), Noce di cocco (ital.), Noix de Coco (frz.), Nuéz de Coco (span.), Thenga (ind.)

Allgemeines, Herkunft, Geschichtliches

Da Kokosnüsse die Fähigkeit besitzen, schwimmend tausende Kilometer zurückzulegen und währenddessen keimfähig bleiben, ist ihre ursprüngliche Heimat unklar. Sicher ist jedoch, dass Kokospalmen seit etwa 4000 Jahren in Indien kultiviert werden und die **ältesten fossilen Exemplare aus Neuseeland** stammen. Die Kokosnuss ist die dreikantige Frucht der bis zu 30 m hohen Kokospalme, die – je nach Alter – jährlich 50 bis 400 Kokosnüsse hervorbringen kann. Dieses Palmengewächs (Palmaceae) ist möglicherweise sogar **die bedeutendste Nutzpflanze der Welt**, da sie von den Menschen restlos genutzt werden kann. Kokospalmen werden in Australien, Indien, Indonesien (Hauptproduzent), Mittel- und Südamerika, Ostafrika, auf den Philippinen und in Vietnam angebaut.

Die 3 gesichthaften »Augen« am Kokosnussansatz veranlassten die Spanier einst, Kokosnüsse als »Coco«, d. h. »Grimasse« zu bezeichnen.

Aussehen

Reife Kokosnüsse sind etwa kopfgroß und von einer grünen Außenschale umgeben, die die allseits bekannte, braune Nuss birgt. Diese natürliche Umhüllung und Teile der Faserschicht werden vor dem Versand entfernt, um die späteren Versandkosten zu reduzieren. Kokosnüsse sind grundsätzlich hohl und – wenn sie frisch sind – mit einer suppig-wässrigen Flüssigkeit (fachspr. Kokosmilch / -wasser) gefüllt. Beim Kauf sollte man folglich zuerst eine **Schüttelprobe** machen: Gluckert die Kokosnuss, ist sie in Ordnung; tut sie es nicht, ist sie schon alt und schmeckt seifig – sie ist dann nicht mehr genießbar.

Geschmack

Das faserige Fruchtfleisch der Kokosnuss weist einen zarten, haselnussigen Geschmack auf.

Arten, Sorten

Coquito / Jubaea chilensis (lat.) / Coquito nut (engl.) / Coco chilien (frz.) / Minikokosnuss wird die zwar kokosnussartige, jedoch kokosmilchlose Frucht eines chilenischen Palmengewächses genannt, die so feinwüchsig ist, dass sie sich mühelos mit einem Nussknacker öffnen lässt.

Königskokosnuss / King Coconut / Trinkkokosnuss: Goldgelbe Variante der herkömmlichen Kokosnuss. Sie enthält zwar weniger Fruchtfleisch, dafür aber umso mehr vanilliges Kokoswasser (bis zu ½ l).

Meereskokosnuss / Coco de mèr (frz.) / Noix de Seychelles (frz.) / Double coconut (engl.) / Sea coconut (engl.) / Seychellen-Nuss: Zweigeteilte, herzförmige Kokosnusssorte. Sie wächst ausschließlich auf der Insel Praslin (Seychellen) und gilt, da sie bis zu 20 kg schwer wird, als **größte Palmenfrucht der Welt**.

Hauptinhaltsstoffe

Calcium, Eisen, Eiweiß, ungesättigte Fettsäuren, Kalium, Kohlenhydrate, Kupfer, Magnesium, Mangan, Phosphor, Vitamine B, C, E, Zink.

Verwendung, Zubereitung

Die weiße, fetthaltige, grobzellige Schicht innerhalb der harten Kokosschale, die »Kopra«, beinhaltet energiereiches, faseriges Speichergewebe, das u. a. der Ölgewinnung, Getränke-, Margarine-, Pflanzenfett- **Ceresfett**-, Kokosflocken- (österr. Kokosette) und Gebäckherstellung dient. Unter allen Fetten und Ölen gilt das der Kokosnüsse am **hitzestabilsten** und es spritzt auch nicht, bei anfälligen Personen kann es jedoch Pickel verursachen.

Kokosnüsse öffnet man, indem man entweder mit einem Hammer so lange kräftig auf die Nahtstellen klopft, bis die Schale platzt, oder man legt sie so lange in den heißen Backofen, bis die konsistente, braune Schale einreißt. Das weiße Fruchtfleisch sollte man zunächst in Segmente teilen, um es leichter von der Schale abheben zu können. Für den Frischverzehr sind Kokosnüsse kaum von Belang, da die Kopraschicht mehr als faserig und trocken schmeckt.

Aus Kokosnussblütenkolben wird in den Anbauländern Palmenmark (fachspr. Palmito) gewonnen und Saft gepresst, der meist der Palmweinherstellung dient.

Bukos lautet die Fachbezeichnung für junge, ungeschälte Kokosnüsse.

Nawasi (fachspr.) nennt man geschälte, junge Kokosnüsse. In den Anbauländern bereitet man aus »Bukos« und »Nawasis« Pasteten und vitaminreiche Getränke, die bei der dortigen Bevölkerung noch begehrter sind als Cola.

Lagerung

Bei 0° C sind Kokosnüsse etwa 2 Monate lagerbar.

Volksmedizinische Bedeutung

Menschen, die regelmäßig Kokoswasser trinken, werden kaum von Herzinfarkt und Arteriosklerose heimgesucht; das ergab eine neuerliche Studie. In den Anbauländern wird Kokoswasser sogar medizinisch genutzt, da es **völlig steril** ist.

Tipp

Bei durchschnittlich nur jeder elftausendsten Kokosnuss kann es vorkommen, dass ein »Auge« mit einer »Perle« (kalkartige Substanz) zugewachsen – anstatt mit einer dünnen Haut verschlossen ist. Wer soviel Glück hat, kann sich rühmen, ein kleines Naturwunder erlebt zu haben.

Kopfsalat

Lactuca sativa var. capitata
Blattsalat, Botersla (niederl.), Butterhäuptel, Butter head lettuce (engl.), Butterkopfsalat, Buttersalat, Gartensalat, Grüner Salat, Häuptelsalat (österr.), Harpelsalat, Hlavkovy salat (tschech.), Kropsla (niederl.), Laitue pommée (frz.), Laddisch (hess.), Lattuga cappuccio (ital.), Lechuga (span.), Lettuce salad (engl.), Marul (türk.), Salathäuptel (österr.)

Allgemeines, Herkunft, Geschichtliches

Kopfsalat ist aus einer italienischen Weiterentwicklung des »Lattichs« hervorgegangen. Im Altertum galt dieser Korbblütler (Asteraceae) nicht nur als beliebtes Nahrungsmittel, man wusste damals auch schon von seinen schlaffördernden Eigenschaften. Im Jahre 1537 brachte der Schriftsteller Rabelais den Kopfsalat erstmals nach Frankreich, von wo aus er schließlich auch nach Deutschland gelangte – im 18. Jh. gab es dann einen wahren Kopfsalat-Boom. Großflächigen Kopfsalatanbau findet man in Belgien, England, Frankreich, Italien, Spanien und in den Niederlanden.

Kopfsalat sollte **möglichst an einem verunklarten Tag** und keinesfalls in der Nachbarschaft von Kohlrabi oder Petersilie angepflanzt werden, da deren Wurzelabsonderungen für Welkeerscheinungen und vorzeitigen Verderb sorgen.

Aussehen

Frischer Kopfsalat sollte makellose Blätter und eine feste, weiße Schnittfläche aufweisen; ein brauner, schmieriger Strunk (österr. Kretzerl) deutet auf Überlagerung hin. Sortenbedingt kann die Blattfarbe von gelbgrün über violett bis hin zu bronze variieren. Bräunliche Blattrippen lassen auf Überdüngung oder unsachgemäße Bevorratung schließen; d. h. entweder zu lange, zu kalt oder in Gemeinschaft mit Ethylen ausscheidendem Obst oder Gemüse (z. B. Tomaten, Äpfel, Gurken).

Geschmack

Kopfsalat weist ein erfrischendes und mildes Aroma auf.

Arten, Sorten

Babysalat / Baby salad (engl.) / Lechuga baby (span.) / Salatherzen: Kopfsalatwinzling mit länglichen, grünen Blättern, der meist geviertelt, gewaschen und mit einem geeigneten Dressing nappiert wird.

Eiskraussalat: Salatneuzüchtung mit knackigen, großzackigen Blättern, die in der Struktur dem Eisbergsalat nicht unähnlich ist. Wie sein Name schon andeutet, ist er aus einer Kreuzung von Eisbergsalat und Kraussalat hervorgegangen.

Freilandkopfsalat ist besonders groß, fest, ergiebig und würzig.

Frühjahrskopfsalat (Kopfsalat, der im Frühjahr gepflanzt wird) wächst sehr langsam und bei Hitze geht er rasch in Blüte über – er »schießt« gerne.

Glassalat / Glas sla (niederl.) / Laitue sous verre (frz.) / Lettuce under glass (engl.) nennt man Kopfsalat aus dem Gewächshaus / Glashaus / Treibhaus. Im Winter ist er infolge Licht- und Wärmemangels nicht imstande, feste Köpfe und Blätter hervorzubringen: Er wird praktisch nur vom Folienbeutel zusammengehal-

ten. Außerdem weist er mit durchschnittlich 250 mg / % den **höchsten Nitratgehalt aller Blattsalate** auf – im Sommer nur die Hälfte.
Grand Rapids / Strubelpeter: Aufragende Kraussalatvariante mit hellgrünen, strubeligen Blatträndern.
Große blonde Paresseuse / Großer gelber Dauerkopf: Hervorragende, noch aus alter Zeit stammende Kopfsalatsorte mit voluminösen, hellgrünen Blättern.
Kopfsalatherz nennt sich das hellgrüne, zarte Mittelstück des Kopfsalats.
Kraussalat / Kruksallat (schwed.) / Krullsalat / Krulsla (niederl.) / Lactuca sativa var. acaphala (lat.) / Rupfsalat ist in den Niederlanden aus einer Kreuzung des Kopfsalats mit dem Bataviasalat hervorgegangen. Im »Käse- und Matjes-Ländchen« darf Kraussalat nur als solcher bezeichnet werden, wenn seine hochwachsenden, endiviensalatähnlichen Außenblätter gekräuselt sind und er so knackig ist wie Eissalat; ansonsten landet er als **normaler »Pflücksalat«** auf den Märkten.
Novita: Großköpfige Salatneuheit aus dem Unterglasanbau, die aus einer Kopf- / Endiviensalatzüchtung hervorgegangen ist. Novita ist mit milden, leicht nussigen, bissfesten Blättchen bestückt, die zum Rand hin leichte Kräuselungen aufweisen.
Pflücksalate nennt man Salatsorten, die keine festen Köpfe bilden: Die Blätter werden »peu à peu« von außen nach innen gepflückt. Da das »Herz« jeweils zurückbleibt kann es stetig nachwachsen. Rotblättrige Pflücksalate (z. B. Lollo Rossa) vertragen gesamthaft mehr Frost als Grün- oder Gelbblättrige.
Rotkäppchen(salat) / Merveille des quattre saisons (frz.) / Piratensalat / Rotköpfchensalat / Roter Kopfsalat: Mittels Anthozyan-Zusatz hervorgerufene, braunrotblättrige Kopfsalatsorte, die im Jahre 1898 aus einem französischen Züchtungsversuch hervorgegangen ist. Ihre Blätter sind zwar schossfest, besitzen eine zartere Konsistenz und sind auch aromareicher als die des Herkömmlichen, von den Lagerungsbedingungen her ist ihr der »Grüne« jedoch weit überlegen.
Schmalzsalat / Schmalzler (österr.) / Tracadero-Salat / Viennese (ital.): Dauerhafte Kopfsalatsorte mit festem, schwerem Kopf, der von November bis April meist aus Frankreich oder Spanien zu uns gelangt.
Schnittsalat / Lactuca sativa var. secalina (lat.) / Stechsalat / Stecksalat: Nicht kopfbildende Kopfsalatvarietät, die schon 40 Tage nach der Aussaat aufrecht stehende, glatte oder krause grüngelbe Blätter bildet. Mehrfachernten sind während der Sommermonate möglich, wenn man die Blätter, mit Ausnahme des Herztriebs (!), kurz über dem Boden abschneidet.
Sommerkopfsalat wächst zwar noch gemächlicher als Frühjahrskopfsalat, er wird jedoch viel größer und schießt nicht so zeitig in die Blüte.
Süßer / Süßer Kopfsalat war und ist im Osten Deutschlands sehr beliebt: Banalerweise handelt sich dabei um Kopfsalat, der nur mit Zucker und wenig Zitronensaft angemacht wird.
Teufelsohrensalat nennt sich eine wüchsige und robuste Kopfsalatva-

riante aus Italien mit mild-würzigen, »schlitzohrigen«, grünroten Blättern.
Trotzkopf: Robuste, fast schon in Vergessenheit geratene Kopfsalatsorte mit runzligen, blasigen Blättern und braunvioletten Blattspitzen.

Hauptinhaltsstoffe

Apfelsäure, Ballaststoffe, Calcium, Eisen, Eiweiß, Kalium, Lactucerol, Natrium, Nitrat, Phosphor, Provitamin A, Spurenelemente, Vitamin B 1, B 2, B 6, C, K, Wasser (95%), Zitronensäure.

Verwendung, Zubereitung

Kopfsalat wird meist zu Salat – selten zu Gemüse – verarbeitet. Grundsätzlich sollte er erst vor dem Verzehr gewaschen (nicht »eingeweicht«) werden, damit sich die wertvollen Inhaltsstoffe nicht in der Feuchte auflösen und danach im Gully landen.
In manchen »feinen« Küchen werden ausschließlich die Herzblätter des Kopfsalats verwendet – sie enthalten lediglich 5% Vitamine! Die wesentlich wertigeren, großen Blätter (in manchen sogenannten Schlemmeroasen werden sie voller Stolz weggeworfen) beinhalten **50–60% Vitamine und Lactucerol**, den förderlichsten Stresskiller. Die Blattspitzen des äußeren Blattwerks und die dicksten Strünke des Kopfsalats sollten jedoch grundsätzlich entfernt werden, da sie sich durch mannigfache Umweltbelastungen krebserregende Schadstoffe und Nitrate eingefangen haben können. Streifig geschnittene Kopfsalatblätter nennt man **Chiffonade**. Sie dienen meist als Unterlage von Meeresfrüchte-Cocktails oder als Suppeneinlage.
Laut einer Benimmregel wird Kopfsalat während des Verzehrs grundsätzlich **nicht mit dem Messer zerschnitten**. Man sollte ihn allenfalls mit Hilfe des Messers behutsam falten und ungedrückt – mit der Gabel aufgespießt – zum Mund führen.

Lagerung

Kopfsalat lässt sich mühelos bis zu 5 Tage im Kühlschrank aufbewahren, wenn er sorgfältig in Zeitungspapier gewickelt wurde.

Volksmedizinische Bedeutung

Kopfsalat ist überaus bekömmlich und die natürlichste Einschlaf- und Beruhigungshilfe – vorausgesetzt, er wird mit etwas Pflanzenöl angemacht. Neuesten Studien zufolge besitzt Kopfsalat sogar entzündungs- und **allergiehemmende Eigenschaften**.

Tipp

Kopfsalatblätter, die durch Überlagerung leicht angewelkt sind, erhalten ihre Frische wieder zurück, wenn man zunächst die Berostung des Strunkendes um etwa 1 cm einkürzt und dann den Salatkopf für 10 Minuten in eiskaltes, leicht gezuckertes Wasser tunkt.

Kresse

Lepidium sativum

Crescione (ital.), Cress (engl.), Cresso (althochdt.), Cresson de jardin (frz.), Cresson alénois (frz.), Garden cress (engl.), Gartenkresse, Kasse, Kerschel, Kressig, Kressen (Pl.), Land cress (engl.), Lepidios (span.), Mastu-

erzo (span.), Passerage cultivée (frz.), Pfefferkraut, Sterkers (niederl.), Tere (türk.), Tuinkers (niederl.)

Allgemeines, Herkunft, Geschichtliches

Die Gartenkresse ist eine uralte Kulturform der Brunnenkresse. **Von allen Gemüsekulturen weist sie die kürzeste Wachstumszeit auf:** schon nach 5 Tagen (!) ist sie erntereif, vorausgesetzt, ihre Samen wurden vor der Aussaat mindestens 4 Stunden lang in kaltem Wasser vorgequellt. Geerntet wird dieser Kreuzblütler / Brassicaceae (Cruciferae) jeweils vor der (gelben) Blüte; Erdflohbefall an jungen Pflänzchen bekämpft man durch kräftiges Gießen und Hacken. In Amerika, Asien, Belgien, Dänemark, Deutschland, England, Frankreich und in den Niederlanden liegen die größten Anbauflächen der Gartenkresse. Das Wort »Kresse« entstammt dem althochdeutschen »cresso« für »scharf«.

Aussehen

Kresse besitzt empfindliche, vollgrüne Blättchen.

Geschmack

Kresse hat einen scharf-pfeffrigen Geschmack, der an Meerrettich erinnert.

Arten, Sorten

Barbarakresse / Barbarea vulgaris (lat.) / Barbarakraut / Barbelkraut / Barbenkraut / Barbarée (frz.) / (Common) winter cress (engl.) / Winterkresse / Yellow rocket (engl.): In Amerika und Europa heimische, gelb blühende Wiesesorte mit bitter-pfeffrigen, bronzefarbenen Blättern; in England und Frankreich wird die kälteresistente und üblicherweise nur wild wachsende Barbarakresse sogar kultiviert. Im ersten Jahr kann sie sowohl mit Blattsalaten gemischt als auch mit anderen Kräutern vermengt als gesunder Brotbelag dienen; im zweiten Jahr ist sie nur noch als kleingehacktes Würzkraut verwendbar. Ihr Name leitet sich von der Tatsache ab, sie mindestens **bis zum Barbaratag** (4. 12.) ernten zu können. Wild wachsende Barbarakresse wird gelegentlich mit dem als »Unkraut« bezeichneten und küchenpraktisch eher belanglosen »Ackersenf« verwechselt.

Breitblattkresse ist an europäischen Küsten zu Hause und schmeckt in etwa wie Gartenkresse – sogar die Wurzel!

Brunnenkresse / Nasturtium officinale (lat.) / Agriäo (port.) / Bachkresse / Bachsalat / Berros (span.) / Bornkassen (norddt.) / Bornkersch / Bornkirsche (thür.) / Bornkresse / Bronna-Kressig / Cresson de fontaine (frz.) / Grabenkresse / Grundkresse / Nasenschinder / Nasi tortium (röm.) / Nasturcio aquatico (ital.) / Paderkerse / Quellenrauch / Quellenraukenkraut / Wasserkresse / Waserlauchkraut / Wassersenf / Water cress (engl.) / Waterkers (niederl.) / Weiße Kresse / Wiesenkresse: Schon im Mittelalter wurde die im heutigen Iran beheimatete Brunnenkresse als Heilpflanze, Küchenkraut, Salat und Gemüse geschätzt; die alten Römer dachten sogar, dass Brunnenkresse besonders zärtlich mache. Persische Soldaten, die in antiken Zeiten Kresse aßen, zeigten sich den eiweißüberernährten römischen Soldaten überlegen; das wurde bereits von damaligen Medizinern festgestellt. Das weltweit größte Anbaugebiet der sonst wild wachsenden Brunnenkresse liegt seit dem 17. Jh. nahe dem thüringischen Dörfchen Dreienbrunnen bei Erfurt. Dort wird sie zwischen hoch aufgeworfenen Gemüsebeeten in etwa 3 m breiten, sauerstoffreichen Wassergräben kultiviert. Unter Napoleons Lazarettinspektor gelangte diese mehrjährige Pflanze anno 1809 auch in die französische Picardie. Dies sind bis heute **die beiden bedeutendsten Brunnenkresseanbaugebiete** überhaupt. Die immergrüne und winterharte Brunnenkresse findet man meist an Bachrändern und Quellen, aber vorsichtig: Sie kann die Cysten des tödlichen Leberegels beherbergen, weshalb man sie stets sorgsam waschen sollte. Brunnenkresse schmeckt vor ihrer pastellfarbenen Blüte (von Februar bis März) knackig, pikant, rettichartig, sauer und leicht bitter. Sie hat zwar voluminöse, jedoch zartgliedrige, in rundlichen Lappen gefiederte, dunkelgrüne Blätter und zählt zu den **jodreichsten Gemüsen**. Überständige Brunnenkresseblätter entfalten zwar ein besseres Aroma als junge, bei vergehender Blüte (im Mai) wird ihr Aroma jedoch extrem scharf.

Cressonette nennt man einen Mix aus verschiedenen Kressesorten.

Daikonkresse / Cresson Daikon (frz.) / Daikon cress (engl.) / Daikonkers (niederl.) / Kaiware (jap.): Bezeichnung für Sprossen, die aus den Samen des Japanischen Rettichs hervorgehen.

Feldkresse findet man wild wachsend auf Äckern und an Wegrändern.

Frühlingsbarbenkraut / Barbarea verna (lat.) nennt man kultivierte Barbarakresse.

Husarenknopf / Spilanthes oleracea (lat.) / Bredy Mafana (madeg.) / Kresse de Para / Parakresse: tulpenartig blühende, würzige, ovalblättrige Kresserarität, die meist zu Misch- oder Wildsalatzubereitungen Eignung findet.

Hauptinhaltsstoffe

Benzyl-Isothiozyanat (Senföl), Bitterstoffe, Calcium, Eisen, Glucosinolate, Jod, Kalium, Lepidin, Magnesium, Mangan, Niacin, Phosphor, Provitamin A, Schwefelverbindungen, Vitamine B 1, B 2, B 6, C, D, E. **Kresse enthält doppelt soviel Vitamin A und C wie der so oft als »besonders vitaminreich« dargestellte Feldsalat.**

Verwendung, Zubereitung

Kresse wird als Brotaufstrich, zum Verfeinern und Würzen von Quarkspeisen, Salaten, Saucen und Suppen, zum Garnieren und als Saft (z. B. für Frühjahrskuren) verwendet. Da Kresse durch Erhitzung nicht nur sehr unansehnlich wird, sondern auch starke Einbußen hinsichtlich ihres Aromas und ihrer gesundheitszuträglichen Eigenschaften hinnehmen muss, sollte man sie warmen Gerichten erst kurz vor dem Verzehr zukommen lassen. Bei der Zubereitung kalter Gerichte sollte Kresse ganz sparsam eingebracht werden, da sie andere Zutaten all zu gerne mit ihrer pikanten Würzkraft erschlägt.

Lagerung

Kühl lässt sich Kresse ca. 2–3 Tage aufbewahren. Vorbereitete, also bereits »geschorene« Kresse sollte zwingend am gleichen Tag aufgearbeitet werden, da ihr Verderb nicht mehr zu bremsen ist.

Volksmedizinische Bedeutung

Kresse wirkt nicht nur appetitanregend, blutreinigend, harntreibend, verdauungsfördernd und stoffwechselbegünstigend, aufgrund ihres bemerkenswerten Jodreichtums tut sie ebenso der Schilddrüse gut und verhindert Kropf. Dank ihres Senföls Benzyl-Isothiozyanat gilt Kresse auch als Geheimwaffe gegen **Virusinfekte**.

Tipp

Mit frisch gepresstem Kressesaft kann man lästige Nikotinflecken aus der Kleidung entfernen – man braucht nur etwas Geduld.

Kudzu-Bohne

Pueraria lobata

Koupou-Bohne, Kudzu (engl.), Kuzu

Allgemeines, Herkunft, Geschichtliches

Einst galt die Kudzu-Bohne in ihrer ostasiatischen Heimat als bedeutendes Grundnahrungsmittel, seit geraumer Zeit ist diese Hülsenfrüchtlerin (Legominosae) jedoch schon von der Batate verdrängt worden.

Aussehen

Die Kudzu-Bohne ist ein violett blühendes, stark wucherndes Klettergewächs mit dreispaltig gelappten Blättern und flachen, papierartigen Hülsen, die mit gelbbraunem Flaum bedeckt sind. Ihre braunen, weißfleischigen Wurzelknollen können **bis zu 30 kg Gesamtgewicht** erreichen.

Geschmack

Die Wurzelknolle der Kudzu-Bohne ist ungenießbar bitter.

Hauptinhaltsstoffe

Eiweiß, Isoflavone, Stärke, Vitamin A und D.

Verwendung, Zubereitung

Kudzu-Bohnenwurzeln werden meist zu Stärke verarbeitet, die in der chinesischen und orientalischen Küche zum Andicken von Suppen und Saucen verwendet wird. Die Stängel der Kudzu-Bohne dienen der Faser- und Tierfutterproduktion.

Tipp

Ein spezielles Pulver aus getrockneten Kudzu-Bohnen ist hilfreich bei der **Entwöhnung von Alkoholikern und Rauchern**, da Rezeptoren, die sich über Alkohol und Nikotin im Körper verbreiten möchten, durch die Isoflavone undurchlässig werden.

Kürbis

Cucumis

Babe, Bebe (schweiz.), Buddelappel (norddt.), Citrouille (großer Kürbis) / Courge (kleiner Kürbis) (frz.), Cucurbita (bot.), Flaske, Fleisch, Gourd (engl.), Kabak (türk.), Kadoo (ind.), Kaiser des Gartens, Kerb(e)s (hunsr., thür.), Kerwes, Kirbes, Körbsen (mecklenb.-vorpom.), Körwitz, Kürbsch, Malune, Panzerbeere, Pam-

poen (niederl.), Pepone, Plumper, Plutzer (österr.), Torkappel, Zapallo (span.), Zucca (ital.)

Allgemeines, Herkunft, Geschichtliches

Schon vor 10 000 Jahren wurde der Kürbis von Indianern im tropischen Amerika kultiviert. Kolumbus hat ihn dort im Jahre 1514 entdeckt und nach Europa verbracht; erstmals schriftlich erwähnt wurde der Kürbis dann 1543 in einem Kräuterbuch von Leonard Fuchs. In Ägypten, China, Deutschland, Frankreich, Griechenland, Italien, Japan, Mittel- und Südamerika, Rumänien, Spanien und in der Türkei liegen heutzutage die größten Anbaugebiete der riesigen Kürbisfamilie (Cucurbitaceae).

Kürbisse gelten zwar als **die größten Früchte** und vom botanischen Standpunkt aus sogar als **dickste Beeren der Welt**, im Handel werden sie jedoch dessen ungeachtet dem **Gemüse** zugeordnet.

In dem ostdeutschen Städtchen Lehnin findet jährlich im September ein großes **Kürbisfest** statt, bei dem viele Kürbissorten feilgeboten werden. Auch bei den verschiedensten Kürbiszubereitungen kann man zusehen und anschließend verkosten.

Die größte **Kürbisschau** der Welt, bei der über 600 000 Kürbisse jeglicher Couleur betrachtet werden können, findet jährlich zwischen September und November im Park des Ludwigsburger Schlosses statt.

Im amerikanischen Lewis wird alljährlich ein **Kürbisschießen** veranstaltet. Die Teilnehmer müssen einen etwa 4 kg schweren Kürbis mit Spezialkonstruktionen, die Feldhaubitzen ähneln, möglichst weit durch die Luft befördern. Der bisherige Rekord liegt bei sagenhaften 1120 Metern.

In den USA wurde im Jahr 2002 der bislang **weltgrößte Kürbis** vorgestellt. Mit einem Gewicht von 606,7 kg stellte dieser als »Atlantic Giant« bekannte amerikanische Riesenkürbis, der mit Bodenheizung und temperiertem Wasser herangepäppelt wurde, alles Bisherige in den Schatten.

Aussehen

Kürbisse sind meist glatte, ballähnliche oder walzenförmige Früchte mit haarigen, kantigen Stängeln, riesigen, herzförmigen Blättern und bildhübschen trichterartigen, zartgelben bis orangefarbenen Blüten. Ihr goldenes Fruchtfleisch umschließt einen beachtenswerten Hohlraum mit vielen essbaren Kernen, die in weichschalige Hüllen eingebettet sind. Einen reifen, qualitativ hochwertigen Kürbis erkennt man beim Kauf nicht nur an seiner sauberen und fleckenlosen Schale und daran, dass er hohl klingt, wenn man gegen seine Außenhaut klopft, sondern auch an einem »verkorkten« Stiel und an einem Blütenansatz, der sich ohne größere Anstrengung eindrücken lassen sollte.

Hobbygärtner lassen sich meist vom Zustand der Kürbisbätter leiten – gesamthafte Welke signalisiert: jetzt ernten!

Geschmack

Große Kürbisse besitzen im Gegensatz zu kleinen kaum Eigengeschmack, da ihr Fruchtfleisch nur ganz wenig Zucker und gar keine Säure beinhaltet; erst die richtigen Gewürze werten ihn lukullisch auf. Die Kürbisschale ist ungenießbar.

Arten, Sorten

Ackerkürbis / Feldkürbis wird meist zwischen Mais und Kartoffeln angebaut und dient vornehmlich Futterzwecken.

Anquito: Argentinische Kürbissorte mit melonigem Geschmack.

Atlantic Giant / Riesenkürbis nennt sich die **volumigste Kürbissorte**. Sie stammt aus den USA.

Butterball: Japanische Kürbissorte mit grüner Schale und orangefarbenem Fruchtfleisch. Der »Butterball« weist lediglich 15 cm Durchmesser auf und schmeckt maronenartig.

Butternusskürbis / Caryoka nuciferum (lat.) / Butternut Squash (engl.): Grüngelbe, südamerikanische Moschuskürbissorte mit butterigem Nussgeschmack. Er sieht aus wie eine lange, große Birne und schmeckt mit Zwiebeln gedünstet und lediglich mit Curry und Cayennepfeffer gewürzt am besten.

Cucurbita pepo varietas Styriaca heißt eine Kürbissorte, die vorwiegend in Osteuropa und in der österreichischen Steiermark angebaut wird. Ihre Kerne dienen meist der Produktion von dunkelgrünem, sehr teurem, kaltgepresstem »**Kernöl**«, das aufgrund seiner zwar hochwertigen, jedoch sehr hitzeempflindlichen Inhaltsstoffe nur in der Kalten Küche verarbeitet werden sollte.

Eichelkürbis / Acorn squash (engl.): Beliebter, hart- und dickschaliger, amerikanischer Winterkürbis mit gelbem, süßlichem Fruchtfleisch. In Amerika wird er entweder gefüllt, im Ganzen gegart oder zu Püree verarbeitet.

Flaschenkürbis / Lagenaria siceraria (lat.) / Bottle gourd (engl.) / Calabaza (ind., span.) / Calabash (engl.) / Courge bouteille (frz.) / Calabassier (frz.) / Dudhi / Dhudi / Grüner Kürbis / Herkuleskeule / Kalebasse / Maté / Mo Kwa (chin.) / Pelgrimsfles (niederl.) / Pilgerkürbis / Trompetenkürbis / Westindischer Kürbis: Mit dem Gartenkürbis verwandte, birnen- bis flaschenförmige Sorte, die bei Vollreife eine holzartige, gelbrote oder grüne Schale und gelbes, geschmacksleeres Fruchtfleisch aufweist. Archäologische Funde lassen den Schluss zu, dass diese Kürbissorte bereits vor 12 000 (!) Jahren in Peru angebaut wurde, womit sie zu den **ältesten Kulturpflanzen** zählt. In den Anbauländern werden getrocknete Flaschenkürbisse aufgrund ihrer Haltbarkeit zur Anfertigung von Trinkgefäßen (Kalebassen) und Klangkörpern verwendet. Aus jungen Flaschenkürbisblättern und -sprossen bereitet man in Pakistan spinatähnliches Gemüse. In Afrika gelten junge, gefaltete und in Maismehl ausgebackene Flaschenkürbisblätter sogar als Leibgericht.

Gartenkürbis / Cucurbita maxima (bot.) / Gemeiner Kürbis / Gemüsekürbis / Pôtiron (frz.) / Pumpkin (engl.) / Zentnerkürbis ist orange- bis goldfarben, rund und stammt vermutlich vom »**Texaskürbis**« ab. Gartenkürbisse fühlen sich auf Komposthaufen und an sonnigen Gartenecken am wohlsten.

Halloween-Kürbis / Jack o'Lantern-gourd (engl.): Rotschalige, amerikanische Gartenkürbissorte, die **traditionell zum Erntedankfest und »Halloween« ausgehöhlt** und zu einer Maske geschnitzt wird, um in der Dunkelheit – mit einer Kerze ausstaffiert – als Laterne eine prägnante Stimmung zu erzeugen. »Jack o'Lantern« hieß der Legende nach ein Ire, der den Teufel derart erzürnte, dass er ihn als Untoten – nur mit einer Kürbislampe ausgestattet – auf Wanderschaft schickte.
Hokkaido / Potimarron (frz.) / Uchiki Kuri (jap.): Bis zu 2,5 kg schwere, japanische Kürbissorte mit essbarer, glänzender, orangeroter Schale und wohlschmeckendem, nussigem Fruchtfleisch, das an Maronen erinnert. Von allen Kürbissorten ist der Hokkaido-Kürbis aufgrund seiner Nährstoffe und Kalorien der **Nahrhafteste**. So kann z. B. sein Gehalt an Kohlehydraten aufgrund der hohen Stärkeanteile locker mit jenem des Mais und der Erbsen mithalten und der Beta-Carotin-Gehalt ist sogar 7-mal höher als bei anderen Kürbissorten.
Jack be little nennt sich die **kleinste**, da nur kinderfaustgroße Kürbissorte.
Kussa / Cushaw (engl.): Indianische Gemüsekürbisweiterentwicklung, die um 1500 erstmals von Spaniern nach Europa verbracht wurde. Die Niederländer züchteten daraus eine kernlose Kürbissorte, die seit 1962 in alle Welt exportiert wird. Die Kussa sieht aus wie eine übergroße, hellgrüne Salatgurke. Ihr weißgrünes Fruchtfleisch schmeckt nicht nur blumenkohl- / kohlrabiähnlich – es kann auch genauso zubereitet werden.
Mandelkürbis / Ölkürbis: Kürbissorte mit schmackhaftem, mandeligem Fruchtfleisch und sehr ölhaltigen (50%) Kernen, die – frisch oder getrocknet – als **Mandelersatz** dienen können.
Markkürbis / Marrow (engl.) nennt man Zucchinis, die man absichtlich erst dann aberntet, wenn sie mindestens 40 cm lang sind. Andersherum: **Zucchinis sind nichts weiter als kleine Markkürbisse.** Markkürbisse sind wochenlang bevorratbar und können wie Zucchinis zubereitet werden, da ihre Schale jedoch zäh ist und bitter schmeckt, sollte sie entfernt werden. Die vielzähligen Markkürbiskerne sind bestens zur Nachzucht geeignet!
Moschuskürbis / Cucurbita moschata (bot.) / Melonenkürbis: Wärmeliebende, peruanische Kürbissorte mit pittoresk anmutendem Hals, süßfruchtigem, gelatineartigem, ockerfarbenem Fruchtfleisch und einer weichen, genießbaren, knallig gelben Schale.
Sommerkürbisse nennt man Kürbissorten, die noch jung und während des Sommers geerntet werden. Im Allgemeinen eignen sie sich wegen ihrer Dünnschaligkeit nicht zu längerfristigen Lagerungen.
Spaghetti-Kürbis / Spaghetti pampoen (niederl.) / Vegetable spaghetti (engl.): Ovale bis walzenförmige japanische Kürbissorte, die während ihrer Jugend eine weiße, später dann eine gelbe Schale aufweist. Ihr gelbgrünes Fruchtfleisch, das mög-

lichst unzerteilt gedünstet werden sollte, zerfällt nach dreißigminütiger Kochzeit in spaghettiähnliche Fäden, wenn man es mit einer Gabel »durchkämmt«. Der Spaghetti-Kürbis gilt bei Vegetariern als Festessen, wenn er frisch gekocht mit Tomatensauce oder heißer Butter aufgetischt wird.
Texaskürbis: In Texas und Mexiko wild wachsende Kürbissorte, von der unser Gartenkürbis abstammen soll.
Wachskürbis / Ash gourd (engl.) / Balsamapfel / Chinese preserving melon (engl.) / Chinesischer Squash / Chinesische Wintermelone / Courge cireuse (frz.) / Wax gourd (engl.) / White gourd (engl.) / Winter melon (engl.) / Wintermelone: Bis zu 45 kg schwere, mit einer grünen Wachsschicht überzogene Kürbissorte, die in Afrika, Amerika, Asien, Australien und auch schon in den Niederlanden als Gemüse kultiviert wird, im übrigen Europa jedoch lediglich als Zierpflanze einen gewissen Bekanntheitsgrad erlangt hat. In Indonesien tunkt man Wachskürbisstreifen in Zuckerlösung, trocknet sie und verzehrt sie dann zu Kaffee oder Tee. In China isst man gekühlte Wachskürbisstücke, um abzunehmen.
Winterkürbisse nennt man voll ausgereifte und von daher sehr dickschalige Kürbissorten mit bravourösen Bevorratungseigenschaften.
Zierkürbisse / Zucche ornamentali (ital.) sind nur dann für einen längeren Zeitraum schön anzusehen, wenn sie bei Vollreife geerntet wurden. Manche Sorten sind sogar essbar.

Hauptinhaltsstoffe

Calcium, Eisen, Eiweiß, hormonähnliche Stoffe, Kalium, Kieselsäure, Kupfer, Linolsäure, Magnesium, Natrium, Phosphor, Provitamin A, Selen, Vitamin B 1, B 2, B 5, B 6, C, E, Zink.

Verwendung, Zubereitung

Kürbisse werden meist zu Backwerk, Gemüse, Kompott, Konfitüre, Salat oder Suppe verarbeitet.
Gefüllte oder in Maisteig gehüllte und dann im heißen Fettbad ausgebackene Kürbisblüten gelten bei Feinschmeckern als das Nonplusultra.
Aus den jungen, vitaminreichen Kürbisblättchen lässt sich vorzügliches Gemüse bereiten.
Kürbissamen sollten vor der Aussaat – aus Gründen eines sichereren Anzugserfolges – über Nacht in Milch eingelegt werden.
Pepitas nennt man von den Hülsen befreite, geröstete und leicht gesalzene Kürbiskerne, die meist der Ergänzung von Salatplatten dienen.
Kürbissprossen haben einen nussigen Geschmack. Vor der 3-tägigen Anzucht sollten die dafür ausgewählten Kürbiskerne gründlich abgespült werden, da sie sehr schleimbildend sind.

Lagerung

Ausgereifte, unbeschadete Kürbisse können an einem kühlen, dunklen Ort bis zu 6 Monate bevorratet werden. Kohl sollte währenddessen nicht in der Nähe stehen, weil er den Wohlgeschmack des Kürbis schädigen kann.

Volksmedizinische Bedeutung

In gekochter Form ist der kalorienarme Kürbis nicht nur leicht be-

kömmlich, er steigert ebenso den erotischen Appetit, wirkt harntreibend, stuhlregulierend, entgiftend und stärkt das Immunsystem.
Kürbiskompott hat sich bei Schwangerschaftserbrechen bewährt.
Kürbisblätter haben bei Schürfwunden und Hautkratzern einen infektionshemmenden Effekt.
Kürbiskerne gelten als wirksames Mittel gegen Bandwürmer, Bluthochdruck, Hämorrhoiden, Nieren- und Prostataleiden und harmonisieren das Zusammenspiel von Blase und Schließmuskel.

Tipp

Kürbchen lautet die liebevolle Bezeichnung für kleine Kürbisse.

Kumquat

Fortunella japonica

Cumquat (frz.), Goldorange, Japanische Orange, Kinkan (chin.), Kumquat (engl., ital., niederl., span., norw.), Kuquam, Marumi, Miniorange, Zwergorange, Zwergpomeranze

Allgemeines, Herkunft, Geschichtliches

Der bis zu 4 m hohe Kumquatstrauch ist ein eigenständiges Rautengewächs (Rutaceae), ist also nicht durch Kreuzungen mit anderen Zitrusfrüchten hervorgegangen. Der englische Botaniker Robert Fortune brachte es im Jahr 1846 von China bzw. Vietnam erstmals nach Europa: in erster Linie als Zierpflanze. Heute gelangt diese **kleinste essbare und grundsätzlich unbehandelte Zitrusfrucht** ganzjährig aus Afrika, China, Israel, Italien, Japan, sowie Nord- und Südamerika zu uns.

Aussehen

Mit ihrer rundlichen Form und der orangefarbenen, dünnen, leicht glänzenden Schale sieht die 2,5 bis 4 cm lange und 2 cm dicke Kumquat aus wie ein Miniaturexemplar der Orange. Ihr Fruchtfleisch besteht aus 4–5 Segmenten, die jeweils 1–2 grünliche, weiche Kerne beherbergen.

Geschmack

Sowohl die erfrischend duftende, essbare Schale als auch das Fruchtfleisch der Kumquat schmeckt würzig, von bitter-süß bis herb-säuerlich, und ist intensiver als das der Orange.

Arten, Sorten

Citrangequat / Citranquat / Zitrangequat: Sehr robuste, zwar birnenförmige, jedoch nur pflaumengroße Neuzüchtung, die im Jahre 1909 aus der **Kumquat** und der **Citrange** (s. u. Pomeranzensorten) hervorgegangen ist. Sie besitzt saftiges, weißgelbes, nach Limette schmeckendes Fruchtfleisch und eine hocharomatische, essbare, gelbgrüne Schale.
Limequat / Minizitrone / Zwergzitrone: Aus der Sauren Limette und der Kumquat hervorgegangene Weiterentwicklung mit schwach orangegelber Schale.
Nagami-Kumquat / Fortunella margarita (lat.) nennt sich eine längliche Variante der Kumquat.
Orangequat: Gewürzhafte Kreuzung aus **Kumquat** und **Orange**.
Sinton und *Thomasville* nennen sich frostresistente Weiterentwicklungen der Citrangequat.

Hauptinhaltsstoffe

Calcium, Kalium, Magnesium, Natron, Provitamin A, Vitamin B, C.

Verwendung, Zubereitung

Kumquats werden frisch (mitsamt der Schale) verzehrt, zum Kandieren oder als dekorative Garnitur verwendet, zu Gelee, Marmelade, Kompott, Salat oder zu Süßspeisen verarbeitet. Ihre Schalen lassen sich als Würzmittel für warme und kalte Speisen, Saucen, Süßspeisen und Getränke verwenden. In Amerika gelten fruchtbehangene Kumquatzweige derzeit als »In«-Weihnachtsschmuck.

Rumaki nennt sich eine südamerikanische Grillspezialität, die aus mit Pistazien- oder Pinienkernen gespickten und zusätzlich noch mit Dörrfleisch umwickelten Kumquats besteht.

Lagerung

Leicht gekühlt lässt sich die Kumquat mindestens eine Woche aufbewahren.

Tipp

Grob gewürfelte, gefrostete Kumquats gelten bei erfahrenen Barkeepern als hochwertige Geschmacksveredler von Longdrinks, da sie Getränken einen exotischen Touch verleihen.

L

Langsat

Lansium domesticum

Langsat (engl., frz.), Lansi, Lanzones, Sougou (frz.), Sugu (engl.)

Allgemeines, Herkunft, Geschichtliches

»Langsat« nennt sich die Frucht des in Südostasien beheimateten, wild wachsenden, bis 20 m hohen Lansibaums. Die weltweit größten Vorkommen dieses Zedrachgewächses (Meliaceae) liegen in Burma, Malaysia, auf den Philippinen und in Thailand. Auf den deutschen Markt gelangt diese Exotin aufgrund ihrer **raschen Verderblichkeit** nicht.

Aussehen

Die Langsat ist eine gestreckt-ovale, 2–4 cm große Beerenfrucht mit samtartig behaarter, graugelber bis brünetter Schale. Ihr transparentes, klebriges Fruchtfleisch wird durchschnittlich in 5 Segmente geteilt, die jeweils bis zu 3 Samen einschließen.

Geschmack

Die Langsat besitzt ein süßliches, gelegentlich auch an Grapefruit erinnerndes Aroma. Langsatsamen sind zwar essbar, schmecken jedoch widerlich **bitter**.

Arten, Sorten

Duku nennt man **die kultivierte Langsat**. Sie ist nahezu rundlich und etwas größer als die wild wachsende.

Falsche Mangostane / Santol (engl., frz.) wird eine weißgelbe, sehr würzige Verwandte der Langsat genannt, die einen ungenießbaren Kern beinhaltet.

Verwendung, Zubereitung

Die Langsat wird in den Herkunftsländern meist als durststillende Frischfrucht verzehrt oder zu Gelee, Sirup und als Getränkezusatz verarbeitet.

Lattich

Lactuca sativa

Latouw (niederl.), Latuk (österr.), Laitue (frz.), Lattuga (ital.), Lettuce (engl.)

Allgemeines, Herkunft, Geschichtliches

Die geografischen Wurzeln des wilden Lattichs, dem robusten Urahn unseres beliebten Kopfsalats, liegen im südlichen Kaukasus. Geschützter Lattichanbau wurde erstmals von Ludwig XIV. um 1700 betrieben, da er auch im Winter Salat für die königliche Tafel mochte; er mischte ihn sogar höchstpersönlich bei Tisch – natürlich mit den Händen (!) – wie es sich für damalige Feinschmecker ziemte.

»Lattich« wird vom lateinischen »Lactuca« (lat. lac: Milch) abgeleitet: dem Milchsaft führenden Gewächs.

Aussehen

Der Lattich besitzt grandiose, olivgrüne Außenblätter, gelbgrüne Herzblättchen und markante, tiefgrüne Blattrippen. Beim Einkauf sollte darauf geachtet werden, dass Lattich nicht aufgeschossen ist und der Strunk (österr. Kretzerl) großzügig eingekürzt wurde.

Geschmack

Der herzhafte, leicht säuerliche Lattichgeschmack ähnelt in etwa dem des Selleries.

Arten, Sorten

Giftlattich / Lactuca virosa (lat.) / Stinksalat ist zwar giftig, beinhaltet jedoch opiatähnlichen Milchsaft, der einst homöopathisch genutzt wurde.

Huflattich zählt trotz seiner Namensverwandtschaft **nicht zu den Lattichgewächsen**.

Kompasslattich / Lactuca serriola (bot.) / Stachellattich / Wildlattich kommt europaweit wild wachsend vor. Seinen Namen »Kompasslattich« hat er der Tatsache zu verdanken, dass sich seine Blätter bei praller Hitze **senkrecht aufragend wie ein Kompass** in Nordsüdrichtung (der Hitze abgewandt) drehen, um sich vor Verbrennungen zu schützen.

Hauptinhaltsstoffe

Calcium, Eisen, Eiweiß, Kalium, Lactucerol, Phosphor, Provitamin A, Vitamin B 1, B 2, B 6, C, K.

Verwendung, Zubereitung

Frischer Lattich wird zwar meist zu Salat verarbeitet, Gourmets schätzen ihn jedoch auch in gedünsteter Form (z. B. als »Kasseler Strünkchen«).

Lagerung

Leicht gekühlt lässt sich Lattich mehrere Tage aufbewahren, da die Konsistenz seines Blattaufbaus weniger sensibel ist als die des Kopfsalats.

Tipp

Die alte Beobachtung, dass Lattich schlafanstoßende Tugenden besitzt, ist uns heute verständlich: eine chemische Untersuchung des Lactucerols analysierte einen Wirkstoff, der dem des **Opiums** sehr nahe steht.

Lauch

Allium porrum

Borré, Cock (engl.), Gemüselauch, Küchenlauch, Laukka (finn.), Laukur (isl.), Leek (engl.), Lög (dän.), Lök (schwed.), Lok (norddt.), Piorek (poln.), Pirasa (türk.), Poireau (frz.), Porek (tschech.), Porree (ugs.), Porro (ital.), Prason (griech.), Prei (niederl.), Puerro (span.), Spargel des armen Mannes, Zeytinli Prasa (türk.)

Allgemeines, Herkunft, Geschichtliches

Die Ursprungsgebiete des Lauchs liegen im östlichen Mittelmeergebiet und in Vorderasien. Vermutlich ist er einstmals aus dem »Wilden Sommerlauch« hervorgegangen. Im alten Ägypten galt Lauch nicht nur als Kraftnahrung und Muntermacher; Kaiser Nero legte einmal im Monat sogar einen Lauchtag ein, da er glaubte, dass Lauch seine Stimme noch wohltönender mache (er hielt sich für einen brillanten Sänger). Der Lauch ist ein Zwiebelgewächs (Alliaceae), dessen Anbau vornehmlich in Ägypten, Belgien, Deutschland, Frankreich, Italien, den Niederlanden, Spanien und in der Türkei betrieben wird. Während des Wachstums in ca. 20 cm tiefen Furchen wird der Schaft der Pflanze seiner späteren Milde und Zartheit wegen mehrmals angehäufelt, auch um ein Bleichen zu ermöglichen. Umgangssprachlich wird der Lauch zwar auch als »Porree« bezeichnet, genau genommen handelt es sich beim Porree jedoch um eine mild-aromatische, weißschaftige, »welschländische« (Italien, Frankreich, Spanien) Zuchtform des Lauchs, deren Synonyme auf Aussehen und Ursprung Aufschluss geben: Beißlauch / Bleichlauch / Breitlauch / Brisslauch / Preisslauch / Spanischer Lauch / Spanschlauch (hess.) / Welschlauch / Welschzwiebel.

Das Wort »Lauch« stammt vom althochdeutschen »Louh« ab, was »der Gebogene« bedeutet.

Aussehen

Lauchstangen weisen im unteren Bereich einen weißlichen, zusammengewachsenen Schaft mit schlauchförmigen Blättern auf, nach oben hin wachsen die Blätter auseinander und färben sich zunehmend grüner. Lauchblüten sind kugelrund und ähneln zwar denen des rötlich violett blühenden Schnittlauchs, sind jedoch weißgrün und natürlich viel größer.

Geschmack

Lauch hat ein mild-süßliches, zwiebliges Aroma.

Arten, Sorten

Allermannsharnisch / Allium victorialis (lat.) / Bergalraun / Siegwurz: Eurasischer Wildlauch, den man überwiegend auf hochrasigen Hängen und an Waldrändern findet.

Boretanezwiebel / Schaschlikzwiebel: Etwas größere, abgeplattete, milde, gelbliche Perlzwiebel, die sich her-

vorragend zur Schaschlikspießherstellung eignet.
Frühlauch / Bundlauch / Junglauch / Sommerlauch / Suppenlauch: Dünnhäutige, zarte, hellgrüne Frühkultur des Lauchs, die wie Zwiebeln verzehrt werden kann.
Meterlauch: Bis zu 80 cm lange, türkische Lauchsorte.
Perlzwiebel / Cipollina (ital.) / Oignon grelets (frz.) / Pearl onion (engl.) / Perllauch / Petit oignon blanc (frz.) / Silberzwiebel / Silverskin onion (engl.) / Weinlauch nennt man ursprünglich zwar die etwa haselnussgroßen **Abkömmlinge des Lauchs**, heutzutage verwendet man jedoch meist die Anhängsel der Küchenzwiebel. Meist werden sie in Würzessig eingelegt und dann als Konserven vermarktet.
Weißer Lauch / White leeks (engl.): Weißschaftige, da gebleichte, chinesische Minilauchsorte.
Winterlauch: Lauch, der im Winter geerntet wird. Er besitzt einen kürzeren Schaft, dunkleres Laub und schmeckt intensiver als Sommerware. Da Winterlauch schwer verdaulich ist, sollte man ihn für Magenkranke vor der Zubereitung blanchieren.
Zierlauch / Allium sphaerocephalon (lat.): Sonnenhungrige, bis zu 1 m hohe Lauchzüchtung mit sehr dekorativen, dunkelroten Blüten. Anfang Juli beginnt die Erntezeit des Zierlauchs, der, wie sein Name schon verrät, ausschließlich der Zierde – nicht dem Verzehr – dienen sollte.

Hauptinhaltsstoffe

Allicin, Calcium, Eisen, Eiweiß, schwefelhaltiges etherisches Öl, Flavonglykoside, Inulin, Jod, Kalium, Magnesium, Mangan, Natrium, Pektin, Phosphor, Provitamin A, Selen, Sulfide, Vitamin B 1, B 2, C, E, Zink. Der größte Prozentsatz der Inhaltsstoffe, die der Gesundheit wirklich zuträglich sind, hat sich in den vollgrünen Schaftblättern des Lauchs angereichert.

Verwendung, Zubereitung

Lauch wird überwiegend zu Gemüse, Kuchen, Salat, Suppe und als Bestandteil des Suppengemüses verarbeitet. Zuvor sollte man die äußeren Blätter und das Endstück entfernen, da sie infolge von Überdüngung meist schadstoffhaltig sind. Danach werden die »erlauchten« Stangen zunächst der Länge nach gespalten und dann in den offenen Wasserstrahl gehalten, wobei man die sichtbaren Verunreinigungen zunächst mit den Fingern löst und dann sorgfältig, jedoch zügig, abspült. Bei längerem Verbleib im Wasserbad ist mit starkem Vitaminverlust zu rechnen. Vorgeschnittener Lauch sollte möglichst sofort weiterverarbeitet werden, da sonst seine Schnittstellen verbraunen und sich infolgedessen ein unerwünschtes Bitteraroma entfalten kann.
Mit fein auseinandergezupften Lauchblüten lassen sich Kalte Platten, Salate und Quarkspeisen würzig dekorieren.

Lagerung

Im Kühlschrank lässt sich Lauch zwar etwa eine Woche aufbewahren, er sollte jedoch nicht zusammen mit Ethylen ausscheidenden Früchten oder Gemüsen bevorratet werden, weil er sonst rascher verdirbt. Empfehlenswerter ist indes die gemeinsame Lagerung mit Knoblauch, Meerrettich und Zwiebeln.

Volksmedizinische Bedeutung

Lauch besitzt nicht nur appetitanregende, cholesterinsenkende, harntreibende und schleimlösende Eigenschaften, er wirkt auch immunsystemstärkend, regt die Gallen-, Leber- und Nierentätigkeit an und beugt Blaseninfektion vor. Bei Insektenstichen hat sich das sofortige Aufdrücken eines zerquetschten Lauchblattes als entzündungs- und schmerzlindernd bewährt.

Tipp

Garteneigner sollten Lauchwurzeln nicht achtlos wegwerfen: Sie gedeihen nochmals innerhalb von 3 Wochen, wenn sie **gleich nach dem Schnitt in den Erdboden gepflanzt** und hin und wieder mit Regenwasser begossen werden.

Leinsamen

Linum usitatissimum

Flachssamen, Flahs (hunsr.), Flax (engl.) Graine de lin (frz.), Haarlinsen, Hornsamen, Ketentohumu (türk.), Klanglein, Klenglein, Leinsaat, Linaza (span.), Linette (frz.), Linnen, Linseed (engl.), Öllein, Saatlein, Seme de lino (ital.), Semillas de Lino (span.), Vlas (niederl.)

Allgemeines, Herkunft, Geschichtliches

»Leinsamen« nennt man die Samen des zu den Storchschnabelgewächsen (Gerniumaceae) zählenden Flachses, dem man bereits 5000 v. Chr. in seiner irakischen Heimat (nördlich von Bagdad) heilkräftige Eigenschaften bei Erkrankungen der Atemwege nachsagte. **Versteinerte Leinsamen** wurden sogar in der berühmten **Cheops-Pyramide** gefunden und – man staune – selbst Mumiengewänder bestanden schon aus Leinen. Nennenswerte Flachsanbaustätten findet man heute zwar noch in Asien, Kanada, den Mittelmeerländern, Nordamerika, Polen und Russland, für Bekleidungszwecke wurde das Leinen jedoch schon längst von der Baumwolle verdrängt. Der größte Feind des raschwüchsigen Flachses ist die **Flachsfliege**, da sie seine Blüten regelrecht zerfetzt.

»Lein« wurde vermutlich dem keltischen »Lin« für »Faden« entlehnt.

Aussehen

Der Flachs ist eine bis zu 1,20 m hohe Pflanze mit lanzenförmigen Blättern. Die himmelblauen oder weißen, selten auch rosafarbenen Blüten verwandeln sich während der Reife in Fruchtkapseln mit jeweils 5–10 bräunlich glänzenden, eiförmigen Kernchen – den Leinsamen.

Geschmack

Leinsamenöl besitzt einen leicht nussigen Geschmack.

Arten, Sorten

Faserlein / Gespinstlein: Kulturform des Leinsamens mit üppigen, kaum verzweigten Stängeln, die in Ost- und Westeuropa mehrheitlich zur Fasergewinnung angebaut wird.

Flachsdotter / Leindotter / Camelina sativa (lat.): Anspruchslose, bis 70 cm hohe, aus europäischem Winterackerunkraut hervorgegangene Pflanze, deren milde, gelbe Samen zur Speise-, Heil- und Leuchtöl-, Seife- und Gewürzherstellung genutzt werden. Anfallende Pressrückstände werden zu hochwertigem Geflügelfutter verarbeitet. Junge Leindotterpflänzchen eignen sich sogar zur Salatbereitung.

Hauptinhaltsstoffe

Ballaststoffe (40%), Eisen, Eiweiß, ungesättigte **Omega-3-Fettsäuren** (kommen sonst nur in tierischen Fetten vor), Glycoside, Lezithin, Lignane, Öl (45%), Linolen, Pflanzenschleim (6%), Vitamin E, K.

Verwendung, Zubereitung

Leinsamen dienen überwiegend der Margarine- und Speiseölherstellung. Seiner zwar wertvollen, jedoch äußerst hitzeempfindlichen Inhaltsstoffe wegen sollte **kaltgepresstes Leinsamenöl / Leinöl / Deutsches Sesamöl** nicht erhitzt werden.

Eine Spezialität rund um Berlin ist mit Leinöl verrührter Quark, der dann traditionell mit frischen Pellkartoffeln verzehrt wird.

Mit Pfefferkuchen / Lebkuchen / Honigkuchen / Köstekooche (kölsch) vermischter Leinsamen gilt als »sehr anregend«.

Hochwertige, nussig schmeckende Leinsamensprossen lassen sich mit Leichtigkeit schon nach 3 Tagen auf jeder Fensterbank ernten, wenn man die Samen auf angefeuchtetes Küchenkrepp gibt und sie ab und zu mit etwas Wasser besprüht; die anhaftende Schleimschicht sollte sanft abgespült werden.

Ein gesundes, glänzendes Kaninchenfell erzielen sorgsame Züchter, indem sie Leinsamen unter das Kaninchenfutter mischen.

Industriell gefertigte Produkte aus Leinöl sind Kitt und Linoleum.

Lagerung

Kaltgepresstes Leinsamenöl ist – sogar im Kühlschrank – höchstens 2 Monate lang bevorratbar.

Volksmedizinische Bedeutung

Als ganzes Korn gegessen, unterstützt Leinsaat zwar die Verdauung, über einen längeren Zeitraum hinweg sollte sie jedoch nicht angewandt werden, da sie sonst das Gegenteil hervorruft; besser sind **»Flohsamen«** (Wegerichsorte).

Geschrotete und gekochte Leinsamen wirken mild abführend, befördern Krebserreger aus dem Darm und lindern sogar Entzündungen, begleitend sollte man jedoch sehr viel Flüssigkeit zu sich nehmen.

Leinsamenöl schützt nicht nur vor Arteriosklerose und Herzinfarkt, es ist sogar hilfreich bei depressiver Verstimmung, Lustlosigkeit, Konzentrationsmangel, Erkrankungen der Atemwege, Gürtelrose, Hautausschlägen, Hühneraugen, Krämpfen, Schuppenflechte, Sodbrennen, Verstopfung, Warzen und bei der kosmetischen Wärmebehandlung durch Kompressen zur Erweichung der Haut.

Tipp

Da der Leinsamen als probater **Calcium-Räuber** gilt, sollte man ihn stets gemeinsam mit Milchprodukten (Käse, Milch, Joghurt, Quark u. ä.) verzehren.

Limette

Citrus aurantifolia

Citron vert (frz.), Echte Limette, Lemmetje (niederl.), Lima (span.), Lime (engl., norw.), Limetta, Limette (ital.), Limette acide (frz.), Limety (tschech.), Limone, Limonelle, Limonette, Limon vert (frz.), Lumie, Mexikanische Limette, Saure Limette, Sour lime (engl.), Zitrone der Tropen

Allgemeines, Herkunft, Geschichtliches

In den feuchten Himalayatälern Südostasiens liegt das Ursprungsgebiet der Limette. Angesichts ihres hohen Vitamin-C-Gehalts wurde sie einst schon von Seefahrern als Vorbeugungsmittel gegen Skorbut mitgeführt. Die Limette zählt zu den Rautengewächsen (Rutaceae) und gilt als **kälteempfindlichste Zitrusfrucht**. Limetten werden ganzjährig aus Ägypten, Afrika, Brasilien, Florida, Kalifornien, Malaysia, Mexiko, von den Mittelmeerländern oder aus Westindien importiert.

Aussehen

Limetten sehen Zitronen zwar nicht unähnlich, sie sind jedoch deutlich kleiner, besitzen keine endständige Warze und weisen den **doppelten Fruchtsaftgehalt** auf. Die gelbgrüne Limettenschale ist sehr dünn, glatt und glänzend. Ihr gelbes Fruchtfleisch enthält unzählige Kerne.

Geschmack

Limetten besitzen zwar einen eigenständigen, intensiv-würzigen, herbaromatischen Geschmack, so sauer wie Zitronen sind sie jedoch nicht.

Arten, Sorten

Calamondine / Calamansi (philipp.) / Calamondin-Orange / Citro fortunella mitis (lat.) / Kalamansi / Kalamundin / Moschus-Limette / Musk lime (engl.): Buntblättrige, kompaktkronige, grüne, kern- und saftreiche Limettensorte aus Indonesien, Malaysia oder von den Philippinen, die trotz ihrer kräftigen Säure ein feines Aroma aufweisen kann. Meist wird die Calamondine, die aus der Mandarine und der Kumquat hervorgegangen ist, zur Herstellung von Konfitüre verarbeitet.

Gewöhnliche Limette / Citrus latifolia (lat.) nennt sich eine dunkelgrüne Verwandte der »Echten Limette«. Sie ist größer als die oft nur tischtennisballgroße »Echte Limette« und samenlos.

Persische Limette / Tahiti-Limette: Sie ist mittelgroß, kernlos, dünnschalig, aromaschwach und wird grün geerntet.

Süße Limetten werden in Ägypten, Asien und Südeuropa angebaut. Sie sind länglich, etwa orangengroß und schmecken, in Konkurrenz zu ihren Verwandten, fast mild.

Wild Lime: Wild wachsende Limettensorte aus Australien, die zwar kleiner als gezüchtete Limetten ist, dafür jedoch den Vorteil hat, viel saftiger und aromareicher zu sein.

Hauptinhaltsstoffe

Calcium, Fruchtsäure, Kalium, Phosphor, Vitamin C (30 mg / %).

Verwendung, Zubereitung

Die einzeln herausgelösten Limettensegmente und ihr Saft werden in Cocktails (z. B. Caipirinha), Eisbereitungen, Gelees, Likören, Marinaden sowie zum Würzen von Salaten, Saucen und Süßspeisen verarbeitet. Um möglichst ein Optimum an Limettensaft zu erhalten, sollte man die Frucht zuvorderst in Segmente entzweien und dann erst auspressen. Feingehackte Limettenschalen können dem Würzen von Gebäck, Kuchen und diversen Süßspeisen dienen.

Loomi nennt man in den Golfstaaten getrocknete Limetten, die meist als Gewürz verarbeitet werden.

Lagerung

An einem trockenen und kühlen Ort lassen sich Limetten etwa 2–3 Wochen aufbewahren.

Volksmedizinische Bedeutung

Aufgrund ihres Vitamin-C-Reichtums gilt die Limette als wertvoller Energiespender.

Tipp

Limonen nennt man in der Chemie zitronig riechenden Terpen-Kohlenwasserstoff (u. a. in Kümmel-, Fichtennadel- und Terpentinöl), der vorwiegend in der Parfüm- und Waschmittelindustrie Verwendung findet.

Linse

Lens culinaris

Dhal (ind.), Leisa (schwäb.), Lenteja (span.), Lenticchia (ital.), Lentil (engl.), Lentille (frz.), Linsenerve, Linze (niederl.), Mercimek (türk.)

Allgemeines, Herkunft, Geschichtliches

Als »Linse« bezeichnet man den getrockneten Samen einer Wickenart, die bereits vor 8000–10 000 Jahren in Ägypten angebaut wurde. Damit zählt die zur Familie der Schmetterlingsblütler (Fabacae) zählende Linse **zu den ältesten kultivierten Hülsenfrüchten**. In Ägypten, Äthiopien, Frankreich, Indien, Kanada, den Mittelmeerländern, Pakistan, Rumänien, Russland, Südamerika, Syrien, der Türkei und den USA (bei Washington) wird die Linse heute kultiviert. Deutsche Anbaugebiete findet man zwar auch in Franken, Hessen und Thüringen, da diese Hülsenfrüchtlerin jedoch während ihres Wachstums abhängig von dauerhafter, trockener Wärme und sandigem oder kiesigem Erdreich ist (da sie sonst von der gefürchteten »Fusarium-Welke« heimgesucht wird), kann man hierzulande mit nur mäßigen Erträgen rechnen.

Ihren Namen hat die Linse den alten Römern zu verdanken: Sie gaben dem damaligen Linsenhandelszentrum und -hauptanbaugebiet, der Stadt »Phacusa« den Namen »Lentulus«, aus dem ihre meisten fremdländischen Bezeichnungen hervorgingen.

Aussehen

Linsen gedeihen an buschig verzweigten, krautigen Pflanzen mit unscheinbaren, weißen, blassblauen oder lila Blütchen und fiedrigen Blättern. Die diskusförmigen Linsen kommen überwiegend getrocknet in ungeschälter, geschälter und halbierter Form auf den Markt. Ihr Äußeres ist jeweils abhängig von Alter und Sorte.

Geschmack

Ungeschälte Linsen sind zwar aromatischer als geschälte, da die meisten Geschmacksstoffe in der Schale sitzen; da Geschälte jedoch besser verdaulich sind, führen sie nicht so leicht zu Unpässlichkeiten.

Arten, Sorten

Berglinse: Aromareiche, grünbraune Linsensorte aus Umbrien (Italien).

Braune Linsen / Hellerlinsen / Tellerlinsen / Massor Dhal (ind.) nennt sich **der Deutschen liebste Linsensorte**. Sie weisen einen Durchmesser von 6–7 mm auf, gelangen meist aus Argentinien, Chile, Indien, Kanada oder aus dem Mittelmeergebiet zu uns und zerfallen sehr leicht im geschälten Zustand. »Tellerlinse« ist der anerkannte Handelsname dieser Linsensorte, die hierzulande meist als Eintopf im Suppenteller landet.

Gelbe Linsen erreichen uns meist aus dem Mittleren Osten. Sie sind zwar feinwüchsig und zart, das klassische Linsenaroma fehlt ihnen jedoch. Da sich gelbe Linsen beim Schälen grundsätzlich zweiteilen, sind sie nur in gespaltener Form erhältlich. Infolgedessen verkochen sie leicht und eignen sich »nur« noch zur Suppenherstellung.

Grüne Linsen sind frisch geerntete und sofort schonend getrocknete, ungeschälte Linsen. Da grüne Linsen beim Kochen ihre feste Form bewahren, können sie sogar als Zugemüse dienen.

Mittellinse (fachspr.): Linsensorte, deren Durchmesser 5 mm nicht übersteigen darf.

Pfenniglinse: Gelbhäutige, mittelgroße Linsensorte.

Puy-Linsen, sie gelten als **weltweit beste Linsensorte**, werden ausschließlich im französischen Le Puy auf ungedüngtem Vulkanboden angebaut. Sie sind ungleich groß, grünschwarz marmoriert, glänzend, brauchen nicht eingeweicht werden und behalten nach dem 15-minütigen (!) Garen ihre knackige Konsistenz.

Rote Linsen / Orangenlinsen kommen meist aus Frankreich, Indien oder der Türkei. Vor dem Kochen sollte man sie mehrmals in kaltem Wasser waschen und währenddessen aufsteigende, leere Hülsen abschöpfen. Geschälte Rote Linsen zerkochen im Nu und verlieren ihr attraktives Rouge. Ungeschält sind sie dagegen festkochend, viel aromatischer und ballaststoffreicher, schmecken leicht süßlich und sind schon nach 10–15 Minuten gar.

Schwarze Linse / Beluga-Linse / Vegetarischer Kaviar: Kleinkörnige, schwarze Linsensorte aus Kanada mit weißem, nussigem Fruchtfleisch. Sie ist festkochend, schon nach 20 Minuten gar und bestens zur Herstellung von Salaten geeignet.

Tempo-Linsen nannte man vor der Wende in Ostdeutschland industriell vorgegarte Trockenlinsen für die flinke Küche.

Zuckerlinse / Kleine Linse: Hocharomatische, dickbauchige, niederpreisige Linsensorte, deren Durchmesser die 4-mm-Marke nicht überschreiten darf. Die Zuckerlinse gilt als **kleinste Linsensorte**.

Hauptinhaltsstoffe

Sehr calcium-, eisen- (6 mg / %) und phosphorhaltig, pflanzliches Eiweiß (24%), Folsäure, Jod, Kalium, Kupfer, Magnesium, Mangan, Purine, Selen, Vitamin A, K, reich an Vitaminen der B-Gruppe, Zink.

Verwendung, Zubereitung

Linsen werden zu Eintöpfen, Gemüse, Mehl, Pasteten, Püree, Salat, Suppen und zur Aufzucht von Linsensprossen verarbeitet. **Je älter Linsen sind, desto länger müssen**

sie eingeweicht werden. Das Einweichwasser sollte beim Kochen grundsätzlich nicht mitverwendet werden, weil sich sonst die Garzeit verdoppelt. Die Gardauer lässt sich zusätzlich verkürzen, indem man Linsen erst nach dem möglichst bedächtigen Garen würzt; **ein Schuss Essig zum Ende der Garzeit stärkt nicht nur den Linsengeschmack, er erleichtert zudem die Verdauung.**

Bekömmlicher werden Linsengerichte, wenn man sie gemeinsam mit Getreideprodukten (z. B. mit Nudeln) gart. Die Schwaben wissen das schon lange, denn ihre Lieblingsspeise heißt: »Linse un Spatze« (Spätzle).

Linsensprossen sollten zwar ihrer besseren Bekömmlichkeit wegen vor dem Verzehr blanchiert werden, als große Ausnahme unter den Hülsenfrüchten dürfen sie jedoch auch unbehandelt verzehrt werden.

Linsenkraut, -wurzeln und -hülsen, die bei der Ernte zurückbleiben, werden in den Anbauregionen meist als Viehfutter genutzt.

Lentilla lautet die Fachbezeichnung für Linsenmehl, aus dem man in den Anbauländern Brot, Gebäck und Kuchen herstellt.

Papadam / Papadum / Poppadum nennt man in Indien aus »Lentilla« hergestellte, hauchdünne, scharf gewürzte Fladen, die, in Erdnussöl ausgebacken, meist als Appetitanreger dienen.

Lagerung

Trockenlinsen sollten allenfalls 9 Monate gelagert werden, weil sie hinterher einen Großteil ihres Geschmacks einbüßen und sich ihre Garzeit von nun an drastisch erhöht.

Volksmedizinische Bedeutung

Linsenverzehr beugt Krebserkrankungen vor (besonders der Prostata), aktiviert den Fettstoffwechsel und fördert die Entstehung der roten Blutkörperchen.

Gichtkranke sollten Linsen angesichts ihres hohen Puringehalts meiden.

Tipp

In Besseringen an der Saar findet alljährlich am ersten Wochenende im September ein umtriebiges **Linsenfest** statt, bei dem während des umfangreichen Unterhaltungsprogramms auch eine Linsenkönigin gewählt wird, die das kleine Städtchen ein Jahr lang repräsentieren darf.

Litschi

Litchi sinesis

Cerise de la Chine (frz.), Chinesische Haselnuss, Chinesische Kirsche, Chinesische Pflaume, Japanische Haselnuss, Lee Chee (chin.), Lichee, Litchee, Litchi (engl., frz., ital., niederl., norw.), Litco (span.), Litschipflaume, Lychee (engl.), Zwillingspflaume

Allgemeines, Herkunft, Geschichtliches

Der bis zu 12 m hohe, immergrüne Litschibaum wurde bereits vor 3000 Jahren in Burma und Vietnam kultiviert. Laut einer Erzählung ließ sich damals eine chinesische Kaiserin des Öfteren Litschis aus Kanton (chin. Provinzhauptstadt) mitbringen: War ein Bote unpünktlich, ließ

sie ihn sofort zur Strafe köpfen. Im Jahre 1883 wurde die zu den Seifenbaumgewächsen (Sapindaceae) zählende Litschi erstmals von China aus nach Florida exportiert, wo sie mittlerweile auf feldmäßigen Plantagen kultiviert wird, zumal sie in tropischen Klimatas unfruchtbar bleibt. Heute werden die an bis zu 30-zähligen Rispen gedeihlichen Litschis – außer in China und Florida – auch in Australien, Hawaii, Indien, Israel, Japan, Madagaskar, Mauritius, Neuseeland, Südafrika und Südamerika angebaut.
Ihren Namen hat die Litschi der chinesischen Abstammung zu verdanken, denn »Lee Chee« bedeutet nichts weiter als »Liebesfrucht« oder »Spenderin der Lebensfreude«.

Aussehen

Litschis sind rundoval, etwa pflaumengroß und weisen eine dünne, brüchige, tiefrosa Schale auf, die auf ihrer sandigen Oberfläche kleine, noppenartige Erhebungen aufweist. Das feste, perlmuttartige, transparente Fruchtfleisch beinhaltet einen großen, harten, dunkelbraunen, ungenießbaren Kern.
In den Anbauländern werden Litschis nach der Ernte meist geschwefelt, damit sie ihre Frische nicht verlieren; aufgrunddessen sollte man beim Einkauf darauf achten, dass die Schale keine Löcher und Risse aufweist, weil sonst bei der Vorbehandlung Schwefelgeschmack hätte eindringen können. Nach der Ernte reifen Litschis nicht mehr nach.

Geschmack

Am besten schmecken Litschis, wenn sie frisch geschält verzehrt werden, weil sie dann saftig, süßsäuerlich, herrlich erfrischend und – je nach Reifegrad – entweder wie Himbeeren mit Sauerkirschen, Weintrauben mit Muskatgewürz oder Rosenduft mit Ingwer schmecken. Als Konserve besitzen Litschis einen eher rosinenhaften Geschmack.

Arten, Sorten

In Thailand gibt es neuerdings auch eine kernlose Litschi-Neuzüchtung.
Litschinüsse / Litchi nut (engl.) nennt man getrocknete Litschis. Sie schmecken nussig-rosinig.

Hauptinhaltsstoffe

Calcium, Kalium, Kupfer, Magnesium, Phosphor, Provitamin A, Vitamin B 1, B 2, C (50 mg / %), Zucker (15%).

Verwendung, Zubereitung

Litschis dienen dem Frischkonsum, werden zu Cocktails, Desserts, Eis, exotischen Salaten, Garnituren, Kaltschalen, Kompott, Sirup und warmen chinesischen Gerichten verarbeitet; über einen längeren Zeitraum sollte man Litschis jedoch nicht erhitzen, weil sie sonst zäh werden und obendrein ihrer wertvollen Vitamine beraubt werden.
Frische Litschis kann man wie Kirschen essen – vorausgesetzt, man hat zuvor die Schale wie bei einem gekochten Ei gepellt.

Lagerung

Im Gemüsefach des Kühlschranks lässt sich die Litschi maximal eine Woche lang bevorraten, da ihr hoher Zuckeranteil rasches Schimmeln fördert. Bei Zimmertemperatur ist die Litschi sogar schon nach 3 Tagen verdorben.

Volksmedizinische Bedeutung

Geschwüre platzen auf, wenn man sie mit frischen Litschischeiben belegt. In China wird die Litschi zur Linderung von Magenschmerzen eingesetzt.

Tipp

Einen belebenden Aperitif erhält man, indem man eine geschälte Litschi in ein Glas Champagner gibt und sofort serviert.

Löwenzahn

Taraxacum officinale

Ackerzichorie, Amargón (span.), Apostelkraut, Apostelwurz, Augenmilch, Augenwurz, Bammbusch, Bettnässer, Bettpisser, Bettseicher(le) (bad.), Bettseichersalat (hunsr.), Bimbaum, Bitterblume, Bumbansbüsch, Butterblume (berlin.), Butterstaude (berlin., ostdt.), Chettenblume, Chüngelichrut (schweiz.), Dendelion (engl.), Dent de lion (frz.), Dente di leone (ital.), Diente de león (span.), Dotterblume, Eierblume, Eierkraut, Eierpüsch (pfälz.), Franzosensalat, Gänseblume, Gänsezunge, Golichter, Herba urinaria (lat.), Hundsblume, Hundzahn(kraut), Hunnenblume, Jungeblumenkraut, Karahindiba (türk.), Kettenblume, Kettenröhrlein, Kettenstock, Klettenährleinkraut, Kuckucksblume, Kuhblume (volkst.), Kuhlattich, Lampe, Laterne, Laternenblume, Lausblume, Leuchtenkraut, Lichterblume, Liechtli (schweiz.), Lions tooth (engl.), Märzenbusch, Maiblume, Maienzahn, Marienschöpfl, Maulwurfsalat, Melkdistel, Merzenblum, Milchblume, Milchbusch, Milchdistel, Milchgrasblume, Milchstock, Mistfink, Mönchsblatt, Mönchskopf, Mönchsplatte, Molsla (niederl.), Pampelkraut, Papenkraut, Pastemen, Pee in the bed (engl.), Pfaffenblatt, Pfaffenkraut, Pfaffenröhrlein, Pfaffenröslein, Pfaffenstiel, Pferdeblume, Pippauw (altdt.), Pissenlit (frz.), Postemenröhrlein, Pumperblümchen, Pusteblume, Radicchiello (ital.), Ringelblume, Röhrleinkraut, Rohrlsalat (steierm.), Rossblume (bad.), Säuwblum, Säuwrüssel (altdt.), Säuwschnabel, Saublume, Saurnelken, Seicher (bad.), Seich(er)kraut, Sommerdorn, Sommerwurzel, Teufelsblume, Teufels Milchbottich, Tharakh chakon (arab.), Wandelion, Weglattich, Wiesenblume, Wiesenlattich, Wilde Zichorie, Wysenschwantz (altdt.)

Allgemeines, Herkunft, Geschichtliches

Der Löwenzahn ist in Nordeuropa und in Asien beheimatet. Er zählt zur Familie der Korbblütler / Asteraceae (Compositae) und war schon zu Zeiten des klassischen Altertums als Heilmittel gegen Gelbsucht und Fieber bekannt.

Seit wenigen Jahren wird der mit Chicorée, Endivie, Lattich, Schwarzwurzel und Zichorie verwandte Löwenzahn vom Bundesgesundheitsamt sogar als **eines der 13 ersten amtlich anerkannten Heilmittel** gewürdigt.

Den oft als lästiges Unkraut verschrienen wild wachsenden Löwenzahn findet man vorwiegend in Asien und Europa. Da er meist an Hundepromenaden, an vielbefahrenen Straßen, in Industrienähe oder an frisch gedüngten landwirtschaft-

lichen Flächen gepflückt wird, ist er meist schadstoffbelastet, weshalb man die Fundstelle stets gründlich in Augenschein nehmen sollte.
Im Allgäuer Bergbauerndorf Gerstruben finden alljährlich im Frühsommer (April und Mai) zünftige **»Löwenzahnwochen«** statt. Die Besucher haben währenddessen Gelegenheit, sich an geführten Wanderungen zu beteiligen, mit dem Marktbähnle Ausflüge zu unternehmen oder Spezialitäten vom Löwenzahn zu verkosten, die ringsherum in den meisten gastronomischen Betrieben feilgeboten werden.
Seinen Namen hat der Löwenzahn den trittresistenten, schrotsägeförmigen Blättern zu verdanken.
Als »Maulwurfsalat« bezeichnet man den Löwenzahn, seitdem ein niederländischer Hobbygärtner beobachtete, dass ein von einem Maulwurfhaufen zufällig bedeckter Löwenzahn gebleichte Blätter hervorbrachte, die äußerst zart und bekömmlich waren.

Aussehen

Die Blätter des bis zu 40 cm hohen, leuchtend gelb blühenden Löwenzahns stehen derart rosettenförmig und trichterartig am Grund des blattlosen Blütenstängels, dass Regenwasser ohne Umschweife zum Ende der bis zu 2 m langen Pfahlwurzel gelangen kann. Diese Wurzel und die Blütenstängel enthalten einen milchigen Saft, der auf der Haut schwer entfernbare, braune Flecken hinterlässt.
Pappus nennt man die Gesamtheit der fallschirmartigen Früchte des Löwenzahns.

Geschmack

Die knackigen Blätter und zarten Blütenknöspchen des wild wachsenden Löwenzahns schmecken zwar relativ bitter, aber dennoch aromatisch; die Wurzeln junger Exemplare sind süßlich – alte ungenießbar bitter.

Arten, Sorten

Eselsrüssel / Barkhausia (lat.) / Mourre de porc (frz.): Löwenzahn-ähnlicher Wildsalat mit angerauten, zartbitteren Blättern, dessen Vorkommen sich auf Frankreich beschränkt, wo er als Geheimtipp für Feinschmecker gilt.
Kok-Saghyz / Taraxacum kok-saghyz (lat.): Wild wachsende Löwenzahnsorte aus Kasachstan, wo ihre Stängel und Wurzeln der Herstellung von Naturkautschuk dienen. Seit 1931 wird Kok-Saghyz auch in anderen Teilen Russlands kultiviert, da ihre Ernte hohe wirtschaftliche Gewinne erzielt.
Kulturlöwenzahn kommt von März bis April aus Frankreich oder den Niederlanden auf unsere Märkte. Er entwickelt staudenartige, schwach gezähnte, gelbe, milde Blätter, da sie bei trockener Witterung zusammengebunden werden.
Refuga-Löwenzahn gedeiht wild im marokkanischen Atlasgebirge. Er besitzt das **Doppelte an Heilkraft** wie unser wild wachsender Löwenzahn.
Rotfrüchtiger Löwenzahn / Taraxacum eryth-rospermum (lat.) sieht dem »normalen« zwar ähnlich, hat jedoch rote Samen und einen dunklen Pappus.
Sumpflöwenzahn: Seltene Löwenzahnsorte, deren Vorkommen sich

lediglich auf den Spessart und Unterfranken beschränkt.

Hauptinhaltsstoffe

Bitterstoffe (Taraxizin), hoher Calcium-, Eisen-, Kalium-, Mangan- und Phosphorgehalt, Cholin, Flavonoide, Fructose, Gerbstoffe, Harz, Inulin, Kalium, Kautschuk, Kieselsäure, Lactucopicrin, Lutein, Magnesium, Natrium, etherische Öle, Pektin, Phytosterine, Provitamin A (mehr als in Möhren und doppelt soviel wie im Spinat), Saponine, Schwefel, Sterin, Triterpenodide, Vitamin B, C, D, E, Wachs, Xanthophyll. Löwenzahn gilt zwar als **bedeutendster Provitamin-A-Lieferant** unter den konventionellen Gemüsen, seine **Vitamin-E- und Kaliumgehalte** liegen jedoch ebenso deutlich über dem Durchschnitt.

Verwendung, Zubereitung

Junge Löwenzahnblättchen und -blüten lassen sich zur Herstellung von Salat / Maiblumensalat / Röhrlsalat (österr.) verwenden; ältere Ware wird in Suppen und zu Gemüse verarbeitet, wobei sich ihr leidiger Bittergeschmack weitestgehend verliert. Löwenzahnblütenknospen können zu **Falschen Kapern / Kapernersatz** oder zur Abrundung eines Frühlingsgerichts verwendet werden, indem sie entweder nur in Butter gedämpft, oder 2 Minuten blanchiert, dann paniert und schließlich in heißer Butter gebraten werden. Löwenzahnblüten kann man zu Gelee, Honig oder Wein verarbeiten. **Löwenzahnhonig** macht man so: 2 Hände voll Löwenzahnblüten mit 1 l Wasser aufkochen, durchsieben, mit 500 g braunem Zucker und dem Saft einer Zitrone mischen. Danach solange weiterkochen, bis der Fond eine dickliche Konsistenz aufweist. **Maiblumen-Aperitif** macht man so: 30 g Löwenzahnblüten (nur die gelben Blütenteile) werden in eine helle Glasflasche gefüllt und mit einem halben Liter trockenem Weißwein übergossen. Diesen Ansatz lässt man eine Woche auf der Fensterbank ziehen. Danach wird die entstandene Flüssigkeit mittels eines Kaffeefilters durchgesiebt, in eine saubere Flasche gefüllt und mit Weißwein aufgefüllt. Wenn man dieses Getränk nicht allzu kalt und vor dem Essen zu sich nimmt, sollte es **eine anregende und wundersam erfrischende Wirkung** erzielen. Löwenzahnwurzeln dienten im Zweiten Weltkrieg, nachdem sie getrocknet, geröstet und pulverisiert worden waren, als passabler Kaffeeersatz. Löwenzahnstängel dienen Kindern und junggebliebenen Erwachsenen seit jeher als »Maiflöte / Maiepfeifla (bayr.)«, indem sie durch Hineinblasen Melodien nacheifern. Sehr dekorativ können Löwenzahnstiele aussehen, wenn man sie längs vielmals einschneidet und dann in kaltes Wasser stellt: Sie kringeln sich dann zusehens.

Auch das Maiglöckchen wird vielerorts als »Maiblume« bezeichnet; Maiblumensalat aus Maiglöckchen hat jedoch schon zu schwersten Vergiftungen geführt.

Lagerung

Löwenzahn ist rasch verderblich.

Volksmedizinische Bedeutung

Der Löwenzahn hat im Allgemeinen appetit-, stoffwechsel- sowie ver-

dauungsanregende, blutreinigende, cholesterinsenkende und harntreibende Eigenschaften.
Frisch gepresster Saft und Tee aus Löwenzahnblüten und -blättern gilt in der Naturheilkunde als entgiftendes, fettabbauendes, schuppenbekämpfendes und immunsystemstärkendes Allround-Mittel. Der Saft aus ganz jungen Löwenzahnblättern soll sogar gegen Arthrose, Abnutzungs- und Degenerationskrankheiten (körperlicher Verfall) helfen.
Auch Löwenzahnwurzeln dienen medizinischen Zwecken, da ihr Inulin-Anteil sich positiv bei Zuckerkrankheit auswirkt: Die »Frühlingswurzel« ist aufgrund ihrer **höheren Inulin-Konzentration** (40%) sogar noch heilkräftiger als die »Herbstwurzel« (2%).
Bei Erkrankungen der Gallenwege, Geschwüren oder Verengungen im Magen-Darmbereich sollte Löwenzahn in keinster Form vereinnahmt werden.
Den Milchsaft aus den Löwenzahnstängeln sollte man nicht aussaugen, da dies zu Erbrechen, Durchfall und Herzrhythmusstörungen führen kann. Man kann ihn jedoch bei der Behandlung von Warzen und Hühneraugen einbringen, indem man den Saft eine Woche lang morgens und abends auf die betroffenen Stellen streicht und gut einwirken lässt.

Tipp

Eine Jauche aus Löwenzahnblättern, die man im Verhältnis 1:5 mit Wasser verdünnt und damit den Nutzgarten begießt, besitzt stärkende und wachstumsfördernde Eigenschaften.

Lollo Rossa

Lactuca sativa var. crispa
Blattbatavia, Lattughino, Lola Rosé (frz.), Lollo Rosso, Lollosalat, Petticoat-Salat, Ricchi (ital.)

Allgemeines, Herkunft, Geschichtliches

Der »Lollo Rossa« zählt zur Familie der Korbblütler / Asteraceae (Compositae) und ist folglich mit Chicorée, Endivie und Löwenzahn verwandt. In Italien liegen zwar seine geografischen Wurzeln, mittlerweile wird er jedoch ebenso in Deutschland, Frankreich und in den Niederlanden kultiviert.

Aussehen

Eine kompakte, offene Rosette und dickfleischige, schossfeste, stark gekrauste, hellgrüne Blätter, die in den Randbereichen stark rotviolette Färbungen aufweisen, kennzeichnen diese attraktive Salatsorte.

Geschmack

Lollo Rossa schmeckt zartbitternussig.

Arten, Sorten

Concorde: Vollkrausige Lollo Rossa-Sorte mit tiefroten Blatträndern.
Harlekin / Schnabelsalat / Zipfelsalat: Lollo Rossa-Sorte mit stark geschlitzten roten oder grünen Blättern.
Lollo Bionda / Lollo Biondo / Lollo Bianco / Lollo verde: Kleinwüchsige Lollo Rossa-Varietät mit gelbgrünen, stark gekrausten Blättern.
Malibu: Widerstandsfähige und schossfeste Lollo Rossa-Neuzüchtung mit aparten, weinroten Blättern.
Salanova nennt sich eine uniforme, junge Lollo Rossa-Abart, bei der le-

diglich der Strunk (österr. Kretzerl) zu entfernen ist: alles andere ist verwertbar.

Hauptinhaltsstoffe

Calcium, Eisen, Phosphor, Vitamine.

Verwendung, Zubereitung

Lollo Rossa wird meist zur Salatherstellung und zum Garnieren verwendet. Nachdem man ihn gründlich gewaschen hat (meist ist er stark versandet), sollte man seine Blätter nicht mit dem Messer zerkleinern: Vernünftiger ist es, sie mit den Händen in grobe Stücke zu zupfen, um ihr ansprechendes Äußeres zu erhalten.

Lagerung

Da das Blattwerk des Lollo Rossas **stets viel Feuchtigkeit verliert**, sollte man ihn entweder erst bei Bedarf ernten, oder – wenn er aus dem Supermarkt kommt – in ein feuchtes Tuch wickeln, dann lässt er sich im Kühlschrank bis zu 5 Tage lang aufbewahren.

Tipp

Wenn man Lollo Rossa-Blätter bei der Ernte einzeln abpflückt oder schneidet, wachsen sie mehrmals nach; entfernt man rigoros alle Blätter bis zur Wurzel, ist nur eine Ernte möglich.

Longane

Dimocarpus longan

Drachenauge, Dragon's eye (engl.), Kirsche Asiens, Longan(e) (engl., frz., ital., niederl., norw., span.), Longane ponceau (frz.), Longanpflaume, Mamoncillo de China (span.), Oeil de dragon (frz.)

Allgemeines, Herkunft, Geschichtliches

»Longanen« nennt man die in Rispen wachsenden Früchte eines immergrünen, bis zu 20 m hohen, in Ostindien beheimateten Seifenbaumgewächses (Sapindaceae), das **mit der Litschi und Rambutan verwandt** ist. Größere Anbaugebiete liegen in China und Indien.

Aussehen

Die junge Longane ist eine haselnussgroße Frucht, deren spröde, gelblich grüne Schale sich bei zunehmender Reife beige färbt. Ihr glasiges, weißblaues Fruchtfleisch beherbergt einen harten, ungenießbaren Kern.

Longanen sind Litschis zwar nicht unähnlich, jedoch nur halb so groß.

Geschmack

Das Aroma der Longane ist in etwa mit dem der Litschi vergleichbar.

Arten, Sorten

Spanische Limone / Genip (engl.) / Honey berry (engl.) / Maco (span.) / Mamon(cillo) (span.) / Quenepa / Quenette (frz.) / Sensiboom (engl.) / Spanish lime (engl.): Kleine, grüne, traubenförmige Verwandte der Longane, deren Ursprung zwar im tropischen Amerika liegt, die mittlerweile aber auch schon in der Karibik kultiviert wird. Quenepen werden meist als Frischfrüchte oder zur Herstellung von Eis, Konfitüre, Saft und Shakes verwendet. Sie präsentieren eine dünne, lederartige Schale und creme- bis orangefarbenes, honigsüßes Fruchtfleisch, das einen riesigen, schwer löslichen Kern umschließt.

Hauptinhaltsstoffe

Mineralstoffe, Vitamin C (56 mg / %).

Verwendung, Zubereitung

Die Longane wird entweder frisch verzehrt oder zu Kompott, Mixgetränken und Likör verarbeitet. Zuvor muss die Schale geknackt und die Frucht entkernt werden. Wenn man die Longane frisch verzehren möchte, empfiehlt es sich, sie vorher mit Zucker und Zimt zu würzen.

Lagerung

Ihrer schlechten Bevorratungs- und Transporteigenschaften wegen, ist die Longane **auf unseren Märkten kaum anzutreffen**.

Volksmedizinische Bedeutung

Tee aus getrockneten Longanescheiben gilt als ausgleichend und stärkend. Bei hartnäckigen Geschwüren ist das Auflegen einer angewärmten, frischen Longanescheibe hilfreich.

Tipp

Als absoluter Hochgenuss gilt ein Glas Sekt, das mit einer geschälten Longane verfeinert wurde.

Lotoswurzel

Nelumbo nucifera

Indian lotus root (engl.), Indische Lotoswurzel, Indischer Lotus, Lotier (frz.), Loto (ital.), Lotosnuss, Lotus (engl.), Lotus sacré (frz.), Lotuswurzel, Renkon (jap.)

Allgemeines, Herkunft, Geschichtliches

In ihrem Ursprungsland Indien gilt die Lotosblume nicht nur als heilig, sondern auch als Symbol für Schönheit, Reinheit und ewiges Leben; sogar der Weltenschöpfer ruht auf einer Lotosblüte. In Ägypten, Australien und Ostasien wird dieses den Wasserlilien zugeordnete Seerosengewächs heute kultiviert. Früher wuchsen Lotosblumen zwar auch in Griechenland, Italien und in der Türkei, leider wurden sie jedoch dort schon vor vielen Jahren ausgerottet.

Aussehen

Die Lotosblume ist eine Sumpfpflanze mit langgestielten, schildhaften Blättern und weißen oder rosa Blüten, die schon nach kurzer Zeit verblühen und aus denen nach der Reife 2–3 cm lange, ovale, essbare Samen hervorgehen. Die beigen, kartoffelähnlichen Wurzeln sind mit zahlreichen Löchern durchsetzt.

Geschmack

Lotoswurzeln schmecken fast neutral.

Hauptinhaltsstoffe

Ballaststoffe, Spurenelemente, Stärke.

Verwendung, Zubereitung

Lotoswurzeln finden in der chinesischen und japanischen Küche meist als Gemüse oder glutenfreie Stärke Verwendung, die dem Abbinden von Saucen dient. Lotoswurzelkonserven, wie man sie in Deutschland kennt, dienen meist Dekorationszwecken. Aus Lotosblumenblättern und -blüten lassen sich hinreißende Garnituren und exotische Salate oder Gemüse bereiten.

Lotosnüsse nennt man die geschälten und gerösteten, 3–4 cm langen, ovalen Samen der Lotosblume, die in den Herkunftsländern meist als Knabberei Verwendung finden.

Volksmedizinische Bedeutung

Lotoswurzeln verringern nachweislich das Brustkrebsrisiko. Lotossamen sagt man herzstärkende Eigenschaften nach.

Tipp

Australische Wissenschaftler fanden heraus, dass die indische Lotosblume ihre Temperatur während der Blütezeit erhöhen kann: sie bewahrt über mehrere Tage hinweg eine **Temperatur von +30° – 35° C** – selbst dann, wenn die Lufttemperatur auf +10° C sinkt.

Luffa

Luffa cylindrica

Angled gourd (engl.), Angled loofah (engl.), Chinese oker (engl.), Courge torchon (frz.), Lian torchon des Antilles (frz.), Loofa, Luffa (engl., frz., ital., span.), Luffagurke, Papangay (frz.), Ridget gourd (engl.), Ridget loofah (engl.), Silk gourd (engl.)

Allgemeines, Herkunft, Geschichtliches

Die Luffa ist ein kletterfreudiges Kürbisgewächs (Cucurbitaceae), das in Nordwestindien beheimatet ist. Größere Anbaugebiete der Luffa gibt es in Ägypten, Afrika, Indien, Indonesien, Japan, Malaysia, Mexiko, auf den Philippinen, in Thailand und in der Karibik. Der optimalste Erntezeitpunkt dieser exotischen Frucht, die problemlos auch in **europäischen Gewächshäusern** gedeiht, ist, wenn ihr Laub abgestorben ist.

Aussehen

Luffas sind bis zu 1 m lange, grüne, gurkenförmige Früchte, die in der weichen Außenhaut 10 deutlich hervortretende Längsrippen aufweisen. Ihr Fruchtfleisch beinhaltet zahlreiche schwarze, essbare Samen.

Geschmack

Junge Luffas schmecken relativ mild; alte sind nicht nur sehr bitter, ihr Fruchtfleisch besteht zudem aus einem zähen Gefäßbündelsystem, das einen Verzehr kaum zulässt.

Arten, Sorten

Gamba: Relativ kleinwüchsige und hartschalige Luffasorte mit deutlichen Längsrippen.

Schwammgurke / Luffa aegyptica (bot.) / Dish-cloth gourd (engl.) / Eponge végétal (frz.) / Schwammkürbis / Smooth loofah (engl.) / Sponge gourd (engl.) / Vegetable sponge (engl.): Luffasorte mit nur **angedeuteten Längsrippen**, deren Fruchtfleisch ausschließlich der industriellen Herstellung von Einlagen, Schwämmen, Tropenhelmen, Schuhsohlen, Sattelunterlagen u. a. dient.

Verwendung, Zubereitung

Junge Luffas können zwar mitsamt ihrer Schale roh verzehrt oder gekocht zu Gemüse oder Suppe verarbeitet werden, die bitteren Längsrippen sollten jedoch entfernt werden. Auch die jungen Blättchen der Luffapflanze lassen sich zur Herstellung wohlschmeckender Gemüse und Suppen verwenden.

Lulo

Solanum quitóense

Falsche Orange, Kleine Orange, Lulo (engl., ital., norw.), Lulofrucht, Morelle de Quito (frz.), Narangille (frz.), Naranjilla (engl., span.), Orange von Quito, Quito-Orange (span.), Quitooranje appel (niederl.), Quito-Tomate, Solanum costarense (südamerik.)

Allgemeines, Herkunft, Geschichtliches

In den nördlichen Anden Südamerikas ist die Lulo beheimatet. Auf der Weltausstellung in New York im Jahre 1939 wurde erstmals eine Lulo aus Quito (Hauptstadt von Ecuador) der Öffentlichkeit vorgestellt. In ganz Südamerika wird diese zu den Nachtschattengewächsen (Solanaceae) zählende Beerenfrucht heute kultiviert.

In Kolumbien gilt ihr Saft sogar als »Königliches Getränk«.

Aussehen

Lulos wachsen an bis zu 2 m hohen Sträuchern. Äußerlich ähneln Lulos zwar Apfelsinen und Tomaten zu gleichen Teilen, sie weisen jedoch geleeartiges, hellgrünes Fruchtfleisch auf, das eine Vielzahl kleiner essbarer Kerne in sich birgt.

Geschmack

Die Lulo hat ein einzigartiges, exotisches Aroma, das an Ananas, Cherimoya, Erdbeere und Guave erinnert.

Arten, Sorten

Orinoco-Apfel / Solanum topiro (lat.) / Cocona / Peach tomato (engl.) / Tupiro (span.): Der aus dem Amazonasgebiet stammende Orinoco-Apfel wird in Bolivien und Peru angebaut. Äußerlich und innerlich ähnelt er der Lulo, wird auch gleichermaßen verarbeitet, auf seiner ledrigen Haut befinden sich jedoch feine Härchen, die sich mit einem rauen Tuch mühelos abreiben lassen.

Hauptinhaltsstoffe

Calcium, Eisen, Phosphor, Provitamin A, Vitamin B, C, Zitronensäure.

Verwendung, Zubereitung

In den Anbauländern wird die Lulo entweder frisch verzehrt oder zu Joghurt, Marmelade, Saft, Speiseeis, Quark- und Cremespeisen verarbeitet.

Lagerung

Angesichts ihrer unzulänglichen Lagerungseigenschaften sind keine Frischfruchtexporte der Lulo möglich.

M

Macadamianuss

Macadamia integrifolia

Australische Haselnuss, Australische Nuss, Australnuss, Kerzennuss, Königin der Nüsse, Macadamia (engl., frz., ital.), Macadamia nut (engl.), Noix de macadamia (frz.), Nuez de Macadamia (span.), Queensland-Nuss

Allgemeines, Herkunft, Geschichtliches

Im Jahre 1848 wanderte Ferdinand Müller nach Australien aus, nachdem er in Kiel seine Promotion zum

Doktor der Pharmazie erlangt hatte. Bereits nach wenigen Jahren avancierte er dort zu einem der bedeutendsten botanischen Wissenschaftler seiner Zeit und schrieb mehr als 40 Bücher über die Flora Australiens und der angrenzenden Inseln. Bei seinen konstruktiven Studien fand er in den Regenwäldern Ostaustraliens eine hartschalige Nuss mit insgesamt 9 unterschiedlichen Arten, die zwar schon im Jahre 1828 von dem australischen Botaniker Allan Cunningham entdeckt wurde, seither jedoch keinerlei Aufmerksamkeit mehr erlangt hatte und aufgrund dessen auch noch nie zuvor beschrieben worden war. Da Ferdinand Müller in Melbourne mit dem australischen Naturforscher John **Mac Adam** befreundet war, taufte er 1857 ihm zu Ehren die Nuss Macadamia, ein Name, unter dem sie Weltruhm erlangen sollte. Ferdinand Müller starb 1896 hochgeadelt als »Sir Ferdinand Baron von Müller« in Melbourne.

Heute gilt diese Steinfrucht, die mittlerweile auch in Hawaii (seit 1892), Kenia, Süd- und Mittelamerika großflächig angebaut wird, als absolute Königin der Nüsse, da sie als **wohlschmeckendste**, (leider auch teuerste) und **gesündeste aller Nüsse** gilt. Beim Anbau müssen die zu den Silberbaumgewächsen (Protaceae) zählenden, bis zu 15 m hohen, Macadamiabäume wie Mimosen behandelt werden: windgeschützt – zwischen Bananen- und Passionsstauden gepflanzt – tragen sie erst nach 7 – 8 Jahren Früchte in Rispenform. Macadamianüsse werden nicht, wie sonst bei Nüssen üblich, von den Bäumen geschüttelt oder maschinell geerntet, man muss vielmehr warten, bis sie ohne Fremdhilfe zu Boden fallen, denn erst dann haben diese Juwelen, die auf Bäumen wachsen, jene Reife erreicht, die ihren unvergleichlichen Geschmack ausmacht.

Aussehen

Die Macadamianuss besitzt eine glatte, braune Schale **(die härteste von allen Nusssorten)**, die einen cremefarbenen, 2–3 g schweren, haselnussartigen Kern umhüllt.

Geschmack

Macadamias weisen ein unverkennbares, nussig-vanilliges Aroma auf.

Arten, Sorten

Macadamia tetraphylla (lat.): Macadamianusssorte mit dicker, rauer Schale.

Hauptinhaltsstoffe

Calcium, Eisen, ungesättigte Fettsäuren, Magnesium, Niacin, Phosphor, hoher Vitamin-A-, B 1-, B 12-, E- und Eiweißgehalt. Die cholesterinfreie Macadamia weist mit über 80% (!) den höchsten Fettgehalt aller Nüsse und Früchte auf. Auch ihr Anteil an Ballaststoffen ist mit 15,4% einmalig.

Verwendung, Zubereitung

Als **einzige Nuss der Welt** kommt die Macadamia vorzugsweise geschält, geröstet und gesalzen, in meist vakuumierten Behältnissen auf den Markt. Bei der industriellen Röstung wird auf die Beigabe von Öl verzichtet, damit der exzellente Macadamiageschmack nicht unnötig gestreckt wird. Geröstete Macadamianüsse werden zwar meist zur

Schokoladen-, Keks- oder Karamelherstellung verarbeitet, sie gelten jedoch ebenso als Delikatesse auf Butterbroten, in Salaten, Speiseeis und Saucen.
In Asien dickt man mit fein gemahlenen Macadamias Currysauce an.
Die harte Macadamiaschale lässt sich besser knacken, wenn man die Nüsse für 15 Minuten in die Tiefkühltruhe legt.

Lagerung

In einer möglichst hermetisch verriegelten, lichtgeschützten Dose lassen sich Macadamias trotz ihres Fettreichtums bis zu 2 Jahre einlagern.

Volksmedizinische Bedeutung

Macadamias gelten dank ihres hohen Vitamin-B-Gehalts als hochwertige Nervennahrung. Ein paar Macadamias täglich **senken nicht nur den Cholesterinspiegel**, sie schützen sogar vor **Arteriosklerose** und **Herzinfarkt**.

Tipp

VIP-Nüsse nennt eine namhafte Fluglinie Macadamias, weil sie diese brillanten Steinfrüchte lediglich auserwählten Gästen vorbehält.

Mais

Zea

Ägyptisches Korn, Futtermais, Corn (amerik.), Feldmais, Formentone (ital.), Fremdes Korn, Indian corn (engl.), Indianerkorn, Körnermais, Mais (frz., ital.), Maize (engl.), Misir (türk.), Raucherzähne (mundartl.), Sauengold (waidm.), Syrische Hirse, Taino (karib.), Türgge (kärnt., ostpreuß., schweiz., steierm., tirol.), Türkenkorn (österr.), Türkischer Weizen, Welschkorn, Zarefka (mazed.)

Allgemeines, Herkunft, Geschichtliches

Mais ist vermutlich aus einer südamerikanischen Grasart hervorgegangen. Aus archäologischen Funden lässt sich schließen, dass er bereits 5000 v. Chr. von den Inkas und Azteken in Peru und Mexiko angebaut wurde. Somit ist es **die einzige aus Amerika stammende Getreideart**.
Als Christoph Kolumbus gemeinsam mit Roberto Brancaleone im Jahre 1492 mit dem Segelschiff von Huelva (Südwestspanien) aus einen neuen Seeweg nach Indien suchte, gerieten die beiden irrtümlich nach Kuba, wo sie den Mais entdeckten. Da beide davon überzeugt waren, in Indien gelandet zu sein, gaben sie den Einheimischen den Namen »Indios« / Indianer« – als »Indianerkorn« verbrachten sie den Mais dann auf Umwegen über den Orient auch nach Europa. Dem Umstand, dass seine wirkliche Herkunft damals noch nicht jedermann hinreichend bekannt war, hat der Mais seine vielartigen Bezeichnungen zu verdanken (z. B. »Türkenkorn«, »Syrische Hirse«, »Ägyptisches Korn« u. a.).
Der ärgste Feind des Mais ist der Maiszünsler, der einen Großteil des Anbaus vernichten kann. Im biologischen Anbau werden daher zur Gegenwehr Schlupfwespen ausgesetzt, die ihre Eier zu denen des gefürchteten Maiszünslers legen. Die Maden fressen dann die Eier des Maiszünslers und verhindern somit

das Schlüpfen seiner langen Würmer. Im italienischen Städtchen Piobbico (südlich von Rimini) findet jährlich im September ein quirliges **Maisfest** statt.

Aussehen

Beim Einkauf ist darauf zu achten, dass Maiskolben voll ausgebildet und die Fruchtstände prallhart sind. Reife Kolben erkennt man daran, dass ihre Hüllblätter (fachspr. Lieschen) noch nicht vertrocknet und die prallen, rötlich gelben Körner (die Farbe wird durch den immensen Provitamin-A-Gehalt hervorgerufen) an der Kolbenspitze weißlich sind. Drückt man ein Korn mit dem Fingernagel ein und es tritt weißer, milchiger Saft hervor, ist es reif – bei Unreife gelangt keinerlei Flüssigkeit nach außen. Da Mais bis zu 3 m Höhe erreichen kann, gilt er als **größtes Korn** unter allen Getreidearten.

Geschmack

Mais schmeckt angenehm zart und süßlich-erbsig.

Arten, Sorten

Erdbeermais nennt sich eine Ziermaissorte mit bizarren, an Erdbeeren erinnernden Kolben.

Flockenmais / Knallmais / Perlmais / Popcornmais: Kleinkernige, stark wasserhaltige Maissorte, aus der meist Popcorn (Puffmais) zubereitet wird. Selbstgemachtes Popcorn erhält man, wenn man Perlmais – zugedeckt und ohne jeglichen Fettzusatz – in einer Pfanne so lange erhitzt, bis sie beginnen, zu »poppen« (sich explosionsartig aufblähen). Popcorn besitzt trotz seiner Kalorienarmut eine rasch sättigende Wirkung.

Hominy nennt man Maiskörner, deren Schalen entfernt wurden, indem sie erst in Natrium-Bicarbonat oder Lauge eingeweicht und danach getrocknet wurden. In Nordamerika wird daraus Grießbrei zubereitet, der vor dem Verzehr noch mit heißer Butter und kalter Sahne abgerundet wird.

Silomais: Ertragreiche Futtermaissorte, die Anfang Mai (bei ca. +8° C Bodentemperatur) gesät wird und von Juni bis September massenhaft eingebracht werden kann.

Stärkemais / Waxymais: Futtermaisweiterzüchtung mit hohem Stärkegehalt.

Zahnmais / Dent (frz.) / Pferdezahnmais: Mehlige Futtermaissorte mit backenzahnähnlichen Körnern.

Zuckermais / Zea mays convar. Saccharata (bot.) / Babymais / Fingermais / Gemüsemais / Goldmais / Granturco (ital.) / Kukurice (tschech.) / Kukurus (serb.) / Kukuruz (österr.) / Mahiz (aztek.) / Mais sucré (frz.) / Mazorca (span.) / Minicorn (engl.) / Minimais / Suikermais (niederl.) / Süßmais / Sweet corn (engl.) / Tavent corn (engl.) / Zuckerkorn: Der Zuckermais ist eine Futtermaisweiterentwicklung, die im Jahre 1950 zwar in Thailand als **eine der wärmebedürftigsten Gemüsesorten** »geboren« wurde, deren größten Anbaugebiete jedoch mittlerweile in Mittelamerika liegen. Man unterscheidet **»normalsüße«** und **»extrasüße« (»super sweet«)** Sorten; eine Zwischenstellung nehmen die im angelsächsischen Sprachraum als »sweet gere« bezeichneten Sorten ein. Im Vergleich zu Futtermais schrumpfen Zuckermaiskörner gleich nach der Reife.

Hauptinhaltsstoffe

Alkaloide, Allantoin, Bitterstoff, Calcium, Eisen, Eiweiß, Fett, Gerbstoff, Glykoside, Gummi, Harz, Kalium, Magnesium, Natrium, etherisches Öl, Phosphor, hoher Provitamin-A-Gehalt, Saponine, Tannin, Vitamin B 1, B 2, B 6, C, K, Zeatin, Zein, Zucker.

Verwendung, Zubereitung

Mais dient überwiegend der Herstellung von Alkohol, Cornflakes, Gemüse, Grieß, Mehl, Salat, Traubenzucker (Dextrose), Tortillas, in Amerika auch der Produktion von Bourbon-Whiskey. Maiskolben, die zu Gemüse verarbeitet werden, sollten erst nach dem Kochen gesalzen werden, weil sie sonst steinhart werden – ein Schuss Milch und etwas Zucker im Kochwasser wirken sich hingegen vorteilhaft auf das Ergebnis aus. Gar sind Maiskolben, wenn sich an ihrem Stielende ein spitzes Messer leicht einstechen lässt.

Maisfäden (fachspr. Maisbart / Maisgriffel), die den Maiskolben naturgemäß schützen sollen, entfernt man am einfachsten, indem man eine Zahnbürste anfeuchtet und damit den Kolben abwärts bürstet; das banalste Mittel Maiskörner vom Kolben zu lösen ist hingegen, sie beherzt mit einem Schuhlöffel abzustreifen.

Aus **Maiskeimen** wird raffineriertes und kaltgepresstes Speiseöl hergestellt. Während Ersteres hoch erhitzbar ist, sollte man Zweitgenanntes – des hohen Verlusts der wertvollen Inhaltsstoffe (z. B. ungesättigte Fettsäuren und Vitamin E) wegen – nur in der Kalten Küche verarbeiten.

Gofio nennt man Mehl, das aus getrockneten und gerösteten Maiskörnern hergestellt wird.

Polenta (ital.) / Cornmeal mush (engl.) / Funchi (südamerik.) / Kaschamak (bulg.) / Maisgrütze / Mamaliga (rumän., russ.) / Planten (südtirol.) / Progara (serb.) / Stopfermehl (österr.) / Tirggwribbler (tirol.) / Türkengrieß / Türkensterz (österr.) nennt man gekochten Maisgrießbrei. Vor der Zubereitung sollte Maisgrieß grundsätzlich mit heißem Wasser übergossen werden, damit sich die unerwünschten Bitterstoffe verflüchtigen.

Nachos nennt man in Mexiko Chips, die auf Mais basieren.

Tamales ist die lateinamerikanische Bezeichnung für junge Mais- oder Bananenblätter, wenn man sie, mit Fleisch gefüllt, dünstet oder in Maismehlteig ausbäckt.

Tomerl nennt sich eine österreichische Spezialität: Es sind hauchdünn gebratene, crèpeartige Maisküchlein.

Lagerung

Mais sollte kühl und lichtgeschützt nicht länger als 5 Tage bevorratet werden, weil seine Körner durch Nachreifung hart und mehlig werden.

Volksmedizinische Bedeutung

Mais bringt die Fettverbrennung auf Zack, senkt den Blutzucker und bindet Giftstoffe im Darm. Aufgrund seines Vitaminreichtums gilt Mais auch **als »Jungbrunnen« für Körperzellen**, die nicht nur zur Abwehr und zum Schutz vor UV-Strahlen, sondern auch zur Regeneration unserer Haut verantwortlich sind. Aus Maisblättern, -fäden und -wurzeln werden pharmazeutische Produkte hergestellt, die der Heilung von Blasen-, Gallen- und Nierenleiden dienen. Infolge einseitiger Maisernährung kann es (da dem Maiseiweiß Nicotinsäureamid sowie Lysin und Tryptophan fehlen) zu Mangelerkrankungen kommen, die zu prekären Darmstörungen und Schädigungen des Nervensystems führen können.

Tipp

Der Schweizer Julius Maggi hat die nach ihm benannte weitbekannte Maggi-Würze im Jahre 1888 entwickelt und in den Handel gebracht. Zur Herstellung wird – so bekannte er einmal – »Maiseiweiß« (also kein Liebstöckel / Maggikraut) schonend aufgeschlossen, um es anschließend mit Gemüse-, Kräuter- und Pilzauszügen, Salz sowie Glutaminsäure zu aromatisieren.

Malabar-Spinat

Basella alba

Epinard de Malabar (frz.), Indischer Spinat, Malabar spinach (engl.), Malabar nightshade (engl.)

Allgemeines, Herkunft, Geschichtliches

Der Malabar-Spinat ist in den Tropen Indiens zu Hause. Erst zu Beginn des 20. Jh.s gelangte er über Surinam und Java auch nach Europa. In Afrika, Brasilien, Indonesien, Malaysia und Trinidad wächst Malabar-Spinat heute wild; in den Niederlanden wird er neuerdings sogar kultiviert. Da die Stiele und Blätter dieses kälteempfindlichen Basellagewächses (Basellaceae) nach jeder Pflücke wieder brav nachwachsen, können sie etwa ein halbes Jahr lang immer wieder nachgeerntet werden.

Aussehen

Malabar-Spinat hat rund-ovale, dunkelgrüne, bis 60 cm hohe Blätter, wollweiße Blüten und sukkulente, grüne Stiele.

Geschmack

Aufgrund seines angenehm milden Geschmacks ist der Malabar-Spinat nicht zu verachten, seine schleimige Konsistenz wird allerdings von den meisten Europäern als höchst befremdlich eingestuft.

Arten, Sorten

Ceylon-Spinat / Basella rubra (lat.) nennt sich eine Malabar-Spinatsorte mit säuerlichen Blättern, roten, fleischigen Stängeln und rosa Blüten.

Hauptinhaltsstoffe

Calcium, Eisen, Oxalsäure, Phosphor, Vitamin C.

Verwendung, Zubereitung

Die Blätter und Blüten des Malabar-Spinats können zu Gemüse und Suppe verarbeitet werden.

Lagerung

Seiner leichten Verderblichkeit wegen ist Malabar-Spinat kaum auf hiesigen Märkten anzutreffen.

Mandarine

Citrus reticulata

Mandalina (türk.), Mandarijn (niederl.), Mandarin (engl., norw.), Mandarina (span.), Mandarine (frz.), Mandarino (ital.), Zwergapfelsine

Allgemeines, Herkunft, Geschichtliches

In Südostchina (Kotschinchina) liegt die Heimat der Mandarine, die erst zur Mitte des 19. Jh.s auch in den Mittelmeerraum gelangte. Sie wird der Familie der Rautengewächse (Rutaceae) zugeordnet und gilt als **kälteresistenteste Zitrusfrucht**.

Die größten Anbauflächen der Mandarine liegen in Ägypten, Algerien, Australien, China, Israel, Italien, Japan, Libanon, Malta, Marokko, Spanien, Südafrika, Südamerika und in der Türkei.

»Easy Peeler« nennt man im Fachjargon alle Mandarinensorten, da sie leicht zu schälen sind.

»Mandarine« ist der Sammelbegriff für verschiedene Arten und Zuchtformen der großen Mandarinengruppe.

Ihren Namen erhielt diese Frucht während der Kaiserzeit, als die Tracht hoher chinesischer Beamter, den sogenannten »Mandarins«, die gleiche Farbe hatte wie Mandarinen.

Aussehen

Der Mandarinenbaum ist ein halbhohes, dünnastiges, leicht bedorntes, immergrünes Gewächs. Seine Früchte sind zwar apfelsinenähnlich, jedoch etwas kleiner, an beiden Polen leicht abgeplattet und der Stielansatz ist stark zerknittert. Je nach Sorte können Mandarinen kernreich (15–20) bis kernlos und acht- bis zehnfächrig sein. Reife Mandarinen haben eine dünne, gelborangefarbene, leicht abziehbare Schale, **die auch dann Genussreife anzeigt, wenn sie noch grünfleckig ist**.

Geschmack

Mandarinen besitzen ein charakteristisches, angenehm süßes Aroma – **das süßeste aller Zitrusfrüchte**.

Arten, Sorten

Beauty nennt sich eine Tangerinensorte (s. u.).

Bergamotte nennt man in Uruguay die Malaquina (s. u.).

Blattclementinen / Blattmandarinen: Meist Winterware, die mitsamt den angewachsenen frischen Zweigen und grünen Blättern im Angebot ist, damit der Kunde von ihrer absoluten Frische überzeugt sein kann.

Clause(l)lina: Mandarinensorte, die vermutlich aus einer Kreuzung der Clementine mit der Satsuma hervorgegangen ist. Diese stark abgeplattete, hellorangefarbene Frucht, die ab Oktober meist aus Spanien zu uns gelangt, ist saftiger und aromatischer als die Satsuma und ihre Schale ist sehr leicht lösbar.

Clementine (dt., engl.) / Clementina (ital., span.) / Clémentine (frz.) / Klementine: Diese frühreifende Zufallskreuzung aus Mandarine, Pomeranze und angeblich auch der Tangerine wurde 1912 per Zufall im Garten des Trappistenmönchs Clément Rodier bei Oran (Algerien) entdeckt. Die dickschaligen, tieforangefarbenen und häufig mit einem kleinen Höcker am Stielansatz ausgestatteten Clementinen kommen zwischen Oktober und Februar aus Ägypten, Algerien, Frankreich, Griechenland, Israel, Italien, Marokko, Spanien, Südafrika, der Türkei, Uruguay oder aus den USA zu uns. Da Clementinen **mehr Zucker und weniger Säure als Mandarinen** enthalten, sind sie besonders bei Kindern beliebt. Clementinen müssen gekennzeichnet werden als »Clementinen ohne Kerne« und »Clementinen mit 1 bis 10 Kernen«. Dem besonderen Duft des etherischen Öls aus der leicht löslichen Clementinenschale sagt man nach, dass er die Konzentrationsfähigkeit fördere. Wer eine Duftlampe hat, kann die Probe aufs Exempel machen und das etherische Öl verdampfen lassen.

Clemenu(l)les nennt sich die **bedeutendste spanische Clementinensorte**, die von November bis Februar auf unseren Märkten feilgehalten wird.

Clemenvilla: Spanische Kreuzung aus Clementine und Orlando.

Cleopatra heißt eine Tangerinensorte.

Cubanique (s. u. Ortanique).

Dancy heißt eine Tangerinensorte.

Ellendale: Hellorangefarbene, dünnschalige, kernlose und sehr saftig-aromatische Mandarinensorte, die ursprünglich zwar aus Florida kommt, mittlerweile jedoch auch in Australien, Argentinien und in Uruguay angebaut wird.

Fortuna: Kreuzung aus Clementine und Tangerine.

Hugli (s. u. Ugli).

Idit wird eine orangefarbene, zartfleischige, kernlose, saftig-süße Mandarinenneuzüchtung genannt, die aus einer israelischen Kreuzung der Michal mit der Wilking hervorgegangen ist.

Jaffarine (s. u. Tangelos).

Kara / Cara-Cara: Venezuelanische King-Satsuma-Kreuzung aus dem Jahre 1970, die heute meist aus Kalifornien oder Spanien zu uns gelangt. Unter ihrer grobporigen Schale hat die Kara kernarmes, saftiges, intensiv lachsrotes Fruchtfleisch.

King: Mandarinensorte, die entweder aus einer Satsuma-Orange- oder Mandarine-Orange-Kreuzung hervorgegangen ist – das lässt sich heute nicht mehr zweifelsfrei nachweisen.

Lee: Mandarinensorte, die aus einer Kreuzung der Clementine mit der Orlando hervorgegangen ist.

Malaquina: Diese uruguayanische Zitrusfrucht ist aus einer Kreuzung der Mandarine mit der Orange hervorgegangen und erst seit 1963 auf dem deutschen Markt. Da sie in Uruguay als »Bergamotte« bekannt ist, wird sie hierzulande zur Vermeidung von Verwechslungen mit der gleichnamigen Zitrusfrucht unter dem Züchternamen »Malaquina« vertrieben. Meist kommt die kernarme Malaquina, deren raue Schale besonders leicht zu lösen ist, aus Spanien oder Zypern.

Mandarin-Orangen / Mikan (jap.): nennt man gezuckerte und konservierte Tangerinenspalten.

Mandora: Zypriotische Neuzüchtung, die aus der Mandarine und der Orange hervorgegangen ist. Die Mandora sieht zwar aus wie eine Mandarine und ist auch leicht zu schälen, ihr Geschmack ist jedoch völlig orangentypisch.

Mapom: Kreuzung aus Pomelo und Mandarine.

Marisol: Mandarinensorte mit leuchtend sonnengelber Schale.

Michal: Feuerrote Kreuzung aus Clementine und Tangerine.

Min(n)eola: Züchtungsergebnis, das 1931 an der Universität von Florida aus einer Kreuzung von »Dancy – Tangerine« mit »Duncan – Grapefruit« hervorgegangen ist. Die Min(n)eola hat zwar das Aussehen einer Mandarine, ist naturgemäß jedoch etwas größer, birnenförmig, saftiger, kernarm bis kernlos und besitzt ein höckerartiges »Näschen«: den Blütenansatz. Ihr harmonisches Zucker- / Säureverhältnis macht sie besonders gut verträglich. Von Juni bis September wird die Min(n)eola aus Israel, Kalifornien, Südafrika, der Türkei oder Uruguay importiert.
Monreal: Kernreiche und zwar weniger saftige, jedoch etwas größere Variante der Clementine, die überwiegend in Spanien und Nordafrika angebaut wird. Auf Deutschlands Märkten ist die Monreal nur selten anzutreffen.
Murcott Honey Tangerine (engl.) / Murcott Honey Orange (engl.) / Smith Tangerine (engl.): Der amerikanische Farmer Charles Murott aus Florida hat 1957 diese dünnschalige, mittelgroße, tieforangerote Zitrusfrucht aus der **Tangerine** und der **Orange** gezüchtet. Hauptanbaugebiete dieser honigsüßen, kernreichen, dunkelrot-fleischigen Frucht liegen in Brasilien und Florida.
Okitsu: Japanische Mandarinensorte, die im September auf unsere Märkte gelangt.
Orlando: Israelische Kreuzung aus Grapefruit und Dancy.
Ortanique / Tambor (südafrik.) / Topaz (israel.): Die Ortanique ist aus einer jamaikanischen Tangerine-Orange-Züchtung hervorgegangen. Während des Ersten Weltkriegs ist sie zwar in gewissem Maße marktfähig geworden, zu einem echten Exportschlager wurde sie jedoch erst im Jahre 1957. Auf Deutschlands Frischemärkten ist die Ortanique erst seit 1975 anzutreffen. Die Ortanique ist eine extrem dünnschalige, abgeplattete, gelborangefarbene, ungewöhnlich saftig-aromatische Frucht, die bis zu 10 dicke Kerne enthalten kann. Von Juni bis Oktober gelangt sie meist aus Jamaika, Südamerika, USA oder Zypern zu uns. Da der Name »Ortanique« für Jamaika warenzeichenrechtlich geschützt ist, werden uruguayanische Exemplare als »Urunique« und kubanische als »Cubanique« bezeichnet. Ihren Namen hat diese Zitrusfrucht ihren Vorfahren Orange, Tangerine und der erzielten Einheit »unique« zu verdanken.
Owari: Mandarinensorte, die zwischen Oktober und Februar im Früchtesortiment steht.
Reyna: Mexikanische Mandarinensorte, deren auffällige, dunkelgrüne Schale stellenweise mit einem Hauch orange durchwachsen ist.
Satsuma / Citrus reticulata var. unshiu (lat.) / Mandarini privi di semi (ital.): Viele behaupten, die Satsuma habe ihren Namen der einstigen Provinz Satsuma auf der japanischen Insel Kinschu zu verdanken, es mehren sich jedoch auch Ansichten, dass Satsumas aus einer spanischen Zitrusfruchtforschung hervorgegangen seien. Seit 1952 kommt diese **früheste Mandarinensorte** nach Deutschland (z. B. aus Ägypten, Algerien, Griechenland, Italien,

Japan, Spanien, Südamerika, der Türkei oder den Vereinigten Staaten). Die Satsuma ist eine kernarme oder völlig kernlose, tangerinenhafte Frucht mit dünner, glatter, leicht lösbarer, leuchtend roter, zuweilen auch grüngelblich schimmernder Schale. Ihr orangefarbenes Fruchtfleisch ist zwar säurearm und fruchtig-süß, gelegentlich schmeckt es jedoch etwas zu fade.

Suntina: Kernlose, fruchtig-aromatische, israelische Kreuzung aus Clementine und Orlando, die erst seit 1987 Bestand hat.

Tambor (s. u. Ortanique).

Tangelos / Citrus reticulata paradisi (bot.) / Jaffarine (israel.): Oberbegriff für alle Kreuzungsprodukte, die im Jahr 1890 erstmals in Florida aus Mandarine (Satsuma oder Tangerine) und Grapefruit oder Pomelo entstanden sind. Tangelos werden heute auf den Antillen, in Florida, Israel, Neuseeland, Sizilien, Südafrika und in Südamerika angebaut. Sie sind etwa apfelsinengroß, schmecken bitter-säuerlich und weisen eine dünne, grüngelb-orangefarbene, fast glatte Schale auf.

Tangerine / Citrus reticulata var. Tangerina (bot.) / Tangerinas (span.) / Tangérine (frz.) / Tangerines (engl.) / Tangerini (ital.): Diese **kleinste Mandarinensorte** hat eine abgeflachte Form mit stark eingedelltem Kelch, ist kernarm und besitzt eine orangerote, leicht lösbare Schale. Ihr Fruchtfleisch ist zwar saftig und säurearm – ein intensives Aroma erschmeckt man jedoch nicht. Meist werden Tangerinen zu Tafelobst, Kompott oder zur Konservenherstellung verarbeitet. Ihre Schalen bilden den Grundstoff bei der Herstellung des berühmten »Curaçao« (Orangenlikör, der auf den Niederländischen Antillen hergestellt wird). Tangerinen werden heute in Argentinien, Australien, Brasilien, China, Israel, Japan, Libyen, Marokko, Spanien, Südafrika und Florida angebaut. Ihren Namen hat sie möglicherweise der Tatsache zu verdanken, dass einstens die gesamte marokkanische Ernte über die Hafenstadt Tanger verschifft wurde.

Tangors lautet der Oberbegriff für Kreuzungsprodukte aus Mandarinen, Tangerinen und Orangen, die erstmals im Obstbauversuchsinstitut in Indio (Kalifornien) erprobt wurden. Überwiegend werden sie in Afrika, Australien, Israel, den USA (Arizona, Florida, Kalifornien) und auf den Westindischen Inseln (Karibische Inseln) kultiviert.

Tardivo: Die beliebteste und qualitativ hochwertigste Mandarinensorte.

Temple / King Orange: Zufallskreuzung, die entweder aus Mandarine – Pomeranze oder aus Mandarine – Grapefruit entstanden ist – hier sind sich die Botaniker bis heute nicht einig. Erste Temple-Einfuhren nach Deutschland erfolgten im Jahre 1968. Meist kommt sie von Januar bis Mai aus Florida, Israel, Mexiko oder Spanien. Die Temple hat zwar eine clementinenähnliche Form, ist jedoch etwas größer, leuchtend orangerot und sehr kernreich.

Topaz (s. u. Ortanique).

Ugli / Ugly / Hugli (jamaik.): Züchtung, die 1915 / 1916 in Jamaika vermutlich aus einer Kreuzung von

Tangerine, Grapefruit und Orange hervorgegangen ist. Das Wort »Ugly« kommt aus dem Englischen und bedeutet »hässlich / unförmig«. Die Ugli hat ca. 16 cm Durchmesser, ist entweder rund oder birnenförmig und hat abgeflachte Enden. Die schrumpelige, narbige, gelbgrüne oder gelbbraune, 3–4 cm dicke Haut ist leicht lösbar. Das saftige, orangegelbe Fruchtfleisch, das alle Geschmacksrichtungen ihrer Vorfahren zwar vereint, jedoch nicht so süß schmeckt, lässt sich leicht in einzelne Segmente teilen, die jeweils nur wenige Kerne enthalten. Meist wird die Ugli als Frischfrucht verzehrt; mit Gelierzucker und etwas Cointreau verbrämt, kann man aus ihrem Saft jedoch auch eine »exotisch angehauchte« Konfitüre zaubern.

Urunique (s. u. Ortanique).

Wilking: Saftige, aromareiche Mandarinensorte, die 1938 in Marokko vermutlich aus einer Kreuzung von Mandarine und King hervorgegangen ist; in Deutschland erschien sie erstmals im Jahre 1959. Meist kommt die kernarme Wilking von November bis März aus Algerien, Israel, Marokko oder Spanien. Sie ist annähernd apfelsinengroß, hat eine abgeflachte Form und weist eine gelborangefarbene, großporige, stark duftende und leicht lösbare Schale auf.

Hauptinhaltsstoffe

Antioxidantien, Bitter- und Gerbstoffe, Calcium, Eisen, Kalium, Magnesium, etherisches Öl, Pantothensäure, Phosphor, Provitamin A, Rutin, Vitamin B, C (30 mg / %), Zucker.

Verwendung, Zubereitung

Mandarinen werden meist als Tafelobst, zur Herstellung von Eis, Obstsalat, kalten und warmen Süßspeisen, Konfitüre, Pulpe und Likör verwendet. Mandarinenschalen finden oft in der Parfümindustrie Verwendung.

Lagerung

Mandarinen sind zwar sehr kälteempfindlich, leicht gekühlt können sie jedoch bis zu 7 Wochen aufbewahrt werden; bei Zimmertemperatur verkürzt sich ihre Lagerzeit allerdings um die Hälfte, da sich ihr Fruchtfleisch stark von der Schale abhebt, an Süße und Aroma verliert und einen »puffigen« Geschmack entfaltet.

Volksmedizinische Bedeutung

Mandarinenverzehr stärkt die Blutgefäße, wirkt krebsvorbeugend, fördert den Blutfluss und tut dem Herz-Kreislauf-System gut.
Tee aus Mandarinenschalen besitzt krampflösende und magenstärkende Eigenschaften.

Tipp

Mit über 70 verschiedenen Arten-, Sorten- und Zweitnamen besitzt die Mandarine **die umfangreichste Namensstruktur** unter den Zitrusfrüchten.

Mandel

Prunus amygdalus

Almendra (span.), Almond (engl.), Amande (frz.), Amandel (niederl.), Amandula (lat.), Badem (türk.), Mandel (norw.), Mandle (tschech.), Mandorla (ital.), Manle (hunsr.), Pasanda (ind.)

Allgemeines, Herkunft, Geschichtliches

Schon vor 3000 Jahren waren Mandeln in ihrer Heimat Vorder- und Zentralasien als Nahrungsmittel bekannt. Zweihundert Jahre vor unserer Zeitrechnung wurden diese Steinfrüchte zunächst in Italien, später in Griechenland, Nordafrika und schließlich oberhalb der gesamten westlichen Halbkugel kultiviert.

Der Mandelbaum ist ein bis zu 5 m hohes **Rosengewächs (Rosaceae), dessen Blätter zwar frostresistent sind, nicht jedoch seine Blüten**, weshalb er in Deutschlands Gärten meist »nur« als Zierpflanze Verwendung findet. Mandelbäume werden in Frankreich, Griechenland, Iran, Israel, Italien, Kalifornien (75% des Mandelangebots), Marokko, Portugal und Spanien kultiviert.

Das Wort »Mandeln« ist durch Lautverschiebungen aus dem lateinischen »amandula« hervorgegangen.

Aussehen

Frische Mandeln sind naturgemäß in einen hartfleischigen, grünen Schutzmantel gepackt, der bei Reife aufspringt und erst dann die abgeflacht-eiförmigen, spitz zulaufenden Kerne freigibt. Hierzulande kennt man meist »nur« getrocknete Mandeln als feste, weißfleischige Steinfrüchte, die von einem glatten, zimtfarbenen Häutchen umgeben sind.

Geschmack

Je nach Sorte können Mandeln von edel-süß bis gallebitter schmecken.

Arten, Sorten

Bittermandeln / Prunus amygdalus amarum (lat.) reifen an rot blühenden Bäumen, kommen meist aus Sizilien zu uns und sind generell kleiner, spitzer und nicht so flach wie die »Süßen«. Diese Urmandeln sollten auf keinen Fall frisch verzehrt werden, da sie den giftigen Bitterstoff Amygdalin enthalten, der schwere gesundheitliche Schäden hervorrufen kann: **Bei Kindern können 5–6 Bittermandeln sogar schon zum Tode führen**, durch Erhitzung (z. B. Kochen oder Backen) wird dieser Giftstoff unwirksam.

Bittermandelöl, das größtenteils dem Aromatisieren von Backwaren und Parfüms dient, wird heutzutage der abgepreisteren und effizienteren Ausbeute wegen meist aus Aprikosenkernen gewonnen.

Knackmandel / Prunus amygdalus fragilis (lat.) / Krachmandel / Prinzessmandel / Schalmandel: Brüchige Süßmandelsorte, deren schrundige Schale sich schon durch leichten Fingerdruck knacken lässt. Meist erreicht sie uns aus Frankreich, Griechenland oder Spanien.

Süße Mandeln / Prunus amygdalus dulce (lat.) / Avola (ital.) / Süßmandeln stammen von weiß blühenden Mandelbäumen. Sie sollten generell ungehäutet verwendet werden, weil sie mit Schale reichliche Ballaststoffe enthalten und zudem ein intensiveres, süßes Mandelaroma abgeben.

Ambrosia-Mandel: Großkernige und sehr wohlschmeckende, florentiner Süßmandelsorte.

Barbarica-Mandeln sind sehr klein und von minderer Qualität.

Candy-Mandeln: Bezeichnung für karamellisierte Mandeln.

Fitas: Balearische Knackmandeln.

Golden Cartagena / Molares: Spanische Knackmandeln.

Grüne Mandeln: Junge Mandeln, die in manchen Weinanbaugebieten mitsamt ihrer grünen Schale karamellisiert werden, um als regionale Spezialität zu Weinproben oder in Straußwirtschaften verzehrt zu werden.

Salzmandeln: Handelsübliche Bezeichnung für geschälte und geröstete süße Mandeln, die – wie Erdnüsse – mit Salz gewürzt wurden.

Schneemandeln nennt man geschälte, in Kakaopulver und schneeweißem Puderzucker gewendete Süßmandeln.

Steinmandel: Wild wachsende Mandelsorte mit steinharter Schale.

Weiße Mandeln nennt man auch enthäutete Mandeln.

Wiener Mandeln nennt man Süßmandel-Dragées, die mit Schokoladenguss überzogen wurden.

Hauptinhaltsstoffe

Asparagin, Bor, Calcium (252 mg / %), Cholin, Eisen, Eiweiß (30%), mehrfach ungesättigte Fettsäuren (über 70%), Kalium (728 mg / %), Kupfer, Magnesium (275 mg / %), Mangan, Natrium, Phosphor (474 mg / %), Vitamin A, B 1, B 2, E, Zink. Mandeln weisen den **höchsten Calcium-, Kalium- und Magnesiumgehalt** aller Nüsse auf.

Verwendung, Zubereitung

Mandeln (bittere und süße) werden zwar zu **Marzipan** / Marchpane (engl.) / Marci panis (lat.) / Markusbrot / Martzapaen (früh. Bez. in Lübeck) / Marzapane (ital.) / Massepain (frz.) verarbeitet und als Dekor und Zutat für die Backwaren-, Konditoren- und Süßwarenindustrie verwendet, der Bittermandelanteil in Süßwaren darf jedoch laut Gesetzgeber 1% nicht übersteigen. Das braune, zarte Mandelhäutchen lässt sich zwar mühelos entfernen, indem man die Kerne mit kochendem Wasser übergießt, sie danach mit eiskaltem Wasser abschreckt und sofort mit einem möglichst rauen Tuch abrubbelt, aus gesundheitlichen (ballaststoffreich) und geschmacklichen Gründen sollte man es jedoch grundsätzlich am Kern belassen.

Seidenweiche, jugendliche Haare erhält man, wenn man sie mitsamt der Kopfhaut in Mandelöl tränkt, das Ganze mittels eines umgebundenen Baumwolltuches ½ Stunde einwirken lässt und danach gründlich mit warmem Wasser ausspült.

Amaretto nennt sich italienischer Mandellikör, der meist mit Orangensaft oder heißem Kaffee gemischt wird.

Lagerung

Wenn man Mandeln dunkel, kühl, trocken und in einem möglichst geruchsundurchlässigen Gefäß aufbewahrt, lassen sie sich mehrere Monate lang bevorraten.

Volksmedizinische Bedeutung

Dank der besonderen Zusammensetzung ihrer Inhaltsstoffe besitzen Mandeln **trotz ihres immensen Fettgehalts** cholesterinsenkende, verdauungsfördernde sowie immunabwehr-, herz-, kreislauf- und nervenstärkende Eigenschaften. Sogar gesalzene Mandeln weisen appetitfördernde und verdauungsanregende Effekte auf.

Säuglingen dient eine Mandel-Milch-Emulsion als bester Muttermilchersatz.

Mandelöl wirkt beruhigend, krampflösend, kühlend, schmerzlindernd und wird bei wunder Haut empfohlen, die durch zu langes Liegen, Sitzen, Reiten und Ähnlichem hervorgerufen wurde.

Tipp

Alljährlich im Frühjahr findet im pfälzischen Gimmeldingen **das größte Mandelblütenfest** nördlich der Alpen statt. Etwa 2000 (Bitter-) Mandelbäume wurden hier schon vor Jahren entlang eines befestigten Fußweges gepflanzt – nicht etwa, um später viele Mandeln ernten zu können, sondern just der einzigartigen, überreichen Blütenfülle wegen. Das von den ansässigen Winzern organisierte, prosperierende Spektakel wird 4 Wochen lang von Einheimischen, Auswärtigen und einer Vielzahl von Touristen besucht.

Mango

Mangifera indica

Aam (ind.), Badewannenfrucht, Königin der Tropenfrüchte, Mango (engl., ital., niederl., norw., span.), Mangot, Mangue (frz.)

Allgemeines, Herkunft, Geschichtliches

Mangobäume zählen zu den Sumachgewächsen (Anacardiaceae), die schon vor 6000 Jahren an den Ufern des Ganges (Fluss in Indien) kultiviert wurden und bis zu 100 Jahre alt werden können. In Afrika, Ägypten, Australien, Florida, Indien, Israel, Java, der Karibik, Pakistan und Südamerika wird er heute kultiviert. Da reife Mangos ihrer Druckempfindlichkeit wegen eine vieltägige Schiffsreise nicht durchstehen würden, transportiert man sie meist per Flugzeug; unreife, also noch grüne und harte Mangonen gelangen dagegen häufig auf dem Wasserweg zu uns. Aufgrund ihres vorzüglichen Geschmacks und da sie zweimal pro Jahr fruchtet, wird die Mango (nach der Banane und der Orange ist sie sogar **die am häufigsten angebaute Tropenfrucht**) – auch als **Königin der Tropenfrüchte** bezeichnet.

Aussehen

Die Mango wächst an einem bis zu 25 m hohen, immergrünen, kastanienhaften Baum. Sie wird bis zu 2 kg schwer, ist nierengestaltig und besitzt eine ungenießbare (da ledrige), dünne, grünrotgelbe, glatte Schale, die bei Reife braunschwarze Flecken bekommen kann. Das saftpralle, aprikosenfarbene Fruchtfleisch umschließt einen länglichen, flachen Kern. Reif ist die Mango, wenn ihre Schale auf leichten Daumendruck nachgibt und sie einen nachhaltigen, exotischen Duft verströmt – dann sollte sie jedoch auch dringendst verzehrt werden.

Geschmack

Reifes, leicht gekühltes Mangofruchtfleisch entfaltet ein intensives Ananas- / Kürbis- / Pfirsicharoma und ist derart saftig, dass es förmlich auf der Zunge schmilzt. Ungekühlt weisen Mangonen einen pelzigen Geschmack und terpentinartigen Geruch auf; bitter schmeckende Mangonen wurden unreif geerntet.

Arten, Sorten

Gandaria / Marian plum (engl.): Gelbe, dünnschalige, nur pflaumengroße Verwandte der Mango mit klebrigem, saftigem, süß-säuerlichem, orangefarbenem Fruchtfleisch, das mit einem dicken Kern verwachsenen ist. Gandarien werden ausschließlich in Indonesien, Malaysia und Thailand angebaut.

Honigmango / Honey mango (engl.) nennt sich eine ausschließlich in Pakistan angebaute, gelbschalige Mangosorte mit betörendem Honigaroma.

Kemang / Mangifera kemanga caesia (lat.) / Wani (engl., frz.): Wilde Mangosorte mit essbarer Schale. Sie hat weißes, cremig-faseriges Fruchtfleisch mit birnigem Geschmack.

Hauptinhaltsstoffe

Biotin, Calcium (10 mg / %), Eisen, Folsäure, Jod, Kalium, Magnesium, Phosphor, Provitamin A, Vitamin B 1, B 6, C (30 mg / %), E. In der Welt der Früchte zählen Mangos zu den **stärksten Provitamin-A-Quellen**.

Verwendung, Zubereitung

Die Mango eignet sich zum Rohverzehr, zur Zubereitung von Bowle, Eis, Konfitüre, Milchshakes, Saft, als Vorspeise mit Schinken oder Lachs sowie als Nachspeise mit Käse. Zuvor zieht man mit wenigen Schnitten die feste Haut ab, damit das Fleisch freiliegt, das dann in beliebig großen Stücken abgeschnitten werden kann.

Seines intensiven Eigengeschmacks wegen sollte Mangofleisch nicht mit anderen Früchten (z. B. in Obstsalat) gemischt werden.

»Badewannenfrucht« nennt man die Mango auch, weil sie während des Schälens und Kernens in höchstem Maße Saft verliert und dadurch derart »anhängliche«, klebrige Verunreinigungen an Händen, Mund und an der Kleidung hervorrufen kann, dass es ratsamer wäre, sich gleich in eine Badewanne zu setzen.

Aus grünen, noch unreifen Mangonen wird in den Anbauländern **Mango-Chutney** und Gemüse hergestellt. Man kann sie jedoch auch roh – nur mit Salz und Worcestersauce gewürzt – verzehren. In Java und auf den Philippinen werden auch junge Mangoblätter zu Gemüse verarbeitet.

Amchoor / Aamchur / Mangopulver: Scharfes, süß-säuerliches Würzpulver, das aus unreifen, getrockneten Mangonen hergestellt wird und überwiegend in der asiatischen Küche als Gewürz und Fleischzartmacher Verwendung findet.

Indischgelb wird aus dem Harn von Rindern gewonnen, die ausschließlich mit Mangoblättern gefüttert werden.

Lagerung

Reife Mangonen sollte man nicht im Kühlschrank aufbewahren, sondern in einem nicht zu kühlen Raum, am besten in einem geschlossenen Gefäß, da sie sehr kälte-, geruchs- und druckempfindlich sind. Unreife Mangos lassen sich zwar bei Zimmertemperatur innerhalb einer Woche nachreifen, in einem verschlossenen Plastikbeutel oder in Zeitungspapier gewickelt geht es jedoch noch rascher. Da Mangos im Lager das reifebeschleunigende Ethylengas produzieren, sollte man sie nicht gemeinsam mit anderem Obst und Gemüse bevorraten.

Volksmedizinische Bedeutung

Mangos haben nicht nur eine verdauungsfördernde und stimmungsaufhellende Wirkung, auch einem merklichen Anflug von Infektionen und Erkältungen kann man durch ihren Genuss entgegenwirken. Mangos revitalisieren Haut und Knochen, beruhigen den Kreislauf, bringen die Nervenbotenstoffe auf Trab und lindern Stress. Dank spezieller Biostoffe, die dafür sorgen, dass Fette im Körper besser transportiert und in den Körperzellen verbrannt werden, ist diese exotische Frucht auch bei einer Reduktionsdiät vorteilhaft. Nach dem Mangogenuss sollte man **mindestens 2 Stunden lang kein Wasser, keine Milch oder Alkohol trinken**, sonst gibt es qualvolles Magendrücken – dies gilt auch für die Konservenversion. Warum das so ist, hat man bis heute noch nicht herausgefunden.

Tipp

Aus dem Mangokern lässt sich mühelos ein dekoratives Mangobäumchen heranziehen, wenn man ihn geschält in ein feuchtes Blumenerde-Sand-Gemisch steckt und mit einem darübergestülpten Wasserglas für tropisches Klima sorgt. Nach 1–2 Wochen treiben Wurzeln aus dem sich nur sehr zaghaft spaltenden Kern.

Mangold

Beta vulgaris

Acelga (span.), Bette (österr.), Biet (niederl.), Bieta (ital.), Bietola (ital.), Blette (frz.), Blitwa (serbokroat.), Bocwina (poln.), Chard (engl.), Kehl (hess.), Piesl (tirol.), Sommerspinat

Allgemeines, Herkunft, Geschichtliches

Der Mangold ist ein mit Rote Bete, Spinat und Zuckerrübe verwandtes Gänsefußgewächs (Chenopodiaceae), das durch mehrjährige Züchtung aus dem im Mittelmeerraum heimischen Seemangold (Meerstrandrübe) hervorgegangen ist. Schon im 2. Jh. v. Chr. war Mangold bei den alten Griechen, Babyloniern und Ägyptern ein begehrtes Gemüse – seit dem Mittelalter (5.–15. Jh.) wird er in veredelter Form auch hierzulande geschätzt. In Deutschland, den Niederlanden, der Schweiz und Frankreich wird der anspruchslose Mangold großflächig angebaut, an mediterranen Stränden trifft man ihn sogar noch zuhauf in der Wildform an.

Aussehen

Wenn von Blatt- und Stielmangold die Rede ist, handelt es sich keineswegs um zweierlei Mangoldsorten, sondern um unterschiedliche Ernteergebnisse, die durch spezielle Anbaumethoden manipuliert werden:

Blattmangold besitzt stark ausgeprägte, gerippte, spinatähnliche, gelbe, grüne oder rötliche Blätter und einen schmalen, leicht faserigen Blattstiel, der sich zur Wurzel hin etwas weitet.

Stielmangold weist fleischige, bis zu 10 cm breite und je nach Sorte gelblich grüne, dunkelgrüne oder rötliche Blattstiele und kleine Blätter auf.

Mangoldwurzeln haben im Allgemeinen ein rübenförmiges Aussehen.

Geschmack

Mangoldblätter besitzen ein herb-erdiges, zwar spinatähnliches, jedoch wesentlich kräftigeres Aroma. Mangoldblätter, die mehr als handgroß sind, neigen zu Bittergeschmack. Mangoldstiele schmecken spargelartig.

Arten, Sorten

Blattmangold / Beta vulgaris var. vulgaris (lat.) / Beißkohl / Poirée (frz.) / Römerkohl (süddt.) / Römische Bete / Römisch(er) Kohl / Schnittmangold / Snijbiet (niederl.) / Spinach beet (engl.) gedeiht optimal auf leichtem, durchlässigem Untergrund bei einem Pflanzabstand von höchstens 20 cm, damit sich die geballte Kraft der Pflanze während des Wachstums auf die Blätter konzentrieren kann.

Stielmangold / Beta vulgaris var. flavescens (lat.) / Côte de bette (frz.) / Krautstiele (schweiz., österr.) / Mangoldstiele (österr.) / Mangoldsturzen / Rippenkohl / Rippenmangold / Schweizerkraut / Schweizer Mangold / Stängelmangold / Swiss chards (engl.) favorisiert schweren, nährstoffreichen Boden und sollte mit mindestens 40 cm Abstand gepflanzt werden, um die Kräftigung der Stiele zu fördern.

Hauptinhaltsstoffe

Asparagin, Betain, Biotin, Calcium, Coniferin, Eisen, viel Eiweiß, Glucose, Jod, Kalium, Magnesium, Oxalsäure, Phosphor, Raphanol, Saponine, Vitamin A, B 1, B 2, C, Zink.

Verwendung, Zubereitung

Blattmangold wird meist wie Spinat zubereitet, indem man ihn von den Stielen streift und erst danach – nachdem man die geschälten Stielchen bissfest vorgegart hat – mitdünstet.

Stielmangold wird, ähnlich wie Spargel, geschält und dann separat oder zusammen mit den nicht sehr stark ausgeprägten Blättchen als kohlrabiähnliches Gemüse zubereitet.

Der erdige Geschmack des Mangolds lässt sich mit Milch oder Sahne mindern. Nach dem Garen sollte Mangoldgemüse mit reichlich Zitronensaft gewürzt werden, damit sich keine tückischen Nitrosamine bilden, denn wie der Spinat ist auch der Mangold von Natur aus relativ nitrathaltig. Rotstieliger Mangold färbt sich während der Zubereitung schon nach kurzer Zeit grau.

Junge Mangoldblättchen können ungegart zu ausgefallenen Salatvariationen verarbeitet werden.

Mangoldwurzeln werden meist als Viehfutter verwendet, da sie aufgrund ihrer faserig-trockenen Beschaffenheit zur Gemüsebereitung ungeeignet sind.

Lagerung

Mangold ist, da er nach der Ernte rasch welkt und währenddessen seine wertvollen Vitamine verliert, nur wenige Stunden lagerfähig.

Volksmedizinische Bedeutung

Mangold empfiehlt sich bei Blutarmut, Nervosität und Atemwegs-, Darm- und Magenentzündungen. Darüber hinaus unterstützt Mangold die Fettverdauung, entlastet die Leber und neutralisiert zellschädigende freie Radikale. Bei Ohrenschmerzen ist der Saft von gekochten Mangoldwurzeln hilfreich, indem man mehrmals täglich 2–3 möglichst warme Tropfen ins Ohr träufelt.

Tipp

Lässt man beim Mangoldschnitt jeweils die Herzblätter stehen, können Mehrfacherträge erzielt werden.

Mangostane

Garcinia mangostana

Mangis, Mangosta (ital.), Mangostan (niederl., norw., span.), Mangostanapfel, Mangostano (ital.), Mangosteen (engl.), Mangosten, Mangoustan (frz.), Mangu

Allgemeines, Herkunft, Geschichtliches

Die Mangostane ist die Frucht des bis zu 25 m hohen, schwarzrindigen Mangostanebaums, der zur Familie der immergrünen Hartheugewächse (Guttiferae) gezählt wird. In ihrer Heimat Malaysia gehört diese exotische Frucht zu den beliebtesten Delikatessen. Mangostanen werden meist aus Brasilien, Indien, Mittelamerika oder Thailand zu uns importiert.

Aussehen

Die Mangostane ist eine pfirsichgroße Frucht mit plattem Ober- und Unterteil. In ihre dicke, lederartige, rotbraune bis purpurviolette Schale ist cremig-weißes Fruchtfleisch eingebettet, das in 4–5 Segmente eingeteilt ist, die harte, gelbgrüne, fetthaltige, essbare Kerne beinhalten. Der Stielansatz der Mangostane ist mit 4 kraftstrotzenden Kelchblättern bestückt und am gegenüberliegenden Fruchtende befindet sich eine blütenförmige Narbe.

Geschmack

Das unvergleichlich köstliche Mangostanenaroma, das erst durch leichte Kühlung seine geballte Kraft entfalten kann, gilt als **eines der feinsten unter den tropischen Früchten**: Es gleicht einem Cocktail aus Ananas, Aprikosen, Orangen, Pfirsichen und Trauben.

Arten, Sorten

Falsche Mangostane (s. u. Langsat).

Hauptinhaltsstoffe

Calcium, Eisen, Phosphor, Stärke, Vitamin B, C, K.

Verwendung, Zubereitung

Mangostanen werden entweder frisch verzehrt oder zu Cocktails, Eis, Obstsalat und Süßspeisen verarbeitet. Um Mangostanen frisch zu verzehren, viertelt man sie vorweg, und lutscht dann ihr Fruchtfleisch mitsamt den Kernen aus. Erhitzen sollte man Mangostanen auf keinen Fall, da sie währenddessen nicht nur ihr wertvolles Aroma, sondern zum größen Teil auch ihre Mineralstoffe und Vitamine verlieren.

Lagerung

Mangostanen sind für eine längere Lagerung ungeeignet, da sich ihr Fruchtfleisch schon nach relativ kurzer Zeit unansehnlich braun färbt, wässrig und holzig im Geschmack und somit ungenießbar wird.

Volksmedizinische Bedeutung

Abgekochte Mangostaneschalen nutzt man in den Herkunftsländern als Heilmittel bei Durchfallerkrankungen und Entzündungen der Haut.

Tipp

Vorsichtig: Mangostaneschalen sondern eine Flüssigkeit ab, die schwer entfernbare Flecken auf der Kleidung verursachen kann.

Maniok

Manihot esculenta
Cassava (engl.), Cassave, Kassavawurzel, Kassave (indian., span.), Kassawa, Mandioca (engl., span.), Mandioka, Mandioko, Manioc (engl., frz.), Manioca (ital.), Manioka

Allgemeines, Herkunft, Geschichtliches

Als »Maniok« bezeichnet man die Wurzeln des bis zu 3 m hohen Maniokstrauchs, der schon vor 4000 Jahren in Südamerika angebaut wurde; das weiß man aus prähistorischen Funden. Indianer stampften einen Brei aus den Wurzelknollen und bereiteten daraus Mehl, aus dem sie Fladenbrot herstellten.
Nach der Entdeckung Amerikas gelangte dieses robuste Wolfsmilchgewächs (Euphorbiaceae) durch portugiesische Sklavenhändler über Spanien auch nach Afrika und Asien, wo es noch heute als **bedeutendstes Grundnahrungsmittel** gilt, da es den **höchsten Stärkeertrag aller Knollengewächse** liefert: Aus 50 kg Knollen können durchschnittlich bis zu 10 kg Stärke gewonnen werden.
Fälschlicherweise (möglicherweise auch aus Unkenntnis) gelangen Maniokwurzeln nicht selten als Yams auf unsere Märkte.

Aussehen

Die bis zu 5 kg schweren, unregelmäßig geformten, an überdimensionale Dahlienknollen erinnernden Maniokwurzeln können bis zu 1 m lang und 20 cm dick werden. Die korkartige, rotbraune, mit winzigen Saugwurzeln behaftete Schale verbirgt strahlend weißes Fruchtfleisch, das von einer Vielzahl Milchröhren durchzogen wird.

Geschmack

Maniokwurzeln schmecken mehlig-neutral und – je nach Sorte und Herkunft – sonderbar süß oder bitter.

Arten, Sorten

Aipim / Süßer Maniok / Yucca / Yuca (span.): Manioksorte mit unförmigen, ca. 5 cm dicken, braunen Erdstöcken, die ungewöhnlich hartes, süßliches Fruchtfleisch enthalten.

Hauptinhaltsstoffe

Blausäureglykosid, Calcium, Eisen, Eiweiß, Kalium, Stärke, Vitamin C.

Verwendung, Zubereitung

Maniokwurzeln können zwar wie Kartoffeln zubereitet werden, zuvor sollte man sie jedoch schälen, längs halbieren und die harte Mittelvene entfernen.
In den Herkunftsländern werden aus Maniokwurzeln Chips gebacken und aus den Blättern spinatartiges Gemüse bereitet.
Brasilianisches Arrowroot / Cassavastärke / Farinha de mandioca (span.) / Maniokmehl / Polvilho (brasil.) nennt man feinkrümelige, wachsartige Stärke, die aus geschnetzelten und getrockneten Maniokknollen hergestellt wird. Meist wird sie für die Zubereitung von Brei, Fladen, Kuchen, Toastbrot, Suppe, Gemüse oder zur Herstellung von Babynahrung und Diätkost genutzt.
Cassareep lautet der Fachausdruck für Maniokwurzelsaft, der in der karibischen Küche zum Andicken von Saucen und Suppen verwendet wird.

Japanperlen / Nizamperlen / Perltapioka / Tapiokasago / Tapiokaperlen nennt man verkleisterte Stärkeklümpchen, die bei der Tapioka-Produktion anfallen. Sie werden meist zu Suppeneinlage, Saft oder Alkohol verarbeitet.

Lagerung

Leicht gekühlt lassen sich Maniokwurzeln ca. 2 Wochen aufbewahren.

Tipp

Die in Maniokwurzeln enthaltene giftige Blausäure wird durch Backen, Kochen, Rösten, Trocknen oder Wässern zerstört.

Maulbeere

Morus

Dut (türk.), Moerbei (niederl.), Mora di gelso (ital.), Mulberry (engl.), Mûre (frz.)

Allgemeines, Herkunft, Geschichtliches

Der Maulbeerbaum ist ein Maulbeergewächs (Moraceae), das zwar ursprünglich aus Asien stammt, seit dem 12. Jh. jedoch auch im Mittelmeerraum, in England, Skandinavien und Südamerika angebaut wird.

Aussehen

Es gibt gelbweiße, rote, schwarzblaue und – je nach Sorte – ovale oder runde Maulbeeren, die ein brombeerähnliches Aussehen aufweisen.

Geschmack

Das Aroma erinnert an Brombeeren. Schwarzblaue Maulbeeren schmecken würziger als gelbweiße und rote.

Arten, Sorten

Indische Maulbeere / Morinda citrifolia (bot.) / Noni (hawaii.): Etwa 10 cm lange, gelbgrüne, ovale Frucht mit warzenartigen Erhebungen, deren Ursprung zwar in Südostasien liegt, die mittlerweile jedoch ebenso auf Hawaii, in der Karibik und auf Tahiti kultiviert wird. Sie wächst an bis zu 8 m hohen Bäumen und ist als heilkräftige, schmerzkillende und stärkende Frucht bekannt – vorausgesetzt, man vereinnahmt sie auf nüchternen Magen. In Deutschland kennt man die als »zulassungswidrig« geltende, säuerlich-scharfe Noni zwar bereits in Saft-, Kapsel- oder Brausetablettenform, von ihrem Verzehr raten Ärzte jedoch ab, weil sie zu **morphinähnlichen Nebenwirkungen** (ohne abhängig zu machen) führen kann.

Rote Maulbeere / Morus rubra (lat.) / Kanadische Maulbeere: Der frostwidrige und schattenliebende Rote Maulbeerbaum stammt aus Nordamerika. Seine länglichen, sauren, roten Früchte werden meist zu Konfitüre verarbeitet.

Schwarze Maulbeere / Morus nigra (lat.): Trotz seiner stattlichen Höhe von 25 m wirkt der Schwarze Maulbeerbaum im Gegensatz zum Roten und Weißen sehr gedrungen. Er ist im Iran und Kaukasus heimisch, hat sehr unterschiedlich geformte Blätter und liefert süß-saure, schwarzrote, brombeerähnliche Früchte, die sowohl zum Frischverzehr und zur Sirup-, Kompott-, Kuchen-, Konfitüre- und Weinherstellung als auch zur Produktion von Färbemitteln geeignet sind.

Weiße Maulbeere / Morus alba (lat.) / Sang Shentzu (chin.): Der Weiße Maulbeerbaum ist in China und dem Himalaja-Gebirge beheimatet. Er fordert einen weit ausladenden Standort und kann bis zu 12 m hoch werden. Seine dünnen Blättchen dienen überwiegend den Seidenraupen als Futterlieferant. Weiße Maulbeeren schmecken zwar süß, ihr Aroma kann man jedoch als »hoffnungslos verkümmert« bezeichnen.

Hauptinhaltsstoffe

Pektin, Säuren, Vitamine.

Verwendung, Zubereitung

s. u. Sorten.

Lagerung

Da sich frische Maulbeeren nach der Ernte nur für kurze Zeit bevorraten lassen, können sie lediglich auf heimischen Märkten gehandelt werden; für Exporte werden sie tiefgekühlt.

Volksmedizinische Bedeutung

In den Anbauländern wird die leicht verdauliche Maulbeere als rasch wirksames Mittel gegen Herz- und Kreislaufschwäche eingesetzt. Maulbeerblätter dienen oft der industriellen Herstellung von Haarwuchsmitteln.

Tipp

Maulbeerenkompott macht man so: 100 g Zucker mit 0,1 l Weißwein und Wasser (je zur Hälfte) aufkochen, eine Prise Zimt und 2–3 Ratscher unbehandelte Zitronenschale zufügen, ca. 5 Minuten köcheln, gewaschene Maulbeeren hinzufügen, zügig aufkochen und möglichst schnell abkühlen.

Meerkohl

Crambe maritima

Chou marin (frz.), Crambé maritime (frz.), Englischer Kohl, Gemüsekohl, Sea kale (engl.), Krambe (griech.), Seekohl, Silver kale (engl.), Strandkohl, Wildkohl

Allgemeines, Herkunft, Geschichtliches

Die Ursprungsgebiete des Meerkohls, aus dem alle anderen Kohlsorten hervorgegangen sind, liegen im Kaukasus und in Zypern, wo er bereits seit über 2500 Jahren wild wächst. Italienische Seefahrer brachten den zur Familie der Kreuzblütler / Brassicaceae (Cruciferae) zählenden Meerkohl vor etwa 400 Jahren mit in ihre Heimat; von dort aus verbreitete man dann seine zahlreichen Abkömmlinge über ganz Europa. Der Meerkohl ist eine ungewöhnlich ausdauernde und widerstandsfähige Wildpflanze, die sich an den feuchten Küsten des Atlantiks, des Mittelmeers, der Nord- und Ostsee und am Schwarzen Meer am wohlsten fühlt. In England, wo sich gebleichter Meerkohl besonderer Beliebtheit erfreut, wird er sogar **seit dem Jahre 1750 kultiviert**. In Deutschland fällt Meerkohl im Wildvorkommen zwar unter die Bundesartenschutzverordnung, vom Aussterben bedroht ist er jedoch noch nicht.

Aussehen

Der Meerkohl ist eine attraktive, bis 3 m hohe, weißblütige Pflanze mit großen, gelappten, wachsbedeckten, dunkelgrünen bis hechtblauen Blättern, dicken, fleischigen Stängeln und spargelartigen Schösslingen.

Geschmack

Wilder Meerkohl besitzt ein weißkohl- bis kohlrabiartiges Aroma. Besonders lecker schmeckt gebleichter Meerkohl.

Arten, Sorten

Tartarenkohl / Gewürzmeerkohl / Russischer Meerkohl / Spitzblättriger Meerkohl / Tartarischer Meerkohl: Würzige, sibirische Meerkohlsorte mit bulböser Wurzel, die nach dem Blanchieren komplett zu Salat oder Gemüse verarbeitet werden kann.

Hauptinhaltsstoffe

Mineralstoffe, Provitamin A, Vitamin B 1, B 2, C.

Verwendung, Zubereitung

Frische Meerkohlblätter können roh, gebraten oder gedünstet verzehrt werden. Meerkohlblüten, die in Bierteig ausgebacken wurden, gelten bei Feinschmeckern als absoluter Geheimtipp. Meerkohlschösslinge lassen sich wie Spargel zubereiten.

Volksmedizinische Bedeutung

Meerkohl wirkt verdauungsfördernd, magenstärkend, lindert Neuralgien und entgiftet die Leber. Umschläge mit frischen Meerkohlblättern haben eine schmerzstillende und heilende Wirkung bei Muskelzerrungen, Kopfschmerzen und offenen Wunden.

Tipp

Aus Samen herangezogenen Meerkohl kann man erst nach 3 Jahren ernten.

Meerrettich

Armoracia rusticana

Armoraccio (ital.), Armorakia (griech.), Barbaforte (ital.), Bauernkraut, Bauernsenf, Bayir turpu (türk.), Beißwurzel, Boereradijs (niederl.), Chreno (griech.), Chrzan pospolity (poln.), Cran (frz.), Cren (ital.), Deutsches Penicillin, Englische Wurzel, Grä(n), Greinwurzel, Grien, Horse radish (engl.), Khren (russ.), Közönséges torma (ung.), Kren (österr., ostdt., slaw., süddt., tschech.), Mährrettich, Märek, Marak, Maressig, Marr-Reddig, Meerch (hess.), Meerrettig, Mérédic (frz.), Meredik (niederl.), Merretsch (thür.), Mierik(swortel) (niederl.), Mirch(wurzel), Morretig, Peberrod (dän.), Pepparrot (schwed.), Pepperrot (norw.), Pfefferwurzel, Pferderadies, Pferdewurzel, Piparjuuri (finn.), Piparrót (isl.), Rabano picante (span.), Rabano rusticano (span.), Rachenputzer, Rafano (ital.), Raifort (frz.), Raiz-forte (port.), Scharfwurzel, Skorbutkraut, Taramago (span.), Torma (ung.), Tränenwurzel, Waldrettich, Yaban turbu (türk.)

Allgemeines, Herkunft, Geschichtliches

Der Meerrettich ist eine anspruchslose Pflanze, die aus den Steppengebieten der Ukraine stammt, wo sie noch heute wild wachsend anzutreffen ist. Hierzulande ist dieser winterharte Kreuzblütler / Brassicaceae (Cruciferae) zwar schon seit dem 12. Jh. als Heil-, Gemüse- und Gewürzpflanze bekannt, zum großen Durchbruch kam er jedoch erst durch den Markgrafen Ludwig Wilhelm von Baden (auch »Türken-Louis« genannt), der den Meerrettich von den Türkenkriegen mitbrachte und ab 1650 in den Hofgärten seiner Rastatter Residenz heranzog.

Der deutsche Meerrettichbedarf wird zum größten Teil mit Anbaugebieten in Lübbenau (Spreewald), Forchheim (bei Nürnberg) und der Ortenau gedeckt; geringe Einfuhren kommen aus Asien, Belgien, den Niederlanden, Nordamerika, Österreich, Schweden und Ungarn. Erntezeit ist von Oktober bis April.

Aussehen

Qualitativ hochwertiger Meerrettich besitzt eine glatte, pfahlartige, bis zu 60 cm lange und 6 cm dicke, braunhäutige Wurzel, die festes, weißes Fruchtfleisch beinhaltet. Solcher mit schrumpliger Schale ist meist verholzt und infolgedessen ungenießbar. Die länglichen, relativ großen Meerrettichblätter zeigen eine leicht angeraute Oberfläche und einen feinwelligen, eingekerbten Blattrand. **Fechser / Bizzi (fränk.) / Schwiegatze (brandenb.)** nennt man die vielbeinigen, meist holzigen Seitenwurzeln des Meerrettichs, die nicht selten als Setzlinge der Anzucht von Neupflanzen dienen.

Geschmack

Sowohl die Meerrettichwurzeln als auch die -blätter weisen einen brennend scharfen Senfgeschmack und -geruch auf. **Je länger Meerrettichwurzeln im Boden verbleiben, desto milder wird ihr Geschmack, da sie ihr scharfes, etherisches Senföl allmählich in sich verzehren.** Bei der Konservierung bleibt die Schärfe der Wurzeln gänzlich erhalten, weil sie sofort nach der Ernte in einem Arbeitsgang maschinell geschält, gerieben und ohne Umschweife konserviert werden.

Arten, Sorten

Gemüsemeerrettich ist geriebener Meerrettich, der (mit Aroma- und Konservierungsstoffen, Pflanzenöl, Säuerungsmitteln, Salz und Zitronensäure versetzt) meist in Gläsern gehandelt wird.
Meerrettichsenf: Scharfe Mischung aus geriebenem Meerrettich und Senf, die meist als Konserve erhältlich ist.
Tafelmeerrettich nennt sich geriebener Meerrettich, der – mit Essig, Majonäse, Salz und Süßstoff versetzt – vermarktet wird.

Hauptinhaltsstoffe

Allylsenföl (0,5%), Asparagin, Ballaststoffe, Calcium, Eisen, Glykosinoate, Kalium, Magnesium, Natrium, Phosphor, Provitamin A, Sinigrin, Vitamin B 1, B 2, B 3, B 6. **Der Vitamin-C-Gehalt des Meerrettichs ist doppelt so hoch wie der einer Zitrone.**

Verwendung, Zubereitung

Frisch geraspelten Meerrettich sollte man sofort mit Zitronensaft mischen, da er sonst oxidiert. Danach muss er rasch aufgebraucht werden, weil sein Aroma zunehmend verflacht. Augenreizungen, die beim Meerrettichreiben entstehen, lassen sich verhindern, indem man die (möglichst gefrorenen) Wurzeln an der frischen Luft raspelt. Meerrettich wird meist zum Würzen von Saucen, Sahnemeerrettich oder Braten- und Suppenfleisch verwendet. Sahnemeerrettich kann zu einer ungeahnten Köstlichkeit werden, wenn man ihn mit Salz, Pfeffer, Orangensaft, Zitronensaft und Preiselbeerkompott abschmeckt (nicht nur würzt).

Geriebener Meerrettich, der zum Würzen von heißer Meerrettichsauce vorgesehen ist, darf erst am Ende der Zubereitung in die Sauce gerührt werden, da er sonst seine Schärfe und Vitamine verliert und zudem einen leichten Bittergeschmack annimmt. Ungewünschte Meerrettichschärfe lässt sich mit etwas Sahne / Flott (nordwestdt.) / Hüftengold (küchenspr.) / Nidel (schweiz.) / Obers (österr.) / Rahm (süddt.) / Schmetten (ostdt.) oder Butter zähmen.
Die Meerrettichwurzel kann zwar auch zu Gemüse bereitet werden; wie bereits mehrfach angerissen, büßt sie währenddessen jedoch ihre erwünschte Schärfe gänzlich ein – sie entfaltet dann einen eher kohlrabihaften Geschmack.
Junge Meerrettichblättchen gelten als erfrischende Salatzutat, alte Blätter sind indes zäh und schmecken etwas »streng«.

Lagerung

In feuchten, kühlen Sand gehüllt (fachspr. stratifiziert) hält sich Meerrettich mehrere Monate frisch. Luftdicht, in Klarsichtfolie verpackt, ist er auch im Kühlschrank eine geraume Zeit bevorratbar.

Volksmedizinische Bedeutung

Geriebener Meerrettich, der mit Honig und Zucker vermischt wurde, bekämpft Raucherhusten und Bronchitis. Da Umschläge mit geriebenem Meerrettich die Hautdurchblutung fördern, sind diese wirksam bei Gicht, Rheuma, Ischias und Neuralgien. Meerrettich soll, neuesten Erkenntnissen zufolge, sogar eine dem Penicillin ähnliche, antibiotische Wirkung besitzen und selbst Krebs bekämpfen. Bei chronischer Zahnfleischentzündung sollte man des Öfteren geriebenen Meerrettich auf die betroffenen Stellen streichen und kurze Zeit einwirken lassen. Schon nach wenigen Tagen wird das Zahnfleisch fester und kräftiger. Vorsichtig: Bei Schilddrüsenunterfunktion oder gleichzeitiger Einnahme hormoneller Substanzen sollte man von Meerrettichverzehr absehen.

Tipp

Während der Meerrettichaufzucht erhöhen die in der Wurzel enthaltenen Substanzen die Abwehrkräfte benachbarter Kartoffelpflanzen.

Melde

Atriplex hortensis

Arroche épinard (frz.), Atriplice (ital.), Gartenmelde, Melle, Orache (engl.), Spanischer Salat, Spanischer Spinat, Tuinmelde (niederl.), Wilder Spinat

Allgemeines, Herkunft, Geschichtliches

Schon die alten Griechen und Römer kannten die in Asien beheimatete Melde. Da sie rasch aufstängelt, war sie nach dem Ersten Weltkrieg ein beliebtes Nahrungsmittel, zumal sie überall an Wegen, auf Schutthalden aber auch im Garten wild wuchs. Im Laufe der Jahre wurde dieses Gänsefußgewächs (Chenopodiaceae) von ihrem Verwandten, dem Spinat, verdrängt. Möglicherweise ist die Melde auch deshalb aus der Mode gekommen, weil man die herzförmigen Blättchen wäh-

rend der Ernte mühevoll einzeln abzupfen muss. Den derzeitigen deutschen Meldebedarf deckt das Rheinland von Mai bis Oktober – geringe Einfuhren kommen aus den Niederlanden. Während des Anbaus kann die Melde durch gelegentliches Entspitzen zum Verzweigen angeregt werden.
Der Name »Melde« ist möglicherweise von ihrem milden Geschmack abgeleitet worden.

Aussehen

Die bis zu 2 m hohe Melde hat – je nach Sorte – grüne, gelbe oder rote Blätter, die unterseits wie mit Mehl bestäubt aussehen.

Geschmack

Junge Meldenblätter schmecken zwar mild, leicht salzig und sauerampferähnlich, zu Beginn der Blütenbildung erlangen sie jedoch einen ekelerregenden Bittergeschmack, der sie ungenießbar macht.

Arten, Sorten

Gemeine Melde: Etwa 50 cm hohe, als »lästiges Unkraut« verschmähte (da stark wuchernde und ungenießbare), grünblütige, wilde Version der Gartenmelde.
Rheinische Kopfmelde / Rote Gartenmelde: Wüchsige, rotblättrige Meldensorte.
Strandmelde / Ufermelde: Wild wachsende Meldensorte, deren Vorkommen sich auf die Nord- und Ostseeküste beschränkt.

Hauptinhaltsstoffe

Calcium, Eisen, Provitamin A, Saponine, sehr Vitamin-C-haltig.

Verwendung, Zubereitung

Junge Meldenblättchen lassen sich zur Salatbereitung verwenden; große, ältere Meldenblätter und -stängel werden meist zur Herstellung von Suppe oder spinatähnlichem Gemüse genutzt; vorher sollte man sie **so lange waschen, bis sich ihr Blattmehl gänzlich im Wasser aufgelöst hat**.
Die Samenstände verblühter Melden werden bei der Herstellung von Kränzen, Trockensträußen und zu Dekorationen favorisiert.

Tipp

Als wahre Delikatesse zwischendurch gelten in Bierteig frittierte Meldenblätter. Solche kleinen warmen oder kalten Gaumenkitzler nennt man im gastronomischen Sprachgebrauch **»Amuse-bouche«** (Mundbissen) oder **»Amuse-gueule«** (Appetithäppchen). Sie sollten derart beschaffen sein, dass man sie mühelos als **Fingerfood** – also ohne die Zuhilfenahme von Besteck und »kleckerlos« zu sich nehmen kann. Meist werden sie vor festlichen Menüs oder zu sogenannten **Walking Dinners** entweder aufgetischt oder mittels Service-Personal im gesamten Aufenthaltsbereich der Gäste plattenweise angepriesen.

Melone

Meloen (niederl.), Melon (engl), frz., griech.), Melón (span.), Popone (ital.), Uri (jap.)

Allgemeines, Herkunft, Geschichtliches

Bereits vor 3000 Jahren wurden Melonen von den alten Persern kultiviert. Sowohl Wasser- als auch Zuckermelonen gehören zwar beide zur Familie der **Kürbisgewächse** (Cucurbitaceae), Wassermelonen stammen jedoch direkt vom Kürbis, Zuckermelonen von der nahe verwandten Gurke ab. Melonen werden genaugenommen auch nicht dem Obst, sondern dem **Gemüse** zugeordnet, da sie von einjährigen Pflanzen stammen; in den meisten Ländern, auch in Deutschland, werden sie dessen ungeachtet als Obst gehandelt. Großflächigen Melonenanbau findet man heute in Afrika, Amerika, Asien und in Südeuropa. In Florida zählt das Surfen zwar zu den gängigsten Sportarten, das beliebteste Hobby ist jedoch **»Melonenkern-Weitspucken«**. Die bisher erreichte Rekordweite betrug 7,35 m.

Das Wort »Melone« wurde dem griechischen »melon« entlehnt und bedeutet soviel wie »großer Apfel«.

Aussehen

Melonen können – je nach Sorte – sowohl ein ballonartiges als auch eiförmiges Aussehen haben. Die Farbe der Melonenschale hat nichts mit dem speziellen Reifegrad zu tun; sie richtet sich vielmehr nach der Sorte.

Melonenblüten werden in »männliche« und »weibliche« unterteilt. Die weiblichen (nur sie können zu Früchten erstarken) unterscheiden sich von den männlichen durch eine deutliche Verdickung unterhalb des gelben Blütenansatzes.

Im Gegensatz zu den gefiederten Blättern der Wassermelone sind die der Zuckermelone nahezu glattrandig.

Geschmack

Reife Melonen schmecken erfrischend süß und sind sehr saftig. Exemplare, die unter +10° C bevorratet wurden, haben einen Großteil ihres Aromas eingebüßt: Sie schmecken dann betont wässrig.

Arten, Sorten

Wassermelone / Citrullus lanatus (lat.) / Anguria (ital.) / Angurie (venez.) / Arbuse (pers., russ.) / Cocomera (ital.) / Dschamma (arab.) / Karpuz (türk.) / Melon d'eau (frz.) / Pasteke / Pastèques (frz.) / Sandias (span.) / Vannmelon (norw.) / Watermeloen (niederl.) / Watermelon (engl.) / Zitrulle (frz.) / Zitrullengurke: Die Heimat der Wassermelone liegt im tropischen Afrika, wo sie schon seit über 4000 Jahren kultiviert wird. Sie wird bis zu 20 kg schwer, beinhaltet bis zu 95% Flüssigkeit und hat tiefrotes, zwar relativ süßes, jedoch aromaschwaches Fruchtfleisch, das von zahlreichen braunschwarzen, essbaren Kernen durchwachsen ist. Wohlbewusst wurde im vorangegangenen Satz »Flüssigkeit« und nicht, wie vielfach von den Medien geringschätzig artikuliert, das Wörtchen »Wasser« gewählt, da Melonensaft im Gegensatz zu Wasser anerkennenswerte und der Gesundheit überaus förderliche Inhaltsstoffe aufweist.

Die kleine texanische Stadt Stockdale gilt weltweit als **Wassermelonenhauptstadt**. Der vor Ort gewonnene Wassermelonensaft dient meist medizinischen Zwecken: Er wird ausschließlich an Nierenkranke oder diätabhängige Patienten verabreicht.

Ananas-Wassermelone: Israelische Wassermelonensorte, die zwar meist im unreifen Zustand auf unsere Märkte gelangt, ihr sektfarbenes Fruchtfleisch besitzt jedoch ein honigsüßes, ananasähnliches Aroma.
Echte Zitrulle / Koloquinthe / Wildgurke: Orangengroße, grüngelbweiße, bittere, hartschalige Wassermelonensorte, deren Vorkommen sich auf Afrika und Asien beschränkt. In den Herkunftsländern wird sie in Pulverform als abführendes Medikament vermarktet.
Pepquino / Apodanthera pringlei / Cuca melon (engl.) / Melothria costensis / Melothria donneell-smithii / Melothria pendula / Melothria pringlei / Melothria scabra (bot.) / Mexican sour cukes (engl.) / Mexikanische Minigurke / Mexikanische Ziergurke / Minimelone nennt sich ein wärmeliebendes Mikrokürbisgewächs aus Mexiko, das aussieht wie eine winzige Verkleinerung der riesigen Zebramelone. Geschmacklich ist die Pepquino der Salatgurke nicht unähnlich. Verwendet werden kann sie sowohl roh als kleiner Snack zwischendurch als auch in gebratenen Pfannengerichten.
Zebramelone: Grün-weiß gestreifte Wassermelonensorte aus der Türkei.
Zuckermelonen / Cucumis melo (lat.) / Kavun (türk.) / Melóns de olor (span.) / Melon sucré (frz.) / Musk melon (engl.) / Suikermeloen (niederl.) / Sweet melons (engl.) sind **asiatischen Ursprungs**. Sie werden in glatt- und netzhäutige Sorten unterteilt. Zuckermelonen sind rund oder walzenförmig und entweder mit einer grünen, gelblichen, beigefarbenen oder manchmal sogar buntgefleckten Haut umhüllt. Ihr aromatisches Fruchtfleisch besteht zu 87% aus Flüssigkeit und ist, unabhängig vom jeweiligen Reifegrad, rot, gelb oder weiß. Es beinhaltet schwarze, zwar essbare, jedoch nicht gerade schmackhafte Kerne, die sich in einem ovalrunden Kernhaus vereinen.
Cantaloup-Melone / Kantalupe / Warzenmelone: Kleine, köstliche Zuckermelonensorte, die zwar aus Armenien stammt, jedoch seit dem 15. Jh. überwiegend in der kleinen italienischen Ortschaft Cantalupo (in der Nähe von Rom) angebaut wird, wohin sie einst von römischen Missionaren verbracht wurde. Ihre Schale weist ein gelbgrünes Rippennetz auf und ihr Fruchtfleisch ist verführerisch pfirsichfarben. Da sich die Kantalupe geschmacklich von anderen Melonensorten abhebt, wird sie als **Königin der Melonen** bezeichnet.
Cavaillon-Melone nennt sich eine französische Kantalupenvariante mit hellgrüner, glatter, segmentähnlich gefurchter Schale, die zusätzlich mit orangefarbenen Tupfern verziert ist. Ihr lachsfarbenes Fruchtfleisch ist süß-aromatisch. Die südfranzösische Stadt Cavaillon ist weithin bekannt für ihren Handel mit Frühgemüse und Frühobst, das in riesigen Gewächshäusern und auf Feldern herangezüchtet wird; aufgrunddessen wird **Cavaillon** vielfach auch als **Hauptstadt der Melonen** bezeichnet.
Charentais-Melonen / Charentais lissée (frz.) machen etwa 90% der fran-

zösischen Melonenproduktion aus. Sie sind glattschalig, haben orangefarbenes, saftig-süßes Fruchtfleisch, das eine charakteristische Parfümierung prägt, und eine graugrüne Außenhaut, die wie ein Kucheneinteiler von grünlichen Längsrippen markiert ist. Ihre Reife erkennt man am angenehm fruchtigen Duft. Trotz ihres vielversprechenden Namens kommen die meisten Charentais-Melonen nicht aus der Charente (französisches Departement), sondern aus Südost- oder Südwestfrankreich.

Galia-Melone: Israelische Vertreterin der Netzmelone. Sie ist rund und hat eine borkige, netzartige, grüngelbe Schale. Ihr goldgelbes, überaus zuckerreiches Fruchtfleisch besitzt ein gewürzhaftes Aroma.

Honigmelone / Malteser Melone / Tardivi (ital.): Kleine, footballartige Zuckermelonensorte mit langlebigen, glatten, gelbgrünen Früchten, die unsere Märkte in den Wintermonaten bereichert. Meist werden sie aus Costa Rica oder Spanien (Malta) importiert.

Netzmelone / Cantaloups (fälschl. amerik.) / Retati (ital.) / Melons brodés (frz.): Rundliche oder ovale Zuckermelone mit korkfarbener, netzähnlicher Schale und aromatischem, gelbrotem Fruchtfleisch. Netzmelonen sind nicht so lange lagerbar wie Cantaloup- und Cavaillon-Melonen. **Die Amerikaner bezeichnen Netzmelonen fälschlicherweise als »Cantaloups«.**

Ogen-Melone: Kreuzungsergebnis aus der Netz- und Cantaloup-Melone, das aus einem Züchtungsversuch in einem israelischen Kibbuz hervorgegangen ist. Ogen-Melonen sind sehr klein (pro Person rechnet man eine ganze Frucht), rundlich und mit einer gelbgrün panaschierten Schale ausgestattet, die mit leicht eingekerbten Segmenten durchwachsen ist. Ein intensiver Duft deutet bei der Ogen-Melone auf Vollreife hin. Meist gelangen Ogen-Melonen im Winter aus Israel, Italien, Spanien, Südafrika oder aus niederländischen Treibhäusern zu uns.

Vierländer Netzmelone: Alte, norddeutsche Zuckermelonensorte, die einst im Raum Hamburg kultiviert wurde, da ihr nicht nur ein herausragendes Aroma anhaftet, sondern sie auch relativ kälteresistent ist. Die Sieger des Hamburger Derbys wurden einst mit dieser Melone belohnt.

Hauptinhaltsstoffe

Biotin, Bitter- und Gerbstoff, Calcium, Eisen, Fluor, Fruchtsäuren, Fruchtzucker, Jod, Kalium, Magnesium, Niacin, Nickel, Phosphor, Provitamin A, Vitamin B 1, B 2, B 6, C, Zink. **Der Vitamin- und Mineralstoffgehalt von Zuckermelonen liegt deutlich höher als bei Wassermelonen.**

Verwendung, Zubereitung

Der Reifetest einer Melone sollte folgende Kriterien beinhalten:

1.) Beim Beschnuppern des Melonenstielansatzes sollte ein intensiver Wohlgeruch wahrnehmbar sein, da dies Garant für Reife und Güte ist.

2.) Eine reife Melone muss hohl und tief klingen, wenn man mit Daumen und Zeigefinger dagegenschnalzt – sie muss quasi »singen«. Ein heller Klang signalisiert Unreife.

3.) Die Melonenschale darf sich nicht zu leicht eindrücken lassen, da dies auf nachlassende Frische oder sogar Überreife schließen lässt.

Melonen werden meist in Stücke geschnitten, zu Saft gepresst oder in Fruchtsuppen, Parfaits, Sorbets und Eis verarbeitet. Ausgehöhlte Zuckermelonen sind als ausgefallene Trinkgefäße zu exotischen Menüs geeignet – Wassermelonen werden lieber bei Kalten Büffets zum Füllen mit Salaten genutzt. Intensivieren lässt sich das erfrischende Melonenaroma (so paradox es auch klingen mag) indem man das Fruchtfleisch mit wenig Salz »würzt«.

Lagerung

Melonen sollten in nicht zu kühlen Räumen und vor Druck und Schlag geschützt aufbewahrt werden. Lagernde Melonen produzieren Ethylengas, das die Reifung von benachbartem Obst und Gemüse fördert, d. h. Melonen sollten grundsätzlich weit weg von anderen Früchten lagern. Ausnahme: Man möchte unbedingt die Reifung einer bestimmten Obst- oder Gemüsesorte vorantreiben. Unreife Melonen reifen bei Zimmertemperatur nach.

Volksmedizinische Bedeutung

Melonen wirken trotz ihrer **Kalorienarmut** sättigend, entwässernd, stuhlregulierend, galleanregend, nierenreinigend und fiebersenkend. Sonnenbrand kann man zwar wirkungsvoll mit Melonensaft behandeln, dies stellt sich jedoch als verdrießliche und klebrige Angelegenheit heraus.

Wenn Melonenfleisch mit anderen Früchten vermischt verzehrt wird oder wenn man zuviel Melonenfleisch auf einmal isst, kann dies zu starkem Durchfall und qualvollen Bauchkrämpfen führen. Skepsis ist bei Melonenverzehr in den Tropen geboten, denn dort spritzen Händler zwecks Gewichts- und daraus resultierender Preiserhöhung Wasser durch die Schale, das meist durch krankheitsverursachende Bakterien verunreinigt ist.

Tipp

Schnecken lassen sich ausrotten, wenn man an einem schattigen Ort Melonenschalen auslegt. Sogar Jungtiere werden wie magisch davon angezogen.

Mirabelle

Prunus domestica ssp. Syriaca

Amarilla, Cherry plum (engl.), Gelbe Zwetschge, Kücük sari erik (türk.), Mirabella (ital.), Mirabelle (frz., niederl., norw.), Mirabris (lat.), Wachspflaume, Yellow plum (engl.), Zeimpr (allgäu.)

Allgemeines, Herkunft, Geschichtliches

Der Mirabellenbaum ist ein Rosengewächs (Rosaceae), das aus einem orientalischen Züchtungsversuch der Kirsche mit der Pflaume hervorgegangen ist. Im Jahre 1490 wurden Mirabellen von Seefahrern erstmals nach Frankreich verbracht, wo sie schon bald zu den beliebtesten Früchten zählten; nach Deutschland

gelangten sie erst im 18. Jh. Die sonnenhungrigen, sowie warmen und durchlässigen Boden liebenden Mirabellenbäumchen werden überwiegend in Deutschland, Frankreich, Italien, Kroatien, Spanien und in den USA kultiviert. Die Haupterntezeit von Mirabellen liegt in der Zeit von August bis September.
Der Name »Mirabelle« wurde dem lateinischen »mirabris« für »wunderbar« entlehnt.

Aussehen

Die Mirabelle ist eine kirschgroße, kugelige Steinobstart mit gelbem Fruchtfleisch, das einen länglichen, spitz zulaufenden, leicht löslichen Kern birgt. Sonnenseits können die meist kanarienfarbenen Mirabellen rötliche oder rot gepunktete Säckchen aufweisen. Solche, die ihr Wachstum im Schatten verbringen mussten, sind durchweg grünschalig.

Geschmack

Reife Mirabellen sind saftig, zuckersüß und entwickeln im Nachhinein einen Hauch von köstlicher Säure.

Arten, Sorten

Mirabelle von Metz: Kleinfrüchtige Mirabellensorte, die zwar meist in der Konservenindustrie Verwendung findet, gelegentlich kann sie jedoch auch das Ausgangsprodukt für edlen Mirabellengeist sein.
Mirabelle von Nancy / Nancy-Mirabelle nennt sich **die kleinste Mirabellensorte**. Da die rotbäckige, runde Nancy-Mirabelle sehr schmackhaft ist, erlangte sie bei Frischfruchtgenießern rasche Wertschätzung.
Mirakosa: Würzig-süße, gelb-rot gepunktete Mirabellensorte aus dem Rheinland, die im Jahre 1952 aus einer Kreuzung der »Mirabelle von Nancy« mit der »Königin-Viktoria-Pflaume« hervorgegangen ist.

Hauptinhaltsstoffe

Calcium, Eisen, Fluor, Fruchtsäure, viel Fruchtzucker, Kalium (230mg / %), Magnesium, Phosphor, Provitamin A, Vitamin B 1, B 2, C, E.

Verwendung, Zubereitung

Mirabellen dienen nicht nur dem Frischkonsum, sie werden auch zu Kompott, Konfitüre, Kuchen, Pudding, Rumtopf, Saft und Mirabellengeist / Eau de vie de Mirabelle (frz.) verarbeitet. Als Kompottfrüchte werden Mirabellen deshalb sehr geschätzt, weil sie auch nach dem Kochen hartfleischig bleiben.
Dunstmirabellen nennt man ungezuckertes Mirabellenkompott.

Lagerung

Mirabellen sind – sogar gekühlt – nur wenige Tage bevorratbar.

Volksmedizinische Bedeutung

Mirabellen besitzen entschlackende und entwässernde Eigenschaften.

Tipp

Im französischen Metz findet alljährlich im August ein rauschendes **Mirabellenfest** statt.

Mispel

Mespilus germanica

Aapeneers, Aspele, Asperl (österr.), Echte Mispel, Hespel, Medlar (engl.), Mespila (althochdt.), Mespilum (lat.), Mispel (niederl., norw.), Mospel, Musmula (türk.), Muspel, Nèfle (frz.), Neflier, Nespel, Nespola (ital.) Nispero (span.), Nispola (span.)

Allgemeines, Herkunft, Geschichtliches

Das weißblühende Mispelbäumchen ist ein bis zu 3 m hohes, eurasisches Rosengewächs (Rosaceae), das heute in Brasilien, Deutschland, England, Iran, Italien, Japan, Kalifornien, den Niederlanden und in der Türkei angebaut wird. Geerntet wird die zum Kernobst zählende Mispel nach dem ersten Frost, weil sie aufgrund der Kälte nicht nur weicher, sondern auch milder im Geschmack wird; sie riecht dann streng mostig.

Aussehen

Die walnussgroße, rostrote Mispel hat eine zwar harte, jedoch sehr leicht lösbare Schale. Ihr konsistentes, orangegelbes Fruchtfleisch enthält 2–3 Kerne.

Geschmack

Mispeln weisen einen mehligen, süß-sauren, entfernt aprikosen-feigenartigen Geschmack auf.

Arten, Sorten

Apfelmispel / Azarolapfel heißt eine kurzstielige, apfelförmige Mispelsorte.

Azarolbirne / Birnenmispel nennt sich eine langgestielte, birnenförmige Mispel.

Welsche Mispel: Große, sehr wohlschmeckende, rotgelbe Kulturmispel, die meist aus Frankreich oder Italien zu uns gelangt.

Hauptinhaltsstoffe

Alkohol, Apfelsäure, Pektin, Tannin.

Verwendung, Zubereitung

Bevor man rohe Mispeln verzehrt, sollte man sie gut abwaschen, gegebenenfalls die Schale abziehen und die Kerne entfernen. Leicht gezuckert und mit etwas Schlagsahne bedeckt oder kurze Zeit in Wein oder Zuckersirup eingelegt, können rohe Mispeln sogar zu einer wahren Delikatesse werden. Ansonsten können Mispeln der Herstellung von Gelee, Kompott, Konfitüre, Saft oder Wein dienen.

Volksmedizinische Bedeutung

Die bekömmliche Mispel wirkt antiseptisch, darmregulierend und harntreibend.

Tipp

Mispeln gehören zu den **stärksten Kohlenhydratlieferanten**.

Moosbeere

Vaccinium oxycoccus palustris

Affenbeere, Aubeere, Baya de turbera (span.), Berlesbeere, Bräukelbeere, Brochappel, Bult(en)beere, Canneberge (frz.), Cranberry (angels.), European cranberry (engl.), Fennebeere, Fennetäke, Filzbeere, Filzkloben, Gichtkraut, Glotzbeere, Graffelbeere, Grambeere, Hübelbeere, Karodelbeere, Kaupenbeere, Kesselbeere, Kleine Kranbeere, Klöpfbeere, Knackbeere, Kramm(s)beere, Kran(i)kebeere, Krösskes, Kûrbeere, Lutzere(n)beere, Märchenäpfel, Märchenbirnen, Mirtillo europeo (ital.), Moosäpfela (bayr.), Moosgrante, Moospreiselbeere, Mutterkirsche, Pfluderbeere, Prellbeere, Rauschgrün, Schnallenbeere, Schnapsbeere, Schnellbeere, Schollera, Schwider, Siebeere, Small cranberry (engl.), Sumpfbeere, Tietebeere, Tranebär (norw., schwed.), Tütebeere, Turbebeere, Veenbes (niederl.), Viehbesinge, Winterbeere

Allgemeines, Herkunft, Geschichtliches

Die Heimat der Moosbeere, die bei naturverbundenen Menschen auch als »Charakterpflanze der Hochmoore« gewürdigt wird, liegt in Skandinavien. Da sie den Heidekrautgewächsen (Ericaceae) zugeordnet wird, zählen die Cranberries und Preiselbeeren zu ihren näheren Verwandten. In Deutschland (Lüneburger Heide), Großbritannien, den Niederlanden, Nordamerika, Polen, Russland und Skandinavien wächst die Moosbeere zwar überwiegend wild, seit 1789 wird sie jedoch auch vielerorts kultiviert.

Aussehen

Moosbeeren sind rundliche bis birnenförmige, dunkelblassrote Früchte, die den Preiselbeeren zwar ähneln, jedoch etwas größer sind. Die tellerartige Moosbeerenblüte hat weißrosa Einfärbungen.

Geschmack

Durch Frosteinwirkung erhalten Moosbeeren zwar einen preiselbeerähnlichen Geschmack, ihre **herbe Säure** lässt sich jedoch nicht durch Kälte beeindrucken.

Arten, Sorten

Mesimarja / Rubus arcticus (lat.) nennt sich eine **moosbeerenähnliche Frucht**, deren Vorkommen sich lediglich auf einen schlanken finnischen Landstrich südlich des Polarkreises beschränkt.

Hauptinhaltsstoffe

Apfelsäure, Calcium, Eisen, Pektin, Phosphor, Vacciniin, Vitamin A, B 1, C (40 mg / %), Zitronensäure

Verwendung, Zubereitung

Moosbeeren werden – ihrer Säure wegen – meist zu Gelee, Kompott, Konfitüre, Saft, Branntwein oder Likör verarbeitet. Wer trotzdem unbedingt frische Moosbeeren verzehren möchte, kann ihre penetrante Herbheit durch Milch- oder Sahnezusatz zähmen.

Lagerung

Da Moosbeeren pilz- und bakterienhemmende Substanzen beinhalten, lassen sie sich bei etwa 0° C **monatelang** lagern.

Volksmedizinische Bedeutung

Moosbeerengenuss wirkt entwässernd, stärkend und schmerzlindernd bei Gicht oder Rheuma. Moosbeerenblättertee lindert Durchfall und Erbrechen.

Tipp

Beim Kochen knallen Moosbeeren zwar laut auf, ihr Wohlgeschmack kann sich infolgedessen jedoch erst so richtig entfalten.

Mosterdspinat

Brassica perviridis

Chinesischer Senfspinat, Moutarde épinard (frz.), Mustard spinach (amerik.), Senape spinacio (ital.), Senfspinat, Tendergreen (engl.)

Allgemeines, Herkunft, Geschichtliches

Mosterdspinat wird größtenteils in seiner Heimat Asien angebaut, wo er vermutlich aus einer **Kreuzung von Chinakohl, Paksoi und Speiserübe** hervorgegangen ist. Auf asiatischen und amerikanischen Märkten ist der zur Familie der Kreuzblütler / Brassicaceae (Cruciferae) zählende Mosterdspinat ganzjährig anzutreffen.

Aussehen

Mosterdspinat hat glatte, graugrüne, ganzrandige Blätter, die dem Chinakohl und Paksoi ähneln.

Die Mosterdspinatwurzel weist eine rübenartige Form auf.

Geschmack

Mosterdspinat schmeckt ausgeprägt kohlig.

Hauptinhaltsstoffe

Nitrat, Vitamin C.

Verwendung, Zubereitung

Mosterdspinatblätter lassen sich zwar wie »normaler« Spinat zu Gemüse bereiten, eine **Mindestkochzeit von 10 Minuten** und das **Würzen mit reichlich Zitronensaft** sollte jedoch zwingend eingehalten werden, um den hohen Nitratgehalt zu drosseln.

Mosterdspinatwurzeln bedürfen sogar einer **zwanzigminütigen Siededauer**, um sie in einen verzehrwürdigen Zustand zu versetzen.

Lagerung

Da Mosterdspinat – selbst bei gleichmäßiger Kühlung – nur kurze Zeit bevorratbar ist, gibt es kaum Importe.

Volksmedizinische Bedeutung

Mosterdspinat sollte angesichts seines immensen Oxalsäuregehalts **niemals roh verzehrt** werden, da dies zu Magenschmerzen und Nierensteinen führen und den Zahnschmelz zerstören kann.

Tipp

Da der Nitritabbau bei bewölktem Himmel deutlich schleppender abläuft, sollten nitrathaltige Salate und Gemüse (z. B. Mosterdspinat, Radieschen, Rhabarber, Rote Bete, Spinat) grundsätzlich an sonnigen Tagen und möglichst während der Mittagszeit geerntet werden.

N

Nachtkerze

Rheum rhapontici

Evening Primrose (engl.), German Rampion (engl.), Nachtblume, Oenothera biennis (lat.), Rapontik(a), Rapontikwurzel, Roter Sellerie, Schinkenkraut, Schinkenwurz(el)

Allgemeines, Herkunft, Geschichtliches

Die Nachtkerze ist ein eindrucksvolles, aus Nordamerika stammendes Nachtkerzengewächs (Onagraceae). In Europa findet man diese zweijährige Pflanze seit Beginn des 17. Jh.s zwar meist wild wachsend an Wegrändern, auf Schuttplätzen und sandigen oder lehmigen Böden, zuweilen wird sie jedoch auch in Hausgärten (besonders in englischen) als nachtfalterliebende Zier- und Gemüsepflanze kultiviert; feldmäßiger Anbau der Nachtkerze wird heute nur noch in Südafrika und in Kanada betrieben.

Im Jahre 1919 ergaben wissenschaftliche Untersuchungen, dass die Nachtkerze wertvolle Alpha-, Beta- und Gamma-Linolsäure enthält, die der Funktion der Körperorgane sehr zuträglich ist.

Zu ihrem sonderbaren Namen gelangte die Nachtkerze aufgrund ihrer sogar **in der Dunkelheit wahrnehmbaren, prachtvollen Blüten** mit ihrem betörenden Duft, die sich am späten Abend öffnen und bei Sonnenaufgang schließen.

Aussehen

Die bis zu 1 m hohe Nachtkerze hat fleischige, bis zu 18 cm lange Pfahlwurzeln, längliche, angespitzte Blätter und leuchtend gelbe, selten auch rosa Blüten, die sich erst im zweiten Lebensjahr präsentieren.

Besonders hervorzuheben ist die Fähigkeit der Nachtkerzenrispe, täglich neue Blüten zu gebären, die jeweils nach einem Tag vergehen, während sich gleichzeitig neue Samen bilden. Aufgrund dessen kann sich der Pflanzenliebhaber den **ganzen Sommer** über an einem faszinierenden Blühwunder erfreuen.

Geschmack

Die gesamte Nachtkerze weist einen herzhaft nussig-vanilligen Selleriegeschmack auf.

Als »Schinkenwurz(el)« wird die Nachtkerze gelegentlich auch bezeichnet, weil das Aussehen ihrer Wurzeln und deren Geschmack an Kochschinken erinnert.

Arten, Sorten

Hohes Licht nennt sich eine ausdauernde, bis zu 60 cm hohe Nachtkerzensorte, die bis zum Herbst blüht.

Missourische Nachtkerze / Oenothera missouriensis (lat.): Mehrjährige Nachtkerzensorte, die nur 15 cm Höhe erreicht.

Hauptinhaltsstoffe

Alpha-, Beta- und Gamma-Linolsäure, Vitamin E, H.

Verwendung, Zubereitung

Nachtkerzenwurzeln und blätter, die für die Gemüse- oder Salatverwendung bestimmt sind, sollten grundsätzlich vor der Blüte geerntet werden, da sie danach einen ekelhaft faserigen und faden Geschmack bekommen.

Nachtkerzengemüse macht man so: Gewaschene, geschälte und gestiftelte Nachkerzenwurzeln (sie sollten **vor dem zweiten Trieb** ausgegraben werden) in Salzwasser garen. Wurzeln entnehmen. Den entstandenen Fond mit weißer Mehlschwitze leicht andicken, mit etwas Sahne verfeinern und mit Salz, Pfeffer, Zitonensaft und frisch geriebener Muskatnuss würzen, Wurzeln unterheben und servieren.

Nachtkerzenblüten lassen sich als essbare Garnitur oder dekorative Salatbeilage verwenden. In England stellt man aus den Blüten sogar Schönheitswässerchen, Seife und Potpourris (konservierte Blütenmischungen) her.

Aus Nachtkerzensamen wird **das teuerste Samenöl der Welt** gewonnen. Es wird meist zur Herstellung von kosmetischen und pharmazeutischen Produkten verarbeitet.

Volksmedizinische Bedeutung

Nachtkerzensamen und -wurzeln weisen nicht nur sättigende und vitalisierende Tugenden auf, in der Volksmedizin finden sie sogar innerlich und äußerlich bei der Therapie von stressbedingten Allergien, Entzündungsschüben, Juckreiz, Schuppen, Neurodermitis, erhöhtem Cholesterinspiegel, wechseljahrsbedingten Hitzewallungen, Regelstörungen sowie Magen- und Darmerkrankungen Verwendung.

Nachtkerzenblütentee besitzt »muntermachende« Eigenschaften – als kalt aufgelegte Kompresse hat er sogar entzündungshemmende Charaktere.

Nachtkerzenöl schafft eine beruhigende Atmosphäre und gilt als **wirksamer Schutz vor Sonnenstrahlen**.

Tipp

Nachtkerzen verströmen während der kühlen Herbst- und Wintermonate einen derart betörenden Wohlgeruch, dass viele Menschen zu ihrem Schnitt angeregt werden.

Nashi

Pyrus pyrifolia

Apfelbirne, Asia-Birne, Asian pear (engl.), Asiatische Birne, Asienbirne, Chinesische Birne, Japanese pear (engl.), Japanische Birne, Nakai, Nashi (engl., frz., ital., span.), Poire japonaise (frz.), Sandbirne

Allgemeines, Herkunft, Geschichtliches

Die Nashi ist ein strauchartiges Rosengewächs (Rosaceae), dessen geografische Wurzeln außer in Japan zwar auch rund um Korea und in Nordchina liegen sollen, die meiste Züchtungsarbeit wurde jedoch von den Japanern geleistet. Sie kreuzten die **europäische Birnensorte »General Leclerc«** mit der **asiatischen »Hosuibirne«**. Auf den deutschen Markt gelangte die frostharte und sogar gegen die gefürchtete Pilzkrankheit »Birnengitterrost« resistente Nashi erstmals im Jahr 1964. Mittlerweile werden diese robusten Kernfrüchte, die während des Heranwachsens von Holzgerüsten gestützt werden müssen, auch in Argentinien, Australien, Chile, Deutschland (seit 1990), Kalifornien, Neuseeland und in den USA angebaut.

»Nashi« ist die japanische Bezeichnung für »Birne«.

Aussehen

Nashis sind dünnhäutige, druckempfindliche Früchte, die sowohl ein apfel-, als auch birnenförmiges Aussehen aufweisen können. Ihre bronze- bis ockerfarbene Schale kann leicht berostet oder völlig glatt sein. Das knackige, weißliche Fruchtfleisch beinhaltet ein schaliges Kerngehäuse (bayr. Butze).

Geschmack

Das saftige Fruchtfleisch der Nashi hat ein köstlich-erfrischendes, süßsaures Birnenaroma; die Schale schmeckt etwas bitter. Da das Fruchtfleisch älterer Exemplare eine sandartige Konsistenz aufweist, erhielt die Nashi den Beinamen »Sandbirne«.

Arten, Sorten

Benita: Nashisorte, die aus einer Kreuzung der **Nashi** mit der **Bir-**

nensorte **»Williams-Christ«** hervorgegangen ist. Sie hat große, längliche Früchte, deren gelbstichige Haut durch ganz feine Berostung auffällt.

Japanische Goldene Nashi / Japanische 20. Jh. Nashi heißt **die wichtigste Nashisorte**. Sie ist mit apfelförmigen Früchten ausgestattet.

Shandong-Apfelbirne: Chinesische Nashi-Neuzüchtung aus dem Jahre 1987. Sie hat grüngelbe, birnige Früchte.

Hauptinhaltsstoffe

Calcium, Eisen, Kalium, Phosphor, Provitamin A, Vitamin B, C.

Verwendung, Zubereitung

Die Nashi wird zwar meist frisch verzehrt, sie kann jedoch ebenso wie die »normale« Birne weiterverarbeitet werden. Vorher sollte sie gut gewaschen und das Kerngehäuse entfernt werden.

Lagerung

Frisch geerntete Nashis sind zwar 6–8 Monate (!) lagerbar – vorausgesetzt, sie werden gut gekühlt – ihr Aroma »leidet« jedoch währenddessen.

Tipp

Nashis müssen zwar nicht unbedingt geschält werden, ohne Haut schmecken sie jedoch wesentlich saftiger.

Nektarine

Prunus persica var. nucipersica

Glattpfirsich, Grinon (span.), Nacktpfirsich, Nectarina (span.), Nectarine (engl., frz., niederl.), Nektarin (norw.), Nettarina (ital.), Noce pesca (ital.), Nusspfirsich, Pfirsichpflaume

Allgemeines, Herkunft, Geschichtliches

Die Nektarine ist das Züchtungsergebnis einer asiatischen Studie aus den Siebziger Jahren. Ein Elternteil dieser zu den Rosengewächsen (Rosaceae) zählenden Frucht ist zweifellos der Pfirsich – von ihm hat sie den Geschmack geerbt; wem sie die glatte Haut und die festere Konsistenz des Fruchtfleisches zu verdanken hat, darüber sind sich die Experten nicht ganz einig: Sie rätseln, ob als auserkorene Partner des Pfirsichs Aprikosen, Mandeln oder sogar Pflaumen »herhalten« durften.

In Chile, Frankreich, Griechenland, Italien, Japan, Kalifornien, Spanien und Südafrika wird der bis zu 6 m hohe Nektarinenbaum kultiviert. Von Oktober bis März sind seine Früchte auf unseren Märkten erhältlich.

Das lateinische Wort »Nektarine« bedeutet »Nacktpfirsich«, weil diese Frucht im Gegensatz zum Pfirsich **keinen Flaum** aufweist.

Aussehen

Die Nektarine ist eine pfirsichähnliche Steinobstfrucht mit glatter, unbehaarter, dunkelroter Haut und festem, tiefrotem Fruchtfleisch, das einen leicht lösbaren Kern einschließt. Es gibt auch Nektarinenabarten (meist kalifornische) mit bernsteinfarbenem oder weißem Fruchtfleisch. Fruchtlose Nektarinenbäume lassen sich nicht von Pfirsichbäumen unterscheiden: Sie sind genauso groß und besitzen ebenfalls dunkelgrüne, lanzenähnliche Blätter.

Geschmack

Nektarinen haben ein saftig-süßes Aroma, das jeweils zu gleichen Teilen an Pflaumen und Pfirsiche erinnert.

Arten, Sorten

Brügnole / Brugnole / Brugnon (engl., frz.) / Brygnole: Nektarinensorte, die aus einer Kreuzung des **Pfirsichs** mit der **Pflaume** hervorgegangen ist. In Japan, Kalifornien und Südafrika liegen die Hauptanbaugebiete dieser glatthäutigen und schwer steinlöslichen Frucht, die in den Sommermonaten zwar auf vielen europäischen Märkten erhältlich ist, in Deutschland jedoch kaum gewürdigt wird.

Zwergnektarine: Feinwüchsige Nektarinensorte, deren Anbau sich bislang auf Privatgärten beschränkt hat.

Hauptinhaltsstoffe

Fruchtsäuren, Kalium, Provitamin A, Vitamin B, C.

Verwendung, Zubereitung

Nektarinen werden nicht nur frisch verzehrt, sie lassen sich auch in Pfannkuchenteig frittieren, in Karamellsauce flambieren und zu anderen Süßspeisenzubereitungen verwenden. **Gourmets bevorzugen** in Butter, Honig und Zitronensaft geschmorte Nektarinen, die kurz vor dem Verzehr mit einem »Touch« Muskat aus der Reibe getoppt wurden.

Die ölhaltigen Nektarinensamen werden von der Kosmetikindustrie zur Herstellung wertvoller Salbengrundlagen genutzt.

Volksmedizinische Bedeutung

Nektarinen wirken nicht nur entschlackend, entgiftend und blutreinigend, angesichts ihres starken Kaliumgehalts sind sie ebenso der Blutdruckregulation förderlich.

Tipp

Nektarien nennen sich die auf dem Blütenboden zwischen Staub- und Fruchtblättern befindlichen, nektarausscheidenden Blütendrüsen einiger Pflanzen (z. B. die »Kätzchen« der Kastanie und Walnuss). Sie dienen dem Anlocken von befruchtenden Insekten.

O

Obst

Obschd (pfälz.), Uubst (hunsr.)

Allgemeines, Herkunft, Geschichtliches

»Obst« ist die Sammelbezeichnung für **in rohem Zustand essbare Früchte** bzw. die Samenkerne von Wild- und Kultursorten mehrjähriger Bäume und Sträucher.

Mäßige Erträge müssen nicht immer durch Schädlingsbefall hervorgerufen werden – auch starke Niederschläge oder leichter Frost während der Blüte können die Auslöser dafür sein.

Deutschlands größtes zusammenhängendes Obstanbaugebiet, das »Alte Land«, liegt in der Nähe von Stade – 30 km südlich von Hamburg.

Neuerdings gibt es nicht nur Kurse zum Käse-, Öl-, Wein-, Wasser- und Zigarren-, sondern auch zum **Obst-Sommelier.** Ziel dieses neuen Berufszweigs ist es, künftig in Restaurants neben der Weinkarte auch Obstmenüs einzuführen, die den wissbegierigen Gästen dann von den Obst-Sommeliers genauestens erläutert werden.

Ziberl ist der landläufige Name für wild wachsende Obstbäume, deren Stamm sich vom Erdboden an (meist durch Windbruch hervorgerufen) in mehrere dünne Stämmchen verzweigt.

Das Wort »Obst« entstammt möglicherweise dem althochdeutschen »obaz« oder »azen« für »essen«.

Aussehen

Kultivierte Obstbäume bestehen aus 2 Teilen: der sogenannten **Unterlage** mit dem Wurzelstock und dem **Edelreis**, der als Blattknospe oder Abschnitt des Zweiges einer anderen Pflanze daraufgepfropft wurde. Während die »Unterlage« maßgeblich für Boden- und Klimaverträglichkeit sowie Wachstumsverhalten zuständig ist, hat sich der »Edelreis« lediglich auf die sortenechte Entwicklung der Pflanze zu konzentrieren.

Makelloses Aussehen sagt bei Obst meist nichts über dessen Qualität aus. Man kann leider meist davon ausgehen, dass es (der Schönheit und längeren Haltbarkeit wegen) durch mehrere chemische Behandlungen stark schadstoffbelastet ist.

Arten, Sorten

Backobst / Dörrobst (österr.) / Dürrobst / Mischfrüchte / Mischobst (Handelsbez.) besteht meist aus Äpfeln, Aprikosen, Birnen, Feigen, Kirschen, Pfirsichen und / oder Pflaumen. Im Gegensatz zu Trockenobst wird Backobst unter 100° C gedörrt; währenddessen entwickelt es ein eigenes Aroma, das an vielen Speisen geschätzt wird. Wie Trockenobst sollte auch Backobst luftig und trocken aufbewahrt und stetig auf Milbenbefall untersucht werden.

Beerenobst nennt man meist mehrsamige Früchte von Büschen, Sträuchern oder Klettergewächsen (keine Bäume!), z. B. Weinbeeren, Johannisbeeren und Kiwi.

Fallobst ist Obst, das aufgrund seines hohen Reifegrads durch Sturm oder sonstige Umstände zu Boden gefallen ist. Neuesten Erkenntnissen zufolge sollte Fallobst möglichst sofort eingekocht oder der Getränkeindustrie zur Herstellung von Most, Spirituosen oder Wein zugeführt werden, da sich sonst nimmersatte Raupen hervortun, die nicht davon ablassen, von Frucht zu Frucht zu robben, sie durchbohren und damit zur Fäulnis zwingen. Im Winter verbergen sich diese unliebsamen Tierchen im Erdreich, um im Folgejahr erneut über ihren gutmütigen, da wehrlosen »Nahrungsspender« herzufallen.

Freisteinobst / Kerngeher nennt man im Fachjargon alle Obstarten mit leicht lösbarem Kern.

Kernobst / Kernfrüchte: Früchte von Rosengewächsen, deren pergamentartiges Kerngehäuse (bayr. Butze) von genießbarem Fruchtfleisch umschlossen wird (z. B. Äpfel, Birnen, Hagebutten, Nashis und Quitten).
Obstkraut: Bezeichnung für gegartes Obst, dessen abgepresster Saft zusätzlich einreduziert wurde.
Obstler / Öbstler (österr.) / Fritt (vogelsbg.) nennt man nicht nur professionelle Obsthändler, sondern auch sogenannte »Brände« (Spirituosen), die aus den unterschiedlichsten Obstsorten hergestellt wurden.
Schalenobst / Schalobst ist die handelsübliche Sammelbezeichnung für Hasel-, Kokos-, Paranüsse, Pistazien, Mandeln, Esskastanien u. v. a. Da diesen äußerst eiweiß- und ölhaltigen Nahrungsmitteln gemein ist, dass lediglich ihre von einer verholzten Schale umgebenen Samen verzehrbar sind, werden sie **den Nüssen, nicht dem Obst** zugeordnet.
Steinobst / Steinfrüchte: Obst, dessen Fruchtfleisch einen (!) verholzten, samenhaltigen Steinkern umschließt, z. B. Aprikosen, Mirabellen, Nektarinen, Pfirsiche, Pflaumen, Renekloden, Sauer- / Süßkirschen, Zwetschgen.
Streuobst: Kern- und Steinobst von unregelmäßig angelegten, nicht intensiv gepflegten Hoch- und Halbstammanpflanzungen auf Wiesen, die nicht nur Bestandteil einer kulturhistorisch gewachsenen Landschaft darstellen, sondern auch eine ästhetische Bereicherung des Landschaftsbilds sind.
Tafelobst lautet die Handelsbezeichnung für Obst, das für den Frischverzehr deshalb prädestiniert ist, weil es sich durch eine überragende äußere und innere Qualität auszeichnet.
Weichobst lautet die Sammelbezeichnung für Beeren- und Steinobst.

Hauptinhaltsstoffe

Alle Angaben zu gesundheitsschädigenden Inhaltsstoffen (z. B. Nierenstein begünstigendes Asparagin im Spargel, Zahnschmelz zerstörende Oxalsäure im Rhabarber und krebserregende Nitrate in Radieschen) sollten nicht zu ernst genommen werden, da diese bei ausgewogener Ernährung größtenteils von gleichzeitig vereinnahmten positiven Substanzen entweder stark dezimiert oder sogar gänzlich neutralisiert werden. Daraus resultiert: **bei unausgewogener Ernährung erhöht sich die Anfälligkeit** auf gesundheitliche Störungen.

Verwendung, Zubereitung

Bei der Obsternte sollte man generell folgende Regel beachten: Wenn sich der Stiel während des Drehens der Frucht leicht vom Zweig löst, darf man zugreifen; droht der Zweig abzubrechen, sollte man sich noch etwas in Geduld üben.
Zerkleinertes Obst (z. B. Obstsalat) verliert innerhalb einer Stunde 50% seiner Vitamine. Verhindern kann man diesen Verlust zwar nicht, jedoch in gewissem Maße »bremsen«, indem man sofort nach dem Schnitt Zitronensaft beimengt.
Vor dem Verzehr sollte Obst zwar generell gründlich abgewaschen

werden, einige Sorten lassen sich jedoch auch durch beherztes Abreiben von oberflächlichen Schadstoffen befreien.

Mark / Pulpe (fachspr.) nennt man breiartige Fruchtzerkleinerungen.

Lagerung

Frisches Obst sollte grundsätzlich kühl und dunkel gelagert werden, da seine wertvollen Bioaktivstoffe sehr licht- und wärmeempfindlich sind.

Dörr- und Trockenobst muss in fest verschlossenen Gefäßen aufbewahrt werden, da es sehr anfällig für den Befall der sogenannten »Dörrobstmotte« ist, die sich sogar durch relativ widerstandsfähiges Zellophanpapier kämpfen kann.

Obst in der Nachbarschaft von **Blumensträußen** sollte man grundsätzlich meiden, da die damit verbundenen ethylenhaltigen Ausscheidungen den Verderb beschleunigen.

Volksmedizinische Bedeutung

Wer täglich Obst isst, kann zwar damit sein Herzinfarkt- und Krebsrisiko deutlich verringern und verschiedenen Krankheiten vorbeugen, wer jedoch glaubt, eine bestehende Krankheit mit einem Apfel oder einer Erdbeere abwenden zu können, irrt.

Nach dem Verzehr größerer Frischobstmengen sollte man kein Wasser trinken, da es die für die Verdauung zuständige Magensäure dermaßen verschlankt, dass die zwar aktiven, jedoch stark geschwächten Hefepilze, die man mit den Schalen des frischen Obstes zu sich genommen hat, Bauchschmerzen verursachen können.

Tipp

Auf dem Marktplatz des malerischen rheinland-pfälzischen Kurstädtchens Bad Sobernheim findet alljährlich im Oktober ein riesiger **Obstmarkt** statt, der mit einer Vielzahl von Attraktionen (z. B. Gewinnspiele, Modenschau und Ausstellungen) aufwartet.

Okra

Hibiscus esculentus

Abelmoschus (altdt.), Bhindi (ind.), Eibischfrucht, Gambo, Gombo (frz., span.), Gombobohne, Griechenhorn, Griechisches Hörnchen, Grünschnabel, Gumbo (engl.), Hibiskusfrucht, Ibisco (ital.), Ladyfinger (engl.), Ocra (ital., span.), Okolo, Okra (engl., niederl.), Quingombo (afrik.), Singwa (äthiop.)

Allgemeines, Herkunft, Geschichtliches

Die Okra wird zwar bereits seit dem zweiten Jahrtausend v. Chr. in Ägypten angebaut, ihre Ursprünge liegen jedoch in Abessinien, dem heutigen Äthiopien.

Okras sind die Fruchtschoten des zu den Malvengewächsen (Malvaceae) zählenden, strauchartigen Gemüseeibischs, der mit Hibiskus, Lavatera, Roseneibisch und Stockrose verwandt ist. Okren werden grün, also noch **unreif geerntet**, wenn die verwelkten Blütenblätter abgefallen sind. In Ägypten, den Balkanländern, Indien, auf den karibischen Inseln, in Kenia, Mittel- und Südamerika, den Mittelmeerländern, Thailand und der Türkei werden Okren großflächig kultiviert.

Aussehen

Junge Okren sind etwa fingerdick, sechskantig, bis 12 cm lang, dunkelgrün, mit Flaum überzogen, mit einem schnabelähnlichen Stielansatz beschickt und ihr Fruchtfleisch enthält unzählige, weiche, essbare Samen. Alte Exemplare weisen eine ledrige und stoppelige Haut auf.

Geschmack

Gekochte Okren besitzen ein mildes Aroma, das entfernt an junge, grüne Bohnen und Stachelbeeren erinnert; roh sind sie ungenießbar.

Arten, Sorten

Bame / Bamie(l) / Bami(j)a (griech.) / Bamiya (arab.) / Bamy(j)a (türk.): Kugelige Okrasorte.

Hauptinhaltsstoffe

Calcium, Eisen, Eiweiß, Öl (25%), Provitamin A, Schleime, Vitamin B 1, B 2, C.

Verwendung, Zubereitung

Okren können z. B. zur Zubereitung von Eintöpfen, Gemüse, Salat oder Suppe genutzt werden. Nachdem man behutsam den Flaum und harten Stielansatz am dicken Ende der Okraschote entfernt hat, lässt man sie in kochendem Wasser etwa 3 Minuten aufwallen, gießt das schleimig gewordene Kochwasser ab und übergießt das Ganze mit eiskaltem Wasser. In Eintöpfe und Suppe gibt man grundsätzlich nur rohes, zerkleinertes Okrafleisch, denn hier ist ihr **Schleim als Bindemittel** erwünscht. In Afrika werden Okrasamen getrocknet, geröstet und zu Kaffeeersatz verarbeitet; aus den Pflanzenstängeln wird Juteersatz gefertigt. Ihres hohen Ölgehalts wegen dienen Okren auch der Margarineherstellung.

Lagerung

Sogar leicht gekühlt lassen sich Okren nur wenige Tage bevorraten; als Tiefkühlgemüse können sie dagegen bis zu 12 Monate aufbewahrt werden.

Volksmedizinische Bedeutung

Angesichts ihres geringen Kohlenhydratanteils sind Okren bestens für Diabetiker geeignet. Ihr Schleim wird medizinisch bei Magen- und Darmerkrankungen verordnet.

Bei Krampfadern sind Umschläge mit Okrawurzelextrakt hilfreich.

Tipp

»Ladyfinger« wird die Okra zwar ebenfalls genannt, **»Lady Fingers«** ist jedoch die englische Bezeichnung für »Löffelbisquits«.

Olive

Olea europaea

Aceituna (span.), Azeitona (port.), Ölbeere, Ölfeige, Olijve (niederl.), Oliva (span., lat.), Olive (engl., frz.), Olivy (tschech.), Zeytin (türk.)

Allgemeines, Herkunft, Geschichtliches

Die Heimat des knorrigen, silbriggrünblättrigen, zur Familie der Ölbaumgewächse (Oleaceae) zählenden Olivenbaums / Friedensbaums / Lebensbaums / Ölbaums liegt in Palästina, wo er schon seit 5000 Jahren kultiviert wird. Bei den Christen und Juden galten einst Olivenzweige als Signifikant des Friedens, und mit Kränzen aus Olivenzweigen feierte man sogar die Sieger der olympischen Wettkämpfe. Oliven werden in Australien, Griechenland, Italien, Kalifornien, Portugal, am Schwarzen Meer, in Spanien, Südamerika und Tunesien angebaut und noch heute (zwischen Juli und November) von Hand geerntet.

Das deutsche Wort »Olive« ist dem lateinischen »Oliva« entsprossen.

Aussehen

Oliven sind oval und haselnussgroß. Braunschwarze wurden in ausgereiftem Zustand geerntet und sind nahrhafter als die unreifen grünen; rote Oliven sind halbreif.

Geschmack

Oliven besitzen ein sehr gewöhnungsbedürftiges, herb-säuerliches Aroma.

Arten, Sorten

Kalamata-Olive: Volumige, schwarze Olivensorte aus Griechenland.

Königin-Olive / Gordales (span.) / Picholine (ital.) / Queen Olive (engl.) / Sevilla-Olive: Große, grüne Olive aus dem mediterranen Raum.

Mammut-Olive: Grobwüchsige, braunschwarze Olive aus Spanien.

Manzanilla: Kleine, hocharomatische Olive aus Spanien.

Oleaster: Kleinwüchsige Wildolive, die im gesamten Mittelmeerraum verbreitet ist und meist der Ölherstellung dient.

Pimola: Italienische Bezeichnung für große, grüne, mit rotem Paprikastreifen gefüllte Oliven.

Hauptinhaltsstoffe

Calcium, Flavonoide, Glycoside, Linolsäure, Öl (60%), Palmitin-, Stearin- und Omega-6-Fettsäure, Vitamin A, B 1, B 2, E (12 mg / %).

Verwendung, Zubereitung

Oliven dienen als Salatzutat, Aperitif-Einlage, Garnitur oder sie werden der Speiseölherstellung zugeführt.

Olivenbaumblätter unterstützen die Kosmetikindustrie bei der Herstellung hautstraffender Cremes.

Olivenbaumholz ist sowohl bei der Spazierstockproduktion als auch bei aufwendigen Drechslerarbeiten beliebt.

Kaltgepresstes Olivenöl sollte ausschließlich in der **Kalten Küche** Verwendung finden, da die zwar heilkräftigen, jedoch überaus hitzeempfindlichen Vitamine und Mineralstoffe durch Erhitzung einen hohen Wertverlust hinnehmen müssen. In der warmen Küche macht es demzufolge mehr Sinn, preisgünstigeres, raffiniertes Olivenöl (mit 99% Ölausbeute beim Pressen) dem hochpreisigeren kaltgepressten (mit lediglich 50% Ölausbeute beim Pressen) vorzuziehen. Die gebräuchlichen Olivenöl-Güteklassen »Nativ extra« und »Extra vergine« sagen aus, dass es sich um kaltgepresstes Olivenöl handelt, das zwar aus verschiedenen, jedoch nicht unbedingt regional genannten Ländern zusammengesetzt ist und auf dem Etikett nur der Name des Abfüllers – nicht aber der konkrete Abfüllort stehen muss. Steht lediglich »Olivenöl« auf Speiseölbehältnissen, weist dies darauf hin, dass es sich bei dem Inhalt um eine Mischung aus Raffinaden und kaltgepresstem Olivenöl (küchenspr. »Gold des Mittelmeers«) handelt.

Jungfernöl / Huile vièrge (frz.) ist ein zwar teures, jedoch sehr hochwertiges, südfranzösisches Olivenöl, das aus erster Kaltpressung gewonnen wurde und – man staune – **nie sein Aroma verändert**.

Knoblauchöl nennt sich nicht nur das etherische Öl des Knoblauchs, sondern auch Olivenöl, das mit enthäuteten Knoblauchzehen bereichert wurde.

Pasta d'olive (ital.) / Tabernat (frz.): Pikantes Püree aus schwarzen Oliven, das meist in der mediterranen Küche zur Anwendung kommt.

Lagerung

Frische Oliven sind zwar äußerst verderbsanfällig, mariniert und in sterilen Gläsern vakuumiert lassen sie sich dagegen mindestens 18 Monate lang aufbewahren. Oliven in angebrochenen Behältnissen sind ausdauernder, wenn man etwas Öl oder Zitronensaft obenauf gießt.

Kaltgepresstes Olivenöl ist zwar etwa 12 Monate bevorratbar, es sollte jedoch nicht zu hell und kühl stehen, da es schon ab +6° C ausflockt und bei 0° C sogar erstarrt: **Kurzes Erwärmen** schafft Abhilfe.

Volksmedizinische Bedeutung

Olivenöl ist das **am leichtesten verdauliche Öl**. Es hilft bei chronischen Katarrhen, Hämorrhoiden und unterstützt die Wirkung der Vitamine in Gemüsen und Salaten.

Stuhlverstopfung löst man, indem man morgens und abends jeweils 1 EL Olivenöl zu sich nimmt; zur Gallensteinaustreibung empfiehlt sich eine Ölkur, während der man eine Woche lang täglich 75 g Olivenöl trinkt.

Bei Schuppen und extrem sprödem Haar hilft das Auftragen von 3–4 EL warmem Olivenöl, das man gründlich in die gereizte Kopfhaut einmassieren sollte. Nach einer Stunde Einwirkungszeit kann man das Öl mit einem gängigen Shampoo ausspülen.

Bei entzündetem Zahnfleisch empfiehlt es sich ein Olivenblatt zu kauen, das lindert den Schmerz.

Die Behauptung, dass sich die einfach ungesättigten und gesättigten Fettsäuren der Olive positiv auf unseren Fettstoffwechsel auswirken, indem sie Ablagerungen von schädlichem Cholesterin in den Blutgefäßen unterbinden, ist nach neuesten ernährungswissenschaftlichen Untersuchungen ein Märchen. Die Wahrheit ist, dass die wirklich positiven Eigenschaften dem in der Olive enthaltenen und bestens verfügbaren Vitamin E zu verdanken sind, das gegen Krebs und Arteriosklerose kämpft und somit weiteres Tumorzellenwachstum abwendet.

In den Mittelmeerländern führt man die geringere Krebsrate auf den starken Olivenölverbrauch zurück.

Tipp

Eingelegte Oliven zu verzehren oder pures Olivenöl zu trinken, sind wirkungsvolle Mittelchen, um einer eventuell bevorstehenden Katerstimmung vorzubeugen.

P

Paksoi

Brassica rapa var. chinensis
Alpiste chino (span.), Baak Choi (chin.), Chinasalat, Chinesischer Blattsenf, Chinesischer Salat, Chinesischer Senfkohl, Japankohl, Joi Choi, Pak-Choi (engl., frz., ital.), Pak Choy, Pak soi (niederl.), Spoon cabbage (engl.)

Allgemeines, Herkunft, Geschichtliches

Der Paksoi ist im chinesischen Kanton beheimatet. Größere Anbauflächen dieses Kreuzblütlers / Brassicaceae (Cruciferae) findet man außer in China ebenso in Japan, Korea und Taiwan; seit 5 Jahren wird der rasch wachsende und wärmeliebende Paksoi auch in den Niederlanden kultiviert. Spätestens 50 Tage nach der Aussaat sollte Paksoi geerntet werden, weil seine Stiele danach weich und faserig werden.

Die Bezeichnung »Pak Choi« wird aus dem Kantoner Dialekt abgeleitet und bedeutet so viel wie »Weißes Gemüse«.

Aussehen

Der **dem Chinakohl zwar ähnelnde**, jedoch **nicht kopfbildende** Paksoi hat bis zu 50 cm lange, leicht brechende, weiße, stielmangoldartige Stängel, an denen hoch aufgeschossene, löffelhafte, dunkelgrüne Blätter wachsen.

Geschmack

Der leicht erdig-nussige Geschmack des Paksoi gleicht dem Chinakohl zwar in etwa, Paksoi ist jedoch wesentlich milder, saftiger und aromatischer und das Wichtigste: Der typische Kohlgeschmack fehlt ihm gänzlich.

Arten, Sorten

Pak-Choi Shanghai: Kleinwüchsige Paksoisorte mit hellgrünen Blattstielen.

Tat Soi: Kältetolerante, fernöstliche Variante des Paksoi mit dunkelgrünen, mangoldigen Blättern, die eine perfekte Rosette bilden. »Tat Soi« bedeutet »alter Kohl«.

Hauptinhaltsstoffe

Aminosäuren, Calcium, Eisen, Folsäure, Provitamin A, reichlich Vitamin B und C.

Verwendung, Zubereitung

Paksoiblätter, die für die Gemüsebereitung bestimmt sind, sollten nur wenige Sekunden gedünstet werden, da sie sehr rasch zergehen. Solche, die für die Salatzubereitung angedacht sind, sollten kurz blanchiert werden, um den erdigen Geschmack etwas zu mindern.

Paksoiblattrippen lassen sich wie Spargel zubereiten.

Lagerung

Leicht gekühlt lässt sich Paksoi ca. 5 Tage bevorraten.

Volksmedizinische Bedeutung

Der Nährwert des kalorienarmen Paksoi, besonders der seiner Blattrippen, ist doppelt so hoch wie der des Weißkohls.

Tipp

Um den Paksoi haltbarer zu machen, wenden die Chinesen schon seit Urzeiten eine Konservierungsmethode an, die in etwa mit der unseres Sauerkrauts vergleichbar ist: Sie marinieren den kleingeschnittenen Paksoi in Reiswein. Schon der berühmte Mongolenführer Dschingis Khan konnte sich vom Wohlgeschmack dieses »Krauts« überzeugen, als er in den Jahren 1211–1216 mit seinen Horden in China einfiel.

Palmenherzen

Euterpe edulis
Cœurs de palmier (frz.), Hearts of palm (engl.), Palmenmark, Palmito

Allgemeines, Herkunft, Geschichtliches

Als »Palmenherz« bezeichnet man das Knospeninnere der bis zu 2 m hohen, in Amerika beheimateten Assai-Palme. Die großflächigsten Anbaugebiete dieses Palmengewächses (Palmaceae) liegen auf der Insel Martinique sowie in Mittel- und Südamerika.

Aussehen

Die elfenbeinfarbenen Palmenherzen besitzen eine blattschichtige Struktur.

Geschmack

Als »intensiv nussig« kann man das Aroma von Palmenherzen treffend beschreiben.

Hauptinhaltsstoffe

Extrem hoher Eisengehalt.

Verwendung, Zubereitung

Palmenherzen lassen sich zu den unterschiedlichsten Salatvariationen, Beilagen, Vorspeisen oder Garnituren verarbeiten.

Palmkäse nennt man vergorene Palmenherzen.

Palmkohl ist ein wirsingartiges Gemüse, das aus frischen Palmenherzen und ihren krautigen Hüllblättern zubereitet wird.

Volksmedizinische Bedeutung

Aufgrund ihres hohen Eisengehalts gelten Palmenherzen als potentielle Muntermacher.

Tipp

Da die Assai-Palme nach der Ernte naturgemäß abstirbt, ist auch der hohe Handelswert für Palmenherzen mehr als gerechtfertigt.

Palmyra

Borassus flabellifer
Boraso (span.), Borasse (frz.), Lontar (engl.), Palmira (span.), Rondier (frz.), Sea apple (engl.)

Allgemeines, Herkunft, Geschichtliches

»Palmyra« nennt sich die Frucht der asiatischen, bis zu 30 m hohen Lontar-Palme / Weinpalme, die überwiegend in Burma, Indien, Malaysia und Sri Lanka angebaut wird. Sie zählt zur Familie der Palmengewächse (Palmaceae) und ist eine **nahe Verwandte der Kokosnuss**.

Aussehen

Die Palmyra ist eine leicht zu schälende, rundliche Frucht, deren

Durchmesser ca. 12 cm beträgt. Die beiden Enden ihrer dunkelvioletten Schale verwandeln sich in ein farbenprächtiges Grüngold. Ihr milchfarbenes Fruchtfleisch weist in der unteren Hälfte eine graugelbe Aushöhlung auf, die 3 Kerne und Fruchtwasser beinhaltet.

Geschmack

Als »feinwürzig mit exotischem Touch« lässt sich der Geschmack des Palmyra-Fruchtfleischs charakterisieren; ihre Schale besitzt hingegen ein eher abstoßendes, da gnadenlos bitteres Aroma.

Verwendung, Zubereitung

Palmyren dienen in ihren Anbauländern überwiegend dem Frischverzehr oder der Herstellung des lebhaft moussierenden »Palmweins«, der mittels Anzapfen ihrer Blütenstände gewonnen wird.

Lagerung

Aufgrund ihres raschen Verderbs sind Palmyren kaum auf unseren Märkten anzutreffen.

Tipp

In asiatischen Bars kann man ein köstliches Mixgetränk ordern, das gekühltes, püriertes Palmyra-Fruchtfleisch und -fruchtwasser beinhaltet.

Pampelmuse

Citrus maxima

Adamsapfel, Bambolma, Chadèque (frz.), Drawid (niederl.), Kürbisorange, Melonenorange, Ostindische Apfelsine, Pampelmusa (span.), Pamplemousse (frz.), Pomelo (angels., roman.), Pompelmo (ital.), Pompelmoes (niederl.), Riesenorange, Schaddock, Shaddock (engl.)

Allgemeines, Herkunft, Geschichtliches

Die im indonesischen Raum beheimatete Pampelmuse ist die **wichtigste Kulturform der Orange**. Größere Anbaugebiete dieses Rautengewächses (Rutaceae), das gemeinhin auch als **Stammpflanze der Grapefruit** angesehen wird, findet man heute auf Barbados, in Florida, Israel, Kalifornien, Malaysia, am Mittelmeer, in Thailand und auf den Westindischen Inseln (Karibische Inseln).

Die fremdländischen Bezeichnungen »Chadèque« und »Shaddock« hat diese Zitrusfrucht dem Nachnamen des schottischen Kapitäns zu verdanken, der sie Anfang des 17. Jh.s erstmals auch auf die Insel Barbados verbrachte.

Aussehen

Die rundlichen bis birnenförmigen Pampelmusen sind deutlich größer als Grapefruits und weisen eine extrem dickwandige, grüngelbe Schale auf, die von unzählbaren Öldrüsen durchwachsen ist. Ihr gelbes oder rotes Fruchtfleisch beinhaltet relativ große, gelbweiße, ungenießbare Kerne. Mit einem möglichen Gewicht von 6 kg gilt die Pampelmuse als **größte Zitrusfrucht**.

Geschmack

Die Pampelmuse hat einen leicht bitter-süß-säuerlichen Geschmack, an den Saftreichtum und die Aromastärke der Grapefruit reicht sie nicht heran.

Arten, Sorten

Lipo: Bitter-saure Kreuzung aus Limette und Pomelo, die während des Wachstums ein sonniges Plätzchen und eine stabile Kletterhilfe benötigt.

Pomelo (dt., ital., span.) / Pomélo (frz.) / Pummel (engl.) nennt sich das Ergebnis einer intensiv betriebenen israelischen Zitrusforschung, das in der Talsohle von Jericho (300 m unter dem Meeresspiegel) aus einer Kreuzung der Pampelmuse mit der Grapefruit hervorgegangen ist. Seit 1974 wird diese sonnenhungrige Baumfrucht zwar meist von Israel nach Deutschland exportiert, geringe Einfuhren kommen gelegentlich jedoch auch schon aus der Karibik und Südafrika. Pomelos sind **etwas größer als Grapefruits**, jedoch kleiner als Pampelmusen. Sie zeigen eine spitz-rundliche bis birnenartige Wuchsform und werden bis zu 2,5 kg schwer. Unter der gelblich grünen, auffallend dickwandigen, großporigen Schale verbirgt sich saftiges, hellgelbes oder rosa Fruchtfleisch, das in feste Fruchtkammern eingeschlossen ist und nur wenige gelbweiße Samen enthält.

Die Pomelo schmeckt angenehm süß-säuerlich, entfernt brombeerartig und hinterlässt keinen bitteren Nachgeschmack. Ihre optimale Genussreife hat die Pomelo erst erreicht, wenn die Schale stark schrumplig ist und auf geringen Fingerdruck nachgibt. Pomeloschalen werden meist zu Marmelade verarbeitet.

Hauptinhaltsstoffe

Antioxidantien, Provitamin A, sehr Vitamin-C-haltig.

Verwendung, Zubereitung

Pampelmusen werden frisch verzehrt oder zu Saft, Sirup und Marmelade verarbeitet.

Pampelmuseschalen dienen meist der Likör- und Ölherstellung.

Lagerung

Bei Zimmertemperatur lässt sich die Pampelmuse bis zu 3 Monate aufbewahren; währenddessen gewinnt sie sogar noch an Süße.

Volksmedizinische Bedeutung

Pampelmusen wirken dem Krebs entgegen, da sie eine Vielzahl von Antioxidantien beherbergen.

Tipp

Pampelmusen sind heutzutage kaum noch im Handel, da der Verbraucher eher zu den aromatischeren und dünnschaligeren Grapefruits greift.

Papaya

Carica papaya

Baummelone, Engelsfrucht, Fruta bomba (südamerik.), Kressenfeige, Lechosa (span.), Mammao (kolumb.), Melon tropique (frz.), Melone der Tropen, Papaia (ital.), Papaifrucht, Papas (venezuel.), Papaya (engl., niederl., norw., span.), Papaye (frz.), Pawpaw (ind.), Tree melon (engl.), Tropenmelone

Allgemeines, Herkunft, Geschichtliches

Der Papayabaum ist ein 6–8 m hohes, fingerblättriges Feigengewächs (Caricaceae), das im tropischen und subtropischen Südamerika zu Hause ist. Spanische Seefahrer brachten seine Früchte erstmals auch in andere Teile Amerikas und nach Asien.

Die bedeutendsten Anbaugebiete dieser exotischen Beerenfrucht liegen in Afrika, China, Florida, Hawaii, Indien, Japan, der Karibik, Sri Lanka, Thailand und Südamerika. In den Ursprungsländern erreichen Papayen ein Gewicht von bis zu 8 kg, im europäischen Fruchthandel erhältliche Exemplare wiegen jedoch »nur« 500–1000 g.

Aussehen

Papayen können eine eiförmige, kugelige oder keulenartige Form aufweisen. Sogar die Farbe ihrer dünnen, glatten, ledrigen Schale variiert nicht selten von gelb über grün bis zu schrillem Orange. Reife Papayen erkennt man nicht nur daran, dass ihre Schale auf leichten Fingerdruck nachgibt, auch braune Flecken auf der Außenhaut lassen auf ihren geschmacklichen Höhepunkt – nicht auf Qualitätsminderung (!) – schließen. Das blassgelbe bis lachsrote Fruchtfleisch der Papaya hat eine kürbisähnliche Konsistenz und enthält einen Hohlraum, der mit zahlreichen glitschigen, grauschwarzen, pfefferkorngroßen Kernen gefüllt ist.

Geschmack

Reife Papayen duften nach Aprikosen, sind überaus saftig und schmecken wie eine Mischung aus Birnen, Himbeeren, Melonen und Waldmeister. Papayakerne sind für Europäer ungenießbar, da sie einen beißend scharfen Geschmack haben; in tropischen Gebieten werden sie jedoch als Mittel gegen krankheitsverursachende Darmparasiten geschätzt.

Arten, Sorten

Babaco / Carica pentagona (bot.) / Bergpapaya / Gebirgspapaya / Mountain papaya (engl.) / Papaye de montagne (frz.) / Wilde Papaya: Die glänzend grüngelbe, zwar gurkenförmige, jedoch fünfeckige und kernlose Babaco ist in den Gebirgszonen Ecuadors heimisch. Sie wird auch in Griechenland, auf der Kanalinsel Guernsey, in Israel, Italien (seit 1985), Neuseeland (seit 1973) und sogar in Südtirol angebaut. Die Babaco kann bis zu 30 cm lang, 700 g schwer und 12 cm dick werden. Sie hat gelbweißes, saftiges Fruchtfleisch, dessen fein-säuerliches Aroma an Äpfel, Ananas, Erdbeeren und Papayen erinnert. Ihre Verwendungsmöglichkeiten gleichen denen der Papaya.

Gemüsepapaya nennt man unreif geerntete Papayen oder Babacos deshalb, weil sie meist zu Gemüse, gelegentlich auch zu Chutney oder Kompott verarbeitet werden.

Papayote / Papaya silvestre (lat.) / Chilacuán / Papayuela heißt eine dunkelgrüne kolumbianische Papayasorte, die roh zwar ungenießbar ist, sich als Kompott zubereitet aber zu einer wahren Delikatesse entpuppt.

Hauptinhaltsstoffe

Aminosäuren, Biotin, Calcium, Carotinoide, Eisen, sehr hoher Kaliumgehalt, Magnesium, Papain, Phosphor, Provitamin A, Vitamin B 1, B 2, C (56 mg / %), E. In Konkurrenz zu reifen Papayen ist der Vitamingehalt unreifer Ware zwar deutlich niedriger, dafür liegt ihr Papain-Anteil wesentlich höher.

Verwendung, Zubereitung

Papayen werden frisch konsumiert oder zu Cocktails, Speiseeis, Fruchtsalat, als Käsebeilage, zu »Pepsin«-Wein, Süßspeisen und Vorspeisen (z. B. mit rohem Schinken oder Bündnerfleisch kombiniert) verarbeitet. Papayen, die zum Frischverzehr bestimmt sind (sie sollten unbedingt gekühlt sein), werden zuerst halbiert, dann löffelt man die schwarzen Kerne aus und schließlich wird das Fruchtfleisch mit einem scharfen Messer von der Schale getrennt. Zur Geschmacksverbesserung kann man mit Himbeersirup, Limettensaft, Orangenlikör oder Weinbrand »würzen«.

Frische Papayen können nicht zur Herstellung von gelierenden Speisen verwendet werden, da ihr eiweißspaltendes Enzym Papain ein Steifwerden verhindert. Mit diesem Papain, das sich auch im schleimigen Kerngehäuse (bayr. Butze) und in den Blättern befindet, **lässt sich jedoch zähes Fleisch mürbe machen**, indem man es wenige Stunden vor der Zubereitung gründlich mit Papayamus einreibt oder fest in Papayablätter einwickelt. Zähes Kochfleisch, dessen Gardauer aus Zeitgründen gekürzt werden muss, wird viel schneller weich, wenn man es gemeinsam mit einer unreifen Papaya in einem fest verschlossenen Topf gart, der nur wenig, salzlosen Fond beinhalten sollte.

Ein Paar Tropfen Papayasaft in der Wollwäsche schützen vor dem Einlaufen.

Lagerung

Bei einer optimalen Raumtemperatur von +10° C können reife Papayen bis zu 4 Wochen lang aufbewahrt werden.

Volksmedizinische Bedeutung

Da Papayen extrem säure- und kalorienarm sind, die Verdauung anregen, Magensäure sogar neutralisieren und fettabbauende Eigenschaften besitzen, sind sie die idealen Partner für **Schlankheitskuren**. Papayen kurbeln auch den Kreislauf und die Durchblutung an, lindern rheumatische Beschwerden, sind hilfreich bei offenen Wunden, Ekzemen und Hämorrhoiden und gelten als nervenstärkend. Bei **toxischen Störungen** (z. B. bei Alkoholmissbrauch) hat die Papaya sogar eine **entgiftende Wirkung**.

Aus unreifen Papayafrüchten wird in den Anbauländern Milchsaft (Latex) gewonnen, durch dessen Eigenschaften schon manche Bandscheibenoperation verhindert werden konnte.

Papayablütentee (er riecht nach Maiglöckchen) bekämpft Erkrankungen der Atemwege.

Hochdosiertes Papayakonzentrat aus der Apotheke besitzt zwar rasch abführende Charaktere, es sollte jedoch nie gemeinsam mit blutverdünnenden Medikamenten vereinnahmt werden.

Tipp

Nach einer durchzechten Nacht sollten Sie nach dem Aufstehen folgenden **Katerkiller** trinken: ½ gewaschene, entkernte Papaya (mit Schale) zusammen mit 200 ml frisch gepresstem Orangensaft und 1 TL Honig im Mixer pürieren. In ein möglichst sehr, sehr breites Glas füllen und versuchen, es möglichst würdevoll noch mit einer Limettenscheibe zu garnieren.

Paprikaschote

Capsicum annuum var. grossum
Ardei (rumän.), Bell pepper (engl.), Blockpaprika, Capsicum (engl.), Gemüsepaprika, Kapsikum, Paprica (frz.), Paprika (niederl., österr.), Peperone (ital.), Und (schweiz.) Poivron (frz.), Tatli biber (türk.)

Allgemeines, Herkunft, Geschichtliches

Christoph Kolumbus brachte die Chilischote, aus der die Gemüsepaprika durch Weiterentwicklungen einstmals hervorgegangen ist, im Jahre 1494 erstmals aus ihrer mittelamerikanischen Heimat mit nach Europa, wo er sie stolz dem spanischen König zu Füßen legte. Anfänglich galt diese Frucht bei Hobbygärtnern als exotischer Zierstrauch; erst im 17. Jh. erdreistete man sich, sie zu verkosten. In Deutschland waren Paprikaschoten sogar bis 1945 völlig unbekannt; heutzutage wird dieses Nachtschattengewächs (Solanaceae) jedoch weltweit angebaut.
Da die blockig gezüchteten Paprikaschoten aus Sicht des Botanikers den Beerenfrüchten zugeordnet werden, müssten sie streng genommen als »Paprikabeeren« bezeichnet werden, denn als »Schoten« bezeichnet man grundsätzlich nur längliche Kapselfrüchte, die aus 2 miteinander verwachsenen Fruchtblättern und einer falschen Scheidewand zusammengesetzt sind.
»Peperoni« nennt man zwar in Italien und Deutschland die Gemüsepaprika, korrekterweise handelt es sich bei Peperonis jedoch prinzipiell um Gewürzpaprika. Zu allem Überfluss werden häufig sogar die Chilischoten als »Peperoni« bezeichnet.

Aussehen

Es gibt gelbe, grüne, lila, orangene, rote, schwarze, braune und sogar bunte Paprikaschoten, deren Farbe und Form (z. B. stumpf, abgerundet oder spitz zulaufend) vom jeweiligen Reifegrad und der Züchtung abhängig ist. Grüne Paprikaschoten sind noch unreif, gelbe Exemplare können ihr Aussehen sowohl sortenbedingt als auch vom Reifestadium bekommen haben, rote Paprikas sind hingegen grundsätzlich vollreif. Alle anderen Kolorierungen sind sortenabhängig. Gesunde Paprikaschoten sind knackig-fest, ohne Risse und Flecken. Verschrumpfte Stielansätze lassen auf Überlagerung und damit verbundenen Vitaminverlust schließen. Im Fruchtinneren befinden sich weißliche Scheidewände und eine Vielzahl von blassgelben Kernchen.
Exocarp nennt man in Fachkreisen die hauchdünne, äußere Haut aller Capsicum-Früchte.
Mesocarp heißt das darunter liegende Fruchtfleisch.
Endocarp sagt man bei den Capsicum-Mitgliedern zu ihrer weißlichen Innenwand.
Plazenta nennt man den Mittelpunkt des Hohlraums, an dem die Samen hängen.
Pericarp nennt man die Gesamtheit des zuvor Beschriebenen.

Geschmack

Paprikaschoten weisen ein fruchtig-mildes Aroma auf.

Arten, Sorten

Grüne Paprikaschoten sind im Allgemeinen zwar die kostengünstigsten und beständigsten, da sie unreif geerntet werden, sind jedoch auch die schwerverdaulichsten. Orangefarbene Paprikaschoten schmecken aufgrund ihres Karotinreichtums auffällig süß. Rote Paprikaschoten sind sehr mild, da sie in vollreifem Zustand geerntet werden. Ihre Schwächen gegenüber den grünen liegen in den höheren Beschaffungskosten und der kürzeren Bevorratungsdauer; ihre Stärken sind die Bekömmlichkeit und – sie besitzen den **höchsten Vitamin-C-Gehalt aller hierzulande gehandelten Gemüse**. Violette Paprikaschoten erhalten ihr ausgefallenes Aussehen durch Impfung der Saat mit violettem Farbstoff. Dieser geschmacksneutrale und hitzesensible Farbstoff löst sich beim Kochen derart auf, dass die Frucht ihre ursprünglich grüne Farbe wieder zurückgewinnt.

Apfelpaprika lautet die Bezeichnung einer beigefarbenen, sehr milden, ungarischen Paprikaschotensorte.

Kirschpaprika nennt man einen scharf-süßlichen, nur kirschgroßen, grünen oder tiefroten Paprikaschotenwinzling aus Ungarn, der meist dem Garnieren von kalten Gerichten dient.

Peperoncino nennt man in Italien Chilies und die schmalen Gemüsepaprikas.

Pimento (span.) / Pimiento (ital.) nennt man spindelförmige, rote Gemüsepaprikas.

Piquillos nennt man enthäutete und in Würzessig eingelegte rote Paprikaschoten.

Spitzpaprika / Peperoni bue (ital.) / Pointed pepper (engl.) / Pusztagold: Mittelgroße, weißgelbe oder blassgrüne Gemüsepaprika in gespitzter Form. Sie ist sehr mild und süß, kommt meist aus Spanien oder den Balkanstaaten und kann uneingeschränkt auch roh verzehrt werden.

Tomatenpaprika / Peperone rosso Tippo pomodoro (ital.) / Süßpaprika / Sweet pepper (engl.): Vor über 100 Jahren soll die Tomatenpaprika aus einer ungarischen Züchtung der roten Paprikaschote mit der Fleischtomate hervorgegangen sein. Es empfiehlt sich, die hitzeempfindlichen Tomatenpaprikas nur im rohen Zustand zu verzehren, da sich ihr süß-aromatisches Apfelaroma während des Garens verabschiedet.

Hauptinhaltsstoffe

Calcium, Capsaicin, Capsanthin, Capsidiol, Carotinoide, Eisen, Eiweiß, Kalium, Magnesium, Phosphor, Provitamin A, Vitamin B 1, B 2, B 6, C, E, P. Der Vitamin-C-Gehalt grüner Paprikaschoten beträgt 107 mg / %, der von rotschaligen 250 mg / %.

Verwendung, Zubereitung

Paprikaschoten können zu Salat oder Gemüse verarbeitet werden. Zuvor sollten sowohl der Stielansatz und die Samen als auch die Scheidewände entfernt werden. Paprikaschoten sollten nicht hohen Temperaturen ausgesetzt werden, da sich die appetitlichen Pflanzenfarbstoffe sonst in Wohlgefallen auflösen und die Zuckerstoffe durch Karamelli-

sieren verbrennen können. Um die unverdauliche Haut dieser Beerenfrucht entfernen zu können, taucht man sie entweder 20 Sekunden in kochendes Wasser und zieht die sich fast selbstlösende Schale ab, oder man legt sie geviertelt ca. 5 Minuten auf den Grill, währenddessen sich die Haut aufbläht, um sie dann nach dem Abkühlen zu beseitigen. Paprikasalat zieht besser durch, wenn man ihn kurz blanchiert, abgießt und ihn – noch im heißen Zustand – mit Essig, Öl und Gewürzen abschmeckt. Die Kerne industriell geernteter Paprikaschoten werden zum größten Teil für Neuanzuchten verwendet.
Letscho / Lecso heißt eine ungarische Spezialität, die aus grobwürfeligen, in Schweineschmalz gegarten Gemüsepaprika-, Tomaten- und Zwiebelwürfeln besteht. Originalbeilage: Debrecziner Wurst und Reis.
Paprikamark / -püree nennt man ein Konzentrat aus Tomatenpaprikas, das in der mediterranen Küche sehr gefragt ist.
Peperonata heißt eine italienische Variante des französischen »Ratatouille«.
Zur Herstellung von Paprikapulver werden ausschließlich die wesentlich capsaicinhaltigeren roten Gewürzpaprikas mitsamt ihren brennenden Kernen und Scheidewänden verwendet.

Lagerung

Paprikaschoten lassen sich höchstens eine Woche lang aufbewahren, da sie nach der Ernte unaufhaltsam weiterreifen. Die Nachbarschaft von Kohl beeinflusst ihr Aroma negativ.

Volksmedizinische Bedeutung

Paprikaschoten besitzen fettstoffwechsel- und verdauungsfördernde Eigenschaften. Hautkrankheiten verschwinden nach einiger Zeit eigenständig, wenn man es sich zur Aufgabe macht, mindestens dreimal pro Woche rohe oder gekochte Paprikaschoten zu verzehren. Magenempfindliche Personen brauchen nicht auf Paprikaschoten zu verzichten, wenn sie sie vor dem Verzehr blanchieren und enthäuten.
Die Blätter der Paprikapflanze können der Heilung von Geschwüren und Furunkeln dienen, indem man sie im leicht angewärmten Zustand auf die betroffene Hautstelle legt und zusätzlich noch mit einer Mullbinde umschlingt.

Tipp

Bei der Anzucht von Paprikaschoten im Privatgarten sollten zwingend folgende beiden Regeln beachtet werden, damit die Ernte einigermaßen erfolgreich ausfällt: 1.) Die erste Blüte des Paprikaschotenstrauchs, die sogenannte **Königsblüte**, sollte nach dem Erscheinen sofort ausgebrochen werden, damit die Seitentriebbildung gefördert wird. 2.) Bei Temperaturen unter 15° C wird die Blütenbildung dieser wärmeabhängigen Pflanze unwiderruflich abgewürgt.

Paranuss

Bertholletia excelsa

Amazonaskastanie, Amazonasmandel, Brasilianische Kastanie, Brasilianische Nuss, Brazil nut (engl.), Juvianuss, Königin der brasilianischen

Wälder, Marahonkastanie, Noce de Brasile (ital.), Noce di Para (ital.), Noix de Brésil (frz.), Noix Para (frz.), Nuéz de brasil (span.), Nuéz del Parà (span.), Paranött (norw.), Paranoot (niederl.), Rahmnuss, Steinnuss, Tucannuss, Yuvianuss

Allgemeines, Herkunft, Geschichtliches

Die Paranuss ist die Frucht eines wild wachsenden, bis zu 50 m hohen Tropffruchtbaumgewächses (Lecythidaceae), das in den Urwäldern des brasilianischen Amazonasgebiets beheimatet ist und erst 30 Jahre nach der (Selbst-)Auspflanzung erntenswerte Ergebnisse liefert. Botanisch sind Paranüsse keine Nüsse, sondern Kapselfrüchte – und die werden bekanntlich dem Schalenobst zugeordnet.

Pots (engl.) / Qurico (südamerik.) nennt man fachsprachlich die etwa 2–3 kg schweren kokosnussartigen Kapseln, aus denen 24 bis 40 Paranüsse hervorgehen.

Die größten Paranusserträge werden zwar in Brasilien erwirtschaftet, kleinere Erfolge werden jedoch auch in Sri Lanka und auf Trinidad erzielt.

Ihren Namen haben diese Früchte der brasilianischen Stadt Para (amtl. Belem) zu verdanken, wo sich **der weltgrößte Ausfuhrhafen für Paranüsse** befindet.

Als »Tucannüsse« werden Paranüsse ebenfalls bezeichnet, weil sie bei den Ureinwohnern ihrer Heimat, den Tucano-Indianern, einst als wichtigstes Nahrungsmittel galten.

Aussehen

Paranüsse zeigen eine typische, dreikantige, holzige Fruchtschale und einen mandelartigen, 3–4 cm langen Kern, der von einer braunen Samenhaut umhüllt ist. Im Bruch sollte Paranussfleisch milchigweiß sein.

Geschmack

Die Paranuss hat ein zartbuttriges, mandelähnliches Aroma.

Hauptinhaltsstoffe

Albumin (Eiweißstoff, der sonst nur in tierischen Produkten vorkommt), Calcium, Eisen, Kalium, Magnesium, Natrium, Nussfett (67%), Phosphor, Protein (14%), Selen, viel Vitamin B 1 (mehr als in Schweinefleisch, dem größten tierischen Lieferanten), E.

Verwendung, Zubereitung

Paranüsse werden (frisch, geröstet, gepresst, gemahlen) zu Knabbereien, Käsebeilagen, Mehl oder Speiseöl verarbeitet. Um die widerspenstige Fruchtschale möglichst so zu knacken, dass die Nuss unversehrt bleibt, gibt es 2 Möglichkeiten: Entweder legt man sie vor dem Knacken für 15–20 Minuten in kochendes Wasser oder man friert sie genauso lange ein.

Lagerung

Paranüsse sollten kühl, trocken, dunkel und luftig aufbewahrt werden.

Volksmedizinische Bedeutung

Dank ihrer wertvollen Inhaltsstoffe hält die Paranuss körperlich und geistig fit und trägt zur Aufrechterhaltung eines harmonischen Gleichgewichts bei; sie ist also gleichsam für den Stoffwechsel und die Nerven von Bedeutung.

Tipp

Vorsicht: Der Paranussbaum ist auch dafür berühmt und berüchtigt, dass er radioaktiven (krebserregenden) Niederschlag speichern kann.

Passionsfrucht

Passiflora edulis
Fruit de la passion (frz.), Frutti della passione (ital.), Passiflore (frz.)

Allgemeines, Herkunft, Geschichtliches

Die Heimat der Passionsfrucht liegt in Brasilien. Sie gehört zu den tropischen Lianenarten, die wir hierzulande lediglich im blühenden Zustand als zierende Passionsblume kennen. Passionsfrüchte werden in Afrika, Asien, Mittel- und Südamerika, Neuseeland und den Mittelmeerländern kultiviert.
Ihren botanischen Namen verdanken die Passionsfrüchte spanischen Missionaren (span. pasión: Leiden, span. flora: Pflanze), die in der Form ihrer Blüte, den Staubgefäßen und dem Stempel die Leidenswerkzeuge Christi zu erkennen glaubten.

Aussehen

Passionsfrüchte haben zwar meist eine rundliche bis ovale Form, die Farbe der Haut ist jedoch sortenabhängig.

Geschmack

Das Fruchtfleisch der Passionsfrüchte schmeckt erfrischend-weinsäuerlich – ihre Schale ist ungenießbar.

Arten, Sorten

Cholupa / Passiflora pinnatistipula (lat.) / Chulupa / Gulupa: Relativ unbedeutende Passionsfruchtsorte, die in den südamerikanischen Tropen zuhause ist. Die süß-saure Cholupa besitzt eine olivgrüne, schuppenartige Haut und helles Fruchtfleisch, das im Querschnitt sternförmig und mit schmalen, schwarzen Kernen verwachsen ist.
Gelbe Passionsfrucht / Passiflora edulis var. maracuya (lat.) / Gelbe Granadilla / Golden passionfruit (engl.) / Maracuja (engl., frz.) / Maracuyá (span.) / Parchita (span.) / Yellow passionfruit (engl.): Die Gelbe Passionsfrucht ist oval, nur hühnereigroß und mit einer 5 mm dicken, grünen bis zitronengelben Schale ummantelt, die im gereiften Zustand leicht schrumpelig sein darf. Ihr geleeartiges Fruchtfleisch, das ein erdbeer-pfirsichartiges Aroma aufweist, ist mit bis zu 200 braunen, essbaren Kernchen behaftet. Besonders schmackhaft ist ein Aperitif, der aus 1 Teil frisch gepresstem Maracujasaft und 3 Teilen gut gekühltem Sekt (ostdt. Schampus) zusammengesetzt wird.
Passiflora incarnata nennt sich eine Passionsblumensorte, aus deren Blättern sich Tee zubereiten lässt, der heilende und kräftigende Tugenden besitzt.
Riesengrenadille / Passiflora quadrangularis (lat.) / Badea / Barbadine (frz.) / Giant Granadilla (engl.) / Parcha (span.): Die bis zu 25 cm lange Riesengrenadille hat eine gelbe, glatte Schale, rotes Fruchtfleisch und ähnelt in ihrer Gesamtheit einem Kürbis, der auf einem vierkantigen Stängel ruht. Da die Riesengrenadille **aromatisch weitaus zurückhaltender** ist als andere Sorten, findet sie meist »nur« als Gemüse oder Kompott Verwendung.
Rote Passionsfrucht / Passiflora edulis var. edulis (lat.) / Maracuyá púrpura (span.) / Purple granadilla (engl.) / Purple passion fruit (engl.) / Purpur-Granadilla: Die kugelförmige Rote

Passionsfrucht hat eine schrumpelige, violettrötliche bis dunkelbraune Haut, die eine lederartige Konsistenz aufweist. Das hellgrüngelbe, saftige Fruchtfleisch, dessen exotischer Geschmack an Himbeeren erinnert, enthält bis zu 200 schwarze, essbare Kernchen, die in eine geleeartige Masse eingebettet sind.

Süße Granadilla / Granadilla (engl., ital., span.) / Passiflora ligularis (lat.) / Grenadille (douce) (frz.) / Lilikoi (hawaii.) / Pomme liane (frz.) / Süße Passionsfrucht / Sweet passion fruit (engl.): Gänseeigroße Passionsfruchtsorte mit glatter, gelborangefarbener bis braunfleckiger (bei Überreife), holziger Schale. Das geleeartige, gelbweiße Fruchtfleisch, dessen Aroma entfernt an Stachelbeeren erinnert, beinhaltet zahlreiche grüne, essbare Kerne. Ihren Namen »Granadilla« (»Kleiner Granatapfel«) hat diese Passionsfrucht mit dem **größten Flächenertrag** (das Fünffache der Roten Passionsfrucht) spanischen Eroberern zu verdanken, die ihr Aussehen mit dem Granatapfel in Verbindung brachten.

Hauptinhaltsstoffe

Calcium, Eisen, Eiweiß, Kalium, Kohlenhydrate, Provitamin A, Vitamin B 1, B 2, B 12, C.

Verwendung, Zubereitung

Passionsfrüchte dienen zwar überwiegend dem Frischkonsum, sie werden jedoch auch zu Eis, Garnituren, Obstsalat, Quarkgerichten, Saft, Süßspeisen und zur Likörherstellung verarbeitet.

Um Passionsfrüchte frisch zu verzehren, halbiert man sie waagerecht und löffelt sie aus. Wem diese Variante zu heikel ist, weil die Schale leicht splittert und die unzähligen Kerne, die man unwillkürlich mitverzehrt, dem Genuss hinderlich sind, sei geraten, die Frucht zuerst auf der Tischplatte pfleglich mit der flachen Hand hin und her zu walken, um sie danach auszutrinken, indem man zuvor beherzt einen Strohhalm durch die Haut sticht.

Das Holz von Lianengewächsen ist bei Musikinstrumentherstellern (z. B. von Oboen) deshalb so beliebt, weil es nicht nur leicht formbar und dauerhaft ist, sondern auch überaus reizvoll aussieht.

Lagerung

Kühl (aber nicht im Kühlschrank) ist die druckempfindliche Passionsfrucht etwa eine Woche haltbar.

Volksmedizinische Bedeutung

Passionsfrüchte haben beruhigende, blutdrucksenkende, durstlöschende, verdauungsfördernde und immunsystemstärkende Charaktere.

Tipp

Zum Schutz vor Schädlingen hält sich die Passionsfruchtpflanze Ameisen als »Haustiere«, indem sie diese fleißigen Tierchen täglich mit köstlichem Nektar versorgt; freilich dürfen sich ebenso nützliche Bienen nähern, um sie zu bestäuben.

Pastinak(e)

Pastinaca sativa

Balsternak, Chirivia (span.), Gänsewurzel, Germanenwurzel, Hammelmöhre (norddt.), Hirschmöhre, Hirtzaug, Hirtzkraut, Hirtzmarelle, Hirtz-

pastenach, Moorwurzel, Panais (frz.), Parsnip (engl.), Pasterna(ke), Pastinaak (niederl.), Pastinaca (ital., span.), Pestknochen, Pestnache, Weiße Möhre, Wildmorelle

Allgemeines, Herkunft, Geschichtliches

Die Pastinake ist ein gelb blühendes Doldengewächs / Apiaceae (Umbelliferae), das mutmaßlich aus einer osteuropäischen Kreuzung der **Petersilienwurzel** mit der **Wilden Möhre** hervorgegangen ist. Bis zur Mitte des 18. Jh.s galt die Pastinake in europäischen Küchen zwar als eines der wichtigsten Grundnahrungsmittel, dann wurde sie jedoch rücksichtslos von der Kartoffel entmachtet. Heutzutage gewinnt dieses Gemüse wieder zunehmend an Bedeutung: In Frankreich, England, Österreich und in den Niederlanden zählt es mittlerweile sogar zu den beliebtesten Wintergemüsen und – man staune – in Amerika gilt die Pastinake sogar als klassisches Weihnachtsgemüse. Pastinaken werden zwar feldmäßig in Asien, Deutschland (Mecklenburg, Schlesien), England, Frankreich, den Niederlanden, Österreich, Skandinavien, Ungarn und in den USA kultiviert, sie wachsen jedoch auch vielerorts wild auf Wiesen und an Wegrändern, denn gegen Umwelteinflüsse (z. B. Läuseplagen oder Hagelschlag) sind Pastinaken regelrecht immun.

Aussehen

Die Pastinake ist ein etwa 20 cm langes und 6 cm breitschultriges, rettichartiges Wurzelgemüse, das der Wurzelpetersilie stark ähnelt, jedoch etwas größer ist. Ihr gefiedertes Blattwerk kann bis zu 90 cm Höhe erreichen. Um einer Verwechslung mit anderen, zwar ähnlichen, jedoch giftigen Doldengewächsen aus dem Wege zu gehen, sollten Pastinakensamen **grundsätzlich im Fachhandel erworben** werden.

Geschmack

Am besten schmecken Pastinaken entweder nach vielwöchiger Bevorratung im dunklen, kühlen Keller oder nach dem ersten Frost, weil sie erst dann das gewünschte süßlich-nussige und karotten-sellerie-maggiähnliche, durch Stärkeumwandlung hervorgerufene Aroma aufweisen.

Hauptinhaltsstoffe

Aminosäuren, Calcium, Eisen, Eiweiß, Fett, Furocumarine, Kalium, etherische Öle, Pektin, Phosphor, sehr Provitamin-A-haltig, Psoralen, Stärke, Vitamin B 1, B 2, B 6, C, Zucker.

Verwendung, Zubereitung

Pastinaken werden **(nur leicht abgebürstet – nicht geschält)** zu Gemüse, Chips, Mehl, Püree, Salat und Suppe verarbeitet. Sogar als Bestandteil von Babynahrung wird die Pastinake eingesetzt, da sie während ihres Wachstums **kaum Nitrat** aufnimmt. Sehr große Pastinaken werden meist zu Viehfutter verwendet, da sie erfahrungsgemäß holzig schmecken.

Die Engländer favorisieren Pastinakenmehl zum Kuchenbacken.

Pastinakensamen können – in Gänze oder feingehackt – zum Verfeinern von Marinaden, Salaten, Saucen und Suppen genutzt werden.

Pastinakenblätter lassen sich wie Petersilie weiterverarbeiten.

Lagerung

Kühl, trocken und dunkel lassen sich Pastinaken mehrere Monate bevorraten.

Volksmedizinische Bedeutung

In der Heilkunde ist frischer Pastinakensaft schon seit Jahrzehnten als **hilfreiches Mittel gegen Impotenz** und Blasen-, Leber- und Nierenleiden bekannt. Nonnen und Mönchen war der Verzehr dieses Wurzelgemüses einst strikt verboten, weil man nach dem Genuss sogenannte »lustige Gefühle« bekommen kann. Verantwortlich dafür ist **der extrem hohe Provitamin-A-Gehalt**, der vom Körper viel leichter aufgeschlossen werden kann als der der Möhre. Da Pastinaken Inulin enthalten, finden sie auch bei Diabetes-Patienten Verwendung. Pastinakenblättertee wird zwar bei Appetitlosigkeit, Fieber, Schlafstörungen und Verdauungsproblemen empfohlen, in Verbindung mit Sonnenlicht können Pastinakenblätter bei anfälligen Personen jedoch zu qualvollen Hautentzündungen (ähnlich dem Riesenbärenklau) führen.

Tipp

Das manchmal etwas flache Pastinakenaroma lässt sich schon im Vorfeld intensivieren, indem man beim Anbau eine Beipflanzung mit Schafgarbe vornimmt.

Patisson

Cucurbita pepo var. patissonina
Abobora, Custard marrow (engl.), Fliegende Untertasse, Kurfürstenmütze, Melonensquash, Melonnées (frz.), Pastisson (ursprl.), Pâtisson (frz., ital., niederl.), Pastetenkürbis, Scallop, Summer squash (engl.), Squash, Ufo-Kürbis

Allgemeines, Herkunft, Geschichtliches

Die Patisson ist ein Kürbisgewächs (Cucurbitaceae), das in Frankreich vermutlich aus einer Kreuzung der Gurke mit mehreren Kürbissorten hervorgegangen ist. In Frankreich, Südafrika, Südamerika und Südeuropa werden Patissons heute kultiviert.

Die kuriose Form dieser nicht rankenden Kürbisart rührt daher, dass der Fruchtknoten-Ansatz ihrer Kronblätter während des Wachstums weiter nach außen gerichtet ist, als bei ihren Verwandten.

Aussehen

Patissons sehen aus wie handgroße, diskusförmige Kürbisse. Die optisch zwar bizarr anmutenden, jedoch sehr ansprechenden Früchte haben einen Durchmesser von 8–20 cm und eine glatte, pastellfarbene, grünliche, rötliche oder elfenbeinfarbene Schale, die gelegentlich auch eine schrundige Oberfläche aufweisen kann.

Geschmack

Der milde, mehlige Geschmack der jungen Patisson erinnert an Gurke und Zucchini. Sowohl ihre Schale als auch die weißlichen Kernchen im milchfarbenen Fruchtinneren sind essbar.

Arten, Sorten

Aladins Turban, Bischofsmütze, Kaisermütze, Pastorenkappe, Türkenhut, Türkenturban nennt sich eine facettenreiche Abart mit einmaligem

Form- und Farbenspiel, die nicht nur sehr dekorativ ist, sondern auch bestens zum Verzehr geeignet ist.
Minipâtisson / Minisquash: Dekorative, kleinwüchsige Patissonzüchtung, die überwiegend in Frankreich und Chile angebaut wird.

Hauptinhaltsstoffe

Calcium, Magnesium, Provitamin A, Vitamin B.

Verwendung, Zubereitung

Patissons sind nur im gegarten Zustand genießbar. Sie werden mitsamt der Schale zu Gemüse, Kuchen oder Suppe verarbeitet; getrocknet dienen sie der Zierde.

Lagerung

Trocken gelagert lassen sich diese sonderbaren Kürbisabkömmlinge zwar problemlos mehrere Tage lang aufbewahren, die Nachbarschaft von Kohl sollte jedoch währenddessen vermieden werden, weil Patissons die Neigung besitzen, sich Kohlgeschmack rasch anzueignen.

Volksmedizinische Bedeutung

Patissons besitzen die gleichen gesundheitsfördernden Eigenschaften wie Kürbisse.

Tipp

Patissons sollten erst geerntet werden, wenn ihre Schale auf leichten Fingerdruck nachgibt.

Pekannuss

Carya illionensis

Amerikanische Walnuss, Hickory-Nuss, Hickory nut (engl.), Illinois-Nuss, Krachende Nuss, Noce di Pecan (ital.), Noix de Pécan (frz.), Nuéz de Pecan (span.), Pacana (span.), Pacane (frz.), Pakan (indian.), Pecan (engl., ital.), Pecannoot (niederl.), Pecannuss, Pekannött (norw.)

Allgemeines, Herkunft, Geschichtliches

»Pekannüsse« nennen sich die Früchte des in den USA heimischen, bis zu 50 m hohen Hickory-Baums, der angesichts seiner Größe, Stärke und Verarbeitungsvielfalt in der weltweiten Holzverarbeitungsindustrie hohes Ansehen genießt. Bei den nordamerikanischen Pecan-Indianern, die diesem Walnussgewächs (Juglandaceae) den Namen gaben, galten Pekannüsse als »Geschenk des Himmels«, da sie aufgrund ihrer wertvollen Inhaltsstoffe viele eisige Winter überleben konnten. Heutzutage werden Pekannüsse weltweit angebaut.
Den Astronauten der NASA dienen Pekannüsse als »Reiseproviant« und einzige Frischnahrung.

Aussehen

Die länglichen Pekannüsse weisen eine braune, leicht behaarte und sehr dünne, jedoch äußerst harte Schale auf.

Geschmack

Pekannüsse schmecken zwar milder, jedoch aromatischer und süßlicher als Walnüsse.

Arten, Sorten

Papershell: Großkernige, süßlich-aromatische Pekannusszüchtung, deren dünne Schale sich mühelos mit der Hand knacken lässt.

Hauptinhaltsstoffe

Calcium, Eisen, Eiweiß, Fett (72%), Kalium, Magnesium, Phosphor, Provitamin A, Vitamin B 1, C. Nach der Macadamia weist die Pekannuss den **zweithöchsten Fettgehalt aller Nüsse** und Früchte auf.

Verwendung, Zubereitung

Pekannüsse werden zwar meist zur Gebäck-, Kuchen und Süßspeisenherstellung verarbeitet, sie sind jedoch ebenso als Käsebeilage oder über Gemüse und Salat gerieben eine Gaumenfreude. Pekannüsse lassen sich einfacher schälen, wenn man sie zuvor 15–20 Minuten in kochendes Wasser legt und dann mit kaltem Wasser abschreckt.

Lagerung

Aufgrund ihres hohen Fettgehalts werden Pekannüsse leicht ranzig.

Tipp

»Pecan pie« nennt sich eine bekannte nordamerikanische Kuchenspezialität, die Pekannüsse beinhaltet.

Pepino

Solanum muricatum

Ampelmelone, Birnenmelone, Cachum (engl.), Fruit cucumber (engl.), Kachuma, Mellow-Frucht, Mellow fruit (engl.), Meloenpeer (niederl.), Melonenbirne, Melon pear (engl.), Pear melon (engl.), Pepino (engl., frz., ital., norw.), Pepino dulce (span.), Pepino morado (span.), Poire-melon (frz.), Sweet cucumber (engl.)

Allgemeines, Herkunft, Geschichtliches

Die Pepino ist ein violettblau blühendes und wärmeliebendes Nachtschattengewächs (Solanaceae), das in den Andentälern Perus und Kolumbiens zu Hause ist, wo es heute noch großflächig angebaut wird. Im Laufe der Zeit konnte die Qualität durch andauernde Neuzüchtungen stark verbessert werden, infolgedessen wird sie mittlerweile auch in Äthiopien, Neuseeland, Russland, Spanien und den USA kultiviert. Trotz ihrer Bezeichnung »Birnenmelone« ist die Pepino weder mit der Birne noch mit der Melone, sondern mit der Tomate verwandt.

Aussehen

Die Pepino ist eine bis zu 20 cm lange, gänseeiähnliche Frucht, deren dünne, gelbe Schale rallyestreifenartige, violette Maserungen aufweist. Ihr cremefarbenes Fruchtfleisch enthält zahlreiche leicht entfernbare Kerne.

Geschmack

Die Pepino schmeckt süß und saftig, tatsächlich sogar etwas nach Birne und Melone – zuweilen jedoch auch völlig nichtssagend.

Arten, Sorten

Apfelmelonen nennt man apfelförmige Pepinos.

Känguruhbeere / Solanum aviculare (lat.) heißt ein australisches Nachtschattengewächs mit schwacharomatischen, kirschenartigen Beeren.

Korila / Pepino hueco (span.) / Wild cucumber (engl.) / Wilde Gurke: In der Karibik, in Südamerika und Südostasien wild wachsende Pepinosorte mit bis zu 7 cm langen, spindelförmigen Früchten, die sowohl zum Frischverzehr als auch zur Gemüsebereitung geeignet sind.

Lit(s)chitomate / Solanum sisymbrifolium (lat.) / Lulita / Morelle de Balbis (frz.) / Raukenblättriger Nachtschatten: Kirschtomatengroße, südamerikanische Verwandte der

Pepino mit süß-sauren, leuchtend roten Früchten, die sich in einer stark bedornten Schutzhülle verbergen. Sie eignen sich sowohl zum Rohverzehr als auch zum Saftpressen oder zur Kompott- oder Likörherstellung.

Hauptinhaltsstoffe

Calcium, Phosphor, Provitamin A, Vitamin C.

Verwendung, Zubereitung

Pepinos können entweder solo verzehrt werden oder als Vorspeise (mit Schinken oder Krabben) und zu Desserts, Salaten, Konfitüre, Mousse, Saft oder Kompott verarbeitet werden. Ihrer **»Rostanfälligkeit«** wegen sollten Pepinos erst bei Bedarf zerteilt werden. Man kann Pepinos zwar (kurzzeitig in Butter gebraten und beherzt gewürzt) ebenso als warme Beilage zu Fleischgerichten reichen, aufgrund der Erhitzung leidet jedoch zwangsläufig sowohl das wertvolle Aroma als auch die hitzeempfindlichen Vitamine.

Lagerung

Leicht gekühlt sind Pepinos bis zu 7 Wochen bevorratbar.

Tipp

Mit ein paar Spritzern Zitronensaft und / oder Orangenlikör lässt sich der gelegentlich etwas flache Pepinogeschmack korrigieren.

Perilla

Perilla ocymoides

Beefsteak plant (engl.), Chinesische Melisse, Öl-Perilla, Perilla (frz., ital., span.), Shiso

Allgemeines, Herkunft, Geschichtliches

In den Ursprungsländern Burma (Hinterindien) und China (Himalaja) wird die mit der Minze verwandte Perilla schon seit Jahrhunderten als Gemüse-, Heil-, Würz- und Zierpflanze kultiviert. Erwähnenswerte Anbaugebiete dieses Lippenblütlers / Lamiaceae (Labiatae) gibt es auch im Iran, in Japan und in ganz Südeuropa.

Aussehen

Die bis zu 1,8 m hohe Perilla hat vierkantige Stängel, gewimperte, spatenartige, olivgrüne Blätter und weiß-rosa Blüten.

Geschmack

Die gesamte Perillapflanze schmeckt und riecht zitronig.

Arten, Sorten

Grüner Shiso / Aka-Shiso / Green cumin (amerik.): Scharfwürzige, grünblättrige Perillasorte.

Roter Shiso / Ao-Shiso: Die »Makrobiotische Küche« – eine ausnehmend gesunde, da vollwertige und Lebenskraft schenkende Ernährungsform – favorisiert Roten Shiso vor allem, wenn er zuvor in Essigwürze mariniert wurde.

Purpur-Shiso / Shiso-Purple (engl.): schmeckt lecker zu Spargel. Besonders intensiver Geschmack und färbend nach dem Zerkleinern.

Schwarznessel / Perilla frutescens (lat.): Herbwürzige, lila Perillasorte, deren betörender Duft nach Anis, Süßholz und Zimt erinnert.

Hauptinhaltsstoffe

Linolensäure, Perillaketon.

Verwendung, Zubereitung

Alle Teile der Perilla sind verwendbar: Stängel und Blätter werden zu

Gemüse oder Suppe, die Keimlinge zu Sprossengemüse verarbeitet.
In japanischen »Sushi-Bars« dienen Perillablättchen und -blüten der Dekoration; die Blütenknospen gelten als **traditionelle »Sushi«-Würze** (»Sushi« ist eine japanische Spezialität, die rohen Fisch beinhaltet).
Grüne Perilla-Blätter / Oba (jap.) / Green Shiso Leaves (engl.) dienen in Japan als Beilage zu rohen Fischgerichten und in Salaten. Sie sollen stimulieren auf die Organe wirken und Schutz vor Lebensmittelvergiftungen bieten.

Volksmedizinische Bedeutung

Perillasamen und -blätter besitzen antibakterielle Eigenschaften.

Tipp

Aus Perillasamen wird Öl gewonnen, das zwar meist zum Aromatisieren und Konservieren von Fisch genutzt wird, oft dient es auch der Lackherstellung und zum Wasserdichtmachen von Papier und Stoffen.

Pfeilwurz (Echter)

Maranta arundinacea
Arrowroot (engl.), Maranta (engl., ital., span.), Marante (frz.), Pfeilwurzel

Allgemeines, Herkunft, Geschichtliches

Der Echte Pfeilwurz ist ein im tropischen Südamerika beheimatetes Marantengewächs (Marantaceae), das aufgrund seines enormen Stärkeanteils (27%) weltweite Bedeutung erlangt hat: Aus **1 ha Anbaugebiet** werden **ca. 15 t Wurzeln** geerntet, aus denen durchschnittlich 2,5 t Stärke gewonnen wird.
Die bedeutendsten, feldmäßigen Pfeilwurzanpflanzungen befinden sich in den Regenwäldern der Westindischen Inseln (Karibische Inseln).
Mit dem englischen Namen »arrow root« wird oft nicht nur aus dem Echten Pfeilwurz gewonnenes Mehl bezeichnet, sondern auch solches aus den Erdstöcken anderer tropischer Pflanzen (z. B. Maniok, Taro).
Seinen Namen hat der Pfeilwurz den Indianern zu verdanken, die einst durch Pfeile hervorgerufene Verletzungen mit seinem Wurzelsaft heilten.

Aussehen

Der Echte Pfeilwurz ist eine krautige Pflanze, die eine Wuchshöhe von bis zu 3 m erreichen kann und verschiedenartig geformte Wurzelknollen hat.

Geschmack

Pfeilwurzknollen schmecken weitestgehend neutral.

Verwendung, Zubereitung

Die Pfeilwurzel wird meist zu Mehl und Sago verarbeitet. **Pfeilwurzelmehl / Arrow root (engl.) / Jamaica-arrow root / Marantastärke / Tapiocca (alte Bez.) / Westindisches Arrow root**, das – wie Maniokmehl – auch unter dem Namen »Tapioka« vermarktet wird, hat den Vorteil, dass Saucen oder Suppen, die damit gebunden werden, trotz Bindung klar bleiben und nicht mehlig schmecken; überdies bilden sich bei gefrorenen Speisen, die man mit diesem Mehl gebunden hat, während des Auftauens keine

Klümpchen. Da Pfeilwurzelmehl **erst nach ca. 20 Minuten Kochzeit bindet** (wesentlich stärker als Weizen- oder Kartoffelmehl), sollte man sehr behutsam damit umgehen. In Gegenüberstellung zu Kartoffelmehl bewahrt Pfeilwurzelmehl seine Konsistenz in Speisenzubereitungen, auch wenn man es mehrmals erhitzt.

Volksmedizinische Bedeutung

Da Pfeilwurzelmehl säurefrei und leichter verdaulich ist als andere Stärken, sollte es auch bei der Zubereitung von Baby- und Krankenkost Verwendung finden.

Tipp

In Deutschland ist Pfeilwurzelmehl relativ hochpreisig und meist nur in Delikatessenläden erhältlich.

Pferderettich

Moringa oleifera

Drumsticks (engl.), Horse radish tree fruits (engl.), Meerrettichbaumfrüchte, Moringo, Trommelstäbe

Allgemeines, Herkunft, Geschichtliches

Der bis zu 12 m hohe Pferderettichbaum (Behenölbaum) ist ein gelbblütiges Trommelfruchtgewächs (Moringaceae), das seinen Ursprung zwar im tropischen Indien und in Arabien hat, angesichts seines hohen Nutzwerts jedoch auch in Afrika kultiviert wird.

Aussehen

Pferderettichbäume besitzen farnartige Blätter, hülsige Früchte mit erbsenartigen Samen und riesige Wurzeln.

Geschmack

Junge Pferderettichblüten, -früchte und -blätter weisen ein relativ mildwürziges Aroma auf; die Erdstöcke hingegen erinnern geschmacklich an unseren **Meerrettich**.

Hauptinhaltsstoffe

Aminosäure, Asparaginsäure, Calcium, Eisen, Eiweiß, Kalium, Magnesium, Mangan, Natrium, Schwefel, Stärke, Zink, Zuckerstoffe.

Verwendung, Zubereitung

Die Blätter, Triebspitzen, unreifen Samen und jungen Früchte des Pferderettichbaums werden in den Herkunftsländern meist zu Gemüse verarbeitet; ganz junge Blätter eignen sich sogar zu Salatergänzungen. Aus der Wurzel wird »Horse radish«, ein meerrettichartiges Gewürz hergestellt. Aus dem Öl der Samen wird Speiseöl und Seife produziert.

Volksmedizinische Bedeutung

Pferderettichblätter, -blüten und -wurzeln werden medizinisch zur Anwendung von durchblutungs- und verdauungsfördernden Maßnahmen angewandt.

Tipp

Behenöl nennt man Öl, das aus den Samen des Pferderettichs gewonnen wird. Es ist völlig geruchlos und – man staune – **es wird nie ranzig**.

Pfirsich

Prunus persica

Broskve (tschech.), Brzoskwinie (poln.), Durazno (südamerik.), Echter Pfirsich, Edelpfirsich, Fersken (norw.), Malum persicum (lat.), Melocotón (span.), Mandelpfersing, Nuss-

pfersing, Öszibarak (ungar.), Peach (engl.), Pêche (frz.), Pelzpfirsich, Persching (hunsr.), Persische Frucht, Persische Pflaume, Persicum, Perser Apfel, Perzik (niederl.), Pesca (ital.), Pferscher (tirol.), Pfersing (altdt.), Pfirsche, Pfirsing, Seftali (türk.)

Allgemeines, Herkunft, Geschichtliches

Schon seit 2500 Jahren wird der Pfirsich in seiner Heimat China angebaut. Da Alexander der Große den Pfirsich erstmals von Persien aus nach Europa brachte, nannten ihn die Römer und Griechen – unwissend, dass die eigentliche Heimat in China lag – »Persische Frucht«; auf pompeijanischen Wandgemälden kann man heute noch neben Pfirsichabbildungen diesen eingravierten Namen entdecken. Pfirsiche werden vorzugsweise in klimatisch begünstigten Gegenden angebaut, da sie späten Frost nicht ertragen. Größere Anbaugebiete dieses blassrot blühenden Rosengewächses (Rosaceae) findet man in Argentinien, Australien, China, Deutschland, Frankreich, Griechenland, Italien, Marokko, Spanien, Südafrika, der Türkei und im Süden der USA. Aus Italien, dem **»Pfirsichgarten Europas«**, kommen durchschnittlich 70% des deutschen Pfirsichbedarfs; Treibhausfrüchte werden meist aus Belgien und den Niederlanden importiert.

In Rüdesheim am Rhein steht das **weltweit einzigartige Weingut** »Carl Jung«, das nicht nur alkoholfreien Wein erzeugt, sondern unter dem Namen »Peach« auch ein erfrischendes, sektartig moussierendes Getränk produziert, das alkoholfreien Wein, Kohlensäure und natürliches Pfirsicharoma beinhaltet.

Aussehen

Die sammetfilzige, sonnenseits rotgeflammte Pfirsichhaut wird von einer einseitigen Längsfurche unterbrochen. Das – je nach Sorte – gelbe, rote oder weiße Fruchtfleisch frischer Ware sollte konsistent und angenehm saftig sein. Der steinharte, tiefrunzlige, ölreiche Pfirsichkern lässt sich – sortenabhängig – schwer oder leicht lösen.

Pfirsiche werden in folgenden Größen angeboten:

Größe A und **AA** sind große Pfirsiche,

Größe B sind mittelgroße Pfirsiche,

Größe C und **D** sind kleine Pfirsiche, die vorwiegend in der Konservenindustrie Verwendung finden.

Geschmack

Reife Pfirsiche schmecken saftigsüß, hocharomatisch und erfrischend; unreife sind hart, aromalos und trocken.

Arten, Sorten

Aprikosenpfirsiche nennt man gelbfleischige Pfirsiche.

Australischer Pfirsich / Quandong: Pfirsichähnliche Frucht, die ausschließlich in Australien angebaut wird. Ihr öliger Kern muss vor der Weiterverarbeitung solange gebraten werden, bis er sich schwarz färbt. Wird er nach dem Abkühlen zerrieben, erhält man eine Speisezutat mit nussigem Sesamgeschmack, die meist in der asiatischen Küche Anwendung findet.

Blutpfirsiche bestechen durch die starke Marmorierung ihrer blutro-

ten Schale und den enormen Saftreichtum des Fruchtfleisches.
Härtling / Nager / Pavies (frz.): Hartfleischiger, nicht steinlösender Frühpfirsich.
Hameln (landsch.): Wilde oder halbwilde Pfirsiche.
Mallorquinische Pfirsiche: Das Besondere an Pfirsichen aus Mallorca gegenüber anderen ist nicht nur ihre gedrungene Form und besondere Größe, sondern auch ihr unverkennbares Aroma.
Percochen: Gelbfleischige, italienische Pfirsichsorte, die schwerpunktmäßig der Konservenindustrie zukommt.
(Roter) Weinbergspfirsich: Robuste, graurote Kulturpfirsichsorte mit pelziger Haut und purpurfarbenem Fruchtfleisch. Im 19. Jh. standen Weinbergspfirsichbäume in fast jedem Wingert, damit sich die Winzer während der Arbeit an den saftigen Früchten laben konnten, denn, seiner herben Würze wegen, diente der etwas plattförmige Weinbergspfirsich nicht nur der Stärkung, sondern auch als wirksamer Durstlöscher. Rund um das idyllische, an der »Terrassen-Mosel« gelegene Örtchen Karden, findet diese schon vom Aussterben bedrohte Frucht gegenwärtig durch Initiativen traditionsbewusster Landwirte wieder einen beträchtlichen Aufschwung. Stolz verarbeiten sie die aromatischen Weinbergspfirsiche zu Branntwein, Likör, Kompott und Konfitüre, um die Produkte dann in- und ausländischen Feinschmeckern und Touristen feilzubieten.
Safranpfirsich: Sehr gewürzhafte Pfirsichsorte mit rotgelbem Fruchtfleisch.
Weißer Pfirsich: Pfirsichsorte mit zartrosa bis weißlich gescheckter Schale und geschmacksintensivem, kreidigem Fruchtfleisch.

Hauptinhaltsstoffe

Calcium, Carotinoide, Eisen, Kalium, Natrium, Niacin, Phosphor, Provitamin A, Vitamin B 1, B 2, C, E, Wasser (87%).

Verwendung, Zubereitung

Pfirsiche dienen dem Frischkonsum und werden zu warmen sowie kalten Süßspeisen, Kaltschale, Kompott, Kuchen, Konfitüre, Obstsalat, Bowle, Branntwein oder Wein verarbeitet. Aus entbitterten Pfirsichkernen wird »Persico« (Pfirsichlikör), Mandelölersatz und »Persipan« (Marzipanersatz) hergestellt. Durch das Auskochen von Pfirsichblättern in Milch oder Wasser gewinnt man Bittermandelgeschmack.
Kullerpfirsich nennt sich ein erfrischendes Sommergetränk, das man wie folgt zubereitet: Zuerst enthäutet man einen kleinen Pfirsich, indem man ihn eingeritzt 20 Sekunden in kochendes Wasser taucht und dann abpellt. Danach wird der geschälte Pfirsich mit einer Nadel rundum eingestochen, in ein breites Glas gegeben, mit Sekt aufgefüllt und schon »kullert« der Pfirsich im Glas (durch die Einstiche und Kohlensäure hervorgerufen).

Lagerung

Im Kühlschrank sind Pfirsiche etwa eine Woche lang bevorratbar.

Volksmedizinische Bedeutung

Da Pfirsiche die Verdauung fördern und die Nierentätigkeit steigern, sind sie nicht nur bei **Reduktionsdiäten** empfehlenswert, sie gelten

ebenso als unbeugsame **Widersacher gegen Stoffwechselgifte**. Die Redewendung: »Sie hat eine Pfirsichhaut« kommt nicht von ungefähr, denn die im Pfirsich reichlich präsenten B-Vitamine, die sogenannten »Hautvitamine«, besitzen tatsächlich hauterweichende und regenerierende Eigenschaften.
Die Japaner beschicken ihr Badewasser mit frischen Pfirsichblättern, um Hautentzündungen zu lindern.

Tipp

Das populäre Dessert »Pfirsich Melba« gelangte folgendermaßen zu Ruhm: Der französische Meisterkoch »Auguste Escoffier« (bis heute wird er auch als »Papst der Köche« geadelt) überraschte im Jahr 1883 seine Gäste im Londoner Savoy Hotel mit einer kulinarischen Premiere: gehäutete und pochierte Pfirsichhälften, die zwischen die Flügel eines Schwans aus Vanilleeis gebettet und mit einer Sauce aus frischen Himbeeren überglänzt (fachspr. nappiert) waren. »Nellie Melba« (bürgerlicher Name: Helen Porter Mitchell), ihrerzeit eine gefeierte Wagner-Sängerin, war als Gast von dem fruchtigen Dessert derart entzückt, dass es der geschmeichelte Küchenchef sofort nach ihr benannte.

Pflanze

Planta
Plant (niederl., engl.) Plante (frz.)

Allgemeines, Herkunft, Geschichtliches

Als Pflanzen bezeichnet man eine facettenreiche Organismengruppe, die in Gemeinschaft mit Tier und Mensch die Biosphäre besiedelt. Sie liefern nicht nur Nahrungs-, Futter- und Heilmittel, sondern auch Rohstoffe für den Hausbau, Kleidung und Werkzeuge.
Hydroponik nennt man die Anzucht von Pflanzen ohne Erde – lediglich in wässriger Nährstofflösung.
Vergeilung ist die Fachbezeichnung für Missbildungen an Pflanzenblättern, die meist durch dauerhafte Sonneneinwirkung hervorgerufen werden.

Arten, Sorten

Adventivpflanzen / Neophyten: Pflanzen, die nach der Entdeckung Amerikas (im Jahre 1492) – aktiv oder passiv – außerhalb ihrer ursprünglichen Heimat wild wachsen oder kultiviert werden.
Blattpflanzen nennt man blatthaltige Kräuter und Gemüse (z. B. Petersilie, Schnittlauch, Tripmadam, Lauch u. a.).
Blütenpflanzen nennt man nicht nur alle Blumen und Heilpflanzen wie Rosen und Kamille, sondern auch Blütenträger wie z. B. Raps oder Mohn.
Fruchtpflanzen nennt man alle Pflanzen, aus denen Früchte hervorgehen.
Galmeipflanzen / Indikatorpflanzen nennt man meist wild wachsende »Anzeiger«-Pflanzen, deren Standort auf eine bestimmte Bodenbeschaffenheit schließen lässt (z. B. kalkig, sandig, stickstoffhaltig, feucht).
Gewürzpflanzen sind Pflanzen, deren Blätter, Blüten, Früchte, Wur-

zeln, Rinden, Sprossen oder Samen sich ihres Geschmacks und Geruchs wegen eignen, Nahrungsmittel zu aromatisieren.

Heilpflanzen: Pflanzen, die bei fachgerechter Anwendung heilend wirken. Harmlos sind Naturarzneien deshalb noch lange nicht, denn ein Zuviel des Guten kann zu unliebsamen Reaktionen und sogar zu Krebs führen.

Kompasspflanzen / Meridianpflanzen: (s. u. Kompasslattich)

Langtagspflanzen: Pflanzen, die ungewollt in die Höhe »schießen«, wenn sie pro Tag mehr als 12 Stunden Tageslicht erhalten. Um dieses »Schießen« zu vermeiden, sollten solche Pflanzen nicht im Sommer, sondern im Frühjahr oder Herbst angebaut werden und zwar an einem schattigen Platz.

Ruderalpflanzen / Schuttpflanzen sind Pflanzen, die man wild wachsend auf Schuttplätzen findet.

Wurzelpflanzen nennt man Pflanzen, die ihrer wohlschmeckenden Wurzelstöcke wegen angebaut werden. (z. B. Karotten, Kartoffeln, Pastinaken, Topinambur, Meerrettich, Rüben u. a.)

Verwendung, Zubereitung

Der Pflanzenrückschnitt sollte zwingend bei abnehmender Mondphase erfolgen, weil sich die Pflanzensäfte während dieser Zeit in die Wurzeln zurückziehen; bei zunehmendem Mond steigen sie dann desto stärker in die verbliebenen Äste und Zweige.

Lopino / Lupino nennt sich eine vegetarische Alternative zu Soja-Quark, die aus den bohnenartigen Früchten der Süßlupine hergestellt wird. Außer einer Menge Eiweiß, essentiellen Aminosäuren, Lezithin und Eisen enthält dieses Gericht ebenso Vitamin B 12, das, mit Ausnahme weniger Früchte und Gemüse (z. B. Passionsfrüchten, Sellerie), sonst nur in tierischen Produkten enthalten ist.

Volksmedizinische Bedeutung

Allergiker, die durch den Genuss bestimmter Lebensmittel (z. B. Ananas, Papaya, Erdbeeren, Sellerie, Nüsse) oder durch saisonalen Pollenflug (z. B. Birken, Haselnuss, Schafgarbe, Raps) in lebensbedrohliche Situationen kommen können, sollten sich bei ihrem Hausarzt einem Allergietest unterziehen, um im Ernstfall mit den entsprechenden Hilfsmitteln ausgestattet zu sein. Nach einem Infekt oder einer schweren Krankheit, wenn also unser Körper besonders geschwächt ist, kann jedermann zum Allergiker werden, selbst dann, wenn zuvor nie allergische Reaktionen aufgetreten sind.

Tipp

Vegetarier / Veggies (engl.) / Vejetaryen (türk.) / Pflanzenfresser (volkst.) nennt man Menschen, die sich fleischlos, also lediglich von Pflanzen, Eiern, Milch und Milchprodukten (z. B. Butter, Käse, Sahne, Joghurt, Quark) ernähren und meist sogar Alkohol und Nikotin ablehnen. Es gibt auch Vegetarier, die sogar junge Matjes / Grüne Heringe (niederl. Groene Haring) nicht ablehnen, da diese »noch unberührt« gefangen werden. Vegetarisches Essen muss nicht langweilig sein. Man kann es aufwerten, indem man z. B. auf schmucken Tellern anrichtet, mit kreativen und bunten Garnituren dekoriert, das riesige Angebot von frischen, gefrorenen oder getrockneten Früchten, Gemüsen, Wildfrüchten, Wildgemüsen, Kräutern, Wildkräutern, Getreideprodukten und Pilzen täglich fantasievoll nutzt.

Es gibt unterschiedliche Vegetarier:

Fruitarier essen nichts, was »gemordet« wird. Das heißt: Sie ernähren sich zwar von Nüssen, Sonnenblumen- oder Kürbiskernen und auch von Obst und Gemüsen, auf solches, das vor dem Verzehr gepflückt oder entwurzelt werden muss (gewaltsam der Natur weggenommen wird), verzichten sie gerne.

Lacto-Vegetarier lehnen außer Milch- und Milchprodukten alle tierischen Produkte ab.

Ovo-Lacto-Vegetarier ernähren sich von Eier-, Butter-, Milch- und Pflanzenprodukten.

Ovo-Vegetarier vereinnahmen lediglich Speisen, die Eier- und Pflanzenkost beinhalten; sie verzichten also auf Milchprodukte.

Pesco-Vegetarier essen bevorzugt Fisch; für Fleisch und Wurst empfinden sie keinerlei Sympathien.

Semi-Vegetarier nennt man Menschen, die (neben Obst, Gemüse und Nüssen) zwar den Verzehr von Fisch und Geflügel nicht ablehnen, auf Wurst und Fleisch von anderen Tieren jedoch verzichten – obwohl sie es gelegentlich zu sich nehmen.

Veganer bevorzugen lediglich rein pflanzliche Kost (d. h. keine tierischen Produkte wie Eier, Käse, Milch, Butter oder Honig, da sie die Ausbeutung der Bienen nicht akzeptieren). Erlaubt sind Gemüse, Getreide, Hülsenfrüchte, Obst und – nur mit Wasser angerührtes – Müsli. Veganer tragen gewöhnlich kein echtes Leder oder Pelze (sondern Nachbildungen) und keine Wolle tierischer Herkunft (sondern Baumwolle). Da Veganer tierische Fette ablehnen, sollten für die Zubereitung ihrer Speisen lediglich Pflanzenfette (z. B. Sonnenblumen-, Distel-, Oliven- oder Rapsöl) verwendet werden.

Vegetabilien ist der Fachausdruck für pflanzliche Nahrungsmittel.

»Vegetarisch« drückt nicht etwa »fleischlos« aus, es ist vielmehr lateinisch und bedeutet »munter« oder »lebendig«.

Pflaume

Prunus domestica ssp. Domestica

Bahme (hunsr.), Damaszener Pflaume, Erik (türk.), Mortié (frz.), Plomme (norw.), Plum (engl.), Plumme (mecklenb.-vorpom., norddt.), Promme (rhein.), Prugna (ital.), Pruim (niederl.), Prumme (kölsch), Prune (frz.)

Allgemeines, Herkunft, Geschichtliches

Die Urpflaume stammt aus der Peripherie rund ums Kaspische Meer. Man vermutet, dass sie dort aus einer Kreuzung der **Kirschpflaume** mit der **Schlehe** entstanden ist. Im 2. Jh. v. Chr. kam die damals noch recht kleinfrüchtige Pflaume durch Kreuzfahrer von Damaskus (syr. Damaszen) auch nach Italien und

Griechenland. Seitdem der Pflaumenbaum in Europa angebaut wird, ist er häufig mit fremden Früchten und denen aus eigener Sippschaft gekreuzt worden, sodass sich bereits der römische Schriftsteller Plinius nicht mehr durch diesen Irrgarten fand; im 18. Jh. versuchte man dann endlich durch polizeiliche Verbote Kreuzungen mancher Pflaumensorten zu verbieten.
Importe dieses weißblütigen Rosengewächses (Rosaceae), zu dessen Verwandtschaft Mirabellen, Renekloden und Zwetschgen zählen, erreichen uns meist aus Afrika, Frankreich, Italien, Kroatien und Rumänien – deutsche Ware gibt es von Juli bis Oktober.
Das Wort »Pflaume« ist durch Lautverschiebungen fremdländischer Benennungen entstanden, was sich unschwer an den Synonymen erkennen lässt.

Aussehen

Pflaumen sind kugelige, glatte, bläulich violette oder gelbschalige Steinfrüchte mit rundlichen Enden und einer markanten Bauchnaht. Längs dieser Bauchnaht sollte man die Pflaume hälften – dann trifft man die flache Kernseite. Je nach Sorte ist das weiche, am runden Kern haftende Fruchtfleisch grüngelb bis leicht rötlich. Die helle Wachsschicht auf der Pflaumenhaut, der sogenannte »Duftfilm«, ist ein Belag von Mutter Natur, der die Früchte vor Schädlingsbefall und vorzeitigem Austrocknen schützt.

Geschmack

Frische Pflaumen sind zwar süß und saftig, gegart schmecken sie jedoch relativ sauer.

Arten, Sorten

Agenpflaume: Halbtrockenpflaume aus dem französischen Agen.
Armagnac-Pflaume / Josephinen-Pflaume: Trockenpflaume, die in »Armagnac« (frz. Weinbrand) eingelegt wurde.
Bühler Frühzwetschgen müssten eigentlich den Pflaumen zugeordnet werden, da sie runde Enden aufweisen und mit einer Bauchnaht ausgerüstet sind. Rings um das badische Bühl liegt nicht nur **Deutschlands wichtigstes Anbaugebiet für Pflaumen und Zwetschgen** – die Bühler Umgebung gilt sogar als **größtes Zwetschgenanbaugebiet Europas**.
Dattelzwetschge / Spitzzwetschge / Tübinger Zwetschge nennt sich eine uralte, mittelgroße Zwetschgensorte aus Ungarn oder der Türkei. Obwohl sie sehr aromatisch ist und sich gut vom Stein löst, findet man sie heutzutage nur noch äußerst selten – meist auf Streuobstwiesen.
Davidson Plum: Pflaumenähnliche Frucht eines australischen Regenwaldbaumes. Da Davidson Plums sehr sauer schmecken, werden sie meist zu Kompott, Konfitüre oder Fruchtsauce bereitet.
Eierpflaume / Marunke (mitteldt.) / Ovalpflaume / Rundpflaume / Sackpflaume: Delikate, rund-ovale Pflaumensorte mit rotgrüner Schale, weichlichem Fruchtfleisch und relativ kleinem Kern. Sie dient meist der Trockenpflaumenerzeugung.
Hauszwetschge nennt sich **die bekannteste Zwetschgensorte**. Sie ist festfleischig und besitzt zwar ein überaus fruchtiges Aroma, das jedoch erst durch Hitze aktiviert wird.

Hollywood: Ovale, rote, 2–3 cm dicke Kirschpflaumensorte, die einen flachen, mit dem Fruchtfleisch fest verwachsenen Kern birgt.
Kirschpflaume / Prunus cerasifera (lat.) / Blutpflaume / Myrobalanen / Türkische Pflaume nennen sich die kugeligen Früchte eines dunkelbraunrot bezweigten und beblätterten, in Vorderasien beheimateten, wild wachsenden, baumartigen Strauchs. Kirschpflaumen können zwar sowohl schwarz-, lila- oder gelbschalig sein, ihr Inneres enthält jedoch grundsätzlich einen mit dem Fruchtfleisch fest verwachsenen Kern. Da Kirschpflaumen relativ säuerlich und wässrig schmecken, dienen sie meist nicht dem Frischverzehr, sondern der Zierde oder der Kompott- und Konfitürenherstellung. Gelegentlich wird sie von Züchtern sogar als Unterlage zu Veredlungszwecken genutzt, damit die daraus hervorgehenden Exemplare stärker im Wuchs werden.
Natalpflaume / Carissa macrocarpa (lat.) / Carissa (frz.) / Natal plum (engl.): Zwar pflaumenähnliche, jedoch rotschalige, glänzende Frucht eines dornigen, weiß blühenden Strauchs, der überwiegend in Australien, Florida und Zentralafrika anzutreffen ist. Ihr erfrischend süßes, kernreiches, festes Fruchtfleisch wird meist zur Herstellung von Fruchtsaucen genutzt.
Ontario-Pflaume: Reichtragende Eierpflaumensorte mit großen, goldgelben Früchten.
Praume: Kugelförmiges, rotschaliges Ergebnis einer Kreuzung aus Mirabelle und Pflaume mit verwachsenen Kernen.
Ready-to-eat-Pflaume nennt sich eine neuartige kalifornische Trockenpflaumenvariante, die nicht mehr eingeweicht werden muss.
Susine / Prunus salicina (lat.) / Blaue Pflaume / Herzpflaume / Japanische Pflaume / Japanse plum (niederl.) / Susina (ital.): Die Susine ist durch Kreuzungen der Pflaume mit verschiedenen amerikanischen Wildsorten hervorgegangen. Susinen sind gelbe oder blaurot glänzende, kugelige Früchte, die in ihrem Aussehen den Renekloden zwar nicht unähnlich, jedoch etwas kleiner geraten sind. Ihr Fruchtfleisch, das von zartgelb bis dunkelrot variieren kann und fest mit dem Kern verwachsen ist, hat einen edlen, süßsäuerlichen Geschmack. Susinen finden zwar meist als Frischfrüchte Verwendung, grundsätzlich können sie jedoch auch wie Pflaumen verarbeitet werden. Da die Susine ursprünglich herzförmig war, gelangte sie zu ihrem Zweitnamen »Herzpflaume«.
Trockenpflaume / Backpflaume / Bratgen (norddt.) / Dörrpflaume (österr.) / Kurpflaume / Römische Pflaume: Entkernte und gedörrte »Abführ«-Pflaume, die vor dem Verzehr in Schwarzem Tee eingeweicht werden sollte. Je nach Herkunft (die meisten kommen aus Frankreich und Kalifornien) weisen Trockenpflaumen unregelmäßige Saftgehalte auf.
Ume-Pflaume / Choya plum (engl.): Grünweißhäutige, in Alkohol eingelegte Pflaume, die in ihrer japani-

schen Heimat meist der Produktion eines weinhaltigen Getränks dient.

(Königin-)Viktoria-Pflaume: Große, saftige, steinlösende, rötlich violette Pflaumensorte englischen Ursprungs, die im Jahre 1841 nach Deutschland gelangte.

Zwetschge (fachspr., schweiz.) / Prunus oeconomica (bot.) / Ciruela (span.) / Hauspflaume / Kreckel (brandenb.) / Kwetsen (niederl.) / Mürdümerigi (türk.) / Prune (engl.) / Pruneau (frz.) / Quatsche (hess.) / Quetsche (eifelld., pfälz.) / Quetschge (thüring.) / Schwetsche (norddt.) / Svedsker (dän.) / Sviskeplomme (norw.) / Zwetsche / Zwetschga (süddt.) / Zwetschke (österr.): Genügsame **Unterart der Pflaume,** die sich nur durch geringfügige Abweichungen von ihr unterscheidet: die Zwetschge ist etwas kleiner, leicht steinlösend, länglich bis oval, hat spitze Enden, besitzt keine Fruchtnaht und auch ihr Kern hat eine gestreckte, zugespitzte Form.

Hauptinhaltsstoffe

Calcium, Eisen, Flavonoide, Fruchtsäure, Kalium, Pektin, Phosphor, Provitamin A, Rutin, Vitamin B 1, B 2, C, E, Zink.

Verwendung, Zubereitung

Pflaumen und Zwetschgen sind gleichermaßen zum Frischverzehr, zur Herstellung von Trockenfrüchten, Kaltschalen, Klössen, Saucen, **Pflaumenkompott** / Zwetschgenkompott / Zwetschkenröster (österr.), Pflaumenkonfitüre / Zwetschgenkonfitüre / Zwetschgenkraut (landsch.), Pflaumenmus / Zwetschgenmus / Latschmier (pfälz.) / Lattwerrich (pfälz.) / Latwerge (hunsr.) / Leckschmier / Pflaumenkreide / Pobil (sudetendt.) / Powidl (böhm., österr.) / Zwetschgenpfeffer / Flaumaschmootsch (schles.), Pflaumenkuchen / Zwetschgenkuchen / Zwetschkendatschi (österr.) und für die facettenreichsten Süßspeisen geeignet. Zwetschgen, die man zu Kompott, Konfitüre oder Mus verarbeiten möchte, sollten zuvor mit Zucker vermischt werden (etwa 50–100 g Zucker auf 500 g Früchte), damit sie hinreichend Eigensaft ziehen können.

Lagerung

Frische, ungewaschene Pflaumen lassen sich im Kühlschrank 3–4 Tage aufbewahren. Grünschalige reifen problemlos nach, wenn man sie bei Zimmertemperatur für 2–3 Tage auf der sonnigen Fensterbank aufbewahrt.

Volksmedizinische Bedeutung

Die Inhaltsstoffe der Pflaume unterstützen Leber und Nieren, wirken mild abführend, nervenstärkend, fiebersenkend, beugen Arterienverkalkung vor und gelten als stoffwechselanregende Kost bei Patienten, denen eine kalorien- und kochsalzarme Diät verschrieben wurde. Magenempfindliche und vor allem **ältere Personen sollten Zwetschgen den Pflaumen vorziehen**, da Pflaumen aufgrund ihrer schwer verdaulichen Haut – wenn sie nicht hinreichend zerkaut wurden – starke Leibschmerzen verursachen können.

Nervöse Unruhe und depressive Verstimmungen bekämpft man erfolgreich mit einer einwöchigen

Kur, bei der täglich mindestens 200 g Zwetschgen verzehrt werden sollten.

Tipp

Pflaumen sind aufgrund ihres hohen Wassergehalts nicht nur herausragende Durstlöscher, sie enthalten obendrein weniger Zucker als man von ihnen erwartet.

Physalis

Physalis peruviana

Alquequenje (span.), Ananaskirsche, Ananas-kirsebär (norw.), Andenbeere, Andes fruits (frz.), Camapum (span.), Cape gooseberry (engl.), Coqueret du Perou (frz.), Essbare Judaskirsche, Fisalis (span.), Goldbeere, Golden berry (engl.), Groseille du Cap (frz.), High mountain fruit (engl.), Inkapflaume, Kap-Gänsebeere, Kapstachelbeere, Peruaanse ananaskers (niederl.), Peruanische Judenkirsche, Peruvian cherry (engl.), Physalis (engl., frz., ital.), Physaliskirsche, Pohe, Uchuva, Uva spina del Capo (ital.), Uvilla (span.)

Allgemeines, Herkunft, Geschichtliches

Portugiesische Seefahrer brachten die Physalis vor 200 Jahren von ihrer Heimat, den nördlichen Andengebieten Boliviens und Perus, nach Südafrika, wo sie seither großflächig kultiviert wird. Zwischenzeitlich wird dieses mit der Tomate verwandte Nachtschattengewächs (Solanaceae) auch in Afrika, Asien, Australien, Frankreich, Kolumbien, Madagaskar, Neuseeland und Mittelamerika angebaut.

Der botanische Name »Physalis« ist griechischen Ursprungs. Er bedeutet »Blase« und verweist auf die aufgeblasene Beschaffenheit der Physalis-Fruchthülle im unreifen Zustand. Der deutsche Name »Kapstachelbeere« wurde ihrem gegenwärtig größten Anbaugebiet, dem südafrikanischen »Kap der guten Hoffnung«, entlehnt.

Aussehen

Die Physalis ist eine kernreiche, kirschenähnliche Frucht mit leuchtend orangefarbener bis gelber Schale. Ihre bastartige, fünfeckige, lampionähnliche Hülle, die erst bei Reife aufspringt, ist eine ideale Transportverpackung.

Geschmack

Der süß-säuerliche Geschmack dieser knackig-festen Frucht erinnert an eine Kokosnuss, die man mit Ananas, Kiwi, Maracuja, Rosine und Stachelbeere »geimpft« hat.

Arten, Sorten

Blasenkirsche / Physalis alkekengi (lat.) / Boberelle / Judenkirsche / Korallenkirsche / Lampionblume / Lampionfrucht / Schlute: Giftige, orangefarbene Zwillingsschwester der Physalis, die meist als Garten- oder Zimmerpflanze herangezogen wird.
Erdkirsche / Physalis pruinosa (lat.) / Erdbeertomate: Breitbuschige Physalissorte aus Nordamerika, die der zuvorderst genannten zwar ähnelt und auch so verwendet wird, allerdings eine rötliche Schale besitzt.
Kosak pineapple / Physalis c. f. pubescens (lat.): Winzige Physalissorte mit intensivem Ananasaroma.
Tomatillo / Physalis ixocarpa (lat.) / Grüne Mexikanische Tomate / Mil-

Tomate / Tomatillos enteros (span.) / Tomatitos verdes (span.): Walnussgroße, tomatenartige Frucht einer mexikanischen Physalissorte mit süßlichem Aroma. Sie gedeiht an einem bis zu 2 m hohen Strauch, der aufgrund seines baumigen Charakters auch als »Tomatenbaum« bezeichnet wird. Unreif, wie die Tomatillo gelegentlich auf unseren Märkten vom Spätsommer bis in den Herbst erhältlich ist, hat sie eine blassgrüne Schale; reif, wie sie in Südamerika verspeist wird, ist sie orangerot oder gelb. Meist werden Tomatillos gekocht und zu scharfen Eintöpfen, Pickles, Salaten oder Saucen verarbeitet.

Hauptinhaltsstoffe

Calcium, Eisen, Karotin, Mangan, Phosphor, Vitamin B 3, B 12, **sehr Vitamin-C-haltig**.

Verwendung, Zubereitung

Physalen werden zu Cocktails, Nachspeisen, Kompott, Konfitüre, Quarkspeisen, als Torten- und Kuchenbelag, in Obstsalat und als Dekoration verarbeitet. In Pfannkuchenteig frittierte Physalen gelten bei Feinschmeckern als herausragende Köstlichkeit.

In Afrika bereitet man aus den Physalisblättern ein schmackhaftes Gemüse.

Lagerung

Kühl, trocken und möglichst mitsamt ihrer Hülle lässt sich die Physalis ca. 1–2 Wochen lagern; hält man sich nicht an diese Vorgaben, schrumpft oder schimmelt sie in Kürze.

Volksmedizinische Bedeutung

Physalen begünstigen das Abnehmen und bekämpfen Gicht, Rheuma und Nierenstörungen. In Südamerika nutzt man abgekochte Physalenblätter als entzündungshemmende »Pflaster«.

Tipp

»Pralinenhafte Träume« kann man sich selbst erfüllen, indem man Physalen zunächst in wohltemperierte Kuvertüre eintaucht, sie gleich darauf (noch warm) in gehackten Mandeln oder Pistazien wälzt, erkalten lässt und schließlich mit geschlagener Vanillesahne und Pistazieneis auftischt.

Pinienkern

Pinus pinea

Fistik cami (türk.), Indianernuss, Pignolia, Pignol(i)e (österr., schweiz., süddt.), Pignon (frz.), Pijnkern (niederl.), Pine nut (engl.), Piniennuss, Piniole, Pinje frukt (norw.), Pinoli (ital.), Pinon (span.), Pinon-Samen, Zirbelnuss

Allgemeines, Herkunft, Geschichtliches

»Pinienkerne« nennt man die Samen aus den Zapfen der in Kleinasien beheimateten Schirmpinie, einer wild wachsenden Kiefernart (Pinaceae), die bis zu 30 m Höhe erreichen kann. In den Wintermonaten werden die reifen, am Boden liegenden Pinienzapfen eingesammelt, um sie im Frühjahr an der Sonne zu trocknen. Während des Trocknens öffnen sich die hartschaligen Samen, so dass man mühelos an die begehrten Pinienkerne gelangen kann. Schirmpinien findet man in China, Frankreich,

Israel (Carmel), Italien, auf den Kanarischen Inseln, auf Madeira, in Pakistan, Portugal, Spanien, Südamerika und der Türkei. Die **weltweit beste Pinienkernqualität** kommt aus der italienischen Toskana.
Rein biogologisch gesehen bezeichnet man als »Kerne« lediglich die Fruchtsamen von Steinobst und Nüssen. Demzufolge müssten Pinienkerne strenggenommen **»Piniensamen«** genannt werden.

Aussehen

Pinienkerne sind im Allgemeinen etwa 2–3 cm lang, elfenbeinfarben, stiftförmig, leicht gekrümmt und an den Enden elegant abgerundet; in Brasilien gibt es auch eine Piniensorte mit 5 cm langen Samen.

Geschmack

Pinienkerne haben ein ölig-nussiges Aroma, das zwar entfernt an süße Mandeln erinnert, allerdings nicht an deren Geschmacksintensität heranreicht.

Hauptinhaltsstoffe

Calcium, extrem hoher Eisengehalt (mehr als in **Kalbsleber**, dem eisenhaltigsten Fleischstück), Eiweiß, etherisches Öl, Harzsäure, Kohlenhydrate, Phosphor, reichlich Provitamin A, Vitamin B 1, B 2.

Verwendung, Zubereitung

Pinienkerne werden (geröstet) zum Bestreuen von Gemüse und Salat, zum Backen, Knabbern oder als Garnitur verwendet.

Lagerung

Ungeschält sind Pinienkerne relativ lange bevorratbar. Geschält dürfen Pinienkerne allerdings nicht länger als 3 Monate lagern, da sie – ihres hohen Fettgehalts wegen – von nun an ranzig werden.

Volksmedizinische Bedeutung

Da Pinienkerne den Stoffwechsel und die Abwehrkräfte stärken, schützen sie begleitend auch vor Erkältungen.
Durch übermäßigen Pinienkerngenuss kann sich der Stuhl schwarz färben. Dies ist jedoch ohne weiteres hinnehmbar, da sich hier lediglich der extreme Eisengehalt der Samen niederschlägt.

Tipp

Kanarienvogelbesitzer nutzen Pinienkerne als Futterbeimischung, weil sie nachweislich der Sangeslust ihrer Lieblinge förderlich sind.

Pistazie

Pistacea vera
Alfónciga (span.), Grüne Mandel, Pista (ind.), Pistacchi (ital.), Pistache (frz., niederl.), Pistachio nut (engl.), Pistacho (span.), Pistake (griech.), Pistasienött (norw.), Pistazienmandel, Pistaziennuss, Samfistigi (türk.)

Allgemeines, Herkunft, Geschichtliches

Die Pistazie ist ein tiefwurzliges, bis zu 10 m hohes, mit der Balsampflaume, Kaschunuss und Mango verwandtes Sumachgewächs (Anacardiaceae), das der römische Kaiser Vitellius im Jahre 65 n. Chr. von Syrien nach Italien verbrachte, wo er es erstmals kultivieren ließ. Die knorrigen, buschartigen Pistazienbäume können zwar mehrere 100 Jahre alt werden, sie fruchten jedoch nur alle 2 Jahre.

In Afrika, China, Griechenland, Iran, Italien, Kalifornien, Mexiko, Russland, Spanien, Syrien und der Türkei werden Pistazien feldmäßig angebaut; **aus der Türkei kommt die Hälfte der gesamten Weltproduktion**.

Aussehen

Pistazien sind hellgrüne, dreikantige Kerne, die von einem lila Häutchen verborgen werden.

Geschmack

Pistazien besitzen ein angenehm süßliches Mandelaroma, das sich erst nach dem Rösten so richtig entfaltet.

Kalifornische Pistazien sind von besonderer Güte, da sie binnen 24 Stunden nach der Ernte verpackt werden. In anderen Anbauländern kann der Zeitraum zwischen Ernte und Verpackung mehrere Wochen umfassen.

Arten, Sorten

Akbari nennt sich eine gestreckte Pistaziensorte aus dem Iran.

Aleppo-Nuss / Syrische Nuss: **Die beste Pistaziensorte der Welt** ist gelbfleischig und kommt aus der syrischen Hafenstadt Aleppo (arab. Haleb).

Badami nennt sich eine mandelförmige Pistazie aus dem Iran.

Fandoghi: Kugelige Pistaziensorte aus dem Iran.

Momtaz: Wohlschmeckende, **sehr hochpreisige Pistaziensorte** aus dem Iran.

Pimpernuss / Staphylea pinnata (lat.) / Gemeine Pimpernuss / Klappernuss nennt sich eine mitteleuropäische, unter Naturschutz stehende, 3–4 m hohe, strauchartige Pflanze (Pimpernussgewächs / Staphyleae) mit aufgeblasenen, haselnussartigen Früchten, die nach Pistazien schmecken und bei Reife klappernde (alte Bez. pümpernde) Geräusche verursachen – vorausgesetzt, man schüttelt sie. Im Bayerischen Wald stellt man aus den Nüssen **Pimpernusslikör** her, dem man eine aphrodisierende Wirkung nachsagt.

Pistaki-Nuss: Schwarzhäutige Pistaziensorte aus dem Mittelmeerraum.

Sizilianische Nuss: Stattliche Pistaziensorte aus Sizilien.

Terebinthe / Terpentinpistazien: Ungenießbare Pistaziensorte, die heute ausschließlich der Terpentingewinnung dient; Jahrtausende lang fanden ihre unikalen Harze jedoch auch Anwendung bei der Weinkonservierung.

Tunis-Nuss: Rotschalige Pistaziensorte aus Tunesien.

Hauptinhaltsstoffe

Calcium, Eisen, Eiweiß (22%), Fett (60%), Kalium, Magnesium, Phosphor, Provitamin A, Vitamin B 1, C, P.

Von allen Nüssen besitzen Pistazien die höchsten Eisen- und Kaliumgehalte.

Verwendung, Zubereitung

Pistazien werden frisch oder geröstet und gesalzen entweder als Zwischendurch-Näscherei verzehrt oder zur Anreicherung von Desserts, Fleischfüllungen, Galantinen, Gebäck, Pasteten, Pralinen, Speiseeis, Terrinen, Wursterzeugnissen (z. B. Mortadella), Wild- und Nudelgerichten verwendet.

Das dünne Häutchen lässt sich mühelos entfernen, wenn man die Pistazie mit kochendem Wasser übergießt und sofort mit kaltem Wasser abschreckt.

Lagerung

Ungeschälte, luftdicht verpackte Pistazien lassen sich ca. 2 Monate aufbewahren. Geschälte Pistazien werden schon nach wenigen Tagen ranzig, entbehren ihre dekorative Farbe und das Aroma verflüchtigt sich.

Volksmedizinische Bedeutung

Durch Pistazienverzehr werden Enzyme und Hormone, die den Sauerstofftransport aktivieren, derart angekurbelt, dass Abgeschlagenheit, Infektionskrankheiten und Konzentrationsschwäche rigoros bekämpft werden.

Tipp

Pistazien aus dem Iran sind mit der **zwanzigfachen (!) Giftmenge**, die der Gesetzgeber hierzulande gewährt, belastet, außerdem sind sie oft schon mit unsichtbaren, krebserregenden Schimmelpilzen (Aflatoxinen) behaftet.

Pitahaya

Hylocereus undulata

Gelbe Pitahaya, Pitaha, Pitahaya (engl., frz., ital., span.), Pitaya

Allgemeines, Herkunft, Geschichtliches

Die Pitahaya ist die Frucht einer Kakteenart (Cactaceae), deren Ursprung in den kolumbianischen Tropenwäldern Südamerikas vermutet wird. In Japan und Kolumbien liegen die wichtigsten Anbaugebiete dieser Kaktusfrucht, deren Dornen schon während der Ernte beseitigt werden.

Aussehen

Die etwa 200 g schwere, eirunde Pitahaya besitzt eine dünne, goldgelbe Schale, die mit klitzekleinen, rötlichen, warzenartigen Wülsten **(den einstigen Dornenauswüchsen)** übersät ist.
Das gallertartige, karminrote, weiß kaschierte Fruchtfleisch schließt unzählige schwarze, essbare Samen ein. Im Hinblick auf den Zierwert lässt die Rote Pitahaya (s. u.) die hier beschriebene gelbe Variante weit hinter sich.

Geschmack

Die Pitahaya weist ein unikales Birnen-Kiwi-Mangostane-Aroma auf, das sich bei Erhitzung verflüchtigt.

Arten, Sorten

Drachenfrucht / Hylocereus undatus (lat.) / Dragonfruit (engl.) / Fruit du dragon (frz.) / Rote Pitahaya: Mittelamerikanische Pitahayasorte mit zwar imposanter, glatter, flippig roter Schale und pinkfarbenem Fruchtfleisch, ihr Geschmack ist dem der Gelben Pitahaya jedoch hoffnungslos unterlegen.

Hauptinhaltsstoffe

Calcium, Eisen, Phosphor, Vitamin B und C, Wasser (90%).

Verwendung, Zubereitung

Pitahayen können frisch verzehrt, zu Creme- und Eisspeisen bereitet oder als Tortenbelag, im Obstsalat und zu Garnituren genutzt werden. Als Frischfrucht wird sie wie die Kiwi entweder längs halbiert und dann ausgelöffelt, oder man schält sie zuerst und isst sie danach.

Lagerung

Ungekühlt können Pitahayen bis zu 2 Wochen bevorratet werden.

Volksmedizinische Bedeutung

In größeren Mengen genossen, wirken Pitahayen verdauungsfördernd und abführend.

Tipp

Pitahayakernchen kann man zwar bedenkenlos mitessen, man sollte sie jedoch **nicht zerkauen**, weil sie Durchfall verursachen. In Japans Apotheken werden sie aufgrund dessen sogar als probates Mittel gegen allerlei Magenbeschwerden veräußert.

Pitanga

Eugenia uniflora

Brazilian cherry (engl.), Cayenne kers (niederl.), Cayenne-Kirsche, Cerise de Cayenne (frz.), Cerise de Surinam (frz.), Cerise carrée (frz.), Cereza de Cayena (span.), Capuli (span.), Ciliega del Surnamm (ital.), Kirschmyrte, Pendanga (span.), Pitanga (engl., ital., span., norw.), Surinam cherry (engl.), Surinam-K irsche

Allgemeines, Herkunft, Geschichtliches

Die Heimat der zur Gruppe der Myrtengewächse (Myrtaceae) zählenden Pitanga liegt im südamerikanischen Brasilien, von wo aus sie durch portugiesische Seefahrer auch in andere Länder verbreitet wurde. Heutzutage werden diese an buschigen, glanzblättrigen und wohlduftenden Sträuchern heranwachsenden Früchte in China, Florida, Hawaii, Sri Lanka und in Tahiti angebaut.

Aussehen

Die Pitanga ist eine 2–3 cm große, dekorative, kirschenähnliche Frucht mit dünner, zinnoberroter, achtfach gerippter Haut. Das zartschmelzende, rotschwarze Fruchtfleisch beherbergt einen runden und 2 halbrunde, ungenießbare Kerne.

Geschmack

Die Pitanga schmeckt angenehm bitter-süß.

Hauptinhaltsstoffe

Calcium, Eisen, Provitamin A, Vitamin C (30 mg / %).

Verwendung, Zubereitung

Die Pitanga wird nicht nur als Frischfrucht und zur Cocktail-, Konfitüren-, Saft- und Sorbetherstellung verwendet, in den Anbauländern wird sie sogar zu fruchtigem Wein vergoren.

Lagerung

Da sich Pitangen nach der Ernte höchstens noch 2 Tage aufbewahren lassen, sind sie auf europäischen Märkten kaum anzutreffen.

Volksmedizinische Bedeutung

Angesichts des günstigen Zusammenspiels ihrer Wirkstoffe empfiehlt es sich, Pitangen bei Reduktionsdiäten, zur Immunschutzstärkung und bei Stoffwechselstörungen einzusetzen.

Tipp

Raucher sollten reichlich Vitamin-C-haltiges Obst und Gemüse (z. B. Pitangen oder Sauerkraut) essen, da ihnen das Vitamin C durch Nikotin regelrecht entzogen wird.

Pomeranze

Citrus aurantium ssp. Aurantium

Arancia amaro (ital.), Bigarade (provenc., ital., span.), Bigaradia, Bigara-

die, Bittere Orange, Bitterorange, Bitter orange (engl.), Citrus trifoliata (lat.), Kuskash (arab.), Melangolo, Melarancia (ital.), Naranja agria (span.), Naranja amarga (span.), Neroli, Orange amère (frz.), Pomerancia (ital.), Pomerans (niederl., norw.), Sauerorange, Sour orange (engl.), Starke Orange, Trinj (arab.), Wildorange

Allgemeines, Herkunft, Geschichtliches

Die in China beheimatete Pomeranze gilt als **Urform aller Zitrusfrüchte**. Um das Jahr 1000 n. Chr. brachten Araber die unveredelte Bitterorange erstmals nach Europa, wo sie bis ins Jahr 1500 als einzige Zitrusfrucht Beachtung fand. Heutzutage wird dieses dreiblättrige Rautengewächs (Rutaceae) in Afrika, Amerika, Asien und Südeuropa kultiviert.

Das Wort »Pomeranze« ist aus einer Zusammenfügung der italienischen Worte »Pomo« für Apfel und »Arancia« für Orange entstanden.

Die lateinische Benennung »Citrus trifoliata« deutet auf die außergewöhnliche dreiblättrige Blattform des Pomeranzenbaums hin.

Aussehen

Pomeranzen sind apfelsinenartige Früchte mit tief eingesenkten Öldrüsen in der drallen Schale.

Geschmack

Da das Fruchtfleisch der frischen Pomeranze vollkommen sauer und die Schale gallebitter schmeckt, ist sie zum Rohverzehr ungeeignet.

Arten, Sorten

Carrizo / Troyer: Citrange-Hybriden, die als Veredlungsunterlagen Berühmtheit erlangt haben.

Cicitrange: Neuzüchtung, die aus der Citrange und Pomeranze hervorgegangen ist.

Citrange / Zitrange: Ergebnis einer Kreuzung aus **Pomeranze** und **Orange**.

Citrumelo: Kreuzung aus Pampelmuse und Grapefruit.

Swingle: Beliebte Citrumelosorte aus Florida, die meist zu **Veredlungszwecken** genutzt wird.

Hauptinhaltsstoffe

Bitterstoffe, Fruchtsäuren, Gerbstoffe, etherische Öle.

Verwendung, Zubereitung

Pomeranzen werden überwiegend zur Geschmacksgebung von Likören (z. B. Curaçao, Grand Marnier, Cointreau) und Limonade verwendet oder zu Orangeat verarbeitet. Auch Orangenmarmelade, die die Engländer besonders mögen, wird aus Pomeranzen (oder Bergamotte) zubereitet. In der Gastronomie werden Pomeranzen zu **»Canard á la Bigarade«** (Ente mit Pomeranzensauce) gereicht. Der provencalische Garniturenname »Bigarade« auf Speisekarten lässt grundsätzlich den Schluss zu, dass das jeweilige Gericht mit Pomeranzensaft und / oder Fruchtfleisch zubereitet wurde. Aus getrockneten und eingesalzenen Pomeranzenblüten wird »Orangenblütenwasser« gemacht, das meist in Parfüms Verwendung findet. Hierzulande ist die Pomeranze lediglich als Zierpflanze mit walnussgroßen, ungenießbaren Früchten bekannt.

Bittere Pomeränzchen nennt man kleine, noch unreife Pomeranzen, die meist als Aromaträger in der

Parfüm- und Genussmittelindustrie verarbeitet werden.

Orangeletten nennen sich unreif getrocknete Pomeranzen.

Volksmedizinische Bedeutung

Pomeranzenschalen und -blätter haben zwar eine magenstärkende, cholesterinsenkende und appetitanregende Wirkung, bei Übergenuss kann es allerdings zu Magenbeschwerden kommen.

Neroli-Öl wird aus Pomeranzenblüten gewonnen. Bei Aromatherapien (unter ärztlicher Aufsicht) dient es der Bekämpfung von Beklemmungen oder nervöser Depression. Bei Verspannungen im Nacken- und Rückenbereich ist eine leichte Massage mit einer Neroli-, Traubenkern- und Orangenschalenölmischung nützlich.

Tipp

»Kinnie« nennt sich das maltesische Nationalgetränk. Es ist bernsteinfarben, herb-limonadig, und beinhaltet neben einheimischem Bitterorangensaft einen Extrakt aus 18 verschiedenen Kräutern, die auf Malta wild wachsend vorkommen. **»Malteser Aquavit«** hat entgegen landläufiger Annahme nichts mit Malta zu tun.

Pommerscher Umtrunk wird eine Bowle genannt, die Pomeranzensaft, Rotwein und Sekt beinhaltet.

Portulak

Portulaca sativa

Bürzelkohl, Bürzelkraut, Burzelkraut, Donduri (russ.), Gemüseportulak, Keilmelde, Kitchen garden purslane (engl.), Kohlportulak, Kreusel, Pigweed (engl.), Portulaca (ital.), Postelein (niederl.), Pourpier (frz.), Purslane (engl.), Purzelkraut, Quellkraut, Sauburtzel, Schweinskraut, Sommerportulak, Verdolaga grande (span.)

Allgemeines, Herkunft, Geschichtliches

Im nordamerikanischen Pazifikraum liegt die Heimat des Portulak, der den Indianern einst als Hauptnahrungsmittel diente. Sogar die Goldgräber in den Südstaaten der USA ernährten sich von diesem allgegenwärtig wild wachsenden Portulakgewächs / Portulacaceae, um Skorbut (Vitamin-C-Mangelkrankheit) vorzubeugen.

Aus belgischen, englischen, französischen und niederländischen Gewächshäusern erreichen uns Portulakeinfuhren das ganze Jahr über.

Im eigenen Garten kann Portulak **bis in den Winter** ausgesät und bereits **nach 7 Wochen geerntet** werden; in milden Wintern sind sogar Mehrfachernten (bis zu viermal) möglich. Geerntet wird grundsätzlich vor der Blüte, da die Blätter später hart und bitter werden.

Den Namen »Portulak« hat diese Pflanze dem Umstand zu verdanken, dass ihr Samenkapseldeckelchen einer Pforte (lat. Portulaca) ähnelt.

Aussehen

Portulak ist eine bis zu 30 cm hohe Pflanze mit fleischigen, gelbgrünen, eirunden Blättern, die mit den kahlen, rötlichen Stängeln verwachsen sind.

Geschmack

Portulak hat ein erfrischendes, sauer-salziges Aroma mit einem Hauch von pfeffriger Schärfe.

Arten, Sorten

Kalifornische Auferstehungspflanze / Lewisia rediviva (lat.): Nordamerikanisches Portulakgewächs, von dem nicht nur die Blätter, sondern auch die **Wurzeln essbar** sind.

Surinam-Portulak / Talinum triangulare (lat.) / Surinam-Spinat: Malabar-Spinatähnliches Gewächs, dessen Heimat in Amerika oder Afrika vermutet wird.

Winterportulak / Montia perfoliata (lat.) / Claytone de Cuba (frz.) / Claytonia perfoliata (ital.) / Kleines Postelein (niederl.) / Kubanisches Burzelkraut / Kuba-Spinat / Miner's lettuce (engl.) / Pourpier d'hiver (frz.) / Tellerkraut / Winter purslane (engl.) / Winterpostelein: Einjährige, mildsäuerliche, frostresistente Portulaksorte aus der Karbik. Ihre **tellerrunden** Blätter und zartfleischigen Stiele dienen (den ganzen Winter) der Salat- und Gemüsezubereitung, ihr Wurzelgeschmack erinnert an Wasserkastanien.

Hauptinhaltsstoffe

Calcium, Eisen, reichlich Omega-3-Fettsäuren, Gerbstoff, Magnesium, Natrium, etherisches Öl, Phosphor, Vitamin A, reichlich Vitamin C.

Verwendung, Zubereitung

Junge Portulakblätter und -stängel können zu Gemüse-, Salat-, Suppen-, Saucen- und Kräuterquarkherstellungen verwendet werden. Bei der (schonenden) Gemüsebereitung sollte auf extrem kurze Gardauer geachtet werden, da die zarten und sehr hitzesensiblen Portulakblättchen im Nu gar sind. Auf **Salz** sollte man beim Würzen von Portulakzubereitungen gänzlich verzichten, da dieses Gemüse von Natur aus einen **hohen Natriumgehalt** aufweist.

Falsche Kapern / Kapernersatz kann man auch aus Portulakblütenknospen herstellen.

Lagerung

Da die höchst empfindsamen Portulakblättchen schon nach kurzer Zeit verderben, sollten sie gleich nach der Ernte zubereitet und verzehrt werden.

Volksmedizinische Bedeutung

Durch den hohen Anteil an Omega-3-Fettsäuren ist Portulak besonders dem Herzen und den Arterien zuträglich. **Wunden** heilen schneller, wenn man sie mit sauberen Portulakblättern und einem Tuch umwickelt.

Tipp

Wackelige Zähne können ihre Festigkeit mit Portulaksaft wieder zurückgewinnen.

Preiselbeere

Vaccinium vitis-idaea

Airelle rouge (frz.), Baroken, Bernitschke, Bockskraut, Boiwacken, Borowski, Bowken, Braunschnitzer, Breuchelbeere (landsch.), Brezelbeere, Browinkeln, Bruinschlize, Brunschnetz, Buchsbeere, Budlergrifle, Bückebeere, Burrowe, Burrufke, Buschapfel, Buschmyrte, Buschnitze, Cowberry (engl.), Droppeln, Drübbel(ke)n, Druffelken, Drunkelbeere, Duttenbeere, Ferkelprum, Fliegenbeere, Fluhbuchs, Gickelbeer, Glane (tirol.), Glauben, Grandelbeere, Grange, Grankel(beere), Granten(beere),

Grantel(beere), Graslatzbeere, Gras(liz)beere, Grestling, Grübli, Habutze, Häberten, Hammerbesien, Haubeere, Heideapfel, Hinkelsfüßchen, Hipperle, Hölperchen, Hölperle, Holperbeere, Hümpelich, Jökesere, Judenheidelbeere, Kirmizi yaban mersini (türk.), Klusterbeere, Kluwka, Krachbeere, Kräuselbeere, Kranichbeere, Kranskraut, Krau(n)sbeere, Krautbeere, Krentenbeere, Krestling, Kronsbeere (norddt.), Krosse(l)n, Kuikelen, Kwinkete, Liebfrauenbirn, Lingon (finn., schwed.), Lingonbeere, Lingonberry (engl.), Linjungs, Luppbeere, Mägdepalm, Mardaune, Mariapalm, Mirtillo rosso (ital.), Moosgöckerlich, Mostjöckle, Nappelbeere, Palmkirsche, Peterwalbeere, Prätzel, Prauss(el)beere, Preisselbeere, Preisslitz, Prentebeere, Profinkeln, Prowen(g)kelte, Prozelbeere, Prünzel, Prum, Rausch, Red whortleberry (angels.), Rêndelen, Reusch, Rote Bullgrawen, Rote Heidelbeere, Rote Welpern, Rothendeli, Schlotterkelle, Schmalzbeere, Schnökelbeere, Schweinsbeere, Skarla, Skriffle, Speckbeere, Spleissbeere, Spluderbeere, Spreißel(beere), Sprießelbeere, Steinbickel, Sträuselbeere, Straußbeere, Streffelbeere, Strickbeere, Striffelbeere, Tadernbobbacken, Taubenschühlein, Totenkraut, Tran(tje)beere, Tyttebär (finn., norw.), Vosse(n)bes (niederl.), Waldbuchs, Winteräpfelchen, Winterkirsche, Winterzecke, Zuckerbeere, Zwangerl, Zwengerling

Allgemeines, Herkunft, Geschichtliches

Preiselbeeren nennt man die Früchte eines buchsbaumähnlichen, halbstrauchigen Heidekrautgewächses (Ericaceae), das zwar ursprünglich in Eurasien zu Hause ist, nunmehr jedoch auch wild wachsend in Japan, Kanada, Rumänien, Sibirien, Skandinavien und den USA gedeiht. Professionelle Erwerbspflanzungen dieser weiß-rot blühenden Beerenfrucht wurden bislang nur in der Lüneburger Heide und in Finnland angelegt.
Preiselbeeren reifen in 2 Schüben: Das erste Mal im Juli mit geringer Ausbeute – im Oktober ist dann die ertragreichere zweite Ernte.
Die beiden wichtigsten Regeln dazu:

1.) Preiselbeeren sollten zum Zeitpunkt der Ernte zwar »hartreif«, jedoch nicht »unreif« sein.
2.) Geerntet wird erst, wenn etwa 95% der Früchte rot sind.

Das nordische Synonym »Kronsbeere« wird von »Kranich« abgeleitet, weil dieses Tier Preiselbeeren über alles liebt.
Der landläufige Name »Breuchelbeere« wurde dem altdeutschen »breuch« für »brüchig« entlehnt.

Aussehen

Preiselbeeren sind scharlachrot, erbsengroß und enthalten saftiges, kernhaltiges, ziegelfarbenes Fruchtfleisch. Während ihrer Blütezeit nehmen es Preiselbeersträucher **optisch mit jedem Ziergehölz** auf.

Geschmack

Wild wachsende, frische Preiselbeeren gelten angesichts ihres penetrant-säuerlichen Geschmacks als ungenießbar. Der **charakteristische Preiselbeergeschmack** entpuppt sich erst infolge **Erhitzung**.

Arten, Sorten

Erntedank / Erntekrone / Koralle: Preiselbeerzüchtungen aus dem

Jahr 1969, die **auch roh verzehrbar** sind.

Lilly Pilly / Riberry (engl.): Preiselbeerähnliche, australische Baumfrucht, die in ihrer Heimat in Gärten und Parks angepflanzt wird. Im Rahmen einer Einbürgerungszeremonie erhalten australische Einwanderer in manchen Regionen einen Riberry-Zögling.

Zwergpreiselbeere / Vaccinium vitis-idaea minus (lat.): Preiselbeerwinzling, der sich lediglich als Bodendecker in Privatgärten eignet.

Hauptinhaltsstoffe

Apfel-, Benzoe-, China- und Zitronensäure, Calcium, Eisen, Flavone, Gerbstoffe, Pektin, Phosphor, Provitamin A, Vitamin B 1, C.

Verwendung, Zubereitung

Preiselbeeren werden nicht nur zu Kompott verarbeitet, das meist als Beilage zu Wild, Pfannkuchen oder gebackenem Camembert gereicht wird, auch zur Herstellung von Branntwein, Likör, Saft, Fruchtsuppe, Gelee, Mus, Sauce, warmen und kalten Süßspeisen werden sie genutzt. Bei der Zubereitung von Kompott oder Mus sollten Preiselbeeren nur so lange kochen, bis die Häute platzen, da sie sonst einen unerwünschten **Bittergeschmack** annehmen.

Lagerung

Preiselbeeren sind zwar erstaunlich lange haltbar, nach ellenlanger Bevorratung schrumpfen sie jedoch zusehends und ihr Fruchtfleisch erhält eine unappetitliche, gummiartige Konsistenz.

Grüne Preiselbeeren kann man in einem dunklen, warmen Raum innerhalb von 2 Tagen nachreifen.

Volksmedizinische Bedeutung

Preiselbeeren lindern und heilen nicht nur Harnwegsinfektionen und Nierenerkrankungen, sie können sogar **Nierensteine auflösen** und das **Blasenkrebsrisiko** verringern.

Preiselbeersaft besitzt appetitanregende, fiebersenkende und magen- und darmstärkende Eigenschaften.

Getrocknete Preiselbeeren lindern Durchfall. Preiselbeerblättertee bekämpft Grippe, Gicht und Rheuma.

Tipp

Während der Herstellung von Preiselbeerkompott kann man das Überlaufen des Kochtopfes verhindern, indem man etwas Butter / Anke (schweiz.) / Schmer (süddt.) zufügt.

Q

Quinoa

Chenopodium quinoa
Chilenischer Gänsefuss, Inkareis, Ketschua, Peru-Spinat, Quinua, Reismelde, Reisspinat

Allgemeines, Herkunft, Geschichtliches

Die Heimat der Quinoa liegt in den Anden Perus, wo sie sogar noch in 4500 m Höhe angebaut wird. Da die Azteken der Quinoa besondere Kräfte zuschrieben, verboten spanische Eroberer der Bevölkerung den Anbau dieses »Wunderkorns« unter Androhung von Todesstrafe. Heute ist dieses **ernährungsphysiologisch überaus hochwertige Gänsefußgewächs** (Chenopodiaceae), das mit der Melde und der Zuckerrübe verwandt ist, »gefahrlos« in Reformhäusern zu erwerben.

»Kienwa« lautet die präzise Artikulation für »Quinoa«.

Aussehen

Die bis zu 2 m hohe Quinoa besitzt spinatige, trigonale Blätter und scheibenweise angeordnete, je nach Reife braune, gelbe, orangefarbene oder schwarze Samen.

Geschmack

Das Quinoakorn schmeckt nussig-bitter, die Blätter angenehm mild.

Arten, Sorten

Baumspinat / Chenopodium giganteum (lat.) / Magentaspreen: Riesiges, bis zu 3 m hohes Gänsefußgewächs, das sich in **milden Klimata** am wohlsten fühlt. Seine attraktiven, stets nachwachsenden, außen grünen, innen purpurroten Blätter und Triebe können bis zum Herbst geerntet werden, um sie zu spinathaften Gemüsezubereitungen zu nutzen.

Huizontle / Chenopodium nuttaliae (lat.): Bis 1 m hohes und 30 cm breites Gänsefußgewächs, dessen Blütenstände **in Mexiko als landestypische Spezialität** wie Brokkoli zubereitet werden.

Hauptinhaltsstoffe

Aminosäuren, Calcium, Eisen, hochwertiges Eiweiß (18%), Fett, Kalium, Kohlenhydrate, Magnesium, Phosphor, Saponin, Stärke, Vitamin B, C, E, Zink.

Verwendung, Zubereitung

Frische Quinoablätter kann man zu Gemüse, Salat und Suppe verarbeiten. Quinoakörner werden meist zu Brei-, Süßspeisen- und Suppenherstellungen genutzt.

Zur Breiherstellung wird 1 Teil Quinoakörner mit 2 Teilen Wasser aufgekocht und dann 15 Minuten bei geschlossenem Deckel ziehen gelassen. Zuvor müssen die Körner gründlich

in lauwarmem Wasser eingeweicht werden, damit sich das giftige Saponin darin auflösen kann.
Quinoamehl kann zwar zur Mischbackwarenherstellung verarbeitet werden, seines spektakulären Saponin-Anteils wegen ist es jedoch zwingend erforderlich, **einen 10%-igen Quinoamehlanteil nicht zu überschreiten**.
»Pesque« nennt sich eine typisch südamerikanische Spezialität, die aus körnigem, in Milch gegartem Quinoabrei besteht, der mit Käse noch zusätzlich getoppt wird.

Volksmedizinische Bedeutung

Aufgrund ihres hohen Anteils an lebenswichtigen Aminosäuren spielt die Quinoa zwar in der vegetarischen Küche eine bedeutsame Rolle; **in der Kleinkinderernährung sollten Quinoazusätze jedoch tunlichst gemieden werden**, da ihre nährstoffhemmenden Substanzen und natürlichen Schadstoffe zu schweren Verdauungsproblemen führen können. Erwachsene sind davon nicht betroffen.

Tipp

Quinoakörner lassen sich zu knusprigem »Minipopcorn« verwandeln, indem man sie wie »echtes« Popcorn (aus Maiskörnern) zubereitet.

Quitte

Cydonia oblonga
Apfel aus Kydonia, Ayva (türk.), Baumwollapfel, Cognassier (frz.), Coing (frz.), Cotogna (ital.), Kido (österr.), Kitte, Kötte, Kretischer Apfel, Kütten(e) (schweiz.), Kvede (norw.), Kweepeer (niederl.), Malum cidonium (lat.), Marmelo (port.), Mela cotogna (ital.), Melon kydonion (griech.), Membrillo (span.), Quince (engl.), Quittich, Schabaöpfel, Schmeckbirne

Allgemeines, Herkunft, Geschichtliches

Die Quitte ist in Transkaukasien und am Kaspischen Meer zu Hause. Die alten Römer entdeckten den kleinkronigen, bis zu 8 m hohen Quittenbaum erstmals in der altkretischen Stadt Kydonia (heute Kanea), verpflanzten ihn in ihre nördlichen Provinzen und nannten seine Früchte »Malum cidonium«, zu Deutsch »Baumwolläpfel« – ihres leichten Flaumes und der verblüffenden Ähnlichkeit mit dem Apfel wegen. Seit dem 9. Jh. schätzt man dieses anspruchslose und extrem flach wurzelnde Rosengewächs (Rosaceae) auch in Ländern nördlich der Alpen und mittlerweile wird es sogar weltweit angebaut. In Deutschland ist die bis zu –20° C (!) winterharte Quitte eine beliebte Hausgartenpflanze und gilt als **letzte Sommerfrucht**.
Übermäßiges Düngen bestraft der Quittenbaum mit saftlosen und rasch verderblichen Früchten; wässern in Trockenzeiten hingegen fördert die Qualität und das Aroma erntereifer Quitten.
Das Wort »Quitte« geht aus Lautverschiebungen des römischen »cidonium« und des griechischen »kydonion« hervor.

Aussehen

Quitten sind gelbschalige, apfel- oder birnenförmige Früchte, die mit einem grünen Flaum behaftet sind, der sie nach der Ernte bis zu **12 Wochen lang vor dem Austrocknen schützen** kann. Ihr Fruchtfleisch kann bis zu 16 rotbraune Samen beherbergen. Unappetitliches braunes Fruchtfleisch lässt darauf schließen, dass die Quitten entweder einen ungünstigen Reifeplatz oder Lagerort hatten, zu stark gedüngt oder verspätet geerntet wurden.

Geschmack

Ihren geschmacklichen Höhepunkt erreichen Quitten nach dem ersten Frost; dann sollten sie geerntet und zubereitet werden.
Da Quittenfleisch steinhart ist und einen äußerst bitter-herben Geschmack aufweist, ist es kaum verzehrbar, neuerdings gibt es jedoch auch Sorten aus mediteranen Ländern, die man wie Äpfel aus der Hand essen kann.

Arten, Sorten

Apfelquitte / Cydonia oblonga var. Maliformis (lat.) / Quittenapfel: Schwacharomatische, apfelförmige Quittensorte mit rötlichem, festem, trockenem Fruchtfleisch von grießlicher Beschaffenheit. Während des Kochvorgangs färbt sich der Saft dieser frostwidrigen Frucht rot und klar.
Birnenquitte / Cydonia oblonga var. Pyriformis (lat.) / Quittenbirne: Wohlschmeckende, birnenförmige Quittensorte mit goldgelbem, weichem Fruchtfleisch, dessen zartroter Saft sich während des Kochens gelb färbt. Birnenquitten aus der Türkei gelten unter Kennern als die Besten.
Japanische Quitte / Chaenomeles japonica (lat.) / Cido / Lettenquitte / Nordische Zitrone / Scheinquitte / Zierquitte / Zitronenquitte: Rot blühende, stachlige, 1,5 bis 3 m hohe Pflanze aus **Lettland**, wo sie zu den **bedeutsamsten Obstsorten** zählt. Sie hat quitten-zitronige, Vitamin-C-haltige Früchtchen, die streng nach Rosen duften und sich **wie echte Quitten** zu Gelees verarbeiten lassen.
Riesenquitte von Leskovac: Hocharomatische Quittensorte aus Serbien mit ungewöhnlich großen Früchten, die bis zu 1,5 kg Gewicht erreichen können und **deren Fruchtfleisch sich beim Kochen weiß färbt**.

Hauptinhaltsstoffe

Calcium, Eisen, Folsäure, Fruchtsäure, Gerbsäure, Kalium, sehr hoher Pektingehalt, Phosphor, Schleimstoffe, Vitamin A, C. Mit einem Durchschnittswert von 13 mg / % sind Quitten Vitamin-C-haltiger als die meisten Apfelsorten.

Verwendung, Zubereitung

Quitten werden zur Herstellung von Gelee, Kompott, Konfitüre, Kuchen, Likör, Saft und Süßspeisen verwendet.
Zum Einkochen werden Quitten nicht geschält, sondern lediglich mit einem Tuch von ihrem »Pelz« befreit. Quittengelee lässt sich dank des hohen Pektingehalts **ohne Gelierhilfe** herstellen.
Da rohe Quittenkerne giftige Blausäure enthalten, muss bei der Verarbeitung darauf geachtet werden, dass das Samengehäuse sofort im Abfall landet und Kinder keinen Zugang mehr dazu finden. In Wasser eingeweichte Quittensamen bilden **ein zähes Gel (fachspr. Quit-**

tenschleim), das sich nicht selten in Haarfestigern und Schminke wiederfindet.
Reife Quitten wurden schon von unseren Urahnen zwischen Wäschestücke oder auf den Kleiderschrank gelegt, da sie für einen längeren Zeitraum nicht nur einen angenehmen, intensiv zitronigen Geruch verströmen, sondern auch Motten fernhalten.

Lagerung

Da Quitten während der Bevorratung einen merklichen Geruch absondern, der sich auch auf andere Früchte und Lebensmittel überträgt, sollten sie separat aufbewahrt werden. Nach langanhaltender Bevorratungsdauer färbt sich Quittenfruchtfleisch hässlich braun – es ist dann nicht mehr für den Verzehr geeignet.

Volksmedizinische Bedeutung

Quitten besitzen nicht nur hustenlösende und blutbildende Charaktere, sie vertreiben auch üblen Mundgeruch und aktivieren die Darmperistaltik.

Tipp

Quittenbrot / Quittenkäse (österr.) nennt man in Scheiben geschnittenes Quittengelee.

R

Radicchio

Cichorium intybus var. foliosum
Chicorée rouge (frz.), Cicorino rosso (ital.), Italienischer Salat (schweiz.), Kopfzichorie, Radicchio (engl., ital., niederl.), Red (leaved) chicory (engl.), Rood lof (niederl.), Rote Endivie, Roter Chicoree

Allgemeines, Herkunft, Geschichtliches

»Radicchio« (gespr: Radikkio) nennt sich ein attraktiver Abkömmling der Zichorie, der in der Nähe des italienischen Lagunenorts Chioggia an der Adriaküste ins Leben gerufen wurde, wo sich noch heute **das weltgrößte Zentrum des Radicchioanbaus** befindet. Nennenswerte Anpflanzungen dieses Korbblütlers / Asteraceae (Compositae) findet man ebenso in Frankreich und Spanien.

Aussehen

Radicchio hat fest gewickelte, weinrote, rundliche Blätter und leuchtend weiße, knackige Blattrippen.

Geschmack

Radicchio-Blätter und die walzenförmigen -Wurzeln besitzen ein feinherbes Aroma. **Rote Radicchio-Sorten schmecker bitterer als grüne.**

Arten, Sorten

Bart eines Kapuzinermönchs / Barbe de capucine (frz.) / Capuchin's beard (engl.): Diese zwar erfrischende, jedoch sehr bittere Radicchio-Züchtung aus Italien hat violette Blätter, die zur Spitze hin hellgrün auslaufen.

Castelfranco: Weiß-rot-grün panaschierte Radicchio-Sorte aus Norditalien.

Gelbe von Triest: Italienische Radicchio-Sorte mit milden, zarten, gelbgrünen Blättern.

Grumolo: Oval-runde, relativ bittere Radicchio-Sorte mit deutlich gezeichneten, dunkelgrünen Blattrosetten.

Grüner Radicchio / Cicorino verde (ital.) / Palla bianco (ital.): Zartgrünblättrige, milde Radicchio-Neuzüchtung.

Palla rossa nennt sich **die gängigste Radicchio-Sorte**: sie weist festfleischige, rotviolette, große Köpfe auf und schmeckt sehr mild.

Radicchio di Treviso / Trevisiano: Bitteraromatische Kreuzung aus **rotblättrigem Radicchio** und **weißgelbem Chicorée**, die den Gemüsebestand seit 1985 bereichert.

Hauptinhaltsstoffe

Bitterstoff (Intybin), sehr calcium-, kalium- und phosphorreich, Flavonoide, Folsäure, Provitamin A, Spurenelemente, Vitamin B 1, B 2, C.

Verwendung, Zubereitung

Radicchio-Blätter und die zuvor geschälten -Wurzeln können zu Salat und Gemüse verarbeitet werden; die penetrant bitteren Umblätter sollten zuvor entfernt werden.

Lagerung

Leicht gekühlt ist Radicchio ca. eine Woche haltbar.

Volksmedizinische Bedeutung

Dank Intybin wird dem Radicchio eine stoffwechsel- und verdauungsfördernde Wirkung zugesprochen.

Tipp

Bei der Radicchio-Ernte sollte darauf geachtet werden, dass etwa 3–4 cm des Wurzelstummels am Salatkopf verbleiben – nicht nur, weil die Wurzel verzehrbar ist, sondern weil sie die Pflanze überdies mit lebenserhaltenden Nährstoffen versorgt und infolgedessen zusätzlich noch eine dauerhaftere Bevorratung ermöglicht wird.

Radieschen

Raphanus sativus var. sativus

Kleiner Rettich, Monatsräte (bayr.), Monatsrettich, Petit radis (frz.), Rabanito (span.), Radies, Radieserl (bayr.), Radiesli (schweiz.), Radijs (niederl.), Radis roses (frz.), Radix (lat.), Ravanello (ital.), Redkvicka (tschech.), Small radish (engl.)

Allgemeines, Herkunft, Geschichtliches

Das Radieschen ist die Variante einer eigenständischen Rettichart **(des Schwarzen Rettichs)** und nicht die Zwergform des weißhäutigen Rettichs. Die Heimat des zur Gruppe der Kreuzblütler / Brassicaceae (Cruciferae) zählenden Radieschens, das **fälschlicherweise den »Wurzelgemüsen« zugeordnet** wird, obwohl es oberirdische Sprossknollen bildet, liegt in China und Japan. In Europa kennt man Radieschen seit dem 16. Jh. – damals waren sie noch länglich und weiß; die heutigen roten und runden Radieschen sind erst Ende des 18. Jh.s durch französische und italienische Nachzüchtungen entstanden. Heutzutage werden Radieschen ganzjährig in ganz Europa und in den USA angebaut. Bereits nach 4 Wochen können die stets trinkfreudigen und den Halbschatten liebenden Radieschen geerntet werden. Bedauerlicherweise werden die positiven Tugenden des Radieschens durch einen hohen Nitratgehalt geschmälert, denn Radieschen zählen zu den **nitratreichsten Gemüsen**. Das Wort »Radieschen« wird (wie »Rettich«) aus dem lateinischen »Radix« für »Wurzel« abgeleitet.

Aussehen

Radieschen sind meist kleine, runde, weißfleischige Knöllchen mit leuchtend roter Außenhaut, es gibt jedoch auch längliche, ovale, gelbe, rosafarbene, rot-weiße und violette Varianten. Radieschen mit praller Außenhaut sind saftig und wohlschmeckend. Solche von schwammiger Beschaffenheit sind nicht nur aromalos, hohl und holzig: Man kann sogar davon ausgehen, dass **ihr Wachstum mit Kunstdüngerunmengen forciert** wurde.

Geschmack

Radieschengeschmack kann sich auf unterschiedliche Weise darstellen: Frühjahrssorten, die meist aus dem Treibhaus kommen, schmecken zwar mild, zart und saftig, sie werden jedoch rasch schwammig und bekommen einen pelzigen Geschmack. Sommerknollen aus dem Freiland sind hingegen knackig, würzig und scharf.

Arten, Sorten

Radieschenkohl: Schnellwüchsige, russische Gemüseneuzüchtung, die aus einer Kreuzung des Radieschens mit dem Weißkohl hervorgegangen ist. Sie hat kohlartige Blättchen und **ihr Vitamin-C-Gehalt übertrifft sogar den der Zitrone**.

Hauptinhaltsstoffe

Allyl-Senföl, Calcium, Eisen, Eiweiß, Fett, Flavonoide, Glucosinolate, Jod, Kalium, Natrium, Phosphor, Provitamin A, Vitamin B 1, B 2, C, Wasser (94%), Zucker. Radieschen gelten **als kalorienärmstes Wurzelgemüse**.

Verwendung, Zubereitung

Meist werden Radieschen zu Salat oder als Garnitur verwendet. Kurzzeitig gedünstet oder in Bierteig ausgebacken lassen sie sich zwar auch zu Gemüse verarbeiten, aufgrund der dabei entstehenden Hitze büßen sie allerdings ihre wertvolle Schärfe, die meisten Vitamine und das attraktive Rot ihrer Außenhaut ein. Da sich auch bei Radieschen, die längere Zeit in Salatsauce verbringen mussten, die Farbe der Außenhaut auflöst und sich dadurch auch das übrige Fruchtfleisch in ein unappetitliches Graurosa verwandelt, ist es ratsam, Radieschensalat stets erst kurz vor dem Verzehr mit Salatsauce anzumachen. Radieschen mit leichten Welkeerscheinungen werden wieder »fit«, wenn man sie für kurze Zeit in eiskaltes Wasser legt.

Auch Radieschenblätter lassen sich zu Salat, Gemüse, Suppen und Saucen verarbeiten, sie sollten jedoch zuvor gründlich gewaschen werden, da sie meist mit Sand und / oder Düngemitteln behaftet sind.

Radieschencremesuppe macht man so: Kochenden Geflügelfond mit warmer Mehlschwitze leicht andicken, durchkochen, Hitzezufuhr mindern, etwas Crème fraîche und gehackte Radieschenblätter einrühren, mit Salz, Muskatnuss und Zitronensaft abschmecken und mit feinen Radieschenstreifen bestreut servieren.

Lagerung

Kühl und feucht lassen sich Radieschen ca. 8 Tage aufbewahren. Vorher sollte man die **Blätter kürzen**, um unnötige Wasserverluste während der Bevorratung zu vermeiden. Verlängern lässt sich die Lagerzeit von Radieschen, indem man sie mit dem angeschnittenen Kraut nach unten in ein Wasserglas stellt.

Volksmedizinische Bedeutung

Radieschen besitzen aufhellende Eigenschaften, wirken dem Krebs entgegen und regen die Tätigkeit von Galle und Leber an. Radieschensamen verfügen sogar über schwach antibiotische Charaktere.

Tipp

Radieschensprossen gedeihen besser, wenn man sie zunächst für 2 Tage im Dunkeln keimen lässt und danach erst dem Tageslicht aussetzt.

Rambutan

Nephelium lappaceum

Behaarte Litschi, Falsche Litschi, Französische Litschi, Haarige Litschi, Hairy litchi (engl.), Litschi cevelu (frz.), Nefelio (ital.), Ngo (thaild.), Rambouetan (niederl.), Rambootan (engl.), Ramboutan (frz.), Rambutan (engl., ital., norw., span.)

Allgemeines, Herkunft, Geschichtliches

Die aus den Tropen Indiens stammende Rambutan gehört zur Familie der Seifenbaumgewächse (Sapindaceae); Litschis und Longanen zählen folglich zu ihrer Verwandtschaft. Sie wächst langgestielt und in Büscheln an immergrünen, bis zu 20 m hohen Bäumen, die mittlerweile in ganz Asien, Australien, Madagaskar, Südamerika sowie in Südafrika kultiviert werden.

Ihren Namen hat diese exotische Frucht den haarartigen (malays. rambut: Haare) Auswüchsen auf der Schale zu verdanken.

Aussehen

Die Rambutan ist kastaniengroß und sieht aus wie eine Litschi mit grünen, welligen Haaren. Im Fruchtinneren findet man einen wollweißen, mandelförmigen, ungenießbaren Kern, der fest mit dem glasig-weißen, geleeartigen Fruchtfleisch verwachsen ist. Sobald die Rambutan reif ist, platzt ihre unbekömmliche, ledrige, weinrote bis gelbstichige Schale auf. **Farbenfrohe Rambutanhaare** deuten auf **Frische und Saftreichtum** hin; Exemplare mit vergehenden, schwarzen Haaren lassen auf Überlagerung schließen: die Frucht alkoholisiert.

Geschmack

Die Rambutan hat ein erfrischendes, leicht süß-säuerliches Aroma, das an Weintrauben und Litschis erinnert.

Arten, Sorten

Pulasan / Kapulasan (frz.): Für den europäischen Markt unbedeutende Frucht, da sie rasch verdirbt. Auf den Philippinen und in Indonesien wird sie angebaut und kommt dort vornehmlich dem Frischverzehr zu. Die Pulasan ähnelt zwar der Rambutan, weist jedoch anstelle der weichen Haare dicke, kurze Borsten auf.

Hauptinhaltsstoffe

Calcium, Eisen, Kalium, Vitamin B, C. Der Rambutankern ist sehr fettreich (35–55%).

Verwendung, Zubereitung

Die Rambutan dient zwar meist dem Frischkonsum und der Dekoration, gelegentlich wird sie jedoch auch zu Desserts, Fruchtsaucen, Kompott, Marmelade, Mixgetränken oder Salaten verarbeitet.

Rambutansamen dienen meist der industriellen Weiterverarbeitung zu Kerzen, Nahrungsfett, Öl und Seife.

Lagerung

Dass die nicht nachreifende Rambutan hochverderblich ist, wird schon nach kurzer Zeit deutlich: Das Fruchtfleisch färbt sich unappetitlich und das Aroma bekommt einen anrüchigen Beigeschmack.

Volksmedizinische Bedeutung

Mitesser und Furunkel bekämpft man mit aufgelegten Rambutanscheiben.

Tipp

Als herausragende Delikatesse gilt zerstoßenes Rambutanfruchtfleisch, das mit Mokkaeis und geschlagener Sahne serviert wird.

Raps

Brassica napus

Colza (engl., frz., ital., span.), Kohlraps, Kohlsaat, Kolza (türk.), Rape seed (engl.), Reps

Allgemeines, Herkunft, Geschichtliches

Im Mittelmeerraum, seinem vermutlichen Ursprungsgebiet, wurde der Raps bereits 2000 v. Chr. angebaut. In Deutschland gilt der zur Familie der Kreuzblütler / Brassicaceae (Cruciferae) zählende Raps zwar schon seit dem Mittelalter als **bedeutendste einheimische Ölpflanze**, das gewonnene Öl diente einst jedoch nicht etwa dem Verzehr, sondern lediglich als Brennstoff von Beleuchtungskörpern. Durch Neuzüchtungen erfuhr der Raps in den 70er Jahren erneut einen derart ungeahnten Siegeszug, dass heutzutage nicht nur ein Drittel des deutschen Tafelölbedarfs mit Rapsöl gedeckt werden kann, sondern dass Deutschland mittlerweile sogar **der größte Rapsproduzent** innerhalb der EU ist.

Aussehen

Der Raps ist eine bis zu 2 m hohe, gelbblütige Ackerpflanze mit schwarzbraunen Saatkörnchen und krautigen, blaugrün bereiften Blättern, die den Stängel nur bis zur Hälfte umfassen.

Geschmack

Rapssamen schmecken nahezu neutral.

Arten, Sorten

Rübsen / Brassica napa (lat.) / Rapsäd (niederl.) / Rübenraps / Rübenreps / Rübsaat / Rübsamen: Rapsverwandter, der überwiegend im Baltikum, in China, Indien, Kanada, Polen und Skandinavien angebaut wird, wo er meist als Frühjahrsfutter und der Ölproduktion dient. Rübsen unterscheidet sich vom Raps dadurch, dass seine mattgrünen Blätter den Stängel vollständig umschliessen; seine **Samen** sind hingegen mit denen des Raps völlig deckungsgleich.

Sibirischer Kohl: Asiatischer Rapsverwandter, dessen Blattwerk auch zu Gemüsebereitungen geeignet ist.

Winterraps ist bestens zur »Gründüngung« geeignet. Im Oktober wird er gesät, im nachfolgenden März werden die Stängel dann abgeschnitten und liegengelassen, und eine Weile später arbeitet man sie beim Umgraben in den Boden ein.

Hauptinhaltsstoffe

Alpha-Linolsäure, Eiweiß, Erucasäure, Omega-3-Fettsäure, Vitamin E (23 mg / %).

Verwendung, Zubereitung

Junge Rapsblätter lassen sich sowohl zu Gemüse als auch zu Salat verarbeiten. Rapsgemüse wird besonders wohlschmeckend, wenn man die Blätter für eine Weile mit etwas Salz vermischt, sie dann kräftig mit den Händen ausdrückt und schließlich in einer nicht zu dicken, süß-sauren Béchamelsauce gart. Als obligatorische Beilage gibt man in Sachsen-Anhalt zum Rapsgemüse Rühreier und Pellkartoffeln.

Aus Rapssaat wird meist raffineriertes Öl hergestellt, das zwar immer häufiger bei der Margarine- und Spritherstellung Verwendung findet, jedoch ebenso zum Backen, Dünsten, Frittieren und Kochen geeignet ist. Anfallende Pressrückstände, sogenannter »Rapsschrot«, wird industriell zu hochwertigem Tierfutter oder zu kontrastreichen Mischfutterkomponenten verarbeitet.

Raffineriertes Rapsöl / Reines Pflanzenöl (markttechn.) / Rüböl (es ist hellgelb, geruchs- und geschmacksneutral) hat den Vorteil, dass es aufgrund seiner Hitzestabilität dauerhaft einer Temperatur von über +200° C standhalten kann.

Lagerung

Rapsblätter sind nicht für Bevorratungen geeignet – sogar Rapsöl wird bereits nach einem halben Jahr ranzig.

Volksmedizinische Bedeutung

Ernährungsexperten empfehlen, täglich **kaltgepresstes Rapsöl / Albaöl / Olivenöl der Deutschen (ugs.)** zu sich zu nehmen (es ist intensiv goldgelb und hat einen nussigen Geschmack), da es die Arterien noch wirksamer als Olivenöl vor herzinfarktgefährdenden Cholesterinablagerungen schützt und krebserregende Substanzen bekämpft.

Tipp

Jeweils im Mai, zur Zeit der Rapsblüte, zeigt sich die Insel Fehmarn von seiner schönsten Seite: Sie feiert ein riesiges **Rapsblütenfest**, bei dem die Bewohner und Besucher der »Gelben Insel« eine »Rapskönigin« und eine »Rapsprinzessin« wählen. Neben vielen geschmückten Motiven gibt es vielerorts traditionell eine sogenannte »Rapstorte« zu verkosten, die ihre gelbliche Farbe nicht etwa den Rapsblüten, sondern Eierlikör als Zutat zu verdanken hat.

Rapunzel

Campanula rapunculus

Echte Rapunzel, Essbare Glockenblume, Rapunzel-Glockenblume, Teufelskralle

Allgemeines, Herkunft, Geschichtliches

Die Rapunzel ist ein Glockenblumengewächs (Campanulaceae), das ursprünglich zwar nur wild wachsend in mediterranen oder gebirgigen Landschaften der nördlichen Halbkugel anzutreffen war, mittlerweile jedoch auch schon von vielen Pflanzenliebhabern im eigenen Garten kultiviert wird.

Aussehen

Die Rapunzel kann bis zu 1 m Höhe erreichen, hat längliche, glockenförmige, hellblaue bis lilafarbene Blüten und dem Feldsalat zwar nicht sehr unähnliche, jedoch deutlich größere Blätter. Die weißfleischige Rapunzelwurzel kann 8 cm lang werden.

Geschmack

Rapunzelblätter und -wurzeln verfügen zwar gemeinhin über ein recht mild-nussiges Aroma – ihren geschmacklichen Höhepunkt erreichen sie jedoch erst im Vorfrühling des zweiten Lebensjahres.

Arten, Sorten

Frauenspiegel / Legousia speculum-veneris (lat.) / Rabunzel (ugs.) / Venusspiegel nennt sich ein seltenes, blauviolett blühendes, bis 30 cm hohes »Ackerunkraut«, aus dessen Blattrosetten sich leckerer Frühlingssalat zubereiten lässt.

Verwendung, Zubereitung

Rapunzelblätter lassen sich wie Feldsalat zubereiten; die Wurzeln können sowohl roh als auch gekocht zu herzhaftem Gemüse oder Salat verwandelt werden.

Lagerung

Auch gekühlt lässt sich die Rapunzel höchstens 3 Tage aufbewahren.

Tipp

Die Rapunzel **ist nicht mit dem Feldsalat verwandt**, obwohl der auch als Gartenrapunzel / Kleine Rapunzel / Rapünzchen (sächs.) / Rapünzlein / Salatrapünzchen bezeichnet wird.

Rauke

Eruca sativa

Arugala (engl.), Fehér mustár (ungar.), Jamba-Raps, Nusssalat, Ölrauke, Persischer Senf, Raukenkohl (altdt.), Rocket (engl.), Roman rocket (engl.), Roquette (frz.), Rougette, Ruca, Ruccula, Ruchetta (ital.), Rucola (ital., lat., niederl.), Rugetta, Rugola, Ruke, Rukola (neudt.), Runke, Salad rocket (engl.), Salatrauke, Senfkohl, Senfrauke, Sisymbrium, Suppenlust

Allgemeines, Herkunft, Geschichtliches

Im italienischen Apulien liegen die geografischen Wurzeln der zu den Kreuzblütlern / Brassicaceae (Cruciferae) zählenden Wilden Rauke, dem Vorgänger der Salatrauke. Schon vor Christi Geburt war die Rauke den Römern nicht nur als Suppen- und Eierspeisengewürz, sondern auch als heilende und stärkende Pflanze bei Antriebsschwäche, Bronchitis und Nervosität bekannt.

In der nahen Vergangenheit galt die einjährige, winterharte Rauke hierzulande als unliebsames und auszurottendes Unkraut, da sie sich allerorten verbreitete. Mittlerweile wird sie jedoch schon wieder in unseren Gärten und Gewächshäusern kultiviert, denn schon nach

3 Wochen kann sie nicht nur geerntet werden **– nach schonenden Blattkürzungen wächst sie sogar mehrmals wieder nach**. Die beste Schnittzeit der Rauke ist der frühe Morgen, weil die etherischen Senföle dann am stärksten auftreten. In Ägypten, Brasilien, Frankreich, Indien, Italien und im Sudan wird die Rauke großflächig angebaut. In Italien wird die Rauke zwar als großblättrige Salatpflanze hoch geschätzt, zu Unrecht ist sie dort jedoch nur mit großen kapitalmäßigen Anstrengungen zu erwerben. Mit der »Knoblauchsrauke« ist die Rauke nicht verwandt, wohl aber mit dem Raps und dem Senf.

Aussehen

Die Rauke ist eine bis zu 1 m hohe Pflanze mit dunkelgrünen, stark gezähnten Blättern, kleinen Schotenfrüchten und cremeweißen, löwenzahnähnlichen Blüten, die eine purpurfarbene Äderung aufweisen.

Geschmack

Junge Raukenblätter bestechen durch ein nichtssagendes, da leeres Aroma. Gereiftere Exemplare weisen indes einen charakteristischen, angenehm bitteren, leicht knoblauchigen, erdnussartigen, an Fleischbrühe und Schweinebraten erinnernden Geschmack auf, der seinen jeweiligen Gipfel während der Frühlings- und Herbstzeit erreicht. Alte Raukenblätter schmecken nicht nur stark bitter und scharf, sie sind auch zäh und faserig.

Arten, Sorten

Besenrauke / Sophienkraut / Wellsamen: 70 cm hohe Raukensorte, die zwar in den Kräuterbüchern des 16. Jh.s als »Weisheit der Wundärzte« bezeichnet wurde, da sie angeblich die Wundheilung förderte; bei der Suche nach sinnfälligen Wirkstoffen wurde man allerdings bis heute nicht fündig.

Europäischer Meersenf / Strandrauke: Bitter-würzige Wildraukensorte, die mitsamt ihren Blüten zu Salat bereitet werden kann.

Türkische Rauke / Bunias orientalis (lat.) / (Orientalische) Zackenschote: Gelb blühende, bis 1,70 m hohe Raukensorte mit angenehmem Retticharoma, die überwiegend in Polen, Russland und in der Türkei präsent ist.

Hauptinhaltsstoffe

Bitterstoffe, Calcium, Glykoside, Kalium, Senföle, Vitamin B.

Verwendung, Zubereitung

Die Rauke kann zu Salat, in Wildsalatmischungen und kurz gedünstet zwar auch als Gemüse, Sauceneinlage oder in Spaghettigerichten verarbeitet werden, durch Erhitzung wird jedoch ein Großteil ihrer Aromastoffe zerstört.

Raukensalat sollte erst kurz vor dem Verzehr mit Salatsauce angemacht werden, **da er rasch einstürzt**.

Raukensalatsauce sollte **anstelle von Essig mit Zitronensaft angemacht werden**, da er den hohen Nitratgehalt der Rauke neutralisiert – selbiges gilt für die Gemüsezubereitung. Aus gemahlenen Raukesamen wird hautreizendes Pflaster, Öl und Senf fabriziert.

Lagerung

Nach der Ernte lässt sich die empfindsame Rauke gekühlt zwar noch ca. 3 Tage aufbewahren – aber nur, wenn sie zuvor in ein klammes Tuch eingeschlagen wurde.

Volksmedizinische Bedeutung

Beim »normalen« Raukenverzehr werden Bakterien im Rachenraum getötet, das Immunsystem manifestiert und der Organismus belebt; auch bei Harnverhalten, Magenverstimmung, Nervosität und Widrigkeiten mit der Verdauung hat sich die Rauke oftmals bewährt, doch Vorsicht: Das Bundesinstitut für Risikobewertung (BfR) rät dringendst zu **maßvollem Raukenverzehr**, da bei über der Hälfte von ca. 350 stichprobenartigen Überprüfungen sehr bedenkliche, gesundheitsschädigende Nitratwerte (5000 mg / kg) gemessen wurden. Demnach dürfte eine erwachsene Person mit beispielsweise 70 kg Körpergewicht maximal nur 50 g Rauke am Tag verzehren. Wenn der gleiche Verbraucher nun auch noch gewohnt ist, nebenher noch reichlich (nitrathaltiges) Trinkwasser und andere nitrathaltige Lebensmittel zu konsumieren, ist der kritische Punkt schon längst überschritten.

Tipp

Sät man Raukesamen an einem **kühlen und feuchten Gartenplätzchen**, bildet die Pflanze während des Wachstums weniger Bitterstoffe.

Reis

Oryza sativa

Arroz (span., port.), Kome (jap.), Nasi (indon.), Pirinc (türk.), Rice (engl.), Ries (berg. Land), Riso (ital.), Riz (frz.), Rys (schweiz.), Vrihi (ind.), Wali (kenia.)

Allgemeines, Herkunft, Geschichtliches

In seiner ostasiatischen Heimat wurde der Reis bereits vor mehr als 7000 Jahren kultiviert. Durch Kaufleute gelangte dieses Süßgrasgewächs (Poaceae) dann von Indonesien über Malaysia auf die Philippinen, danach über Indien in den Iran und nach Afrika, von wo aus ihn die Mauren schließlich auch nach Europa (zuerst nach Spanien) verbrachten. In der fruchtigen, norditalienischen Po-Ebene wird Reis seit etwa 500 Jahren angebaut, 1646 begann man auch im amerikanischen Virginia mit der Anpflanzung, nachdem ein schiffsbrüchiger Kapitän – so die Legende – seinen Gastfreunden Reis zur Aussaat geschenkt haben soll. Inzwischen sind **die Vereinigten Staaten weltgrößter Reisexporteur**; die Reissamen werden dort per Hubschrauber in die unter Wasser stehenden Felder gestreut und später mit gigantischen Mähdreschern geerntet. Bis zu 20 000 l Wasser benötigt 1 kg Reis während der Wachstumsperiode. In Amerika, Indien, China, Indonesien, Japan, **auf den Philippinen und in Thailand liegen die größten Reisanbaugebiete**. Da sich die Hälfte der Menschheit ausschließlich von dieser Körnerfrucht ernährt, gilt der Reis, der bei tropischem Klima bis zu dreimal im Jahr eingebracht werden kann, als **wichtigstes Nahrungsmittel der Welt**.

Das Wort »Reis« leitet sich vom lateinischen »oryza« ab.

Arten, Sorten

Apati / Grüner Reis: Leicht abgeflachte, zartgrüne, vietnamesische

und thailändische Reissorte, die in den Anbauländern noch **vor der Reife geerntet** wird. Da die weichen Körnchen manuell aus der Rispe gedrückt, dann plattgewalzt und schließlich in der Sonne getrocknet werden, ist es nicht verwunderlich, dass der Apati zu den **hochpreisigsten Reissorten der Welt** zählt. Leicht süßlich schmeckt er, weil sich seine pflanzlichen Zuckerstoffe noch nicht ganz zu Stärke umgewandelt haben. Apati sollte nicht gekocht werden, da er sehr hitzeempfindlich ist und infolgedessen leicht zerfällt; vernünftiger ist es, ihn gemeinsam mit einer feinwürfligen Schalotte gemächlich in temperiertem Öl anzudünsten, um ihn anschließend – mit Brühe angegossen – zugedeckt durchziehen zu lassen. Eine sehr wohlschmeckende und außergewöhnliche Panade (österr. Panier) für Geflügel oder Fisch erhält man, wenn man anstatt Paniermehl feingemahlenen Apati verwendet.
Arborio (ital.) / Avorio (fälschl.) / Käsereis / Risotto-Reis / Welscher Reis (österr.): Voluminöse, **rundkörnige**, nicht klebende, italienische Parboiled-Variante, die zu Risotto-Zubereitungen favorisiert wird, da sie sehr stärkehaltig und schon nach 17 Minuten im Kern »al dente« und an der Oberfläche schön cremig ist.
Basmati-Reis: Unparfümierte Edelreis- und Langkornreissorte, die überwiegend in den Vorgebirgen des Himalaja (Indien / Pakistan) angebaut wird. **Basmati (ind. für »Duft«)** verströmt einen süßlichen, kokosartigen Aromastoff (Acetylpyrolin), bleibt bei fachgemäßer Zubereitung (8 Min. kochen, danach 5–10 Min. ziehenlassen) körnig und absorbiert währenddessen weniger Flüssigkeit als Langkornreis.
Bergreis: Reis aus China, wo er auf bis zu 1500 m hohen Bergen teerrassenförmig angebaut wird.
Bruchreis ist zwar die **erschwinglichste Art, Reis zu erwerben**, er besteht jedoch zu über 40% aus zerbrochenem Langkornreis und besitzt nur noch die Nährwerte von Weißreis.
Carnaroli / Vialone: Hochpreisiger, geschliffener Rundkornreis aus Italien, der nach dem Garen »pappig« wird.
Comune, Fino, Semifino, Superfino nennen sich zwar die 4 Qualitätsstufen aller insgesamt 40 italienischen Reissorten, auf den Packungen findet man diese Hinweise allerdings nur selten.
Ganzkornreis / Vollreis nennt man Weißreis ohne die beim Schleifen und Enthülsen anfallenden Bruchkörner.
Haushaltsreis: Langkornreis, der bis zu 25% Bruchreis enthalten darf.
Japanischer Reis / Nishiki-Reis / Sushi-Reis / Uruchi-Reis: Ovalrunde, klebende und daher formbare japanische Reissorte, die meist für Sushi-Zubereitungen genutzt wird.
Jasmin-Reis / Thailändischer Duftreis kommt aus Thailand. Wie Basmati-Reis entwickelt er seine duftige Note durch den Anbau auf mineralhaltigen Böden sowie Trocknen und Lagern neben Duftkräutern. Er braucht 20–25 Minuten Garzeit, er klebt je-

doch nach dem Kochen zusammen. Kenner halten ihn für nicht so interessant wie den Basmati.

Kochbeutelreis darf sowohl Lang- als auch Rundkornreis beinhalten. Er ist in fein gelöcherte Kunststoffbeutel abgepackt, worin er auch gegart wird.

Kreolenreis: Spezielle Zubereitungsart, bei der gedünsteter Langkornreis mit Pfefferschoten, Tomatenwürfeln und Butterflocken vollendet wird.

Langkornreis / Carolina-Reis / Karolina-Reis / Karolinenreis / Patna-Reis / Tafelreis nennt man langkörnigen, geschliffenen und polierten Reis, dessen Silberhäutchen und Keimling entfernt wurde. Den Beinamen »Patnareis« hat diese meistverwendete Reissorte ihrer indischen, am Ganges gelegenen Heimatstadt **Patna** zu verdanken; »Carolina-Reis« wird er genannt, wenn er **im nordamerikanischen Staat Carolina** angebaut wurde. Während seiner zwanzigminütigen Gardauer nimmt Langkornreis das Eineinhalbfache seines Volumens an Flüssigkeit auf.

Milchreis / Italienerreis (österr.) / Klebwiereis / Kurzkornreis / Rundkornreis: Geschliffene und polierte Rundreissorte mit stärkehaltigem Kern. Seine weichkochenden Charaktere nutzt die arabische, japanische und chinesische Küche in besonderem Maße, weil er sich sowohl mit Hilfe von Stäbchen, als auch mit den Fingern verzehren lässt. Beim Kochen absorbiert Rundkornreis die vierfache Flüssigkeitsmenge seines ursprünglichen Volumens. **»Milchreis«** wird er deshalb genannt, weil er sich hervorragend für breiige Zubereitungen eignet (z. B. Milchreis / Reisbrei).

Minutenreis / Quickreis / Schnellkochreis: Vorgegarter, nachgetrockneter Weißreis, den man nur noch 2–3 Minuten in heißem Wasser erhitzen braucht.

Mittelkornreis / Mediumkornreis: Glasige Reissorte, deren weißlicher, mittiger Kern während der Zubereitung stark aufquillt. Bei mediterranen Reiszubereitungen (z. B. Pilaw oder Risotto) ist er sehr begehrt.

Naturreis / Braunreis / Cargoreis / Vollkornreis / Vollreis: Entspelzter Reis, dessen Goldhäutchen und fetthaltiger Keim noch unbeschadet sind, weshalb er leicht verderblich ist. Naturreis schmeckt zwar zartnussig und ist auch überaus vitaminhaltig, beim Kochen fordert er jedoch mehr Wasser und die doppelte Garzeit (40 Minuten) als Parboiled Reis. Von allen Reissorten hat er den höchsten Gehalt an Vitaminen, Fettsäuren, Mineralstoffen und Ballaststoffen.

Navarra-Reis / Ribereis: Hochwertige Rundkornreissorte aus Spanien, wo sie meist der Herstellung der berühmten »Paella« dient.

Paddy nennt man frisch geerntete, noch mit Spelzen behaftete Reiskörner, die von Reisbauern noch mit speziellen Stöcken gedroschen werden müssen, damit sie aus den Rispen herausfallen.

Parboiled Reis ist keine Reissorte, sondern Langkornreis, der zwar geschält wurde, dem durch ein spezielles technisches Verfahren

(Dampfdruck, Parboiling) jedoch 80% seiner Nährstoffe erhalten blieben, was ihn **wertvoller als Weißreis** macht. Garzeit: 12 Minuten.
Patna-Reis ist die meistverwendete Reissorte.
Puffreis: Reis, der zunächst mit Dampfdruck aufgebläht und anschließend geröstet wird. Puffreis wird meist zu Frühstücksprodukten oder Schokolade verarbeitet.
Roter Reis / Camarque-Reis / Ostigliato / Wehani (ind.): Seine Rotfärbung verdankt er der **tonhaltigen Bodenbeschaffenheit** seiner einstens nur indischen, mittlerweile auch französischen (Camarque), italienischen (Ostigliato) und thailändischen Anbaugebiete. In seinem Inneren ist er hell. Man sollte ihn zunächst 10 Minuten lang kochen, dann 30 Minuten quellen lassen.
Schwarzer Reis / Süßer Reis: Ungeschliffene, schwarzkörnige Reissorte, die überwiegend in Thailand und Japan angebaut wird, wo sie überwiegend der Backwaren- und Bierherstellung dient.
Spitzenreis ist Langkornreis, der bis zu 5% Bruchreis enthalten darf.
Standardreis ist Langkornreis, der bis zu 15% Bruchreis enthalten darf.
Steckreis nennt man Reis, der aus Stecklingen herangezogen wurde.
Tri-Color-Reis: Bissfester Mix aus weißem Langkornreis, dunkelbraunem Wildreis und Rotem Reis.
Wasserreis / Nassreis nennt man Reis, der in den Niederungen tropischer und subtropischer Länder unter Ausnutzung des Monsunregens oder mit Hilfe künstlicher Bewässerung auf Terrassenfeldern angebaut wird. Wasserreis ist die einzige Ackerfrucht der Welt, die – ohne das Erdreich zu schädigen – in Monokultur angebaut werden kann.
Weißreis: Enthülster, geschliffener und polierter Rundkornreis, der angesichts seiner vorangegangenen »Misshandlungen« zwar etwa 20% seines Proteingehalts, den fetthaltigen Keimling und nahezu alle lebenswichtigen Vitamine einbüßen musste, dafür aber über exzellente Lagerungseigenschaften verfügt. In Ostasien darf nur noch unpolierter Reis gehandelt werden, denn die Ursache für die Entstehung der einst weitverbreiteten **Vitamin-B1-Mangelkrankheit »Beri-Beri«**, die viele Menschen dahinraffte, war der Verzehr von Weißreis.
Wildreis / Zizania aquatica (bot.) / Indianerreis / Mississippi-Reis nennt man die braunschwarzen, **tannennadelähnlichen Samen eines wild wachsenden Wassergrases**, das Indianer schon vor Jahrhunderten an den Quellgebieten des Mississippi ernteten. Da die Wildreisernte sehr aufwendig ist (an jedem Halm wächst nur 1 Samen), gilt er als **teuerste Getreidesorte der Welt**.
Heutzutage wird Wildreis außer in Minnesota auch in Florida, Kalifornien und Wisconsin angebaut. Wildreis hat ein leicht grasiges, süß-nussiges Aroma und dient zwar vorrangig als glutenfreie Beilage, er wird jedoch auch zur Bier- und Süßwarenherstellung genutzt. Während seiner Garzeit (45–60 Minuten) beansprucht Wildreis das Vierfache seines ursprünglichen Volumens an Flüssigkeit. Er steckt voller Mineral-

stoffe und B-Vitamine bei geringem Fettgehalt.

Hauptinhaltsstoffe

Eisen, Fluor, Kalium, Kupfer, Magnesium, Mangan, Natrium, Phosphor, Stärke, Vitamin B 1, B 2, B 3, B 6, E, Zink.

Verwendung, Zubereitung

Reis kann zu Beilagen (pro Person 60 g Rohgewicht), Desserts, glutenfreiem Mehl, Stärke, Reiswein (Sake) oder Reisbranntwein (Arrak) verarbeitet werden. Ein vorzügliches Aroma erhält Kochreis, wenn man dem Wasser eine gespickte Zwiebel beifügt. Aus Reisstärke wird auch Tapetenkleister und Wäschestärke hergestellt.

Pilaw / Pelau / Pilaf / Pilau (kenia.) / Pilav (türk.) / Pulaw / Pullao (ind.) nennt man eine türkische oder persische Langkornreiszubereitung, bei der angebratener Reis im Fond des jeweiligen Gerichts (z. B. in Hühner- oder Hammelfond) im Verhältnis 1:3 so lange gemächlich gegart wird, bis er die zugeführte Flüssigkeit vollständig aufgesogen hat.

Risi-Pisi / Riso con piselli (ital.) nennt sich eine namhafte venetianische Beilage, die eine Mixtur aus Risotto und Erbsen beinhaltet.

Wan-Tan nennt man dünne, quadratische Teigtaschen aus Reismehl, die, gefüllt und gekocht oder frittiert, meist als Beilage in der chinesischen Küche dargereicht werden.

Lagerung

Kühl und trocken lagern. Reis darf nicht neben geruchsintensiven Produkten gelagert werden, da er sonst deren Aroma annimmt. Geschälter Reis kann maximal 18 Monate, Naturreis hingegen aufgrund seiner ölhaltigen Keimschicht lediglich 6 Monate gelagert werden, danach wird er ranzig.

Volksmedizinische Bedeutung

Der leicht verdauliche und stark entwässernde Reis wirkt sich nicht nur positiv auf das Wachstum und die Zellerneuerung aus, er ist zudem für **bedeutsame Regulationsmechanismen im Blut** und in den Nieren zuständig.

Tipp

Die Namen der beiden größten japanischen Automobilkonzerne haben einen direkten Bezug zu Reis: **Honda** bedeutet »schönes Reisfeld«, **Toyota** heißt »ertragreiches Reisfeld«.

Reneklode

Prunus domestica ssp. Italica

Ciruela Claudia (span.), Dauphine, Edelpflaume, Gelbe Pflaume (schweiz.), Green gage (engl.), Königspflaume, Plomme (niederl.), Regina Claudia (ital.), Reine-Claude (frz., norw.), Reinklaue (pfälz.), Renglotta (allgäu.), Ringlo (rheinhess.), Ringlotte (bayr., österr.), Zuckerpflaume

Allgemeines, Herkunft, Geschichtliches

Der Reneklodenbaum ist ein in Armenien beheimatetes Rosengewächs (Rosaceae), das erst im 16. Jh. nach Europa gelangte.

Da dieses Mitglied der riesigen Pflaumenfamilie lediglich von Juli bis August erhältlich ist, weist es **die kürzeste Ernteperiode** seines Clans auf.

Ihren Namen könnte die Reneklode (gespr. »Ränklod«) der französischen Königin Claudia (1499–1547), der Gemahlin von König Franz I. (Erbauer der Prunkschlösser Blois, Chambord und Fontainebleau) zu verdanken haben, da sie Renekloden über alles liebte, und müsste demzufolge »Reine Claude« (frz. reine: Königin) heißen; es mehren sich jedoch auch Standpunkte, dass der französische Obstforscher René Claude (gespr. »Rönee Klod«) ihr den Namen gegeben haben soll.

Aussehen

Die kugelige, aprikosengroße Reneklode kann eine grüne, grüngelbe, knallgelbe oder violettrote Schale aufweisen. Auch vernarbte Hautrisse sind zulässig, da sie zu den natürlichen Merkmalen dieser 3–4 cm großen Frucht zählen. Ihr konsistentes, grünweißes Fruchtfleisch ist mit einem rundlichen Kern fest verwachsen.

Geschmack

Frisch geerntete Renekloden sind nicht nur saftiger als Pflaumen, mit ihrer erfrischenden Säure und dezenten Süße weisen sie sogar ein feinwürzigeres und intensiveres Aroma auf als ihre gesamte Verwandtschaft.

Arten, Sorten

Brünellen / Brinellcher (rheinhess., pfälz.) / Brinellen / Prünellen / Prugnola (ital.) / Prunelier (frz.) nennt man entkernte, blanchierte, enthäutete und luftgetrocknete Renekloden. Früher war diese Verarbeitungsweise der Reneklode lediglich den Franzosen vorbehalten, heute wird sie **auch in benachbarten Ländern** gehandhabt.

Hauptinhaltsstoffe

Eisen, Kalium (243 mg / %), Provitamin A, Vitamin B 1, B 2, C, Zucker.

Verwendung, Zubereitung

Renekloden werden nicht nur frisch verzehrt, sie dienen gleichermaßen der Kompott-, Konfitüre-, Süßspeisen-, Likör- und Schnapsherstellung.

Lagerung

Im Vergleich zu Pflaumen, sind Renekloden leicht verderblich; sogar im Kühlschrank lassen sie sich allenfalls 2–3 Tage aufbewahren.

Volksmedizinische Bedeutung

Renekloden fördern nicht nur den Kohlenhydratstoffwechsel, sie wirken auch entwässernd und entschlackend.

Tipp

Vitamin-B-Mangelsymptome wie Risse im Mundwinkel, Lichtempfindlichkeit oder eine rotviolette Zunge lassen sich durch Reneklodenverzehr beseitigen oder zumindest lindern.

Rettich

Raphanus sativus

Bierwurz, Gartenrettich, Rabano (span.), Radi (bayr.)., Radish (engl.), Radis rave (frz.), Radix (lat.), Räte (allgäu.), Ramenas (niederl.), Ravano (ital.), Rettig (österr.), Turp (türk.), Weißes Gold

Allgemeines, Herkunft, Geschichtliches

Man mutmaßt, dass der zu den Kreuzblütlern / Brassicaceae (Cruciferae) zählende Gartenrettich von dem in Vorderasien beheimateten wilden Ackerrettich abstammt. Bereits im 3. Jahrtausend v. Chr. gelangte der Rettich auch nach Ägypten, wo er anfänglich der Ölgewinnung, später erst dem Verzehr diente. Möglicherweise wäre eines der 7 Weltwunder, die ägyptische Cheops-Pyramide, nie gebaut worden, hätte es seinerzeit keinen Rettich gegeben, denn die Bauarbeiter stärkten sich stets mit einer würzigen Mischung aus Rettich, Zwiebeln und Knoblauch, bevor sie die monströsen Quadersteine stapelten. Nach Deutschland gelangte der Rettich erst im 13. Jh. – und zwar zuerst nach **Weichs bei Regensburg**, wo der Rettichanbau bis heute noch floriert. Nennenswerte Anbaugebiete des Rettichs gibt es auch in Belgien, China, Frankreich, Italien, Japan, den Niederlanden, Österreich und Ungarn.

Im pfälzischen Schifferstadt, wo Rettich als »Weißes Gold« geadelt wird, hat man diesem Wurzelgemüse sogar einen Festtag geweiht: Seit 1964 findet hier traditionell – jeweils im Mai – ein rauschendes **Rettichfest** statt.

Das Wort »Rettich« entstammt (wie »Radieschen«) dem lateinischen »Radix« für »Wurzel«.

Aussehen

Der Rettich kann – je nach Sorte – nicht nur sehr vielgestaltig sein (oval, rund oder walzenförmig), sondern auch eine braune, rosa, rote, violette, weiße oder sogar schwarze Schale aufweisen.

Geschmack

Ausgewachsene Rettiche weisen durchweg einen angenehm scharfen Geschmack auf. Junge Exemplare sind umso milder, je kleiner sie sind.

Arten, Sorten

Bundrettiche / Bündelrettiche nennt man gebündelte Rote Rettiche, die mitsamt ihren Blättern gehandelt werden.

Bierrettich / Bayirturp (türk.) / Frühjahrsrettich / Mairettich / Sommerrettich / Staudenrettich (österr.) / Weißer Rettich / Wiener Rettich: Milde, weiße oder rosafarbene Rettichsorte von gedrungener bis rundlicher Form, die von April bis Juni im Angebot ist.

Eiszapfenrettich: Etwa 12 cm lange, weißhäutige, eiszapfenähnliche Frühjahrsrettichsorte mit kurzlaubigem Stamm. **Trockenperioden** während der Anzucht bestraft der allzeit durstige Eiszapfenrettich mit **pelzigem Geschmack**.

Groalsalat: s. u. Steckrübe.

Herbstrettich: Weiße, sehr scharfe Rettichsorte, die von Juli bis September auf den Märkten erhältlich ist.

Japanrettich / Japanischer Rettich / Chinesischer Rettich / Chinese radish (engl.) / Daikon (jap.) / Daikon-Rettich / Japanese radish (engl.) / Mooli (engl.) / Oriental radish (engl.) / Orientrettich / Radis japonais (frz.): Diese milde, weißhäutige Rettichsorte aus Japan kann bis zu 60 cm lang und mehrere Kilogramm schwer werden. In Japan wird er, meist in Zucker und Sojasauce eingelegt, als Beilage zu Fisch verzehrt.

Ölrettich heißt eine uralte, stark ölhaltige Rettichsorte, die ausschließlich der Ölherstellung dient.

Raphanus-Sprossen nennt man die etwa 4 Tage alten, beißend scharfen

Keimlinge von Rettichsamen. Nicht selten dienen sie in Samenmischungen dazu (aufgrund ihres Reichtums an antibiotischen Stoffen), Sprossenzüchtungen vor möglichem Schimmelbefall zu schützen.

Rattenschwanzrettich / Raphanus caudatus (bot.) / Hülsenrettich / Podding radish (engl.) / Rattail radish (engl.) / Rattenschwanzwürze nennt sich ein in Indien und Südostasien beheimateter Verwandter des Rettichs. Im Gegensatz zum herkömmlichen, wurzelbetonten Rettich besitzt der filigranblättrige Rattenschwanzrettich bis zu 30 cm lange, rattenschwanzartige Hülsen, die in der Jugend aufgrund ihres hohen Anteils an etherischen Senfölen ein charakteristisches, rettichhaftes Aroma aufweisen, ältere oder überlagerte Exemplare sind jedoch zäh, bitter und infolgedessen ungenießbar. Rattenschwanzrettichhülsen werden meist zu »Mixed Pickles« oder Dünstgemüse bereitet, seine Blättchen gelten in schwacher Dosierung als schmackhafte Salatzutat.

Roter Rettich / Frühlingsgruß / Ostergruß wird von Frühling bis Sommer meist pur mitsamt der roten Schale als Brotbelag oder Salat verzehrt. **Unausgewachsen** mundet der lang-ovale und recht breitschultrige Rote Rettich am ehesten.

Schwarzer Rettich / Raphanus sativus var. niger (bot.) / Black radish (engl.) / Winter radish (engl.) / Winterrettich ist zwar meist kugelrund, gelegentlich weist er jedoch auch ein zapfenförmiges Aussehen auf. Er besitzt eine dunkelgrauschwarze Außenhaut und sein festes, weißes Fruchtfleisch schmeckt außerordentlich scharf. Von allen Gemüsen verfügt Schwarzer Rettich über den **höchsten Basenüberschuss**.

Wasabi / Eutrema wasabi (bot.) / Grüner Meerrettich / Japanese horse radish (engl.) / Japanischer Kren (österr.) / Japanischer Meerrettich ist mit dem Rettich verwandt. Auch der Wasabi stammt aus Japan, wo er heute noch vielerorts wild wachsend anzutreffen ist. In Ostsibirien wird er schon seit über 1000 Jahren, meist an fließenden Gewässern und in kühlen Bergregionen, kultiviert. Runzlige, herzförmige, milde Blätter und lange, schmale, grüne, feurige Wurzeln kennzeichnen den Wasabi, dessen geriebener Wurzelstock meist japanischen Gerichten zugeordnet wird und auch Bestandteil der Sojasauce ist. In Europa ist er nur pulverisiert oder als grüne Paste im Handel. In seiner Heimat wird der Wasabi sogar dazu eingesetzt, Fischbandwürmer und sonstige Darmparasiten abzutöten.

Hauptinhaltsstoffe

Calcium, Eisen, Glucosinolate, Kalium, Natrium, Phosphor, Provitamin A, schwefelhaltige etherische Senföle (z. B. Raphanol), Vitamin B 1, B 2, B 3, C.

Verwendung, Zubereitung

Rettich findet meist als Brotbelag, Salat oder »rohes Biergartengemüse« Verwendung. Selten wird er auch für Warmzubereitungen verwendet, weil sich während der Erhitzung die sensiblen Geschmacks- und Inhaltsstoffe verflüchtigen. Lediglich der Schwarze Rettich muss seiner Schale entledigt werden, alle anderen Sorten können mitsamt ihrer Schale verzehrt werden, nachdem man sie zuvor gründlich unter fließendem Wasser abgebürstet hat. Rettichsalat sollte grundsätzlich **erst kurz vor dem Verzehr** gesalzen werden, da ihm sonst die geliebte Schärfe genommen wird.

Lagerung

Kühl und nicht zu trocken lässt sich Rettich etwa eine Woche aufbewahren.

Volksmedizinische Bedeutung

Rettichgenuss begünstigt nicht nur den Stoffwechsel, er hat auch anregende, cholesterinsenkende, harntreibende und verdauungsfördernde Eigenschaften und hemmt sogar die Entwicklung von Krebs, indem er das Immunsystem stärkt. **Hustensaft** lässt sich selbst herstellen, indem man einen ausgehöhlten Schwarzen Rettich mit Kandiszucker füllt.

Tipp

Rettich sollte nicht an einem Standort angebaut werden, an dem zuvor andere Kreuzblütler wuchsen (z. B. Senf oder Kohl), da er sonst sehr krankheitsanfällig wird.

Rhabarber

Rheum rhabarbarum

Blaschbeer (rheingau.), Gemüserhabarber, Generalreiniger des Körpers, Rabarbaro (ital.), Rabarber (niederl.), Rhapontik, Rhubarb (engl.), Rhubarbe (frz.), Ribarbora (tschech.), Ruibarbo (span.), Wurzel der Barbaren

Allgemeines, Herkunft, Geschichtliches

Bereits vor 5000 Jahren nutzten Chinesen die Wurzeln des Rhabarbers als **wundersames Pülverchen gegen Lustlosigkeit**, Darmträgheit und Pest. Erst im 18. Jh. gelangte dieses frostwidrige Knöterichgewächs (Polygoaceae) über den Iran und Russland (hier wächst es heute noch wild) auch nach Europa. In Deutschland wurde Rhabarber erstmals im Jahre 1840 von einem Händler aus Kirchwerder (bei Hamburg) angebaut, der diese Pflanze von einem Englandurlaub mitbrachte. Die nennenswertesten Rhabarberanbaugebiete findet man außer in den zuvor genannten Ländern auch in Belgien, den Niederlanden und Nordamerika.

Die vorgegebene Ernteperiode des Rhabarbers – von April bis zum 24. Juni, dem Johannistag – sollte deshalb unbedingt eingehalten werden, weil der **Oxalsäuregehalt** nach dem »Johannis-Trieb« durch einen zweiten Wachstumsschub dermaßen ansteigt, dass es durch seinen Verzehr zu **gesundheitlichen Schäden** kommen kann. Darüber hinaus fordert die Pflanze eine Ruhezeit zur Regeneration. Um die Pflanze während der Erntezeit nicht zu sehr zu schwächen, sollte man ihr nur wenige Stiele nehmen, indem man sie direkt über dem Wurzelstock abdreht – nicht abschneidet.

Vom botanischen Standpunkt aus wird der Rhabarber (obwohl er mehrjährig ist) nicht dem Obst, sondern dem **Gemüse** zugeordnet, weil es sich bei seinen essbaren Teilen um die Blattstiele und nicht – wie beim Obst – um die Früchte einer Staude handelt. Folglich darf Rhabarberkuchen auch nicht als »Obstkuchen« bezeichnet werden.

Der Name »Rhabarber« entstammt dem griechischen »rhabarbarum«. Mit »rha« ist die Wolga (Fluss in Russland) gemeint, an dem diese Pflanze einstmals wuchs, »barbarum« bedeutet »barbarisch / fremdländisch«: Für die Griechen war es also eine ausländische Pflanze.

Aussehen

Frischer Rhabarber hat – je nach Sorte – dicke, festfleischige, bis zu 60 cm lange, hell- bis dunkelrote oder grüne Stiele. Die riesigen, randseits gekräuselten Rhabarberblätter werden am besten gleich nachder Ernte entfernt, weil sie den Stängeln sonst ihren Saft rauben. Rhabarberblüten sind gelb-rot, sehr attraktiv und relativ groß.

Rhabarberwurzeln können bis zu 1 m tief in den Boden reichen.

Geschmack

Rhabarber besitzt zwar ein stark saures, jedoch überaus erfrischendes Aroma.

Rhabarberblätter sind giftig.

Arten, Sorten

Grünstieliger, grünfleischiger Rhabarber liefert zwar die stärksten Stangen, weist jedoch den **höchsten Oxalsäuregehalt** aller Rhabarbersorten auf.

Rotstieliger, grünfleischiger Rhabarber besitzt eine hellrote Haut und grünes, herb-würziges Fleisch.

Rotstieliger, rotfleischiger Rhabarber ist die beliebteste und qualitativ beste, da mildeste Rhabarbersorte, die man zwar länger ernten kann als die anderen; die dafür aber weniger ertragreich ist. Rotfleischige Rhabarbersorten, sie werden auch als Blutrhabarber / Himbeerrhabarber bezeichnet, sind im Allgemeinen zwar schwachwüchsiger und deshalb auch teurer als grünfleischige, sind jedoch empfehlenswerter, da ihr **Oxalsäuregehalt wesentlich niedriger** ist.

Hauptinhaltsstoffe

Apfel-, Oxal- und Zitronensäure, Calcium, reichlich Eisen, Eiweiß, Fluor, Fruchtzucker, Gerbstoffe, Jod, Kalium, Magnesium, Natrium, etherische Öle, Pektin, Phosphor, wenig Provitamin A, Stärke, Vitamin B 1, B 2, B 6, C.

Verwendung, Zubereitung

Rhabarber wird zu Eis, Kompott, Sorbet, Kaltschale, Kuchen, Likör, Konfitüre, Saft und Obstwein verarbeitet. Vor der Kompottzubereitung sollte die dünne Rhabarberhaut sorgfältig abgezogen werden, da sie nicht nur sehr faserig schmeckt, sondern zudem extrem oxalsäurehaltig ist. In grobe Stücke zerkleinert, leicht gezuckert und etwa 30 Minuten im eigenen Saft gezogen, werden die zerteilten Stangen dann kurz aufgekocht, um sie bei milder Hitze noch 5 weitere Minuten sanft zu garen. Grundsätzlich sollte Rhabarber **nicht in Aluminiumtöpfen** gegart werden, weil dadurch freigesetztes Aluminium mit der Nahrung aufgenommen werden kann. Empfehlenswert ist es, Rhabarber mit Zitronensaft, Weißwein, Engelwurzstängeln, Muskat, Nelken, Zimt und / oder Lorbeer zu würzen, weil infolgedessen – so unlogisch es sich

auch anhören mag – die Oxalsäure neutralisiert wird und demgemäß kein Zucker mehr zugesetzt werden muss. Da Oxalsäure vorhandenes Calcium im Körper bindet (dadurch entsteht Calciummangel und die Bildung von Nierensteinen wird begünstigt) sollte Rhabarber nicht zu oft verzehrt und möglichst **mit calciumreichen Lebensmitteln kombiniert** werden (z. B. mit Milchreis, Pudding, Sahne oder Vanillesauce).
Rhabarbersaft reinigt Messing und entfernt Tinten- und Rostflecken aus Tischtüchern – selbst, wenn die Flecken schon etwas älter sind.
Aus den zarten, gelb-roten Rhabarberblütenansätzen lässt sich ein schmackhaftes Gemüse bereiten.
Geschossene Rhabarberblüten sollten nicht achtlos weggeworfen werden: Sie lassen sich im Nu in einen nicht alltäglichen, exotisch anmutenden Blumenstrauß verwandeln.
Rhabarberblätter eignen sich nicht nur hervorragend zur Herstellung einer schädlingsbekämpfenden und pflanzenstärkenden Jauche sowie zur Reinigung stark verschmutzter Hände, sie können sogar Ameisen und Schnecken an Obstgehölzen vertreiben, wenn man sie möglichst dicht zu Füßen des jeweiligen Stamms legt.
Eine **pflanzenstärkende Jauche aus Rhabarberblättern** macht man so: 1 kg Rhabarberblätter werden mit 10 l Regenwasser gemischt und ca. 8 Tage ziehengelassen. Die entstandene Flüssigkeit sollte (vor dem Einbringen in die Gartenbeete) durchgesiebt und im Verhältnis 2:1 mit Regenwasser gestreckt werden.
Rhabarberwurzeln dienen der Pharmazie zur Herstellung von Abführmitteln.

Lagerung

Rhabarber hält sich im Kühlschrank für ein paar Tage, wenn er zuvor in ein feuchtes Tuch gewickelt wurde. Ethylen ausscheidende Früchte und Gemüse sollten währenddessen ferngehalten werden, weil sie den Verderb beschleunigen. Angesichts seines hohen Oxalsäuregehalts sollte Rhabarber während der Bevorratung niemals mit Alufolie, Metall oder Zinn kontaktiert werden, da Oxalsäure Metalle nicht nur angreift, sondern sich sogar mit ihnen vereinigt. Folglich sollte Rhabarber nicht in Metalldosen, sondern in **Gläsern** eingemacht werden.

Volksmedizinische Bedeutung

Mäßiger Rhabarbergenuss hat nicht nur eine anregende Wirkung auf Darm, Galle, Leber, Milz und Magen, er soll sogar das Krebswachstum hemmen. Auch zur Blutreinigung und -bildung und um Gifte aus dem Körper zu schleusen, gibt es kaum ein besseres Mittel als Rhabarber, weshalb er auch als »Generalreiniger des Körpers« bezeichnet wird. Rhabarber sollte seines hohen Oxalsäuregehalts wegen nie roh verzehrt werden, da dies nicht nur zu starken Magenschmerzen führen kann, sondern auch den Zahnschmelz angreift.
Gicht-, Harnwegs-, Nieren-, Rheuma- und Gallekranke, Diabetiker, stillende Mütter, Schwangere und Kleinkinder sollten auf Rhabarbergenuss gänzlich verzichten, da bereits geringe Mengen zu Nierenversagen, Steinleiden und Stoffwechselerkrankun-

gen führen können. Bei längerer Anwendung von Abführmitteln aus Rhabarberwurzeln kann es sogar zu krankhafter Verstopfung und Abhängigkeit kommen.

Tipp

In England ist das Bleichen des Rhabarbers beliebt, weil er dadurch sehr lange, blattlose, besonders zarte und milde Stiele erhält. Gebleicht wird mit sogenannten **»Forcers«**; das sind glockenförmige Gebilde aus Ton, die mit zartem Druck über das ausgetriebene Pflänzchen gestülpt werden.

Römischer Salat

Lactuca sativa var. longifolia

Bindesalat, Bindsla (niederl.), Bundsalat, Florentiner Salat, Kochsalat, Laitue romaine (frz.), Lattuga romana (ital.), Lechuga romano (span.), Römersalat, Romaine lettuce (engl.), Romana, Romanasalat, Romeinse sla (niederl.), Sommerendivie (fälschl.), Spargelsalat (österr.)

Allgemeines, Herkunft, Geschichtliches

Der Römische Salat ist aus einer Weiterzüchtung des Kopfsalats hervorgegangen. Die bedeutendsten Anbaugebiete dieses Korbblütlers (Asteraceae) liegen in Deutschland (bei Kassel), Frankreich, Israel, Italien, den Niederlanden, Österreich und Spanien.

Früher band man zwar seine Blätter noch während des Wachstums zusammen, damit sie schön zart blieben, weshalb er auch heute noch als **»Bindesalat«** oder **»Bundsalat«** bezeichnet wird, die gegenwärtigen Sorten sind jedoch selbstschließend.

Aussehen

Römischer Salat kann sowohl längliche als auch stumpf-rundliche Köpfe aufweisen, die mit knackigsaftigen, breiten, abgerundeten, außen tiefgrünen, innen gelblichen Blättern bestückt sein sollten.

Geschmack

Römischer Salat besitzt ein herzhaft-herbes Aroma.

Arten, Sorten

Attico / Baby Star / Bambi: Miniversion des Römischen Salats mit wenigen Umblättern und einem knackigen, mild-aromatischen Herz.

Cos(berg)salat / Cos (israel.) / Cos lettuce (engl.): Israelische Neuzüchtung, die aus **Kopfsalat** und **Römischem Salat** hervorgegangen ist.

Forellensalat / Forellenschluss: Steirische (österr.) Varietät des Römischen Salats mit rötlich violetter Blattzeichnung – ähnlich einer Forelle.

Little Leprechaun nennt sich eine rotblättrige Romana-Neuzüchtung.

Hauptinhaltsstoffe

Calcium, Eiweiß, Folsäure, Kalium, Magnesium, Provitamin A, Vitamin B 1, B 2, C.

Verwendung, Zubereitung

Römischer Salat eignet sich sowohl für Salatzubereitungen als auch zum Garnieren von Kalten Buffets, da er nicht so schnell zusammenfällt wie die meisten anderen Blattsalate.

Die genialste Zubereitung für den Römischen Salat ist und bleibt wohl der berühmte **»Caesar-Salat«**, der außer seinen Blättern traditionell noch Vinaigrette, Croûtons und frisch geriebenen Parmesan beinhaltet. Erfunden hatte ihn im Jahre 1924 der italienische Gastronom **Caesar Cardini**, Besitzer des Caesar's Place Hotels im mexikanischen Tijuana, das heute noch existiert und dessen Spezialität »Caesar-Salat« ist, der nach dem Originalrezept zubereitet wird.

Lagerung

Im Kühlschrank lässt sich Römischer Salat etwa 3–4 Tage lang aufbewahren.

Tipp

Kasseler Strünkchen nennt man die Strünke des Römischen Salats, des Lattichs, des Spargelsalats und von »geschossenem« Kopfsalat, wenn sie wie Spargel in weißer Sauce zubereitet werden.

Roggen

Secale cereale

Cavdar (türk.), Centeno (span.), Regge (hess.), Rocko (althochdt.), Rye (engl.), Segale (ital.), Seigle (frz.)

Allgemeines, Herkunft, Geschichtliches

Die geografischen Wurzeln des Roggens liegen im Kaukasus, wo er zwar bereits zu Beginn der Bronzezeit als Wildpflanze bekannt war, um 1000 v. Chr. gelangte er jedoch auch schon nach Europa, wo er lange Zeit als Unkraut in Weizenfeldern übel beleumdet wurde. Roggen ist eine Süßgrasart (Poaceae), die auch als »Brotgetreidefrucht« bezeichnet wird, da er meist zu Mehl (Typ 1050) vermahlen wird, das der Herstellung von Grau-, Knäcke- oder Schwarzbrot dient.
Der Name »Roggen« entstammt dem althochdeutschen »Rocko«.

Aussehen

Roggen ist eine kurzborstige, bis zu 2 m hohe Körnerfrucht mit relativ schlanken, blaugrünbraunen Samen.

Geschmack

Roggen hat ein kräftig-körniges Aroma.

Arten, Sorten

Futterroggen / Winterroggen ist ab April als Viehfutter erhältlich.

Hauptinhaltsstoffe

Ballaststoffe, Calcium, Eiweiß (11,6%), Fett, Kalium, Lipolyse, Lysin, Magnesium, Säure, Vitamin B 2, E.

Verwendung, Zubereitung

Klassische Produkte, die aus Roggen hergestellt werden, sind Bier, Branntwein, Gin, Mehl, Whiskey und Wodka. Da das dunkle Roggenmehl kein Klebereiweiß (Gluten) enthält, kann es ebenso in der glutenfreien Ernährung eingesetzt werden.
Roggenkörner, die der Anzucht von Keimlingen dienen, sollten nicht zu hell stehen. Roggensprossen zählen generell zu den **würzigsten aller Keimlinge**.

Lagerung

Als typische Getreideart des kälteren Klimas bevorzugen Roggenkörner ein frisches, dunkles, möglichst luftdichtes Plätzchen.

Volksmedizinische Bedeutung

Roggen besitzt nicht nur **verdauungsfördernde** und **fettverbrennende Eigenschaften**, er schützt sogar vor Zahnverfall. Eine schwe-

dische Studie beweist, dass durch Roggenverzehr auch das Wachstum von Brust- und Prostatatumoren gehemmt wird.
Produkte aus Roggenmehl sättigen zwar relativ langsam, sie halten jedoch viel länger an.

Tipp

Roggen gedeiht mit Sicherheit besser, wenn er kurz vor Vollmond gesät wird – das ergab jüngst eine agrarwissenschaftliche Untersuchung.

Rohrkolben

Typha latifolia
Bumskeule, Kolbenrohr, Kolbenschilf, Lieschkolben, Reed mace (engl.), Teichkolben

Allgemeines, Herkunft, Geschichtliches

Schon bei den nordamerikanischen Indianern und den ersten europäischen Einwanderern galt der schilfartige Rohrkolben als bedeutsames Nahrungsmittel. Rohrkolbengewächse (Typhaceae) findet man überwiegend in Sümpfen und an seichten Ufern Australiens, Nordamerikas und Polynesiens. In Europa sind Rohrkolben lediglich von lokaler Bedeutung, da sie meist der Zierde dienen.

Aussehen

Der Rohrkolben besitzt lineare Blätter, ausdauernde, kriechende Wurzelstöcke und bis zu 15 cm lange, samtige, gelb- oder schwarzbraune, walzige Kolben, die aus zusammengesetzten Blütenständen bestehen, an denen bis zu 100 000 winzige Blüten haften.

Hauptinhaltsstoffe

Hoher Calcium- und Kaliumgehalt.

Verwendung, Zubereitung

Im Frühling lässt sich aus jungen Rohrkolbensprossen wohlschmeckendes, spargelähnliches Gemüse zaubern. Im Sommer können dann auch die braunen Kolben geerntet werden, um sie – nachdem sie in Wasser gegart wurden – genüsslich wie Maiskolben zu verzehren.

Romanesco

Brassica oleraceae convar. Botrytis var. Romanesco
Romanesco (engl., frz., niederl., span.), Romanesko-Kohl, Sternchenblumenkohl, Türmchen(blumen)kohl

Allgemeines, Herkunft, Geschichtliches

Der Romanesco wurde vor etwa 400 Jahren in Süditalien aus dem dort wild wachsenden Meerkohl gezüchtet. Die großflächigsten Anbaugebiete des zu den Kreuzblütlern / Brassicaceae (Cruciferae) zählenden Romanescos liegen in den Niederlanden, Frankreich und zweifelsfrei auch in Italien.

Aussehen

Der höchst anschauliche Romanesco weist zahlreiche, eng aneinandergepresste, **orientalisch angehauchte Türmchen** auf, die einen spitz zulaufenden, intensiv grünen Kopf bilden.

Geschmack

Romanesco schmeckt zwar weniger kohlig, aufgrund seines Chlorophyllgehalts jedoch wesentlich intensiver als Blumenkohl.

Arten, Sorten

Graffiti: Lilafarbene Romanesco-Sorte.

Minaret (frz.) / Minarettkohl: Hellgrüne Romanesco-Sorte mit vorzüglichem Geschmack.

Hauptinhaltsstoffe

Calcium, Eisen, Folsäure, Kalium, Kupfer, Niacin, Nikotin, Pantothensäure, Phosphor, Provitamin A, Schwefel, Senföle, Vitamin B 1, B 2, B 3, B 6, C, K, Zink. Romanesco ist **reicher an Vitamin C, Eiweiß und Mineralstoffen als Blumenkohl**.

Verwendung, Zubereitung

Romanesco lässt sich wie Blumenkohl zubereiten, mit dem positiven Nebeneffekt, dass er eine wesentlich dekorativere Wirkung erzielt.

Lagerung

Im Gemüsefach des Kühlschranks lässt sich Romanesco problemlos für 4–5 Tage aufbewahren.

Volksmedizinische Bedeutung

Die meisten gesundheitsfördernden Wirkstoffe entfaltet der bekömmliche Romanesco zwar in Blase, Darm und Nieren, er mindert jedoch auch qualvolle Muskelverkrampfungen und nervöse Anspannungen.

Tipp

Botanisch müsste der Romanesco zwar unverwechselbar dem Brokkoli zugeordnet werden, im Handel gilt er jedoch uneingeschränkt als »Abart« des Blumenkohls.

Rosella

Hibiscus sabdariffa var. altissima

Flor de Jamaica, Iuta giavanese (ital.), Jamaican sorrel (engl.), Javajute, Käsepappel, Käslikraut, Rama, Rosella-Eibisch, Roselle (frz.), Rosspappel

Allgemeines, Herkunft, Geschichtliches

Die Rosella ist ein Malvengewächs (Malvaceae), das im tropischen Jamaika zu Hause ist. Vor etwa 300 Jahren gelangte sie über Asien auch ins südamerikanische Brasilien. Die nennenswertesten Anbaugebiete dieser Hibiskusgattung findet man außer in Südamerika auch in Afrika, Indien, Thailand und auf den Karibischen Inseln.

Der Beiname »Käsepappel« wird mit den käselaibähnlichen Fruchtkuchen und mit dem Altdeutschen »pappala« für »schleimig« in Verbindung gebracht.

Aussehen

Die kurzstängelige Rosella hat einen fleischigen, mehrzähligen Blütenkelch, der prall mit spitzovalen, leuchtend roten Kapselfrüchten gefüllt ist.

Geschmack

Das Rosellaaroma könnte man mit »leicht säuerlich« umschreiben.

Arten, Sorten

Gemüsemalve: Genügsame, essbare, fast schon ausgestorbene Rosellaverwandte mit stark entwässernden und muttermilchbildenden Wirkstoffen.

Hauptinhaltsstoffe

Apfelsäure, Calcium, Eisen, Eiweiß, Provitamin A, Schleimstoffe, Vitamin C.

Verwendung, Zubereitung

Junge Rosellablättchen und -triebe lassen sich zu Gemüse und Salat verarbeiten. Aus den noch unreifen

Rosellablütenknospen wird meist Gelee, Konfitüre oder Saft zubereitet.
Aus Rosellastängeln werden in den Anbauländern Bastfasern gefertigt, die der Herstellung von Säcken und Seilen dienen.
Geröstete Rosellasamen lassen sich **wie Nüsse weiterverarbeiten**.

Lagerung

Nach der Ernte ist die Rosella höchstens noch einen Tag lagerfähig.

Volksmedizinische Bedeutung

Bei Abszessen, Furunkeln und Nagelgeschwüren sind Breiumschläge aus kleingehackten Rosellablättern nützlich. Mit unzerkleinerten, leicht angewärmten Rosellablättern behandelt man entzündete Augen.

Tipp

Sogenannter **»Malventee«** wird grundsätzlich aus getrockneten Rosellablütenkelchen gewonnen. Kalt angesetzt und ganz langsam erhitzt (nicht gekocht) ist er besonders hilfreich bei hartnäckigem Husten.

Rosenkohl

Brassica oleracea var. gemmifera
Brabanter Kohl, Brabanter Sprossen, Brüsseler Kohl, Brüsseler Sprossen, Brussels sprouts (engl.), Brüksel lahanasi (türk.), Cavolo di Bruxelles (ital.), Choux de Bruxelles (frz.), Coles de Bruselas (span.), Kohlsprossen (süddt.), Minikohl, Poppesköchekappes (kölsch), Puppenküchenkohl, Repollita (span.), Röslikohl (schweiz.), Rosenböbberle (österr.), Rosenwirsing, Rose unter den Kohlpflanzen, Ruzickova kapusta (tschech.), Spargelkohl, Sprossen, Sprossenkohl (österr.), Sprosserl (österr.), Spruiten (niederl.)

Allgemeines, Herkunft, Geschichtliches

Wie alle anderen Kohlsorten ist auch der Rosenkohl aus einer Weiterzüchtung des wild wachsenden Meerkohls hervorgegangen. Die Gegend um Brüssel war vor etwa 200 Jahren das Entstehungsgebiet dieses Kreuzblütlers (Brassicaceae), weshalb er auch als »Brüsseler Kohl« oder »Brüsseler Sprossen« bezeichnet wird. Professioneller Anbau dieses Nesthäkchens unter den Kohlarten wird heute in Belgien, Deutschland, England, Frankreich, Italien, Polen und den Niederlanden betrieben; von Ende September bis Anfang März ist er auf unseren Märkten erhältlich. Fremdländischer Rosenkohl wird meist maschinell eingebracht und kann aufgrund dessen deutlich kostengünstiger angeboten werden als unser handgepflückter.
Zu seinem Namen gelangte dieser äußerst winterharte und stets durstige Minikohlkopf, weil seinen Blattachselknospen ein Charakter anhaftet, der den Rosen nicht unähnlich ist.

Aussehen

Die walnussgroßen, krautig-kugeligen Minikohlschösslinge, die traubenartig an bis zu 1 m hohen Pflanzenstängeln herauswachsen, sollten fest, mattgrün und geschlossen sein. Rosenkohl mit fleckigen Welkeerscheinungen und brauner Schnittfläche deutet auf Überlagerung hin.

Geschmack

Frischer Rosenkohl verfügt über ein typisch mild-nussiges Kohlaroma. Rosenkohl, dessen Aussehen auf Überlagerung schließen lässt, schmeckt nicht nur muffig, auch seine Nährstoffe haben sich schon längst »aus dem Staub gemacht«.

Arten, Sorten

Roter Rosenkohl / Rubin: Nach 26 strapaziösen Jahren ist es einem holländischen Züchter im Jahr 1953 endlich gelungen, diese dekorative und nährstoffreiche Rosenkohlsorte erstmals vorzustellen; viele Freunde hat sie bislang noch nicht finden können. Roter Rosenkohl hat zwar rotviolette Außen- und grüne Innenblätter, **durch Erhitzung verliert sich jedoch die Rotfärbung**.

Hauptinhaltsstoffe

Calcium, Carotinoide, Eisen, Eiweiß, Folsäure, Glucosinolate, Kalium, Magnesium, Mangan, Natrium, Phosphor, Vitamin A, B 1, B 2, B 6, C, E, K.

In Konkurrenz zu anderen Kohlsorten verfügt der Rosenkohl zwar über einen geringeren Wassergehalt, dafür liegen seine Fett-, Protein-, Vitamin-C- und Zuckeranteile deutlich höher. Mit einem Vitamin-C-Gehalt von 114 mg / % übersteigt der Rosenkohl nicht nur die durch ihren Vitamin-C-Reichtum berühmte Orange um das Doppelte – den Schnittlauch übertrumpft dieses feine »Gemüse mit Köpfchen« sogar mit der 15-fachen Vitamin-C-Menge.

Verwendung, Zubereitung

Da Rosenkohl erst durch Minusgrade bekömmlich und aromatisch wird, (weil sich die Stärke durch Frost in Zucker umwandelt) sollte man (zu) früh geerntete Ware für ein paar Stunden in die Tiefkühltruhe legen. Zuvor müssen die verdorbenen Außenblätter entfernt, sowie die Strünke gekürzt und kreuzweise eingeschnitten werden, um ein gleichmäßiges Garen zu ermöglichen. Rosenkohl wird zwar meist zu Gemüse und Suppe verarbeitet, kurz blanchiert kann er jedoch auch zu Salat bereitet werden. Nach dem Blanchieren (in ungesalzenem Wasser) sollte Rosenkohl in eiskaltem Wasser abgekühlt werden, damit er seine ansprechende Farbe bewahrt. Zum Rohverzehr ist Rosenkohl angesichts seiner blähenden Eigenschaften ungeeignet. Unangenehme Rosenkohlgerüche in der Wohnung können mit einem Schluck Milch oder einem Selleriestückchen im Kochwasser gemindert werden.

Lagerung

Leicht gekühlt und an einem nicht zu trockenen Ort lässt sich Rosenkohl etwa eine Woche bevorraten, jedoch nie in Einklang mit Früchten, weil infolgedessen der Reifeprozess unnütz beschleunigt wird.

Volksmedizinische Bedeutung

Rosenkohlverzehr wirkt sich nicht nur positiv aus bei Bluthochdruck, hohen Cholesterinwerten, Magenübersäuerung und Verstopfung, er weist sogar krebsvorbeugende Tugenden auf, da er giftige Schlackestoffe auf natürliche Weise aus dem Körper schleust. Aufgrund seines ausgeglichenen Vitamin-B-Gehalts gilt Rosenkohl auch als **ideale Nahrung für Nervenbündel** und an Arteriosklerose erkrankten Personen.

Tipp

Güteklassen des Rosenkohls: Qualität I sollte geschlossene Köpfe aufweisen und einen Durchmesser von 1,5–3,5 cm aufweisen. Qualität II darf zwar leicht geöffnete Köpfe aufweisen; sie sollten jedoch mindestens 3,5 cm Durchmesser haben.

Rosine

Vitis vinifera

Kuru üzüm (türk.), Raisin (engl.), Raisin sec (frz.), Rosenge (kölsch), Rosin (norw.), Rozijn (niederl.), Rozinky (tschech.), Schrumpelbeere (landsch.), Siene (norddt.), Sientjes (niedersächs.), Uva secca (ital.), Uva passa (span., bayr.), Wybeeri (schweiz.)

Allgemeines, Herkunft, Geschichtliches

»Rosine« ist der Sammelbegriff für verschiedenartige, bis zur Überreife am Weinstock verbleibende und danach getrocknete Weinbeeren. Die meisten Rosinen kommen heute aus Afrika, Australien, Griechenland, Iran, Kalifornien, Spanien, Türkei und Zypern. Um die Trocknung der Beeren zu forcieren, werden sie in den Herkunftsländern nicht selten in Pflanzenöl oder Pottasche getaucht.

Aussehen

Rosinenaussehen kann sehr vielgestaltig sein: Es gibt große, kleine, braune, beigefarbene, schwarze und völlig verrunzelte.

Ungebleichte Rosinen tragen die Bezeichnung »naturell«. **Gebleichte Rosinen** wurden mit Schwefeldioxid behandelt, nicht nur, um ein appetitliches Äußeres zu gewährleisten, sondern auch, um die Dauerhaftigkeit zu erhöhen.

Geschmack

Rosinengeschmack schwankt – je nach Sorte und Herkunft – zwischen den Begriffen trocken, würzig, saftig, süß-herb bis widerlich süß.

Arten, Sorten

Cibeben (südostdt.) / Elemes (türk.) / Zibeben (arab., böhm., österr.) / Zibiba (arab.): Voluminöse, kernhaltige, plattgedrückte, braunschwarze, hart- und dickschalige Rosinensorte, die uns meist aus Griechenland, Kreta oder der Türkei erreicht.

Cypro-Rosinen / Zypro-Rosinen nennt man Rosinen, die aus Zypern kommen.

Impériaux lautet die Bezeichnung für Rosinen aus Malaga.

Kalifornische Korinthen / Krinte (fries.) / Zante Currants (amerik.) nennt man voluminöse Korinthen aus Kalifornien, die während der Trocknung ihre Farbe verändern: Sie schimmern purpurfarben.

Korinthen / Currants (engl.) / Krents (niederl.) / Raisins de Corinthe (frz.) / Uva di corinto (ital.) werden aus der Rebsorte »Vitis minuta« gewonnen, die man schon im Mittelalter kannte. Die erbsengroßen, stiellosen Korinthen sind grundsätzlich schattengetrocknet, ungeschwefelt, kernlos und weisen eine zarte, fast schwarze Schale auf. Korinthen, die nach dem gleichnamigen Hafen Korinth benannt wurden, schmecken aromatisch, sind sehr eisenhaltig und **behalten beim Backen ihren Biss**.

Sultaninen / Raisins de Smyrne (frz.) / Sultanas (engl.) / Türkische Rosinen /

Uva sultanina (ital.): **»Sultanine«** nennt man nicht etwa die erste Frau des Sultans, sondern die ungeschwefelten, entstielten und luftgetrockneten Früchte des »Sultana«-Rebstocks, dessen Anbau sich auf Griechenland, Kalifornien und die Türkei beschränkt. Die süß-aromatischen Sultaninen sind dünnhäutig, kernlos, weichfleischig und sehr saftig. Den Namen »Sultan« trägt diese ziemlich dicke, gelbliche Rosinensorte, weil sie schon von den Herrschern des Osmanischen Reichs als erlesene Kostbarkeit geschätzt wurde.

Trockenbeeren: Rosinenartig geschrumpfte, vollreife Weinbeeren, die durch natürliche Edelfäule (besondere Art der Trockenfäule) entstanden sind. Trockenbeeren liefern Weine mit dem Prädikat »Trockenbeerenauslese«.

Traubenrosinen / Muskatell(er)rosine nennt man nicht etwa eine Rosinensorte, sondern die frischen, großvolumigen, noch an der Traube hängenden Beeren der hellblauen, kernhaltigen, spanischen Muskattraube. Für »Naschkatzen« sind Traubenrosinen eine herausragende Leidenschaft.

Hauptinhaltsstoffe

Calcium, Eisen, Frucht- und Traubenzucker, Kalium, Magnesium, Phosphor, organische Säuren. Die Inhaltsstoffe der Traube sind in der Rosine **um das Fünffache konzentriert**. Ihr Eisen- und Kaliumreichtum übertrifft sogar den von Bananen und Kiwis.

Verwendung, Zubereitung

Rosinen dienen nicht nur der Beimischung von Backwaren, Obstsalat, Pudding, Milchreis, Sauerbratensauce und Süßspeisen, nicht selten gelten sie ebenso als ebenbürtiger Süßigkeitenersatz und Basis für die Süßweinherstellung.

Rosinen versinken während des Backens nicht im Teig, wenn sie zuvor in Mehl gewälzt wurden.

Schaler Sekt beginnt wieder zu prickeln, wenn man eine Rosine hinzufügt.

Lagerung

Rosinen wünschen während der Bevorratung Trockenheit und Kühle. Ihre Verpackung sollte transparent sein, damit möglicher Milbenbefall ungehindert wahrgenommen werden kann.

Volksmedizinische Bedeutung

Rosinen gelten gemeinhin zwar als echte »Kraftprotze«, da sie aufgrund ihrer hohen Konzentration an gesundheitsfördernden Inhaltsstoffen die Nerven manifestieren, Stress killen und rasch Energie spenden, **ungebleichte Rosinen sind jedoch naturgemäß den gebleichten vorzuziehen**, da Zweitgenannte mit Schwefeldioxid behandelt wurden, das zu gesundheitlichen Beschwerden (krebserregend) führen kann.

Tipp

Zahnärzte warnen vor häufigerem Rosinengenuss, da sie den Zahnschmelz aufweichen können.

Rote Bete

Beta vulgaris var. conditiva

Barbabietola (ital.), Beete (norddt.), Beetroot (engl.), Bete, Betterave rouge (frz.), Búrak (russ.), Cwikla (poln.),

Kroot (niederl.), Pancar (türk.), Rahne (bad.), Rande (schweiz.), Randig, Ranne (bayr.), Rauner (österr.), Red beet (engl.), Remolachas (span.), Rode biet (niederl.), Rode Reuwe (vogelsbg.), Rödbeder (dän.), Rohne (österr.), Rote Beete, Rote Biete, Rote Rohne, Rote Rübe (österr.), Rotriewe (hunsr.), Rotrübe (hess.), Salatbete, Salatrübe, Salatrunkel

Allgemeines, Herkunft, Geschichtliches

Die zur Gruppe der Gänsefußgewächse (Chenopodiaceae) zählende Rote Bete ist durch eine Weiterentwicklung der Runkelrübe entstanden. In Deutschland war sie zwar schon im 13. Jh. ein bekanntes Nahrungsmittel, ihres (damals noch) zähen und holzigen Fruchtfleischs wegen wurde sie jedoch zu Recht gemieden. Die heutzutage überaus zartfleischige, saftige und wohlschmeckende Rote-Bete-Variante ist erst im Laufe des 19. Jh.s aus einer Vielzahl von Züchtungsversuchen hervorgegangen. In Belgien, Deutschland, England, Frankreich, Italien, Polen, Skandinavien und den Niederlanden liegen die herausragendsten Rote-Bete-Anbauflächen.

Während der Anzucht wird Rote Bete gelegentlich mit leicht gesalzenem Wasser gegossen, damit die im Erdreich heranwachsenden Knollen weniger holzig und vollfarbig werden – bei **Stickstoffüberdüngung** (z. B. mit Gülle oder Stallmist) kann es jedoch zu **gesundheitsschädigenden Nitratwerten** kommen.

Aussehen

Die Rote Bete ist zwar eine meist rundliche und braunrotschalige Wurzelknolle mit tiefrotem Fruchtfleisch, es gibt jedoch ebenso längliche, gelb-, schwarz- und weißhäutige Züchtungen. Beim Rote-Bete-Kauf sollte darauf geachtet werden, dass die Knolle sauber gewaschen, fest, unbeschädigt, fleckenlos und nicht über 500 g schwer ist, da sonst **massive Qualitätsmängel** zu erwarten sind.

Rote-Bete-Blätter können sowohl sattgrün als auch rötlich gefärbt sein.

Geschmack

Die Rote Bete besitzt ein warmes, angenehm süß-säuerliches Aroma.

Arten, Sorten

Baby Beets / Minibeets: Maximal 4 cm dicke Rote-Bete-Sorte, die meist dem Garnieren und Dekorieren von kalten Platten dient. Ihre Kleinwüchsigkeit ist nicht nur auf frühzeitige Ernte zurückzuführen, auch ein Höchstpflanzabstand von jeweils 12 x 4 cm muss eingehalten werden, um diesen Winzling in Form zu halten.

Basano / Chioggia: Glattschalige, vollfarbige Rote-Bete-Sorte aus Italien, die in ihrem Inneren ein **attraktives Farbenspiel** aus abwechselnd roten und weißen Ringen offenbart.

Burpees Golden: Kugelförmige, goldgelbe Rote-Bete-Sorte aus England, die sich besonders bei Hobbygärtnern großer Beliebtheit erfreut.

Formanova: Halblange, zylindrische Rote-Bete-Sorte aus Skandinavien.

Groalsalat: s. u. Steckrübe.

Schwarze aus Ägypten / Noire d'Égypte (frz.): Flachrunde, tieflilafarbene, ägyptische Rote-Bete-Sorte mit rötlichen Stängeln und tiefgrünen Blättern.

Yale beets: Zwergenhafte Rote-Bete-Rübchen, die man in **amerikanischen Bars in oder zu Orangensaft** reicht.

Hauptinhaltsstoffe

Allantoin, Anthozyan, Betanin, Calcium, Cholin, Eisen, Eiweiß, Farnesol, Fett, Flavonoide, Folsäure, Jod, Kalium, Kieselsäure, Kupfer, Magnesium, Mangan, Natrium, Nitrit, Phosphor, Provitamin A, Rutin, Saponin, Schwefel, Vitamin B 1, B 2, B 6, C, Zink, Zucker. Der **Oxalsäuregehalt** des Rote-Bete-Fleisches beträgt durchschnittlich 300 mg / %, der des Blattwerks sogar schwindelerregende 900 mg / %!

Verwendung, Zubereitung

Bevor Rote-Bete-Knollen gegart werden, sollten ihre Blätter **vorsichtig abgedreht** (nicht abgeschnitten) werden, da sie sonst während des Kochvorgangs »ausbluten« und infolgedessen sowohl ihre aparte Farbe als auch die wertvollen Wirkstoffe verlieren. Nach etwa einer Stunde Kochzeit (**in ungesalzenem Wasser**, weil Salz ihr die Farbe entlockt) kann die Rote Bete zu Salat, Suppe (z. B. in der »Borschtsch«, einem russischen Eintopfgericht) und als Warmgemüse verarbeitet werden, nachdem man ihre locker aufsitzende Schale behutsam **mit den Fingern abgestreift** – nicht mit dem Messer entfernt hat, da sich sonst die Fruchtfleischverluste merklich erhöhen.

Wenn man Rote Bete zu Gemüse bereitet, sollte man mit Rotwein, wenig Salz und Zucker aromatisieren. Der Gewürzfavorit für Rote-Bete-Salat ist dagegen geriebener Meerrettich.

Rote-Bete-Saft darf zwar zum Färben von Lebensmitteln verwendet werden, hitzebeständig ist er jedoch nicht.

Deutscher Kakao nennt sich ein kostengünstiges, kakaoähnliches Aufgussgetränk, das aus gepresster, getrockneter, fein gemahlener Roter Bete und heißer Milch zubereitet wird.

Lagerung

Kühl und dunkel oder **in Sand gehüllt** (fachspr. stratifiziert) hält sich die Rote Bete wochenlang frisch.

Volksmedizinische Bedeutung

Mit dem Verzehr von Roter Bete entgiftet man nicht nur Bauchspeicheldrüse, Darm, Galle, Harnorgane, Leber und Magen; auch bei der Erneuerung der roten und weißen Blutkörperchen wirkt sie begünstigend. Besserungen, die auf Rote-Bete-Verzehr zurückzuführen waren, wurden auch bei Appetitlosigkeit, Stoffwechselerkrankungen, Tumoren, Virusgrippe, in der Rekonvaleszenz, nach Operationen und sogar bei radioaktiven Strahlungsschäden festgestellt. Frisch gepresster Rote-Bete-Saft (man kann ihn mit etwas Zitronensaft und Honig verfeinern und zugleich den Nitratgehalt neutralisieren.) wirkt nicht nur vorbeugend gegen Erkältungskrankheiten, mehrmals am Tag in kleinen Schlucken eingenommen, bekämpft er ebenso Hautunreinheiten von innen.

Tipp

Da der Farbstoff Betanin seine Kolorierung während der Verdauung weitestgehend bewahrt, ist es durchaus möglich, dass nach dem Rote-Bete-Verzehr Blut in Harn und Stuhl vorgetäuscht wird.

Rotkohl

Brassica oleraceae convar. Capitata var. rubra

Blauchabis (schweiz.), Blaukohl (österr., thüring.), Blaukraut (bayr.), Blokappes (hunsr.), Cavolo cappuccio rossi (ital.), Cervené zeli (tschech.), Chou rouge (frz.), Kirmizi lahana (türk.), Lombarda roja (span.), Red cabbage (engl.), Repolla morado (span.), Rode kool (niederl.), Rödkaal (dän.), Roter Kappes (westdt.), Roter Rude, Rotkabis (schweiz.), Rotkohl (norddt., mitteldt.), Rotkraut (ostdt.), Rubeae caules (lat.)

Allgemeines, Herkunft, Geschichtliches

Der Rotkohl ist, wie alle anderen Kohlsorten, aus dem wild wachsenden Meerkohl entstanden. Seine rote Farbe verdankt er einer Laune der Natur: Ein nicht mehr rekonstruierbarer **Entwicklungssprung** (fachspr. Mutation) **bildete den Farbstoff Anthozyan**. Mit dem Namen »Rubeae caules« unterschied erstmals die heilige Hildegard von Bingen im 11. Jh. den Rotkohl von Weißkohl. Später erschien diese Kopfkohlsorte sogar in Kräuterbüchern, in denen seine Wirksamkeit gegen Furunkel und Pest beschrieben wurde. Erwähnenswerte Anbaugebiete dieses Kreuzblütlers / Brassicaceae (Cruciferae) liegen in Belgien, Deutschland, Frankreich, Italien, den Niederlanden, Österreich, Polen und Skandinavien. Der deutsche Rotkohlbedarf wird mit inländischer Produktion völlig abgedeckt.

Die beiden Begriffe »Rotkraut« und »Blaukraut« werden zwar beide den regionalen Synonymen für Rotkohl zugeordnet, Rotkraut wird jedoch richtigerweise durch die Zugabe von Säure (z. B. Essig, Rotwein, Zitrone) rotgefärbt und Blaukraut erhält durch Natronzusatz die gewünschte dunkelblaue Kolorierung.

Aussehen

Qualitativ hochwertiger Rotkohl sollte unbeschädigte, dunkelrot- oder violettglänzende und straffe Deckblätter aufweisen, der Strunk (österr. Kretzerl) sollte kurz geschnitten sein und sein Gewicht mindestens 0,5 kg und höchstens 2 kg betragen. Im aufgeschnittenen Zustand weisen Rotkohlköpfe bizarr gefaltete Blattlagen auf. Kleinköpfiger Rotkohl lässt auf vernachlässigte Bewässerung und Düngung schließen.

Geschmack

Rotkohl hat einen zwar kräftigen, jedoch süßlichen Kohlgeschmack. *Parforcekohl* nennt sich eine westfälische Gemüsezubereitung aus 2 Teilen Weißkraut und 1 Teil Rotkraut, die zusätzlich noch mit Apfelscheiben und Rosinen ergänzt wird.

Hauptinhaltsstoffe

Anthozyane (»Rubrobrassicine«), Calcium, Eisen, Flavonoide, Folsäure, Glucosinolate, Kalium, Phosphor, Provitamin A, Vitamin B 1, B 2, B 3, C, K. In Konkurrenz zum Wirsing und

Weißkohl verfügt der Rotkohl zwar über einen **geringeren Karotinanteil,** dafür enthält er jedoch **viel mehr Vitamin C** und große Mengen des für den Menschen so bedeutsamen **Vitamin-B-Komplexes**. Auch an Mineralstoffen hat Rotkohl 20% mehr zu bieten als Weißkohl.

Verwendung, Zubereitung

Rotkohl kann zu Gemüse, Salat, Rouladen und Saft verarbeitet werden. Damit sich die Hände während des Entzweiens nicht rot färben, sollte man sie zuvor dünn mit Speiseöl oder Zitronensaft einreiben. Die attraktive Farbe des Rotkohls lässt sich während der Zubereitung noch zusätzlich »toppen«, indem man ihn – entweder gleich nach dem Schnitt oder während des Garens – mit etwas Essig vermengt. Um unliebsamen Flatulenzen vorzubeugen, sollte man den schwer verdaulichen Rotkohl stets mit verdauungsfreundlichen Gewürzen (z. B. Koriander, Kümmel und / oder Fenchel) würzen.

Lagerung

Leicht gekühlt lässt sich Rotkohl zwar den ganzen Winter über bevorraten, sehr dankbar ist er jedoch, wenn man ihn währenddessen vor Verletzungen schützt, da sonst Infektionsherde gebildet werden können, die den Verderb beschleunigen. Wie alle Kohlsorten darf auch der Rotkohl nicht gemeinsam mit Ethylen ausscheidenden Früchten und / oder Gemüsen gelagert werden, da auch auf diese Weise das Reife- und Fäulnistempo ungewünscht angekurbelt wird.

Volksmedizinische Bedeutung

Rotkohl besitzt eine blutbildende, cholesterinsenkende, entwässernde, krebsvorbeugende, nierenstärkende und Stress abbauende Wirkung.

Tipp

Den sogenannten »letzten Pfiff« erhält Rotkohl, wenn er kurz vor dem Servieren mit Johannisbeergelee oder Preiselbeerkompott veredelt wird.

S

Sago

Metroxylon sagu

Sago (engl., ital.), Sagó (span.), Sagou (frz.)

Allgemeines, Herkunft, Geschichtliches

Die geografischen Ursprünge der Sagopalme liegen zwar in den Sümpfen Papuas (Neuguinea), ihre bedeutendsten Anbaugebiete findet man heutzutage jedoch in Malaysia, wo man des lieben Mammons wegen nicht davor zurückschreckt, für benötigte Anbauflächen riesige Regenwaldgebiete zu roden. Echter Sago / Palmsago wird gewonnen, indem der Stamm der Sagopalme entrindet, das Innere geraspelt, ausgewaschen, getrocknet und schließlich gesiebt wird.

Aussehen

Nach 13 Lebensjahren erhält die bis zu 12 m hohe Sagopalme zwar erstmals imposante Blüten und Früchte – kurz **danach stirbt sie jedoch ab**. Sagostärke ist kreideweiß und hat eine perlige Beschaffenheit.

Geschmack

Sago schmeckt völlig neutral.

Arten, Sorten

Deutscher Sago / Falscher Sago / Fischeier (mundartl.) / Kartoffelsago / Perlsago nennt sich aus Kartoffeln hergestellter Sago.

Falschen Sago nennt man nicht nur Kartoffelsago, sondern auch solchen, der aus Bataten oder Maniok hergestellt wird.

Tapiokasago nennt man Sago aus Pfeilwurzeln.

Hauptinhaltsstoffe

Kohlenhydrate (81%).

Verwendung, Zubereitung

Sago wird vornehmlich zu Stärke verarbeitet, die meist dem Andicken von Rote Grütze, Pudding, Suppen und Süßspeisen dient.

Tipp

Eine malaysische Spezialität besteht aus Sagobällchen, die **mit lebenden Würmern** »angereichert« werden.

Salak

Salacca zalacca

Croton (thaild.), Fruit du cobra (frz.), Salak (engl.), Schlangenfrucht

Allgemeines, Herkunft, Geschichtliches

»Salak« nennt sich eine südostasiatische Palmenfrucht, die in Indonesien, Malaysia und Thailand angebaut wird und nur sehr gelegentlich auf unseren Märkten angeboten wird.

Aussehen

Die Salak ist etwa feigengroß, hat eine spitz-ovale Form und eine dünne, rotbraune, schuppenartige Schale, die an Schlangenhaut erinnert. Das gelbweiße, transparente Fruchtfleisch ist in 3 gleichgroße Segmente zerteilt, die jeweils einen ungenießbaren Kern beherbergen.

Geschmack

Die reife Salak ist überaus saftig und weist ein köstliches, herb-frisches Aroma auf, das dem des Apfels und der Erdbeere nicht unähnlich ist. Im unreifen Zustand riecht die Salak mehr als widerwärtig.

Verwendung, Zubereitung

Die Salak kann als Frischfrucht, in Obstsalat und zu mannigfachen Dessertzubereitungen verarbeitet werden. Bevor man ihre Schale entfernt, sollte man sie von der Spitze aus einreißen oder einschneiden, weil erst dann die begehrten Fruchtkammern unverletzt entnehmbar sind und von ihrem Häutchen befreit werden können. Unreife Exemplare dienen zwar meist der Kompottherstellung, zuweilen werden sie jedoch auch – wie Mixed Pickles – in Essig mariniert.

Lagerung

Im Kühlschrank lässt sich die Salak ca. 4 Tage aufbewahren.

Tipp

Mit zuckerhaltigem Salzwasser bedeckt kann die Salak problemlos für mehrere Wochen »konserviert« werden.

Salat

Ensalada (span.), Insalata (ital.), Salada (port.), Salade (frz), niederl.), Salat (dän., engl.), Saláta (ungar., türk.), Sallat (schwed.), Salot (norddt.), Schlaat (kölsch), Sla (niederl.)

Allgemeines, Herkunft, Geschichtliches

Als »Salat« bezeichnet man nicht nur die spezielle Zubereitung von rohen Gemüsen (mit Öl, Essig, Majonäse / Ölsauce (schweiz.), Gewürzen, Kräutern, Quark, Sahne, Joghurt oder vorgefertigten Dressings), sondern auch Fisch-, Fleisch-, Wurst-, Käse-, Nudel-, Obst- oder Reisgerichte, die auf ähnliche Weise hergestellt werden. Das Wort »Salat« wird von »(ein)salzen« abgeleitet.

Arten, Sorten

Amerikanischen Salat nennt man feurig gewürzten Obstsalat.

Blumensalat ist ein Blütengemisch aus Borretsch, Dill und Kapuzinerkresse, das behutsam mit Essig, Öl, Salz und Pfeffer angemacht werden sollte. Blumensalat schmeckt nicht nur angenehm und sehr pikant, er kann auch zur Ausschmückung einer festlichen Tafel dienen.

Kriegssalat nannte man zu Kriegszeiten Salate, die – aus Kostengründen und aus Ermangelung geeigneter Zutaten – mit den primitivsten Mitteln zubereitet wurden und dennoch überaus schmackhaft waren. So wurde z. B. knapp gewordenes Salatöl durch eine Stärkemehlsauce ersetzt, die man so zubereitete: In 1 l kochendes Wasser rührte man 15 g Kartoffelstärke ein und ließ es so lange kochen, bis die Flüssigkeit ganz klar wurde. Die erkaltete Sauce nutzte man bei der Zubereitung von Bohnen-, Karotten-, Kartoffel- und Selleriesalat.

Mesclun (fachspr., frz.) / Misticanza (ital.) nennt man eine Salatmischung, die heutzutage zwar aus kultiviertem Eichblatt, Endivie, Kopfsalat, Löwenzahn, Kerbel, Kresse und Rauke zusammengesetzt ist, zu früheren Zeiten beinhaltete sie jedoch ausschließlich wildwüchsige Pflanzen mediterraner Küstengebiete.

Mischsalat nennt sich gewaschener, geschnittener und in Plastikbeutel verpackter Salat. Unglücklicherweise ist Mischsalat meist bakterienverseucht, weil sich allgegenwärtige Bakterien in den luftdichten Kunststoffbehältnissen nicht nur ungehindert vermehren können, sondern zudem die Inhaltsstoffe in giftiges Nitrit umkehren, das im Körper zu krebserregenden Nitrosaminen verwandelt wird.

Mixsalat / Kombisalat: Blattsalatkopfmischung, die Eichblattsalat, Lollo Bianco sowie Lollo Rossa beinhaltet und meist kistenweise von der Gastronomie genutzt wird.

Rohkostsalat / Crudité (frz.): Roher, unangemachter Salat, der meist als vegetarische Vorspeise gereicht wird.
Salat der Königinnen: Der legendäre Heiler Nostradamus überreichte Maria von Medici persönlich das Rezept zu diesem Salat, der nicht nur bei **Depression** helfen, sondern auch der **Verjüngung** dienen sollte. Das Rezept: 6 Eisenkrautstängel, ½ Weinblatt, ½ Apfel und ½ Gurke grob zerkleinern, mit Salatsauce vermengen – fertig!
Twin-Salat nennt der Handel vakuumierte, transparente Verpackungen, die jeweils 2 kleine, geputzte Salatsorten beinhalten.
Walldorf-Salat: Mischung aus feinen Sellerieknollen- und Apfelstreifchen, die (mit Majonäse, Schlagsahne, gehackten Walnüssen, Honig, Salz, Pfeffer und Zitronensaft angemacht) meist als Füllung oder Beilage zu Pasteten, Wild und kaltem Geflügel gereicht wird. Zu seinem Namen gelangte der Walldorf-Salat durch den aus **Walldorf bei Heidelberg stammenden Besitzer des noblen New Yorker »Walldorf-Astoria-Hotels«**, der sich diese Salatvariante eigens von seinem Küchenchef kreieren ließ.

Verwendung, Zubereitung

Die hochwertigen Inhaltsstoffe der Salate können nur der Gesundheit förderlich werden, wenn sie gemeinsam mit fetthaltigen Zusätzen (Joghurt, Milch, Öl, Sahne) verzehrt werden.

Insalatina (ital.) bedeutet »kleiner Salat«.

Volksmedizinische Bedeutung

Salate beugen Darmkrebs vor.

Tipp

Da Winterblattsalate überwiegend aus dem Treibhaus stammen, wo sie mit nitrathaltigen Stoffen hochgepäppelt werden, sollte man sie entweder mit frischen einheimischen Produkten (z. B. mit Endivie, Feldsalat, Möhren, Rote Bete, Sellerie u. v. m.) mischen oder – noch besser – ganz darauf verzichten.

Salatchrysantheme

Chrysanthemum coronarium
Chrysanthémesalade (frz.), Garland Maiko (engl.), Kronenwucherblume, Shungiku (chin.), Speisechrysantheme

Allgemeines, Herkunft, Geschichtliches

In Portugal und Südchina ist die Salatchrysantheme zwar zu Hause, großflächige Anbaugebiete dieses Korbblütlers (Asteraceae) findet man heutzutage jedoch lediglich in Japan, Kalifornien, Taiwan und im Mittelmeerraum.
Die Vorsilbe »Chrys« entstammt dem griechischen »Chrysos« für »Gold« – sie soll folglich eine Gelb- oder Goldfärbung der Pflanze betonen.

Aussehen

Die bis zu 1,60 m hohe Salatchrysantheme hat krautige, feingeschlitzte, dunkelgrüne Blätter und weißgelbe, margeritenhafte Blüten. Wenn die Salatchrysantheme eine **Höhe von 25 cm** erreicht hat, sollte sie **spätestens geerntet** werden, weil sie danach sehr **bitter und infolgedessen ungenießbar** wird.

Geschmack

Die Salatchrysantheme hat ein leicht bitteres, blumig-kressiges Aroma.

Hauptinhaltsstoffe

Calcium, Eisen, Phosphor, Vitamin C.

Verwendung, Zubereitung

Frische, junge Salatchrysanthemenblätter und -blütenknospen lassen sich nicht nur zu den unterschiedlichsten Salatzubereitungen und Garnituren verarbeiten, auch zur Suppen- und Gemüseherstellung sind sie hervorragend geeignet. Der etwas gewöhnungsbedürftige Bittergeschmack der frischen Salatchrysantheme kann durch Honig, Zucker oder Sojasauce gemindert oder sogar übertönt werden; bei der Gemüsebereitung (gedünstet oder im Backteig) erübrigt sich dies jedoch, **da sich die meisten Bitterstoffe naturgemäß bei Erhitzung verabschieden.**

Lagerung

Sogar bei ebenmäßiger Kühlung ist die Salatchrysantheme höchstens 3 Tage bevorratbar.

Tipp

In Japan dienen blanchierte und gewürzte Salatchrysanthemenblüten der Dekoration und Ergänzung von landestypischen Speisen.

Sanddorn

Hippophaé rhammnides

Amelitze, Amritscherl, Argoussier (frz.), Audorn, Blauer Dorn, Common sea buckthorn (engl.), Deutscher Stechdorn, Dörner, Dorn, Dünendorn, Durn, Espino amarillo (span.), Fasanbeere, Feuerdorn, Finnische Beere, Grießbeere, Haffdorn, Kauwel, Korallenbeerdorn, Kreuzdorn, Mamelistendorn, Meer(kreuz)dorn, Olivello spinosa (ital.), Pferdedorn, R(h)eindorn, R(h)einweide, Sandbeere, Sandkreuzdorn, Sea buckthorn (engl.), Seedorn(beere), Seekreuzdorn, Sprengbeere, Stacheldorn, Stachlige Weide, Stechdorn, Stranddorn(beere), Streitbesie, Tabakröhrlistaude, Vitamin-C-Strauch, Weidenblättriger Stechdorn, Weidendorn, Weißeldorn, Werdendorn

Allgemeines, Herkunft, Geschichtliches

Die geografischen Wurzeln des Sanddorns liegen in Tibet. Seit dem Zweiten Weltkrieg gewinnt der Sanddorn auch hierzulande zunehmend an Bedeutung, nachdem ihm ein bemerkenswert hoher Gehalt an Vitamin C nachgewiesen wurde; in manchen Bundesländern steht er sogar unter Naturschutz. Der Sanddorn ist ein Ölweidengewächs (Elaeagnaceae), das vom botanischen Gesichtspunkt aus zwar zu den **Nüssen** gezählt werden müsste, jedoch meist dem Oberbegriff **»Wildfrüchte«** zugeordnet wird. Wild wachsenden Sanddorn findet man an sandigen Bahndämmen, Uferböschungen, im Gebirge und an Meeresküsten, in kultivierter Form dient er überwiegend der Zierde in Parkanlagen oder zur Befestigung von Dünen. Größere Sanddornvorkommen findet man auf der Ostseeinsel Hiddensee, in Asien, England, Frankreich, Italien, in Polen, in der Schweiz und in Russland. Von Ende

August bis Anfang Oktober – also vor dem ersten Frost – kann man **die Vitamin-C-reichste Frucht Europas** ernten, indem man zunächst die fast vollreifen Beeren mitsamt den Stielen abschneidet und sie dann auf eine weiche Unterlage fallen lässt. Vorsicht: Überreife Sanddornbeeren neigen nicht nur dazu rasch zu gären, ihr Vitamin-C-Gehalt verringert sich dann ebenso. Der botanische Name »Hippophaé« wird von den griechischen Vokabeln »hippos« für »Pferd« und »phaes« für »leuchtend« abgeleitet, da man einst davon überzeugt war, dass Pferde durch Sanddornlaub ein glänzendes Fell bekommen.

Aussehen

Der unscheinbare Sanddornstrauch ist ein bedornter, bis zu 5 m hoher, tiefwurzliger Busch mit lanzettförmigen, oberseits dunkelgrünen, unterseits weißfilzigen Blättern. Sanddornbeeren sind durchschnittlich erbsengroß und können sowohl eine orangefarbene als auch gelbe Schale aufweisen. Solche aus dem Gebirge sind generell etwas kleiner und weisen einen höheren Vitamin-C-Gehalt auf als Exemplare, die an der Küste gedeihen.

Geschmack

Sanddornbeeren schmecken gemeinhin penetrant sauer – Überreife weisen sogar ein stark ranziges Aroma auf.

Arten, Sorten

Büffelbeere / Shepherdia argentea (lat.): Einsamige, nordamerikanische Verwandte des Sanddorns, die der Roten Johannisbeere ähnelt. Meist findet die Büffelbeere in Müslis, Marmeladen oder Säften Verwendung.

Hauptinhaltsstoffe

Anthozyane, **überdurchschnittlich hoher Calcium- und Magnesiumanteil**, Eisen, Flavonoide, Linolsäure, Mangan, Palmitoleinsäure, hoher Provitamin-A-Gehalt, Vitamin B 1, B 2, B 6, B 12, C (bis zu 1330 mg / %), E.

Verwendung, Zubereitung

Sanddornbeeren werden zu Eis, Gelee, Joghurt, Likör, Konfitüre, Mus, Öl und Saft verarbeitet. Auch zur Vitaminisierung von Arzneimitteln, Kräftigungsmitteln, Suppenwürzen und Zahnpasta werden sie genutzt. Beim Kochen dieser Früchte muss man nicht nur einen hohen Vitaminverlust hinnehmen, die Beeren platzen währenddessen meist auch unkontrolliert auf und hinterlassen schwer entfernbare Flecken.

Lagerung

Sanddornbeeren sollten möglichst sofort nach der Ernte verarbeitet werden, da das wertvolle Vitamin C rasch abbaut.

Volksmedizinische Bedeutung

Frischer Sanddornsaft wird medizinisch bei **Abgeschlagenheit, Appetitlosigkeit, Wasseransammlungen, Erschöpfungszuständen**, Grippe, Lungenentzündung, Vitamin-C-Mangel, Zahnfleischbluten, in der Rekonvaleszenz und bei verzögerter Wundheilung eingesetzt. Unreife Sanddornbeeren wirken blutstillend und lindern Durchfall. Aus Sanddornkernen gewonnenes Öl wird zum Schutz und zur Heilung von sonnen-, röntgen- und radiumgeschädigter Haut genutzt.

Tipp

Aufgrund seiner edlen Begleitstoffe ist das natürliche Vitamin C des Sanddorns **im physiologischen Wert synthetischen Präparaten weitaus überlegen**.

Sapote Mamey

Pouteria sapota

Abricot d'Amerique (frz.), Abricot d'Antilles (frz.), Albicocca di Santo Domingo (ital.), Amerikaanse abrikoos (niederl.), Große Sapote, Mamey (engl., span.), Mamey zapote (span.), Mammea (norw.), Mammea americana, Mammee apple (engl.), Mammee sapote (engl.), Mammei, Mammey-Apfel, Mammiapfel, Sapota (engl., ital., niederl., norw.), Sapotilla (ital.), Zapote, Zapote colorado (span.), Zapote de carne (span.), Zapotl (mex.)

Allgemeines, Herkunft, Geschichtliches

Die Sapote Mamey ist die Frucht eines bis zu 30 m hohen Sapotengewächses (Sapotaceae), dessen Ursprünge im tropischen und subtropischen Zentral- und Südamerika liegen. Ihre großflächigsten Anbaugebiete findet man in Florida, Kalifornien, der Karibik, Malaysia, Thailand und auf den Philippinen.

Aussehen

Sapoten werden bis zu 20 cm lang, 4 kg schwer und besitzen eine raue, staubige, zimtbraune Schale. Darunter befindet sich kräftig purpurfarbenes, mit Milchsaftsträngen durchzogenes Fruchtfleisch von mehliger bis melonenhafter Konsistenz. Es enthält einen spitz-ovalen, braunen Kern.

Geschmack

Sapoten weisen ein ungewöhnlich süßes, aprikosiges Aroma auf. Da ihre Schale äußerst bitter schmeckt, ist von ihrem Verzehr abzuraten. Der Sapotenkern ist **erst genießbar, wenn man das gallebittere Häutchen entfernt hat**.

Arten, Sorten

Butterbaum / Vitelaria paradoxa (bot.) / Karité (frz.) nennt sich ein Sapotengewächs, das ausschließlich in der afrikanischen Sahelzone angebaut wird. Die fetthaltigen Nüsse des Butterbaums werden meist unter den niederschwelligsten Bedingungen zu einem Butterfett gemahlen, das in der sahelesischen Küche zum Backen, Braten und Frittieren verwendet wird.

Caimito / Pouteria caimito (lat.) / Abi (frz.) / Abieiro (bras.) / Abiu (engl.) / Caimite (frz.) / Camio (kolumb.) / Canistel cantonese (frz.) / Dan huang guo (chin.) / Temarec (venezuel.) / Yellow star apple (engl.): Weißblütige, südamerikanische Sapotensorte, deren gelbhäutige, rund-ovale Früchte bei Unreife klebrigen, milchigen Saft absondern, der meist der Latexherstellung dient. Im reifen Zustand werden ihre cremig-süßlichen Früchte entweder zur Eis- und Saftherstellung genutzt, oder – gekühlt und mit Chilis gewürzt – als wohltuende Erfrischung verzehrt; ein paar Spritzer Zitronensaft »heben« ihr etwas einseitiges Aroma.

Sapote Amarillo / Pouteria lucuma (lat.) / Balata jaune d'œuf (frz.) / Canistel (frz.) / Eggfruit (engl.), Eifrucht / Lucuma (ital., niederl., norw., span.) / Lucuma nervosa

(fachspr.) / Luma (ecuador.) / Sapote amarillo (engl.): Die Lucuma ist die apfelähnliche Frucht eines 8–12 m hohen, in Chile beheimateten Sapotengewächses (Sapotaceae). Größere Anbaugebiete dieser Frucht, die den Chilenen als Nationalfrucht heilig ist, findet man auch in Afrika, Australien, Indien und Neuseeland. Die Sapote Amarillo hat eine cellophanähnliche, olivgrüne Haut und fetthaltiges, gelbes bis orangefarbenes Fruchtfleisch, das 1–5 kastanienartige Kerne beinhaltet und ein walnussbutter-, streuselähnliches Aroma aufweist, das durch seinen feinen Vanille-, Mango-, Kaffeenachgeschmack unvergleichlich wird. Vorwiegend wird diese Sapotensorte frisch verzehrt, indem man ihr Fruchtfleisch in Schichten abzieht, um es dann – vorzugsweise mit Speiseeis und Sahne bedeckt – zu genießen, oder sie wird zu Konfitüre, Süßspeisen, Speiseeis und als Kuchenbelag verarbeitet.
Die Sapote Amarillo ist deshalb nur sehr gelegentlich auf unseren Märkten anzutreffen, da sie nach der Ernte allenfalls noch 2 Tage verzehrfähig bleibt. Ihr Verzehr wirkt sich nicht nur günstig auf den **Elektrolyt-Haushalt** aus, mindert Stressverhalten und stärkt das Herz, nach übermäßigem Alkoholgenuss wirkt ihr gekühltes und leicht gesalzenes Fruchtfleisch sogar wahre Wunder.
Sapote chico / Manilkara zapota (bot.) / Breiapfel / Chico (engl.) / Chikoo / Marmeladenpflaume / Naseberry (engl.) / Nèfle d'Amerique (frz.) / Sapodilla pruim (niederl.) / Sapodille-epler (norw.) / Sapotillapfel / Westindische Mispel / Zapotillo (span.): Birnenförmige Frucht des zu den Sapotengewächsen zählenden, zentralamerikanischen Sapotillbaums / Kaugummibaums, aus dessen Rinde wertvoller »Chicle-Gummi« gewonnen wird, der dann der **Kaugummiherstellung** dient. Die Sapote chico hat eine braune Schale und breiig-mehliges, penetrant süßes Fruchtfleisch, das nach Birnen und Lebkuchen schmeckt. Es kann bis zu 12 schwarz glänzende Samen beinhalten.
Schwarze Sapote: s. u. Dattelpflaume.
Weiße Sapote: s. u. Casimiroa.

Hauptinhaltsstoffe

Magnesium, Phenolsäure, Provitamin A, Vitamin C.

Verwendung, Zubereitung

Sapoten sind zwar auch für die Zubereitung von Marmelade, Obstsalat, Saft, Sorbets usw. geeignet, meist werden sie jedoch frisch verzehrt, indem man sie zuvor kräftig abwäscht, dann halbiert und entkernt, um sie schließlich auszulöffeln; zur Aufwertung des Geschmacks sollte das Fruchtfleisch mit etwas Zitronensaft beträufelt werden. In **Puerto Rico** gehört es landläufig zu den Gepflogenheiten, Sapoten nur **leicht gesalzen** zu verzehren.
Die ölhaltigen Sapotenkerne lassen sich, nachdem sie enthäutet und kurz angeröstet wurden, wie Mandeln verwenden. In den Anbauländern werden gemahlene Sapotenkerne zu einem kakaoartigen Getränk verarbeitet.
Sapotenblüten finden meist in der Parfümindustrie Verwendung.

Lagerung

Im Gemüsefach des Kühlschranks lassen sich Sapoten bis zu 5 Tage aufbewahren.

Volksmedizinische Bedeutung

Sapoten wirken verdauungsanregend und allgemein stärkend.

Tipp

Bei Gourmets gilt frisch püriertes Sapotenfruchtfleisch, das mit einer Prise Salz, Weißwein und Schlagsahne verfeinert wurde, als das Nonplusultra.

Sauerampfer

Rumex acetosa

Acedera (span.), Buchampfer, Englischer Spinat, Ewiger Spinat, Garten(sauer)ampfer, Garden sorrel (engl.), Gemüseampfer, Großer Sauerampfer, Haderlump, Hundszunge, Immerwährender Spinat, Kuckuckskraut, Oseille (frz.), Patience (frz.), Romice (ital.), Roter Heinrich, Sättling, Säuerling, Salatampfer, Sauerblätter, Sauergras, Sauerklee, Sauerknöterich, Sauerlump, Sauersenf, Sorrel (engl.), Wiesensauerampfer, Zauzompfer (süddt.)

Allgemeines, Herkunft, Geschichtliches

Der in hiesigen Breitengraden bekannte Sauerampfer ist ein Abkömmling des in Südeuropa beheimateten Wilden Ampfers, den schon die Römer als wichtigen Bestandteil ihres Speiseplans schätzten. Noch heute findet man ihn auf feuchten Wiesen, mageren Weiden, an sandigen Ufern und an Wegesrändern – mancherorts wird er sogar kultiviert. Geerntet werden sollte dieses mit dem Buchweizen und Rhabarber verwandte Knöterichgewächs (Polygonaceae) erst, wenn es mindestens 7 cm Wuchshöhe erreicht hat, weil es dann nochmals austreibt.

Als »Ewiger Spinat« wird der Sauerampfer auch bezeichnet, weil er (bei mildem Winter) das ganze Jahr über geerntet werden kann.

Aussehen

Der Große Sauerampfer ist ein bis zu 2 m hohes, spinatähnliches Wildgemüse mit sattgrünen, spießförmigen Blättern.

Sauerampfer darf während der Verarbeitung nicht mit Eisen oder Kupfer in Berührung kommen, da er sonst unansehnlich und infolgedessen auch unappetitlich wird.

Geschmack

Junge Sauerampferblätter haben ein angenehmes, erfrischendes, zitronenähnliches Aroma mit leicht bitterem Beigeschmack. Alte Sauerampferblätter sollten gemieden werden, weil sie unerträglich bitter, scharf und sehr sauer schmecken.

Arten, Sorten

Kleiner Sauerampfer / Rumex acetosella (bot.) / Rumex scutatus (lat.) / Französischer Sauerampfer / Französischer Spinat / French sorrel (engl.) / Oseille petite (frz.) / Oseille ronde (frz.) / Römischer Ampfer / Römischer Spinat / Schildampfer: Etwa 40 cm hohe, sukkulente, relativ glattblättrige Sauerampfersorte, deren bedeutendste Anbaugebiete in Süd-, West- und Mitteleuropa liegen.

Hauptinhaltsstoffe

Calcium, Eisen, Emodin, Flavon-Glykosid, primäres Kalium-Oxalat, Oxalsäure, Provitamin A, Quercetin, Tannin, Vitamin C.

Verwendung, Zubereitung

Junge Sauerampferblätter können zu Gemüse, in »Frankfurter Grüner Sauce«, Omelette »fines herbes«, Quarkspeisen, Salaten, Suppen usw. verarbeitet werden. Da Sauerampfersalat naturgemäß extrem sauer schmeckt, empfiehlt es sich, ihn mit anderen Salaten (z. B. mit Löwenzahn, Spinat und / oder Brunnenkresse) zu mischen. Bei der Gemüsezubereitung ist zu beachten, dass Sauerampferblätter allenfalls 5 Minuten in weißer Sauce mit geriebenem Zwieback (nur) gedünstet werden, damit die zwar wertvollen, jedoch sehr hitzeempfindsamen Vitamine erhalten bleiben. Die Sauerampferstängel sollte man von den Blättern getrennt zu Gemüse bereiten, da sie eine längere Garzeit beanspruchen.

Frischer Sauerampfersaft entfernt Tintenflecke aus der Wäsche und reinigt fleckiges Silber.

Volksmedizinische Bedeutung

Sauerampfer besitzt zwar appetitanregende, durststillende, entgiftende, fiebersenkende und harntreibende Eigenschaften; man sollte ihn jedoch nicht im Übermaß genießen, da dies sich aufgrund seines hohen Oxalatgehalts leicht **ins Gegenteil verkehren** kann. Bei starker Neigung zu Nierensteinen und Arthritis ist auf Sauerampfergenuss gänzlich zu verzichten.

Unreine Haut und Geschwüre bekämpft man mit Umschlägen, die zuvor mit Sauerampfersaft getränkt oder mit zerstoßenen Sauerampferblättern bestrichen wurden.

Tipp

Rassolnik nennt sich eine berühmte russische Sauerampfersuppe, die traditionell mit gekochten Nierenwürfelchen verfeinert und komplettiert wird.

Sauerkleeknolle

Oxalis

Acederilla (span.), Acetosella (ital.), Buchklee, Cuiba (lateinamerik.), Essbarer Sauerklee, Gauchampfer, Knollensauerklee, Oca, Oka (indian.), Oxalide (frz.), Oseille de bûcheron (frz.), Oxalis (österr.), Oxalisrübe, Roter Sauerklee, Sauerkleerübe, Sauerkleewurzel

Allgemeines, Herkunft, Geschichtliches

Schon zu prähistorischen Zeiten galt die im südamerikanischen Mexiko beheimatete Sauerkleeknolle als bedeutsames Nahrungsmittel. Systematische Anbaugebiete dieses zwar ausdauernden, krankheitsresistenten und trinkfreudigen, jedoch nicht frostharten Kleegewächses (Oxalidaceae), das übrigens von Wildtieren verschont bleibt, findet man heute in England, Frankreich, Neuseeland und Südamerika. Hierzulande kommt diese ertragreiche Knollenfrucht häufig als »Yam« auf den Markt – als »Yam« darf sie jedoch lediglich in Neuseeland bezeichnet werden (s. u. Yam).

Aussehen

Die rotorange- bis purpurfarbene Sauerkleeknolle besitzt weißes, mehliges Fruchtfleisch, dunkelrote, mit unzähligen Vertiefungen durchsetzte Wurzelsprossen und kleeähnliche Blätter, die an transparenten Stängeln heranwachsen.

Ibia lautet der Fachbegriff für die Wurzelsprosse der Sauerkleeknolle.

Geschmack

Die Sauerkleeknolle und ihre Blätter schmecken zwar entfernt feigenähnlich, jedoch ungewöhnlich scharf und sauer.

Arten, Sorten

Alfalfakresse / Alfalfa (arab., span.) / Luzerne-Keimlinge nennt man die Sprossen der »Blauen Luzerne«. Die außergewöhnlich mineralstoff-, vitamin- und eiweißhaltige Alfalfakresse wird innerhalb von 4–5 Tagen auf ungedüngten Böden herangezogen. Hervorzuheben ist nicht nur ihr herb-nussiger und erfrischender Geschmack, auch der Vitamin-C-Gehalt ist derart hochkarätig, dass schon **eine Handvoll** davon dem von **6 Gläsern Orangensaft** entspricht. Die Araber führen dem Futter ihrer Hengste sogar Luzerne-Keimlinge zu, damit sie ein seidig glänzendes Fell bekommen, was wohl auf deren hohen Vitamin-B-Gehalt zurückzuführen ist. »Alfalfa« kommt aus dem Arabischen und bedeutet »gute Nahrung«.

Blaue Luzerne / Medicago sativa (lat.) / Echte Luzerne / Erba medica (ital.) / Lucerne (engl.) / Luzerne (frz.) / Schneckenklee / Sichelklee / Trewwer (rheinhess.): Kleesorte, die bei Landwirten gerne als »Vorfrucht« genutzt wird und aus deren Samen die o. a. »Alfalfakresse« hervorgeht.

Glücksklee / Oxalis deppei (bot.) / Oxalis tetraphylla (lat.) / Four-leaf clover (engl.) / Good luck clover (engl.) / Good luck plant (engl.) / Lucky clover (engl.) / Vierblättriger Klee: Mexikanisches Sauerkleegewächs mit essbaren, in Butter gedünsteten oder in Essig eingelegten, daumengroßen, stärkehaltigen, unterirdischen Knöllchen. **Der größte deutsche Glücksklee-Anbaubetrieb** liegt zwar im schleswig-holsteinischen Norderstapel, die zur Anzucht benötigten Steckzwiebelchen werden jedoch aus den Niederlanden bezogen. Als **»Glücksklee«** werden gemeinhin auch die **vierzähligen Blätter des Ackerklees** bezeichnet.

Wald(sauer)klee / Oxalis acetosella (bot.) / Alléluja (frz.) / Hasenklee / Himmelsbrot / Kuckucksklee / Kuckuckskost / Shamrock (engl.) / Surette (frz.) / Wood sorrel (engl.): Lichtempfindliches, weißblütiges, deutsches Waldgewächs mit kleeblattähnlichen, rotadrigen Blättern, die sich bei starker Sonneneinwirkung und Lichtentzug zusammenfalten. Schwach dosiert lassen sich kleingehackte Waldkleeblättchen zum Würzen von Saucen, Salaten und Suppen verwenden.

Hauptinhaltsstoffe

Calcium, Oxalsäure, Schleimstoffe, Stärke, Vitamin B, C, Zucker.

Verwendung, Zubereitung

Sauerkleeknollen sollten, nachdem man ihre Haut behutsam abgeschabt hat, gebraten, gedünstet oder gekocht werden, da ihr Säureanteil durch Hitze gemindert wird. Beim Schaben sollte man darauf achten, dass die Auswüchse der Wurzelsprossen nicht verletzt werden, **weil sie sonst während der Zubereitung auslaufen**.

Volksmedizinische Bedeutung

In Maßen genossen, stärkt die Sauerkleeknolle zwar Leber und Verdauungsorgane, Personen, die an Gicht, Nierensteinen oder Rheuma leiden, sollten sie jedoch aufgrund ihres hohen Oxalsäuregehalts meiden. Überdosiert besitzt die Sauerkleeknolle sogar toxische Charaktere.

Tipp

Sauerkleeknollen werden bekömmlicher, wenn man sie – gleich nach der Ernte – für mehrere Tage der prallen Sonne aussetzt.

Sauerkraut

Cavoli acidi (ital.), Choucroute (frz.), Col fermentada (span.), Crauti (ital.), Darmputzer, Eingemachter Kappes (rhein.), Engelshaar (elsäss.), Gabelkraut (österr.), Jestrompte Kapes (eifelld.), Kraut (bayr.), Kumst, Kyselé (tschech.), Lahana tursusu (türk.), Pickled cabbage (engl.), Sauerkohl (ostdt.), Sauerkraut (engl.), Saurer Kappes (hunsr.), Saurer Kumst (ostpreuß.), Schornsteinfeger des Körpers, Schukrut (schweiz.), Sourkraut (engl.), Stroh (norddt.), Struh (westerwd.), Suermoos (münsterld.), Sürkrüt (elsäss.), Suurchrut (schweiz.), Suurchabis (schweiz.), Zettlkraut (tirol.)

Allgemeines, Herkunft, Geschichtliches

Wird feinstreifig geschnittener und gesalzener Weißkohl für 4–6 Wochen in einem Behälter – dunkel und mit Gewichten beschwert – eingelagert, entsteht durch die Umwandlung des im Weißkohl enthaltenen, natürlichen Zuckergehalts **Milchsäure**, die ihn – ganz ohne chemische Zusätze – zu **Vitamin-C-haltigem »Sauerkraut«** vergärt.

Die Ursache der heutigen Sauerkrautpopularität ist wenig rühmlich: Deutsche Fürsten erfanden einst (da sie immer mehr Geld verschwendeten, als sie hatten) das »Salzmonopol« – jeder Haushalt musste über seine Salzverbräuche exakt Buch führen und wer unzureichend Salz verkonsumierte, sollte hart bestraft werden. Auf diese Weise mussten die Hausfrauen sich etwas einfallen lassen, um Salz in möglichst hohem Maße zu nutzen: Seitdem werden Bohnen, Gurken, Weißkohl & Co eingesalzen.

»Krauts« werden die Deutschen im Ausland auch genannt, denn **nirgendwo auf der Welt** wird Kohl besser zubereitet als in »Old Germany«.

Im baden-württembergischen Helmstadt-Bargen findet alljährlich im August ein quirliges **Sauerkrautfest** statt, bei dem die zahlreichen Besucher neben einem umfassenden Unterhaltungsangebot mit **Sauerkrautspezialitäten** verwöhnt werden.

Aussehen

Einwandfreies Sauerkraut sollte feucht und glänzend – die »Lake« klar sein; eine milchig-trübe Oberschicht deutet auf Überlagerung hin.

Arten, Sorten

Ananaskraut: Sauerkraut, das mit Ananassaft und Ananasstückchen verfeinert wurde.

Beutelsauerkraut wird meist vom Gärbehälter direkt in Plastikbeutel gefüllt. Es sollte nicht älter als 8 Tage werden, da es relativ rasch verdirbt.

Delikatess-Sauerkraut ist keine Qualitätsbezeichnung, die spezielle Gütemerkmale abverlangt.

Fasskraut: Sauerkraut, das in fassähnlichen Behältnissen angeboten wird. Es ist wesentlich **Vitamin-C-reicher als solches in Konserven**.

Kaiserkraut: Gebutterte Auflaufform mit einer Schicht aus gekochten Makkaroni bedecken, mit Sauerkraut bestreuen, Wurstscheibchen obenauf und nochmals mit einer Lage Makkaroni bedachen. Zuletzt mit saurer Sahne angießen und bei +175° C etwa eine Stunde lang im Backofen garen.

Rieslingkraut / Weinkraut / Winzerkraut darf Sauerkraut erst genannt werden, wenn es (während oder nach der Gärung) im Verhältnis 50:1 mit Riesling / Weißwein gemischt wurde.

Schlachtekohl nennt man Sauerkraut, wenn es in der – beim Schlachtfest anfallenden – Wurstbrühe gegart wurde.

Hauptinhaltsstoffe

Beta-Karotinoide, Butter-, Essig- und Milchsäure, Calcium, Cholin, Eisen, Folsäure, Jod, Kalium, Vitamin A, B 1, B 5, B 6, B 12, K, sehr Vitamin-C-haltig. Die **meisten Vitamine enthält zwar rohes Sauerkraut**, aber auch gekocht ist es immer noch ein **wertvoller Energielieferant**.

Verwendung, Zubereitung

Sauerkraut wird zur Herstellung von Eintopf, Gemüse, Rohkost, Salat, Saft und Suppe verwendet. Es sollte nie mit Wasser abgespült werden, denn mit dem Wasser wird unweigerlich auch eine Vielzahl wasserlöslicher Vitamine weggespült; man darf es allenfalls teilweise behutsam abbrausen, wenn es vom Hersteller zu salzig oder zu sauer eingelegt wurde. Mit Sauerkrautsaft lässt sich Kupfergeschirr reinigen.

Lagerung

Rohes Sauerkraut lässt sich etwa eine Woche lang im Kühlschrank aufbewahren. Bei Sauerkrautkonserven ist sogar eine **3- bis 4-jährige Bevorratungsdauer** möglich.

Volksmedizinische Bedeutung

Sauerkraut ist **das gesündeste und bekömmlichste saure Nahrungsmittel**, weil es nicht nur Asthma, Depression, Rheuma, Darmträgheit, Magenübersäuerung, Nervosität und Verstopfung bekämpft, sondern auch giftige Schlacken aus dem Körper verbannt. Verbrennungen sollte man sofort mit Tüchern abdecken, die in rohem Sauerkrautsaft getränkt wurden. Gegen eine **aufkommende Frühjahrserkältung** wappnet man sich am besten, indem man täglich 3 Gabeln rohes Sauerkraut isst.

Tipp

Székely-Gulasch / Székelygulyás (ungar.) / Szegediner Gulasch (irrtüml.) / Ungarisches Krautfleisch (österr.) heißt eine ungarische Spezialität, die aus papriziertem Schweinegulasch besteht, der zu gleichen Teilen mit Sauerkraut gegart und zum Schluss mit saurer Sahne vollendet wird. **»Székely«** ist der Name eines ungarischen Rechtsanwalts, dem dieses traditionsreiche Gericht seinen richtigen Namen zu verdanken hat; **»Szegedin«** ist ein ungarischer Städtename. Die beiden Begriffe werden in der Gastronomie meist miteinander verwechselt.

Schalotte

Allium cepa var. aggregatum
Allium ascalonium (bot.), Aschlauch, Ascolonia (span.), Aschkalon-Zwiebel, Ashqelon-Zwiebel, Askalon-Zwiebel, Chalote (span.), Charlotte, Échalote (frz.), Eschlauch, Feinschmeckerzwiebel, Kartoffelzwiebel, Levantinischer Lauch, Scallonzwiebel, Scalogno (ital.), Schlotte (fälschl.), Shallot (engl.), Sjalot (niederl.), Syrische Zwiebel

Allgemeines, Herkunft, Geschichtliches

Da die Schalotte eine Kulturvariante des Lauchs ist, wurde sie einst zwar als eigenständige Gemüseart anerkannt, heutzutage ordnet man sie jedoch ganz klar den Zwiebelgewächsen zu. In Deutschland, Frankreich, Italien, Japan, Mexiko, den Niederlanden und im Orient liegen die wesentlichsten Anbaugebiete der Schalotte, die von vielen Köchen auch als **edelste Zwiebelsorte** geachtet wird (obwohl sie nicht einfach zu schälen ist).
In Mischkultur fühlt sich die wärme- und sonneliebende Schalotte neben Gurken, Mangold, Möhren, Rote Bete, Schwarzwurzeln, Spinat, Dill und Petersilie am wohlsten – unvorteilhaft ist hingegen die Nachbarschaft von Kohlgewächsen und Bohnen.
Ihrem Geburtsort, der palästinensischen Stadt Ascalom, hat die Schalotte den Namen zu verdanken.

Aussehen

Schalotten haben steckzwiebelähnliche – je nach Sorte – weiße, graue, rote, violette, längliche, rundliche oder birnenförmige Bulben; vergilbtes Laub zeigt an, dass ihr Wachstum beendet ist.

Geschmack

Schalotten sind zwar intensiv würzig, jedoch wesentlich milder als Küchenzwiebeln. **Rundliche und birnenförmige Exemplare schmecken gemeinhin kraftvoller als längliche.**

Arten, Sorten

Grise de Bagnolet (frz.) nennt sich eine grauhäutige, zartfleischige Schalotte aus Frankreich.
Jersey-Schalotte: Dicke, rundliche Schalottensorte mit rosiger Schale und blassrot gestreiftem Fleisch.
Lange Bretonin / Bretonne Longue (frz.): Milde, längliche Schalottensorte aus Frankreich.
Russische Schalotte / Russischer Eschlauch: Anspruchslose, rosafarbene, schief-eiförmige Schalottensorte.
Schalottenzwiebel / Échalion (frz.): Französische Neuzüchtung, die aus der Schalotte und der Zwiebel hervorgegangen ist. Die kupferne bis gelbhäutige Schalottenzwiebel hat eine längliche Form und schlohweißes Fruchtfleisch.

Hauptinhaltsstoffe

Ajoene, Allicin, Calcium, Diallylsulfid, Eisen, wertvolle Eiweißstoffe, Fermente, Fluor, Fructosane, Glucose, Kalium, Natrium, Pektin, Phosphor, Provitamin A, Quercetin, Schwefel, Selen, Spiraeosid, Thiopropional, Vitamin B 1, B 2, B 5, B 6, C, E, Zink, Zucker.

Verwendung, Zubereitung

Die relativ hochpreisige Schalotte wird zwar wie ihre wesentlich erschwinglichere Schwester verarbeitet, ihrer intensiveren Würze wegen kommt man jedoch schon mit dem **halben Quantum** aus.

Lagerung

Gut gekühlt und abgedunkelt sind Schalotten **monatelang lagerfähig**, da ihre Bulben, im Gegensatz zu den Zwiebeln, kaum ins Kraut schießen.

Volksmedizinische Bedeutung

Die Wertigkeit der Schalotte ist in etwa mit der Zwiebel gleichzusetzen.

Tipp

Bulben sind zwiebelartige Pflanzenorgane (z. B. Knoblauch, Schalotten).

Bulbillen nennt man sehr kleine Bulben (z. B. Scharbockskraut).

Bulbös bedeutet zwiebelförmig.

Schlehe

Prunus spinosa

Abschblüten, Ackerpflaume, Belsprümche, Bienendorn, Blackthorn (engl.), Bockbeerli (schweiz.), Bulloog, Cakalerigi (türk.), Ciruelas silvestres (span.), Deutsche Akazie, Dorn(bollen), Dornschlehe, Effken, Eisbeere, Enarina (span.), Frauenschlehe, Haagpflaume, Haberschlehe, Heck(en)dorn, Heckenkirsche, Heckenpräumchen, Heckenschlehe, Himmelblüten, Hofschlehe, Hunsrücker Traube (pfälz.), Kandisblüten, Kertsche, Kesseldorn, Kitschken(pflaume), Krieke, Krietschpflaume, Krischel, Maulreißer (volkst.), Maulrîters, Maultreckers, Pâssla, Permollja, Pflaume des Winters, Pinserling, Reifziwerln, Sauerbutzen, Sau(er)dorn, Scharkenstrauch, Schleacha (bayr.), Schlehenapfel, Schlehenbilse, Schleh(en)dorn, Schlehenkrieche, Schlehenpflaume, Schlehenpraume, Schliche, Schliehe, Schliene, Schliere, Schlinge(l), Schlinke, Schluckfärze, Schneiderblume, Schwarzdorn, Släierte, Slapetorn (norw.), Sleepruim (niederl.), Slien, Sloe (engl.), Spinling, Stechdorn, Susine selvatiche (ital.), Tunten, Ternickel, Weinkirsche, Wiepeldorn, Wilde Zwetschge, Wurstkrippenholt, Wurstspinndorn, Zoanken

Allgemeines, Herkunft, Geschichtliches

Im Volksglauben vergangener Zeiten spielte die aus Eurasien stammende Schlehe eine große Rolle bei der Hexenabwehr und im Heilzauber. Heute findet man die äußerst genügsamen Schlehen wild wachsend an Fels- und Schutthängen, Kalkbergen, auf Feldwegen und an Waldrändern Asiens, Europas und Nordafrikas. Da Schlehen zu den Rosengewächsen (Rosaceae) zählen, sind sie mit Kirschen und Pflaumen verwandt. Nach mehreren Frösten sind Schlehen zwar genießbar, man

sollte sie jedoch noch eine Zeit lang **am Baum nachreifen** lassen.
Die Behauptung, das Wörtchen »Schlehe« stamme aus dem Althochdeutschen, ist bislang unbestätigt – ebenso unklar ist jedoch auch, dass es sich aus dem altslawischen »Sliva« für »Zwetschge« ableitet.
Die exakte Übersetzung des lateinischen Namens »Prunus spinosa« lautet: »Pflaume, stachlig«.
»Maulreißer« wird die Schlehe im Volksmund deshalb genannt, weil sie vor Wintereinbruch derart sauer schmeckt, dass man entsetzt das »Maul« aufreißen muss.

Aussehen

Die Schlehe ist ein bis zu 4 m hoher, weiß blühender Strauch mit spitz bedornten, meist undurchdringlichen Zweigen und stark bereiften, schwarzblauen, pflaumenähnlichen Wildfrüchten, die infolge von Frosteinwirkung etwas einschrumpfen.
Sie enthalten ungenießbare, da blausäurehaltige, fest mit dem Fruchtfleisch verwachsene Kerne.
Die kurz gestielten, elliptischen Schlehdornblätter (sie erscheinen erst nach der Blüte) sind am Rand scharfkantig eingesägt. Die wüchsigen Schlehdornwurzeln verfügen über einen regelrecht »ausschweifenden« Charakter.

Geschmack

Frische Schlehen schmecken nicht nur exorbitant sauer, meist haben sie auch noch einen gallig-bitteren Beigeschmack; erst durch mehrere Frosteinwirkungen werden sie mehlig-süß und einigermaßen genießbar.
Schlehenblüten verströmen zwar einen verführerischen, honigartigen Duft, sind jedoch blausäurehaltig.

Arten, Sorten

Haferpflaume / Prunus insititia var. pomariorum (lat.) / Damson (engl.) / Haferschlehe / Krekel (niederdt.) / Kriechen(pflaume) / Kriecherl (österr.) / Spilling / Zibärtle (bad.) / Zibarte / Ziparde / Ziparte: Kleinkugelige, gelblich grüne bis blauschwarze, schwer steinlösliche Schlehenart, die zwar aus dem Orient stammt, in verwildeter Form jedoch auch im Schwarzwald, Elsass, in Serbien, der Ostschweiz und Nordamerika vorkommt. Meist wird sie zu Kompott und Likör verarbeitet oder mitsamt ihrer zerquetschten Kerne, der Herstellung von **Slibowitz (serbokroat.) / Slivova (bulg.) / Slivowitz (österr.) / Sliwowitz** zugeführt. Da diese Bezeichnungen **nicht geschützt** sind, darf auch im Ausland hergestelltes, sogenanntes »Zwetschgenwasser« als »Slibowitz« usw. vermarktet werden.
Katharinen(pflaumen) nennt man gedörrte Haferpflaumen.

Hauptinhaltsstoffe

Aminosäuren, Bitterstoffe, Flavonoide, Gerbstoffe, Kämpferol, Karotin, Mineralien, Pektin, organische Säuren, Vitamin B 1, C (60 mg / %), Zucker.

Verwendung, Zubereitung

Schlehen werden, nachdem man ihre ungenießbaren, da blausäurehaltigen Kerne entfernt hat, zur Herstellung von Kompott, Likör, Konfitüre, Gelee, Mus, Saft, Schnaps oder Wein verwendet. Schlehensaft wird oft auch als Zusatz von Obstweinen genutzt, um ihre Dauerhaftigkeit auf natürliche Weise zu verlängern.

Pacharán nennt sich ein bekannter 25–30%-iger Schlehenlikör aus dem spanischen Navarra, der meist mit Orangensaft vermischt und nur leicht gekühlt als Digestif serviert wird.

Getrocknete Schlehdornblätter und -blüten können der Teeherstellung dienen.

Schlehenzweige werden nicht selten **zur Bestückung von Salinen** genutzt.

Schlehenholz gilt als Favorit bei der Spazierstockfertigung.

Lagerung

Schlehen lassen sich höchstens 2 Tage aufbewahren.

Volksmedizinische Bedeutung

Schlehensaft stärkt das Immunsystem. Schlehenmus findet bei Harnleiden, Magenschwäche und Verstopfung Anwendung. Schlehenblütentee wirkt (in Maßen) zwar mild abführend, blutreinigend, krampflösend, schmerzstillend und bekämpft Erkältungen, bei Dauergebrauch und Überdosierung kann es jedoch zu toxischen Nebenwirkungen kommen (z. B. Schwindel, Erbrechen usw.).

Tipp

Schlehenlikör mit »anregenden« und allgemein stärkenden Eigenschaften bereitet man aus 500 g zerdrückten Schlehen, 1 aufgeschlitzten Vanilleschote, 100 g weißem Kandiszucker und ½ l Weinbrand. Das Ganze 2 Monate in einer verschlossenen Flasche ziehen lassen, durch ein feines Sieb gießen – fertig! Schlehenlikör sollte zwar gut gekühlt, jedoch nie mit Eiswürfeln serviert werden.

Schwarzwurzel

Scorzonera hispanica

Beamtenspargel (berlin.), Black salsify (engl.), Escorzonera (span.), Gartenschwarzwurzel, Kara iskorcina (türk.), Proletenspargel, Salsifi negro (span.), Salsifis noir (frz.), Salsify (engl.), Schötzenmiere, Schorsenere (niederl.), Schtorzenärla (fränk.), Scorsonère (frz.), Scorzonera (engl.), Scorzonera hispanica (ital.), Skorzener Wurzel, Skorzonere, Spanische Wurzel, Spargel des Winters, Spargel für arme Leute, Storzeniere (hess., norddt.), Viperaria (ital.), Winterspargel

Allgemeines, Herkunft, Geschichtliches

Die im mediterranen Raum beheimatete Schwarzwurzel ist ein Wurzelgemüse, das zur Familie der Korbblütler / Asteraceae (Compositae) gezählt wird. Schon im Altertum war sie zwar in weiten Teilen Europas als Heilmittel bei Wundfieber und Knochenbrüchen bekannt, die erste wissenschaftliche Beschreibung stammt allerdings von dem italienischen Botaniker Pier Andrea Mattioli aus dem Jahre 1544, dem späteren Leibarzt der Kaiser Ferdinand I. und Maximilian II. Er schrieb der Schwarzwurzel sogar eine pestbekämpfende Wirkung zu und setzte sie als Gegengift bei Schlangenbissen ein, weshalb er sie »Scorzonera hispanica« nannte

(»**Scorzone**« nennt man in Italien eine schwarze, giftige Schlange, »**hispanica**« bedeutet »spanisch«, da sie ihm aus Spanien mitgebracht wurde). Mitte des 17. Jh.s wurde die Schwarzwurzel in Spanien erstmals als Gemüse kultiviert; über Frankreich und Flandern gelangte sie dann auch nach Deutschland. Besonders hervorzuhebende Anbaugebiete dieser Verwandten der Topinambur und Zichorie findet man heute außerdem noch in den Niederlanden und in Amerika.
Schwarzwurzeln wachsen unter der Erde und sollten dort sogar möglichst bis zum Frühjahr verbleiben, da sie nicht nur frostwidrig sind, sondern weil ihr Aroma und die hohen Nährwerte, die nur noch von Erbsen und Bohnen übertroffen werden, erst durch eisige Kälte intensiviert werden.
Als »Winterspargel« wird die Schwarzwurzel deshalb bezeichnet, weil sie während des Winters (von Oktober bis April) geerntet wird und im geschälten Zustand ein spargelähnliches Aussehen aufweist.

Aussehen

Schwarzwurzeln können bis zu 50 cm lang werden, haben eine korkige, braunschwarze Rinde und markiges, weißes, mit Milchröhren durchzogenes Fleisch, das klebrigen Saft abgibt. Bei Wurzelverletzungen tritt diese milchige Flüssigkeit aus, was dann unweigerlich zu Qualitätsverlusten führt. Die breitgestreckten Schwarzwurzelblätter sind zwar auch genießbar, sie sollten jedoch während des Wachstums nicht entfernt werden, da sie nicht mehr mit lebenswichtigen Nährstoffen versorgt werden können.
Aus den dekorativen, leuchtend gelben Schwarzwurzelblüten gehen silbrige Samenstände hervor, die an den Pappus des Löwenzahns erinnern.

Geschmack

Das Schwarzwurzelaroma kann man mit Spargel gleichsetzen, den man mit Nüssen und Mandeln vermischt hat.

Arten, Sorten

Haferwurz(el) / Tragopogon porrifolius (lat.) / Austernwurzel / Bocksbart / Barba di becco (ital.) / Haverwortel (niederl.) / Oyster plant (engl.) / Salsifi blanco (span.) / Salsifis blanc (frz.) / Vegetable oyster (engl.) / Weiße Schwarzwurzel / Weißwurzel / White salsify (engl.): Von der Antike bis ins 17. Jh. war die aus Südosteuropa und Nordafrika stammende, hellhäutige, bis 20 cm lange und meist holzige Haferwurzel zwar ein relativ beliebtes Gemüse, dann wurde sie jedoch von ihrer fleischigeren Verwandten, der Schwarzwurzel, verdrängt. Heutzutage ist die purpurrot blühende Haferwurzel mit ihren essbaren, porreeähnlichen Blättern zwar weitestgehend aus unseren Gemüsegärten verbannt, in England, Frankreich und Südeuropa hat sie indessen wieder eine gewisse Sympathie erlangt. Den Namen »Austernwurzel« trägt die **mitsamt ihrer Schale verzehrbare Haferwurzel**, weil ihr Aroma dem der Austern nicht unähnlich ist.

Hauptinhaltsstoffe

Allantoin, Asparagin, Calcium, Cholin, Eisen, stark eiweißhaltig, Fett, Inulin, Kalium, Kohlenhydrate, Magnesium, Natrium, Phosphor, Provitamin A, Vitamin B 1, C, E.

Verwendung, Zubereitung

Schwarzwurzeln werden zwar meist zu Gemüse verarbeitet, sie lassen sich jedoch auch zu Rohkost bereiten, indem man sie direkt in saure Sahnesauce raspelt und gleich vermengt, damit ihr Fruchtfleisch nicht verbraunt. Frisch geschälte oder »geschrappte« Schwarzwurzeln sollten direkt in einen **Fond aus Wasser, Mehl und Essig** (frz. Blanc de légumes) getaucht werden, um einer Berostung vorzubeugen; aus dem gleichen Grund sollte auch das Kochwasser mit Zitronensaft und Milch (scherzh. Ammenbier) ergänzt werden. Verunreinigungen an den Händen, die beim Schwarzwurzelschälen entstehen können, lassen sich schon im Vorfeld vermeiden, wenn man die Wurzeln entweder unter fließendem Wasser schält, sie grundsätzlich nur mit Handschuhen anfasst, oder erst nach dem Garvorgang häutet.

Lagerung

Kühl, dunkel, feucht (z. B. in Sand) und unbeschadet lassen sich Schwarzwurzeln einige Wochen aufbewahren.

Volksmedizinische Bedeutung

Dank ihres hohen Inulingehalts gelten die kalorienarmen Schwarzwurzeln als **bekömmliche und rasch sättigende Schonkost** (nicht nur) für **Diabetiker**. Mit Schwarzwurzelabkochungen bekämpft man eitrige Wunden.

Tipp

Im Gegensatz zum Spargel werden Schwarzwurzeln nicht holzig.

Sellerie

Apium graveolens var. rapaceum

Apio de bulbo (span.), Apio nabo (span.), Appich, Celer (tschech.), Celeriac (engl.), Céleri (frz.), Céleri-rave (frz.), Epf, Eppich, Epple, Gartensellerie, Geilwurz (volkst.), Kereviz (türk.), Knollensellerie, Knolselderij (niederl.), Mark, Sedano rapa (ital.), Selderi, Selinon (griech.), Selleriewurzel (österr.), Sellerli, Stehbibbel (sächs.), Sumpfsilge, Wurzelsellerie, Zeller (österr.), Zellerich, Zellerie

Allgemeines, Herkunft, Geschichtliches

Knollensellerie ist aus dem wild wachsenden Sumpfsellerie hervorgegangen, den schon die Alten Ägypter und Griechen nicht nur als Gewürz, Heilpflanze und Gemüse schätzten: Sogar die Häupter von Sportkampfsiegern umkränzte man einst mit Sellerielaub. Im frühen Mittelalter gelangte der zur Gruppe der Doldengewächse / Apiaceae (Umbelliferae) zählende Sellerie über Italien auch nach Deutschland. Neben inländischem Sellerieanbau erreichen uns ganzjährig Importe aus Belgien, Frankreich und aus den Niederlanden.

Streng genommen ist der frostempfindliche Sellerie ein **zweijähriges Gewächs**. Da er jedoch **im zweiten Frühling in die Samen schießt, wird er »nur« im ersten Jahr genutzt**. Eine Blatt- oder Wurzelkürzung während der Anzucht ist dem Wachstum des stark zehrenden Knollenselleries nicht etwa förderlich, wie in Fachkreisen oft behaup-

tet wird, sie schwächt vielmehr die gesamte Pflanze.
An der Südwestküste Siziliens gibt es sogar eine »Selleriestadt«, die durch ihren Sellerieanbau Namhaftigkeit erlangt hat: Selinunt wurde im Jahre 626 v. Chr. als **westlichste griechische Kolonie** gegründet.
Der Name »Sellerie« wurde durch Lautverschiebungen vom griechischen »Selinon« abgeleitet.

Aussehen

Qualitativ hochwertiger Knollensellerie sollte auf seiner makellosen, gelbbraunen Haut keine Risse aufweisen und weißes, konsistentes Fruchtfleisch besitzen. Sehr voluminöse Sellerieknollen beinhalten oft **Hohlräume**, die auf **Bor-Mangel** schließen lassen; **holziges Fruchtfleisch** ist auf verschwenderische **Düngung** zurückzuführen.

Geschmack

Den intensiv-würzigen, erdhaften Geschmack verdankt der Sellerie seiner Vielzahl an etherischen Ölen; kleine Exemplare schmecken gemeinhin milder als große.

Arten, Sorten

Bundsellerie / Apium graveolens var. secalinum (lat.) / Accia verde (süd-ital.) / Apio da cortar (span.) / Bladselderij (niederl.) / Blattsellerie / Céleri á couper (frz.) / Cutting celery (engl.) / Krautsellerie / Küchensellerie / Leaf celery (engl.) / Schnittsellerie / Schoppenkraut / Sedano da taglio (span.) / Snijselderij (niederl.) / Soup celery (engl.) / Suppensellerie nennt man eine zwar raschwüchsige, blattreiche und breitfiedrige, doch nahezu knollenlose Sellerievariante, die von April bis September meist aus dem Unterglas- oder Folienanbau kommt. Bundsellerie besitzt hocharomatisches Kraut, das sich bestens zum **Würzen von Suppen, Saucen und dergleichen** eignet.
Groalsalat: s. u. Steckrübe.
Sumpfsellerie / Ache (frz.) / Ursellerie / Wilde Petersilie / Wilder Sellerie / Wildsellerie, den man auch heute noch in (überwiegend italienischen) Feuchtgebieten finden kann, gilt bei wahren Profis als **Geheimtipp, da er Zubereitungen wesentlich nachhaltiger würzt als alle anderen Kultursorten**. Doch Vorsicht: Der Wurzelduft des Sumpfselleries kann leicht mit dem des giftigen Wasserschierlings und der ungenießbaren Gelben Rebendolde verwechselt werden.

Hauptinhaltsstoffe

Aminosäure, Apiin, Asparagin, Butylphthalid, Calcium, Cholin, Cumarin, Eisen, insulinähnliche Hormone, Kalium, Magnesium, Natrium, etherische Öle, Oxalsäure, Phosphor, Provitamin A, Psoralen, Schleim, Spurenelemente, Stickstoff, Vitamin B 1, B 2, B 6, B 12, C, E.

Verwendung, Zubereitung

Aus der Sellerieknolle kann man nicht nur würzige Salate und Gemüse zaubern, auch bei Muschelzubereitungen sollte sie nicht fehlen.
Roh geraspelt, verfeinert die Knolle Feldsalat – in Streifchen geschnitten den berühmten »Walldorf-Salat«.
Die Garzeit pro Sellerieknollenviertel beträgt ca. 15 Min. Es gibt Selleriesorten, deren Fruchtfleisch während des Kochens unverändert weiß bleibt, andere Sorten werden dage-

gen unansehnlich braun. Dem kann man entgegenwirken, indem man **dem Kochwasser grundsätzlich etwas Zitronensaft beifügt**. Eine Prise Zucker im Kochwasser steigert das Aroma; ein Schuss Milch macht das Fruchtfleisch besonders zart.
Exquisiten Selleriesalat bereitet man aus fast weich gekochtem, in Scheibchen geschnittenem Knollensellerie, der mit einem Teil des Fonds, einem Schuss Milch, feinen Zwiebelwürfelchen, Essig, Öl, Salz, Pfeffer, Zucker, gehackter Petersilie und Senf abgeschmeckt (nicht gewürzt) wird. Die entstandene Salattunke wird seltsamerweise nach und nach immerzu dicklicher – bis sie eine gallertartige Konsistenz annimmt. Zurückzuführen ist diese interessante »Verwandlung« auf das **Zusammenwirken der natürlichen Schleimstoffe** in Sellerie und Milch.
Sellerieblätter sollte man keinesfalls achtlos wegwerfen, da sie voller Geschmacksstoffe, Vitamine und Mineralien stecken. Sie lassen sich zu diversen Suppen- oder Saucenzubereitungen verwenden. Wer sich die Arbeit macht, 20 g fein zerstoßene Selleriesamen mit 1 kg Salz zu vermengen und eine Woche in einem geschlossenen Gefäß ruhen zu lassen, wird mit hochwertigem Würzsalz belohnt. Selleriesamen dienen auch der industriellen Ölherstellung, das meist pharmazeutischen Nutzungen zukommt.

Lagerung

Knollensellerie lässt sich bei niederen Temperaturen (+2° C) bis zu 3 Wochen lang bevorraten.

Volksmedizinische Bedeutung

Sellerie weist neben aphrodisierenden, gefäßerweiternden, krebsvorbeugenden und beruhigenden auch heilende Eigenschaften auf – und zwar bei Arthritis, Blasenentzündung, Gicht, Kreislaufbeschwerden, Rheuma und Steinleiden. Durch die wassertreibende Wirkung des Selleries werden gleichzeitig **Säuren aus dem Körper geschleust**, die meist Auslöser für **Asthma, Depressionen, Harnverhalten, Nervenstörungen und Sodbrennen** sind. Wissenschaftler stellten jüngst sogar fest, dass die im Sellerie enthaltene Substanz Psoralen **Störungen, die bei Multipler Sklerose auftreten** (z. B. Gleichgewichtsverlust oder Gehschwäche), entgegen wirkt.
Mit einer Haarspülung aus Sellerieblättertee bekämpft man Schuppen.

Tipp

Im Gegensatz zu den Möhren sind die Knollen des Selleries nicht Teil der Wurzel, sondern der verdickte Stängel. Pflanzt man sie zu tief ein, entwickeln sich mehrere Knollen; Voraussetzung für ebenmäßige, runde Sellerieknollen ist, dass die Blattstielbasis nach dem Anpflanzen noch erkennbar ist.

Sesam

Sesamum indicum

Goma (jap.), Sesame (engl.), Sésame (frz.), Sesamo (ital.), Sésamo (span.), Susam (türk.)

Allgemeines, Herkunft, Geschichtliches

Sesam ist eine wärmeliebende Samenfrucht, deren geografische Wurzeln zwar in Afrika liegen, die mittlerweile jedoch auch in Asien und Indien kultiviert wird. Vermutlich ist Sesam sogar **die älteste Ölpflanze**.

Aussehen

Sesam hat fingerhutartige, violette Blüten und schwarzbraune oder hellrote Fruchtkapseln, in denen die Samen wie kleine Geldrollen angeordnet sind.

Geschmack

Sesamsamen schmecken intensiv nussig.

Hauptinhaltsstoffe

Calcium, Eisen, Eiweiß (20%), Glycerinsäureester, Kalium, Lezithin, Magnesium, Öl (57%), Phosphor, Vitamin B 1, B 2, E.

Verwendung, Zubereitung

Geröstete Sesamsamen dienen, besonders in den Anbauländern, dem Würzen von Brot, Kuchen und warmen Gerichten; ansonsten werden sie zur Ölgewinnung genutzt, welches als wertvoller Zusatz bei der Margarineherstellung geschätzt wird.

Kalt gepresstes Sesamöl (es ist farb- und geruchlos) zählt zwar zu den feinsten und aromatischsten, jedoch auch zu den hochpreisigsten Pflanzenölen.

Warm gepresstes Sesamöl ist dunkel, scharf im Geschmack und infolgedessen weniger beliebt.

Presskuchen, der bei der Sesamölherstellung anfällt, dient meist als Viehfutter.

Sesamsprossen gehen bereits nach 2 Tagen aus ungeschälten Sesamsamen hervor. Danach wandelt sich ihr angenehm nussiges Aroma in widerlichen Bittergeschmack um.

Lagerung

Angesichts ihres starken Ölgehalts können Sesamsamen nur kurzzeitig aufbewahrt werden.

Volksmedizinische Bedeutung

Der hohe Lezithingehalt des Sesamsamens gilt als vorteilhaft bei Erschöpfungszuständen. Das leicht verdauliche Sesamöl ist heilsam bei Gallenleiden, Harnbeschwerden und **als Klistier bei Hämorrhoiden**.

Tipp

Gomasio nennt sich eine japanische Würzmischung, die Glutamat, Meersalz und gemahlene Sesamsamen beinhaltet.

Tahina heißt eine bitterwürzige Sesampaste aus dem Orient, wo sie als beliebtes Allrounder-Küchengewürz gilt.

Sojabohne

Glycine max syn. Soja hispida

Asia-Bohne, Daizu, Féves de soya (frz.), Glycine soja, Habas de sojas (span.), Japanische Bohne, Ölbohne, Shoyu (jap.), Soja (ital.), Soya (frz.), Soya fasulyesi (türk.), Soybean (engl.)

Allgemeines, Herkunft, Geschichtliches

Sojabohnen sollen bereits um 2700 v. Chr. in China angebaut worden sein, wo sie vermutlich aus einer wilden Abart hervorgegangen sind. Ende des 18. Jh.s gelangte dieser Schmetterlingsblütler (Fabaceae) erstmals nach Europa und anno 1804 auch nach Amerika.

Die Sojabohne ist nicht nur **die eiweißhaltigste Hülsenfrucht**, sondern auch **eine der bedeutendsten Weltwirtschaftspflanzen**. Größere Anbauflächen dieser Ölfrucht findet man in Afrika, China, Haiti, Indien, Indonesien, Java, Korea, **Nordamerika (größter Sojaexporteur der Welt)**, auf den Philippinen und in Zentral- und Südamerika. Bemerkenswert ist, dass die Seitentriebbildung der Sojabohne von der jeweiligen Bestandesdichte abhängig ist und dass sie bei milder Witterung schon nach 100 Tagen zu ihrer vollständigen Reife gelangt.

Aussehen

Die Sojabohne ist ein bis zu 70 cm hohes Gewächs, das – je nach Reifegrad – **grüne (unreife)**, gelbe, rote oder **schwarze (vollreife)** Samen vorzeigt, die in einer behaarten, gelbgrauen (unreifen) oder schwarzen (vollreifen), buschbohnenähnlichen Hülse liegen.

Geschmack

Sojabohnen besitzen ein leicht bitteres Aroma, das sich durch Erhitzung verabschiedet.

Arten, Sorten

Beansprouts nennen sich Sojakeimlinge, wenn sie (mit chinesischen Gemüsen vermischt) als Konserve auf dem Markt erscheinen.

Schwarzbohne nennt man die reife Sojabohne auch, weil sie sowohl schwarze Samen als auch eine schwarze Hülse aufweist. In Indien bereitet man aus ihrem Mehl scharfwürzige Fladen, sogenannte **»Papadams«** (s. u. Linsen).

Sojasprossen / Germes de soja (frz.) / Soybean sprouts (engl.) / Taoge (indon.) / Taugé (niederl.) werden **nicht aus Sojabohnen, sondern aus ungeschälten Mungbohnen gekeimt**. Sie besitzen ein erbsiges Aroma und sind sogar roh essbar. (s. a. u. Bohnensorten)

Hauptinhaltsstoffe

Calcium, Eisen, fleischähnliches Eiweiß (40%), Folsäure, Genistein, Isoflavonoide, Kohlenhydrate (15–30%), Lezithin, Linolsäure, Magnesium, Kupfer, Nikotinsäure, Öl (20%), Pantothensäure, Phosphor, Phytoöstrogene, Stärke, Vitamine A, B 1, B 2, B 6, C, E, K, Zink.

Verwendung, Zubereitung

Zu den bedeutendsten Rohstoffen bei der Margarine- und Pflanzenölindustrie zählen getrocknete Sojabohnen. Aus dem Presskuchen, der bei der Gewinnung von Sojaöl anfällt, wird nicht nur **die älteste Würzsauce der Welt, die Sojasauce** hergestellt – wovon es jeweils eine dunkle, süße und eine helle, salzige Variante gibt – auch »Sojamilch« wird daraus gewonnen, die sogar von Kuhmilchallergikern getrunken werden kann. Sojabohnen dienen weiterhin der Herstellung von **Sojabrot / Tempeh (indon.), Sojakäse / Bohnenquark / Daufu (vietn.) / Dau hu (chin.) / Sojaquark / Tofu, Sufu (eingelegter Tofu), Paste, Instantpulver / Mehl** (zur Herstellung von vegetarischen Brühwürfeln) und als »Haselnussersatz«.

In Amerika und Asien werden frische Sojabohnen zu Gemüse bereitet.

Edamame nennt sich ein neuer, aus den USA überlieferter Knabberspaß, der dem Popcorn Paroli bieten soll: Es handelt sich dabei um unter Dampfdruck gegarte und gesalzene Sojen.

Hoisin heißt eine scharf-süßliche, breiige Barbecue-Sauce, die u. a. Sojabohnen, Chilies und Knoblauch beinhaltet.

Kecap Asin nennt sich eine salzige Variante der »Kecap Manis«, die durchaus mit chinesischer oder japanischer Sojasauce gleichgesetzt werden kann.

Kecap Manis heißt eine dickflüssige, leicht süßliche Sojasauce aus Indonesien, die als Basisgewürz für die indonesische Küche (z. B. »Bami Goreng«, »Nasi Goreng« u. v. m.) eingesetzt wird. Im gekühlten Zustand ist Kecap Manis nahezu unbegrenzt haltbar.

Miso wird eine japanische Paste und Suppe genannt, die aus Soja hergestellt und in ihrer Heimat fast täglich konsumiert wird, da sie den Stoffwechsel ankurbelt, entgiftet und überflüssige Pfunde aus dem Körper schwemmt.

Natto nennt man fermentierte Sojabohnen, die man in Japan schon zum Frühstück isst.

Seitan ist völlig cholesterinfreier und kohlenhydratarmer Eier- und Fleischersatz, der aus Sojamehl, ausgewaschenen Weizenkörnern, Kombu-Algen und verschiedenen Gewürzen hergestellt wird. Schon vor 1000 Jahren war Seitan den buddhistischen Mönchen als hochwertiger vegetarischer Leckerbissen bekannt.

Tamari nennt sich eine japanische Flüssigwürze, die Sojabohnen, Wasser und Meersalz beinhaltet.

Lagerung

Ausgereifte, getrocknete Sojabohnen sind **unbegrenzt haltbar**. Grünreife lassen sich jedoch (sogar gekühlt) nur wenige Tage bevorraten.

Volksmedizinische Bedeutung

Sojabohnen enthalten nicht nur hochwertigen »Genistein«, der das Wachstum von Tumoren hemmt, neuesten Studien zufolge weisen sie auch eine Vielzahl sogenannter Phytohormone auf, die bei Frauen über 38 Östrogenmangel ausgleichen und Brustkrebs vorbeugen können. Überdies ist die Sojabohne die **einzige Nährpflanze**, die **tierisches Eiweiß vollwertig ersetzen** kann. Vorsicht: Sojahaltige Produkte können bei Allergikern Kopfweh und sogar Asthmaanfälle auslösen. Da die appetithemmende Sojabohne kaum messbares Cholesterin enthält und vorhandenes **Cholesterin sogar mindestens genauso gut im Körper abbauen kann wie Medikamente**, ist sie die ideale Kost für Diabetiker und herzinfarktgefährdete Menschen.

Tipp

Sojasamen, die für die Sprossenanzucht vorgesehen sind, sollten in **lauwarmem Kamillentee** vorgequellt werden; das beschleunigt ihre Keimung.

Sonnenblume

Helianthus annuus

Chimalati, Girasol (span.), Girasole (ital.), Sonnenkron, Sonsoklet (mazed.), Sunflower (engl.), Tournesol (frz.)

Allgemeines, Herkunft, Geschichtliches

Die Heimat der Sonnenblume liegt in den mexikanischen Gebirgstälern, wo sie schon in früheren Zeiten von Indianern als »eiserne Reserve« vor kriegerischen Auseinandersetzungen verspeist wurde. Im 16. Jh. kamen die ersten Sonnenblumen über Mittelamerika auch zu uns. Größere Anbaugebiete dieses zwar recht anspruchslosen, jedoch sehr durstigen Korbblütlers / Asteraceae, der **mit der Topinambur verwandt** ist, findet man heute in China, Europa (hauptsächlich in Rumänien und Russland), Indien und in den USA.

Wachstum und Ausrichtung der Sonnenblume sind abhängig von der Intensität des Sonnenlichts, da erst durch Sonnenenergie Prozesse ausgelöst werden können, die ihr Wachstum fördern. Am Abend verharren die schweren Blüten dann auf der Stelle, um sich am nächsten Morgen wieder in Richtung Sonne zu konzentrieren. Diese immensen Kraftanstrengungen werden durch sogenannte **Auxine** bravourös gemeistert, indem sie die Pflanzenzellen – je nach Sachlage – entweder mit Flüssigkeit voll- oder leerpumpen. Bei Abkühlung schließen sich die Blüten wie von Geisterhand gesteuert.

Im rheinhessischen Undenheim findet jährlich im Juli ein zünftiges **Sonnenblumenfest** statt, das nicht nur mit Musik, Tanz und Unterhaltung aufwartet, auch ein Feldgottesdienst am Sonnenblumenfeld, geführte Wanderungen durch die nähere Gemarkung, sowie Feldrundfahrten mit farbenfroh hergerichteten Pferdekutschen gehören dazu.

Aussehen

Die hochwüchsige Sonnenblume besitzt einen kräftig behaarten Stängel, herzförmige Blätter und große, gelbe, bis zu 1 kg schwere Blütenköpfe mit geometrisch angeordneten Kernen.

Geschmack

Sonnenblumenkerne schmecken nussig-fruchtig. Kleine Sonnenblumenblätter und die jungen Achselknospen besitzen ein säuerlich-blumiges Aroma. Sonnenblumenöl schmeckt und riecht sehr mild – nahezu neutral.

Arten, Sorten

Pacino: Kompakte, zwar nur 50 cm hohe, jedoch bildschöne Sonnenblumensorte.

Ring of fire: Dekorative Sorte mit handgroßen, rotbraun gezeichneten Blüten.

Sonja: Buschig verzweigte, reich blühende Sonnenblumensorte, die sich bestens als Kübelpflanze eignet.

Sunbright nennt sich eine klassische Sonnenblumensorte mit strahlend schönen Blüten, die zahlreiche Kerne hervorbringen.

Teddybär heißt eine Sonnenblumensorte mit dicht gefüllten Blüten.

Hauptinhaltsstoffe

Auxine, Eiweiß, Fluor, Kalium, Linolsäure, Phosphor, Vitamin E.

Verwendung, Zubereitung

Die Achselknospen der Sonnenblume können, geschmort oder pfannengerührt, **ähnlich wie Artischocken zubereitet** werden.

Sonnenblumenblütenblätter eignen sich zwar zum Verzieren von Kalten Platten und zum Bestreuen von Salaten oder Quarkspeisen, doch Vorsicht: Die gelben Blütenblättchen färben so stark ab (z. B. auf Kleidungsstücken oder auf Tischdecken), dass die Flecken später kaum noch entfernbar sind.
Sonnenblumenkerne können zwar auch roh verzehrt werden, besser schmecken sie jedoch, wenn sie zuvor behutsam angeröstet wurden.
Industriell werden die Kerne zu Farben, Lacken, Margarine, Speiseöl und Seife verarbeitet.
Sonnenblumenstängel dienen nicht selten der Produktion von Papier, Pottasche und Textilien.

Lagerung

Trocken und kühl lassen sich Sonnenblumenkerne zwar monatelang aufbewahren, ihre Blütenstände sollten jedoch möglichst gleich nach der Ernte verwendet werden. Sonnenblumenöl ist nicht länger als **9 Monate** bevorratbar.

Volksmedizinische Bedeutung

Sonnenblumenkerne wirken cholesterinspiegelsenkend, harntreibend und bekämpfen Husten und sogar Entzündungen der Niere. Sonnenblumenöl nimmt über die Schleimhaut sogar krebserregende Giftstoffe und Körperschlacken auf und »putzt« so den Organismus. Der positive Nebeneffekt: Je mehr schädliche Ablagerungen entfernt werden, desto besser arbeitet die »Fettverbrennungsmaschine« und die Pfunde purzeln. Man sollte sogar ab und zu eine vierwöchige, den Fettstoffwechsel anregende **Sonnenblumenölkur** anstreben, während der allmorgentlich ein Teelöffel Sonnenblumenöl 4 Minuten lang im Mund hin- und herbewegt und danach ausgespuckt wird.

Tipp

Die Bezeichnung »Sonnenblumenöl« darf lebensmittelrechtlich nur dann geführt werden, wenn ausschließlich Sonnenblumenkerne zur Herstellung verwendet wurden. Es ist also ein reines, 100%-iges Fett und enthält folglich, im Gegensatz zu Margarine und Butter / Anke (schweiz.) / Schmer (süddt.), kein Wasser. Das hoch erhitzbare Sonnenblumenöl eignet sich nicht nur zum Backen, Braten, Dünsten, Grillen und Frittieren, sondern auch zum Anmachen von Salaten.

Spargel

Asparagus officinalis

Asparago (ital.), Asparagus (engl., griech.), Aspars(en) (norddt.), Asperges (frz., niederl.), Braunschweiger Gold (niedersächs.), Chrest (tschech.), Elfenbein der Küche, Esparragos (span.), Frühlingswonne, Gemüse der Könige, Götterspeise, König der Frühgemüse, Königsgemüse, Kuskonmaz (türk.), Polizist der Nieren, Schwammwurz, Sparagio (ital.), Spargel (engl., amerik.), Zartes Elfenbein

Allgemeines, Herkunft, Geschichtliches

Schon vor über 5000 Jahren war den Chinesen der wild wachsende Spargel als hautreinigendes und wassertreibendes Arzneimittel bekannt; für

den altägyptischen Pharao Echnaton und seine Gattin Nofretete galt er als wahrhafte »Götterspeise«.
In Deutschland wurde Spargel **erstmals im Jahre 1567** von Johann Casimir, dem Leibarzt des Grafen vom Rhein, im »Stuttgarter Lustgarten« kultiviert und kam vornehmlich den Privilegierten zugute.
Heutzutage wird dieses Liliengewächs (Liliaceae) in Asien, Belgien, Deutschland, Frankreich, Griechenland, Italien, den Niederlanden, Spanien, Ungarn und in den USA, meist auf sandigen Böden, angebaut. Nachdem man 3 mühsame Jahre für das Anlegen des Spargelbeets geopfert hat, kann man dann das Edelgemüse zur Belohnung 20 Jahre lang einbringen. **Die beste Erntezeit ist der frühe Morgen**, weil dann erste Risse auf dem Erdwall andeuten, dass die Spargelköpfe die Erdkruste durchstoßen möchten. Um eine Violettfärbung der Spargelspitzen durch Sonnenlicht zu verhindern und um gleichzeitig die Ernte zu beschleunigen, decken Spargelbauern ihre Beete mit schwarzer Folie ab; mit weißer Folie wird das Wachstum hingegen gebremst, da sie das Sonnenlicht reflektiert. Bei feuchtwarmer Witterung kann Spargel täglich bis zu 6 cm an Länge zulegen.
Am Johannistag (er wird auch »Spargelsilvester« genannt), dem 24. Juni, wird traditionell der letzte deutsche Spargel gestochen, damit sich die Pflanzen erholen und Kraft schöpfen können, um im nächsten Frühjahr wieder reiche Erträge zu liefern. Dazu verhilft das reich verzweigte, gelb blühende Spargelkraut, das die Reservestoffe für die nächste Saison birgt. Als »Korallenkraut« wird das Spargelkraut auch bezeichnet, weil sich aus den Blütchen kleine, korallenrote, beerenartige und sehr samenreiche Früchtlein bilden.
Der **Garniturenname »Argenteuil«** auf Speisenkarten deutet darauf hin, dass das jeweilige Gericht Spargel beinhaltet. »Argenteuil« heißt ein Dörfchen nahe Paris, das durch seinen Spargelanbau Berühmtheit erlangt hat.
Das bayerische Städtchen Schrobenhausen (nördlich von München) beherbergt seit 1990 ein **Spargelmuseum**. Dort sieht man z. B., dass noch vor 100 Jahren statt Erde Holzröhren auf dem Feld über jede einzelne Spargelstange gestülpt wurden, um die weiße Schale zu erhalten. Am ersten Juni-Samstag findet dort jährlich auch ein Spargelmarkt statt, bei dem man alles erhält, was mit Spargel zu tun hat: Bücher, Geschirr, Schnaps, Schokolade usw. In Schrobenhausen befindet sich auch ein **Spargelwanderweg**, der Aufschlussreiches über das schlanke Edelgemüse hergibt.
Der deutsche Name »Spargel« leitet sich aus dem griechischen »spargan« für »Sprossen« ab. Spargel ist also der Spross aus dem Wurzelstollen einer Pflanze.
Die lateinische Bezeichnung »Asparagus officinalis« bedeutet soviel wie »für die Apotheke verwendbar«, was wohl auf die urtümliche Verwendung des Spargels als Heilmittel zurückzuführen ist.

Aussehen

Frischer Spargel sollte eine glänzende Schale, geschlossene, pralle, weiße Köpfe und **eine saftige – nicht verholzte – Schnittfläche** aufweisen: Wenn man frische Stangen aneinanderreibt, sollten sie quietschen, knistern oder »klingeln« (fachspr.) und es sollte kein Saft austreten. Verholzte und sich zum Ende hin verjüngende oder sogar verschimmelte Spargelenden deuten auf eine lange Transportzeit und / oder Überlagerung hin.

Geschmack

Frischer Spargel weist einen leicht bitteren Eigengeschmack auf. Besonders zart und aromatisch schmeckt dieser »Gaumenschmeichler« nach oder während milden Tagen und – **wenn er morgens gestochen und mittags schon verzehrt wird**. Muffiger, extrem bitterer und säuerlicher Geschmack, gepaart mit schimmeligen Anschnitten deutet auf Überlagerung hin.

Arten, Sorten

Bleichspargel / Stangenspargel / Weißer Spargel wird in folgende Handelsklassen eingestuft:

Klasse extra: Die Spargelstangen müssen kerzengerade und unbeschädigt, die Köpfe fest geschlossen sein. Die Stangen sollten 12–16 mm Durchmesser, eine Mindestlänge von 22 cm und keine Verholzung aufweisen.

Handelsklasse I darf leicht gebogene (nicht krumme) Stangen mit weißen, fest geschlossenen Köpfen besitzen, die einen Durchmesser von mindestens 10 mm und eine Länge von 12 cm aufweisen sollten. Die Schnittflächen sollten glatt und rechtwinklig zur Längsachse der Stange sein. Rostspuren sind zulässig, wenn sie der Verbraucher während des Schälens mühelos entfernen kann.

Handelsklasse II darf leicht verformte Stangen mit einem Durchmesser ab 8 mm und einer Länge von 12–22 cm aufweisen. Der Kopf ist weniger fest geschlossen und darf eine leichte rosa Verfärbung aufweisen, die jedoch nicht ins Grüne abdriften sollte. Auch Rostspuren (Oxidationen) sind zulässig, soweit sie sich beim Schälen mühelos beseitigen lassen.

Handelsklasse III hat ungerade gewachsene Stangen mit einem Durchmesser ab 10 mm. Sogar eine **starke, unregelmäßige Biegung und Berostung** ist zulässig. Der Kopf darf leicht geöffnet sein, ebenso ist eine blassgrüne Färbung zulässig. In dieser Klasse dürfen weiße Exemplare sogar mit violettschaligen vermischt sein.

Brechspargel / Bruchspargel / Suppenspargel nennt man entweder weißen Spargel, der während der Ernte oder beim Schälen bricht, oder zu schmächtig geratenen Spargel, der lediglich noch für Suppen- oder Mischgemüsezubereitungen taugt.

Geigenkopf / Sprue (engl.): In Kanada und England wild wachsende, unkrautartige, herb-würzige, kleine, grüne Spargelvarietät, die in französischen Spezialkulturen auch schon kultiviert wird. Der »Geigenkopf« braucht nur gewaschen, nicht geschält werden.

Grüner Spargel / Moosspargel kommt zwar erst seit 1970 meist aus Italien oder den USA zu uns, die Ursprünge dieses Abkömmlings des Wilden Spargels liegen jedoch im benachbarten Frankreich, wo er sich schon seit dem Mittelalter großer Beliebtheit erfreut. Der Anbau dieser über der Erdoberfläche wachsenden, eigenständigen Spargelsorte, die ihre Grünfärbung dem Sonnenlicht zu verdanken hat, ist weniger arbeitsaufwendig als der des weißen Spargels, da sie weder angehäufelt, noch gehackt werden muss und nahezu auf jeder Bodenart gedeiht. **Grüner Spargel** wird nicht holzig, schmeckt zart-würzig, brokkoli-erbsenähnlich und ist dank seines enormen Chlorophyll-Gehalts wesentlich **Vitamin-C-haltiger und mineralstoffreicher als weißer**. Geschält werden braucht er nur am unteren Drittel, aber auch nur dann, wenn er sehr dick ist. Infolgedessen entsteht kaum Abfall und die Einkaufsmenge fällt – im Vergleich zum weißen Spargel – erheblich geringer aus. Auch die Gardauer des Grünspargels ist, in der Konkurrenz zum weißen, viel kürzer (etwa 5–7 Minuten).
Kaiserspargel lautet die angestaubte Bezeichnung für Stangenspargel, der mit Holländischer Sauce übergossen wird.
Lehmspargel (hess.): Spargel, der auf (hessischem) Lehmboden angebaut wird.
Purpurspargel / Violetter Spargel kommt meist aus Frankreich, wo er aufgrund seiner Färbung sogar favorisiert wird. Dieser Spargel wächst zwar größtenteils unter der Erde, durch bewusst gesteuerte Lichtzufuhr färben sich seine Spitzen jedoch allmählich violett. Purpurspargel ist nicht nur niederpreisiger, sondern auch **herzhafter im Geschmack** als weißer.
Schwetzinger Meisterschuss heißt die beste deutsche Stangenspargelsorte.
Zierspargel: Raschwachsende Zimmerpflanze, bei der es sich um nichts anderes handelt als um das filigrane Grün (Korallenkraut) des Spargels. Zierspargel sollte regelmäßig gedüngt und gegossen werden.

Hauptinhaltsstoffe

Apfelsäure, Asparaginsäure, Calcium, Eisen, Eiweiß, Flavonoide, **sehr hoher Folsäureanteil**, Gerbstoff, Glucosid, Kalium, Magnesium, Natrium, Niacin, schwefelhaltige, etherische Öle, Oxalsäure, Pantothensäure, Phosphor, reich an Provitamin A und Purinen, Saponin, Vanillin, Vitamin B 1, B 2, B 3, B 6, C, E, K, Wasser (95%), Zitronensäure.

Verwendung, Zubereitung

Spargel kann zu Desserts, Gemüse, Salat oder Suppe verarbeitet werden. Als à-la-carte-Portion sollte man mit 500 g frischem, ungeschältem Spargel rechnen. Spargelstangen werden stets vom Kopf her geschält, da sich dann die Bitterstoffe, die sich naturgemäß zuhauf am Stängelende befinden, so besser verwirken; die angetrockneten und bitterschmeckenden Enden werden danach mühelos abgebrochen, denn Spargel bricht naturgemäß grundsätzlich an der Stelle, an der er nicht mehr holzig ist. Dann kocht man den Spargel in einem Sud aus Butter, Lorbeerblatt, frisch geriebener

Muskatnuss, Salz, Wasser, Zitronensaft und Zucker ca. 12 Minuten und zwar ganz sachte, da seine speziellen Inhaltsstoffe bei Überhitze bitter werden. Das Lorbeerblatt verhindert nicht nur strenge Gerüche während der Zubereitung, es intensiviert ebenso das Spargelaroma.
Spargelrahmsuppe und -sauce färbt sich (aufgrund der Asparagin-Säure) nach einer Weile unappetitlich graubraun. Dem kann man entgegenwirken, indem man den Spargel in Edelstahl- oder Glastöpfen gart und möglichst gleich verzehrt, damit die Säure gar nicht erst zum Zug kommt. Spargel friert man ein, indem man die Stangen zuerst schält, die Enden entfernt, ihn wäscht, trocken tupft und schließlich in Alufolie oder Folienbeutel packt. Es wird zwar behauptet, dass man die Spargelsaison problemlos verlängern kann, indem man ihn tiefkühlt und bei Bedarf wie frischen Spargel zubereitet, wahre Spargelliebhaber lehnen diese **Qualitätsminderung** jedoch zu Recht strikt ab. Spargelschalen werden zwar auch häufig zur Suppenherstellung verwendet, doch ist davon abzuraten, da sich die meisten Bitter- und Gerbstoffe in der Schale befinden, was zur Folge hat, dass man mit unproportinalen Mengen von Zucker und Gewürzen diesen Negativgeschmack übertönen muss; obendrein können **Spargelschalen schädliche Dünger- und Spritzmittelrückstände** enthalten.
Vernünftiger ist es folglich, nur den Fond des gekochten Spargels zu verwenden, denn der schmeckt viel milder, kräftiger und feiner.
Spargel darf zwar mit den Fingern gegessen werden, neueste Benimmregeln berechtigen Restaurantgäste jedoch auch, ihn mit Messer und Gabel zu verzehren.
Da Spargelschalen und -abschnitte eine magnetische Anziehungskraft auf eierlegende Schmeißfliegen besitzen, ist es ratsam, sie grundsätzlich **nur im sorgfältigst verpackten Zustand** (z. B. in Zeitungspapier gewickelt) dem natürlichen Wertstoff-Recycling zukommen zu lassen.

Lagerung

In ein feuchtes Tuch eingeschlagen hält sich Spargel zwar mindestens eine Woche lang frisch; ratsamer ist es jedoch, ihn innerhalb von höchstens 4 Tagen zu verarbeiten, da sich seine wertvollen Inhalts- und Geschmacksstoffe danach verflüchtigen.

Volksmedizinische Bedeutung

Spargel gilt als der Schlankmacher schlechthin, denn er besitzt »Minuskalorien«, das heißt: **Der menschliche Körper benötigt während des Verzehrs und zur Verdauung mehr Kalorien, als ihm der Spargel gibt.**
Lediglich durch den Genuss von möglichst salzarmem oder salzlosem Spargel oder Spargel-Fond werden Darm, Leber, Lunge und Nieren zu vermehrter Tätigkeit angeregt, weil Salz die harntreibenden Eigenschaften des Asparagins neutralisiert. Personen mit Neigung zu Nierensteinen, Gicht und hohen Harnsäurewerten sollten aufgrund seines hohen Puringehalts jedoch auf Spargel gänzlich verzichten, da schon 100 g Spargel 25 mg Harnsäure enthalten.
Diabetikern wird dessen ungeachtet empfohlen, zweimal pro Woche

Spargel zu verspeisen, um die harntreibenden Charaktere des Spargels zu nutzen.
Infolge seines Purin- und Säurenreichtums riecht der Urin von Spargelverkostern noch 5–6 Stunden nach dem Verzehr verhältnismäßig streng.

Tipp

Telespargel sagen die Berliner liebevoll zu ihrem Fernsehturm.

Spargelbohne

Vigna unguiculata ssp. Sesquipedalis

Asparagus bean (engl.), Dolique asperge (frz.), Haricot kilomêtre (frz.), Kilometerbohne, Langbohne, Riesenspargelbohne, Schlangenbohne, Schnürsenkelbohne, Schotenhornklee, Spaghetti-Bohne, Spargelfisole (österr.), Stricknadelbohne, Stringe (ital.), Strumpfbandbohne, Yardlong bean (engl.)

Allgemeines, Herkunft, Geschichtliches

Die in Asien beheimatete Spargelbohne ist eine anspruchslose, zu den Schmetterlingsblütlern (Papilionoideae) zählende Hülsenfrucht und nahe Verwandte der Augenbohne (s. u. Bohne). Ihre nennenswertesten Anbaugebiete liegen in Afrika, China, Indien, Indonesien, Kalifornien und auf den Philippinen.

Aussehen

Die attraktiven, spargelartigen Hülsen der bis zu 90 cm langen Spargelbohne sind graugrün und enthalten jeweils bis zu 30 essbare Samen.

Geschmack

Der Geschmack junger Spargelbohnen ist dem unserer **Gartenbohnen** zwar nicht unähnlich, jedoch viel **süßer und kerniger**. Alte Spargelbohnen sind zäh und faserig und von daher ungenießbar.

Hauptinhaltsstoffe

Eiweiß (24%), Kohlenhydrate (55%), Öl (2%), Vitamin C.

Verwendung, Zubereitung

Junge Spargelbohnen werden zu Salat oder Gemüse verarbeitet, indem man sie zuerst halbiert und dann ca. 15 Minuten kocht oder dünstet.
Spargelbohnensamen finden meist als Trockenbohnen Verwendung.
Die Blätter der Spargelbohne lassen sich wie Spinat zu Gemüse bereiten.

Lagerung

Selbst kühl aufbewahrt können Spargelbohnen höchstens 2–3 Tage lang bevorratet werden.

Tipp

Da man in Österreich auch die Wachsbohne als »Spargelbohne« bezeichnet, kann es leicht zu sprachlichen Verwirrungen kommen.

Spargelerbse

Tetragonolobus purpureus

Asparagus pea (engl.), Flügelerbse, Kaffeeerbse, Lotier kultivé (frz.), Lotier rouge (frz.), Lotier tetragone (frz.), Pois asperge (frz.), Pois café (frz.), Winged pea (engl.)

Allgemeines, Herkunft, Geschichtliches

Die Spargelerbse ist eine purpurrot blühende **Hülsenfrucht mit hohem Zierwert**. Sie stammt aus den Mittelmeerländern und Transkaukasien und wird wie Buschbohnen ange-

baut. Von Juni bis Oktober kann diese uralte Kulturpflanze zwar fortwährend geerntet werden, überständige Exemplare sollten jedoch grundsätzlich bevorteilt werden, da sie rasch eine lederartige Innenhaut bekommen.
Ihre lateinische Vokabel »Tetragonolobus« wird vom mathematischen Tetragon (= Viereck) abgeleitet, womit auf die kapriziöse Prägung ihrer Hülsen hingewiesen wird.

Aussehen
Spargelerbsen haben viereckige, lichtgrüne 4–5 cm lange, gekrümmte Hülsen, die an den Rändern flügelähnliche Ausbuchtungen aufweisen. Die Blätter der Spargelerbse ähneln denen der Sojabohne.

Geschmack
Junge Spargelerbsen haben ein spargelähnliches Aroma; alte sind sehr hart und völlig geschmacksneutral.

Verwendung, Zubereitung
Junge Spargelerbsen werden, nachdem sie wie Zuckerschoten gedünstet wurden, als Zugemüse, Suppeneinlage oder als Salat verarbeitet. Aus getrockneten und gerösteten Spargelerbsensamen wurde einst Kaffeeersatz hergestellt.

Lagerung
Für die Bevorratung sind Spargelerbsen gänzlich ungeeignet.

Spargelsalat

Lactuca sativa var. asparagina
Asparagus lettuce (engl.), Celtuce (amerik.), Laitue asperge (frz.), Stem lettuce (engl.)

Allgemeines, Herkunft, Geschichtliches
Die Heimat des aus dem Lattich und Sellerie hervorgegangen Spargelsalats liegt zwar in China und Taiwan, auf den Markt brachte sie jedoch erst ein amerikanisches Saatgutunternehmen im Jahre 1942 unter dem Namen »Celtuce«.

Aussehen
Spargelsalat hat schmale, leicht gezähnte, unterseits behaarte Blätter und bis 1,20 m lange und 2–3 cm dicke, dem Staudensellerie ähnelnde, etwa 30 cm lange Strünke.

Geschmack
Spargelsalatblätter und Strünke besitzen ein charakteristisches, sellerieheaftes Aroma.

Hauptinhaltsstoffe
Apfelsäure, Ballaststoffe, Calcium, Eisen, Eiweiß, Kalium, Phosphor, Provitamin A, Spurenelemente, Vitamin B 1, B 2, B 6, C, Zitronensäure.

Verwendung, Zubereitung
Geschälte Spargelsalatstängel können roh oder gekocht zu Salat oder Gemüse verarbeitet werden. Auch die jungen Spargelsalatblätter eignen sich roh zur Salatherstellung. Ältliche Spargelsalatblätter sind ungenießbar.

Spinat

Spinacia oleracea
Besen des Magens, Binätsch (schweiz.), Epinard (frz.), Espinacas (span.), Gemüsespinat, Isfinatsch (arab.), Ispanak (türk.), Palak (ind.), Pinaat (finn.), Spenat (ostdt., tschech.), Spinach (engl.), Spinacio (ital.), Spinadel, Spinazie (niederl.), Spinetsch (altschweiz.), Spinez

Allgemeines, Herkunft, Geschichtliches

Der Spinat ist ein im fernen Osten beheimatetes Gänsefußgewächs (Chenopodiaceae), das im 16. Jh. erstmals nach Deutschland gelangte und mittlerweile (außer in den Tropen) weltweit angebaut wird. Da Spinat zu den »Langtagspflanzen« zählt, sollte er **an einem schattigen Platz** und möglichst **nicht in der Nähe seiner Verwandtschaft Mangold, Melde, Rote Bete und Runkelrübe** angebaut werden, da sie sich gegenseitig die Nahrung stehlen.

»Besen des Magens« nennt man den Spinat aufgrund seiner verdauungsfördernden Eigenschaften.

Die Araber gaben dem Spinat seinen Namen »isfinatsch«, woraus durch verschiedensprachige Lautverschiebungen das deutsche Wörtchen »Spinat« entstand. Sogar die Latiner waren an der Entwicklung beteiligt, denn »Spina« bedeutet »Dorn« (der zugespitzten Form seiner Blätter wegen).

Aussehen

Spinat hat vollgrüne, gezähnte, spießartige, löchrige Blätter.

Geschmack

Junger Spinat ist wohlschmeckend und mild. Ältere und aufgeschossene Blätter sind zäh und schmecken meist erdig und bitter.

Arten, Sorten

In Deutschland wird Spinat nicht nach Sorten unterschieden, sondern nach Aussaattermin und Ernteverfahren.

Blattspinat / Bladspinazie (niederl.) / Epinards Branches (frz.) / Leaf Spinach (engl.): Spinat mit losen Blättern und Stielen, die per Hand oberhalb des Wurzelhalses abgeschnitten werden.

Falscher Spinat / Spinatersatz lässt sich z. B. aus Brennnesseln, Roter Bete, Zuckerrübe, Sauerampfer und vielen anderen Pflanzenblättern herstellen.

Freilandspinat enthält dank der natürlichen Sonneneinstrahlung weniger Nitrat als solcher aus dem Treibhaus.

Frühjahrsspinat hat kräftige, hellgrüne, milde Blätter und ist ab März auf dem Markt.

Horenso: Spitzblättrige, japanische Spinatvariante.

Karibischen Spinat nennt man spinatartiges Gemüse, das aus den Blättern des Amaranten, der Tannia oder des Taro zubereitet wurde.

Neuseeländer Spinat / Tetragonia tetragonoides (lat.) / Epinard de la Nouvelle Zélande (frz.) / Espinaca de Nueva Zelandia (span.) / Neuseeländer Buschspinat / Nieuw Zeelandse spinazie (niederl.) / New Zealand spinach (engl.) / Pflückspinat / Rankender Spinat / Spinacio della Nuova Zelande (ital.) / Tetragon cornue (frz.) / Tetragonia (ital.): Diese frostempfindliche, hitzeresistente und durstige, spinatartige Rankpflanze, die der Weltumsegler Thomas Cook im Jahre 1770 erstmals von Neuseeland in den berühmten Londoner »Kew Garden« (Botanischer Garten) verbrachte, wird heute in Australien, Europa, Japan und Polynesien kultiviert. Da Neuseeländer Spinat zu den Eiskrautgewächsen (Aizoaceae) zählt, ist er zwar **nicht mit dem Spinat verwandt**, er wird jedoch ebenso zubereitet und ist wesentlich Vitamin-C-, mineralstoff- und oxalsäurehaltiger. Neuseeländer Spinat hat kleine, dickfleischige, rhombenartige, sich stark verzweigende Blätter, die nach dem Kürzen unaufhaltsam nachwachsen. Wie bei der Spargelerbse wurde sein lateinischer Name »Tetragone« dem mathematischen Begriff »Tetragon« für »Viereck« entlehnt, der auf die quadratische Form seiner Blätter verweist.

Rahmspinat / Entengrütze (brandenb.) ist kleingehackter Spinat, der in gebundener Sahnesauce gegart wurde.

Sommerspinat ist von September bis November erhältlich.

Winterspinat: Frostresistenter Spinat mit groben, krausen, herzhaften Blättern, der ab Ende September ausgesät wird und vom Spätjahr bis Mai den Markt beherrscht.

Würzspinat nennt sich tischfertiger, kleingehackter, gewürzter TK-Spinat (ohne Sauce).

Wurzelspinat: Spinat, der mit Spezialmaschinen direkt oberhalb des Wurzelhalses abgeschnitten wird. Wurzelspinat ist viel kostengünstiger als Blattspinat und sogar länger bevorratbar. Meist wird er für die Tiefkühlindustrie angebaut und geerntet.

Hauptinhaltsstoffe

Aminosäuren, Apfelsäure, Biotin, Calcium, Carotinoide, Chlorophyll, Eisen (4,1 mg / %), hochwertiges Eiweiß, Enzyme, Folsäure, Histamin, Jod, Kalium, Kobalt, Kupfer, Lutein, Magnesium, Natrium, reichlich Nitrat (besonders in den Stängeln), Oxalsäure (je nach Alter 0,6–1,6 g), Phosphor, Provitamin A, Saponine, Schwefel, Sekretin, Spurenelemente, Vitamin B 1, B 2, B 6, C, D, K, Zeaxanthin, Zitronensäure.

Der **angeblich so eisenreiche** Spinat enthält genau genommen gar nicht so viel mehr Eisen als anderes Gemüse: Ein Tippfehler in einer Nährwerttabelle hat ihm vor Jahrzehnten fälschlicherweise eine Zehnerpotenz dieses Metalls zuviel zuerkannt.

In großen Spinatblättern sind die Aminosäuren zwar besser aufgebaut, da ihre Eiweißsäuren essentieller sind, leider weisen sie jedoch hohe Oxalsäuregehalte auf. Junge Spinatblätter können mit einem **höheren Gesamteiweißgehalt** aufwarten.

Verwendung, Zubereitung

Spinat wird meist zwar zu Suppe, Gemüse oder gefüllten Teigwaren verarbeitet, ganz junge, entstielte Blättchen können jedoch auch der Herstellung von frischem Salat dienen. Zur Gemüsebereitung rechnet man pro Person 500 g rohen, unverlesenen Spinat. Wenn man Blattspinat gleich nach dem Blanchieren mit kaltem Wasser oder Eiswürfeln abschreckt, behält er nicht nur seine appetitliche Farbe, begleitend wird **durch das Blanchieren auch der hohe Nitratgehalt um 70% (!)** gesenkt. Die verbleibenden 30% kann man mehrheitlich neutralisieren, indem man den Spinat nach dem Garen mit reichlich Zitronensaft würzt.

»Spinatmatte« nennt man das geronnene Überbleibsel von Spinatsaft, nachdem er der Deckelhitze ei-

nes kochenden Topfes ausgesetzt war. »Spinatmatte« dient meist dem Färben von Lebensmitteln (z. B. Eierstich, Saucen, Suppen, Teigwaren u. v. m.).
Früher garte man Spinat in schweren Kupferkesseln, um seine attraktive Farbe zu erhalten; heute weiß man, dass sich **Kupfer mit den Gemüsebestandteilen vereinigt** und infolgedessen die Vitamine zerstört werden – vernünftiger sind Edelstahltöpfe.
Hartnäckige Spinatflecken auf der Kleidung oder Tischwäsche lassen sich problemlos entfernen, indem man die betroffene Stelle sofort mit der Schnittfläche einer rohen Kartoffel abreibt.
Der internationale **Garniturenname »Florentiner Art«** auf Speisenkarten gibt dem Gast zu verstehen, dass das ausgewählte Gericht Spinat beinhaltet.

Lagerung

Kühl und luftig lässt sich frischer Spinat zwar ca. eine Woche problemlos aufbewahren, währenddessen erleidet er allerdings starke Wertverluste und Schwund. Zum Tiefkühlen eignet sich Spinat dagegen bestens, vorausgesetzt, er wurde zuvor kurz blanchiert.

Volksmedizinische Bedeutung

Spinat hat nicht nur eine blut- und blutfarbstoffbildende und krebsabwehrende Wirkung, auch die Bauchspeicheldrüse, Galle, Magenschleimhaut, Verdauung und der Cholesterinspiegel werden durch Spinatgenuss angeregt. Oxalsäure im Spinat hat die leidliche Tugend, lösliche Calciumsalze der Nahrung in unlösliche Verbindungen (Calcium-Oxalat) zu verwandeln; **so sind z. B. 100 g Spinat in der Lage, das Calcium aus 200 g Milch unwirksam zu machen.** Übermäßiger Spinatgenuss kann deshalb zu Störungen im Mineralstoffwechsel führen. Die calciumschmälernde Wirkung kann jedoch durch calciumreiche Nahrungsergänzungen (z. B. mit Milch oder Quark) weitestgehend aufgehoben werden.
Nach der Zubereitung sollte Spinat innerhalb von 4 Stunden verzehrt und möglichst auch nicht mehr aufgewärmt werden, da sich sein hoher Nitratgehalt zwischenzeitlich in missliebiges, da krebserregendes Nitrit umwandelt. Grund: Der Spinat ist außerstande, die Unmengen an Stickstoffdünger, die ihm während seiner kurzen Wachstumsperiode (aus finanziellen und zeitlichen – **nicht aus gesundheitlichen Gründen**) zugesetzt wurden, ausreichend in Aminosäuren und Eiweiß umzuwandeln. Wenn man die Vorteile des ernährungsphysiologisch trotzdem sehr hochwertigen Spinats voll ausnutzen möchte, sollte man regelmäßig rohen Spinatsaft (möglichst von jungen Blättchen) trinken, da er sich positiv auf Blutarmut, Bleichsucht, Hautausschläge, Verstopfung und Durchfall auswirkt.
Säuglingen sollte man Spinat aufgrund seines beträchtlichen Oxalsäuregehalts **nicht vor dem 5. Lebensmonat** verabreichen.

Tipp

Nach dem **Spinatverzehr färbt sich der Stuhl schwarz,** was auf den relativ hohen Chlorophyll-Gehalt der

Blätter zurückzuführen ist, der von der Oxalsäure während der Verdauung kohleähnlich umgewandelt wird.

Stachelbeere

Ribes uva-crispa var. sativum
Agräsch, Agras, Agrasel (bayr., österr.), Agristbeere, Aischlitzen, Angrischl, Annefäz, Beberl, Bektasiüzümü (türk.), Beseken, Bettlerkirsche, Bräkenbeere, Brumbeerenfässli, Brummenfürzli, Christusbeere, Chrosle (schweiz.), Donnerfürz, Dornapfel, Dro(n)schel (saarld.), Drusselbeere, Dumefürzli, Egräschel (österr.), Eibeere, Eiterbatzen, Essenkehrer, Fässli, Fleischbeere, Frauenbirne, Gagazbeere, Girbsen, Glasbeere, Gluggere, Gooseberry (engl.), Grachel, Grespel, Grinschele, Grosseille à maquerau (frz.), Grosella Espinosa (span.), Großel(beere), Grünbeere, Grünschel, Grunzbeere, Grunzel, Grus(ch)el (hunsr.), Grusselbeere (pfälz.), Gutterbeere, Hahnäppelchen, Harchelbeere, Hegschnalle, Hendrischke, Herrenbeere, Hundsfarze, Immenguttere, Jakobbeere, Kadrüschel, Kakelatschen, Klopinka, Klosterapfel, Klosterbeere, Klupatschka, Knallbeere, Knorschel, Knotschen, Knübel, Knurschapfel, Kosmatztche, Kotzebeere, Krachelbeere, Krausbeere, Kreuselbeere, Krickel, Krisselbeere, Kritschbeere, Kronzel, Krosselhecke, Krünzel, Krüpel, Kruse(l)beere, Kruisbes (niederl.), Kruserl, Krustapfel, Kuchelbeere, Lennefarze, Mäuserling, Magrêten, Makrutten, Marusen, Meigatschen, Meischlitzen, Meitzen, Molberte, Mugatzerl, Muliforze, Nullefatscher, Ogrose (österr.), Patschgroschl, Pfrusel, Pickgruschel, Pikebeere, Rampelbeere, Rauchbeere, Rauchling, Rauchpitter, Raudelbeere, Rauern, Rauze, Reidlinger, Rindsfarz, Rotgroschel, Rubutze, Ruchbeere, Runzelforze, Ruserlbeere, Schuhäpfel, Schweizer Kuttle, Spinellen, Spunzger, Stachelhanse, Stachellizchen, Stachelribisel, Stachle, Staunsker, Stechbeere, Stibbern, Stichelte, Stickbeere, Stickelatsch, Stikkelsbär (norw.), Strappelbeere, Stupfelbeere, Summerguttere, Sunnenfürzele, Tregel, Triumphbeere, Trutzelbeere, Turnefürz, Ungützli, Uva crespa (span.), Uva espina (de San Pedro) (span.), Uva spina (ital.), Wandlaus, Wisberte, Wunderförzli, Wundergütterli

Allgemeines, Herkunft, Geschichtliches

In Eurasien liegt die Heimat der zu den Steinbrechgewächsen (Saxifragaceae) zählenden Stachelbeere. Im 15. Jh. hielt diese gelb blühende, an **stachligen** Sträuchern heranwachsende **Beeren**frucht erstmals Einzug in mitteleuropäische Gärten. Heute wird diese meist vielfach eingekreuzte Kulturpflanze in Hausgärten angebaut, wo sie von Mai bis August eingebracht werden kann. Die zwar helligkeitsliebende, direktes Sonnenlicht jedoch hassende Stachelbeere ist **die einzige heimische Beerenobstart**, die eine sogenannte **»Grünpflücke«** aufweisen kann. Die grün geernteten (fachspr. grünreifen) Früchte haben zwar nur ein Drittel ihrer endgültigen Größe erreicht, für die Weiterverarbeitung zu Gelee, Kompott, Konfitüre, Konserven und Kuchen sind sie jedoch bestens geeignet, da ihre Schale beim Kochen nicht platzt. Bei der Anzahl der Synonyme ist die Stachelbeere mit nahezu 200 Stück einsame Siegerin; es folgt die Preiselbeere mit 150 und die Brombeere mit wackeren 145.

Aussehen

Stachelbeeren sind kirschengroße, kugelige bis eiförmige Früchte, deren Fruchtfleisch zahlreiche, essbare Kerne enthält. Es gibt weiße, gelbe, grüne und rote, glatte und behaarte Sorten.

Geschmack

Reifegrad- und sortenbedingt kann sich Stachelbeeraroma von »teuflisch sauer« bis »himmlisch süß« darstellen.

Arten, Sorten

Invicta: Ertragreiche, grellgrüne Stachelbeerensorte, die einst im britischen East Malling kreiert wurde.

Otaheite Stachelbeere / Phyllantus (lat.) / Cerezo de la tierra (venezuel.) / Cerezo occidental (kuban.) / Cheremai / Cherme(la) / Chermin-Chermin / Groseillier des Antilles (frz.) / Jimbelin / Keman-gor (malays.) / Landstachelbeere / Malay gooseberry (engl.) / Malay-Stachelbeere / Mayom / Otaheite gooseberry (engl.) / Star gooseberry / Sternstachelbeere / Tamduot (vietn.) / Tjareme / Tjerme (java.) / Westindienstachelbeere / Wilde Pflaume: Ganzjährig blühendes Wolfsmilchgewächs (Euphorbiaceae) aus Madagaskar, das mittlerweile in allen tropischen Ländern angebaut wird. Die büschelweise wachsenden, stachelbeerartigen Früchte sind kirschrund, grün bis blassgelb und weisen eine längsgefurchte Schale auf. Meist werden sie zu Pickles, Konfitüre und Süßspeisen verarbeitet.

Worchesterbeere / Ribes divaricatum (lat.): Mehltaufreie, kleine, schwarze amerikanische Variante der Stachelbeere, deren Ursprünge in Worchester (Massachusetts) liegen.

Hauptinhaltsstoffe

Apfelsäure, Calcium, Eisen, Elektrolyte, Gerbstoffe, Kalium, Natrium, Oxalsäure, **hoher Pektingehalt** (besonders in der Schale), Phosphor, Silizium, Vitamin B 1, C (50 mg / %), Weinsäure, Zitronensäure.

Nach den Tafeltrauben weisen reife Stachelbeeren **die höchsten Zuckergehalte** aller einheimischen Beerenobstarten auf.

Verwendung, Zubereitung

Stachelbeeren werden zu Kaltschale, Likör, Most, Saft, Süßspeisen, Tafelobst, als Ergänzung einer Käseplatte und zu Wein verarbeitet. Unreife, noch grüne Stachelbeeren, werden deshalb schon frühzeitig geerntet, um stark tragende Sträucher zu entlasten und um das Ausreifen der verbleibenden Beeren zu fördern.

Lagerung

Stachelbeeren können im Kühlschrank ca. 3–4 Tage aufbewahrt werden.

Volksmedizinische Bedeutung

Da Stachelbeeren appetitanregend, blutfettabbauend, entwässernd, verdauungsfördernd und darmreinigend sind, gelten sie als **ideale Fitmacher**. Auch bei unreiner Haut, Entzündungen im Mund- und Rachenraum, Gicht, Rheuma, Harnverhalten und Stoffwechselstörungen hat sich ihr Verzehr bewährt.

Tipp

Nach dem Stachelbeergenuss sollte man **kein Wasser trinken**, da dies zu Bauchschmerzen führt; auf den Verzehr von unreifen Stachelbeeren sollte man gänzlich verzichten, da sie zu heftigsten Gasentwicklungen im Darm führen können.

Stachys

Stachys tubifera

Chinese artichoke (engl.), Chinesische Artischocke, Crapaudine (frz.), Crosnes (frz.), Crosnes du japon (frz.), Epiaire (frz.), Hedgenettel (engl.), Japanese artichokes (engl.), Japanische Artischocke, Japanische Kartoffel, Japanknolle, Japanziest, Knollenziest, Stachide (ital.), Stachys (österr.), Tuberi del Giappone (ital.), Woudwort (engl.), Ziest (slaw.), Ziestknolle

Allgemeines, Herkunft, Geschichtliches

Die Stachys ist ein ausdauerndes, japanisches Staudengewächs, das der Familie der Lippenblütler (Labiatae) zugeordnet wird. Im Jahre 1887 gelangten die ersten Stachysabkömmlinge nach Westeuropa und zwar zuerst ins französische Crosne, wo bis heute **die hochwertigsten Stachys der Welt** angebaut werden. Weitere Anpflanzungen dieser nahen Verwandten der Taubnessel liegen in Belgien, China, England, Schweiz, den Mittelmeerländern und Neuseeland.

Aussehen

Stachys sind 2 g schwere, perlschnur- oder raupenförmige Wurzelknöllchen von rund 1 cm Durchmesser und 2 –4 cm Länge. Unter ihrem Häutchen verbirgt sich saftiges, festes, perlmuttfarbenes Fruchtfleisch.

Geschmack

Das Stachysaroma lässt sich als schwarzwurzlig über blumenkohlig bis artischockig umschreiben.

Arten, Sorten

Betonie / Stachys officinalis (lat.) / Bétoine (frz.) / Betony (engl.) / Heilziest / Zehrkraut: Rotviolett blühende, bis 60 cm hohe, auf Wiesen und in Wäldern wild wachsende Stachyssorte, die schon im Altertum als Arznei bei Erkältung, Epilepsie und Fieber eingesetzt wurde.

Hauptinhaltsstoffe

Gerbstoffe, Stachyose.

Verwendung, Zubereitung

Stachys lassen sich zu Gemüse und Salat verarbeiten. Nicht zwingend erforderlich ist das meist sehr **verlustreiche Schälen** der Knöllchen. Vernünftiger ist es (nachdem man die Fäden und Enden entfernt hat), sie kurz zu blanchieren, dann in einem Tuch mit Salz so lange abzureiben, bis sie sauber sind, um sie schließlich sorgfältig abzuspülen und wie Spargel weiterzuverarbeiten. Die hochsensiblen Stachys sollten **schonendst und nie länger als 5 Minuten** geköchelt, gedünstet oder gebraten werden, da sie sonst zerfallen.

Lagerung

Stachys können – selbst in einem feuchten Einschlag oder in Sand – nur kurzzeitig aufbewahrt werden: Sie oxidieren dann, ihr Aroma verflüchtigt sich und sie vertrocknen zusehends.

Tipp

Ihrer leichten Verderblichkeit wegen werden Stachys nur für den jeweiligen Marktbedarf geerntet.

Stängelkohl

Brassica rapa var. cymosa

Broccoletto, Cima di rapa (ital., frz.), Knospenkohl, Raab, Rapa, Rappa, Rübenkohl, Spargelbrokkoli

Allgemeines, Herkunft, Geschichtliches

In Süditalien liegt die Heimat des Stängelkohls, der aus Weiterzüchtungen des allerorten wild wachsenden und als Unkraut verschrienen Feldkohl (Brassica campestris) hervorgegangen ist. Stängelkohl zählt zur Familie der Kreuzblütler / Brassicaceae (Cruciferae) und wird zwischen August und Oktober grundsätzlich kurz **vor der Blüte geerntet**, weil dann die Stängel am dicksten und saftigsten sind.

Aussehen

Stängelkohl besitzt kräftige, bis 80 cm lange, grüngelbe Stängel mit grasgrünen Blättern und kleine gelbe Blütenstände, die dem Brokkoli nicht unähnlich sind.

Geschmack

Die Blütenstände des Stängelkohls sind zwar überaus mild, seine Blätter entfalten dagegen während des Kochens einen auffälligen Kohlgeschmack und -geruch.

Arten, Sorten

Cimone: Großblättrige Stängelkohlsorte aus Italien.

Hauptinhaltsstoffe

Calcium, Folsäure, Kalium, Kupfer, Nikotin, Pantothensäure, Phosphor, Provitamin A, Senföle, Vitamin B 1, B 2, B 3, B 6, C, K, Zellfasern, Zink.

Verwendung, Zubereitung

Stängelkohl sollte nur kurz gedünstet und mitsamt seinen Blütenständen verarbeitet werden, weil sie den aufdringlichen Kohlgeschmack seiner Blätter mildern.

Lagerung

Kühl und lichtgeschützt kann der Stängelkohl zwar mehrere Tage gelagert werden, man sollte ihn jedoch nicht in Gemeinschaft mit Ethylen ausscheidenden Früchten und Gemüsen (z. B. Tomaten, Äpfeln, Zitrusfrüchten) bevorraten, da er sonst rasch vergilbt und somit ungenießbar wird.

Tipp

Herkömmliches Mundwasser verdrängt Mundgeruch nur für etwa 20 Minuten. Wird es jedoch mit mit einem zinkreichen Lebensmittel (z. B. mit Stängelkohlsaft) ergänzt, hält die Wirkung für viele Stunden an.

Staudensellerie

Apium graveolens var. dulce

Apio blanco (span.), Bleekselderij (niederl.), Bleichsellerie, Céleri à côtes (frz.), Céleri en branche (frz.), Celery (engl.), Englischer Sellerie, Groenselderij (niederl.), Sedano da coste (ital.), Stängelsellerie, Stangensellerie (schweiz.), Stangenzeller (österr.), Stielsellerie

Allgemeines, Herkunft, Geschichtliches

Der Staudensellerie wurde im 16. Jh. von italienischen Gärtnern aus dem wilden Sumpfsellerie gezüchtet. Einst bezeichnete man den Staudensellerie als **»Bleichsellerie«**, weil man ihn sonnengeschützt in aufgeschütteten Sandwällen heranzog, um seine Stängel möglichst zart und hell zu halten. Heute wächst Staudensellerie zwar oberirdisch, er wird jedoch mit Folie völlig abgedunkelt. Infolgedessen wird er nicht nur würziger und saftiger als solcher der ersteren Anbaumethode, sondern zudem noch vitamin- und mineralstoffreicher. Bis in die 80er Jahre galt der zur Familie der Doldenblütler (Apiaceae) zählende Staudensellerie lediglich als Delikatesse für Bewohner angelsächsischer Länder, zwischenzeitlich hat er jedoch auch hierzulande hohe Bedeutung erlangt. In Amerika, Belgien, England, Frankreich, Israel, Italien, Spanien, der Slowakei und Ungarn befinden sich die nennenswertesten Anbauflächen dieses Stängelgemüses, das zwar nicht so robust wie der verwandte Knollensellerie ist, jedoch **wesentlich schnellwüchsiger**.

Aussehen

Staudensellerie hat fleischige und je nach Sorte blattarme, gelbweiße oder blattreiche, hellgrüne, büschelartige Blattstiele, die bis zu 70 cm Länge erreichen.

Laut EWG-Verordnung sollte das Durchschnittsgewicht des Staudenselleries zwischen 500 und 1000 g betragen.

Geschmack

Staudensellerie schmeckt knackignussig und weist ein unaufdringliches Sellerieearoma auf.

Arten, Sorten

Golden Spartan / Utah nennen sich stark duftende, selbstbleichende Staudensellerieezüchtungen.

Hauptinhaltsstoffe

Aminosäure, Apiin, Calcium, Cholin, Cumarin, Eisen, insulinähnliche Hormone, Kalium, Magnesium, Natrium, Niacin, etherische Öle, Oxalsäure, Phosphor, Provitamin A, Psoralen, Schleim, Spurenelemente, Stickstoff, Vitamin B 1, B 2, B 6, B 12, C, E. In Konkurrenz zur Sellerieknolle besitzt der Staudensellerie **höhere Vitamin-C-Gehalte**.

Verwendung, Zubereitung

Staudensellerie ist zum Frischverzehr, Dünsten, Gratinieren, Schmoren und zur Herstellung von Eintöpfen, Mischgemüsen und Suppen geeignet. Im Rohzustand dient er nicht nur verschiedenen Salatzubereitungen – auch zum »dippen« in pikante Saucen wird er gerne genutzt. Zuvor kürzt man – möglichst knauserig – das Wurzelende; **das obere Drittel wird zwar entfernt**, man kann es jedoch noch zum Verfeinern und als Geschmacksgeber von Suppen oder Saucen verwenden.

Sellerieherz nennt man das zarte, mittige, fast weiße Herzstück des Staudenselleries.

Lagerung

Bei Kühlschranktemperaturen lässt sich Staudensellerie zwar etwa 2 Wochen lang aufbewahren, er sollte jedoch nicht in Gemeinschaft mit Ethylen ausscheidenden Früchten und Gemüsen bevorratet werden (z. B. Äpfeln, Avocados u. a.), da sie zu seinem vorzeitigen Verderb führen.

Volksmedizinische Bedeutung

Die etherischen Öle des bekömmlichen Staudenselleries haben eine appetitanregende, entwässernde, stoffwechsel- und kreislaufanregende Wirkung; außerdem wird die Säurebildung des Magens angeregt.

Tipp

Sedanini (ital.) / Selleriechen nennt man eine rote (mit Tomaten gefärbte) oder grüne (mit Spinat gefärbte) Nudelsorte, die jungem Stangensellerie nachempfunden wird.

Steckrübe

Brassica napus var. napobrassica

Bodenknöpfe, Bodenkohlrabi, Bodenrübe, Cavolo navone (ital.), Chou-navet (frz.), Colinabo grando (span.), Dorsche, Dotschn (bayr.), Dreimonatspflanze, Duschen (österr.), Erdkeste, Erdkohlrabi (hess.), Erdriewe (hess.), Erdrübe, Gaale Colerowe (herleshsn.), Geele koolraap (niederl.), Gelbe Kohlraben, Gelbe Kohlrabi, Goldrübchen (pfälz.), Hessische Ananas (hess.), Kabisrübe, Kellerum (vogtld.), Kohlrabi in der Erd', Kohlrübe (brandenb.), Koolraap (niederl.), Krautrübe, Kulloche (steierm.), Lippische Ananas (westfäl.), Nachkriegsgemüse, Oldenburger Ananas (niedersächs.), Ostpreußische Ananas, Raap (niederl.), Rana (altbayr.), Rüb(en)kohl (schweiz.), Rutabaga (engl., frz.), Salgam lanahasi (türk.), Schmalzrübe, Schwedische Rübe, Speckrübe, Swedish turnip (engl.), Turnip (engl.), Unterbodenkohlrabi, Untererdkohlraben, Unterkohlrabi, Waldecker Südfrucht (hess.), Wruke (mecklenb.-vorpom., niederdt., österr., ostpreuß.), Wurzelrübe, Yellow swede (engl.)

Allgemeines, Herkunft, Geschichtliches

Die Steckrübe ist eine mediterrane Kulturform des Raps. Im Ersten Weltkrieg 1917 / 1918 diente die zu den Kreuzblütlern / Brassicaceae (Cruciferae) zählende und zuvor lediglich als Schweinefutter angebaute Steckrübe in den sogenannten »Steckrübenwintern / Kohlrübenwintern« als lebenswichtiges Nahrungsmittel der Menschen, was sie seither zum »Arme-Leute-Gemüse« verdonnerte. Ihre Synonyme »Hessische Ananas«, »Oldenburger Ananas« und »Ostpreußische Ananas« stammen noch aus dieser Zeit: Mit verführerischen Bezeichnungen hoffte man, beim Verbraucher einen höheren Ansporn für den Ankauf und Verzehr von Steckrüben zu erzielen. Mit dem **Kohl ist die Steckrübe zwar verwandt**, beim Kohl werden jedoch »nur« die Blätter verspeist; bei Steckrüben verzehrt man dagegen die Wurzel (Rübe).

»Dreimonatspflanze« wird die zum größten Teil über der Erde wachsende Steckrübe auch genannt, weil sie bereits 3 Monate nach der Aussaat erntereif ist.

»Kohlrübe« heißt die Steckrübe auch, weil sie aus einer Kreuzung des Kohlrabi mit der Herbstrübe hervorgegangen ist.

Den Namen »Steckrübe« hat sie der Tatsache zu verdanken, dass sie – im Gegensatz zu einer Direktsaat – höhere Erträge liefert, wenn sie als Setzling ins Erdreich »gesteckt« wird.

Aussehen

Die Steckrübe ist eine gelb- bis weißfleischige, ovale oder rundliche, bis zu 1,5 kg schwere, dickschalige Wurzelfrucht mit blaurotem Hals und blaugrünen Blättern.

Beim Steckrübenkauf ist darauf zu achten, dass weder Schimmelstellen noch grüne Auswüchse zu erkennen sind, da sie auf Überlagerung schließen lassen.

Geschmack

Steckrüben haben ein angenehm herb-süßes, kräftig-erdiges Aroma. Gelbfleischige Sorten schmecken generell würziger als weißfleischige.

Arten, Sorten

Groalsalat nennen die Burgenländer (Österreich) eine außergewöhnliche Salatzubereitung, die sie aus den feinen Keimblättchen im Keller gelagerter Steckrüben, Roter Bete, Sellerieknollen oder / und Rettichen herstellen. Sogar in hausgemachtem Kartoffelsalat sorgen diese Triebchen bei Feinschmeckern für Bewunderung und Entzückung.

Herbstrübe / Brassica rapa var. rapa subvar esculenta (lat.) / Batzeln (bayr.) / Jettinger Rübe / Kochrübe / Ochsenhorn / Räbe (schweiz.) / Sellrainer Rübe / Speiserübe / Stoppelrübe / Tellerrübe / Wasserrübe / Weiße Rübe / Weißrübe: Im Mittelalter, noch vor der Einführung der Kartoffel, spielte die weißfleischige Herbstrübe (daher »Weißrübe«) zusammen mit der Kohlrübe eine große Rolle in der Ernährung. Heute wird sie meist als Viehfutter – ganz selten als Gemüse – verwendet. Man pflanzt die schnellwüchsige und wasserreiche Herbstrübe (daher »Wasserrübe«) meist als »Nachfrucht« auf Getreidestoppeln (daher »Stoppelrübe«), um sie im Herbst (daher »Herbstrübe«) zu ernten.

Japanische Rüben / Kabu (jap.) sind äußerlich zwar kaum von Mairüben zu unterscheiden, geschmacklich sind sie jedoch deutlich schärfer.

Kerbelrübe / Chaerophyllum bulbosum (lat.) / Cerfeuil tubéreux (frz.) / Kerbelknolle / Knollenkerbel / Knonnelknobel / Nappenkörfel / Nappenmöhre / Rübenkerbel / (Rüben)Kälberkropf / Turnip-rooted chervil (engl.) heißt eine in Deutschland, Frankreich, Italien und Kleinasien angebaute Rübensorte, die im Rohzustand einen leicht scharfen und knackig-saftigen, gekocht einen zwar mehligen, doch kräftigen, kastanienähnlichen Geschmack aufweist. Kerbelrüben sehen aus wie kurze, braune, stumpfe Möhren und zeigen weißlich gelbes Fruchtfleisch. In Deutschland findet man Kerbelrüben wild wachsend an Flussufern und in feuchten Wäldern, gelegentlich auch in Hobbygärten; **professioneller Anbau wird nirgendwo betrieben**. Ab Oktober kann diese Rübensorte entweder mit der Schale gebraten, wie Pellkartoffeln gekocht (um sie dann scheibenweise in Bierteig auszubacken) oder zu Suppen und Ragôuts werden. Im

Kühlhaus hält sich die Kerbelrübe monatelang; **im kühlen Sandboden bevorratet, legt ihr Aroma sogar noch zu**.
Komatsuna / Brassica rapa var. komatsuna (lat.) / Spinatsenf: Asiatische Mairübenweiterzüchtung, die – wie der Mitsuna – **auf kraftstrotzende, keilförmige Blätter getrimmt** wurde, die dem Mangold stark ähneln. In seiner Jugend können die kohlartigen Blätter des Komatsuna noch zu Salat verarbeitet werden, später dienen sie eher der Gemüsebereitung.
Langer Schwarzer / Noir long: Ausdauernde, schwarzschalige Weiterzüchtung der Herbstrübe mit schneeweißem, sehr zartem, süßaromatischem Fruchtfleisch.
Mairübe / Brassica rapa var. rapifera, subvar. Majalis (lat.) / Meiraap (niederl.) / Nabo (span.) / Navet (frz.) / Rapa di primavera (ital.) / Raves (frz.) / Turnip early varieties (engl.): Weiß-, gelb- und / oder rotschaliges Rübchen mit einer stets durstigen, sich in den Boden senkenden, zum Ende hin verjüngenden Wurzel, zartem Fruchtfleisch und sanftem rettich-kohlrabigem Geschmack. Mairüben werden im Mai ausgesetzt und können bis August geerntet werden.
Mitsuna / Brassica rapa var. nipposinica (lat.) / Mizuna: Aus der Mairübe hervorgegangene, neuartige, asiatische Blattgemüse- / Salatzüchtung (Asia Greens) mit bitterscharfen, frisée-endivienähnlichen, stark gebuchteten Blättern, die in allen Entwicklungsstadien geerntet werden können.
Namenia / Brassica rapa var. namenia (lat.): Gelbblütige, aus Mitsuna und Mairübe hervorgegangene Kohlvariante mit stark geschlitzten Blättern und wohlschmeckenden Stängeln, die sich sowohl für die Salat-, als auch zur Gemüsezubereitung eignen.
Saure Rüben / Sauerrübe nennt man in der Schweiz grob geraspelte, in Salzlake eingelegte Herbstrüben, die **wie Sauerkraut zubereitet** werden.
Teltower Rübchen / Brassica rapa var. rapifera. Pygmae (lat.) / Kleine Speiserübe / Märkisches Rübchen / Navets de Teltow (frz.) / Pariser Weißrübe / Rübchen / Teltower Weißrübchen / Weiße Rübchen: Besonders zarte erdig-würzige Zwergform der Mairübe, die von Oktober bis Dezember auf Wochenmärkten zu finden ist. Ursprünglich wurde das Teltower Rübchen lediglich auf dem sandigen Boden im **märkischen Teltow bei Potsdam** angebaut; mittlerweile wird es aber auch in Norddeutschland und in Frankreich kultiviert, wo es als bevorzugte Delikatesse gilt. Schon Johann Wolfgang von Goethe und Heinrich Heine schwärmten von diesem kurzwurzligen, kinderfaustgroßen Gemüse, dessen blassweißes bis goldgelbes Fruchtfleisch meist zu Eintopf, Gemüse, Suppe, Püree oder Salat verarbeitet wird. Leicht karamellisiert schmecken die frostwidrigen und rasch wüchsigen Teltower Rübchen am besten zu Gänse- und Entenbraten. Sogar ihr Blattwerk kann zu spinatähnlichem Gemüse oder als Suppen- und Sauceneinlage verarbeitet werden.

Hauptinhaltsstoffe

Asparagin, Betain, Calcium, Coniferin, Eisen, Eiweiß, Folsäure, Kalium, Kohlenhydrate, Kupfer, Magnesium, Natrium, etherische Öle, Phosphor, Provitamin A, Raphanol, Saponine, Traubenzucker, Vitamin B 1, B 2, B 3, B 6, C.

Verwendung, Zubereitung

Steckrüben lassen sich zu Eintopf, Gemüse, Suppe oder Püree verarbeiten. Zuvor sollte man die Wurzeln, den Blattansatz und die Schale großzügig entfernen. In Würfel geschnitten werden die Rüben ca. 40 Minuten in Wasser gegart, das man mit Salz, Pfeffer und Zucker abgerundet hat. Den etwas herb-erdigen Geschmack der Rübe kann man mindern, indem man das Kochwasser nach dem Garvorgang weggießt, eine fein geschnittene Zwiebel in Butter / Anke (schweiz.) / Schmer (süddt.) andünstet, die Rübenwürfel hinzufügt und mit Bouillon übergießt. Die blähenden Eigenschaften der Rüben können durch **Kümmelzusätze** gemindert werden.

Lagerung

Kühl und trocken sind Rüben bis zu 6 Monate lagerfähig; infolge unsachgemäßer Bevorratung werden Rüben ruckzuck holzig, pelzig und schimmlig.

Volksmedizinische Bedeutung

Die Steckrübe ist **das kalorienärmste Wurzelgemüse** und dank der Zusammensetzung ihrer Inhaltsstoffe auch aus ernährungsphysiologischer Sicht äußerst hochwertig. Rüben enthalten **Betain**, das die **Leber entgiftet** und vor schädlichen Einflüssen (z. B. Alkohol und Umweltgiften) schützt.

Tipp

In Bremen bezeichnet man als »Steckrübe« auch ein ordentliches Stück Käse, das dort traditionell stets mit Bier oder Wein verzehrt wird.

Sternapfel

Chrysopyllum cainito

Cainito (ital.), Pomme étoilée (frz.), Starapple (engl.), Sterapple (niederl.), Stjerneaple (norw.)

Allgemeines, Herkunft, Geschichtliches

Der Sternapfel ist ein Sapotengewächs (Sapotaceae), das nur in seiner Heimat Mittelamerika und auf den Westindischen Inseln (Karibische Inseln) von Bedeutung ist.

Den Namen verdankt der Sternapfel seinem Innenleben: Halbiert man die apfelgroße Frucht, erblickt man einen neunstrahligen Stern.

Aussehen

Der oval-runde, grüne oder purpurfarbene Sternapfel besitzt gallertartiges, weißes Fruchtfleisch, das 4–6 halbkugelig angeordnete Samen enthält.

Geschmack

Der Sternapfel weist zwar ein herbsüßes, birniges Aroma auf – sehr ersprießlich schmeckt es allerdings nicht.

Verwendung, Zubereitung

Der Sternapfel wird meist frisch verzehrt oder zur Dekoration in der Kalten Küche und in Cocktails verarbeitet.

Lagerung

Auf den europäischen Märkten spielt der Sternapfel eine untergeordnete Rolle, da er rasch verdirbt.

Tipp

Auf den Westindischen Inseln ist es in vielen Hotels Sitte, anreisenden Urlaubsgästen zur Begrüßung einen Sternapfel zu überreichen.

Stielmus

Brassica rapa var. rapifera subvar. Pabularia

Brocoli de raves (frz.), Knisterfinken (westfäl.), Raapstelen (niederl.), Röbstill (rhein.), Rübsprossen, Rübstiel(chen), Stengelmus, Stippmus, Streifmus, Streifrüben, Turnip tops (engl.)

Allgemeines, Herkunft, Geschichtliches

Als »Stielmus« bezeichnet man nach einer speziellen Zubereitung die jungen Stielchen, Blättchen und Blütenknospen der Mairübe sowie des Mangolds und der Zuckerrübe. Pflanzen, die ausschließlich zur Stielmusweiterverarbeitung vorgesehen sind, werden besonders dicht nebeneinander angebaut, damit ihre **Kraft in das Kraut** – nicht in die Rüben – schießt. Jahreszeit- und regionaltypisch wird Stielmus im Frühjahr (bis Ende Mai), überwiegend in Nordrhein-Westfalen und in Schleswig-Holstein angeboten und meist als Beilage zu Frikadellen oder Bratwurst gereicht.

Aussehen

Mangold-, Mairüben- oder Zuckerrübenblätter besitzen kraftvolle, gerippte, leicht gekrauste, dunkelgrüne, spinatähnliche Blätter und einen leicht faserigen, weißen, gelegentlich auch rötlichen Blattstiel, der zur Wurzel hin meist noch kräftiger wird.

Geschmack

Stielmusblätter schmecken im Allgemeinen fein säuerlich und würzig.

Hauptinhaltsstoffe

Aminosäuren, Calcium, Eisen, Kalium, Natrium, Oxalsäure, Phosphor, Provitamin A, Senföle, Vitamin C.

Verwendung, Zubereitung

Stiele und Blätter werden gründlich gewaschen, in feine, ca. 5 cm lange Streifen geschnitten, mit Speck- und Schalottenwürfelchen kurz gedämpft und dann entweder mit einer durch die Presse getriebenen, gekochten Kartoffel sparsam gebunden oder »nur« in Béchamel gegart. Aus jungen Stielmusblättchen lassen sich auch herzhafte Salate bereiten.

Lagerung

Stielmus lässt sich im Kühlschrank 3–4 Tage aufbewahren.

Tipp

Bei der Kalkulation sollte man von ca. 180 g frischen Stielmusblättern pro Person ausgehen.

Strandaster

Aster tripolium

Salzaster, Sea aster (engl.), Sumpfaster

Allgemeines, Herkunft, Geschichtliches

Strandastern wachsen zwar meist wild an den Stränden Afrikas,

Asiens und Mitteleuropas, vereinzelt werden sie jedoch auch schon (im Binnenland) kultiviert. Geerntet werden die zu den Korbblütlern / Asteraceae (Compositae) zählenden Strandastern jeweils vor der Blüte, in der Zeit von Juni bis September.

Aussehen

Strandastern sind bis zu 1 m hohe Pflanzen mit länglichen, lichtgrünen, fleischigen Blättern und einer strahlenförmigen Blüte.

Geschmack

Junge Strandasternblätter schmecken mild; alte, also solche, die nach der Blüte geerntet wurden, sind zäh und geschmacklos.

Verwendung, Zubereitung

Junge Strandasterblätter werden zu einem zwar nicht ganz alltäglichen, jedoch sehr schmackhaften Gemüse, wenn man sie – nur mit etwas Salz und Pfeffer gewürzt – ganz kurz in wenig Butter dünstet.

Lagerung

Gut gekühlt sind Strandastern fast 2 Wochen haltbar.

Volksmedizinische Bedeutung

Warm aufgelegte Strandasterblätter dienten einst der Heilung von Augenentzündungen.

Tipp

An Küstengebieten gelten gedünstete Strandastern als **bevorzugte Beilage zu Muscheln und Austern**.

Stranddreizack

Triglochin maritima

Röhlk, Röhr(kohl), Salzdreizack, Sea arrowgras (engl.), Tros-cart (frz.)

Allgemeines, Herkunft, Geschichtliches

Der Stranddreizack ist ein winterhartes Dreizackgewächs (Juncaginaceae), das an Meeresstränden wild wachsend vorkommt und grundsätzlich – wie die Strandaster – vor der Blüte geerntet werden sollte. Da die relativ dünne Außenhaut der Stranddreizackblätter völlig **undurchlässig ist, kann sie größere Ausdunstungen verhindern** – deshalb kann die Pflanze problemlos in **salzhaltiger Umgebung** bestehen.

Aussehen

Der Stranddreizack ist ein bis zu 50 cm hoher Meeresküstenbewohner mit dickfleischigen, schnittlauchartigen Stängeln und auffälligen, runden Blüten.

Geschmack

Vor der Blüte geernteter Stranddreizack hat einen milden und – standortbedingt – leicht salzigen Geschmack; nach der Blüte wird die gesamte Pflanze faserig und bitter.

Verwendung, Zubereitung

Kleingehackter, junger Stranddreizack kann wie Petersilie oder als **einheimischer Cilantro-Ersatz** zum Würzen von Suppen und Salaten verwendet werden. Aus den älteren Blättern bereiten die Küstenbewohner meist Röhrkohlgemüse, der dem Grünkohl zwar nicht ganz unähnlich ist, jedoch völlig anders schmeckt. Weidevieh meidet instinktiv den für Tiere giftigen Stranddreizack aufgrund seines chlorartigen Geruchs.

Tipp

An der Nordseeküste gilt ein Frühjahrseintopfgericht, das u. a. Graupen, Schweinefleisch, Speck und

Stranddreizack beinhaltet, als regionale Spezialität. Beim Kochen verschwindet der leidige chlorartige Geruch dieser Pflanze.

Straucherbse

Cajanus cajan

Angola-Erbse, Catjang-Bohne, Erbsenbohne, Gandules (span.), Indischer Bohnenstrauch, Kongo-Erbse, Strauchbohne, Taubenerbse, Toor dal (ind.)

Allgemeines, Herkunft, Geschichtliches

Die Straucherbse ist in ihrer afrikanischen Heimat schon seit über 4000 Jahren bekannt. Bedeutende Anbaugebiete dieser **Hülsenfrucht**, die genaugenommen **der Bohnen- und nicht der Erbsenfamilie** zugeordnet wird, liegen in Indien, Indonesien, auf den Karibischen Inseln, in Malaysia, auf den Philippinen und in Puerto Rico.
Ihren Namen »Straucherbse« hat diese Leguminose der Tatsache zu verdanken, dass ihre Samen in Form und Farbe **den Erbsen nicht ganz unähnlich** sind.

Aussehen

Die Straucherbse hat dicht behaarte, spiralige, grüne Hülsen mit erbsengroßen und – je nach Reifegrad – gelben, rotbraunen oder schwarzen Samen.

Geschmack

Straucherbsen schmecken süßbohnig.

Arten, Sorten

Arhar: Grobwüchsige, rotbraunhülsige Straucherbsensorte aus Indien mit jeweils 4–5 Samen.
Tur: Niederwachsende, grünhülsige Straucherbsensorte aus Indien mit jeweils 3 Samen.

Verwendung, Zubereitung

Straucherbsensamen werden meist zur Herstellung von Suppen, Eintopfgerichten, Sprossengemüse oder Mehl verwendet. Aus jungen Straucherbsenhülsen lassen sich ausgefallene Salate bereiten. Straucherbsenblätter sind lediglich der Gemüseherstellung nützlich.

Lagerung

Kühl aufbewahrt, sind Straucherbsen etwa 2 Wochen lang bevorratbar.

T

Tamarinde

Tamarindus indica

Asem, Indian date (engl.), Indische Dattel, Tamar hindi (arab.), Tamarin (frz.), Tamarina (engl.), Tamarind (norw.), Tamarinde (niederl.), Tamarindo (ital., span.)

Allgemeines, Herkunft, Geschichtliches

Der bis zu 25 m hohe Tamarindenbaum ist ein in den Tropen Afrikas und Indiens beheimateter, gelb blühender Hülsenfrüchtler (Leguminosae) mit gefiederten, zartgrünen Blättchen, der bis zu 150 Jahre alt werden kann. Tamarindenbäume werden mittlerweile in ganz Asien, Brasilien und Thailand angebaut, wo sie nebenher als nützliche Schattenspender geschätzt werden.

Das Wort »Tamarinde« wird aus dem arabischen »Tamar hindi« für »Indische Dattel« abgeleitet.

Aussehen

Die Tamarinde ist eine bis zu 20 cm lange und 3 cm breite, zimtfarbene, erbsenschotenartige, spröde, ledrige Frucht, die braunes oder schwarzes Fruchtfleisch enthält, das 4–12 Samen beherbergen kann.

Geschmack

Tamarindenmark schmeckt extrem sauer.

Arten, Sorten

Sauerdattel nennt sich eine außerordentlich breithülsige Tamarindensorte mit zähflüssigem, schwarzem, alles zusammenziehendem Fruchtmark.

Süße Tamarinde: Übersüßes, rundhülsiges Pendant der Sauerdattel mit breiigem, hellbraunem Fruchtmark.

Hauptinhaltsstoffe

Calcium, Eisen, Fruchtsäuren, Gummi, Kalium, Pektin, Phosphor, Provitamin A, Vitamin C, Zucker.

Verwendung, Zubereitung

Die reife Tamarindenhülse liefert Fruchtmark, das sich nicht nur in »Worcestersauce« und »Angostura« wiederfindet, auch Süßwaren und **Erfrischungsgetränke, die man im Orient während des Fastenmonats Ramadan trinkt**, werden damit verfeinert. Diese Pulpe dient oft auch der Geschmacksgebung verschiedener Eissorten und zum Marinieren exotischer Gerichte. Unreife Tamarindenhülsen sowie die jungen -blätter und -blüten können zu gewürzhaftem Gemüse bereitet werden. Das dunkelbraune Tamarindenbaumholz wird in den Anbauländern meist zur Herstellung von Möbeln und Geräten genutzt.

Lagerung

Angesichts ihres starken Säuregehalts ist die Tamarinde **ungewöhnlich lange haltbar**.

Volksmedizinische Bedeutung

Tamarindenmus besitzt fiebersenkende, verdauungsfördernde und leicht abführende Eigenschaften.

Tipp

Tamarindensamen schmecken hervorragend, wenn sie zuvor geröstet wurden.

Tannia

Xanthosoma sagittifolium

New Cocoyam (engl.), Okumo (venezuel.), Tania (engl.), Tanier (frz.), Yautia (südamerik.)

Allgemeines, Herkunft, Geschichtliches

Die Tannia stammt aus der Karibik und Südamerika, wo sie – schon lange, bevor die Eroberer nach Südamerika eindrangen – von den Ureinwohnern kultiviert wurde. Im Jahr 1840 gelangte die zur Familie der Aronstabgewächse (Araceae) zählende und mit der Taro verwandte Tannia auch nach Afrika. Spanische und portugiesische Seefahrer verbrachten sie schließlich auch nach Europa und Asien. In Indonesien, in der Karibik, in Malaysia, Südamerika und Westafrika liegen heute die großflächigsten Anbaugebiete der Tannia.

Aussehen

Die Tannia ist eine großblättrige Pflanze, die bis zu 2,5 m Höhe erreichen kann. An ihrer riesigen Wurzel, der sogenannten »Mutterknolle«, haften mehrere 10–25 cm lange, weiße, rosa oder gelbe »Tochterknollen«.

Geschmack

Tanniaknollen schmecken leicht erdig.

Hauptinhaltsstoffe

Calciumoxalat-Kristalle, Provitamin A, Raphide, Stärke, Vitamin C.

Verwendung, Zubereitung

Tanniatochterknollen werden meist zu Gemüse oder Mehl verarbeitet – Mutterknollen dienen meist als Viehfutter.

Callaloo (karib.) / Calalou (frz.) / Chou caribe (frz.) / Karibenkohl / Karibischer Kohl nennt man junge Tannia- und Taroblätter, wenn sie wie Wirsing oder Spinat verarbeitet wurden.

Lagerung

Da die Tanniaknolle nach der Ernte rasch verdirbt, wird sie in den Anbauländern grundsätzlich erst **bei Bedarf geerntet**.

Volksmedizinische Bedeutung

Die Inhaltsstoffe der Tannia wirken sich positiv auf Haut, Haare, Wachstum und Verdauung aus. Widrige Nebenwirkungen weisen die in der Tanniaknolle enthaltenen Calciumoxalat-Kristalle auf, da sie während des Verzehrs ein **starkes Brennen im Mund** verursachen. Auch während der Ernte bewirken diese Kristalle unangenehme Brennreize auf der Haut.

Tipp

Fälschlicherweise kommt die Tannia und die Taro gelegentlich auch unter dem Namen »Yam« auf europäische Märkte. Die Yam ist jedoch eine eigenständige Pflanze.

Taro

Colocasia esculenta

Blattwurz, Cocoyam (afrik., engl.), Colcacia, Kalo, Kolokasie, Taioba, Ta-

ro (engl., frz., ital., polynes., span.), Wasserbrotwurzel, Zehrwurz

Allgemeines, Herkunft, Geschichtliches

Die Taro ist eine uralte, indische Sumpfpflanze, die etwa vor 2000 Jahren erstmals nach Europa gelangte. Für die Bewohner der Südseeinseln zählt dieses Aronstabgewächs (Araceae) bis heute zu den bedeutendsten Nutzpflanzen. Größere Anbaugebiete der Taro findet man in Ägypten, Afrika, Burma, Hawaii, Japan, Spanien, USA und Zypern.

Aussehen

Die Taro ist ein dickes, braunes, bis zu 4 kg schweres Knollengewächs mit weißem, grünem, grauem oder violettfarbenem Fruchtfleisch.
Die grünen, herzförmigen Taroblätter können bis zu 1 m lang werden.

Geschmack

Tarofruchtfleisch schmeckt nussig, würzig. Taroblätter weisen ein leicht bitteres, spinatiges Aroma auf.

Arten, Sorten

Dasheen: Japanische Tarosorte mit markanter Hauptknolle und wenigen Nebenknollen, die einen weitaus **geringeren Calciumoxalat-Kristallgehalt** aufweisen als die Eddo (s. u.).
Eddo / Eddoe / Eddro: Kleinwüchsige, **sehr Calciumoxalat-Kristallhaltige afrikanische Tarosorte** mit einer Vielzahl von eirunden Tochterknöllchen.

Hauptinhaltsstoffe

Calciumoxalat-Kristalle, Eisen, Eiweiß, Fett, Kalium, Phosphor, Provitamin A, Raphiden, Saponine, Schleimstoffe, Stärke, Vitamin B, C.

Verwendung, Zubereitung

Im gekochtem, frittiertem oder gebratenem Zustand werden Taroknollen und die jungen -blätter (als »Callaloo«) in den Anbauländern bereits zum Frühstück verspeist. Beim Kochen der Taroknollen und -blätter sollte man **das Kochwasser wenigstens zweimal wechseln**, da die Calciumoxalat-Kristalle die Schleimhäute reizen können. Nicht selten dienen Taroknollen auch der Herstellung von alkoholischen Getränken und Mehl.

Tipp

Arumstärke / Portland-Arrowroot (engl.) wird Taromehl in Fachkreisen genannt.

Taubnessel

Lamium album

Bienenhütel, Bienensaug, Blumennessel, Daunettel, Falsche Brennnessel, Löffelblume, Nettel, Sugblom, Todeskraut, Todnessel, Weiße Nesselblume, Weiße (Taub)nessel, White dead nettle (engl.), Wurmnessel, Zahme Essle, Zauberkraut

Allgemeines, Herkunft, Geschichtliches

Die Taubnessel ist eine Wildpflanze, die zur großen Schar der Lippenblütler / Lamiaceae (Labiatae) gezählt wird. In Asien, Europa und Nordafrika findet man die Taubnessel im Frühjahr auf nährstoffreichen, feuchten Böden, an Bahndämmen, Flussufern, Hecken, Wegrändern und Zäunen und zwar seltsamerweise meist dort, wo sich auch ihre Verwandte, die Brennnessel, wohlfühlt.

Ihren Namen verdankt die Taubnessel den – im Gegensatz zur Brennnessel – nicht brennenden, also »tauben« Blättern.

Aussehen

Die bis zu 50 cm hohe Taubnessel hat eine weiße, nach Honig duftende Blüte. Sie ähnelt zwar stark der Brennnessel, hat jedoch weichere Formen, da ihre behaarten, krautigen Blätter quirlartig um den Stängel herum wachsen.

Geschmack

Junge Taubnesselblätter schmecken zwar erfrischend, entwickeln allerdings kein besonderes Aroma. Taubnesselblütengeschmack erinnert an Honig. Alte Taubnesselblätter schmecken nicht nur sehr bitter, sie weisen zudem einen extrem hohen Faseranteil auf.

Arten, Sorten

Gelbe Taubnessel / Lamium galebdolon (lat.) / Goldnessel / Goldtaubnessel: Sie hat gelbe Blüten und gedeiht nur im Schatten. Früher wurde sie bei gelbem Ausfluss und bleichsüchtigen Patientinnen angewandt.
Rote Taubnessel / Lamium rubra (lat.): Sie wächst meist auf feuchten Äckern und Schuttplätzen. In der nahen Vergangenheit kam sie bei zu starker Regel und blutigen Ausflüssen zum Einsatz.

Hauptinhaltsstoffe

Gerbstoffe, etherische Öle, Saponine.

Verwendung, Zubereitung

Junge Taubnesselblätter können vor der Blüte mitsamt den grob zerkleinerten Zweiglein entweder zu Mischsalat oder spinatartigem Gemüse verarbeitet werden.
Taubnesselblüten eignen sich sowohl zu Dekorationszwecken als auch zum Bestreuen von Salaten, Quarkspeisen und deftigen Suppen oder Eintöpfen.

Volksmedizinische Bedeutung

Taubnesseltee kann bei Entzündungen, Frauenleiden, Hämorrhoiden und Krämpfen angewandt werden. Auch bei Männern, die Schwierigkeiten mit dem Wasserlassen haben, hat sich Taubnesseltee bewährt.

Tomate

Lycopersicon esculentum

Domade (sächs.), Domates (türk.), Goldäpfelchen, Liebesapfel (veralt.), Love apple (engl.), Malum peruvianum (lat.), Paradajs (serb.), Paradeis(er) (österr.), Paradiesapfel (landsch.), Peruanischer Apfel, Pomme d'amour (frz.), Pomodoro (ital.), Rajcata (tschech.), Solanum lycopersicum (früh. Bez.), Tamatar (ind.), Tomaat (niederl.), Tomate (frz., span.), Tomatle (mex.), Tomato (engl.)

Allgemeines, Herkunft, Geschichtliches

Schon vor Christi Geburt gab es an den Küsten Perus Tomaten – damals noch wild wachsend, **kleinfrüchtig und gelbhäutig**. Die Alten Mexikaner nannten sie **»Tomatle«**, was mit **»Schwellkörper«** zu übersetzen ist. Als Christoph Columbus die Tomate im Jahre 1498 von seiner zweiten Amerikareise als vermeintliche Zierpflanze mitbrachte, beäugten die Europäer dieses Nachtschattengewächs (Solanaceae) mit äußerster Skepsis, denn diese Beerenfrucht galt als giftig und Auslöser für Liebeswahnsinn, weshalb sie auch den Namen »Liebesapfel« erhielt. Die **ersten Anbauversuche** unternahmen die Italiener zwar im Jahre 1554, doch erst 1820 wurde sie dort als Salat- und Gemüsesorte genutzt. Aufgrund ihrer ursprünglich gelben Schale bezeichneten Italiener die Tomate als »Pomo d'oro« (»Goldapfel«). In **Deutschland** begann man zwar **1890 mit systematischem Tomatenanbau** – in der Warenstatistik wurde sie jedoch bis 1905 nicht einmal erwähnt. Der sich manifestierte Irrglaube, sie sei giftig, hielt noch bis nach dem Ersten Weltkrieg (1914–1918) an; heute steht die mit der Kartoffel verwandte Tomate **im deutschen Gemüseverbrauch an allererster Stelle**. Großflächiger Tomatenanbau wird in Bulgarien, Frankreich, Griechenland, Israel, Italien, auf den Kanarischen Inseln, in Marokko, den Niederlanden, Spanien, der Türkei und den USA betrieben. Die meisten Tomatenimporte erreichen uns zwar per LKW aus den Niederlanden, diese Ware hat jedoch schon einen langen Anreiseweg hinter sich, da sie zuvor von den Kanarischen Inseln nach Rotterdam verschifft wurde. Da sie des zeitraubenden, bis zu 7-tägigen Transportwegs wegen unreif geerntet werden müssen, leidet ihr Geschmack beträchtlich gegenüber solchen, die von der Sonne verwöhnt und reif geerntet am nächsten Tag bereits den deutschen Verbraucher erreichen. Die meisten großen spanischen Tomatenexporteure sind laut einer »n-tv«-Sendung der Auffassung, dass deutsche Verbraucher grundsätzlich **nur die kostengünstigste Ware** (diese ist chemisch besonders stark belastet) ordern, Engländer die qualitativ beste Ware bestellen und die Franzosen nur jene beziehen, die zu dem maßgeblichen Zeitpunkt ihren Höchstgeschmack besitzen.

Die weniger schmeichelhafte Redewendung »Du treulose Tomate« hat eigentlich gar nichts mit der Tomate zu tun. Sie stammt noch aus dem Ersten Weltkrieg, als die zunächst mit Deutschland verbündeten Italiener im Jahre 1915 die Fronten wechselten.

Aussehen

Tomaten können außer der herkömmlichen roten Schale auch eine gelbe, grüne, weiße oder schwarze Außenhaut tragen. Exemplare mit aufgeplatzter Schale weisen auf inkonstante Bodenfeuchte, Calciummangel und heftige Temperaturschwankungen während der Wuchsperiode hin.

Braunblättrige und schwarzstielige Tomatenpflänzchen waren zweifelsohne zu lange zu viel Wasser ausgesetzt.

Güteklasse I hat in Form, Farbe und Reife fehlerfreie, schnittfeste Früchte ohne Spritzbelag, mit grünem Stielansatz und einen Mindestdurchmesser von 45 mm.

Güteklasse II ist vollwertige Konsumware, deren Durchmesser unter 45 mm liegt und die zuweilen bis zu 3 cm lange vernarbte Risse aufweist.

Geschmack

Hochwertige Tomaten sollten nicht nur angenehm mild-würzig, frischfruchtig und intensiv tomatig schmecken – ein strenger, herbwürziger Duft ist von gleicher Bedeutung.

Arten, Sorten

Antipasto sind sonnengereifte, hocharomatische, italienische Trockentomaten. Hierzulande werden sie meist in Ölmarinade angeboten.

Birnentomate / Eiertomate / Flaschentomate / Ketchuptomate / Kochtomate / Längliche Tomate / Olivetti / Ovale Tomate / Peretti / Pomodori a fiaschetto (ital.) / Pomodori oblunghi (ital.) / Pomodori pera (ital.) / Romaines (frz.) / Roma-Tomate / Tomate allongée (frz.) / Tomate de pera (span.): Flaschenförmige, leuchtend rote, zweikammrige, kernarme Tomatensorte mit süßlichem, intensiv tomatigem Aroma. Sie wird mehrheitlich zum Grillen, für Saucen, zum Rohgenuss oder als »Schältomate« für die Konservenindustrie verarbeitet. Meist stammt sie von sizilianischen Freilandpflanzen.

Buschtomate / Topftomate: Die **kleinste Cherrytomatensorte** weist auffällig gedrungenes, dunkelgrünes, kartoffelartiges Blattwerk auf, das kein Ausgeizen erfordert. Buschtomaten werden zwar meist stablos in feldmäßigem Großanbau kultiviert, sie eignen sich jedoch ebenso als Fliegen und Mücken vertreibende Balkonpflanzen.

Cherry-Tomate / Cherry tomato (engl.) / Cocktail-Tomate / Kirschtomate / Party-Tomate / Tomatenkirsche / Pomodorini (ital.) / Pomodoro ciliegia (ital.) / Tomate cerise (frz.) / Zuckertomate / Zwergtomate: Rundliche, birnen- oder pflaumenförmige, gelbliche oder rote Minitomatensorte, die in Japan gezüchtet wurde. Meist wird sie zwar zum Garnieren verwendet, man kann sie jedoch auch als Appetithäppchen in Bierteig ausbacken. Meist gelangen Kirschtomaten aus Italien, Israel, den Niederlanden oder Spanien zu uns.

Datteltomate nennt man eine dattelförmige Tomatensorte mit fester Schale, stumpfer Spitze und fruchtigem Geschmack.

Fleischtomate / Beef (steak) tomato (engl.) / Cœur du bœuf (frz.) / Gerippte Tomate / Ochsenherz / Rinderherz / Rindfleischtomate / Tomate charnues (frz.) / Vleestomate (niederl.): Extrem große, hoch aromatische, kernarme, mehrkammrige Tomatensorte, deren Schale mehrere gerippte Wölbungen aufweist.

Flugtomate / Fliegertomate: Von der Sonne verwöhnte Tomaten, die per Flugzeug – meist aus Teneriffa oder Fuerteventura – direkt zu uns gelangen und somit **schon 48 Stunden nach der Ernte** superfrisch auf unseren Märkten angepriesen werden können. Sie haben also keine langen Rütteltouren per Bahn oder Truck hinter sich, stammen nicht aus dem Unterglasanbau, und ihr Vitaminverlust ist kaum erwähnenswert; sie sind allerdings etwas teurer als ihre Konkurrenz.

Freilandtomaten sind wohlschmeckender und enthalten mehr Vitamine als solche aus dem Treibhaus.

Grünkragen / Dos verts (frz.) / Greenbacks (engl.) / Harte Kappen (ostdt.): Tomaten, die am Stielende scharf abgegrenzte, grüne, gelbe

oder bräunliche, ledrige Verhärtungen aufweisen. Auslöser dafür ist Fehlernährung und / oder zuviel Sonne.
Kumato heißt eine außergewöhlich wohlschmeckende Tomatenneuzüchtung mit bronzefarbener, fast schwarzer Schale, dunkelgrünen Kernen und überdurchschnittlichen Bevorratungseigenschaften.
Maxitomaten kommen aus den USA. Sie können bis zu 400 g Gewicht erreichen.
Pelaten / Pelados (span.) / Pelati (ital., schweiz.) / Geschälte Paradeiser (österr.): Geschälte und im eigenen Saft konservierte Birnentomaten.
Rundtomaten / Kugeltomaten / Glatte Tomaten sind zwei- bis dreikammrig und zwar saftig (besser: **wässrig**), jedoch völlig aromalos, da sie meist aus niederländischen Treibhäusern stammen.
Spaliertomaten werden im Freien oder im Gewächshaus an Schnüren gezogen. Sie sind kirschen- bis pflaumengroß, wachsen traubenförmig und ermöglichen aufgrund dessen gigantische Erträge.
Stabtomaten: Ertragreiche, gemüsepaprikaähnliche und schnittfeste, jedoch relativ weichfleischige Tomatensorte, die an Stäben herangezogen (fachspr. gestäbelt) werden muss, da ihre Stängel sonst durch das Gewicht ihrer Früchte brächen.
Strauchtomaten / Pomodoro grappolo (ital.) / Rispentomaten / Tomatoes on the wine (engl.): Sehr schmackhafte, da am Stock reifende Tomaten, die mitsamt ihren Zweigen angeboten werden.
Tigertomate: Süßliche, seit 1963 existierende, englische Neuzüchtung, deren Schale goldgelbe Streifen in vertikaler Richtung aufweist.

Hauptinhaltsstoffe

Apfelsäure, Calcium, Chlorogensäure, Chrom, Cumarin, Eisen, Fluor, Folsäure, Jod, Kalium, Kobalt, Kotinin, Lycopin, Magnesium, Natrium, Nickel, Oxalsäure, Provitamin A, Rutin, Saponin, Selen, Serotonin, Terpene, Tomatin, Vitamin B, C (25 mg / %), E, P, Wasser (94%), Zink, Zitronensäure, Zucker. Die **meisten Vitamine** befinden sich **zwischen den Kernen**.

Verwendung, Zubereitung

Tomaten werden zu Gemüse, Mark, Saft, Salat, Saucen und Suppen verarbeitet. Enthäuten lassen sie sich zwar problemlos, wenn man sie ober- und unterseits eingeritzt etwa 20 Sekunden in kochendes Wasser getaucht hat, vernünftiger ist es jedoch, Tomaten mitsamt der Schale zu verzehren, da ihre wertvollsten Inhaltsstoffe direkt unter der Haut sitzen. Der Stielansatz / Auge (fachspr.) / Biebsel (region.) / Bürzel (bad.) der Tomate sollte erst kurz vor dem Verzehr entfernt werden, da er das Aroma schützt.
Wenn man frische Tomaten mitsamt ihrer Schale im Mixer püriert und die gewonnene Flüssigkeit danach durch ein Passiertuch tropfen lässt, erhält man nicht etwa roten Tomatensaft, sondern einen zwar wässrigen und farblosen, jedoch kräftig-würzigen Fond, der sich zu heißer, kalter oder warmer Tomatensauce / -suppe verarbeiten lässt.

Selbst angebaute Tomaten werden besonders gewürzhaft, wenn man sie in Nachbarschaft von Petersilie anpflanzt und während des Wachstums des Öfteren mit Knoblauchjauche (Regenwasser, das man mit feingehacktem Knoblauch samt Schale mehrere Tage in einem geschlossenen Behältnis gelagert hat) begießt.

Tomaten-Concassée nennt man enthäutetes, entkerntes und gewürfeltes Tomatenfleisch.

Tomatenketchup besteht aus Tomaten, Gewürzen und Essig. Der Name »Ketchup« geht auf den gleichnamigen amerikanischen Erfinder dieser Sauce, Herrn Noah Ketchup, zurück, der um 1700 begann, die Würzmischung seiner Frau unter die Leute zu bringen. Mit seiner Idee wurde er zwar nicht sehr wohlhabend, sein Name bleibt uns jedoch bis heute erhalten.

Tomatenmark (neue Bez.) / Concentrato di pomodori (ital.) / Concentré de tomate (frz.) / Domates salcasi (türk.) / Paradiesmark (österr.) / Paradeisapfelpüree (österr.) / Tomatenbrei / Tomatenpüree (alte Bez.) wird sterilisierte und geschleuderte (passierte), meist zweifach konzentrierte Pulpe aus Tomaten genannt, die weder Haut noch Samen beinhalten darf. Tomatenmark aus Süditalien ist oft mehr braun als rot und kann sogar schon leicht gärig sein, da Tomaten, die dort in den Sommermonaten für die Konservierung bestimmt sind, lange Zeit im Freien gelagert werden und infolgedessen anfaulen. Verursacher ist die anhaltende Hitze und das riesige Erntevolumen. Tomatenmark aus Norditalien hingegen wird sofort nach der Ernte verarbeitet. Es ist feurigrot und schmeckt aromatischer als süditalienisches.

Tomatenpaste nennt man zwar in Italien und Spanien sechsfach konzentriertes Tomatenmark, in Kalifornien wird Tomatenmark jedoch gemeinhin als »Tomatenpaste« bezeichnet.

Tomatensaft, den man zum Essen trinkt, kann sogar Schadstoffe aus der Nahrung abwehren, da sein Lycopin-Gehalt verhindert, dass im Körper **Nitrat in krebserregendes Nitrit umgewandelt** wird. Der Saft sollte jedoch möglichst in warmem Zustand vereinnahmt werden, weil der menschliche Organismus das wertvolle Lycopin nur in temperierter Form aufnehmen kann.

Lagerung

Kühl, jedoch nicht zu kalt und dunkel kann man Tomaten ca. eine Woche aufbewahren. Bei Kühlschranktemperaturen (unter +8° C) kommt es unweigerlich zu irreparablen Kälteschäden: Die Tomaten werden ihres Aromas beraubt und ihr Fruchtfleisch wird glasig.

Tomaten sollten aufgrund ihrer ethylenhaltigen Ausscheidungen nicht gemeinsam mit Kohl, Gurken, Karotten, Paprikaschoten, Kartoffeln oder Zucchinis bevorratet werden, da sie deren Verderb beschleunigen. Unreife Tomaten werden schneller reif, wenn man sie entweder über Nacht zusammen mit Äpfeln oder Orangen lagert oder wenn sie 2–3 Tage auf einer sonnigen Fenster-

bank verbringen. **Abgängige Tomaten sollte man sofort aussortieren**, und zwar grundsätzlich mit der gleichen Hand, weil dann die Ansteckungsgefahr gesunder Exemplare gemindert wird.
Tomatenmark hält sich deutlich länger frisch, wenn man es in Glas- oder Porzellanschüsseln umfüllt und mit soviel Öl angießt, bis es völlig damit bedeckt ist. Tomatenstrauchblätter sind zwar giftig, als Büschel vor das Küchenfenster oder auf die Terrasse gehängt gelten sie jedoch als Insektenschreck.

Volksmedizinische Bedeutung

Tomaten wirken abführend, appetitanregend, cholesterinsenkend, entwässernd, schützen Herz und Kreislauf, stärken und aktivieren das Immunsystem, sind die ideale Diät bei Gicht, Leber- und Nierenleiden und besitzen die Fähigkeit, krebserregende Nitrosamine zu neutralisieren. Die als **Krebskiller Nr. 1** und **gesündestes Gemüse der Welt** anerkannten Tomaten schützen ebenso vor frühzeitigem körperlichen und geistigen Alterungsprozess und regen die Tätigkeit von Bauchspeicheldrüse, Leber und Magen an.
Das giftige, mit dem Solanin verwandte Alkaloid Tomatin, das bislang nur unreife, also noch grüne Früchte enthielten, ist mittlerweile weitestgehend aus Tomaten weggezüchtet worden – im Stielansatz bleibt es allerdings auch weiterhin; Tomatin führt, wie Solanin, zu Durchfall, Entzündungen, Erbrechen, Kopfweh, Mattigkeit, Leibschmerzen, Kratzen im Hals und trockener Haut. Um sich mit Tomatin wirklich vergiften zu wollen, müsste man mindestens **2,5 kg unreife Tomaten** verzehren.
In überreifen Tomaten befindet sich der **Stimmungsaufheller Tyrosin**.
Der rote Farbstoff **Lycopin**, der sich insbesonders in der Schale von eingelegten und getrockneten Tomaten angehäuft hat und im erhitzten Zustand noch wesentlich wirkungsvoller wird als im kalten, **senkt das Tumor-, Lungenkrebs- und Prostatakrebsrisiko um 50%**. Mit Abstand gelten Tomaten als **wichtigste Lycopin-Quelle**.
Der hohe Provitamin-A-Gehalt der Tomate kann nur dann restlos vom Körper verarbeitet werden, wenn er in Fett gelöst wird; folglich sollte man **zu rohen Tomaten grundsätzlich Fetthaltiges** essen (z. B. Butter oder Speiseöl).
Amerikanische Mediziner entdeckten jüngst, dass Tomatensuppe und Tomatensaft ungewöhnlich appetitzügelnde Tugenden besitzt.

Tipp

In der kleinen, spanischen Ortschaft Bunol (östl. von Valencia) findet jahrlich (seit 1944) am letzten Mittwoch im August »La Tomatina«, das **größte und durchgeknallteste Tomatenfest der Welt** statt, bei dem sich etwa 30 000 Besucher und Einheimische kostenlos etwa 2 Stunden lang mit insgesamt 120 Tonnen (fast) frischen Tomaten bewerfen – die wahrste »Ketschup-Schlacht«.
Auf dem englischen Eiland Guernsey gibt es nicht nur ein **Tomatenmuseum**, selbst auf ihren Münzen sind Tomaten abgebildet.

Topinambur

Helianthus tuberosus
Aardpeer (niederl.), Aguaturma (span.), Anche tartufi di Canna (ital.), Ardbern (thüring.), Artichaut de Jerusalem (frz.), Borbel, Diabetikerkartoffel, Erdartischocke, Erdbirne (österr.), Erdschocke (hess.), Erdsonnenblume, Ewigkeitskartoffel, Helianthie(knollen), Indianergemüse, Indianerkartoffel, Indianerknolle, Jerusalem artichoke (engl.), Jerusalemer Artischocke, Kleine Sonnenblume, Knollensonnenblume, Knollige Sonnenrose, Pataca (span.), Rosskartoffel, Sonnling, Tippituambo (span.), Topi, Topinambour (frz., niederl.), Tupinambo (span.), Topinambur (indian.), Wildkartoffel, Zuckerkartoffel

Allgemeines, Herkunft, Geschichtliches

Ursprünglich war die oder der Topinambur (beides ist richtig) **Hauptnahrungsmittel der »Tupinambas«**, eines brasilianischen Indianerstammes, dem diese Erdknolle ihren Namen zu verdanken hat. Im Jahre 1603 wurde die Topinambur erstmals durch den französischen Offizier Samuel de Champlain von Kanada nach Europa verbracht. Als die »Modemahlzeit« schlechthin machte sie anno 1617 in Frankreich Karriere und kam später zwar bei Adel und Armen in ganz Mitteleuropa zu Tisch – Mitte des 18. Jh.s wurde sie jedoch von der Kartoffel verdrängt. Heute wird dieser genügsame, **mit der Sonnenblume verwandte** Korbblütler / Asteraceae (Compositae) in Asien, Australien, Deutschland (Rastatt, Müden / Schleswig Holstein, Dabendorf / Brandenburg, Baden Württemberg), den Niederlanden, Nordamerika, Südfrankreich und Russland angebaut. Der Müdener Zuchtbetrieb versendet Topinamburs sogar in die ganze Welt.

Erntezeit des äußerst frostwidrigen Fruchtgemüses, das während der Aufzucht Temperaturen bis –30° C verträgt, ist von Oktober bis Mai, nachdem das Kraut durch den ersten Frost abgestorben ist; vergessene Knollen und abgetretene Wurzelstücke treiben willig wieder nach und dienen gleichermaßen der Bodenlockerung und als Gründünger. Aus einem Setzling wachsen bis zu 50 (!) weitere Knollen nach. Das bedeutet auch: Wenn die wuchernde Topinambur unregelmäßig und nicht rigoros abgeerntet wird, **verbreitet sie sich in Kürze auf dem gesamten Grundstück**. Aufgrund dieser starken Tendenz, sich auszubreiten, nutzen viele Hausgarten- und Federviehbesitzer diese Pflanze zur Begrünung von (meist kahlen) Hühnerausläufen: Durch ihr eifriges Scharren vertreiben die Hühner nicht nur Wühlmäuse – die wüchsigen Topinamburpflanzen nehmen **dem Habicht seine Landemöglichkeit**.

Fälschlicherweise wird die Topinambur oft auch als »Batate« deklariert; die Batate ist jedoch eine eigenständige Frucht.

In der Ortenau-Gemeinde Oppenau gelten schon seit einigen Jahren so genannte **Topinamburwochen** als Publikumsmagnet. Die Gäste dürfen während ihrer Verweildauer nicht nur an der Topinamburernte teilnehmen und bei ihrer späteren Zubereitung in der Hotelküche mithelfen, auf dem Programm steht auch der Besuch einer **Rossler-Brennerei** – selbstverständlich mit zünftiger Verkostung – sowie ein gemütlicher »Hock« in geselliger Runde mit gehaltvoller Topi-Info.

Aussehen

Die gelb blühende, bis zu 3 m hohe Topinamburpflanze sieht aus wie eine stark belaubte, kleinblütige Sonnenblume, weshalb sie oft auch als schmückender Wind- und Sichtschutz genutzt wird. Die unterirdische Topinamburknolle weist eine Vielzahl von faustgroßen, ingwerähnlichen Wurzeln auf, die mit einer dünnen, festen, beigen bis rotbraunen, zwar stark warzigen, jedoch essbaren Schale behaftet sind. Je nach Anbaugebiet und Sorte können Topinamburknollen auch weiß, gelb, rot, rosa oder violettfarben sein. Ihr Fruchtfleisch ist jedoch grundsätzlich weiß bis cremefarben.

Geschmack

Im Rohzustand schmeckt die Topinambur nichtssagend und langweilig. Erst beim Garen bekommt sie den erwarteten, leicht nussigen, süßlichen, zart-erdigen Geschmack, der gleichermaßen an Artischocken, Schwarzwurzeln, Kohlrabi und Spargel erinnert. Hellschalige Topinamburknollen schmecken gemeinhin **würziger** als dunkelhäutige.

Arten, Sorten

Bianka: Eine zwar anspruchslose, jedoch überaus ertragreiche, virusfreie, glattknollige, etwa 2,5 m hohe deutsche Topinambursorte mit schneeweißem, zartem und wohlschmeckendem Fruchtfleisch.

Gute Gelbe: Gelbschalige Topinambursorte aus Deutschland. Sie gilt als **beste Speisesorte**!

Rote Zonenkugel: Brandenburgische Topinambursorte mit spitz zulaufenden, violetten Knollen.

Violettes Rennes: Stärkehaltige, beringte, rosaschalige Topinambursorte aus Frankreich, die der Batate ähnelt.

Hauptinhaltsstoffe

Ballaststoffe, Calcium, Eisen, hochwertiges Eiweiß, 16% Inulin, das bis zu 85% Fructose beinhaltet, Kalium, Natrium, Phosphor, Provitamin A, Silizium, Spurenelemente, Vitamin B 1, B 2, B 6, D, C, Wasser (80%). Topinamburs sind sogar noch **eisen-, kalium- und phosphorhaltiger als Kartoffeln**.

Verwendung, Zubereitung

Rohe Topinamburknollen kann man entweder wie Äpfel aus der Hand oder geraspelt als Rohkostsalat essen, nachdem man sie abgebürstet und gründlich gewaschen hat. Wer die Topinambur trotzdem schälen möchte, blanchiert sie kurz, schreckt sie mit kaltem Wasser ab und enthäutet sie schließlich wie eine Pellkartoffel. Da geschälte Topinamburs extrem rasch verbräunen, sollten sie bis zu ihrer Weiterverwendung in kaltes Wasser gelegt werden oder mit Zitronensaft, beziehungsweise mit Pflanzenöl, abgerieben werden. Beherzt gewürzt und dann gebraten, gebacken, gedünstet oder püriert dient sie meist als nicht ganz alltägliche Beilage. Keinesfalls sollte man die Topinambur kochen, da sie währenddessen ihrer wertvollen Inhaltsstoffe gänzlich beraubt wird.

Topinambur-Pfannkuchen sind eine vegetarische Leckerei: 600 g geschälte, dann fein geriebene Topinambur mit 3 Eiern, 0,1 l Milch, wenig Salz, Pfeffer, Muskat und 20 g Mehl verrühren, bei mittlerer Hitze in einer Pfanne mit 30 ml Rapsöl ca. 3 Min. von der einen, dann 3 Min. von der anderen Seite goldgelb braten.

Grob zerkleinerte Topinamburtriebe lassen gemischten Salaten eine nachdrückliche Geschmacksnote zukommen. Die Topinambur wird auch zu Biodiesel, Kaffeeersatz, Mehl, Saft, und in Süddeutschland zu Schnaps verarbeitet. Ihr Kraut wird als Viehfutter oder Häckselmaterial verwendet.

Erdäpfler / Rossler / Topi nennt sich ein wohlschmeckender baden-württembergischer Branntwein aus Topiamburknollen, der sich vielerorts als wohlschmeckender Digestif (schwäb. »Verdauerle«) großer Beliebtheit erfreut.

Lagerung

Die Topinambur lässt sich nur dann kurzzeitig aufbewahren, wenn sie gleich nach der Ernte in eine Plastiktüte gefüllt (oder in ein feuchtes Tuch eingeschlagen) wurde und dann in den Kühlschrank gelegt wird; ansonsten verdirbt sie sofort. Sollte sie dennoch ein angedörrtes Aussehen aufweisen, erhält sie ihre gewünschte Festigkeit zurück, wenn man sie etwa eine Stunde in kaltes Wasser legt; stark **geschrumpfte Exemplare** sind nicht mehr zu retten.

Volksmedizinische Bedeutung

Die Topinambur senkt erhöhte Blutfettwerte, lindert Leber- und Gallebeschwerden und hat, in Maßen genossen, eine wohltuende Wirkung auf den Magen, da sie die Darmperistaltik (Bewegung) begünstigt; in größeren Mengen genossen kann sie zu Blähungen und Durchfall führen. Frischer Topinambursaft schmeckt nicht nur sehr gut, er gilt sogar als **hochwirksamer Entschlackungs- und Fastentrunk**.

Tipp

Diabetikerkartoffel wird die Topinambur ebenfalls genannt, weil sie statt Stärke das für Zuckerkranke verträgliche (da von der Bauchspeicheldrüse aufschließbare) Kohlenhydrat Inulin enthält. Inulin ist nicht nur dazu in der Lage, dem Gehirn ein starkes **Sättigungsgefühl** vorzugaukeln, sodass Heißhunger vertrieben wird. Es verhält sich auch derart neutral zum Blutzuckerspiegel, dass Appetit auf Süßes völlig ausbleibt.

Traube

Vitis vinifera

Druer (norw.), Druif (niederl.), Grape (engl.), Grappe de raisin (frz.), Grappolo d'uva (ital.), Hroznove vino (tschech.), Rosine (süddt, österr.), Trauwe (hunsr.), Trübeli (schweiz.), Trumpe (allgäu.), Üzüm (türk.), Uva de mesa (span.), Weinbeerl (österr.)

Allgemeines, Herkunft, Geschichtliches

In einem alten Krug, der 1968 im Iran gefunden wurde, analysierten

Wissenschaftler den Bodensatz: Er enthielt Weinstein, der ausschließlich in Weintrauben vorkommt. Die Experten datieren die Entstehungszeit des Kruges auf die Zeit zwischen 5400–5000 v. Chr. Bei den damaligen Winzern handelte es sich folglich um Sumerer, die Wein bereits zu einer Zeit herstellten, als die Landwirtschaft noch in den Kinderschuhen steckte. Die Phönizier übernahmen die Kultur des Weinstocks und übertrugen sie den Griechen, Römern und Spaniern. Die alten Römer (753 v. Chr.–476 n. Chr.) brachten die den Weinrebengewächsen (Vitidaceae) zuzuordnende Traube im 1. Jh. auch nach Deutschland – zuerst an den Bodensee. Umgangssprachlich redet man zwar von »Weintrauben« – im biologischen Sinn handelt es sich allerdings um »Weinbeeren«.

Das älteste, noch bewirtschaftete Weingut der Welt liegt im Rheingau: Es ist das traditionsreiche, seit dem Jahre 1211 existente »Schloss Vollrads« in der Nähe des idyllisch gelegenen Weinörtchens Östrich-Winkel.

Jedes Jahr im Juli lädt die rheinhessische Weinbaugemeinde Laubenheim traditionell zum **Rebblütenfest** ein, bei dem nicht nur musikalische Unterhaltung geboten, sondern auch eine süffige **Rebenblüten-Bowle** gereicht wird, die so zubereitet wird: etwa 10 Weinblüten mit 1 l Kabinettwein begießen, ca. 3 Stunden ziehen lassen und mit 1 Fl. Sekt auffüllen.

Im Oktober, wenn der letzte Weinstock abgeerntet / geherbschelt (hunsr.) / gelesen (fachspr.) und damit der bäuerliche Jahreszyklus in der Region vollendet ist, werden die Traubenleser / Weinleser noch einmal in geselliger Runde zu einem obligatorischen **Stockfest** eingeladen, bei dem zünftige Speisen, Wein und **Federweißer (pfälz.) / Bitzler (bäuerl.) / Bremser / Fedi (roxh.) / Rauscher (hess.) / Sauser (schweiz.) / Susser / Sturm (österr.)** (Traubenmost, wenn er zu gären beginnt) aufgetischt werden; auch eine ausgelassene Stimmung ist angesagt: Derjenige, der die letzte Traube im Weinberg erntete, wird sogar mit einer Krone aus Herbstlaub geschmückt und dann als **»Herbschtmuck«** getauft.

Weitestgehend unbekannt ist, dass Rosen, an der Stirnseite von Weinbergen gepflanzt, als Indikatorpflanzen gelten und nicht nur der Zierde dienen, denn der Winzer kann anhand der Beschaffenheit der Rosen darauf schließen, ob der Feuchtigkeits- oder Stickstoffgehalt des Weinbergbodens gesund ist.

Übrigens: Traubenzucker wird nicht etwa aus Trauben gewonnen, er heißt nur so, weil Forscher seine Existenz erstmals in Trauben nachweisen konnten. Der wissenschaftliche Name des Traubenzuckers lautet »Glucose«. Glucose ist in allen Pflanzen enthalten, denn sie spielt bei der Fotosynthese (Umwandlung des Sonnenlichts in verwertbare Pflanzenenergie) eine bedeutende Rolle. Aus Trauben wird der Traubenzucker heutzutage kaum noch gewonnen, weil das viel zu kostspielig ist; für die Massenproduktion werden meist kostengünstigere Alternativen wie Maisstärke oder Kartoffeln verwendet.

Aussehen

Weinbeeren können länglich, rund, grün, bernsteinfarben, blaurot sowie schwarzblau sein. Es gibt kernlose Trauben und solche mit bis zu 5 Kernen pro Beere die – je nach Sorte und Herkunft – sowohl relativ klein als auch sehr groß sein können.

Geschmack

Reife Weintrauben schmecken süßlich, würzig, erfrischend. Unreife schmecken unzumutbar sauer. Traubenkerne sind zwar essbar, schmecken jedoch bitter.

Arten, Sorten

Ballonwein / Cardiospermum halicacabum (lat.): Kleinblütige, indische Kletterpflanze mit ballonartigen Früchten, die man im Mittelalter zu Heilzwecken nutzte. Ihre jungen Triebe lassen sich zu schmackhaftem Gemüse bereiten.

Datteltrauben nennt man festschalige, grobwüchsige Tafeltrauben.

Tafeltrauben / Raisins de table (frz.) / Uva da tavola (ital.): Trauben, die eigens mit dicker Schale gezüchtet wurden, damit sich ihr Saft über einen längeren Zeitraum hin in der Frucht halten kann. Aus Australien, Afrika oder Chile importierte Trauben wurden unreif geerntet, damit sie während der langen Anreisedauer nicht verderben. Infolgedessen konnte sich ihr **Aroma nicht entfalten** und die Vitamine sind ohnehin nicht mehr präsent.

Weintrauben / Keltertrauben nennt man dünnschalige Traubensorten, die ausschließlich der Weinbereitung dienen.

Hauptinhaltsstoffe

Antioxidanten, Apfelsäure, Ballaststoffe, Calcium, Eisen, Eiweiß, Ellagsäure, Enzyme, Fluor, Kalium, Kupfer, Magnesium, Natrium, Phosphor, Provitamin A, Resveratol (in der Haut), Tannine, Terpene, Traubenzucker (20 mg / %), Vitamine B 1, B 2, B 3, B 5, B 6, C, E, Weinsäure.

In Traubenkernen sind zusätzlich noch Gerbstoffe und sogar Vanillinspuren enthalten.

Verwendung, Zubereitung

Trauben werden frisch verzehrt, zu Saft gepresst, zu Obstkuchen und -salat verarbeitet, zu Käse gereicht oder zu einer Traubenkur verwendet; enthäutet und entkernt können sie ebenso als Garnitur zu warmen Gerichten dienen. Vor dem Verzehr sollten Trauben gründlich gewaschen werden, da sich auf ihrer Haut meist Spritzmittelrückstände befinden.

Aus getrockneten, auf +42° C erhitzten Traubenkernen wird Traubenkernöl gewonnen, das bereits in der Antike als hochwertige Speisenwürze, Heil- und Schönheitsmittel bekannt war. Traubenkernöl ist tiefgrün, riecht nach einer Nuss-Wein-Bananen-Mixtur und weist einen extrem hohen Flammpunkt auf.

Agresto (ital.) / Verjus (frz.) nennt man den grünen Saft unreifer Weintrauben, den man – wie Zitronensaft – zum Würzen kalter und warmer Speisen verwenden kann.

Drieschen lautet der Fachausdruck für verwilderte Weinberge.

Gescheine nennt der Winzer die noch geschlossenen, nicht befruch-

teten Blütenstände, aus denen einmal Trauben werden.
Kamm / Rappen (pfälz.) nennt man fachsprachlich den Traubenstiel nebst seinen zahlreichen rispenförmig verzweigten Ästchen.
Nebeltau heißt der mehlartige Weinbeerenbelag, der im Laufe der Zeit durch die Kondensierung verdunstender Nachtluftfeuchte entsteht und somit die Frucht auf natürliche Weise schützt.
Perkel (landsch.): Einzelne Weinbeeren.
Rebtränen (-flüssigkeit) nennt man den Pflanzensaft, den der Rebstock zu Beginn der Vegetationszeit aus den Verletzungen absondert, die ihm durch den Rebschnitt zugefügt wurde. Schon Plinius der Ältere (etwa 23–79 n. Chr.) und die Heilige Hildegard von Bingen (1098–1179) berichten in ihren Schriften über die heilungsfördernden und entzündungshemmenden Eigenschaften der Rebtränen.
Weinblätter / Asma yapragi (türk.) / Feuille de vigne (frz.) / Grape leaves (engl.) / Traubenblätter findet man entweder im Sommer während eines Spaziergangs in Weinbergen / Rebbergen (schweiz.) / Rebhängen / Vinyard (engl.) / Weingärten / Wingerte (südwestdt.) oder im Supermarkt als Konserve. In der mittelöstlichen Küche werden sie oft zu »Dolmades« (Weinblatt-Rouladen mit Lammhack- oder Reisfüllung) verarbeitet. Zuvor werden sie entstielt, mehrmals in frischem, kaltem Wasser gewendet, damit sich mögliche Rückstände von Pestiziden lösen, und dann allmählich zum Kochen gebracht. Nach ca. 3 Minuten Kochzeit kühlt man sie in eiskaltem Wasser ab und lässt sie danach auf Papiertüchern trocknen.
Weinstein-Backpulver nennt sich eine pulvrig-weiße Substanz, die bei der Weinherstellung entsteht. In Verbindung mit Wasser und Hitze setzt Weinstein-Backpulver Kohlendioxid frei, das beim Backen als natürliches und magenfreundliches Triebmittel genutzt wird, weshalb es auch in der Diätküche (z. B. bei Sprue / Zöliakie) Verwendung findet. »Normales« Backpulver wird hingegen industriell gefertigt und besteht prinzipiell aus den Komponenten Natron, Säuerungsmitteln und Stärke.

Lagerung

Gut gekühlt lassen sich Weintrauben einige Tage bevorraten.

Volksmedizinische Bedeutung

Trauben entgiften, vernichten Viren, entwässern, stabilisieren die Zellwände, schützen vor Arteriosklerose und Karies, sind wirksam gegen Pickel, Stressbläschen (Herpes), Harnsäureablagerungen, Gicht und Nierensteine. Trauben versorgen auch das Immunsystem mit dem bedeutsamen **Krebsschutzstoff Reservatol**.
Da Wein die Wirkstoffe einer Vielzahl von Heilkräutern absorbieren kann, gilt er – in Maßen genossen – als adäquater medizinischer Trägerstoff – ein Glas Rotwein täglich senkt dank den in roten Trauben enthaltenen Flavonoiden das Herzinfarktrisiko.
Wer sein Körpergewicht reduzieren möchte, sollte weiße Trauben essen,

da sie eine besonders entschlackende Wirkung besitzen – rote Weintrauben senken dagegen einen erhöhten Cholesterinspiegel.
Eine **Traubenkur** zur Entschlackung, bei der man täglich entweder 1,5 l frisch gepressten, weißen Traubensaft, 3 Pfund frische, weiße Trauben oder 1,5 l weißen Traubensüßmost zu sich nimmt, sollte nicht länger als 3 Tage dauern – ansonsten ist Rücksprache mit dem Hausarzt anzuraten. Die Trauben sollten während dieser Zeit eifrig gekaut werden, damit sie gut eingespeichelt und infolgedessen leichter verdaut werden können – der Traubensaft sollte über den ganzen Tag verteilt und nur schlückchenweise getrunken werden.
Da **Weintrauben den meisten Traubenzucker enthalten**, sollten Diabetiker kleine Portionen zu jeweils höchstens 80 g davon konsumieren; dann ist der Blutzuckeranstieg kaum stärker als bei mittleren Portionen anderer Obstsorten.
Ein Extrakt aus dem Laub von roten Weintrauben schwemmt Wasser aus dem Körpergewebe, schützt und manifestiert die Gefäßwände, fördert die Durchblutung, wirkt staulösend bei Krampfadern und geschwollenen, schmerzenden Beinen und hemmt Entzündungen.

Tipp

Wissenschaftlich untermauert ist, dass der Traubenkern das Lebensmittel mit dem höchsten antioxidativen Wert (Zellschutz) ist. So besitzt ein Traubenkernbrot mit 6% Traubenkernmehl ein 7000-fach höheres antioxidatives Potential als ein Brot ohne Traubenkernmehl. Untersuchungen haben ferner bewiesen, dass Menschen nicht an Skorbut gestorben wären, wenn ihnen der antioxidative Wirkstoff des Traubenkerns bekannt gewesen wäre.

V

Vogelbeere

Sorbus aucuparia

Aberesche, Ebereschenbeere, Elsbeere, Falsche Esche, Judenkirsche, Mountain ash (engl.), Oxel (schwed.), Rowan (engl.), Schwedische Hagebutte, Serbal de cazadores (span.), Serbo selvatico (ital.), Sorbier (frz.), Vogelkirsche, Zitrone des Nordens

Allgemeines, Herkunft, Geschichtliches

Der Vogelbeerbaum ist ein in Nordeuropa heimischer Alleen- und Parkbaum, der bis zu 80 Jahre alt wird und ca. 15 m Höhe erreichen kann. Auch in Nordamerika und Westasien wird der zu den Rosengewächsen (Rosaceae) zählende Vogelbeerbaum angebaut. Seine Früchte sollten erst **nach frostigen Nächten** geerntet werden, weil sie dann würziger sind und nicht mehr so bitter schmecken.

»Zitrone des Nordens« nannte man die Vogelbeere im Zweiten Weltkrieg – ihres hohen Vitamin-C-Gehalts wegen. Den Namen »Eberesche« hat der Baum dem eschenartigen Erscheinungsbild seiner Blätter und dem altdeutschen »eber« für »aber« zu verdanken. Der wissenschaftliche Name »aucuparia« leitet sich vom lateinischen **»au«** für »Vogel« und **»cuparia«** für »fangen« ab, da der Vogelbeerbaum schon in der Vergangenheit als natürliche Lock- und Fanghilfe für allerlei Federvieh galt.

Aussehen

Der Vogelbeerbaum hat fein gefiederte Blätter, weiße Blüten und schirmartige Rispen mit korallenroten, erbsengroßen Beeren.

Geschmack

Vogelbeeren sollten angesichts des relativ hohen Blausäuregehalts ihrer Samen grundsätzlich **nie roh verzehrt** werden.

Vogelbeerblüten verströmen einen widerlichen Duft.

Arten, Sorten

Apfelbeeren / Aroniabeeren nennt man die Früchte eines ursprünglich im östlichen Nordamerika beheimateten, besonders frost- und krankheitsresistenten Rosengewächses (Rosaceae) mit faden, säuerlich-mehlig, entfernt heidelbeerartig schmeckenden, sehr eisen- und vitaminreichen Früchten, die Johannisbeeren nicht unähnlich sind. Die obstbauliche Nutzung begann erst zu Beginn des 20. Jh.s durch den russischen Biologen und Obstzüchter Iwan Mitschurin, der die Aronia um 1910 aus der Schwarzen Eberesche und dem kaukasischen Wildapfel durch Kreuzung gezüchtet oder sie zumindest veredelt haben soll. Westeuropas größte Aroniaplantage liegt im ostdeutschen Coswig. In den USA werden Aroniabeeren erfolgreich zur Bekämpfung von Harnwegserkrankungen und Herzbeschwerden eingesetzt; in Europa dienen sie meist der Farbgewinnung. Apfelbeeren werden unterteilt in:

Rote Apfelbeeren / Aronia arbutifolia (bot.) / Zwergvogelbeeren sind rot und erbsengroß. Der Rote Apfelbeerenstrauch ist sehr durstig und kann bis zu 2 m Höhe erreichen.

Schwarze Apfelbeeren / Aronia melanocarpa nero (bot.) / Aronia michurinii ssp. nova (russ.) / Aronia nigra (lat.) / Kahle Apfelbeere / Schwarze Eberesche / Schwarzfrüchtige Eberesche: Der sonnenabhängige Schwarze Aroniastrauch wird nur 1 m hoch, hat glänzende, schwarze Beerchen, die meist zu Diabetikersaft und Konfitüre verarbeitet werden. Sie besitzen den dreifachen Farbstoffgehalt Schwarzer Johannisbeeren.

Drosselbeeren / Krammetsbeeren (hochdt.) nennt man die gelben Beeren der Mährischen Eberesche deshalb, weil sie insbesonders von Wacholderdrosseln (Krammetsvögeln) favorisiert werden.

Mährische Eberesche / Sorbus aucuparia var. edulis (lat.) / Edeleberesche / Hausvogelbeere / Süße Eberesche / Zahme Eberesche: Schmalwüchsige, bis zu 20 m hohe, anno 1810 erstmals im Altvatergebirge kultivierte Vogelbeerbaumsorte mit rissiger Borke und gelben, relativ großen, apfelähnlichen Früchten, die bei Reife ein nahezu bitterfreies, himbeerartiges Aroma freisetzen. Die Mährische Eberesche kann bis zu 600 Jahre alt werden, wächst langsamer und ebenmäßiger als ihre wilde Variante und **liefert das härteste Holz Mitteleuropas**.

Schmerbirne nennt man die Frucht der Mährischen Eberesche, wenn sie birnenförmig gewachsen ist.

Speierling / Arschrösslein / Malzennase / Service berry (engl.) / Sorbapfel / Sorbe (frz.) / Sorbole / Sorbus domestica (lat.) / Speerbeerbaum / Speyerling (altdt.) / Spierapfel / Sporapfel / Sporbyren nennt sich eine wild wachsende Variante der Mährischen Eberesche, die zu ihrem Namen »Speierling« gelangte, weil sie ihres extrem harten und penetrant sauren Fruchtfleischs wegen lediglich angebissen und gleich danach »ausgespien« wird, weswegen sie meist zu Kompott, Konfitüre, Saft, Wein oder Essig verarbeitet wird.

Sorbette nennt sich französischer Weinbrand, der aus Speierlingen gewonnen wird.

Hauptinhaltsstoffe

Bernsteinsäure, Blausäure (in den Kernen), Catechin-Gerbstoffe, Fruchtsäure, Gesamtzucker (13%), etherische Öle, Parasorbinsäure, Pektin, Provitamin A, Sorbinsäure, Sorbit (Zuckerersatz für Diabetiker), Vitamin C (bis 300 mg / %).

Verwendung, Zubereitung

Vogelbeeren werden mehrheitlich zu Fruchtmark, Gelee, Kompott oder Konfitüre verarbeitet, weil sich währenddessen ihre Bitterstoffe verflüchtigen.

Alisier heißt ein 40%iger Vogelbeerenbrand aus den französischen Vogesen.

Rubinowaja: Russische, mit Vogelbeeren aromatisierte Wodkasorte.

Lagerung

Ihres rasanten Vitaminverlusts wegen sollten Vogelbeeren möglichst sofort nach der Ernte verarbeitet werden.

Volksmedizinische Bedeutung

Da Zubereitungen aus getrockneten Vogelbeeren Bakterien abtöten, Entzündungen hemmen (z. B. Hals- und Mandelentzündung), das Blut reinigen, den Harn treiben und starken Husten bekämpfen, werden sie auch arzneilich verordnet; hochdosiert kommt es jedoch zu beträchtlichen Reizungen der Schleimhäute und des Verdauungstraktes. Gekochte Vogelbeeren besitzen eine stopfende Wirkung bei Durchfall.

Tipp

Schneiteln nennt man das Auslichten und Zerkleinern wild wachsender Gehölze (z. B. von Vogelbeerbäumen). Die Abschnitte bleiben anschließend als kostenneutrales und nahrhaftes Tierfutter, Unterschlupf oder Mulch der Natur überlassen.

W

Walnuss

Juglans regia
Baumnuss (schweiz.), Ceviz (türk.), Christnuss, Escuerno (span.), Gheriglio (ital.), Noyer (frz.), Nuss (österr.), Segensnuss, Valnött (norw.), Vegetarisches Fleisch, Walchnuss, Walnot (niederl.), Walnut (engl.), Welschnuss

Allgemeines, Herkunft, Geschichtliches

Aufgrund von archäologischen Funden weiß man zwar, dass Walnüsse schon seit mehreren tausend Jahren in Europa und Asien verbreitet sind, ihre geografischen Ursprünge werden jedoch im Iran vermutet. Römische Legionäre brachten die Walnuss erstmals nach Deutschland, wo ihr heilende und magische Kräfte zugeschrieben wurden. Die alten Griechen sahen in der Walnuss sogar eine göttliche Speise, die in allen Liebesdingen erfolgversprechend eingesetzt werden könne.
Walnussbäume **lehnen naturgemäß die Nachbarschaft anderer Gewächse ab**, indem sie über ihre extrem gerbstoffhaltigen Blätter das Erdreich derart »versauern«, dass sich keine Pflanzen mehr in ihre Nähe wagen. Früher stand fast auf jedem Bauernhof ein Walnussbaum, da seine duftenden Blätter das Vieh vor Stechmücken schützten.
Erwähnenswerte Anbaugebiete dieses bis zu 30 m hohen und etwa 300 Jahre alt werdenden Walnussgewächses (Juglandaceae) findet man in China, Frankreich (bei Grenoble und im Perigord), Indien, Kalifornien **(größter Walnussproduzent der Welt)**, den Mittelmeerländern, Südamerika und der Türkei.
Nach der Ernte (im Herbst) sollten Walnüsse sofort gereinigt und getrocknet werden, weil sie sonst schimmeln; während des Trocknens verlieren die Kerne nahezu die Hälfte ihres Gewichts. Importierte Walnüsse sind im Allgemeinen chemisch geduscht, gebleicht und geschwefelt – deutsche und italienische Ware ist grundsätzlich unbehandelt. Unbehandelte Ware wird mit **»naturell«** deklariert.
Walnüsse kamen durch Korrekturen des Wortes »Welschnuss« zu ihrem Namen, da man einst der Ansicht war, dass sie aus den »Welschländern« (Frankreich und Italien) stammen.

Aussehen

Frische Walnüsse bestehen aus 3 Teilen: der konsistenten grünen Außenhaut, der holzigen Schale, (sie macht 2 Drittel ihres Gewichts aus) und dem zweigeteilten, filigranen Kern, der von einem **bitteren Häutchen** umzingelt ist, das die Nuss vor

Luft, Nässe und Oxidation schützen soll. Wirklich reif sind Walnüsse erst, wenn ihre fleischige Außenschale aufplatzt.
Graugelbe, weiche Walnusskerne lassen nicht nur darauf schließen, dass Feuchtigkeit eingedrungen ist, auch ihr mehrfach ungesättigtes Fett ist dann ranzig und aufgrund dessen ungenießbar geworden.

Geschmack

Walnüsse schmecken mild, nussartig und leicht süßlich.

Arten, Sorten

Butternuss / Juglans cinerea (lat.) heißt eine zwar recht wohlschmeckende, allerdings vehement mit der Schale verwachsene Walnusssorte.
Grenobler: Begehrte, mittelgroße Walnusssorte aus Frankreich.
Grüne (Wal)nüsse / Frischnüsse / Johannistagnüsse / Schälnüsse / Schwarze Nüsse heißt eine in Franken, Rheinland-Pfalz und im Saarland bekannte **Walnussspezialität, die zu Wein serviert wird**. Es handelt sich um spätestens am Johannistag (24. Juni) geerntete und verarbeitete, unreife Walnüsse mit noch weicher, grüner Schale (in der Pfalz wird diese natürliche Schutzhülle auch als »Colt« bezeichnet), die eingestochen, dann in Rum, Zucker und Zimt gedämpft und schließlich in Gläsern eingeweckt werden, wobei sie sich fast schwarz färben. Nachdem man ihr bitteres Häutchen behutsam entfernt hat, werden sie frühestens nach 6 Monaten Lagerzeit in nicht zu dicke Scheiben geschnitten und zusammen mit Bauernbrot als Käse-, Schinken- oder Wurstbeilage verzehrt.
Japanische Walnuss / Juglans ailantifolia (lat.): Walnusssorte, die meist nur auf exotischen Märkten vertreten ist.
Kalifornien: Dünnschalige Walnusssorte, die nicht nur qualitativ hochwertig und grobwüchsig ist, sondern zudem auch meist sehr niederpreisig angeboten wird.
Kriebelnuss: Kleinwüchsige Walnusssorte.
Papiernüsse / Meisennüsse: Extrem dünnschalige Walnusssorte.
Pferdenuss: Alte Walnusssorte mit großen, rötlichen Früchten.
Sorrento-Nuss: Französische Walnusssorte von hervorragender Güte, die zwar recht klein, dafür jedoch vollkernig ist.

Hauptinhaltsstoffe

Ballaststoffe, Bitterstoff, Calcium, kein Cholesterin, Cholin, Eisen, **Fett (62%, davon 40,9% mehrfach ungesättigt)**, Fluor, Folsäure, Gerbstoff, Inosit, Isoleucin, Jod, Kalium, Kupfer, Lecithin, Linol- und Linolensäure, Magnesium, Mangan, Natrium, etherische Öle, Phosphor, Proteine, Provitamin A, Seratonin, Tryptophan, Vitamin B 1, B 2, B 5, B 6, C, E, K, Zink.

Verwendung, Zubereitung

Walnusskerne werden zu Süßspeisen, Garnituren, Käsebeilagen und Müslis verarbeitet oder für die Herstellung von **Walnussöl / Noxellaberöl (elsäss.), eine der besten und teuersten Würzen** für Salate, verwendet. Walnussöl besitzt nicht nur ein angenehmes Nussaroma, unter allen Nüssen verfügt es zudem über **das breiteste Spektrum an Fettsäuren**. Unliebsame Kratzer in dunklem Holz können mit einer halbierten Walnuss eingefärbt werden – anschließend polieren. Frische Walnussblätter halten Motten vom Kleiderschrank fern – ohne, dass die Kleidung ihre Ausdunstungen annimmt.

Lagerung

Getrocknete Walnüsse und Walnussöl sind ca. ein halbes Jahr lagerfähig, vorausgesetzt, sie werden vor Feuchtigkeit geschützt und dunkel bevorratet. Da Walnüsse ungewöhnlich geruchsempfindlich sind, sollten sie grundsätzlich von stark odorierenden Lebensmitteln getrennt aufbewahrt werden.

Volksmedizinische Bedeutung

Walnüsse gehören zu den Lebensmitteln mit **besonders hohem Gesundheitswert**. Infolge ihres geringen Natriumgehalts sind sie sogar diätetisch einsetzbar. Walnüsse besitzen eine cholesterinsenkende und nervenstärkende Wirkung, da sie beruhigende Biostoffe beinhalten. Das in Walnüssen enthaltene Vitamin E schützt vor krebserregenden Umweltgiften – besonders bei Rauchern. Ihr hoher Anteil an ungesättigten Fettsäuren und Vitamin B 6 verhindert das Zusammenkleben der Blutplättchen und kann damit auch das Herzinfarkt- und Schlaganfallrisiko senken.
Dem deutschen Chemiker Dr. H. Muxfeldt gelang es an der amerikanischen Cornell-Universität mit Hilfe des in grünen Walnussschalen vorhandenen Glykosids Junglon, das Antibiotikum Terramycin synthetisch herzustellen, das imstande ist, eine **weitaus größere Anzahl von Krankheitskeimen zu bekämpfen als das weltweit bekannte Penicillin**.
Das Holz des Walnussbaums ist bei Holzschnitzern sehr begehrt, weil es im Gegensatz zu anderen Holzarten auch gegen die Maserung geschnitzt werden kann.

Tipp

Geschälte, französische Walnüsse werden unterteilt in:
Arlequins mit dunklen, da oxidierten Kernen.
Cerneaux mit hellen, da gebleichten Kernen.
Invalides mit zerbrochenen Kernen.

Wasserkastanie

Eleocharis dulcis
Liseron d'eau (frz.), Water chestnut (engl.)

Allgemeines, Herkunft, Geschichtliches

Wasserkastanien nennt man die unter Wasser reifenden Knollen eines einkeimblättrigen, tropischen Cypergrasgewächses (Cyperaceae), das in sumpfigen Gebieten Afrikas, Chinas, Hawaiis, Japans, Madagaskars, Ostindiens und Südamerikas kultiviert wird.

Aussehen

Wasserkastanien sind dunkelbraune, rübenartige Knollen mit dünner, harter Schale und knackigem, hellem Fruchtfleisch. Erst wenn die Schwimmblattrosetten dieser weiß blühenden Wasserpflanze abgestorben sind, dürfen die Knollen geerntet werden.

Geschmack

Das Fruchtfleisch der Wasserkastanie besitzt ein ausgeprägtes, angenehm süßes Nussaroma.

Arten, Sorten

Chinesische Wassernuss / Trapa natans var. bicornis (lat.) / Chinesische Kastanie (schweiz.) / Chinesische Wasserkastanie / Singharanuss: Zweihörnige Wassernusssorte mit rhombenförmigen Blättern, die mehrheitlich in Ceylon, Indien, Java und Thailand angebaut wird, wo sie zu den bedeutendsten Nahrungsmitteln zählt. Die Chinesische Wassernuss wird zwar sinnentstellenderweise vielerorts auch als »Wasserkastanie« bezeichnet, angesichts ihrer Zweihörnigkeit lässt sie sich jedoch leicht von ihr unterscheiden.

Wassernuss / Trapa natans (lat.) / Hornnuss / Waternut (engl.): Dünnschaliges, kastanienähnliches, vierhörniges Wassernussgewächs (Trapaceae), das in China, Japan und Korea angebaut wird. Wassernüsse dürfen lediglich im gekochten oder konservierten Zustand verzehrt werden, da sie Giftstoffe beinhalten, die erst durch Hitze zerstört werden.

Hauptinhaltsstoffe

Hoher Stärkegehalt.

Verwendung, Zubereitung

Wasserkastanien dürfen, im Gegensatz zu Wassernüssen, zwar roh verzehrt werden, der besseren Verdaulichkeit wegen sollten sie jedoch erst geschält, vom Stielansatz befreit, in Salzwasser gekocht und dann der »Kaltmamsell« zugeteilt werden. Getrocknet und zu Mehl vermahlen dienen Wasserkastanien den Chinesen als Brotteiggrundlage oder Bindemittel für Saucen und Puddings.

Tipp

Wasserkastanienkonserven sollten **sofort nach dem Öffnen in Glasbehältnisse gefüllt** und täglich mit frischem Wasser bedeckt werden, weil sie sonst rasch verderben.

Wasserspinat

Ipomoea aquatica

Dagoe, Èpinard aquatique (frz.), Green engsai (engl.), Kancon, Kangkoeng (chin.), Kankong (vietnam.), Swamp cabbage (engl.), Wasserwinde, Water spinach (engl.), Waterspinazie (niederl.)

Allgemeines, Herkunft, Geschichtliches

Bereits 300 v. Chr. wurde der zur Gruppe der Windengewächse (Convolvulaceae) zählende Wasserspinat in der altchinesischen Literatur erwähnt. Wasserspinat ist eine wärmeliebende Sumpfpflanze, die sich in Feuchtgebieten Afrikas, Australiens, Chinas, Indonesiens, Japans, Malaysias, Taiwans, Thailands und Vietnams am wohlsten fühlt.

Aussehen

s. u. Arten, Sorten.

Geschmack

Wasserspinat hat ein mildspinatiges Aroma.

Arten, Sorten

Es gibt eine rosa blühende Wasserspinatsorte mit spitzen, länglichen, dunkelgrünen Blättern, die sich nur in Teichen und tiefen Wassergräben wohlfühlt – eine andere Variante mit spitz-ovalen, hellgrünen, spinatähnlichen Blättern und zartroten Blüten kann sich dagegen lediglich auf schweren, feuchten Böden entfalten.

Hauptinhaltsstoffe

Besonders hoher Vitamin-C-Gehalt.

Verwendung, Zubereitung

Junge Wasserspinatblätter und die zarten Triebe werden zwar meist zur Salatherstellung genutzt, gleichermaßen können sie jedoch auch zu Suppen und spinatartigem Gemüse verarbeitet werden.

Lagerung

Seiner feinen Zellstruktur wegen ist Wasserspinat allenfalls **2 Tage** lagerfähig.

Volksmedizinische Bedeutung

Wasserspinat besitzt eine stark verdauungsanregende Wirkung.

Tipp

Pak Bung Faideng nennt sich eine Spezialität in Thailand, die Wasserspinat beinhaltet, der feuchtnass (meist auf primitiven Fahrradanhängern) in glühend heißem Fett ausgebacken wird. Infolge des immensen Wasseranteils schäumt nicht nur der Kochtopf über, es gibt zudem eine richtige Explosion. – Nichts für unsere heimische Küche und erst recht nicht für die kalorienarme »Haute cuisine«!

Weinblätter, Weintrauben

s. u. Trauben.

Weißkohl

Brassica oleraceae convar. Capitata var. alba

Caput (lat., mittelalt.), Cavolo cappuccio bianco (ital.), Chabis (schweiz.), Chou blanc (frz.), (Head) cabbage (engl.), Káposzta (ungar., rhein.), Kappus, Kaps (eifelld.), Kapusta (poln., russ., tschech.), Kölch (wiener.), Kohl(kopf) (norddt.), Kraut (mitteldt.), Krauthäuptel (österr.), Krautkopf (oberdt.), Krot (jüd.), Lahana (türk.), Lombarda blanca (span.), Profosskohl (niedersächs.), Profrosch (sachsen-anhalt.), Repollo blanco (span.), Rundkohl, Weißer Kappes (westdt.), Weißkabis (schweiz.), Weißkohl (ostdt.), Weißkraut (österr., süddt.), White cabbage (engl.), Witte kool (niederl.), Wittqual (helgold.)

Allgemeines, Herkunft, Geschichtliches

Der Weißkohl ist, wie alle anderen Kohlsorten, aus dem Meerkohl hervorgegangen, der noch heute an den Mittelmeerküsten und am europäischen Atlantik wild wachsend vorkommt; den alten Griechen und Römern war dieser Kreuzblütler (Brassicaceae) Cruciferae schon als Nutz- und Heilpflanze bekannt. Im Jahr 1891 kam ein Dithmarscher (Schleswig-Holstein) Gutsherr namens Schröder auf die Idee, mit Weißkohl erstmals professionell ein »Gemüse für jedermann« anzubauen – mit großem Erfolg, denn mittlerweile ist diese Gegend mit über 120 Millionen angebauten Kohlköpfen aller Arten **das größte Kohlanbaugebiet Europas**. Jeweils im September

wird hier ein **»Kohlkönig«** gefeiert: deftig, kulinarisch und volkstümlich. Weitere großflächige Anzuchtregionen liegen in China, Dänemark, England, Frankreich, Griechenland, Japan, Kroatien, den Niederlanden, Polen und Russland.
Bei der Kopfkohlanzucht sollte man darauf achten, dass am gleichen Platz zuvor kein verwandtes Kreuzblütlergewächs (z. B. Senf oder andere Kohlsorten) angebaut wurde, da sonst für nachfolgende Pflanzen die Gefahr besteht, von der gefürchteten Kohlhernie befallen zu werden. Am wirksamsten dagegen angehen kann man, indem man Kohlbeete mit Tomatenpflänzchen umzingelt. Wie alle Kohl- und Rübensorten zählt auch der Weißkohl zu den so genannten »Starkzehrern«, womit Pflanzen gemeint sind, die extrem hohe Ansprüche an die Bodenqualität stellen. Da Starkzehrer dem Erdreich während ihres Wachstums alle Wirkstoffe abverlangen, muss der jeweilige Boden nach jeder Folgeernte (höchstens 5 Jahre lang) beherzt gedüngt werden, was sich durch die damit verbundene **Nitratbelastung** desaströs auf Nachpflanzungen auswirken kann. Beim Einkauf sollte man folglich Kohlgemüse vom Biobauern bevorzugen.
Einem alten Volksglauben zufolge soll Weißkohl viel besser gedeihen, wenn am Johannistag (24. Juni) Frauen auf dem Weißkohlacker umherlaufen, die lediglich mit einem langen Hemd bekleidet sein dürfen.

Aussehen

Frischer Weißkohl hat feste, geschlossene, gewichtige Köpfe mit feingerippten, weißgelben Blättern. Sogenannte »Gummiblätter«, also weiche, biegsame Weißkohlblätter, sind meist nitrathaltig und enthalten kaum noch Nährstoffe: weg damit! Kleinköpfige Exemplare lassen auf Vernachlässigungen während des Wachstums schließen.

Geschmack

Weißkohl sollte über ein ausgeprägtes Krautaroma verfügen.

Arten, Sorten

Adventskohl: Winterharte Spitzkohlsorte, die im Herbst gepflanzt wird und auf dem Feld überwintert. Von April bis Juni wird er auf den Märkten feilgeboten.

Bayerisches Kraut / Bayrischkraut nennt man grobstreifig zerteilten Spitzkohl, der mit Schmalz, Speck-, Apfel- und Zwiebelwürfeln gegart und mit Essig, Salz, Pfeffer und Zucker gewürzt wird.

Buuskohl heißt ein niedersächsischer Eintopf, der Weißkohl, Kartoffeln, Rauchspeck und Schmalz beinhaltet.

Filderkraut: Konsistenter, noch aus alter Zeit stammender, Sommerspitzkohl, der nach seinem fruchtbaren Anbaugebiet, der berühmten »Filder-Ebene« (südlich von Stuttgart) benannt wird und vorrangig der Sauerkrautherstellung dient.

Holsteiner Platter / Platter Dänenkohl / Flat cabbage (engl.): Plattrunde Weißkohlsorte mit mäßigen Lagerungseigenschaften, die vorwiegend in Dänemark und Norddeutschland angebaut wird.

Jaroma-Kohl / Türkischer Kohl heißt eine Variante des Weißkohls, die der Lövenicher (bei Köln-Erkelenz) Züchter und Geschäftsmann Robert

Jansen im Jahre 2000 ins Leben gerufen hat. Jaroma-Kohl hat eine auffallend gedrungene Form und ist zwar sehr aromatisch, auffallenden Kohlgeruch verbreitet er jedoch während der Zubereitung nicht; seine extrem lockere Blattschichtung sowie seine Konsistenz und Verarbeitungsmöglichkeiten kann man in etwa mit denen des Spitzkohls gleichsetzen. Als »Türkischer Kohl« wird der Jaroma-Kohl deshalb bezeichnet, weil er zu Beginn seiner Karriere vorwiegend von türkischen Mitbürgern erworben wurde.

Knieperkohl / Suren Hansen nennt sich in der brandenburgischen Prignitz ein winterliches Regionalgericht, das Wein- und Kirschblätter, Kassler, Lungenwurst, sauer eingelegten Grünkohl, Markstammkohl, Weißkohl und einen Hauch von Rotkohl beinhaltet.

Kümmelkohl nennt man nicht etwa mit Kümmel gewürzten Weißkohl, sondern die jungen Sprossen des Kümmelstrauchs (Gewürzpflanze), nachdem sie zunächst gewaschen, zerkleinert, weichgekocht und dann in einer leichten, mit Salz, Zitronensaft und Muskat gewürzten Béchamelsauce geschwenkt wurden. Zusammen mit Bratkartoffeln ist Kümmelkohl eine hervorragende Beilage zu deftigen Fleischgerichten.

Markstammkohl / Brassica oleraceae var. medullosa (lat.) / Futterkohl / Gartenstrauchkohl / Spazierstockkohl: Meist zu Futter-, Gründüngungs- und Wildäsungszwecken angebaute Kohlsorte mit üppiger, dunkelgrüner Blattmasse und einem zwar verhärteten, jedoch überaus eiweißhaltigen Stamm. Es gibt auch eine rötliche (mit Anthozyan versetzte) Markstammkohlsorte. Den Beinamen »Spazierstockkohl« hat er der Tatsache zu verdanken, dass sein **kerzengerader Stamm** mit seiner griffanalogen Spitze einen Wanderstab ersetzen könnte.

Mibuna: Rosettenbildende Kohlsorte mit dunkelgrünen, ganzrandigen Blättern, die kohlrabiähnlich schmecken.

Misome: Kompakte, äußerst hitzetolerante, neumodische Kohlsorte aus Asien mit fleischigen, stark gewölbten, dunkelgrünen Blättern, deren Geschmack an Spinat und Feldsalat erinnert.

Schlappkraut nennt man in der Pfalz ein Regionalgericht, das Weißkohl und Schweinebauch beinhaltet.

Spitzkohl / Brassica oleraceae convar. Capitata (lat.) / Chou pointu (frz.) / Pointed cabbage (engl.) / Spitzkabis / Spitskool (niederl.) / Spitzkaut / Zuckerkopf stammt vermutlich aus China und gelangte erst vor rund 150 Jahren durch Missionare nach Europa. Er besitzt einen kecken, capeartigen, nicht zu festen Kopf mit geringem Strunkanteil. Von Mai bis Juli ist diese **früheste aller Kopfkohlsorten** auf unseren Märkten erhältlich. Der Edelmann der Kohlfamilie hat eine kürzere Garzeit, ist leichter verdaulich und wesentlich zurückhaltender im Geschmack als gewöhnlicher Weißkohl, da er zuckerreicher und feinrippiger ist. Meist wird Spitzkohl zwar zur Sauerkrautherstellung verwendet, da sich seine großflächigen Blätter jedoch sehr leicht vom Strunk (österr. Kretzerl) lösen, eignet er sich auch bestens zur Herstellung von **Kohlrouladen** / Choux farci (frz.) / Gadevöchel (hess.) / Gefüllten Krautblättern (österr.) / Krautrouladen / Krautwickeln (bayr.) / Kappesrulade (hunsr.).

Weißkohlsprossen / White cabbage sprouts (engl.): Rosenkohlähnliche Weißkohlköpfchen mit loser Kopfbildung.

Zierkohl / Buntkohl: Die Idee, Kohl auch als Zierpflanze anzubauen, hatten zuerst die Japaner. Es gibt eine Vielzahl von Zierkohlsorten mit glatten, gekrausten oder gewellten Blättern in zahllosen Farbvarianten. Die eindrucksvollen Farben, die mit zunehmendem Alter sogar noch intensiver werden, kommen zustande, weil die Blätter neben dem grünen Chlorophyll auch den Farbstoff Anthozyan enthalten. Je niedriger die Temperaturen, umso farbenprächtiger wird der blütenlose Zierkohl, der nebenher auch **essbar** ist. Während des Wachstums ist Zierkohl zwar auf wenig Dünger angewiesen, er ist jedoch überaus trinkfreudig.

Hauptinhaltsstoffe

Ascorbigen, Ballaststoffe, Calcium, Eisen, Folsäure, Glucosinolate, Jod, Kalium, Magnesium, Methyl-Methioninsulfoniumbromid, Natrium, Phosphor, Provitamin A, Senföle, Vitamin B 1, B 2, B 3, C, K, Zink, Zucker. Eine **Besonderheit aller Kohlsorten** ist, dass ihr hochwertiges Vitamin C erst infolge von Erhitzung freigesetzt wird.

Verwendung, Zubereitung

Weißkohl wird zu Eintöpfen, Gemüse, Rouladen, Salat, Sauerkraut (ca. 60% der Ernte) oder Suppe verarbeitet.

Wenn man dem Weißkohlfond während des Garens ein eingeschnittenes, mit Essig beträufeltes Brotstück oder / und etwas Kümmel beifügt, wird der Weißkohl nicht nur bekömmlicher, sogar der (infolge von Schwefelverbindungen verursachte) strenge Kohlgeruch kann aufgrund dessen erheblich gemindert werden.

Da Weißkohl sowohl in den Strünken und Außenblättern als auch in den dicken Blattrippen hohe Nitratwerte aufweist, die sich im Körper in Krebsrisiko behaftete Nitrite umwandeln können, ist es zwingend erforderlich, sie vor der Zubereitung zu entfernen.

Lagerung

Gekühlt und ohne direkte Nachbarschaft von frischem, Ethylen ausscheidendem Obst oder Gemüse (z. B. Äpfeln, Tomaten, Paprikaschoten) ist Weißkohl bis zu 2 Wochen bevorratbar. Während dieser Zeit sollte er sorgfältig behandelt werden, denn jeder Hieb oder Stoß kann Wunden verursachen, die Infektionsherde bilden und den Verderb vehement beschleunigen.

Volksmedizinische Bedeutung

Weißkohl besitzt cholesterinsenkende, blutbildende, entwässernde, entzündungswidrige, sättigende und stoffwechselanregende Charaktere. Wie alle anderen Kohlsorten enthält auch der Weißkohl einen **östrogenartigen und entgiftenden Stoff**, der Brustkrebs sowie Leber-, Lungen- und Nierenleiden entgegenwirken kann. Da Weißkohl stark blä-

hende Eigenschaften aufweist, sollte er von Magen- und Darmkranken gemieden werden.
Bei plötzlichem Stimmverlust hilft ein Weißkohlblatt, das man gemächlich kauen – nicht zerkauen – sollte.
Entzündungen, Wunden, Geschwüre und Blutergüsse werden mit Auflagen von zerquetschten und erhitzten Weißkohlblättern behandelt – die dicken Blattrippen entfernt man zuvor.
Eine **Inhalation mit Kohlwasserdampf** (zerkleinerter Kohl wird etwa 15 Minuten lang in Wasser gekocht) wirkt Kopfschmerzen und Migräne entgegen.

Tipp

Rosamali nennt sich ein fast schon in Vergessenheit geratenes, uraltes Weißkrautgericht: Dünnstreifiger Weißkohl wird zuerst gesalzen und danach solange geknetet, bis er Saft zieht. Bei gelinder Hitze bringt man ihn dann mitsamt dem Saft behutsam zum Kochen, gibt angebratene Dörrfleischwürfelchen und Kümmel hinzu und lässt das Ganze etwa eine Stunde langsam vor sich hin köcheln / krimmeln (rhein.) / schmurgeln (bad.-würt.). Zum Schluss würzt man mit Sauerrahm, Paprikapulver und Pfeffer und serviert mit Salzkartoffeln.

Weizen

Triticum aestivum

Blé (frz.), Brotweizen, Bugday (türk.), Grano (ital.), Tarwe (niederl.), Trigo (span.), Weichweizen, Weiten, Wetten, Wheat (engl.), Woatz (österr.)

Allgemeines, Herkunft, Geschichtliches

Weizen ist eine Süßgrasart (Poaceae), die aus Kreuzungen folgender Urweizensorten hervorgegangen ist: Einkorn / Triticum monococcum (lat.) / Blicken, Zweikorn / Triticum dicoccum (lat.) / Amelkorn / Emmer / Korn der Pharaonen / Sommerspelt und Dinkel. In seiner Heimat Mesopotamien (Irak) war der Weizen bereits 9000 v. Chr. bekannt. Heute gilt er als **glutenreichste und bedeutendste Getreidesorte der Welt**.
»Gluten« nennt man nach dem Auswaschen von Dinkel-, Gerste-, Grünkern-, Hafer-, Roggen- und Weizenmehl verbliebenes Klebereiweiß, das die Zellstruktur des Brotes während des Backens stärkt. Das heißt: Ohne Gluten bliebe das Brot nicht nur platt, es wäre auch steinhart.
Seine weiteste Verbreitung hat der Weizen zwar im kontinentalen Klima, die größten Hektarerträge erzielt er jedoch in Meeresnähe.
Das Wort »Weizen« stammt vom mittelhochdeutschen »weize« für »der Weiße« ab.

Aussehen

Weizen kann bis zu 1,50 m hoch werden. Da seine Körner nicht mit den Spelzen verwachsen sind, zählt der Weizen zu den »Nacktgetreiden«.

Geschmack

Der Weizen besitzt ein körnig-nussiges Aroma.

Arten, Sorten

Hartweizen / Triticum durum (lat.) / Durumweizen: Glaskörnige und kleberreiche Weizensorte, die mehr-

heitlich in Italien und Spanien angebaut wird und um 30% carotinreicher ist als herkömmlicher Weichweizen. Ein Drittel der Hartweizenernte wird durchschnittlich zu Grieß verarbeitet; 2 Drittel davon zur (italienischen) Nudelherstellung. Diese Nudeln können – im Gegensatz zur deutschen Methode (grundsätzlich mittels Mehltyp 405 aus Weichweizen gefertigte Teigwaren) ohne Eizusatz bereitet werden, da der **extrem hohe Eiweißgehalt** des Hartweizengrieß **keine Bindemittel erforderlich** macht.
Kamut (ägypt.) / Ägyptischer Urweizen / Goldenes Korn: Schon vor 6000 Jahren war der Kamut als krankheitsresistente Weizensorte bekannt. Lange Grannen und eine doppel-s-förmige Biegung vor der Ähre charakterisieren diese leicht bekömmliche, milde und eiweißreiche Weizensorte. Wie bei Hartweizen benötigen auch Nudeln und Brote, die mit Kamut-Mehl zubereitet wurden, keinen Eizusatz, da Kamut-Mehl backfreundliches **(glutenfreies) Klebereiweiß** enthält. Das bedeutet, dass sogar Personen, die an einer **Glutenintoleranz** – »Zöliakie« (bei Kindern), »Sprue« (bei Erwachsenen) – leiden, diese Weizensorte verzehren dürfen.
Triticale: Relativ junge Getreidesorte, die aus einer Kreuzung des Weizens (Triticum) mit dem Roggen (Secale) hervorgegangen ist. Triticale ist nicht nur **großähriger und eiweißreicher als Weichweizen**, er verfügt außerdem über eine herausragende Frost- und Krankheitsresistenz.

Hauptinhaltsstoffe

Beta-Karotin, Calcium, Eiweiß, Magnesium, Pantothensäure, Selen, Vitamin B 1, B 2, E.

Verwendung, Zubereitung

Aus Weizen wird nicht nur **das hochwertigste Brot- und Backmehl** (Weizenmehl / Weißmehl) gemacht, sondern auch Dunst, Graupen, Kleie, Schrot und Stärke.
Tapeten reinigt man mit warm angerührter Weizenkleie, die anfangs strichweise mit einem fusselfreien Tuch auf den Schmutzstellen verteilt und danach behutsam mit einem feuchten Tuch abgerieben wird.
Weizenspelzen besitzen eine magische Anziehungskraft auf Schnecken, die schon kurz nach ihrem Genuss verenden.
Dunst / Doppelgriffiges Mehl / Feiner Grieß / Musmehl: »Griffkörniges«, im Feinheitsgrad zwischen Grieß und Mehl anzusiedelndes Mahlerzeugnis, das überwiegend bei der Nudel- und Gebäckherstellung verwendet wird.
Frika: Graupen, die nicht aus Gersten-, sondern aus Weizenkörnern hergestellt wurden.
Klares Mehl: Weizenmehl, das – mit kaltem Wasser angerührt – dem Andicken von Suppen oder Saucen dient.
Mehlbutter / Beurre manié (frz.): Kalt vermengte Mischung aus Weizenmehl und weicher Butter / Anke (schweiz.) / Schmer (süddt.) im Verhältnis 1:1.
Mehlschwitze gibt es in 3 verschiedenen Varianten: **Blonde Mehlschwitze / Roux blond (frz.)** nennt

man eine weiße Mehlschwitze, die so lange erhitzt und gerührt / gelunden (fachspr.) / geschröggelt (bad.) wird, bis sie eine blonde Farbe annimmt. **Braune Mehlschwitze / Braunmehl / Roux brun (frz.)** nennt man eine weiße Mehlschwitze, die man so lange erhitzt und rührt / lindet (fachspr.), bis sie sich braun färbt. **Weiße Mehlschwitze / Einbrenne / Einmach (österr.) / Lichte Mehlschwitze (schweiz.) / Roux blanc (frz.) / Schwitze / Schwitzmehl / Weißgerührtes Mehl** ist eine heiß angerührte Mischung aus Weizenmehl und Butter im Verhältnis 1:1.

Paniermehl nennt man auch **Brösmeli (schweiz.) / Chapelure (frz.) / Graten (türk.) / Mutschelmehl (süddt.) / Panierbrot / Reibbrot / (Semmel)brösel (österr.) / Semmelmehl / Weckmehl (schwäb.).** **Mie de Pain** lautet die fachliche und französische Bezeichnung für Paniermehl, das nur aus entrindetem und getrocknetem Weißbrot gemacht wurde. **Bulgur** nennt man eine dem afrikanischen »Couscous« ähnelnde, orientalische Zubereitung aus grob vermahlenen Hartweizenkörnern, die eingeweicht und geschält, dann vorgekocht und schließlich an der Luft getrocknet werden, um sie nicht nur vor dem Ranzigwerden zu schützen, sondern auch, um die spätere Zubereitungszeit in der speziellen »Couscousière« zu verkürzen.

Weizenkeim(ling)e, -sprossen / Tarwekiemen (niederl.) dienen meist der Herstellung von Weizenkeimöl, aufgrund ihrer angenehmen Süße eignen sie sich jedoch auch bestens zur Ergänzung von Salaten. Vorsicht: Nach 4–5 Tagen werden Weizenkeimlinge bitter.

Weizenkleie: Die geschroteten Randschichten des Weizenkorns.

Weizenstärke / Weizenpuder nennt man kleberloses Weizenmehl.

Volksmedizinische Bedeutung

Weizen liefert **die meisten Nervenvitamine**, gilt als **beste Stressbremse** und stärkt das Immunsystem. Weizenkeimöl ist hilfreich bei trockener, faltiger Haut, kurbelt die Verdauung an, schützt vor Brustkrebs und beruhigt den gereizten Magen.

Tipp

Unliebsamen »Haustierchen« (z. B. Ameisen, Kellerasseln und sogar den allseits gefürchteten Kakerlaken) macht man auf umweltfreundliche und probate Weise den Garaus, indem man entweder doppelseitiges Klebeband auslegt oder mit Wasser angerührte Weizenmehlpampe auf alte Tapeten streicht und diese über Nacht bündig auf dem Boden ausbreitet.

Wirsing

Brassica oleraceae convar. Capitata var. sabauda

Börschkohl, Börskohl, Cavolo di Milano (ital.), Cavolo verza (ital.), Chou de Milan (frz.), Chou de Savoie (frz.), Chou frisé (frz.), Herzkohl, Kale (engl.), Kapuste (böhm., österr.), Kohl (österr.), Kraut (süddt.), Kurumb (arab.), Lombarda berza (span.), Mailänder Kohl, Pörschkohl, Repollo blanco crespo (span.), Savoy cabbage (engl.), Savooiekool (niederl.), Savoyerkohl, Schavu (kölsch), Sommerkohl, Wärsching (pfälz.), Welschkohl, Welschkraut, Wersich, Wirsching (hunsr.), Wirsingkohl (brandenb.), Wirsingkraut, Wirz (schweiz.)

Allgemeines, Herkunft, Geschichtliches

Erster Wirsinganbau wurde in Oberitalien betrieben – daher auch seine Beinamen »Welschkohl« und »Welschkraut«, denn das sogenannte Welschland befand sich bekanntlich in Frankreich und Italien. In Deutschland ist diese Kopfkohlsorte erst seit dem 18. Jh. bekannt. Größere Wirsinganbaugebiete findet man heute in Deutschland, England, Frankreich, Italien, in den Niederlanden, Österreich, Polen und in Russland.

Aussehen

Je nach Sorte hat der Wirsing mehr oder weniger gekrauste, grüngelbe, sich zu einem lockeren Kopf bildende Blätter. Wirsing hat den Frischetest bestanden, wenn sich seine **Blätter brechen lassen** und **während des Schüttelns »schnurbsen« (rasseln)** – gummiartig biegsame Blätter sind zu entfernen. Eine alte Fachregel besagt, dass Wirsing prinzipiell mit dem Ohr und nicht nur mit dem Auge gekauft werden sollte.

Geschmack

Wirsing hat ein würziges und mildes Kohlaroma.

Arten, Sorten

Adventswirsing: Frostwidrige Wirsingsorte, die im Herbst gepflanzt und von Mai bis Juni geerntet werden kann. Der Name »Advent« **deutet auf die Sorte und nicht auf eine bestimmte Jahreszeit hin**, in der er gepflanzt oder geerntet wird.
Butterkohl / Bloemendaalse Gele (niederl.): Schmackhafte, niederländische Wirsingsorte mit blasigen, gelben Blättern, die einen zwar lockeren, jedoch sehr voluminösen Kopf bilden.
Frühjahrswirsing / Maiwirsing: Winterharte Wirsingsorte aus dem Überwinterungsanbau, die im Mai geerntet werden kann. Frühjahrswirsing hat lockere, grüne, leicht gekrauste, geöffnete Köpfe mit mildem, zartem Herz, ist nicht lange lagerfähig und benötigt eine geringe Garzeit.
Grünviolettblättriger Wirsing wird »nur« im italienischen Verona angebaut.
Herbstwirsing / Dauerwirsing / Lagerwirsing hat einen gewichtigen, geschlossenen Kopf mit grobwüchsigen, abstehenden, gelbgrünen Umblättern und starkem Kohlgeschmack. Er besitzt **beste Lagerungseigenschaften** und ist ab Spätsommer (Herbst) erhältlich.
Sommerwirsing weist zwar überaus zarte, milde und aromatische Blätter auf, er sollte jedoch in Bälde aufgebraucht werden, da er rasch verdirbt.
Winterwirsing / Marcelliner Kohl: Kleinköpfige, gelbblättrige Wirsingsorte mit kernigem, kräftigem Aroma. Sie sollte erst nach dem ersten Frost geerntet werden.

Hauptinhaltsstoffe

Azetylcholin, Calcium, Eisen, Enzyme, Folsäure, Kalium, Glucosinolate, Magnesium, Mangan, Natrium, Phosphor, Provitamin A, Senföle, Vitamin B 1, B 2, B 3, B 6, C, E, K, Zink. Schon 100 g Wirsing decken den Folsäure- und Vitamin-C-Tagesbedarf eines Erwachsenen.

Verwendung, Zubereitung

Wirsing lässt sich zu Gemüse, Suppe und Rouladen verarbeiten. Angesichts seiner hochwertigen Inhaltsstoffe sollte er stets schonend und ohne Deckel (damit er seine gesunde Farbe behält) gegart werden, da seine zarten Blätter wesentlich schneller gar sind als die seiner Verwandtschaft. Wirsing- / Kohlunverträglichkeiten lassen sich leicht umgehen, indem man den Fond mit wenig Kümmel, Dill-, Fenchel- oder Anissamen komplettiert; mit einem Hauch von Quittengelee, das man zum Ende der Garzeit hinzufügt, gibt man Wirsinggemüse den letzten Pfiff.

Lagerung

Im Kühlschrank lässt sich Wirsing ca. eine Woche lang aufbewahren. Wie alle Kohlsorten sollte auch Wirsing nicht in Gemeinschaft mit Obst bevorratet werden, da sonst die Reife beschleunigt wird.

Volksmedizinische Bedeutung

Wirsing entwässert, schleust Gift- und Schlackestoffe aus dem Darm, hemmt die Entstehung von Krebs, stärkt sowohl das Herz als auch unser Immunsystem und schützt vor Arteriosklerose und Infektionen. Bei Kopfschmerzen, Migräne, nervösen Spannungen und Katerstimmung hat es sich vielfach bewährt, entweder Wirsingwasserdampf zu inhalieren oder gedünstete Wirsingblätter zu verzehren. Bei Schwellungen, Furunkeln und unreiner Haut sollte man so lange wie möglich warme Wirsingblätter auflegen und danach mit einem warmen Handtuch abdecken. Für unvermeidbare Flatulenzen nach dem Wirsinggenuss ist der Inhaltsstoff Azetylcholin verantwortlich, da er die Verdauung mobilisiert.

Tipp

Aus jungen **Wirsingsprossen**, die wie selbstverständlich aus den Blattachseln der Stümpfe von abgeerntetem Sommerwirsing hervorgehen (vorausgesetzt, sie wurden zuvor nicht aus dem Boden herausgerissen), lässt sich attraktives und vitaminreiches Minigemüse zubereiten – das **Zarteste**, was ein anspruchsvoller Gemüsegarten bieten kann.

Y

Yam

Dioscorea sp.

Brotwurzel, Bulbenyam, Igname (frz., ital.), Ignamenbatate, Jam, Jamswurzel, Name (span.), Nyami (senegal.), Yame (span.), Yams (engl.), Yamswurzel

Allgemeines, Herkunft, Geschichtliches

Die Yam ist eine knollenbildende Kletterpflanze, deren geografische Ursprünge in Afrika liegen, wo nicht nur 95% des weltweiten Bedarfs kultiviert werden, sondern wo diese Knolle auch zu den bedeutendsten Grundnahrungsmitteln zählt. In Asien, Indien, der Karibik und Südamerika werden die restlichen 5% dieses Yamsgewächses (Dioscoreaceae) angebaut.

»Yam« leitet sich vom senegalesischen »nyami« für »essen« ab.

Aussehen

Yams sind batateähnliche Knollen, die in Form, Farbe und Größe sehr facettenreich ausfallen: Die haarige und poröse Schale kann sowohl rötlich als auch grau oder braun sein. Ihr Fruchtfleisch ist meist weiß mit sanftem Gelbstich, seltener rötlich. Die Yam sollte nicht mit Bataten, Manioks, Sauerkleeknollen, Tannias und Taros verwechselt werden, da diese fälschlicherweise häufig als »Yam« im Angebot sind.

Geschmack

Die Yam hat ein kartoffelähnliches, mehliges Aroma, das – sortenbedingt – mehr oder weniger süßlich oder auch sehr bitter sein kann.

Arten, Sorten

Asiatische Yam / Bittere Yam / Chinesische Kartoffel / Chinesische Yam / Gelbe Yam / Shan yao (chin.) / Weiße Yam: In Ostasien beheimatet. Sie hat eine rindenähnliche Schale, dunkelbraune, batatenähnliche Knollen und schneeweißes Fruchtfleisch, das wie Kartoffeln zubereitet werden kann.

Cush-Cush-Yam: Yamsorte, die auf den karibischen Inseln und in Südamerika kultiviert wird. Sie hat spindelförmige, dunkelgraue, sehr wohlschmeckende Knollen.

Elefantenfuß / Hottentottenbrot / Schildkrötenpflanze: Südafrikanische Yamsorte mit essbaren, stärkereichen Knollen, die **bis zu 100 kg schwer** werden können.

Japanische Yam / Yamatoimo (jap.): Weißfleischige und glatthäutige Yamsorte aus Japan, wo sie meist in geriebener Form weiterverarbeitet wird.

Kartoffelyam: Yamsorte mit bis zu 40 cm langen Knollen, die zwar in den Tropen Afrikas, Chinas, Japans, Koreas und Taiwans kultiviert wird, gelegentlich jedoch sogar schon europäischen Hobbygärtnern offeriert wird, obwohl sich ihr Fruchtfleisch beim Kochen unappetitlich färbt, eine pappige Konsistenz aufweist und zu allem Überfluss auch noch gallebitter schmeckt.

Wasseryam / Große Yam: Die **weitverbreitetste Yamsorte** wird bis zu 60 kg schwer, hat weißgelbes Fruchtfleisch und ist in Südostasien zu Hause.

Hauptinhaltsstoffe

Alkaloide, Calcium, Eisen, hoher Kaliumgehalt, Provitamin A, Saponine, Stärke (24%), Tannine, Vitamin C.

Verwendung, Zubereitung

Geschälte Yamknollen lassen sich wie Kartoffeln verarbeiten. Würzen sollte man mit Salz, Pfeffer und Zitronensaft, damit sie nicht verbraunen.

Fufuo lautet der Name eines traditionellen Weihnachtsessens in Ghana (Afrika). Außer Fleisch beinhaltet es eine Kartoffelpüree ähnliche Beilage aus Yam.

Nyama choma nennt man in Kenia gebackene Yamscheiben.

Lagerung

Leicht gekühlt lassen sich Yams bis zu 4 Monate lang aufbewahren.

Volksmedizinische Bedeutung

Schon seit altersher wird die Yam in ihren Anbauländern bei **Menstruationskrämpfen, schmerzhaften Erkrankungen der Harnwege und zur Vorbeugung von Fehlgeburten** eingesetzt. Auch bei Blähungen, Katarrhen, Koliken, Neuralgien und mangelhafter Durchblutung kommt sie zum Zuge.

Tipp

Die ersten hormonellen Substanzen für die **Anti-Baby-Pille** wurden aus der Yam isoliert.

Z

Zichorie

Cichorium intybus var. foliosum

Achicoria (span.), Aci marul (türk.), Armersünderblume, Blaue Sonnenwende, Blauer Sommerwirbel, Chicorée sauvage (frz.), Chicorie (engl.), Cicorino (ital.), Faule Gretel, Gemeine Wegwarte, Hans am Weg, Kaffeewurzen, Kichorion (griech.), Schlempekraut, Sonnenbraut, Sonnenkraut, Sonnenwedel, Sonnenwende, Wegleuchte, Weglug, Wegwarte, Wegweiß, Wild succory (engl.), Wilde Cichorei (niederl.), Zigorie (hunsr.)

Allgemeines, Herkunft, Geschichtliches

Die in Ostindien beheimatete Zichorie ist mit Chicorée, Endivie, Lattich, Radicchio, Schwarzwurzel und Lö-

wenzahn verwandt, da diese ebenfalls zur Familie der Korbblütler / Asteraceae (Compositae) gezählt werden. Wild wachsend findet man sie heute in Afrika, Asien, Europa und Sibirien.
Der römische Schriftsteller Plinius behauptete einst, dass man die Liebe jedweder Person erlangen könne, wenn man sie mit der Wegwarte berührt. Voraussetzung für die erhoffte Wirksamkeit ist jedoch, dass man die Pflanze ehrfurchtsvoll und schweigend am Peterstag (dem 29. Juni) mit einem Geldstück oder (noch besser) Hirschgeweih ausgräbt, ohne sie dabei mit der Hand zu berühren. Überlieferten Erzählungen zufolge gilt die Zichorie sogar als **verwunschene Braut**, die auf die Rückkehr ihres Liebsten aus dem Krieg wartet und am Wegesrand vergeblich nach ihm Ausschau hält.
»Faule Gretel« wird die Zichorie deshalb genannt, weil sich ihre charakteristischen Blüten bei Sonnenschein um 6.00 Uhr morgens öffnen, um 12.00 Uhr mittags wieder schließen und bei wolkenverhangenem Himmel sogar gänzlich geschlossen bleiben.

Aussehen

Die Zichorie ist ein eindrucksvolles Pflänzchen mit strahlenförmigen, himmelblauen Blüten, verästelten, hohlen Stängeln, rauhaarigen Blättchen und einer tiefreichenden Pfahlwurzel.

Geschmack

Die Zichorie besitzt ein herb-bitteres Aroma.

Arten, Sorten

Blattzichorie / Catalogna / Chicorée á feuilles (frz.) / Chicorée italienne (frz.) / Large leaved chicory (engl.): Robuste, 50 cm hohe, schmalwüchsige, italienische Zichorienweiterentwicklung mit teils eingeschnittenen, teils glattrandigen, dunkelgrünen, bitter schmeckenden Blättern, die mittlerweile auch schon in Frankreich und Spanien kultiviert wird. Blattzichorien werden entweder zu Mischsalat oder Gemüse verarbeitet, nachdem man sie zuvor blanchiert, in Streifen geschnitten und dann in heißem Öl mit etwas Knoblauch gedämpft hat, weil sich infolgedessen die meisten Bitterstoffe verflüchtigen.
Wurzelzichorie / Kaffeezichorie: Weiterentwicklung der wilden Zichorie mit verdickter, graubrauner, bis zu 500 g schwerer Wurzel, die seit dem 17. Jh. der Herstellung von **koffeinfreiem Kaffee / Blümchenkaffee / Falschem Kaffee / Kaffeeersatz / Landkaffee / Muckefuck / Preußenkaffee / Zusatzkaffee** diente. Friedrich der Große ließ die Wurzelzichorie großflächig rund um Berlin, Breslau und Magdeburg anbauen, da der Erwerb von echtem Bohnenkaffee damals mit großen kapitalmäßigen Anstrengungen verbunden war. Im Jahre 1790 betrieben dann Braunschweiger und Magdeburger Kaufleute einen schwungvollen Muckefuck-Handel. Das Wörtchen »Muckefuck« geht auf hugenottische Einwanderer zurück, die den verballhornten Begriff **»mocca faux«** (falscher Kaffee) für diesen die Leberzellen anregenden Trunk damals prägten, mit dem bis heute zu dünn geratener Kaffee (ugs. Lurre) gemeint ist.
Andreas-Hofer-Kaffee / König-Ludwig-Kaffee: Kaffeeartiges Getränk,

das aus Malz, Zichorienwurzeln und karamellisiertem, halbflüssigem Zucker / Kulör (fachspr.) / Couleur (frz.) hergestellt wird.

Hauptinhaltsstoffe

Calcium, Cholin, Eisen, Gerbstoffe, Intybin, Inulin, Kalium, Kupfer, Lactucerol, Zichorin.

Verwendung, Zubereitung

Frische, junge Zichorienblätter kann man zu Salat oder Gemüse verarbeiten. Auch in der berühmten »Neunkräutersuppe«, die traditionell am Gründonnerstag gegessen wird, um Kraft für kommende Zeiten zu tanken, und sogar im geweihten **Kräuterbüschel / Krautwisch (bayr.) / Würzwisch**, den man nach altem Brauch zu Maria Himmelfahrt an die Haustür hängt, um Gefahren abzuwenden, darf die Zichorie nicht fehlen.

Falsche Kapern / Kapernersatz kann man aus den Blütenknospen der Zichorie herstellen, indem man sie in Essig und Salz einlegt.

Wenn man Zichorienwurzelmehl mit echtem Kaffeepulver vermischt und daraus Kaffee kocht, **wird die Wirksamkeit des Koffeins neutralisiert**.

Angelaufenen Bronzegegenständen verhilft man wieder zu frischerem Aussehen, indem man sie mit heißer Zichorienbrühe übergießt und danach tüchtig abreibt.

Lagerung

Da die Zichorie rasch verdirbt, sollte man sie sofort nach der Ernte verarbeiten.

Volksmedizinische Bedeutung

Zichoriengenuss wirkt nicht nur verdauungsanregend, antibakteriell, blutreinigend, entzündungshemmend und kräftigend, auch Herzflimmern, Herzjagen und Herzrhythmusstörungen lassen sich damit entweder lindern oder oft sogar völlig abstellen.

Tipp

Kaffee, der aus Zichorienwurzeln, Eicheln oder Rübenschalen – also nicht aus echten Kaffeebohnen – gebrüht wurde, lässt sich kinderleicht auf seine Echtheit überprüfen: Bei »falschem Kaffee« sinkt das Pulver nach dem Aufgießen mit heißem Wasser augenblicklich zu Boden – echtes Kaffeepulver steigt ungebremst nach oben.

Zitronatzitrone

Citrus medica var. ethrog

Cedra (span.), Cedrat (engl.), Cédrat (frz.), Cedratzitrone, Cedro (ital., span.), Cidra (span.), Citron (engl.), Citronatcitrone, Essrich, Ethrog (arab., griech., israel.), Ethrog-Zitrone, Grüne Zitrone, Süßzitrone, Sukratsitron (norw.), Surade (niederl.), Zeder, Zedratzitrone

Allgemeines, Herkunft, Geschichtliches

Die Zitronatzitrone kommt ursprünglich aus China und gilt als **Stammfrucht aller Rautengewächse** (Rutaceae). Alexander der Große brachte die Zitronatzitrone bereits um 300 v. Chr. als **erste Zitrusfrucht** nach Europa. Die wesentlichsten Anbaugebiete des Cedratbaumes, der sich bis zu dreimal im Jahr abernten lässt, liegen in Korfu (griech. Insel), Indien, Israel, Italien, Jamaika, Kalifornien, Korsika, Nordafrika, Spanien sowie in Nord- und Südamerika.

Aussehen

Zitronatzitronen sind bis zu 25 cm lange und bis zu 2 kg schwere, kopfgroße, grüne, zitronengestaltige Früchte mit extrem dicker, warzig-runzliger Schale und geringem Fruchtfleischanteil.

Geschmack

Zitronatzitronen schmecken zwar relativ sauer, jedoch nicht so stark wie gewöhnliche Zitronen.

Arten, Sorten

Gefingerte Zitronatzitrone / Buddha's Hand (engl.) / Citrus medica var. sarcodactylis (bot.): Kuriose, stark gefurchte, indische Zitronatzitronenvarietät mit unlösbarer, **gefingerter** Schale, die herrlich duftet.

Hauptinhaltsstoffe

Provitamin A, Vitamin B, C, P.

Verwendung, Zubereitung

Zitronatzitronen werden meist zu Pulpe und Marmelade verarbeitet, da sie für den Frischverzehr gänzlich ungeeignet sind. Aus den Fruchtschalen unreifer Zitronatzitronen wird meist gelbes oder grünes **Citronat** / Candied lemon peel (engl.) / Cederat-citronat / Cédrat confit (frz.) / Cedri canditi (ital.) / Cidra confitada (span.) / Succade (norddt.) / Sukkade / Zedrat / Zitronat (süddt.) hergestellt, das meist als Süßspeisen- und Feinbäckereiwürze genutzt wird.

Lagerung

Leicht gekühlt lassen sich Zitronatzitronen problemlos mehrere Wochen aufbewahren.

Zitrone

Citrus limonum

Citrico (span.), Citroen (niederl.), Citron (frz., tschech.), Citrone, Laimun (arab.), Lemon (engl.), Lemonie, Limao (port.), Limón (span., türk.), Limone (ital.), Sauerzitrone, Sitron (norw.), Zitterone (hunsr.)

Allgemeines, Herkunft, Geschichtliches

Bereits vor unserer Zeitrechnung war die Zitrone in China und Indien bekannt. Nach Europa – und zwar zuerst nach Spanien – gelangte sie im Mittelalter durch Araber.

Zitronen wachsen an dornigen, **immergrünen** und aufgrund dessen **helligkeitsliebenden** Rautengewächsen (Rutaceae), die großflächig in Florida, Indien, Iran, Kalifornien und den Mittelmeerländern kultiviert werden. In Gegenüberstellung mit Orangen werden Zitronen für den Export unreif geerntet (s. u. Grünlinge) und erst später in speziellen »Fermentierhäusern« nachgereift. In den wenigsten Fällen werden Zitronen beim Verkauf mit Sortenbezeichnungen benannt, da es die EG-Qualitätsnorm nicht verlangt.

Zitronenbäume können gleichzeitig Blüten, unreife und pflückreife Früchte hervorbringen, sodass aus ein und demselben Baum 3 Jahreszeiternten hervorgehen können.

Aussehen

Zitronen sind länglich oder rundlich, besitzen mehr oder weniger wulstige, zitzenförmige Ausstülpungen (fachspr. Nippel) an den Enden und blasses, gelbstichiges Fruchtfleisch. Je

nach Herkunft, Sorte und Reifegrad können Zitronen gelb- oder grünschalig sein, eine glatte oder grobporige Außenhaut aufweisen und sowohl kernreich als auch kernlos sein. **Grobporige Zitronen** besitzen zwar meist ein »dickes Fell«, **jedoch kaum Saft**. Die ledrigen, tiefgrün glänzenden Zitronenblätter ähneln denen des Oleanders (Zierpflanze).
Die äußere, dünne, gelbe Schicht der Zitronenschale nennt man auch »Zitronengelb« oder »Flavedo«.

Geschmack

Zitronen schmecken zwar fruchtig, jedoch auffallend sauer.

Arten, Sorten

Carmen: Große, kernfreie und dickschalige Zitrone aus Spanien.
Eureka: Ursprünglich bei Los Angeles gezüchtete, kernlose und saftreiche Zitronensorte, die schwerpunktmäßig in Ägypten, Afrika, Griechenland, im Libanon und in den USA angebaut wird.
Grünlinge / Verdelli: Zitronen, die ab Mitte September bewusst noch grün, also unreif eingebracht werden. Damit die Früchte bis zur gewünschten Zeit ihren Reifepunkt zuwege bringen, zwingt man die Bäume zu einer zweiten Blüte, indem sie ab August 40 Tage lang nicht mehr gegossen werden.
Interdonato: Türkische Zitronensorte.
Lamas: Türkische Zitronensorte.
Lawalu: Südosteuropäische, zitronenhafte, schwach säuerliche, olivgrüne Frucht mit mehligem Fleisch und einem braunen, ungenießbaren, leicht löslichen Kern. Meist wird die Lawalu schon in den Anbauländern (z. B. zu Süßspeisen) weiterverarbeitet.
Limoni nennt sich **die beste und saftigste italienische Zitronensorte**. Sie geht aus der ersten Blüte hervor, wird von Dezember bis Juni geerntet, besitzt eine knallgelbe, dünne Schale und verfügt über beste Lagerungseigenschaften.
Lisbon: Extrem saure Zitronensorte, ähnlich der Eureka, die zwar in **Portugal** beheimatet ist, **jedoch dort nicht unter diesem Namen bekannt ist**. Meist kommt sie aus Ägypten, Griechenland, Marokko, den USA und Zypern.
Madronofrucht / Madrone (engl., frz.) / Jorco (südamerik.): Zitronenhafte, kolumbianische Frucht mit rauer, runzliger Schale und schneeweißem Fruchtfleisch. Sie schmeckt saftig, säuerlich, erfrischend und mangostaneartig.
Meyer-Zitrone nennt man eine Kreuzung aus der Mandarine und der Zitrone.
Primofiori (ital.: »erste Blüte«) blüht von Februar bis März und kann von Oktober bis Mitte April geerntet werden.
Verna: Die **hierzulande bedeutsamste Zitronensorte**, da sie saftig, kernarm und dünnschalig ist. Sie kommt aus Spanien oder Italien und ist der Eureka nicht sehr unähnlich.

Hauptinhaltsstoffe

Antioxidantien, Bitterstoffe, Calcium, Diosmin, Fruchtsäure, Gerbstoffe, Kalium, Karotin, Kupfer, Limonin, Phosphor, Schleimstoffe, Vitamin B, C (53 mg / %), E, Zitronensäure.

Verwendung, Zubereitung

Zitronensaft wird meist zwar zum Verfeinern und zur Geschmacksverstärkung von Saucen und frischen

Kräutern verwendet, man kann jedoch ebenso die Muskelfasern von zähem Fleisch auflockern, indem man es tüchtig damit einmassiert und über Nacht einwirken lässt. Bevor man Zitronen auspresst, sollte man sie kräftig kneten, weil man infolgedessen **doppelte Saftgehalte** fördern kann; benötigt man nur ein paar Tropfen, sticht man das Fruchtende mit einer Nadel ein und drückt den Saft aus; danach legt man die Zitrone – quasi unbenutzt – in den Kühlschrank. Verseuchtes Trinkwasser kann mit 2 EL Zitronensaft pro Liter Wasser desinfiziert werden, da die Zitronensäure etwaige Krankheitserreger sofort außer Gefecht setzt. Fliegen in der Speisekammer verschwinden, wenn man das Fensterbrett mit Zitronensaft bestreicht und Zitronenhälften zwischen den Lebensmitteln verteilt. Ameisen macht man den Garaus, indem man die Zugangsstellen entweder mit Zitronenscheiben oder mit verschimmelten Zitronen auslegt. Zitronensaft kann man ebenso als Reinigungsmittel verwenden und hartnäckige Rost- oder Tintenflecke beseitigt man mit einer Zitronensaft-Salz-Mischung.

»Behandelte« Zitronenschalen sind solche, die mit dem giftigen Schimmelpilzmittel Thiabendazol behandelt wurden. Sie sollten auf keinen Fall zur Speisenzubereitung verarbeitet werden, da sie **Nervenschäden** und **Blasenkrebs** verursachen.

Citrovin nennt man eine Essigsorte, die auf Zitronensäure basiert.

»Unbehandelte« Zitronenschalen dienen dem Würzen von Süßspeisen, Gebäck, Spirituosen und Limonade. Die Deklaration »unbehandelt« müsste eigentlich genauer lauten: »nach der Ernte unbehandelt«, weil bei solchen Früchten lediglich die abschließende Behandlung der Schale zum Schutz gegen schnellen Verderb und Feuchtigkeitsverluste entfällt. Beim konventionellen Anbau werden während des Wachstums auch die später als »unbehandelt« deklarierten Früchte gespritzt. Nach der Ernte erfolgt dann bei den normal behandelten Früchten eine zusätzliche äußerliche Konservierung, die, neben der Haltbarkeitsverlängerung, auch dem **Schutz des Verbrauchers** dient. Denn Stoffwechselprodukte von Schimmelpilzen – Hauptursache für vorzeitigen Verderb – stellen ein erhebliches Gesundheitsrisiko dar.

Mit Zitronenschalen lässt sich »anhänglicher« Zwiebel- oder Knoblauchgeruch neutralisieren.

Mit Zitronenbaumblättern kann man zwar Suppen und Saucen würzen, man sollte sie jedoch ganz fein zerteilen, da sie fürchterlich faserig sind.

Lagerung

Im Kühlschrank lassen sich Zitronen mehrere Wochen bevorraten.

Volksmedizinische Bedeutung

Zitronensaft befreit von schädlichen Stoffen und Keimen, stärkt das Herz, senkt Bluthochdruck und Fieber, wirkt appetit- und verdauungsanregend und bekämpft krebsauslösende »freie Radikale«.

Wenn man den Saft einer Zitrone mit 2 EL Honig und etwas lauwarmem Wasser verrührt und dann nüchtern am Morgen in kleinen Schlucken zu sich nimmt, mobilisiert dies den Fettstoffwechsel und beeinflusst Verdauung und Kreislauf (hilft beim Abnehmen). Brüchige Fingernägel, Mitesser, Hautausschläge und sogar Warzen sollte man alle 6 Stunden mit der Innenseite einer frisch ausgepressten Zitrone einreiben oder umwickeln. Depressionen und Migräneattacken lassen sich lindern, wenn man morgens nüchtern starken Kaffee trinkt, der mit reichlich Zitronensaft vermischt wurde. Mit Wasser im Verhältnis 1:1 verdünnter Zitronensaft vertreibt nicht nur Kopfweh, Müdigkeit und Mundgeruch, er besitzt ebenso rasch aufbauende Tugenden bei Leistungstiefs. Auch vor lebensbedrohlichen Thrombosen, die infolge langen Sitzens (z. B. bei über 6-stündigen Auto-, Bahn-, Flug- oder Schiffsreisen) hervorgerufen werden, kann man sich mit diesem »Cocktail« schützen – das belegt eine japanische Studie.

Tipp

In der südfranzösischen Stadt Menton (Côte d'Azur) findet alljährlich im Februar ein dreiwöchiges **Zitronenfest** statt, das auch von zahlreichen Touristen besucht wird.

Zitrusfrüchte

Citrus sp.

Agrios (span.), Agrumen (altdt.), Agrumes (frz.), Agrumi (ital.), Citricos (span.), Citrusfruit (niederl.), Citrus fruits (engl.), Goldene Äpfel (hist.), Sitrus frukt (norw.)

Allgemeines, Herkunft, Geschichtliches

Die Heimat der Zitrusfrüchte liegt in Südostasien, wo sie bereits vor 4000 Jahren als **Abkömmlinge der Zitronatzitrone** kultiviert wurden. Während ihres Wachstums werden Zitrusfrüchte bis zu zwanzigmal mit Spritzmitteln behandelt. Die meisten Rückstände befinden sich dann zwar in der Schale – auf vielen Plantagen werden Pflanzenschutzgifte mittlerweile jedoch auch schon während der Bewässerung beigemengt. Erntereif sind Zitrusfrüchte, wenn sie sich beim Drehen leicht vom Stängel lösen.

Der weltweit erste Zitrusberater wurde unlängst im Ritz-Carlton-Hotel in Orlando / Florida eingestellt: Der Experte ist nicht nur zuständig für die Betreuung der hoteleigenen Orangen- und Zitronenbäume – er erklärt den Gästen auch die Zitrusanwendungen im dortigen Beauty-Center, sorgt für Handtücher mit Zitrusduft und zeigt Kindern, wie man aus Zitrusfrüchten Eis zubereitet.

»Zitrusfrüchte« ist nicht nur die Sammelbezeichnung für Rautengewächse (Rutaceae) wie z. B. Apfelsinen, Grapefruits und Zitronen, sondern auch für alle anderen Früchte der botanischen Gattung »Citrus« (z. B. Bergamotten und Kaffir-Limetten).

Aussehen

Albedo (fachspr.): Die weißliche, innere Schicht der Zitrusfruchtschale.

Flavedo (fachspr.): Die dünne, äußere Schale von Zitrusfrüchten.

Zeste / Zest (engl., frz.) / Buccia (ital.) nennt man die behutsamst grobstreifig abgeriebene oder mit einem sogenannten »Zestenschneider« entfernte Flavedo von Zitrusfrüchten.

Verwendung, Zubereitung

Zitrusfrüchte werden zu Cremes, Eis, Fruchtsuppen und -saucen, Kuchen, Salaten, Sorbets, Süßspeisen, Dekoration u. v. a. m. verarbeitet. Zitrusfruchtschalen sollten keineswegs achtlos weggeworfen werden, da sie getrocknet als leicht entflammbares, wohlriechendes und kostenfreies **Zündelmaterial** verwendet werden können.

Volksmedizinische Bedeutung

Die Albedo von Zitrusfrüchten sollte zwinglichst mitverzehrt werden, da sie Inhaltsstoffe birgt, die ihr Vitamin C nicht nur vor dem vorzeitigen Verfall schützen, sondern es auch **um das Zwanzigfache wirkungsvoller** machen, weshalb sie ebenso als vitalisierender »Fatburner« eingesetzt werden kann, denn: Personen, die permanent Stress ausgesetzt sind, leiden meist auch an Übergewicht und Herzbeschwerden, da die Blutfette bei steter Anspannung wesentlich langsamer abgebaut werden als bei ruhenden Personen. Zitrusfruchtkerne sollten keinesfalls mitverzehrt werden, da sie giftige Blausäure enthalten, die – schon schwach dosiert – Schwindel und Atemkrämpfe hervorrufen kann.

Tipp

Der längste Garten der Welt befindet sich in Indien: Die insgesamt 150 km lange Bahnstrecke in Mumbai, dem einstigen Bombay, wurde jüngst mit zahlreichen tropischen Pflanzen (inkl. vielen Rautengewächsen) bepflanzt.

Das größte Gewächshaus der Welt, das sogenannte **»Eden Project«**, steht seit März 2001 im englischen St. Austell. Unter anderem beinhaltet es eine ansehnliche Zitrusfruchtsammlung. Das ungewöhnliche, in die Länge gezogene Glashaus, das aus wabenförmigen Einzelfenstern zusammengesetzt ist, beansprucht ein Areal, das etwa der Größe von 5 (!) Fußballfeldern entspricht.

Zucchini

Cucurbita pepo var. giromontina

Calabacin (span.), Courgette (engl., frz., niederl.), Gurkenkürbis, Kleinfrüchtiger Gartenkürbis, Kleiner Kürbis, Kleinkürbis, Kürbischen, Kürbisgurke, Minikürbis, Succini, Vegetable marrow (engl.), Zucchine (ital. Sing.), Zucchini (ital. Pl.), Zucchino (venez.), Zuchini (ostdt.)

Allgemeines, Herkunft, Geschichtliches

Zucchinis wurden zwar schon im 15. Jh. durch seefahrende Spanier von ihrer mexikanischen Heimat nach Europa verbracht, in Deutschland sind sie jedoch erst seit den Siebziger Jahren bekannt. Größere Anbaugebiete dieses kletterfreudigen Kürbisgewächses (Cucurbitaceae), dessen Früchte umso öfter nachtreiben, je eher sie geerntet werden, findet man heutzutage in Afrika, Deutschland, Frankreich, Indien, Israel, Italien, den Niederlanden, Spanien, der Türkei und den USA.

Das Wort »Zucchini« (ausgesprochen: »Zuckini«) ist die Verkleinerung des italienischen »Zucca« für »Kürbis«; es bedeutet also **»kleiner Kürbis«**, denn im Grunde genommen sind Zucchinis nichts anderes als unreif geerntete Markkürbisse.

Aussehen

Zucchinis haben eine zartgrüne, gesprenkelte Schale mit Stielansatz und ähneln den Salatgurken, im Schnitt sind sie jedoch sechseckig. Freilandware erkennt man an kleinen, weißen Hautflecken. Es gibt ebenso goldgelbe (meist aus USA), schwarze, weiße und sogar kugelrunde, dunkelgrüne Zucchinis, die den »Rondinis« (s. u. Sorten) zwar ähneln, jedoch auch im rohen Zustand verzehrbar sind. Das Fruchtfleisch der Zucchini, das mittig mit essbaren, weichen, weißen Kernchen verwachsen ist, hat eine relativ feste Konsistenz; solche mit schwammigem Fruchtfleisch und schrumpliger Haut weisen auf Überlagerung hin. Das Zucchinigewicht sollte **250 g nicht überschreiten** und die Länge darf allenfalls **25 cm** betragen.
Zucchettis nennt man Exemplare, die diese Grenze dezent übertreten haben.

Geschmack

Zucchinis schmecken, inklusive ihrer zarten Schale und den Kernchen, neutral-nussig und gurkenähnlich, allerdings haben sie einen festeren Biss.

Arten, Sorten

Babyzucchini: Kleine, da **nur halbreife** Zucchinis mit mild-nussigem Geschmack. Mit ihren gelbgrünen Blütchen und den orangefarbenen Spitzen gelten Babyzucchinis als gefällige Farbtupfer auf Salaten und Kalten Büffets.
Cocozelle heißt eine ertragreiche dunkel- und hellgrün gestreifte Zucchinisorte, die aus qualitativen Gründen nicht länger als 20 cm sein sollte.
Eight Ball: Dekorative, runde, billardkugelgroße Zucchinisorte, die man nicht nur zu Gemüse und Salat, sondern auch **als originelles Essgeschirr benutzen** kann, nachdem man sie halbiert und ausgehöhlt hat.
Gold Ruth: Goldgelbe Zucchinisorte aus Amerika.
Rondini / Cucurbita pepo var. oleifera (lat.) / Nizza-Kürbis / Tondino: Bekömmliche, herb-kräftige Zucchinisorte, die ursprünglich aus den Subtropen Afrikas und Amerikas stammt, mittlerweile jedoch auch in Italien und Frankreich angebaut wird. Die vitamin- und mineralstoffreiche Rondini sieht zwar aus wie eine runde, tennisballgroße Zucchini, bei Vollreife verwandelt sie sich jedoch orangerot. Vor dem Verzehr müssen die augenfälligen Rondinis unbedingt gekocht werden, da sie **im Rohzustand ungenießbar** sind.

Hauptinhaltsstoffe

Calcium, Eisen, Jod, Kalium, Kupfer, Magnesium, Phosphor, Provitamin A, Selen, Vitamin B 1, B 2, B 3, C, E.

Verwendung, Zubereitung

Zucchinis können mitsamt ihrer Schale zu Gemüse, »Reibekuchen« (in der Türkei gebräuchlich), Salat oder Suppe verarbeitet werden. Vor der Zubereitung sollte jedoch eine kurze Geschmacksprobe gemacht werden, da es beim Anbau z. B. mit Zierkürbissen in der Nachbarschaft zu Rückkreuzungen kommen kann, währenddessen sich der Bitterstoff Curcurbitacin bilden kann – nicht muss.

Zucchinis sind auch unerlässlicher Bestandteil des **»Ratatouille«** aus dem südfranzösischen Nizza, einem sowohl kalt als auch warm verzehrbaren Mischgemüse, das neben Zucchinis auch Paprikaschoten, Auberginen, Tomaten, Schalotten, Knoblauch und Olivenöl beinhaltet.

Zucchinis sollten grundsätzlich ungeschält (sie zerfällt sonst) und in pflanzlichen Fetten / Ölen gegart werden, da bei der Zubereitung mit tierischen Fetten ein herber Beigeschmack aufkommt. Damit Zucchinis beim Kurzbraten weniger Öl aufsaugen, sollte man sie zuvor »entwässern«, indem man sie einsalzt, mit Zitronensaft beträufelt, eine Stunde ruhen lässt und dann mit Krepp abtupft.

Zucchiniblüten / Courgette-fleur (frz.) gelten zwar als besondere Näscherei, wenn sie mit Fleisch- oder Fischfarce gefüllt und dann in Bierteig ausgebacken werden, streifig geschnitten kann man sie jedoch – sowohl roh als auch kurz angedünstet – in oder auf Salate streuen.

Lagerung

Zucchinis lassen sich zwar ca. eine Woche im Kühlschrank aufbewahren, die Nachbarschaft von Kohl sollte jedoch vermieden werden, da er negativ auf ihr zartes Aroma einwirken kann.

Volksmedizinische Bedeutung

Zucchinis wirken harntreibend, stärken das Immunsystem, schützen vor Darmkrebs und gelten als bekömmliches Diätetikum bei Nieren- und Herzerkrankungen. Der hohe Eisengehalt dieses Fruchtgemüses wird vom Organismus besser absorbiert, wenn man es mit Fleisch kombiniert verzehrt.

Tipp

Als herausragende Zucchini-Nachbarin hat sich die Kapuzinerkresse bewährt, denn mit ihren weit ausladenden Trieben bietet sie der zwar staunässeempfindlichen, jedoch sonst recht trinkfreudigen Zucchini nicht nur eine geschützte und sanfte Unterlage, darüber hinaus ist sie auch imstande, **unliebsame Schädlinge** (z. B. Ameisen, Raupen und Schnecken) **fernzuhalten**.

Zuckermais

s. u. Mais

Zuckerrohr

Saccharum officinarum

Cana de Azúcar (span.), Canne à sucre (frz.), Rohrzucker, Seker kamisi (türk.), Sugar crane (engl.)

Allgemeines, Herkunft, Geschichtliches

Den Indern und Chinesen war Rohrzucker zwar schon 6000 Jahre v. Chr. bekannt, die präzise geografische Herkunft dieser Süßgrasart (Poaceae) liegt jedoch vermutlich in der Peripherie um Neuguinea und Polynesien. Bis zum Beginn des 19. Jh.s war der Genuss von Zuckerrohr in Europa ausnahmslos ein Privileg der Reichen. Gewitzte kubanische und mauritische Insulaner wurden durch Zuckerrohr derart wohlständig (sie ließen die Zuckerrohrernte von Sklaven ausführen), dass sie es sich leisten konnten, riesige Luxushotels zu bauen, in denen bis heute betuchte Touristen aus aller Welt ihren Urlaub verbringen. In Australien, Brasilien, China, Hawaii, Indien, Indonesien, Japan, Java, Kuba, Mauritius, Puerto Rico und Südafrika wird Zuckerrohranbau heute betrieben.

Der Anteil des Zuckerrohrs in der Weltzuckerproduktion liegt heute noch immer bei anerkennenden 55%.

Macheteros nennt man Zuckerrohrernter, da sie nur durch die Zuhilfenahme von Macheten (50 cm langes Schlagmesser) den Schnitt des hölzigen Zuckerrohrs bewerkstelligen können.

Aussehen

Zuckerrohr ist eine bis zu 4 m hohe Pflanze mit grüngelben bambusähnlichen Schäften, die saftiges, hellbraunes Mark enthalten.

Geschmack

Rohrzuckermark schmeckt extrem süß.

Hauptinhaltsstoffe

Fruchtzucker (bis 22 mg / %), Magnesium, Phosphor.

Verwendung, Zubereitung

Zuckerrohrmark wird zu »Arrak« (Branntwein), Konservierungsmitteln, Rum, Saft und zu Naturkaugummi verarbeitet. Der Stängelsaft des Zuckerrohrs kann zwar getrunken werden, angesichts seiner penetranten Süße ist er jedoch nicht jedermanns Sache.

Um das »Grauwerden« von frischem Fleischkäse-, Galantine-, Leberkäse-, Pasteten-, oder Wurstbrät (frz. Farce / Füllung) zu verhindern, kann die Masse **anstatt mit Pökelsalz mit gleichzusetzendem Rohrzucker** vermengt werden.

Demerara: Mauritischer Rohrzucker mit großen, goldenen Kristallen, der sich hervorragend zum Backen eignet.

Jagrezucker / Gur (ind.): Grob gemahlener Rohrzucker, der aus stark eingekochtem und getrocknetem Zuckerrohrsaft hergestellt wird.

Molasses wird ein hocharomareiches, an Kaffeepulver erinnerndes, mauritisches Rohrzuckerprodukt genannt, das zur Herstellung von Chutneys, Marinaden, Aufläufen und zum Backen verwendet wird.

Muscovado: Dekorative, dunkle Rohrzuckersorte aus Mauritius, deren Struktur an feuchten Sand erinnert.

Pilézucker nennt man unförmige Rohrzuckerstücke.

Lagerung

Zuckerrohr besitzt beste Bevorratungseigenschaften.

Volksmedizinische Bedeutung

Rohrzucker besitzt nicht nur schleimlösende, wundheilende (auch bei Furunkeln) und harntreibende Charaktere – im Gegensatz zum Rübenzucker verursacht er jedoch kein Karies.

Tipp

Batidas wird ein legendäres brasilianisches Mixgetränk bezeichnet, das aus dem glasklaren, rumähnlichen Zuckerrohrbrand »Cachaça« (gespr.: Kaschassa) und einer exotischen Fruchtsaftmischung zusammengesetzt ist.

Caipirinha nennt sich ein anregender brasilianischer Kult-Cocktail aus den 90er Jahren, der aus Limettensaft, »Cachaça«, Rohrzucker und gestoßenem Eis zubereitet wird.

Zuckerrübe

Beta vulgaris saccharifera
Beta-Rübe, Betterave sucrière (frz.), Seker pancari (türk.), Sugar beet (engl.)

Allgemeines, Herkunft, Geschichtliches

Im Jahre 1747 entdeckte Andreas Sigismund Markgraf, federführender Direktor der Königlichen Akademie der Wissenschaften in Berlin, dass in der Gemeinen Rübe der gleiche zuckerartige Stoff enthalten ist, den man schon aus dem hochpreisigen Zuckerrohr kannte. Sein Schüler und späterer Amtsnachfolger Carl Achard konnte im Jahre 1799, nach langjähriger Forschung über die Erzeugung von Pflanzenzucker, dem Preußenkönig Wilhelm III. eine Probe seines aus der Gemeinen Rübe bereiteten Zuckers überreichen. Von den 50.000 Talern königlicher Belohnung kaufte er das »Gut Kunern« in Schlesien und errichtete dort 1801 **die erste Rübenzuckerfabrik der Welt**. Als man um das Jahr 1850 mit der Veredlung der zu den Gänsefußgewächsen (Chenopodiaceae) zählenden Gemeinen Rübe begann, betrug ihr Zuckergehalt 5–6%; heute liegt er bei durchschnittlich 17,2%. Die großflächigsten Anbaugebiete der Zuckerrübe liegen heute in Europa, Russland und in den USA.

Aussehen

Die größtenteils unter der Erde wachsenden Zuckerrüben können eine weiße, gelbe und / oder rote Schale aufweisen.

Geschmack

Zuckerrübe besitzen – wie könnte es anders sein – ein süßliches Aroma.

Arten, Sorten

Dickrübe / Beta vulgaris var. crassa (lat.) / Betterave (frz.) / Dickwurz(el) / Futterrübe (ostdt.) / Gehaltsrübe (landw.) / Klumbe (hess., hunsr.) / Rommel / Rummel (pfälz.) / Runkel (österr.) / Runkelrübe nennt man die dickbauchige Gemeine Rübe ebenfalls. »Gehaltsrübe« heißt sie auch, weil sie sehr trockensubstanzhaltig ist. Im hessischen Städtchen Schlitz feiert man alljährlich im Oktober ein rauschendes **Runkelrübenfest**, das dem amerikanischen Halloween nachempfunden wird, mit dem kleinen Unterschied, dass anstelle von Kürbissen Dickrüben ausgehöhlt und beleuchtet werden.

Schossrüben: Unerwünscht langrutige Samenträger beim Rübenanbau, deren Schossreizungen durch **Extremwitterung** oder **genetische Veranlagung** verursacht werden können.

Hauptinhaltsstoffe

Asparagin, Betain, Coniferin, Eisen, Raphanol, Saponine, Zucker.

Verwendung, Zubereitung

Die Zuckerrübe dient mehrheitlich der Herstellung von **Rübenkraut** / Rübenkreude / Rübensirup / Schwarzer Honig (hess.) / Zuckerrübensirup oder Zucker / Seker (türk.) / Sucre (frz.) / Süßes Salz (früh. Bez.) / Sugar (engl.).

Melasse nennt sich ein bakterienreicher Brei, der als Abfallprodukt bei der Zuckerherstellung aus Zuckerrüben anfällt. Durch spezielle, industriell gesteuerte Hitze- und Luftbeimengungen wird Backhefe / Bärme (norddt.) / Geest (niederdt.) / Germ (österr.) daraus gemacht.

Rübenspinat sagt man zu den Zuckerrübenblättern, wenn sie wie Spinat zubereitet werden.

Lagerung

Zuckerrüben lassen sich im Keller problemlos über mehrere Wochen aufbewahren – in Erdmieten sogar monatelang.

Volksmedizinische Bedeutung

Produkte aus Zuckerrüben wirken auswurffördernd. Warme Umschläge mit abgekochten Zuckerrübenschnitzen sind hilfreich bei unterkühlten Füßen.

Tipp

Kampagne / Rodung lauten die fachgerechten Bezeichnungen für die Zuckerrübenernte.

Zuckerwurzel

Sium sisarum

Gerlin, Geyerlein, Gierlein, Girgele, Goerlin, Gritzelmöhre, Klingelmöhre, Klingelrüblein, Merk, Süßwurzel

Allgemeines, Herkunft, Geschichtliches

Die Zuckerwurzel ist eine uralte europäische Gemüsepflanze, die sich im 15. Jh. zwar schon einmal großer Beliebtheit erfreute, heutzutage jedoch kaum noch kultiviert wird. Erwähnenswerte Anbaugebiete der überaus kälteresistenten und sich selbst vermehrenden Zuckerwurzel gibt es heutzutage lediglich noch in Korea und in der Mongolei.

Aussehen

Die Zuckerwurzel ist eine wurzelbündelbildende (bis 15 Stück) Pflanze mit gefiederten Blättern und weißen Blüten. Die leicht gekrümmten, hellen Erdstöcke, in deren Mitte sich eine holzige Ader befindet, weisen **Einschnürungen** auf, an denen sie leicht durchbrechen.

Geschmack

Im Herbst schmeckt die Zuckerwurzel angenehm süßlich, den Kerbelrüben nicht ganz unähnlich, gelegentlich jedoch auch etwas mehlig und bitter.

Hauptinhaltsstoffe

Mineralstoffe, Pektin, Stärke, Zucker.

Verwendung, Zubereitung

Die Zuckerwurzel kann zwar roh oder gekocht wie Karotten verarbeitet werden, ihre **holzige Wurzelmitte** sollte jedoch zuvor entfernt werden.

Tipp

Die allseits verachtete Zuckerwurzel lässt sich sogar zu einer kleinen Delikatesse zubereiten, indem man sie gegart in Scheiben schneidet, mit Salz und Pfeffer würzt, in Mehl und Pfannkuchenteig taucht und schließlich behutsam in Butter / Anke (schweiz.) / Schmer (süddt.) brät.

Zwiebel

Allium cepa

Basal (arab.), Bölle (schweiz.), Bolle (ostdt.), Cebola (port.), Cebolla (span.), Cepula (sächs.), Cibule (tschech.), Cipolla (ital.), Dr. h.c. Bolle (berlin.), Jungfrau mit den 7 Häuten, Kepalök (norw.), Knolle, Königin der Küche, Luk (russ.), Öllich (rhein.), Oellig, Oignon (frz.), Oje, Onion (engl.), Piaz (ind.), Rödlök (schwed.), Sipel, Sogan (türk.), Tamanegi (jap.), Ünne (westdt.), Ui (niederl.), Unio (röm.), Yang-Tsung (chin.), Zibele (bern.), Zipolle (norddt.), Zippel (sächs., thür.), Zwibolle (mittelhochdt.), Zwiebelhäuptel (österr.), Zwiefel (hunsr.), Zwiwwel (hess., saarld.), Zwüwi (schweiz.)

Allgemeines, Herkunft, Geschichtliches

Man schätzt, dass Zwiebeln erstmals vor etwa 6000 Jahren in Westasien angebaut wurden, womit sie zu den **ältesten Würzmitteln der Menschheit** gehören. Feldmäßiger Anbau dieses Lauchgewächses, das der großen Familie der Liliengewächse (Liliaceae) angehört, wird in Ägypten, Asien, Australien, Chile, Frankreich, Griechenland, Italien, Neuseeland, den Niederlanden, Polen, Russland und Spanien betrieben.
Bei Zwiebelanpflanzungen macht es kaum einen Unterschied, **in welcher Richtung die Saatzwiebeln in die Erde gebracht werden**, da sie ihren Weg, von natürlichen Einflüssen geleitet (Wärme, Helligkeit, Druck), jederzeit ans Tageslicht finden. Geerntet wird erst, wenn die Blätter vergilbt sind, weil sich dann die hochwertigen Wirkstoffe des vor widrigen Witterungsverhältnissen schützenden Blattgrüns in die Bulbe »verzogen« haben.
Die altrömischen Bauern nannten die Zwiebel »Unio«, eine Bezeichnung, die heute noch im französischen »oignon« herauszuhören ist. Das Wort »Zwiebel« entstand aus Wortspielen mit dem lateinischen »Cepa« und dem mittelhochdeutschen »Zwibolle«.

Aussehen

Zwiebelbulben können – je nach Sorte – ein flaches, ovales, birnenförmiges, längliches oder kugelförmiges Aussehen aufweisen. Auch die Zwiebelschale kann weiß, gelbbraun, bronze oder rot sein. Längliche, rote Zwiebeln kommen aus Italien, rundliche werden aus Spanien oder den Balkanländern importiert.

Geschmack

Der Spielraum des Zwiebelaromas kann – sorten- und herkunftsbedingt – von süßlich über mild-würzig bis hin zu beißend scharf sein. Längs aufgeschnittene Rote Zwiebeln sind auf den ersten Biss zwar sehr scharf, während des Kauens entwickeln sie jedoch ein feinwürziges Aroma.

Arten, Sorten

Ägyptische Zwiebel / Allium cepa var. viviparum (lat.) / Baumzwiebel / Catawissa-Zwiebel / Egyptian onion (engl.) / Etagenzwiebel / Luftzwiebel / Oignon d'Égypte (frz.) / Top onion (engl.) / Tree onion (engl.): Skurile, 40–60 cm hohe, sonnenliebende **Kreuzung aus Winter- und Speisezwiebel**, die nicht nur unterirdisch, sondern auch in den etagenartigen Blütenständen braunrote Brutzwiebelchen bildet. Die Ägyptische Zwiebel wird gemeinhin lediglich von Hausgärtnern angebaut und kann sowohl roh und gebraten als auch gekocht mitsamt ihren dunkelgrünen Röhrenblättern verzehrt werden.

Amsterdamer Zwiebel nennt man mit Kurkuma und Senfkörnern gewürzte, in Essig konservierte Küchenzwiebeln, die sich während des Einweckens (aufgrund des Kurkumas) gelb färben.

Dauerzwiebel: Fachbegriff für Zwiebeln mit hervorragenden Lagerungseigenschaften, da sie **schossfest** sind.

Gemüsezwiebel / Bermuda-Zwiebel / Fleischerzwiebel / Madeira-Zwiebel / Metzgerzwiebel / Oportozwiebel / Riesenzwiebel / Spanische Gemüsezwiebel / Spanische Zwiebel: Die **mildeste und süßeste Schwester der Küchenzwiebel** ist meist über 200 g schwer und besitzt eine gelbbraune Schale. Sie wird meist zu Gulasch oder Röstzwiebeln verarbeitet, in Bierteig gebacken oder zum Füllen und Marinieren verwendet.

Japanische Zwiebel / Japanischer Porree: Langschaftige, ostasiatische Winterzwiebelvariante.

Neapler / Weiße Zwiebel: Kleine mild-süßliche, weißschalige Zwiebelsorte aus Italien, deren geografische Ursprünge jedoch in Ägypten liegen sollen.

Rote Lauchzwiebel nennt sich schmackhafte Neuzüchtung, die aus Lauch und Roter Zwiebel hervorgegangen ist. Sie besitzt eine längliche, rote Wurzel und tiefgrüne, lauchige Blätter.

Schlotten / Bollenpiepen (berlin.) / Piepenbollen (brandenb.) / Schluppen (berlin.) / Schnattra / Zwiebellaub / Zwiebelpfeifen / Zwiebelrohr nennt man nicht nur die über der Erde wachsenden, röhrigen Blätter der Winterzwiebel und der Zwiebel, sondern auch die essbaren Triebchen überlagerter und / oder zu hell aufbewahrter Zwiebeln. Schlotten sind nicht nur sehr bekömmlich und vitaminreich, sie weisen sogar einen angenehm zwiebeligen Geschmack auf und können wie Schnittlauch verwendet werden. **Fälschlicherweise werden nicht selten auch Schalotten als »Schlotten« bezeichnet.**

Semianzwiebel heißt eine riesige, bis zu 30 cm lange Kulturform der Roten Zwiebel.

Speisezwiebel / Gewürzzwiebel / Haushaltszwiebel / Küchenzwiebel: Mittelgroße, kugelige Zwiebelsorte mit hellbraun glänzender Haut und kräftigem Geschmack.

Spickzwiebel / Gespickte Zwiebel: Geschälte Zwiebel hälftig einschneiden, Spalte mit eingerissenem Lorbeerblatt füllen und 3 Gewürznelken derart »spicken« (einstecken), dass sich das Lorbeerblatt während des Kochvorgangs nicht mehr loslösen kann. Spickzwiebeln dienen der Geschmacksverfeinerung und Intensivierung von Fonds (z. B. beim Kochen von Blanquet, Fleischklößen, Königsberger Klopsen, Leberknödeln).

Steckzwiebeln sind runde, längliche oder birnenförmige Babyzwiebelchen, aus denen nach dem Einstecken in den Gartenboden voluminöse Exemplare heranwachsen können.

Thaizwiebeln ähneln in Geschmack und Geruch dem Knoblauch und sind meist nur in Asienläden erhältlich.

The Kelsae: Die **größte Zwiebelsorte der Welt** wird meist nur von Kleingärtnern angebaut.

Tropea-Zwiebel: Blaurote, italienische Zwiebelsorte, die nach ihrem Entstehungsort, dem kleinen kalabrischen Dörfchen Tropea, benannt wurde.

Wildzwiebeln / Lampagioni (ital.) / Schopftraubenhyazinthen erreichen uns meist aus Italien und Spanien, weil sie – laut Bundesverordnung – in Deutschland zu den **»besonders geschützten Pflanzen«** gezählt werden.

Winterzwiebel / Allium fistulosum (lat.) / Ail fistuleux (frz.) / Babylauch / Bündelzwiebel / Bundzwiebel / Cibulka (tschech.) / Ciboule (frz.) / Ewige (Schnitt)zwiebel / Fleischzwiebel / Frühlingslauch / Frühlingszwiebel / Green onion (engl.) / Grober Schnittlauch / Grof bieslook (niederl.) / Grünzwiebel / Hackzwiebel / Heckzwiebel / Hohllauch / Jakobszwiebel / Johanneszwiebel / Johannislauch (hess.) / Klöbenzwiebel / Klöwen / Lange Bolle / Lauchzwiebel / Oignon de mai (frz.) / Oignon d'hiver (frz.) / Röhren(schnitt)lauch / Röhrenzwiebel / Schlottenzwiebel / Schluppenzwiebel / Schnittlauch für Faule / Schnittzwiebel / Sibirische Zwiebel / Spring onion (engl.) / Stängelzwiebel / Welsche Zwiebel / Welsh onion (engl.) / Winterlauch / Winterheck(en)zwiebel / Zibulka (böhm.): Die bis zu 70 cm hohe, aus Sibirien stammende Winterzwiebel ist **eine der ältesten und mildesten Zwiebelsorten** und trotz ihres Zweitnamens »Frühlingszwiebel« das ganze Jahr über verfügbar. Da sie unreif noch vor der Bulbenbildung geerntet wird, ist auch ihr grünes, röhrenförmig aufgeblasenes Laub (Schluppen) sowohl zum Rohessen als auch zum Dünsten geeignet. Am besten gedeihen die frostwidrigen Winterzwiebeln auf Böden, die zuvor mit Kartoffeln oder Kohl bepflanzt waren.

Hauptinhaltsstoffe

Ajoene, Allicin Calcium, Diallylsulfid, Eisen, hochwertige Eiweißstoffe, Fermente, Flavonglykoside, Fluor, Fructosane, Glucose, Inulin, Kalium, Natrium, Pektin, Phosphor, Propanthial-S-Oxid, Provitamin A, Quercetin, Saccharose, Schwefel, Selen, Sulfide, Vitamin B 1, B 2, B 5, B 6, C (30 mg / %), E, Zink, Zucker.

Verwendung, Zubereitung

Zwiebeln sollten grundsätzlich **erst vor dem direkten Verbrauch geschält werden**, da man durch entbehrliche Lagerung Aroma- und Bekömmlichkeitsverluste riskiert. Rote Zwiebeln sollten ihres zwar wertvollen, jedoch hitzeempfindlichen Anthozyan-Gehalts wegen nur im Rohzustand verarbeitet werden. Durch Zerkleinerungen im Mixer / Kutter (fachspr.) / Cutter (engl.) erhalten Zwiebeln einen bitteren Beigeschmack, da ihre empfindsamen etherischen Öle währenddessen unaufhörlich hitzeerzeugenden Reibungen ausgesetzt sind. Dass der Wurzelansatz beim Entzweien von Zwiebeln nach dem Motto »Zwiebeln kosten ja nicht viel« als Abfall großzügig entfernt werden soll (vie-

le Köche behaupten das), weil er angeblich bitter schmeckt, ist zweifelhaft. Richtig ist, dass er lediglich etwas fester als das übrige Zwiebelfleisch ist, was bei sorgsamer Schnittweise kaum anstößig ist. Reizungen der Schleimhäute (Tränen), die beim Zwiebelschälen entstehen, kann man im Vorhinein ausschließen, wenn man Zwiebeln z. B. nur unter fließendem Wasser häutet, einen Schluck kaltes Wasser während des Schälens im Mund behält, derweil nur durch die Nase atmet und das untere Ende der Zwiebel erst zum Schluss entfernt. Hervorgerufen wird das **Tränen der Augen** während des Schälens durch den Wirkstoff **Propanthial-S-Oxid**, der sich in der Anwesenheit von Wasser (den Tränen) in tränenproduzierende Schwefelsäure verwandelt.
Unerwünschte Zwiebelschärfe lässt sich mit etwas Zitronensaft eingrenzen.
Braune Zwiebelschalen sollten nie achtlos beseitigt werden, da sie sich hervorragend zum Auffärben heller Saucen und Fonds eignen. Unter die Gartenerde gebuddelt, ziehen Zwiebelschalen sogar nützliche Regenwürmer magisch an und kränkelnde Zimmer- oder Gartenpflanzen werden sogar wieder fit, wenn man sie mit einem Sud aus gekochten Zwiebelschalen besprüht. Lästigen **Zwiebelgeruch an den Händen** bekämpft man, indem man sich die Hände gründlich mit Kaffeesatz oder Zitronensaft einreibt, kurz einwirken lässt und sie danach mit warmem Wasser abspült.

Lagerung

Bei vorschriftsmäßiger Bevorratung (dunkel, luftig, trocken) lassen sich Zwiebeln bis zu 3 Monate lang aufbewahren.

Volksmedizinische Bedeutung

In rohen Zwiebeln wurden antibiotische Stoffe nachgewiesen, die das Magenkrebsrisiko mindern, die Abwehrbereitschaft des Organismus verstärken und die Immunkraft gegen Allergien aufbauen. Die etherischen Öle regen zusätzlich den Kreislauf an, wirken entspannend und kurbeln die Verdauung an.
Wenn Insektenstiche sofort mit einer angeschnittenen Zwiebel etwa 20 Minuten lang betupft und danach mit Eiswürfeln gekühlt werden, geht die Entzündung im Nu zurück. **Nasenbluten** bekämpft man, indem man eine halbierte Zwiebel so lange unter die Nase hält, bis die Blutung stoppt. Husten, Heiserkeit und **Halsentzündungen** wirkt man mit frisch gepresstem Zwiebelsaft entgegen, den man mit aufgelöstem Kandiszucker verrührt hat. **Warzen** verschwinden, wenn man sie alle 6 Stunden mit frischen Zwiebelscheiben umwickelt. **Abszessen** und **Hämorrhoiden** macht man mit mehrfachem, vorsichtigem Abtupfen mit frisch pürierten Zwiebeln den Garaus.

Tipp

Zum Abschluss der Zwiebelernte im September freuen sich die Coburger auf ihren **Zwiebelmarkt**: In fast allen Bäckereien gibt es Zwiebelkuchen und an Verkaufsständen wird Federweißer ausgeschenkt.

Glossar

A

Aalbeere → Johannisbeere
Aam → Mango
Aapeneers → Mispel
Aardappel → Kartoffel
Aardbei → Erdbeere
Aardelboom → Erdbeerbaumfrucht
Aardnoot → Erdnuss
Aardpeer → Topinambur
Abacatebirne → Avocado
Abaschu → Kaschunuss
Abbel → Apfel
Abblegose → Aprikose
Abelmoschus → Okra
Äber → Kartoffel
Aberesche → Vogelbeere
Abern → Kartoffel
Abess. Kohl → Grünkohl
Abfangbeere → Brombeere
Abieiro → Sapote Mamey
Abi(u) → Sapote Mamey
Abobora → Patisson
Abricot → Aprikose
- d'Amerique → Sapote
- d'Antilles → Sapote
Abrikoos → Aprikose
Abschblüten → Schlehe
Abspeckgemüse → Fenchel
Abunn → Kartoffel
Acajou(nuss) → Kaschunuss
Acca sellowiana → Feijoa
Accia verde → Sellerie
Acedera → Sauerampfer
Acederilla → Sauerkleeknolle
Aceituna → Olive
Acelga → Mangold
Acerola-Kirsche → Acerola
Acérole → Acerola
Acetosella → Sauerkleeknolle
Achantinuss → Erdnuss
Achard → Gemüse
Achia → Bambussprossen
Achicoria → Zichorie
Aci marul → Zichorie
Achtmännige Kermesbeere → Kermesbeere
Ackee → Aki
Ackerbohne → Bohne
Ackerbrombeere → Brombeere
Ackerbrommer → Brombeere
Ackerholder → Holunder
Ackerlattich → Feldsalat
Äckerling → Champignon
Ackerpflaume → Schlehe
Ackersalat → Feldsalat
Ackerzichorie → Löwenzahn
Acorn squash → Kürbis
Actinidia arguta → Kiwi
Actinidia chinensis → Kiwi
Actinidia sinsensis → Kiwi
Adach → Holunder
Ädäppel → Kartoffel
Adamsapfel → Pampelmuse
Adamsfeige → Banane
Adansonia digita → Affenbrotfrucht
Adansonie → Affenbrotfrucht
Adebarskaspern → Johannisbeere
Adratische Feige → Feige
Adventiv-Pflanzen → Pflanzen
Adventskohl → Weißkohl
Advokatenbirne → Avocado
Adzuki → Bohne
Ägertling → Champignon
Äggebeere → Johannisbeere
Aegle marmelos → Baelfrucht
Ägresch → Berberitze
Ägypt. Bohne → Bohne
- Korn → Mais
- Urweizen → Weizen
- Zwiebel → Zwiebel
Ähriger Erdbeerspinat → Erdbeerspinat
Ähze → Erbse
Älü → Kartoffel
Ämrich → Aprikose
Äper → Kartoffel
Äplern → Holunder
Äppler → Apfel
Ärter → Erbse
Äthiop. Eierfrucht → Aubergine
Äuglbeer → Heidelbeere
Affenbeere → Moosbeere
Affennuss → Erdnuss
Affenpfirsich → Kiwi
Affenschwanzbaum → Araukarie
Afrik. Stachelgurke → Kiwano
- Horngurke → Kiwano
Agaricus → Champignon
Agavanzas → Hagebutte
Agendorn → Berberitze
Agenpflaume → Pflaume
Agrios → Zitrusfrüchte
Agräsch → Stachelbeere
Agriäo Kresse → Stachelbeere
Agrios → Zitrusfrüchte
Agristbeere → Stachelbeere
Agrumes → Zitrusfrüchte
Agrumi → Zitrusfrüchte
Aguacate → Avocado
Aguaturma → Topinambur
Agurets → Gurke
Agurke → Gurke
Ahlbeere → Johannisbeere
Ahornkirsche → Acerola
Ahua Quatl → Avocado

Ahududu	→ Himbeere
Aigelbeere	→ Heidelbeere
Ail fistuleux	→ Zwiebel
Aipim	→ Maniok
Airelle noire	→ Heidelbeere
- rouge	→ Preiselbeere
Aischlitzen	→ Stachelbeere
Aizoaceae	→ Eiskraut
Aizoon	→ Eiskraut
Akajou	→ Kaschunuss
Aka-Shiso	→ Perilla
Akbari	→ Pistazie
Akee	→ Aki
Akee d'Afrique	→ Aki
Akerbeere	→ Brombeere
Akinuss	→ Aki
Akipflaume	→ Aki
Aktinidie	→ Kiwi
Aladins Turban	→ Patisson
Alaria	→ Algen
Albaricoque	→ Aprikose
Albergen	→ Aprikose
Albergine	→ Aubergine
Albesing	→ Johannisbeere
Albessen	→ Berberitze
Albicocca	→ Aprikose
- Santo Domingo	→ Sapote
Album	→ Kichererbse
Alcachofa	→ Artischocke
Alcaparras	→ Kapern
Alcaparrón	→ Kapern
Alcharsof	→ Artischocke
Alemann. Getreide	→ Dinkel
Aleppo-Hirse	→ Hirse
Aleppo-Nuss	→ Pistazie
Alexandrina Senna	→ Kassie
Alfalfakresse	→ Sauerkleeknolle
Alfónciga	→ Pistazie
Alforfón	→ Buchweizen
Alga	→ Algen
Algae	→ Algen
Algarroba	→ Johannisbrot
Algas	→ Algen
Alghe	→ Algen
Algues marines	→ Algen
Alhern	→ Holunder
Alhorn	→ Holunder
Alléluja	→ Sauerkleeknolle
Allermannsharnisch	→ Lauch
Allerte	→ Holunder
Alligatorbirne	→ Avocado
Allium ascalonium	→ Schalotte
- cepa	→ Zwiebel
- agregatum	→ Schalotte
- fistulosum	→ Zwiebel
- porrum	→ Lauch
- victorialis	→ Lauch
- viviparum	→ Zwiebel
Almendra	→ Mandel
Almond	→ Mandel
Alpenbeere	→ Johannisbeere
Alpenrose	→ Hagebutte
Alpiste chino	→ Paksoi
Alquequenje	→ Physalis
Alse	→ Kirsche
Alte Weiber	→ Erbse
Altholler	→ Holunder
Alverda	→ Blumenkohl
Alverja	→ Erbse
Amande	→ Mandel
- de terre	→ Erdmandel
Amandel	→ Mandel
Amandula	→ Mandel
Amarante	→ Amarant
Amaranth	→ Amarant
- caudatus	→ Kiwicha
- dubius	→ Amarant
Amaranto	→ Amarant
Amáranton	→ Amarant
Amarella	→ Kirsche
Amarelle	→ Kirsche
Amarena	→ Kirsche
Amargón	→ Löwenzahn
Amarilla	→ Mirabelle
Amazonaskastanie	→ Paranuss
Amazonasmandel	→ Paranuss
Ambarella	→ Balsampflaume
Ambeer	→ Himbeere
Ambus	→ Himbeere
Amelanchier ovalis	→ Birne
Amelitze	→ Sanddorn
Amerik. Abrikoos	→ Sapote
- Armuto	→ Avocado
- Moorbeere	→ Cranberry
- Moosbeere	→ Cranberry
- Pflücksalat	→ Cranberry
- Preiselbeere	→ Eichblattsalat
- Walnuss	→ Pekannuss
Ammer	→ Kirsche
Amorelle	→ Kirsche
Ampelmelone	→ Pepino
Amritscherl	→ Sanddorn
Amsterd. Zwiebel	→ Zwiebel
Anacardio	→ Kaschunuss
Anacadium-Nuss	→ Kaschunuss
Anacardius	→ Kaschunuss
- occidentale	→ Kaschunuss
Ananas	→ Erdbeere
- comosus	→ Ananas
Ananasguave	→ Feijoa
Ananaskirsche	→ Physalis
Ananaskirsebär	→ Physalis
Ananaskraut	→ Sauerkraut
Ananasso	→ Ananas
Ananas	→ Ananas
Anasazibohne	→ Bohne
Anche tartufi di canna	→ Topinambur
And. Mountainberry	→ Brombeere
Andenbeere	→ Physalis
Andenfrucht	→ Kartoffel
Andentanne	→ Araukarie
Andes fruit	→ Physalis
Andievche	→ Endivie
Andijvie	→ Endivie
Angelbeere	→ Heidelbeere
Angerling	→ Champignon

Anginara → Artischocke
Angled gourd → Luffa
- loofah → Luffa
Angola-Erbse → Straucherbse
Angrischl → Stachelbeere
Anguria → Melone
Angurie → Melone
Annanona → Annone
Annefäz → Stachelbeere
Annekenbutte → Hagebutte
Annona cherimola → Annone
- muricata → Annone
- reticulata → Annone
- squamosa → Annone
Annone écailleuse → Annone
Anome → Annone
Anona → Annone
- blanca → Annone
- colorada → Annone
Anredera cordifolia → Kartoffel
Antillenkirsche → Acerola
Antipasto → Tomate
Antroewa → Aubergine
Anu → Kapuzinerkresse
Aosa → Algen
Ao-Shiso → Perilla
Apache → Bataviasalat
Apana → Kartoffel
Apati → Reis
Aper → Kartoffel
Apfel aus Kydonia → Quitte
Apfelbeere → Jostabeere
Apfelbirne → Nashi
Apfel-Jambuse → Jambolan
Apfelmango → Balsamapfel
Apfelmelone → Pepino
Apfelmispel → Mispel
Apfelquitte → Quitte
Apfel von Goa → Karambole
Apio blanco → Staudensellerie
- da cortar → Sellerie
- de bulbo → Sellerie
- nabo → Sellerie
Apium dulce → Staudensellerie
- rapaceum → Sellerie
- secalinum → Sellerie
Apostelkraut → Löwenzahn
Apostelwurz → Löwenzahn
Appel → Apfel
Appelsina → Apfelsine
Appich → Sellerie
Apple → Apfel
Aprikos → Aprikose
- Jambuse → Jambolan
Aprikosenpfirsich → Pfirsich
Apricot → Aprikose
- du Japon → Kaki
Arabische Bohne → Bohne
Arachide → Erdnuss
Arachis hypogaea → Erdnuss
Arachisnuss → Erdnuss
Arancia amaro → Pomeranze
Arándano → Heidelbeere
Arame → Algen
Arancia → Apfelsine
Arand. Encarnata → Cranberry
Araschisnuss → Erdnuss
Araucaria araucaria → Araukarie
Arbouse → Erdbeerbaumfrucht
Arborio → Reis
Arbuse → Melone
Arbute → Erdbeerbaumfrucht
Arbuto → Kirsche
Arbutus-Beere → Erdbeerbaumfrucht
Arbutus unedo → Erdbeerbaumfrucht
Arch → Holunder
Arctium lappa → Klette
Arctium minus → Klette
Ardbeere → Erdbeere
Ardbern → Topinambur
Ardei → Paprikaschote
Areka catechu → Betelnuss
Arfe → Erbse
Arfte → Erbse
Argoussier → Sanddorn
Arhar → Straucherbse
Arkt. Brombeere → Brombeere
Arlequins → Walnuss
Armagnac-Pflaume → Pflaume
Armellino → Aprikose
Armenillo → Aprikose
Armen. Apfel → Aprikose
- Frucht → Aprikose
- Pflaume → Aprikose
Armersünderblume → Zichorie
Armoraccio → Meerrettich
Armoracia rusticana → Meerrettich
Armorakia → Meerrettich
Armut → Birne
Aronia arbutifolia → Jostabeere
Aroniabeere → Jostabeere
Aronia nero → Jostabeere
Arpa → Gerste
Arracacia → Arracacha
Arroche épinard → Melde
Arrowroot → Pfeilwurz
Arroz → Reis
Arschrösslein → Vogelbeere
Artichaut → Artischocke
- des Indes → Topinambur
- de Jerusalem → Batate
Artichoke → Artischocke
Artisjok → Artischocke
Artocarpus communis → Brotfrucht
- heterophyllus → Jackfrucht
- incisa → Brotfrucht
- integrifolia → Brotfrucht
- odoratissima → Brotfrucht
Artoffel → Kartoffel
Artycok → Artischocke
Arugala → Rauke
Arzan → Hirse
Aschantinuss → Erdnuss
Aschkalon-Zwiebel → Schalotte
Aschlauch → Schalotte
Ascolonia → Schalotte

Asem	→	Tamarinde
Ash gourd	→	Kürbis
Ashqelon-Zwiebel	→	Schalotte
Asia-Birne	→	Nashi
Asia-Bohne	→	Sojabohne
Asian pear	→	Nashi
Asiatische Birne	→	Nashi
- Yam	→	Yam
Asienbirne	→	Nashi
Askalon-Zwiebel	→	Schalotte
Asparago	→	Spargel
Asparagus bean	→	Spargelbohne
- lettuce	→	Spargelsalat
- officinalis	→	Spargel
- pea	→	Spargelerbse
Aspars	→	Spargel
Aspele	→	Mispel
Asperges	→	Spargel
Asperl	→	Mispel
Aster tripolium	→	Strandaster
Atchia	→	Bambussprossen
Atemoya	→	Annone
Aterbeere	→	Heidelbeere
Atriplex hortensis	→	Melde
Atriplice	→	Melde
Atropa belladonna	→	Kirsche
Attich	→	Holunder
Attico	→	Römischer Salat
Aubeere	→	Moosbeere
Audorn	→	Sanddorn
Augenbeere	→	Heidelbeere
Augenbohne	→	Bohne
Augenmilch	→	Löwenzahn
Augenwurz	→	Löwenzahn
Augurke	→	Gurke
Austernwurzel	→	Schwarzwurzel
Austral. Haselnuss	→	Macadamianuss
- Nuss	→	Macadamianuss
- Pfirsich	→	Pfirsich
Australnuss	→	Macadamianuss
Autumn Bliss	→	Himbeere
Aveline	→	Haselnuss
Avellana	→	Haselnuss
Avena sativa	→	Hafer
Averrhoa bilimbi	→	Karambole
- carambola	→	Karambole
Avoine	→	Hafer
Avola	→	Mandel
Avorio	→	Reis
Ayva	→	Quitte
Azarolapfel	→	Mispel
Azarolbirne	→	Mispel
Azeitona	→	Olive
Azerola	→	Acerola
Aztekenbirne	→	Avocado
Azufaifa	→	Jujube

B

Baak Choi	→	Paksoi
Babaco	→	Papaya
Babe	→	Kürbis
Baby Beets	→	Rote Bete
Babymais	→	Mais
Baby-Star	→	Römischer Salat
Bachbeere	→	Brombeere
Bachholder	→	Holunder
Bachkresse	→	Kresse
Bachsalat	→	Kresse
Backholer	→	Holunder
Backkrut	→	Klette
Badami	→	Pistazie
Badea	→	Passionsfrucht
Badem	→	Mandel
Baderli	→	Hagebutte
Badewannenfrucht	→	Mango
Badischer Reis	→	Grünkern
Bael fruit	→	Baelfrucht
Bärendreck	→	Brombeere
Bäseke	→	Heidelbeere
Bätschke	→	Holunder
Bäuckbeere	→	Heidelbeere
Bäumchenbeere	→	Himbeere
Baglamas	→	Feige
Bagola	→	Heidelbeere
Bahme	→	Pflaume
Báicài	→	Chinakohl
Báiguo	→	Ginkgopflaume
Bakla	→	Bohne
Baklagiller	→	Hülsenfrüchte
Balata jaune d'œuf	→	Sapote Mamey
Ballerbüchsen	→	Holunder
Ballonwein	→	Traube
Balsamapfel	→	Kürbis
Balsambirne	→	Bittergurke
Balsamgurke	→	Bittergurke
Balsternak	→	Pastinak(e)
Baluster	→	Granatapfel
Bamberger Hörnchen	→	Kartoffel
- Nuss	→	Haselnuss
Bambi	→	Römischer Salat
Bambolma	→	Pampelmuse
Bamboo sprouts	→	Bambussprossen
Bambusschössling	→	Bambussprossen
Bambusspitzen	→	Bambussprossen
Bame	→	Okra
Bami(j)a	→	Okra
Bamie(l)	→	Okra
Bamiya	→	Okra
Bamy(j)a	→	Okra
Bammbusch	→	Löwenzahn
Banaan	→	Banane
Banam	→	Banane
Bananasfeigen	→	Früchte
Bananen-Passionsfrucht	→	Curuba
Bananito	→	Banane
Bannel	→	Brennnessel
Baobab	→	Affenbrotfrucht
Barbabietola	→	Rote Bete
Barba di becco	→	Schwarzwurzel
Barbadine	→	Passionsfrucht
Barbadoskirsche	→	Acerola
Barbaforte	→	Meerrettich
Barbarakraut	→	Kresse
Barbarakresse	→	Kresse
Barbarea verna	→	Kresse

Barbarea vulgaris	→	Kresse
Barbarée	→	Kresse
Barbareifeige	→	Kaktusfeige
Barbarica	→	Mandel
Barbe de capucine	→	Radicchio
Barbelkraut	→	Kresse
Barbenkraut	→	Kresse
Barbuschke	→	Hagebutte
Barcelones-Nuss	→	Haselnuss
Bardana	→	Klette
Bardane	→	Klette
Barelle	→	Aprikose
Barhi	→	Dattel
Barille	→	Aprikose
Baringel	→	Aprikose
Barkhausia	→	Löwenzahn
Barley	→	Gerste
Baroken	→	Preiselbeere
Barrn	→	Birne
Bart eines Kapuziners	→	Radicchio
Basal	→	Zwiebel
Basano	→	Rote Bete
Baschine	→	Heidelbeere
Basella alba	→	Malabar-Spinat
- rubra	→	Malabar-Spinat
Basellkartoffel	→	Kartoffel
Bataat	→	Batate
Batatas	→	Kartoffel
Batavia rouge	→	Eisbergsalat
- sla	→	Bataviasalat
Battavian lettuce	→	Bataviasalat
Batzeln	→	Steckrübe
Batemjan	→	Aubergine
Bauchstecherl	→	Hagebutte
Bauernkraut	→	Meerrettich
Bauernsenf	→	Meerrettich
Baumhasel	→	Haselnuss
Baumkäse	→	Durian
Baummelone	→	Papaya
Baumnuss	→	Walnuss
Baumspinat	→	Quinoa
Baumstachelbeere	→	Karambole
Baumstammkirsche	→	Jaboticaba
Baumweichsel	→	Kirsche
Baumwollapfel	→	Quitte
Baumzwiebel	→	Zwiebel
Baune	→	Bohne
Baya de turbera	→	Moosbeere
Bayas del arándano	→	Heidelbeere
- bel mirtilo	→	Heidelbeere
Bayerisches Kraut	→	Weißkohl
Bayern-Kiwi	→	Kiwi
Bayirturp	→	Rettich
Bay-Kapples	→	Brombeere
Bayrischkraut	→	Weißkohl
Bayselbeere	→	Berberitze
Bayir turpu	→	Meerrettich
Beamtenspargel	→	Schwarzwurzel
Bean	→	Bohne
Beansprouts	→	Sojabohne
Beauty	→	Mandarine
Bebe	→	Kürbis
Beberl	→	Stachelbeere

Bebern	→	Heidelbeere
Bebitte	→	Heidelbeere
Beckbeere	→	Heidelbeere
Beechnut	→	Bucheckern
Beefsteak plant	→	Perilla
Beerdorn	→	Berberitze
Beere	→	Birne
- der Hirschkuh	→	Himbeere
Beerschkerne	→	Heidelbeere
Beersökne	→	Heidelbeere
Beete	→	Rote Bete
Beetroot	→	Rote Bete
Behaarte Litschi	→	Rambutan
Beiberen	→	Heidelbeere
Beikbeere	→	Heidelbeere
Beißerle	→	Hagebutte
Beiss(l)beere	→	Berberitze
Beißkohl	→	Mangold
Beißlauch	→	Lauch
Beißwurzel	→	Meerrettich
Bektasiüzümü	→	Stachelbeere
Belgische Endivie	→	Chicorée
Belgischer Chicorée	→	Chicorée
Belifrucht	→	Baelfrucht
Bel indien	→	Baelfrucht
Belladonna	→	Kirsche
Bell pepper	→	Paprikaschote
Belsprümche	→	Schlehe
Bengalische Quitte	→	Baelfrucht
Benita	→	Nashi
Benthos	→	Algen
Ber	→	Jujube
Berbeissen	→	Berberitze
Berberisse	→	Berberitze
Berberis vulgaris	→	Berberitze
Berbesbeere	→	Berberitze
Berbis(beere)	→	Berberitze
Berenjena	→	Aubergine
Bergalraun	→	Lauch
Bergamotte	→	Mandarine
Bergamoto	→	Bergamotte
Bergamot orange	→	Bergamotte
Berghimbeere	→	Brombeere
Bergholunder	→	Holunder
Bergmännl	→	Heidelbeere
Bergmyrte	→	Heidelbeere
Beringène	→	Aubergine
Berlesbeere	→	Moosbeere
Bermudazwiebel	→	Zwiebel
Bern	→	Birne
Bernitschke	→	Preiselbeere
Berros	→	Kresse
Bersisch	→	Berberitze
Bertholletia excelsa	→	Paranuss
Berwitzen	→	Berberitze
Berza col	→	Grünkohl
Beseken	→	Stachelbeere
Besenbeere	→	Berberitze
Besen des Magens	→	Spinat
Besenkorn	→	Hirse
Besenrauke	→	Rauke
Besinge	→	Heidelbeere
Bessen	→	Johannisbeere

Bestenaw → Karotte
Best → Holunder
Beta-Alpha-Gurke → Gurke
- Rübe → Zuckerrübe
- vulgaris → Mangold
- saccharifera → Zuckerrübe
- conditiva → Rote Bete
- crassa → Zuckerrübe
Bete → Rote Bete
Betel → Betelnuss
Bétoine → Stachys
Betonie → Stachys
Betony → Stachys
Betschele → Holunder
Bette → Mangold
Betterave → Zuckerrübe
- rouge → Rote Bete
- sucrière → Zuckerrübe
Bettlerkirsche → Stachelbeere
Bettlersalat → Berberitze
Bettnässer → Löwenzahn
Bettpisser → Löwenzahn
Bettseicher(le) → Löwenzahn
Bettseichersalat → Löwenzahn
Beukeren → Heidelbeere
Beuwern → Heidelbeere
Bezelje → Erbse
Bhindi → Okra
Bianka → Topinambur
Bibace → Japanische Mispel
Bibken → Heidelbeere
Bickbeere → Heidelbeere
Bienendorn → Schlehe
Bienensaug → Taubnessel
Bierwurz → Rettich
Biet → Mangold
Bieta → Mangold
Bietola → Mangold
Bigarade → Pomeranze
Bigaradia → Pomeranze
Bigaradie → Pomeranze
Bigarudia → Pomeranze
Biggebitten → Heidelbeere
Bilberry → Heidelbeere
Bilebeer → Heidelbeere
Biliger → Hagebutte
Bilimbi → Karambole
Bilsenbeere → Berberitze
Bimbaum → Löwenzahn
Bimbes → Birne
Binätsch → Spinat
Bindenendivie → Endivie
Bindesalat → Römischer Salat
Bindsla → Römischer Salat
Bire → Birne
Birmabohne → Bohne
Birnenmelone → Pepino
Birnenmispel → Mispel
Birnenquitte → Quitte
Birre → Birne
Bischofsmütze → Patisson
Bispul → Kaki
Bissarà → Bohne

Bitterblume → Löwenzahn
Bittere Mandarine → Bergamotte
Bittere Orange → Pomeranze
Bittermelone → Bittergurke
Bitterorange → Pomeranze
Bitzelbeere → Berberitze
Biwen → Hafer
Biwerken → Heidelbeere
Bixbeere → Heidelbeere
Blabär → Heidelbeere
Blackberry → Brombeere
Black currant → Johannisbeere
Black persimmon → Dattelpflaume
Black salsify → Schwarzwurzel
Black sapote → Dattelpflaume
Blackthorn → Schlehe
Bladselderij → Sellerie
Blätterkohl → Chinakohl, Grünkohl
Bläueli → Brombeere
Blambeere → Brombeere
Blaschbeer → Rhabarber
Blasenkirsche → Physalis
Blasentang → Algen
Blattbatavia → Lollo Rossa
Blatt-Clementine → Mandarine
Blattkohl → Grünkohl
Blattsalat → Kopfsalat
Blattsellerie → Sellerie
Blattwurz → Taro
Blattzichorie → Zichorie
Blaubeere → Heidelbeere
Blauchabis → Rotkohl
Blaue Beere → Brombeere
- Erbse → Erbse
- Luzerne → Sauerkleeknolle
Blauer Dorn → Sanddorn
- Sommerwirbel → Zichorie
- Sonnenwende → Zichorie
- Speck → Kohlrabi
Blaukohl → Rotkohl
Blaukraut → Rotkohl
Blauwe Bosbes → Heidelbeere
Blauwschokkers → Erbse
Bleekselderij → Staudensellerie
Bleichsellerie → Staudensellerie
Bleichlauch → Lauch
Bleichzichorie → Chicorée
Blé → Weizen
- noir → Buchweizen
Blette → Mangold
Blighia sapida → Aki
Blimbing → Karambole
Blitum foliosum → Erdbeerspinat
- virgatum → Erdbeerspinat
Blitwa → Mangold
Blochine → Heidelbeere
Blockpaprika → Paprikaschote
Bloemendaal. Gele → Wirsing
Bloemkool → Blumenkohl
Blokappes → Rotkohl
Blomkal → Blumenkohl
Blubberbeere → Heidelbeere
Bluderbeere → Heidelbeere

Bluder(t)sch → Heidelbeere
Blueberry → Heidelbeere
Blühdorn → Hagebutte
Blütenkohl → Blumenkohl
Blume der Liebe → Kapuzinerkresse
Blumenbohne → Bohne
Blumenkresse → Kapuzinerkresse
Blumennessel → Taubnessel
Blumenwirsing → Blumenkohl
Bluthasel → Haselnuss
Blutpfirsich → Pfirsich
Blutrote Blume a. Peru → Kapuzinerkresse
Boassel(i)beere → Berberitze
Bobbybohne → Bohne
Boberelle → Physalis
Bockbeerli → Schlehe
Bocksbart → Schwarzwurzel
Bocksbeere → Heidelbeere
Bocksbeere → Johannisbeere
Bockshörner → Johannisbrot
Bocksholler → Holunder
Bockskraut → Preiselbeere
Bocwina → Mangold
Bodebiera → Kartoffel
Bodenbirne → Kartoffel
Bodenknöpfe → Steckrübe
Bodenkohlrabi → Steckrübe
Bodenrübe → Steckrübe
Bögürtlen → Brombeere
Bölle → Zwiebel
Bönor → Bohne
Boerenkool → Grünkohl
Boereradijs → Meerrettich
Börschkohl → Wirsing
Börskohl → Wirsing
Boeweln → Heidelbeere
Bogbilberry → Heidelbeere
Boiwacken → Preiselbeere
Bokwaiten → Buchweizen
Bolle → Zwiebel
Bollenpiepen → Zwiebel
Bone → Bohne
Boniato → Batate
Bookweten → Buchweizen
Boomtomaat → Baumtomate
Bor → Jujube
Boraso → Palmyra
Borasse → Palmyra
Borassus flabellifer → Palmyra
Borbel → Topinambur
Borecole → Grünkohl
Boretanezwiebel → Lauch
Borlotto → Bohne
Bornkasse → Kresse
Bornkersch → Kresse
Bornkirsche → Kresse
Bornkresse → Kresse
Borowski → Preiselbeere
Bosbesse → Heidelbeere
Boston-Bohne → Bohne
Boston-Salat → Eisbergsalat
Botersla → Kopfsalat
Boto → Kiwano
Botschüle → Hagebutte
Bottelhecke → Hagebutte
Bottelknopf → Hagebutte
Bottelter → Hagebutte
Botten → Hagebutte
Bottle gourd → Kürbis
Bouquet garni → Gemüse
Boursette → Feldsalat
Bowerli → Erbse
Bowken → Preiselbeere
Boysenberry → Boysenbeere
Braam → Brombeere
Brabanter Kohl → Rosenkohl
- Sprossen → Rosenkohl
Braber → Brombeere
Brachmännchen → Champignon
Bräckbohne → Bohne
Bräkelbeere → Brombeere
Bräkenbeere → Stachelbeere
Brämelbeere → Brombeere
Brännässla → Brennnessel
Bräukelbeere → Moosbeere
Bramberi → Brombeere
Bramble → Brombeere
Bramble fruits → Brombeere
Brambory → Kartoffel
Bramburie → Kartoffel
Bramburk → Kartoffel
Brame → Brombeere
Brammerte → Brombeere
Bramranke → Brombeere
Brandbeere → Brombeere
Brandnetel → Brennnessel
Brasil. Aprikose → Japanische Mispel
Brasil. Guave → Feijoa
- Kastanie → Paranuss
- Nuss → Paranuss
Brassica carinata → Grünkohl
- gongolydes → Kohlrabi
- napa → Raps
- napus → Raps
- napus var. → Grünkohl
- napobrassica → Steckrübe
- parachinensis → Choisum
- pekinensis → Chinakohl
- perviridis → Mosterdspinat
- oleracea botrytis → Blumenkohl
- oleracea botrytis var. → Brokkoli
- oleracea botrytis var. romanesco → Romanesco
- oleracea capitata → Weißkohl
- oleracea var. alba → Weißkohl
- oleracea var. rubra → Rotkohl
- oleracea var. sabauda → Wirsing
- oleracea var. gemnifera → Rosenkohl
- oleracea var. Medullosa → Weißkohl
- rapa v. chinensis → Paksoi
- rapa cymosa → Stängelkohl
- rapa komatsuna → Steckrübe
- rapa namenia → Steckrübe
- rapa nipposinica → Steckrübe

- rapa sub. Esculenta → Steckrübe
- rapa sub. Majalis → Steckrübe
- rapa sub. Pabul. → Stielmus
- rapa sub. Pygmae → Steckrübe
Bratgen → Pflaume
Braunbeere → Brombeere
Braunkohl → Grünkohl
Braunschnitzer → Preiselbeere
Braunschw. Gold → Spargel
Brazilian cherry → Pitanga
Brazil nut → Paranuss
Breadfruit → Brotfrucht
Bredy Mafana → Kresse
Breiapfel → Sapote
Brein → Hirse
Breitblättr. Endivie → Endivie
Breitlauch → Lauch
Bremen → Brombeere
Bremere → Brombeere
Bremer Scheerkohl → Grünkohl
Brenkeldorn → Brombeere
Brennbeere → Brombeere
Brenndorn → Brombeere
Brennkirsche → Kirsche
Bresling → Erdbeere
Brestlinge → Erdbeere
Bretonne Longue → Schalotte
Brimme → Brombeere
Brinellcher → Reneklode
Brinellen → Reneklode
Bringebär → Himbeere
Brinjal → Aubergine
Brisslauch → Lauch
Broad bean → Bohne
- leaved Endive → Endivie
Broccoletti → Brokkoli
Broccoletto → Stängelkohl
Broccoli → Brokkoli
Brocoli de raves → Stielmus
Brochappel → Moosbeere
Bröckelkohl → Brokkoli
Brokkerln → Brokkoli
Brokolice → Brokkoli
Bromamosch → Berberitze
Brombaschine → Brombeere
Brombesinge → Brombeere
Brome → Brombeere
Bromelbeere → Berberitze
Bromel(t)e → Brombeere
Bromerbeere → Brombeere
Bronna-Kressig → Kresse
Broselbeere → Hagebutte
Broskve → Pfirsich
Brotbaumfrucht → Brotfrucht
Brotbüwwecken → Johannisbeere
Brot d. tr. Gegenden → Kaktusfeige
- der Wüste → Dattel
- d. kleinen Mannes → Jackfrucht
Browinkeln → Preiselbeere
Brotwurzel → Yam
Brozelbeere → Brombeere
Brügnole → Nektarine
Brüksel lahanasi → Rosenkohl
Brümeln → Brombeere
Brünellen → Reneklode
Brünsebücken → Brombeere
Brüsseler Endivie → Chicorée
- Kohl → Rosenkohl
- Salat → Chicorée
- Sprossen → Rosenkohl
Brussels sprouts → Rosenkohl
Brugnole → Nektarine
Brugnon → Nektarine
Bruinschlize → Preiselbeere
Brumbeerenfässli → Stachelbeere
Bru(mmel)beere → Brombeere
Brummelke → Brombeere
Brummenfürzli → Stachelbeere
Brummesken → Brombeere
Brumuster → Brombeere
Brumsterten → Brombeere
Brunkle → Brombeere
Brunnenbeere → Brombeere
Brunnenkresse → Kresse
Brunschnetz → Preiselbeere
Brusebeere → Brombeere
Brusinkj → Johannisbeere
Brussels chicory → Chicorée
Brussels lof → Chicorée
Brustbeere → Jujube
Bruttel → Hagebutte
Brygnole → Nektarine
Brystbär → Jujube
Brzoskwinie → Pfirsich
Bubenbeere → Berberitze
Bubenblätter → Berberitze
Bubenkraut → Berberitze
Bubenlaub → Berberitze
Bubenschenkel → Berberitze
Bubikopf → Endivie
Buchampfer → Sauerampfer
Buchele → Bucheckern
Bucheln → Bucheckern
Buchennüsse → Bucheckern
Buchklee → Sauerkleeknolle
Buchsbeere → Preiselbeere
Buckel → Hagebutte
Buckelbeere → Johannisbeere
Buckerts → Buchweizen
Buckwheat → Buchweizen
Buddelappel → Kürbis
Buddha's Hand → Zitronatzitrone
Buderi → Heidelbeere
Budlergrifle → Preiselbeere
Budresche → Heidelbeere
Bübberken → Heidelbeere
Büchsenholz → Holunder
Bückebeere → Preiselbeere
Büddels → Heidelbeere
Büffelbeere → Sanddorn
Bufbohne → Bohne
Bühl. Frühzwetschge → Pflaume
Bünnerpel → Kartoffel
Bürzelkohl → Portulak
Bürzelkraut → Portulak
Büschelrose → Hagebutte

Büwwecken → Heidelbeere
Buffenholz → Holunder
Bugday → Weizen
Buggele → Hagebutte
Buhlblagen → Heidelbeere
Bukos → Kokosnuss
Bulbenyam → Yam
Bulbuli trasi → Erdmandel
Bullbeere → Heidelbeere
Bullendorn → Hagebutte
Bullenpischer → Hagebutte
Bullensack → Hagebutte
Bullert → Hagebutte
Bullgnagen → Heidelbeere
Bullgrafen → Heidelbeere
Bullock's heart → Annone
Bulloog → Schlehe
Bult(en)beere → Moosbeere
Bumbansbüsch → Löwenzahn
Bumser → Kartoffel
Bumskeule → Rohrkolben
Bundsalat → Römischer Salat
Bunias orientalis → Rauke
Bunium bulbocast → Erdmandel
Bunne → Bohne
Bunzigel → Hagebutte
Búrak → Rote Bete
Burdock → Klette
Burgonya → Kartoffel
Burokoli → Brokkoli
Burpees Golden → Rote Bete
Burrowe → Preiselbeere
Burrufke → Preiselbeere
Burzelkraut → Portulak
Buschapfel → Preiselbeere
Buschbeere → Heidelbeere
Buschbohne → Bohne
Buschmyrte → Preiselbeere
Buschnitze → Preiselbeere
Buschrose → Hagebutte
Buttanischen → Hagebutte
Buttelapfel → Hagebutte
Butteldinger → Hagebutte
Buttelhiefe → Hagebutte
Buttenbeere → Hagebutte
Buttenrose → Hagebutte
Butterball → Kürbis
Butterbaum → Sapote
Butterbirne → Avocado
Butterblume → Löwenzahn
Butter des Waldes → Avocado
Butterfässlein → Hagebutte
Butterfrucht → Avocado
Butter fruit → Kaki
Butterhäuptel → Kopfsalat
Butter head lettuce → Kopfsalat
Butterkohl → Wirsing
Butterkopfsalat → Kopfsalat
Butternuss → Walnuss
Butternusskürbis → Kürbis
Butternut Squash → Kürbis
Buttersalat → Weißkohl
Butterstaude → Weißkohl
Butzhagen → Hagebutte
Buuskohl → Weißkohl
Buzigel → Hagebutte
Byrn → Birne

C

Cacah(o)uète → Erdnuss
Cacchi → Kaki
Cachiman → Annone
Cachounuss → Kaschunuss
Cachum → Pepino
Cactusfijg → Kaktusfeige
Caimite → Sapote Mamey
Caimito → Sapote Mamey
Cainito → Sternapfel
Cajanus cajan → Straucherbse
Cajou → Kaschunuss
Caju → Kaschunuss
Cakalerigi → Schlehe
Calabacin → Zucchini
Calabash → Kürbis
Calabassier → Kürbis
Calabaza → Kürbis
Calabrese → Brokkoli
Calalou → Tannia, Taro
Calamansi → Limette
Calamondin(e) → Limette
- Orange → Limette
Callaloo → Gemüse, Tannia, Taro
Camapum → Physalis
Camelina sativa → Leinsamen
Camio → Sapote Mamey
Camote → Batate
Campanula → Rapunzel
Camus de Bretagne → Artischocke
Cana de Azúcar → Zuckerrohr
- fistula → Kassie
Cânamo → Hanf
Canapa → Hanf
Canarium sapho → Avocado
Candy-Nüsse → Erdnuss
Caneel-Apfel → Annone
Canellino → Bohne
Canistel → Sapote Mamey
- cantonese → Sapote Mamey
Cannabis sativa → Hanf
Canne à sucre → Zuckerrohr
Canneberge → Moosbeere
Cape gooseberry → Physalis
Capere → Kapern
Capers → Kapern
Capotes → Kapern
Capparis spinosa → Kapern
Cappero → Kapern
Câpres → Kapern
Capsic. ann. v. gross. → Paprikaschote
Capucijners → Erbse
Capucine → Kapuzinerkresse
Capucines → Kapern
Capuchin's beard → Radicchio
Capuli → Pitanga
Caqui → Kaki
Cara-Cara → Mandarine

Carambola → Karambole
Carciofo → Artischocke
Carde → Kardone
Cardi → Kardone
Cardiospermum → Traube
Cardo → Kardone
Cardon → Kardone
Cardos → Kardone
Cardoon → Kardone
Cardy → Kardone
Carella → Bittergurke
Carica papaya → Papaya
Carica pentagona → Papaya
Carissa macrocarpa → Pflaume
Carmen → Zitrone
Carnaroli → Reis
Carob → Johannisbrot
Carota → Karotte
Carote → Karotte
Carotte → Karotte
Carrot → Karotte
Caroube → Johannisbrot
Carrageenmoos → Algen
Carrizo → Pomeranze
Carruba → Johannisbrot
Caruso → Bohne
Carya illionensis → Pekannuss
Caryoka nuciferum → Kürbis
Caryota → Dattel
Cas → Guave
Cashewnuss → Kaschunuss
Casimiroa edulis → Casimiroa
Casis → Johannisbeere
Cassava → Maniok
Casse → Kassie
Cassia angustifolia → Kassie
- fistula → Kassie
Cassis → Johannisbeere
Castagna → Kastanie
Castanas → Kastanie
Castanea sativa → Kastanie
- vesca → Kastanie
Castelfranco → Radicchio
Catalogna → Zichorie
Catanese → Artischocke
Catawissazwiebel → Zwiebel
Catjangbohne → Straucherbse
Caulicab → Blumenkohl
Cauliflower → Blumenkohl
Caulorapa → Kohlrabi
Cavaillon → Melone
Cavdar → Roggen
Cavolfiore → Blumenkohl
Cavoli acidi → Sauerkraut
Cavolo a penna → Grünkohl
- Broccolo → Brokkoli
- cappuccio bianco → Weißkohl
- cappuccio rossi → Rotkohl
- chinese → Chinakohl
- da foglie → Grünkohl
- di Bruxelles → Rosenkohl
- di Milano → Wirsing
- navone → Steckrübe
- nero di Toscana → Grünkohl
- rapa → Kohlrabi
- riccio → Grünkohl
- verza → Wirsing
Cayenne kers → Pitanga
Cayenne-Kirsche → Pitanga
Cayenne lisse → Ananas
Cebada → Gerste
Cebola → Zwiebel
Cebolla → Zwiebel
Ceci → Kichererbse
Cedra(t) → Zitronatzitrone
Cedratzitrone → Zitronatzitrone
Cedro → Zitronatzitrone
Celer → Sellerie
Céleri → Sellerie
Celeriac → Sellerie
Céleri à côtes → Staudensellerie
- en branche → Staudensellerie
Céleri-rave → Sellerie
Celery → Staudensellerie
Célesie crê de coq → Kiwicha
Celosia arg. v. cristata → Kiwicha
Celosie → Kiwicha
Celtuce → Spargelsalat
Cempedak → Brotfrucht
Centeno → Roggen
Cepula → Zwiebel
Ceratonia siliqua → Johannisbrot
Cereales → Getreide
Cereali(en) → Getreide
Cereza → Kirsche
Cerezo de la Tierra → Stachelbeere
- occidental → Stachelbeere
Cerfeuil tubéreux → Steckrübe
Cerise → Kirsche
- carrée → Pitanga
- de Cayenne → Pitanga
- de la Chine → Litschi
- des Antilles → Acerola
- de Surinam → Pitanga
Cerisier des oiseaux → Kirsche
Cerneaux → Walnuss
Cervené zeli → Rotkohl
Cetriolini → Gurke
Cetriolo → Gurke
Ceviz → Walnuss
Ceylon-Spinat → Malabar-Spinat
Ceylon-Tang → Algen
Cha → Erdmandel
Chabis → Weißkohl
Chadèque → Pampelmuse
Chaenomeles → Quitte
Chaerophyllum → Steckrübe
Chakka → Jackfrucht
Chalote → Schalotte
Champinone → Champignon
Chana Dal → Kichererbse
Chanvre → Hanf
Charentais → Melone
Charentais lissée → Melone
Chard → Mangold
Charrûb → Johannisbrot

Châtaigne	→	Kastanie
Chayotl	→	Chayote
Chayotte	→	Chayote
Chenopodium	→	Quinoa
- capita.	→	Erdbeerspinat
- folios.	→	Erdbeerspinat
Cheremai	→	Stachelbeere
Chérimole	→	Annone
Cherimoya	→	Annone
Cherme(la)	→	Stachelbeere
Chermin	→	Stachelbeere
Cherry	→	Kirsche
- plum	→	Mirabelle
Cheschtene	→	Kastanie
Chestnut	→	Kastanie
Chettenblume	→	Löwenzahn
Chichinda	→	Gurke
Chick-pea	→	Kichererbse
Chicorée	→	Endivie
- à feuilles	→	Zichorie
- escariol	→	Endivie
- frisée	→	Endivie
- italienne	→	Zichorie
- rouge	→	Radicchio
- sauvage	→	Zichorie
- s. améliorée	→	Fleischkraut
Chicorie	→	Zichorie
Chicory	→	Chicorée
Chikoree	→	Chicorée
Chilacuán	→	Papaya
Chilefichte	→	Araukarie
Chilen. Pinie	→	Araukarie
Chilen. Gänsefuss	→	Quinoa
Chiletanne	→	Araukarie
Chilibohne	→	Bohne
Chimalati	→	Sonnenblume
Chinaapfel	→	Apfelsine
Chinabohne	→	Bohne
Chinasalat	→	Paksoi
Chinese artichoke	→	Stachys
- cabbage	→	Chinakohl
- date	→	Jujube
- fig	→	Jujube
- flower cabbage	→	Choisum
- goose-berry	→	Kiwi
- kool	→	Chinakohl
- leaf	→	Chinakohl
- oker	→	Luffa
- persimmon	→	Kaki
- preserv. Melon	→	Kürbis
Chin. Apfel	→	Apfelsine
- Arbutus	→	Erdbeerbaumfrucht
- Artischocke	→	Stachys
- Baumerdbeere	→	Erdbeerbaumfrucht
- Birne	→	Nashi
- Blattsenf	→	Paksoi
- Dattel	→	Jujube
- Dattelfeige	→	Kaki
- Dattelpflaume	→	Kaki
- Haselnuss	→	Litschi
- Kartoffel	→	Yam
- Kastanie	→	Wasserkastanie
- Kirsche	→	Litschi
- Kohl	→	Chinakohl
- Melisse	→	Perilla
- Persimmon	→	Kaki
- Pflaume	→	Litschi
- Quitte	→	Kaki
- Salat	→	Paksoi
- Senfkohl	→	Paksoi
- Senfspinat	→	Mosterdspinat
- Spinat	→	Amarant
- Squash	→	Kürbis
- Stachelbeere	→	Kiwi
- Trüffel	→	Kartoffel
- Wasserkastanie	→	Wasserkastanie
- Wassernuss	→	Wasserkastanie
- Wintermelone	→	Kürbis
- Yam	→	Yam
Chinois	→	Bergamotte
Chinotto	→	Bergamotte
Chioggia	→	Rote Bete
Chirimoya	→	Annone
Chirivia	→	Pastinak(e)
Chironja	→	Grapefruit
Chirounkha	→	Grapefruit
Chlepfer	→	Kirsche
Cho-cho	→	Chayote
Choco	→	Chayote
Chocolate pudding	→	Dattelpflaume
Choko	→	Chayote
Cholupa	→	Passionsfrucht
Chou blanc	→	Weißkohl
- caribe	→	Tannia
- caribe	→	Taro
- cavalie	→	Grünkohl
Chouchon	→	Chayote
Choucroute	→	Sauerkraut
Chou de chine	→	Chinakohl
- de Milan	→	Wirsing
- de Savoie	→	Wirsing
Chou-fleur	→	Blumenkohl
Chou frisé	→	Wirsing
- marin	→	Meerkohl
Chou-navet	→	Steckrübe
Chou pointu	→	Weißkohl
- rave	→	Kohlrabi
- rouge	→	Rotkohl
- vert	→	Grünkohl
- á faucher	→	Grünkohl
Choux de Bruxelles	→	Rosenkohl
Choya plum	→	Pflaume
Choyote	→	Chayote
Choy sum	→	Choisum
Chreno	→	Meerrettich
Chrest	→	Spargel
Chriesi	→	Kirsche
Christnuss	→	Walnuss
Christofine	→	Chayote
Christophene	→	Chayote
Christophine	→	Chayote
Christusbeere	→	Stachelbeere
Christusdorn	→	Hagebutte
Chrosle	→	Stachelbeere
Chrysanthéme-sla	→	Salatchrysantheme
Chrysanthemum	→	Salatchrysantheme

Chrysopyllum	→	Sternapfel
Chrzan pospolity	→	Meerrettich
Chuchu	→	Chayote
Chüngelichrut	→	Löwenzahn
Chufa(nuss)	→	Erdmandel
Chugauas	→	Kartoffel
Chulupa	→	Passionsfrucht
Chunks	→	Ananas
Chutney	→	Früchte
Cibeben	→	Rosine
Ciboule	→	Zwiebel
Cibule	→	Zwiebel
Cibulka	→	Zwiebel
Cichorium endivia	→	Endivie
- var. crispum	→	Endivie
- var. foliosum	→	Chicorée
- var. foliosum	→	Radicchio
- var. foliosum	→	Zichorie
- var. latifolium	→	Endivie
Chrysobalanus	→	Ikakopflaume
Cicera arietinum	→	Kichererbse
Cicitrange	→	Pomeranze
Cicoria belga	→	Chicorée
- riccia	→	Endivie
Cicorino	→	Zichorie
- rosso	→	Radicchio
- verde	→	Radicchio
Cido	→	Quitte
Cidra	→	Zitronatzitrone
Cilek	→	Erdbeere
Ciliega	→	Kirsche
- del India	→	Acerola
- del Surinam	→	Pitanga
Cima di rapa	→	Stängelkohl
Cimaruoli	→	Feige
Cimone	→	Stängelkohl
Cipolla	→	Zwiebel
Cipollina	→	Lauch
Cironja	→	Grapefruit
Ciruela Claudia	→	Reneklode
Ciruelas	→	Pflaume
Ciruelas silvestres	→	Schlehe
Citran	→	Pomeranze
Citrange	→	Pomeranze
Citrangequat	→	Kumquat
Citranquat	→	Kumquat
Citrico	→	Zitrone
Citricos	→	Zitrusfrüchte
Citroen	→	Zitrone
Citro fortunella	→	Limette
Citromelon	→	Kiwano
Citron(atcitrone)	→	Zitronatzitrone
Citroncœurs	→	Zitrone
Citron vert	→	Limette
Citrouille	→	Kürbis
Citrullus lanatus	→	Melone
Citrumelo	→	Pomeranze
Citrus aurantiifolia	→	Limette
Citrus aurantium	→	Pomeranze
- ssp. Bergamia	→	Bergamotte
- var. myrtifolia	→	Bergamotte
Citrus bigaradia	→	Pomeranze
Citrus hystrix	→	Kaffir-Limette
Citrus latifolia	→	Limette
Citrus limonum	→	Zitrone
Citrus maxima	→	Pampelmuse
Citrus medica var.	→	Zitronatzitrone
- sarcodactylis	→	Zitronatzitrone
Citrus paradisi	→	Grapefruit
Citrus reticulata	→	Mandarine
- var. tangerina	→	Mandarine
- var. unshiu	→	Mandarine
Citrus ret. paradisi	→	Mandarine
Citrus sp.	→	Zitrusfrüchte
Citrus trifoliata	→	Pomeranze
Ciruela roja	→	Balsampflaume
Cirouelle	→	Balsampflaume
Citrus sinsensis	→	Apfelsine
Civet cat fruit	→	Durian
Clausellina	→	Mandarine
Claytone de Cuba	→	Portulak
Claytonia perfoliata	→	Portulak
Clementine	→	Mandarine
Clemenu(l)les	→	Mandarine
Clemenvilla	→	Mandarine
Cleopatra	→	Mandarine
Cloudberry	→	Brombeere
Club gourd	→	Gurke
Cluster bean	→	Bohne
Coccole della rosa	→	Hagebutte
Cochil-Sapote	→	Casimiroa
Cock	→	Lauch
Cockcomp	→	Kiwicha
Cocktail-Kirsche	→	Kirsche
Coco	→	Kokosnuss
Cocoa plum	→	Ikakopflaume
Coco-Bohne	→	Bohne
- chilien	→	Kokosnuss
- de mèr	→	Kokosnuss
Cocomera	→	Melone
Cocona	→	Lulo
Coconut	→	Kokosnuss
Coco plum	→	Ikakopflaume
Cocos nucifera	→	Kokosnuss
Cocotier	→	Kokosnuss
Cocoyam	→	Taro
Cocozelle	→	Zucchini
Cœurs de cœurs	→	Annone
- de palmier	→	Palmenherzen
Cognassier	→	Quitte
Coing	→	Quitte
Coing de Chine	→	Kaki
Colcacia	→	Taro
Col de china	→	Chinakohl
Coles de Bruselas	→	Rosenkohl
Col fermentada	→	Sauerkraut
Coliflor	→	Blumenkohl
Colinabo	→	Kohlrabi
Colinabo grando	→	Steckrübe
Colocasia esculenta	→	Taro
Colrábano	→	Kohlrabi
Colrave	→	Kohlrabi
Col rizada	→	Grünkohl
Colza	→	Raps
Combavas	→	Kaffir-Limette
Common nasturtium	→	Kapuzinerkresse

- sea buck-thorn	→ Sanddorn
- winter cress	→ Kresse
Communes	→ Kapern
Composta	→ Früchte
Compote	→ Früchte
Concombre	→ Gurke
- africaine	→ Kiwano
- cornu	→ Kiwano
Concorde Lollo	→ Rossa
Coqueret du Perou	→ Physalis
Coquito	→ Kokosnuss
Coquito nut	→ Kokosnuss
Corazón	→ Annone
Corbezzolo	→ Erdbeerbaumfrucht
Cordifole	→ Eiskraut
Corn	→ Mais
Cornelkirschen	→ Kirsche
Cornichons	→ Gurke
Corn salad	→ Feldsalat
Cornus mas	→ Kirsche
Coronilla	→ Guave
Corossol épineux	→ Annone
Corylus avellana	→ Haselnuss
- grandis	→ Haselnuss
Corylus colurna	→ Haselnuss
- maxima	→ Haselnuss
Cos(berg)salat	→ Römischer Salat
Côte de bette	→ Mangold
Cotogna	→ Quitte
Courge	→ Kürbis
- bouteille	→ Kürbis
- cireuse	→ Kürbis
- serpent	→ Gurke
- torchon	→ Luffa
Courgette	→ Zucchini
Cowberry	→ Preiselbeere
Crab-grass	→ Glasschmalz
Crambe maritima	→ Meerkohl
Cran	→ Meerrettich
Cranberry	→ Moosbeere
Crane berry	→ Cranberry
Crapaudine	→ Stachys
Crataegus	→ Kirsche
Crauti	→ Sauerkraut
Cremefrucht	→ Annone
Cren	→ Meerrettich
Crescione	→ Kresse
Cress	→ Kresse
Cresso	→ Kresse
Cresson alénois	→ Kresse
- daikon	→ Kresse
- de fontaine	→ Kresse
- de jardin	→ Kresse
- du Pérou	→ Kapuzinerkresse
Cressonette	→ Kresse
Crisphead lettuce	→ Bataviasalat
Crispsalat	→ Eisbergsalat
Criste-marine	→ Glasschmalz
Crosnes du japon	→ Stachys
Crosnes	→ Stachys
Croton	→ Salak
Crudité	→ Salat
Crystalline	→ Eiskraut
Cubanique	→ Mandarine
Cucumber	→ Gurke
- tree fruit	→ Karambole
Cucumer	→ Gurke
Cucumis	→ Kürbis, Melone
- anguria	→ Kiwano
- metuliferus	→ Kiwano
- sativus	→ Gurke
Cucurbita	→ Kürbis
- pepo var. girom.	→ Zucchini
- v. oleifera	→ Zucchini
- v. patissonina	→ Patisson
- v. Styriaca	→ Kürbis
Cuiba	→ Sauerkleeknolle
Cumquat	→ Kumquat
Curled endive	→ Endivie
Curly kale	→ Grünkohl
Currant	→ Johannisbeere
Currants	→ Rosine
Cushaw	→ Kürbis
Cush-Cush-Yam	→ Yam
Custard-apple	→ Annone
Custard marrow	→ Patisson
Cut green bean	→ Bohne
Cwikla	→ Rote Bete
Cyamopsis tetragon.	→ Bohne
Cydonia oblonga	→ Quitte
- var. maliformis	→ Quitte
- var. pyriformis	→ Quitte
Cymona	→ Blumenkohl
Cynara carduncul.	→ Kardone
- scolymus	→ Artischocke
Cyperus esculenta	→ Erdmandel
Cyphomandra	→ Baumtomate
Cytherea-Apfel	→ Balsampflaume

D

Dabernitzen	→ Berberitze
Daddel	→ Dattel
Dadel	→ Dattel
Dagoe	→ Wasserspinat
Daikon	→ Rettich
Daikon cress	→ Kresse
Daikonkers	→ Kresse
Daikonkresse	→ Kresse
Daizu	→ Sojabohne
Dal	→ Hülsenfrüchte
Damaszener	→ Pflaume
Dampfäpfel	→ Apfel
Damson	→ Schlehe
Dancy	→ Mandarine
Dan huang guo	→ Sapote Mamey
Dari	→ Hirse
Darmputzer	→ Sauerkraut
Dasheen	→ Taro
Date	→ Dattel
Date plum	→ Dattelpflaume
Dátil	→ Dattel
Datle	→ Dattel
Datte	→ Dattel
Dattelfeige	→ Kaki
Datteltomate	→ Tomate
Datteltraube	→ Traube

Dattelzwetsche → Pflaume
Dattero → Dattel
Daucus carota → Karotte
Dauphine → Reneklode
Davidson Plum → Pflaume
Dekangras → Hirse
Dendelion → Löwenzahn
Dent de lion → Löwenzahn
Dente di leone → Löwenzahn
Derlitze → Kirsche
Desirée → Erbse
Deutsche Akazie → Schlehe
Deutscher Flieder → Holunder
- Stechdorn → Sanddorn
- Penicillin → Meerrettich
Deutsche Trüffel → Kartoffel
Dhal → Linse
Dhudi → Kürbis
Diabetikerkartoffel → Topinambur
Dickbeere → Heidelbeere
Dickbohne → Bohne
Dicke Bohne → Bohne
Dickrübe → Zuckerrübe
Dickwurz(el) → Zuckerrübe
Diente de leôn → Löwenzahn
Diewelskersche → Kirsche
Dimocarpus → Longane
Dinkelweizen → Grünkern
Dirlitzen → Kirsche
Dirndl → Kirsche
Dish-cloth gourd → Luffa
Distelfeige → Kaktusfeige
Distelkohl → Kardone
Dioscorea sp. → Yam
Diospyros blancoi → Kaki
Diospiro → Kaki
Diospyros digyna → Dattelpflaume
- kaki → Kaki
- lotus → Dattelpflaume
- virginiana → Kaki
Dipterix odorata → Bohne
- oppositfolia → Bohne
Djamboe → Guave
Doerian → Durian
Dörner → Sanddorn
Dog-Rose → Hagebutte
Dolcetta → Feldsalat
Dolder → Holunder
Dolique asperge → Spargelbohne
- d'Égypte → Bohne
Dollenkraut → Klette (Große)
Dollwurz → Kirsche
Domade → Tomate
Domates → Tomate
Donduri → Portulak
Donnerfürz → Stachelbeere
Donnerrose → Hagebutte
Doperwte → Erbse
Doppelbeere → Heidelbeere
Dorman Red → Himbeere
Dorn → Sanddorn
Dorn(apfel) → Hagebutte, Stachelbeere
Dornbeere → Brombeere, Hagebutte
Dorn(bollen) → Schlehe
Dornfiselchen → Hagebutte
Dornholz → Berberitze
Dornhüttchen → Hagebutte
Dornjujube → Jujube
Dornkuchel → Hagebutte
Dornkühlein → Hagebutte
Dornlaub → Brombeere
Dornmännchen → Hagebutte
Dornrose → Hagebutte
Dornmure → Brombeere
Dornschlehe → Schlehe
Dornstaude → Berberitze, Hagebutte
Dornstrauch → Berberitze
Dorsche → Steckrübe
Dos verts → Tomate
Dostrose → Hagebutte
Dotsch'n → Steckrübe
Dotterblume → Löwenzahn
Double coconut → Kokosnuss
Doucette → Feldsalat
Dourian → Durian
Drachenauge → Longane
Drachenfrucht → Pitahaya
Dragonfruit → Pitahaya
Dragon's eye → Longane
Drawid → Pampelmuse
Dreidorn → Berberitze
Dreifaltigkeitsdorn → Berberitze
Dreimonatspflanze → Steckrübe
Dr. h.c. Bolle → Zwiebel
Drillinge → Kartoffel
Dröppelkes → Heidelbeere
Drombel → Brombeere
Dro(n)schel → Stachelbeere
Droppeln → Preiselbeere
Drosselbeere → Vogelbeere
Drübbel(ke)n → Preiselbeere
Druer → Traube
Druffelken → Preiselbeere
Druidenbeere → Heidelbeere
Druif → Traube
Drumbeere → Brombeere
Drump(f)elbeere → Heidelbeere
Drumsticks → Pferderettich
Drunkelbeere → Preiselbeere
Drunkele → Heidelbeere
Drusselbeere → Stachelbeere
Dschamma → Melone
Dubarry → Blumenkohl
Duchesnea indica → Erdbeere
Dudhi → Kürbis
Dünendorn → Sanddorn
Dürlitze → Kirsche
Düwelsschmer → Brombeere
Duffel → Kartoffel
Duffinbohne → Bohne
Duhat → Jambolan
Duhnbeere → Heidelbeere
Duku → Langsat
Dulcinia → Erdmandel
Dulse → Algen

Dumefürzli → Stachelbeere
Dummelsbeere → Heidelbeere
Durazno → Pfirsich
Durion → Durian
Durio zibethinus → Durian
Durn → Sanddorn
Durragras → Hirse
Durr(h)a → Hirse
Durum → Weizen
Duschen → Steckrübe
Dut → Maulbeere
Dutteldorn → Hagebutte
Duttelknopf → Hagebutte
Duttelstrupp → Hagebutte
Duttenbeere → Preiselbeere
Dwarf bean → Bohne

E

Early kai-laan → Brokkoli
Earth almond → Erdmandel
Easy peeler → Mandarine
Ebbirne → Kartoffel
Ebereschen-Beere → Vogelbeere
Échalion → Schalotte
Échalote → Schalotte
Echter Erdbeerspinat → Erdbeerspinat
Eckern → Bucheckern
Eddo → Taro
Eddro → Taro
Edel-Eberesche → Vogelbeere
Edelpflaume → Reneklode
Edelpilz → Champignon
Effken → Schlehe
Egeltiere → Hagebutte
Egerling → Champignon
Eggfruit → Sapote Mamey
Eggplant → Aubergine
Églantier commune → Hagebutte
Egräschel → Stachelbeere
Egyptian bean → Bohne
- onion → Zwiebel
Eibeere → Stachelbeere
Eibischfrucht → Okra
Eicheln → Erdnuss
Eichenblattsalat → Eichblattsalat
Eichenlaubsalat → Eichblattsalat
Eierapfel → Aubergine
Eierblume → Löwenzahn
Eiercremeapfel → Annone
Eierfrucht → Aubergine
Eierkraut → Löwenzahn
Eierpflanze → Aubergine
Eierplant → Aubergine
Eierpüsch → Löwenzahn
Eifrucht → Sapote Mamey
Eigelbeere → Heidelbeere
Eight Ball → Zucchini
Eikebladsla → Eichblattsalat
Einbeere → Himbeere
Eingem. Kappes → Sauerkraut
Einhornpflanze → Klette
Eisbeere → Schlehe
Eisfrisée → Eisbergsalat
Eisperbeere → Johannisbeere
Eisblume → Eiskraut
Eiselbeere → Heidelbeere, Brombeere
Eisgewächs → Eiskraut
Eiskraussalat → Kopfsalat
Eispflanze → Eiskraut
Eistropfensalat → Eiskraut
Eissalat → Eisbergsalat
Eiterbatzen → Stachelbeere
Eklenter → Hagebutte
Elbarquq → Aprikose
Elderberry → Holunder
Elefantenfuß → Yam
Elefantennuss → Kaschunuss
Elektrisches Gras → Brennnessel
Elemes → Rosine
Eleocharis dulcis → Wasserkastanie
Elexe → Kirsche
Elfenbein d. Küche → Spargel
Ellbeere → Johannisbeere
Ellendale → Mandarine
Eller → Holunder
Ellhorn → Holunder
Elma → Apfel
Elsbeere → Vogelbeere
Else → Kirsche
Embeere → Himbeere
Enarina → Schlehe
Endibia → Endivie
Endive → Chicorée, Endivie
Engelsfrucht → Papaya
Enginar → Artischocke
Englischer Kohl → Meerkohl
- Sellerie → Staudensellerie
- Spinat → Sauerampfer
Englische Wurzel → Meerrettich
Ensalada → Salat
Entenbeere → Himbeere
Entengrütze → Spinat
Épeautre → Grünkern
Epf → Sellerie
Epiaire → Stachys
Epinard → Spinat
Èpinard aquatique → Wasserspinat
- de Malabar → Malabar-Spinat
- fraise → Erdbeerspinat
Eple → Apfel
Eponge végétal → Luffa
Eppich → Sellerie
Epple → Sellerie
Eragrostis tef → Hirse
Erba medica → Sauerkleeknolle
Erbel → Heidelbeere
Erbele → Erdbeere
Erbels → Kartoffel
Erbenseele → Berberitze
Erber → Heidelbeere
Erbes → Erbse
Erbisch → Berberitze
Erbischöflein → Berberitze
Erbsbohne → Bohne
Erbselbeere → Berberitze

Erbseldorn → Berberitze
Erbsele → Berberitze
Erbsen-Aubergine → Aubergine
Erbsenbohne → Straucherbse
Erbsennuss → Erdnuss
Erbshofen → Berberitze
Erckelnuss → Erdnuss
Erdapfel → Kartoffel
- in der Montur → Kartoffel
Erdartischocke → Topinambur
Erdbeerdistel → Ananas
Erdbeermais → Mais
Erdbeertomate → Physalis
Erdbirne → Kartoffel, Topinambur
Erdbohne → Erdnuss, Kartoffel
Erdbrot → Kartoffel
Erddorn → Artischocke
Erdeichel → Erdnuss
Erdkastanie → Erdmandel
Erdkeste → Steckrübe
Erdkirsche → Physalis
Erdkohlrabi → Steckrübe
Erdling → Kartoffel
Erdmandel → Erdnuss
Erdmorschel → Kartoffel
Erdpistazie → Erdnuss
Erdpumser → Kartoffel
Erdriewe → Steckrübe
Erdrübe → Steckrübe
Erdschocke → Topinambur
Erdsonnenblume → Topinambur
Erdteufel → Kartoffel
Erdtfeige → Erdnuss
Erdtnuss → Erdnuss
Erdtoffel → Kartoffel
Erdtuffel → Kartoffel
Erfel → Kartoffel
Erik → Pflaume
Erioborya japonica → Japanische Mispel
Erlstaude → Hagebutte
Erntedank → Preiselbeere
Erntekrone → Preiselbeere
Ersidl → Berberitze
Ertberi → Erdbeere
Erterlenk → Holunder
Eruca sativa → Rauke
Erwese → Erbse
Erwt → Erbse
Erzäfla → Berberitze
Escara-mujos → Hagebutte
Escariol → Endivie
Escarola → Endivie
Escarole → Endivie
Eschkete → Hagebutte
Eschlauch → Schalotte
Eschrose → Hagebutte
Escorzonera → Schwarzwurzel
Escuerno → Walnuss
Eselkraut → Brennnessel
Eselsmöhre → Karotte
Eselsrüssel → Löwenzahn
Eskariol-Endivie → Endivie
Esparragos → Spargel
Espinaca → Spinat
- Nueva Zelandia → Spinat
Espino amarillo → Sanddorn
Essb. Glockenbl. → Rapunzel
Essb. Judaskirsche → Physalis
Essb. Kermesbeere → Kermesbeere
Essdistel → Artischocke
Essenkehrer → Stachelbeere
Essigbeer → Berberitze
Essigblätter → Berberitze
Essigdorn → Berberitze
Essigflaschl → Berberitze
Essigkrüglein → Berberitze
Essigkübelein → Berberitze
Essigpanzeler → Berberitze
Essigplützerl → Berberitze
Essigscharl → Berberitze
Essigträuble(in) → Berberitze
Essigzapfen → Berberitze
Essrich → Zitronatzitrone
Essröschen → Hagebutte
Etagenzwiebel → Zwiebel
Ethrog-Zitrone → Zitronatzitrone
Ettinger → Avocado
Eugenia → Jambolan
Eugenia uniflora → Pitanga
Eugenie → Jambolan
Eureka → Zitrone
Europ. Cranberry → Moosbeere
- Meersenf → Rauke
Euterpe edulis → Palmenherzen
Eutrema wasabi → Rettich
Evening Primrose → Nachtkerze
Ewiger Spinat → Sauerampfer
Ewige Schnittzw. → Zwiebel
- Zwiebel → Zwiebel
Ewigkeitskartoffel → Topinambur

F

Fabagelle → Kapern
Fabales → Hülsenfrüchte
Fabuco → Bucheckern
Fadabohne → Bohne
Fässli → Stachelbeere
Fässlistrauch → Berberitze
Fagelbeere → Heidelbeere
Faggina → Bucheckern
Fagiolini → Bohne
Fagiolino → Bohne
Fagiolo nano → Bohne
Fagopyrum → Buchweizen
Fagus silvatica → Bucheckern
Fagiuolo → Blumenkohl
Fäiberte → Heidelbeere
Faîne → Bucheckern
Fairy Queen → Ananas
Falsche Brennnessel → Taubnessel
- Esche → Vogelbeere
- Litschi → Rambutan
- Mangostane → Langsat
- Orange → Lulo
Falscher Spargel → Bohne
Falsches Hirn → Blumenkohl

Fandoghi	→	Pistazie
Farbholz	→	Berberitze
Farzknottel	→	Brombeere
Fasanbeere	→	Sanddorn
Faseerlich	→	Bohne
Faselbohne	→	Bohne
Faserlein	→	Leinsamen
Fasölchen	→	Bohne
Fasoli	→	Bohne
Fasolka	→	Bohne
Fasulija	→	Bohne
Fasulye	→	Bohne
Fat choy	→	Glasschmalz
Faulbaum	→	Holunder
Faule Gretel	→	Zichorie
Fave	→	Bohne
Fazole	→	Bohne
Federkohl	→	Grünkohl
Fehér mustár	→	Rauke
Fehnkol	→	Fenchel
Feibeten	→	Heidelbeere
Feigenapfel	→	Banane
Feigendistel	→	Kaktusfeige
Feigenkaktus	→	Kaktusfeige
Feigen-Opuntie	→	Kaktusfeige
Feijao	→	Bohne
Feijova	→	Feijoa
Feinschmeckerzwiebel	→	Schalotte
Feiwerte	→	Heidelbeere
Feldbohne	→	Bohne
Feldedelpilz	→	Champignon
Feldegerling	→	Champignon
Feldflieder	→	Holunder
Feldholder	→	Holunder
Feldkresse	→	Kresse
Feldlattich	→	Feldsalat
Feldling	→	Champignon
Feldmais	→	Mais
Feldschwarzbeere	→	Brombeere
Femis	→	Fenchel
Femmelten	→	Heidelbeere
Fenicht	→	Fenchel
Fenikel	→	Fenchel
Fenneapfel	→	Brombeere
Fennebeere	→	Moosbeere
Fennel	→	Fenchel
Fennetäke	→	Moosbeere
Fennich	→	Hirse
Fenouil	→	Fenchel
Fensterblatt	→	Ananas
Ferkelprum	→	Preiselbeere
Ferresbeere	→	Berberitze
Fersken	→	Pfirsich
Fesen	→	Dinkel
Fettochsen	→	Hagebutte
Feuerbohne	→	Bohne
Feuerdorn	→	Sanddorn
Fêve	→	Bohne
Féves de soya	→	Sojabohne
Fichi	→	Feige
Fico	→	Feige
- d'India	→	Kaktusfeige
Ficoide cristalline	→	Eiskraut
- glaciale	→	Eiskraut
Ficus carica	→	Feige
Fieberbeere	→	Brombeere
Fiezebohne	→	Bohne
Fig	→	Feige
Figue	→	Feige
- de Barbarie	→	Kaktusfeige
- d'Inde	→	Kaktusfeige
Fike	→	Feige
Fikenkaktus	→	Kaktusfeige
Fiky	→	Feige
Filbert-Nuss	→	Haselnuss
Filderkraut	→	Weißkohl
Filetbohne	→	Bohne
Filzbeere	→	Moosbeere
Filzkloben	→	Moosbeere
Filzstrauch	→	Hagebutte
Fimmel	→	Hanf
Findik	→	Haselnuss
Finebeere	→	Himbeere
Fines	→	Kapern
Fingermais	→	Mais
Finke(l)	→	Fenchel
Finnische Beere	→	Sanddorn
Finocchio	→	Fenchel
Finos	→	Kapern
Fisalis	→	Physalis
Fischlen	→	Bohne
Fisole	→	Bohne
Fistik cami	→	Pinienkern
Fitas	→	Mandel
Flachs	→	Leinsamen
Flachsdotter	→	Leinsamen
Flageolet-Bohne	→	Bohne
Flageolet vert	→	Bohne
Flahs	→	Leinsamen
Flambales	→	Früchte
Flamere	→	Brombeere
Flaske	→	Kürbis
Flat cabbage	→	Weißkohl
Flatterrose	→	Hagebutte
Flax	→	Leinsamen
Fleeder	→	Holunder
Fleiren	→	Holunder
Fleisch	→	Kürbis
Fleischbeere	→	Johannisbeere, Stachelbeere
Fleischbohne	→	Bohne
Flemmbeere	→	Brombeere
Flesenbeere	→	Brombeere
Fliederbeere	→	Holunder
Fliegenbeere	→	Preiselbeere
Flieg. Untertasse	→	Patisson
Flockenmais	→	Mais
Flöckrose	→	Hagebutte
Flöder	→	Hafer
Flohbeere	→	Erdbeere
Flor de Jamaica	→	Rosella
Florentiner Salat	→	Römischer Salat
Flügelbohne	→	Bohne
Flügelerbse	→	Spargelerbse
Flügelhülse	→	Bohne
Fluehwidli	→	Kirsche

Fluhbuchs → Preiselbeere
Foeniculum → Fenchel
Fontanellerbse → Kichererbse
Fool → Bohne
Forellenbohne → Bohne
Forellensalat → Römischer Salat
ForellenSchluss → Römischer Salat
Formanova → Rote Bete
Formentone → Mais
Fortuna → Mandarine
Fortunella japonica → Kumquat
- margarita → Kumquat
Four-angled bean → Bohne
Four-leaf clover → Sauerkleeknolle
Fragaria → Erdbeere
- vesca v.sem. → Erdbeere
Fragola → Erdbeere
Fragola di bosco → Erdbeere
Fraise → Erdbeere
- des bois → Erdbeere
- en arbre → Erdbeerbaumfrucht
Frambales → Früchte
Frambeere → Brombeere
Framboise → Himbeere
Framboos → Himbeere
Frambose → Himbeere
Frambuesa → Himbeere
Franz. Bohne → Bohne
- Litschi → Rambutan
- Spinat → Sauerampfer
Franzosensalat → Löwenzahn
Frauenbeere → Brombeere
Frauenbeere → Johannisbeere
Frauenbirne → Stachelbeere
Frauenfenchel → Fenchel
Frauenrose → Hagebutte
Frauenschlehe → Schlehe
Frauenspiegel → Rapunzel
Frecken → Himbeere
Fremde Kapuziner → Kapuzinerkresse
Fremdes Korn → Mais
French bean → Bohne
- endive → Chicorée
- sorrel → Sauerampfer
Frenküzümü → Johannisbeere
Fresa → Erdbeere
Friedhofsgemüse → Gemüse
Frijole → Bohne
Frillice → Eisbergsalat
Frisée → Endivie
Frönwunder → Johannisbeere
Frommbeere → Brombeere
Froschstuhl → Champignon
Frucht des Teufels → Aki
Frühlingsbarbenkraut → Kresse
Frühlingsgruß → Rettich
Frühlingslauch → Zwiebel
Frühlingswonne → Spargel
Frühlingszwiebel → Zwiebel
Frühpfirsich → Aprikose
Frugter → Früchte
Fruit → Früchte
- de Jacques → Jackfrucht
- cucumber → Pepino
- d'arbre à pain → Brotfrucht
- de la passion → Passionsfrucht
- du cobra → Salak
- du dragon → Pitahaya
- of Hawthorn → Hagebutte
Fruits d'églantier → Hagebutte
Frukt ar jordbärtre → Erdbeerbaumfrucht
Frukte → Früchte
Fruta → Früchte
- bomba → Papaya
- del pobre → Jackfrucht
- de pan → Brotfrucht
Fruto del duriano → Durian
Frutta → Früchte
- cotta → Früchte
- di loti → Dattelpflaume
- passione → Passionsfrucht
Frutti di loti → Kaki
Frutto Jack → Jackfrucht
Fruugde → Früchte
Fuchsbeere → Brombeere
Fuchsschwanz → Amarant
Fucus vesiculosus → Algen
Fürstengemüse → Gemüse
Fürwurzel → Johannisbeere
Ful Mudamma → Bohne
Funghi coltivata → Champignon
Futterbohne → Bohne
Futterkohl → Weißkohl
Futtermais → Mais
Futterrübe → Zuckerrübe

G

Gaale Colerowe → Steckrübe
Gabelkraut → Sauerkraut
Gäbelshaber → Hafer
Gälhageldorn → Berberitze
Gälholz → Berberitze
Gälsuchtsdorn → Berberitze
Gänseblume → Löwenzahn
Gänsewurzel → Pastinak(e)
Gänsezunge → Löwenzahn
Gärtnerpalme → Grünkohl
Gagazbeere → Stachelbeere
Galia → Melone
Gallinelle → Feldsalat
Galmeipflanzen → Pflanzen
Gamba → Luffa
Gambo → Okra
Gandaria → Mango
Ga(n)delbeere → Heidelbeere
Gandules → Straucherbse
Ganges-Amarant → Amarant
Garbanzo → Kichererbse
Garcinia mangosta → Mangostane
Garden cress → Kresse
- sorrel → Sauerampfer
Garland Maiko → Salatchrysantheme
Garodde → Karotte
Garste → Gerste
Gartenfuchsschwanz → Amarant
Gartenkresse → Kresse

Gartenmelde	→	Melde
Gartenpreiselbeere	→	Cranberry
Gartenstrauchkohl	→	Weißkohl
Gartenrapunzel	→	Feldsalat
Gartensalat	→	Kopfsalat
Gartenscariol	→	Endivie
Gassdannsche	→	Kastanie
Gasten	→	Gerste
Gauchampfer	→	Sauerkleeknolle
Gaulhäuflein	→	Brombeere
Gaulhimbeere	→	Brombeere
Gaulklöße	→	Brombeere
Gaulknödel	→	Hagebutte
Gaulpollen	→	Brombeere
Gaultheria	→	Jostabeere
Gebirgsbeere	→	Himbeere
- der Anden	→	Brombeere
Gebre	→	Kapern
Gebroken bone	→	Bohne
Geele koolraap	→	Steckrübe
Geel Möhre	→	Karotte
-Pastenach	→	Karotte
Geerscht	→	Gerste
Gefingerte Zitrone	→	Zitronatzitrone
Gehagelsbeere	→	Heidelbeere
Gehaltsrübe	→	Zuckerrübe
Geigenkopf	→	Spargel
Geilwurz	→	Sellerie
Geißbeere	→	Berberitze
Geißblatt	→	Berberitze
Geißenlaub	→	Berberitze
Gelbe Kohlraben	→	Steckrübe
- Kohlrabi	→	Steckrübe
- Pflaume	→	Reneklode
Gelbere	→	Berberitze
Gelber Hartriegel	→	Kirsche
Gelbe Rübe	→	Karotte
Gelber Yam	→	Yam
Gelbes Vögerl	→	Kapuzinerkresse
Gelbe von Triest	→	Radicchio
- Zwetschge	→	Mirabelle
Gelbholz	→	Berberitze
Gelbpflaume	→	Balsampflaume
Gelbrübe	→	Karotte
Gelee	→	Früchte
Geleemelone	→	Kiwano
Gelleriewe	→	Karotte
Gemeiner Queller	→	Glasschmalz
Gem. Wegwarte	→	Zichorie
Gemies	→	Gemüse
Gemois	→	Gemüse
Gemüseampfer	→	Sauerampfer
Gemüseartischocke	→	Kardone
Gemüse d. Könige	→	Spargel
Gemüsekohl	→	Meerkohl
Gemüsemalve	→	Rosella
Gemüsepaprika	→	Paprikaschote
Gendelbeere	→	Heidelbeere
Genip	→	Longane
Gentleman's toes	→	Gurke
Gerlin	→	Zuckerwurzel
Germanenwurzel	→	Pastinak(e)
German Rampion	→	Nachtkerze
Germes de soja	→	Sojabohne
Gschwoderbeer	→	Brombeere
Gespinstlein	→	Leinsamen
Gewerzel	→	Gemüse
Gewöhnl. Limette	→	Limette
Gewürz-Meerkohl	→	Meerkohl
Geyerlein	→	Zuckerwurzel
Gheriglio	→	Walnuss
Gherkin	→	Gurke
Giaboticaba	→	Jaboticaba
Giant Granadilla	→	Passionsfrucht
- Kiwi Berry	→	Berry Kiwi
Gichtbeere	→	Johannisbeere
Gichtkirsche	→	Johannisbeere
Gichtkraut	→	Moosbeere
Gichttraube	→	Johannisbeere
Gickelbeer	→	Preiselbeere
Gierlein	→	Zuckerwurzel
Giftholunder	→	Holunder
Gimbern	→	Himbeere
Gînebeere	→	Himbeere
Ginkgo biloba	→	Jujube
- bilobé	→	Ginkgopflaume
Ginkgo-Nuss	→	Ginkgopflaume
Ginko	→	Ginkgopflaume
Ginnan	→	Ginkgopflaume
Giovanni-Nuss	→	Haselnuss
Girasol	→	Sonnenblume
Girbsen	→	Stachelbeere
Girgele	→	Zuckerwurzel
Girigitz	→	Heidelbeere
Gischgerlitzen	→	Berberitze
Giuggiola	→	Jujube
Glaciersalat	→	Eiskraut
Glane	→	Preiselbeere
Glauben	→	Preiselbeere
Glasbeere	→	Stachelbeere
Glaskirsche	→	Kirsche
Glaskraut	→	Glasschmalz
Glassalat	→	Kopfsalat
Glas sla	→	Kopfsalat
Glasswort	→	Glasschmalz
Glatte Endivie	→	Endivie
Glattpfirsich	→	Nektarine
Globe artichoke	→	Artischocke
Glogitzer	→	Heidelbeere
Glotzbeere	→	Moosbeere
Glücksbeere	→	Heidelbeere
Glückser	→	Heidelbeere
Glücksklee	→	Sauerkleeknolle
Gluggere	→	Stachelbeere
Glumbeere	→	Brombeere
Glycine max	→	Sojabohne
Goabohne	→	Bohne
Goayave	→	Guave
Gobi	→	Blumenkohl
Gobo	→	Klette
Göbekli salata	→	Kopfsalat
Goerlin	→	Zuckerwurzel
Götterpflaume	→	Kaki
Götterspeise	→	Spargel
Göttliche Frucht	→	Kaki
Goijaba	→	Guave

Goldäpfelchen → Tomate
Goldapfel → Balsampflaume
Goldbeere → Physalis
Gold der Inkas → Kartoffel
Golddorn → Berberitze
Golden berry → Physalis
Golden Cartagena → Mandel
Goldene Äpfel → Zitrusfrüchte
Goldene Kiwi → Kiwi
Goldenes Korn → Weizen
Golden gram → Bohne
Golden Spartan → Staudensellerie
Goldfrucht → Ginkgopflaume
Goldmais → Mais
Goldnessel → Taubnessel
Goldorange → Kumquat
Goldpflaume → Balsampflaume
Goldrübchen → Steckrübe
Goldrübe → Karotte
Gold Ruth → Zucchini
Golichter → Löwenzahn
Goma → Sesam
Gombo(bohne) → Okra
Gommer → Gurke
Good luck clover → Sauerkleeknolle
- plant → Sauerkleeknolle
Gooseberry → Stachelbeere
Gordales → Olive
Gorge → Gurke
Gourd → Kürbis
Goya → Bittergurke
Goyave ananas → Feijoa
Grabenkresse → Kresse
Grachel → Stachelbeere
Grä(n) → Meerrettich
Graffelbeere → Moosbeere
Graffiti → Romanesco
Grain → Getreide
Graine de lin → Leinsamen
Gram → Kichererbse
Grambeere → Moosbeere
Gram(belle) → Brombeere
Gramille → Holunder
Granaatappel → Granatapfel
Granada → Granatapfel
Granadilla → Passionsfrucht
Granateple → Granatapfel
Granatove jablko → Granatapfel
Grand bardane → Klette (Große)
Grandelbeere → Preiselbeere
Grandilla → Passionsfrucht
Grand Rapids → Kopfsalat
Grange → Preiselbeere
Grankel(beere) → Preiselbeere
Grano → Weizen
Grano(s) → Getreide
Grano saraceno → Buchweizen
Grantel(beere) → Preiselbeere
Granten → Heidelbeere
Granturco → Mais
Grapefrucht → Grapefruit
Grapefrukt → Grapefruit
Grape → Traube
Grappe de raisin → Traube
Grappola d'uva → Traube
Grasbeere → Brombeere
Graslatzbeere → Preiselbeere
Gras(liz)beere → Preiselbeere
Graue Erbse → Erbse
Graute Baune → Bohne
Great burdock → Klette (Große)
Greenbacks → Tomate
Green cabbage → Grünkohl
- cumin → Perilla
- engsai → Wasserspinat
Greengage → Reneklode
Green gram → Bohne
- onion → Zwiebel
Greinwurzel → Meerrettich
Greiserbeere → Heidelbeere
Grembeere → Brombeere
Grenade → Granatapfel
Grenadilla → Passionsfrucht
Grenadille (douce) → Passionsfrucht
Grenobler → Walnuss
Grespel → Stachelbeere
Grestling → Preiselbeere
Greunen Kohl → Grünkohl
Gre(y)pfrut → Grapefruit
Griebel → Kartoffel
Griechenhorn → Okra
Grien → Meerrettich
Griene Kerne → Grünkern
Grießbeere → Sanddorn
Griffelbeere → Heidelbeere
Grifle → Heidelbeere
Grindwurz → Klette
Grinschele → Stachelbeere
Grinon → Nektarine
Grise de Bagnolet → Schalotte
Gritzelmöhre → Zuckerwurzel
Groalsalat → Steckrübe
Grob. Schnittlauch → Zwiebel
Groenselderij → Staudensellerie
Groente → Gemüse
Grof bieslook → Zwiebel
Groseille → Johannisbeere
- de Chine → Kiwi
- des Antilles → Stachelbeere
- du Cap → Physalis
Grosella → Johannisbeere
- Espinosa → Stachelbeere
Große Igelgurke → Kiwano
Grosseille → Stachelbeere
Großel(beere) → Stachelbeere
Große Sapote → Sapote Mamey
Großfr. Moosbeere → Cranberry
(Groß)ind. Kresse → Kapuzinerkresse
Grote Bohne → Bohne
- Klis → Klette (Große)
Groundnut → Erdnuss
Grue Arfte → Erbse
Grübli → Preiselbeere
Grübling → Kartoffel
Grünbeere → Stachelbeere
Grüne Mandel → Mandel

- mexik. Tomate → Physalis
Grüner Blumenkohl → Brokkoli
- Fettsalat → Eisbergsalat
- Meerrettich → Rettich
- Salat → Kopfsalat
Grünes Gold → Hopfen
Grüne Soja → Bohne
Grüne Zitrone → Zitronatzitrone
Grünkernbohne → Bohne
Grünkorn → Grünkern
Grünkragen → Tomate
Grünkraut → Grünkohl
Grünlinge → Zitrone
Grünschel → Stachelbeere
Grünschnabel → Okra
Gruesas → Kapern
Gruesos → Kapern
Grufel → Brombeere
Grumbe(l) → Kartoffel
Grumbiere → Kartoffel
Grumbileri → Kartoffel
Grummetbeere → Brombeere
Grumolo → Radicchio
Grundbeere → Kartoffel
Grundbirne → Kartoffel
Grundkorn → Grünkern
Grundkresse → Kresse
Grunzbeere → Stachelbeere
Grunzel → Stachelbeere
Gruosebeere → Brombeere
Grus(ch)el → Stachelbeere
Grusselbeere → Stachelbeere
Guajava → Guave
Guajave → Guave
Guanábana → Annone
Guarbohne → Bohne
Guava → Guave
Guayaba → Guave
- del pail → Feijoa
Guayabe → Guave
Guayava → Guave
Guayave → Guave
Guckgauch → Berberitze
Guck über d. Zaun → Grünkohl
Gül → Hagebutte
Günnefürzli → Johannisbeere
Gürbseleholz → Berberitze
Gugazerbeere → Heidelbeere
Gugemuke → Champignon
Guggen(beere) → Heidelbeere
Guggerbrot → Berberitze
Guggerkraut → Berberitze
Guggerlaub → Berberitze
Guggumere → Gurke
Gugitzer → Heidelbeere
Guisante → Erbse
Guisante en vaina → Erbse
Gujava → Guave
Gukummern → Gurke
Gulupa → Passionsfrucht
Gumbo → Okra
Gummeli → Kartoffel
Gurcke → Gurke
Gurkenkürbis → Zucchini
Gurke v. d. Antillen → Kiwano
Gute Gelbe → Topinambur
Gutterbeere → Stachelbeere

H

Haagpflaume → Schlehe
Haarballe → Klette
Haarbeere → Himbeere
Haarbutte → Hagebutte
Haarige Litschi → Rambutan
Haarlinsen → Leinsamen
Haarnessel → Brennnessel
Haarwuchswurzel → Klette (Große)
Haba → Bohne
Habas de sojas → Sojabohne
Haber → Hafer
Haberbeere → Brombeere
Ha(ber)butze → Hagebutte
Habernessel → Brennnessel
Haberschlehe → Schlehe
Habichuela → Bohne
Habrodel → Hagebutte
Habutze → Preiselbeere
Hachelbutze → Hagebutte
Hackentepfel → Heidelbeere
Haderlump → Sauerampfer
Häberten → Preiselbeere
Häge → Hagebutte
Hällebeere → Heidelbeere
Hängebitten → Himbeere
Hängele → Himbeere
Härdöpfel → Kartoffel
Härtel → Kirsche
Härtling → Pfirsich
Häselbeere → Heidelbeere
Häuptelsalat → Kopfsalat
Hafelesbeere → Himbeere
Haferbutze → Hagebutte
Haferpflaume → Schlehe
Haferschlehe → Schlehe
Haferwurz(el) → Schwarzwurzel
Haffdorn → Sanddorn
Haffere → Heidelbeere
Hagapfel → Erdbeerbaumfrucht
Hagelbutte → Hagebutte
Hage(l)butze → Hagebutte
Hageldische → Hagebutte
Hag(el)dorn → Berberitze, Hagebutte
Hageldotsch → Hagebutte
Hagenapfel → Hagebutte
Hagerose → Hagebutte
Hagesurische → Berberitze
Hagewüppkes → Hagebutte
Hagipken → Hagebutte
Hagsauerampfer → Berberitze
Hagspitzbuschen → Hagebutte
Hahnäppelchen → Stachelbeere
Hahnbeere → Hagebutte
Hahnbusch → Hagebutte
Hahndorn → Hagebutte
Hahnebutte → Hagebutte
Hahnenkamm → Kiwicha

Hahnhödlein → Berberitze
Hahnklößchen → Hagebutte
Hahnklöten → Hagebutte
Hahnpfautschen → Hagebutte
Hahnpink → Hagebutte
Hahnwiepen → Hagebutte
Haiberten → Heidelbeere
Hainbutten → Hagebutte
Haingitsche → Hagebutte
Hainhiffe → Hagebutte
Hainhoken → Hagebutte
Hainrose → Hagebutte
Hainrosenbeere → Hagebutte
Hairy litchi → Rambutan
Hakelbeere → Brombeere
Haketiuken → Hagebutte
Hakusai → Chinakohl
Halern → Holunder
Halfe → Hagebutte
Halloween-Kürbis → Kürbis
Halollern → Holunder
Halskitzele → Hagebutte
Hamburger Markt → Grünkohl
Hameln → Pfirsich
Hammbutte → Hagebutte
Hammelmöhre → Pastinak(e)
Hammerbesien → Preiselbeere
Hanaugen → Heidelbeere
Hanbir → Heidelbeere
Handrunke → Johannisbeere
Hanebutten → Hagebutte
Hangbeere → Brombeere
Hangelrose → Hagebutte
Hannef → Hanf
Hanódl → Hagebutte
Hans am Weg → Zichorie
Hansmardane → Johannisbeere
Hanstraube → Johannisbeere
Hapûtchen → Hagebutte
Harchelbeere → Stachelbeere
Hardas → Bergamotte
Hardy Kiwi → Kiwi
Haricot → Bohne
- d'Espagne → Bohne
- dragon → Bohne
- kilomêtre → Spargelbohne
- mange tout → Bohne
- nain → Bohne
- riz → Bohne
- vert coupé → Bohne
- vert de mér → Glasschmalz
Harillekes → Johannisbeere
Harlekin → Lollo Rossa
Harpelsalat → Kopfsalat
Hartbeere → Heidelbeere
Harte Kappen → Tomate
Harwuzel → Hagebutte
Haschberg → Holunder
Hasenbeere → Heidelbeere
Hase(n)brot → Berberitze
Hasenklee → Sauerkleeknolle
Hass → Avocado
Hasselnött → Haselnuss
Hatscherrose → Hagebutte
Haubeere → Preiselbeere
Hauler(t) → Holunder
Haulunder → Holunder
Hausholder → Holunder
Haverwortel → Schwarzwurzel
Havuc → Karotte
Hâweike → Hagebutte
Hawohde → Hagebutte
Hawwer → Hafer
Hayward → Kiwi
Hazelnoot → Haselnuss
Hazelnut → Haselnuss
Head cabbage → Weißkohl
Hearts of palm → Palmenherzen
Hebetschen → Hagebutte
Heckenapfel → Hagebutte
Heckenbecken → Hagebutte
Heckenbeere → Brombeere
Heckenbettcher → Brombeere
Heckenbutze → Hagebutte
Heck(en)dorn → Schlehe
Heckengatzerle → Hagebutte
Heckenkirsche → Hagebutte
Heckenpikker → Hagebutte
Heckenpräumchen → Schlehe
Heckenröschen → Hagebutte
Heckenschlehe → Schlehe
Heckzwiebel → Zwiebel
Hedelbeere → Heidelbeere
Hedelbesinge → Heidelbeere
Hedelesch → Buchweizen
Hedgenettel → Stachys
Hefakölli → Hagebutte
Hegen → Hagebutte
Hegschnalle → Stachelbeere
Heibelte → Heidelbeere
Heiber → Heidelbeere
Heideapfel → Preiselbeere
Heidebeere → Heidelbeere
Heidekorn → Buchweizen
Heidel → Heidelbeere
Heidelene → Himbeere
Heiderose → Hagebutte
Heiden → Buchweizen
Heija → Brombeere
Heilebeere → Heidelbeere
Heiliger Dorn → Berberitze
Heilziest → Stachys
Heimbutte → Hagebutte
Heinzerlein → Hagebutte
Heiti → Heidelbeere
Helder → Holunder
Helfen → Hagebutte
Helfestude → Hagebutte
Helianthieknolle → Topinambur
Helianthus annuus → Sonnenblume
- tuberosus → Topinambur
Helmbohne → Bohne
Helmboon → Bohne
Helpern → Heidelbeere
Hember → Himbeere
Hemp → Hanf

Hemdbohne	→ Bohne	Himmelsbrot	→ Sauerkleeknolle
Henderschkens	→ Johannisbeere	Himmere	→ Himbeere
Hendrischke	→ Stachelbeere	Himmliche Speise	→ Erdnuss
Henkbeere	→ Himbeere	Himpelbeere	→ Himbeere
Hennefetzel	→ Hagebutte	Hindbeere	→ Himbeere
Hennefüßlein	→ Hagebutte	Hindel	→ Heidelbeere
Hennenbeere	→ Brombeere	Hindi	→ Kaki
Hennewickel	→ Berberitze	Hindiba	→ Endivie
Hepelepepel	→ Hagebutte	Hinfen	→ Hagebutte
Heps	→ Holunder	Hinkbeere	→ Himbeere
Herba urinaria	→ Löwenzahn	Hinkele	→ Himbeere
Herbstchicorée	→ Fleischkraut	Hinkelsfüßchen	→ Preiselbeere
Herbstele	→ Berberitze	Hinojo de bulbo	→ Fenchel
Herbstrübe	→ Steckrübe	Hintbeere	→ Himbeere
Herbstzichorie	→ Fleischkraut	Hinte	→ Himbeere
Hérisson d'arbre	→ Durian	Hintperi	→ Himbeere
Herkuleskeule	→ Kürbis	Hinzelbeere	→ Himbeere
Herlitze	→ Kirsche	Hipperle	→ Preiselbeere
Herrenapfel	→ Hagebutte	Hippophaé	→ Sanddorn
Herrenbeere	→ Stachelbeere	Hirgenrose	→ Hagebutte
Herrengurke	→ Gurke	Hirpsele	→ Berberitze
Herrenquaste	→ Hagebutte	Hirschbeere	→ Brombeere
Herzkohl	→ Wirsing	Hirschbolle	→ Brombeere
Heselbeere	→ Heidelbeere	Hirschholunder	→ Holunder
Hespel	→ Mispel	Hirschmöhre	→ Pastinak(e)
Hessische Ananas	→ Steckrübe	Hirtzaug	→ Pastinak(e)
Hetschenbeere	→ Hagebutte	Hirtze	→ Hirse
Hetschepetsch(en)	→ Hagebutte	Hirtzkraut	→ Pastinak(e)
Hetsche(rl)n	→ Hagebutte	Hirtzmarelle	→ Pastinak(e)
Heubeere	→ Heidelbeere	Hirtzpastenach	→ Pastinak(e)
Heuetrösli	→ Hagebutte	Hissen	→ Hagebutte
Heulwaken	→ Heidelbeere	Hitschel(n)	→ Holunder
Heurige	→ Kartoffel	Hitschipitsch	→ Hagebutte
Heuwern	→ Heidelbeere	Hiziki	→ Algen
Hexendorn	→ Hagebutte	Hlavkovy salat	→ Kopfsalat
Hexennudel	→ Berberitze	Hochbeere	→ Himbeere
Hexenschmer	→ Brombeere	Höckerli	→ Bohne
Hexenschmierbeer	→ Himbeere	Höckermelone	→ Kiwano
Hibiscus esculent	→ Okra	Höckertang	→ Algen
- sabdariffa	→ Rosella	Höfeskölli	→ Hagebutte
Hibiskusfrucht	→ Okra	Hölder(tött)	→ Holunder
Hicaco	→ Ikakopflaume	Höllerte(n)	→ Holunder
Hicke	→ Hagebutte	Hölperchen	→ Preiselbeere
Hickorynuss	→ Pekannuss	Hölperle	→ Preiselbeere
Hickory nut	→ Pekannuss	Höpperle	→ Heidelbeere
Hiefalter	→ Hagebutte	Hözöfa	→ Berberitze
Hifbeere	→ Himbeere	Hofschlehe	→ Schlehe
Hiften	→ Hagebutte	Hog plum	→ Balsampflaume
High mountain fruit	→ Physalis	Hohes Licht	→ Nachtkerze
Higo	→ Feige	Hohlbeere	→ Himbeere
Higo chumbos	→ Kaktusfeige	Hokkaido	→ Kürbis
Hijiki	→ Algen	Hokler	→ Holunder
Hilda-Beere	→ Boysenbeere	Holder(beere)	→ Holunder
Hillerten	→ Holunder	Holderknopf	→ Holunder
Himbele	→ Brombeere	Holhölter	→ Holunder
Himbesing	→ Himbeere	Hollandsche	→ Kartoffel
Himbo	→ Brombeere	Holler(beere)	→ Holunder
Himbremen	→ Brombeere	Hollrunken	→ Holunder
Himerte	→ Brombeere, Heidelbeere	Hollywood	→ Pflaume
Himkes	→ Himbeere	Holperbeere	→ Preiselbeere
Himmchen	→ Brombeere	Holsteiner Platter	→ Weißkohl
Himmelblüte	→ Schlehe	Holuntar	→ Holunder
		Holzapfel	→ Apfel, Baelfrucht

Holzbeere → Kirsche
Holzrose → Hagebutte
Hombeere → Himbeere
Hominy → Mais
Hommus → Kichererbse
Hondsroos → Hagebutte
Honey berry → Longane
- mango → Mango
Honiefte → Hagebutte
Honigbeere → Himbeere
Honigmango → Mango
Hontert → Holunder
Hop → Hopfen
Hopf → Hopfen
Hopfenklette → Klette
Hopfenranke → Brombeere
Hoppen → Hopfen
Horbeere → Himbeere
Hordeum vulgare → Gerste
Horenso → Spinat
Hornbutte → Hagebutte
Horned melon → Kiwano
Horngurke → Kiwano
Hornmelone → Kiwano
Hornnuss → Wasserkastanie
Hornsamen → Leinsamen
Hors calibres → Kapern
Horse bean → Bohne
- radish → Meerrettich
- tree fruits → Pferderettich
Hortalica → Gemüse
Hottentottenbrot → Yam
Houblon → Hopfen
Howern → Hafer
Hrásek → Erbse
Hroznove vino → Traube
Hruska → Birne
Hübelbeere → Moosbeere
Hüffen → Hagebutte
Hühnerbeere → Brombeere
Hüllern → Holunder
Hülsenrettich → Rettich
Hülster → Holunder
Hümpelich → Preiselbeere
Hünke → Himbeere
Hünnel → Holunder
Hüntebeere → Himbeere
Hüteni → Heidelbeere
Hugli → Mandarine
Huheichel → Hagebutte
Huhicke → Hagebutte
Huiba(beere) → Himbeere
Huimaken → Himbeere
Huizontle → Quinoa
Hulander → Holunder
Hulanner → Holunder
Hulbeere → Himbeere
Hulertrauben → Holunder
Humbeere → Himbeere
Hummelbeere → Brombeere
Hummele → Himbeere
Hummus → Kichererbse
Humpele → Himbeere
Humulus lupulus → Hopfen
Hunäferle → Hagebutte
Hundel → Holunder
Hundsbaschine → Brombeere
Hundsbeere → Brombeere
Hundsbeere → Heidelbeere
Hundsblume → Löwenzahn
Hundsdorn → Hagebutte
Hundsrose → Hagebutte
Hundsfarze → Stachelbeere
Hundsflieder → Holunder
Hundsklöße → Hagebutte
Hundszunge → Sauerampfer
Hundwimelte → Johannisbeere
Hundzahn(kraut) → Löwenzahn
Hun(n)beere → Hagebutte
Hunnenblume → Löwenzahn
Hunsrücker Traube → Schlehe
Hupfen → Hopfen
Hurelbus → Holunder
Hurma → Dattel
Husarenknopf → Kresse
Husholder → Holunder
Hussefackeli → Hagebutte
Hutzel → Birne
Hyazinth bean → Bohne
Hydroponik → Pflanzen
Hylocereus → Pitahaya

I

Ibbesbiercher → Hagebutte
Ibimi → Cranberry
Ibisco → Okra
Ibsele → Berberitze
Icaque → Ikakopflaume
Iceberg lettuce → Eisbergsalat
Iceberg salad → Eisbergsalat
Ice plant → Eiskraut
Idit → Mandarine
Igname → Yam
Ignamenbatate → Yam
Ignatiusbohne → Bohne
Ihrbeere → Erdbeere
Illinois-Nuss → Pekannuss
Imaken → Himbeere
Imbeere → Himbeere
Imbr → Himbeere
Imbu → Balsampflaume
Immele → Himbeere
Immenguttere → Stachelbeere
Immerte → Himbeere
Immerwährender Spinat → Rosine
Impériaux → Sauerampfer
Imra → Balsampflaume
Inca Gold → Baumtomate
Incin → Feige
Indian corn → Mais
- cress → Bohne
- date → Kapuzinerkresse
Indianerbohne → Tamarinde
Indianerfeige → Kaki
Indianergemüse → Topinambur

Indianerkartoffel → Topinambur
Indianerknolle → Topinambur
Indianerkorn → Mais
Indianerkresse → Kapuzinerkresse
Indianernüsse → Pinienkern
Indianerwurzel → Kartoffel
Indian fig → Kaktusfeige
- lotus root → Lotoswurzel
Indikatorpflanzen → Pflanzen
Indische Brotfrucht → Jackfrucht
- Dattel → Jujube
- Erdbeere → Erdbeere
- Feige → Kaktusfeige
- Lotoswurzel → Kapuzinerkresse
- Mangopflaume → Balsampflaume
- Maulbeere → Maulbeere
Indischer
Bohnenstrauch → Straucherbse
- Goldregen → Kassie
- Lotus → Lotoswurzel
- Spinat → Malabar-Spinat
Indische
Zibetbaumfrucht → Durian
Indivia → Endivie
Inkapflaume → Physalis
Inkareis → Quinoa
Inkatrüffel → Kartoffel
Inkaweizen → Amarant
Insalata → Salat
Insbeere → Himbeere
Interdonato → Zitrone
Invalides → Walnuss
Invicta → Stachelbeere
Ipomoea aquatica → Wasserspinat
- batatas → Batate
Irisches Moos → Algen
Irländisch(es) Moos → Algen
Irrbeere → Kirsche
Isfinatsch → Spinat
Isirganotu → Brennnessel
Ispanak → Spinat
Italienerreis → Reis
Italienische Nuss → Haselnuss
Italienischer Kohl → Blumenkohl
- Salat → Radicchio
Iuta giavanese → Rosella

J

Jablko → Apfel
Jabolka → Apfel
Jabuticaba → Jaboticaba
Jáca → Jackfrucht
Jacca → Jackfrucht
Jackbaumfrucht → Jackfrucht
Jack be little → Hagebutte
Jackjebeere → Heidelbeere
Jack o'Lantern → Kürbis
Jacobsapfel → Kartoffel
Jacobsbirne → Kartoffel
Jacote → Balsampflaume
Jaffarine → Mandarine
Jaffi(a)m(a) → Heidelbeere
Jagelbeere → Heidelbeere
Jägerbeere → Heidelbeere
Jaggon → Brombeere
Jahody → Erdbeere
Jaka → Jackfrucht
Jakfruit → Jackfrucht
Jakktfrukt → Jackfrucht
Jakobbeere → Stachelbeere
Jakobsbeere → Heidelbeere
Jakobszwiebel → Zwiebel
Jam → Früchte
Jamaican sorrel → Rosella
Jamaika-Apfel → Annone
Jamaika-Kirsche → Acerola
Jamaika-Pflaume → Balsampflaume
Jamba-Raps → Rauke
Jambo amarillo → Jambolan
Jambolanpflaume → Jambolan
Jamboo → Jambolan
Jambopflaume → Jambolan
Jambos → Jambolan
Jambul → Jambolan
Jambuse → Jambolan
Jamswurzel → Yam
Jannsbeere → Johannisbeere
Jannsdruwe → Johannisbeere
Japanese artichokes → Stachys
- horse radish → Rettich
- medlar → Japanische Mispel
- pear → Nashi
- persimmon → Kaki
- plum → Japanische Mispel
Japanische Aprikose → Kaki
- Artischocke → Stachys
- Birne → Nashi
- Bohne → Sojabohne
- Dattel → Kaki
- Dattelfeige → Kaki
- Dattelpflaume → Kaki
- Goldene Nashi → Nashi
- Haselnuss → Litschi
- Kaki → Kaki
- Kartoffel → Stachys
- Klettenwurzel → Klette
- Orange → Kumquat
- Persimmon → Kaki
- Pflaume → Pflaume
- Quitte → Quitte
Japanischer
Meerrettich → Rettich
- Porree → Zwiebel
- Reis → Reis
Japanische Rübe → Steckrübe
- Stachelbeere → Kiwi
- Viktoriapflaume → Pflaume
- Walnuss → Walnuss
- Weinbeere → Brombeere
- 20. Jh. Nashi → Nashi
- Zwiebel → Zwiebel
Japanknolle → Stachys
Japankohl → Paksoi
Japanse mispel → Japanische Mispel
- plum → Pflaume
Japansk mispel → Japanische Mispel

Japanziest → Stachys
Jaqueira → Jackfrucht
Jaquier → Jackfrucht
Jaroma-Kohl → Weißkohl
Java-Apfel → Jambolan
Java apple → Jambolan
Javajute → Rosella
Java-Pflaume → Jambolan
Java-Bohne → Bohne
Jelly melon → Kiwano
Jemüse → Gemüse
Jepkes → Hagebutte
Jerusalem artichoke → Topinambur
Jerusalem-Bohne → Bohne
Jestrompte Kapes → Sauerkraut
Jettinger Rübe → Steckrübe
Jibern → Johannisbeere
Jicacillo → Ikakopflaume
Jicaco → Ikakopflaume
Jimbelin → Stachelbeere
Jobke → Hagebutte
Jobsbirne → Kartoffel
Jochelbeere → Jostabeere
Jökesere → Preiselbeere
Johannisflieder → Holunder
Johannisgrischel → Johannisbeere
Johannisknürschel → Johannisbeere
Johannislauch → Zwiebel
Johanneszwiebel → Zwiebel
Joi Choi → Paksoi
Joksbeere → Heidelbeere
Jonova → Jostabeere
Jorco → Zitrone
Jordbär → Erdbeere
Josephinen-Pflaume → Pflaume
Jostine → Jostabeere
Jrumpere → Kartoffel
Jubaea chilensis → Kokosnuss
Juckapfel → Hagebutte
Juckbeere → Hagebutte
Juckbirnchen → Hagebutte
Juckbohne → Hagebutte
Juckkörner → Hagebutte
Juckrose → Hagebutte
Judasbeere → Hagebutte
Judasdorn → Jujube
Judastrauben → Holunder
Judenbeere → Johannisbeere
Judenböwern → Heidelbeere
Judenbrot → Hagebutte
Judenbutze → Hagebutte
Judendorn → Jujube
Judenheidelbeere → Preiselbeere
Judenheppe → Hagebutte
Judenkirsche → Physalis
Judenkirsche → Vogelbeere
Judia enana → Bohne
- troceada → Bohne
Jugelbeere → Heidelbeere
Juglans ailantifolia → Walnuss
- cinerea → Walnuss
- regia → Walnuss
Jumbo-Bohne → Bohne
Jumbul → Jambolan
Jungbeere → Brombeere
Jungeblumenkraut → Löwenzahn
Junge Saubohne → Bohne
Jungferntutten → Hagebutte
Jungfrau m. d. 7 Häuten → Zwiebel
Jurke → Gurke
Juso 31 → Hanf
Juvianuss → Paranuss

K

Kaaskel → Blumenkohl
Kabak → Kürbis
Kabar → Kapern
Kabisrübe → Steckrübe
Kabu → Steckrübe
Kachiguri → Kastanie
Kachuma → Pepino
Kadoo → Kürbis
Kadrüschel → Stachelbeere
Käferbohne → Bohne
Kälberkropf → Steckrübe
Känguruhbeere → Pepino
Käseholz → Holunder
Käsekohl → Blumenkohl
Käsepappel → Rosella
Käslikraut → Rosella
Käste → Kastanie
Kästn → Kastanie
Kaffee-Erbse → Kichererbse, Spargelerbse
Kaffeewurzen → Zichorie
Kaffernkorn → Hirse
Kaffernlimette → Kaffir-Limette
Kaffir-Lime → Kaffir-Limette
Kaffir-Limone → Kaffir-Limette
Kaffir-Zitrone → Kaffir-Limette
Kaiapois → Baumtomate
Kaigelken → Holunder
Kail → Grünkohl
Kaiser des Gartens → Kürbis
Kaisererbse → Erbse
Kaiserkarotte → Karotte
Kaiserkirsche → Kirsche
Kaiserkraut → Sauerkraut
Kaisermütze → Patisson
Kaiserschote → Erbse
Kaitzken → Holunder
Kaju → Kaschunuss
Kakadér → Hagebutte
Kakelatschen → Stachelbeere
Kakelbeere → Johannisbeere
Kakiapfel → Kaki
Kakidattel → Kaki
Kakifeige → Kaki
Kakipflaume → Kaki
Kakollerke → Holunder
Kaktusbirne → Kaktusfeige
Kaktusfrucht → Kaktusfeige
Kalamansi → Limette
Kalamundin → Limette
Kalarábé → Kohlrabi
Kalberze → Johannisbeere

Kale	→	Wirsing
Kalebasse	→	Kürbis
Kalifornien	→	Walnuss
Kalif. Auferstehungspflanze	→	Portulak
- Korinthe	→	Rosine
Kalo	→	Taro
Kameruner	→	Erdnuss
Kamerun-Nuss	→	Erdnuss
Kammfenchel	→	Fenchel
Kamut	→	Weizen
Kanadische Preiselbeere	→	Cranberry
Kanarienvögelchen	→	Kapuzinerkresse
Kancon	→	Wasserspinat
Kandisblüten	→	Schlehe
Kanditen	→	Früchte
Kangkoeng	→	Wasserspinat
Kankong	→	Wasserspinat
Kantalupe	→	Melone
Kantüffel	→	Kartoffel
Kaoliang	→	Hirse
Kapara	→	Kapern
Kapari	→	Kapern
Kapary	→	Kapern
Kapbohne	→	Bohne
Kapernäpfel	→	Kapern
Kapernass	→	Hagebutte
Kapernblume	→	Kapuzinerkresse
Kapernfrüchte	→	Kapern
Kapers	→	Kapern
Kapersy	→	Kapern
Kap-Gänsebeere	→	Physalis
Kaporna	→	Kapern
Káposzta	→	Weißkohl
Kapparis	→	Kapern
Kappern	→	Kapern
Kappertjes	→	Kapern
Kappes	→	Weißkohl
Kappus	→	Weißkohl
Kapris	→	Kapern
Kaps	→	Weißkohl
Kapsikum	→	Paprikaschote
Kapstachelbeere	→	Physalis
Kapulasan	→	Rambutan
Kapusta	→	Weißkohl
Kapuste	→	Wirsing
Kapuzinerbohne	→	Bohne
Kapuzinerchen	→	Kapuzinerkresse
Kapuzinererbse	→	Erbse
Kara	→	Mandarine
Karahindiba	→	Löwenzahn
Kara iskorcina	→	Schwarzwurzel
Karamelbeere	→	Bambussprossen
Kardaunegrischel	→	Johannisbeere
Karde	→	Kardone
Kardendistel	→	Kardone
Kardi	→	Kardone
Kardoen	→	Kardone
Kardonen-Artischocke	→	Kardone
Kardy	→	Kardone
Karella	→	Bittergurke
Karfiol	→	Blumenkohl
Karibenkohl	→	Tannia, Taro
Karibischer Kohl	→	Tannia, Taro
Karibischer Spinat	→	Amarant, Spinat
Karité	→	Sapote Mamey
Karni bahar	→	Blumenkohl
Karobbe	→	Johannisbrot
Karobe	→	Johannisbrot
Karodelbeere	→	Moosbeere
Karote	→	Karotte
Karoton	→	Karotte
Karottini	→	Karotte
Karpuz	→	Melone
Karshurma	→	Dattelpflaume
Kartoffelrose	→	Hagebutte
Kartoffelzwiebel	→	Schalotte
Kartoffli	→	Kartoffel
Kartofler	→	Kartoffel
Kartüffel	→	Kartoffel
Kartuffel	→	Kartoffel
Karube	→	Johannisbrot
Karunkel	→	Kartoffel
Karviol	→	Blumenkohl
Kasamango	→	Balsampflaume
Kasperte	→	Johannisbeere
Kassavawurzel	→	Maniok
Kassawa	→	Maniok
Kasse	→	Kresse
Kasseler Strünkchen	→	Römischer Salat
Kassis	→	Johannisbeere
Katelbeere	→	Holunder
Kateraugen	→	Brombeere
Katharine	→	Schlehe
Katharinenpflaume	→	Schlehe
Katjang idjoe	→	Bohne
Katoffel	→	Kartoffel
Katzenbeere	→	Brombeere, Johannisbeere
Katzendreckeler	→	Johannisbeere
Katzenflieder	→	Holunder
Katzenohr	→	Berberitze
Kaulbutsch	→	Hagebutte
Kaulen	→	Kartoffel
Kaulian(g)	→	Hirse
Kaupenbeere	→	Moosbeere
Kauwel	→	Sanddorn
Kavun	→	Melone
Kayisi	→	Aprikose
Keciboynuzu	→	Johannisbrot
Kedlubna	→	Kohlrabi
Kefe	→	Erbse
Kehl	→	Mangold
Kehrche	→	Kirsche
Keilmelde	→	Portulak
Keipa	→	Kapern
Keisken	→	Holunder
Kela	→	Banane
Kelseineken	→	Holunder
Kellerum	→	Steckrübe
Kelp	→	Algen
Kemang	→	Mango
Kemangor	→	Stachelbeere
Kenevir	→	Hanf
Kenia-Bohne	→	Bohne

Kepalök → Zwiebel
Kerbelknolle → Steckrübe
Kerbelrübe → Steckrübe
Kerbes → Kürbis
Kereviz → Sellerie
Kermes → Kermesbeere
Kernbohne → Bohne
Kernel → Kaschunuss
Kernen → Grünkern
Kerngeher → Obst
Kerrsche → Kirsche
Kers → Kirsche
Kerschel → Kresse
Kertsche → Schlehe
Kerzennuss → Macadamianuss
Kerwes → Kürbis
Keschdanie → Kastanie
Keschen → Kastanie
Keschte → Kastanie
Kespari → Kichererbse
Kesselbeere → Moosbeere
Kesseldorn → Schlehe
Kestane → Kastanie
Ketentohumu → Leinsamen
Ketschua → Quinoa
Kettenblume → Löwenzahn
Kettenröhrlein → Löwenzahn
Kettenstock → Löwenzahn
Ketüffel → Kartoffel
Khaki → Kaki
Khren → Meerrettich
Kicher(ling) → Kichererbse
Kichorion → Zichorie
Kickerling → Kichererbse
Kidneybohne → Bohne
Kido → Quitte
Kiefelerbse → Erbse
Kiek över'n Tun → Grünkohl
Kienwa → Quinoa
Kiepenkirsche → Hagebutte
Kiepenstrauch → Hagebutte
Kikkererwt → Kichererbse
Kilometerbohne → Spargelbohne
Kim-chi → Chinakohl
Kindelbeere → Himbeere
King → Mandarine
- Orange → Mandarine
- Coconut → Kokosnuss
Kinkan → Kumquat
Kinko → Ginkgopflaume
Kipfler → Kartoffel
Kippendorn → Hagebutte
Kippenrose → Hagebutte
Kiraz → Kirsche
Kirbes → Kürbis
Kirmizi lahana → Rotkohl
- yaban mersini → Preiselbeere
Kirsche Asiens → Longane
- der Antillen → Acerola
Kirschjohannisbeer → Johannisbeere
Kirschmyrte → Pitanga
Kirschpaprika → Paprikaschote
Kirschpflaume → Pflaume

Kirschrosine → Kirsche
Kirsebär → Kirsche
Kische → Kirsche
Kitchen garden purslane → Portulak
Kitschkenpflaume → Schlehe
Kitte → Quitte
Kivi → Kiwi
Kivircik lahana → Kohlrabi
Kiwai → Kiwi
Kiwani → Kiwano
Kiwifruit → Kiwi
Kiwifrukt → Kiwi
Kiwimelone → Kiwano
Kladde → Klette
Kläggedorn → Hagebutte
Klanglein → Leinsamen
Klapp(büssen)holt → Holunder
Klappernuss → Pistazie
Klappohren → Hagebutte
Klauenklette → Klette
Kleberwurzel → Klette (Große)
Kleine Grischel → Johannisbeere
- Kranbeere → Moosbeere
- Orange → Lulo
- Rapunzel → Feldsalat
- Sonnenblume → Topinambur
Kleiner Juwel → Eisbergsalat
- Kürbis → Zucchini
- Rettich → Radieschen
Kleine Speiserübe → Steckrübe
Kleines Postelein → Portulak
Klementine → Mandarine
Klenglein → Leinsamen
Klettenährleinkraut → Löwenzahn
Klettendistel → Klette (Große)
Kletterkraut → Kapuzinerkresse
Kletternde Bergbohne → Bohne
Kletze → Birne
Klickerches-krummbeere → Kartoffel
Klingelcher → Johannisbeere
Klingelmöhre → Zuckerwurzel
Klingelrüblein → Zuckerwurzel
Klissenwurzel → Klette (Große)
Klöpfbeere → Moosbeere
Klöppelbeere → Brombeere
Klöwen → Zwiebel
Klopinka → Stachelbeere
Klosterapfel → Stachelbeere
Klosterbeere → Stachelbeere
Klüngelches → Johannisbeere
Klumbe → Zuckerrübe
Klunderbeere → Heidelbeere
Klunzhenne → Hagebutte
Klupatschka → Stachelbeere
Klusen → Klette
Klusterbeere → Preiselbeere
Kluwka → Preiselbeere
Knackbeere → Moosbeere
Knackelbeere → Erdbeere
Knackerbse → Erbse
Knackerdbeere → Erdbeere

Knacksalat → Eisbergsalat
Knallbeere → Stachelbeere
Knallmais → Mais
Knappbutte → Hagebutte
Knasper → Brombeere
Knebbercher → Kirsche
Knickbeere → Erdbeere
Kniepperkohl → Weißkohl
Knisterfinken → Stielmus
Knoblauchgurken → Gurke
Knolle → Kartoffel, Zwiebel
Knonnelknobel → Steckrübe
Knollenkerbel → Steckrübe
Knollensauerklee → Sauerkleeknolle
Knollensellerie → Sellerie
Knollenziest → Stachys
Knollige Sonnenrose → Topinambur
Knolselderij → Sellerie
Knorpelkirsche → Kirsche
Knorschel → Stachelbeere
Knospenkohl → Stängelkohl
Knotentang → Algen
Knotschen → Stachelbeere
Knübel → Stachelbeere
Knulle → Kartoffel
Knupper → Kirsche
Knurschapfel → Stachelbeere
Kochholder → Holunder
Kochrübe → Steckrübe
Kochsalat → Römischer Salat
Kodelbeere → Holunder
Köhl → Grünkohl
Kölch → Weißkohl
Köleken → Holunder
König der Früchte → Apfel
- der Frühgemüse → Spargel
Königin der bras.
Wälder → Paranuss
- der einh. Früchte → Kirsche
- der Früchte → Ananas
- der Küche → Zwiebel
- der Nüsse → Macadamianuss
- der Tropenfrüchte → Mango
- Hortense → Kirsche
- Viktoria-Pflaume → Pflaume
Königsapfel → Ananas
Königserbse → Erbse
Königsgemüse → Spargel
Königskokosnuss → Kokosnuss
Königspflaume → Reneklode
Körbsen → Kürbis
Körndeln → Getreide
Körnerfrüchte → Getreide
Körnermais → Mais
Körwitz → Kürbis
Köste → Kastanie
Kötte → Quitte
Közönséges torma → Meerrettich
Kohl → Wirsing
Kohleke → Heidelbeere
Kohlkeimchen → Grünkohl
Kohl(kopf) → Weißkohl
Kohl-Portulak → Portulak
Kohlrabe → Kohlrabi
Kohlrabi in de Erd' → Steckrübe
Kohlraps → Raps
Kohlrübe → Kohlrabi, Steckrübe
Kohlsaat → Raps
Kohlsprossen → Rosenkohl
Kohrefruugde → Getreide
Kok-Saghyz → Löwenzahn
Kokosnött → Kokosnuss
Kokosnoot → Kokosnuss
Kókuszdió → Kokosnuss
Kokuwa → Kiwi
Kolbenrohr → Rohrkolben
Kolbenschilf → Rohrkolben
Kolokasie → Taro
Koloquinthe → Melone
Kolrowe → Kohlrabi
Kolza → Raps
Komatsuna → Steckrübe
Kombisalat → Salat
Kombu → Algen
Kome → Reis
Komkommer → Gurke
Kompasspflanzen → Pflanzen
Komposto → Früchte
Konbu → Algen
Konfitüre → Früchte
Kongo-Erbse → Straucherbse
Koolraap → Steckrübe
Koolrabi → Kohlrabi
Kopfiger Erdbeerspinat → Erdbeerspinat
Kopfzichorie → Radicchio
Korällekes → Johannisbeere
K(o)rallen → Hagebutte, Preiselbeere
Korallenbeerdorn → Sanddorn
Korallenkirsche → Physalis
Korianne → Johannisbeere
Korila → Pepino
Korinthen → Rosine
Korlesbeere → Kirsche
Kornbeer → Himbeer
Korn d. Inkagötter → Kiwicha
Kornelkirsche → Kirsche
Korneliuskirsche → Kirsche
Kornelle → Kirsche
Kornison → Gurke
Kornsalat → Feldsalat
Kosak Pineapple → Physalis
Kosmatztche → Stachelbeere
Kos(t)beere → Heidelbeere
Kotze(n)beere → Stachelbeere
Koupou-Bohne → Kudzu-Bohne
Kousenband → Bohne
Krachbeere → Preiselbeere
Krachelbeere → Stachelbeere
Krachende Nuss → Pekannuss
Kracher → Kirsche
Krachsalat → Eisbergsalat
Kraekbeere → Heidelbeere
Krackererbse → Erbse
Krähenauge → Heidelbeere
Krähenbeere → Heidelbeere
Krälescher → Johannisbeere

Krällekes → Hagebutte
Krätzbeere → Brombeere
Kräuel → Heidelbeere
Kräuselbeere → Preiselbeere
Kragelbeere → Brombeere
Krakebeere → Kirsche
Krakelbeere → Himbeere
Krammelkirsche → Kirsche
Krammetsbeere → Vogelbeere
Kramm(s)beere → Moosbeere
Krampete → Brombeere
Kranach → Hagebutte
Kran(ich)beere → Cranberry, Preiselbeere
Kran(i)kebeere → Moosbeere
Krankebeere → Himbeere
Krankeln → Heidelbeere
Krankenflieder → Holunder
Kranskraut → Preiselbeere
Krasselbeere → Brombeere
Kratokbohne → Bohne
Kratzbeere → Brombeere
Kratzdorn → Hagebutte
Kratzeln → Brombeere
Kratzer → Brombeere, Hagebutte
Kratzrame → Brombeere
Kratzranke → Brombeere
Krau(n)sbeere → Preiselbeere
Krausbeere → Stachelbeere
Krause Endivie → Endivie
Krauser Salat → Endivie
Krauskohl → Grünkohl
Krauskopf → Grünkohl
Kraussalat → Kopfsalat
Kraut → Sauerkraut, Weißkohl, Wirsing
Krautbeere → Preiselbeere
Krauthäuptel → Weißkohl
Krautkopf → Weißkohl
Krautrübe → Steckrübe
Krautsellerie → Sellerie
Krautstiele → Mangold
Krawuddele → Hagebutte
Kreckel → Pflaume
Krekel → Schlehe
Kren → Meerrettich
Krentenbeere → Preiselbeere
Krents → Rosine
Kresse de Para → Kresse
Kressen → Kresse
Kressenfeige → Papaya
Kressig → Kresse
Krestling → Preiselbeere
Kretischer Apfel → Quitte
Kreusel → Portulak
Kreuselbeere → Stachelbeere
Kreutzdorn → Berberitze
Kreuzbeere → Berberitze
Kreuzdorn → Sanddorn
Krickel → Stachelbeere
Kriebelnuss → Walnuss
Kriechen(pflaume) → Schlehe
Kriecherl → Schlehe
Krieke → Schlehe
Kriesbeer → Kirsche
Krietschpflaume → Schlehe
Krimmelrose → Hagebutte
Krinte → Rosine
Krischel → Schlehe
Krisselbeere → Stachelbeere
Kristallkraut → Eiskraut
Kritschbeere → Stachelbeere
Krizet → Eichblattsalat
Kro(a)tzbeere → Brombeere
Krögedorn → Hagebutte
Krösskes → Moosbeere
Krötenbeere → Brombeere
Kro(m)beere → Brombeere
Krombirn → Kartoffel
Kronenwucherblume → Salatchrysantheme
Kron(s)beere → Heidelbeere, Preiselbeere
Kronzel → Stachelbeere
Kroot → Rote Bete
Kropsla → Kopfsalat
Krosselhecke → Stachelbeere
Krosse(l)n → Preiselbeere
Krot → Weißkohl
Krückfuß → Glasschmalz
Krünzel → Stachelbeere
Krüpel → Stachelbeere
Kruisbes → Stachelbeere
Krukbeere → Hagebutte
Kruksallat → Kopfsalat
Krulandijvie → Endivie
Krullsalat → Kopfsalat
Krulsla → Kopfsalat
Krummbeere → Kartoffel
Krumpan → Kartoffel
Krumpli → Kartoffel
Kruperbse → Erbse
Kruppbohne → Bohne
Kruse(l)beere → Stachelbeere
Kruserl → Stachelbeere
Krustapfel → Stachelbeere
Kruuskohl → Grünkohl
Kuban. Burzelkraut → Portulak
Kuba-Spinat → Portulak
Kuchbeere → Brombeere
Kuchelbeere → Stachelbeere
Kuckucksampfer → Berberitze
Kuckucksbeere → Berberitze
Kuckucksblume → Löwenzahn
Kuckucksbrot → Berberitze
Kuckucksklee → Sauerkleeknolle
Kuckuckskost → Sauerkleeknolle
Kuckuckskraut → Sauerampfer
Kudbeere → Heidelbeere
Kudzu → Kudzu-Bohne
Küchleinholder → Holunder
Kücük sari erik → Mirabelle
Küddel → Birne
Kümmelkohl → Weißkohl
Küm(m)erling → Gurke
Kürbchen → Kürbis
Kürbischen → Zucchini
Kürbisgurke → Zucchini

Kürbisorange	→	Pampelmuse
Kürbsch	→	Kürbis
Kütten(e)	→	Quitte
Kuhblume	→	Löwenzahn
Kuhbohne	→	Bohne
Kuherbse	→	Bohne
Kuhlattich	→	Löwenzahn
Kuhteke	→	Heidelbeere
Kuikelen	→	Preiselbeere
Kujave	→	Guave
Kukum(b)ern	→	Gurke
Kukurice	→	Mais
Kukurus	→	Mais
Kukuruz	→	Mais
Kulloche	→	Steckrübe
Kultiv. Preiselbeere	→	Cranberry
Kumato	→	Tomate
Kummere	→	Gurke
Kumst	→	Sauerkraut
Kunbú	→	Algen
Kupschebeere	→	Heidelbeere
Kuquam	→	Kumquat
Kûrbeere	→	Moosbeere
Kurfürstenmütze	→	Patisson
Kurtuffel	→	Kartoffel
Kuru fasulye	→	Bohne
Kurumb	→	Wirsing
Kuru üzüm	→	Rosine
Kurze Strumpf-bandbohne	→	Bohne
Kusburnu	→	Hagebutte
Kuskash	→	Pomeranze
Kuskonmaz	→	Spargel
Kussa	→	Kürbis
Kuzu	→	Kudzu-Bohne
Kvede	→	Quitte
Kvetak	→	Blumenkohl
Kweepeer	→	Quitte
Kwetsen	→	Pflaume
Kwinkete	→	Preiselbeere
Kyselé	→	Sauerkraut

L

Labbelsbeere	→	Johannisbeere
Lablab	→	Bohne
Lacto-Vegetarier	→	Pflanzen
Lactuca sativa	→	Lattich
- v. acaphala	→	Kopfsalat
- v. asparagina	→	Spargelsalat
- v. capitata	→	Bataviasalat
- v. capitata	→	Eisbergsalat
- v. capitata	→	Kopfsalat
- v. crispa	→	Eichblattsalat
- v. crispa	→	Lollo Rossa
- v. longifolia	→	Römischer Salat
Laddisch	→	Kopfsalat
Ladyfinger	→	Okra
Lämmerlattich	→	Feldsalat
Lämmersalat	→	Feldsalat
Lämmerweid	→	Feldsalat
Lagenaria siceraria	→	Kürbis
Lahana	→	Weißkohl
- tursusu	→	Sauerkraut
Laimun	→	Zitrone
Laitue	→	Lattich
- asperge	→	Spargelsalat
- Batavia	→	Bataviasalat
- de mèr	→	Algen
- Iceberg	→	Eisbergsalat
- pommée	→	Kopfsalat
- romaine	→	Römischer Salat
- sous verre	→	Kopfsalat
Lakkabeere	→	Brombeere
Lamas	→	Zitrone
Lambertshasel	→	Haselnuss
Lambertsnuss	→	Haselnuss
Lambs lettuce	→	Feldsalat
Lamium album	→	Taubnessel
- galebdolon	→	Taubnessel
- rubra	→	Taubnessel
Lampagioni	→	Zwiebel
Lampe	→	Löwenzahn
Lampionblume	→	Physalis
Lampionfrucht	→	Physalis
Lampone	→	Himbeere
Land cress	→	Kresse
Landstachelbeere	→	Stachelbeere
Langbohne	→	Spargelbohne
Lange Bolle	→	Zwiebel
- Bretonin	→	Schalotte
Langer Schwarzer	→	Steckrübe
Lansi(um)	→	Langsat
Lanzones	→	Langsat
Lappa	→	Klette
La ratte	→	Kartoffel
Large chicory	→	Zichorie
Laterne(nblume)	→	Löwenzahn
Lathyrus cicera	→	Kichererbse
Latouw	→	Lattich
Lattuga	→	Lattich
Lattuga cappuccio	→	Kopfsalat
- a foglie lisce	→	Bataviasalat
- a foglie ricce	→	Eichblattsalat
- a foglie ricci Iceberg	→	Eisbergsalat
Lattuga romana	→	Römischer Salat
Lattughino	→	Lollo Rossa
Lattwerrich	→	Pflaume
Latuk	→	Lattich
Latwergenschwärzer	→	Holunder
Lauchzwiebel	→	Zwiebel
Laukka	→	Lauch
Laukur	→	Lauch
Lausbeere	→	Hagebutte
Lausblume	→	Löwenzahn
Laus(busch)	→	Hagebutte
Lausholler	→	Holunder
Lauspeke	→	Hagebutte
Lavata	→	Endivie
Laver	→	Alge
Lawalu	→	Zitrone
Lawerte	→	Johannisbeere
Leaf rape	→	Grünkohl
Leberkirsche	→	Kirsche
Lechosa	→	Papaya
Lechuga	→	Kopfsalat
- Batavia	→	Bataviasalat

- crespa	→	Eichblattsalat
- glacial	→	Eisbergsalat
- Iceberg	→	Eisbergsalat
- romano	→	Römischer Salat
Leddern Jungs	→	Bohne
Lederne Jungs	→	Bohne
Lee	→	Mandarine
- Chee	→	Litschi
Leek	→	Lauch
Legousia speculum	→	Rapunzel
Leguminosae	→	Hülsenfrüchte
Legumbres	→	Gemüse
Legume de la mér	→	Alge
Legumineuses	→	Hülsenfrüchte
Leguminosas	→	Hülsenfrüchte
Leguminosen	→	Hülsenfrüchte
Legumes	→	Gemüse
Legumi	→	Gemüse
Leindotter	→	Leinsamen
Lein(saat)	→	Leinsamen
Leisa	→	Linse
Lemmetje	→	Limette
Lemon(i)	→	Zitrone
Lemonbana	→	Kiwano
Lennefarze	→	Stachelbeere
Lens culinaris	→	Linse
Lenteja	→	Linse
Lenti	→	Linse
Lenticchia	→	Linse
Lentille	→	Linse
Lepidios	→	Kresse
Lepidium sativum	→	Kresse
Lerchenzungen	→	Grünkohl
Leschem	→	Gemüse
Lettenquitte	→	Quitte
Lettuce	→	Lattich
- salad	→	Kopfsalat
- under glass	→	Kopfsalat
Leuchtenkraut	→	Löwenzahn
Levantiner Lauch	→	Schalotte
- Nuss	→	Haselnuss
Lewisia rediviva	→	Portulak
Leycesteria	→	Bambussprossen
Lian torchon	→	Luffa
Lichee	→	Litschi
Lichterblume	→	Löwenzahn
Liebesapfel	→	Tomate
Liebesfrucht	→	Ananas
Liebfrauenbirn	→	Preiselbeere
Liechtli	→	Löwenzahn
Lieschkolben	→	Rohrkolben
Lilikoi	→	Passionsfrucht
Lilly Pilly	→	Preiselbeere
Lima	→	Limette
Limabohne	→	Bohne
Limao	→	Zitrone
Lime	→	Limette
Limequat	→	Kumquat
Limetta	→	Limette
Limette acide	→	Limette
Limety	→	Limette
Limone	→	Zitrone
Limone(lle)	→	Limette
Limonette	→	Limette
Limoni	→	Zitrone
Limonia acidissima	→	Baelfrucht
Limon vert	→	Limette
Linaza	→	Leinsamen
Linette	→	Leinsamen
Lingon(beere)	→	Preiselbeere
Lingonberry	→	Preiselbeere
Linjungs	→	Preiselbeere
Linnen	→	Leinsamen
Linseed	→	Leinsamen
Linsenbohne	→	Bohne
Linsenerve	→	Linse
Linum usitatissi	→	Leinsamen
Linze	→	Linse
Lions tooth	→	Löwenzahn
Lipo	→	Pampelmuse
Lisbon	→	Zitrone
Liseron d'eau	→	Wasserkastanie
Litchee	→	Litschi
Litchi sinesis	→	Litschi
Litschitomate	→	Pepino
Litco	→	Litschi
Litschi cevelu	→	Rambutan
Litschipflaume	→	Litschi
Little Gem	→	Eisbergsalat
- Leprechaun	→	Römischer Salat
Loch Ness	→	Brombeere
Lockenkopf	→	Endivie
Löffelblume	→	Taubnessel
Löffelerbse	→	Erbse
Lög	→	Lauch
Lök	→	Lauch
Loganbeere	→	Brombeere
Lok	→	Lauch
Lola Rosé	→	Lollo Rossa
Lollo Bianco	→	Lollo Rossa
- Bionda	→	Lollo Rossa
- Biondo	→	Lollo Rossa
- Rosso	→	Lollo Rossa
- verde	→	Lollo Rossa
Lombarda berza	→	Wirsing
- blanca	→	Weißkohl
- roja	→	Rotkohl
Longanpflaume	→	Longane
Long tomato	→	Gurke
Lonicera	→	Heidelbeere
Lontar	→	Palmyra
Loofa	→	Luffa
Loomi	→	Limette
Lopino	→	Pflanzen
Loquat	→	Japanische Mispel
Lotier	→	Lotoswurzel
- kultivé	→	Spargelerbse
- rouge	→	Spargelerbse
- tetragone	→	Spargelerbse
Loto	→	Lotoswurzel
Lotosfrucht	→	Dattelpflaume
Lotosnuss	→	Lotoswurzel
Lotospflaume	→	Dattelpflaume
Lotus	→	Lotoswurzel
- sacré	→	Lotoswurzel
Lotuswurzel	→	Lotoswurzel

Love apple → Tomate
Love-lies-bleeding → Amarant
Lubiabohne → Bohne
Lucerne → Sauerkleeknolle
Lucky clover → Sauerkleeknolle
Lucuma nervosa → Sapote Mamey
Luffa aegyptica → Luffa
- cylindrica → Luffa
Luffa-Gurke → Luffa
Luftzwiebel → Zwiebel
Luk → Zwiebel
Lulita → Pepino
Luma → Sapote Mamey
Lumie → Limette
Lung Nga Paak → Chinakohl
Lunjabohne → Bohne
Lunzelé(n)beere → Himbeere
Lupino → Pflanzen
Lupulo → Hopfen
Luppbeere → Preiselbeere
Luppolo → Hopfen
Lutzere(n)beere → Moosbeere
Luzerne → Sauerkleeknolle
Lychee → Litschi
Lycopersicon → Tomate

M

Mabolo → Kaki
Macadamia → Macadamianuss
Macédoine → Gemüse
Mâche → Feldsalat
Maco → Longane
Madagaskar-Bohne → Bohne
Madeira-Zwiebel → Zwiebel
Madapple → Aubergine
Madenbeere → Himbeere
Madlennen → Brombeere
Madrone → Zitrone
Madronofrucht → Zitrone
Madronjo → Erdbeerbaumfrucht
Mäckeslüs → Hagebutte
Mägdepalm → Preiselbeere
Mähr. Eberesche → Vogelbeere
Mährrettich → Meerrettich
Märchenäpfel → Moosbeere
Märchenbirnen → Moosbeere
Märek → Meerrettich
Märk. Rübchen → Steckrübe
Märzenbusch → Löwenzahn
Mäuserling → Stachelbeere
Mäusle → Kartoffel
Magenputzerli → Hagebutte
Magentaspreen → Quinoa
Magrêten → Stachelbeere
Maharagwe → Bohne
Mahiz → Mais
Maibeere → Heidelbeere
Maiblume → Löwenzahn
Maienzahn → Löwenzahn
Mailänder Kohl → Wirsing
Mairübe → Steckrübe
Mais sucré → Mais
Maiz(e) → Mais
Makrut lime → Kaffir-Limette
Makrutten → Stachelbeere
Malabar nightshade → Malabar-Spinat
- spinach → Malabar-Spinat
Malaienapfel → Jambolan
Malaquina → Mandarine
Malaun → Himbeere
Malay Gooseberry → Stachelbeere
Malete → Aprikose
Malibu → Lollo Rossa
Malimbeere → Brombeere
Maline(beere) → Himbeere
Maliny → Himbeere
Malling-Sonnenbeere → Brombeere
Malpighia → Acerola
Malum cidonium → Quitte
- granatum → Granatapfel
- persicum → Pfirsich
Malune → Kürbis
Malus domestica → Apfel
Malzennase → Vogelbeere
Mamber → Heidelbeere
Mambi → Bohne
Mamelistendorn → Sanddorn
Mamey → Sapote Mamey
- zapote → Sapote Mamey
Mammao → Papaya
Mamme → Feige
Mammea → Sapote Mamey
Mammee apple → Sapote Mamey
Mammei → Sapote Mamey
Mammey-Apfel → Sapote Mamey
Mammiapfel → Sapote Mamey
Mammilate → Annone
Mamon → Longane
Mamonc de China → Longane
Mamurabeere → Brombeere
Mandalina → Mandarine
Mandarin → Mandarine
Mandarina → Mandarine
Mandarin-Orange → Mandarine
Mandarijn → Mandarine
Mandarini privi → Mandarine
Mandarino → Mandarine
Mandelpfersing → Pfirsich
Mandioca → Maniok
Mandle → Mandel
Mandora → Mandarine
Mandorla → Mandel
Mandubi-Bohne → Erdnuss
Mandubi-Nuss → Erdnuss
Mangis → Mangostane
Mangifera indica → Mango
Mangoldsturzen → Mangold
Mangosta(n) → Mangostane
Mangot → Mango
Mangu → Mangostane
Mangue → Mango
Manies → Erdnuss
Manihot esculenta → Maniok
Manilkara zapota → Sapote Mamey
Manioka → Maniok
Manle → Mandel

Manna → Kassie
Manne → Kassie
Mantar → Champignon
Manzana → Apfel
Manzanilla → Olive
Mapom → Mandarine
Maracuja → Passionsfrucht
Maracuyá → Passionsfrucht
Marahonkastanie → Paranuss
Marak → Meerrettich
Marang → Brotfrucht
Maranone → Kaschunuss
Maranta arundina → Pfeilwurz
Marante → Pfeilwurz
Maraschino-Kirsche → Kirsche
Maraschken → Kirsche
Maraskakirsche → Kirsche
Marcelliner Kohl → Wirsing
Mardaune → Preiselbeere
Marelle → Kirsche
Maressig → Meerrettich
Margaretenbeere → Heidelbeere
Margose → Bittergurke
Mariabirnchen → Hagebutte
Marian plum → Mango
Mariapalm → Preiselbeere
Marienschöpfl → Löwenzahn
Marille → Aprikose
Marionbeere → Brombeere
Marisol → Mandarine
Mark → Sellerie
Marknuss → Kaschunuss
Markstammkohl → Weißkohl
Marmelade → Früchte
Marmeladenpflaume → Sapote Mamey
Marmelo → Quitte
Marone → Kastanie
Marróne → Kastanie
Maroni → Kastanie
Marron → Kastanie
Marrow → Kürbis
Marr-Reddig → Meerrettich
Marterbeere → Hagebutte
Marter(blume) → Holunder
Martinsbeere → Hagebutte
Marul → Kopfsalat
Marumi → Kumquat
Marunke → Pflaume
Marusen → Stachelbeere
Masselbeere → Berberitze
Massholder → Holunder
Masoor Dhal → Linse
Mast → Früchte
Mastuerzo → Kresse
Maté → Kürbis
Matok → Banane
Mattenbohne → Bohne
Mauebeere → Heidelbeere
Maulholz → Berberitze
Maulreißer → Schlehe
Maulrîters → Schlehe
Maulstengel → Holunder
Maultrecker → Schlehe
Maulwurfsalat → Löwenzahn
Mauseöhrchen → Feldsalat
Mausohr → Feldsalat
Mayenne → Aubergine
Mayom → Stachelbeere
Mazorca → Mais
Mboga → Gemüse
Medianos → Kapern
- extra → Kapern
Medicago sativa → Sauerkleeknolle
Medlar → Mispel
Meerch → Meerrettich
Meeresbohne → Glasschmalz
Meereseiche → Alge
Meereskokosnuss → Kokosnuss
Meeressalat → Alge
Meeresspaghetti → Alge
Meergrün → Alge
Meerkirsche → Erdbeerbaumfrucht
Meer(kreuz)dorn → Sanddorn
Meerlattich → Alge
Meerrettichbaum → Pferderettich
Meerrettig → Meerrettich
Meersalzkraut → Glasschmalz
Meerträublein → Johannisbeere
Meertrübeli → Johannisbeere
Meggy → Kirsche
Mehlbeere → Hagebutte
Mehlkirsche → Hagebutte
Mehlklettchen → Hagebutte
Mehlsack → Hagebutte
Mehra → Karotte
Meigatschen → Stachelbeere
Meiraap → Steckrübe
Meischgl → Hagebutte
Meischlitzen → Stachelbeere
Meisennüsse → Walnuss
Meitzen → Stachelbeere
Mela → Apfel
Mela cotogna → Quitte
Melagrana → Granatapfel
Melangolo → Pomeranze
Melano → Kiwano
Melanzana → Aubergine
Melarancia → Pomeranze
Melidsana → Aubergine
Melkdistel → Löwenzahn
Melle → Melde
Mellow-Frucht → Pepino
Mellow fruit → Pepino
Melocotón → Pfirsich
Meloen → Melone
Meloenpeer → Pepino
Melón → Melone
Melon à comes → Kiwano
- d'eau → Melone
Melone der Tropen → Papaya
Melonenbirne → Pepino
Melonengurke → Kiwano
Melonenorange → Pampelmuse
Melonensquash → Patisson
Melongène → Aubergine
Melon kydonion → Quitte

Melonnées → Patisson
Melon pear → Pepino
- sucré → Melone
- tropique → Papaya
Membrillo → Quitte
Mercimek → Linse
Mérédic → Meerrettich
Meredik → Meerrettich
Merey del diablo → Aki
Meridianpflanzen → Pflanzen
Merk → Zuckerwurzel
Merretsch → Meerrettich
Merveille → Kopfsalat
Merzenblum → Löwenzahn
Mesclun → Salat
Mesembryanthem → Eiskraut
Mesimarja → Moosbeere
Mespila → Mispel
Mespilum → Mispel
Mespilus → Mispel
Metasano → Casimiroa
Metroxylon sagu → Sago
Métulon → Kiwano
Mexican apple → Casimiroa
- fruit → Kiwano
Mexik. Limette → Limette
Mexiko-Apfel → Casimiroa
Meyve → Früchte
Mibuna → Weißkohl
Michal → Mandarine
Mierik(swortel) → Meerrettich
Miglio → Hirse
Mijo → Hirse
Mikan → Mandarine
Milchblume → Löwenzahn
Milchbusch → Löwenzahn
Milchdistel → Löwenzahn
Milchgrasblume → Löwenzahn
Milchrose → Hagebutte
Milchstock → Löwenzahn
Millet → Hirse
Milocorn → Hirse
Mil-Tomate → Physalis
Mimel → Johannisbeere
Minaret(t)kohl → Romanesco
Miner's Lettuce → Portulak
Mini-corn → Mais
Minikohl → Rosenkohl
Minikürbis → Zucchini
Minimais → Mais
Miniorange → Kumquat
Minizitrone → Kumquat
Min(n)eola → Mandarine
Mirabella → Mirabelle
Mirabris → Mirabelle
Mirakosa → Mirabelle
Mirch(wurzel) → Meerrettich
Mirliton → Chayote
Mirtillo → Heidelbeere
- europeo → Moosbeere
- nero → Heidelbeere
- rosso → Preiselbeere
Mischmisch → Aprikose
Misir → Mais
- inciri → Kaktusfeige
Misome → Weißkohl
Mistfink → Löwenzahn
Misticanza → Salat
Mitsuna → Steckrübe
Mittagsblume → Eiskraut
Mixed pickles → Gemüse
Mizuna → Steckrübe
Möhre → Karotte
Möhrlein → Karotte
Mönchsblatt → Löwenzahn
Mönchskopf → Löwenzahn
Mönchsplatte → Löwenzahn
Moerbei → Maulbeere
Mohrenbeere → Brombeere
Mohrrettich → Karotte
Mohrrübe → Karotte
Mo Kwa → Kürbis
Molares → Mandel
Môlbeere → Heidelbeere
Molberte → Stachelbeere
Moleitken → Himbeere
Mollbeere → Heidelbeere
Mollifruit → Curuba
Molsla → Löwenzahn
Molt(er)beere → Brombeere
Mombeere → Brombeere, Heidelbeere
Mombinpflaume → Balsampflaume
Momordica charantia → Bittergurke
Mompe → Balsampflaume
Monatsräte → Radieschen
Monatsrettich → Radieschen
Mondbohne → Bohne
Monkey head → Annone
- nut → Erdnuss
Monreal → Mandarine
Monstera deliciosa → Ananas
Monstranzbohne → Bohne
Montia perfoliata → Portulak
Mooli → Rettich
Moong Dal → Bohne
Moonglow → Birne
Moorbeere → Heidelbeere
Moorhirse → Hirse
Moorwurzel → Pastinak(e)
Moos → Grünkohl
Moosäpfela → Moosbeere
Moosbeere → Heidelbeere
Moosbeere → Moosbeere
Moosfacken → Heidelbeere
Moosgrante → Moosbeere
Moosgucker → Heidelbeere
Moosgöckerlich → Preiselbeere
Moospreiselbeere → Moosbeere
Moosrose → Hagebutte
Mopé → Balsampflaume
Mora de castilla → Brombeere
- di gelso → Maulbeere
Morbel → Brombeere
Morde → Karotte
Morelle → Kirsche

- de Balbis → Pepino
- de Quito → Lulo
Moren → Brombeere
Morinda citrifolia → Maulbeere
Moringa oleifera → Pferderettich
Moringo → Pferderettich
Morötter → Karotte
Moro-Orange → Apfelsine
Morpel → Heidelbeere
Morrettig → Meerrettich
Mortié → Pflaume
Morus → Maulbeere
Morusel → Johannisbeere
Mosch → Holunder
Moschbeere → Heidelbeere
Moschkulle → Hagebutte
Moschus-Limette → Limette
Mospel → Mispel
Mostbeere → Heidelbeere
Mostjöckle → Preiselbeere
Moth bean → Bohne
Motte → Karotte
Mottenblume → Berberitze
Mottenbohne → Bohne
Mountain ash → Vogelbeere
Mourre de porc → Löwenzahn
Moutarde épinard → Mosterdspinat
Mousse-au-chocolat-Sapote → Dattelpflaume
Mrkev → Karotte
Muckelholz → Holunder
Mückenbohne → Bohne
Müllerkes → Hagebutte
Mürdümerigi → Pflaume
Mützke → Heidelbeere
Mufeln → Hagebutte
Mugatzerl → Stachelbeere
Muhre → Karotte
Mulberry → Maulbeere
Muliforze → Stachelbeere
Mulinkes → Brombeere
Mult(er)beere → Brombeere
Mulwer → Himbeere
Mumfuli → Erdnuss
Mung(o)bohne → Bohne
Murbeere → Brombeere
Murcott Tangerine → Mandarine
Mûre → Maulbeere
- arctique → Brombeere
Mure → Brombeere
Musa mannii x par. → Banane
Musflieder → Holunder
Mushroom → Champignon
Musk lime → Limette
- melon → Melone
Musmula → Mispel
Muspel → Mispel
Mustard spinach → Mosterdspinat
Mutterbohne → Bohne
Mutterbeerchen → Himbeere
Mutterkirsche → Moosbeere
Mutterkraut → Berberitze
Muz → Banane
Myrciaria cauliflora → Jaboticaba
Myrobalane → Pflaume
Natalpflaume → Pflaume
Myrtebeere → Heidelbeere
Myrtille → Heidelbeere

N

Nabal → Avocado
Nabelbeere → Heidelbeere
Nabo → Steckrübe
Nachkriegsgemüse → Steckrübe
Nachtblume → Nachtkerze
Nachtnebel → Brombeere
Nacktpfirsich → Nektarine
Nadelbohne → Bohne
Nagami-Kumquat → Kumquat
Nageldearnoch → Berberitze
Nageldorn → Berberitze
Nagelrose → Hagebutte
Nager → Pfirsich
Nakai → Nashi
Nana meant → Ananas
Nangka → Jackfrucht
Nappelbeere → Preiselbeere
Nappenkörfel → Steckrübe
Nappenmöhre → Steckrübe
Narancs → Apfelsine
Narangille → Lulo
Naranja agria → Pomeranze
- amarga → Pomeranze
- dulce → Apfelsine
Naranjilla → Lulo
Nasenschinder → Kresse
Nasi → Reis
- tortium → Kresse
Nasturcio aquatico → Kresse
Nasturtium → Kapuzinerkresse
- officinale → Kresse
Nasturz → Kapuzinerkresse
Natterbeer → Holunder
Naunetzen → Hagebutte
Naunitzen → Hagebutte
Navarra → Eisbergsalat
Navel → Apfelsine
Navelina → Apfelsine
Navet → Steckrübe
Navets de Teltow → Steckrübe
Navy bean → Bohne
Nawasi → Kokosnuss
Ndizi → Banane
Neapler → Zwiebel
Neapolitaner Nuss → Haselnuss
Nebelbeere → Brombeere
Nectarina → Nektarine
Neddel → Brennnessel
Nefelio → Rambutan
Nèfle → Mispel
- d'Amerique → Sapote Mamey
- du Japon → Japanische Mispel
Neflier → Mispel
Negerbeudl → Aubergine
Negerhirse → Hirse
Negra de la cruz → Avocado

Nektar-Himbeere	→	Brombeere
Nelumbo nucifera	→	Lotoswurzel
Neophyten	→	Pflanzen
Nephelium	→	Rambutan
Neroli	→	Pomeranze
Nespel	→	Mispel
Nespola	→	Mispel
- Giappone	→	Japanische Mispel
Nessel	→	Brennnessel
Nessy	→	Brombeere
Nettarina	→	Nektarine
Nettel	→	Taubnessel
Nettle	→	Brennnessel
Netzannone	→	Annone
Neuseelandspinat	→	Spinat
New Cocoyam	→	Tannia
Ngo	→	Rambutan
Nidelbeere	→	Himbeere
Niederholder	→	Holunder
Nierenbohne	→	Bohne
Nieselkraut	→	Feldsalat
Nipenappe	→	Hagebutte
Nipenbirne	→	Hagebutte
Nipetäre	→	Hagebutte
Nispero	→	Mispel
- del Japón	→	Japanische Mispel
Nispola	→	Mispel
- del Japon	→	Japanische Mispel
Niss(e)lsalat	→	Feldsalat
Nitzleinkraut	→	Feldsalat
Nizza-Kürbis	→	Zucchini
Nocciola	→	Haselnuss
Nocciolina america	→	Erdnuss
Noce de Brasile	→	Paranuss
- di cocco	→	Kokosnuss
- di Para	→	Paranuss
- di Pecan	→	Pekannuss
- pesca	→	Nektarine
Noci di acagiù	→	Kaschunuss
Nösselgenkraut	→	Feldsalat
Nohut	→	Kichererbse
Noire d'Égypte	→	Rote Bete
Noir long	→	Steckrübe
Noisette	→	Haselnuss
Noix de Brésil	→	Paranuss
- de cajou	→	Kaschunuss
- de Coco	→	Kokosnuss
- d. macadamia	→	Macadamianuss
- de Pécan	→	Pekannuss
- de Seychelles	→	Kokosnuss
- Para	→	Paranuss
Nokhodchi	→	Kichererbse
Noni	→	Maulbeere
Nonpareilles	→	Kapern
Nopal	→	Kaktusfeige
Nord. Himbeere	→	Brombeere
Nordische Sumpfbrombeere	→	Brombeere
Nordische Zitrone	→	Quitte
Norw. Brombeere	→	Brombeere
Nori	→	Alge
Novita	→	Kopfsalat
Noyer	→	Walnuss
Nudl	→	Kartoffel
Nüsschen	→	Hagebutte
Nüsschensalat	→	Feldsalat
Nüssler	→	Feldsalat
Nüsslisalat	→	Feldsalat
Nuéz de brasil	→	Paranuss
- de Coco	→	Kokosnuss
- del Parà	→	Paranuss
- de Pecan	→	Pekannuss
Nullefatscher	→	Stachelbeere
Nusspfersing	→	Pfirsich
Nusspfirsich	→	Nektarine
Nusssalat	→	Rauke

O

Oak leaved lettuce	→	Eichblattsalat
Oarweed	→	Alge
Oat	→	Hafer
Oberkohlrabi	→	Kohlrabi
Oberrübe	→	Kohlrabi
Obschd	→	Obst
Obstkraut	→	Obst
Oca	→	Sauerkleeknolle
Ochsenherz	→	Annone, Tomate
Ochsenhorn	→	Steckrübe
Ochsenklaiwern	→	Heidelbeere
Ochsentieke	→	Heidelbeere
Ochsenzähne	→	Bohne
Ochsenzecke	→	Heidelbeere
Ocra	→	Okra
Öchslein	→	Hagebutte
Oeil de dragon	→	Longane
Ölbeere	→	Olive
Ölbohne	→	Sojabohne
Ölfeige	→	Olive
Öllein	→	Leinsamen
Öllich	→	Zwiebel
Oellig	→	Zwiebel
Ölrauke	→	Rauke
Oenanthe	→	Erdmandel
Oenothera biennis	→	Nachtkerze
Örbsele	→	Berberitze
Örsiba	→	Berberitze
Öszibarak	→	Pfirsich
Ogen	→	Melone
Ogrose	→	Stachelbeere
Ogurets	→	Gurke
Ohr(en)bambelche	→	Hagebutte
Ohrklunker	→	Hagebutte
Ohrringel(ein)	→	Hagebutte
Oignon	→	Zwiebel
- d'Égypte	→	Zwiebel
- de mai	→	Zwiebel
- d'hiver	→	Zwiebel
- grelets	→	Lauch
Oje	→	Zwiebel
Oka	→	Sauerkleeknolle
Okitsu	→	Mandarine
Okolo	→	Okra
Okumo	→	Tannia
Okurka	→	Gurke
Olattiebeere	→	Brombeere
Oldenburger Ananas	→	Steckrübe

- Palme → Grünkohl
Olea europaea → Olive
Oleaster → Olive
Olijve → Olive
Oliva → Olive
Olivello spinosa → Sanddorn
Olivetti → Tomate
Olivy → Olive
Oltbeere → Johannisbeere
Ombeere → Himbeere
Omorke → Gurke
Onion → Zwiebel
Ontario-Pflaume → Pflaume
Oportozwiebel → Zwiebel
Opuntia ficus → Kaktusfeige
Opuntie → Kaktusfeige
Orache → Melde
Orange → Apfelsine
- amère → Pomeranze
- des Nordens → Hagebutte
Orangequat → Kumquat
Orange Queen → Chinakohl
- von Quito → Lulo
Oregon → Haselnuss
Oreillons → Aprikose
Orejones → Aprikose
Orge → Gerste
Orient. Persimmon → Kaki
Orient. Zackenschote → Rauke
Orientbohne → Bohne
Orinoco-Apfel → Lulo
Orlando → Mandarine
Oroblancos → Grapefruit
Ortaggi → Gemüse
Ortanique → Mandarine
Ortiche → Brennnessel
Ortie → Brennnessel
Ortiga → Brennnessel
Oryza sativa → Reis
Orzo → Gerste
Oseille → Sauerampfer
- de bûcheron → Sauerkleeknolle
- petite → Sauerampfer
- ronde → Sauerampfer
Ostergruß → Rettich
Ostigliato → Reis
Ostind. Apfelsine → Pampelmuse
Ostpreußische Ananas → Steckrübe
Otaheite → Stachelbeere
- Apfel → Balsampflaume
- gooseberry → Stachelbeere
Otter → Brombeere
Owari → Mandarine
Owoce → Früchte
Oxalide → Sauerkleeknolle
Oxalis → Sauerkleeknolle
- acetosella → Sauerkleeknolle
- deppei → Sauerkleeknolle
Oxalisrübe → Sauerkleeknolle
Oxalis tetraphylla → Sauerkleeknolle
Oxel → Vogelbeere
Oyster plant → Schwarzwurzel

P

Paan → Betelnuss
Pabularia → Grünkohl
Pacana → Pekannuss
Pacane → Pekannuss
Pacino → Sonnenblume
Paddy → Reis
Paderkerse → Kresse
Päperbeere → Johannisbeere
Päpplet → Birne
Päron → Birne
Pain des singes → Affenbrotfrucht
Pain de sucre → Fleischkraut
Pakan → Pekannuss
Pak(-)Choi → Paksoi
Pak-Choi Shanghai → Paksoi
Pak Choy → Paksoi
Pak soi → Paksoi
Palak → Spinat
Palbohne → Bohne
Palla bianca → Radicchio
- rossa → Radicchio
Palme des Nordens → Grünkohl
Palmenmark → Palmenherzen
Palmira → Palmyra
Palmito → Palmenherzen
Palmkirsche → Preiselbeere
Palmkohl → Dattel, Grünkohl, Palmenherz
Palo santo → Kaki
Palta → Avocado
Paludenkohl → Blumenkohl
Pampelkraut → Löwenzahn
Pampelmusa → Pampelmuse
Pamplemousse → Pampelmuse
Pampoen → Kürbis
Panais → Pastinak(e)
Pancar → Rote Bete
Pan de pobre → Brotfrucht
Pane d'Albero → Jackfrucht
Panicum miliaceu → Hirse
Pannagemüse → Amarant
Panzerbeere → Kürbis
Papadum → Linse, Sojabohne
Papaia → Papaya
Papaifrucht → Papaya
Papangay → Luffa
Papenkraut → Löwenzahn
Papo patata → Kartoffel
Papas → Papaya
Papaye → Papaya
Papayote → Papaya
Papayuela → Papaya
Papershell → Pekannuss
Papiernüsse → Walnuss
Pappas → Kartoffel
- arrugadas → Kartoffel
Paradajs → Tomate
Paradeis(er) → Tomate
Paradiesapfel → Tomate
Paradiesfeige → Banane
Paradiesfrucht → Apfel
Parakresse → Kresse

Paraná-Pinie	→	Araukarie	
Paranött	→	Paranuss	
Paranoot	→	Paranuss	
Parcha	→	Passionsfrucht	
Parchita	→	Passionsfrucht	
Parforcekohl	→	Rotkohl	
Pargaukle	→	Hagebutte	
Pariser Karotte	→	Karotte	
- Weißrübe	→	Steckrübe	
Parsnip	→	Pastinak(e)	
Pasanda	→	Mandel	
Passelbeere	→	Berberitze	
Pâssla	→	Schlehe	
Passe-neige	→	Glasschmalz	
Passe-pierre	→	Glasschmalz	
Passerage cultivée	→	Kresse	
Passe-sable	→	Glasschmalz	
Passiflora edulis	→	Passionsfrucht	
Passiflora incarnata	→	Passionsfrucht	
- ligularis	→	Passionsfrucht	
- molissim	→	Curuba	
- pinnatisti	→	Passionsfrucht	
- quadran	→	Passionsfrucht	
Passiflore	→	Passionsfrucht	
Pasteke	→	Melone	
Pastenach	→	Karotte	
Pastemen	→	Löwenzahn	
Pasteney	→	Karotte	
Pastèque	→	Melone	
Pasternak(e)	→	Pastinak(e)	
Pastetenkürbis	→	Patisson	
Pastinaak	→	Pastinak(e)	
Pastinaca sativa	→	Pastinak(e)	
Pastisson	→	Patisson	
Pastorenkappe	→	Patisson	
Pataca	→	Topinambur	
Patäte	→	Kartoffel	
Patake	→	Kartoffel	
Patata	→	Kartoffel	
- americana	→	Batate	
- dolce	→	Batate	
Patate douce	→	Batate	
Patater	→	Kartoffel	
Paterkorn	→	Buchweizen	
Patetes	→	Kartoffel	
Patience	→	Sauerampfer	
Patlican	→	Aubergine	
Patsche	→	Hagebutte	
Patschgroschl	→	Stachelbeere	
Patüffel	→	Kartoffel	
Paudelbeere	→	Heidelbeere	
Pautkenbeere	→	Brombeere	
Pavies	→	Pfirsich	
Pawpaw	→	Papaya	
Pea	→	Erbse	
Peach	→	Pfirsich	
- tomato	→	Lulo	
Peanött	→	Erdnuss	
Peanut	→	Erdnuss	
Pea pod	→	Erbse	
Pear	→	Birne	
Pear melon	→	Pepino	
Pearl onion	→	Lauch	
Peberrod	→	Meerrettich	
Pecan(noot)	→	Pekannuss	
Pecannuss	→	Pekannuss	
Pêche	→	Pfirsich	
Pedagnuoli	→	Feige	
Pee in the bed	→	Löwenzahn	
Peen	→	Karotte	
Peer	→	Birne	
Peisselbeere	→	Berberitze	
Peitschenstrauchbeere	→	Brombeere	
Pekannött	→	Pekannuss	
Peking-Kohl	→	Chinakohl	
Pelados	→	Tomate	
Pelaten	→	Tomate	
Pelati	→	Tomate	
Pelgrimsfles	→	Kürbis	
Peluschke	→	Erbse	
Pelzpfirsich	→	Pfirsich	
Pendanga	→	Pitanga	
Peperoncino	→	Paprikaschote	
Peperone	→	Paprikaschote	
- rosso Tippo	→	Paprikaschote	
Peperoni	→	Paprikaschote	
- bue	→	Paprikaschote	
Pepinillo	→	Gurke	
Pepino cohombro	→	Gurke	
- culi	→	Karambole	
- hueco	→	Pepino	
Pepitas	→	Kürbis	
Pepone	→	Kürbis	
Pepparrot	→	Meerrettich	
Pepping	→	Apfel	
Pera	→	Birne	
Percochen	→	Pfirsich	
Pere	→	Birne	
Peretti	→	Tomate	
Pergauggle	→	Berberitze	
Perilla frutescens	→	Perilla	
- ocymoides	→	Perilla	
Perlbohne	→	Bohne	
Perllauch	→	Lauch	
Perlmais	→	Mais	
Perlzwiebel	→	Lauch	
Permollja	→	Schlehe	
Persching	→	Pfirsich	
Persea gratissima	→	Avocado	
Perser Apfel	→	Pfirsich	
Persicum	→	Pfirsich	
Persimmon	→	Kaki	
Persimone	→	Kaki	
Persimonia	→	Kaki	
Persimonn	→	Kaki	
Persimonne	→	Kaki	
Persimonpflaume	→	Kaki	
Persische Frucht	→	Pfirsich	
- Limette	→	Limette	
- Pflaume	→	Pfirsich	
Persischer Senf	→	Rauke	
Peruan. Ananaskers	→	Physalis	
- Judenkirsche	→	Physalis	
- Möhre	→	Arracacha	
- Pastinak(e)	→	Arracacha	
Perubohne	→	Bohne	

Peru-Spinat	→	Quinoa
Peruvian carrot	→	Arracacha
- cherry	→	Physalis
- parsnip	→	Arracacha
Pestknochen	→	Pastinak(e)
Pestnache	→	Pastinak(e)
Perzik	→	Pfirsich
Pesca	→	Pfirsich
Pest der Gärten	→	Brennnessel
Peterwalbeere	→	Preiselbeere
Petit oignon blanc	→	Lauch
- pois	→	Erbse
- radis	→	Radieschen
Pe-Tsai	→	Chinakohl
Petticoat-Salat	→	Lollo Rossa
Petonciano	→	Aubergine
Peultjes	→	Erbse
Pfaffenbeere	→	Johannisbeere
Pfaffenbeerlein	→	Heidelbeere
Pfaffenbirl	→	Heidelbeere
Pfaffenblatt	→	Löwenzahn
Pfaffenkraut	→	Löwenzahn
Pfaffenröhrlein	→	Löwenzahn
Pfaffenröslein	→	Löwenzahn
Pfaffenstiel	→	Löwenzahn
Pfefferbeere	→	Johannisbeere
Pfefferkraut	→	Kresse
Pfefferwurzel	→	Meerrettich
Pfeifenstöcke	→	Holunderbeere
Pferdebeere	→	Brombeere
Pferdeblume	→	Löwenzahn
Pferdebohne	→	Bohne
Pferdedorn	→	Sanddorn
Pferdemöhre	→	Karotte
Pferdenuss	→	Walnuss
Pferderadies	→	Meerrettich
Pferderose	→	Hagebutte
Pferderübe	→	Karotte
Pferdeworbel	→	Heidelbeere
Pferdewurzel	→	Meerrettich
Pferdezahnmais	→	Mais
Pferscher	→	Pfirsich
Pfersing	→	Pfirsich
Pfingstliese	→	Hagebutte
Pfirsche	→	Pfirsich
Pfirsichkirsche	→	Kirsche
Pfirsichpflaume	→	Nektarine
Pfirsing	→	Pfirsich
Pflaume d. Winters	→	Schlehe
Pflaumennuss	→	Ginkgopflaume
Pfluderbeere	→	Moosbeere
Pflückkohl	→	Grünkohl
Pflücksalat	→	Kopfsalat
Pflückspinat	→	Spinat
Pflugbeere	→	Brombeere
Pflumbeere	→	Brombeere
Pfropfenholz	→	Holunder
Pfropfpiepenholz	→	Holunder
Pfrosle(n)	→	Hagebutte
Pfrubeere	→	Brombeere
Pfrusel	→	Stachelbeere
Phaseolus coccineu	→	Bohne
- lunatus	→	Bohne
- vulgaris	→	Bohne
Phenomenal Berry	→	Himbeere
Phoenix dactylifera	→	Dattel
Phyllantus	→	Stachelbeere
Phylophyta	→	Alge
Physalis alkekengi	→	Physalis
- ixocarpa	→	Physalis
- peruviana	→	Physalis
- pruinosa	→	Physalis
Phytolacca	→	Kermesbeere
- decandra	→	Kermesbeere
- esculentus	→	Kermesbeere
Piaz	→	Zwiebel
Picalilly	→	Gemüse
Picholine	→	Olive
Pickelbeere	→	Heidelbeere
Pickgruschel	→	Stachelbeere
Pickled cabbage	→	Sauerkraut
Pickles	→	Gemüse
Pick(rose)	→	Hagebutte
Piemont-Kirsche	→	Kirsche
Piepekantjes	→	Hagebutte
Piepenbollen	→	Zwiebel
Piesl	→	Mangold
Pignolia	→	Pinienkern
Pignol(i)e	→	Pinienkern
Pignon	→	Pinienkern
Pigweed	→	Portulak
Pijnkern	→	Pinienkern
Pikebeere	→	Stachelbeere
Pilaf	→	Reis
Pilaw	→	Reis
Pilgerkürbis	→	Kürbis
Pilzling	→	Champignon
Pimento	→	Paprikaschote
Pimiento	→	Paprikaschote
Pimola	→	Olive
Pimpernuss	→	Pistazie
Pina americana	→	Ananas
Pinaat	→	Spinat
Pinang	→	Betelnuss
Pina tropical	→	Ananas
Pineapple	→	Ananas
- guava	→	Feijoa
Pine nut	→	Pinienkern
Piniennuss	→	Pinienkern
Pinje frukt	→	Pinienkern
Piniole	→	Pinienkern
Pinoli	→	Pinienkern
Pinon	→	Ananas, Pinienkern
Pinon-Samen	→	Pinienkern
Pinserling	→	Schlehe
Pinto bean	→	Bohne
Pinus pinea	→	Pinienkern
Piorek	→	Lauch
Piparjuuri	→	Meerrettich
Piparrót	→	Meerrettich
Pippauw	→	Löwenzahn
Piquillos	→	Paprikaschote
Pirasa	→	Lauch
Piratensalat	→	Kopfsalat
Pirinc	→	Reis
Pisang	→	Banane

Pisello → Erbse
Pissenlit → Löwenzahn
Pistacchi → Pistazie
Pistacea vera → Pistazie
Pista(che) → Pistazie
Pistachio nut → Pistazie
Pistacho → Pistazie
Pistake → Pistazie
Pistakinuss → Pistazie
Pistasienött → Pistazie
Pisum medullare → Erbse
- sativum → Erbse
Pitaha → Pitahaya
Pitaya → Pitahaya
Pitschepatschen → Hagebutte
Plankton → Alge
Plant(a) → Pflanzen
Plante(n) → Pflanzen
Plantain → Banane
Pla(n)tane → Banane
Plante → Banane
Plátano → Banane
Platterbse → Kichererbse
Platter Dänenkohl → Weißkohl
Platzekessstöckle → Holunder
Plomme → Pflaume
Plompebeere → Himbeere
Pluffenholz → Holunder
Plum(me) → Pflaume
Plumper → Kürbis
Plutzer → Kürbis
Podding radish → Rettich
Pörschkohl → Wirsing
Pogitschke → Johannisbeere
Pohe → Physalis
Pointed cabbage → Weißkohl
- pepper → Paprikaschote
Poire → Birne
Poireau → Lauch
Poirée → Mangold
Poire japonaise → Nashi
Poire-melon → Pepino
Pois → Erbse
- ailé → Bohne
- à la suedoise → Erbse
- asperge → Spargelerbse
- café → Spargelerbse
- carré → Bohne
- cassés → Erbse
- chiche → Kichererbse
- croquant → Erbse
- de vache → Bohne
Poismange-tout → Erbse
Pois ridé → Erbse
Poivron → Paprikaschote
Pokeweed → Kermesbeere
Polizeifinger → Karotte
Polizist der Nieren → Spargel
Pomarosa → Jambolan
Pomdedeer → Kartoffel
Pomegranate → Granatapfel
Pomelitas → Grapefruit
Pomelo → Grapefruit, Pampelmuse
Pomerac → Balsampflaume
Pomeranc → Apfelsine
Pomerancia → Pomeranze
Pomerans → Pomeranze
Pomerantsche → Apfelsine
Pomme → Apfel
- canelle → Annone
- d'amour → Tomate
- de bois → Baelfrucht
- de Goa → Karambole
- d'éléphant → Baelfrucht
- de terre → Kartoffel
- d'orange → Apfelsine
- étoilée → Sternapfel
- liane → Passionsfrucht
- mexicaine → Casimiroa
- rose → Jambolan
Pomodorini → Tomate
Pomodoro → Tomate
Pompelmo(es) → Pampelmuse
Ponnanganni → Amarant
Pontische Nuss → Haselnuss
Pontotter → Kartoffel
Popcornmais → Mais
Popone → Melone
Porek → Lauch
Porree → Lauch
Porro → Lauch
Portakal → Apfelsine
Portulaca sativa → Portulak
Porzel → Hagebutte
Postelbeere → Heidelbeere
Postelein → Portulak
Postemenröhrlein → Löwenzahn
Potake → Kartoffel
Potate → Kartoffel
Potatoe → Kartoffel
Potetes → Kartoffel
Potimarron → Kürbis
Pôtiron → Kürbis
Pots → Paranuss
Poun → Bohne
Pourpier → Portulak
- d'hiver → Portulak
Pousse-pierre → Glasschmalz
Pousses d. bambou → Bambussprossen
Pouteria caimito → Sapote Mamey
- lucuma → Sapote Mamey
- sapota → Sapote Mamey
Powerade → Artischocke
Pracherrose → Hagebutte
Prachtbohne → Bohne
Prachtbrombeere → Brombeere
Praecox → Aprikose
Präserve → Gemüse
Prätzel → Preiselbeere
Praume → Pflaume
Prauss(el)beere → Preiselbeere
Prei → Lauch
Preisselbeere → Preiselbeere
Preisslauch → Lauch

Preisslitz → Preiselbeere
Prellbeere → Moosbeere
Prentebeere → Preiselbeere
Prestling → Erdbeere
Preus(s)elbeere → Heidelbeere
Preußische Erbse → Erbse
Prickly artichoke → Kardone
- pear → Kaktusfeige
Primeurs → Gemüse
Primofiori → Zitrone
Prince de Bretagne → Artischocke
Prinzessbohne → Bohne
Prinzesserbse → Erbse
Prinzessin d.
Hülsenfrüchte → Erbse
Prinzesskirsche → Kirsche
Pritsele → Heidelbeere
Proboscidea → Klette
Profichi → Feige
Profinkeln → Preiselbeere
Profosskohl → Weißkohl
Profrosch → Weißkohl
Proletenspargel → Schwarzwurzel
Promme → Pflaume
Protoben → Feige
Provinzkohl → Blumenkohl
Prowen(g)kelte → Preiselbeere
Prozelbeere → Preiselbeere
Prünellen → Reneklode
Prünzel → Preiselbeere
Prugna → Pflaume
Prugnola → Reneklode
Pruim → Pflaume
Prum → Preiselbeere
Prumme → Pflaume
Prum(m)elbeere → Berberitze
Prune → Pflaume
Pruneau → Pflaume
Prune d'Amerique → Balsampflaume
- coton → Ikakopflaume
Prunelier → Reneklode
Prunkbohne → Bohne
Prunus amygdalus → Mandel
Prunus armeniaca → Aprikose
- avium → Kirsche
- var. Duracin → Kirsche
- var. Juliana → Kirsche
Prunus cerasifera → Pflaume
Prunus cerasus → Kirsche
- ssp. Acida → Kirsche
Prunus domestica → Pflaume
- ssp. Italica → Reneklode
- ssp. Syriaca → Mirabelle
Prunus insititia var. → Schlehe
Prunus oeconomica → Pflaume
Prunus persica → Pfirsich
- var. nucipersica → Nektarine
Prunus salicina → Pflaume
Prunus spinosa → Schlehe
Pseudocerealie → Getreide
Psidium guajava → Guave
- littorale → Guave
Ptätcher → Kartoffel
Puckelbeere → Heidelbeere
Puck(el)rose → Hagebutte
Pudel → Kartoffel
Püppchen → Hagebutte
Pueraria lobata → Kudzu-Bohne
Puerro → Lauch
Puerto-Rico-Kirsche → Acerola
Püsseke → Holunder
Puffbohne → Bohne
Pulasan → Rambutan
Pulses → Hülsenfrüchte
Pumbeln → Berberitze
Pummel → Pampelmuse
Pummeln → Berberitze
Pummerlsalat → Eisbergsalat
Pumperblümchen → Löwenzahn
Pumpkin → Kürbis
Pumser → Kartoffel
Punica granatum → Granatapfel
Punischer Apfel → Granatapfel
Punschbohne → Bohne
Purgnadel → Heidelbeere
Purple granadilla → Passionsfrucht
- laver → Alge
- passionfruit → Passionsfrucht
- seeweed → Alge
Purpur-Granadilla → Passionsfrucht
Purpurtang → Alge
Purslane → Portulak
Purzelbirne → Birne
Purzelkraut → Portulak
Pusteblume → Löwenzahn
Puttäpfel → Apfel
Puttengnaden → Heidelbeere
Puy-Linse → Linse
Pyrus communis → Birne
- pyrifolia → Nashi

Q

Quackeln → Holunder
Quäckenbömen → Holunder
Quärden → Holunder
Quandong → Pfirsich
Quast → Hagebutte
Quatsche → Pflaume
Quebbecken → Holunder
Quebbeten → Holunder
Queensland-Nuss → Macadamianuss
Queftchen → Holunder
Quellenrauch → Kresse
Quellenraukenkraut → Kresse
Queller → Glasschmalz
Quellkraut → Portulak
Quenepa → Longane
Quenette → Longane
Quetsche → Pflaume
Quetschge → Pflaume
Quewete → Holunder
Quihuicha → Amarant
Quince → Quitte
Quingombo → Okra
Quinua → Quinoa
Quirico → Paranuss

Quito-Orange	→	Lulo
Quito-oranje appel	→	Lulo
Quito-Tomate	→	Lulo
Quitsch	→	Holunder
Quitte der Tropen	→	Guave
Quittenapfel	→	Quitte
Quittenbirne	→	Quitte
Quittich	→	Quitte

R

Raab	→	Stängelkohl
Raap	→	Steckrübe
Raapkool	→	Kohlrabi
Raapstelen	→	Stielmus
Rabanito	→	Radieschen
Rabano	→	Rettich
- picante	→	Meerrettich
- rusticano	→	Meerrettich
Rabarbaro	→	Rhabarber
Rabarber	→	Rhabarber
Rabi in die Erd'	→	Kohlrabi
Rabunzel	→	Rapunzel
Rachenputzer	→	Meerrettich
Radi	→	Rettich
Radicchiello	→	Löwenzahn
Radichetta	→	Eichblattsalat
Radies	→	Radieschen
Radieschenkohl	→	Radieschen
Radieserl	→	Radieschen
Radijs	→	Radieschen
Radish	→	Rettich
Radis rave	→	Rettich
- roses	→	Radieschen
Radix	→	Radieschen
Räbe	→	Steckrübe
Rängbeere	→	Johannisbeere
Räpeldorn	→	Brombeere
Räte	→	Rettich
Rafano	→	Meerrettich
Rahmapfel	→	Annone
Ra(h)mbeere	→	Brombeere
Rahmnuss	→	Paranuss
Rahne	→	Rote Bete
Raifort	→	Meerrettich
Raisa	→	Eichblattsalat
Raisin	→	Rosine
- d'Amerique	→	Kermesbeere
Raisins de Corinthe	→	Rosine
- de Smyrne	→	Rosine
Raisin sec	→	Rosine
Raiz-forte	→	Meerrettich
Rajcata	→	Tomate
Rama	→	Rosella
Rambouetan	→	Rambutan
Rambootan	→	Rambutan
Ramboutan	→	Rambutan
Ramenas	→	Rettich
Râmestaude	→	Brombeere
Rampelbeere	→	Stachelbeere
Rampfe(n)	→	Brombeere
Rana	→	Steckrübe
Randbeere	→	Brombeere
Rande	→	Rote Bete
Randig	→	Rote Bete
Rangoon-Bohne	→	Bohne
Rankenbeere	→	Brombeere
Rankender Spinat	→	Spinat
Ranne	→	Rote Bete
Rantzebeere	→	Brombeere
Rapa	→	Stängelkohl
Rapa di primavera	→	Steckrübe
Rape seed	→	Raps
Raphanus caudatus	→	Rettich
Raphanus sativus	→	Rettich
- var. sativus	→	Radieschen
Rapontik(a)	→	Nachtkerze
Rapontikwurzel	→	Nachtkerze
Rappa	→	Stängelkohl
Rapsäd	→	Raps
Rapünzchen	→	Feldsalat
Rapünzlein	→	Feldsalat
Rapunsel	→	Feldsalat
Rapunzel-Glocken	→	Rapunzel
Rapunzelsalat	→	Feldsalat
Raquemine	→	Kaki
Raspberry	→	Himbeere
Rattail radish	→	Rettich
Rattenschwanzrettich	→	Rettich
Rattenschwanzwürze	→	Rettich
Rauchbeere	→	Stachelbeere
Raucherzähne	→	Mais
Rauchling	→	Stachelbeere
Rauchpitter	→	Stachelbeere
Raudelbeere	→	Stachelbeere
Rauern	→	Stachelbeere
Raukenblättr. Nachtschatten	→	Pepino
Raukenkohl	→	Rauke
Raumböwern	→	Heidelbeere
Rauner	→	Rote Bete
Rausch	→	Preiselbeere
Rauschbeere	→	Heidelbeere
Rauschgrün	→	Moosbeere
Rauze	→	Stachelbeere
Ravanello	→	Radieschen
Ravano	→	Rettich
Raves	→	Steckrübe
Rawinzeln	→	Feldsalat
Rawodele	→	Hagebutte
Rebkresse	→	Feldsalat
Rebtaressig	→	Feldsalat
Rechholder	→	Holunder
Reckholder	→	Holunder
Red beet	→	Rote Bete
- cabbage	→	Rotkohl
Redkvicka	→	Radieschen
Red(leaved) chicory	→	Radicchio
Red salad bowl	→	Eichblattsalat
- skin	→	Ananas
- Spanish	→	Ananas
- ware	→	Alge
- whortleberry	→	Preiselbeere
Reed mace	→	Rohrkolben
Refuga	→	Löwenzahn
Regge	→	Roggen
Regina Claudia	→	Reneklode

Reidlinger → Stachelbeere
Reifziwerln → Schlehe
Reikemann → Hagebutte
Reine-Claude → Reneklode
Reinklaue → Reneklode
Reisbesen → Hirse
Reisbohne → Bohne
Reiselbeere → Berberitze
Reisererbse → Erbse
Reismelde → Quinoa
Reißbeere → Berberitze
Reisspinat → Quinoa
Relish → Früchte
Remolachas → Rote Bete
Rêndelen → Preiselbeere
Renglotta → Reneklode
Renkbeere → Himbeere
Renkon → Lotoswurzel
Repeldorn → Hagebutte
Repolla morado → Rotkohl
Repollita → Rosenkohl
Repollo blanco → Weißkohl
- blanco crespo → Wirsing
- de corte → Grünkohl
- verde → Grünkohl
Reps → Raps
Retati → Melone
Rettig → Rettich
Reusch → Preiselbeere
Reyna → Mandarine
Rezene → Fenchel
Rhabarberbeere → Berberitze
Rhapontik → Rhabarber
R(h)eindorn → Sanddorn
R(h)einweide → Sanddorn
Rheum rhabarbarum → Rhabarber
- rhapontici → Nachtkerze
Rhubarb → Rhabarber
Ribarbora → Rhabarber
Ribe → Johannisbeere
Riberry → Preiselbeere
Ribes → Johannisbeere
- album → Johannisbeere
- alpinum → Johannisbeere
- divaricatum → Stachelbeere
- nero → Johannisbeere
- nigrum → Johannisbeere
- rosso → Johannisbeere
- rubrum → Johannisbeere
- uva-crispa var. → Stachelbeere
Ribiseln → Johannisbeere
Rice → Reis
Rice bean → Bohne
Ricchi → Lollo Rossa
Ridge cucumber → Gurke
Ridget gourd → Luffa
- loofah → Luffa
Riebelesbeer → Johannisbeere
Ries → Reis
Riesengrenadille → Passionsfrucht
Riesenorange → Pampelmuse
Riesenquitte → Quitte
Rieslingkraut → Sauerkraut
Riewe → Karotte
Rif(f)elbeere → Heidelbeere
Rif(spitz)beere → Berberitze
Rimbeere → Himbeere
Rinderherz → Annone, Tomate
Rindsbeere → Brombeere
Rindsfarz → Stachelbeere
Ringäpfel → Apfel
Ring(els)beere → Himbeere
Ringlo → Reneklode
Ringlotte → Reneklode
Ring of fire → Sonnenblume
Ripley Queen → Ananas
Rippenkohl → Mangold
Rippenmangold → Mangold
Ris de veau végétal → Aki
Riso → Reis
Risotto → Reis
Rissbeere → Heidelbeere
Ritscherl → Feldsalat
Riz → Reis
Rizala → Berberitze
Robinie → Johannisbrot
Rocket → Rauke
Rocko → Roggen
Rode biet → Rote Bete
- kool → Rotkohl
- Reuwe → Rote Bete
Röbstill → Stielmus
Rödbeder → Rote Bete
Rödkaal → Rotkohl
Rödlök → Zwiebel
Röhlk → Stranddreizack
Röhrenkassie → Kassie
Röhrenlauch → Zwiebel
Röhrenmanna → Kassie
Röhrenschnittlauch → Zwiebel
Röhrenzwiebel → Zwiebel
Röhr(kohl) → Stranddreizack
Röhrleinkraut → Löwenzahn
Röhrlsalat → Löwenzahn
Römerkern → Haselnuss
Römerkohl → Mangold
Römersalat → Römischer Salat
Römische Bete → Mangold
Römische Nuss → Haselnuss
Römische Pflaume → Pflaume
Römischer Ampfer → Sauerampfer
Römisch(er) Kohl → Mangold
Römischer Spinat → Sauerampfer
Röslikohl → Rosenkohl
Röster → Früchte
Rohne → Rote Bete
Rohrlsalat → Löwenzahn
Rohrzucker → Zuckerrohr
Romaine → Tomate
- lettuce → Römischer Salat
Romana → Römischer Salat
Romanesco → Artischocke
Romanesko-Kohl → Romanesco
Roman rocket → Rauke
Rombeere → Himbeere
Romeinse sla → Römischer Salat

Romice	→	Sauerampfer
Rommel	→	Zuckerrübe
Rondier	→	Palmyra
Rondini	→	Zucchini
Rood lof	→	Radicchio
Roquette	→	Rauke
Rosa	→	Hagebutte
- canina	→	Hagebutte
- pendulina	→	Hagebutte
- rugosa	→	Hagebutte
Rose	→	Hagebutte
- apple	→	Jambolan
- hip	→	Hagebutte
Rosella-Eibisch	→	Rosella
Roselle	→	Rosella
Rosenapfel	→	Hagebutte, Jambolan
Rosenbeere	→	Hagebutte
Rosenböbberle	→	Rosenkohl
Rosenge	→	Rosine
Rosenwirsing	→	Rosenkohl
Rosetta	→	Johannisbeere
Rosin	→	Rosine
Rosine	→	Traube
Rosinenerbse	→	Erbse
Rossbeere	→	Brombeere, Heidelbeere
Rossblume	→	Löwenzahn
Rossbohne	→	Bohne
Rossbolle	→	Brombeere
Rossboppre	→	Brombeere
Rossheidelbeere	→	Heidelbeere
Rosskartoffel	→	Topinambur
Rosspappel	→	Rosella
Rosspüppke	→	Hagebutte
Rosstraube	→	Johannisbeere
Rotbeere	→	Erdbeere
Rotbezinge	→	Johannisbeere
Rote Apfelbeere	→	Jostabeere
- Beete	→	Rote Bete
- Biete	→	Rote Bete
- Breme	→	Himbeere
- Bullgrawen	→	Preiselbeere
- Dattel	→	Jujube
- Dirndl	→	Hagebutte
- Druschel	→	Johannisbeere
- Endivie	→	Radicchio
- Heide	→	Heidelbeere
- Heidelbeere	→	Preiselbeere
- Männlein	→	Hagebutte
- Pasteney	→	Karotte
Roter aus Grenoble	→	Eisbergsalat
- Balus	→	Granatapfel
- Chicoree	→	Radicchio
- Eissalat	→	Eisbergsalat
- Heinrich	→	Sauerampfer
- Holunder	→	Holunder
- Kappes	→	Rotkohl
- Kopfsalat	→	Kopfsalat
- Rohne	→	Rote Bete
- Rude	→	Rotkohl
- Sauerklee	→	Sauerkleeknolle
- Sellerie	→	Nachtkerze
- Traubenholonder	→	Holunder
Rote Rübe	→	Karotte, Rote Bete
- Schlehe	→	Hagebutte
- Seealge	→	Alge
- Sojabohne	→	Bohne
- Tintenbeere	→	Berberitze
- Welpern	→	Preiselbeere
- Wurzel	→	Karotte
- Zonenkugel	→	Topinambur
Rotgroschel	→	Stachelbeere
Rothendeli	→	Preiselbeere
Rotkabis	→	Rotkohl
Rotkäppchen(salat)	→	Kopfsalat
Rotköpfchen	→	Hagebutte
Rotköpfchensalat	→	Kopfsalat
Rotkraut	→	Rotkohl
Rotpipke	→	Hagebutte
Rotriewe	→	Rote Bete
Rotrübe	→	Rote Bete
Rotzbeere	→	Brombeere
Rougette	→	Rauke
Rowan	→	Vogelbeere
Royals	→	Haselnuss
Rozijn	→	Rosine
Rozinky	→	Rosine
Rubeae caules	→	Rotkohl
Rubin	→	Chicorée, Rubin
Rubus arcticus	→	Moosbeere
- bogotensis	→	Brombeere
- caesius	→	Brombeere
- chamaemo	→	Brombeere
- fruticosus	→	Brombeere
- hybrid	→	Boysenbeere
- idaeus	→	Himbeere
- loganoba	→	Brombeere
- occidentalis	→	Himbeere
- phoenicola	→	Brombeere
- spectabilis	→	Brombeere
Rubutze	→	Stachelbeere
Ruca	→	Rauke
Ruccula	→	Rauke
Ruchbeere	→	Stachelbeere
Ruchetta	→	Rauke
Rucola	→	Rauke
Ruderalpflanzen	→	Pflanzen
Rübchen	→	Steckrübe
Rübe	→	Karotte
Rübenkälberkropf	→	Steckrübe
Rübenkerbel	→	Steckrübe
Rüb(en)kohl	→	Kohlrabi, Stängelkohl, Steckrübe
Rübenraps	→	Raps
Rübenreps	→	Raps
Rübenspinat	→	Zuckerrübe
Rübli	→	Karotte
Rübsaat	→	Raps
Rübsamen	→	Raps
Rübsen	→	Raps
Rübsprossen	→	Stielmus
Rübstiel(chen)	→	Stielmus
Rüebli	→	Karotte
Rührfass	→	Hagebutte
Rüterdorn	→	Hagebutte
Rüsch	→	Brombeere

Rugetta → Rauke
Rugola → Rauke
Ruibarbo → Rhabarber
Ruiponce → Feldsalat
Ruke → Rauke
Rukola → Rauke
Rumex acetosa → Sauerampfer
- acetosella → Sauerampfer
- scutatus → Sauerampfer
Rummel → Zuckerrübe
Rummelbeere → Heidelbeere
Rumpelsbeere → Brombeere
Rundkohl → Weißkohl
Runke → Rauke
Runkelbeere → Heidelbeere
Runkel(rübe) → Zuckerrübe
Runner bean → Bohne
Runzelerbse → Erbse
Runzelforze → Stachelbeere
Runzerebeere → Himbeere
Rupfsalat → Kopfsalat
Ruserlbeere → Stachelbeere
Russ. Schalotte → Schalotte
- Eschlauch → Schalotte
- Meerkohl → Meerkohl
Russlandkohl → Grünkohl
Rutabaga → Steckrübe
Rutenerdbeerspinat → Erdbeerspinat
Ruzickova kapusta → Rosenkohl
Rye → Roggen
Rys → Reis

S

Saatlein → Leinsamen
Saccharum → Zuckerrohr
Sättling → Sauerampfer
Säuerling → Sauerampfer
Säule → Hagebutte
Säuwblum → Löwenzahn
Säuwbrodt → Erdnuss
Säuwrüssel → Löwenzahn
Säuwschnabel → Löwenzahn
Safou → Avocado
Safu → Avocado
Sagou → Sago
Salacca zalacca → Salak
Salada → Salat
Salad bowl → Eichblattsalat
Salade → Salat
- feuilles de chène → Eichblattsalat
Salad rocket → Rauke
Salanova → Lollo Rossa
Saláta → Salat
Salatalik → Gurke
Salatampfer → Sauerampfer
Salatbete → Rote Bete
Salatblume → Kapuzinerkresse
Salathäuptel → Kopfsalat
Salatrapünzchen → Feldsalat
Salatrauke → Rauke
Salatrübe → Rote Bete
Salatrunkel → Rote Bete
Salatzichorie → Chicorée
Salgam lanahasi → Steckrübe
Salicornia europaea → Glasschmalz
Salicorna jodata → Glasschmalz
Salicorne → Glasschmalz
Saligia → Bohne
Sallat → Salat
Salot → Salat
Salsendorn → Berberitze
Salsifi blanco → Schwarzwurzel
- negro → Schwarzwurzel
Salsifis blanc → Schwarzwurzel
- noir → Schwarzwurzel
Salsify → Schwarzwurzel
Salzaster → Strandaster
Salzdreizack → Stranddreizack
Salzkraut → Glasschmalz
Sambuco → Holunder
Sambucus ebulus → Holunder
- nigra → Holunder
- racemo → Holunder
Samenbohne → Bohne
Samfistigi → Pistazie
Samphire → Glasschmalz
Samtactinidie → Kiwi
Samtapfel → Kaki
Samtbeere → Himbeere
Sandbeere → Sanddorn
Sandbirne → Nashi
Sanderbse → Erbse
Sandholz → Berberitze
Sandias → Melone
Sandkreuzdorn → Sanddorn
Sandwicke → Erbse
Sang Shen-tzu → Maulbeere
St. Johannes Pfersing → Aprikose
St. Johannträublein → Johannisbeere
Sant Jansbrood → Johannisbrot
Santhansträublein → Johannisbeere
Santihansbeere → Johannisbeere
Santol → Langsat
Sapodilla pruim → Sapote Mamey
Sapodille-epler → Sapote Mamey
Sapota → Sapote Mamey
- bianco → Casimiroa
- amarillo → Sapote Mamey
- blanche → Casimiroa
- chico → Sapote Mamey
- mamey → Sapote Mamey
- negro → Dattelpflaume
- noir → Dattelpflaume
Sapotilla → Sapote Mamey
Sapotillapfel → Sapote Mamey
Sapotille → Sapote Mamey
Sarantigemüse → Amarant
Sarasina → Buchweizen
Sarazin → Buchweizen
Saris → Kiwi
Saronfrucht → Kaki
Sassamanesh → Cranberry
Satsuma → Mandarine
Saubeere → Brombeere
Sau(ben)beere → Brombeere
Saublume → Löwenzahn

Saubohne	→	Bohne
Sauburtzel	→	Portulak
Saúco	→	Holunder
Sauengold	→	Mais
Sauer(ach)dorn	→	Berberitze
Sauerbeere	→	Berberitze, Johannisbeere
Sauerblätter	→	Sauerampfer
Sauerblatt	→	Berberitze
Sauerbrei	→	Annone
Sauerbutzen	→	Schlehe
Sauerdattel	→	Tamarinde
Sau(er)dorn	→	Schlehe
Sauergras	→	Sauerampfer
Sauerklee	→	Sauerampfer
Sauerkleerübe	→	Sauerkleeknolle
Sauerkleewurzel	→	Sauerkleeknolle
Sauerknöterich	→	Sauerampfer
Sauerkohl	→	Sauerkraut
Sauerl. Korinthe	→	Heidelbeere
Sauerlump	→	Sauerampfer
Sauerorange	→	Pomeranze
Sauerrübe	→	Steckrübe
Sauersack	→	Annone
Sauersenf	→	Sauerampfer
Sauerzitrone	→	Zitrone
Saunessel	→	Brennnessel
Saure Limette	→	Limette
- Rübe	→	Steckrübe
Saurer Kappes	→	Sauerkraut
- Kumst	→	Sauerkraut
Saurnelken	→	Löwenzahn
Saurose	→	Hagebutte
Savooiekool	→	Wirsing
Savoy cabbage	→	Wirsing
Savoyerkohl	→	Wirsing
Sayoor	→	Gemüse
Scallonzwiebel	→	Schalotte
Scallop	→	Patisson
Scalogno	→	Schalotte
Scarole	→	Endivie
Schabaöpfel	→	Quitte
Schaddock	→	Pampelmuse
Schälererdäpfel	→	Kartoffel
Schälergadoffel	→	Kartoffel
Schälnüsse	→	Walnuss
Schafholder	→	Holunder
Schafmäulchen	→	Feldsalat
Schafmaulsalat	→	Feldsalat
Schafspfirsich	→	Kiwi
Schalottenzwiebel	→	Schalotte
Schantung-Kohl	→	Chinakohl
Scharfnessel	→	Brennnessel
Scharfwurzel	→	Meerrettich
Scharkenstrauch	→	Schlehe
Scharonfrucht	→	Kaki
Schaschlikzwiebel	→	Lauch
Schattbutbengel	→	Karotte
Schattenmorelle	→	Kirsche
Schattenrose	→	Hagebutte
Scheinbeere	→	Jostabeere
Scheinquitte	→	Quitte
Schellbeere	→	Brombeere
Scherkohl	→	Grünkohl
Schesen	→	Holunder
Schetschken	→	Holunder
Schibiken	→	Holunder
Schikoree	→	Chicorée
Schildampfer	→	Sauerampfer
Schildkrötenbohne	→	Bohne
Schildkrötenpflanze	→	Yam
Schinkenkraut	→	Nachtkerze
Schinkenwurz(el)	→	Nachtkerze
Schipka	→	Hagebutte
Schipken	→	Holunder
Schlaat	→	Salat
Schlachtekohl	→	Sauerkraut
Schlackerrose	→	Hagebutte
Schlämpeschlägeli	→	Berberitze
Schlafäpfel	→	Apfel
Schlagdorn	→	Hagebutte
Schlangenbaum	→	Araukarie
Schlangenbeere	→	Brombeere
Schlangenbohne	→	Spargelbohne
Schlangenfrucht	→	Salak
Schlangengurke	→	Gurke
Schlangenhaargurke	→	Gurke
Schlangenkürbis	→	Gurke
Schleacha	→	Schlehe
Schlehenbilse	→	Schlehe
Schlehenbüchsen	→	Holunder
Schleh(en)dorn	→	Schlehe
Schlehenkrieche	→	Schlehe
Schlehenpflaume	→	Schlehe
Schlehenpraume	→	Schlehe
Schlempekraut	→	Zichorie
Schliche	→	Schlehe
Schliehbeere	→	Johannisbeere
Schliehe	→	Schlehe
Schliene	→	Schlehe
Schliere	→	Schlehe
Schlinge(l)	→	Schlehe
Schlingrose	→	Hagebutte
Schlinke	→	Schlehe
Schlobberkohl	→	Endivie
Schlogitzer	→	Heidelbeere
Schlotten	→	Zwiebel
Schlottenzwiebel	→	Zwiebel
Schlotterkelle	→	Preiselbeere
Schluckfärze	→	Schlehe
Schluppen	→	Zwiebel
Schluppenzwiebel	→	Zwiebel
Schlute	→	Physalis
Schmalzbeere	→	Preiselbeere
Schmalzbohne	→	Bohne
Schmalzkraut	→	Feldsalat
Schmalzkübelein	→	Hagebutte
Schmalzler	→	Kopfsalat
Schmalzrübe	→	Steckrübe
Schmalzsalat	→	Kopfsalat
Schmeckbirne	→	Quitte
Schmerbel	→	Brombeere
Schmerbirne	→	Vogelbeere
Schminkbeere	→	Kermesbeere
Schminkbohne	→	Bohne
Schmucktanne	→	Araukarie

Schnabelsalat	→	Lollo Rossa
Schnallenbeere	→	Moosbeere
Schnapsbeere	→	Moosbeere
Schnattra	→	Zwiebel
Schnaps-Johannis	→	Johannisbeere
Schneckenklee	→	Sauerkleeknolle
Schneeerbse	→	Erbse
Schneiderblume	→	Schlehe
Schnellbeere	→	Moosbeere
Schnitterbeere	→	Himbeere
Schnittkohl	→	Grünkohl
Schnittlauch f. Faule	→	Zwiebel
Schnitzel	→	Apfel
Schnökelbeere	→	Preiselbeere
Schnoterkliess	→	Hagebutte
Schnürsenkelbohne	→	Spargelbohne
Schocke	→	Kartoffel
Schockererbse	→	Erbse
Schönemann	→	Himbeere
Schönheitsgetreide	→	Hirse
Schollera	→	Moosbeere
Schosiken	→	Holunder
Schotenerbse	→	Erbse
Schotenhornklee	→	Spargelbohne
Schnibbelbohne	→	Bohne
Schnitterbeere	→	Brombeere
Schnittsalat	→	Kopfsalat
Schnorrgäuer	→	Brombeere
Schnotzbeere	→	Heidelbeere
Schnuderbeere	→	Heidelbeere
Schötzenmiere	→	Schwarzwurzel
Schoppenkraut	→	Sellerie
Schorsenere	→	Schwarzwurzel
Schossbeere	→	Brombeere
Schossrüben	→	Zuckerrübe
Schote	→	Erbse
Schotenfrüchte	→	Hülsenfrüchte
Schotengemüse	→	Hülsenfrüchte
Schrompera	→	Kartoffel
Schrumpelbeere	→	Rosine
Schrumpelkartoffeln	→	Kartoffel
Schtorzenärla	→	Schwarzwurzel
Schucke	→	Kartoffel
Schüppchen	→	Holunder
Schuhäpfel	→	Stachelbeere
Schukrut	→	Sauerkraut
Schuppenannone	→	Annone
Schuppentanne	→	Araukarie
Schusterbeere	→	Johannisbeere
Schwabenkorn	→	Grünkern
Schwammgurke	→	Luffa
Schwammkürbis	→	Luffa
Schwammwurz	→	Spargel
Schwapperte	→	Brombeere
Schwarzäugelbeere	→	Heidelbeere
Schwarzbeere	→	Heidelbeere
Schwarzbohne	→	Sojabohne
Schwarzdorn	→	Schlehe
Schwarzel	→	Heidelbeere
Schwarzelse	→	Kirsche
Schwarze Apfelbeere	→	Jostabeere
- aus Ägypten	→	Rote Bete
- Dattel	→	Dattelpflaume

- Erbse	→	Erbse
- Erdbeere	→	Heidelbeere
- Gehandsrauwe	→	Johannisbeere
- Haubeere	→	Brombeere
- Johannistraube	→	Johannisbeere
- Kasse	→	Johannisbeere
- Mehrtrübli	→	Johannisbeere
- Nuss	→	Walnuss
- Preiselbeere	→	Heidelbeere
Schwarzer Flieder	→	Holunder
Schwarze Ribisel	→	Johannisbeere
- Rosine	→	Johannisbeere
- Sapote	→	Dattelpflaume
- Tomate	→	Aubergine
- Träuble	→	Johannisbeere
- Vogelbeere	→	Holunder
- Weinbeere	→	Johannisbeere
Schwarzholder	→	Tomate
Schwarzkirsche	→	Tomate
Schwarzkohl	→	Grünkohl
Schwarzkopf	→	Hagebutte
Schwarznessel	→	Perilla
Schwarzplenten	→	Buchweizen
Schwed. Erbse	→	Erbse
- Hagebutte	→	Vogelbeere
- Rübe	→	Steckrübe
Schweinbeere	→	Johannisbeere
Schweinchen	→	Hagebutte
Schweinebohne	→	Bohne
Schweinetang	→	Alge
Schweinsbeere	→	Preiselbeere
Schweinskraut	→	Portulak
Schweizerkraut	→	Mangold
Schweiz. Kuttle	→	Stachelbeere
- Mangold	→	Mangold
Schwertbohne	→	Bohne
Schwerzeitbeere	→	Johannisbeere
Schwetsche	→	Pflaume
Schwetz. Meister	→	Spargel
Schwider	→	Moosbeere
Schwiderdorn	→	Berberitze
Schwiderholz	→	Berberitze
Schwider(malte)	→	Berberitze
Schwindel(beere)	→	Heidelbeere
Schwindernebeere	→	Berberitze
Scitzadorn	→	Hagebutte
Scitzela	→	Hagebutte
Scorsonère	→	Schwarzwurzel
Scorzonera	→	Schwarzwurzel
- hispanica	→	Schwarzwurzel
Scütz	→	Hagebutte
Sea apple	→	Palmyra
- arrowgras	→	Stranddreizack
- asparagus	→	Glasschmalz
- aster	→	Strandaster
- bean	→	Glasschmalz
- buckthorn	→	Sanddorn
- cabbage	→	Alge
- coconut	→	Kokosnuss
- kale	→	Meerkohl
- lettuce	→	Alge
- pickle	→	Glasschmalz
- tangle	→	Alge

- weed → Alge
Sebze → Gemüse
Secale cereale → Roggen
Sechium edule → Chayote
Sedano da coste → Staudensellerie
- rapa → Sellerie
Seebohne → Glasschmalz
Seedorn(beere) → Sanddorn
Seeeiche → Alge
Seehoibeere → Heidelbeere
Seekohl → Meerkohl
Seekralle → Glasschmalz
Seekreuzdorn → Sanddorn
Seespargel → Glasschmalz
Seetang → Alge
Seftali → Pfirsich
Segale → Roggen
Segensnuss → Walnuss
Seicher → Löwenzahn
Seichkraut → Löwenzahn
Seicherkraut → Löwenzahn
Seidenbeere → Himbeere
Seigle → Roggen
Seimbohne → Bohne
Seker kamisi → Zuckerrohr
Seker pancari → Zuckerrübe
Selderich → Sellerie
Selinon → Sellerie
Selleriekohl → Chinakohl
Selleriewurzel → Sellerie
Sellerli → Sellerie
Sellrainer Rübe → Steckrübe
Seltsame Trüffel → Kartoffel
Seme de lino → Leinsamen
Semeruco → Acerola
Semianzwiebel → Zwiebel
Semillas de Lino → Leinsamen
Senape spinacio → Mosterdspinat
Sendbeere → Heidelbeere
Senfgemüse → Gemüse
Senfpickles → Gemüse
Senfkohl → Rauke
Senfrauke → Rauke
Senfspinat → Mosterdspinat
Senna → Kassie
Sennes → Kassie
Sensiboom → Longane
Senznessel → Brennnessel
Sepbeere → Heidelbeere
Serbal de cazadores → Vogelbeere
Serbo selvatico → Vogelbeere
Serpent végétal → Gurke
Service berry → Vogelbeere
Sesamum indicum → Sesam
Seso vegetal → Aki
Setbeere → Heidelbeere
Sev → Apfel
Sevilla-Orange → Apfelsine
Seychellen-Nuss → Kokosnuss
Shaddock → Pampelmuse
Shallot → Schalotte
Shamrock → Sauerkleeknolle
Shandong-Apfel → Nashi
Shandong-Kohl → Chinakohl
Shan yao → Yam
Sharon → Kaki
Shepherdia → Sanddorn
Shiso → Perilla
Shoyu → Sojabohne
Shungiku → Salatchrysantheme
Sibbeere → Heidelbeere
Sibirischer Kohl → Raps
Sibirische Stachelbeere → Kiwi
- Zwiebel → Zwiebel
Sichelklee → Sauerkleeknolle
Sidebeer → Himbeere
Siebbeere → Berberitze
Siebeere → Moosbeere
Siegwurz → Lauch
Siekbeere → Holunder
Seine → Rosine
Sientjes → Rosine
Siévabohne → Bohne
Silberaprikose → Ginkgopflaume
Silberplatte → Holunder
Silberzwiebel → Lauch
Silk gourd → Luffa
Silver kale → Meerkohl
Silverskin onion → Lauch
Sinaapfel → Apfelsine
Sindnargemüse → Amarant
Sineser → Apfelsine
Singharanuss → Wasserkastanie
Singwa → Okra
Sinton → Kumquat
Sipel → Zwiebel
Sipky → Hagebutte
Sisymbrium → Rauke
Sitron → Zitrone
Sitrus frukt → Zitrusfrüchte
Sitterbeere → Brombeere
Sium sisarum → Zuckerwurzel
Sizilianische Nuss → Pistazie
Sjalot → Schalotte
Skarla → Preiselbeere
Skoke → Kermesbeere
Skorbutkraut → Meerrettich
Skorzener Wurzel → Schwarzwurzel
Skorzonere → Schwarzwurzel
Skriffle → Preiselbeere
Skützgoglen → Hagebutte
Skuzelbeere → Heidelbeere
Sla → Salat
Släierte → Schlehe
Slapetorn → Schlehe
Sleepruim → Schlehe
Slien → Schlehe
Slim Jim → Aubergine
Sloe → Schlehe
Sloke → Alge
Small cranberry → Moosbeere
- radish → Radieschen
Smith Tangerine → Mandarine
Smokwa → Feige
Smooth Cayenne → Ananas
- loofah → Luffa

Smulenträkers → Hagebutte
Smultron → Erdbeere
Snake gourd → Gurke
Snap pea → Erbse
Snijbiet → Mangold
Snijmoes → Grünkohl
Snôrbeere → Brombeere
Snow pea → Erbse
Snurrbeien → Brombeere
Sobak → Buchweizen
Sofienkraut → Rauke
Soft-Früchte → Früchte
Sogan → Zwiebel
Solanum aethiopic. → Aubergine
- aviculare → Pepino
- costarense → Lulo
- lycopersicum → Tomate
- melongena → Aubergine
- muricatum → Pepino
- quitóense → Lulo
- sisymbrifolium → Pepino
- topiro → Lulo
- torvum → Aubergine
- tuberosum → Kartoffel
- v. depressum → Aubergine
- v. serpentinum → Aubergine
Solbär(bum) → Brombeere
Soldatenbohne → Bohne
Sommerdorn → Löwenzahn
Sommerendivie → Römischer Salat
Sommerkohl → Wirsing
Sommerspinat → Mangold
Sommerwurzel → Löwenzahn
Sonja → Sonnenblume
Sonnenbeere → Brombeere
Sonnenbraten → Kartoffel
Sonnenbraut → Zichorie
Sonnenkraut → Zichorie
Sonnenkron → Sonnenblume
Sonnenwedel → Zichorie
Sonnenwende → Zichorie
Sonnling → Topinambur
Sonnenwirbel → Feldsalat
Sonsoklet → Sonnenblume
Sophienkraut → Rauke
Sorbapfel → Vogelbeere
Sorbe → Vogelbeere
Sorbier → Vogelbeere
Sorbole → Vogelbeere
Sorbus aucuparia → Vogelbeere
- domestica → Vogelbeere
Sorghum bicolor → Hirse
- halepens → Hirse
Sorrel → Sauerampfer
Sorrento-Nuss → Walnuss
Sottaceti → Gemüse
Souchet comestible → Erdmandel
Sougou → Langsat
Sour apple → Annone
- cherry → Kirsche
- kraut → Sauerkraut
- lime → Limette
- orange → Pomeranze
Soursop → Annone
Sou-sou → Chayote
Soya fasulyesi → Sojabohne
Soybean → Sojabohne
- sprouts → Sojabohne
Spackel(dor) → Hagebutte
Spaghetti-Bohne → Spargelbohne
Spaghetti pompoe → Kürbis
Spalterbse → Erbse
Spanische Artischocke → Kardone
- Distel → Kardone
- Limone → Longane
- Pflaume → Balsampflaume
Spanischer Lauch → Lauch
- Salat → Melde
- Spinat → Melde
Spanisches Ei → Aubergine
- Nüssli → Erdnuss
Spanische Wurzel → Schwarzwurzel
Spanish lime → Longane
- potato → Batate
Spansch Lauch → Lauch
Sparagio → Spargel
Spargelbohne → Bohne, Spargelbohne
Spargelbrokkoli → Stängelkohl
Spargel d. arm. Mannes → Lauch
- des Winters → Schwarzwurzel
Spargelfisole → Spargelbohne
Spargel f. arme Leute → Schwarzwurzel
Spargelkohl → Brokkoli, Rosenkohl
Spargelsalat → Römischer Salat
Spazierstockkohl → Weißkohl
Speckbeere → Preiselbeere
Speckrübe → Steckrübe
Speerbeerbaum → Vogelbeere
Speierling → Vogelbeere
Speisedistel → Artischocke
Speiserübe → Steckrübe
Spelt → Dinkel
Spelzweizen → Dinkel
Spenat → Spinat
Sperberbeere → Berberitze
Sperziebone → Bohne
Speyerling → Vogelbeere
Spienwaimerle → Berberitze
Spierapfel → Vogelbeere
Spießdorn → Berberitze
Spilanthes oleraces → Kresse
Spilling → Schlehe
Spinach → Spinat
- beet → Mangold
Spinacia oleracea → Spinat
Spinacio → Spinat
- de Nova Zelande → Spinat
- fragola → Erdbeerspinat
Spinadel → Spinat
Spinat der Armen → Brennnessel
Spinatsenf → Steckrübe
Spinazie → Spinat
Spinellen → Stachelbeere
Spinetsch → Spinat
Spinez → Spinat
Spinling → Schlehe

Spinoso sardo	→	Artischocke
Spitskool	→	Weißkohl
Spitzbeere	→	Berberitze
Spitzblättriger Meerkohl	→	Meerkohl
Spitzkabis	→	Weißkohl
Spitzkohl	→	Weißkohl
Spitzkraut	→	Weißkohl
Spitzpaprika	→	Paprikaschote
Spitzzwetsche	→	Pflaume
Spleissbeere	→	Preiselbeere
Splenterholz	→	Holunder
Splittererbse	→	Erbse
Spluderbeere	→	Preiselbeere
Spondias cytherea	→	Balsampflaume
- dulce	→	Balsampflaume
- pinnata	→	Balsampflaume
- purpurea	→	Balsampflaume
Sponge gourd	→	Luffa
Spoon cabbage	→	Paksoi
Sporapfel	→	Vogelbeere
Sporbyren	→	Vogelbeere
Spreckelbeere	→	Heidelbeere
Spreißbeere	→	Heidelbeere
Spreißel(beere)	→	Preiselbeere
Sprengbeere	→	Sanddorn
Sprießelbeere	→	Preiselbeere
Spring greens	→	Grünkohl
- onion	→	Zwiebel
Sprossen	→	Rosenkohl
Sprossenkohl	→	Brokkoli, Rosenkohl
Sprosserl	→	Rosenkohl
Sprouting broccoli	→	Brokkoli
Sprue	→	Spargel
Spruiten	→	Rosenkohl
Spunzger	→	Stachelbeere
Squash	→	Patisson
Stachelannone	→	Annone
Stachelbirne	→	Kaktusfeige
Stacheldorn	→	Sanddorn
Stachelfeige	→	Kaktusfeige
Stachelgurke	→	Chayote
Stachelhanse	→	Stachelbeere
Stachelhecke	→	Hagebutte
Stachellizchen	→	Stachelbeere
Stachelribisel	→	Stachelbeere
Stachide	→	Stachys
Stachle	→	Stachelbeere
Stachlige Weide	→	Sanddorn
Stachys officinalis	→	Stachys
- tubifera	→	Stachys
Stängelrübe	→	Kohlrabi
Stängelsellerie	→	Staudensellerie
Stännerbohne	→	Bohne
Stäudlein	→	Heidelbeere
Stamboon	→	Bohne
Stangensellerie	→	Staudensellerie
Stangenzeller	→	Staudensellerie
Starapple	→	Sternapfel
Staphylea pinnata	→	Pistazie
Starfruit	→	Karambole
Star gooseberry	→	Stachelbeere
Starke Orange	→	Pomeranze
Stauchelbaum	→	Berberitze
Staudelbeere	→	Heidelbeere
Staudenmure	→	Brombeere
Staudenröschen	→	Hagebutte
Staunsker	→	Stachelbeere
Stechbeere	→	Stachelbeere
Stechdorn	→	Sanddorn, Schlehe
Stechsalat	→	Kopfsalat
Stehbibbel	→	Sellerie
Steigbesinge	→	Brombeere
Steinbeere	→	Brombeere
Steinbickel	→	Preiselbeere
Steinfassbeere	→	Berberitze
Steinnuss	→	Paranuss
Steinröschen	→	Hagebutte
Stem lettuce	→	Spargelsalat
Stemmbeere	→	Himbeere
Stengelbeere	→	Himbeere, Johannisbeere
Stengelmus	→	Stielmus
Sterapple	→	Sternapfel
Sterkers	→	Kresse
Sternenblumenkohl	→	Romanesco
Sternfrucht	→	Karambole
Sternstachelbeere	→	Stachelbeere
Stibbern	→	Stachelbeere
Stichbeere	→	Johannisbeere
Stichel	→	Hagebutte
Stichelte	→	Stachelbeere
Stickbeere	→	Stachelbeere
Stickelatsch	→	Stachelbeere
Stielsellerie	→	Staudensellerie
Stikkelsbär	→	Stachelbeere
Stinging nettle	→	Brennnessel
Stinkbeere	→	Johannisbeere
Stinkflieder	→	Holunder
Stinkfrucht	→	Durian
Stinkhölerte	→	Holunder
Stinkholder	→	Holunder
Stinkholler	→	Holunder
Stinkrose	→	Hagebutte
Stinkstruk	→	Johannisbeere
Stipfling	→	Kartoffel
Stippmus	→	Stielmus
Stjerneaple	→	Sternapfel
Stoanlbeere	→	Heidelbeere
Stopfbeere	→	Heidelbeere
Stoppelrübe	→	Steckrübe
Stoppelrübenbeere	→	Brombeere
Storlbeere	→	Hagebutte
Storzeniere	→	Schwarzwurzel
Strängchensbeere	→	Johannisbeere
Sträuselbeere	→	Preiselbeere
Stranddorn(beere)	→	Sanddorn
Strandkohl	→	Meerkohl
Strandrauke	→	Rauke
Strangelbeere	→	Johannisbeere
Strankerl	→	Bohne
Strappelbeere	→	Stachelbeere
Strauchbohne	→	Bohne, Straucherbse
Strauchweichsel	→	Kirsche
Straußbeere	→	Johannisbeere, Preiselbeere

Strawberry → Erdbeere
- spinach → Erdbeerspinat
- tree fruit → Erdbeerbaumfrucht
Streffelbeere → Preiselbeere
Streifmus → Stielmus
Streifrüben → Stielmus
Streitbesie → Sanddorn
Strickbeere → Preiselbeere
Stricknadelbohne → Spargelbohne
Striffelbeere → Preiselbeere
String bean → Bohne
Stringe → Spargelbohne
Strip → Johannisbeere
Stroh → Sauerkraut
Strubelpeter → Kopfsalat
Struh → Sauerkraut
Strullbeere → Johannisbeere
Strumpfbandbohne → Spargelbohne
Strutzenbeere → Johannisbeere
Studentenfutter → Früchte
Stüpfistaude → Berberitze
Stupfelbeere → Stachelbeere
Sturlbeere → Heidelbeere
Stuttgarter → Feldsalat
Succini → Zucchini
Suckel(in) → Hagebutte
Sucrine → Eisbergsalat
Sükbeere → Holunder
Suerdorn → Berberitze
Suermoos → Sauerkraut
Süße Eberesche → Vogelbeere
- Granadilla → Passionsfrucht
- Limette → Limette
- Passionsfrucht → Passionsfrucht
Süßer Maniok → Maniok
Süßkartoffel → Batate
Süßmais → Mais
Süßorange → Apfelsine
Süßpaprika → Paprikaschote
Süßpomeranze → Apfelsine
Süßsack → Annone
Süßschäfe → Erbse
Süßweichsel → Kirsche
Süßwurzel → Zuckerwurzel
Süßzitrone → Zitronatzitrone
Sugar apple → Annone
- beet → Zuckerrübe
- crane → Zuckerrohr
- loaf → Fleischkraut
- pea → Erbse
Sugu → Langsat
Suhwahirse → Hirse
Suikermais → Mais
Sukratsitron → Zitronatzitrone
Sulferte → Johannisbeere
Sultanas → Rosine
Sultanine → Rosine
Summerguttere → Stachelbeere
Summer squash → Patisson
Sumpfaster → Strandaster
Sumpfbeere → Moosbeere
Sumpfbohne → Bohne
Sumpfbrombeere → Brombeere
Sumpfheidelbeere → Heidelbeere
Sumpfhimbeere → Brombeere
Sumpfkohl → Blumenkohl
Sumpfsilge → Selleric
Sunbright → Sonnenblume
Sunflower → Sonnenblume
Sunnenfürzele → Stachelbeere
Suntina → Mandarine
Superschmelz → Kohlrabi
Suppenkraut → Gemüse
Suppenlust → Rauke
Surade → Zitronatzitrone
Sureau → Holunder
Suren Hansen → Weißkohl
Surette → Sauerkleeknolle
Surfines → Kapern
Surich → Berberitze
Surinam cherry → Pitanga
Surinam-Kirsche → Pitanga
Surinam-Portulak → Portulak
Surinam-Spinat → Portulak
Susam → Sesam
Susina → Pflaume
Susine → Pflaume
Susine selvatiche → Schlehe
Suurchabis → Sauerkraut
Suurchrut → Sauerkraut
Svarthyll → Holunder
Svedsker → Pflaume
Sviskeplomme → Pflaume
Swamp cabbage → Wasserspinat
Swanimelone → Kiwano
Swarte Allbeer → Johannisbeere
Swartjebeere → Brombeere
Swedish turnip → Steckrübe
Sweet corn → Mais
- cucumber → Pepino
Sweeties → Grapefruit
Sweet orange → Apfelsine
- passionfruit → Passionsfrucht
-pepper → Paprikaschote
- potato → Batate
- sop → Annone
Swertje → Brombeere
Swingle → Pomeranze
Swiss chards → Mangold
Syrische Hirse → Mais
- Nuss → Pistazie
- Zwiebel → Schalotte
Syzygium cumini → Jambolan

T

Tabakröhrlistaude → Sanddorn
Tackbeje → Heidelbeere
Tacken → Brombeere
Tackenbeere → Heidelbeere
Tacso → Curuba
Tadernbobbacken → Preiselbeere
Tafelpilz → Champignon
Tahil → Getreide
Tahitian quince → Balsampflaume
Tahiti-Apfel → Balsampflaume
Tahiti-Limette → Limette

Tahiti-Pflaume	→ Balsampflaume
Taino	→ Mais
Taioba	→ Taro
Takenoko	→ Bambussprossen
Talinum triangular	→ Portulak
Tamanegi	→ Zwiebel
Tamar hindi	→ Tamarinde
Tamarillo	→ Baumtomate
Tamarin	→ Tamarinde
Tamarina	→ Tamarinde
Tamarindo chino	→ Karambole
Tamarindus indica	→ Tamarinde
Tamatar	→ Tomate
Tambor	→ Mandarine
Tamduot	→ Stachelbeere
Tammer	→ Dattel
Tampala	→ Amarant
Tang	→ Alge
Tangelbeere	→ Himbeere
Tangelos	→ Mandarine
Tangerine	→ Mandarine
Tangle	→ Alge
Tangleberry	→ Himbeere
Tangors	→ Mandarine
Tania	→ Tannia
Tanier	→ Tannia
Tanten	→ Schlehe
Taoge	→ Sojabohne
Tapana	→ Kapern
Taramago	→ Meerrettich
Tara vine	→ Kiwi
Taraxacum	→ Löwenzahn
Tardivi	→ Melone
Tardivo	→ Mandarine
Tarla marulu	→ Feldsalat
Tartarenkohl	→ Meerkohl
Tartarischer Meerkohl	→ Meerkohl
Tartoffel	→ Kartoffel
Tartuffel	→ Kartoffel
Tartuffoli	→ Kartoffel
Tartufo bianco	→ Kartoffel
Tarwe	→ Weizen
Tatarenkorn	→ Buchweizen
Tatar. Buchweizen	→ Buchweizen
Taterkorn	→ Buchweizen
Tatli biber	→ Paprikaschote
Tat Soi	→ Paksoi
Taubeere	→ Brombeere
Tau(ben)beere	→ Heidelbeere
Taubenerbse	→ Straucherbse
Taubenknopf	→ Brombeere
Taubenköpfle	→ Brombeere
Taubenschühlein	→ Preiselbeere
Taubenspick	→ Brombeere
Taugé	→ Sojabohne
Tausendnessel	→ Brennnessel
Tavent corn	→ Mais
Taybeere	→ Himbeere
Tayberry	→ Himbeere
Taze fasulye	→ Bohne
Teddybär	→ Sonnenblume
Teeblume	→ Holunder
Teeflieder	→ Holunder

Teeholunder	→ Holunder
Teerbeere	→ Brombeere
Teff	→ Hirse
Teichkolben	→ Rohrkolben
Tejocote	→ Kirsche
Tellerkraut	→ Portulak
Tellerrübe	→ Steckrübe
Teltower Rübchen	→ Steckrübe
- Weißrübchen	→ Steckrübe
Temarec	→ Sapote Mamey
Temple	→ Mandarine
Tempo-Bohne	→ Bohne
Tempo-Erbse	→ Erbse
Tempo-Linse	→ Linse
Tendergreen	→ Mosterdspinat
Tere	→ Kresse
Terebinthe	→ Pistazie
Ternickel	→ Schlehe
Terpentinpistazien	→ Pistazie
Tetinbeere	→ Brombeere
Tetragon cornue	→ Spinat
Tetragonia	→ Spinat
- tetragonoides	→ Spinat
Tetragonolobus	→ Spargelerbse
Teufelsbeere	→ Brombeere
Teufelsblume	→ Löwenzahn
Teufelsfrucht	→ Kartoffel
Teufelsjohannistraube	→ Johannisbeere
Teufelskralle	→ Rapunzel
Teufels Milchbottich	→ Löwenzahn
Teufelsohrensalat	→ Kopfsalat
Teufelswurzel	→ Kartoffel
Texocotl	→ Kirsche
Tharakh chakon	→ Löwenzahn
The Kelsae	→ Zwiebel
Thenga	→ Kokosnuss
Theobroma	→ Cupuacu
Thomasville	→ Kumquat
Thurbeere	→ Brombeere
Tibits	→ Ananas
Tierlibaum	→ Kirsche
Tietebeere	→ Moosbeere
Tigernuss	→ Erdmandel
Tigernut	→ Erdmandel
Tinda	→ Gurke
Tindla	→ Gurke
Tindli	→ Gurke
Tinnevelly-Senna	→ Kassie
Tintenbeere	→ Holunder, Kirsche
Tintendattel	→ Jujube
Tintennuss	→ Kaschunuss
Tippituambo	→ Topinambur
Tiras de bambú	→ Bambussprossen
Tissel	→ Brennnessel
Titanenblut	→ Brombeere
Titania	→ Johannisbeere
Tjareme	→ Stachelbeere
Tjerme	→ Stachelbeere
Todeskraut	→ Taubnessel
Todnessel	→ Taubnessel
Töffel(ch)en	→ Kartoffel
Tollbeere	→ Heidelbeere
Tollkirschen	→ Kirsche

Tomaat → Tomate
Tomate d'Abre → Baumtomate
- de árbol → Baumtomate
- de la paz → Baumtomate
Tomatenbaum → Physalis
Tomatenpaprika → Paprikaschote
Tomatillo → Physalis
Tomatillos enteros → Physalis
Tomatitos verdes → Physalis
Tomatle → Tomate
Tomato → Tomate
Tombul → Haselnuss
Tondino → Zucchini
Tonga → Bohne
Tonkabohne → Bohne
Toor dal → Straucherbse
Topaz → Mandarine
Topfbeere → Heidelbeere
Topi → Topinambur
Topinambour → Topinambur
Top onion → Zwiebel
Torfbeere → Brombeere
Torma → Meerrettich
Toronja → Grapefruit
Toskan. Palmkohl → Grünkohl
Totenbeere → Johannisbeere
Totenkraut → Preiselbeere
Tournesol → Sonnenblume
Tränenwurzel → Meerrettich
Träubli → Johannisbeere
Träuschling → Champignon
Trambeere → Brombeere
Tranebär → Moosbeere
Tran(tje)beere → Preiselbeere
Tragopogon → Schwarzwurzel
Trapa natans → Wasserkastanie
Traubenbeere → Brombeere
Traubengurke → Gurke
Traubenkohl → Blumenkohl
Trauwe → Traube
Tree melon → Papaya
- onion → Zwiebel
Tree tomato → Baumtomate
Tregel → Stachelbeere
Treibzichorie → Chicorée
Tresne → Kirsche
Trevisiano → Radicchio
Trewwer → Sauerkleeknolle
Trichosanthes → Gurke
Triglochin → Stranddreizack
Trigo → Weizen
- sarraceno → Buchweizen
Trinj → Pomeranze
Trinkelbeere → Heidelbeere
Triticale → Weizen
Triticum aestivum → Weizen
- durum → Weizen
- spelta → Dinkel
- var. → Grünkern
Triumphbeere → Stachelbeere
Trocadero-Salat → Kopfsalat
Trösschensbeere → Johannisbeere
Trommelstäbe → Pferderettich
Trompetenkürbis → Kürbis
Tropaeolum majus → Kapuzinerkresse
- speciosum → Kapuzinerkresse
Tropea-Zwiebel → Zwiebel
Tropenmelone → Papaya
Troscart → Stranddreizack
Trotzkopf → Kopfsalat
Troyer → Pomeranze
Trübeli → Traube
Trüberli → Johannisbeere
Trugerdbeere → Erdbeere
Trumbolle → Brombeere
Trumpe → Traube
Trunkelbeere → Heidelbeere
Trutzelbeere → Stachelbeere
Tsabar → Kaktusfeige
Tsoi-sum → Choisum
Tuberi d.Giappone → Stachys
Tucannuss → Paranuss
Tudela → Artischocke
Tübinger Zwetsche → Pflaume
Tüffel → Kartoffel
Tüffken → Kartoffel
Tüfteln → Kartoffel
Türgge → Mais
Türkenbohne → Bohne
Türkenbrot → Erdnuss
Türkenerbse → Bohne
Türkenhut → Patisson
Türkenkorn → Mais
Türkenturban → Patisson
Türkische Bohne → Bohne
- Dicknuss → Haselnuss
- Erbse → Bohne
- Hasel → Haselnuss
- Pflaume → Pflaume
- Rauke → Rauke
Türkischer Kohl → Weißkohl
- Weizen → Mais
Türmchenkohl → Romanesco
Tütebeere → Moosbeere
Tuffel → Kartoffel
Tuinbone → Bohne
Tuinerwte → Erbse
Tuinkers → Kresse
Tuinmelde → Melde
Tumbo serrano → Curuba
Tuna → Kaktusfeige
Tunis-Nuss → Pistazie
Tupinambo → Topinambur
Tupiro → Lulo
Tur → Straucherbse
Turbebeere → Moosbeere
Turnefürz → Stachelbeere
Turnetzlabomm → Kirsche
Turnip → Steckrübe
- cabbage → Kohlrabi
- early varieties → Steckrübe
- rooted chervil → Steckrübe
- tops → Stielmus
Turp → Rettich
Tutenholz → Holunder
Twin-Gemüse → Gemüse

Twin-Salat → Salat
Typha latifolia → Rohrkolben
Tyttebär → Preiselbeere

U

Uchiki Kuri → Kürbis
Uchuva → Physalis
Ünne → Zwiebel
Üzüm → Traube
Ufo-Kürbis → Patisson
Ugli → Mandarine
Ugly → Mandarine
Ui → Zwiebel
Ulva → Alge
Umberbeere → Himbeere
Umbu → Balsampflaume
Umeboshi → Aprikose
Ume-Pflaume → Pflaume
Ummel → Himbeere
Umurke → Gurke
Ungützli → Stachelbeere
Unio → Zwiebel
Unsinnele → Heidelbeere
Unterbodenkohl → Steckrübe
Untererdkohlrabe → Steckrübe
Unterkohlrabi → Steckrübe
Unzelebeere → Himbeere
Urdbohne → Bohne
Uri → Melone
Urtica → Brennnessel
Urunique → Mandarine
Utah → Staudensellerie
Uubst → Obst
Uva crespa → Stachelbeere
- de mesa → Traube
- di corinto → Rosine
- espina San Pedro → Stachelbeere
- passa → Rosine
- secca → Rosine
- spina → Stachelbeere
- spina del Capo → Physalis
- sultanina → Rosine
Uvilla → Physalis

V

Vaccinium corym. → Heidelbeere
- macrocarpum → Cranberry
- myrtillus → Heidelbeere
- oxycoccus palus → Moosbeere
- uliginosum → Heidelbeere
- vitis-idaea → Preiselbeere
- vitis-idaea minus → Preiselbeere
Valerianella locusta → Feldsalat
Valnött → Walnuss
Vannmelon → Melone
Veenbes → Moosbeere
Veesen → Dinkel
Vegetabilien → Pflanzen
Vegetable marrow → Zucchini
- oyster → Schwarzwurzel
- spaghetti → Kürbis
- sponge → Luffa
Vegetables → Gemüse
Vegetar. Fleisch → Walnuss
Veitchbeere → Brombeere
Veitsbohne → Bohne
Vejetaryen → Pflanzen
Veldsla → Feldsalat
Velvet apple → Kaki
Venkel → Fenchel
Venusspiegel → Rapunzel
Verdelli → Zitrone
Verdolaga grande → Portulak
Verdura → Gemüse
Verna → Zitrone
Versichdorn → Berberitze
Vialone → Reis
Vichy-Karotte → Karotte
Vicia faba → Bohne
Victoria → Ananas
Viehbesing → Moosbeere
Viehbohne → Bohne
Viennese → Kopfsalat
Vierblättriger Klee → Sauerkleeknolle
Vierwinkl. Bohne → Bohne
Vietsbohne → Bohne
Vigna unguiculata → Spargelbohne
- ssp. Unguiculata → Bohne
Vijg → Feige
Vikoria-Erbse → Erbse
Villöpcher → Feldsalat
Vinagrillo → Karambole
Violette de Palermo → Artischocke
Violettes Rennes → Topinambur
Viperaria → Schwarzwurzel
Virginia-Dattelpflaume → Kaki
Vitamin-C-Strauch → Sanddorn
Vitaminrose → Hagebutte
Vitelaria paradoxa → Sapote Mamey
Vitelotte → Kartoffel
Vitis vinifera → Rosine, Traube
Vlas → Leinsamen
Vlêder → Holunder
Vlierbes → Holunder
Vogelkirsche → Kirsche, Vogelbeere
Vogelflieder → Holunder
Vogelsnest → Karotte
Vogerlsalat → Feldsalat
Vorgebirgstraube → Gurke
Vosse(n)bes → Heidelbeere, Preiselbeere
Vrihi → Reis
Vruchte → Früchte

W

Wachspflaume → Mirabelle
Wachtelbohne → Bohne
Wähle → Heidelbeere
Wälscher Prokuli → Brokkoli
Wäntele → Johannisbeere
Wärsching → Wirsing
Wakame → Alge
Wakeln → Holunder
Walchnuss → Walnuss
Wal(d)beere → Heidelbeere
Waldbuchs → Preiselbeere

Waldecker Südfrucht	→ Steckrübe
Waldhasel	→ Haselnuss
Waldklee	→ Sauerkleeknolle
Waldrettich	→ Meerrettich
Waldsauerklee	→ Sauerkleeknolle
Wali	→ Reis
Wallbeere	→ Heidelbeere
Walnot	→ Walnuss
Walnut	→ Walnuss
Walpern	→ Heidelbeere
Wandelion	→ Löwenzahn
Wandlaus	→ Stachelbeere
Wani	→ Mango
Wan-Tan	→ Reis
Wanzenbeere	→ Johannisbeere
Wanzenträublein	→ Johannisbeere
Warzywa	→ Gemüse
Waschmöhre	→ Karotte
Wasserapfel	→ Jambolan
Wasserbeere	→ Heidelbeere, Johannisbeere
Wasserbrotwurzel	→ Taro
Wasserkresse	→ Kresse
Wasserkübelein	→ Hagebutte
Wasserlauchkraut	→ Kresse
Wassernuss	→ Wasserkastanie
Wasserrübe	→ Steckrübe
Wassersenf	→ Kresse
Wasserwinde	→ Wasserspinat
Wasseryam	→ Yam
Water chestnut	→ Wasserkastanie
Water cress	→ Kresse
Waterkers	→ Kresse
Water nut	→ Wasserkastanie
- spinach	→ Wasserspinat
Waterspinazie	→ Wasserspinat
Wax gourd	→ Kürbis
Wax jambu	→ Jambolan
Waxymais	→ Mais
Wegdorn	→ Hagebutte
Weglattich	→ Löwenzahn
Wegleuchte	→ Zichorie
Weglug	→ Zichorie
Wegwarte	→ Zichorie
Wegweiss	→ Zichorie
Wehani	→ Reis
Wehdorn	→ Berberitze
Weibel	→ Hagebutte
Weibermegser	→ Hagebutte
Weibermetzger	→ Hagebutte
Weibrose	→ Hagebutte
Weichsel	→ Kirsche
Weichselkirsche	→ Kirsche
Weidendorn	→ Sanddorn
Weihnachtskohl	→ Grünkohl
Weiki-Kiwi	→ Kiwi
Weinapfel	→ Johannisbeere
Weinbeerendorn	→ Berberitze
Weinbeerlein	→ Berberitze
Weinbeerln	→ Traube
Weinbrombeere	→ Brombeere
Weinfersich	→ Berberitze
Weinkirsche	→ Schlehe
Weinkraut	→ Sauerkraut
Weinkrieschel	→ Johannisbeere
Weinlägel	→ Berberitze
Weinlauch	→ Lauch
Weinnägerlein	→ Berberitze
Weinnagerl	→ Berberitze
Weinscharl(ing)	→ Berberitze
Weinscheidling	→ Berberitze
Weinschierling	→ Berberitze
Wein(spitz)beere	→ Berberitze
Weinträubel	→ Johannisbeere
Weintraube	→ Traube
Weinzäpfel	→ Berberitze
Weiße Kartoffel	→ Batate
- Kresse	→ Kresse
Weißeldorn	→ Sanddorn
Weiße Möhre	→ Pastinak(e)
- Nesselblume	→ Taubnessel
- Nuss	→ Ginkgopflaume
Weißer Kappes	→ Weißkohl
Weiße Rübe	→ Steckrübe
- Sapote	→ Casimiroa
- Schwarzwurzel	→ Schwarzwurzel
Weißes Gold	→ Rettich
- Rübchen	→ Steckrübe
Weißkabis	→ Weißkohl
Weißkraut	→ Weißkohl
Weißrübe	→ Steckrübe
Weißwurzel	→ Schwarzwurzel
Weiten	→ Weizen
Weizen des Sandes	→ Hirse
Wele	→ Heidelbeere
Wellsamen	→ Rauke
Welpern	→ Heidelbeere
Welsche Hagebutte	→ Jujube
- Mispel	→ Mispel
- Zwiebel	→ Zwiebel
Welschhasel	→ Haselnuss
Welschkohl	→ Wirsing
Welschkorn	→ Mais
Welschkraut	→ Wirsing
Welschlauch	→ Lauch
Welschnuss	→ Walnuss
Welschzwiebel	→ Lauch
Welsh onion	→ Zwiebel
Wendelbeere	→ Johannisbeere
Wepdorn	→ Hagebutte
Wepeln	→ Hagebutte
Werdendorn	→ Sanddorn
Wersich	→ Wirsing
Westind. Stachelb.	→ Stachelbeere
- Kirsche	→ Acerola
- Merknuß	→ Kaschunuss
- Mispel	→ Sapote Mamey
Wetten	→ Weizen
Wetterrose	→ Hagebutte
Wheat	→ Weizen
White cabbage	→ Weißkohl
- dead nettle	→ Taubnessel
- gourd	→ Kürbis
- salsify	→ Schwarzwurzel
- sapote	→ Casimiroa
Whortleberry	→ Heidelbeere

Wiedling	→	Champignon
Wieggi	→	Johannisbeere
Wieke	→	Hagebutte
Wiener blaues Glas	→	Kohlrabi
Wiepe	→	Hagebutte
Wiepeldorn	→	Schlehe
Wiepke(s)dorn	→	Hagebutte
Wieptiuken	→	Hagebutte
Wiesenblume	→	Löwenzahn
Wiesenlattich	→	Löwenzahn
Wiesenkresse	→	Kresse
Wiesensauerampfer	→	Sauerampfer
Wiesmoor Weißer Trieb	→	Kohlrabi
Wildbrombeere	→	Brombeere
Wild cherry	→	Kirsche
- cucumber	→	Pepino
Wilde Cichorei	→	Zichorie
- Gurke	→	Pepino
- Keppen	→	Hagebutte
- Petersilie	→	Sellerie
- Pflaume	→	Stachelbeere
Wilder Spinat	→	Melde
Wilde Weinraute	→	Berberitze
- Zichorie	→	Löwenzahn
- Zwetsche	→	Schlehe
Wildgurke	→	Melone
Wildheidel	→	Heidelbeere
Wildkartoffel	→	Topinambur
Wildkohl	→	Meerkohl
Wild Lime	→	Limette
Wildmorelle	→	Pastinak(e)
Wildorange	→	Pomeranze
Wildrosine	→	Johannisbeere
Wild succory	→	Zichorie
Wildweinbeere	→	Johannisbeere
Wildzwiebel	→	Zwiebel
Wilking	→	Mandarine
Wimele	→	Himbeere
Wimelte	→	Johannisbeere
Windrose	→	Hagebutte
Wine raspberry	→	Brombeere
Winged bean	→	Bohne
- pea	→	Spargelerbse
Wingertsalat	→	Feldsalat
Winnenbeere	→	Heidelbeere
Winteräpfelchen	→	Preiselbeere
Winterbeere	→	Moosbeere
Winterbeere	→	Preiselbeere
Winter cress	→	Kresse
Winterendivie	→	Endivie
Winterheck(en)zwiebel	→	Zwiebel
Winterkirsche	→	Preiselbeere
Winterkohl	→	Grünkohl
Winterkresse	→	Kresse
Winterlauch	→	Zwiebel
Wintermelone	→	Kürbis
Winterportulak	→	Portulak
Winterpostelein	→	Portulak
Winter purslane	→	Portulak
Winterspargel	→	Schwarzwurzel
Winterwirsing	→	Grünkohl
Winterzecke	→	Preiselbeere
Winterzichorie	→	Fleischkraut
Winzerkraut	→	Sauerkraut
Wirrkopf	→	Endivie
Wirsching	→	Wirsing
Wirsingkohl	→	Wirsing
Wirsingkraut	→	Wirsing
Wirz	→	Wirsing
Wisberte	→	Stachelbeere
Witloof	→	Chicorée
- chicory	→	Chicorée
Witschel	→	Holunder
Witte kool	→	Weißkohl
Wittqual	→	Weißkohl
Woatz	→	Weizen
Woddel	→	Karotte
Wolbeere	→	Heidelbeere
Wolber(ten)	→	Heidelbeere
Wolffia globosa	→	Früchte
Wolfskraut	→	Klette
Wolkenbeere	→	Brombeere
Wollbohne	→	Bohne
Woll(en)beere	→	Himbeere
Wollfrucht	→	Feldsalat
Wollmispel	→	Japanische Mispel
Wolwatten	→	Heidelbeere
Wood apple	→	Baelfrucht
- sorrel	→	Sauerkleeknolle
Worbel	→	Heidelbeere
Worchesterbeere	→	Stachelbeere
Wortel	→	Karotte
Woudwort	→	Stachys
Wrinkled pea	→	Erbse
Wruke	→	Steckrübe
Würzelchen	→	Karotte
Wunderförzli	→	Stachelbeere
Wundergütterli	→	Stachelbeere
Wurmnessel	→	Taubnessel
Wurstkrippenholt	→	Schlehe
Wurstspinndorn	→	Schlehe
Wurzel d. Barbaren	→	Rhabarber
Wurzel	→	Karotte
Wurzelrübe	→	Steckrübe
Wurzelsellerie	→	Sellerie
Wurzelwerk	→	Gemüse
Wurzelzeug	→	Gemüse
Wutzen(staude)	→	Berberitze
Wybeeri	→	Rosine
Wysenschwantz	→	Löwenzahn

X

Xanthosoma	→	Tannia
Xuxu	→	Chayote

Y

Yaban mersini	→	Heidelbeere
Yaban turbu	→	Meerrettich
Yaca	→	Jackfrucht
Yale beets	→	Rote Bete
Yamatoimo	→	Kartoffelyam
Yame	→	Yam
Yamsbohne	→	Bohne
Yam(swurzel)	→	Yam
Yang Tao	→	Kiwi
Yang-Ts'ung	→	Zwiebel

Yardlong bean → Spargelbohne
Yautia → Tannia
Yellow plum → Mirabelle
- rocket → Kresse
- star apple → Sapote Mamey
- swede → Steckrübe
Yerfistigi → Erdnuss
Yesil lahana → Grünkohl
Youngbeere → Brombeere
Yssla → Eisbergsalat
Yucca → Maniok
Yujaba → Jujube
Yulaf → Hafer
Yuvianuss → Paranuss

Z

Zackenschote → Rauke
Zäpern → Heidelbeere
Zahme Eberesche → Vogelbeere
- Essle → Taubnessel
- Hülse → Berberitze
Zahmer Flieder → Holunder
Zahnmais → Mais
Zahn v. weißen Drachen → Chinakohl
Zampion → Champignon
Zanahorias → Karotte
Zankerle → Johannisbeere
Zante Currants → Rosine
Zapallo → Kürbis
Zapote → Sapote Mamey
- blanco → Casimiroa
- colorado → Sapote Mamey
- de carne → Sapote Mamey
Zapotillo → Sapote Mamey
Zapotl → Sapote Mamey
Zarefka → Mais
Zartes Elfenbein → Spargel
Zarzamora → Brombeere
Zauberkraut → Taubnessel
Zaufen → Johannisbeere
Zaunrose → Hagebutte
Zauzompfer → Sauerampfer
Zea → Mais
- mays Saccharata → Mais
Zechbeere → Heidelbeere
Zecken(beere) → Heidelbeere
Zeder → Zitronatzitrone
Zedratzitrone → Zitronatzitrone
Zehnmännige Kermesbeere → Kermesbeere
Zehrkraut → Stachys
Zehrwurz → Taro
Zeilnägele → Hagebutte
Zeimpr → Mirabelle
Zeit(e)beere → Johannisbeere
Zeller → Sellerie
Zellerich → Sellerie
Zellerie → Sellerie
Zellernuss → Haselnuss
Zentnerkürbis → Kürbis
Zemiaky → Kartoffel
Zerealien → Getreide
Zespri → Kiwi
- Gold → Kiwi
Zetschken → Holunder
Zette(n) → Heidelbeere
Zettlkraut → Sauerkraut
Zeytin → Olive
Zeytinli Prasa → Lauch
Zezidien → Apfel
Zibärtle → Schlehe
Zibarte → Schlehe
Zibeben → Rosine
Zibele → Zwiebel
Zibetkatzenbaumfrucht → Durian
Zibken → Holunder
Zibulka → Zwiebel
Zickeln → Holunder
Ziegendorn → Hagebutte
Zierquitte → Quitte
Ziest → Stachys
Zigorie → Zichorie
Zimtapfel → Annone
Zingel → Brennnessel
Ziparde → Schlehe
Ziparte → Schlehe
Zipfelsalat → Lollo Rossa
Zipolle → Zwiebel
Zippel → Zwiebel
Zirbelnuss → Pinienkern
Zitrange → Pomeranze
Zitrangequat → Kumquat
Zitrone der Tropen → Limette
- des Nordens → Vogelbeere
Zitronenquitte → Quitte
Zitrulle → Melone
Zitrullengurke → Melone
Zitterlbeere → Berberitze
Zitterone → Zitrone
Zitzerl → Berberitze
Ziweken → Holunder
Zizania aquatica → Reis
Ziziphus jujuba → Jujube
Znaim → Gurke
Zoanken → Schlehe
Zöchbeere → Heidelbeere
Zoete aardappel → Batate
- kersen → Kirsche
Zoglbirl → Heidelbeere
Zolkerbeere → Brombeere
Zucca → Kürbis
Zucche ornamentali → Kürbis
Zuccherini → Apfelsine
Zucchetti → Zucchini
Zucchine → Zucchini
Zucchino → Zucchini
Zuchini → Zucchini
Zuchtpreiselbeere → Cranberry
Zuckerapfel → Annone
Zuckerbeere → Preiselbeere
Zuckererbse → Erbse
Zuckerhut → Fleischkraut
Zuckerkartoffel → Topinambur
Zuckerkopf → Weißkohl
Zuckerkorn → Mais

Zuckermais	→ Mais	Zwergpomeranze	→ Kumquat
Zuckerpflaume	→ Reneklode	Zwergvogelbeere	→ Jostabeere
Zuckerriementang	→ Algen	Zwergzitrone	→ Kumquat
Zuckerschäfe	→ Erbse	Zwerken	→ Holunder
Zuckerschote	→ Erbse	Zwetsche	→ Pflaume
Zugemüse	→ Gemüse	Zwetschge	→ Pflaume
Zulunuss	→ Erdmandel	Zwetschke	→ Pflaume
Zure kersen	→ Kirsche	Zwibolle	→ Zwiebel
Zwackholz	→ Berberitze	Zwicker	→ Hagebutte
Zwäbesken	→ Holunder	Zwiebelhäuptel	→ Zwiebel
Zwangerl	→ Preiselbeere	Zwiebelpfeifen	→ Zwiebel
Zwebchen	→ Holunder	Zwiebelrohr	→ Zwiebel
Zwengerling	→ Preiselbeere	Zwiefel	→ Zwiebel
Zwergapfelsine	→ Mandarine	Zwillingspflaume	→ Litschi
Zwergblattholunder	→ Holunder	Zwilsken	→ Holunder
Zwergbrombeere	→ Brombeere	Zwiweken	→ Holunder
Zwergerbse	→ Erbse	Zwiwwel	→ Zwiebel
Zwergmaulbeere	→ Brombeere	Zwüwi	→ Zwiebel
Zwergorange	→ Kumquat	Zypernmandel	→ Erdmandel

Inhaltsstoffe

Actinidin: Enzym der Kiwi, das sich positiv auf die Verdauung auswirkt und zudem als hervorragender Fleischzartmacher und Geschmacksverbesserer gilt. Actinidin verhindert zwar das Festwerden von Gelatine, durch kurzes Übergießen der Frischfrucht mit heißem Wasser verliert das Enzym jedoch seine Wirkung.

Adrenalin: Wichtiges Hormon des Nebennierenmarks, das ständig ans Blut abgegeben wird und in der Leber den Blutzuckerspiegel und die Versorgung der Körperorgane mit Zucker reguliert. Adrenalin ist auch für die Blutdrucksteigerung in Gefahren- und Stresssituationen zuständig.

Aflatoxine: Giftstoffe (z. B. in Dörrobst), die sich naturgemäß durch Hitze und Feuchtigkeit bilden.

Ajoen: Substanz, die das Blut verdünnt und eine beginnende Verklumpung der Blutplättchen rückgängig machen kann. Außerdem spielt Ajoen eine wichtige Rolle bei der Zellteilung.

Aleuron: Schwerverdauliches Reserve-Eiweiß, das z. B. in Bucheckern enthalten ist.

Alkaloide: Meist als Gruppe chemischer Substanzen in Pflanzen als stickstoff-, sauerstoff-, wasserstoff- und kohlenstoffhaltige Verbindungen zugegen. Alkaloide können schmerzlindernd wirken (z. B. als Chinin oder Morphin), giftig sein (z. B. als Strychnin) und Halluzinationen erzeugen (z. B. als Opium).

Allantoin: Wirkstoff, der die Zellerneuerung und -vermehrung beschleunigt und außerdem desinfiziert.

Allicin: Natürliche Substanz, die sich aus Alliin, einem geruchlosen Inhaltsstoff des Knoblauchöls bildet. Zerkleinert wird aus Allicin Diallyldisulfid, das für die antibakterielle, gefäßschützende und durchblutungsfördernde Wirkung des Knoblauchs verantwortlich ist. Alliin regt auch das Immunsystem an Antikörper zu bilden.

Allyl-Senföle wirken verdauungsfördernd, cholesterinsenkend, krebsvorbeugend und kurbeln den Kreislauf an.

Aminosäuren: Von den bis heute aufgefundenen natürlichen Aminosäuren sind etwa 20 am Aufbau der Peptide und Proteine beteiligt. Nur Pflanzen und Mikroorganismen sind imstande, alle Aminosäuren aufzubauen; der tierische und menschliche Organismus kann dagegen lediglich 12 Aminosäuren synthetisieren – die restlichen Aminosäuren müssen zwangsläufig mit der Nahrung zugeführt werden. Letztere nennt man unentbehrliche (fachspr. essentielle) Aminosäuren.

Anthozyan: Blauer, roter oder violetter wasserlöslicher Pflanzenfarbstoff mit hohem Stickstoffgehalt. Dieses Cyanid, das umso wirksamer wird, je mehr Vitamin C die jeweilige Pflanze enthält, ist tumorfeindlich, antibakteriell, blutverdünnend, cholesterinspiegelsenkend und – man staune – es schädigt sogar vorhandene Krebszellen! Anthozyane werden ebenso bei Nachtblindheit, erhöhter Blendempfindlichkeit und visueller Überlastung (Bildschirmtätigkeit) empfohlen.

Antioxidantien verlangsamen die Zellalterung und schützen vor unerwünschter Oxidation. Sie können sogar die Entstehung von Freien Radikalen verhindern, da ihnen eine vorbeugende Funktion hinsichtlich bestimmter Erkrankungen zugeschrieben wird.

Ballaststoffe sind pflanzliche Rohfasern, die zwar nicht verdaut und verwertet werden, jedoch die Darmtätigkeit anregen und deshalb auch für die Entgiftung des Körpers zuständig sind. Wer täglich 36 Gramm Ballaststoffe aufnimmt, hat ein 40% geringeres Darmkrebsrisiko als derjenige, der nur 13 Gramm Ballast isst.

Benzoesäure: Natürlicher Konservierungsstoff, der auch synthetisch hergestellt werden kann.

Betain kommt in pflanzlichen und tierischen Lebensmitteln vor. Es bewirkt die Entgiftung der Leber, schützt vor Auswirkungen von Umweltgiften und ist schleimlösend. Außerdem lähmt es Bakterien, indem es in deren Körper eindringt und dort wichtige Stoffwechselvorgänge unterbindet. Folge: Die körpereigenen Abwehrkräfte können aufgrund dessen mit den Eindringlingen besser fertig werden.

Betanin festigt die Gefäßwände und die kleinsten Blutgefäße.

Bitterstoffe wirken appetit- und darmanregend, entzündungshemmend und entspannend.

Bromelain nennt sich ein eiweißspaltendes Enzym, das nicht nur Fleisch zart macht, sondern auch die Verdauung fördert. Über 40°C erhitzt, verliert es jedoch seine Wirkung.

Calcium gilt als wichtiger Baustein für Nerven, Knochen und Zähne. Calcium ist auch an zahlreichen biochemischen Reaktionen im Körper beteiligt: Es hilft bei der Blutgerinnung, baut Hautallergien ab, aktiviert Enzyme, lässt das Herz regelmäßig schlagen und steuert die Erregbarkeit von Nerven, Herz und Muskeln. Calcium verändert sogar messbar Gehirnwellen (EEG) und beeinflusst die Reaktionen der Gehirn- und Nervenzellen. Der tägliche Calcium-Bedarf eines Erwachsenen beträgt 1000 mg. Kinder, Jugendliche,

Schwangere, Stillende und Senioren brauchen sogar noch mehr. Calciummangel kann sich unterschiedlich bemerkbar machen: erhöhte Erregbarkeit der Nerven, niedriger Puls, Verkrampfungen der Muskulatur oder Kribbeln und Taubheitsgefühl. Calcium-Überdosierung verursacht krankheitsauslösende Ablagerungen im Gewebe und in den Nieren. Um den eigenen Knochenaufbau zu stärken, sollte man am Abend calciumreiche Nahrung zu sich nehmen, da der Calcium-Stoffwechsel nachts besonders aktiv ist. Wird Calcium dagegen erst morgens oder mittags eingenommen, ist er am Abend wieder weitgehend aus dem Blut ausgeschieden – er nützt den Knochen nichts mehr.

Capsaicin bewirkt die Schärfe in Paprikaschoten und Chilis, verhindert die Bildung von Blutgerinnseln und kann aufgrund dessen vor Herzinfarkt, Schlaganfall und Lungenembolie schützen. In konzentrierter Form (als Salbe oder Pflaster) hilft Capsaicin bei Hexenschuss und Gliederschmerzen. Capsaicin stimuliert auch die Sekretion des körpereigenen Opiats Endorphin, das Hochgefühle auslösen und süchtig machen kann.

Capsanthin: Wirkstoff, der Paprikapulver die rote Farbe verleiht.

Carotinoide nennt man diie fettlöslichen gelben, orangefarbenen oder rötlichen Farbgeber der Früchte und Gemüse. Sie hemmen das Krebsrisiko, beugen Infektionen vor, straffen die Haut, stärken das Immunsystem und schützen vor Herzinfarkt.

Chlor ist Bestandteil der Magensäure und Gehirnflüssigkeit. Zuständig ist es für die Aufrechterhaltung der Flüssigkeitsbalance in den Zellzwischenräumen. Bei Chlormangel kann es zu Stoffwechselstörungen, Magenkrämpfen, Kreislaufbeschwerden, Muskelschwäche, Übelkeit und Kopfschmerzen kommen; eine Überdosierung führt dagegen zu Bluthochdruck.

Chlorophyll ist überwiegend in Pflanzenblättern enthalten. Es nimmt Kohlensäure auf und gibt Sauerstoff ins Blut ab. Eine Studie aus jüngster Zeit beweist, dass Chlorophyll zwar nicht direkt Bakterien im Körper vernichtet, die Abwehrkraft der Zellen und Organe jedoch dermaßen verstärkt, dass sie leichter mit den ungebetenen Gästen fertig werden.

Cholesterin ist eine organische Base, die nicht nur dafür sorgt, dass sich Fette im Organismus nicht an den Arterienwänden ablagern, sondern auch die Leberfunktion und den Vitaminstoffwechsel unterstützt.

Cholin heißt ein Wirkstoff, der als besonders konzentrations- und gedächtnisstärkend gilt.

Chrom reguliert den Blutzucker, den Kohlenhydratstoffwechsel und die Fettverwertung.

Cobalt / Kobalt nennt man ein zwar lebenswichtiges, jedoch nur geringfügig vom Körper gebrauchtes Spurenelement, das vor allem in Fleisch vorkommt. Seinen Namen hat Cobalt sächsischen Bergleuten zu verdanken, die aus cobalthaltigem Erz kein brauchbares Metall schmelzen konnten. Dieses Misslingen führten sie nicht etwa auf die spezielle Erzzusammensetzung zurück, sondern gaben dem »Kobold« die Schuld dafür!

Cumarin heißt ein wasserlöslicher Geruchsstoff, der bei Überdosis Lichtempfindlichkeit und Vergiftungserscheinungen verursachen kann.

Cynarin / Cynaropikrin heißt der wichtigste Wirkstoff der Artischocke. Er regt die Magensaftproduktion an, hilft Galle und Leber bei deren Entgiftungsarbeit, fördert die Blutbildung, festigt die Blutgefäßwände und senkt erhöhte Blutfettwerte.

Eisen ist ein wichtiger Bestandteil des roten Blutfarbstoffs Hämoglobin und damit unentbehrlich für die Sauerstoffübertragung im Körper. Eisen ist somit Baustein für die roten Blutkörperchen. Eisen kurbelt das Gehirn an, macht munter und besitzt eine positive Wirkung auf das Wachstum. Die gleichzeitige Anwesenheit von Vitamin C fördert die Aufnahme von Eisen im Körper sogar um ein Vielfaches. Bei längerer Einnahme von Eisentabletten färbt sich der Stuhl schwarz, was völlig unbedenklich ist. Eisen zählt zu den kritischen Mineralstoffen, weil die Versorgung nicht immer gewährleistet ist und dadurch latente Eisenmangelzustände vorkommen können. Blutarmut, Atembeschwerden, Veränderungen an Haut und Schleimhaut, Haarausfall, Müdigkeit, Muskelschwäche, Kopfschmerzen und Blässe sind typische Eisenmangelerscheinungen.

Eiweiß gilt als wichtigstes Baumaterial des Körpers.

Enzyme: Äußerst hitzeempfindliche biologische Wirkstoffe, die die Abwehrbereitschaft des Körpers stärken, Entzündungsprozesse regulieren und die Wundheilung fördern. Sie unterstützen den Organismus bei der Bekämpfung entarteter Zellen ebenso wie bei der Bekämpfung von Viren, regeln unseren Stoffwechsel und killen Pfunde. Wer gesund und nachhaltig abnehmen möchte, sollte wissen, dass eine Diät ohne ausreichend viele Enzyme sinnlos ist. Von außen zugeführte Enzyme können zwar die körpereigenen unterstützen, jedoch genauso gut Allergien auslösen. Bekannt sind bislang etwa 3000 Enzyme, man vermutet jedoch über 20 000 in der belebten Natur.

Erepsin: Wirkstoff, der eine darmreinigende, abführende und entgiftende Wirkung hat.

Etherische Öle setzen sich aus Alkohol und Kohlenwasserstoffen zusammen. Sie speichern Was-

ser in Pflanzen und sind für den jeweiligen Geschmack eines Gewächses zuständig. Etherische Öle bekämpfen auch Infektionen und wirken antiseptisch.
Ethylen: Fruchtreifungshormon, das die gleichzeitige Bevorratung bestimmter Früchte und Gemüse negativ beeinflussen kann.
Eugenol: Wirkstoff, der bei Überdosierung krebserregend wirkt.

Flavonoide kommen zwar hauptsächlich in rotem, violettem und gelbem Obst / Gemüse vor; sie sind jedoch auch in Tee und Rotwein enthalten. Flavonoide können das Herzinfarktrisiko um 50% verringern, beugen Gefäßverkalkungen vor, schützen vor Entzündungen und Infektionen, stimulieren das Immunsystem und verhindern das Verkleben von Blutplättchen, weshalb sie bei Venenerkrankungen, Durchblutungsstörungen und sogar bei Lebererkrankungen eingesetzt werden.
Fluor ist ein wichtiger Bestandteil des Zahnschmelzes und der Knochen. Fluor wirkt sich positiv auf die Wundheilung aus und hemmt Zahnverfall. Bei Fluor-Überdosierung kann es zu Fleckenbildung im Zahnschmelz, Zahn- und Knochenerweichung, Wachstumsstörungen oder Schilddrüsenveränderungen kommen – Karies deutet dagegen auf Fluor-Mangel hin.
Genistein verhindert das Wachstum neuer Blutgefäße und somit auch von Tumoren.
Glucose / Glukose: Dieses wichtige Zwischenprodukt im Stoffwechsel, das in Pflanzen durch Fotosynthese entsteht, liefert Energie für Muskeln und Nervenzellen.
Glucosinolate machen den typischen Geruch, Geschmack und die Schärfe von Früchten, Gemüsen und Kräutern aus. Glucosinolate besitzen eine vorbeugende Wirkung gegen Darmkrebs und dienen der Infektions- und Bakterienabwehr.
Glutathion gilt als wirksamstes Antioxidans, da es die Zellalterung verzögert und Krebs vorbeugen kann.
Glykoside nennen sich Pflanzensubstanzen, die aus zweiteiligen Molekülen bestehen. Manche wirken herzstärkend, andere abführend.

Inulin: Pflanzenstärke, die, obwohl sie sich während des Kochens zu Fruchtzucker umwandelt, im menschlichen Körper ohne das Hormon Insulin abgebaut werden kann. (Wichtig für Diabetiker: Da Inulin die Aufnahme von hungerauslösenden Zuckermolekülen im Magen- und Darmtrakt verzögert, simuliert es nebenher ein starkes Sättigungsgefühl.)

Jod ist zuständig für die Schilddrüsenfunktion, Zellerneuerung und Stoffwechselregulation (z. B. Fette). Jod ist zudem verantwortlich für gesunde Haare, Fingernägel, Haut und Zähne, verhilft zu geistiger Regsamkeit und schafft Energie. Alkoholiker, Medikamentenabhängige, Senioren, Schwangere, Stillende und Frauen, die die Anti-baby-Pille einnehmen haben einen erhöhten Folsäure-Bedarf. Bei Überdosierung kann es zu Hautentzündungen, hervortretenden Augen und leichtem Anschwellen der Schilddrüse kommen.

Kalium ist wichtig für die Herztätigkeit, wirkt entwässernd, kräftigt die Nieren und sorgt für eine normale Erregbarkeit von Muskeln und Nerven. Außerdem wirkt es als Katalysator bei verschiedenen Reaktionen im Energiestoffwechsel und ist zudem für die Regulation eines normalen Blutdrucks zuständig. Wissenschaftler der Universität San Diego haben jüngst herausgefunden, dass mindestens 2,4 g Kalium pro Tag für die Schutzwirkung vor Herzinfarkt und Schlaganfall nötig sind. Schon ein halbes Gramm mehr pro Tag senkt das Sterberisiko sogar um 40%. Bei Kalium-Mangel machen die Muskeln schlapp, man wird nervös und müde und es kann sogar zu Herzrhythmusstörungen kommen.
Kotinin ist ein Abbauprodukt des Nikotins, das im Blut von mindestens 80% der Nichtraucher nachweisbar ist. Vermutet wird, dass es auch durch den Verzehr bestimmter Gemüsesorten (z. B. Auberginen, Blumenkohl, Kartoffeln, Tomaten) vom Körper aufgenommen wird, denn schon mit zwei Häppchen Auberginen oder einer kleinen Portion Kartoffeln nimmt ein Nichtraucher 1 Mikrogramm Nikotin auf. Das entspricht ungefähr der Menge, die ein Passivraucher bei einem dreistündigen Aufenthalt in einem stark verqualmten Raum inhaliert.
Kupfer dient der Blutbildung, dem Denkprozess, der Zellatmung, der Immunabwehr und der Aktivierung vieler Enzyme.

Linol- und Linolensäure bewahrt unsere Blutgefäße vor schädlichen Ablagerungen und senkt den Cholesterinspiegel.
Lutein nennt sich ein sauerstoffhaltiger Pflanzenfarbstoff.
Lycopin gilt zwar als wichtigster Schutzfaktor gegen Sonnenstrahlen, Lungen-, Prostata- und Magenkrebs, der Körper kann ihn jedoch nur optimal verwerten, wenn das jeweilige Lebensmittel (z. B. Aprikose, Grapefruit, Hagebutte, Tomate) in gewärmter oder erhitzter Form verzehrt wird.

Magnesium aktiviert etwa 300 verschiedene Enzyme, hilft beim Knochenaufbau, mindert Gereiztheit und Aggressivität, fördert die Blutgerinnung und unterstützt den Stoffwechsel. Außerdem ist Magnesium extrem wichtig für die Hörzellen des Ohres und schützt diese vor Schädigungen durch Lärm. Magnesium begünstigt zudem, dass fettverzehrende Nervenreizstoffe, sogenannte »Fatburner«, im Körper aktiviert werden. Magnesium-Mangelsymptome sind Herzrhythmusstörungen, Muskelzuckungen, Verstopfung, Wadenkrämpfe, Schwindel, Konzentrationsmangel, Antriebsschwäche, Atemnot, Asthma, Müdigkeit, Nervosität, Verspannungen, Lärmempfindlichkeit und chronische Lungenerkrankungen. Bei einem Test erhielten chronische Lungenkranke pro Tag 100 mg Magnesium zusätzlich, worauf sich ihre Lungenfunktionswerte deutlich verbesserten.

Mangan entgiftet die Leber, kurbelt die Schilddrüse und damit die Fettverbrennung an, ist knochenbildend und wirkt sich positiv aus bei Zellstoffwechselstörungen und Fermentschwäche. Mangan ist auch hilfreich bei der Funktion von Leber, Bauchspeicheldrüse und Nieren. Zusammen mit Vitamin C stärkt Mangan sogar das Immunsystem und wirkt gezielt antiallergisch.

Methyl-Methioninsulfoniumbromid schützt vor Magen- und Zwölffingerdarmgeschwüren und trägt dazu bei, dass sie rasch abheilen.

Methylsalicilsäure kann Fieber senken und Rheumaschmerz lindern.

Natrium ist zuständig für die Regulierung des Wasserhaushalts, die Straffung des Gewebes, die Reizweiterleitung in Nerven und Muskeln und die Aktivierung vieler Enzyme. Bei Überdosierung (z. B. zu viel Salz oder natriumhaltiges Mineralwasser) steigt der Blutdruck – es besteht Infarktgefahr. Mineralwasser sollte die 150 mg Marke an Natrium pro Liter nicht übersteigen! Gestörter Wasserhaushalt, Apathie, niedriger Blutdruck und Muskelkrämpfe deuten auf Natriummangel hin.

Nitrat wird bereits im Speichel zu Nitrit umgewandelt, bevor es im Magen zu Stickoxid abgebaut wird. Das Stickoxidgas ist in Kombination mit der bakterienhemmenden Magensäure z. B. fähig, Salmonellenerreger abzutöten. Nitrit wirkt außerdem gefäßerweiternd und blutdrucksenkend. In höheren Dosierungen allerdings hemmt Nitrit den Sauerstofftransport im Blut: Man fühlt sich »benebelt«.

Nitrosamine gehören zu den stark krebserregenden Substanzen. Sie entstehen aus Nitrit und Eiweißbestandteilen.

Oxalsäure greift den Zahnschmelz an und blockiert die Calcium-Aufnahme aus dem Darm in den Körper, was nicht nur die Bildung von Nierensteinen begünstigt, es kann gleichzeitig zu nicht ganz ungefährlichen Calcium-Mangelerscheinungen kommen. Darum sollte man oxalreiche Lebensmittel grundsätzlich mit calciumreichen Lebensmitteln (z. B. Rhabarberkompott mit Sahne, Pudding, Vanillesauce, Milchreis) verzehren, welche die Oxalsäure neutralisieren und somit unschädlich machen.

Papain ist zwar dem tierischen Pepsin nicht unähnlich, physiologisch ist es ihm jedoch stark überlegen, weil es sowohl im sauren als auch im alkalischen und neutralen Reaktionsbereich der Körpersäfte wirkt, während das tierische Pepsin seine Wirkung nur im sauren Milieu ausübt. Papain ist gleichfalls in der Lage, die Umwandlung von Stärke und Zucker in Fruchtzucker und Traubenzucker zu fördern. Folge: Die Drüsen werden entlastet. Papain wird als Fleischzartmacher, Gewürz, Verdauungshilfe, in Antischuppen-Shampoos, Gesichtscremes, zur Behandlung von Tumoren und zur Stabilisierung von Bier in Brauereien benutzt. Papain schützt sogar Wolle vor dem Einlaufen während des Waschens.

Pektin kann als natürlicher Quellstoff Wasser bis zum 100-fachen seines Eigengewichts binden. Es verdrängt Hunger, stoppt Durchfall, wirkt cholesterinspiegelsenkend, bindet giftige Zersetzungsprodukte im Körper (z. B. Blei, das aus der Luft und alten Wasserleitungen aufgenommen wird) und reinigt den Darm. Dies ist besonders wichtig, um Schädigungen des Nervensystems, der Nieren und der Knochen zu meiden.

Phasin: Eiweißstoff, in dem zwar geringfügig giftige Blausäure enthalten ist, beim Kochen wird sie jedoch zerstört.

Phenolsäure nennt man einen Inhaltsstoff (z. B. der Gurke), der imstande ist, Bakterien und Krebsauslöser zu vernichten.

Phosphor ist wichtig für die Mobilisierung der Hirntätigkeit und den Aufbau von Muskulatur und Knochen.

Phytohormone sind imstande, das Brust- und Prostatakrebsrisiko um 25% zu senken.

Provitamine nennen sich die Vorstufen der Vitamine, da sie erst im Körper zu Vitaminen umgewandelt werden.

Quercitin: Pflanzenfarbstoff, der das Darmkrebsrisiko senkt, die Durchblutung fördert und Viren tötet.

Raphanol: Schwefelhaltiges Öl, das verdauungsfördernd wirkt, indem es die Dünndarmmuskulatur zu stärkeren Bewegungen (Peristaltik) reizt. Synchron werden dabei die Gallengänge gereinigt und Wasseransammlungen rascher ausgeschieden.

Raphiden: Nadelfeine, scharfe Kristalle aus Calciumoxalat, die die empfindlichen Häute von Mund und Zunge derart reizen können, dass sie Kratzen im Hals und sogar Verdauungsbeschwerden verursachen können.

Reservatol: Inhaltsstoff, der Cholesterin-Ablagerungen an den Gefäßwänden mindert und so vor Herzkrankheiten schützt.

Saponine / Seifenstoffe besitzen zwar krebsverhindernde, zellerneuernde, entwässernde, verdauungsfördernde und cholesterin- und blutzuckersenkende Eigenschaften, vor Überdosierung wird jedoch gewarnt, da toxische Werte aufkommen können.
Sekretin bringt die Bauchspeicheldrüse auf Trab, indem es die Bildung von Verdauungssaft ankurbelt.
Selen: Spurenelement, das nicht nur für die Immunabwehr und Entgiftung zuständig ist, sondern auch als wirkungsvoller Antikrebsstoff gilt. Stoffwechselstörungen sind meist Selen-Mangelsymptome, Haarausfall und stetiger Verlust von Finger- und Fußnägeln deuten dagegen auf Überdosierung hin.
Serotonin: Körpereigenes Hormon, das umso ertragreicher vom Körper hergestellt wird, je kohlenhydrathaltiger sich die Ernährung gestaltet.
Solanin: Toxisches Alkaloid (toxische Wirkung ab 25 mg – tödliche Dosis ab 400 mg), das Durchfall, Erbrechen, Magenkrämpfe, Nierenentzündung, Lähmung, Atemstillstand, Hautausschläge (besonders an den Beinen) und die Auflösung der roten Blutkörperchen hervorrufen kann.
Sulfide: Pflanzliche Wirkstoffe, die die Krebsentstehung hemmen, die Verdauung fördern, vor Herzinfarkt schützen, den Cholesterinspiegel senken und das Immunsystem stimulieren.

Tannin: Bitter-herber Gerbstoff in Früchten, der nicht nur schwer entfernbare Flecken verursachen kann, sondern auch eine entzündungshemmende Wirkung aufweist.
Terpen: Wohlriechender Inhaltsstoff mit cholesterinsenkenden, entgiftenden und antioxidativen (krebswidrigen) Eigenschaften.
Tyrosin wirkt stimmungsaufhellend.

Vitamine: Lebenswichtige Ergänzungsstoffe, die täglich mit der Ernährung aufgenommen werden sollten, um Mangelerscheinungen entgegenzuwirken.
Vitamin A / Augenvitamin / Axerophthol / Retinol ist ausschließlich in tierischen Nahrungsmitteln enthalten. In Pflanzen kommen dagegen Carotinoide / Beta-Carotin vor, die der Körper teilweise in Provitamin A umwandelt. Das fettlösliche Vitamin A ist zuständig für Haut, Haare, Stoffwechsel und Wachstum. Es stärkt das Immunsystem, wirkt blutreinigend, schützt die Zellen vor Nikotinmissbrauch und UV-Strahlung und fördert die Anzahl der Spermien. Nachtblindheit, Lichtempfindlichkeit, Veränderungen der Schleimhäute und Störungen des Knochenwachstums und Kariesbildung deuten auf Vitamin-A-Mangel hin, bei einer Überdosierung kommt es zu Kopfschmerzen, Schwindelgefühl, Erbrechen; in den ersten Wochen der Schwangerschaft kann sogar der Embryo geschädigt werden.
Vitamin B 1 / Aneurin / Thiamin ist dafür zuständig, Kohlenhydrate in Zucker umzuwandeln. Fehlt dieses Vitamin durch Fehlernährung, bilden sich Fettdepots und der Blutzuckerspiegel bleibt unten; die Folge ist Dauerhunger. Vitamin B 1 stärkt das Herz, die Muskulatur, Knochen und Schilddrüse, macht gute Laune, bringt Verdauung und Stoffwechsel auf Trab und hat einen angstlösenden und beruhigenden Effekt. Vitamin-B 1-Mangelsymptome sind Beeinträchtigungen von neurologischen Funktionen (Angst), Appetitlosigkeit, Müdigkeit, Vergesslichkeit und Herzflimmern. Erhöhter Vitamin-B 1-Bedarf entsteht durch starke körperliche und seelische Belastung und übermäßigen Alkoholkonsum.
Vitamin B 2 / Lactoflavin / Riboflavin dient der Begünstigung von Zellatmung, Stoffwechsel, Netzhautfunktion, hilft bei Migräne, pflegt Haut, Fingernägel und Haare und lässt Augen glänzen. Risse im Mundwinkel und eine rotviolette Zunge sind deutliche Anzeichen für Vitamin-B 2-Mangel.
Vitamin B 3 / Niacin / Nicotinsäureamid entfacht jede Menge Körperenergie: man ist lebensfroh! – Müdigkeit, Appetitlosigkeit, Stress und Nervosität verschwinden und die Hormonproduktion wird angeregt. Vitamin-B 3-Mangel kann sich in plötzlicher Erschöpfung, Entzündungen im Mund, Brennen an Händen und Füßen und Nervosität darstellen. Vorsicht: Bei Vitamin-B 3-Überdosierung kann eine Schädigung der Leber verursacht werden.
Vitamin B 5 / Pantothensäure baut die Haut auf, aktiviert den Zellstoffwechsel, wirkt antidepressiv, schützt vor giftigen Umwelteinflüssen und regt die Produktion von Nebennierenhormonen an. Durch Vitamin-B 5-Mangel steigen die Blutfettwerte an.
Vitamin B 6 / Adermin / Pyridoxin: Dieses Verdauungsvitamin ist nicht nur dem Eiweiß-, Fett- und Gehirnstoffwechsel zuträglich, es ist auch hilfreich beim Bau von Zellkernen und der Produktion von roten Blutkörperchen, wirkt sich positiv bei Frauen in und nach der Menopause aus und verhindert sogar Schwangerschaftserbrechen und Reisekrankheiten. Selbst traumlose Nächte, Depressionen und gefühllose Hände bekommt man dank Vitamin B 6 wieder in den Griff. Frauen, die die Pille nehmen, sich in den Wechseljahren befinden, schwanger sind oder stillen, haben einen erhöhten Vitamin-B 6-Bedarf, typische Vitamin-B 6-Mangelerscheinungen sind Entzün-

dungen im Gesichtsbereich, Haarausfall, Muskelschwund, Reizbarkeit, Talgdrüsenüberproduktion und Nervenkrämpfe.
Vitamin B 9 / Folsäure ist wasser-, licht- und hitzeempfindlich. Sie ist beteiligt an der Zellteilung, Zellverjüngung und der Reifung von roten Blutkörperchen. Vitamin B 9 schützt zwar vor Darmkrebs, verlangsamt den Alterungsprozess, baut Ängste ab, gibt Lebensfreude, schenkt tiefen Schlaf und dient der Hormonbildung, sie wirkt jedoch nur in Verbindung mit Vitamin B 12. Schwangere, Stillende, Senioren, Frauen, die mit der Pille verhüten und Personen, die viele Medikamente einnehmen müssen, verfügen über einen erhöhten Folsäurebedarf.
Vitamin B 12 / Cobalamin wirkt nervenstärkend, stoffwechselanregend und ist hilfreich bei der Bildung von roten Blutkörperchen. Es schützt auch vor Arterienverkalkung, Schlaganfall, Herzinfarkt, Allergieauslösern, Umweltgiften und produziert Methionin, das für Glück, Freude und Wohlbefinden sorgt. Vitamin B 12 wird vornehmlich in der Darmflora erzeugt und ist mitverantwortlich für die Wirkung anderer Vitamine. Strenge Vegetarier, Schwangere, Stillende und Senioren besitzen einen erhöhten Vitamin-B 12-Bedarf. Mangelsymptome können starkes Herzklopfen, Blutarmut, Atemlosigkeit, Herzschmerzen, Geräuschempfindlichkeit, Müdigkeit, Mundentzündungen, ständige Nervosität, Gedächtnisschwund und Lähmungen verursachen. »Cobalamin« nennt man das Vitamin B 12 zwar auch, weil es sehr cobalthaltig ist, Vitamin-B 12-Mangel, der gelegentlich bei strengen Vegetariern auftritt, lässt sich jedoch nicht durch Zugabe von Cobalt beheben.
Vitamin B 15 trägt zur Stabilisierung des Blutdrucks bei. Kreislaufschwäche und erhöhter Blutdruck sind die typischsten Vitamin-B 15-Mangelsymptome.
Vitamin C / Ascorbinsäure fördert die Eisenresorption, ist für die Produktion fettabbauender Hormone verantwortlich und stärkt den Immunschutz. Außerdem aktiviert es den Stoffwechsel indem es Fett aus den Reserven lockt und die Bildung krebserregender (fachspr. cancerogener) Nitrosamine hemmt. Bekannt ist Vitamin C eigentlich als Erkältungsvitamin, weil es die Infektionsabwehr des Körpers stärkt. Dieser Effekt ist aber nicht unbegrenzt zu steigern, da das Vitamin nicht im Körper gespeichert und bei Bedarf aktiviert werden kann; nicht benötigte Mengen scheidet der Körper deshalb wieder aus. Folglich ist es in der Regel auch unnütz, zur Vorbeugung von Erkältungskrankheiten Vitamin-C-Tabletten einzunehmen. Durch Vitamin-C-reiche Kost werden bei Männern Spermien vor Giftstoffen aus der Umwelt geschützt und somit Erbgutschäden vorgebeugt. Vor allem Raucher sollten viel Vitamin C zu sich nehmen, weil ihnen dieses wichtige Vitamin fast immer fehlt. Typische Vitamin-C-Mangelsymptome sind Kopfweh, Infektionsanfälligkeit, Müdigkeit, Sehschwäche, Zahnfleischerkrankungen, Glieder- und Knochenschmerzen.
Vitamin D / Calciferol nennt sich ein lichtempfindliches Vitamin, das der Knochenbildung und Regulation des Calcium- und Phosphat-Stoffwechsels dient. Erhöhter Vitamin-D-Bedarf besteht bei schlecht heilenden Knochenbrüchen. Bei Überdosierung kann es zu Verkalkungen und Veränderungen des Blutbildes kommen – Störungen des Phosphat- und Kalkstoffwechsels sind dagegen typische Vitamin-D-Mangelerscheinungen.
Vitamin E / Tocopherol wird dem Körper überwiegend mit den Nahrungsfetten zugeführt. Das zwar kochbeständige, jedoch sehr lichtempfindliche Vitamin E schützt vor Krebs, indem es die Funktion der Organe stärkt, und beugt fettigen Haaren und Schuppenbidung vor. Erhöhter Vitamin-E-Bedarf entsteht bei Muskelkrankheiten, Arbeiten am Bildschirm, Herzschwäche, Abwehrschwäche, Stress und Beschwerden vor der Periode. Ein plötzlicher Rückgang der Hormonproduktion gilt als Vitamin-E-Mangelsymptom.
Vitamin H / Biotin wird für verschiedene Stoffwechselvorgänge benötigt. Da Vitamin B die Nahrung in Energie umwandelt, fördert es auch die Regenerierung von brüchigen Haaren und Nägeln. Bei Vitamin-H-Überdosierung (z. B. durch Übergenuss von rohem Eiklar) wird Biotin zu giftigem Avidin gebunden. Dadurch kann es zu Mangelerscheinungen wie Haarausfall, Schuppen oder rissiger Haut kommen. Durch Erhitzung (kochen, braten, backen) wird Avidin zerstört.
Vitamin K / Phyllochion verhindert, dass man nach Verletzungen verblutet.

Zingibain: Enzym, das Fleisch zart macht.
Zink ist an vielen Stoffwechselreaktionen und der Enzymaktivierung beteiligt. Da Zink nicht speicherbar ist, sollte es dem Körper regelmäßig zugeführt werden. Es stärkt die Immunabwehr, verleiht den Augen Glut und Feuer, beschleunigt Wundheilung und beruhigt das zentrale Nervensystem. Typische Zink-Mangelsymptome sind Müdigkeit, Appetitlosigkeit, Stimmungsschwankungen, Schwermut, Geschmacksstörungen, Hautekzeme, Verhornung, Immunschwäche, Haarausfall und Mundgeruch.

Kalorientabelle

Früchte / Gemüse (pro 100 g)	kcal	kJ
Acerola	39	163
Affenbrotfrucht	104	436
Amarant	364	1524
Ananas	56	235
Annone	62	260
Apfel	55	230
Apfelsine	54	226
Aprikose	54	226
Artischocke	50	209
Aubergine	21	88
Avocado	241	1009
Babaco	23	96
Bambussprossen	18	75
Banane	90	377
Batate	117	490
Bataviasalat	12	50
Baumtomate	56	235
Bergamotte	32	134
Birne	56	235
Blumenkohl	22	92
Bohne, weiß (getrocknet)	349	1462
Bohne, grün (frisch)	31	130
Bohne, dick	22	92
Boysenbeere	34	142
Brennnessel	49	205
Brokkoli	25	105
Brombeere	48	201
Brotfrucht	113	473
Buchweizen	340	1424
Champignon	22	92
Chayote	24	101
Chicorrée	14	59
Chinakohl	12	50
Cranberry	48	201
Curuba	25	104

Früchte / Gemüse (pro 100 g)	kcal	kJ
Dattel	142	594
Dinkel	303	1269
Durian	90	377
Eichblattsalat	11	46
Eisbergsalat	13	54
Endivie	13	54
Erbse (frisch)	79	331
Erdbeere	37	155
Erdnuss (getrocknet)	631	2643
Feige	49	205
Feijoa	42	176
Feldsalat	18	75
Fensterblatt	74	310
Gemüsefenchel	41	172
Gemüsepaprika	23	96
Gerste	320	1340
Granatapfel	63	264
Grapefruit	32	134
Grünkern	324	1357
Grünkohl	36	151
Guave	52	218
Gurke	8	34
Hafer	353	1478
Hagebutte	102	427
Haselnuss (o. Schale)	694	2906
Heidelbeere	62	260
Himbeere	40	168
Hirse	380	1591
Holunderbeere	46	193
Jackfrucht	98	410
Japanische Mispel	48	201
Japanische Weinbeere	35	147
Johannisbeere, rote	45	188
Jostabeere	45	188
Jujube	105	445

Früchte / Gemüse (pro 100 g)	*kcal*	*kJ*
Kaki	44	168
Kaktusfeige	36	151
Kapuzinerkresse	46	193
Karambole	25	107
Karotte	29	121
Kartoffel (o. Schale)	85	356
Nashi	55	230
Nektarine	64	268
Okra	33	138
Olive (mariniert)	138	578
Paksoi	20	84
Palmenherzen	36	151
Pampelmuse	46	193
Papaya	56	235
Paranuss	714	2990
Pepinos	35	147
Pfirsich	46	193
Pflaume	62	260
Physalis	58	243
Pinienkern	575	2408
Pistazie	642	2689
Pitahaya	36	151
Pomelo	21	88
Portulak	19	80
Preiselbeere	46	193
Quinoa	343	1436
Quitte	68	285
Radicchio	13	54
Radieschen	18	75
Rambutan	74	310
Reis (Natur-)	368	1541
Reneklode	72	302
Rettich	19	80
Rhabarber	14	59
Roggen	346	1449
Romana	16	67

Früchte / Gemüse (pro 100 g)	*kcal*	*kJ*
Romanesco	30	126
Rosenkohl	41	172
Rosine	271	1135
Rote Bete	34	142
Rotkohl	22	92
Sago	336	1407
Sanddorn	103	431
Sapote	125	524
Sapotille	89	373
Sauerampfer	22	92
Sauerkraut	26	109
Schalotte	22	92
Schnittkohl	20	84
Schwarzwurzel	70	293
Sellerie	28	117
Sesam	559	2341
Sharon	40	168
Sojabohne	389	1629
Sonnenblumenkerne	525	2199
Spargel	18	75
Tomate	16	67
Topinambur	20	84
Traube	72	302
Ugli	44	183
Vogelbeere	98	410
Walnuss (o. Schale)	705	2953
Weißkraut	20	84
Weizen	313	1311
Wirsing	26	109
Yam	96	402
Zitrone	28	117
Zucchini	19	100
Zuckermais	97	406
Zwetschge	62	260
Zwiebel	42	176

Saison-Kalender für inländische Früchte und Gemüse

● Hauptsaison ○ Nebensaison

Früchte/Gemüse	*Jan.*	*Feb.*	*März*	*April*	*Mai*	*Juni*	*Juli*	*Aug.*	*Sept.*	*Okt.*	*Nov.*	*Dez.*
Apfel	●	●	●	○	○	○	○	○	○	●	●	●
Aprikose					○	●	●	●	○			
Birne	○	○	○	○	○	○	○	●	●	●	○	○
Blumenkohl					○	●	○	○	○	●	○	
Bohne, grün						○	○	●	○	○		
Bohne, dick						○	●	○				
Brokkoli	●	●	○								○	●
Brombeere							○	●	●	○		
Chicoree	●	○									○	●
Endivie	○	○				○	○	○	●	●	○	○
Eichblattsalat					○	●	●	●	●	○		
Eisbergsalat					○	●	●	●	●	○		
Erbse, grün						○	○	●				
Erdbeere					●	●	●	○				
Feldsalat	●	●	●	○	○					○	○	●
Fenchel						○	●	●	●	○		
Grünkohl	●	○									○	●
Gurke					○	●	●	●	●	○		
Haselnuss	●	●	○					○	●	●	●	●
Heidelbeere					○	●	●	●	●	○		
Himbeere						○	○	●	○			
Holunderbeere									○	●	○	
Johannisbeere						○	●	●				
Kastanie						○	●	●				
Kirsche					○	●	●	○				
Kohlrabi					○	●	●	●	●	○	○	
Kopfsalat					○	●	●	○	○	○		
Kürbis							○	○	○	●	●	
Lauch	○	○					○	○	○	●	●	●
Maiskolben								○	●	○		
Mangold					○	●	●	○	○	○		
Meerrettich	○								○	●	●	○
Mirabelle							●	●				

Früchte/Gemüse	*Jan.*	*Feb.*	*März*	*April*	*Mai*	*Juni*	*Juli*	*Aug.*	*Sept.*	*Okt.*	*Nov.*	*Dez.*
Möhre	○	○				○	○	○	●	●	●	○
Paprika							○	●	○	○		
Pastinake	●	●	○				○	●	●	●	●	●
Pfirsich	○	○	○	○	○	●	●	●	○			
Pflaume						○	●	●	●	○		
Quitte									●	●	●	
Radieschen					○	○	●	●	●	●	○	
Rettich	○						○	○	●	●	●	○
Rhabarber				○	●	●	○					
Rosenkohl	○	○							○	●	●	●
Rote Beete	○	○							○	●	●	○
Rotkohl	○	○					○	○	●	●	●	○
Schwarzwurzel	○	○								○	●	●
Sellerie	○	○	○				○	○	○	●	●	●
Spargel				○	●	●	●					
Spinat				○	○	○	●	●	○	○	○	
Spitzkohl				○	●	●	○					
Stachelbeere						●	●	●				
Steckrübe	●	○	○							○	●	●
Tomate							○	○	●	●	○	
Topinambur	●	●	○				○	●	●	●	●	●
Weintraube						○	●	●	●	●	○	
Weißkohl							○	●	○	●	●	○
Wirsing	○	○					○	●	○	●	●	○
Zucchini					○	●	●	○	○			
Zwiebel	○	○				○	○	○	●	●	●	○

Literaturverzeichnis

Bernau, L.: Urgroßmutter's Naturapotheke, Mohndruck, Gütersloh 1990.

Cichos, T.: Fruit Life, http://www.fruitlife.de.

Davidis, H.: Praktisches Kochbuch, Schreiterische Verlagsbuchhandlung, Berlin 1898.

Digel, W.: Meyers Großes Standardlexikon in 3 Bd., Klambt-Druck, Speyer 1983.

Duch, K.: Handlexikon der Kochkunst, Rudolf Taubner Verlag, Linz / Donau 1969.

Dumont, C.: Kulinarisches Lexikon, Hallwag Verlag, Bern 1997.

Escoffier, A.: Kochkunstführer, Pfannenberg Verlag, Gießen 1968.

Fischer, H.: Das Leibgericht, Deutsche Buchgemeinschaft, Koch's Verlag, Berlin 1955.

Grünefeld, D.: Kalender für den Biogarten, pala-Verlag, Darmstadt 2002.

Hering, R.: Lexikon der Küche, Pfannenberg Verlag, Gießen 1957.

Kübler, M. S.: Das Hauswesen, Verlag von J. Engelhorn, Stuttgart 1883.

Lentz, C.: Obst und Gemüse als Medizin, Südwest-Verlag, München 1996.

Liebster, G.: Warenkunde Obst & Gemüse, Bd. 1 und 2, Morion Verlag, Düsseldorf 1995.

Papashvily, H.: Time Life Serie International, Amsterdam 1970.

Podlech, D.: Naturführer Heilpflanzen, Gräfe & Unzer Verlag, Hamburg 1987.

Pollmer, U.: Lexikon der populären Ernährungsirrtümer, Eichborn Verlag, Frankfurt 2000.

Pollmer, U.: Prost Mahlzeit, Kiepenheuer & Witsch Verlag, Köln 1994.

Poth, S.: Die Heilkraft der Pflanzen. Falken Verlag, Niedernhausen / Hessen 1996.

Rosen, J.: Gut eingekauft, Rewe Verlag, Köln 1999.

Schuster, A.: Die kleine Speisekammer, Gondrom Verlag, Bindlach 1996.

Teubner, C.: Das Große Buch der Exoten, Gräfe & Unzer Verlag, München 1996.

Teubner, C.: Das Große Buch der Gemüse, Gräfe & Unzer Verlag, München 1996.

Werdin S.: Gemüse-Apotheke, Mohndruck, Gütersloh 1995.

Zabert, A.: Kochen, Carl Ueberreuter Druckerei GmbH, Wien 1990.

Zäch, R.: Die neuzeitliche Küche, Verlagsbuchhandlung Rudolf Ehlers, Wallisellen bei Zürich 1920.